suhrkamp taschenbuch
wissenschaft 2190

Der Anspruch der Vernunft gehört zu den großen philosophischen Büchern des 20. Jahrhunderts und hat eine ganze Generation von Philosophen beeinflußt. Ungewöhnlich breit angelegt, komplex in der Argumentation, eigenwillig im Stil, eröffnet uns Stanley Cavell in seinem Opus magnum neue Zugänge zu zentralen epistemologischen, metaphysischen, ethischen und ästhetischen Fragen. Insbesondere seine Wittgenstein-Lektüre und die Art, wie er sie für eine raffinierte Umdeutung des Skeptizismus fruchtbar macht, haben bis heute nichts an Originalität eingebüßt. Die Macht der Skepsis, so Cavell, läßt sich nicht durch das Streben nach letzten Wahrheiten brechen, sondern nur dadurch, daß wir uns die Welt auf geradezu romantische Weise ständig zurückerobern. Ein Klassiker.

Stanley Cavell, geboren 1926, ist emeritierter Walter M. Cabot Professor für Ästhetik und allgemeine Werttheorie an der Harvard University.

Stanley Cavell
Der Anspruch der Vernunft

Wittgenstein, Skeptizismus,
Moral und Tragödie

Aus dem Amerikanischen
von Christiana Goldmann

Suhrkamp

Titel der Originalausgabe:
The Claim of Reason. Wittgenstein, Skepticism, Morality, and Tragedy.
Copyright © Oxford University Press 1979,
New Edition 1999.

Eine Publikation in Zusammenarbeit mit dem Einstein Forum

Bibliografische Information der Deutschen Nationalbibliothek
Die Deutsche Nationalbibliothek verzeichnet diese Publikation in
der Deutschen Nationalbibliografie; detaillierte bibliografische
Daten sind im Internet über http://dnb.d-nb.de abrufbar.

suhrkamp taschenbuch wissenschaft 2190
Erste Auflage 2016
Suhrkamp Verlag Berlin
© der deutschen Ausgabe
Suhrkamp Verlag Frankfurt am Main 2006
Alle Rechte vorbehalten, insbesondere das des öffentlichen
Vortrags sowie der Übertragung durch Rundfunk
und Fernsehen, auch einzelner Teile.
Kein Teil des Werkes darf in irgendeiner Form
(durch Fotografie, Mikrofilm oder andere Verfahren)
ohne schriftliche Genehmigung des Verlages
reproduziert oder unter Verwendung elektronischer Systeme
verarbeitet, vervielfältigt oder verbreitet werden.
Umschlag nach Entwürfen von
Willy Fleckhaus und Rolf Staudt
Druck: Druckhaus Nomos, Sinzheim
Printed in Germany
ISBN 978-3-518-29790-2

»Ehrlich gesagt, ein anderer Geist belehrt mich nicht, er provoziert mich.«

Ralph Waldo Emerson, »Rede gehalten vor den Absolventen am Divinity College, Cambrigde, am Sonntagabend des 15. Juli 1838«

Thompson Clarke und dem Andenken J. L. Austins gewidmet

Inhalt

Vorwort von Susan Neiman 11
Vorwort zur Taschenbuchausgabe 17
Einleitung 21

Erster Teil
Wittgenstein und der Begriff des menschlichen Wissens

I   Kriterien und Urteil 41
II   Kriterien und Skeptizismus 93
III   Austin und Beispiele 111
IV   Was ein Ding ist (genannt wird) 134
V   Natürlich und konventionell 165
        Normal und natürlich 204

Zweiter Teil
Skeptizismus und die Existenz der Welt

VI   Die Fragestellung der klassischen Erkenntnistheorie:
       Eröffnung 229
       Die Vernünftigkeit des Zweifels 230
       Der Appell an projektive Imagination 254
       Die Irrelevanz der projektiven Imagination für
       eine direkte Kritik 267
       Ein weiteres Problem 276
VII   Exkurs zu Wittgensteins Sprachtheorie 288
       Ein Wort lernen 290
       Ein Wort projizieren 305
VIII Die Fragestellung der klassischen Erkenntnistheorie:
       Schluß 322
       Der Zweifelsgrund des Philosophen macht
       Projektion nötig 326
       Die Projektion des Philosophen führt zu einem
       Dilemma 334

	Die Grundlage des Philosophen und ein tiefreichender Konflikt mit seinen neuen Kritikern	342
	Der Zusammenhang des Philosophen ist Nicht-Behauptung	363
	Die Konklusion des Philosophen ist keine Entdeckung	369
	Zwei Interpretationen der klassischen Erkenntnistheorie; Phänomenologie	376
	Das Wissen um Existenz	385

Dritter Teil
Wissen und der Begriff der Moral

IX	Wissen und das Fundament der Moral	407
X	Ein Fehlen von Moral	446
XI	Regeln und Gründe	473
	Versprechen und Strafen	475
	Spiel und moralisches Leben	490
XII	Die Autonomie der Moral	504

Vierter Teil
Skeptizismus und das Problem der anderen

XIII	Zwischen Anerkennung und Vermeidung	527

[Nur wenige der folgenden Einträge sind als Überschriften gedacht, so als würde ein jeder sich auch auf den nachfolgenden Stoff erstrecken, bis ein anderer Eintrag das Ende markiert, gleichsam als wären es Schilder, die das Ortsende angeben. Besser, man sieht in ihnen Straßenschilder: Eine wechselnde Zahl von ihnen kann sich gleichzeitig über ein oder zwei Segmente des Ganzen erstrecken. Dementsprechend fallen diese Einträge auch nur zufällig mit den gelegentlich größeren Abständen zwischen den Paragraphen im Text zusammen. Solche Abstände signalisieren angenehme Ruhepausen, damit der Kopf klar werden oder ein Gedanke sich schließen kann – und das könnte mit der Einführung oder dem Fallenlassen eines Gegenstandes zusammenfallen, muß es aber nicht.]

Die Parabel vom kochenden Topf	531
Das Privatsprachenargument	548
Die Allegorie der Worte; Interpretation; etwas als etwas sehen	564

Menschen als Menschen sehen	588
Embryos	592
Sklaven	596
Seelenblindheit	601
Die menschliche Gestalt	603
Wissender und Gewußtes	607
Meine Selbstbeziehung	610
Etwas glauben und jemandem glauben	619
Mir selbst glauben	624
Kosmologische und Analogiebeweise	624
Froschkörper und Froschseele	627
Bin ich mein Körper, oder bin ich in ihm? Intaktheit und Verbindung	630
Statuen und Puppen	636
Die Perfektionierung eines Roboters	639
Empfindungen und »Empfindungen«	646
Die Anordnung der Körperteile; Wundern versus Verblüffung	652
Der Polonius des Problems der anderen	655
Der Außenseiter	660
Der Begriff des Horrors; des Ungeheuerlichen	663
Die (aktive) skeptische Geschichte über das Fremdpsychische	666
Empathische Projektion	668
Die Projektion legt keine Schnitte	672
Die Frage nach einem »Idealfall« für andere	681
Abkapselung und Ausgesetztsein beim Wissen	685
Uneingeschränkte Anerkennung des Ausgestoßenen	690
In bezug auf andere leben wir unseren Skeptizismus	693
Der Verdacht, unbeschränkt zu schulden, sei pathologisch, pubertär oder romantisch	698
Der repräsentative Fall bezüglich des Fremdpsychischen ist kein generischer	701
Die passive skeptische Geschichte über das Fremdpsychische	702

Noch einmal Skeptizismus und Wahnsinn 708
Asymmetrien zwischen den beiden Fällen von
   Skeptizismus 714
Dr. Faust und Dr. Frankenstein 722
Passivität und Aktivität; der Freund und der Beichtiger 727
Das Außergewöhnliche des Gewöhnlichen 733
Narzißmus 734
Der Existenzbeweis des Menschlichen 736
Das Verschwinden des Menschlichen 741
Die Frage nach der Geschichte des Problems der
   Anderen 742
   1. Verschiedene Formen von Wahnsinn 742
   2. Der Andere als Ersatz für Gott 744
   3. Blake und die Genügsamkeit der Endlichkeit . . . 746
   4. Die Wissenschaft und die Magie des Menschlichen 750
   5. Literatur als Wissen des Outsiders 754

Literaturverzeichnis 787
Namenregister 793

Vorwort

Ein neulich erschienener Zeitungsartikel zu einer dem Werk Stanley Cavells gewidmeten Konferenz in Frankfurt hatte die Überschrift *Amerika rechtfertigen*. Das ist nicht falsch, passender hätte sie indessen gelautet *Amerika entdecken*. Denn genau davon handeln Cavells Arbeiten. Äußerlich ist Cavells Leben – geboren 1926 in Atlanta, Georgia, als Sohn jüdischer Einwanderer aus Polen und Rumänien – ziemlich geradlinig verlaufen. Sieht man einmal davon ab, daß er in jungen Jahren mit sich rang, ob er aus Liebe zum Jazz nicht Saxophonist und Klavierspieler werden sollte, kennt seine Karriere keinen Bruch. Nachdem er mit dem begehrtesten Stipendium an der Harvard University studiert und anschließend ein paar Jahre in Berkeley unterrichtet hatte, wurde er in sehr jungen Jahren Professor in Harvard und ist dort trotz Ehrungen und Einladungen aus der ganzen Welt mehr als vierzig Jahre lang geblieben.

Doch das Werk, das aus dieser so ordentlich aussehenden Laufbahn hervorging, ist alles andere als gradlinig, stellt es doch nahezu jede Annahme der analytischen Philosophie in Frage, und das nicht, indem es an ihr von außen Kritik übt oder sie als steril und irrelevant verwirft – die seinerzeit typische Reaktion der meisten europäischen Philosophen –, sondern indem es die analytische Philosophie selbst umstülpt.

Unter dem starken Einfluß von Wittgensteins *Philosophischen Untersuchungen* und den Seminaren des Oxforder Philosophen J.L. Austin gibt Cavell der Analyse der Alltagssprache ihr bis dahin ganz unbekannte Richtungen. Erstens bereichert er sie, indem er sie dort ins Spiel bringt, wo niemand zuvor daran gedacht hätte. Cavell macht richtig Ernst mit dem Thema Alltagssprache. Wie er von wirklichen Kindern spricht, die wirkliche Sprachen lernen, von mißlingender Kommunikation, von Märchen und Mythen ist dabei so eindringlich und witzig wie nur irgend etwas, was die Philosophie des 20. Jahrhunderts zu bieten hat. Zu einer Zeit, als viele Leute glaubten, Wittgensteins Philosophie und die Analyse der Alltagssprache seien völlig unplausibel oder bedeuteten das Ende der Philosophie überhaupt, führte Cavell vor, wie sie ein Neuanfang sein könnten.

Über Wittgensteins Lehre heißt es in *Der Anspruch der Vernunft*: »Was wie Zerstörung aussieht, was sich selbst in der Idee der Zerstörung ausdrückt, verschiebt in Wirklichkeit nur, worauf wir unser Interesse lenken sollen, welche unserer Vorstellungen davon, was groß und wichtig ist, einstürzen, wie es bei einer Bekehrung der Fall ist.« Denn zusätzlich dazu, daß er die Philosophie der Alltagssprache konkret, zu einem echten Allgemeingut macht, benutzt er sie auch, um das Englische auf höchst ungewöhnliche Weise zu analysieren – vor allem in einer Reihe von Essays über Shakespeares Trauerspiele.

Im Besitz einer weitaus kraftvolleren Konzeption der Philosophie der Alltagssprache, als irgend jemand sie für möglich gehalten hätte, ist Cavell daran gegangen, mit ihrer Hilfe die analytische Philosophie zu reformieren – auf eine Art und Weise, die auf seiten der reformierten Gegenstandsbereiche oft auf Unverständnis und Ablehnung gestoßen ist. Er hat als erster gezeigt, daß es unfruchtbar und töricht ist, eine unüberbrückbare Kluft zwischen der sogenannten *Analytischen* und der *Kontinentalen Philosophie* anzunehmen, und er hat es von beiden Seiten des Grabens aus getan: Englischsprachigen Philosophen hat er den Sinn für den Sinn europäischer Philosophie geöffnet, ohne diese darüber zurechtzustutzen, und denjenigen, die in den europäischen Traditionen ausgebildet worden waren und die Analytische Philosophie für trocken und witzlos hielten, hat er eine Vorstellung von deren moralischer Kraft und Brisanz vermittelt. Cavell hat eine Reihe von Gedanken eingeführt, die wir inzwischen für selbstverständlich halten: z. B., daß es schlicht falsch ist, das Verhältnis der Philosophie zu ihrer Geschichte nach dem Vorbild der Naturwissenschaften zu modeln. Wir sehen in unserer geistigen Vergangenheit nicht eine Abfolge von großen Schritten und Irrtümern, denen wir folgen bzw. die wir aufzugeben haben, um ein Wissensgebäude zu errichten. Denn wenn, wie Cavell als erster in seiner Generation uns in Erinnerung gebracht hat, Philosophie wesentlich Selbsterkenntnis ist, dann begleitet uns unsere Geschichte die ganze Zeit. (Durch Cavells gesamtes Werk vernehmen wir die Stimmen von Sokrates und Freud im Gespräch miteinander, und je nach Stimmung kann diese virtuelle Gleichzeitigkeit einen entweder begeistern oder verrückt machen.) Der Dialog zwischen der Philosophie und ihrer Vergangenheit ist mehr von der Art des uns aus der Kunst Geläufigen. Die Tatsache, daß Philosophie und Dichtung seit Platon miteinander im Streit liegen, ist ein Denkanstoß, nicht die fertige Konklusion. In der Zeit vor Cavell waren Gedanken wie diese alles andere als evident. Wer sich der Illusion hingibt, das richte sich eben gegen die Dogmen des Empirismus – die Provinzialismen der anglo-amerikanischen Philosophie –, braucht nur an die Unterscheidung zwischen *systematischer* und *historischer Philosophie* zu denken. In deren Bann stehen die meisten deutschen Philosophen noch immer.

All das könnte schon reichen, um Cavell zu Recht den amerikanischen Philosophen *par excellence* zu nennen, denn es zeigt, wie bestimmte Schritte, die notwendig waren, um die Philosophie international vorwärts zu bringen, in Amerika zuerst getan worden sind. Aber Cavell ist noch erheblich weiter gegangen: Amerika ist in seinem Werk eine zentrale Idee. Um zu ermessen, wie gewagt das ist, muß man sich nur daran erinnern, daß nicht nur Europäer die Amerikaner lange Zeit kulturell für Barbaren gehalten haben. Wie immer bei einer wirkungsvollen Ideologie ist auch dies eine Ansicht gewesen, die von den Betroffenen selbst internalisiert worden ist. In dem Amerika, in dem Stanley Cavell das Wort ergriff, hätte kein Mensch, der intellektuell etwas auf sich hielt, es klug gefunden zuzugeben, daß er jemals im Kino gewesen ist, es sei denn vielleicht in *Jules und Jim*. Cavell hat das radikal geändert. Als erster amerikanischer Philosoph hat er die Aufgabe akzeptiert, die manchmal von der europäischen Philosophie wahrgenommen wird, nämlich die eigene Kultur zu reflektieren. Allerdings hat er es auf entschieden amerikanische Weise getan. Er hat nicht über Kultur, auch nicht über Film geschrieben, sondern über konkrete Filme. Man mag sich fragen, worüber sonst man eigentlich schreiben soll, wenn man etwas Wesentliches von Amerika begreifen will. Und welch bessere Aufgabe könnte ein amerikanischer Philosoph sich setzen? (»Amerika« ist ja, anders als viele Länder, mindestens ebensosehr eine Idee wie ein geographischer Begriff.) Aber das ist, um es noch einmal zu sagen, eine Frage, die sich erst nach Cavell hat stellen können, der über Thoreau und Emerson ebenso begeistert und subtil geschrieben hat wie über Cary Grant. Viele Jahre seines Lebens hat er damit genau zwischen allen Stühlen gesessen. Wer etwas über Emerson und Kant hören wollte, den irritieren die Bezugnahmen auf Hollywood, und wer nichts über Emerson und Kant hören wollte, für den waren Filme ein Gegenstand der Schau, nicht des Nachdenkens. 1996 wurde Cavell der erste Präsident der *American Philosophical Association*, der dank der vielen Zuschriften von nicht zur Zunft Gehörigen gewählt worden ist. Obwohl er seit 1963 einen Lehrstuhl an der Harvard University innehatte, bezweifelten viele akademische Philosophen wegen seiner Themen und seines Stils, daß er überhaupt Philosoph sei.

Cavell benutzt die von ihm entwickelten Hilfsmittel jedoch nicht dazu, die klassischen philosophischen Themen zu verabschieden, sondern um sie neu zu interpretieren. Das vorliegende Buch, *Der Anspruch der Vernunft*, handelt von vielem, aber sein Hauptaugenmerk gilt den Problemen des Skeptizismus, die die neuzeitliche Philosophie so sehr beschäftigt haben: Wissen wir überhaupt jemals etwas? Könnte Descartes' Albtraum nicht Wirklichkeit werden? Wäre es denkbar, daß ich allein in einer Traumwelt aus Schatten lebe, umgeben von anderen menschlichen Leibern, die nur zum Schein wie ich mit Bewußtsein gesegnet sind? Diese Fragen haben nicht nur die Philosophie des 20. Jahrhunderts beschäftigt, sondern auch die Art und Weise, in der das 20. Jahrhundert die Philosophiegeschichte interpretiert hat. Selbst für jemanden, der wie ich glaubt, daß die Philosophen des 20. Jahrhunderts zu Unrecht den Skeptizismus ins Zentrum der neuzeitlichen Philosophie gerückt haben, ist Cavells Interpretation des Skeptizismus brillant und revolutionär. Mit Klarheit, Tiefe und Humor verleiht er dem Problem des Skeptizismus Fleisch. Unter seiner Feder verwandelt sich das Geist-Körper-Problem z. B. in die Frage, ob man den Prinzen, der zu einem Frosch im Teich geworden ist, beweinen oder ihm auf einem goldenen Teller Fliegen servieren soll; was es heißt, von Jesus gleichzeitig zu sagen, er sei das fleischgewordene Wort und er sei das Brot; ob Othello Desdemona tötete, weil er sie für treulos oder für treu hielt.

Für Cavell ist der Skeptizismus kein intellektuelles Problem, das man mit Beweisen und Argumenten lösen oder dem man so auch nur zu Leibe rücken könnte, sondern eine Frage darüber, wie wir zu unserem Menschsein stehen und wie wir auf das Menschsein anderer reagieren.

Andere Denker haben die Frage des Skeptizismus verworfen. Dr. Johnson trat gegen einen Stein, um Berkeley zu widerlegen, G. E. Moore hielt seine Hände hoch, um zu beweisen, daß etwas existiert. Cavell tut nichts dergleichen. Statt dessen zeigt er uns die Eigenartigkeit des Skeptizismus, eines philosophischen Zentralproblems, das aber unlösbar ist, weil es sich gar nicht um ein kognitives Problem handelt. – Die Lösung ist keine therapeutische oder doch nur insofern, als man Wittgensteins Methoden therapeutisch genannt hat. Allerdings weist Cavell nach, daß der Irrsinn, der in Descartes' *Meditationen* eine theoretische Möglichkeit blieb, in Shakespeares Trauerspielen erschreckend real wird. Indem es argumentiert, daß der Skeptizismus aus dem Drang entsteht, unserem Menschsein zu entkommen oder es einzuschränken, sei es als Zyniker, sei es als Weiser, zeigt Cavells Werk, wie Philosophie und Literatur uns zu den bedrohten existentiellen Schichten in uns zurückführen.

Dazu ist ein Stil nötig, der alles andere als eingängig ist, und es liegt an den notorischen Übersetzungsschwierigkeiten, daß die umfangreichste von Cavells Schriften, wie übrigens auch die meisten seiner anderen, bislang nicht ins Deutsche übertragen worden ist. (Die französische Übersetzung von *Der Anspruch der Vernunft* erschien 1996.) Cavells Englisch ist so amerikanisch wie der Jazz, mit denselben Arabesken und überraschenden Wendungen, mit denen ein großer Jazzmusiker aufwartet. Sehr amerikanisch ist Cavells Werk auch in dem selbstgesteckten Ziel, die Schranken zwischen höherer und niederer Kultur einzureißen. Wenn die Interpretation eines Gedichts von Blake gleich neben einem (tiefsinnigen) Witz über die Kindersprache steht, ist das köstlich zu lesen, aber gräßlich zu übersetzen, und wer sich unterfängt, das zu tun, muß außerordentlich viel Geduld, Phantasie und philosophisches Urteil aufbieten. Christiana Goldmanns Übersetzung ist eine erstaunlich getreue Wiedergabe des Sinns und Tonfalls des Originals. Dieses Buch kann dem Leser viel Vergnügen bereiten, aber befriedigen wird es ihn nicht, denn Cavell wirft stets mehr Fragen auf, als er beantwortet. Mehr als jeder andere Philosoph, bei dem zu studieren ich das große Glück gehabt habe, spornt Cavell einen jedoch an und befähigt einen dazu, selber weiterzudenken. Sein Werk beweist, daß Philosophie – sein erstes Buch *Must We Mean What We Say?* sagte es in aller Vorsicht – tatsächlich Lebenshilfe geben kann.

Susan Neiman, Berlin 2006

Vorwort zur neuen Taschenbuchausgabe

Musikern, ja allen, die mit dem Geschick der Künste im weitesten Sinn beschäftigt sind, ist die Erfahrung vertraut, daß einst für unspielbar gehaltene Stücke mit der Zeit ganz spielbar werden, manchmal sogar zu sehr. In der Hoffnung, mich nicht fälschlich mit Herausforderungen anderer Bereiche zu trösten, möchte ich das Erscheinen einer Taschenbuchausgabe von *Der Anspruch der Vernunft* in einem größeren, lesbareren Format als Zeichen für den Umstand nehmen, daß das Buch, etwa eine Generation nach der Erstausgabe, im allgemeinen handlicher geworden ist, als es einst war. Ich danke Oxford University Press dafür, dies ermöglicht zu haben.

Meine Dankbarkeit dem Buch selbst gegenüber ist so unermeßlich – nichts, was ich seit seiner Vollendung geschrieben habe, geht wohl nicht darauf zurück – wie meine Erleichterung angesichts der Entdeckung, daß es weiterhin seinen Teil an ernsthaften Lesern findet. Wie es uns von ausladenden philosophischen Werken vertraut ist, sind es die Reaktionen solcher Leser, aus denen man am ehesten erfährt (abgesehen von der Pein schierer Fehler oder Unachtsamkeiten, von mangelndem Können oder Uninspiriertheit), was überflüssig war und was sich als fruchtbar erweist. Als inständigste Reaktion darf die französische Übersetzung von *Der Anspruch der Vernunft* unter dem Titel *Les Voix de la Raison* gelten. Sie ist 1996 erschienen. In der neuen Einleitung zu dieser Ausgabe werfe ich die Frage der philosophischen Dunkelheit auf und bemerke, daß die Furcht, nicht verständlich zu sein, der Furcht, unübersetzbar zu sein, verwandt ist. Als Sandra Laugier sich auf die lange Reise der Übersetzung machte und ich mit ihr ganz konkret das Für und Wider von Übersetzungsalternativen besprach, begann für mich nicht nur ein weiterer Prozeß der Selbstvergewisserung, daß das Buch auch verständlich ist, mir erschloß sich darin zugleich, auf welche Weise die Suche dieses Texts nach Verständlichkeit lehrbar sein könnte.

Wie aus dem Vorwort zur Originalausgabe hervorgeht, habe ich lange an dem Buch gearbeitet, immer von Zweifeln geplagt, ob es jemals eine hinreichende Geschlossenheit erlangen würde, um es seinem eigenen Schicksal zu überlassen. Mein Eindruck, daß es doch eine gewisse Geschlossenheit hat, verdankt sich vielleicht paradoxerweise gerade der Dezision, den vierten Teil, den Schluß, seinem eigenen, unregelmäßigen, meditativen Rhythmus zu überlassen. Von der scheinbaren Paradoxie dieses Eindruck spreche ich deshalb, weil ich mich an Zeiten erinnere, wo man mir gesagt hat (und ich nehme an, zeitweilig war ich bereit, es zu glauben), *Der Anspruch der Vernunft* bestehe eigentlich aus zwei Büchern. Teil I bis III stellen, nehmen wir einmal an, eine erkennbar akademische Untersuchung darüber dar, wie der Skeptizismus und die Philosophie der Alltagssprache sich wechselseitig hervorbringen und miteinander in Konflikt geraten – der Skeptizismus, wie ihn Descartes, Hume und Kant verstanden haben, und die Alltagssprache wie in dem Verfahren von J. L. Austin und dem Denken des späten Wittgenstein –, einschließlich der Konsequenzen dieser erkenntnistheoretischen Untersuchung (oder sagen wir: der Untersuchung, wie weit sich die Verantwortung, die wir für unser Sprechen tragen, erstreckt) für die Moral. Teil IV, der bei weitem längste Teil, bricht dann unvorhersehbar mit dem verhältnismäßig strengen argumentativen Duktus der vorangegangenen Teile, um in immer neuen Ansätzen auf den früheren Stoff zurückzukommen, um seine Fragen zu hinterfragen und weiterzuführen, um Spontaneität, Empfänglichkeit für die Tatsache zu wecken, daß die Philosophie sich fortwährend mit einer Vielzahl von Wörtern der Alltagssprache auseinanderzusetzen hat, ohne welche sie anscheinend nicht auskommt: *know, is, believe, real, not, idea, ought, good, mean, beyond, self** sind altbekannte Beispiele.

Doch diese Verhältnisbestimmung würde die Radikalität, mit der Teil IV die Termini der vorangegangenen Teile reflektiert, inso-

---

* Um die rhythmische Qualität der Wortreihe zu erhalten, wurde hier und bei der weiter unten stehenden Wortreihe auf eine Übersetzung verzichtet. (A. d. Ü.)

fern unterschätzen, als trotz der Diskontinuität ihrer Anlässe, oder dadurch womöglich sogar noch gesteigert (als würde die Sprache überall unterbrechen oder sich auf sich selbst besinnen, als würde das Bedürfnis der Philosophie nach Worten keine Grenzen kennen und als zuckte sie dennoch vor jedem Wort zurück, das sie doch will), die Kontinuität dieser Reflexion eine Art Schleifenbewegung zwischen den Teilen in Gang bringt, die ich in dieser Form vorher gar nicht hätte entwickeln können. Wenn ich die nun folgenden Seiten rasch Revue passieren lasse, kommen mir, angezogen von ihnen, mißtrauisch gegen sie, diese zusätzlichen Worte in den Sinn: *think, grasp, express, ask, say, hear, hint, see, certain, surface, part, all express, disguise, itself, doubt, value, example, something, someone. Note, sign, this, pretend, really, in, point, follow, rule, was, same, next, free, want, call, tell, word, mark, picture, chair, bird, city, count, accept, agree, private, assume, propose, promise, play, trust, wait, give, get, have, fate, face, intend, avoid, curse, amaze, bore, abhor, read, understand, image, imagine, behavior, body, become, suffer, object, thing, ground, world, only, simple, do, work, fail, complete, so, now, again, new, life, alien, I, you, we, they, my, me*. Anders gesagt: Teil IV ermutigt seine Sprache, sich von der Philosophie überraschen zu lassen, bestürzt darüber, daß das Menschliche nach diesem unaufhörlichen Aufsichzurückkommen verlangt und daß die Wiederbegegnung mit uns im Zeichen von Worten wie diesen steht, und wenn diesen, dann allen, die, so vertraut sie uns vorkommen, sich verbergen. Als würde uns eine Kindheit überraschen, die gar nicht zu Ende gekommen ist. Die philosophische Sprache steht daher unter einem Druck, der einem literarischen nicht unähnlich ist. (Nicht von jedem wird man erwarten dürfen, daß er dafür etwas übrig hat.)

Die angedeuteten Wechselwirkungen könnte ich als Ausdruck der Tatsache charakterisieren, daß Philosophie (entlang mehr als einer Achse) doppelgleisig existiert, daß dies ihr Los ist. Bezogen auf den vorliegenden Fall gehört die Philosophie einerseits mehr oder weniger ins akademische Kurrikulum, andererseits gibt es in bezug auf sie im Kanon eines solchen Kurrikulums Berührungsängste im Hinblick, könnte man sagen, auf ihre intellektuelle Berechtigung. Diese Spannung nicht auszuhalten und ihr dadurch entgehen zu wollen, daß man sich für die eine oder die andere Seite entscheidet, ist nur verständlich. Die Macht des akademischen Philosophiekurrikulums (in beiden derzeit etablierten Formen, mit der angelsächsischen Tradition auf der einen und der französisch-deutschen auf der anderen) stellt sicher, daß jeder, der einen Sinn für oder ein Bedürfnis nach Philosophie hat, wird versuchen müssen, eine Haltung dazu einzunehmen, entweder indem er dieser Macht trotzt oder indem er sich ihr fügt. Zu erklären, warum ich mich für einen anderen Weg als den der Polemik, des Parteiergreifens entschieden habe und welchem Gegendruck dieser Weg sich, in meinem Fall, aussetzt, wenn er beharrlich die Wichtigkeit der Philosophie um ihrer selbst willen behauptet, darin mag man wohl den Sinn von *Der Anspruch der Vernunft* sehen.

S. C., Brookline, Massachusetts
Dienstag, den 1. September 1998

Einleitung

Die folgenden Seiten versammeln Arbeiten aus vier verschiedenen Zeitabschnitten. Die älteste – sieht man von dem Titelaufsatz von *Must We Mean what We Say?* ab – ist die älteste aller meiner von mir noch immer verwendeten Veröffentlichungen, die jüngste ist jünger als alles von mir Veröffentlichte. Das vorliegende Werk war als Überarbeitung meiner Dissertation *The Claim to Rationality* gedacht, die ich 1961 beim Philosophischen Seminar der Harvard University eingereicht hatte. Doch strenggenommen ist dieses Buch sowenig eine Überarbeitung, wie sein Vorgänger, strenggenommen, eine Dissertation war.

Ich saß gerade an einer echten Dissertation (über den Handlungsbegriff), als J. L. Austin 1966 für ein Semester nach Harvard kam, unter anderem um im Rahmen der William James Lectures seine Arbeit über performative Äußerungen vorzustellen (*How To Do Things with Words*, posthum 1962 erschienen). Austin bot auch ein Oberseminar zum Thema Entschuldigungen an, das in dem gleichnamigen Aufsatz aus den *Philosophical Papers* zusammengefaßt ist. Dieses Material sowie die darin angewendeten Verfahren – Verfahren, die einige von uns Philosophie der Alltagssprache [*ordinary language philosophy*] nannten – warfen mich aus der Bahn.

Nachdem ich so in die Krise geraten war, beendete ich mein Studium, ging nach Berkeley, um dort zu unterrichten, begann mit einigen Arbeiten, die in den frühen Aufsatzband *Must We Mean What We Say?* aufgenommen wurden, und plante eine neue Dissertation über die Folgen von Austins Verfahren für die Moralphilosophie – Folgen, sagen wir einmal, in dem Sinne, daß die menschliche Stimme [*voice*] in den moralischen Beurteilungen ihrer selbst wieder einen Platz erhielt. Einiges von diesem Material bildet den Hauptteil von Teil III. Diese Kapitel zur Moral scheinen mir am stärksten Dissertationscharakter zu haben. Im Entwurf der vorgelegten Dissertation, die aus verschiedensten

Gründen durchfiel, sollten ihnen Kapitel folgen, die bestimmte ihrer Leitgedanken weiterentwickelten. Ein paar dieser Gedanken scheinen es mir immer noch wert, weiterverfolgt zu werden. Beispielsweise, daß es in der Erkenntnistheorie und der moralischen Argumentation gegensätzliche Orte gibt, an denen die eigene »Position« zum Tragen kommt. Oder auch, daß das, was in unsere Kompetenz als moralische Subjekte eingeht, in die Fähigkeit, unsere Handlungen zu entschuldigen, zu rechtfertigen oder zu erklären (sie darzulegen [*elaborate*], wie ich später sagen werde), von derselben Art ist wie das, was unserer Auffassung nach in unser Vermögen, uns selbst zu kennen, eingeht, in eine Weise zu sagen, was man tut, und folglich in das, was wir für das Haben eines Selbst halten (so daß die Moral in dieser Weise ein Fundament im Wissen hat). Oder auch, daß die Probleme, die wir unter dem Titel Willensschwäche zusammenfassen, sich in der Untersuchung derjenigen Tatsachen über Spiele abhandeln lassen – vor allem dessen, was Spielen ihre Form gibt und sie praktizierbar macht –, die es ihnen offenbar ermöglichen, solche Probleme zu umgehen. Ferner dies: Der moralische Diskurs ist nicht bloß Teil öffentlicher Debatten über bekannte und für wichtig erachtete Fragen. Er ist eine intime, ja man könnte auch sagen: eine private Prüfung einer Seele durch eine andere. Er lehrt uns nicht nur zu fragen »Was muß man tun?«, sondern auch »Was muß ich tun?«. Und nicht nur »Ist das, was der andere tut, akzeptabel?«, sondern auch »Wie bin ich bereit, diesen anderen zur Rede zu stellen?«.

Der Schock, den mir Austins Verfahren versetzten, wurde noch durch Thompson Clarkes Fähigkeit verstärkt, sie nahezu vollständig im Einklang mit statt im Gegensatz zu den Verfahren der klassischen Erkenntnistheorie zu akzeptieren und zu übernehmen. Da er und ich schon früh das Genuine der philosophischen Inspiration in den Lehren von C. I. Lewis auf eine ähnliche Weise zu schätzen gelernt hatten, lag meinerseits eine gewisse Bereitschaft vor, auf Clarkes Arbeiten zu reagieren. Ich glaube, ich bin nie völlig davon überzeugt gewesen, daß Austins Verfahren die

klassische Erkenntnistheorie einfach verwerfen, aber ich weiß, daß ich nicht gedacht habe, was Clarkes Arbeiten mir zu zeigen schienen, daß die Vorschriften der Alltagssprache (ohne Zweifel all die positiven Dinge eingeschlossen, die ich darüber in »Must We Mean what We Say?« gesagt habe) das Unterfangen der klassischen Erkenntnistheorie ebensosehr unterstützen wie unterhöhlen. Da diese Entdeckung genausoviel über Austin wie über die Verfahren der Tradition aussagt, erkannte ich, daß, ja sogar wohin ich zurückgehen mußte, bevor ich wieder weitergehen konnte. Dies war die Frucht des Beginns eines ernsthaften Studiums der *Philosophischen Untersuchungen*, bei dem mir das wiederholte Auftreten skeptischer und ihnen entgegnender Stimmen manchmal seltsam beiläufig und manchmal seltsam schlüssig, manchmal gewunden und manchmal entschieden vorkam. Ich wußte danach verhältnismäßig bald und verhältnismäßig gut, daß die Faszination, die die *Untersuchungen* auf mich ausübten, etwas mit meiner Reaktion auf sie als schriftstellerischem Kraftakt zu tun hatte. Das war einige Jahre bevor mir aufging, daß sie sich als eine philosophische Entdeckung zum Problem des anderen lesen lassen; und noch einige Jahre früher, bevor mir diese beiden Dinge als voneinander abhängig erschienen. (Es dauerte sechs bis sieben Jahre, bis mich die *Untersuchungen* faszinierten. Als sie 1953 erschienen, las ich die ersten 12 Dutzend Abschnitte, um mich auf eine von Paul Ziff geleitete Studiengruppe zu dem Buch vorzubereiten. Im Laufe der, wie ich mich zu erinnern meine, drei bis vier Treffen der Gruppe fand ich Ziffs Kommentare erstaunlich und hervorragend, das Buch selbst aber empfand ich als langweilig. Bestenfalls schien es mir Materien zu untersuchen, die mir aus dem Pragmatismus, vor allem von Dewey, vertraut waren, allerdings in einer weniger vertrauenswürdigen und geordneten Form.)
Erst als ich bis zur Mitte von Teil IV gelangt war, und das war gut zehn Jahre nach der Einreichung meiner Dissertation, war ich zuversichtlich, auf dem richtigen Niveau etwas einigermaßen Zusammenhängendes zu sagen, das für ein Nachdenken über die

Verbindung von Schreiben und dem Problem des anderen furchtbar ist und auch über die Verbindung von beidem zu meinem Interesse an einer Tradition, jedenfalls einer Idee von Philosophieren, die der angelsächsischen Tradition, wie man sie an den besten englischsprachigen Philosophieseminaren findet, entgegengesetzt ist. Jeden Versuch, meine frühen, tastenden Amateurbemühungen, die englische und kontinentale Tradition zu verbinden, zu glätten und zu verfeinern, habe ich schon deshalb unterlassen, weil sie demonstrieren sollen, daß eine erneute Zusammenführung dieser Traditionen, die sich so lange wechselseitig gemieden haben, oder jedenfalls das Schreiben im Bewußtsein des durch die Trennung verursachten Verlustes meine geistige Entwicklung seit der frühesten Arbeit, auf die ich hier Bezug nehme, entscheidend angetrieben hat. Es bleibt ein Antrieb, diese Trennung zu bestimmen und eine Stelle anzugeben, an der sie überwunden wird. (Meine Zuversicht, daß es sich hier neben anderen um wirkliche Probleme handelt, ist in meinem Kopf unauflösbar mit Gesprächen verknüpft, die ich über die letzten 20 Jahre mit Kurt Fischer führte.) In *The World Viewed* und *The Senses of Walden* meinte ich, so schreiben zu müssen und es auch zu können, als hätten diese Wege sich nie getrennt. Dieser Geist bestimmt gelegentlich auch den Teil IV des vorliegenden Buches. Ich sollte jedoch hinzufügen, daß dieser Geist meiner Meinung nach für mich nur möglich wurde, weil der Druck, diese Trennung oder Spaltung der Kulturen zu verstehen, sich selbst in den Druck umzuwandeln begonnen hatte, die Trennung zwischen dem Schreiben von Philosophie und dem Schreiben von Literatur, mithin die Trennung innerhalb (einer) Kultur zu verstehen.

Die Wege der philosophischen Traditionen *haben* sich aber getrennt, und das wechselseitige Meiden und ohne Zweifel auch die gelegentlich fatale Anziehung haben seit der Zeit meiner ersten verzweifelten Anstrengungen, sie wieder zusammenzuführen, weitere Konsequenzen gezeigt (als wäre etwas in mir selbst zerrissen worden), insbesondere in den Entwicklungen des französischen Denkens (man könnte es verkürzt als Rezeption oder Auftauchen Freuds bezeichnen) und wiederum in deren Rezeption durch literaturwissenschaftliche Studien in Amerika (sozusagen eine Immigration Freuds). Doch darüber zu sprechen, bin ich, zumindest hier und jetzt, nicht bereit. Natürlich hat sich die intellektuelle Landschaft in meinem Land verändert, seit ich auf diesen Seiten begonnen habe, mir meinen Weg zu ihr und aus ihr heraus zu suchen. Selbstverständlich habe ich immer mal wieder gemeint, ich sollte überlegt und systematisch versuchen, die Arbeit dieser Seiten zu jenen Veränderungen in Beziehung zu setzen, gewissermaßen um mein Werk auf den jüngsten Stand zu bringen. Am Ende hielten mich zwei Bedenken davon ab. Erstens: Wenn die hier vorgelegte Arbeit es überhaupt wert ist, daß ein solcher Bezug hergestellt wird, dann bin ich in einer weniger günstigen Situation, um dies zu tun, als andere es sein werden. Zweitens: Meine Möglichkeit und zugleich eine weitere Verpflichtung schien mir gerade darin zu bestehen, die Verbindungen zu den Ereignissen innerhalb der akademisch-philosophischen Szene in Amerika offenzuhalten, zu dem, was wir die Rezeption der Philosophie der Alltagssprache [*ordinary language philosophy*] nennen können (manchmal wird sie auch als Oxford-Philosophie bezeichnet und wird hier vor allem durch einige Arbeiten von J.L. Austin vertreten) sowie der *Untersuchungen* Wittgensteins, so als liefen gewisse philosophische, von solchen Ereignissen eröffnete Wege immer Gefahr, im Dunkeln zu verschwinden. Wenn diese Rezeption in der Hauptsache Ereignisse aus den 1950er- und 1960er-Jahren umfaßt, müssen sie als eine vielsagende Reaktion, ja als die entscheidende interne Reaktion betrachtet werden, die sich weg von der Rezeption des logischen Positivismus in den 1930er- und 1940er-Jahren bewegt oder eher über sie hinausgeht. Die Ereignisse der 1950er- und 1960er-Jahre haben, wie ich meine, ihrerseits weniger eine Gegenreaktion hervorgerufen oder sind abgelegt worden, vielmehr wurden sie teilweise einverleibt und haben, wie mir scheint, eine Art von immunisiertem Zustand hervorgebracht. Die Verbindungen zu ihnen offenzuhalten hieße zu zeigen, daß Philosophie immer noch inspiriert von diesen Ereignissen zu treiben ist. Selbstverständlich weiß ich nicht, ob ich das erfolgreich bewiesen habe, d. h., ob ich aus dieser Inspirationsquelle eine überzeugende Philosophie gemacht habe, mein Ehrgeiz läßt sich aber gleichwohl so beschreiben, daß etwas in meinem Werk doch auf die Höhe der Zeit gebracht wurde.

Von allen Entwicklungen, zu denen ich mich nicht systematisch oder explizit in Beziehung gesetzt habe, schien einigen Freunden, an deren Urteil mir liegt, trotz all meiner beredten Erklärungen und Entschuldigungen, eine auf jeden Fall auszustehen, und zwar die Veröffentlichung anderer Arbeiten des späten Wittgenstein nach dem Erscheinen der *Philosophischen Untersuchungen*. Vor allem *Über Gewißheit* schien ihnen nach einem Kommentar zu verlangen. Ich vermag dem beim besten Willen nicht zuzustimmen. Wittgenstein aus bloßer Neugier zu lesen ist mir unmöglich, und warum sollte ich mich dazu *zwingen*, ihn zu studieren? Die *Untersuchungen* schienen mir mehr als jedes andere Werk dieses Jahrhundert für die Philosophie paradigmatisch zu sein, für mich waren sie das bedeutendste Geschenk der Philosophiegeschichte. Das bedeutete, wie es wohl unvermeidlich ist, ihrem Eindruck zu unterstehen. Wenn ich das Gefühl haben wollte, zur Untersuchung meiner eigenen Interessen vorzustoßen, war es daher notwendig, mich irgendwie von diesem Eindruck frei zu machen. In der Praxis hieß das, ich mußte Weisen des Schreibens entdecken, die ich als philosophisch betrachten und in denen ich manchmal Erweiterungen – also manchmal Verneinungen – derjenigen Wittgensteins erkennen konnte, aber natürlich auch all der anderen Schriftsteller, von denen ich mich abstoße. Ich sollte dementsprechend anmerken, daß, wenn mein Buch sich den spätesten Schichten nähert, und durchgehend etwa nach dem ersten Viertel von Teil IV, meine Verweise auf die *Untersuchungen* nicht mehr als deren Interpretation gedacht sind.

Was hier als die beiden Mittelteile figuriert (Teil II und III), sind die letzten beiden Drittel der vorgelegten Dissertation. Sie wurden mehr oder weniger stark überarbeitet, am ursprünglichen Aufbau und den ursprünglichen Ideen wurde jedoch in beiden Fällen festgehalten. Hätte ich mich nach häufigem Sinneswandel nicht schließlich doch dazu entschieden, sie so beizubehalten, wäre dieses Buch nie erschienen. Etwas mehr als ein Viertel des ersten Drittels der eingereichten Dissertation besteht aus einer Einleitung, die für sich unter dem Titel »The Availability of Wittgenstein's Later Philosophy« (»Der Zugang zu Wittgensteins Spätphilosophie«) erschienen ist; sie ist nachgedruckt und gut zugänglich, weshalb sie bei dieser Gelegenheit weggelassen wurde. Auf das, was von ihr hier notwendig ist, wurde von Fall zu Fall Bezug genommen. Praktisch ist sie durch das 1. Kapitel ersetzt. Die nicht aufgenommene Einleitung zusammen mit den gegenwärtigen Teilen II und III bleiben um etwa 100 Seiten hinter den ursprünglich 440 Seiten zurück. Ungefähr noch einmal die Hälfte dieser hundert Seiten hat sich in Fragmenten retten lassen, von einzelnen Sätzen und Absätzen bis hin zu zwei, drei zusammenhängenden Seiten; über hundert neue Seiten verteilt, bilden sie den Großteil von Teil I, nämlich Kapitel 2 bis 5. Kurz, etwa drei Viertel des ursprünglichen Materials sind erhalten geblieben und bilden etwa die Hälfte des vorliegenden Bandes.

Über diese Äußerlichkeiten verbreite ich mich zum Teil deswegen, weil ich weiß, daß *The Claim to Rationality* ein gewisses Eigenleben erlangt hat. Zu einem großen Teil zirkulierte die Schrift schon bald nach der Fertigstellung in Abzügen; ein Grundgedanke der Arbeit ist in Hannah Pitkins *Wittgenstein and Justice* (1972) eingegangen; und die in der Widener Library an der Harvard University hinterlegten Exemplare werden regelmäßig benutzt und ausgeliehen, wie ich mit Freude und Mißvergnügen bei einem Besuch des Magazins feststellte, als ich selber die Originaleinleitung nachschlagen wollte. Das sind sicherlich wichtige Gründe dafür, daß ich von meinen wiederholten Anwandlungen, die Sache im Widener-Archiv ruhen zu lassen, immer wieder abgerückt bin. Zum Teil verbreite ich mich allerdings über diese Äußerlichkeiten auch deswegen, weil es keine Äußerlichkeiten sind. Ich bin nicht restlos glücklich bei dem Gedanken, darf es wohl auch nicht sein, daß ein Werk, das ich jetzt nicht mehr schreiben würde und könnte, jetzt erscheint. (Bei Teil IV liegen die Dinge anders, ich komme darauf zurück.)

Über Wittgensteins Spätwerk etwas zu sagen zu haben mag von sich aus die Unsicherheit mit sich bringen, ob es sich lohnt, es zu sagen, ob es gesagt werden muß oder ob man nicht Gemeinplätze von sich gibt, etwas, was vielleicht schon gesagt wurde, vielleicht mit Wittgensteins eigenen Worten. (Rogers Albritton und Saul Kripke scheinen mir im Frühjahr 1976 einleitend zu ihren Bemerkungen zu den *Untersuchungen* auf dem Londoner Wittgensteinkongreß ähnliche Gefühle ausgedrückt zu haben, bevor sie noch einmal Gedanken vortrugen, von denen ihnen nach eigenem Bekunden viele vor mehr als einem Jahrzehnt gekommen waren.) Ich glaube, diese Unsicherheit wird man desto stärker empfinden, je stärker man spürt, daß Wittgensteins Arbeit nicht von ungefähr diese Form hat, daß es keine Laune von ihm war, ihr keine stärker systematische Form – genauer gesagt, eine andere systematische Form – gegeben zu haben. Denn dann wird man beides sehen, daß Wittgenstein sich selbst so gut ausdrückte, wie er ausgedrückt werden kann, und daß es doch noch etwas gibt, was er nicht ausdrückte oder ausdrücken konnte.

In dem Maße wie für diejenigen, die Wittgensteins Lehre als Teil der Geschichte oder des Fortschritts der Philosophie einzubauen versuchten, gilt, daß sie immer noch von ihren Gedanken über diese Lehre leben, die sie damals, als sie sich zum ersten Mal zu ihr bekehrten, gefaßt haben; und in dem Maße wie sie diese Gedanken nicht veröffentlichten oder nicht darlegten, wieso ihre Rezeption für sie selbst so bedeutsam war, in dem Maße muß es scheinen, daß unsere philosophische Kultur keine Verwendung für diese Gedanken gehabt hat. Etwas Ähnliches gilt für Austins Werk. Es kann daher so aussehen, als müsse die Rezeption Wittgensteins und Austins sich noch öffentlich und historisch auf diese philosophische Kultur auswirken. Ich sage nicht, daß das eine schlechte Sache ist. Wittgensteins Schrift kommt einer Akademisierung nicht gerade entgegen – doch just das sollte sie nicht von Descartes' *Meditationen* unterscheiden: Wie kommt die Berufung zur Philosophie der Akademisierung entgegen? – Und wenn Austin sich eine Akademisierung wünschte, dann sollte sie es nicht als Philosophie sein. Ich möchte auch nicht sagen, daß dieses Fehlen einer bestimmten Rezeption überraschend ist. Wie die großen modernen Werke zumindest des vergangenen Jahrhunderts sind die *Philosophischen Untersuchungen* logisch gesehen esoterisch. Das heißt, Werke dieser Art neigen dazu, ihre Leserschaft in Eingeweihte und Nichteingeweihte zu spalten (und noch dazu jedes ihrer Mitglieder), folglich schaffen sie die besondere Unerfreulichkeit eines Kultes – im besten Fall als ein spezifisches Heilmittel gegen die besondere Unerfreulichkeit der Indifferenz oder der intellektuellen Promiskuität, indem Beschränktheit durch Beschränkung bekämpft wird – und folglich erfordern sie den Schock der Bekehrung, um ernsthaft rezipiert zu werden. Wenn ich sage, daß die Grundlage der vorliegenden Publikation die ist, daß Wittgenstein noch zu rezipieren ist, dann will ich damit sagen, daß sein Werk, und natürlich nicht nur das seine, wesentlich und immer zu rezipieren *ist*, so wie es bei Gedanken, die sich gegen eine Akademisierung sperren, der Fall sein muß.

Ich erinnere mich an eine Diskussion vor ungefähr fünfzehn Jahren, in der ein brillantes, erfolgreiches und aufgebrachtes Mitglied der philosophischen Zunft plötzlich ausrief: »Also, es ist doch durchaus möglich, daß Wittgenstein sich in *irgend etwas* geirrt hat!« Unerfreulich wie jeder Kult nun mal ist, muß man eben zur Kenntnis nehmen, daß es eine Art von Verhalten gibt, die selbst dem Geduldigsten zu Recht solche Zwischenrufe entlockt. Doch sollte man auch nicht zuviel aus solchen Äußerungen machen. Genauso könnte man schließlich auch sagen: »Also, es ist doch durchaus möglich, daß die Philosophie sich in irgend etwas geirrt hat.« Wer wollte das bezweifeln. – Das sollte uns veranlassen, daran zu denken, daß Disziplinen, die von der Kritik leben (nennen wir sie ›philosophische‹), sich selbst nur bestimmten Bedingungen und Formen der Kritik für unterworfen halten, sich aber auf der anderen Seite zur allgemeinen kritischen Instanz für alle anderen Disziplinen erklären. Ferner müssen wir daran denken, daß in der Moderne die kulturell ambitioniertesten intellektuellen Unternehmungen sich selbst als Philosophie präsentieren oder doch wenigstens zulassen müssen, daß sie als solche rezipiert werden. Eine Folge oder Ursache dieser Situation, in der kein Grund oder keine Richtung des Denkens oder der Kunst als grundlegender denn ein anderer gilt (sieht man von Letztbegründungstheorien ab), ist nun, daß die Kritik endlos oder totalisiert wird – manchmal erhebt sie sich auf das Niveau der Reduktion, manchmal schwingt sie sich auf das Niveau der Demaskierung. – Wittgenstein bekennt sich zu oder besser verbirgt sich hinter dem Vorwurf, daß sein Werk »doch nur alles Interessante, d. h. alles Große und Wichtige, zu zerstören scheint« (*Untersuchungen*, § 11). Er beruhigt uns mit der Antwort: »Aber es sind nur Luftgebäude, die wir zerstören«. Was kann nach einer solchen Beruhigung noch an Beruhigung kommen? – Was wie Zerstörung aussieht, was sich selbst in der Idee der Zerstörung ausdrückt, verschiebt in Wirklichkeit nur, worauf wir unser Interesse lenken sollen, welche unserer Vorstellungen davon, was groß und wichtig ist, einstürzen, wie es bei einer Bekehrung der Fall ist. Wer weiß, was eine solche Verschiebung, ein solches Einstürzen hervorrufen wird? Manchmal erreicht es die Satire; manchmal gelingt es der Scham nicht. Manchmal ist der Verlust eines alten Interesses so furchteinflößend, daß man alles, nur nicht sich selbst drastisch zu verändern versucht – sagen wir Philosophie in Wissenschaft, Sprache in Logik oder Film in Sprache. Manchmal liegt man damit richtig. Ich kenne einige, für die Wittgenstein, der frühe oder der späte, das letzte Wort in der Philosophie gesprochen hat und die daraufhin das Feld der Philosophie verlassen haben, vielleicht zugunsten eines anderen Feldes. Und es scheint mir, daß ein bestimmtes Motiv, Philosophie zu betreiben – keineswegs das am wenigsten alte oder am wenigsten ehrenhafte –, in uns Zweifel an der eigenen Arbeit weckt, daran, ob wir am richtigen Platz sind, ob es an diesem Platz überhaupt ein bestellbares Feld gibt, Zweifel am Charakter der eigenen Begabung, Überzeugung, des eigenen Interesses oder des eigenen Geschmacks oder dessen Fehlens, und das aus Gründen, die immer auf dem falschen Boden zu stehen scheinen. – Das Folgende mag als Aufzeichnung von jemandem betrachtet werden, der das Feld behauptet hat.

Das Buch ist aus den folgenden vier Schreibperioden oder -schichten hervorgegangen. (1) Die eingereichte Dissertation, die in den sechs Monaten vor ihrer Abgabe im April 1961 in fortlaufende Prosa gebracht wurde, war eine Auslese aus Manuskripten, die ich in den drei Jahren seit dem Abfassen von »Must We Mean What We Say?« im Dezember 1957 geschrieben hatte. Ich wußte, daß zwei Dinge der Aufmerksamkeit bedurften, bevor ich den Vertrag, die Dissertation zu publizieren, einlösen konnte. Ich war mir sicher, daß etwas an dem falsch war, was einigen der frühen Leser als ihr bemerkenswertestes Merkmal erschien, das Verständnis von Wittgensteins Begriff eines Kriteriums, und ich wußte, daß ich aus Unzufriedenheit mehr oder weniger die Gedanken unterdrückt hatte, die mir zum Problem des Fremdpsychischen gekommen waren. Um 1965 herum gelang es mir, einen Begriff des Kriteriums zu entwickeln, der mich noch heute zufriedenstellt, und ein oder zwei Jahre später (in dieser Zeit trieben mich die in »Knowing and Acknowledging« enthaltenen Ideen um) hielt ich auch Vorlesungen über das Material zum Fremdpsychischen, das hier grob als erstes Viertel von Teil IV erscheint, und das brachte mich auf die Frage nach der Seelenblindheit. Obwohl ich mein anschließendes Urlaubssemester (Herbst 1967) dazu nutzte, die abschließenden Essays sowie den Einleitungsessay von *Must We Mean What We Say?* fertigzustellen, war ich bezüglich der dort aufgenommenen und der darin enthaltenen Arbeit zuversichtlich genug, um in den Danksagungen die bevorstehende Veröffentlichung von *The Claim to Rationality* anzukündigen. (2) Das Voreilige meiner Ankündigung wurde mir in seinem ganzen Ausmaß erst 1970/71 bewußt, als ein Forschungsjahr mir die Gelegenheit gab, Teil I zu überarbeiten und den als ersten Teil von Teil IV erwähnten Stoff zum Problem des Fremdpsychischen auszuführen. Denn in der Zwischenzeit hatte ich auch die Entwürfe der unter den Titeln *The World Viewed* und *The Senses of Walden* veröffentlichten Manuskripte abgeschlossen. Die Konklusionen, zu denen ich bis dahin in der Überarbeitung der Dissertation gelangt war, schienen mir durch diese Schriften überholt, auch wenn sie alle für mich zusammenhingen. (3) Schon bald nach Beginn meiner nächsten freien Zeit, den beiden Herbstsemestern 1973 und 1974, wurde mir klar, in welche Richtung die Konklusion von sich aus ging, und ich wußte, daß die Dissertation ohne sie nie herauskommen würde. Die Konklusion hatte etwas mit der Verbindung zwischen den beiden letzten Essays von *Must We Mean What We Say?* (»Knowing and Acknowledging« und »The Avoidance of Love: A Reading of *King Lear*«) zu tun, mit der Reziprozität der Vorstellungen von Anerkennen und Vermeiden, wie zum Beispiel der Gedanke, daß Skeptizismus bezüglich des Fremdpsychischen kein Skeptizismus, sondern eine Tragödie ist. Wie ich zu einer solchen Konklusion *hatte gelangen* können, war entschieden weniger deutlich. Was sich in jenen Herbsten und Wintern entwickelt hat, will sagen: als ich den Großteil von Teil IV schrieb, war etwas, das ich mehr und mehr als das Führen eines begrenzten philosophischen Tagebuchs betrachtete oder akzeptierte, ja wovon ich sogar abhängig war. Es zu schreiben glich in zwei wesentlichen Hinsichten dem Führen eines Tagebuchs. Erstens ist die Eigenständigkeit jeder Spanne des Schreibens ein wichtigeres Ziel als glatte oder irgendwelche Übergänge zwischen den Spannen – wobei eine Spanne eine Anzahl tatsächlicher Tage verbinden, aber auch weniger als einen ganzen Tag einnehmen kann. Dieses Ordnen von Zielen neigt dazu, die Prosa zum Aphoristischen zu treiben. (Während des Schreibens fielen mir beispielsweise eine Reihe von Formeln für das Verhältnis von Skeptizismus und Tragödie ein. Wenn ich heute dort fortfahren müßte, wo Teil IV schließt, könnte ich mit der Bemerkung beginnen, daß meine Skepsis bezüglich der Existenz anderer nicht größer ist als meine Skepsis bezüglich der Notwendigkeit meines eigenen Todes. Ich weiß, daß ich daran nicht zweifeln kann, aber ich weiß nicht, daß ich es weiß.) Zweitens wäre es witzlos oder hoffnungslos gewesen, diese Arbeit anderen zu zeigen, bevor nicht das Leben oder der Ort, dessen Tagebuch sie war, erfolgreich, wenngleich zeitweilig, hinter sich gelassen, erschöpft worden war. Ich erkannte, daß ich mich diesem Aufbruch näherte, aber die Frage war immer, ob er mit dem akademischen Kalender zusammenfallen würde. (4) Fast war es so, jedenfalls kam er ihm so nahe, daß das offizielle Ende bis zum nächsten Mal, wo ich mehrere freie Monate vor mir hatte, warten konnte, und diese Zeit ergab sich dann im Sommer und Frühherbst 1977.

Von Anfang bis Ende war das Schreiben dieser Seiten mehr oder weniger vom Reden begleitet, manchmal in Vorlesungen, manchmal in (auch imaginären) Gesprächen mit Freunden, von denen einige Kollegen, einige Studenten und wieder andere meine Phantasiegeschöpfe waren. Praktisch der gesamte Stoff der eingereichten Dissertation kam während der Jahre 1957 bis 1961 in Vorlesungen und Seminaren in Berkeley zur Sprache. Für mich sieht es so aus, daß ich diese vier Jahre ununterbrochen mit sechs bis sieben Doktoranden und drei bis vier Kollegen debattierte. Manchmal geschah das im freundschaftlichen Austausch, manchmal in (zeitweilig, aber man konnte nie wissen) entfremdenden Disputen, die im allgemeinen in meinen Lehrveranstaltungen stattfanden, vielleicht auch in einer von Thompson Clarke oder auch in den Fluren von Dwinelle Hall, in ihrem winzigen Café oder in dem großen Büro der Assistenten. Oft war Kurt Fischer dabei und auch Thomas Kuhn. Ich glaube nicht, daß ich die Kontinuität der Diskussionen jener Jahre übertreibe. Sicher weiß ich, daß ich die Bedeutung der intellektuellen Freundschaft nicht übertreibe. Manchmal schienen wir geradezu besessen von etwas zu sein, was man eine intellektuelle Gemeinschaft nennen könnte, und mitunter sprach der eine oder andere von uns es auch aus. Wenn ich mich den Arbeiten Austins und Wittgensteins so verpflichtet fühle, dann liegt das zu einem wesentlichen Teil daran, daß sie, zumindest eine Zeitlang, zur Entstehung einer solch sichtbaren Gemeinschaft oder der konkreten Hoffnung darauf beitrugen. Ich hoffe, daß diejenigen, die ich nicht mehr sehe und die in jenen Jahren dabei waren, etwas von diesen Zeiten und von sich selbst im Folgenden wiedererkennen. Aus der Gruppe der Studenten erlaube ich mir, Philip Hugly beim Namen zu nennen. Zu einer für das Thema des Fremdpsychischen kritischen Zeit fielen ein oder zwei Gespräche mit ihm über den Gegenstand stark ins Gewicht.

Frühere Bücher gaben mir die Gelegenheit, einige Freunde und Studenten zu erwähnen, die mich seit meiner Rückkehr nach Harvard im Herbst 1963 beeinflußt haben. Hier sei noch zusätzlich Margret Drach gedankt, die mir die Lücken darin zu sehen half, was ich über die Beziehung von Grammatik und Kriterien insbesondere in bezug auf die hier im 4. Kapitel erörterte Passage aus dem *Blauen Buch* geschrieben und in meinen Vorlesungen behandelt hatte. Im Januar 1972 präsentierte ich den gesamten Stoff, soweit er reif war, in einer Reihe von fünf oder sechs Seminardiskussionen dem Lehrkörper und den Doktoranden des Philosophischen Seminars der Universität von Kalifornien in Santa Barbara. Diese Periode war so kongenial wie hilfreich. Meine Aufzeichnungen für und über diese Diskussionen halfen mir unmittelbar, dem Teil der Niederschrift, mit dem ich im darauffolgenden Jahr begann, eine Richtung zu geben.

In den letzten Jahren habe ich mich auf regelmäßige Gespräche mit Norton Batkin und William Rothman, die nicht selten zu dritt stattfanden, gestützt, auf Gespräche, die ungefähr jeden Gegenstand in diesem Buch berührten. Wir mir scheint, bin ich aus keinem dieser Gespräche ohne Ermutigung und neue Erkenntnisse herausgegangen. Peter Hyltons sorgfältige Lektüre des Manuskripts führte zu einer Reihe von Korrekturen und Klarstellungen, über die ich jetzt froh bin. Spätere Gespräche mit Jay Cantor und Louis Goldring halfen, mir Formulierungen zu finden, die mir das Einfügen von Stücken ermöglichten, die ich immer schon hatte einfügen wollen, für die ich aber keinen richtigen Ort fand. Und noch später wies mich Arnold Davidson auf einige gravierende Mißverständnisse hin und half mir, sie zu vermeiden. Und nun füge ich das Lesen des vorliegenden Buches im Manuskript all den anderen Gründen hinzu, die mich dankbar der kollegialen und freundlichen Hilfeleistungen von Burton Dreben und Robert Nozick gedenken lassen. Die Fragen und Bedenken, die sie mir vorlegt haben, gehen zu weit, als daß ihnen die wenigen von mir daraufhin unternommenen Veränderungen gerecht werden könnten. Es handelt sich allemal um Gegenstände, die des Nachdenkens wert sind, und das auf einem an sich schon für mich ermutigenden Niveau.

Was die Schuld, in der ich bei Thompson Clarke stehe, betrifft, so ist sie so systematisch und lang anhaltend, daß ich sie ein wenig genauer beschreiben möchte, vor allem angesichts der Tatsache, daß er bislang bloß zwei Auszüge seiner Arbeit veröffentlicht hat, von der ich so viel profitiert habe. Die ganze Idee, die Cartesianische Untersuchung mittels einer Austinschen Form zu verbildlichen, stammt von ihm; desgleichen ist die ausdrückliche Betonung all dessen, was mit dem Bühnenbild der Untersuchung zusammenhängt, Dinge, die ich manchmal »das Mustern von Meinungen« oder »den skeptischen Vortrag« nenne, und die Art und Weise, in der ich das Material bezüglich des »Ausmaßes des Wahrgenommenen« in dem »Die Projektion des Philosophen« überschriebenen Abschnitt des 7. Kapitels präsentiere, unmittelbar einer seiner Arbeiten geschuldet, die später in dem von Max Black herausgegebenen Buch *Philosophy in America* erschien. Meine Beiträge bestanden in solchen Dingen wie dem Begriff des »generischen Objekts«, der jeweiligen »Moral« unterschiedlicher Erkenntnisfehler, der Beschreibung des Zusammenhangs der »Nicht-Behauptung« und der Interpretation jenes Zusammenhangs als eines, der zugleich für den Menschen unvermeidlich und eine Verneinung des Menschlichen ist. Von Anfang an stellte ich die Betrachtungen, die sich als Reaktion auf den Skeptizismus in bezug auf die Außenwelt ergaben, ihrer oft konträren

Auswirkung auf den Begleitfall der Erkenntnis des Fremdpsychischen gegenüber. Meine gegensätzlichen Intuitionen hinsichtlich dieser Fälle fanden einen frühen Ausdruck darin, daß ich sagte, bei der Konklusion im Falle materieller Objekte sei ich im Kreis meiner eigenen Erfahrung eingeschlossen, während ich im Fall des Fremdpsychischen am Ende aus dem Kreis der Erfahrung des anderen ausgeschlossen bleibe. Durch das Vorliegen solcher Ausdrücke in diesem Buch enthülle ich mich als den oder als einen der »intuitiven Philosophen«, die in Clarkes »The Legacy of Scepticism« angeführt werden. Clarkes Aufsatz war der Ausgangspunkt für ein Doktorandenseminar, das Clarke und ich während seiner Gastprofessur in Harvard (im Frühjahr 1974) gemeinsam veranstalteten. Diese Gelegenheit spornte mich an, die Symmetrien und Asymmetrien soweit wie möglich voranzutreiben, die sich immer wieder einzustellen schienen, wenn ich über das Verhältnis von materiellem Objekt und Fremdpsychischem als zwei Bereichen des Skeptizismus nachdachte. Wie sich zeigte, gab mir das den Schwung für einen neuen Anfang, den ich brauchte, um mit Teil IV weiterzukommen. Noch so spät wie im Spätfrühling 1977 führte ich Diskussionen mit Clarke in Berkeley (zu denen auch Barry Stroud nicht unbeträchtlich beigetragen hat), die sich auf die Schlußredaktion meines Manuskripts auswirkten.

Ohne das Vergnügen, Bernard Williams für seine Ermunterung und seine Kritik zu danken, wäre die Gelegenheit dieses Vorworts für mich unvollkommen genutzt. Vor allem in den ersten Monaten des Jahres 1963, einer eher trüben Zeit in meinem Leben, waren die Gespräche mit ihm höchst hilfreich. Unvollkommen wäre es auch ohne das Vergnügen, David Hilger, Vivian Kerman, Belle Randall, Mary Randall, Eugene Smith, Bob Thompson und Nancy Watson wenigsten namentlich aufzulisten, sie alle werden wissen, welchen Beitrag sie dazu leisteten, daß dieses Buch auf den Weg gebracht wurde und schließlich in den Hafen einlief. – Die Bedeutung, die eine solche Liste für mich persönlich hat, steht in gar keinem Verhältnis dazu, wie nichtssagend sie für Fremde notwendigerweise ist, und sie steht daher ganz bewußt in einem Mißverhältnis zu der der Öffentlichkeit zugewandten Seite des Schreibens. Dennoch nehme ich die Liste jenseits des sentimentalen Werts, den sie für mich hat, auf, und das auch jenseits ihres Zeichens dafür, daß das Schreiben seine der Öffentlichkeit abgewandten Seiten hat, und zwar um denjenigen etwas zu antworten, die sich fragen, ob meine Neigung zu ausführlichen Danksagungen [*acknowledgements*] nicht ein Echo meines intellektuellen Interesses am Begriff der Anerkennung [*acknowledgement*] im allgemeinen ist. Zu entnehmen ist der Liste, daß eine ausführliche Danksagung die Einsicht bezeugen mag, daß eine vollständige Anerkennung unmöglich ist, ja sich vielleicht aus dem einen oder anderen Grund verbietet; und vielleicht ist ihr auch zu entnehmen, daß man sich aus dem einen oder anderen Grund nicht hinreichend anerkannt fühlt. – Sollte jemand meinen, ein Vorwort sei nicht der richtige Ort für solche Gedanken, könnte ich ihm statt dessen die Idee eines demokratischen Äquivalents zur klassischen Verbindung von Widmungsschreiben und Brief an den Leser empfehlen.

Abermals drücke ich dem Center for the Humanities der Wesleyan University meine aufrichtige Dankbarkeit aus. In den ersten Monaten meines dortigen Aufenthalts im Jahr 1970/71 revidierte ich den Text, der hier als Teil I erscheint. Im Sommer und Herbst 1974 fand ich dank eines Senior Fellowship der National Endowment for the Humanities die nötige Zeit, um in Teil IV, wie ich es früher nannte, »zur Konklusion zu kommen«.

Nicht zum ersten und, wie ich hoffe, nicht zum letzten Mal bin ich Mrs. Peg Griffin, der Verwaltungsassistentin am Philosophischen Seminar der Harvard University, verpflichtet. Sie organisierte und beteiligte sich an der Vorbereitung meiner Seiten für den Druck. In dieser Hinsicht habe ich wieder einmal Norton Batkin für seine penible Sorgfalt zu danken, mit der er gemeinsam mit mir die Korrektur der Druckfahnen schulterte. Eine Reihe von stilistischen und inhaltlichen Verbesserungen verdanke ich seinem Urteilsvermögen.

Meine Tochter Rachel taucht wiederholt auf diesen Seiten auf, am ausführlichsten im 7. Kapitel, wo das Lernen und Lehren eines Wortes Thema ist und ausdrücklich danach gefragt wird, ob die Generationen im Gespräch zueinander finden. Als ich jenen Stoff niederschrieb, war sie etwa 3 Jahre alt, und während der 18 Jahre, die dazwischen liegen, haben wir entdeckt, daß wir, wie ich glaube sagen zu dürfen, dieselbe Sprache sprechen.

Meine Anwältin Cathleen Cohen Cavell, mit der ich verheiratet bin, und unser Sohn Benjamin, der ein Jahr jünger als die Rachel jener frühen Seiten ist, nahmen Zeit in Anspruch, von der ich glaubte, sie nicht zu haben, und verwandelten sie in eine Energie, von der ich glaubte, sie sei verlorengegangen.

Grüße an Euch alle.

S. C., Emerson Hall, Cambridge, Massachusetts
Samstag, den 15. Juli 1978

Erster Teil

Wittgenstein und der Begriff des menschlichen Wissens

»[Diese] Philosophie, welche, weil sie sich nicht auf einen Verstand *für sich selbst*, auf einen absoluten, namenlosen Verstand, von dem man nicht weiß, wem er angehört, sondern auf den Verstand des – freilich nicht verspekulierten und verchristelten – Menschen stützt, [spricht] auch die *menschliche*, nicht eine *wesen-* und *namenlose* Sprache«.

Ludwig Feuerbach, Vorwort zur Zweiten Auflage von Das Wesen des Christentums

I
Kriterien und Urteil

Wenn nicht mit dem Beginn von Wittgensteins Spätphilosophie den Anfang machen, denn das, was Philosophie in Gang setzt, ist am Anfang sowenig bekannt wie der mögliche Endpunkt; und wenn auch nicht mit dem Beginn der *Philosophischen Untersuchungen*, da deren Beginn nicht mit dem Anfang der in diesem Buch entwickelten Philosophie verwechselt werden darf und da die Begriffe, in denen dieser Beginn interpretiert werden könnte, ja nicht von Beginn an zur Verfügung stehen; und wenn wir von vornherein, zumindest hypothetisch, einmal voraussetzen, daß die Art, wie dieses Werk geschrieben ist, seiner Lehre wesentlich ist, was heißt, daß wir die Art und Weise (nennen wir sie Methode) erst verstehen können, wenn wir ihr Werk verstehen; und wenn wir nicht unsere Geschichte betrachten, denn wir werden dieses Buch schwerlich historisch einordnen können, solange wir es nicht philosophisch eingeordnet haben, und auch nicht Wittgensteins Vergangenheit, denn dann werden wir wahrscheinlich annehmen, die *Untersuchungen* seien als Kritik am *Tractatus* geschrieben worden, was zwar nicht falsch, aber nichtssagend wäre, zum einen weil wir, um zu wissen, worin ihre Kritik liegt, wissen müßten, worin ihre Philosophie liegt, und zum anderen weil es hier mehr darum geht, zu sehen, wie die *Untersuchungen* als Kritik ihrer selbst geschrieben sind: wenn all das uns verwehrt ist, wo und wie sollen wir uns dann diesem Text nähern? Wie sollen wir uns von diesem Buch darüber oder über irgend etwas anderes belehren lassen?

Um mich einzuführen und zu erklären, warum ich, wie es auf den folgenden Seiten geschehen wird, durchgängig darauf bestehe, die *Untersuchungen* als einen philosophischen Text zu nehmen, werde ich zunächst sagen, daß ich die Philosophie nicht als eine Menge von Problemen, sondern als eine Menge von Texten begreife. Für mich bedeutet das, daß der Beitrag eines Philosophen – überhaupt eines jeden kreativen Denkers – zum Gegenstand Philosophie nicht als ein Beitrag zu einem festen Problembestand oder auch zu dessen Erweiterung zu verstehen ist, mögen Historiker wie Nichthistoriker des Gegenstandes auch einer anderen Annahme zuneigen. – Und ist eine Bemerkung über Texte und nicht über Probleme nicht selbst als ein philosophischer Text zu nehmen? Das scheint kontrovers oder nichtssagend, denn offensichtlich sind nicht alle Texte philosophische, sondern nur solche, deren Inhalt in Problemen einer bestimmten Sorte besteht! – Die Tatsache, daß die Bemerkung kurz ist, würde diesem Status keinen Abbruch tun. Viele philosophische Texte sind kurz, etwa die von einem Kreter erzählte Klatschgeschichte oder die Geschichte über den Baum, der im Wald für jeden ungehört umstürzt. Manche Philosophen können aus nahezu allem einen philosophischen Text machen, wie ein Prediger, der schon an den ersten Schrei eines Säuglings erbauliche Betrachtungen zu knüpfen versteht, während einige Leute nicht einmal fähig sind, mit Gott zu rechten. Einige Texte sind so lang wie dicke Bücher, doch sie werden im allgemeinen so behandelt, als wären sie eine Menge vorgegebener Probleme, irgend etwas zwischen Rätsel und explizitem Argument, beispielsweise Humes *Treatise*, von dem die wenigsten tatsächlich überzeugt sind, den an Scharfsinn zu übertrumpfen, sich aber viele gedrängt fühlen, als dürfe *so viel* Argumentation einfach nicht unbeantwortet bleiben; als wäre einfach nur einen Text beizutragen eine Art Entstellung; als *bestünde* argumentativer Sieg darin, Beutestücke mit nach Hause zu nehmen. Einige philosophische Texte sind so kurz wie dünne Bücher, beispielsweise Descartes' *Meditationen*, die unsere wesentlichen Möglichkeiten, philosophischer Überzeugung zu sein, so verfeinern, daß Denker, ob dazu aufgefordert oder nicht, sich seit ihrem Erscheinen anscheinend genötigt sahen, darauf zu antworten, als dürfe *so wenig* Argumentation einfach nicht unbeantwortet bleiben. Als ihre Schlußfolgerungen mehr oder weniger in Mißkredit zu geraten schienen, haben sich ihre Kommentatoren, in der Hoffnung, die Schlußfolgerungen abzuwehren oder ihnen an Zahl überlegen zu sein, auf ihre »Methoden« konzentriert. Ich glaube jedoch, man hat den Eindruck, der Kunstgriff der Methoden – nennen wir es die Arroganz – werde verfehlt, ohne Zweifel etwas, was die Faszination dieses Textes am Leben erhält; als ob seine Kommentatoren es unglaubhaft finden, daß jemand, wahrhaftig und zu Recht, *sich selbst*, klar und distinkt, *benutzen* könnte, um zu derart seltsamen und bekannten Schlußfolgerungen zu gelangen. Diese Position in der Philosophie unglaubhaft zu finden mag auf den Unglauben hinauslaufen, daß man selbst einen philosophischen Text beitragen könnte. Einige philosophische Texte sind aus praktischen Gründen so endlos wie etwa die Schriften Kants und Hegels, bei denen das Problem größtenteils darin liegt, den Text selbst zu meistern, also im Kommentar, als ob, könnte man nur *alles* darin glauben, weiter keine trennenden Probleme des Glaubens mehr übrigblieben. (Deshalb verurteilt Kierkegaard das System, deshalb verurteilt Nietzsche es.) Hier besteht der Beitrag in der Entscheidung, marginal zu bleiben (was natürlich nicht die einzige Weise ist, marginal *zu sein*). (Möglicherweise sieht der Leser in diesen Beispielen einen anfänglichen Fundus philosophischer Gattungen oder Paradigmen. Dann wird jemand meinen, ich hätte reichlich arrogant die Gattung des akademischen Aufsatzes vernachlässigt, die bescheiden in ihren Zielen ist und zufrieden damit, eine kleinere Ergänzung zu einem Gegenstand zu leisten, der größer ist als sie selbst. Daß der Gegenstand vergleichsweise größer ist als die Beiträge zu ihm, bezweifle ich nicht.* Allerdings wäre ich von der akademischen Bescheidenheit überzeugter, hätte ich nicht so viele getroffen, die sich täglich wundern, daß etwa Descartes, Pascal oder Rousseau, der Geist der Religion, des Rationalismus oder der Romantik die Kritik überlebt haben, die sie ein paar Jahre zuvor in ihren Aufsätzen an dem Gegenstand

---

* Im Original heißt es: »the comparative greatness of the subject over its subjects«. Dieses Wortspiel, einerseits »subject« im Sinne von »Gegenstand« und andererseits »subject« im Sinne von »Untertan«, läßt sich nicht ins Deutsche übertragen. (A. d. Ü.)

geübt hatten. Ich spreche von akademischen Lebensläufen, furchterregenden Dingen.)

Die Qualität eines neuen Textes läßt sich an der Qualität der Texte messen, zu denen er den Anstoß angibt. Daß ein Text hauptsächlich in der mündlichen Tradition fortlebt, wäre hier kein Einwand gegen meinen Gedanken. Die Tatsache, daß er hauptsächlich in der mündlichen Tradition fortlebt, mag jedoch über Umfang oder Form der Antwort befinden, das heißt über einen akzeptablen Beitrag zu ihrem Text. Ich könnte sagen, obwohl Wittgensteins Philosophieren umfassender als jedes andere auf die menschliche Stimme achtet, erstaunt es mich, daß seine Lehre wesentlich etwas Geschriebenes ist, daß einiges, für seine Lehre Essentielles nicht gesagt werden kann. Das könnte bedeuten, daß einige der von ihm gesagten Dinge den Kreis von Menschen verloren haben oder erst noch finden müssen, in dem sie nutzbringend gesagt werden können.

(Wenn jemand fragt, wann ein Werk, ein Projekt, geschrieben oder dauerhaft fixiert werden *muß*, könnte man darüber nachzudenken beginnen, was ein Werk, ein Projekt, *dem Gedächtnis einschreibt*. Und selbstverständlich sollte allein die Antwort darauf die Philosophie nicht von, sagen wir, Musik, Dichtung, klassischer Astronomie oder geometrischen Beweisen unterscheiden oder auch von der Logik, welchen Niveaus auch immer. Dichtung, einige Dichtung zumindest, muß nicht geschrieben sein, Romane müssen es. Es scheint, als würde ein Gedanke, den ich einmal über die Entwicklung der Musik äußerte, damit in Verbindung stehen. Ich sagte (»Music Discomposed«, S. 200 f.), ab einem bestimmten Punkt in Beethovens Œuvre könne man das Gehörte nicht mehr auf einen Improvisationsprozeß beziehen. Jetzt würde ich gern den Gedanken hinzufügen, daß ab einem solchen Punkt Musik, solche Musik, notiert werden *muß*. Falls man darüber spekuliert, daß in diesem Stadium ein musikalisches Kunstwerk Teile erfordert, die nicht einer aus dem anderen vorhersagbar sind – auch wenn eine Analyse nach der Fertigstellung zeigen kann, wie einer aus dem anderen folgt –, dann könnte man weiter darüber spekulieren, ob Beethovens Skizzen nicht deshalb notwendig waren, weil erstens nicht allen Einfällen schon bei ihrem Auftauchen anzusehen ist, was aus ihnen werden wird – das geschieht erst im Zusammenhang mit anderen –, und weil zweitens nicht alle in ihrer Urgestalt verwendbar sind, sie müssen, sozusagen, erst außerhalb des Schoßes reifen. Was skizziert werden muß, ist niederzuschreiben. Wenn das, was im Skizzenbuch steht, nur schnell notiert wurde, um nicht vergessen zu werden, damit es auf den richtigen Zusammenhang warten kann, in den es so wie es ist, gestellt wird, dann darf man sagen, ebendiese Juxtaposition oder Komposition *ist* die des Lyrischen. Wird es dagegen in dem Wissen skizziert, daß es im Laufe der Zeit verändert werden muß und wird, damit es seinen Platz einnimmt, dann kann man sagen, daß seine Juxtaposition oder Komposition wesentlich geschichtet und geteilt ist; die des Dramas, des Dramas des Metaphysischen oder der Sonate. Hier gibt es verschiedene Aufgaben für die Kritik oder Aufgaben für verschiedene Kritiken.)

Aber ich sollte mehr sagen, nachdem ich, in der Absicht mich einzuführen, zunächst etwas darüber gesagt habe, wie man sich Wittgensteins Text nähern sollte. Ich werde also zweitens sagen, daß es dafür keine Herangehensweise gibt, daß ich jedenfalls keine habe. Herangehensweise, das suggeriert, näher heranzugehen, dichter heranzukommen; folglich wird suggeriert, daß wir noch nicht nah oder dicht genug herangekommen sind; folglich wird suggeriert, daß wir eine methodische Richtung auf den Text kennen, die noch nicht in ihm eingeschlagen ist; daß wir einen Abstand zwischen uns und ihm spüren, den eine hilfreiche Kritik schließen könnte.

Auch wenn ich keine Herangehensweise zu haben glaube, so stoße ich doch auf etwas Nebulöses oder Hinderliches als Ausgangspunkt, eine Wendung in Wittgensteins Gedanken, von der ich sagen kann, daß sie mir lange Zeit sowohl seltsam als auch vertraut erschien, entfernt und nah. Es betrifft seine wiederholte Vorstellung von einem Kriterium. Selbst wenn ich es könnte, würde ich dieses Gefühl, ihr entfernt und nah zu sein, nicht auflösen wollen. Ganz im Gegenteil. Ein oberflächlicher Grund für ihre Fremdheit dämmerte mir jedoch erst, nachdem ich die *Untersuchungen* schon ein paar Jahre kannte, ich denke hier an die triviale Tatsache, daß der Begriff eines Kriteriums ein alltäglicher ist, und an die etwas weniger triviale Tatsache, daß Wittgensteins diesbezügliche Darlegung zwar nicht genau mit diesem Begriff übereinstimmt, aber doch von ihm abhängig ist. Im Lichte dessen, was ich über den Gegenstand gelesen und gehört habe, halte ich meine Schwierigkeiten, zu diesen beiden Tatsachen zu gelangen, nicht für ungewöhnlich und daher immer noch für wert, erwähnt und beurteilt zu werden.

Festzustellen, daß der Begriff eines Kriteriums in den *Untersuchungen* »wichtig« ist, fällt selbstverständlich nicht schwer. Wittgenstein charakterisiert seine Untersuchungen als grammatisch, und ein wesentliches Merkmal solcher Untersuchungen ist die Klärung dessen, was er Kriterien nennt. Seine expliziten Charakterisierungen dieser Ideen sind so dunkel wie irgendeine Dunkelheit, die sich selbst durchgehen läßt – und er ist, was das betrifft, recht großzügig. »Welche Art von Gegenstand etwas ist, sagt die Grammatik« (§ 373). »*Das Wesen* ist in der Grammatik ausgesprochen« (§ 371). »Ein ›innerer Vorgang‹ bedarf äußerer Kriterien« (§ 580). Solche Dunkelheit mag einem Philosophen als Mangel angelastet werden. Doch je größer die Neigung zu einem Begriff (wie auch zu einer Person oder einem Gott), desto schwerer mag entweder die Neigung oder der Begriff zu erklären sein; oder vielleicht sollte man sagen, alles, was jemand tut, ist oder könnte die einzige Erklärung dafür sein.

Wir wollen daher fragen: Was sollen Wittgensteins Kriterien leisten? Sowohl die Verteidiger Wittgensteins als auch seine Kritiker nehmen, grob gesagt, an, diese Kriterien seien die Mittel, um die Existenz von etwas mit Gewißheit festzustellen – in dem wohl bekanntesten Fall, daß die Kriterien für Schmerz (selbstredend äußere Kriterien) die Mittel sind, um mit Sicherheit wissen zu können, daß ein anderer Schmerzen hat – daß das, von dem wir sagen, es gehe in dem anderen vor, jetzt tatsächlich in ihm vorgeht. Die beiden überzeugendsten Darlegungen dieser Ansicht sind für mich nach wie vor die von Norman Malcolm in seiner frühen und wichtigen Besprechung der *Untersuchungen* und die von Rogers Albritton in seinem Aufsatz »On Wittgensteins Use of the Term ›Criterion‹«. Der bleibende Wert dieser Ansicht liegt in der Erkenntnis, daß Wittgensteins Lehre stets von der Auseinandersetzung mit dem Skeptizismus beherrscht ist oder, wie ich vorziehe zu sagen, von einer Auseinandersetzung mit der Bedrohung durch den Skeptizismus. Dieser Ansicht zufolge will Wittgenstein die Falschheit des Skeptizismus beweisen. (Wie sich zeigen wird, nehme ich nicht an, Malcolm und Albritton stimmten in allen wichtigen Punkten überein; doch sehr wohl was den Skeptizismus betrifft.) Zu zeigen, daß Kriterien dies nicht leisten können und nach meiner Interpretation der *Untersuchungen* auch nicht wollen, könnte man als die erste Phase meines Arguments bezeichnen. Im Gegenteil: Bestimmung und Beschränktheit der Kriterien offenbaren, wie ich gerne sagen würde, die Wahrheit des Skeptizismus – obwohl wir dazu natürlich neu interpretieren müssen, was Skeptizismus ist oder was er bedroht.

Ein Verteidiger Wittgensteins hat noch einen zusätzlichen Grund, just eine solche Auffassung von Kriterien auszumachen, wie sie sich bei Malcolm und Albritton findet. Wenn das Vorliegen von Kriterien nach meiner Deutung so wenig klärt, wie es das offenbar tut, dann scheinen sie auf den ersten Blick nicht einmal ernsthafte Herausforderer im Kampf gegen den Skeptizismus zu sein. Bevor ich daher im 2. Kapitel zeige, warum die Auffassung von Malcolm und Albritton nicht richtig sein kann, möchte ich sagen, worin dieses Wenige besteht, das Kriterien klären sollen, oder warum, nach welcher Darstellung, es als so wenig erscheint.

Der Gedanke, Wittgenstein verlasse sich auf den gewöhnlichen Begriff eines Kriteriums, muß als Ausgangspunkt nicht gerade vielversprechend erscheinen. Es scheint keine Aussicht zu bestehen, daß der gewöhnliche Begriff all das leisten kann, worauf Wittgenstein sich anscheinend bei seiner Berufung auf Kriterien verläßt, was auch immer er am Ende leistet, und das ist eine sehr gute Begründung dafür, die Sache nicht weiterzuverfolgen. Dennoch könnte die Überzeugungskraft des Begriffs davon abhängen, daß er so lange wie möglich so einfach wie möglich gehalten wird. Sobald man sich die Sache näher anschaut, sieht man nicht ohne eine gewisse Verlegenheit, daß der Großteil der Rhetorik, die Wittgenstein aufwendet, um den Begriff »Kriterium« zu manipulieren, nichts anderes als die Rhetorik des gewöhnlichen Wortes ist: Beispielsweise spricht er davon, daß bestimmte Personen oder Personengruppen Kriterien besitzen (es sind »meine« oder »unsere«), daß sie »übernommen« oder »akzeptiert« werden, daß sie eine »Art Definition« bilden, daß es für das eine oder andere »unter bestimmten Umständen« verschiedene Kriterien gibt; daß sie verbunden sind mit dem, »was wir« etwas »nennen«, und daß sie zeigen, »worin« etwas »besteht« oder was »als etwas gilt«. All das läuft aber auf die gewöhnliche rhetorische Struktur des gewöhnlichen Wortes »Kriterium« heraus. Um zu sehen, daß dies für Wittgensteins Gebrauch eine bedeutsame Tatsache ist, benötigen wir eine detailliertere Ansicht dieser rhetorischen Struktur.

Im folgenden finden sich Beispiele für den gewöhnlichen Gebrauch des Wortes, die ich zufällig gesammelt habe:

A. »Amerikanische Regierungsbeamte nennen vier Kriterien für die Stabilität einer hiesigen Regierung [in Saigon]: die Fähigkeit, Recht und Ordnung in den Städten zu wahren, die Fähigkeit, eine schlagkräftige Armee aufzustellen und zu unterhalten, ein angemessener Schutz für lebenswichtige amerikanische und vietnamesische Einrichtungen und die Existenz verantwortlicher Beamter, mit denen ihre amerikanischen Kollegen nützliche Diskussionen führen können.« (*New York Times*, Mittwoch, den 25. November 1964)

B. »Das einzige Kriterium für mich ist, ob es [ein Gedicht] mich emotional mitzureißen vermag.« (Hans Zinsser, zitiert in W. K. Wimsatt, *The Verbal Icon*)

C. »In der afrikanischen Tradition geht es in der Sprache mehr um Umschreibung als um genaue Definition. Die direkte Aussage gilt als plump und phantasielos, alle Inhalte mit immer neuen Paraphrasen zu verschleiern wird als Kriterium für Intelligenz und Persönlichkeit betrachtet. In der Musik läßt sich dieselbe Tendenz zur Schrägheit und Auslassung beobachten« (Ernest Borneman, in: *Jazz*, hg. von Hentoff und McCarthy).

D. »Bei der Beurteilung einer kindlichen Neurose dieselben Kriterien heranzuziehen, die wir in der Behandlung eines Erwachsenen anwenden, ist daher unmöglich.« (Anna Freud, *The Psychoanalytical Treatment of Children*)

E. »Da eine Gruppe von Blättern sich in Farbe, Größe des Bogens, Tinte und Handschrift sowie Zeichen des Papierwarenhändlers deutlich von anderen unterschieden hatte, untersuchte ich weiter, ob sich mit Hilfe dieser Merkmale nicht auch andere Gruppen deutlich aus den verbleibenden Blättern identifizieren ließen. Tatsächlich war dem so. Kein Kriterium war für sich genommen aussagekräftig genug, um weitere Gruppen zusammenzustellen, doch alle Kriterien zusammen erlaubten im allgemeinen einen sicheren Schluß. In welcher Beziehung die Inhalte der Gruppen zueinander standen, bestätigte oder korrigierte die Deutung der materiellen Indizien.« (J. Lyndon Stanley, *The Making of Walden*)

F. Immatrikulationsbüro Harvard University – Information betreffs Radcliffe für angehende Studenten – 1968-69:
S. 107 – Zulassung von Erstsemestern
Radcliffe setzt einen hohen Grad an Intelligenz voraus ...
Andere für die Endauswahl wichtige Eigenschaften sind:
Persönliche Integrität
Sinn für soziale Verantwortung
Fähigkeit zu selbständiger Arbeit
Ausdauer bei der Durchführung anstrengender Arbeit
(»Wesentliche Eignungsfaktoren eines Bewerbers für Radcliffe«)

Andere, schwerer zu definierende Eigenschaften:
Geistige Lebhaftigkeit
Breite der Interessen
Ausgeglichenheit
Belastbarkeit
Reife
»Über diese Kriterien hinaus ... wünscht Radcliffe sich eine gemischte Studentenschaft.«

G. »Gegen Kowalewskys Ansicht, daß drei der vier Hauptkriterien des römisch-germanischen Feudalismus in Indien zu finden sind, weshalb man von einer Feudalgesellschaft sprechen müsse, weist Marx darauf hin, daß Kowalewsky neben anderem auch die Leibeigenschaft außer acht gelassen hat, die in Indien nicht von wesentlicher Bedeutung ist.« (Eric J. Hobsbawm, Introduction to Marx, *Pre-Capitalist Economic Formations*)

H. »Vor der Großen Depression und dem Zweiten Weltkrieg herrschte in der Gesellschaft weitaus weniger Gleichheit als heute. Zu den Hauptkriterien für die Unterscheidung der Gesellschaftsschichten gehörten Achtbarkeit, Sorgfalt und Pflichtbewußtsein, die Fähigkeit und die Bereitschaft, eine gestellte Aufgabe beharrlich zu verfolgen, die Bereitwilligkeit, Leistungen von Vorgesetzten beurteilen zu lassen, die als rechtmäßig anerkannt wurden.« (Edward Shils, »Of Plentitude and Scarcity«, in: *Encounter*, Mai 1969)

Diesen Beispielen entnehme ich sieben Elemente, die in der gewöhnlichen Vorstellung von einem Kriterium eine Rolle spielen (vgl. Tabelle auf Seite 52):

1. Quelle der Autorität
2. Billigungsform der Autorität
3. Erkenntnisziel
4. Zu beurteilender Gegenstand oder zu beurteilendes Phänomen

5. Statusbegriff
6. Erkenntnismittel (Spezifikation von Kriterien)
7. Grad der Erfüllung (Standards oder Tests für Bewerbungen)

Nach dieser Aufstellung sind Kriterien Spezifikationen, die eine bestimmte Person oder Gruppe festlegt, um auf ihrer Grundlage (mittels ihnen, nach ihnen) zu beurteilen (festzustellen, zu klären), ob etwas einen bestimmten Status oder Wert hat. Andere Formulierungen rücken sie näher an andere Bereiche der Wittgensteinschen Oberflächenrhetorik heran: Bestimmte Spezifikationen sind das, was eine Person oder Gruppe meint (was sie so nennt, was sie so betrachtet), wenn sie sagt, ein Ding habe einen bestimmten Status; die Spezifikationen bestimmten den Status; der Status bestehe darin, jene Spezifikationen zu erfüllen. (Z. B. »Amerikanische Regierungsbeamte definieren Stabilität in diesem Fall als ...«; »Stabilität besteht hier darin ...«.)

Auch wenn wir die allgemeine Ähnlichkeit zwischen dieser gewöhnlichen oder offiziellen Vorstellung von einem Kriterium und der Wittgensteinschen Vorstellung einräumen, ist es erhellend, eine Reihe von Abweichungen oder Nichtentsprechungen zwischen ihnen festzuhalten.

Beginnen wir mit dem siebten Element (»Grad der Erfüllung«). In den von mir angeführten Beispielen wird es zwar nicht ausdrücklich erwähnt, aber es ist deutlich genug in jedem von ihnen impliziert. Es führt ausdrücklich die Vorstellung von Standards ein, die Vorstellung, daß eine Größe oder ein Grad festgelegt wird, bei der ein Ding die entsprechende Spezifikation aufweist oder erfüllt. Beides, Kriterien wie Standards, sind Mittel, anhand deren oder nach denen eine bestimmte Gruppe beurteilt, auswählt oder feststellt, ob etwas ein Wert oder ein besonderer Status zukommt; Kriterien hingegen, so könnte man sagen, bestimmen, ob ein Gegenstand (im allgemeinen) von der richtigen Art ist, ob er überhaupt in der relevanten Hinsicht in Frage kommt, während Standards den Grad angeben, in dem ein Kandidat die entsprechenden Kriterien erfüllt. In unterschiedlichen Zusam-

	(A)	(B)	(C)	(D)	(E)	usw.
1. Quelle der Autorität	amerikanische Beamte	Ich	Afrikaner	Anna Freud	Shanley	
2. Billigungsform der Autorität	eingesetzt, etabliert	verwenden, nehmen, sorgen um	gelten	empfehlen	ausprobieren	
3. Erkenntnisziel	beurteilen	behaupten, bewerten	beweisen	bewerten	schlüssig identifizieren	
4. Zu beurteilender Gegenstand oder zu beurteilendes Phänomen	Regierung	Gedicht	ein Individuum	Kinder	Blatt (eines Manuskripts)	
5. Statusbegriff	stabil	wertvoll, erfolgreich	intelligent	neurotisch	zu einer Gruppe gehörend	
6. Erkenntnismittel (Spezifikation von Kriterien)	Recht und Ordnung, aufstellen und unterstützen, Schutz garantieren usw.	kann mich mitreißen	ständig wechselnde Paraphrase	[von Erwachsenen unterschieden]	Farbe und Größe des Papiers usw.	
7. Grad der Erfüllung (Standards oder Tests für Bewerbungen)						

menhängen kann die eine oder andere dieser Ebenen als erwiesen angenommen werden, und die eine oder andere von ihnen kann klar abgegrenzt sein. Die in meinen Beispielen aufgeworfenen Fälle liefern uns, je nach Kontext, verschiedene Gründe dafür, die Frage der Standards offenlassen zu wollen oder zu müssen. In dem psychoanalytischen Beispiel kann nur ein Fachmann feststellen, ob die Kriterien auf den individuellen Fall zutreffen; in dem Beispiel der afrikanischen Auffassung von Intelligenz, vorausgesetzt der Berichtende täuscht sich nicht über das Kriterium der Erfindungsgabe, kann nur ein Mitglied der Gruppe maßgeblich darüber Auskunft geben, ob eine bestimmte Person es in hohem Maße aufweist; im Falle der zu ordnenden Manuskriptblätter sollte, sobald die Kriterien festgelegt und die in Frage kommenden Blätter hinreichend deutlich unterschieden sind, jeder in der Lage sein, sie verläßlich zu ordnen, die Frage der Standards würde sich in der Praxis daher nicht stellen; was die amerikanische Beurteilung der Saigoner Regierungen betrifft, so ist die Frage der Standards mindestens ebenso entscheidend wie die der Kriterien, die Frage der Standards offenzulassen muß daher entweder irregeleitet oder unaufrichtig sein. Daß allgemeine Kriterien oder Standards für ihre Anwendung weitere Spezifikationen (weitere Kriterien und Standards) erforderlich machen, ist kein intellektueller Mangel, es gibt nur Gelegenheit zu bestimmten Formen politischer und moralischer Schädlichkeit. Im Fall der Zulassung für Radcliffe hängt die Frage, wer aufgenommen wird, offensichtlich davon ab, welche Standards oder Tests verwandt werden, um zu sehen, ob die genannten Kriterien im individuellen Fall vorliegen. In solchen Zusammenhängen könnte sozialer oder politischer Einfluß die Zulassung einer bestimmten Person erwirken, die die erwarteten Standards nicht erfüllt hat. Doch auch wenn eine Institution aus Staatsräson einen solchen Fall für gerechtfertigt hält, wird sie deutlich den Eindruck haben, daß die intellektuelle Frage – soweit sie sich überhaupt objektiv klären läßt – durch die Frage der Standards geklärt ist. (Gibt eine Institution dem gegenwärtig auf höhere Bildungseinrichtungen ausgeübten Druck, soziale Ungerechtigkeiten zu korrigieren, die die Gesellschaft im ganzen nicht korrigieren will oder kann, in bestimmter neuer Weise nach, werden einige sagen, jede Anpassung der Ergebnisse aus den üblichen Tests bedeute, selbst wenn sie innerhalb der erklärten Bandbreite der Kriterien bliebe, notwendig eine »Absenkung der Standards«; während andere, die hinter dieser Forderung stehen, erklären werden, daß die Regierung eine Neudefinition (eine Umformung der Kriterien) der Einrichtung als solcher verlangt. Im Munde einiger bezeichnet »politisch« Anpassungen oder Aufhebungen, die in individuellen Fällen eine Ausnahme machen, im Munde anderer bezeichnet es Anpassungen oder Aufhebungen des Systems, das ermächtigt ist, das Individuum als zentral oder exzeptionell zu definieren.)

Es gibt bekannte Praktiken – allen voran Wettbewerbe –, in denen die Kriterien ausdrücklich zugestanden werden und die Betonung einzig und allein auf den Standards liegt: Nehmen wir als Beispiel den Kennel Club, Pferdeausstellungen oder Wettbewerbe im Kunstspringen. Für die Durchführung solcher Praktiken ist es wesentlich, daß die Kriterien, nach denen die Kandidaten beurteilt werden, hinreichend durchsichtig sind, damit alle Beteiligten sie vollständig kennen, verstehen und ihnen zustimmen können; nur so ist gewährleistet, daß die Veranstaltungen zivilisiert über die Bühne gehen. Dieser Umstand kommt darin zum Ausdruck, daß das Element des *Urteilens* sich als eigenes Amt innerhalb solcher Einrichtungen isolieren läßt. Der Richter verfügt über einen mehr oder weniger überschaubaren Ermessensspielraum in der Anwendung von Standards, aber keinen hinsichtlich der Kriterien, die anzuwenden er verpflichtet ist. Die Kampfrichter werden sich erwartungsgemäß nicht einig sein, wie *gut* der Springer ins Wasser eingetaucht ist – wozu bräuchte man sonst Kampfrichter? –, aber sie werden nicht darüber streiten, ob ein gekonntes Eintauchen ins Wasser ein Kriterium für einen gekonnten Sprung ist. (Kampfrichter, die voneinander abweichen, sollten in ihrem Urteil kategorisch voneinander abweichen und nicht nur graduell. Ein Kampfrichter, der aus einer möglichen Punktzahl von 10 in die Spalte »Eintauchen ins Wasser« eine »5« auf seine Tafel schreibt, sagt damit nicht, daß der Springer mit einer Wahrscheinlichkeit von 50% das Kriterium erfüllt hat. Eine Wahrscheinlichkeit von 50%, daß es regnen wird, ist, so könnte man sagen, eine fünfzigprozentige Wahrscheinlichkeit, daß die Kriterien für Regen erfüllt sein werden, aber nicht eine fünfzigprozentige Erfüllung der Kriterien für Regen, was, wenn es überhaupt etwas bedeuten sollte, heißt, daß es nieselt.) Einige Bürger würden es gern sehen, daß Justizrichter nach diesem Modell funktionieren, andere wieder sind froh, daß diese nicht solchen Beschränkungen unterliegen. Wie bei Kampfrichtern impliziert die Bezeichnung »Richter«, daß sie kraft Amtes nicht befugt sind, die Kriterien zu ändern, in deren Lichte sie den einzelnen Fall entscheiden. Erwartet wird jedoch, daß ein vorliegender Rechtsfall zu unterschiedlichen Auffassungen darüber führen kann, welche eingeführten Kriterien er erfüllt oder unterläuft. In solchen Fällen besteht die Aufgabe des Richters darin, die kategoriale Zugehörigkeit des vorliegenden Falles zu beurteilen; d. h. zu entscheiden, welche eingeführten Kriterien, falls überhaupt welche, auf ihn anwendbar sind, d. h., er muß gleichzeitig über die Frage und die Kriterien der Frage entscheiden. Über diese Situation hat man gesagt, daß »Richter nicht nur das Recht anwenden, sondern es schaffen«, ein Umstand, den manch einer für unvereinbar mit einem demokratischen Rechtsstaat hält, während andere darin einen wesentlichen Bestandteil des Rechtsstaats sehen. Es mag geschichtliche Perioden gegeben haben, in denen Richter für gewöhnlich entweder das Recht »nur angewendet« oder »geschaffen« haben; als neutrale Beschreibung des Prozesses, in dem sowohl über Fälle als auch über Kriterien entschieden wird, erzeugt es eine falsche Alternative oder ein falsches Bild. Im Entscheidungsprozeß ist der Richter, in getreuer Erfüllung seines Amtes, dazu verpflichtet, für Argumente einer institutionell erkennbaren Art offen zu sein und sie zu liefern; der Sinn solcher Argumente ist es aber gerade, eine, wenn möglich, natürliche Erweiterung des Rechts zuzulassen, was weder eine bloße Anwendung des bestehenden Rechts noch einfach das Schaffen neuen Rechts darstellt. Der Leitmythos muß der sein, daß nicht der Richter, sondern der Fall selbst für eine Rechtserweiterung sorgt. Gerechtigkeit hängt davon ab, daß dies häufiger wahr als falsch ist und es auch als wahr gesehen wird. Schiedsrichter sind im Vergleich zu Preisrichtern sogar noch eingeschränkter. Ihr Leitmythos ist der, daß sie lediglich *sehen*, ob die Kriterien und Maßstäbe erfüllt sind, und einfach verkünden, öffentlich verkünden, was sie sehen. Zu ihren erklärten Ermessensspielräumen gehören die unklaren Spielsituationen, in denen die Absicht fraglich ist, z.B. muß der Schiedsrichter entscheiden, ob der Spieler es auf den gegnerischen Spieler oder auf den Ball abgesehen hatte. Wesentlich für die unterschiedlichen Beschränkungen und Ermessensspielräume von Preisrichtern, Justizrichtern und Schiedsrichtern sind Richtung und Wettbewerbsergebnis der jeweils von ihnen zu beurteilenden Fälle. Kampfrichter und Schiedsrichter sind nicht befugt, die bindenden Kriterien zu wählen, zu ändern oder, mag es auch noch so natürlich sein, zu erweitern. Schiedsrichter entscheiden aber nicht, wer gewinnt, das hängt von der Punktzahl ab; die Kunstspringer etwa kämpfen nicht primär gegeneinander, sondern jeder für sich gegen den perfekten Sprung. Sieht man einmal von Schwurgerichtsprozessen ab, entscheiden Justizrichter, wer in welchem Maße gewinnt oder verliert, und die Prozeßgegner konkurrieren miteinander, sie konkurrieren aber, genau gesagt, um die Gunst des Rechts, die Entscheidung kommt daher nicht durch die vor den Augen der Öffentlichkeit erzielte Punktzahl zustande, sondern einzig und allein dadurch, daß das Recht sie günstig oder ungünstig bescheidet. Aus diesem Grund hängt die Gerechtigkeit im Recht ebenso wesentlich von der Verpflichtung des Rechts ab, den Fall zu bescheiden, wie von der Verpflichtung, ihn fair zu bescheiden, und folglich von dem Recht und der Macht, einen Rechtsbescheid zu fordern.

Welche Nichtübereinstimmungen sich hier zu Wittgensteins Vorstellungen ergeben, läßt sich folgendermaßen formulieren. In keinem der Fälle, in denen er sich auf die Anwendung von Kriterien beruft, gibt es eine getrennte Bühne, auf der man, explizit oder implizit, an die Anwendung von Standards appellieren könnte. In seinem Sinne über Kriterien dafür zu verfügen, daß etwas so-und-so ist, bedeutet zu wissen, ob die Kriterien auf einen individuellen Fall zutreffen oder nicht. Wenn es irgendwelche Zweifel an ihrer Anwendbarkeit gibt, ist der Fall in irgendeiner Hinsicht kein »Normalfall«. Das heißt, wir verfügen im Hinblick auf ihn nicht über ausschlaggebende Kriterien, wie wir sie ja auch nicht »für jede nur mögliche Eventualität« haben. Und dieser Umstand selbst sagt eine Menge über den betreffenden Fall, genauso wie manchmal auch die Beantwortung einer Frage mit »ja und nein«, z. B. »Ist Schönbergs *Buch der hängenden Gärten* ein tonales Werk?«, »Kann man Schach ohne die Königin spielen?«, nach Ansicht mancher gehört auch die Frage »Können Maschinen denken?« dazu. Worin läge denn auch der Witz einer entschiedeneren Antwort – d. h. einer kürzeren Antwort – auf diese Fragen?

Die zweite von mir festgestellte Nichtübereinstimmung mit Wittgensteins Vorstellungen betrifft das Wesen der »Objekte«, die als Kandidat eines Urteils in Frage kommen (das vierte Element), sowie die Konzepte, die den Objekten einen bestimmten »Status« (das fünfte Element) zusprechen. In offiziellen Fällen, in denen man sich auf Kriterien beruft, ist das fragliche Objekt eines, das in irgendeiner offensichtlichen Weise der Bewertung oder Klärung bedarf, eines, dessen Status oder Rang bestimmt oder geklärt werden muß. Kriterien werden ja deshalb aufgestellt oder eingeführt, um solche Bewertungen und Entscheidungen so rational (konsistent, kohärent, unpersönlich und nicht willkürlich) wie möglich zu gestalten. Wittgensteins Kandidaten für ein Urteil sind nicht von dieser Art: Sie werfen weder eine auf der Hand liegende Frage bezüglich ihrer Bewertung oder ihres Wettbewerbs auf, noch lassen sie eine dementsprechende Frage zu. Erinnern wir uns, von welcher Art die Dinge sind, zu deren Bestimmung Wittgenstein an Kriterien appelliert: ob jemand Zahnschmerzen hat, auf einem Stuhl sitzt, eine Meinung hat, jemanden zwischen 4.00 Uhr und 4.30 Uhr erwartet, in der Lage war fortzufahren, aber jetzt nicht mehr dazu fähig ist; ob jemand liest, denkt, überzeugt ist, hofft, etwas mitteilt, einer Regel folgt; ob es regnet, ob jemand mit sich selbst spricht; auf eine Form oder Farbe achtet; ob er etwas tun will, ob das, was er tut, für ihn selbstverständlich ist usw. Derartige »Objekte« und Begriffe scheinen überhaupt nichts Besonderes zu sein; sie sind, so könnte man sagen, die gewöhnlichen Gegenstände und Begriffe der Welt. Wenn diese Begriffe besondere Kriterien für ihre Anwendung benötigen, dann wird jeder Begriff, den wir brauchen, um überhaupt über irgend etwas zu sprechen, nach Kriterien verlangen. Aber ist das wahr?

Wittgensteins Einsicht oder implizite Behauptung scheint mir ungefähr die zu sein, daß all unser Wissen, alles, was wir behaupten oder hinterfragen (bezweifeln oder fraglich finden …), nicht bloß durch das bestimmt wird, was wir als »Beweis« oder »Wahrheitsbedingungen« auffassen, sondern durch Kriterien. (»Nicht bloß« setzt möglicherweise einen irreführenden Akzent. Kriterien sind keine Alternative zum Beweis oder etwas, was noch hinzukommt. Ohne daß Kriterien die Anwendung von Begriffen regelten, würden wir weder wissen, was als Beweis für irgendeine Behauptung gilt, noch für welche Behauptungen ein Beweis verlangt wird.) Nach dem, was sich bislang ergeben hat, liegt es nahe, daß jede Vermutung und jede geprüfte Überzeugung von derselben Struktur oder demselben Hintergrund von Notwendigkeiten und Übereinkünften abhängt, wie Werturteile es ausdrücklich tun. Ich behaupte nicht, daß Wittgenstein zufolge Tatsachenbehauptungen Werturteile *sind*. Das würde einfach bedeuten, daß es keine Tatsachen gibt, daß nichts sich so begründen läßt, wie sich Tatsachenbehauptungen offensichtlich begründen lassen. Es geht vielmehr darum, wie ich es formulieren möchte, daß beides, Tatsachenbehauptungen und Werturteile, in derselben Fähigkeit der menschlichen Natur gründen; daß sozusagen nur ein Wesen, das über einen Wert urteilen *kann*, eine Tatsache behaupten *kann*. Aber läuft das nicht auf die Behauptung hinaus, nur ein Wesen, welches Sprache besitzt, könne Urteile fällen und Behauptungen aufstellen? Und das ist wohl kaum erstaunlich.

Es ist nicht erstaunlich, wenn es bedeutet, nur ein Wesen, das etwas sagen kann, sei in der Lage, etwas Besonderes zu sagen. Was Wittgenstein zum Philosophieren treibt, was ihn erstaunt, ist die einfache Tatsache, daß bestimmte Wesen überhaupt Sprache haben, daß sie überhaupt etwas sagen können. Es ist zweifelsohne unklar, was man weiter dazu sagen soll, wenn man über solch eine Tatsache ins Staunen gerät. Es ist wie das Staunen über die Tatsache, daß es so etwas wie die Welt gibt. Ich behaupte jedoch nicht, daß Wittgensteins Gedanken erfordern, daß wir dieses Staunen verstehen müssen, bevor wir mit der Untersuchung dieser Gedanken beginnen. Im Gegenteil: Ich glaube, solche Erfahrungen gehören zu der Lehre, die solche Gedanken hervorbringen sollen. Ob wir die von Wittgenstein angestellten Gedanken »Sprachphilosophie« nennen wollen, hängt davon ab, was wir von einer Sprachphilosophie erwarten. Wittgenstein hat einige recht entschiedene Ideen über Bedeutung, Verstehen, Zeichen, Kommunikation, Sätze und den Gebrauch von Wörtern; das sind Themen, die eine Sprachphilosophie, was immer man darunter versteht, sehr wahrscheinlich erörtern wird. Wittgenstein interessiert sich dafür aber nicht mehr oder weniger, als er sich für die Themen Absicht, Wollen, Denken, Glauben, Privatheit, Zweifel, Belehren, Schmerz, Mitleid, Überzeugung und Gewißheit interessiert. Solche Themen beschäftigen die Seele, und in ihnen manifestiert sie sich; die Selbsterforschung der Seele, ob in der eigenen oder der Person anderer, wird diese Themen und diese Interessen untersuchen und sehen, wie und wo sie sich für gewöhnlich manifestieren. Mit Sprache beschäftigt er sich, weil die Philosophie mehr oder weniger in ihrem Bann steht. Auf jemanden, der nach einer Theorie oder Wissenschaft der Sprache sucht, müssen Wittgensteins Bemerkungen sehr zufällig wirken. Und insofern als eine Philosophie der Sprache, nach gängigen Auffassungen über die Philosophie, zum Teil aus einer Interpretation, Rekonstruktion oder Analyse der Wissenschaftssprache im besonderen bestehen würde oder sollte, hat Wittgenstein überhaupt keine Philosophie der Sprache. Man liest ihn besser so, daß er den Wunsch der Philosophie nach Theorien der Sprache angreift, so wie jemand die Zuflucht einer Philosophie zur Physik oder Psychologie bzw. deren Nachahmung kritisiert als eine Weise, das Problem des Skeptizismus zu verstehen, d. h. als eine Weise, es zu umgehen.

Daß Kriterien objektspezifisch sind, ist bekannt: Was für die Stabilität einer Regierung sorgt, ist nicht dasselbe, was für die Stabilität eines Tisches, einer Brücke, einer Beziehung oder einer Lösung sorgt. (Da Kriterien »eine Art von Definition« liefern, haben wir hier ganz offensichtlich einen Punkt, an dem wir uns fragen, ob oder in welchem Sinn »stabil« in den verschiedenen Zusammenhängen dasselbe bedeutet.) Wittgenstein stützt sich auf diese Eigenschaft, objektspezifisch zu sein, zu einem anderen, offenbar konträren Zweck. In seinen Fällen kennen wir nicht zuerst das Objekt, dem wir mit Hilfe von Kriterien einen Wert zuweisen; im Gegenteil: Kriterien sind die Mittel, mit deren Hilfe wir lernen, was unsere Begriffe sind, und folglich, »welche Art von Gegenstand etwas ist« (§ 373). Oder vielmehr: Wittgensteinsche Kriterien werden im Laufe von grammatischen Untersuchungen angeführt, und die Grammatik sagt, was für eine Art von Gegenstand etwas ist. Aber bevor wir nicht ungefähr wissen, was Wittgenstein unter »Grammatik« versteht, bringt es nicht viel zu sagen, daß wir beim Gebrauch gewöhnlicher oder offizieller Kriterien von einer bekannten Art von Gegenstand *ausgehen*, während wir beim Gebrauch Wittgensteinscher Kriterien *am Ende* wissen, was für eine Art von Gegenstand es ist.

Ein wenig bringt es freilich doch; es hilft, den Bereich oder die Ebene freizulegen, den wir in Augenschein nehmen sollten, um Wittgensteins Vorstellung zu verstehen. Sie soll offensichtlich, jedenfalls zum Teil und auf einer bestimmten Ebene, sowohl eine Antwort auf die gewöhnliche Frage »Wie weiß man das?« als auch auf die philosophische Frage »Was ist Wissen?« geben, eine

Antwort, die mit anderen philosophischen Antworten konkurriert. Wegen ihrer Dunkelheit mag man von Wittgensteins Antwort, sofern sie überhaupt etwas Klares bedeutet, meinen, sie habe dieselbe Überzeugungskraft wie die Antworten ihrer Konkurrenten. Seine wiederholte Frage »Aber welche Kriterien haben wir, um das zu sagen?« fragt anscheinend doch danach, wie wir unseren Anspruch, etwas zu wissen, verifizieren. Sein Beharren auf dem Gebrauch – im offenbaren Gegensatz zur Bedeutung – von Wörtern und Sätzen sowie darauf, daß wir die Kriterien, in deren Licht wir sie gebrauchen, »aufgestellt« oder uns auf sie »geeinigt« haben, mag wie die Behauptung erscheinen, die Bedeutung unserer Begriffe reiche nur so weit, wie wir bestimmte Verfahren beim Wissenserwerb und der Wissensüberprüfung haben, und seine Neigung, von Kriterien als dem zu sprechen, worin Phänomene, besonders mentale Phänomene, bestehen (wobei das in der Regel das ist, was wir in bestimmten öffentlichen Situationen tun), wird den Eindruck erwecken, daß er Bezugnahmen auf den »Geist«, sofern sie gerechtfertigt oder verständlich sind, verhaltensabhängig interpretiert. D.h., die Ideologien oder Paradigmen der Verstehbarkeit, die zu der Zeit und in der geistigen Umgebung, in der Wittgenstein schreibt, herrschen, sind der Verifikationismus, der Operationalismus und der Logische Behaviorismus. Wittgensteins Originalität läßt sich unter anderem so ausdrücken: Seine Lehre nimmt all diese Tendenzen auf, macht sich aber keine zu eigen, ja man könnte sagen, sie zeigt ihren Ursprung auf. Um Wittgensteins Vorstellung von einem Kriterium zu verstehen, sollte man beides tun: ihn auf die eine oder andere der vertrauten Weisen lesen und versuchen, seine Originalität zu erkennen.

Wirft die Erkenntnistheorie die Frage des Wissens auf, so fragt sie nach den Gründen für unsere Gewißheit. Wir werden jedoch daran erinnert, daß das, was wir Wissen zu nennen pflegen, auch mit dem verbunden ist, was wir den Erwerb von Wissen oder Lernen nennen, d.h. mit unserer Fähigkeit, verschiedene Gegenstände zu identifizieren, zu klassifizieren oder zu unterscheiden.

Kriterien sind Kriterien für ein Urteil, der Grundgedanke ist der, daß Fälle mit Hilfe von Unterschieden identifiziert, mithin diskriminiert oder gesondert werden. (Dieser Umstand spiegelt sich ausdrücklich darin, daß »Diskriminierung« auch im Sinn von »Vorurteil« verwandt wird.) Mit all diesen Überlegungen bezwecke ich bislang nur, daß wir im weiteren Wittgensteins Betonung der Vorstellung von Urteilen fest im Blick haben. In der modernen Geschichte der Erkenntnistheorie wird die Vorstellung von Urteilen nicht generell von der der Aussage im allgemeinen unterschieden, oder vielleicht werden sie zu strikt unterschieden. Das Problem besteht nicht darin, daß ein Philosoph durch die Aufmerksamkeit auf jene Äußerungsformen, die sich durch ihre Wahrheit oder Falschheit auszeichnen, andere »Verwendungsweisen« der Sprache nicht weiter beachtet. Man kann schließlich untersuchen, was man will. Das Problem liegt vielmehr darin zu sehen, ob nicht die Untersuchung des menschlichen Wissens im ganzen durch diese Blickrichtung verzerrt, jedenfalls diktiert wird. In der Konzentration auf Aussagen wird Wissen als Summe (oder Produkt) wahrer Aussagen begriffen, und folglich werden die Grenzen menschlichen Wissens so konstruiert, daß sie mit dem Umfang der angehäuften wahren Aussagen über die Welt zusammenfallen. Die philosophische Aufgabe besteht dann darin, ein Organon bereitzustellen, das diese Aussagen rechtfertigen oder verbessern und erweitern wird. Die Konzentration auf das Urteil sieht im menschlichen Wissen die menschliche Fähigkeit, die Begriffe einer Sprache auf die Gegenstände einer Welt anzuwenden, die Fähigkeit, die Welt als und wie von Menschen kreierte zu charakterisieren (zu kategorisieren), und folglich läßt sie die Grenzen des menschlichen Wissens mit den Grenzen seiner Begriffe (in einer historischen Periode) zusammenfallen. In diesem Fall besteht die philosophische Aufgabe darin, ein Organon bereitzustellen, das diese Grenzen bewußt macht, nicht jedoch um die Beschränktheit unseres Wissen aufzuzeigen (wie Locke mehr oder weniger nahelegt und Kant mehr oder weniger impliziert), sondern um zu zeigen, was wir in einer bestimmten Periode zu wissen nicht verfehlen können oder wie wir es zu wissen nicht verfehlen können. (Wir sind oder wurden bis vor kurzem so darauf gedrillt, den Unterschied zwischen der Art und Weise, Entdeckungen zu machen, und den Formen der Beweisführung zu kennen, daß wir uns kaum vorstellen können, wie eine Logik der Entdeckung oder der Überzeugung aussehen könnte: Dergleichen kann keine Logik haben, nur eine Psychologie. Wenn ich Wittgensteins Kriterien als etwas beschreibe, das notwendig der Identifizierung oder dem Wissen eines Gegenstandes *vorausgeht* und ein Vorspiel zu jenem Wissen ist, so will ich damit an die These eines Werkes wie Deweys *Logik* erinnern, das der idealistischen Tradition entsprang und dem zufolge das Subjekt eines Urteils nicht früher gewußt wird als die auf es zutreffenden Prädikate.)

Eine dritte Nichtübereinstimmung zwischen Wittgensteinschen und alltäglichen Kriterien verweist darauf, daß und warum Wittgensteins Ansichten, obwohl sein unmittelbares Publikum der empiristischen Tradition in der Philosophie angehörte, eine empiristische Sensibilität an *jedem* Punkt verletzten wird oder sollte – was nur besagt, daß dieser Konflikt ein persönlicher ist. Gehen wir zum ersten Element meines Schemas zurück, das ich »Quelle der Autorität« nannte. Wir finden dort die Einträge »amerikanische Regierungsbeamte«, »ich«, »Afrikaner«, »Anna Freud«, »Shanley«, und aus den anfänglichen Beispielen könnte man noch »Radcliffe«, »Kowalewski und Marx« und »die amerikanische Gesellschaft vor der Großen Depression« hinzunehmen. Wittgensteins Quelle der Autorität ändert sich niemals in dieser Weise. Für ihn sind es immer »wir«, die die fraglichen Kriterien »aufstellen«. Die Kriterien, an die Wittgenstein appelliert – diejenigen, die für ihn die Daten der Philosophie bilden –, sind immer »unsere«. Die Gruppe, die seine »Autorität« bildet, ist offenbar stets die Gruppe der Menschen als solche, die der Menschen im allgemeinen. Wenn ich die Kriterien in Worte fasse, dann tue ich dies oder verstehe ich mich in meinem Tun als ein Mitglied dieser Gruppe, als ein Repräsentant der Menschheit.

Man wird hier sofort zwei Fragen erwarten: (1) Wie und mit welchem Recht kann ich für die Gruppe, deren Mitglied ich bin, sprechen? Wieso habe ich dieses bemerkenswerte Privileg? Wie kann ich mich darauf verlassen, daß das, was ich sage, sich dahingehend verallgemeinern läßt, daß jeder es sagt? Die Basis ist doch unverantwortlich, aberwitzig klein. (2) Wenn man von mir annimmt, daß ich an der Aufstellung unserer Kriterien beteiligt gewesen bin, wie ist es dann möglich, daß ich sie nicht kenne? Und warum ist mir nicht bewußt, daß ich an einem so außerordentlichen Unternehmen beteiligt gewesen bin?

1. Wenn das, was ich darüber sage, was wir sagen, tatsächlich eine Verallgemeinerung ist und ich mich bloß auf die Tatsache stütze, daß ich es sage (und vielleicht auch, aber nicht notwendig, daß ich es auch von anderen gehört habe), dann ist das aberwitzig. Da ich nun aber nicht glaube, daß der Anspruch, für »uns« zu sprechen, aberwitzig ist, halte ich es nicht für eine Verallgemeinerung. Was aber ist es dann? Was Wittgenstein auch immer hinsichtlich dessen, was wir sagen, beansprucht, er ist sich zugleich immer bewußt, daß andere nicht zustimmen müssen, daß eine bestimmte Person oder Gruppe (ein »Stamm«) unsere Kriterien *nicht* teilt. »[E]in Mensch [kann] für einen anderen ein völliges Rätsel sein« (*Untersuchungen*, S. 568). Daß wir in unseren Kriterien nicht übereinstimmen, ja schon die Möglichkeit einer Nichtübereinstimmung ist für Wittgenstein ein ebenso grundlegendes Thema wie das Herausfinden der Kriterien selbst.

Diese Bemerkung entkräftet vielleicht nicht völlig den Eindruck, daß Wittgenstein dogmatisch ist, sie könnte uns aber fragen lassen, inwiefern er dogmatisch ist. Vielleicht stellt sich sogar heraus, daß er sich manchmal überhaupt nicht darum kümmert, ob andere wirklich das sagen würden, von dem er meint, »wir« sagten es. – Nun, offenbar besteht eben darin sein Dogmatismus. – Nein, ich meine nicht, daß er sich in dem Sinn »nicht darum kümmert«, daß er, gleichgültig was »du« sagst, daran festhält, daß er für »uns« spricht; ich meine damit, daß er zufrieden damit ist, nicht für uns zu sprechen, falls sich ergeben sollte, daß er es nicht tut. Das würde ihn weniger zu einem Dogmatiker als vielmehr zu einem Egomanen machen. »Habe ich die Begründungen erschöpft, ... dann [bin ich] geneigt zu sagen: ›So handle ich eben‹« (§ 217); »Die Erklärungen haben irgendwo ein Ende« (§ 1); »Nun, wie weiß ich's [wie fortzusetzen]? ... Wenn das heißt ›Habe ich Gründe?‹, so ist die Antwort: die Gründe werden mir bald ausgehen. Und ich werde dann, ohne Gründe, handeln« (§ 211).

Dann bin ich geneigt ...; irgendwo...; dann werde ich handeln ... Doch wann und wo ist das? Wer sagt denn, wann? – Im Moment sehen meine Probleme anders aus. Jeder hat soviel Recht oder Bedürfnis, etwas zu sagen, wie jeder andere auch; und zu welchem Zeitpunkt jemand einräumen möchte oder muß, daß seine Gründe erschöpft sind, ist jedenfalls eine empirische Frage. Mein Problem ist vielmehr zu sehen, was für ein Scheideweg das ist.

Wenn Wittgenstein oder irgendein Philosoph, der sich in diesem Stadium auf die Alltagssprache beruft, »sagt, was wir sagen«, dann stellt er keine Verallgemeinerung auf (obwohl er später vielleicht verallgemeinern wird), sondern bringt einfach einen (unterstellten) *konkreten Fall* dessen, was wir sagen. Nennen wir das ein Beispiel. Wird das Beispiel mit den Worten eingeführt »Wir sagen ...«, so ergeht damit die Aufforderung an einen anderen, zu sehen, ob er selbst ein solches Beispiel vorbringen möchte oder meines als treffend akzeptieren kann. *Ein* Beispiel widerlegt oder entkräftet nicht ein anderes. Sollten zwei Beispiele nicht übereinstimmen, streiten sie um dieselbe Bestätigung. Die einzige Quelle der Bestätigung sind wir hier selbst. Und jeder von uns ist in diesem Streit eine letzte Autorität. Sind wir uns zunächst uneinig, so läßt sich der Streit unter Umständen ausräumen: Es könnte sich etwa herausstellen, daß wir Beispiele für verschiedene Sachverhalte angeführt haben (z. B. indem wir uns eine Situation unterschiedlich vorstellten) oder daß einer von uns beiden das von ihm selbst angeführte Beispiel nicht sorgfältig genug erwogen hat und eigentlich gar nicht bei seinem Beispiel bleiben will. Löst sich unsere Differenz jedoch nicht auf, gibt es keine Berufungsinstanz jenseits unserer selbst, oder wenn vielleicht auch eine jenseits von uns beiden, so doch keine jenseits irgendeines möglichen Wir. Es gibt nun einmal intellektuelle Tragödien. Der Punkt ist nicht, daß einer etwas Falsches gesagt hätte. Ebensowenig ist es eine Unfähigkeit oder Verweigerung, etwas zu sagen oder zu hören, woraus in anderen Fällen Tragödien entspringen.

»Ich möchte sagen: ›Ich erlebe das Weil‹« (§ 177). Nehmen wir an, jemand entgegnet darauf: »Nun, ich ganz sicherlich nicht. Es ist nicht einmal eine grammatisch korrekte Redeweise!« An einem solchen Scheideweg bleibt uns nur zu konstatieren, daß wir an diesem Punkt einfach differieren; d. h., wir können nicht füreinander sprechen. Aber es ist nichts behauptet worden, was entkräftet wurde: Meine Autorität wurde eingeschränkt. Selbst wenn Wittgenstein (was er bezeichnenderweise nicht getan hat) den nicht grammatischen Wunsch mit den Worten »Wir möchten sagen ...« eingeleitet hätte, und sich dann herausstellen würde, daß ich das keineswegs sagen möchte, ist er nicht gezwungen, seine Aussage zu korrigieren, um meinem Einspruch gerecht zu werden; in Anbetracht meiner Ablehnung zieht er sie vielmehr zurück. Er hat nichts Falsches über »uns« gesagt; er hat gelernt, daß es kein Wir gibt (ja vielleicht niemals geben wird), über das sich etwas sagen läßt. Falsch an seiner Aussage ist, daß er sie an die falsche Gruppe richtete.

Die philosophische Berufung auf das, was wir sagen, und die Suche nach unseren Kriterien, in deren Licht wir sagen, was wir sagen, setzen eine Gemeinschaft voraus. Die Forderung nach einer Gemeinschaft ist stets eine Suche nach der Grundlage, auf der sie sich errichten läßt oder errichtet worden ist. Ich habe nichts anderes, worauf ich mich stützen könnte, als meine Überzeugung, mein Gefühl, daß ich etwas Sinnvolles sage. Möglicherweise stellt sich heraus, daß ich mich irre, daß meine Überzeugung mich von allen anderen, von mir selbst abschneidet. Das ist jedoch nicht gleichbedeutend mit der Entdeckung, daß ich dogmatisch oder egomanisch bin. Wunsch und Suche nach Gemeinschaft sind Wunsch und Suche nach Vernunft.

Wenn Wittgenstein Beispiele für das, was wir sagen, anführt, so geht er über das bloße Vorkommen der Worte hinaus, und zwar auf eine Weise, die ihn von anderen Philosophen, die von der Alltagssprache ausgehen, absetzt, beispielsweise von Austin. Wittgenstein schlägt Worte vor, von denen er sagt, sie drängten sich uns in einem bestimmten Zusammenhang auf, oder Worte, die zu sagen wir wünschen, möchten oder versucht sind, und er zitiert Worte, die wir seiner Meinung nach nicht meinen oder von denen wir uns nur einbilden, wir meinten sie. Wie weiß er dergleichen? Ich meine, wie kann er, abgesehen von irgendeiner philosophischen These, in deren Dienst er solche Funde stellen würde, auch nur auf die Idee kommen, daß sich diese Inhalte seines eigenen Bewußtseins, die offensichtlich alles sind, womit er fortfahren kann, mit den unseren im exakten Gleichschritt befinden? Tatsache ist aber, daß er diese Idee hat und damit nicht allein steht. Tatsache ist auch, daß vieles von seinem eigenen Bewußtsein, das er als wahr nachweist, ebenfalls von unserem (meinem) wahr ist. Vielleicht ist das die beeindruckendste Tatsache seiner Schriften; es mag sogar die Tatsache sein, die ihn am stärksten beeindruckt, daß nämlich, was er tut, überhaupt getan werden kann.

Manchmal kann es so scheinen, als hätte Wittgenstein es unternommen, unsere Geheimnisse auszusprechen, Geheimnisse, von denen wir nicht wußten, daß sie bekannt sind, oder nicht wußten, daß wir sie teilen. Und gleichgültig, ob er in einem bestimmten Fall recht hat oder nicht, schon die bloße Absicht oder Annahme wird einigen empörend vorkommen. Ich sehe darin eine aufschlußreiche Reaktion auf das Buch, eine zutreffende Registrierung seiner Ansprüche. Andere werden die Absicht oder Vermutung als aufregend empfinden, und dann ist nur schwer zu erkennen, wie gefährlich verführerisch, auch in bezug auf einen selbst, solch eine Absicht sein kann. Was ist diese Vermutung, die uns auffordert, uns selbst zu betrachten, um herauszufinden, ob wir ein geheimes Bewußtsein miteinander teilen? Was gibt einem das Recht dazu? Die Philosophie wird jedenfalls in eine falsche Richtung geschickt, denn sie sollte vom Ich weg- und nicht auf es hinweisen. Als ich (in »The Availability of Wittgenstein's Later Philosophy«) einen Grund dafür sah, die *Untersuchungen* zur Gattung der Bekenntnisliteratur in Beziehung zu setzen, machte ich mir nicht die Mühe, das gegen die naheliegende Folgerung zu verwahren, Wittgensteins Schriftstellerei sei, wie einige seiner Leser ja von jeher scharfsinnig vermutet haben, jenseits rationaler Kritik. Solche Verwahrungen haben irgendwo ein Ende. Aus dem von mir behaupteten Zusammenhang würde sich, so hoffte ich, schon ergeben: Während ein Bekenntnis und seine Wahrhaftigkeit in Frage gestellt und einer Prüfung unterworfen werden können, ja während es häufiger sogar dringlicher ist, ein Bekenntnis kritisch zu prüfen, als das mit einem Zeugnis oder einem Beweis zu tun, gibt es keinen triftigen Grund für die Annahme, zwischen den Prüfungsmethoden in dem einen und dem anderen Fall wäre die Ähnlichkeit größer als zwischen Bekenntnis und Beweis. (Ein Unterschied liegt darin, daß, obwohl bei Bekenntnis und Beweis das Machen wie das Prüfen nicht ohne große Erfahrung auskommt, es im allgemeinen leichter ist, einen Beweis zu prüfen, als ihn zu führen; für Bekenntnisse gilt vermutlich das Umgekehrte. Ein weiterer Unterschied ist, daß diese Tatsache zumindest vom Standpunkt desjenigen, der nicht selbst der Beweisführende ist, für Beweise auch beweisbar ist.)

Von allen Parabeln, die Wittgenstein über das Wesen des Philosophierens erzählt, ist diese eine der verwirrendsten:

> Wenn ich dazu neige anzunehmen, daß eine Maus durch Urzeugung aus grauen Fetzen und Staub entsteht, so wird es gut sein, diese Fetzen daraufhin zu untersuchen, wie eine Maus sich in ihnen verstecken konnte, wie sie dort hinkommen konnte etc. Bin ich aber überzeugt, daß eine Maus aus diesen Dingen nicht entstehen kann, dann wird diese Untersuchung vielleicht überflüssig sein.
>
> Was es aber ist, das sich in der Philosophie einer solchen Betrachtung der Einzelheiten entgegensetzt, müssen wir erst verstehen lernen. (§ 52)

»... einer solchen Betrachtung.« Was für einer? Und was heißt hier, d. h. in der Philosophie, »sich entgegensetzen«? Es ist eine Prüfung, die die eigenen Überzeugungen, das Bewußtsein davon offenlegt, was der Fall sein muß und was nicht der Fall sein kann; sie erfordert also, vermeinte Notwendigkeiten zu suspendieren und wahrere Notwendigkeiten zu entdecken. Zu diesem Zweck muß ich in den Geisteszustand hineinkommen, in dem ich »dazu neige anzunehmen«, daß etwas, was ich für unmöglich halte, immerhin geschehen könnte. Das bedeutet, ich muß mich versuchsweise zum Glauben daran bringen, was für mich Vorurteile sind, und erwägen, daß meine Rationalität selber eine Menge von Vorurteilen sein könnte. Das wird alles andere als eine erfreuliche Aussicht sein. Und wahrscheinlich führt es zu lächerlichen Verrenkungen. Aber nicht lächerlicher als die Attitüde, in einem Bereich nach einer Erklärung zu forschen, von dem man nicht geneigt ist anzunehmen, sie liege dort. (Ein solches Tun könnte man »akademisch« nennen.) – So bin ich es denn, ich selber, was »sich in der Philosophie einer solchen Betrachtung der Einzelheiten entgegensetzt«. Auf Widerstand zu stoßen ist seit jeher ein Ehrenzeichen einer Philosophie. Aber sich darauf ausruhen zu wollen wäre ein Mißverständnis, denn das würde bedeuten, daß ich mich über die Unlustgefühle erhaben fühle, die sich von Natur aus wahrer Philosophie entgegensetzen. Einem neueren psychoanalytischen Buch entnehme ich, daß »Psychophobie« sowohl »Angst vor dem eigenen Innern« als auch »Gespensterfurcht« bedeutet (Bertram Lewin, *The Image and the Past*, S. 25). Sie kann ebensosehr Intellektualität wie Antiintellektualität hervorrufen. Und Philosophie kann sowohl die Frucht beider Ängste als auch die Analyse von deren Wurzeln sein. (Was ich soeben als »Offenlegen des Bewußtseins von Notwendigkeit« bezeichnete, bringe ich in Verbindung zu dem, was ich in »The Avoidance of Love« das »Offenlegen unseres Bewußtseins des Gewöhnlichen« nannte, z. B. S. 316, S. 350.)

2. Als ich bemerkte, daß die philosophische Suche nach unseren Kriterien eine Suche nach Gemeinschaft ist, habe ich tatsächlich

die zweite Frage beantwortet, die mir angesichts des Anspruchs, für die Gruppe zu sprechen, ins Auge sprang, die Frage nämlich, wie ich denn an dem Aufstellen von Kriterien habe beteiligt gewesen sein können, wo mir doch gar nicht bewußt ist, daß ich es war, und ich ebensowenig weiß, welches denn die Kriterien sind. Bezogen auf meine Bemerkung müßte die Antwort den Nachweis erbringen, daß es tatsächlich Kriterien – das, was Wittgenstein so nennt – *gibt* (d. h., sie müßte einige produzieren), und einräumen, daß niemand sie alleine hätte aufstellen können und daß natürlich jeder der daran Beteiligten weiß, welche es sind – obwohl er oder sie nicht weiß, wie man sie ans Licht bringt oder sie zu formulieren vermag, und sich seiner oder ihrer Mitwirkung, stellt man die Sache so dar, nicht bewußt ist; und die Antwort müßte betonen, daß nicht beansprucht wird, man könne a priori sagen, wer von mir in den Kreis aufgenommen worden ist, da ja der Witz der besonderen Art von Untersuchung, die Wittgenstein eine grammatische nennt, genau darin liegt, das Wer zu entdecken. Sehr viel ist damit nicht beantwortet, aber ich bezwecke auch nicht sehr viel mehr, als eine nähere Bestimmung der Ebene vorzunehmen, auf der ich eine Antwort suche.

Die hier beantwortete Frage erinnert an ein bekanntes Ereignis in der Geschichte der neuzeitlichen Philosophie, an Humes Angriff auf die Idee eines Gesellschaftsvertrags, an einen Angriff, der, wie ich glaube, die Idee in den Augen vieler Philosophen intellektuell nachhaltig diskreditiert hat. Ich erwähne dieses Ereignis, um ebenfalls daran zu erinnern, daß es eine alte, wenn auch unbegründete Einsicht ist, daß die wechselseitige Bedeutsamkeit der Wörter einer Sprache auf irgendeiner Art von Verbindung oder Übereinkunft unter ihren Benutzern beruht und daß der klassische Topos für philosophische Untersuchungen zur Idee der Übereinkunft die Erörterung des Gesellschaftsvertrages ist, der die politische Gemeinschaft begründet haben soll. Ich möchte ein wenig bei dieser Idee verweilen, läßt sie doch auf natürliche Weise Begriffe zum Vorschein kommen, die später mehr in den Mittelpunkt treten oder stärker thematisiert werden.

Erinnern wir uns an Humes Gespött: »Vergebens fragt man uns, in welchen Zeugnissen denn diese Charta unserer Freiheiten festgehalten ist. Sie wurde weder auf Pergament noch auf Blätter oder Baumrinde geschrieben.« Philosophen, die gleichwohl daran festhalten, daß die Idee des Gesellschaftsvertrags richtig ist oder wir ihrer doch bedürfen, haben versucht, sie zu rechtfertigen, allerdings nicht als historisches Ereignis, sondern ... ja als was eigentlich? Vielleicht als einen Erklärungsmythos. Wozu aber ist der Mythos notwendig, was soll er erklären? Etwas in der Art, warum ich der Regierung gehorchen sollte, warum ich, wie Hume sagt, »eine Untertanenpflicht« habe. Wer, so Hume, diese Frage beantwortet, indem er von einem Vertrag spricht, würde im Grunde antworten: »Weil ich eine Verpflichtung habe, [meinem Versprechen] treu zu sein«; und das sei überhaupt keine Antwort, weil beide Verpflichtungen dasselbe Fundament hätten, nämlich den Vorteil, den der Mensch aus dem Bestehen einer Gesellschaft zieht, und den ungeheuren Nachteil, den ihre Auflösung mit sich brächte. Das ist ein leerer Einwand. Erstens wiederholt er nur die Behauptung, daß es keinen Vertrag gibt. Ein Vertrag ist nicht einfach ein Versprechen; er ist ein bedingtes, aus einer Erwägung erfolgendes Versprechen, und diese Erwägung ist der »Vorteil«. Zweitens mag es zwar wahr sein, daß eine Gesellschaft vom Schließen und Einhalten von Verträgen abhängt, doch das als Grund für das Einhalten eines *bestehenden* Vertrags anzuführen ist entweder falsch oder eine – ungeduldige – Weise, zu behaupten, daß, was immer jemand denken mag, der Vertrag gültig ist und es keinen hinreichenden Grund gibt, ihn zu brechen. Bezogen auf den Gesellschaftsvertrag begeht Hume einfach eine Petitio; denn die Idee des Gesellschaftsvertrags überzeugt gerade deshalb, weil sie den Vorteil einer bestehenden Gesellschaft in Frage stellt. Was der Vertrag besagt, ist sozusagen nicht bloß, daß ich, solange die Regierung ihren Verpflichtungen nachkommt, ihr gehorchen werde. Ich *werde* tatsächlich mit großer Wahrscheinlichkeit einem Usurpator oder Tyrannen gehorchen, meistens habe ich nichts anderes, dem ich gehorchen muß, Tatsachen, die Hume betont, um zu beweisen, daß Zustimmung nichts mit der Frage zu tun hat.

Wozu ich, wenn ich einem Vertrag zustimme, meine Zustimmung gebe, ist nicht bloß Gehorsam, vielmehr stimme ich der Mitgliedschaft in einer Polis zu, und das impliziert zweierlei: Erstens, daß ich das Prinzip der Zustimmung selbst anerkenne, was bedeutet, daß ich andere als solche anerkenne, die mit mir zugestimmt haben, und daß ich folglich der politischen Gleichheit zustimme. Zweitens, daß ich die so zustande gekommene Gesellschaft und ihre Regierung als *meine* anerkenne; was bedeutet, ich bin nicht nur ihr verantwortlich, ich bin auch für sie verantwortlich. Insofern als ich mich selbst als jemanden sehe, der seiner Verantwortung nachkommt, ist mein Gehorsam der Regierung gegenüber Gehorsam gegenüber meinen eigenen Gesetzen. In dem Fall ist Staatsbürgerschaft identisch mit meiner Selbstbestimmung. Die Polis ist das Feld, auf dem ich meine persönliche Identität schaffe, und sie ist die Schöpfung der (politischen) *Freiheit*.

Würden die Dinge tatsächlich so liegen, wäre die Frage »Warum soll ich gehorchen?« noch merkwürdiger, als sie ist: Die dann in Frage gestellten Vorteile wären die einer Gesellschaft, wie sie besser nicht sein könnte – es wären die der Mitgliedschaft (d. h. der Brüderlichkeit), der Gleichheit und der Freiheit als solcher. Rousseau, diesem Grammatiker der Gesellschaft, verdanken wir die Klarstellung, daß selbst die Segnungen der vollkommenen Polis zu Lasten anderer Segnungen gehen – Gott, Freundschaft, Familie, Liebe. (Hier fühle ich mich Professor Judith Shklars *Men and Citizens: A Study of Rousseaus' Social Theory* verpflichtet.)

Aber so liegen die Dinge nicht. Es ist ein nur schlecht gehütetes Geheimnis, daß die Menschen und ihre Gesellschaften nicht vollkommen sind. In diesem Fall, in allen konkreten Fällen ist es ungrammatisch (um nicht zu sagen politisch irreführend), wollte man die Frage »Warum sollte ich gehorchen?« mit dem Hinweis auf die allgemeinen Vorteile der Staatsbürgerschaft beantworten. Die Frage bedeutet daher in Wirklichkeit: »Werden die ›Nachteile«, die sich aus dem Zurückziehen meiner Zustimmung ergeben, aufgewogen in Anbetracht der spezifischen Ungleichheiten, des Mangels an Freiheit und des Fehlens von Brüderlichkeit in der Gesellschaft, der ich zugestimmt habe?« Die Theoretiker des Gesellschaftsvertrages lehren uns, genau diese Frage zu stellen, und eine erste Antwort muß klären, mit wem ich mich in einer Gemeinschaft befinde und wem oder was ich zu gehorchen habe.

So formuliert, wird aus der bekannten Frage »Wie kann ich der Bildung einer Regierung zugestimmt haben, da ich nichts davon weiß, daß ich je um meine Zustimmung gebeten worden bin oder sie je gegeben habe?« die Frage »Wie kann ich diese Regierung anerkannt haben, da ich nicht um meine Verantwortung für sie weiß?«. Und hier hört die Frage auf, nur rhetorisch zu klingen. Was in dem einen Bild wie ein erkenntnistheoretisches Mysterium wirkte, wird in einem anderen zu einem empirischen und moralischen Projekt. Das erste ist nicht Lockes Bild, während das zweite es meiner Ansicht nach mehr oder weniger ist. Möglicherweise ist es Humes Ansehen zu verdanken, daß an der gängigen Lesart festgehalten wurde, der zufolge Locke sich die Frage vorgelegt haben soll: »Da die Angehörigen der Polis nicht ausdrücklich ihre Zustimmung gegeben haben (sich nicht bewußt sind, es getan zu haben), wie wissen sie dann, daß sie es getan haben?«, und darauf die Antwort gab: »Ihre Anwesenheit weist darauf hin, daß sie *stillschweigend* zugestimmt haben«. Und alles, was ich zu diesem Gegenstand gelesen oder gehört habe, sieht darin den offenkundigen und entscheidenden Kniff, der er zu sein scheint. Doch der Kniff ist Projektion. Nicht diese Frage wollte Locke mit Berufung auf die »stillschweigende Zustimmung« beantworten.

Die Abschnitte in Lockes *Zweiter Abhandlung*, die sich dem Thema der stillschweigenden Zustimmung zuwenden (§§ 119-22), wenden sich *auch* dem Thema der Personen zu, die zu einem bestimmten Zeitpunkt in einem Gemeinwesen leben, aber *nicht* zu seinen Mitgliedern gehören. Er fragt, warum und in welchem

Maße sogar sie an die Gesetze des Gemeinwesens gebunden sind. Und auf *diese* Frage bezüglich der Nicht-Mitglieder erhalten wir die Antwort: »weil ihre Anwesenheit eine stillschweigende Zustimmung enthält«. Wenn Hume sagt: »Die einzig wahre *stillschweigende* Zustimmung ..., die je gegeben wird, erfolgt, wenn sich ein Fremder in einem Land niederläßt«, dann glaubt er ohne Zweifel, er würde Locke über die wahre und natürliche Bedeutung seiner eigenen Worte aufklären. (Locke ist der einzige Theoretiker des Gesellschaftsvertrags, den Hume ausdrücklich zitiert.) Die Verbindung zwischen stillschweigender Zustimmung und der Vorstellung von (sich niederlassenden oder durchziehenden) Fremden ist ja ausdrücklich Lockes spezifischer Punkt. In denselben Abschnitten wiederholt Locke seine These, daß die Zugehörigkeit zu einer Polis der *ausdrücklichen* Zustimmung bedarf. Vielleicht *hat* er keine triftige Antwort auf die Frage: »Was gilt als die (ausdrückliche) eine Polis begründende Zustimmung?«, und vielleicht kann man ihm vorwerfen, nicht nach einer triftigen Antwort auf diese Frage gesucht zu haben, aber sicherlich kann man ihm nicht vorwerfen, eine erkenntnistheoretisch dumme und politisch herzlose Antwort gegeben zu haben. Für Dummheiten (z. B. darüber, was Eigentum begründet) und Herzlosigkeit (z. B. was einen zur Zugehörigkeit befähigt) bleibt genügend Raum.

Die Lehre der Theorie vom Gesellschaftsvertrag bewirkt zweierlei: Sie zeigt, wie tief ich mit der Gesellschaft verbunden bin, und setzt zugleich die Gesellschaft in eine Distanz zu mir, so daß sie wie ein Artefakt wirkt. Aber was ist ihr Punkt? Einen Theoretiker des Gesellschaftsvertrags wird es kaum überraschen, daß in der überwältigenden Zahl der Fälle, in denen sich die konkrete Frage nach den Vorteilen ergeben hat oder ergeben wird, ich mich gegen eine Zurücknahme meiner Zustimmung entscheiden werde und auch sollte. Doch ob das private Motiv des Theoretikers nun die Rechtfertigung seiner Überzeugung ist, hier liege einer jener wenigen Momente vor, in denen es angebracht sei, das Artefakt zu demontieren, oder ob er seine Ansicht rechtfertigen will, daß dies niemals angebracht sein wird – die philosophische Bedeutung der Schrift liegt darin, daß sie politisch erzieherisch wirkt: Philosophisch ist sie, weil ihre Methode die der Selbstbetrachtung ist, ausgelöst durch den Angriff auf meine eigenen Voraussetzungen; politisch, weil diese Selbstbetrachtung in Begriffen geschieht, die mich als Angehörigen einer Polis zeigen; erzieherisch, weil ich so erfahre, daß ich Wissen über mich selbst nur entdecke und ausbilde, wenn ich mein Wissen über jene Zugehörigkeit entdecke und ausbilde (und zwar sowohl die Tiefe meiner eigenen Zugehörigkeit als auch den Umfang jener, die mit mir verbunden sind). Solches Schreiben wird daher vermutlich nicht sehr ernst genommen, wenn man es – und ich habe den Eindruck, daß es meistens der Fall ist – als eine Menge vorwissenschaftlicher Bemerkungen über bestehende Staaten liest.

Von allen mir bekannten Klassikern zum Thema Gesellschaftsvertrag scheint mir Rousseau der scharfsinnigste zu sein, denn anders als Hobbes und Locke behauptet er nicht zu wissen, wie der »Naturzustand« aussieht (aussah), statt dessen entwirft er eine Rekonstruktion der sozialen Ursprünge, um damit zu zeigen, daß Philosophen bei allem, was sie über die Natur sagen, bloß den Zustand ihrer eigenen Gesellschaft projizieren oder ihren Phantasien freien Lauf lassen. Er beansprucht nur, um seine Beziehung zur Gesellschaft zu wissen und in der Tatsache, daß der Mensch (daß er) für die Gesellschaft und die Gesellschaft für ihn sprechen kann, sie also wechselseitig ihre privatesten Gedanken enthüllen können, ein philosophisches Faktum zu sehen. Sein Problem ist, zu verstehen, wie dies möglich ist. Das erkenntnistheoretische Problem der Gesellschaft besteht nicht darin, neue Fakten über sie herauszufinden, solche Fakten sind leicht zu haben, wie die Enzyklopädisten allgemein zeigten. Das Problem ist vielmehr zu entdecken, welche Position ich zu den Fakten einnehme, wie ich weiß, mit wem ich in Gemeinschaft lebe und wem oder was ich zu gehorchen habe. Die Existenz eines früheren Vertrags erklärt solche Fakten nicht. Im Gegenteil: Er ist eine Projektion aus der Tatsache, daß ich mich jetzt selbst als

Partei irgendeines Gesellschaftsvertrags oder von Übereinkünften sehe, welche die Existenz des früheren Vertrags erklären – oder vielmehr das, was wir dafür halten. Doch da der ursprüngliche Gesellschaftsvertrag nicht in Kraft ist – das können wir wissen, weil wir wissen, daß wir frei geboren sind und doch überall in Ketten liegen –, folgt daraus, daß wir nicht unseren allgemeinen Willen ausüben, und da wir uns nicht im Naturzustand befinden, folgt, daß wir unseren Willen nicht für das Allgemeine, sondern für das Besondere, für Gruppeninteressen, für das Ungleiche, für den Eigennutz, für die Privatsphäre einsetzen. Wir gehorchen der Logik der Verschwörung, obwohl wir glauben, das treffe nur auf *andere* zu. (Man könnte dies Rousseaus Selbstdiagnose nennen.) Wir bilden uns also die Bedeutung anderer für uns (z. B. als Gleiche) ein oder haben die Illusion, etwas füreinander zu bedeuten (z. B. als freie Mitbürger). – Das erkenntnistheoretische Problem ist dann das erste Problem der Gerechtigkeit: Wenn wir unsere Position kennen, werden wir wissen, was geschehen sollte, gleichgültig ob wir uns dann entscheiden herauszufinden, was dem förderlich ist und was nicht, ob wir beschließen, daß es den Versuch lohnt oder nicht. Was Rousseau entdeckt, ist nicht so sehr neues Wissen als vielmehr eine Form des Wissens, eine Weise, das Selbst als Zugang zu dessen Gesellschaft zu verwenden. Und damit ist auch eine neue Form von Unwissenheit entdeckt. Marx und Freud werden diese Unwissenheit das »Unbewußte« nennen, jener in bezug auf unsere gesellschaftliche Gegenwart, dieser in bezug auf unsere persönliche Vergangenheit; aber letzten Endes ist der Unterschied gar nicht so groß. (Beide sehen in dieser Unwissenheit das Ergebnis von Unterdrückung.)

Solche Dunkelheiten halte ich nicht für meine Erfindung. Denn wenn man Schriften wie die von Rousseau für überzeugend hält, wird man sich fragen müssen, wie er das, was er weiß, gewußt haben kann, da er offenbar nicht ins Blaue hinein redet oder auf einen Beweis wartet. Und man wird sich zu seinen offensichtlichen Anfällen von Wahnsinn verhalten müssen. Steckten wirklich nur psychische Probleme dahinter? (Als wüßten wir, was das heißt, als enthielte ein solcher Satz als Erklärung für ein derartiges Verhalten weniger Aberglauben, als wir ihn etwa in der Idee eines Gesellschaftsvertrags finden.) Sind sie gar Ausdruck der Trauer darüber, daß die Gesellschaft sich so verhält, wie sie es tut? Also nicht Trauer um seinetwillen, sondern um einer Gesellschaft willen, die das Wissen um ihre eigenen Verschwörungen bewußt unterdrückt, und nicht nur um derjenigen willen, die sich gegen ihn richten?

Solche Erörterungen müssen früher oder später zu der Frage führen, was unter »Mündigkeit« zu verstehen ist. Dahinter steht der Gedanke, daß, was immer jemand unter Zustimmung verstehen mag, eine Vorbedingung dafür jedenfalls die ist, daß jedes Individuum seine eigene Zustimmung geben muß und daß dies erst geschehen kann, wenn der Betreffende Herr seines Verstandes ist. Die nächste Frage ist dann, wann genau ist jemand »Herr seines Verstandes«? Handelt es sich dabei um eine intellektuelle oder um eine moralische Leistung? Und was muß man dann wissen, oder für was muß man seinen Verstand gebrauchen? Nehmen wir an, gesucht sei die Fähigkeit, für sich selbst sprechen zu können. Warum soll man das eine Vorbedingung nennen? Man möchte eher sagen, das Geben (oder Zurückhalten) der Zustimmung sei die Vorbedingung oder Bedingung dafür, für sich selbst zu sprechen.

Im politischen Sinn für sich zu sprechen heißt, für die anderen zu sprechen, mit denen sich zu verbinden man zugestimmt hat, und es heißt zuzustimmen, daß sie für einen selbst sprechen, nicht wie Eltern für einen sprechen, d. h. an Stelle der eigenen Person, sondern wie jemand, mit dem man in Gegenseitigkeit verbunden ist, also wie jemand, der sagt, was man selbst denkt. Wer diese anderen sind, für die man spricht und die für einen selbst sprechen, weiß man nicht a priori, obwohl dies in der Praxis im allgemeinen als bekannt vorausgesetzt wird. Für sich selbst zu sprechen bedeutet dann, seitens jener, für die man zu sprechen beansprucht, eine Zurückweisung zu riskieren – gelegentlich sogar eine endgültige; und es bedeutet auch, das Risiko einzugehen, jene, die beanspruchen, für einen selbst zu sprechen, zurückweisen zu müssen – gelegentlich sogar endgültig. Es gibt andere Bereiche als die Politik, in denen man seine eigene Stimme – etwa in der Religion, der Freundschaft, als Eltern, in der Liebe, in der Kunst – und seine eigene Arbeit finden muß; und das Politische geht vermutlich ans Herz oder ist gefährlich. Aber das gilt auch von den anderen Bereichen. Im Politischen zeigt sich jedoch die Ohnmacht der eigenen Stimme am schnellsten. Für andere ist es wichtig, sie zum Verstummen zu bringen; und da andere in jedem Fall in ihr eingeschlossen sind, darf man dort am ehesten hoffen, daß sie, zum Verstummen gebracht, nicht vermißt wird, d. h., daß man sie selbst nicht vermissen wird. Hat man jedoch eine Gemeinschaft erst einmal als die seine anerkannt, dann spricht sie so lange für einen selbst, bis man sagt, daß sie es nicht tut; d. h., bis man zeigt, daß man es selbst tut. Eine gelungene Gemeinschaft ist eine, in der sich die Frage aufwerfen läßt, ohne daß die Risse zu groß werden; wo man sie nur kurz, in großen Abständen und unter allgemein gebilligten Umständen aufwerfen muß; und wo sie, ist sie aufgeworfen, Bedingungen schafft, für die man sprechen kann; d. h., die es einem ermöglichen, die Polis weiterhin zu bejahen.

Zählt man »das Sprechen für andere und das Sprechen anderer für einen selbst« zum Gehalt der politischen Zustimmung, dann folgt daraus, daß ein bloßer Rückzug aus dem Gemeinwesen (inneres oder äußeres Exil), grammatisch gesehen, nicht die Zurücknahme der Zustimmung zu ihm ist. Da das Geben der Zustimmung die Anerkennung anderer mit einschließt, enthält die Zurücknahme der Zustimmung dieselbe Anerkennung: Ich muß *beides* sagen, sowohl: »Es ist nicht mehr meines« (ich bin nicht länger dafür verantwortlich, es spricht nicht mehr für mich), *als auch*: »Es ist nicht länger unseres« (nicht das, was wir ausgemacht haben; wir erkennen darin den Grundsatz der Zustimmung nicht wieder, das ursprüngliche »wir« ist nicht mehr durch Zustimmung untereinander verbunden, sondern nur noch durch Gewalt, und mithin existiert es nicht mehr). Abweichender Meinung zu sein ist nicht das Aufkündigen der Zustimmung, sondern ein Disput über ihren Gehalt, ein interner Disput darüber, ob ein bestimmtes Arrangement ihrem Geist entspricht. Das Gegenstück zum politisch für sich selbst Sprechen ist nicht: privat für sich selbst zu sprechen. (Denn »privat« bedeutet entweder nur eine Wiederholung des »für mich selbst«, was in diesem Fall soviel bedeutet wie »ich bin derjenige, der redet« oder es beinhaltet, daß man nicht weiß, daß man für andere spricht, was nicht die Bedingung des Sprechens für andere verneint.) Die Alternative wäre, (politisch) nichts zu sagen zu haben.

Ich beabsichtige hier keine sehr unmittelbare Analogie zwischen solchen Gedanken und den von Wittgenstein aufgeworfenen Problemen einer »Privatsprache«. Aber es scheint mir nicht allzuweit hergeholt zu sein, analoge Gedanken von Anfang an in den *Untersuchungen* zu erkennen. In § 32 finden wir folgendes: »Und nun können wir, glaube ich, sagen: Augustinus beschreibe das Lernen der menschlichen Sprache so, als käme das Kind in ein fremdes Land und verstünde die Sprache des Landes nicht, das heißt: so als hätte es bereits eine Sprache, nur nicht diese.« Wenn mein Französischlehrer das, was ich sage und tue, nicht als das, was er sagt und tut, akzeptiert, vielleicht weil er meinem amerikanischen Akzent mit stillschweigender Mißbilligung begegnet, dann werde ich nicht Französisch lernen (nicht von ihm). Was aber geschieht, wenn »meine Familie«, alle ihre Angehörigen (diese Erwachsenen, von denen ich, Augustinus zufolge, lerne, die Wörter zu verwenden), nicht das, was ich sage und tue, als das akzeptieren, was sie sagen und tun? Müssen sie es? Ist es nur natürlich, daß sie es tun? Ist es ihre Verantwortung? (Kapitel VII wird sich damit hauptsächlich auseinandersetzen.)

Ich würde sagen: Wenn ich eine Muttersprache haben soll, muß ich konsequenterweise akzeptieren, was »meine Familie« sagt und tut; und sie müssen das, was ich sage und tue, als das akzeptieren, was sie sagen und tun, ja es sogar mit Beifall bedenken. Wir kennen nicht von vornherein den Gehalt unserer wechselseitigen Akzeptanz, wir wissen nicht, wieweit wir übereinstimmen.

Ich weiß nicht von vornherein, wie tief ich mit mir selbst übereinstimme, wie weit meine Verantwortung für die Sprache reicht. Doch wenn ich meine eigene Stimme in ihr haben soll, muß ich für andere sprechen und anderen erlauben, für mich zu sprechen. Die Alternative dazu, daß ich repräsentativ für mich selbst spreche (für die Zustimmung *irgendeines anderen*), ist nicht: für mich privat zu sprechen. Die Alternative dazu ist, nichts zu sagen zu haben, ohne Stimme zu sein, ja nicht einmal stumm.

Wie gesagt, der beste Beweis dafür, daß es so etwas gibt, was Wittgenstein Kriterien nennt, ist, einige zu produzieren. Und wie tun wir das? Praktisch ist nichts dabei: Wir schauen uns an, was wir sagen. Aber es gibt beliebig viele Weisen, beliebig viele Verfahren, die wir »Anschauen« dessen, »was wir sagen«, nennen können. In welcher Weise sollen wir unsere Wörter anschauen, insoweit das für die Philosophie relevant ist? Wittgenstein meint, wir sollten untersuchen, was wir grammatikalisch sagen. Was das heißt, verdeutlichen vermutlich nur die Verfahren seiner *Untersuchungen* im ganzen. Doch von Zeit und Zeit skizziert er bestimmte Verfahren, die als »grammatikalische Untersuchungen« en miniature begriffen werden. Zum Beispiel:

> Erwartung ist, grammatikalisch, ein Zustand; wie: einer Meinung sein, etwas hoffen, etwas wissen, etwas können. ... Was sehen wir, in besonderen Fällen, als Kriterien dafür an, daß Einer die und die Meinung hat? Wann sagen wir: er sei damals zu dieser Meinung gekommen? Wann: er habe seine Meinung geändert? Usw. Das Bild, welches die Antworten auf diese Fragen uns geben, zeigt, *was* hier grammatisch als *Zustand* behandelt wird. (§§ 572-573)
>
> Die Grammatik von »passen«, »können« und »verstehen«. Aufgaben: 1) Wann sagt man, ein Zylinder Z passe in einen Hohlzylinder H? Nur solange Z in H steckt? 2) Man sagt manchmal: Z hat um die und die Zeit aufgehört, in H zu passen. Welche Kriterien verwendet man in so einem Fall dafür, daß es um diese Zeit geschah? (§ 182)

(a) »Ein Wort verstehen«, ein Zustand. Aber ein *seelischer* Zustand? – Betrübnis, Aufregung, Schmerzen, nennen wir seelische Zustände. Mache diese grammatische Betrachtung: Wir sagen
»Er war den ganzen Tag betrübt«.
»Er war den ganzen Tag in großer Aufregung«.
»Er hatte seit gestern ununterbrochen Schmerzen«. –
Wir sagen auch »Ich verstehe dieses Wort seit gestern«. Aber »ununterbrochen?« – Ja, man kann von einer Unterbrechung des Verstehens reden. Aber in welchen Fällen? Vergleiche: »Wann haben deine Schmerzen nachgelassen?« und »Wann hast du aufgehört, das Wort zu verstehen?« (S. 315, ungezählter Abschnitt)

Diese Untersuchungen beschreiben anscheinend drei Schritte: (1) Wir merken, daß wir etwas über ein Phänomen wissen möchten, z.B. Schmerzen haben, etwas erwarten, etwas wissen, etwas verstehen, einer Meinung sein ... (2) Wir erinnern uns an die Art von Aussagen, die wir darüber machen. (3) Wir fragen uns, welche Kriterien wir haben (worauf wir uns stützen), um zu sagen, was wir sagen. Was sind unsere Motive dabei? Was ist dieses »merken, daß wir etwas wissen möchten«, das, wie angenommen, nur die Philosophie befriedigt? Was für ein Staunen wird befriedigt, wenn Kriterien ans Licht gebracht werden? Wenn wir üblicherweise Kriterien aufstellen, möchten wir die Grundlage kennen, auf der wir einem Objekt einen bestimmten Wert zusprechen oder zusprechen können, ihm einen bestimmten Titel verleihen. Im Fall der Wittgensteinschen Kriterien möchten wir die Grundlage kennen, auf der wir irgend etwas irgendeinen Begriff davon beilegen, warum wir die Dinge so nennen, wie wir sie nennen. Doch wozu? Was treibt uns, das wissen zu wollen? Auf welchem Weg sind wir dazu gelangt, darin eine Wissenslücke zu sehen?

Es gibt zwei allgemeine oder Hintergrundbehauptungen über das, was wir sagen, die Wittgenstein mit der Idee der Grammatik zusammenfaßt: daß Sprache etwas Gemeinsames ist, daß die

Formen, auf deren Grundlage ich etwas einen Sinn gebe, menschliche Formen sind, daß sie mir menschliche Grenzen auferlegen, daß ich, wenn ich sage, was wir »können« und was wir »nicht können«, damit in der Tat Notwendigkeiten zum Ausdruck bringe, die andere anerkennen, d. h., denen sie Folge leisten (ob nun bewußt oder nicht), und daß unser Gebrauch der Sprache durchgängig und geradezu unvorstellbar *systematisch* ist. (Seit Wittgenstein schrieb, scheint die Linguistik, vor allem Chomskys Transformationsgrammatik einen weiten Weg zurückgelegt zu haben, um das Unvorstellbare vorstellbar zu machen, ja darzulegen. Damit ist Wittgenstein nicht ersetzt, obwohl es seine Überzeugung stärken mag. Die Tiefe des Systematischen in der Sprache zu entdecken war nicht Wittgensteins geistiges Ziel, für ihn war es nur ein Mittel.) Über bestimmte Thesen, die Wittgenstein zur Grammatik aufstellt, möchte ich mich nicht weiter auslassen. Beispielsweise über seine Äußerung, daß bestimmte Aussagen grammatisch *sind* oder daß bestimmte Begriffe grammatisch verwandt werden. Und ebensowenig werde ich mich auf seine Unterscheidung zwischen »Oberflächengrammatik« und »Tiefengrammatik« einlassen, noch je beabsichtigen, mich darauf zu stützen. In solchen Zusammenhängen bedeutet, soweit ich sehe, »Oberfläche« zumeist »unvollständig« und »übereilt«; und Wittgenstein verwendet den Begriff in seiner Diagnose philosophischer Verwirrung oder philosophisch fixer Ideen. Jedenfalls ist das kein Bereich seines Denkens, in den ich großes Zutrauen habe.

Im Augenblick betone ich eine von Wittgensteins spezifischen Behauptungen über die Art von Untersuchung, die er grammatisch nennt, nämlich daß unsere Kriterien das sind, was wir im Verlauf solcher Untersuchungen entdecken, wenn wir fragen: »Unter welchen Umständen oder in welchen besonderen Fällen sagen wir ...?« Ich will hier nur sagen, daß es eine Behauptung *ist*. Mittlerweile gewinnt die Behauptung vielleicht eine gewisse Signifikanz. Unmittelbar liegt ihre Signifikanz darin, daß es einen Hintergrund durchgehender und systematischer Übereinstimmung unter uns gibt, den wir nicht wahrgenommen haben oder von dem wir nicht wußten, daß wir ihn wahrnehmen. Wittgenstein nennt ihn manchmal Konventionen, manchmal Regeln. Während *Richter* in gewöhnlichen oder offiziellen Fällen, in denen Kriterien zur Anwendung kommen, diese nicht ändern können, gibt es eine Autorität, die befugt ist, die Kriterien zu ändern und neue aufzustellen, wenn die alten, in irgendeiner Hinsicht, unbequem oder unzuverlässig geworden sind oder nicht auf neue Information oder einen veränderten Geschmack eingestellt sind ...; das heißt, wenn die alten nicht die Urteile ermöglichen, für die die Kriterien allererst aufgestellt wurden. In Wittgensteins Fällen ist hingegen nicht klar, was es heißen würde, unsere Kriterien zu ändern. Die Übereinstimmung, nach der wir handeln, nennt er »Übereinstimmung in den Urteilen« (§ 242), und er spricht von unserer Fähigkeit, Sprache so zu verwenden, als würde sie von einer Übereinstimmung in der »Lebensform« (§ 241) abhängen. Doch Lebensformen sind genau das, was »akzeptiert« werden muß; sie sind »gegeben« (S. 572). Nun sieht es so aus, als würde das Pferd von hinten aufgezäumt. Kriterien sollten die Grundlagen (Eigenschaften, Merkmale, Spezifikationen) sein, in deren Lichte bestimmte Urteile (nicht willkürlich) zu fällen sind. Übereinstimmung in den Kriterien sollte eine Übereinstimmung in den Urteilen ermöglichen. Doch bei Wittgenstein sieht es so aus, als hänge unsere Fähigkeit, Kriterien aufzustellen, von einer vorausgegangenen Übereinstimmung in den Urteilen ab.

Etwas Ähnliches gilt jedoch auch von der Form gewöhnlicher Kriterien. Sagt man, die Autoritäten können in gewöhnlichen Fällen ihre Kriterien ändern, dann heißt das, daß sie irgendein vorausgegangenes Urteil darüber teilen, welche allgemeinen Ergebnisse herauskommen sollten, eine faire Vorstellung oder Intuition etwa darüber, welche Kunstsprünge oder Hunde die ersten Plätze belegen sollten. Das Aufstellen von Kriterien gestaltet den Urteilsprozeß bequemer, offener, weniger privat oder willkürlich. Man könnte sagen: Hier Kriterien aufzustellen ermöglicht es uns, Urteile öffentlich *zu klären* – nicht gerade dadurch, daß wir ihnen Gewißheit geben, sondern indem wir erklären, welches die strittigen Punkte in verschiedenen Urteilen sind, und indem wir sie dann (bei entsprechender Gelegenheit) *endgültig* fällen. Eine solche Praxis zu haben ist eine gute Sache: Menschen können mit ihren Entscheidungen nicht warten, bis sie Gewißheit haben. Aber deshalb ist sie auch Mißbräuchen ausgesetzt. Jede Autorität, die es auf sich nimmt, ohne Gewißheit endgültige Urteile zu fällen, riskiert das Ansehen der betreffenden Gemeinschaft: In dem Maß, in dem gefällte Urteile nicht als gerecht und gewissenhaft akzeptiert werden, sowohl was ihre Kriterien als auch was ihre Anwendung betrifft, erweist sich eine Gemeinschaft als eine solche, die ihren Angehörigen keine sichere menschliche Heimstatt bietet; sie schafft es nicht, die Lücke zwischen der Ungewißheit des Urteils und der Endgültigkeit der Entscheidung zu schließen. Ein Vorzug des Sports liegt darin, daß die Gemeinschaft hier ihre Fähigkeit unter Beweis stellt, diese Lücke zu schließen – ihre Fähigkeit, eine Arena zu schaffen, in der endgültige Urteile über Leistungen auf Gewißheit beruhen, und in der diese Gewißheit im wesentlichen eine Sache des Sehens ist.

Auch bei Wittgenstein ist die Berufung auf Kriterien eine Weise, »Urteile zu klären«, aus diesem Grund kann es den Anschein haben, daß Kriterien Urteile mit Gewißheit ausstatten. Und ganz offensichtlich haben sie auch damit zu tun, »Urteile öffentlich zu machen«. Ihre Aufgabe besteht jedoch nicht darin, Urteile bequemer, fairer, rationaler oder weniger privat zu machen, und Kriterien sind auch nicht angesichts ein paar unentschiedener oder widriger Urteile »für eine Revision offen«. Man möchte sagen, Wittgensteins Berufung auf Kriterien soll gerade die erstaunliche Tatsache zu Bewußtsein bringen, daß wir in einem erstaunlichen Ausmaß *tatsächlich* im Urteil übereinstimmen. Kriterien ans Licht zu bringen zeigt mithin, daß unsere Urteile öffentlich *sind*, d. h. geteilt werden. Das Erstaunliche daran, das, was zum Teil das Philosophieren zu diesem Thema motiviert, ist, daß das Ausmaß der

Übereinstimmung so innig und allgegenwärtig ist; daß wir in der Sprache so schnell und vollständig miteinander kommunizieren, wie wir es tun; und da wir nicht annehmen können, daß die uns gegebenen Worte ihre Bedeutung von Natur aus haben, neigen wir zu der Annahme, ihre Bedeutung beruhe auf Konvention. Doch keine gängige Vorstellung von »Konvention« könnte leisten, was Worte leisten – dazu müßte es, könnten wir sagen, zu viele Konventionen geben, eine für jede Schattierung eines Wortes in jedem Kontext. Wir können nicht zuvor in all dem übereingekommen sein, was dazu notwendig wäre.

Es ist äußerst wichtig, daß Wittgenstein sagt, wir stimmten *in* etwas (Lebensformen) überein, es gebe Übereinstimmung *in* etwas (Urteilen): »Zur Verständigung durch die Sprache gehört nicht nur eine Übereinstimmung in den Definitionen. Sondern (so seltsam das klingen mag) eine Übereinstimmung in den Urteilen« (§ 242); »Richtig und falsch ist, was Menschen *sagen*; und in der Sprache stimmen die Menschen überein« (§ 241). Der Gedanke der Übereinstimmung besagt hier nicht, daß man bei einer bestimmten Gelegenheit zu einer Übereinstimmung kommt oder gelangt, er besagt vielmehr, daß im ganzen Übereinstimmung herrscht, daß etwas in Harmonie ist, wie Tonhöhen oder Töne, Uhren, Waagschalen oder Zahlenkolonnen. Daß eine Gruppe von Menschen in ihrer Sprache übereinstimmt, besagt sozusagen, daß sie in bezug auf sie synchron laufen, daß sie von Kopf bis Fuß aufeinander *eingestellt* sind. – Ich bin mir durchaus darüber im klaren, daß einige Philosophen auf das Vertrauen, das ich in eine solche Bemerkung zu setzen scheine, ungeduldig reagieren, und mein Vergnügen an einer solchen Ausrichtung von Worten, die bloß metaphorisch sei, mißbilligen. Ich sollte daher betonen, daß ich es zwar für nichtssagend halte, wenn man die Vorstellung, wir seien aufeinander eingestellt, als »bloß metaphorisch« bezeichnet, daß ich aber auch nicht davon ausgehe, daß sie etwas beweist oder erklärt. Im Gegenteil, sie soll gerade in Frage stellen, daß eine philosophische Erklärung für die Tatsache, daß Menschen in der von ihnen gemeinsam gebrauchten Sprache übereinstimmen, nötig oder erwünscht ist, etwa eine Erklärung, die in Bedeutungen, Konventionen, fundamentalen Begriffen oder Propositionen ein Fundament für unsere Übereinstimmungen sieht. Denn nichts reicht tiefer als die Tatsache oder das Ausmaß der Übereinstimmung selbst.

Möglicherweise wird es in der Linguistik oder der Biologie irgendwann eine wissenschaftliche Erklärung für diese Tatsache geben. Auf philosophische Untersuchungen dessen, was wir sagen (zu sagen wünschen oder wünschten, sagen zu können), würde sie sich etwa ebenso auswirken wie beispielsweise Newtons Demonstration, warum wir trotz Erdrotation nicht in den Raum geschleudert werden, sich auf philosophische Untersuchungen der Tatsache unseres Erdenbürgerdaseins auswirkt: Sie verändert vielleicht alles oder auch nichts. Wer das Bedürfnis hat, eine Grundlage der Sprache zu schaffen, tut vermutlich besser daran, entweder von der neueren Linguistik abzulassen oder sie zu beherrschen, sie zu akzeptieren oder mit ihr zu streiten. Wer aber wissen will, was wir über die Beziehung zu uns selbst und zu anderen, zu Gemeinschaften und zur Erde denken, wird sich immer noch mit den alten Dingen, die wir sagen und tun, beschäftigen und die Folgen unserer alten Übereinstimmungen ans Licht bringen müssen.

Ich sagte gerade, Wittgensteins philosophische Motivation liege zum einen in der Beobachtung, daß die Worte eines Menschen auf die der anderen eingestellt sind. Zum anderen treibt ihn die Beobachtung, daß sie manchmal aus dem Gleichschritt sind, daß sie nicht übereinstimmen. Wenn es ans Philosophieren geht, ist das in den *Untersuchungen* beharrlich der Fall, und die fraglichen Nichtübereinstimmungen treten in der Regel nicht zwischen Philosophen auf, sondern zwischen Philosophen und den Worten eines gewöhnlichen Menschen. Wittgenstein will dabei nicht den Philosophen bescheinigen, daß sie sich »irren«. Worin würden sie sich irren? Darin, daß sie die Existenz der Welt leugnen? Darin, daß sie empirischen Aussagen Gewißheit absprechen? Darin, daß sie Bedeutungen oder Empfindungen für etwas Privates halten? Aber sind diese Gedanken irrig? Und bedeutet »irrig« hier »falsch«? Wem wirst du dann sagen, daß sie falsch sind? Dem Mann auf der Straße? Aber er wird entweder nicht verstehen, was du da sagst, oder er weiß bereits, daß diese Gedanken falsch sind (insbesondere der Gedanke über die Existenz der Welt); oder wenn er meint, daß sie wahr sind (vor allem der Gedanke über die Empfindungen), wird er dir nicht glauben. Wirst du es dann dem Philosophen sagen? Aber der wird entweder meinen, du verstehest ihn nicht, oder er wird sagen, er verneine gar nicht das, von dem du meinst, er verneine es.

Hier denke ich an Wittgensteins Bemerkung über philosophische Thesen. Ich habe Leute sagen hören, Wittgenstein meine, er habe keine philosophische These (was ihnen, wenn keine flagrante Lüge, so doch eine Unaufrichtigkeit zu sein scheint); und ich habe weiter sagen hören, Wittgenstein behaupte, daß, wenn er seine Thesen äußerte, niemand ihnen widerspreche – was anscheinend bedeutet, daß sie offensichtlich sind (ein wirklich bemerkenswerter Grund, sie nicht zu äußern), und das heißt anscheinend nichts anderes, als daß er bloß Gemeinplätze von sich gibt. Was Wittgenstein sagt, ist folgendes: »Wollte man Thesen in der Philosophie aufstellen, es könnte nie über sie zur Diskussion kommen, weil Alle mit ihnen einverstanden wären« (§ 128). Was ich Leute darüber habe sagen hören, unterschlägt den Gehalt von »wollte man aufstellen« und »es könnte nie zur Diskussion kommen«. Oberflächlich gesehen, suggeriert die Bemerkung über Thesen, daß beispielsweise meine Äußerung »Die Welt existiert« keine These *sein* würde (nicht das, was wir eine These nennen), da es nicht zwei Möglichkeiten gibt. Aber nicht von jedem Philosophen sollte man erwarten, daß er es auch so sieht. Wenn ich dann aber sage »Gott existiert«, bin ich bereit zu erfahren, daß es zwei Möglichkeiten gibt, aber daraus folgt nicht, daß das, was ich sagte, eine These ist. Für mich hat das Zitat folgenden Sinn: »Was immer das Philosophieren an Wissen hervorbringt, es läßt sich nicht durch das Vorbringen einer These darlegen, denn über solch eine These würde es niemals zur Diskussion kommen, d. h., sie ließe sich nicht in Worte fassen: Sie ist nämlich etwas, worüber wir im Einvernehmen sind, d. h., sie versteht sich, ohne geäußert zu werden und nur ohne geäußert zu werden, denn wir würden niemanden verstehen, der sie vertritt und damit meint, es *könne* darüber zur Diskussion kommen.« Nicht jeder wird sich mit dieser Deutung sowohl des Paragraphen als auch des Philosophierens anfreunden. Vermutlich wird man vor allem an der Vorstellung Anstoß nehmen, daß man es »niemals in Worte fassen« kann. Aber ich denke, wenn ich wirklich sagen möchte »Die Welt existiert nicht«, dann ist der Impuls zu diesen Worten dadurch nicht ausgedrückt worden. Ich wünsche mir eine Geste (vielleicht Dichtung oder Religion). Ein solches Verständnis des Wittgensteinschen Philosophierens hat den Vorteil, daß es den Gedanken abwehrt: was Wittgenstein am liebsten täte, würde er es nur sagen, ist, die gewöhnlichen oder die Überzeugungen des gesunden Menschenverstandes zu unterstützen. Überzeugungen, seien sie nun gewöhnlich oder von anderer Art, mit der Übereinstimmung der Menschen zu konfrontieren, aufgrund deren diese Überzeugungen einen Sinn ergeben sollen – alles, was gesagt wird, auf die Grundlage zurückzuführen, auf der wir irgend etwas zu sagen haben –, das ist nicht ein Vorgehen des gesunden Menschenverstandes.

Sich auf Kriterien zu berufen ist keine Weise, die Tatsache zu erklären oder zu beweisen, daß wir in unseren Worten (und daher in der Lebensform) aufeinander eingestellt sind. Es ist bloß eine andere Beschreibung derselben Tatsache; oder vielmehr, wir berufen uns darauf, wenn unser Aufeinander-Eingestelltsein in eine Krise gerät. Auf offizielle Kriterien beruft man sich, wenn Bewertungsurteile dargelegt werden müssen; auf Wittgensteinsche Kriterien berufen wir uns, wenn wir »nicht wissen, wie weitergehen«, wenn wir in bezug auf unsere Worte und die von ihnen antizipierte Welt ratlos sind. Dann beginnen wir, nach uns selbst zu suchen, indem wir die Kriterien, in denen wir übereinstimmen, suchen und darlegen. Wittgensteins These lautet: die Philosophie ist der Grund dafür, daß wir uns selbst verlieren, und Philosophie ist die Therapie der Philosophie. Das sind eigentlich mehr Definitionen als Thesen. Sie erfassen nicht alles, was irgend jemand »Philosophie« nennen könnte, einige werden sogar sagen, daß sie nichts davon erfassen. Für andere wird es das zustimmende Nicken zu einem alten Witz sein: Philosophie verursacht die Krankheit, die sie heilt. (Zum ersten Mal hat man das, glaube ich, nicht über Wittgenstein gesagt.) Das klingt nur dann komisch, wenn man meint, die Philosophie sei leicht zu erkennen und einzugrenzen, nicht aber, wenn man unter »Philosophie« etwa »ein Bedürfnis, Fragen zu stellen«, versteht; eine Einstellung, in der sich jeder oder jede jederzeit befinden kann. Was Wittgenstein am Philosophieren interessiert, ist, daß es dazu neigt, den Philosophierenden aus der Übereinstimmung mit den gewöhnlichen Worten herauszureißen (d. h. mit seinen eigenen Worten, wenn er nicht philosophiert), *und* die Tatsache, daß das, was er dann sagt, nicht sinnlos ist, und mehr noch, daß das, was er dann sagt, oder die von ihm dann benutzten Worte ihm zwingend wahr zu sein scheinen. Was Wittgenstein an den Kriterien interessiert, ist sowohl, daß es etwas geben soll, aufgrund dessen wir unsere Worte festlegen, *als auch*, daß sie uns abhanden kommen können.

Sowohl in der gewöhnlichen wie in der Wittgensteinschen Berufung auf Kriterien kommt das Urteil an zwei Stellen vor. In gewöhnlichen Fällen wird eine Reihe von Spezifikationen oder Merkmalen aufgestellt, welche die Bedingungen, die Mittel oder die Grundlage des Urteils angeben; und dann gibt es Standards, auf deren Grundlage bestimmt wird, in welchem Grad das Objekt die Kriterien des Urteils erfüllt, oder entschieden wird, ob ein Objekt bei Anlegung der Kriterien überhaupt *zählt*. Das erste könnten wir als *Prädikation* des Urteils verstehen, es sagt etwas *über* etwas aus; das zweite könnte man als die *Verkündung* [*proclamation*] des Urteils verstehen, daß es ausgesprochen wird. In gewöhnlichen (offiziellen) Fällen muß am Ende ein Urteil gefällt werden; daß es gesprochen werden wird und daß es, wenn gesprochen, endgültig ist – es sei denn, bestimmte, genauso konventionelle Formen der Berufung oder des Protests verhindern es –, gehört mit zur Übereinkunft, ist überhaupt der Witz der Übereinkunft. In Wittgensteinschen (und alltäglichen) Fällen ist die Frage, *ob* man es aussprechen soll, ebenso ein Problem wie die Frage, was es zu sagen gibt (ebenso ein Problem der Intelligibilität dessen, was gesagt wird).

Ob man es ausspricht bzw. verkündet [*to proclaim*], hat zwei Aspekte: Man muß festlegen, ob man bereit ist, etwas als etwas zu zählen, und wann, falls überhaupt, man es bei einer besonderen Gelegenheit geltend machen will oder kann. Nehmen wir eines von Wittgensteins häufig angeführten Beispielen: »Er hat Schmerzen«. Angenommen, das Prädikat »... hat Schmerzen« gehört zu unserem grammatischen Repertoire, und im allgemeinen wissen wir, wie wir es prädizieren. Um es hier und jetzt zu verkünden, muß man bereit sein, ebendieses Prädikat auf der Grundlage dessen, was man bis dahin erfaßt hat, auszusprechen [*-claim*] (z. B. muß man bereit sein, dieses Zusammenzucken als Schmerzverhalten zu zählen, oder vielleicht sollten wir sagen, dieses Verhalten als Zusammenzucken zu zählen); und man muß meinen, es sei genau bei dieser Gelegenheit verlangt, d. h., man muß bereit sein, vor jene zu treten [*pro-*], an die man das Wort richtet (man muß beispielsweise erklären, daß man in der Lage ist, jemandem etwas mitzuteilen, ihm etwas zu raten, ihn auf etwas aufmerksam zu machen oder ihm etwas zu erklären, etwas für ihn zu identifizieren oder etwas ihm gegenüber zu bemerken). Die Notwendigkeit, das Letztere zu tun, wird meiner Ansicht nach in Arbeiten wie der von Austin über die »illokutionäre Kraft«, von Searle über »Sprechakte« und von Grice über »implicature« untersucht. Doch wie Wittgenstein betont, ist die Notwendigkeit des ersten (etwas als etwas zu zählen) auch für das Denken und die Kommunikation der Menschen wesentlich.

Wenn Wittgenstein daran erinnert, daß »das, was Menschen *sagen*, wahr oder falsch ist«, unterstreicht er das prädikative Element des Urteils; wenn er meint, daß Kommunikation in der Sprache von einer »Übereinstimmung im Urteil« abhängt, berücksichtigt er das verkündende Element im Urteil, und zwar insbesondere das benennende oder das etwas als etwas zählende Merkmal dieses Elements (weniger, wie an anderen Stellen, das Merkmal, daß wir vor andere treten). Es ist dieses Merkmal, nämlich etwas unter einen Begriff zu subsumieren, das Wittgensteins Idee eines Kriteriums herausstellen soll. Im Urteilen (oder Sagen, daß etwas wahr oder falsch ist) muß man in der Lage oder willens sein, ein Verziehen des Gesichts als Zusammenzucken zu beurteilen, ein Lächeln als gezwungen zu erkennen, in einem Schlag gegen die Stirn ein Zeichen dafür zu sehen, daß die Begriffsstutzigkeit der Einsicht gewichen ist, in einem Faustschlag aufs Herz ein Zeichen dafür, daß der Eigensinn der Zerknirschung gewichen ist, und einen Tonfall als den der Bekräftigung zu erkennen. Ich gehe davon aus, daß dieses Merkmal, etwas als etwas zu zählen, in dem zweiten der von mir zitierten Abschnitte zur Übereinstimmung und dem ihnen vorausgegangenen Abschnitt präsent ist, aber in jedem Fall ist es ein wenig vergraben: Damit es so etwas wie Regeln »gibt«, müssen wir in unserem Urteil übereinstimmen, daß eine Regel befolgt wurde (oder eben nicht). (Vgl. § 240) (Die Regel selbst ist etwas Totes.) Damit es so etwas wie Maßstäbe gibt – das, was wir Maßstäbe nennen –, müssen wir in unserem Urteil übereinstimmen, daß ein bestimmtes Ding die und die Maße hat. Zu wissen, daß man eine Länge mißt, indem man sukzessive einen Stab anlegt, ist eines, ein anderes ist es zu wissen, daß dieses Objekt knapp unter vierzehn Stäben lang ist. (Vgl. § 242) (Der Stab selbst ist etwas Totes. Er sagt uns nicht, wo wir ihn zuerst anlegen müssen, was »sukzessive« heißt und was wir tun sollen, wenn er beim letzten Anlegen ein wenig länger ist.) Zu sagen, daß ein Zusammenzucken ein Kriterium für Schmerzen ist, würde überhaupt nichts besagen, wenn wir niemals ein Ereignis als Zusammenzucken akzeptieren würden. (Es wäre so, als könnten wir zählen, d. h. die Zahlen durchgehen, ohne Dinge zählen zu können.) Und während man ein Kriterium dafür haben mag, daß etwas ein Zusammenzucken ist – falls es, in bestimmen Fällen, etwas gibt, um es, sagen wir, von einem Tick zu unterscheiden –, werden schließlich bald weitere Kriterien an ihr Ende gelangt sein.

Meine allgemeine Auffassung von Wittgensteins Sprachtheorie ist, wie mir scheint, geradezu das Gegenteil der Vorstellung, gegen die viele Philosophen sich zu argumentieren genötigt sehen: Sie haben den Eindruck, daß Wittgensteins Auffassung die Sprache zu öffentlich macht und damit nicht meiner Beherrschung dessen, was ich sage, der Innerlichkeit meiner Bedeutung, gerecht wird. Nach all dem, was ich soeben gesagt habe, frage ich mich hingegen, wie er ein vollständiges und unerschütterliches Gebäude der gemeinsamen Sprache errichten konnte, wenn er doch von innerhalb solch anscheinend fragiler und intimer Momente – privater Momente – argumentiert, wie sie unser jeweiliges Etwas als Phänomen des Zählens und Aussprechens darstellt, was schließlich kaum mehr als unsere Interpretation eines Vorganges ist, und wir zudem nicht auf Konventionen zu ihrer Bestätigung zurückgreifen können.

II
Kriterien und Skeptizismus

Wenn Wittgensteins Begriff eines Kriteriums in Gegenüberstellung zum gewöhnlichen oder offiziellen Gebrauch des Wortes »Kriterium« zu verstehen ist, was ist dann der Ursprung der Auffassung (die ich die Malcolm-Albritton-Auffassung nenne), daß Wittgensteins Kriterien die Existenz von etwas mit Gewißheit feststellen sollen? Und welche Beziehung besteht zwischen diesen Auffassungen? Wie gesagt, die Malcolm-Albritton-Auffassung meint, Wittgenstein schreibe als Reaktion auf die Bedrohung durch den Skeptizismus, denn konfrontiert mit dem skeptischen Zweifel lohne es sich, sei es möglich oder notwendig, solches für Kriterien zu beanspruchen. Die Beziehung zwischen dieser Vorstellung und derjenigen Wittgensteins ist, daß Wittgenstein in der Tat auf irgendeine skeptische Vermutung antworten möchte, tatsächlich aber auf einen möglichen menschlichen Irrtum reagiert. Dieser Verbindung Nachdruck verliehen zu haben ist für mich ein dauerhaftes Verdienst der Malcolm-Albritton-Auffassung. Diese Auffassung scheint mir jedoch Vorstellungen über das Wesen des Skeptizismus und Wittgensteins Antwort darauf zu implizieren, die sich mehr oder weniger aus folgenden Quellen speisen: (1) der Ansicht, daß Wittgensteins Beziehung zum Skeptizismus darin besteht, ihn zu widerlegen oder ihn zumindest widerlegen zu wollen, oder darin, daß er sich selbst als Kontrahent des Skeptizismus sieht, und daher (2) aus der Ansicht, der Skeptizismus behaupte genau das, was diese Konstruktion der Kriterien überwinden soll, nämlich daß wir niemals mit Gewißheit von der Existenz von etwas oder einem anderen wissen können; nennen wir es die Außenwelt und Fremdpsychisches. Und genau diese Ideen treffen meiner Ansicht nach auf Wittgenstein nicht zu.

Vielleicht ist (1) für Kant wahr; es wäre ein folgerichtiger Punkt, an dem sein und Wittgensteins Denken sich trennen. Ich sehe in

(2) ein Stück dessen, was ich für das Selbstbild des Skeptizismus, für sein Selbstverständnis halte. Eine gute Kritik des Skeptizismus muß – wie die Kritik jeder ernsthaften Philosophie – dessen Selbstverständnis aufdecken und verändern. Natürlich wird man eine solche Kritik erst anstreben, wenn man sieht, daß eine Philosophie solch ein Verständnis hat, d. h. diese Form menschlicher Ernsthaftigkeit annimmt. Anderenfalls wird man meinen, es reiche, über den Skeptizismus zu sagen, er sei nicht wahr, eine Beobachtung, die wohl kaum dazu angetan ist, den Skeptiker zu überwältigen. Jemand, der weiß, daß er ein Philosoph ist, und daher von etwas mehr als dem gesunden Menschenverstand ausgeht, würde es wohl vorziehen zu sagen, daß es eben logisch hinreichende Kriterien *gibt*, die zeigen, daß der Skeptizismus falsch ist und daß er sich just im Prozeß der Selbstexplikation den Boden unter den Füßen wegzieht. Ein intellektueller Fortschritt ist das allerdings nicht. Es wird dabei nur etwas neu beschrieben oder auf besondere Weise formuliert, was dem Skeptizismus längst bewußt ist und was er deutlicher von sich selbst sagt.

Die Malcolm-Albritton-Auffassung eines Kriteriums ist ein Fortschritt, denn nur angesichts der skeptischen Bedrohung scheint sie überhaupt Sinn zu ergeben. Am Ende werde ich sagen, daß sie keinen vollkommenen Sinn ergibt oder doch nicht mehr Sinn als der skeptische Zweifel selbst oder daß ihr Sinn sich aus dem skeptischen Zweifel herleitet. Um dies deutlicher zu machen, muß ich unter anderem genauer auf die Einzelheiten dieser Auffassung eingehen.

Malcolm verteidigt die folgendermaßen charakterisierte Vorstellung von einem Kriterium:

> Etwas wird ein Symptom für y, weil die Erfahrung uns lehrt, daß es immer oder in der Regel mit y verbunden ist; daß das-und-das das Kriterium von y ist, ist keine Sache der Erfahrung, sondern der »Definition«. Die Erfüllung des Kriteriums von y stellt die Existenz von y fraglos fest: Sie wiederholt die Art von Fall, in der man uns beigebracht hat, »y« zu sagen. Das Auftreten eines Symptoms von y mag auch die Existenz von y »frag-

los« feststellen – allerdings in einem anderen Sinn. Die Beobachtung eines Hirnprozesses mag Gewißheit darüber verschaffen, daß jemand Schmerzen hat – doch das geschieht nicht in derselben Weise, wie sein Schmerzverhalten darüber Gewißheit verschafft. Selbst wenn die Physiologie gezeigt hat, daß ein spezifisches Ereignis im Gehirn körperliche Schmerzen begleitet, *könnte* es immer noch vorkommen – ergibt die Annahme Sinn –, daß jemand Schmerzen hat, ohne daß das entsprechende Hirnereignis auftritt. Es ergibt keinen Sinn für jemanden anzunehmen, daß ein anderer keine Schmerzen hat, wenn das eigene Kriterium dafür erfüllt ist, daß der andere Schmerzen hat. (S. 84 f.)

Dann fährt Malcolm ganz richtig fort, die Idee aufzugeben, Kriterien könnten empirische Gewißheit dadurch liefern, daß sie logisch hinreichende und notwendige Bedingungen dafür angeben, daß etwas der Fall ist. Niemand wird sich mit der Behauptung zufriedengeben (auch Malcolm nicht, wie er bekennt (S. 87)), daß Kriterien etwas auf eine andere »Weise« gewiß machen als Symptome. Das ist eine ehrliche Reaktion auf eine wirkliche Frage: Wenn Kriterien Gewißheit verschaffen sollen und diese weder in einer logischen Implikation bestehen noch darin, daß verschiedene Phänomene unfehlbar zusammen bestehen, um was für eine Art Gewißheit handelt es sich dann? Albritton, der sich mit einer ähnlichen Frage konfrontiert sieht, räumt ein, daß Kriterien nicht Gewißheit, sondern nur *nahezu* Gewißheit liefern:

Daß ein Mann sich unter bestimmten Umständen auf eine bestimmte Weise verhält, kann nicht enthalten, daß er Zahnschmerzen hat. Doch kann es etwas anderes beinhalten ... *Grob gesagt* ..., es kann enthalten, daß ..., unter diesen Umständen, jemand *gerechtfertigterweise sagt*, daß der Mann Zahnschmerzen hat. ... Oder: ... es kann enthalten, daß er *nahezu gewiß* Zahnschmerzen hat. (S. 246)

Mir ist nicht deutlich, welches Gewicht dem Gedanken des »Enthaltens« in diesem Abschnitt zukommt. Anscheinend lautet die These, daß das Vorliegen von Symptomen (Begleitumständen) von X es nahezu gewiß machen kann, daß X vorliegt, während das Vorliegen eines Kriteriums für X es notwendig nahezu gewiß macht, daß X vorliegt. Die Einsicht, daß »Gewißheit« zu beschränken ist, daß das kontingent oder notwendig gelieferte Wissen über die Wirklichkeit nur »nahezu« gewiß sein kann, ergibt sich aus dem Druck der Frage: Aber ist es nicht *möglich*, daß der Mann, obwohl alle gewünschten Symptome oder Kriterien vorliegen, hier und jetzt tatsächlich keinen Schmerz *fühlt*? Und die Antwort darauf scheint unabweislich »Ja« zu sein. Und das ist so, ob die Grundlage für die Behauptung, er habe Zahnschmerzen, nun die ist, daß sich ein roter Fleck auf seiner Wange abzeichnet (von dem man nach sorgfältiger Untersuchung herausgefunden hat, daß er stets Zahnschmerzen begleitet), oder ob die Grundlage die ist, daß er seine Wange hält, zurückzuckt, wenn man sich dem Zahn nähert, das Gesicht verzieht, die Hände ringt, stöhnt und in Schweiß ausbricht, sobald man an den Zahn stößt.

Wird aber der Unterschied zwischen der einen und der anderen Grundlage angemessen dadurch festgehalten, daß man sagt, obwohl das Vorliegen der einen Art von Grundlage es nahezu gewiß macht, daß er Zahnschmerzen hat, macht das Vorliegen der anderen es notwendig nahezu gewiß? Zugegeben, daß der Mann in beiden Fällen tatsächlich hier und jetzt keine Schmerzen empfinden könnte. Doch was heißt in den jeweiligen Fällen »empfindet keine Schmerzen«; wie wird das in den verschiedenen Fällen festgestellt? In beiden Fällen ist es möglicherweise falsch zu behaupten, daß er unter Zahnschmerzen leidet; worin aber irrt man sich hier? Dort, wo ein Symptom die Grundlage war, irrt man sich darin, daß man *das* für ein zuverlässiges Symptom hielt; Zahnschmerzen begleiten einfach nicht immer ein solches Symptom oder nur beim Vorliegen oder Fehlen anderer Symptome. Aber reicht es, das zu sagen, wenn »es sich herausstellt«, daß, obgleich die Grundlage für die Behauptung das Vorliegen von Kriterien war, er tatsächlich keine Schmerzen fühlt? Ist es einfach nur der Fall, daß Schmerzen nicht immer Zusammenzucken, Stöhnen, Schweißausbrüche usw. begleiten? Ich meine: Obgleich es *tatsächlich* der Fall sein kann, muß man, um dieser Tatsache Rechnung zu tragen, sie verständlich zu machen, ja man könnte sagen, um sie *darzulegen*, irgend etwas von dieser Art sagen: »Er tat nur so; er probte eine Rolle; er war hypnotisiert; hatte einen hysterischen Anfall usw.« Dieses »muß man sagen« gibt den Hinweis, dem ich folge, um den in Kriterien implizierten Sinn von »Notwendigkeit« zu verstehen, einen Begriff von Notwendigkeit, der nicht an den der Gewißheit gekoppelt ist.

Bevor wir weitergehen, könnte es sinnvoll sein, auf eine offensichtlichere Schwierigkeit des Versuchs aufmerksam zu machen, den Mangel von beiden, Symptomen und Kriterien, dadurch zu *erklären*, daß von beiden gesagt wird, sie könnten (theoretisch) bestenfalls eine *annähernde* Gewißheit liefern. Wo es um Symptome geht, ist die Erklärung durchaus plausibel; sie besagt in etwa: »Das Symptom wird nicht ›immer‹ (notwendig?) von Zahnschmerzen begleitet«. Und was heißt hier »begleitet von«; wie »entdeckt« man, daß dieser Begleitumstand sich hier nicht manifestiert hat, was ist der Gehalt der Vermutung, es »könnte sich herausstellen«, daß er keine Schmerzen hat? Ist der *ganze* Gehalt der Vermutung nicht bloß der, daß sich die *Kriterien* dafür, daß er Schmerzen hat, nicht einstellen? Auf seiner Wange ist dieser Fleck, aber unter den passenden Umständen zuckt er nicht zusammen, stöhnt nicht usw. Nun ist es zwar wahr, daß, selbst wenn er stöhnt usw., er dennoch keine Schmerzen haben könnte, d. h., es ist wahr, daß es (theoretisch) nicht gewiß ist, daß er Schmerzen hat, aber diese Eventualität ist nicht dadurch erklärbar, daß man, im selben Geist, in dem es zuvor gesagt worden ist, nun wiederum sagt: »Die Kriterien werden nicht immer von Schmerzen begleitet«, denn »immer begleitet« hat nun nicht mehr dasselbe Gewicht (ich zögere zu sagen, dieselbe Bedeutung). »Nicht immer begleitet« hatte zuvor den Gehalt »Die Kriterien könnten sich nicht einstellen«, aber wenn die Kriterien sich einstellen, was ist dann der Gehalt von »nicht immer begleitet«? Wovon könnten Kriterien nicht »immer begleitet sein«? Man möchte sagen: »Von den Schmerzen selbst!« Und was das bedeutet, ist sicherlich richtig. Aber ich versuche, die Bedeutung der Tatsache ans Licht zu bringen, daß es *nicht* »der Schmerz selbst« gewesen ist, der zuvor die »Begleitung« der Symptome war. (Weshalb wir beim Philosophieren in beiden Mängeln einen Mangel der »Begleitung« sehen, ist eine andere Frage. Daß diese beiden Mängel verschieden festgestellt werden, verschiedene Folgen für das Wissen haben, veranlaßt Malcolm, nachdem er zugestanden hat, daß sowohl die Symptome von X als auch die Kriterien von X die Existenz von X gewiß machen können, zweifellos zu der Behauptung, daß sie dies nicht »in derselben Weise« feststellen. Während er nicht klarstellt, worin der Unterschied zwischen diesen beiden Feststellungen liegen könnte, schlägt er im weiteren eine von den Kriterien gelieferte oder von ihnen abhängende Art von Gewißheit vor, die, so die Implikation, sich von der von Symptomen gelieferten Art von Gewißheit unterscheidet. Es handelt sich um eine Gewißheit, die damit zu tun hat, daß wir nicht *alle* »Möglichkeiten« betrachten. (Vgl. S. 88) Aber spürt man dann nicht: Das bedeutet einfach, es ist nicht mehr Gewißheit, die in Frage steht.)

Malcolms Erklärung verleitet ihn zu einer Nebeneinanderstellung von Behauptungen, deren offensichtliche Widersprüchlichkeit erstaunlich ist. In dem Paragraphen, der auf denjenigen folgt, in dem er sagt oder impliziert:

> wenn das Kriterium dafür, daß er Schmerzen hat, erfüllt ist, dann ist die Existenz seiner Schmerzen [seines Schmerzen-Habens?] jenseits eines Zweifels begründet.

stoßen wir auf folgendes Zugeständnis:

> Begegnen wir einem Mann, der heftiges Schmerzverhalten bekundet, könnte dann nicht irgend etwas zeigen, daß er keine Schmerzen hat? Natürlich. (S. 85)

Da Malcolm offensichtlich »Schmerzverhalten« mit dem »Kriterium für Schmerz« gleichsetzt (vgl. S. 83) (was soweit auch korrekt ist), scheint diese Nebeneinanderstellung beides zu behaupten, daß nämlich, wenn die Kriterien für X erfüllt sind, X der Fall sein muß *und* X nicht der Fall sein muß. Der Stachel dieses offenkundigen Widerspruchs soll vermutlich dadurch gezogen werden, daß dem Gedanken, ein Kriterium sei *erfüllt*, besonderes Gewicht beigelegt wird. (Auch Albritton bedient sich dieses Ausdrucks, weist aber darauf hin, daß »er keine Parallele in Wittgensteins Ausdrucksweise hat« (S. 235, Anm. 5). Meine Bemerkungen zu Malcolms Gebrauch des Ausdrucks sollen sich auch auf den Albrittons beziehen, den ich für identisch halte.) Wenn etwas »zeigt«, daß ein Mann, der heftiges Schmerzverhalten an den Tag legt, tatsächlich keine Schmerzen hat, dann widerspricht das nicht der Aussage, daß, wenn das Kriterium dafür, daß er Schmerzen hat, erfüllt ist, dann die Existenz seiner Schmerzen zweifelsfrei festgestellt ist; denn wir müssen dann sagen, daß »das Kriterium für Schmerz nicht erfüllt war«. Aber das ist leer. Denn nun können wir die Gewißheit, daß ein Kriterium und das, wofür es ein Kriterium ist, miteinander verbunden sind, nur um den Preis aufrechterhalten, daß wir niemals wissen können, daß das Kriterium erfüllt ist, daß das, *wofür* es eines ist, *da* ist. Und so haben wir den Begriff eines Kriteriums um das gebracht, was nach der Malcolm-Albritton-Interpretation sein ganzer Zweck war:

Ein Kriterium dafür, daß ein Ding so ist, ist etwas, das das Ding als ein so Seiendes zeigen kann und das durch sein Fehlen zeigt, daß das Ding nicht so ist. (Albritton, S. 243 f.)

Da aber auch gilt:

es folgt nicht, daß kein Kriterium erfüllt zu sein scheinen kann, wenn es das nicht ist (ebd. S. 236 f.)

gibt es eine Lücke zwischen dem (offenkundigen) *Vorliegen* eines Kriteriums und seiner *Erfüllung*, wodurch seine Bereitstellung von etwas wie »logischer Notwendigkeit« oder »Gewißheit« sich verflüchtigt. Auf diese Weise entpuppt sich Gewißheit als die von der guten, alten Art, und das ganze Drumherum ist umsonst. Wenn ich behaupte, X sei auf der Grundlage des Vorliegens des Kriteriums für X der Fall, und »es stellt sich heraus«, daß X nicht der Fall ist, dann kann ich immer sagen: »Die Kriterien lagen nur scheinbar vor« oder »Die Kriterien waren nur scheinbar erfüllt«. Daß etwas ein Kriterium für X ist, ist nun – um mich auf einen alten Gedanken zu berufen – notwendig, weil analytisch und damit empirisch leer. Also *was für* ein Wissen liefert es dann?

Es ist bemerkenswert, daß Wittgenstein nicht auf einen solchen Begriff wie »das Erfülltsein eines Kriteriums« zurückgreift. Die Fragen »Wie müssen wir also der Tatsache Rechnung tragen, daß wir uns bei einer empirischen Behauptung ›immer irren‹ können, selbst wenn sie sich auf das Vorliegen von Kriterien stützt?« und »Wofür sind Kriterien Kriterien?« müssen daher neu gestellt werden.

Wir wollen zuerst sehen, was die Idee von der »Nichterfüllung« eines Kriteriums so unnütz macht. Unter dem Druck des Vorschlags, daß die »Propositionen, welche die Kriterien dafür beschreiben, daß er Schmerzen hat [nicht hat], *logisch* die Proposition *impliziert*, ›Er hat Schmerzen‹«, oder, anders gesagt, daß selbst beim (offenkundigen) Vorliegen der Kriterien für X möglicherweise X nicht vorliegt (= es ist möglich, es könnte sich herausstellen, daß er jetzt keine Schmerzen hat), sagt Malcolm: »Ein Kriterium ist *nur unter bestimmten Umständen* erfüllt«, und ferner:

a) Der Ausdruck von Schmerz ist nur in bestimmten Umgebungen ein Kriterium für Schmerz. (Vgl. S. 85)

Zu den von Malcolm dann ausgeschlossenen »Umgebungen« oder »Umständen« gehören solche, in denen jemand für ein Theaterstück probt, unter hypnotischer Suggestion steht, Schabernack treibt usw. Die Behauptung, daß vielfältige Verhaltensweisen – und Erlebnisse – »nur unter bestimmten Umständen« Kriterien sind, wird von Wittgenstein natürlich wiederholt gemacht, doch nie, wie ich meine, um die Malcolm hier vorschwebenden Situationen zu berücksichtigen. Ein charakteristischer Abschnitt ist dieser:

> aber das Wesentliche des Ableitens war nicht unter dem Äußeren dieses Falles versteckt, sondern dieses »Äußere« war ein Fall aus der Familie des Ableitens.
>
> Und so verwenden wir auch das Wort »Lesen« für eine Familie von Fällen. Und wir wenden unter verschiedenen Umständen verschiedene Kriterien an dafür, daß Einer liest. (§ 164)

An was für eine Art von »Umständen« Wittgenstein denkt, wird in einem Abschnitt wie diesem ausgeführt:

> Zu beabsichtigen, daß ein Bild ein Portrait von So-und-So wird (z. B. von dem Maler aus gesehen), ist weder ein bestimmter Gegenstand noch ein bestimmter geistiger Vorgang. Aber es gibt eine große Anzahl von Kombinationen von Handlungen und Geisteszuständen, die wir mit »beabsichtigen ...« bezeichnen würden. Es hätte sein können, daß er den Auftrag hatte, ein Portrait von N zu malen, und daß er sich vor N hinsetzte und bestimmte Handlungen vollzog, die wir mit »das Gesicht des N abbilden« bezeichnen. Dem könnte man entgegenhalten, daß das Wesen des Abbildens die Absicht abzubilden ist. Ich würde antworten, daß es eine große Anzahl verschiedener Vorgänge gibt, die wir mit »etwas abbilden« bezeichnen. Nimm ein Beispiel. Ich zeichne eine Ellipse auf ein Stück Papier und bitte dich, sie abzubilden. Was ist für den Vorgang des Abbildens charakteristisch? Denn offensichtlich ist es nicht die Tatsache, daß du eine ähnliche Ellipse zeichnest. Es könnte sein, daß du ohne Erfolg versucht hast, sie abzubilden; oder daß du eine Ellipse mit einer ganz anderen Absicht gezeichnet hast, und zufällig war sie der ähnlich, die du hättest abbilden sollen. Was tust du also, wenn du versuchst, die Ellipse abzubilden? Nun, du siehst sie an, zeichnest etwas auf ein Stück Papier, vielleicht nimmst du Messungen vor an dem, was du gezeichnet hast, vielleicht fluchst du, wenn du findest, daß es mit dem Modell nicht übereinstimmt; oder vielleicht sagst du: »Ich werde diese Ellipse abbilden«, und du zeichnest bloß eine ähnliche Ellipse. Es gibt eine endlose Vielfalt von Handlungen und Worten, die eine Familienähnlichkeit miteinander haben und die wir mit »abzubilden versuchen« bezeichnen. (*Das Blaue Buch*, S. 59)

Es ist bezeichnend, daß hier nicht auf solche Umstände wie »vortäuschen«, »proben« usw. Bezug genommen wird.

Wir wollen die Art von Dingen, auf die Wittgenstein sich mit »unter bestimmten Umständen« bezieht, so formulieren, daß ein direkterer Vergleich mit Malcolms Konzession a) möglich wird. Ein Beispiel wäre dieses:

b) Stöhnen usw. ist ein Kriterium für Schmerz (d. h. ist Schmerzverhalten) nur unter bestimmten Umständen.

(Oder, um Fälle aus den Wittgensteinzitaten zu nehmen: »Eine ähnliche Ellipse zeichnen« ist nur unter bestimmten Umständen ein Kriterium für »eine Ellipse abbilden«; »die richtigen Wörter auszusprechen« ist nur unter bestimmten Umständen ein Kriterium für »lesen«.) Unter welcher Art von Umständen ist dann Stöhnen *kein* Kriterium für Schmerzen? Umstände, unter denen Stöhnen kein *Ausdruck* von Schmerz ist, z. B. Umstände, unter denen jemand sich räuspert, seine Hamster lockt, auf einen schlechten Witz reagiert – was ein spöttisches Schmerzverhalten, kein vorgetäuschtes wäre – oder unter denen es so beschrieben wird. Wie lernen wir, was die relevanten Umstände sind? Gibt es eine weniger allgemeine Antwort darauf als: »Wenn wir dazu kommen zu sprechen«? Und würde es einen Unterschied machen, wenn wir sagten: »Wenn wir erfahren, was die Dinge sind, was Leute tun«?

Wenn wir ein Verhalten »Schmerzverhalten« nennen, müssen wir bereits die Umstände einschließen, unter denen dieses Verhalten, z. B. Stöhnen, Schmerzverhalten *ist* und nicht etwa ein spöttisches oder ein Lockverhalten; und deshalb wird der Ausdruck »nur unter bestimmten Umständen«, so wie Malcolm ihn verwendet, nämlich als Erklärung oder Konzession, nicht das leisten, was er nach Malcolm leisten soll: d. h., er erklärt nicht, warum bestimmte Kriterien, die laut Hypothese oder Beschreibung solche für Schmerz sind, (manchmal) nicht solche für *tatsächlichen*, existierenden Schmerz sind. (In der Tat läuft die Konzession hierauf hinaus: Verhalten, das unter bestimmten Umständen ein Kriterium für Schmerz ist, ist *unter ebendiesen* Umständen kein Kriterium für Schmerz. Und damit enthüllt sich der offenbare Widerspruch als ein realer.) Was würde dieses Versagen der Kriterien erklären? Meine These lautet, nichts würde es; denn es gibt nichts zu erklären; es gibt kein Versagen. Kriterien für Schmerz sind durch das

Vorliegen von (dem, was wir betrachten, festlegen, akzeptieren, annehmen usw. als) Schmerzverhalten, einem bestimmten Verhalten unter bestimmten Umständen, erfüllt – sofern wir dieses Wort überhaupt gebrauchen müssen. Dann gibt es also keine Kriterien für die Existenz, das Auftreten, des Schmerzes selbst? Was wäre denn »der Schmerz selbst«? Oder ich könnte sagen: Es gibt keine, die wesentlich über die Kriterien dafür hinausgehen, daß ein Verhalten Schmerzverhalten ist. Wie können wir dann aber jemals wissen, ob ein anderer hier und jetzt Schmerzen *leidet*? Hätte ich ernsthaft das Auftauchen dieser Frage bezweckt, dann würden wir nun mit allem Nachdruck, und nicht bloß »rhetorisch«, die Frage stellen wollen: Was bringt uns auf den Gedanken, daß wir es vielleicht niemals wissen werden? Das heißt, wir würden uns an einem solchen Punkt dazu getrieben fühlen, die Quelle unserer Enttäuschung über das menschliche Wissen als solches zu untersuchen und sie aufzudecken versuchen. Das ist eine Möglichkeit zu formulieren, wozu uns meiner Ansicht nach Kriterien, so begriffen, wie Wittgenstein sie begreift, befähigen sollen.

Die Enttäuschung über das Versagen (oder die Grenzen) des Wissens ist schließlich ein nicht weniger tiefes Motiv für die philosophische Untersuchung des Wissens gewesen als das Staunen über die Erfolge des Wissens. In Wittgensteins Werk, wie auch im Skeptizismus, scheint die Enttäuschung über das menschliche Wissen das ganze Thema zu besetzen; während sein Werk anscheinend zugleich den Eindruck vermittelt, und für manche bekräftigt, daß an der menschlichen Fähigkeit, etwas zu wissen, überhaupt nichts problematisch ist, daß es keinen Grund zur Enttäuschung gibt, daß mit unserem Leben und dem, was wir so täglich bekräftigen, alles in Ordnung ist. Einige Leser Wittgensteins werden darüber ungeduldig, als sei das Schwanken zwischen Bescheidenheit und Arroganz in seiner Prosa eine Sache des Stils und als sei der Stil eine Sache der Pose, so daß diese Posen sich nur gegenseitig abweisen, um nicht zu sagen, unterhöhlen. Ich sehe in diesem Schwanken ein ununterbrochenes Bemühen um Gleichgewicht oder den leidenschaftlichen Wunsch danach, vom Drahtseil herunterzukommen; es scheint ein Ausdruck jenes Ringens in Verzweiflung und Hoffnung zu sein, das ich als ein Motiv der philosophischen Schriftstellerei verstehe. – Wieder einmal muß ich erkennen und wiederum mit nicht geringem Staunen, wie sehr ich mich im Gegensatz zu denjenigen weiß, die meinen, Wittgenstein beginne mit der Öffentlichkeit der Sprache oder bekräftige sie durch eine These, zweifle niemals ernsthaft daran und rede so dem gesunden Menschenverstand das Wort. Ich möchte sagen, daß Öffentlichkeit sein Ziel ist. Das wäre, als hätte man geistige Gesundheit zum Ziel. In welchem Zustand würde man sich dann selbst sehen?

Das wird helfen, den Unterschied zwischen den Arten von »Umständen« herauszustellen, die unter a) und b) vorgestellt werden. Wenn, um mit dem letzten anzufangen, das Stöhnen unter jenen Umständen nicht ein Kriterium für Schmerz (Schmerzverhalten) war (sich herausstellte, daß es das nicht war), dann gibt es keinen Grund anzunehmen, die Person habe Schmerzen; Schmerz steht insofern dann nicht zur Debatte. *War* aber das Stöhnen unter jenen Umständen ein Kriterium für Schmerz, ein Ausdruck von Schmerz, dann ist und bleibt Schmerz ein Thema. Und das bedeutet, daß normalerweise nur *bestimmte* Eventualitäten als solche gelten, in denen der Betreffende schließlich doch keine Schmerzen hat. (Wieviel Gewicht hier diesem »normalerweise« zukommt, wird noch zu klären sein.) Umstände nämlich, unter denen wir – wie Malcolm zu Recht, aber aus den falschen Gründen behauptet – sagen, er tue nur so, probe, treibe Schabernack usw. Warum solche Umstände? Was unterscheidet diese Umstände von denjenigen, in denen von ihm gesagt wird, er räuspere sich, reagiere auf einen Witz usw.? Nun einfach das: Damit »Er probt« oder »tut nur so« oder »Es ist ein Schabernack« usw. uns als Erklärung dafür, daß er *keine* Schmerzen hat, genügt – dafür, daß sich »herausstellt«, daß er keine Schmerzen hat –, ist das, *was* er vortäuschen muß, gerade *Schmerz*, was er probt, muß die Rolle eines Menschen sein, der Schmerzen hat, und der Schabernack gelingt nur, wenn er Schmerzen simuliert usw. Diese Umstände sind von der Art, daß wir in der Berufung auf sie, in ihrer Beschreibung, den *Begriff beibehalten*, hier den des Schmerzes, dessen Anwendung diese Kriterien bestimmen. Und das heißt für mich: Unter all diesen Umständen erfüllt er die Kriterien, die wir benutzen, um den Begriff der Schmerzen auf andere anzuwenden. Gerade wegen dieses Erfülltseins wissen wir, daß er Schmerzen vortäuscht, d. h., daß es Schmerz ist, was er vortäuscht, und daß er weiß, was er tun muß, um Schmerzen vorzutäuschen. Kriterien sind »Kriterien dafür, daß etwas so ist«, nicht in dem Sinn, daß sie etwas über die Existenz eines Gegenstandes aussagen, sondern etwas über seine Identität, nichts über sein So-*Sein*, sondern über sein *So*-Sein. Kriterien bestimmen nicht die Gewißheit von Aussagen, sondern die Anwendung der in den Aussagen verwendeten Begriffe.

Das genügt mir, um zu dem Schluß zu kommen, daß Wittgensteins Berufung auf Kriterien, wenngleich sie ihre Bedeutung aus dem Skeptizismusproblem nimmt, keine Widerlegung des Skeptizismus ist und auch nicht sein soll. Jedenfalls nicht in der Form, von der wir meinen, eine Widerlegung müsse sie annehmen. Das heißt, sie negiert nicht die abschließende These des Skeptizismus, daß wir die Existenz der Außenwelt oder des Fremdpsychischen nicht mit Sicherheit wissen können. Im Gegenteil: Wittgenstein, so wie ich ihn lese, bejaht die These oder hält sie vielmehr für *unleugbar* und verlagert so deren Gewicht. Die These besagt dann etwa folgendes: Unsere Beziehung zur Welt als ganze oder zu anderen im allgemeinen ist nicht eine des Wissens, wo Wissen sich selbst als gewiß ausgibt. Dabei ist aber auch wahr, daß es uns *nicht mißlingt*, solche Dinge zu wissen. Wir stehen dann vor diesem Problem: Warum sieht der Skeptiker – wie kann er es überhaupt – in dem, was er entdeckt hat, eine außergewöhnliche und bislang unbemerkte Tatsache? Vielleicht könnten wir auch fragen: Warum hält er seine Entdeckung für eine *These*? Die Antwort auf diese Frage bedarf einer detaillierten Auslegung, wie der Skeptiker anscheinend von der Entdeckung, daß wir manchmal nicht wissen, was wir zu wissen beanspruchen, zu dem Schluß fortschreitet, daß wir es niemals tun; oder einer Untersuchung seiner offenbaren Annahme, daß unser Wissen von der Welt als solche auf dem Spiel steht, wenn einzelne Ansprüche, etwas zu wissen, überprüft werden.

Von entscheidender Bedeutung ist hier, daß die Entdeckung des Skeptikers (seine offenbare Entdeckung) die Gültigkeit unserer Kriterien, unser Aufeinander-Eingestelltsein zurückweist oder unterhöhlt. Daß gerade *dies* die Folge des Skeptizismus ist, sehe ich als gleichermaßen bedeutsam dafür an, worum es dem Skeptizismus und dem Wittgensteinschen Kriterium geht.

Ich sollte sagen, daß das, was ich gerade das offenbare Fortschreiten des Skeptikers und seine offenbare Annahme nannte, zusammen mit bestimmten weiter damit verbundenen Merkmalen das ausmacht, was ich unter Skeptizismus verstehe, oder das charakterisiert, was mich an skeptischen Argumenten interessiert. Das will sagen, ich reserviere den Ausdruck nicht für Philosophen, die bei der Verneinung enden, daß wir je etwas wissen können. Ich wende ihn auf jede Ansicht an, die die Existenz der Welt für ein Wissensproblem hält. Wenn ich eine Argumentation skeptisch nenne, dann ist ein entscheidender Schritt für mich, daß sie eine Passage enthält, die etwa so lautet: »Wir wissen also nicht – allein auf der Grundlage der Sinne, des Verhaltens –, (wie) wissen wir dann?« In diesem Stadium zerfallen Philosophien in den Phänomenalismus, den Kritischen Realismus usw. Deren Unterschiede beschäftigen mich erst einmal nicht. Hoffentlich erscheint es nicht anstößig, daß ich verschiedene Ansichten auf diese Weise in einen Topf werfe und allein das Aufwerfen der Wissensfrage in einer bestimmten Form oder einem bestimmten Geist für die Grundlegung des Skeptizismus halte, gleichgültig ob eine Philosophie von sich selbst meint, diese Frage positiv oder negativ *beantwortet* zu haben. Es ist eine Perspektive, von der aus Skeptizismus und das, was Kant Dogmatismus nennt, jeweils im Bilde des anderen gemacht sind und dabei keine Wahl lassen. (Diese Perspektive färbt auch auf jene Haltung der Wittgensteinschen Schriftstellerei ab, die zugleich äußerste Bescheidenheit und absolute Arroganz ausstrahlt. Ich erwähne dies, damit wir nicht vergessen, daß wir seinen Stil unmöglich unabhängig von seiner Theorie verstehen können.)

Für den Skeptizismus bezüglich des Fremdpsychischen bedeutet das insbesondere, daß ich die bevorzugte Entgegnung auf den Skeptizismus, wir wüßten von anderen in Analogie zu uns selbst, ihrerseits als einen Ausdruck von Skeptizismus betrachte. Dieses Argument aus der oder durch die Analogie, so wie es mir plausibel scheint und im allgemeinen verwandt wird, besagt etwa: Was wir von anderen wissen, wissen wir auf der Grundlage ihres Verhaltens, da wir ganz offensichtlich nicht wie in unserem eigenen Fall ihre Empfindungen haben, beispielsweise buchstäblich ihre Schmerzen spüren. Da ich aber weiß, daß bestimmte Verhaltensformen meinerseits mit bestimmten Empfindungen korrelieren, und da das Verhalten und die Leiber anderer dem meinen gleichen, ist es vernünftig, aus meinem Fall zu schließen, daß andere wie ich Empfindungen haben, vor allem eine Empfindung, die der meinen gleicht, ihr analog ist, also fühlen, was ich fühle, d. h. etwas fühlen, das genau dem gleicht, was ich fühle, wenn sie beispielsweise mit ihrem Schienenbein an einen niedrigen Tisch stoßen, sich vornüber beugen, um lindernd über die Stelle zu reiben, und Klagelaute ausstoßen. Gleiche Ursachen rufen gleiche Wirkungen hervor. Wenn ich ein solches Argument als Ausdruck des Skeptizismus bezeichne, meine ich damit: Einen guten Sinn ergibt es nur, wenn man die vom Skeptizismus selbst entwickelten und unterstützten Vorstellungen von Verhalten und Empfindungen zugrunde legt. Dies darzulegen und auch darzulegen, was es bedeutet, über den Skeptizismus zu sagen, er entwickle und unterstütze bestimmte Vorstellungen, wird die Hauptaufgabe der nachfolgenden Seiten sein.

In Teil II werde ich der skeptischen Behauptung weit genug nachgehen, um deutlich zu machen, was ich sagen will, wenn ich von Wittgensteins Lehre behaupte, sie sei durchgehend von einer Reaktion auf den Skeptizismus beherrscht, und warum das Bestreiten unserer Kriterien durch den Skeptiker von der Art ist, daß Kriterien dafür offen sein müssen. Wenn die Tatsache, daß wir Kriterien teilen oder festgelegt haben, die Bedingung ist, unter der wir in der Sprache denken und kommunizieren können, dann ist der Skeptizismus eine *natürliche Möglichkeit* dieser Bedingung; nichts offenbart so vollkommen wie er die ständige Bedrohung für das Denken und die Kommunikation, daß sie nur menschlich sind, nichts mehr als natürlich für uns. Was Wittgenstein antreibt, entgeht demjenigen, der – und ein solcher ist meines Erachtens Malcolm – nicht genügend offen für die Bedrohung durch den Skeptizismus ist (d. h. für den Skeptiker in einem selbst); oder auch demjenigen, der Wittgenstein so liest – wie meines Erachtens Albritton es tut –, als würde er, Wittgenstein, die Wahrheit des Skeptizismus bestreiten.

(Dies könnte eine plausible Gelegenheit sein, P. F. Strawsons Charakterisierung der skeptischen Position zu betrachten: »Der Skeptiker gibt vor, ein bestimmtes Begriffssystem zu akzeptieren, und verwirft zugleich unter der Hand eine der Bedingungen für dessen Anwendung« (*Individuals*, S. 24/Dt.: *Einzelding und logisches Subjekt*, S. 44). Aber es wäre noch nicht der passende Zeitpunkt. Im Anschluß an Teil II sollten wir im Prinzip in der Lage sein, sinnvoll die Frage zu stellen, wie die Beschreibungen »gibt vor«, »zugleich« und »unter der Hand« als gerechtfertigt betrachtet werden. Sollen wir sagen, sie stünden da nur aus literarischen oder dramatischen Gründen und seien folglich überflüssig, so daß Strawson ebensogut (also ohne gedankliche Einbuße) hätte sagen können: Der Skeptiker akzeptiert ein Begriffssystem und verwirft eine der Bedingungen für dessen Anwendung? Doch wenn die Sache des Skeptikers so formuliert wird, würden wir dann nicht gern wissen wollen, *warum* irgend jemand so etwas tun sollte, ja *wie* er es überhaupt tun könnte? Und angenommen, ich behauptete, das wirkliche Drama der Position ließe sich besser so ausdrücken: Der Skeptiker besitzt ein Begriffssystem (d. h. unser Begriffssystem – denn welches sonst würde gelebt?), doch während er hartnäckig und intensiv darüber nachdenkt, findet er heraus, daß er, mit Furcht und Zittern, die Grundlage von dessen Anwendung aufgeben muß. – Dann würden wir uns wohl die Frage stellen wollen, was es heißt, einen Begriff, ein Begriffsschema zu »haben«, und was das Akzeptieren oder Verwerfen mit der Sache zu tun hat.)

Doch ist es nicht so, daß ich früher nicht nur die »Wahrheit« des Skeptizismus, wie ich es nannte, anerkannt habe (daß unsere Beziehung zur Welt nicht eine des Wissens ist), sondern auch seine Behauptung oder These (daß wir *nicht* die Existenz von Objekten wissen können)? Es könnte so scheinen, als hätte ich allenfalls deutlich gemacht, daß, sagen wir, »Schmerz« eine gleichbleibende *Bedeutung* behält, wenn wir das Wort auf andere Menschen in verschiedenen Zusammenhängen anwenden, aber als hätte ich dazu noch eingeräumt, daß wir, bei einer bestimmten Gelegenheit, nie sicher sein können, daß die Person Schmerz *empfindet*.

Habe ich das eingeräumt? Ich habe gesagt, daß es über die Kriterien dafür hinaus, daß sein Verhalten Schmerzverhalten ist (Form und Intensität der darin ausgedrückten Empfindung selbstverständlich eingeschlossen), kein Kriterium dafür gibt, daß jemand jetzt Schmerzen hat. (Ich sage, »selbstverständlich« gehörten Empfindungen zu den für die Anwendung eines Begriffs maßgeblichen Kriterien. Das aber scheint in den mir bekannten Diskussionen über Kriterien nicht selbstverständlich der Fall zu sein. Es wird angenommen, daß Wittgenstein, würde er innere Vorgänge in das, was er Kriterien nennt, aufnehmen, eine unerhörte Petitio principii beginge, da Kriterien ja gerade deshalb ins Spiel kämen, weil zu beweisen sei, daß etwas in einem vorgeht. Aber ich greife voraus.) Anders gesagt, ich habe eine Aussage wie »Aber das ist es doch, was wir ›Schmerzen haben‹ nennen« als Beweis, ja auch nur als Indiz dafür, daß jemand jetzt Schmerzen hat, aufgegeben; und damit habe ich darauf verzichtet, »paradigmatische Fälle« als gegen den Skeptiker gerichtete Argumente dafür anzuführen, daß etwas existiert und wir wissen können, daß es existiert. Die philosophische Überzeugungskraft einer Berufung auf die Alltagssprache hängt nicht von der Überzeugungskraft solcher Argumente ab, wie Verteidiger und Kritiker der »Philosophie der Alltagssprache« mitunter anzunehmen scheinen.*

---

* Anmerkung 1981. In der Originalausgabe hätte ich eigentlich erwähnen müssen, daß Albritton anläßlich des Wiederabdrucks seines Aufsatzes über Wittgensteins Idee eines Kriteriums in der 1966 von George Pitcher herausgegebenen Aufsatzsammlung zu Wittgensteins *Untersuchungen* ein feinsinniges Postskriptum verfaßt hat. Damals hatte ich den Eindruck – da ich meine Aufmerksamkeit vornehmlich auf jene Seiten des Postskripts richtete, die sich unmittelbar auf meine Zwecke auswirkten, eine Beschränkung, an der interessierte Leser Anstoß nehmen könnten –, ich hatte also den Eindruck, daß er sich durch die Modifizierung seiner Auffassung mehr den Schlußfolgerungen annäherte, die ich 1961 in meiner Dissertation zur Sprache gebracht hatte und von denen sich die relevanten Diskussionen in diesem Buch herleiten. Während ich darüber froh war, blieb ich, wie ich schrieb, weiterhin an den philosophischen Beweggründen interessiert, die seine ursprüngliche Darlegung geleitet hatten; jene Motivationen, oder was ich davon in mir selbst wiederfand, waren vor allem das, womit ich rang.

III
Austin und Beispiele

Wenn ich in unsere Argumentation einen oder zwei Abschnitte aus Austins *Other Minds* aufnehme, von denen ich meine, sie erörterten eine Version des von uns erreichten Problemstandes, nämlich die Beziehung zwischen wissen, was etwas ist – mit Hilfe von Kriterien –, und wissen, daß es ist, dann wird wohl besser verständlich, warum ich manchmal meine, Kriterien identifizierten eher etwas und stellten weniger dessen Existenz fest, und es wird zudem besser erklären, warum diese Unterscheidung mich nicht befriedigt.

In der Betrachtung der Typen von Antworten, die auf die Frage »Wie weißt du das?« gegeben werden könnten, verwendet Austin als sein Beispiel (er nennt es einen »Aufhänger«) die Behauptung: »Am unteren Ende des Gartens ist eine Rohrdommel« (S. 47/Dt. S. 105). Als mögliche Grundlagen für die Absicherung einer solchen Behauptung führt er dann folgende an:

1) Ich muß in einer Umgebung geschult worden sein, in der ich Rohrdommeln kennenlernen konnte.
2) Ich muß im vorliegenden Fall eine bestimmte Möglichkeit gehabt haben.
3) Ich muß gelernt haben, Rohrdommeln (wieder)zuerkennen.
4) Ich muß dies hier als eine Rohrdommel (wieder)erkannt haben.

Wenn ich vorgebracht habe, worin im vorliegenden Fall meine Belege und meine Möglichkeiten bestehen, und diese nicht in relevanter Hinsicht entkräftet oder angezweifelt werden, habe ich meine Behauptung erfolgreich begründet, habe ich genug gesagt.

Genug bedeutet, daß es (in vernünftigem Rahmen und unter Berücksichtigung unserer Zwecke und Absichten) ausreicht zu zeigen, daß es sich um gar nichts anderes handeln »kann«, daß es keine Möglichkeit einer alternativen, konkurrierenden Beschreibung gibt. Es bedeutet z.B. *nicht,* daß es ausreicht zu zeigen, daß es kein *ausgestopfter* Stieglitz [oder natürlich eine ausgestopfte Rohrdommel] ist.

Und etwas später:

Wenn ich zu wissen behaupte, daß es ein Stieglitz ist, steht normalerweise nicht in Frage, ob es ein »wirklicher« Stieglitz ist – man ergreift nur vernünftige Vorsichtsmaßnahmen. Doch wenn dies – in besonderen Fällen – tatsächlich in Frage gestellt wird, dann vergewissere ich mich, daß es ein wirklicher Stieglitz ist, im wesentlichen auf die gleiche Weise, in der ich herausgefunden hatte, daß es ein Stieglitz ist (S. 56/Dt. S. 116).

In der Erörterung dieser Aussagen und in meinen mehr allgemeinen Bemerkungen zur Struktur der Austinschen Argumentation werde ich das von ihm Behauptete in einer Weise beschreiben, die, falls zutreffend, ihre Analogie zu dem erkennen läßt, was sich bisher über die Beziehung von Kriterien und Existenz ergeben hat.

In Austins anfänglicher Methode oder seinen Überlegungen zur Analyse von »wissen« (S. 44-54/Dt. S. 101-114) wird der Begriff des Wissens sehr direkt auf die Identifizierung eines Gegenstandes gelenkt und nicht auf die Feststellung seiner Existenz. Austins Frage »Wie weißt du das?« bedeutet dort »Woran kannst du erkennen, daß dies ein [z.B. ein Stieglitz] ist?«. Ich deute die Frage so: »Welches sind die Kriterien dafür, daß etwas [z.B. ein Stieglitz] ist?« Ich fasse »die Kriterien dafür, daß etwas ein Stieglitz ist« als Kurzfassung für »die Merkmale oder Eigenschaften, in bezug auf die etwas als ein Stieglitz erkannt wird« auf.

Wir wollen uns nun fragen, warum wir für die Begründung der Behauptung, daß da ein Stieglitz ist, nicht auch noch etwas anführen müssen, was genügt, um zu zeigen, daß er nicht ausgestopft ist; »genug bedeutet nicht: genug, um zu zeigen, daß er nicht ausgestopft ist«. Wie ist das »bedeutet nicht« aufzufassen? Wenn ich behauptet habe, daß da ein Stieglitz ist, und es stellt sich heraus, daß er ausgestopft ist, haben die Tatsachen dann in

keiner Weise meine Behauptung beeinträchtigt, haben sie in keiner Weise auf das, was ich meinte, zurückgewirkt?
Ist Austins Bemerkung »ich vergewissere mich, daß es ein wirklicher Stieglitz ist, im wesentlichen auf die gleiche Weise, in der ich herausgefunden hatte, daß es ein Stieglitz ist« eine Antwort auf unsere Frage? Das ist verwirrend. In welcher *Weise* vergewissere ich mich, daß es ein Stieglitz ist? Die Antwort scheint die zu sein, daß ich mich vergewissere, ihn richtig identifiziert zu haben, d. h., daß ich in unbestreitbaren Umständen die richtigen (Austinschen) Kriterien angewandt habe und der Vogel sie auch wirklich aufweist. Sich dann im wesentlichen auf dieselbe Weise zu vergewissern, daß es ein wirklicher Stieglitz ist, hieße, sich zu vergewissern, daß ich die Kriterien für wirklich sein (oder ein wirklicher Stieglitz? oder ein wirklicher Vogel sein?) richtig angewandt habe und er sie wirklich aufgewiesen hat. Aber gibt es Austinsche Kriterien dafür, daß etwas wirklich oder ein wirkliches X ist? Ich denke nicht. (»Die Tücke des Metaphysikers besteht darin, daß er fragt: ›Ist dies ein wirklicher Tisch?‹ …, ohne zu spezifizieren oder genau anzugeben, was daran nicht stimmen mag, so daß mir unklar ist, ›wie man beweisen kann‹, daß es tatsächlich ein wirklicher Tisch ist.« (S. 55/Dt. S. 115)) Auch sehe ich nicht, wenn ich mich Austins leidenschaftlicher Aufforderung anschließe, man möge ihm doch sagen, was denn das Gegenteil von »wirklich« sei, daß es Austinsche Kriterien dafür gibt, daß ein Gegenstand »ausgestopft, gemalt, eine Attrappe, künstlich, vorgetäuscht, eine Phantasiegeburt, ein Spielzeug, fiktiv oder fingiert usw.« ist (ebd.).* Es würde keinen Sinn ergeben, einen Katalog von Merkmalen und Eigenschaften aufzustellen, um diese Unterscheidungen zur Wirklichkeit zu treffen, die anzuwenden ich im Prinzip geeigneter als andere wäre. Ich möchte sagen: Es gibt, es kann keine Kriterien dafür geben, daß etwas ein wirkliches X ist, Kriterien, die über diejenigen hinausgehen, die ich dafür habe, daß es ein X ist. Oder, um es zu wiederholen: Es gibt keine Kriterien da-

---

* Die deutsche Übersetzung wurde leicht verändert. (A. d. Ü.)

für, daß etwas so *ist*, die über die Kriterien hinausgingen, daß etwas *so* ist. Das wäre eine Erklärung für Austins These, daß dort, wo das Problem des Wissens in der Identifizierung besteht, die Grundlage für eine Behauptung zu liefern, »nicht bedeutet«, eine Grundlage zu liefern, die für den Nachweis ausreicht, daß wir etwas Wirkliches vor uns haben (nicht etwas Ausgestopftes, einen Lockvogel usw.; halluzinatorisch?). Das bedeutet es nicht, kann es nicht bedeuten, denn das Angeben eines Kriteriums für die Behauptung, es handele sich um einen Stieglitz, stellt gleichermaßen die Grundlage für die Behauptung dar, daß es sich um einen ausgestopften *Stieglitz* handelt. Die Kriterien (Merkmale, Eigenschaften) dafür, daß etwas ein Stieglitz ist, sind immer dieselben, gleichgültig ob er nun wirklich, vorgestellt, halluzinatorisch, ausgestopft, gemalt oder sonst wie unecht ist. Liege ich einfach falsch, wenn ich sage: »Da ist ein Stieglitz«, und er sich als ausgestopft »herausstellt«? Wenn man mir eine Tafel mit Vögeln zeigt und mich fragt »Gibt es hier einen Stieglitz« oder »Welcher ist ein Stieglitz?« und ich antworte »*Dort ist* ein Stieglitz«, wird man mir dann antworten »Das ist falsch, es ist nur eine Zeichnung«? Das *ist* absolut empörend. Denn meine Identifizierung war richtig, und ich wußte, daß die Vögel alle gemalt waren. Woher »wußte« ich das? Nicht auf dieselbe Weise, in der ich wußte, daß einer davon ein Stieglitz war. (Existenz ist kein Prädikat.) Und ich möchte sagen: Der Unterschied zwischen wirklich und vorgestellt (imaginär), zwischen Existenz und Absenz ist kein kritischer Unterschied, keiner des Erkennens. Die Antwort auf meine Frage »Liege ich falsch?« ist daher: Es hängt davon ab. Es hängt davon ab, ob ich nach einer Identifizierung oder nach etwas anderem (ich schwanke, ob ich es Existenz oder Wirklichkeit nennen soll) gefragt werde. Das Problem oder das, was ich zu einem Problem zu machen versuche, ist: Woher weiß ich, ob ich nach dem einen oder nach dem anderen gefragt werde?

Austin bekämpft ausdrücklich die Idee (des Philosophen), daß man, wolle man die Behauptung, etwas zu wissen, beweisen, eine hinreichende Grundlage für sie liefern, bereit sein müsse, jede erdenklich Möglichkeit zu erwägen, die, sollte sie zutreffen, meine Behauptung widerlegen würde, daß ich mir gewiß bin, daß ich weiß, daß das Objekt meiner Behauptung wirklich da ist: Die Erwägungen müßten von der Frage, wieviel von einem Objekt ich tatsächlich oder buchstäblich sehe – wodurch sich die »Möglichkeit« ergibt, daß die hintere Hälfte und das Innere von Gegenständen nicht da sind oder nicht das sind, was sie sein sollten –, bis zu solchen Fragen reichen, ob ich beweisen kann, daß ich nicht träume oder eine Halluzination habe – was die »Möglichkeit« eröffnet, daß das, was ich als vorliegend behauptet habe, glatt abwesend ist. Austin räumt ein, daß »nicht genug« in besonderen Fällen »bedeuten« kann: nicht genug, um zu beweisen, daß es wirklich ist; da er aber nicht spezifiziert, was das Besondere an diesen Fällen sein muß, woher weiß er dann, warum insinuiert er, daß der Philosoph diesen Einwand *in dem von Austin vorgestellten Zusammenhang* erheben würde? Es scheint ganz und gar nicht einleuchtend, daß der Philosoph ihn da erheben würde, eben weil er dann »töricht«, »empörend« wäre (S. 52/Dt. S. 111).

Austins Beispiele unterscheiden sich oft in entscheidender Weise von den Beispielen der klassischen Erkenntnistheorie. Austin wählt einen Fall, bei dem man, wie er sagt, genug angeführt hat (haben kann), um zu zeigen, daß es »keine Möglichkeit einer alternativen, konkurrierenden Beschreibung gibt«. Es ist ein Fall, bei dem das Problem des Wissens zunächst einzig und allein eines der richtigen Beschreibung (Identifizierung, Wiedererkennung) ist. Die »als Aufhänger gewählten« Objekte des klassischen Erkenntnistheoretikers sind nie von dieser Art; sie stellen sich das Problem, »woher wissen« nicht an dieser Stelle, es ist nicht das »Problem des Wissens«, was sie beschäftigt. Die Objekte, mit denen sie arbeiten, sind z. B. Wachsstücke, Tische, Stühle, Häuser, Menschen, Umschläge, Glocken, Papierblätter, Tomaten, Tafeln, Bleistifte usw. (In der indischen Philosophie findet man, wie man mir sagte, oft einen Stock, der nach allem, was man dann weiß, eine Schlange sein könnte.) Das ist für Austin natürlich nichts Neues. Genau das beklagt er ja an der traditionellen Philosophie, daß sie nämlich mit dürftigen, beliebigen Beispielen arbeitet, die eine Untersuchung von Anfang an sinnlos machen. Und es läßt sich kaum bestreiten, daß, indem er *seine* Aufhänger verwendet, woraus sich ganz natürlich all seine Gelegenheiten ergeben, er mehr interessante Fakten und mehr praktische Fragen aufzuwerfen fähig ist, als wahrscheinlich die Seiten der klassischen Erkenntnistheoretiker schmücken, die alle von ihnen ein oder zwei faden physischen Objekten besessen waren.

Aber angenommen, die klassischen Erkenntnistheoretiker hätten in dieser Sache überhaupt keine Wahl gehabt, ihre fixe Idee wäre vom Wesen der sie beschäftigenden Frage bestimmt worden und hätte es offenbart. (Was sonst würde man von einer fixen Idee erwarten?) All ihren Objekten ist etwas gemeinsam: Sie sind von der besonderen Art, daß sich das Problem des Erkennens, der Identifizierung oder Beschreibung einfach nicht stellt; es sind solche, bei denen das einzige Problem, sollte es sich ergeben, nicht darin bestünde zu sagen, was sie sind, sondern darin zu sagen, ob wir wissen können, daß sie existieren, wirklich, tatsächlich da sind. Dergleichen werde ich zu heuristischen Zwecken manchmal »generische Objekte« nennen und sie den Gegenständen gegenüberstellen, die Austin zu seinen Beispielen macht. Diese werde ich »spezifische Objekte« nennen. Mit diesen Bezeichnungen will ich nicht sagen, daß es zwei Arten von Objekten in der Welt gibt, vielmehr möchte ich den Geist erfassen, in dem ein Objekt erörtert wird, die Art von Problem, die sich dazu ergeben hat, das Problem, durch welches es sich selbst in den Mittelpunkt der Untersuchung rückt. Obwohl ich es nicht für einen Zufall halte, daß so ein Objekt wie ein Stieglitz in der klassischen Erkenntnistheorie nicht aufgetreten ist, möchte ich nicht darauf bestehen, daß er es auch nicht hätte tun können. Ich will nur sagen, daß seine Funktion, würde er dort auftauchen, die eines generischen Objektes wäre oder werden würde. Ich habe verschiedene Bezeichnungen ausprobiert, um die Funktion der Objekte des Erkenntnistheoretikers auf den Punkt zu bringen; einmal nannte ich sie »einfache Objekte«, ein anderes Mal

»grundlegende Objekte«. Unbefriedigend an diesen Bezeichnungen schien mir zu sein, daß sie den von ihnen aufgestellten Gegensatz zu den Austinschen Beispielen mit Vorurteilen beladen und vor allem, daß sie klingen, als handele es sich um eine Klasse von Objekten. Nun schreibe ich das Unbefriedigende an ihnen dem Umstand zu, daß sie das bloße Auftreten des Objekts oder seine Funktion mit Vorurteilen beladen, was genau das ist, wofür sie als Bezeichnungen stehen.

Klassischerweise werden sie als »materielle Objekte« bezeichnet, und der Hintergrund für meinen Wunsch, sie neu zu bezeichnen, ist mein Eindruck, daß »materiell« in diesem Kontext sich ebenfalls nicht an eine Spezies von Objekten (etwa Tomaten oder Stöcke im Gegensatz zu Schatten und Flammen) wendet, sondern an den Geist, in dem das Objekt in Frage gestellt wird. (Jedenfalls anfänglich, später in der Untersuchung mag sich herausstellen, daß das Objekt etwa immateriellen Objekten – vielleicht mentalen oder göttlichen – gegenübergestellt wird. Aber wir müssen uns erst auf diese Untersuchungen einlassen, bevor ich mehr darüber sagen kann, was ich hier mit »anfänglich« und »später« meine.) Meine Bezeichnung »generische Objekte« wird ihrer Aufgabe gerecht, wenn sie unsere Aufmerksamkeit auf dieses Problem lenkt, auf das Problem, könnte man sagen, der Phänomenologie der Materialität. Wenn sich diese Objekte dem Erkenntnistheoretiker präsentieren, kommt es ihm nicht auf das eine im Gegensatz zum anderen an, ist er nicht allein an dessen eigentümlichen Eigenschaften und an sonst nichts interessiert. Wenn er könnte, würde er, sozusagen, lieber ein nicht zu erkennendes *Etwas* haben, ein Irgendwas, ein Dasda. Was ihm entgegenkommt, ist eine Insel, ein von Luft umgebener Körper, eine winzige Erde. Worum es ihm bei dem Objekt geht, ist Materialität als solche, Externalität überhaupt.

Kant spricht von Objekten als demjenigen, was wir »außerhalb unserer selbst« antreffen, und seine Verstandeskategorien sollen uns Kategorien liefern, die uns die Bedingungen angeben, unter denen es möglich ist, solche Gegenstände *überhaupt* zu wissen.

Doch angenommen, die Kategorien formulierten unsere Vorstellung eines »Objekts (der Natur)«, ohne unser Bewußtsein von seiner Externalität zu formulieren. (Nicht unser Bewußtsein, daß jedes Objekt allen anderen äußerlich ist, was die Natur zu einer Ganzheit macht und ihre Räumlichkeit demonstriert; sondern ihre Externalität mir gegenüber, wodurch die Natur Welt wird und ihre Bewohnbarkeit erweist.) Angenommen, unsere Idee von Externalität, von Objekten als »in einer Welt getrennt von mir« seiend, komme im Begriff des Dinges an sich zum Ausdruck. Das Problem mit der Vorstellung eines »Dinges an sich« besteht dann nicht, wie gesagt worden ist, darin, daß Kant dessen Beziehung zu den von uns gewußten Gegenständen nicht erklärt oder nicht erklären kann oder daß er nicht einmal fähig sein sollte, sich diese Beziehung vorzustellen, da die Kategorien nach seiner Auffassung darauf nicht anwendbar sind. Die Schwierigkeit mit dem Ding an sich besteht darin, daß es selbst einer transzendentalen Deduktion hätte unterworfen werden müssen, d. h., daß es selbst oder die in es eingehenden Begriffe (z. B. Externalität; Welt (*in* der Objekte angetroffen werden)) als den Verstandeskategorien innewohnend hätte begriffen werden müssen, als *Teil* unseres Begriffs von einem Objekt im allgemeinen. Kantisch gesprochen, wäre es vielleicht sinnvoller zu sagen: Wäre die Ableitung der Begriffe der Transzendentalen Ästhetik vollständiger gewesen, vor allem die in die Begriffe von Raum und Zeit eingehenden Ideen von einem »inneren Sinn« und einem »äußeren Sinn«, bliebe keine Idee des Dinges an sich übrig. Man könnte nun sagen, diese Externalität folge aus der Externalität eines jeden Objekts in bezug auf die anderen Objekte oder bedeute nur etwas, wenn sie dasselbe bedeutet wie die Externalität eines jeden Objekts bezogen auf die anderen Objekte. Tatsächlich habe ich das bestritten – sozusagen phänomenologisch bestritten –, indem ich das Problem der Externalität in eine Beziehung zu einem generischen Objekt gesetzt habe. Nebenbei gesagt, ein Ding an sich hervorzuzaubern, gewissermaßen noch bevor sein Begriff abgeleitet worden ist, in das dem Wissen nicht zugängliche

Ding an sich etwas Wesentliches (oder eine wesentliche Form des Verstehens) desjenigen einzulassen, das wir wissen müssen, damit überhaupt etwas ein Objekt des Wissens für uns sein kann, macht es nahezu unwiderstehlich, Kant so zu lesen, als behaupte er, es gebe die einen oder anderen sich unserem Wissen entziehenden Gegenstände. – Überflüssig zu sagen, daß diese Idee mit den Grenzen des Wissens zusammenhängt. – Aber er wollte auch die Möglichkeit von Wissen aufzeigen, d. h. demonstrieren, daß Wissen nicht in dem Sinn begrenzt ist, daß es sich ihm entziehende *Dinge* gibt, sondern daß es menschliche Fähigkeiten, Verantwortlichkeiten und Wünsche gibt, die uns die Welt offenbaren, aber sich nicht in der Fähigkeit, Dinge zu wissen, erschöpfen. Kants Idee von Gott soll dies darlegen: daß ich, wenn ich ein vernünftiges Wesen bin, eine Beziehung zur Wirklichkeit habe und haben muß, die nicht eine des Wissens ist. Angenommen, dies gilt auch vom Ding an sich, und es wird als die Externalität von Objekten des Wissens abgeleitet, als das, was ich die Welt nannte, in der Objekte anzutreffen sind; Kants Idee von Gott könnte dann Schaden nehmen; sie könnte dann nicht mehr beinhalten, als daß eine solche Welt wie die unsrige durch Externalität charakterisiert ist. (In diesem Fall würde »noumenal« insoweit nichts zum Begriff der »Welt« hinzufügen.) Man möchte nun vielleicht sagen, die Idee Gottes schließe nicht nur die Idee der Externalität einer Welt ein, ihrer von mir unabhängigen Kohärenz, sondern auch die einer Welt, die etwas jenseits ihrer selbst hat. Und in dem von Kant gelieferten Zusammenhang klingt das ganz wie eine Redefigur.

Natürlich habe ich noch nichts darüber gesagt, warum oder wie sich gerade ein generisches Objekt dem Erkenntnistheoretiker darstellt oder wie es geschehen kann, daß ein Objekt dieses Gewicht für ihn haben sollte. (Das ist ein Hauptthema von Teil II.) Aber soviel kann ich jetzt schon sagen: In dem Sinn, in dem es offenbar unsinnig ist, von einem spezifischen (d. h. Austinschen) Objekt ohne einen besonderen Grund zu fragen, ob die Grundlage für meinen Wissensanspruch (z. B. »aufgrund seines roten

Kopfes«) ausreicht, um zu beweisen, daß es wirklich ist – in dem Sinn ist es *nicht* unsinnig, vorausgesetzt, es hat sich als ein Problem des Wissens dargestellt, von einem generischen Objekt zu fragen, ob die Grundlage unseres Wissensanspruchs (typischerweise »Ich sehe es«; »Ich weiß es durch meine Sinne«) ausreicht, um zu beweisen, daß es wirklich ist. Was sind die »Absichten und Zwecke« in bezug auf die es offensichtlich ist, daß eine solche Frage nicht gestellt zu werden braucht (kann)? Und ist es offensichtlich, daß, getrennt von solchen Absichten und Zwecken, die Frage des Philosophen nach der Existenz generischer Objekte (d. h. solcher, bei denen sich das Problem der Identifizierung nicht ergibt) töricht oder empörend ist? Ich meine, so offensichtlich wie die Tatsache, daß er töricht *wäre*, würde er seine Frage mit Bezug auf ein spezifisches Objekt aufwerfen (eines, bei dem es um das Problem der Identifizierung geht)? Das ganze Programm des klassisches Erkenntnistheoretikers mag von Anfang bis Ende irregeleitet sein, nur wird das kaum dadurch gezeigt, daß man ihn beschuldigt, etwas zu bestreiten, was er nicht in Frage gestellt hat – nämlich daß »genug genug ist«, wenn man genug gesagt hat, um andere mögliche Identifikationen auszuschließen. Und wenngleich es falsch von ihm gewesen sein mag, es *nicht* in Frage zu stellen, und falsch zu glauben, es müsse noch eine *andere* Frage gestellt werden, so ist das doch erst noch zu zeigen.

Da der Zusammenhang, in dem Austin einen »besonderen Grund« oder »einen besonderen Fall« fordert, um die Frage nach der Wirklichkeit sinnvoll zu stellen, von der Art ist, daß das fragliche Objekt ein spezifisches ist, besteht die Richtigkeit seiner Forderung – man könnte sagen das, was ihr einen Sinn gibt – darin, daß die Frage der Identifizierung bezüglich solcher Objekte keines besonderen Grundes *bedarf*, um ihre Kompetenz zu garantieren. Aus diesem Grund kann Austin ziemlich am Anfang seines Aufsatzes sagen: »die [Frage], ›Woher weißt du das?‹ ... [kann durchaus] aus respektvoller Neugierde, aus echter Wißbegierde gestellt werden« (S. 46/Dt. S. 103); er schreibt weiter, daß sie auch *anzüglich* gestellt werden kann. Ob respektvoll oder anzüglich, die

Antwort wird beide Male dieselbe sein und des Anführens von Kriterien bedürfen. Ist das fragliche Objekt jedoch ein generisches, ist die nicht anzügliche, respektvolle Frage unangebracht. Was für eine Antwort gäbe es schon unter gewöhnlichen Umständen auf die respektvoll, aus echter Wißbegierde gestellte Frage: »Woher weißt du, daß es eine Tomate ist?« Sollte ich etwa darauf antworten, daß ich zwischen Tomatenfeldern aufgewachsen bin, es aufgrund ihrer roten Haut sagen kann usw.? Doch »aus echter Wißbegierde zu fragen« bedeutet, nach etwas zu fragen, was ich weiß, aber du nicht weißt, oder danach zu fragen, wieso *ich* das weiß, wie ich zu der Fähigkeit des Wiedererkennens gekommen bin, die du respektvoll der deinen als überlegen erachtest. Verfüge ich aber wirklich über eine der deinigen überlegenen Fähigkeit, Tomaten, Umschläge, Tische usw. wiederzuerkennen? Wenn dem so ist, sollten wir ein anderes Beispiel nehmen (oder wir werden nicht über Erkenntnistheorie reden).

Wie ich bereits sagte, gehört es zum Wesen der vom klassischen Erkenntnistheoretiker angestellten Untersuchungen, daß die von ihm als Beispiele verwandten Objekte nicht solche sind, über die man mehr durch Wiedererkennen lernen kann; und *niemand steht besser als irgendein anderer da*, wenn es um ihre Identifizierung geht. Und wie sich zeigt, steht niemand überhaupt in irgendeiner Hinsicht besser da. Einer isolierten Erde steht ein isoliertes Bewußtsein, eine isolierte Sinneserfahrung gegenüber. Dies aber ist, wie sich erweist, nicht genug, um zu wissen. Die Frage des Erkenntnistheoretikers läßt sich wie folgt formulieren: »Wie wissen *wir* z. B., daß ...?«, und die Frage, die, wie sich herausstellt, von dieser Frage untersucht wird, lautet: »Wie wissen wir (können wir uns sicher sein), daß irgend etwas existiert?«

Kann es eine solche Frage denn nicht geben? Wenn man beweisen will, daß die Untersuchungen der klassischen Erkenntnistheorie von Grund auf inkohärent sind oder sich eines außergewöhnlichen Sprachgebrauchs bedienen, muß man zeigen, daß es von Grund auf inkohärent ist, bezüglich eines generischen Objekts zu fragen, wie wir wissen, daß es existiert. Und das selbstverständlich nicht, wenn es tatsächlich und offensichtlich schwierig ist, etwas zu wissen (z. B. aufgrund einer schlechten Sicht, was mir gegenüber einem anderen eine bessere Position verschafft), sondern wenn es keinen »besonderen Grund« *dieser* Art gibt, wenn wir in jeder Hinsicht dieselbe optimale Position gegenüber dem Objekt einnehmen. Zweifellos ist an dieser Frage irgend etwas außergewöhnliches, und vielleicht sollten wir sagen, es müsse irgendeinen besonderen Grund geben, um sie zu stellen. Meine Frage lautet dann: Liegt es auf der Hand, daß der Philosoph keinen solchen Grund hat?

Was war der Gehalt der Meinung, daß »es keinen Grund gibt, die Frage zu stellen«? Um was für eine Art von Behauptung handelte es sich da? Sie besagte (a), daß wir über das Objekt (seine Identifizierung) nichts mehr zu erfahren wünschen oder brauchen (es ist ja ein spezifisches Objekt), und (b) es ergibt sich kein weiteres Problem (hinsichtlich seiner Existenz oder Wirklichkeit), das sich unter normalen Umständen stellen würde. Ich hoffe, (a) ist hinreichend klar. Es bleibt dann noch die Frage, wie (b) gewußt wird. Um was für eine Art von Behauptung handelt es sich hier? Wie wissen wir, ob es noch ein weiteres Problem gibt, d. h., wann ist offensichtlich, daß es eins *gibt*? Wie wissen wir, daß, wenn wir Grund haben zu denken, der Vogel sei ausgestopft, die Frage der Wirklichkeit sich stellen *muß*? Wie wissen wir, was »als Grund, so zu denken«, zählt? Jeder, der sprechen kann, weiß so etwas. Wenn wir beobachten, wie eine Krähe auf einen Baum fliegt und auf einem nassen Ast herumhüpft, wird niemand (auch kein Philosoph) ohne besonderen Grund die Frage stellen oder akzeptieren: »Aber ist sie denn wirklich?« Sage ich aber: »Vergessen Sie nicht, daß Herr Stevens, ihr Nachbar, nicht nur ein Erfinder, sondern auch ein ausgezeichneter Tierpräparator ist«, dann werden wir vielleicht die Frage über die Wirklichkeit unserer Krähe bei nochmaligem Hinsehen akzeptieren. Auf was mehr als diese gewöhnliche Fähigkeit, die Relevanz von Fragen zu erkennen – eine Fähigkeit, die nicht tiefer und auch nicht weniger tief als die Fähigkeit geht, Behauptungen aufzustellen –, kann ein Philosoph der Alltagssprache sich stützen, wenn er über das spezifische Objekt sagt: »Kein Grund, eine Frage zu stellen«? Auf nichts mehr. Er muß einen Beleg bringen, den jeder erwachsene Sprecher einer Sprache liefern oder als relevant anerkennen kann. Darin liegt die Stärke seiner Methode, die Quelle seiner Überzeugungskraft, aber auch ihre Schwäche, sein Unvermögen, ihre Relevanz als philosophische Kritik zu beweisen. Denn akzeptiert der Erkenntnistheoretiker eine solche Aussage wie »Es gibt keinen Grund zu fragen« nicht, muß *diese* Tatsache als Beleg für ihre Falschheit gewertet werden, dafür, daß seine Frage nicht verstanden worden ist.

Es bleibt ein Problem, warum der Philosoph ein generisches Objekt in Frage stellt, wenn die Umstände doch so sind, daß normalerweise nicht bezweifelt wird, daß es da ist. Mein Beharren darauf, daß hier ein Problem ist, richtet sich sowohl gegen den Philosophen der Alltagssprache als auch gegen den Verteidiger der Tradition. Denn jener wird vermutlich sagen: »Es ist einfach offensichtlich, daß die Frage sich nicht stellt; der Philosoph ist entweder kapriziös oder blind, wenn er an ihr festhält.« Das ist reiner Dogmatismus ohne die Überzeugungskraft, die eine alltagssprachliche Analyse gewöhnlicher Situationen sonst hat. Andererseits wird der traditionelle Philosoph vermutlich zu seiner Verteidigung vorbringen: »Es ist doch offensichtlich, daß die Frage gestellt werden muß: daß es sich nicht um eine Frage handelt, die normalerweise gestellt wird, spielt dabei gar keine Rolle. Im Gegenteil: Das enthüllt nur die Selbstzufriedenheit des gesunden Menschenverstandes, die Unzulänglichkeit der Alltagssprache.« Das ist freilich nicht weniger dogmatisch als die Position, gegen die er sich verteidigt. Denn der Grund dafür, daß er diese Frage stellen »muß«, kann doch kein anderer sein als der, daß jeder, der versteht, was er gesagt hat, das als Grund *akzeptieren* würde. Seine Fragen sind ganz gewöhnlich (»Könnte es nicht Wachs sein?«, »Siehst du das Ganze?«), und er kennt so gut wie jeder andere die Umstände, unter denen sie normalerweise gestellt werden, sowie die Tragweite der darauf gegebenen Antworten (»Wir sehen nicht das Ganze, wir sehen also nicht, ob es aus einem Stück ist«), ja sein ganzes Verfahren hängt von diesem Wissen ab. Jede Kritik an der klassischen Untersuchung der Wissensfrage, die damit argumentiert, wann was für gewöhnlich gesagt wird, hat die Tatsache zu erklären, daß die traditionellen Philosophen, die ihre Sprache immerhin in der Schrift beherrschen, eine Frage als eine Antwort erheischend akzeptiert haben, die *sie* – ebenso wie »der Mann auf der Straße« – unter anderen Umständen als unsinnig verworfen hätten.

»Wenn ich zu wissen behaupte, daß es ein Stieglitz ist, steht normalerweise nicht in Frage, ob es ein ›wirklicher‹ Stieglitz ist – man ergreift nur vernünftige Vorsichtsmaßnahmen. ... [und] die Vorsichtsmaßnahmen [können] höchstens unseren jeweiligen Absichten und Zwecken angemessen sein« (S. 56/Dt. S. 116). So eine Passage läßt sich leicht dahingehend interpretieren, daß es mehr oder weniger eine Sache des gesunden Menschenverstandes, des akademischen Klubs, der allgemeinen Höflichkeit ist zu erklären, was »genug« ist, um solch eine Behauptung zu beweisen, und daß Leute (sprich: Erkenntnistheoretiker oder Metaphysiker), die »mehr« verlangen, »unvernünftig«, unhöflich, langweilig oder einfach unmöglich sind. Man kann Austin aber auch so deuten, daß er die Grammatik, in einem etwas ausgefallenen Sinn sogar die Logik der Meinungsverschiedenheiten, hinsichtlich der Frage »Wie weißt du das?« auslegt; und mehr zu verlangen, als *das* erlaubt, wird man schwerlich als unhöflich usw. begreifen. Nicht die Unvernünftigkeit einer intellektuellen Haltung, sondern eine Verleugnung menschlicher Vernunft wird dadurch konstituiert. Wenn die verlangte und erfüllte Grundlage die von Kriterien ist (z. B. »aufgrund der charakteristischen Zeichnung am Auge«), muß die Erklärung für einen Irrtum, falls er begangen wird, die Form haben, daß die Verfügung über die angemessenen Kriterien für das Erkennen eines Stieglitzes, ihre erfolgreiche oder sorgfältig beobachtete Anwendung in diesem Fall bestritten wird. Aber *sind die eigenen Kriterien richtig*, und ist nun das Objekt kein *wirkliches* Exemplar, dann ist dieser unglückliche Zufall durch das Hinzufügen von »ausgestopft, gemalt« usw. zu erklären. Lag ein Irrtum vor? Es *ist* ein Stieglitz, allein ... (Der Begriff wird beibehalten, denn die Kriterien für seine Anwendung liegen vor und sind erfüllt.) Was ist in diesem Fall nicht gewußt worden?

Was habe ich wissen wollen? Was oder wieviel habe ich zu wissen behauptet, als ich sagte, da sei ein Stieglitz im Garten? Habe ich mit meiner Behauptung gewissermaßen in den Vogel eindringen und dagegen wetten wollen, daß er in seinem Innern anders ist, als er zu sein hätte? In welchem Umfang habe ich mich der Wirklichkeit ausgesetzt, als ich sie zum Gegenstand meines Urteils zu machen bereit war? Was habe ich gewettet, damit meine Behauptung überhaupt einen Wirklichkeitsbezug bekommt? – Was ist ein empirisches Urteil?

Ob es nun Austinsche Kriterien dafür gibt, daß etwas wirklich oder ein wirkliches Exemplar einer besonderen Art ist, jedenfalls muß Austin sich vorstellen, daß wir wissen, wie wir uns vergewissern, er muß wissen, was wir tun müssen, um uns solcher Dinge zu vergewissern. Um mich zu vergewissern, daß der Vogel nicht ausgestopft ist, könnte ich beispielsweise ein Loch in ihn bohren und sehen, ob Füllstoff herausquillt. Ich weiß nicht, ob dieser Anflug von akademischem Sadismus »auf dieselbe Weise« sicherstellen würde, daß der Vogel wirklich ist, wie ich mich vergewissert haben könnte, daß es ein Stieglitz ist – es sei denn, jemand möchte darauf bestehen, daß dies Sich-Vergewissern *ist*, daß es sich um einen Stieglitz handelt, während ein anderer vielleicht darauf bestehen möchte, daß nur Gott das wirklich tun könnte (so wie nur ein Komponist sicherzustellen vermag, daß der Grundton richtig eingehalten ist. – Doch wer stellt eigentlich sicher, daß der Gesang die Tonhöhe trifft, der Sänger oder der Zuhörer?). – Es gibt allerdings einen unmittelbaren Punkt, an dem ein Austinsches Gewissen gegenüber der Sprache und ihren Behauptungen jemanden drücken sollte. Was würde mich dazu bewegen, was mir vernünftigerweise oder bei gesundem Verstand erlauben, ein Loch in den Vogel zu bohren? Auf jeden Fall bedarf es dazu eines besonderen Grundes, einer besonderen Gelegenheit. Doch wodurch könnte die Frage nach der Wirklichkeit sich so stark aufdrängen?

Könnte ich *nicht* einfach, ohne besonderen Grund und ohne besondere Gelegenheit, vermuten, daß der Vogel nicht wirklich ist, oder einen entsprechenden Verdacht schöpfen? Mit dieser Frage ziele ich auf ein Wissensproblem ab, nicht darauf, ob etwas an mir problematisch ist, ob mit meiner geistigen Gesundheit etwas nicht stimmt. (Eine solche Unterscheidung, jedenfalls anfänglich, treffen zu können ist für den Skeptizismus grundlegend; und vielleicht ist es für gewisse Skeptiker grundlegend, daß diese Unterscheidung schließlich zusammenbricht.) Es liegt mir fern, mich gewissermaßen von einer Vermutung mitzureißen zu lassen; ich könnte ebensogut Zeit sparen und direkt versuchen, mich von einer festen Überzeugung mitreißen zu lassen! Die Vermutung, daß der Vogel die Arbeit eines Tierpräparators ist, könnte sich ganz natürlich einstellen, wenn ich bemerke, daß er *zu* lange *zu* still dasitzt. Doch dann ist genau *das* hier der »besondere Grund« für meine Vermutung. Würde ich mich jetzt aus diesem Grund und bei geistiger Gesundheit auf den Vogel stürzen und ihn durchbohren, nur um zu sehen, was aus ihm herausquillt? Ist das etwas, was ich hier wissen möchte? – Als ich den Grund der Vermutung darlegte bzw. ihn beschrieb und identifizierte, habe ich gesagt, was ich wissen will, nämlich, ob an der *Reglosigkeit* des Vogels irgend etwas verdächtig ist. Um diesen Mangel zu beheben, diese Wißbegierde zu stillen, würde ein geeignetes Sich-Vergewissern so aussehen, daß ich den Vogel in die Hand nehme (als wollte ich seinen Herzschlag oder ein Zittern spüren) und ihn vielleicht sanft stupse, um zu sehen, ob er sich bewegt (so wie man sich auch vergewissern könnte, ob ein Schlafender nicht ins Koma gefallen ist). (Handelt es sich bei solchen Maßnahmen um die Anwendung von Kriterien? Nicht was Stieglitze oder irgendein anderes spezifisches Objekt betrifft.) – Wenn aber die Art und Weise, wie ich mich vergewissere, dadurch bestimmt ist, was ich wissen möchte, und wenn das seinerseits durch den besonderen Grund bestimmt ist, der mich die Frage stellen läßt, dann kann sich ein Mensch nicht ein für alle Mal vergewissern (und folglich sich nicht sicher oder, was das betrifft, gewiß sein). Was der Erkenntnistheoretiker wissen möchte, ist daher *unerfüllbar*. Ob der Erkenntnistheoretiker wirklich etwas Verständliches wissen will – oder ob er sich selbst von einer verdächtigen Erfahrung beeinflussen läßt –, ist mithin die Form, welche die Frage des Skeptizismus durch diese Überlegungen erhält. Genauer gesagt, es ist eine Form, bei der wir zu fragen haben, ob der Philosoph einen besonderen Grund hat, zumindest einen hinreichend guten Grund, seine Frage nach der Wirklichkeit zu stellen.

Gibt es einen hinreichend guten Grund, der mich ganz natürlich eine Gelegenheit suchen läßt, ein Loch in den Vogel zu bohren? Nehmen wir Herrn Stevens. Er fordert mich heraus, den Vogel zu zerreißen, und wenn ich es tue oder er es für mich tut, findet sich genau das, was da zu finden sein sollte, nämlich die ganze abscheuliche Komplexität wirklich lebendiger Dinge. Was geht hier vor? Hat Herr Stevens uns einfach dazu angestiftet, einen Vogel zu töten? Oder hat er wirklich etwas hergestellt, was ich von einem wirklichen Exemplar nicht unterscheiden kann? Oder versteht er es, etwas Totes zu nehmen, etwas vormals Lebendiges, irgendeine Art Magnetfeld darum herum aufzubauen, das dem Toten gewissermaßen von außen die Konturen des Lebens verleiht – einen Herzschlag, Reaktion auf »Reize«, willkürliche Bewegung, Flugvermögen? – Sind solche Bedenken der reinste Surrealismus? Aber warum werden sie durch *diese* Fragen ausgedrückt? Wie hat meine Fähigkeit, mich zu vergewissern, ihre Orientierung verloren, ihren Halt eingebüßt, um so in Zweifel gestürzt zu werden? Warum ist es nicht mehr ein spezifischer Wunsch, etwas zu wissen, oder der Wunsch, etwas Spezifisches zu wissen, der meine Fähigkeit, mich zu vergewissern, mein Wissen, wie das zu geschehen hat, bestimmt, mit Inhalt füllt? Wenn die Frage nach der Wirklichkeit sich stellt und nicht kurzerhand beschieden wird *und* sich auch nicht abweisen läßt, was geschieht dann mit der Frage? Was fange ich mit ihr an? Kurz: Was verursacht Skeptizismus?

Mit Blick auf den Erkenntnistheoretiker schreibt Austin: »manche möchten geltend machen, daß ich es *niemals* wissen oder herausfinden kann, weil es mir *manchmal* nicht gelingt« (S. 56/Dt. S. 116). Austin meint, das Argument mit dem Hinweis verwerfen zu können, daß wir z. B. niemals wissen können, was Cäsar auf dem Schlachtfeld von Philippi empfand (vgl. S. 50/Dt. S. 109), oder daß der Stieglitz »vielleicht fortfliegt, ehe ich die Möglichkeit zur Überprüfung habe oder ihn gründlich genug betrachten kann« (S. 56/Dt. S. 116): »Keineswegs weiß ich *immer*, ob es ein Stieglitz ist oder nicht« (ebd.). Der Geist, in dem diese Bemerkungen gemacht sind, ist fragwürdig. Für den Erkenntnistheoretiker enthalten sie nichts Neues. Lassen wir im Augenblick einmal beiseite, welche Aufgabe den »bestmöglichen Bedingungen« im Argument des Erkenntnistheoretikers zufällt (d. h. die Tatsache, daß seine Fälle niemals so beschaffen sind, daß ich ganz offensichtlich nicht die Möglichkeit hatte, das Objekt zu überprüfen oder gründlich zu beobachten), dann mauert Austin immer noch zu sehr. Da ist dieses Summen in der Luft; oder ein Geräusch um Mitternacht im Keller – da, da ist es schon wieder. Soll ich sagen: »Keineswegs weiß ich *immer*...«, und es dabei belassen? Aber da ist nicht *einfach* ein Summen in der Luft; ich muß *unbedingt* herausfinden, ob es in der Luft ist oder nur in meinem Ohr. Sicherlich mag es mir in diesem Fall nicht gelingen, die Antwort zu finden, mich von dem einen oder dem anderen zu überzeugen. Aber es würde mir in meinem Zustand überhaupt nicht helfen zu sagen, daß ich es *manchmal* einfach nicht weiß. Die Frage verläßt mich nicht, sie bleibt in mir, bis sie aus meinem Gedächtnis verschwindet oder ich sie durch etwas anderes überlagere oder vielleicht symbolisiere.

Daß wir unserer Erfahrung der Welt einen Sinn geben, daß lose Fäden durch die eine oder andere Erklärung verknüpft werden, ist unbedingt notwendig. Zu meiner Kompetenz als Wissender gehört es ebenso zu lernen, wann es angebracht ist zu sagen »Ich weiß (wir wissen) es einfach nicht« wie zu lernen, wann ich »Ich bin mir sicher« sage und wann ich es zurückziehe. Wenn der Vogel wegfliegt, noch bevor meine Möglichkeiten, ihn zu erkennen, optimal waren, haben wir einen ausgezeichneten Fall des Einfach-nicht-Wissens vor uns. Ein anderer wäre dieser: Du fragst mich, wo der Kater ist, und ich sage, ohne aufzusehen, er liegt auf dem Vorleger. Du sagst, nein, da ist er nicht. »Dann ist er wieder mal abgehauen. Ich weiß nicht, wo er ist.« Er könnte überall sein, dieser alte Streuner. Doch angenommen, ich hätte gesagt: »Ich habe ihn gerade in sein Zimmer gehen und die Tür hinter sich zustoßen sehen«. (Wenn er schmollt, pflegt er das zu tun. Er kann die Tür nicht wieder alleine öffnen, und wir wissen, daß es keinen anderen Weg aus dem Zimmer heraus gibt.) Du schaust nach und sagst mir, er sei nicht dort. Sollte ich da sagen: »Das ist recht einfach. Ich weiß keineswegs *immer*, wo er ist«? Es ist sicherlich *wahr*, daß ich es nicht immer weiß. Was sollte dann mein Gerede, daß ich ihn gesehen habe und er die Tür zudrückte? Ich meine: Die Folgen einer Aussage ernst zu nehmen ist dasselbe, wie (ernstzunehmende) Aussagen zu machen.

Austin hat durchaus einen Sinn dafür, daß »alles geschehen kann«, daß wir der Zukunft ausgeliefert sind: Er stellt sich vor, daß wir uns vergewissert haben, daß es ein wirklicher Stieglitz ist, »und dieser tut dann später etwas Unerhörtes (er explodiert oder zitiert Virginia Woolf oder sonst etwas)« (ebd.). Ich denke nicht, daß mein Surrealismus den Austinschen in den Schatten stellt. Nur ist seine Reaktion darauf eine andere: »Sicher sein, daß es wirklich ist« schützt nicht besser gegen Mirakel oder Naturwunder als sonst etwas bzw. nicht besser, als irgend etwas sub specie humanitatis überhaupt schützen kann … [In einem solchen Fall] sagen wir nicht, daß wir unrecht hatten, als wir behaupteten, es sei ein Stieglitz – *wir wissen einfach nicht, was wir sagen sollen*. Uns fehlen buchstäblich die Worte« (ebd.); und weiter: »doch wenn es zu einem Lusus naturae, zu einem Wunder, kommt, … dann hieße das nicht, daß ich zuvor unrecht hatte« (S. 63/Dt. S. 125). So geht Austin mit der Situation um, die mich fragen ließ: »Was geschieht mit der Frage (nach der Wirklichkeit)?« Mir war aber nicht so, als fehlten mir die Worte (jedenfalls nicht in dem Sinn, daß sie mir abhanden gekommen sind), sie überwältigten mich geradezu.

Worte können mir fehlen, wenn ich zwar keinerlei Zweifel habe, was geschehen ist oder wie es geschehen konnte, aber zugleich ganz aus dem Häuschen bin, *daß* es geschehen ist (Überraschungsparties; ein Freund, den man zehn Jahre später in einer entlegenen Ecke der Welt trifft; Offenbarungen …). Und für gewöhnlich betrachten wir einen explodierenden oder zitierenden Stieglitz nicht als *lusus naturae*. Es handelt sich hier nicht um eine Mißgeburt (wie es ein Albino vielleicht ist); wir denken da nicht »Solche Sachen passieren manchmal« oder »Natürlich muß es dafür eine gute Erklärung geben« (*die zu wissen ich anderen überlassen kann*). Denn nach allem, was wir bislang wissen, könnte jeder, der etwas über Zünder weiß, die Ursache für die Explosion herausfinden. Und *ich* sollte sagen können, wie die Stimme in den Bereich des Vogels gekommen ist. Ein Tonband? Ein Bauchredner? – Was würde mich davon überzeugen, daß keine derartige Erklärung angebracht ist, daß es das Wirken der *Natur* war? Wenn ich mir vorstelle, ich überzeugte mich davon, daß dieser Vogel wirklich zitiert, und wenn ich nicht denke, ich sei in Trance (und aus *diesem* Grund sprachlos, und auch nicht in einer Position, um die Wirklichkeit zu beurteilen), dann glaube ich keineswegs, daß mir die Worte fehlen, ich wäre allerdings nur daran interessiert, mit dem Vogel zu reden.

Erfahrung muß, *sub species humanitatis*, einen Sinn ergeben. »Eine Laune der Natur« ist eine Erklärung, die der Erfahrung Sinn verleiht. Aber das ist, wie Austin bei anderen Gelegenheiten immer betont, eine spezifische Erklärung, die nur unter bestimmten Umständen angemessen ist. Das ganze Feld des Sinns, den Erklärungen ergeben, reicht von »Ich weiß es einfach nicht« bis »Es ist eine Laune der Natur«, und es ist größer, als a priori auszumachen ist. Wissenschaft, Geschichte, Magie, Mythos, Aberglauben, Religion: Sie alle sind auf diesem Feld anzutreffen. Eine Abkürzung über das Feld gibt es nicht. Manchmal ist eine Erklärung falsch, weil sie vorschnell zu einer Schlußfolgerung kommt (»Auch Goldhähnchen haben einen roten Kopf«; »Du hättest genau das hören können, was du hörtest, und doch war kein Summen in der Luft«; »Nicht alles, was wir als Wunder bestaunen, hebt die Naturgesetze auf«), manchmal, weil Magie angeführt wird, bevor die Wissenschaft am Ende bzw. zu einer Entscheidung gekommen ist (z. B. der Sturm als Zorn Gottes); manchmal, weil die Erklärung aus Wissenschaft oder Philosophie Magie macht (wenn etwa ein Philosoph sich auf einen »Hirnprozeß« beruft, über den er nichts weiß; oder vielleicht: »Wo unsere Sprache uns einen Körper vermuten läßt und kein Körper ist, dort, möchten wir sagen, sei ein *Geist*« (*Untersuchungen* § 36)).

Wir wissen, daß es vielleicht nicht an der Übereinstimmung mit den Tatsachen liegt, wenn ein Wahrheitsanspruch unvollständig ist, sondern daran, daß das Recht des Behauptenden, diese Behauptung aufzustellen, mangelhaft war. (Wissen ist, was immer auch sonst, *gerechtfertigte Überzeugung*.) Zu wissen, wie man ernsthafte Behauptungen aufstellt, heißt zu wissen, wie man sie rechtfertigt, und auch zu wissen, wie man sie, falls sie sich in Schwierigkeiten verwickeln, entschuldigt (z. B. mit *ad-hoc*-Hypothesen). Erklärungen stehen gleichermaßen unter der Klausel des »Rechts« eines Erklärenden auf seine Erklärung. Erklärungen von unangebrachter Magie zu befreien ist für eine ernsthafte Theologie ebenso wichtig wie für ernsthafte Wissenschaft oder Philosophie. (In welchem Geist sagt jemand »Christus ist für meine Sünden gestorben«? Nimmt er die Verantwortung, die in diesem Geschenk liegt, auf sich, oder sieht er darin die Gelegenheit, seine Verantwortung abzulegen? In welchem Geist, im Kontext welcher Geschichte könnte ich manchmal etwas sagen wie »Es ruft Schlaf hervor, weil es die Tugend des Schlafes enthält«? Wenn ich nichts anderes sehe, als daß Leute, die das Mittel nehmen, in Schlaf fallen? Oder habe ich eine Theorie der »Tugenden« im Hinterkopf?) Mitunter behaupte ich vielleicht, keine Erklärung *zu brauchen*. Ich stütze mich auf meinen Glauben. Dann sollte ich jedoch diese Gelegenheit sorgfältig aussuchen; und ich muß meiner Aufrichtigkeit vertrauen, denn sie allein begründet mein Recht auf diese Überzeugung. Ich behaupte damit, daß ich meiner Erfahrung in keiner anderen Weise einen Sinn geben kann und daß ich keinerlei Bestätigung von außen nötig habe – daß es mir nicht an Worten fehlt, sondern daß ich sie glücklich hinter mir gelassen habe.

Für den Großteil der Menschen ist der Surrealismus die meiste Zeit besser, als überhaupt keine Erklärung zu haben. Und mein spezifischer Surrealismus hat deutlich gemacht, daß die Frage nach der Wirklichkeit sich nicht auf dieselbe Weise klären läßt wie die Frage nach der Identität. Mir steht nicht eine Menge von Routinen, Merkmalen, Vorsichtsmaßnahmen zur Verfügung, um die Frage zu klären, ob etwas lebendig ist, oder auch nur, um sagen zu können, daß ich es einfach nicht weiß. Da ist dieses Etwas, das just über mir kreist. Ich sollte jetzt und von meiner Position aus entscheiden können, ob es wirklich ist, jedenfalls sollte ich nicht sehr viel näher herangehen müssen. Das tun zu können gehört zu meiner Ausstattung als wissendem Wesen; ich will wissen, ob ich es von meiner Position aus erkenne. Welche Fragen kann ich mir nun stellen? »Ist das Flugverhalten richtig?« Das bedeutet *nun* aber nicht »Fliegt so ein *Stieglitz*?« (etwa im Gegensatz zu einer Lerche, falls sie in dieser Beziehung gleich sind), sondern eher »Fliegt ein *lebendiges Geschöpf* so?« (im Gegensatz zu selbst den besten mechanischen Apparaten). Aus welchem Grund könnte ich zu dem einen oder dem anderen Ergebnis kommen? In welcher »Weise« fliegen (gehen, husten, weinen, küssen, fordern oder behaupten ...) lebendige Geschöpfe? Haben wir darauf eine andere allgemeine Antwort parat als »So wie ich erfahren habe, daß lebendige Geschöpfe solche Dinge tun«? Und das ist selbstverständlich keine Antwort. In welcher »Weise« weiß ich es? Darauf ließe sich sagen: Wüßte ich es nicht, besäße ich keinen der Begriffe, die nur auf lebendige Dinge anwendbar sind. Und das ist sehr wohl eine Antwort. Genau darin liegt meines Erachtens die Kraft von Wittgensteins Aussage: »Es kommt darauf hinaus: man könne nur vom lebenden Menschen, und was ihm ähnlich ist, (sich ähnlich benimmt) sagen, es habe Empfindungen; es sähe; sei blind; höre; sei taub; sei bei Bewußtsein, oder bewußtlos« (§ 281). Nur sehen wir noch nicht, was es für eine Kraft ist.

Impliziere ich, daß wir den Unterschied zwischen halluzinierten und wirklichen bzw. zwischen belebten und unbelebten Dingen nicht wirklich *wissen* können? Ich sage tatsächlich, daß es keine Kriterien für die Unterschiede gibt, da es für den Unterschied zwischen natürlichen Objekten und Artefakten keine Kriterien gibt. Entscheidend, ja bestimmend ist in einem solchen Fall die Rolle des Ursprungs. Sollen wir daher eher sagen: Den Ursprung eines Dings zu kennen heißt, das für es entscheidende, das bestimmende Kriterium zu kennen? Doch dann würde ein Kriterium nicht mehr als ein Mittel zum Wissen fungieren, da wir nur in sehr wenigen Fällen beim Ursprung eines Dinges anwesend waren, eines Dinges, das wir trotzdem so gut wir irgendeines kennen! Wie Descartes mehr oder weniger sagt, läuft es jedoch auf dasselbe hinaus, ob wir uns nun einen Begriff davon machen, wie ein Ding in Gang gehalten bzw. erhalten wird, oder ob wir uns einen Begriff von seinem Ursprung machen. Daß die Vorstellung vom Ursprung ihre Ultima ratio in unseren Vorstellungen der Differenz zwischen belebten und unbelebten, zwischen natürlichen und künstlichen Dingen hat, legt es nahe, Gottesbeweise von diesem Ort aus zu führen.

IV
Was ein Ding ist (genannt wird)

Ich habe gesagt, ich wolle in der Auseinandersetzung mit Austins Auffassung den Begriff »Kriterium« nicht vollkommen analog dazu verwenden, wie er in Wittgensteins Untersuchungen gebraucht wird. Wie sich zeigte, bestand die Analogie darin, daß weder die eine noch die andere Art von Kriterium als Kennzeichen der Existenz oder Wirklichkeit fungiert, sondern beide der Identifikation und Wiedererkennung dienen und daß folglich beide mit dem Wissen verbunden sind, wie ein Gegenstand (konventionell) bezeichnet wird. Der Unterschied liegt in folgendem. In den von Austin angeführten, auf ein spezifisches Objekt gerichteten Fällen gibt es eine natürliche Frage danach, wie das Ding genannt *wird* und ob man es weiß. Eine natürliche Frage ist es deshalb, weil es eine natürliche Antwort gibt, nämlich die auf der Grundlage der festgelegten Kriterien gerechtfertigte Angabe eines Namens oder Titels (z. B. »Stieglitz«, »Auerbach«); in solchen Dingen sachkundig zu sein heißt, diese Kriterien zu kennen, und die Anwendung des Namens in einem bestimmten Fall zu rechtfertigen heißt, das eigene Wissen in dem Fall vollständig auszudrücken. Wenn ich, als Antwort auf die Frage »Wie weißt du (erkennst du), daß es ein Stieglitz ist?«, »auf jene Merkmale der Situation [hinweise], die es mir ermöglichen, etwas als das zu erkennen, was so zu beschreiben ist, wie ich es beschrieben habe«, dann kannst du möglicherweise entgegnen oder behaupten, ich sei »offenbar irgendwie außerstande, Stieglitze zu erkennen«; und Austin sagt dann weiter, »[b]ei dieser Art von Einwand würde der andere vielleicht nicht so sehr dazu neigen, den Ausdruck ›Das weißt du nicht‹ ... zu gebrauchen, sondern eher ›Aber das ist ja *gar kein* Stieglitz (*Stieglitz*)‹ oder ›Du hast unrecht, wenn du dies einen Stieglitz nennst‹« (S. 51 f./Dt. 110 f.). Diese recht gewöhnliche Verwendung von »nennen« registriert jemandes Unvermögen, ein Ding zu erkennen, als Folge des Umstands, daß er »nicht [gelernt hat], den richtigen (gebräuchlichen, üblichen, offiziellen) Namen auf dieses Tier anzuwenden (›Wer hat dich gelehrt, das Wort »Stieglitz« zu gebrauchen?‹)«. »Nicht zu wissen, was das für ein Objekt ist«, bedeutet hier, »nicht zu wissen, wie es üblicherweise, offiziell, gebräuchlicherweise (oder kurz konventionellerweise) genannt wird« (vgl. S. 51).

Wittgensteins Fälle sind nicht von dieser Art. Wenn er uns auffordert, Kriterien zu benennen und zu erklären, dann ist das fragliche »Objekt« entweder ein »Bewußtseinszustand« (um das als Rubrik für sein Interesse an mentalen Phänomenen verschiedenster Art zu nehmen, eben die Rubrik, die er selbst im Vorwort zu den *Untersuchungen* verwendet) oder aber irgendein physisches Phänomen, das uns, wie auch in der klassischen Erkenntnistheorie, nicht vor das Problem stellt, daß wir an seinem spezifischen Namen zweifeln oder daß er uns fehlt. Worin liegt dann die Kraft *seiner* gewohnheitsmäßigen Fragen danach und Behauptungen darüber, wie etwas genannt wird? Was müssen wir, wenn überhaupt etwas, identifizieren, da die Identifizierung nicht durch das Anführung des Namens eines Dinges auszudrücken ist?

Wittgensteins gewohnheitsmäßiger Gebrauch des Begriffs dessen, wie wir etwas nennen, steht im Mittelpunkt der Zweifel, mit denen Albritton bestimmten Behauptungen Wittgensteins begegnet, die dieser über seinen Begriff eines Kriteriums aufstellt, und meiner Meinung nach steht es außer Frage, daß Albritton gute Gründe für seine Zweifel liefert.

In Wittgensteins Spätphilosophie entdeckt Albritton zwei Konzeptionen von Kriterien, von denen er nur eine für vertretbar hält.

Ein Kriterium dafür, daß so-und-so der Fall ist, sollte etwas sein, aufgrund dessen man *wissen* könnte, daß es der Fall ist; daß dies oder jenes ein Kriterium dafür ist, daß etwas so-und-so ist, sollte eine Art »Tautologie« sein, eine Sache der »Konvention«. Doch statt diese Konzeption zu verdeutlichen, verdunkelt Wittgenstein sie im *Blauen* und *Braunen Buch*, indem er die Kriterien dafür, daß so-und-so der Fall ist, als verschiedene Dinge darstellt, die vielleicht das *sind*, was »so-und-so ist der Fall« genannt wird (S. 244).

Statt jedoch anzunehmen, daß eine der von Albritton charakterisierten Konzeptionen von Kriterien eine nicht zu vertretende Verdunklung der anderen ist, könnte man sie als einen Wink begreifen, der uns, wenn irgend etwas, verstehen lassen könnte, was Wittgenstein bei der Einführung des Begriffs überhaupt vorschwebte. Das wird vermutlich eine unerfreuliche Beschäftigung sein, und das nicht nur wegen ihrer immensen Schwierigkeiten, denn wir müssen dann zwei Annahmen in Zweifel ziehen, die unsere neuzeitlichen philosophischen Überzeugungen im Innersten treffen. Diese Annahmen liegen in den folgenden beiden Bemerkungen Albrittons vor: (1) »Es liegt mir fern, Wittgenstein auf die Ansicht zu verpflichten, daß das Kriterium für X sozusagen *in der Natur der Dinge* eine logisch notwendige und hinreichende Bedingung von X ist. Für ihn sind Kriterien vor allem Kriterien, die Menschen in Verbindung mit ihrem Gebrauch bestimmter *Ausdrücke* ›akzeptieren‹, ›übernehmen‹, ›festlegen‹, ›einführen‹, ›verwenden‹ oder ›anwenden‹. Wenn irgend etwas das Kriterium für X ist und daher eine logisch notwendige und hinreichende Bedingung für X, dann ist das so, weil (in irgendeinem Sinn von ›weil‹) Menschen in bestimmten *Konventionen* übereinstimmen« (S. 236). (2) »gewiß, manchmal sagt man zu Recht, daß man ein Ding kennt und es dennoch nicht kennt, da es, wie man vielleicht herausfindet, nicht so ist« (S. 244 f.).

Es ist nicht leicht, auf befriedigende Weise zu formulieren, welche Annahmen darin stecken, ich meine, warum ich sie (bloße) Annahmen nenne. Am besten wäre es noch hier zu sagen, daß die erste Bemerkung einen tiefgehenden Unterschied annimmt zwischen dem, was eine Sache der Sprache, und dem, was eine Sache der Tatsachen ist (bzw. zwischen Natur und Konvention), die zweite nimmt eine Konzeption von Wissen an, die im wesentlichen eine Frage von Gewißheit und Beweis ist. Was ich unter diesen »Annahmen« verstehe, wird klarer werden, wenn es mir gelingt, das, was ich für ihre Alternativen halte, deutlich zu machen.

Albrittons Interpretation des Wittgensteinschen Begriffs des

Kriteriums beruht, wie ich meine, im wesentlichen auf diesen beiden Formulierungen:

a) »Das Kriterium für X ist das, was ›X‹ genannt wird.« (S. 236; vgl. S. 240)
b) »ein Kriterium ist nach Wittgensteins Gebrauch immer ein Kriterium dafür, daß das eine oder andere der Fall ist, so ist« (S. 235, Anm. 5; etc.).

Ich habe bereits etwas gesagt über die Vorstellung, daß etwas »so ist«, wie sie in der zweiten Formulierung vorkommt. Die erste Formulierung leitet sich meiner Ansicht nach aus der Fehlinterpretation einer Passage aus dem *Blauen Buch* ab oder wird durch sie unterstützt. An den Anfang seines Aufsatzes stellt Albritton ein langes Zitat, das diese Aussage enthält:

> Es ist Teil der Grammatik des Wortes »Stuhl«, daß wir *dieses* mit »auf einem Stuhl sitzen« bezeichnen, und es ist Teil der Grammatik des Wortes »Bedeutung«, daß wir *dieses* mit »Erklärung einer Bedeutung« bezeichnen. Auf dieselbe Weise gebe ich eine grammatische Erklärung des Wortes »Zahnschmerzen«, wenn ich mein Kriterium für die Zahnschmerzen einer anderen Person erkläre, und in diesem Sinne gebe ich damit eine Erklärung, die die Bedeutung des Wortes »Zahnschmerzen« betrifft.

Albritton liest dies so:

> der Ausdruck »mein Kriterium für die Zahnschmerzen einer anderen Person« läuft parallel zu den vorangegangenen Ausdrücken »bezeichnen wir mit ›Erklärung einer Bedeutung‹« und »bezeichnen wir mit ›auf einem Stuhl sitzen‹«. Offenbar ist mein Kriterium für die Zahnschmerzen einer anderen Person das, was ich als seine Zahnschmerzen *bezeichne*. (S. 242)

Doch:

> kann, was jemand tut oder sagt, als seine Zahnschmerzen bezeichnet werden, oder läßt sich darauf Bezug nehmen, oder läßt es sich dadurch beschreiben, daß man, unter jedweden Umständen, in einem eigentlichen und wörtlichen Sinn der geäußerten Worte sagt, er habe Zahnschmerzen? Nein. (S. 242)

Die Formulierung »Das Kriterium von X ist das, was ›X‹ genannt wird« hat gewisse Ähnlichkeit mit dem, was ich aus dem gewöhnlichen Begriff eines Kriteriums gewonnen habe: »Bestimmte Spezifikationen sind das, was jemand oder eine Gruppe unter einem bestimmten Status eines Dinges versteht, einen solchen nennt, als solchen betrachtet …«, und später, als ich mich Wittgensteinschen »Objekten« zuwandte, habe ich gesagt, daß wir uns auf diese Spezifikationen stützen, wenn wir den Begriff von irgend etwas bekräftigen, über irgend etwas eine Aussage treffen, es ausrufen. Ich bestehe nicht darauf, daß dies klar ist, doch vorausgesetzt, es hat die richtige Tiefe, gibt es auch nichts, was ich zu klären wünschte. Meiner Meinung nach sollte es mir erlaubt sein zu sagen, daß das Kriterium von X die *Grundlage* ist, auf der etwas als ›X‹ bezeichnet wird, d. h. als das, worauf wir uns stützen, wenn wir diesen Begriff auf etwas anwenden, und dadurch entgehen wir der Stoßkraft von Albrittons hartem »nein«. Ich denke, daß niemand, läßt man die darin liegende Dunkelheit einmal außer acht, es schlicht für falsch halten wird, wenn man sagt »was jemand tut oder sagt« ist die Grundlage, auf der wir den Begriff »Zahnschmerzen haben« von ihm aussagen. Aber das kocht den Gedanken zu sehr herunter. Erstens sieht es so aus, als stünde es jemandem immer frei (es *steht* immer frei) zu sagen: »Selbstverständlich! Worauf sonst sollten wir uns stützen? Und ganz offensichtlich hast du manchmal unrecht, einen Begriff zu behaupten, und vor allem kannst du nie sicher sein, daß du nicht unrecht hast. Du kannst also ruhig sagen, daß es Grundlagen für die Anwendung von Begriffen gibt, und diese Grundlagen Kriterien nennen; glaube nur nicht, daraus folge, daß du den Begriff nicht manchmal *zurückhalten* müßtest. Auch könnte es klug sein, wann immer du ihn behauptest, ein wenig anzuerkennen (z. B. durch ein ›nahezu gewiß‹), daß du ihn vielleicht zurücknehmen mußt.« Zweitens, die Kraft von »bezeichnen« liegt und muß in Wittgensteins Vorstellung liegen. Ohne sie würden solche Vorbehalte, wie Albritton sie an Wittgensteins Vorstellung eines Kriteriums heranträgt, diese nicht klären oder zurechtrücken, sondern völlig zerstören. Albrittons Versuch, sie zu retten, kommt zu spät.

> Daß jemand sich unter bestimmten Umständen auf eine bestimmte Weise verhält, kann nicht einschließen, daß er Zahnschmerzen hat. (S. 246)

Aber:

> *Grob gesagt*: Es kann einschließen ..., daß man unter diesen Umständen *berechtigt* ist zu sagen, der Mann habe Zahnschmerzen. ... Oder: Es kann einschließen, daß er *nahezu gewiß* Zahnschmerzen hat. (Ebd.)

Wenn Wittgenstein irgend etwas *meinte*, als er das, was er »Kriterien« nennt, durch die Gegenüberstellung dieses Begriffs mit dem, was er »Symptome« nennt, charakterisierte, dann kann diese Darlegung nicht erklären, was er meinte. Denn ihr zufolge gäbe es keinen relevanten Unterschied der von Wittgenstein beschriebenen Art.

Das Vorliegen eines »Symptoms« kann gleichfalls jemanden »berechtigen zu sagen«, daß etwas der Fall ist oder daß es nahezu gewiß ist. Ist der Unterschied dann der, daß ein Symptom dies nicht »einschließen« kann? Meines Erachtens ist der Gedanke der, daß ein Symptom es nicht zu einem Teil der Bedeutung meiner Worte macht, daß das, von dem ich sage, es sei der Fall, (nahezu gewiß) der Fall ist. Es mag ein Symptom für die Stabilität einer Regierung sein, daß die Bevölkerung fröhlich wirkt. Es muß aber nicht sein; vielleicht ist auch nur der Charakter dieser Menschen so beschaffen, daß sie lernen, unter allen Umständen fröhlich zu sein; oder vielleicht wissen sie etwas, was ich nicht weiß. Wie dem auch sei, nicht das meine ich, wenn ich die Regierung als stabil bezeichne. Lege ich jedoch die Kriterien dar, in deren Licht ich diesen Begriff einer Regierung beilege, und die Regierung erfüllt diese Kriterien, dann *ist* sie eine stabile Regierung, dann ist sie das, was ich damit meinte; was ich meinte, als ich sie stabil nannte. Wenn ich nicht unbedingt bereit bin, sie so zu bezeichnen, dann entweder weil ich mir die Kriterien des Begriffs noch nicht hinreichend deutlich gemacht habe oder weil die Regierung ein oder mehrere Kriterien nicht ganz erfüllt. Im ersten Fall (wo ich nicht unbedingt bereit war, sie so zu bezeichnen) gibt es Ungewißheit, doch die liegt in mir: »Ich bin nicht sicher, ob ich hier von Stabilität oder Despotie sprechen soll«; »... ob von Instabilität oder Toleranz«. Im zweiten Fall (wo sie *nicht* ganz so *ist*) könnte ich meine Behauptung einschränken wollen, doch nicht, weil in der Situation irgendeine Ungewißheit besteht: »Sie ist nicht ganz das, was ich stabil nennen würde, aber sie ist auch nicht das Gegenteil; jedenfalls ist es begründet, sie so zu nennen«; »Sie ist weit davon entfernt, ein vollkommenes Beispiel dafür zu sein, was mir vorschwebte; doch bis zu einem gewissen Grad habe ich nichts dagegen, sie so zu bezeichnen«. In Fällen, in denen Kriterien miteinander in Konflikt geraten oder miteinander konkurrieren, wird es Komplikationen geben, doch um den relevanten Kontrast zum Fall der Zahnschmerzen herauszustellen, benötigen wir sie nicht.

Da haben wir jemanden, der sie in jeder Hinsicht hat: Ich habe es, laut Voraussetzung, nicht daran fehlen lassen, mir meine Kriterien für »Zahnschmerzen« deutlich zu machen. Auch ist es nicht so, daß der Betreffende das eine oder andere Kriterium nicht erfüllt. (In besonderen Fällen kann dies natürlich das Problem sein: Beispielsweise: »Bist du sicher, daß er das *richtige* Stöhnen von sich gibt?«) Weiter nehme ich an, daß es nicht den geringsten Grund gibt zu glauben – es wäre einfach abwegig, sich vorzustellen –, daß er »vortäuscht«, »probt« usw. In beiden Arten von Fällen würde sich eine offensichtliche Art von Ungewißheit einstellen (z. B. könnte er *vortäuschen* vorzutäuschen). Selbst wenn sich diese offensichtlichen Ungewißheiten nicht einstellen, könnte ein Zögern bleiben: »Ich weiß nicht recht, ob ich das als Zahnschmerzen bezeichnen möchte oder als einen von der Kinnbacke ausstrahlenden Schmerz«; oder »Ein perfektes Beispiel für Zahnschmerzen ist es nicht, es ist bloß ein durch einen eingeklemmten Fremdkörper verursachter Schmerz im Zahn«. – Doch es gibt Fälle, in denen jemand in jeder Hinsicht Zahnschmerzen hat, optimale Fälle: *Ich* bin mir sicher – ich weiß, was das Wort bedeutet –, und es ist ein vollkommenes Beispiel, ich habe es überprüft. Mein Eindruck ist: Wenn *das* keine Zahnschmerzen sind, wenn er keine Zahnschmerzen hat, dann weiß ich nicht, was Zahnschmerzen sind.

Und dann vielleicht die schüchterne, leise Stimme: Ist es das? Hat er Zahnschmerzen? Selbstverständlich sage ich nicht, daß sich hier kein Zweifel einschleichen kann. Insbesondere behaupte ich nicht, ich könne einen möglichen Zweifel zum Verstummen bringen, indem ich sage: »Aber das wird als Zahnschmerzen *bezeichnet*«. Damit würden wir eine eklatante Petitio gegenüber der Frage begehen – falls es hier eine Frage gibt. Aber worin *besteht* der Zweifel hier? Daß er tatsächlich leidet. Doch angesichts dieses *Zweifels*, während *sämtliche Kriterien vorliegen*, wäre es ein Verzweiflungsakt fortzufahren: »Ich bin berechtigt, es zu sagen; ich bin mir nahezu gewiß«. Ich habe den Eindruck: Es gibt da nichts mehr, dessen ich mir nahezu gewiß bin. Ich bin den Weg der Gewißheit bis ans Ende gegangen. Gewißheit selbst hat mich nicht weit genug gebracht. Jetzt zu sagen: »Aber das bezeichnen wir doch als Zahnschmerzen«, wäre in meiner Lage schieres Gebrabbel. Das einzige, was wir verständlicherweise »seine Zahnschmerzen« hätten nennen können – seine tatsächliche Pein –, ist ausgeschieden, meinem Zugriff entrückt. – War sie immer schon meinem Zugriff entrückt? Oder ist meine Lage irgendwie anders zu verstehen? (Was ist meine Lage? Ist es Zweifel? Wie dem auch sei, sie drückt sich hier durch Sprachlosigkeit aus.)

Meiner Ansicht nach sagt Wittgenstein nicht, daß das, was jemand sagt und tut (im *Gegensatz* zu dem, was er empfindet), als seine Zahnschmerzen bezeichnet wird. (Täte er es, würde er damit nach meinem Verständnis nicht seiner Vorstellung widersprechen, sondern sie verdeutlichen: er würde brabbeln.) Und soweit ich sehe, impliziert er es auch nicht. Gehen wir zu dem Abschnitt aus dem *Blauen Buch* zurück, wo von Stühlen und Zahnschmerzen die Rede ist. Ich lese den Abschnitt so, daß »mein Kriterium für ... zu erklären« parallel zum vorangegangenen Ausdruck »es ist Teil der Grammatik von« zu verstehen ist;

das besagt meiner Ansicht nach »auf dieselbe Weise gebe ich eine grammatische Erklärung ..., wenn ich mein Kriterium für die Zahnschmerzen einer anderen Person erkläre«. Der Unterschied meiner Interpretation zu der Albrittons hängt davon ab, wie man den Ausdruck »auf dieselbe Weise« versteht. Nach meiner Interpretation sieht es immer noch so aus, als müßten wir die Parallele ziehen, indem wir sagen: »Es ist Teil der Grammatik von Zahnschmerzen, daß wir *dies* mit ... bezeichnen«. Und als natürliche Ergänzung des Satzes böte sich dann »seine Zahnschmerzen« an. (Das führt uns wahrscheinlich nirgendwohin oder schlimmer noch; denn es wirft uns auf den Einspruch zurück, daß nichts als seine Zahnschmerzen *bezeichnet* wird, es sei denn vielleicht, daß er tatsächlich welche hat. Und *dies* kann nicht das Kriterium dafür sein, daß er welche hat, das, was *wir* als das Kriterium aufgestellt haben!)

»Auf dieselbe Weise« besagt jedoch nur, daß die Erklärung meines Kriteriums für Zahnschmerzen eine grammatische Erklärung des Wortes sein, die Stärke der grammatischen Erklärungen haben wird, die er soeben für »Stuhl« und »Bedeutung« gegeben hat. Wie diese Erklärung aussehen wird, darüber sagt es nichts (vielleicht weil er es für offensichtlich hält), und ebensowenig sagt es etwas über »bezeichnen«. »Bezeichnen« kommt erst herein, wo es einen Ausdruck einführt, in dem das zu erklärende Wort verwendet wird; d. h., es verbindet einen Begriff mit anderen Begriffen. Könnten wir die »Kraft« solcher Erklärungen verstehen, dann hätten wir wohl die Kraft der Erklärungen bezüglich von Zahnschmerzen, wie immer diese Erklärungen aussehen mögen. Sehen wir also, worin diese Kraft besteht.

»Es ist Teil der Grammatik des Wortes ›Stuhl‹, daß wir *dieses* mit ›auf einem Stuhl sitzen‹ bezeichnen ...«. Daß wir das Objekt in *dieser* Weise gebrauchen, auf *diese* Weise darauf sitzen, ist unser Kriterium dafür, daß wir es als Stuhl bezeichnen. Man kann auf einer Zigarette sitzen, einer Reißzwecke oder Fahnenstange, aber nicht in *dieser* Weise. Kann man in *dieser* (der »grammatischen«) Weise auf einem Tisch oder einem Baumstumpf sitzen? Beinahe, vor allem, wenn sie gegen eine Wand gelehnt sind. Das heißt, man kann einen Tisch oder einen Klotz in einer Weise als *Stuhl* benutzen (als einen Sitzplatz, als einen Sitz), wie sich kein Nagel als Stuhl verwenden läßt. Man kann aber auch einen Schraubenzieher als Dolch verwenden, und das macht aus einem Schraubenzieher keinen Dolch. Was *als Stuhl dienen* kann, ist kein Stuhl, und nichts würde als ein Stuhl dienen, von nichts würde man sagen können, daß es als Stuhl dient, gäbe es keine (orthodoxen) Stühle, nichts, was wir einen (orthodoxen) Stuhl nennen würden. Wir könnten sagen: Es ist Teil der Grammatik des Wortes »Stuhl«, daß wir *dieses* mit »als Stuhl dienen« bezeichnen.

Die Kraft dieser Bemerkungen ist in etwa die: Wenn man nicht all das und mehr weiß, dann weiß man nicht, was ein Stuhl ist, was »Stuhl« »bedeutet«; was wir als Stuhl bezeichnen, was es ist, dessen man sich sicher ist (nahezu sicher oder sehr unsicher), wenn man sich sicher (nahezu sicher oder sehr unsicher) ist, daß etwas ein Stuhl ist.

»Gewiß«, »nahezu gewiß« wird sich selbst unter optimalen Bedingungen einstellen (d.h., wenn der Kontext nicht so ist, daß das Objekt z.B. teilweise verdeckt, schlecht beleuchtet oder fragmentarisch ist), wenn wir in einer unvertrauten Umgebung (vielleicht besuchen wir einen fremden Stamm; aber wieso wissen wir, daß es *ein* Stamm ist?) jemanden mehr oder weniger auf etwas sitzen sehen, das mehr oder weniger wie ein Stuhl aussieht (wie etwas, das wir als »Stuhl« bezeichnen), und vielleicht hören wir die Leute etwas darüber sagen und schnappen die Worte auf, die wir bereits als »Stuhl« und »sitzen« übersetzt haben. Vielleicht *beugt* er sich nicht *vor*, wenn er darauf »sitzt«: Es ist nicht mehr als ein aufrechtstehendes, leicht nach hinten geneigtes Brett, etwa so breit und so hoch wie ein durchschnittlicher Mensch, an das Pflöcke im rechten Winkel angebracht sind, die, wie wir entdecken, unter die Achseln geschoben werden, und in der Mitte ist noch ein Pflock zum »Sitzen«. Es mag uns so scheinen, als würde man darauf weniger sitzen als vielmehr daran hängen. Aber er sieht nicht so aus, als fände er es unbequem.

Was geschieht nun mit meiner Behauptung, daß, falls wir nur zögerlich einen Begriff bejahen, dies entweder tun, weil wir seine Kriterien noch nicht für uns festgelegt haben oder kein perfektes Beispiel vor uns sehen? Ohne Zweifel verfüge ich vollständig über die Kriterien dafür, daß etwas als Stuhl zählt, und ebenso steht außer Zweifel, daß dieses Ding ein *perfektes* Beispiel ist! Und was geschieht nun mit meiner Behauptung, daß wir in keinem Fall auf die Situation eingehen, indem wir sagen »Es ist gewiß« oder »Es ist nahezu gewiß«? Bei diesem »Stuhl« habe ich nicht nur den Eindruck, daß die Ungewißheit in mir liegt, sondern daß sozusagen die *Tatsache* ungewiß ist: Jeder sollte sehen, daß ich nicht in der Lage bin, es mit Gewißheit zu sagen, gerade so als wäre der Gegenstand tatsächlich weitgehend verborgen oder schlecht beleuchtet. Es *ist* nicht gewiß, vielleicht sogar sehr zweifelhaft, ob es einer ist oder nicht.

Im Unterschied zu den Fällen, wo es um Stabilität und Zahnschmerzen ging, stelle ich hier nicht unmittelbar *meine* oder *unsere* Kriterien in Frage; in Frage stelle ich, was *ihre* Kriterien dafür sind. (Es ist also immer noch etwas verborgen.) Denn ich frage mich ja nicht bloß, ob das von ihnen in dieser Situation verwendete Wort dasselbe wie unser Wort »Stuhl« ist, ich frage mich auch, ob es dieselben, von ihnen in anderen Situationen verwendeten Worte sind, die ich mit »Stuhl« und »sitzen« übersetzt habe, und ob meine frühere Übersetzung nicht zu voreilig war. Ich frage mich, worauf sie sich stützen, wenn sie diesen Begriff bejahen. (Welchen Begriff? Den, den sie haben, der nun meinen Begriff eines Stuhls nur zu berühren oder zu überschneiden scheint.) Ich stehe nicht nur vor der Schwierigkeit, ein Wort richtig zu übersetzen; oder vielmehr: Zu einer Übersetzung zu gelangen läuft darauf hinaus, einen Übergang von dem Ding zu den Dingen zu finden oder nicht zu finden, die ich als Stühle bezeichne, einen Übergang zu finden oder nicht zu finden von dem, was er tut, zu dem, was ich als auf »einem Stuhl sitzen« bezeichne. Und dann muß ich mir auch Rechenschaft über die Grammatik meines eigenen Wortes ablegen. Denn zu sagen, wir hätten sämtliche Kriterien für unser Wort »festgelegt«, heißt nicht, daß wir sie auf Abruf festlegen können: Unsere Investitionen in ein Wort sind selten flüssig. Daß ich weiß, wann ich einen Begriff bejahe, heißt nicht, daß ich weiß, warum ich ihn gerade dann äußere, was der Punkt seiner Anwendung ist. (Diese Investitionen lassen sich in verschiedener Währung einlösen oder festigen: etymologisch, d. h. historisch, wissenschaftlich, sofern es eine Wissenschaft der Semantik gibt, philosophisch, poetisch. Eines Tage mögen die Währungen sogar verschmelzen.) Vielleicht ist es der mittlere Pflock, der unseren Begriffen widerspricht. Handelte es sich statt dessen um ein sehr flaches Brett, das horizontal und vielleicht etwas niedriger an dem langen Brett befestigt wäre, würde ich eher sagen, da sitze jemand, oder es jedenfalls eher für einen Sitz halten.

Damit kommen wir zum Punkt des Demonstrativpronomens in Wittgensteins Formulierung: »Es ist Teil der Grammatik ..., daß wir *dieses* mit ... bezeichnen«. Das Demonstrativpronomen führt ein Kriterium ein, doch kein Austinsches Merkmal. Wittgensteinsche oder (wie ich fortan sagen werde) grammatische Kriterien sind keine Kennzeichen oder Merkmale, die zu ihrem Erlernen einer besonderen Ausbildung oder einer speziellen Umgebung bedürfen, wie es auf die Austinschen (nicht-grammatischen) Kriterien zutrifft. Es gibt technische Lehrbücher, die uns die Merkmale verschiedener Typen und Perioden von Möbeln angeben (was ein Louis-XIII-Stuhl ist, woran man ein Louis-XIV-Sofa erkennt), aber keines, das uns lehrt, was ein Stuhl und was auf einem Stuhl sitzen ist. Keines, könnte man sagen, das uns das Wesen der Sache illustriert. Das Demonstrativpronomen hält fest, daß wir uns diese sehr allgemeinen natürlichen oder kulturellen Tatsachen vergegenwärtigen müssen, die wir alle, alle, die wir gemeinsam handeln und miteinander reden, in der Tat als Kriterien anwenden (müssen); Tatsachen, die wir uns nur zu vergegenwärtigen brauchen, denn wir können sie unmöglich in dem Sinne nicht kennen, daß wir sie nie erworben haben. Verfügt jemand nicht darüber, dann nicht weil seine Ausbildung vernachlässigt wurde, sondern weil er aus irgendeinem Grund unfähig ist, zur vollen Mitgliedschaft in einer Kultur heranzuwachsen bzw. in sie eingeführt zu werden, oder weil er als Anwärter darauf aufgeben wurde.

Was ist dieses, »den Begriff von etwas zu haben«? Was ist ein Begriff? Ich habe keine Theorie, mit deren Hilfe oder in deren Dienst ich dergleichen definieren könnte – es sei denn, eine jede solche Charakterisierung wäre theoretisch oder die gemeinsamen Verwendungen eines Wortes machten mich zu einem Theoretiker. Ich benutze solche Ausdrücke und möchte sie auch benutzen; ich will bloß herausfinden, wofür ich sie verwende.

Vor einer Weile sagte ich, in Austins Fällen sei die Begründung für die Bereitstellung eines Namens auf der Grundlage festgelegter Kriterien ein vollkommener Ausdruck unseres jeweiligen Wissens in diesem Fall. In ihnen ist »bezeichnen« an nicht-grammatische Kriterien (Merkmale oder Kennzeichen) und an spezifische Objekte (solche, bei denen das Problem des Wissens eines der Identifizierung ist) gebunden. Die Kriterien verbinden diesen Name mit jenem Objekt (einer Art). Ob wir im Besitz der Kriterien sind (z. B. für einen Stieglitz), läßt sich daran überprüfen, ob wir ein anderes Objekt dieser Art erkennen und bezeichnen können, wenn wir es sehen (auf einem Baum, in einem Buch oder einer Museumsvitrine). In einem Wittgensteinschen Zusammenhang ist »bezeichnen« an grammatische Kriterien und generische Objekte gebunden. Die Kriterien verbinden keinen Namen mit einem Objekt, sondern, sozusagen, verschiedene Begriffe mit dem Begriff eines Objekts. Ob wir im Besitz eines Begriffs sind (z. B. eines Stuhls oder eines Vogels; der Bedeutung eines Wortes; dessen, was es heißt, etwas zu wissen), läßt sich daran überprüfen, ob wir den Begriff in Verbindung mit anderen Begriffen verwenden können, ob wir wissen, welche Begriffe für den fraglichen Begriff relevant sind und welche nicht; ob wir wissen, wie verschiedene relevante Begriffe, gebraucht man sie in Verbindung mit den Begriffen verschiedener Arten von Objekten, nach unterschiedlichen Arten von Zusammenhängen verlangen, um sie kompetent zu verwenden.

Der Begriff des »Weisens auf« läßt sich in Verbindung mit den Begriffen solcher »Objekte« wie Artefakte und natürliche Objekte aller Art anwenden wie auch mit solchen »Objekten« wie Farbe, Bedeutungen (oder Synonym, Homonym, Antonym,), Plätzen, Städten, Kontinenten …, ja, es scheint, als könnte man auf alles weisen, was man benennen kann (nämlich auf »alles«). Aber selbstverständlich wird auf jedes dieser verschiedenen »Objekte« nur in bestimmten Arten von Zusammenhängen gewiesen werden (können). Wenn man glaubt, auf eine oder mehrere Arten von Objekten *könne* man *nicht* weisen, dann deswegen, weil man eine feste Vorstellung (ein »Bild«) davon hat, was Auf-etwas-Weisen sein soll, worin es bestehen muß, und das heißt vielleicht, daß man eine *Art* von Zusammenhang (oder eine Art von Objekt) für unvermeidlich hält. Wenn jemand beispielsweise mit einem Kind über den Times Square spaziert und das Kind verwirrt aufschaut und fragt: »Wo ist Manhattan?«, dann kann der Betreffende das Gefühl haben, er müsse auf irgend etwas *weisen* können; deshalb wird er die Arme ausbreiten, unbestimmt in die Runde blicken, sagen »Das Ganze hier ist Manhattan« und doch spüren, daß die Antwort nicht sehr befriedigend gewesen ist. Ist es dann *schwer*, auf Manhattan zu weisen? Gesetzt, wir näherten uns auf einem Nachtflug von Boston kommend dem Flughafen La Guardia, dann können wir, wenn sich das Flugzeug zum Landeanflug bereit macht, mit dem Finger ans Fenster pochen, auf das Lichtermeer blicken und sagen »Da ist Manhattan«; und genauso kann man auf einem Stadtplan auf Manhattan weisen. Sind solche Fälle nicht Fälle von Auf-*Manhattan*-Weisen? Ist es schwer, das zu tun? Vielleicht ließe sich sagen: Man hat das Gefühl, es sei schwer (es sei manchmal unmöglich, es zu tun), wenn der *Begriff* des Dinges, auf das gewiesen wird, in Zweifel steht, gar nicht gehabt oder zurückgewiesen wird.

Nehmen wir Wittgensteins Beispiel »auf die Farbe eines Gegenstands weisen«. Beim Philosophieren könnte man dies mit dem »Weisen auf ein Objekt« vergleichen und meinen, dies sei entweder schwierig zu tun (wohl weil man Farbe für eine besondere

Art von materiellem Objekt hält, für ein *sehr* dünnes und ausgebreitetes Objekt?) oder lasse sich buchstäblich überhaupt nicht tun: Auf die Farbe eines Objekts zu weisen *ist* eben, auf das Objekt zu weisen (mit einer besonderen Konzentration auf seine Farbe oder vor sich hin murmelnd: »Ich meine die Farbe«). Aber warum? Wie wir wissen, ist Wittgensteins Erklärung dafür, daß »die Grammatik uns in die Irre leitet«, daß »wir Regeln, eine Technik, für ein Spiel festlegen, und daß es dann, wenn wir den Regeln folgen, nicht so geht, wie wir es angenommen hatten. Daß wir uns also gleichsam in unseren eigenen Regeln verfangen« (§ 125). Ich wünschte, ich wäre mir sicher, diese Erklärung völlig verstanden zu haben, aber worauf er hinaus will, wird meiner Meinung nach vom vorliegenden Fall hinreichend deutlich veranschaulicht. Die Regel, die Technik, die wir festgelegt haben, um »auf ein Objekt zu weisen«, ist der trivial einfache Fall, wo wir auf ein Objekt weisen, über dessen Identität wir uns einig sind oder uns, indem wir darauf weisen, einig werden können. Wir nehmen dann an, wir folgten *dieser* Technik, indem wir auf die Farbe des Objekts weisen, und wenn wir gemäß dieser Regel auf die Farbe weisen, scheint, dies zu tun, *schwierig* zu sein (versuche ich es, spüre ich, wie ich die Augen zusammenkneife, mein Oberkörper angespannt und starr wird, als wollte ich gleichsam meinen Finger in das Objekt bohren, sozusagen unter seine Haut gehen; doch man *braucht sich nicht* zu verfangen). Wenn wir uns ansehen, wie »weise auf die Farbe deines Autos« tatsächlich verwandt wird, erkennen wir, daß der Zusammenhang normalerweise so beschaffen ist, daß wir nicht auf *jenes* Objekt zeigen, sondern auf etwas anderes, das die Farbe hat und dessen Farbe als *Muster* des Originals dient. Sobald wir die Aufforderung in ihren normalen Zusammenhang gestellt haben, entdecken wir, daß nichts leichter ist (die Haltung der Hand beim Weisen wird zum Beispiel anders sein, entspannter). Und haben wir es erst einmal erkannt und wird uns deutlich, wie wir selbst die Schwierigkeit produzierten, werden wir uns nicht zu der Auffassung verleiten lassen, auf etwas zu weisen oder es zu meinen erfordere eine besondere innere Anstrengung, und auch nicht dazu, eine Farbe als ein besonderes materielles Objekt zu betrachten. Jemand mag nun denken: »Zeigt das denn nicht, daß auf eine Farbe weisen schließlich doch heißt, auf ein Objekt mit dieser Farbe zu weisen?« Ich könnte entgegnen: Es zeigt, daß nicht alle Fälle von »Auf-ein-Objekt-Weisen« Fälle von »auf ein Objekt mit einer Farbe weisen« sind. Ein klareres Beispiel wäre etwa der Fall, bei dem man uns eine Reihe von Blöcken von unterschiedlicher Gestalt und Farbe vorlegt und später eine Reihe farbloser Blöcke, die der Gestalt nach jeweils einem Block der ersten Reihe entsprechen. Dann erhalten wir ein Farbmuster und bekommen die Anweisung: »Weise auf das Objekt mit dieser Farbe.« (Möglicherweise ist es von Bedeutung, daß Wittgenstein in den beiden Abschnitten, in denen die Beispiele für »auf ein Objekt weisen« und »auf eine Farbe weisen« vorkommen, tatsächlich keine Sprachspiele für *weisen* anbietet, sondern schnell zu Bemerkungen über *seine Aufmerksamkeit richten* weitergeht; und in § 33 fährt er fort, verschiedene Zusammenhänge für *das* anzugeben. Die Beispiele für das *Weisen* sollen hauptsächlich herausstellen, daß der Unterschied zwischen ihnen nicht durch eine *besondere* das Weisen begleitende Empfindung bestimmt ist – nicht durch das, was zu diesem Zeitpunkt vor sich geht –, sondern durch das, was vorher und nachher geschieht, durch die Umstände des Tuns. Die Beispiele für das Richten der Aufmerksamkeit werden zur Illustration eines anderen Punktes herangezogen, nämlich daß es *viele* verschiedene solcher charakteristischen Begleitempfindungen geben kann, einige allgemein, einige nicht, doch *keine* davon essentiell und folglich auch kein Kandidat dafür, das tun zu können, von dem wir meinten, nur eine besondere Empfindung könne es. Daraus muß kein Schaden entstehen, doch diese unvermittelte Verschiebung von »weisen« auf »die Aufmerksamkeit richten« ist angesichts von Wittgensteins dringlicher Warnung, daß wir »die Aufmerksamkeit auf eine Empfindung« ja nicht für eine private ostensive Definition, d. h. für eine Weise des *Weisens* auf eine Empfindung halten, überraschend.)

Ähnliches gilt für »auf eine Bedeutung zeigen«. Einige Philosophen denken vielleicht, daß ein Weisen, wo es um Bedeutungen geht, einfach nicht möglich ist. Der eine oder andere unter diesen Philosophen wird sagen: »Aber gewiß gibt es Bedeutungen, nur haben sie eine besondere Seinsart.« Und das sieht wie ein metaphysischer Konflikt aus. Was für eine Art von Konflikt ist ein metaphysischer Konflikt (dieser Art)? Hier wie anderswo (z. B. bei moralischen, politischen oder wissenschaftlichen Konflikten) hängt die Antwort darauf davon ab, welche Verfahren, wenn überhaupt welche, den Konflikt schlichten würden. Angenommen, wir versuchten dies: Gib jemandem einen Vokabeltest mit zwei Spalten von Wörtern, die linke Spalte enthält eine Reihe einzelner Wörter, die rechte verschiedene Wörterbuchdefinitionen, eine für jedes Wort der linken Spalte, aber nicht in derselben Reihenfolge. Nun zeige man auf die Wörter in der linken Spalte und sage dem Prüfling: »Weise auf die Bedeutung dieses Wortes«. Kennt er die Bedeutung, so ist nichts leichter, als darauf in der rechten Spalte zu weisen. Und natürlich könnten wir jeder der Bedeutungen einen eigenen Namen geben. Daß wir dies normalerweise nicht tun, sagt selbst etwas darüber aus, was »die Bedeutung eines Wortes«, was sein Begriff ist – z. B. einer, bezüglich dessen die Aufforderung »weise darauf« (korrekt) befolgt wird, indem man, in verschiedenen Umständen, auf verschiedene Dinge (Wörter oder Ausdrücke) weist und in anderen Zusammenhängen auf Dinge, die keine Wörter sind.

Offensichtlich nehme ich nicht an, daß dies den metaphysischen Disput beilegen wird. Ist es aber offensichtlich, daß es überhaupt nicht relevant ist? Jemand könnte sagen: »Das heißt aber gar nicht, auf eine Bedeutung zeigen; es wird doch nur auf mehr Wörter gezeigt.« Ein schlagender Einwand ist das freilich nicht, denn nun muß erklärt werden, worin der Konflikt eigentlich besteht, nämlich, was der Begriff einer Bedeutung ist. Die Entgegnung »Das sind einfach nur mehr Wörter« kann dieselbe Überzeugungskraft haben, wie zu sagen »Das ist kein Ruy-Lopez-Gambit, das sind nur ein paar Züge mehr«, und das kann *tat-*

sächlich wahr sein (der Schachspieler kennt das Ruy-Lopez-Gambit nicht, obwohl er es behauptet hat; der Prüfling wies auf irgendeinen daneben liegenden Vokabeltest), nur bedeutet es nicht, daß keine Züge unter bestimmten Umständen ein solches Gambit sind, und auch nicht, daß keine Wörter unter bestimmten Umständen die Bedeutung eines Wortes sind. Und wollte jemand einwenden: »Aber *die* Bedeutung eines Wortes ist *ein Ding*, nicht eine Menge verstreuter Dinge, auf die in verschiedenen Zusammenhängen gezeigt wird«, dann fragt sich, wie unterscheidet sich das davon, daß jemand, der einem gerade den Weg ins Metropolitan Museum gewiesen hat, zur Antwort erhält: »Das ist nicht *der* Weg zum Metropolitan Museum; es ist nur eine der viele Strecken, die Sie, in verschiedenen Zusammenhängen, dorthin nehmen können«.

»Wittgensteinsche Kriterien verbinden nicht einen Namen mit einem Objekt, sondern verschiedene Begriffe mit dem Begriff jenes Objekts.« Ich hätte auch sagen können: Sie legen die Stellung des Begriffs eines »Objekts« in unserem System von Begriffen fest. Es gehört zum Beispiel zur Grammatik von »Farbe« und von »Bedeutung«, daß *dies* etwas ist, was wir mit »auf die Bedeutung weisen« und *dies* mit »auf die Farbe weisen« bezeichnen. Wer das nicht weiß, hat keinen Begriff von einer Farbe oder einer Bedeutung, der weiß nicht, was (für eine Art Objekte) Farben und Bedeutungen sind. Doch wenn Wittgenstein das mit seiner These »Die Grammatik sagt uns, was für eine Art von Gegenstand etwas ist« sagen wollte, worin liegt dann der Unterschied zu Austinschen Kennzeichen oder Merkmalen, von denen man ebenfalls sagen könnte, sie teilten uns mit, »was für eine Art Objekt etwas ist« (aufgrund gewisser Merkmale usw. können wir sagen, daß es ein Stieglitz ist, und nicht nur von *diesem* Objekt, sondern von allen Objekten dieser »Art«). Mittlerweile dürfen wir sagen: Die Austinsche »Art von Objekt« ist eine Klasse spezifischer Objekte, eine Spezies einer bekannten Art von (generischem) Objekt, während die Wittgensteinsche »Art« von Objekt so etwas wie eine natürliche Art oder eine metaphysische Kategorie von Objekten (Bewußtsein, Materie, Sinnesdaten, Bedeutungen, Farben usw.) ist. Läßt sich dieser Unterschied hilfreich verstehen?

Die allgemeine Beziehung zwischen diesen Vorstellungen von einem Kriterium ist grob gesagt diese: Wer nicht die (nicht-grammatischen) Kriterien für ein Austinsches Objekt kennt (es nicht identifizieren, benennen kann), dem fehlt ein Stück Information, ein Stück Wissen, und man kann ihm dessen Namen mitteilen, ihm mitteilen, was es ist, wie es (offiziell) bezeichnet wird. Wer aber die grammatischen Kriterien eines Wittgensteinschen Objekts nicht kennt, dem fehlt, sozusagen, nicht nur ein Stück Information oder Wissen, sondern die Möglichkeit, Informationen über solche Objekte *überhaupt* zu erwerben; man kann ihm nicht den Namen des betreffenden Objekts nennen, denn es gibt kein Objekt von der Art, daß man ihm einen Namen anheften könnte: Die Möglichkeit herauszufinden, wie es offiziell bezeichnet wird, ist noch nicht vorhanden. (*Wem* oder *was* sollte das Kind den offiziellen Namen »Nyuw York« anheften? Die Welt des Kindes enthält keine Städte.) Nach meiner Auffassung ist das ein Teil dessen, was Wittgenstein sagen will, wenn er sagt, daß »das Wesen durch die Grammatik ausgedrückt wird«: Man muß schon bestimmte Dinge über ein Objekt wissen, um *irgend etwas* (anderes) über es (über *es*) zu wissen. Mein Gebrauch des Wortes »Möglichkeit« spielt hier wiederum auf diejenige Behauptung Wittgensteins an, die in meinen Augen am vollständigsten, aber auch sehr dunkel, das charakterisiert, was er unter »Grammatik« versteht:

> Es ist uns, als müßten wir die Erscheinungen *durchschauen*: unsere Untersuchung aber richtet sich nicht auf die *Erscheinungen*, sondern, wie man sagen könnte, auf die ›Möglichkeiten‹ der Erscheinungen. Wir besinnen uns, heißt das, auf die *Art der Aussagen*, die wir über die Erscheinungen machen. ... Unsere Betrachtung ist daher eine grammatische. (§ 90)

Ein Wort so zu verstehen, als drücke es einen Begriff aus, heißt zu meinen, es besitze einen grammatischen Schematismus von der Art, wie ich ihn für »Stuhl« und »weisen auf« skizziert habe; der Schematismus bestimmt die Menge von Kriterien, in deren Licht das Wort in all den grammatischen Zusammenhängen angewandt wird, in die es paßt und die für es passend befunden werden. (Wenn wir untersuchen, welche es sind, untersuchen wir Teile seiner Grammatik.) Der Begriff ist dieser Schematismus – ein Bewußtsein von der Kraft des Wortes, genau solche Valenzen anzunehmen, und ein Bewußtsein, daß es in jedem Fall einen Anwendungspunkt des Wortes gibt und daß dieser von Zusammenhang zu Zusammenhang derselbe sein wird oder daß er sich nach einem erkennbaren Muster oder in eine erkennbare Richtung verschiebt. In diesem Sinn ist ein Begriff die Bedeutung eines Wortes. (Es ist also leer, die Bedeutung eines Wortes durch die Berufung auf seinen Begriff zu erklären. Wenn überhaupt, wird sein Begriff erklärt, vor uns entfaltet, indem wir die Bedeutungen des Wortes durchgehen, das, was wir mit seinem Gebrauch meinen.) Es ist analytisch für »Wort«, daß ein Wort sich wiederholen kann. Daß sich mehr Dinge in der Sprache sagen lassen, als es Worte gibt, sie zu sagen, ist analytisch für »Sprache«. (Aus ebendiesem Grund bezweifeln wir, daß das »vier Wort/Satz«-Sprachspiel aus § 2 der *Untersuchungen* eine richtige Sprache ist.) Man kann also prinzipiell nicht »jeden« Zusammenhang anführen, in den ein Wort passen wird. Einen Begriff zu haben heißt, sozusagen fähig zu sein, mit dem Wort Schritt zu halten.

Und was ist nun mit dem Zahnschmerz? Wir sagten, Erklärungen unserer Kriterien »haben dieselbe Kraft wie« grammatische, in den Schematismus eines Wortes eindringende Untersuchungen: Sie teilen uns mit, was es heißt, einen Begriff von einem unter den Begriff fallenden Objekt zu haben, was es heißt, daß es für uns, die wir auf diesen Schematismus eingestellt sind, einen Begriff des unter den Begriff fallenden Objekts gibt, etwas, dessen Vorliegen, sollten wir es wollen, uns ausrufen läßt: »Zahnschmerz«; dessen wir uns sicher sind (nahezu sicher, was wir bezweifeln), wenn wir sicher sind (nahezu sicher oder bezweifeln), daß jemand Zahnschmerzen hat. In diesem Fall sehen die Kriterien etwas dünn, die Grammatik spärlich aus: Sie besteht weitgehend in der Grammatik von »Schmerz«, die sogar noch spärlicher aussieht.

Jeder kennt ihre Elemente. Wir sagen: »Er (ich) hatte den ganzen Tag Schmerzen«; »Vor dreißig Minuten hat der Schmerz leicht nachgelassen«; »Der Schmerz fing in der Schulter an, aber jetzt erstreckt er sich über den ganzen Arm«; »Ich habe (er sagt, er habe), seit meiner (seiner) Kindheit, als mir (ihm) ohne Betäubung Warzen am Fuß weggebrannt wurden, nicht mehr einen solchen Schmerz empfunden«; »Es ist kein Pochen, eher ein stetiger Schmerz, mehr ein Brennen«. Ein Schmerz läßt sich betäuben, nicht wie eine Meinung ändern, er läßt sich dämpfen, aber nicht wie eine Stimmung unterdrücken; man kann den Schmerz lokalisieren oder muß ihn durch Anstoßen, d. h. durch Reizen, erneutes Aufflammenlassen, Eingrenzen, lokalisieren; man kann Schmerzen verursachen, aber nicht Freude, die wie Stolz und Mut gegeben und genommen werden kann, doch anders als Glück, das sich nur finden läßt, obwohl man jemanden stolz und glücklich machen kann und damit auch beschämt und unglücklich usw. Das meiste ist nicht sehr überraschend, wenngleich einiges davon interessant ist. Von hier aus könnte ich daran gehen, meine Geographie des Leidens erschöpfend zu entwerfen, die spezifischen Punkte zu nennen, an die ich mich halte, wenn ich spezifische Begriffe des Leidens unter besonderen Umständen bejahe. Heißt das, »zu wissen, was Schmerz ist«? Sicherlich dämpft mein Interesse an all dem meine beunruhigenden Zweifel, ob ich jemals weiß, daß ein anderer Schmerzen hat. – Aber das liegt möglicherweise daran, daß wir noch nicht am Ende angelangt sind. Wir sind noch nicht bei den spezifischen Kriterien angekommen, die uns aus dem Schematismus hinaus in die Welt leiten. (Die Vorstellung, aus dem Schematismus herauszutreten, mag ein gefährliches Bild sein. Der Schematismus ist der Rahmen der Welt, da herauszutreten, sollte bedeuten, unser wechselseitiges Aufeinander-Eingestelltsein zu verlassen. Das Bild drängt sich mir auf, weil ich festhalten möchte, daß eine grammatische Untersuchung zur akademischen Ordnung gehört, man könnte sie als rekonstruiert bezeichnen.)

Wenn ich den Anfang der von mir in Angriff genommenen Grammatik überschaue, dann greife ich diese beiden Punkt auf: daß ich (einige) Schmerzen lokalisieren kann, indem ich sie »aktiviere«, und daß Leute bestimmte Dinge über ihre Schmerzen sagen (sie beschreiben sie, geben Dauer, Ort, Heftigkeit, Geschichte, Analogien zu anderen Empfindungen an – so gut sie können). Worauf läuft nun die Rede vom »Lokalisieren der Schmerzen durch Anstoßen« als Teil der Grammatik von Schmerz, als Kennzeichen eines Kriteriums von Schmerz tatsächlich hinaus? Ich stoße an, der andere zuckt zusammen, stöhnt, schreckt vor der Berührung zurück, wird blaß, schwitzt ... Bringt irgend etwas davon mich dem Schmerz, dem Schmerz selbst, auch nur ein bißchen näher? Und ist es nicht *das*, was ich wissen wollte? Ist es nicht das, was es zu wissen *gibt*, wenn man weiß, daß jemand Schmerzen hat? Folgt aus irgendeiner Aufzählung solcher von mir hier aufgelisteter Dinge, daß dieses Individuum *Schmerzen hat*? Wenn der Betreffende »sämtliche Kriterien« erfüllt, die von »allen Teilen der Grammatik von Schmerz« herausgestellt werden, dann ist es natürlich sehr wahrscheinlich, daß er Schmerzen hat, daß er es nicht vorgibt usw., daß er mir hinreichend ähnlich ist, damit dieses (offensichtliche) Zusammenzucken und diese Beschreibungen das bedeuten, was sie in bezug auf mich bedeuten würden, wenn ich sie lieferte. Vermutlich ist es sogar noch wahrscheinlicher, daß der andere kein Automat ist, daß man bei einem Blick in sein Inneres nicht Räder und Federn sehen würde. Aber *gewiß*? Und wenn nicht, was soll dann das Gerede über Grammatik und Kriterien? Das alles sind nur sehr gute Belege. Mitzuberücksichtigen, was er *sagt*, macht die Sache nur noch schlimmer, denn jetzt muß ich ihm glauben und entscheiden, ob er mit seinen Beschreibungen meint, was ich mit ihnen meinen würde. – Kriterien sind also enttäuschend. Sie stellen nicht sicher, daß meine Worte an den Schmerz anderer herankommen. Sie leisten einfach nicht, was sie hätten leisten sollen.

Wir wollen die Kriterien noch enttäuschender aussehen lassen. In einer Situation, in der ich einen Begriff aussage (vor allem, wenn sie so dringlich wie die des Schmerzen-Habens ist), bin ich selten, wenn überhaupt je, in der Lage, so viel Grammatik, wie ich eben skizziert habe, durchzugehen. Worauf stütze ich mich dann tatsächlich? Im Falle von Schmerzen auf alles mögliche, angefangen bei einem leichten Verziehen des Gesichts, einem leichten sich Krümmen bis hin zu einem auffälligen Verhalten, etwa wenn jemand auf und ab hüpft, sich krampfhaft umfaßt hält; und was er äußert, kann irgend etwas sein, angefangen von solchen gemäßigten, von mir erwähnten Beschreibungen bis hin zu Schreien, gequältem Lachen, animalischen Geräuschen, wiederholten Flüchen. Alles ist irgendwie zu vage, ungenau, unartikuliert, weit entfernt von dem, was ich wissen wollte. – Aber vielleicht ist es einfach ein Merkmal dieses besonderen psychischen Begriffs. Nehmen wir andere. Ein Jucken ist etwas, was man durch Kratzen lindern möchte. Ein Begehren hat ein Objekt, das Leute sehen können, man kann davon erfüllt sein, und sie können es sehen und überprüfen. Ein Summen im Ohr läßt sich als solches schön beschreiben, und typischerweise manifestiert es sich darin, daß man die Stirn runzelt, den Mund weit öffnet, als wolle man die Ohren kreisen lassen, einen Augenblick lang die Handflächen auf die Ohren preßt oder ein- zweimal heftig den Kopf schüttelt und dann lauscht – Leute, die noch nie so etwas erlebt haben, werden vielleicht nicht verstehen, was man da tut. Aber Schmerz? Das ist ein Zustand, der keine bestimmte Menge von Manifestationen hat, es sei denn man hält die Bandbreite selbst für etwas Bestimmendes. Die Vorstellung, daß jemand Schmerzen hat, scheint zugleich *weit* weg von dem zu sein, was den Schmerz manifestiert, vergleichbar einer Hoffnung, die mich nicht betrifft, und dennoch, wie ein Frösteln, genau unter der Oberfläche zu sitzen. Alles, was so mächtig und mir so nahe ist und mich gleichwohl nicht berührt, kann nicht materiell sein. Oder es scheint sich so stark von seinen Manifestationen zu unterscheiden: Seine Realität ist ganz und gar innerlich, seine Kriterien völlig äußerlich, doch auch dies könnte für diesen *Begriff* bestimmend sein. Wir werden Experten im Unterdrücken von Schmerzspuren, wir sind darin besser als im Unterdrücken eines Lächelns oder Lachens, was irgendwie leichter sein sollte, besser auch als darin, uns am Kratzen zu hindern, was vergleichsweise trivial scheint. Man sagt uns, wir müßten mit Schmerzen leben und wir hätten sie zu ertragen (wie was, eine Prüfung oder den Angriff eines Feindes?). Sie sind anwesend, aber mir nicht präsent, also scheinen sie abwesend zu sein, eine Leere; sie affizieren alles und nichts. Und dennoch fühle ich mich *aufgefordert*, um ihre Anwesenheit zu wissen, wenn sie da sind.

Und dann diese Äußerungen des Schmerzes. Sie sind ein Ausdruck des Schmerzes: »Ich weiß, ich habe Schmerzen«, »Es wird schlimmer«, »Es pocht« sind ebensosehr Ausdrücke des Schmerzes wie »Ich habe Schmerzen«. Der Schmerz geht in die Worte ein, wie Hoffnung oder Trost in die Worte der Hoffnung oder des Trostes eingehen – andernfalls wären sie nicht solche. Oder Worte sind Teil seiner Unterdrückung und der Ablenkung vom Schmerz. Sie müssen nicht dazu da sein, mich von meinem Schmerz abzulenken, und in diesem Fall rasen die Worte vielleicht, als wollten sie außer Reichweite kommen, aber um dich davon abzulenken (wie bei Tschechow); niemand kann daran etwas ändern; und wüßtest du es, könnte es mich deiner Gesellschaft berauben; jedenfalls fehlen mir dafür die Worte. Hier reichen die Worte nicht an meinen Schmerz heran.

Die Worte des Schmerzes werden alle in seiner Gegenwart ausgesprochen, was ihnen einen respektvollen Ton verleihen könnte. Das ist Hemingways Thema und seine Haltung.

»Wie ist's mit den Schmerzen?«

»Jetzt habe ich keine. Eine Zeitlang war ich wie verrückt davon im Bauch. Ich dachte, die Schmerzen allein würden mich umbringen.«

Oberschwester Cecilia beobachtete sie strahlend.

»Sie hat mir erzählt, daß Sie niemals einen Laut von sich gegeben haben.«

»So viele Leute im Saal«, sagte der Mexikaner mißbilligend.
»Was für eine Art von Schmerzen haben Sie?«
»Schlimm genug. Zweifelsohne nicht so schlimm wie Ihre. Wenn die Schwester rausgeht, weine ich eine Stunde, zwei Stunden. Es erleichtert mich: meine Nerven sind jetzt schlecht.«
»Sie haben ein Radio. Wenn ich ein Einzelzimmer hätte und ein Radio, ich würde die ganze Nacht hindurch schreien und weinen.«
»Das bezweifle ich.«
»Hombre si. Es ist sehr gesund. Aber man kann es nicht mit so vielen Leuten drum rum.« (»Der Spieler, die Nonne und das Radio«)

Aus Rücksicht auf andere, weil wir uns unserer selbst so bewußt sind, sollten wir uns dermaßen zurückhalten können? – Aber das Erstaunen entzündet sich vielleicht gerade an solch einem Punkt: Auf der Grundlage eines einfachen Wortes, einer Krümmung des Körpers, eines unerwarteten Zusammenzuckens erwartet man von mir, Mitleid oder Bewunderung zu empfinden? – Ja, wenn man weiß, was dergleichen bedeutet, und man das Wissen ertragen kann und will. Wenn aber nun das Mitleid fehl am Platze ist? Wie weiß man, daß es das nicht ist?

Was enttäuscht an den Kriterien? In einer philosophischen Stimmung wollten wir, daß das Zusammenzucken uns bis zum Schmerz des anderen selbst führt, aber es scheint am Körper haltzumachen. Der Eindruck ist: Das Zusammenzucken selbst ist eine Sache, der Schmerz selbst eine andere; das eine kann nicht das andere sein. Aber was geschah mit dem Schmerz, der *in* dem (von uns so genannten) Zusammenzucken lag? Das – der Schmerz, vor dem er zusammenzuckt – ist, was ich sein Schmerzen-Haben genannt und weswegen ich ihn bemitleidet habe. (Das *ist*, was ich ... ge*nannt habe*? Was ist? Warum das Perfekt mit einem Demonstrativpronomen im Präsens? Nenne ich das jetzt nicht so? Oder ist es verschwunden?) Er *zuckte vor Schmerz zusammen*. Anderenfalls wäre es kein Zusammenzucken gewesen. –

Und war es das? Sicherlich hätte er mit dem (was wir ein Zusammenzucken nennen – genannt haben) aufwarten können, ohne daß etwas dahintersteckte. Oder vielleicht *bedeutete* das Zusammenzucken etwas anderes? Es ist derselbe alte Zirkel.

Bei unserer Aufzählung des Schmerzschematismus haben wir etwas nicht erwähnt. Ich habe meine Reaktionen auf die Kriterien, wenn sie auftauchen, ausgelassen. Zwar war ich schnell beim Mitleid, aber das war mehr oder weniger theoretisch, wir sind mit diesem Begriff oder seinen Gegenständen nicht sehr vertraut. Vielleicht ist die Reaktion des Mitleids für einen Schmerz reserviert, der so tief ist, daß er stumm ist. Das könnte erklären, warum Mitleid selbst eine stumme Reaktion ist. (*Könnte* ich auf einen solchen Schmerz reagieren, wenn es nichts zu *sagen* gibt? Könnte ich mir zutrauen, es zu tun? Könnte ich dem anderen zutrauen zu wissen, daß ich es tue?) Jedenfalls würde es nicht alles auf einmal geschehen. *Wem* wird mitgeteilt, daß der Schmerz sich den Arm runtergezogen hat? Warum sollte ich, was gibt einem das Recht, den Schmerz aktivieren? Wonach suche ich? Warum teilt mir das Zurückschrecken des anderen vor einer Berührung mit, was ich wissen möchte? Wir haben die von solchem Wissen an mich ergehende Aufforderung zu trösten, zu helfen, zu heilen unerwähnt gelassen; die Aufforderung, das vom Schmerz zerrissene Gewebe wieder zu heilen oder zu wissen, daß es unmöglich ist. Das heißt zu wissen, was Schmerz ist.

Für gewöhnlich wird in solchen Diskussionen die Vorstellung eingeführt, ein Arzt würde das Drücken und Klopfen übernehmen. Was für eine Vorstellung ist das von einem Arzt? Ist er ein Heiler oder ein Untersucher? Nicht daß irgendeine Reaktion hier sehr spezifisch aussehen muß, nicht mehr, als die Manifestationen, auf die wir reagieren, sehr spezifisch aussehen müssen. Manchmal hat es den Anschein, als seien Ärzte gefühllos; Kenner des Schmerzes, nicht seine Betrachter. Als ob ihnen das Wissen um ihren ureigensten Gegenstand fehlte. Manchmal erklären wir das damit, daß sie gefühllos sein müssen, um ihre Arbeit zu tun, und *das* wollen wir ja von ihnen. Warum aber könnte es nicht sein, daß das Wissen eines Arztes zum Gegenstand »Schmerz« genau das ist, was in seinem Tun zum Ausdruck kommt, nicht bloß in dem, was er mit seinen dafür ausgebildeten Händen macht, sondern gerade in der Distanz seiner Reaktionen auf mich? Er vertraut darauf, daß seine Hände und seine Ausbildung seine Reaktion zeigen; wenn ich seinem Wissen und seiner Reaktion traue, fühle ich mich möglicherweise mehr von ihnen erkannt als von einer anscheinend gefühlvollen oder konstanten Reaktion auf meine Empfindung. Nicht bloß deswegen, weil sie mir Hoffnung einflößen, an die ich mich halten kann (und sie können mir Hoffnung geben, weil er den Gegenstand Schmerz kennt, weiß, daß der Schmerz ein Feind ist, gegen den er sich mit mir verbündet), sondern auch, weil ich gewissermaßen eine neue Reaktion auf meinen Schmerz kennenlerne, keine Zuflucht vor ihm, vielmehr einen Ort für ihn, ein Verhältnis zu seiner Gegenwart. Die Distanz tröstet ebenso, wie die Wahrheit trösten kann. (Selbstverständlich leugne ich nicht, daß die Wahrheit sich als Waffe verwenden läßt; vor allem wenn sie in Bruchstücken daherkommt.)

Und manchmal fällt die Antwort sehr besonders aus:

> Mein lieber Reynolds – ich vermag nicht über die Landschaft und Besuche zu schreiben ... Ein Lied von Burns ist von größerem Wert für Dich als alles, was ich ein ganzes Jahr lang in dessen Geburtsland an Gedanken verfertigen konnte. Sein Elend liegt wie eine schwere Last auf der Gewandtheit der eigenen Feder. Ich habe versucht, es zu vergessen – sorglos Punsch zu trinken – ein fröhliches Sonett zu schreiben; es ging nicht ... In den Schriften eines solchen Mannes erkennen wir mit entsetzlicher Klarheit sein ganzes Leben, so als wären wir Gottes Spione ... Manchmal sind meine Gefühle wochenlang wie betäubt – aber glaube mir, mehr als einmal habe ich nach der Zeit Deines kommenden Glücks verlangt. (John Keats, »Maybole«, 11. Juli 1818)

Burns drückte sich deutlich aus, das übrige bleibt dem überlassen, der gerade da und dazu fähig ist. Ich sage nicht, daß man auf der Höhe von Keats' Reaktion sein muß. (Ich meine damit nicht, so schreiben zu müssen wie er, sondern wie er zu reagieren; dem Elend eines anderen Raum zu geben, damit es nicht vergessen wird.) Aber den Gegenstand zu kennen, zu wissen, daß es Schmerz ist, heißt, *darauf* zu reagieren; und wenn man andere Dinge im Kopf hat und die Gefühle manchmal wochenlang betäubt sind, dann heißt es zu wissen, daß *das* eine Reaktion ist und daß dennoch Spielraum für eine weitere Reaktion bleibt.

Wenn ich sage »Er hat Schmerzen« (angenommen, ich tue es, angenommen, daß ich das zu sagen habe), so drückt sich mein Wissen (grob gesagt wie seines, d.h. *analog* zu seinem?) in der Tatsache aus, daß es mir abverlangt wird, aus mir herausbricht (auch wenn wir im allgemeinen unsere Stimme dämpfen). (Ich werde dies in Verbindung zu der Bewandtnis bringen, die es bei Wittgenstein, in seiner Erörterung der Physiognomie in Abschnitt xi des II. Teils, mit dem überraschenden »Aspektwechsel« hat.) Manchmal wird mein Problem nicht darin liegen, es herauszuschreien, sondern darin, meine Reaktion *von* dem anderen zu befreien. Statt aus meiner Freiheit heraus auf ihn zu reagieren, bin ich, je nachdem, von seinem Leiden oder seinen Ängsten überwältigt oder auch von seiner Meinung über mich oder seiner Hoffnung für mich. – All das läßt es aber so aussehen, als wäre das philosophische Problem des Wissens etwas, das ich dieser Materie überstülpe, als wäre ich das philosophische Problem. Ich bin es. In mir wird der Kommunikationskreislauf unterbrochen, ich bin der Stein, an dem das Rad zerbricht. Was ist das Enttäuschende an Kriterien?

Es gibt etwas, das sie nicht leisten; vielleicht ist das sogar das Entscheidende. Ich muß wissen, wozu sie da sind, ich habe sie zu akzeptieren, sie anzuwenden. Das allein schon läßt meine Anwendung der Kriterien willkürlich oder als etwas Privates erscheinen, als ob sie uns nie gemeinsam gewesen wären – als ob unsere gemeinsame Teilhabe an ihnen phantastischer Zufall oder Massensuggestion gewesen wäre. Just an einer solchen Weichenstellung erinnere ich mich an die Art von Ausdrücken, in denen Wittgenstein das vorstellt, was ich als den Hintergrund verstehe, vor dem unsere Kriterien funktionieren, sogar Sinn ergeben:

> man könne nur vom lebenden Menschen und was ihm ähnlich ist (sich ähnlich benimmt), sagen, er habe Empfindungen; er sehe; sei blind; höre; sei taub; sei bei Bewußtsein oder bewußtlos. (§ 281)
>
> Das Hinzunehmende, Gegebene – könnte man sagen – seien Lebensformen. (S. 572)
>
> Woher kommt uns *auch nur der Gedanke*: Wesen, Gegenstände könnten etwas fühlen? (§ 283)
>
> Der menschliche Körper ist das beste Bild der menschlichen Seele. (S. 496)

Es gibt keine menschlichen Kriterien, die mich davon in Kenntnis setzen oder die sich irgendwie anschicken, mir mitzuteilen, warum ich von einigen unter all den mir auf der Erde, im Wasser oder im Himmel begegnenden Dingen glaube, sie hätten Empfindungen oder Leben(sformen), es sei denn, die *Tatsache*, daß Menschen psychische Begriffe auf bestimmte Dinge und nicht auf andere anwenden, ist ein solches Kriterium. Unsere Begriffe von psychischen Zuständen einem bestimmten Geschöpf deswegen vorzuenthalten, weil unsere Kriterien das Innenleben vermeintlich nicht erreichen, heißt, insbesondere die Quelle meiner Vorstellung zurückzuhalten, daß lebende Wesen Empfindungen haben; es bedeutet, mich selbst zurückzuhalten, meine Reaktion auf etwas als lebendiges Wesen zu unterdrücken; ja überhaupt meine Vorstellung von »etwas als *einen Körper habend*« auszulöschen. *Diese* Bedingung so zu beschreiben, daß ich keine Kenntnis (keine Gewißheit) von der Existenz von Fremdpsychischem habe, ist leer. Es gibt jetzt nichts mehr, nichts mehr von der richtigen Art, was ich wissen könnte. Es gibt nichts, was man dem Körper ablesen könnte, nichts, *wovon* der Körper handelt; er weist nicht über sich hinaus, er drückt nichts aus, ja er verhält sich nicht einmal. Es bleibt kein Körper übrig, um Bewußtsein oder Bewußtlosigkeit zu manifestieren. Nicht daß er tot wäre, aber er ist unbeseelt; er verbirgt nichts, ich kann absolut über ihn verfügen;

wäre er leer, so wäre er ganz hohl, tatsächlich ist er aber massiv, obwohl weniger gleichförmig als Stein. Er war bereits bestenfalls ein Automat. Sollte sich herausstellen, daß es im Inneren nur Räder und Federn gibt, Füllstoff, irgendeinen subtileren oder chaotischeren Mechanismus, dann ist mir das jetzt gleichgültig; bzw. ob es wichtig ist, hängt allein davon ab, wie neugierig ich in diesen Dingen bin. Das Höchste, was irgend etwas in seinem Inneren leisten könnte, ist, das Ding zu *steuern* oder *in Gang zu setzen*, es zu bewegen. Mein Eindruck ist: Diesem »Körper« fehlt es an Privatheit. (In welchem Geist »verneint« Wittgenstein die »Möglichkeit« einer Privatsprache?) Nur *ich* kann diese Privatheit erreichen, indem ich ihn als Wohnstatt meiner Begriffe der menschlichen Seele akzeptiere. Ziehe ich das Akzeptieren zurück, sind die Kriterien tot (§ 432; §§ 454 f.).

Mein Problem ist nicht mehr, daß meine Worte nicht an seinem Körper vorbei zu *ihm* gelangen. Da ist nichts, wohin sie gelangen könnten; sie reichen nicht einmal bis zu *meinem* Körper; sie bleiben im Mund stecken oder im Hinterkopf. Die Zeichen sind tot; sie lediglich laut auszubreiten flößt ihnen kein Leben ein; selbst Hunde sprechen wirkungsvoller. Worte haben kein Gewicht. Es ist, als versuchte man, eine Feder zu werfen. Für einige Dinge ist Atem besser als Kraft; stärker. Auch daran dachte ich, als ich sagte, meine Kriterien auszusprechen muß die Kraft von »rufen« haben.

Ich sagte, nur ich könnte das (Innen-)Leben des anderen erreichen. Mein Zustand ist nicht genau der, daß ich das Leben des anderen dorthin *setzen* muß, und auch nicht genau der, daß ich es da *belassen* muß. Ich *reagiere* darauf (muß darauf reagieren), oder ich muß mich weigern zu reagieren. Es fordert mich auf; es fordert mich heraus. Ich muß es anerkennen. Ich bin daran ebenso schicksalsmäßig gebunden wie an mein eigenes Leben, es ist für mich genauso natürlich. Im Alltag ist das Leben der anderen weder hier noch dort, es treibt zwischen ihrer Ausdruckslosigkeit und meiner Ungenauigkeit, wenn ich auf sie reagiere. Nicht Aufrichtigkeit steht zur Debatte. Oder genauer: Aufrichtigkeit ist nichts (nicht das Einflößen von Vertrauen, ihres in mich und meines in mich selbst) ohne den Wunsch nach und den Mut zu Genauigkeit. Der Skeptizismus wollte den anderen finden, andere mit Gewißheit herausfinden. Statt dessen schließt er sie aus. Was geschieht mit ihnen? Und was geschieht mit mir, wenn ich meine Akzeptanz der Privatheit – wie dem auch sei, der Andersheit – als Wohnstatt meiner Begriffe der menschlichen Seele zurückhalte und entdecke, daß meine Kriterien tot sind, bloße Worte, Worthülsen? Ich sagte oben beiläufig, daß ich mich selbst zurückhalte. Wovon ich mich zurückhalte, das ist mein Eingestelltsein auf andere – auf alle anderen, nicht bloß den einen, den ich kennen sollte. Ist die Vorstellung des Zurückhaltens nicht voreingenommen, impliziert sie nicht einen vorausgegangenen Zustand der Einheit, der Nähe? Während ich doch vielleicht niemals Teil, Teilhaber, dieser (anderen) Leben war. Könnte ich nicht *einfach* anders sein? – Aber ich möchte wissen, wo ich jetzt stehe, was mit mir geschehen ist. – Dann ist es die Vorstellung, verlassen zu sein, die voreingenommen ist.

V
Natürlich und konventionell

Ich habe etwas darüber gesagt, was für eine Art von Problem das Problem des Fremdpsychischen sein könnte. Und gerade jetzt sagte ich etwas darüber, welche Folgen es hat, wenn wir meinen, daß solches Wissen überhaupt unmöglich ist; d.h. darüber, welche Folgen es hat, wenn wir *unsere Begriffe* von Leben und Geist überhaupt *vorenthalten*. Früher habe ich mich zu den besonderen Arten von Umständen geäußert, die es uns ungewiß erscheinen lassen, daß ein anderer sich wirklich in dem von ihm manifestierten Zustand befindet, nämlich Umstände, unter denen er oder sie etwas vortäuscht, probt etc., Umstände, deren Beschreibung verlangt, daß wir den fraglichen *Begriff beibehalten*. Die Probleme, die ich in diesen Fällen als Probleme aufwerfen wollte, sind nicht solche, in denen es einen, wie ich es nannte, offensichtlichen Grund für meine Ungewißheit gab, nicht solche, in denen ich über unvollständige Informationen verfügte, so daß jeder skrupulöse Mensch anerkennen würde, daß ich intellektuell nicht in der Lage bin, etwas mit Gewißheit zu sagen; es sind solche, in denen ich, wie ich sagte, aufgrund dessen, was ich vor mir habe, fähig sein sollte, es zu erkennen, denn das wollte ich ja wissen, das sollte genügen, um mein Wissen des Gegenstandes auszudrücken; allein ich sehe, daß ich irgendeine Möglichkeit nicht ausschließen kann. Man muß daher sagen, es ist sowohl für die Folgen eines gänzlichen Vorenthaltens unserer Begriffe als auch für die Folgen des Beibehaltens von Begriffen entscheidend, daß es sich um Fälle handelt, in denen die Möglichkeit zu wissen optimal ist; nur in solchen Fällen laufen die Folgen meiner Entdeckung, daß ich in einem besonderen Fall in einer bestimmten Situation bin, darauf hinaus, daß ich etwas über meine Position im allgemeinen entdecke. Dort, wo es um das Vorenthalten geht, betrifft die Entdeckung meine Verantwortung (meine Empfänglichkeit) für die Existenz anderer; dort wo es um das Beibehalten geht, betrifft die Entdeckung die Begrenztheit der Gewißheit als Wissen. Im zweiten Fall könnte ich sozusagen Privatheit entdecken, im ersten könnte ich selbst das verlieren.

Wenn ich nun das Problem des Fremdpsychischen anschneide, so bietet es sich unmittelbar an, eine dritte Möglichkeit weitergehend zu thematisieren, in der Kriterien sich als enttäuschend herausstellen. Es handelt sich hier um die Möglichkeit, in der ich, wie ich schon ausführte, entweder die Kriterien noch nicht für mich selbst geklärt habe (»die Ungewißheit ist in mir«) oder in der es sich nicht um einen perfekten oder klaren Fall handelt (eines oder mehrere der Kriterien sind »nicht vollständig erfüllt«).

Diese Möglichkeit habe ich erwähnt, als es um Fragen der Einschätzung ging (»Ich weiß nicht, ob ich hier von stabil oder tyrannisch sprechen soll«; »Es ist nicht genau das, was ich stabil nennen würde, aber es ist mehr als anderes so«) und um Fragen der Interpretation von Fremden (»Ich sehe nicht, wie sie dasselbe wie ich meinen können, wenn ich etwas als einen Stuhl bezeichne«; »Es ist sicherlich nicht das, was ich als Stuhl bezeichnen würde, aber schließlich weiß ich auch nicht, warum ich die Dinge, die ich als Stühle bezeichne, geradeso bezeichne«). Derartige oder damit verwandte Probleme werden meiner Ansicht nach manchmal als eine Frage von Grenzfällen oder begrifflicher Abweichung bzw. Divergenz erörtert. Wo es um Einschätzung ging, gibt es Raum für etwas, das wir einen Grenzfall nennen könnten, nämlich ein mögliches Ereignis, bei dem ich meine (unsere) Kriterien hinreichend gut artikuliert habe und sie zur Hälfte erfüllt sehe. Einen Mangel in unseren Kriterien bringt das allerdings (noch) nicht zutage, denn die Beschreibung »Es ist ein Grenzfall« ist durchaus informativ – so wie »Nieselregen«. Wo es um den fremdartigen Stuhl geht, gibt es (noch) keinen Grenzfall, denn für mich ist es kein Stuhl, und für sie ist es (anscheinend) einer. Wenn ich die Idee der begrifflichen Abweichung richtig verstehe, dann liegt sie bisher in keinem der Fälle vor. Im Fall der Einschätzung besteht unser Problem darin, daß wir bislang noch keinen überzeugenden Begriff dafür gefunden haben, und es ist auch nicht klar, ob wir einen brauchen; im Fall des fremden Stammes wissen wir nicht, welche Begriffe im Spiel sind, wann und worauf sie angewendet werden.

Es gibt eine natürliche Form der Enttäuschung über Begriffe, die einer philosophischen Vermutung über das Fremdpsychische zugrunde liegt (was zugleich zeigt, daß es sich nicht um eine »bloß« philosophische handelt): die Vorstellung des anderen als eines Fremden, die Möglichkeit, daß er »von mir verschieden« ist. Sie könnte sich folgendermaßen einstellen: Irgendwann stellte ich die Frage: »Was geschah mit dem Schmerz, der in dem Zusammenzucken lag (in dem, was wir als solches bezeichneten)?« Ich fuhr fort: »Er zuckte vor Schmerz zusammen. Anderenfalls wäre es kein Zusammenzucken gewesen.« Und dann die unvermeidliche Frage: »Ja, und war es das? Sicherlich hätte er *damit* (mit dem, was wir als Zusammenzucken bezeichneten) doch auch aufwarten können, ohne daß etwas dahintersteckte ...; oder vielleicht meinte er etwas anderes«. Dann trug ich Überlegungen dazu vor, daß wir uns selbst aus dem Schematismus des Schmerzes ausgeschlossen haben und folglich auch *ihn* ausgeschlossen haben. Doch der Einwand hätte nach seinem letzten Satz auch eine andere Richtung einschlagen können: »Du kannst sagen, was du willst, über das ›Beibehalten des Begriffs‹, z.B. daß man ihn, hat man ihn einmal bejaht, beibehalten ›muß‹, um die Möglichkeit des Vortäuschens usw. kohärent zu beschreiben (um unserer Erfahrung, wenn wir die Möglichkeit in Betracht ziehen, einen Sinn zu geben). Und du kannst auch, was immer du willst, über die ›Grammatik von Schmerz‹ sagen und daß, wenn er als ›Schmerzen habend‹ beschrieben worden ist, man nur in bestimmter Weise auf ihn reagieren kann (so nämlich, daß sein Leiden berücksichtigt wird, z.B. durch Mitleid und Trost), und daß, was ›Mitleid‹ und ›Trost‹ *sein* wird – oder ›Flegelhaftigkeit‹, ›mangelhafte Einfühlsamkeit‹ oder ›Gedankenlosigkeit‹ – ebensowenig in unserem Belieben steht, wie das, was sein ›vor Schmerz stöhnen‹ sein wird. Tatsache ist doch, daß du immer noch nicht weißt, ob er vor *Schmerz* stöhnt. Wie kannst du sicher sein, daß das nicht seine Art ist, sich zu räuspern, seine Hamster zu rufen oder Schubert zu singen? Was rechtfertigt deine scharfe Unterscheidung zwischen dem Wissen um die Kriterien für etwas und dem Wissen, daß ihr Objekt existiert? Die *scharfe* Unterscheidung betrifft sein äußeres Verhalten und seine innere Erfahrung, und keine bloße Beschreibung seines Verhaltens als ›in, aus oder vor Schmerz‹ wird daran etwas ändern.«

Die Ausdrücke »sein Verhalten« und »der Schmerz selbst« sind ihrerseits soviel oder sowenig »bloße« Beschreibungen, wie »er schreit vor Schmerz« es ist. Warum gerade diese Beschreibungen (»Verhalten«, »Schmerz selbst«) im Philosophieren über unser Wissen auftauchen, ist ein Problem, das später, wenn wir die Einzelheiten des skeptischen Arguments genauer betrachten, deutlicher werden sollte. Aber ich gebe zu, daß nichts die Tatsache ändert, daß sein *Schmerz selbst* etwas anderes ist, *wenn* dieser in bezug auf *sein Verhalten allein* beschrieben wird. Im Augenblick wollen wir aber nicht diese neue Art des Einwands für sich betrachten.

Vielleicht schreit er überhaupt nicht, sondern ruft seine Hamster oder singt Schuberts *Das Wandern ist des Müllers Lust*. Tut er es? Angenommen wir hörten, um niemandem zu nahe zu treten, ganz genau auf das, was die Welt sein Schreien nennt, und entdeckten eine Ähnlichkeit zum Anfang von *Das Wandern*: Zwei wimmernde Laute auf derselben Tonhöhe, die zu einem höheren Jaulen anschwellen, wieder ein bißchen tiefer, hinauf zu einem neuen gellenden Ton und wieder zurück zum Jaulen, und dann wiederholt es sich. Singt er? Singt er *Das Wandern*? Er jedenfalls sagt es. Gesetzt, er meint es ernst (wir müssen sagen, daß er es ernst meint). Wie dem auch sei, er hat offenbar keine Schmerzen. Wie behandeln wir ihn dann? Sollen wir sagen: »Vielleicht singt er *Das Wandern*, da er es sagt und ich die Tonfolge erkenne«. Aber wir werden den Begriff »singen« auf diesen Mann nicht mit derselben Emphase und Kraft wie normalerweise anwenden. Es geht nicht darum, daß Leute normalerweise (im großen und ganzen, statistisch gesehen) nicht auf diese Weise singen, sondern das *normale Leute es nicht tun,* Leute es nicht tun. Ist es falsch zu sagen, er singt, singt *Das Wandern*? Nicht mehr, als wenn wir auf jemanden in einer Gruppe von Schauspielern zeigten und sagten: »Er ist Napoleon.« Solange wir und unsere Gesprächspartner nicht die näheren Umstände kennen, werden wir nicht wissen, was wahr ist, was gesagt wird, in welchem Geist es gesagt wird.

Aber vielleicht wird das Problem dadurch verdunkelt, daß sich die Frage der Intention aufdrängt. Nehmen wir also an, er ruft seine Hamster. Er sitzt auf einem Zahnarztstuhl, ringt seine Hände, schwitzt und schreit. Der Zahnarzt hält einen Augenblick inne und bereitet eine neue Spritze mit einem Betäubungsmittel vor. Der Patient unterbricht ihn und sagt: »Es tat nicht weh, ich habe nur gerade meine Hamster gerufen«. Der Zahnarzt macht ein Gesicht, als hätte man ihm das Betäubungsmittel gegeben, und der Patient sagt: »Machen Sie doch die Tür für sie auf«. Nachdem die Tür geöffnet worden ist, spazieren zwei Hamster in den Raum und springen auf den Schoß des Patienten. Wir haben also nicht nur dessen Wort als Beweis. Sollten wir später bei einem Spaziergang im Grünen ebendiesen Mann dabei beobachten, wie er seine Hände ringt, schwitzt, schreit, und uns dann nach seinen herbeieilenden Hamstern umsehen, die er liebevoll begrüßt, dann wissen wir vielleicht genauer, daß er so seine Hamster zu rufen pflegt. – Beweist das nicht, daß jemand, der Schmerzverhalten zeigt, nicht *notwendig* Schmerzen haben muß *und* daß wir den Begriff des Schmerzes nicht beibehalten müssen, um zu erklären, was in ihm vorgeht? – Ganz im Gegenteil, möchte ich sagen: Es zeigt gerade, wie notwendig diese grammatischen Beziehungen sind bzw. in welchem Sinn sie notwendig sind. Denn wir werden sein Schreien usw. nicht mehr als *Schmerzverhalten* bezeichnen, und das bedeutet, wir werden angesichts eines solchen Phänomens nicht unsere gewöhnliche Vorstellung von Schmerzverhalten fallenlassen. Das heißt, wir können diesen Mann aus unserer Schmerzwelt ausschließen. In dieser Hinsicht gibt es ihn nicht mehr für uns. In der Reaktion auf ihn werden wir sicherlich nicht nur bezüglich unseres Wissens, wann er denn nun Schmerzen hat oder nicht, ein mulmiges Gefühl haben. Aber wie schon zuvor gilt, diese Zweifel bleiben auf ihn beschränkt und neigen nicht dazu, uns fragen zu lassen, ob wir uns je gewiß sein können.

– Doch etwas daran läßt uns manchmal fragen: Warum *könnte* jemand nicht Leiden, echten Schmerz etwa durch Lachen ausdrücken, und wenn, wie du implizierst, jemanden zu trösten grammatisch damit verbunden ist, daß derjenige Schmerzen hat, warum kannst du ihn dann nicht durch Prügel trösten – warum *muß* es Teil der Grammatik von »trösten« sein, daß wir *dies* (unsere gewöhnlichen Weisen des Tröstens) bezeichnen als »ihn wegen des Verlusts seines Zahns oder seines Geldes trösten«? Und jetzt möchte ich nicht zur Antwort bekommen, daß wir uns selbstverständlich irgendeine außergewöhnliche Situation vorstellen könnten, die unsere gewöhnlichen Begriffe von Leiden und Trösten erfüllen würden (sagen wir etwa eine Situation, in der jemand unter einer besonderen Lust leidet aufgrund von Reue, einer Phobie oder der damit verbundenen Erinnerung an längst vergangene Zeiten; oder in der ein gegenwärtiges Leiden von einem unerträglichen Schuldgefühl entlastet; oder in der Lachen wirklich Schmerz ausdrückt (d. h. tatsächlich an die Stelle des natürlichen, oder natürlicherweise früheren, Ausdrucks von Schmerz tritt), wie es oft bei Erwachsenen der Fall ist – einige Arten von Lachen, einige Arten von Schmerz). Was hier betrachtet werden muß, ist vielmehr der Eindruck oder die Vorstellung, daß jemand, nach allem was wir wissen, über Zurückweisung oder körperlichen Schmerz so lacht, wie wir über einen Witz lachen – ja vielleicht kichert er sogar darüber und empfindet bei einem Schlag, was wir bei einer Liebkosung empfinden; d. h., vielleicht ist er jemand, für den Leiden und Trost völlig unabhängig davon sind, was *wir* unter »Schmerz« und »Mitleid« verstehen. Wir können nicht wirklich wissen, was ein anderer erlebt, warum könnte es dann nicht so sein?

So wie was? Was wissen wir nicht? Was haben wir uns vorgestellt? Müssen wir uns auch vorstellen, daß der Betreffende, wenn wir ihn zärtlich berühren, vor Schmerz aufschreit oder versucht, uns anzugreifen (einige Kinder reagieren so auf Zuneigung – was wir als »Zuneigung« bezeichnen)? Und was findet er interessant? Was langweilt ihn? Gesetzt, er schreit wegen etwas, woran wir nur leicht Anstoß nehmen. Gesetzt, er sammelt, schätzt und ißt Dinge, die wir abstoßend finden. Über was sollen wir mit ihm reden, was mit ihm zusammen machen, wie werden wir ihn behandeln? Ich behaupte nicht, und ich glaube auch nicht, daß Wittgenstein behauptet, jemand könne unmöglich in dieser Weise reagieren. Es wird vielmehr darauf hingewiesen, daß die Bedeutung dieser Möglichkeit, wenn sie in der Philosophie zur Sprache kommt, nicht richtig gesehen wird. Als ich eben sagte, daß solche Leute nicht in unserer Welt leben, drückte ich damit diese Bedeutung aus. Ob wir in einem solchen Fall immer noch auf sie als *Personen* reagieren können, *bleibt problematisch*. Mit zu den Schwierigkeiten bei der Behandlung von Psychotikern gehört das Unvermögen, *ihre* Welt zu erkennen, sie als Personen zu respektieren, und der andere Teil der Schwierigkeit ergibt sich, wenn wir erkennen, wie nah unsere Welt (manchmal, im Traum) der ihren ist. Wenn Philosophen eine metaphysische Schwierigkeit daraus machen, die anderen zu erkennen, dann verdrängen sie, wie real die praktische Schwierigkeit ist, Wissen über andere Menschen zu erlangen, und wie wenig wir uns selbst dem Blick des anderen enthüllen können oder wie wenig wir den Blick des anderen ertragen. Solche Verdrängungen gehören zweifellos zu dem Motiv, das metaphysische Schwierigkeiten aufrechterhält.

»Normale Leute tun das nicht.« Beinhaltet das, daß ich hier eine Theorie der Normalität habe oder doch haben sollte oder eine Theorie (sagen wir) des Schmerzes, in deren Licht ich diesen für einen normalen oder anomalen Fall halte? Falls es eine solche Theorie gibt, so liegt sie in den Kriterien selbst, oder sie sind das, was jede Theorie zu erklären haben wird. Jetzt möchte ich aber auf meinen Eindruck eingehen, daß die Frage der Normalität eine praktische oder eine Frage der Grenzen von Praxis ist.

Es mag immer noch, oder wieder, so scheinen, als bedeute meine

Aussage »Er erfüllt die Kriterien« sozusagen »Das Objekt dieses Begriffs existiert«, als sei dasjenige, von dem die Kriterien mir sagen, es sei dort, wirklich dort. Daß das nichtssagend sein soll, ist schwer einzusehen; es hat immer noch den Anschein, als könne ich, wenn ich dies nicht sagen kann, dann auch nicht sagen, was Kriterien mir zu sagen ermöglichen.

Dafür gibt es ganz natürliche wie auch philosophische Gründe. Mit Hilfe von Kriterien zu klären, wie gut ein Kunstsprung ist oder ob eine Regierung stabil ist, heißt zwar nicht zu beweisen, daß es einen Kunstsprung oder eine Regierung gibt, aber beweist es nicht, daß es gute Sprünge oder stabile Regierungen gibt? Schließlich sagen wir: »Dieser Sprung ist (sieht man ihn sich in Zeitlupe an) nahezu perfekt«, »Es gibt dort eine stabile Regierung«. Wenn es keine Leute gibt, die für eine gewisse Stabilität sorgen, oder wenn kein Sprung vom Brett die Kriterien eines Kunstsprungs in einem gewissen Maße erfüllt, gibt es überhaupt keinen *Kunstsprung* oder keine *Regierung*. Aber das könnte wie ein Spiel mit Worten aussehen oder so, als wenn hier das »ist« der Existenzaussage mit dem »ist« der Identitätsaussage verwechselt wird. Man könnte meinen: Zu sagen, daß es dort eine stabile Regierung gibt, heißt einfach *vorauszusetzen*, daß dort die *eine oder andere* Regierung existiert. Selbst wenn Wittgenstein mit seinen außergewöhnlichen Bemerkungen über das »Akzeptieren von Lebensformen«, über »was läßt uns nur denken« usw. nicht behauptet, daß wir voraussetzen müssen, unsere Kriterien seien korrekt anwendbar, läuft es in Wahrheit nicht doch darauf hinaus? Wird mit solchen Bemerkungen nicht bloß sorgfältig der Gedanke vermieden, wir würden irgendwelche Voraussetzungen machen? Und ist das nicht der eigentliche Punkt des Skeptikers, das und die Tatsache, daß es für die Voraussetzung keinen rationalen Grund gibt (oder vielleicht, daß es nur eine theoretische Rechtfertigung gibt)? Was wir allenfalls sagen können, ist: »Es bereitet mir keine Schwierigkeiten, das Schmerz zu nennen«; »Das bezeichnen *wir* als Schmerz« oder »Nach unserer Absprache ist das Schmerz; aber ich werde nie wissen, ob das, was er hat, das ist, was ich habe; und ich weiß auch nicht, ob er das hat, von dem ich *sage*, daß er es hat«. Die Objekte der Kriterien für Kunstsprünge, Regierungen und Blätter liegen vor uns, wir wissen, wie wir sie einzuschätzen haben, wie gut sie unsere Kriterien erfüllen; und genau dazu sind Kriterien ja da. Aber das Objekt von Schmerz liegt *nicht* vor uns, wir können es prinzipiell nicht mit unseren Kriterien vergleichen; und ebendeshalb benötigen wir Kriterien für Bewußtseinszustände, um sicherzustellen, daß das, von dem wir sagen wollen, das es da ist, auch wirklich *da ist*.

Die *Untersuchungen* nähern sich auf vielen Wegen solchen Vorstellungen an, die das Innenleben als etwas verstehen, das aus Objekten zusammengesetzt ist (und wenn aus Objekten, dann natürlich aus *privaten*). Gegen solche Vorstellungen anzukämpfen, ist das Bestreben des ganzen Buches. Es ist so, als meine Wittgenstein, mit der Vorstellung, daß jedes Individuum das Zentrum eines Lebens ist, daß jedes ein Leben *hat*, liefen die Menschen Gefahr, den Kontakt zu ihrem Innenleben ganz zu verlieren. Für diese Gefahr gibt es keinen besseren Beweis als die Art und Weise, in der Wittgenstein in bezug auf diese Fragen interpretiert wird. Ich will keineswegs bestreiten, daß Wittgenstein in diesen Punkten entsetzlich dunkel ist (vermutlich nicht willentlich, sondern als treffender Ausdruck ihrer philosophischen und praktischen Schwierigkeiten). Ich denke hier an den Eindruck, den seine Leser bekommen, daß Wittgenstein, wenn er bestreitet, daß wir (etwa) um unsere Empfindungen wissen und daß unsere Worte für die Empfindungen anderer sich auf die einen oder anderen Objekte im Inneren des anderen beziehen, damit bestreitet, daß wir Empfindungen *haben* und daß irgend etwas in dem anderen vorgeht. Wenn es uns bei dem Gedanken schaudert, dann liegt das vielleicht an der Vermutung, daß das, was Wittgenstein anscheinend bestreitet, wahr sein könnte, daß da nichts ist in uns, daß wir leer sind. Schaudert es einen nicht, dann vielleicht, weil man nicht zuläßt, daß die eigenen entsetzlichen Vorstellungen von verborgenen Dingen ans Licht kommen und hinterfragt werden könnten. Was ich im folgenden über diese Vorstellungen zu sagen habe, vor allem über das sogenannte Privatsprachenargument, stelle ich bis Teil IV zurück.

Zum jetzigen Zeitpunkt möchte ich lediglich angeben, auf welcher Ebene das Problem liegt. In einem der besten Bücher, die sich auf Wittgensteinsche Ideen stützen, lesen wir:

> Wir können nicht einmal indirekte Belege für die Wahrheit psychischer Aussagen über andere Personen haben, und wir können auch nicht wissen, ob solche Aussagen wahr oder auch nur problematisch wahr sind, sofern nicht wenigstens einige Beziehungen zwischen körperlichen und psychischen Zuständen nicht kontingent sind und vor der Entdeckung empirischer Korrelationen gewußt werden können. (Sidney Shoemaker, *Self-Knowledge and Self-Identity*, S. 167 f.)

Was meint die Vorstellung, daß es zwischen körperlichen und psychischen Zuständen eine »Beziehung« gibt? Sie bekämpft die Idee, daß wir uns bei unserem Wissen über andere nur auf empirische Verbindungen zwischen zwei Entitäten stützen. Diese Idee muß bekämpft werden. Aber Shoemaker tut dies, indem er meint, man könne eine Verbindung finden, die *stärker* ist als eine Korrelation. Und damit wird dieselbe Vorstellung von einer *Beziehung* übernommen, die zu der Notwendigkeit einer »stärkeren Verbindung« führte. Meiner Ansicht nach liegt diesem Vorschlag die Auffassung zugrunde, daß äußeres Verhalten durch Bezugnahme auf irgend etwas Inneres »erklärt« wird. Doch wo könnten wir je eine solche »Beziehung«, sei sie empirisch oder stärker, finden? Jemand kratzt sich, offensichtlich juckt es ihn. Wo hätten wir je eine Korrelation zwischen diesem Verhalten und etwas anderem beobachtet? Vielleicht bei uns selbst, wenn wir es bemerkten – etwa indem wir uns im Spiegel betrachteten. Aber erklären wir Kratzen, indem wir (*sehr* schnell) auf ein Jucken schließen (es konstruieren)? Was erzeugt die Vorstellung, daß es etwas »jenseits« (oder unter? *genau* unter) dem Kratzen gibt? (Natürlich *ist* da etwas genau unter etwas, aber ist das ein Jucken (was wir als solches bezeichnen)? Es könnte auch etwas sein, das erklärt, warum es uns juckt, und vielleicht auch, weshalb Kratzen hilft.) Wieso könnte »Er kratzt, weil es ihn juckt« eine Erklärung sein? Wenn man in *diesem* Sinn nicht weiß, warum Leute sich kratzen, dann weiß man nicht, was Kratzen ist, die Erklärung hilft also nicht. Der Säugling schreit: »Er hat Schmerzen«. Das kann eine Erklärung sein, wenn es z. B. bedeutet: »Diesmal ist es nicht Hunger (Einsamkeit, eine nasse Windel oder Angst)«. (Aber all das sind doch Formen von Schmerz. Gewiß, denn in all diesen Fällen soll das Schreien erklärt werden.) Oder es könnte heißen: »Ich erkenne *diesen* Schrei, etwas verletzt ihn«. Wir finden heraus, daß die offene Sicherheitsnadel der Windel in seinem Schenkel steckt. Sagen wir jetzt: »Er schreit, weil es ihm weh tut«? Möglicherweise. Wenn wir (etwa) meinen: »Ich hatte schließlich doch recht; ich kenne diesen Schrei«. Aber projizieren wir hier eine Korrelation zwischen dem Schreien und etwas, was dahintersteckt? Wo wären wir auf eine solche Korrelation gestoßen? (Gerade diese werden wir vermutlich nicht von uns selbst kennen (erinnern). Wir könnten sie allerdings jetzt an uns selbst ausprobieren, oder wir könnten per Induktion von anderen scharfen Objekten auf jenes schließen.) Der Säugling schreit, weil die Sicherheitsnadel der Windel aufgegangen ist oder jemand mal wieder dummerweise vergessen hat, sie richtig zu schließen. »Doch nur weil wir uns implizit auf unsere Theorie beziehen, daß das Schreien durch Schmerzen verursacht wurde, und auf den Hilfssatz, daß Nadeln, die in normalen lebenden Körpern stecken, Schmerzen verursachen.« – Wissen zu wollen, warum der Säugling schreit, heißt, wissen zu wollen, warum er Schmerzen hat. Wenn man nicht im allgemeinen weiß, daß Schreien Schmerz bedeutet, werden psychologische Theorien es uns auch nicht lehren.

Nehmen wir eine kompliziertere oder realistischere Form der Erklärung: Leute werden Psychiater aus einem Verlangen nach Intimität, die sie anders nicht ertragen, aus einer Neugier, die sie anders nicht befriedigen, aus einem Wunsch nach Macht, die sie anders nicht ausüben können, und manchmal auch, weil ihre Väter Ärzte sind. Was habe ich womit korreliert? Ist »Psychiater werden« eine ganze Wagenladung von Verhalten im Gegensatz zu den damit einhergehenden Gefühlen, für die ich die fehlenden Gefühle und Prozesse ergänze, wenn ich von Verlangen, Neugier und Wünschen spreche? Wie z. B. weiß ich, daß Neugier etwas ist, das nach Befriedigung verlangt, Intimität etwas, das nach Nähe sucht, und wie weiß ich oder kann ich mir vorstellen, daß die Praxis der Psychiatrie dem entgegenkommt? Wissen zu wollen, warum *er* Psychiater wird, heißt, wissen zu wollen, warum er so empfindet. Und worin könnte eine solche Erklärung bestehen, wenn nicht in der Darlegung einer Menge anderer Dinge, die er empfunden und getan hat? Warum sehen solche Darlegungen wie Geschichten aus? – Zweifellos würden nicht alle Psychologen solche Darlegungen als mögliche Kandidaten für Erklärungen akzeptieren. Aber im Gegensatz zu anderen Praktiken, die wir Wissenschaften nennen, hat man mitunter den Eindruck, daß die akademische Psychologie uns weniger mitteilt, als wir bereits wissen. Es hat den Anschein, als trenne nicht die Tatsache, daß sie weniger präzis und vorhersagend ist, die Psychologie von der Physik, ja selbst von der Volkswirtschaft, sondern der Umstand, daß sie nicht zu nutzen weiß, was wir bereits über ihre Gegenstände wissen. Zu den Schönheiten linguistischer Praxis gehört es, daß sie unser alltägliches Wissen über ihre Daten ganz ausreizt oder es tun sollte. Und das gehört auch zu den Schönheiten des Philosophierens der Alltagssprache oder sollte doch dazu gehören.

Wenn wir nun aber durch die Anwendung von Kriterien nicht ein Verhalten mit etwas anderem verbinden (sondern sozusagen das »andere« als etwas nehmen, das mit dem von uns so bezeichneten Verhalten gegeben ist), was *verbinden* wir dann mit Hilfe von Kriterien, und was ist das andere, wie können wir es »ergreifen«? Ich möchte sagen: Kriterien legen gleichzeitig dar, was er tut und was in ihm vorgeht. Besser noch: Sie erklären meine *Beziehung* zu dem, was in ihm vorgeht. – Und noch etwas will zum Ausdruck kommen: Mittels der Kriterien *beziehe* ich das, was geschieht, aufeinander, gebe dem Geschehen einen Sinn, indem ich ihm seine Geschichte zuordne, »ein Davor und ein Danach«. Was ich als etwas bezeichne, was ich als etwas *zähle*, ist eine Funktion dessen, wie ich es *aufzähle*, es erzähle. Und Erzählen ist Zählen. Es ist sicherlich nicht leicht, sich begreiflich zu machen, daß das Weben der Sprache hier mehr ist als Fortunas Hin und Her.

(Wenn wir dem, was wir als etwas bezeichnen, und dem, was wir als etwas zählen, noch die Vorstellung hinzufügen, daß wir etwas als so seiend behaupten, dann haben wir die Hauptmodi versammelt, in denen wir die Tatsache des Sprechens angeführt haben, die Arbeit, die Welt in Worte zu fassen; und wenn wir den Paaren erzählen und zählen, zählen und behaupten und behaupten und begrüßen oder beklagen, folglich verkünden und ankündigen, bloßstellen und verwerfen, zählen und aufzählen oder aufzählen und begründen, noch die Vorstellungen von zur Rechenschaft ziehen oder anklagen hinzufügen, somit entschuldigen und erklären und auch noch rechnen [*computing*] hinzufügen und somit in Verruf bringen [*reputing*] und bezichtigen [*imputing*], dann scheint es, als hätten wir uns auf den Gedanken zu bewegt, daß alles, was sich verständlich sagen läßt, das ist, was sich zu sagen lohnt. Unsere Übereinstimmung im Urteil, unser in den Kriterien zum Ausdruck kommendes Aufeinander-Eingestimmtsein wird damit ausdrücklich zu einer Übereinstimmung in der Wertung. Was sich also kommunizieren läßt, sagen wir eine Tatsache, hängt davon ab, daß wir in der Wertung übereinstimmen, statt umgekehrt. Darauf laufen unsere Sprechakte hinaus, oder daher kommen sie. Dieser Gedanke kam uns bereits zu Beginn unserer Betrachtung des Wittgensteinschen Begriffs eines Kriteriums, als wir nämlich konstatieren mußten, daß nach seinem Begriff das Aufstellen von Tatsachenaussagen anscheinend auf denselben Hintergrund von Notwendigkeiten und Übereinstimmungen verweist, wie Werturteile es ausdrücklich tun. Und er tritt wieder auf, wenn wir Austins Befunde erwägen, daß erkenntnistheoretische Klärungen, Klärungen unserer Wissensäußerungen einer Neugierde, einem Verdacht oder dem Wunsch entspringen können, den speziellen Grund zu erfahren, der eine Frage (wie die nach der Wirklichkeit des Gegenstandes) vernünftig macht. Ich denke hier an den speziellen Grund als dasjenige, was eine Frage lohnend macht. Der Gedanke des Wertens als Kehrseite des Behauptens wird uns im II. Teil noch beschäftigen, und zwar als das Problem, das sich dem Philosophen im »Nicht-Behauptungs-Zusammenhang [*non-claim context*]« stellt. Auch wenn der Gedanke auf diesen Seiten durchgängig präsent ist, wird er thematisch kaum behandelt. So wie ich den Gedanken verstehe, bedarf es dazu, wie ich es gerne nennen würde, einer näheren Untersuchung der Ästhetik der Rede und der Ökonomie. Im ersten Fall gelangen wir von der Tatsache, daß das zu verstehen, was jemand sagt, davon abhängt, daß man die in der Äußerung ausgedrückte Intention versteht, sowie von der Tatsache, daß diese Intention von dem abhängt, was man will, zu einer Perspektive, aus der die Reaktion auf die Äußerung eines anderen als Forderung nach einer Reaktion auf den Wunsch (des anderen) betrachtet werden muß. Wenn ich in meinen früheren Schriften das Thema der Moderne anschneide, dann verbreite ich mich über den Gegenstand der Kunst als einen, in dem die Verbindung zwischen Ausdruck und Begehren geklärt wird. In der Moderne können sich weder der Produzent noch der Konsument außer dem Begehren, daß der Gegenstand so sein möge, wie er ist, auf etwas anderes (Geschichte, Konvention, Genre, Form, Medium, Physiognomie, Komposition …) stützen, das den Wert oder die Bedeutung des Objekts sichert. Die daraus folgende Aufgabe der Kritik besteht nicht darin zu bestimmen, warum der Gegenstand so gut ist, sondern warum wir ihn so haben wollen – oder vielmehr, die Schwierigkeit liegt darin zu zeigen, daß diese Fragen immer zusammen auftreten. Es scheint daher, daß es ein moralisches und intellektuelles Gebot ist, das künstlerische Begehren mit Strenge und Skrupelhaftigkeit zu umgeben. Über das zweite (die Ökonomie der Rede) habe ich das eine oder andere in *The Senses of Walden* (S. 87 ff.) gesagt, wo ich darauf hinweise, daß das im Anfangskapitel von *Walden*, es trägt den Titel »Ökonomie«, eingeführte

Vokabular das für das Werk im ganzen grundlegende Vokabular ist, was impliziert, daß die Frage des wahrhaft Notwendigen, ein Eröffnungsthema, das sich schon in Platons *Politeia* und in Rousseaus *Contrat social* findet, ebensosehr darauf richtet, was wir zu sagen haben, wie danach, was wir zu tun haben; und so wie Thoreau die Frage begreift, ist das eine aufgrund des anderen der Fall. Nach meiner Version der Thoreauschen Antwort fühlt er sich in seinem Schreiben tatsächlich dazu berufen, alles zu erzählen und nichts zu sagen. (Wenn wir in der Vorstellung, daß Werten ein Behaupten unterstreicht, die Vorstellung sehen, daß das Interesse im allgemeinen das Erzählen oder Sprechen beeinflußt, dann können wir sagen, daß man sich genau in dem Maße der Unsinnigkeit überantwortet, sich selbst verdummt, wie man über Dinge spricht, die keinerlei Interesse für einen haben – und auch genau auf diese Weise über sie spricht –, oder wie man etwas sagen hört, ohne sich vorstellen zu können, daß dem Sprecher wirklich etwas daran liegt, in der Weise daran liegt, wie er sich tatsächlich darum sorgt.) (Natürlich kann man selbst schuld an diesem Mangel an Interesse sein, man hat sich möglicherweise selbst zur Langeweile verdammt.) Ich betrachte diese Überantwortung weniger als eine Form von Demenz, sondern eher als eine Form dessen, was Amenz heißen sollte, nämlich als eine Form von Gedankenlosigkeit. Es scheint nicht undenkbar, daß der Großteil einer ganzen Kultur, nennen wir ihn den öffentlichen Diskurs der Kultur, die Kultur, die laut über sich nachdenkt und folglich glaubt, sie würde Philosophie von sich geben, zügellos dumm werden könnte. In einem solchen Fall würde man nicht sagen, der Kaiser hat keine Kleider; zum Teil, weil man in Wirklichkeit sagen möchte, daß es keinen Kaiser gibt, aber mehr noch, weil in beiden Fällen einen niemand verstehen würde. (Die vorangegangenen Bemerkungen in Klammern wurden 1978 hinzugefügt, während ich an der Endredaktion dieses frühen Materials saß und mir bewußt wurde, daß so etwas wie die Ökonomie der Rede, eine Materie, in die ich immer noch nicht sehr weit eingedrungen war, unter anderem bei Literaturwissenschaftlern im

Kommen ist. Siehe z. B. die Einleitung in Marc Shells *The Economy of Literature*. Wer wie ich noch hinterherhinkt, dem sei die Lektüre von Heideggers »Nietzsches Wort: ›Gott ist tot‹« empfohlen, in dem sich auch einige Paragraphen zu der Frage »Warum ist Nietzsches Metaphysik eine Metaphysik des Wertes?« finden.)

Um an der Vorstellung einer Beziehung (verstanden als Beziehung zwischen zwei »Gegenständen«) vorbeizukommen, reitet Wittgenstein auf Formeln wie »Das *bezeichnen* wir unter bestimmten Umständen …« herum und fragt: »Worin besteht so-und-so?« Wenn ich mich nicht täusche, dann leistet vor allem ein zentrales Verfahren, mit dem er behavioristische Ängste oder Bestrebungen abwenden wollte, dem Eindruck Vorschub, er sei Behaviorist. (Wittgenstein will nicht an jeder Vorstellung von »Beziehung« vorbeikommen. An einem von mir zitierten Punkt bezeichnet er die Beziehung zwischen Körper und Seele als »das beste Bild von«. Doch das hat noch keinen großen Erklärungswert.)

Nehmen wir eine Bemerkung, die nach einer behavioristischen Deutung zu schreien scheint: »Ein ›innerer Vorgang‹ bedarf äußerer Kriterien« (§ 580). Nach meiner Erfahrung wird jemand, der die Vorstellung des Behaviorismus ablehnt, diese Stelle als Beweis dafür anführen, daß Wittgenstein dogmatisch und unwissenschaftlich ist. Wer hingegen die Vorstellung des Skeptizismus ablehnt, wird sich gedrängt fühlen, den Dogmatismus zu verteidigen. Der erste hält den zweiten für blind (denn gleichgültig, welche Kriterien man hat, sie sind, sozusagen intellektuell, nicht näher an den eigentlichen Vorgängen dran als Symptome); der zweite hält den ersten für blind (denn offensichtlich *leisten* Kriterien irgend etwas, was bloße Symptome nicht leisten; sie führen uns näher an das heran, was tatsächlich vor sich geht.) Warum Wittgenstein Bemerkungen macht, die zu so einengenden Interpretationen Anlaß geben, ist eine Frage seines Stils und damit seiner philosophischen Motivation. In diesem Fall ist die Technik, grob gesagt, diese: Den Hintergrund der Aussage, auf die hier reagiert wird, bildet der Umstand, daß Leute (Philosophen) zu sagen geneigt sind, Erinnern, Denken oder Meinen usw. seien innere Vorgänge, als würde das etwas erklären. Die Mitteilung ist die, daß, solange keine Kriterien aufgestellt werden, in deren Licht man in einem bestimmten Fall etwas für einen »inneren Vorgang« hält, man nichts gesagt hat (»es ist ein Bild« usw.). Doch der unmittelbare Zusammenhang der Aussage scheint diese Mitteilung zu enthalten: Hat man erst einmal Kriterien aufgestellt, wird man sehen, daß es sich um bloß äußere handelt, und damit ist gerade das bedroht, was sie zeigen sollten, immer vorausgesetzt, man bekommt die Kriterien richtig auf die Reihe; in dem Sinne, in dem wir es wissen wollten (und vielleicht entstand dadurch das »Bild«), können wir es niemals wissen.

Was ist ein »innerer Vorgang«? Damit wir sehen, daß diese Frage gestellt werden muß und daß wir an ihr vorbeigehen, hat Wittgenstein meiner Ansicht nach den Ausdruck in Anführungszeichen gesetzt. Er meint nicht einfach, daß du wissen oder dir dessen bewußt sein kannst, was in dir vorgeht, während ich es nicht weiß oder mir dessen nicht bewußt bin, und daß, damit ich es weiß, du irgendwelche Zeichen geben mußt, die mich davon in Kenntnis setzen. Das, oder etwas in diesem Sinn, *ist* offensichtlich; zu offensichtlich, als daß sich daraus eine These machen ließe. Daß es keine These ist, daß es *diese* Offensichtlichkeit aufweist, ist die Quelle für die Kraft der skeptischen Position. Die Frage, von der Wittgenstein möchte, daß wir sie stellen, lautet etwa so: Wenn du Zeichen gegeben hast und ich die Gelegenheit hatte, von deinem Innenleben in Kenntnis gesetzt zu werden, *weiß* ich es dann wirklich (weiß ich *es*), oder stammen die Zeichen aus einer Quelle, die ich niemals überprüfen kann, und bedeuten sie folglich etwas, was ich nie wissen kann? (Das Bewußtsein eines anderen als Gott.)

Wittgensteins Bemerkung ist von Paragraphen umgeben, die den Begriff des »Erwartens« untersuchen. Ein Paragraph beginnt mit dem Satz: »Erwartung ist, grammatikalisch, ein Zustand« (§ 572). Das mag überraschen, denn wenn wir uns fragen, was es heißt, etwas zu erwarten, würden wir eher sagen, es sei ein mentaler *Vorgang* (als wäre das erste Beispiel, das sich uns ganz von selbst aufdrängt, dies, daß jemand eine Flamme beobachtet, die sich einem Explosivstoff nähert oder einem Finger, und dann deuten wir diesen (physikalischen) Vorgang als das Modell des Erwartens). Schon das könnte heißen, daß die Bemerkung über »äußere Kriterien« nicht dazu gedacht ist, uns vor der großen allgemeinen Schwierigkeit bei der Prüfung, ob jemand ein Innenleben hat, zu warnen, und auch nicht dazu, uns sogar noch etwas Festeres als nur einen Beleg dafür zu liefern, sondern eher dazu zu erwägen, *was* wir über dieses Leben sagen, was »Belege« für die Sorte Ding *wären*, die wir diesem Leben zuschreiben, und hier insbesondere zu erwägen, daß die Belege, da »Erwartung« ja ein Zustand und kein Vorgang ist, für das eine oder andere grammatisch verschieden sein müssen. Wenn wir daher, wie es im Nachdenken über diese Fragen geschieht, zu dem Schluß kommen, daß wir nicht wirklich wissen können, ob jemand etwas oder jemanden erwartet, dann besteht eine Möglichkeit, das Problem zu untersuchen, darin, uns zu fragen, *was* wir denn über den anderen nicht wissen. Oder, falls wir uns davon überzeugt haben, daß es kein weiteres Problem gibt, etwa indem wir uns sagen, daß wir praktisch mit Gewißheit oder nahezu mit Gewißheit wissen können, daß er etwas erwartet, dann sollten wir uns fragen, *wessen* wir uns nahezu gewiß sind.

Erwartung, so haben wir erfahren, ist keine Empfindung: Sie ist ein Zustand »wie: einer Meinung sein, etwas hoffen, etwas wissen, etwas können« (§ 572):

> Ein Zustand wessen? Der Seele? Des Geistes? Nun, wovon sagt man, es habe eine Ansicht? Vom Herrn N. N. zum Beispiel. Und das ist die richtige Antwort.
>
> Man darf eben von der Antwort auf die Frage noch keinen Aufschluß erwarten. Fragen, welche tiefer dringen, sind: Was sehen wir, in besonderen Fällen, als Kriterien dafür an, daß Einer die und die Meinung hat? Wann sagen wir: er sei damals zu dieser Meinung gekommen? Wann: er habe seine Meinung ge-

ändert? Usw. Das Bild, welches die Antworten auf diese Fragen uns geben, zeigt, *was* hier grammatisch als *Zustand* behandelt wird. (§ 573)

Welches Bild erhalten wir vom Erwarten, wenn wir diese Fragen beantworten: »Was nennen wir (= wann sagen wir (plus Aussageform)), zu einer düsteren, geringen, unrealistischen Erwartung gelangt zu sein; eine Erwartung aufzugeben, zu vergessen oder von ihr abgelenkt zu sein; große Erwartungen zu hegen oder zu bilden; das Himmlische Königreich, eine Belohnung, eine Zurechtweisung, eine Explosion zu erwarten?« Es ist das Bild einer Position, zu der man gelangt, in die man hineingleitet, in der man sich wiederfindet oder aus der man sich zurückzieht und die in verschiedensten Haltungen eingenommen wird, eine Position von der aus und der gemäß ein Ziel ins Auge gefaßt wird; es gibt einen sichtbaren Weg zum Ziel, aber man bewegt sich, im Gegensatz zu Zuständen des Ehrgeizes oder des Strebens, vom Ziel herkommend auf die Position zu, von der aus das Ziel in den Blick genommen wird. Ist dies ein *seelischer* Zustand? Nicht wenn Betrübnis, Aufregung und Schmerzen seelische Zustände sind (*Untersuchungen*, ungezählter Paragraph, S. 315). Ist es ein Zustand der Seele? Nicht wenn Glückseligkeit oder Verderbtheit (oder Neid? Trägheit? Nächstenliebe?) Zustände der Seele sind. Erwartungen haben (grammatisch) nicht dieselbe Geschichte wie etwa Depressionen (die einen »einfach überfallen« oder durch eine zufällig Bemerkung oder Geste »ausgelöst« werden können und bei denen jede Bewegung vom Ziel aus erstarrt ist); oder wie der Glaube (der von einem Anblick ausgehen kann, durch den man vom Pferd stürzt, und bei dem Ziel und Position zusammenfallen).

Ob diese psychischen Charakteristika als Seinsweisen oder Bewußtseinszustände oder Geistesverfassungen (Stimmungen?), als Charakterzüge oder, je nach Umständen, als verschiedene »Objekte« betrachtet werden (vgl. §§ 577, 585), das zu bestimmen liegt weder in meiner Absicht, noch erscheint es mir zweckdienlich. Mir lag bloß daran zu sagen, welche Art von Bedeutung solchen Fragen zukommen könnte. (Warum sagt Wittgenstein, daß die richtige Antwort, »Vom Herrn N. N. zum Beispiel«, nicht erhellend ist und andere Fragen »tiefer dringen«? Er ist davon so unbefriedigt, wie Sokrates davon unbefriedigt ist, daß er auf seine Fragen nur Beispiele statt Definitionen erhält. Wie Sokrates möchte er wissen, was das fragliche Ding *ist*, auch er sucht nach dem *Wesen*. Nur sieht er, daß wir nicht mehr hinter Definitionen her sind, sondern die Grammatik untersuchen.)

Warum würden wir ferner eine jede solche Gegebenheit als »innere« bezeichnen? Wenn wir Kriterien brauchen und haben, die innere Zustände von inneren Vorgängen usw. unterscheiden, dann brauchen und haben wir Kriterien, um zu sagen, daß ein Phänomen überhaupt ein *inneres* ist, sofern wir irgend etwas damit meinen, wenn wir das Phänomen für ein inneres halten. Philosophieren neigt dazu, den Unterschied zwischen Innerem und Äußerem für offensichtlich zu halten (Kant beispielsweise hielt Gehalt und Stärke der Unterscheidung zwischen »innerem Sinn« und »äußerem Sinn« für ebenso selbstverständlich wie seine britischen Vorgänger den Unterschied zwischen dem »Eindruck von Vorstellungen« und dem »Eindruck der inneren Wahrnehmung«), für so offensichtlich wie welcher Raum der innere ist, welches Kleidungsstück das äußere. Aber warum halten wir einen Zustand (etwa der Seele) für einen *inneren*? Warum halten wir die Bedeutung eines (irgendeines besonderen) Gedichts für eine innere? (Könnten wir nicht irgendeinen Zustand eines physikalischen Objekts für einen inneren halten? Vielleicht nicht seine Härte; aber doch seinen Magnetismus oder seine Radioaktivität?) Was zur Seele gehört, wird für etwas Inneres gehalten. Aber warum? »Innen« bedeutet zum Teil so etwas wie unzugänglich, verborgen (wie ein Raum). Aber es bezeichnet auch etwas immer *Gegenwärtiges* wie die Atmosphäre oder die Herztätigkeit. Woran ich hier denke, schlägt sich in Ausdrücken wie »innere Schönheit«, »innere Überzeugung«, »innere Stärke«, »innere Ruhe« nieder. Damit wird gesagt, je tiefer eine Eigenschaft die Seele durchdringt, desto offensichtlicher ist sie. (Vgl. Neid als ein heftiges Gefühl und als einen Zustand der Seele.)

Wie schon bei näherer Betrachtung einiger Teile der Grammatik von Schmerz merke ich wiederum, daß ich nicht so sehr daran interessiert bin zu fragen, ob ich weiß, daß irgend etwas oder jedenfalls das, was *ich* sage, wirklich in dem anderen vorgeht. Es könnte aber sein, daß mein praktisches oder geistiges Interesse an seiner Befindlichkeit mich von jener vorausgehenden oder eventuell, so sie gegenwärtig ist, verheerenden Frage ablenkt. Ich mag »nicht sehr daran interessiert sein«, so wie ich mich auch für einige Probleme bezüglich der Existenz der Außenwelt nicht weiter interessiere, wenn doch das, worüber ich nachdenke, die eigentlich interessanten, wissenswerten Dinge sind und die interessanten Wege, wie ich zu diesem Wissen gelangen könnte, und die faszinierenden Verwendungen, die ich von dieser Macht machen kann. Doch hat kein Philosoph jemals behauptet, und sollte es auch nicht, daß man immer und überall an der skeptischen Frage interessiert ist; daß sie jederzeit lebendig ist. Wir stünden recht kümmerlich da, wenn es so wäre, und der Skeptiker weiß das und trägt dem Rechnung. Das Problem ist, ob sich die Frage jemals rational stellt und ob sie, wenn sie sich gestellt hat, jemals rational zu beantworten ist.

Kann sie sich nicht unmittelbar aus dieser Bemerkung Wittgensteins ergeben, die wir gerade im Blick haben? Was immer uns Kriterien mitteilen, indem sie den Zustand des anderen (den Vorgang usw.) identifizieren, sie sind immer noch *äußere*. – Äußere im Gegensatz zu was? Was wäre ein inneres Kriterium? – Vielleicht nicht im Gegensatz zu einem inneren *Kriterium*, aber zu *etwas* Innerem. – Man nenne etwas.

Versucht man, aus der Bemerkung (»... bedarf äußerer Kriterien«) eine These zu machen, fängt man an zu babbeln. Nun, auch Gebabbel hat seine Grammatik. Wieso kommt es hier dazu? Wir beginnen mit der Vorstellung, daß Kriterien uns sehr spezifische Sachen darüber mitteilen, was in dem anderen vorgeht, und wir enden damit, daß sie uns mitteilen sollen, daß das *eine oder andere* vorgeht. Wir wollen *weniger* von ihnen, als sie leisten.

Ich meine: »Äußere« *besagt*, daß »das eine oder andere« da drinnen ist. Für sich genommen raubt das Wort dem Begriff eines Kriteriums nichts von seiner Macht und fügt auch nichts hinzu. Eine falsche Vorstellung des Inneren bringt jedoch eine falsche Vorstellung des Äußeren hervor. Ein stadtauswärts fahrender Zug startet *von* irgendwo, ein nach außen gestellter Fuß zeigt vom anderen Fuß weg, d. h. weg von der Mitte des Körpers. Und angenommen, man hätte »äußere« im Sinne von »außen« verstanden. Dann gilt dasselbe. Nicht alle Orte sind außen, nur jene, die weiter weg sind als andere und weniger weit als der äußerste; nicht alle Büros sind innen, nur solche, die von außen gelegenen umgeben sind. Die Vorstellung von »äußere« hält meine Position in bezug zu einer Mitte fest. Wenn mir die Mitte entschwindet, sind die Kriterien nicht länger äußere.

Begreife ich den von mir eingenommenen Raum als außen gelegen, dann muß ich mir für den anderen einen inneren Raum vorstellen, den ich möglicherweise nicht betreten kann. Den möglicherweise *niemand* betreten kann, denn *er* hat ihn nicht *betreten*. – Ist dies nichts? Eine Torheit der Einbildungskraft? Aber es findet sich doch überall dargestellt, angefangen von Michelangelos Gott, der nach vorne gebeugt seinen Finger dem schlaffen Finger des gerade erschaffenen Adam entgegenstreckt, um sein Werk zu vollenden, bis hin zu Frankenstein, der das Podest, auf dem sein Monster festgeschnallt ist, dem Gewitterhimmel entgegenfährt, damit der Blitz in sein Geschöpf einschlägt. Nicht sie treten in den Körper ein, sondern das Leben. Diese Augenblicke scheinen uns verständlich. Ja, wir könnten sogar zu verstehen beginnen, warum Theologen immer wissen wollten, wann *genau* die Seele in den Körper eintritt. Und natürlich kann alles, was eintritt, auch wieder austreten.

Aber daß *ich*, in meinem Wissen von ihm, Kriterien anwenden muß, wird man doch kaum bestreiten; er tut es nicht. Und ist es nicht ebenso unbestreitbar, daß das Wissen, das er hat, das Wissen, das ich aus den Kriterien gewinne, wie einen mageren Ersatz aussehen läßt? Im Vergleich geradezu wie ein Nichts.

An solch einer Stelle erwartet man meiner Ansicht nach, daß Wittgensteins Antwort darauf hinauslaufen muß, daß es hier nicht um einen *Vergleich* gehen könne, da der andere überhaupt nicht *wisse*, was in ihm vorgeht. Selbstverständlich habe er keine Verwendung für Kriterien; seine »Position« sei jedoch nicht besser, sondern bloß verschieden, bloß anders. »Von mir kann man überhaupt nicht sagen (außer etwa im Spaß), ich *wisse*, daß ich Schmerzen habe« (§ 246). Diese Antwort reagiert auf die Vorstellung, daß man von anderen Leuten, obwohl sie häufig wissen, wann ich Schmerzen habe, nicht sagen kann, sie wüßten es »mit der Sicherheit, mit der ich selbst es weiß« (ebd.). Darauf scheint mir Wittgensteins Antwort überzeugend. (An was für einen Spaß denkt er hier? An etwas wie eine Untertreibung, so als sagte man von Newton oder Leibniz, sie würden die Differentialrechnung kennen. Oder an bekannte Komödienstellen, etwa diejenige aus *As You Like It*, wo die (verkleidete) Rosalind auf Orlandos Frage »Wird aber meine Rosalind es tun?« antwortet: »Bei meinem Leben, sie wird es ebenso tun wie ich.«) Impliziert ist hier, daß meine Beziehung zu meinen eigenen Schmerzen tiefer, enger ist als Gewißheit. (Von diesem Punkt läuft ein Strang zu der Frage, wie die »Beziehung zu sich selbst« zu verstehen ist. Wer sind die Gestalten, auf die in solchen Formen wie »Ich weiß, daß ich Probleme mache«, »Ich versuchte, mir einzureden, daß es keine Rolle spielt«, »Ich war von mir selbst enttäuscht«, »In der Liebe, die ich bei ihr suchte, sehe ich mich selbst, wie ich bin, und was ich da sehe, entsetzt mich«, »Ich konnte mich nur mit Mühe zurückhalten« und »Jetzt bin ich mit mir eins« Bezug genommen wird?) Was Wittgensteins Antwort hier so überzeugend macht, sind vielleicht die spezifischen Quantitäten in »wissen, was Schmerz ist«, die nicht der Vorstellung des »von sich selbst Wissens« im allgemeinen entsprechen.

Es ist richtig zu sagen, »Ich weiß, was du denkst«, und falsch: »Ich weiß, was ich denke.«

(Eine ganze Wolke von Philosophie kondensiert zu einem Tröpfchen Sprachlehre.) (S. 565)

Das finde ich weitaus weniger überzeugend, ich bin immer noch unter einer Wolke. Ich glaube zu wissen, was es heißen soll: Es ist nicht bloß so, daß ich mich nicht anschauen muß, um zu sehen oder zu erfahren, ob ich denke; ich mache auch sozusagen keine Inventur der Inhalte meines Bewußtseins und bestimme nicht, ob sie da drin sind. Und dennoch wäre es korrekt zu sagen: »Was du da sagst, klingt mir immer noch nicht richtig. Ich habe weiterhin dieses Bedenken – ich kann meine Finger nicht so richtig darauf legen. – Ah, ja, jetzt habe ich es, ich weiß, was ich denke …« Es ist immer noch richtig, daß »ich weiß« zu sagen hier nicht im Gegensatz zu »ich glaube« oder »ich zweifle« steht. Aber steht es nicht im Gegensatz zu »ich weiß nicht«, »ich kann es nicht sagen« oder »ich kann es nicht entscheiden«? (Welche Wolke der Philosophie? Die aus dem cartesianischen Brunnen? Descartes gelangte nicht zu dem Wissen, daß er denkt (obwohl wir sagen könnten, er gelangte zu dem Wissen, daß er ein denkendes Etwas ist). Was er entdeckte, war ein Stück Grammatik, nämlich daß er nicht einmal versuchen konnte, daran zu zweifeln, daß er zweifelte. Aber warum könnte man dann nicht meinen, hier habe man einen noch stärkeren Felsen, um darauf das Wissen um die eigene Existenz zu gründen? Nun, der Fels ist nicht so sehr Wissen meiner selbst und auch nicht das Wissen darum, was da in mir vorgeht (z. B. etwas denkt); es geht hier gewissermaßen nur um meine Existenz. Statt »Cogito ergo sum« zu sagen, hätte er einfach »Sum« sagen sollen und von da aus weitergehen. Manchmal tut er es auch.)

Und wenn es um Bereiche der Psyche wie Neid, Nächstenliebe, Ehrgeiz, Selbstzerstörung, hinter Zärtlichkeit verborgene Kälte, hinter Aktivität verborgene Einsamkeit, hinter Urteilskühle verborgener Haß oder hinter Intellektualität verborgene Getriebenheit … geht, kann das mangelhafte Wissen von sich selbst völlig im Gegensatz dazu stehen, was man von sich selbst glaubt. Meine Situation ist dann nicht die, daß ich keine Kriterien für solche Zustände brauche, sondern, daß ich mir gerade die nicht eingestehe, die ich habe. Meine Beziehung zu mir selbst läßt sich dann darin ausdrücken, daß ich sage, ich kenne mich nicht. Der Ausdruck »gerade nicht eingestehe« verweist darauf, daß man sagen kann, ich *will* mich nicht kennen – will die Stücke nicht zusammensetzen, vermag es nicht oder sehe nicht, wie das geschehen könnte. Und wenn ich sie zusammenfüge, dann vollzieht sich in mir kein Übergang von Ungewißheit zu Gewißheit (ich war mir vielleicht auch vorher ziemlich gewiß), ich trete vielmehr aus der Dunkelheit ins Licht. Im Liniengleichnis erscheint Wissen als ein Stadium, das auf demselben Teilabschnitt liegt wie Glauben, nur ein Stück weiter; das Höhlengleichnis siedelt diese Zustände auf verschiedenen Ebenen an. Beiden Bildern liegt aber dieselbe Vorstellung zugrunde: die des Weges.

Was ist also die Quelle der Vorstellung, seine Position sei besser und nicht bloß anders als meine; daß meine im Vergleich dazu nichts ist? Es scheint, daß, wenn ich ihn kennen will, ich wissen will, *was er weiß*. Und sobald dies erst einmal fraglich ist, genügt es nicht, darauf hinzuweisen, daß er es nicht *weiß*:

Was soll es denn heißen – außer etwa, daß [er] Schmerzen [hat]?

Man kann nicht sagen, die Andern lernen [seine] Empfindung *nur* durch [sein] Benehmen, – denn von [ihm] kann man nicht sagen, [er] lernte sie. ... [Er hat] sie. (§ 246)

Man übersieht leicht, welche Tiefe darin liegt. In der Behauptung »Ich lerne seine Empfindung nur durch sein Benehmen«, die so offensichtlich wahr zu sein scheint, ist das »nur« nichtssagend (»leerlaufend«, »feiernd«), und in dem Maße ist auch die Behauptung nichtssagend. (Was bedeutet »in gewissem Maße nichtssagend«? Sagen wir, die Behauptung sei nicht vollständig geschlossen.) Und dennoch schien die Wahrheit der Behauptung darin zu liegen, daß sie, sozusagen, *ganz* oder *vollständig* offensichtlich ist.

Meiner Ansicht nach sollte uns diese Erkenntnis zwar erschüttern; aber nicht stumm machen. Es kann so aussehen, als sei es eine bloße Sache der Worte; ein Zufall der Sprache; irgend etwas in der Art des von uns mit unserer Äußerung Gemeinten muß wahr sein. Wir setzen nicht einfach Behauptungen in die Welt, die ganz offensichtlich sind, ein bloßes Bemerken des Selbstverständlichen, um dann zu entdecken, daß ihre Bedeutung sich durch ein nicht geschlossenes Element auflöst. Und wenn diese Behauptung »falsch« ist, dann ist sie es zweifellos nicht offensichtlich; sie ist zum Beispiel nicht sinnlos. Wir wollten sie aufstellen; und wahrscheinlich wollen wir es immer noch; die Tatsachen scheinen dafür zu sprechen. Tatsache ist doch, daß ich seine Befindlichkeit kennenlerne und kennenlernen muß, und wie anders könnte ich es tun, wenn nicht durch sein Benehmen? Und Tatsache ist auch, daß er sie zweifellos nicht *lernt* (wenn es sich um Schmerz handelt), er ist sich dessen ja *bewußt*. – Doch wenn du es weißt, dann bist du dir dessen bewußt! – Nicht so wie er, nicht unmittelbar! – Aber was heißt, sich dessen bewußt sein, wenn es nicht unmittelbar so ist?

Es ist derselbe alte Zirkel. Aber diesmal haben wir ihn vielleicht soweit verlangsamt, daß wir sehen können, was der Grund des Ärgernisses in solch einem Schlagabtausch ist. Es sieht so aus, als würde Wittgensteins Antwort etwas leugnen, so etwas wie »Er hat es; ich habe es nicht«; etwas so Offensichtliches. Wittgenstein erkennt diese Tatsache in bezug auf das Philosophieren: »Warum macht es denn den Eindruck, als wollten wir etwas leugnen?« (§ 305) Das ist aber noch ärgerlicher, wenn wir darunter verstehen: »Offensichtlich leugne ich gar nichts«, d. h., wenn wir es für eine rein rhetorische Frage halten. Und wenn wir, über die großäugige Unschuldserklärung hinaus, in der Frage die Aufforderung sehen, wir sollten eine psychologische Erklärung dafür suchen, wieso wir so verrückt sind, ihm zu unterstellen, er würde das Offensichtliche leugnen, dann könnte man aus der Haut fahren. Ich will nicht gerade sagen, Wittgensteins gewohnheitsmäßiges Stellen solcher Fragen sei niemals rhetorisch, denn das würde die Tatsache unterschlagen, daß er sehr bemüht ist, seinen Fragen einen rhetorischen Anstrich zu verleihen. Ich möchte vielmehr sagen, daß er es uns überlassen möchte, ob wir sie so verstehen wollen, daß er es uns schwermachen will zu sehen, daß sie nicht rhetorisch verstanden werden müssen und daß er die Fragen statt dessen ernsthaft stellt, sie sich selbst stellt und uns auffordert, es ebenfalls zu tun. Dieses literarische Verfahren beinhaltet hier, daß es schwer fällt zu erkennen, ob eine solche Frage wirklich gestellt werden muß, daß es schwierig ist, sie ernsthaft zu stellen.

Mit Erstaunen erinnert man sich, wie viele Philosophen der Neuzeit das Offensichtliche anscheinend geleugnet haben und dann leugneten, daß sie es taten. Nichts ist bezeichnender für die Position des Skeptikers. Selbst wenn er sagt, »zu praktischen Zwecken« usw. wüßten wir es, scheint irgend etwas Verzweiflungsvolles darin zu liegen. Und wenn ein Positivist sagt: »Wir leugnen nicht, daß moralische oder religiöse Aussagen irgendeine Art von Bedeutung haben, eine Art, der die meisten Menschen größte Wichtigkeit beimessen; wir leugnen bloß, daß sie eine kognitive Bedeutung haben« – dann scheint das nicht nur eine bequeme Definition zu sein, was allein legitim wäre, es scheint auch den Aussagen, denen wir eine große Bedeutung beimessen, die Seele zu nehmen. Meiner Ansicht nach reagiert Hume darauf, wenn die Sprecher, die den *Dialog über natürliche Religion* eröffnen, dessen Gegenstand als einen charakterisieren, der zwischen Offensichtlichkeit und Dunkelheit schwankt und in dem die Humeschen Protagonisten das, was der andere sagt, beständig leugnen oder bekräftigen. Und man denke nur daran, wie oft Berkeley meint, bestreiten zu müssen, er würde leugnen, was gewöhnliche (oder mit höheren Weihen versehene) Leute sagen und glauben:

Einige Leute meinen, daß Argumente für die wirkliche Existenz der Körper, obwohl sie sich auf die Vernunft stützen, nicht als schlüssige Beweise betrachtet werden dürfen, doch (erstens) äußert sich die Heilige Schrift in dieser Sache so unmißverständlich, daß jeder gute Christ sich hinreichend davon überzeugt sieht, daß Körper wirklich existieren und mehr sind als bloße Ideen; berichtet doch die Bibel von unzähligen Ereignissen, in denen ganz offensichtlich die Realität von Holz, Steinen, Bergen und Flüssen angenommen wird. Darauf *ant-*

> *worte* ich, daß keine Schrift, sei sie nun heilig oder profan, die diese und ähnliche Worte in der gewöhnlichen, einen Sinn enthaltenden Verwendung gebraucht, fürchten muß, daß ihre Wahrheit von unserer Lehre in Frage gestellt wird. Daß all diese Dinge wirklich existieren, daß es *im gewöhnlichen Sinn* des Wortes Körper gibt, ja sogar körperliche Substanzen, hat sich als durchaus vereinbar mit unseren Grundsätzen erwiesen (Berkeley, *Principles of Human Knowledge*, Abschnitt 82).

Ist es *das*, von dem wir, bevor er schrieb, meinten, wir wüßten oder wollten wissen, daß es einen *Sinn* gibt, in dem Dinge wirklich existieren? Berkeley versichert uns, wir wüßten a priori, daß die Welt, die Welt der Objekte, zweifellos da ist. Wie können wir dessen nicht versichert sein?

Wodurch entsteht der Eindruck, Wittgenstein leugne etwas? Was im einzelnen scheint er zu leugnen? Nicht, wie er nicht müde wird zu sagen, daß »Der andere seine Empfindungen hat; ich nicht«, oder jedenfalls nicht, daß »Er möglicherweise leidet, während ich nicht leide«. Die Wahrheit dieser Behauptung leugnet er nicht, nur ist das auch nicht die Aussage, bei welcher der Skeptiker stehenbleibt. Der Skeptiker fährt fort, etwas darüber zu sagen, was der andere weiß, und darüber, ob ich es wissen kann. Und er meint, das müsse dieselbe Offensichtlichkeit haben wie die Tatsache, daß der andere leiden könnte und ich nicht. Tatsächlich könnte man sagen, er hält es für dieselbe unbestreitbare Tatsache. Das aber ist nicht das, was Wittgenstein bestreitet. Er bestreitet, daß der Skeptiker irgend etwas *bekräftigt* hat; des Skeptikers Worte sind leer, nicht geschlossen genug. Doch *das* ist nicht das, was ein Philosoph für das Verneinte hält – daß er irgend etwas *gesagt* hat. So gewinnt er den Eindruck, den stärkstmöglichen Eindruck, daß die offensichtliche *Tatsache* verneint wird, die er zu bekräftigen meint.

Wie konnte es geschehen, daß ich, wo ich doch *ihn* wissen wollte, dies so deute, als wollte ich, »was er weiß«, wissen? Zunächst sollten wir näher klären, welche Vorstellung wir von »seinem Wissen« haben. Was soll der andere nach unserer Vorstellung wissen, wenn er beispielsweise sagt, er erwarte jemanden? Oder: Da seine Aussage die Frage nicht entscheidet, wollen wir lieber ein Beispiel wählen, das wir alle normalerweise als »erwarten« bezeichnen (etwa das von Wittgenstein verwendete Beispiel, in dem jemand beobachtet, wie eine Flamme sich einem Explosivstoff nähert), und dann fragen, was er unserer Meinung nach dabei erlebt. Uns allen werden einige mehr oder weniger charakteristische Empfindungen, Spannungen usw. einfallen, die mit der in einem solchen Fall auftretenden Konzentration, Antizipation und Befreiung einhergehen. Ich bin hier nicht an Wittgensteins wiederholt geäußertem Punkt interessiert, daß keine besondere Empfindung (in diesem Fall ein Kandidat für »die Empfindung des Erwartens«) vorliegen muß, ich möchte vielmehr sein gleichermaßen häufiges Zugeständnis betrachten, daß es für solche Begriffe charakteristische Empfindungen gibt. Stelle dir eine solche charakteristische Empfindung vor; und nun stell dir vor, während du dir eines morgens das Gesicht wäschst, läßt du die Seife ins Waschbecken fallen und wirst plötzlich von dieser Empfindung überfallen, die charakteristisch ist für das Beobachten, wie eine Flamme sich einem Explosivstoff nähert. Bemerkt jemand deine Anspannung und fragt, »Was ist denn los?«, dann wirst du vermutlich nicht antworten: »Ich warte auf die Explosion.« Vielleicht wirst du sagen: »Ich habe diese seltsame Empfindung, daß irgend etwas gleich explodieren wird«. Warum aber ist die Empfindung *seltsam*? Wir haben uns doch nur eine gewöhnliche, für das Erwarten charakteristische Empfindung vorgestellt. Nun, das Seltsame entspringt offensichtlich dem Umstand, daß es *da* geschieht, wo du die Empfindung des Erwartens hast, obwohl du tatsächlich gar nichts erwartest (i. e. unter diesen Umständen gibt es nichts *zu erwarten* (vgl. § 581)).

Was also weiß die Person selbst, was wir nicht wissen oder nicht wissen können? Daß es unter diesen Umständen seltsam ist? Was die besondere *Qualität* des Erlebnisses ist? Vielleicht wissen wir wenig oder gar nichts davon, und vielleicht wissen wir etwas oder alles. Wie wir es wissen oder nicht wissen, beschäftigt mich hier nicht. Betonen möchte ich vielmehr, daß nicht sein Wissen von solchen Dingen allein ihn veranlaßt zu sagen oder nicht zu sagen: »Ich erwarte …«. Was ist darüber hinaus nötig? Man könnte sagen: das Vorliegen von Umständen, unter denen jeder, im Lichte unserer gewöhnlichen Kriterien für »erwarten«, sehen könnte, wie es, *welches* Erlebnis er auch haben mag, unter *diesen* Umständen darauf hinausläuft, daß er etwas erwartet.

Das sind keine Umstände, die nach Wittgenstein »uns berechtigen zu sagen«, daß *er* zum Beispiel etwas oder jemanden erwartet. (Was uns, *im Gegensatz* zu ihm, dazu berechtigt, ist das, was uns nach unserem Dafürhalten befähigt zu wissen, daß genau das vorgeht – wie gut unsere Gelegenheiten waren, wie aufmerksam wir waren, wie gut wir ihn kennen, wie erfahren wir in solchen Dingen sind … Ein Psychologe könnte meinen, es gebe ein Muster in den »Stichworten«, die verschiedene Leute als Beweis dafür nehmen, daß die Kriterien für ihr Urteil erfüllt sind. Vielleicht sind solche Stichworte Wittgensteinsche »Symptome«.) Denn Wittgenstein sagt von der Person selbst, sie sei »berechtigt zu sagen«, was für ein Erlebnis sie hat.

> Wenn etwas »hinter dem Aussprechen der Formel« stehen muß, so sind es *gewisse Umstände*, die mich berechtigen, zu sagen, ich könne fortsetzen, – wenn *mir* die Formel einfällt. (§ 154, die beiden letzen Hervorhebungen sind von mir.)

> Ich wollte also sagen: Wenn er plötzlich weiterwußte, das System verstand, so hatte er vielleicht ein besonderes Erlebnis – welches er etwa beschreiben wird, wenn man ihn fragt: »Wie war das, was ging da vor, als du das System plötzlich begriffst?«, ähnlich wie wir es oben beschrieben haben – das aber, was *ihn* für uns berechtigt, in so einem Fall zu sagen, er wisse weiter, sind *die Umstände*, unter denen er ein solches Erlebnis hatte. (§ 155, die beiden letzen Hervorhebungen sind von mir)

(Ich sollte sagen, daß der Ausdruck »aber … für uns« meiner Interpretation nach nicht bedeutet »für uns, die wir nicht dieses Erlebnis haben«, sondern »für uns Wittgensteinianer«.) Wittgenstein zielt auf das ab, was er mittels der Verwendung solcher Ausdrücke beschreibt wie »nur unter gewissen Umständen würde eine solche Empfindung und solches Tun etwas erwarten *sein*«. Denn die Phänomene, welche die Kriterien dafür, daß etwas so ist, begründen, liegen vollständig in der Natur der Sache – sie sind Teil jener sehr allgemeinen Tatsachen der Natur und des menschlichen Lebens, vor deren Hintergrund unsere Begriffe überhaupt etwas bedeuten und insbesondere etwas *darüber* sagen, was wir als »Natur der Dinge« oder als »die Welt« bezeichnen. »Könnte Einer eine Sekunde lang innige Liebe oder Hoffnung [oder Erwarten, Freude, Glaube, tiefe Lust oder Kausalität] empfinden, – *was immer* dieser Sekunde voranging oder ihr folgt?« (§ 583) Die Antwort, die er offenbar darauf erwartet, lautet »nein«. Es *könnte*, nach der Natur der Dinge, nicht Liebe, Hoffnung usw. *sein*.

Gesetzt jedoch, ich frage mich: »Wie lang *braucht* eine große Leidenschaft, um zum Ausdruck zu kommen, nicht um sich zu manifestieren, sondern um sich zu verwirklichen, um zu entstehen?« Ich könnte mich fragen, wie lange es braucht, um eine tiefe Zuneigung zu fassen. Einen Monat? Ein Wochenende? Wie ist es mit dem ersten Blick? Angenommen, ich halte schließlich einen Tag für eine mögliche Zahl. Gehen wir von einer Lebenszeit von etwa 70 Jahren aus, dann bräuchte die Leidenschaft grob gesagt 1/25000 der Lebenszeit, um zu entstehen. Ein Geschöpf, dessen Leidenschaften eine Sekunde brauchen, würde dann circa sieben Stunden leben, einen kurzen Wintertag oder eine kurze Sommernacht. Und dann stelle ich mir sehr kleine Dinge vor, z.B. Ameisen oder Bienen, oder auch sehr zarte Dinge, die sich in meinen Augen nur schwach am Leben erhalten, etwa Schmetterlinge oder bestimmte Blumen. Dann scheint es mir lächerlich, große Leidenschaften in solche Zeiträume zu pressen. Oder ich könnte auf die Sorte von Augenblicken stoßen, in denen in der letzten Sekunde eines Footballspiels ein langer, hoher Paß geworfen wird. Der Ball ist nicht länger als ein, zwei Sekunden in der Luft, meine Hoffnung ist wie seine Flugbahn, und in dem

Augenblick, wo der Ball in die Reichweite des Fängers gerät, flammt sie auf. Im Bruchteil einer Sekunde hoffe ich innig, und dann, noch bevor die Sekunde zu Ende ist, ist die Hoffnung vielleicht wieder verschwunden. – Aber das illustriert doch Wittgensteins Gedanken. Es müssen allerdings sehr spezifische Voraussetzungen erfüllt sein: Das Spielergebnis muß mir am Herzen liegen; daß sich meine Hoffnung erfüllt, muß geradezu aussichtslos scheinen; ich bin niedergeschlagen; vielleicht wendet sich das Blatt noch; ein, zwei Fehler oder Durchbrüche, und *es gibt Raum* für Hoffnung; und jetzt ist der Spielstand an einem solchen Punkt angekommen, und dieser hohe Paß eröffnet, bei der verbleibenden Spielzeit, die letzte Chance, noch den von mir ersehnten Spielstand zu erreichen. Und falls die Hoffnung auf dem Höhepunkt ihrer Intensität zu guter Letzt doch noch in Erfüllung geht, braucht es eine Weile, bis ich von der Empfindung wieder loskomme. Gewissermaßen um sie herauszulassen, werde ich lachen, schreien, in die Hände klatschen, aufstampfen und die Freude sich austoben lassen. Sollte, wenn der Ball herunterkommt, sich die Hoffnung statt dessen endgültig zerschlagen, brauche ich eine Weile, um diese Empfindung loszulassen; damit der Schmerz sich austobt, stöhne ich vielleicht, balle die Fäuste, lasse das Spiel unter Flüchen vor meinem inneren Auge mehrmals Revue passieren. Die schiere Zeitdauer ist also gar nicht das Entscheidende. Es muß nur genug Zeit vergehen, damit ein kohärentes »vorher und nachher« stattfinden kann. Eine Leidenschaft, möchte man sagen, hat wie eine Handlung eine Geschichte, eine logische Geschichte. Als ich versuchte, Leidenschaften in jene kleinen Wesen hineinzulegen, war das also nicht nur lächerlich. In meiner Vorstellung wollte ich den Begriff einer Leidenschaft geltend machen, Raum für eine zusammenhängende, gelebte Geschichte schaffen.

»Nach der Natur der Dinge konnte es nicht Hoffnung, Liebe usw. *sein*«. Hat diese Behauptung irgendeinen Gehalt, der nicht nur besagt: »Unter diesen Umständen würden wir die Empfindung nicht ›Liebe‹, ›Hoffnung‹ usw. nennen«? Ergibt sich dann die Frage: »Angenommen, wir nennen es nicht so, könnte es das nicht dennoch sein?« Im Augenblick möchte ich dazu nur sagen: Wie willst du, folgst du deinem Vorschlag, denn sagen, *was* es sein könnte? Daß du darauf keine zufriedenstellende Antwort hast, sollte man nicht einfach beiseite schieben. Sofern sie kompetent gebraucht wird, kann nämlich auf die normale Verwendung der Aussage »Es ist, was es ist, gleichgültig wie du es bezeichnest« eine klare Antwort auf die Frage folgen: »Nun, was ist es denn wirklich?« oder »Wie würdest *du* es bezeichnen?« Die Person, die die Empfindung *hatte*, könnte jedoch darauf bestehen, daß es Liebe *war*. War es das? Wir haben die Wahl. Entweder es ist Liebe, oder wir werden ihn als anomal behandeln: Das ist *seine* Art zu lieben, aber Liebe *ist* das *nicht*, es ist nicht das, was unter »Liebe« verstanden wird. Ist es denn immer deutlich, für welche Alternative wir uns entscheiden werden? (Von Jesus sagt man, er habe geliebt, aber das ist nicht unsere Art zu lieben. Dostojewski meinte, Jesus habe recht gehabt, und wir seien im Unrecht, seien sündig und vielleicht unfähig zu lieben und befänden uns deshalb in der Hölle. Nietzsche meinte, Jesus habe unrecht gehabt oder recht nur in bezug auf sich selbst, und folglich habe er nur einen neuen Trick gelehrt, unentdeckt zu sündigen, und damit habe er die Hölle anziehend gemacht.)

Wenn es richtig ist, daß das Haben meiner Empfindungen *allein* es nicht ermöglicht, daß ich mich selbst kenne (weiß, was ich tue, was ich erwarte, hoffe, schätze, fürchte ...), dann sagt uns das etwas über die Natur des Wissens von mir selbst: Daß es davon abhängt, ob ich in bezug auf die Situationen, in denen sie vorkommen, Ort oder Reichweite – ich möchte sagen Normalität oder Abnormität – jener Empfindungen kenne oder richtig einschätze. Damit ist nicht gesagt, daß ich etwas über mich selbst auf die Weise weiß, wie andere etwas über mich wissen, daß das, was mich »berechtigt zu sagen«, was ich empfinde und beabsichtige, dasselbe ist, wie das, was »dich berechtigt«, diese Dinge zu sagen. Es bedeutet vielmehr zwei andere Dinge: Meine Anwendung von Kriterien kann nicht die sein, »meine Empfindung selbst« zu identifizieren, und mein Besitz von Kriterien geht in das Wissen von mir selbst anders ein als in mein Wissen von dir – man könnte sagen, ihre Anwendungsweise ist verschieden. Vielleicht spricht Wittgenstein an diesem Punkt davon, daß das Wissen von mir selbst »ohne Beobachtung« (§ 357, § 63, § 659) vorgeht, was meiner Meinung nach heißt »ohne Beobachtung des Vorliegens von Kriterien«, nicht »ohne Wissen über das Vorliegen von Kriterien«.

Da ist dieser Schmerz in meinem Zahn. Ich muß nicht irgendwelche Kriterien beobachten, um das zu erfahren. Das allein ergibt jedoch noch nicht, daß ich Zahnschmerzen habe, ich würde dies nicht als »Zahnschmerz« bezeichnen (nicht allein auf dieser Grundlage »Zahnschmerz« rufen). Was ich als Zahnschmerz betrachte, ist genau das, was du als Zahnschmerz betrachtest: eine bestimmte mit Schmerzen verbundene Geschichte. – Aber was ist dann mit dem Schmerz selbst, mit dem schieren Leiden? Es könnte mich einfach in einer Sekunde überfallen, gleichgültig was sich in meiner wahrnehmbaren Geschichte vorher und nachher abgespielt hat. Doch wenn wir *nun* sagen, »Schmerz selbst, schierer Schmerz«, habe keine Geschichte, dann sagt uns das etwas Besonderes über den Begriff – die Sache – von Schmerz *selbst*. Und jetzt meine ich nicht, daß ich Schmerz im Gegensatz zum Verhalten betrachte. Ich denke vielleicht, daß das Verhalten verschwunden ist, zusammengebrochen, aufgelöst in Schmerz; oder daß nun der Körper selbst ein Feld, ein Tal ist, auf und in dem sich der Schmerz sammelt.

Sich selbst zu kennen ist, wie ich es formulieren möchte, die Fähigkeit, sich selbst einen Ort in der Welt zuzuweisen. Um zu wissen, daß *ich* tatsächlich *getan* habe, was ich beabsichtigte (hoffte, versprach …), reicht es nicht, bloß hinzuschauen, um zu sehen, *ob* es getan wurde; ich muß auch und vor allem wissen, daß dieser Umstand das *ist*, *was* ich getan habe (das er als solcher gilt). Wie kann *das* (die verschüttete Milch) das sein, »was ich getan habe«; wie kann *das* (das schluchzende Kind) das sein, »was ich erwartet habe«; wie kann *das* (der leere Raum) das sein, »was ich sagte«

(nämlich daß er schon gegangen ist)? Wie *beziehe* ich das, was in meinem Kopf vorgeht, auf die Erscheinungen der Welt oder vergleiche es mit ihnen? Auf der Ebene, auf der diese Frage gestellt wird, bedeutet sie nicht »Wie weiß ich, daß die Milch verschüttet ist, das Kind weint, er schon gegangen ist?«, sie bedeutet vielmehr »Wie wissen wir von den ›Möglichkeiten der [dieser] Erscheinungen‹ (§ 90), daß es Erscheinungen dieser Art gibt und welche von dieser Art sind?«. Wie z. B. kommen wir *jemals* dazu, eine Erscheinung als »verschüttete Milch« oder »seinen Weggang« zu bezeichnen und nicht einfach als »Milchpfütze« oder »jetzt leeren Raum«? Bei einem solchen Stand der Dinge werden Philosophen, nehme ich an, sagen: Wir erfassen eine Proposition oder eine Bedeutung. Einmal abgesehen von erkenntnistheoretischen und ontologischen Fragen über das »Erfassen von Propositionen« und das »Erfassen von Bedeutungen« werden solche Begriffe mehr zu leisten haben, als wir ihnen vielleicht aufbürden wollten. Sie werden erklären müssen, warum wir *manchmal* beim Anblick einer Milchpfütze sagen, sie sei verschüttet, und manchmal, sie sei ausgegossen (um den Fleck aus dem Läufer zu entfernen), und warum wir manchmal auf eine Parkbank, manchmal auf einen unordentlichen Wandschrank und manchmal auf die Anwesenheitsliste der Ärzte weisen und sagen: »Er ist schon gegangen«.

Wittgensteins Begriff von Grammatik und Kriterien soll die Übereinstimmung von Körper und Seele, Bewußtsein (Sprache) und Welt *überhaupt* bezeugen. Hauptthemen der modernen Literatur und bestimmter Spielarten des Existentialismus sind die *praktische* Schwierigkeit, das Bewußtsein an die Welt zu heften, besonders an die sozio-politische Welt, die Welt der Geschichte; aber auch, welche psychologischen Schwierigkeiten damit in der Welt der Religion verbunden sind. Das Bewußtsein der »Absurdität« ist eine Reaktion auf die Lücke, die gestörte Beziehung zwischen Absicht (Wunsch, Empfindung) und ihrer Ausführung, zwischen Ausführung und Folge. Wie aber erscheint die Kluft oder Störung, und wie wäre sie zu schließen? Im Erkennen und

Akzeptieren besonderer menschlicher Lebensformen, menschlicher »Konvention« ist die Lücke zwischen Bewußtsein und Welt nach Wittgensteins Ansicht geschlossen, die Störung entstört. Das beinhaltet, daß das *Bewußtsein* der Lücke dem Versuch oder Wunsch entspringt, diesen gemeinsamen Lebensformen zu entkommen (ihnen gegenüber ein »Fremder« zu bleiben, sich von ihnen zu entfremden) und sich der Verantwortung für ihre Erhaltung zu entziehen. (Ist das immer ein Fehler? Gibt es keine Möglichkeit, dafür verantwortlich zu zeichnen? Was tut ein Moral- oder Geistesheld?)

Wie ich bemerkt habe, läßt die traditionelle Philosophie, soweit sie in die akademische Tradition der anglo-amerikanischen Welt eindringt, es daran fehlen, diese Lücke als ein reales, ein praktisches Problem ernst zu nehmen. Sie hat sie entweder mit Gott gefüllt oder mit Universalien überbrückt, die das Zusammenwirken des Bewußtseins mit der Welt *sichern*, oder sie hat aus theoretischen Gründen bestritten, daß sie sich überhaupt füllen oder überbrücken läßt. Das hatte Nietzsche meiner Ansicht nach im Auge, als er die Philosophen verspottete, weil sie Leben »als Rätsel, Leben als Erkenntnisproblem« (*Genealogie der Moral*, S. 304) betrachten, womit er impliziert, daß wir in Frage stellen, was wir gar nicht anders als wissen können, nur um nicht das suchen zu müssen, was zu entdecken schmerzhaft wäre. Natürlich ist damit nicht gesagt, daß der Skeptizismus trivial ist; im Gegenteil, es wird deutlich, wie tief er in unserem Bewußtsein wurzelt. Nichts ist menschlicher als der Wunsch, seine Menschlichkeit zu verneinen oder sie auf Kosten anderer zu behaupten. Sollte der Skeptizismus aber das enthalten, dann läßt er sich durch einfache »Widerlegungen« wohl nicht bekämpfen. *Auch* über die Vorstellung, daß eine philosophische Position einfach »widerlegbar« ist, macht Nietzsche sich lustig (*Jenseits von Gut und Böse*, S. 31 (Abschn. 18)).

Typischerweise wird der Skeptizismus hinsichtlich unseres Wissens von anderen von einer Zufriedenheit mit dem Wissen von uns selbst begleitet. Von Locke bis Mill und darüber hinaus »leiten« wir die Erfahrung anderer »ab«, aber »kennen intuitiv« unsere eigene. Die Verfasser schonungsloser persönlicher Bekenntnisse (Augustinus, Luther, Rousseau, Thoreau, Kierkegaard, Tolstoi, Freud) waren hingegen fest davon überzeugt, daß sie vom verborgensten Wissen anderer aus sprechen. Vielleicht macht dieses Bewußtsein Bekenntnisse erst möglich.

Was geschieht, wenn die Überzeugung schwächer wird? Wie bei Kafka und Beckett, wie, thematisch, bei Thoreau, Marx, Kierkegaard und Nietzsche; wie manchmal bei Rousseau, wie bei Descartes, als er erkennt, daß seine Zweifel auszusprechen ihn in die Nähe von Geisteskranken oder Narren rücken könnte. In solchen Notlagen schreibt man vielleicht für alle und keinen; für eine fast undenkbare Zukunft; unter Pseudonym, für die anonyme Menge; in ein Album, durch das Bilder geistern und das von Stimmen bevölkert ist. Aber was, wenn jemand kein Schriftsteller ist, wenn es ihm an *dieser* Möglichkeit fehlt, eine Überzeugung zu präsentieren, die sich in einer Gemeinschaft auflöst, wenn er unfähig ist, sie zu erklären und die eigene zu umreißen (in der Phantasie, in einer Welt von Werken)? Was geschieht, wenn man nur eines will, reden, aber einem die Worte fehlen?

Gehen wir zurück zu meinem Vergleich der unterschiedlichen Kraft von »bezeichnen«, die den Austinschen und Wittgensteinschen Kriterien zugrunde liegt. Beide Kräfte sind mit unterschiedlichen Ordnungen von etwas verbunden, was wir unter Konvention verstehen. Wenn die Grundlagen, aufgrund deren jemand ein spezifisches Objekts identifiziert, unangemessene Kriterien anführen, dann lautete eine von uns zitierte Antwort darauf: »Aber das wird offiziell oder konventionell nicht als ein So-und-so bezeichnet; man hat dir den falschen Namen beigebracht.« Und zur Unterstützung könnten wir auf ein anerkanntes Handbuch oder unsere Fachkenntnisse verweisen. Wenn aber jemand sagt »Aber das ist nicht (wird nicht bezeichnet als) ›auf die Farbe zeigen‹, ›die Bedeutung zu erklären‹ usw.«, dann können wir nicht an solche Instanzen appellieren. Hinsichtlich solcher Behauptungen stehen wir uns als Gleiche gegenüber. Zwar sind wir nicht gleich, was die Fähigkeit, in Frage zu stellen und zu klären, betrifft, aber wir haben das gleiche Recht, zu fragen und zu antworten. (*Wer kann das sagen?* Jemand wird durch diese Frage eingeschüchtert oder schüchtert damit ein, wenn er den Eindruck hat, daß *er* in dieser Sache keine Stimme hat. An wen hat er sie abgetreten?)

Von den Konventionen, an die wir appellieren, könnte man sagen, sie seien von uns »festgelegt« worden, »übernommen«, »akzeptiert« usw., doch das heißt nun nicht, daß wir (nur) die (konventionellen) *Namen* der Dinge festgelegt oder übernommen hätten. Die Konventionen, die über die Anwendung grammatischer Kriterien befinden, sind nicht durch Brauch und Sitte oder durch eine besondere Übereinkunft oder Übereinstimmung festgelegt worden, so daß sie sich, sollte eine Veränderung zweckmäßig erscheinen, ohne Schaden für das Gewebe unseres Lebens verändern ließen. (Zweckmäßigkeit ist *ein* Aspekt der Konvention oder ein Aspekt einer bestimmten Art, einer Ebene, von Konvention.) Sie sind vielmehr von der Natur des menschlichen Lebens, von der menschlichen Lage selbst festgelegt worden, von jenen »sehr allgemeinen Naturtatsachen«, die, »nur weil sie so offensichtlich sind, unbemerkt bleiben«; und, so meine ich, vor allem von sehr allgemeinen Tatsachen der *menschlichen* Natur – zum Beispiel der Tatsache, daß es zur Verwirklichung von Absichten des Handelns bedarf, daß Handeln Bewegung erfordert, daß Bewegung unbeabsichtigte Folgen beinhaltet, daß unser Wissen (und unsere Unwissenheit) über uns selbst und andere davon abhängt, wie unser Bewußtsein in Wort, Tat und Leidenschaft sich ausdrückt (und gestört wird), daß Handlungen und Leidenschaften eine Geschichte haben. Daß *das* Verstehen oder Langeweile oder Ärger ausdrücken sollte – (oder: daß es zur Grammatik von »Verstehen« gehört, daß wir *das* bezeichnen als »plötzlich hat er es verstanden«) –, ist nicht notwendig so: Es könnte über jemanden gesagt worden sein, er habe »plötzlich verstanden«, und dann nach fünf Minuten zeigt sich, daß er es doch nicht verstanden hat, so wie jemand *möglicherweise* von einem Erdbeben, dem Tod eines Kindes oder der Ausrufung des

Kriegsrechts gelangweilt ist oder sich *möglicherweise* über eine Nadel, eine Wolke, einen Fisch ärgert, so wie jemand in aller Ruhe (aber bequem?) auf einem Nagelstuhl sitzen könnte. Daß Menschen im großen und ganzen nicht in dieser Weise reagieren, wird daher ernsthaft als konventionell bezeichnet; aber wir betrachten Konventionen jetzt nicht als Einrichtungen, die eine bestimmte Kultur bezogen auf ihre Geschichte und Geographie für zweckmäßig hält, um den Notwendigkeiten menschlicher Existenz Rechnung zu tragen, sondern wir sehen in ihnen jene Lebensformen, die für alle Gruppen von uns als menschlich bezeichneter Geschöpfe normal sind, für alle Gruppen, über die wir beispielsweise sagen, daß sie eine *Vergangenheit* haben, auf die sie eingehen, eine geographische Umgebung, die sie aus gewissen, menschlich verständlichen Gründen in bestimmter Weise bearbeiten oder ausbeuten. Hier handelt es sich bei der Menge der »Konventionen« nicht um Lebensmuster, die Menschen voneinander unterscheiden, sondern um solche Erfordernisse des Benehmens und Empfindens, die alle Menschen miteinander teilen. Wittgensteins Entdeckung oder Wiederentdeckung handelt davon, wie tief die Konvention im menschlichen Leben verankert ist; seine Entdeckung betont nicht nur die Konventionalität der menschlichen Gesellschaft, sondern auch, so könnten wir sagen, die Konventionalität der menschlichen Natur selbst, das, was Pascal mit seinem Ausspruch meinte: »Die Gewohnheit ist unsere Natur« (*Gedanken*, § 89). Vielleicht auch das, was ein Existentialist mit seiner These meint, der Mensch habe keine Natur.

Eine Gruppe mag auf eine andere Zukunft hoffen, einen anderen Bereich oder eine andere Vergangenheit fürchten, in anderen Formen als wir etwas in Frage stellen. Hoffnung aber wird grammatisch immer noch mit Erfüllung oder Enttäuschung verbunden bleiben, Furcht grammatisch immer noch mit einem Objekt oder einem Grund für die Furcht, den wir, selbst wenn wir tatsächlich nicht davon betroffen sind, als einen solchen verstehen können. Anders formuliert, wir sollten nicht etwas, was sie tun, als »opfern«, »sühnen«, »besänftigen« usw. bezeichnen, wenn wir nicht verstehen, wie das, was sie tun, als opfern, sühnen, besänftigen usw. gelten (grammatisch sein) könnte. Können sie einen Affen oder einen toten und begrabenen Mann besänftigen? Können sie Opfer darbringen und zu einem Stück geschnitztem Holz beten? Aber wir tun ähnlich seltsame und vertraute Dinge. Ist es weniger seltsam, zu einem Präsidenten zu beten oder ihn zu verfluchen? Bei näherem Hinsehen ist es nicht nur für Außenstehende, sondern auch für uns seltsam.

Normal und natürlich

Seit der Abfassung des *Braunen Buches* (1934-35) durchzieht die Vorstellung von Normalität und Abnormität Wittgensteins Denken. Sie geht einher mit einer neuen Vertiefung des Gedankens, daß Sprache *gelernt* wird, daß jemand kultiviert *wird*. Und mit der Erkenntnis, wie wenig sich *lehren* läßt, wie hilflos und impotent das Lehren verglichen mit der ungeheuren Menge des Gelernten sozusagen ist. Als ob Wittgenstein philosophische Dispute als exemplarisch dafür betrachtet, daß man einer Kultur gleichzeitig abgekehrt und schicksalhaft verbunden ist. Oder als würden sie die ursprünglichen Tatsachen dieser Asymmetrie von Lehren und Lernen dramatisieren, rekapitulieren. (Ein Motiv, Philosophie zu treiben, könnte man dann in dem Bestreben sehen, dieser Asymmetrie gerecht zu werden.) Der Verstand läßt sich nicht an jedem Punkt anleiten; Lehren (Gründe, meine Kontrolle) hat (haben) irgendwo ein Ende, und dann übernimmt der andere. Das Ziel meiner Unterweisung (meiner Behauptungen, Fragen, Bemerkungen, Ermunterungen, meines Tadels) ist genau, daß der andere übernehmen wird, daß er oder sie fähig sein wird, (alleine) weiterzumachen. Aber er oder sie sollte es richtig machen: D. h., daß der andere das tut, das daraus macht, was ich daraus machen würde. Philosophisch sind die Unterschiede zwischen Normalität und Abnormität weniger lehrreich als ihre fundamentale Einheit – beide hängen von derselben Kulturtatsache ab, daß nämlich von den Angehörigen der Kultur vollständige Akzeptanz und Verstehen erwartet wird. Und doch kann die Kultur nicht viel über sich *mitteilen*, um ihren Erwerb zu sichern. In beiden Fällen muß man alleine weitergehen; im einen Fall hin zur Akzeptanz, im anderen hin zur Isolierung.

Ein gewisser Volksstamm besitzt eine Sprache von der Art (2) [Eine Sprache der Art (2) ist im wesentlichen die, welche in § 1 und § 2 der *Untersuchungen* beschrieben wird, sie enthält ein »hinweisendes Lehren« der Namen von Bausteinen und eine Reihe auswendig gelernter Zahlwörter.]. ... Die Kinder dieses Stammes lernen die Zahlzeichen auf folgende Weise: Man lehrt sie die Ziffern von »1« bis »20« ... Und mit ihnen zählen sie Reihen von Gegenständen bis zu zwanzig auf den Befehl »Zähle diese Platten!«, »Zähle diese Würfel«, etc. Später legt man ihnen eine Reihe von 21 Dingen vor und gibt wieder den Befehl »Zähle!«. Wenn nun das Kind beim Zählen bis zu »20« gekommen ist, macht der Lehrer eine Handbewegung, die »Fortfahren« andeutet, worauf das Kind, für gewöhnlich, die Ziffer »21« schreibt. Ähnlich läßt man die Kinder bis »22« und weiter zählen. ... Endlich muß das Kind Reihen von weit über 20 Gegenständen zählen, ohne die Nachhilfe des Lehrers. Macht ein Kind den Übergang »20« – »21« auf die suggestive Geste des Lehrers hin nicht, so wird es als schwachsinnig behandelt. (*Das Braune Buch*, S. 136 f.)

Wenn ich mir das vorstelle, bekomme ich Angst. Ich denke: Diese Leute sind sehr schnell damit bei der Hand, Schwachsinnige auszusondern. Warum ist unbegrenztes Zählen für sie so wichtig? Und ihre Indizien für Schwachsinn sind so dünn: das Aufgreifen einer bloßen Geste und dann auch noch einer unbestimmten. Aber ich denke auch: Was wären denn *starke* Indizien für Schwachsinn? Über mehrere Jahre in der Schule nicht mitzukommen? Wir würden es nicht Schwachsinn nennen, unsere Einteilungen sind nicht so grob; doch die Kinder würden sicherlich deswegen anders behandelt und von den anderen getrennt werden. Und manchmal gründet der Ostrazismus darauf, wie sich jemand kleidet, was er nicht besitzt oder auf die von ihm gebrauchten Worte. Ist das rationaler? Wie kommt es dazu?

Denke Dir nun diesen Fall: Jemand hat ... den Gebrauch von »heller« und »dunkler« gelernt. Ich gebe ihm die Aufgabe, beliebige Gegenstände in Reihen zu ordnen nach ihrer Helligkeit. Er tut dies, indem er eine Reihe von Büchern legt, eine Reihe von Tiernamen aufschreibt, und endlich schreibt er noch die Reihe »i, e, a, o, u« auf. Ich frage ihn, weshalb er diese Reihe hingeschrieben hat, und er antwortet: »*i* ist doch heller als e, und e ist heller als a, und a ist heller als o!« – Ich werde über diese Idee erstaunt sein, und doch sagen müssen, es ist etwas daran. Vielleicht sage ich ihm: »Aber *i* ist doch nicht *in der Weise* heller als *e*, wie *das* Buch heller ist als *das*!« Aber er versteht das nicht, zuckt mit den Achseln, und sagt: Aber *i* ist doch heller als *e*?« –

Wir werden geneigt sein, diesen Fall als eine »Abnormität« zu betrachten, und zu sagen: »Er muß irgendein Organ haben, mit dem er *sowohl* farbige Dinge als auch Laute heller und dunkler empfindet.« (*Das Braune Buch*, S. 210)

Wenn wir eine Tonleiter hören, sagen wir, daß nach je sieben Tönen der gleiche Ton wiederkehrt. Wenn einer gefragt würde, warum er das den »gleichen« Ton nennt, so würde er vielleicht antworten: »Es ist wieder ein C«. Aber das ist nicht, was ich hören möchte, denn ich frage: »Warum nennt man diesen Ton wieder ›C‹?« – Darauf wäre die Antwort vielleicht: »Hörst Du denn nicht, daß es derselbe Ton ist, nur um eine Oktave höher?!« ...

Wenn wir den Versuch mit zwei Menschen, A und B machen, und A braucht »gleich« für jeden achten Ton und B auch für die Dominante jedes Tons, können wir dann sagen: A und B hören Verschiedenes? – Wenn wir dies sagen, so laß uns klar sein, ob wir behaupten wollen, es müsse eine Verschiedenheit bestehen, noch außer der, die der Versuch gezeigt hat. (Ebd., S. 213)

Wenn wir sagen »Sie hören Verschiedenes«, dann könnte dies heißen »Es ist etwas daran, an dem, was B hört« (die Quint, als verdoppelndes Intervall, etwa in der Gregorianik, ist der Oktave »näher« als jedes andere Intervall); oder es könnte heißen »B hat eine andere Art zu hören«. Nach der ersten Interpretation sehen wir Bs Reaktion als eine natürliche an, nur ist es nicht unsere Art (wir könnten sogar annehmen, seine Reaktion sei historisch ursprünglicher und unsere habe durch ihre Verfeinerung etwas verloren; ja wir könnten *versuchen*, so wie er zu hören); in der zweiten Interpretation könnten unsere Worte einfach bedeuten »B hört nicht, wie wir hören«, wobei »einfach« heißt, daß wir weder eine Vorstellung davon haben, *wie* er hört (was sonst noch zu dieser Abnormität gehört), noch davon, in welcher Weise unsere Art besonders ist. – Aber warum meinen wir, an solchen Stellen überhaupt ein Wort fallenlassen zu müssen? Warum sagen wir nicht einfach »B hört nicht, was wir hören, das Einzigartige der Oktave«, ohne nach einer Erklärung für diese Abweichung zu suchen? Warum sollten wir dem eine solche Bedeutung zumessen, daß wir den einen oder anderen von uns zu einem Außenseiter stempeln oder sicherstellen müssen, daß es in der Welt Platz für beides gibt? In der Musik mögen die meisten Leute es ohne Erklärung durchgehen lassen, doch in einigen Familien könnte die Besonderheit, die Oktave nicht zu hören, ein hinreichender Beleg für Schwachsinn sein. Diese Behandlung wird einem Außenstehenden nicht nur hart erscheinen, sondern ganz und gar ungerecht, er wird sie für eine rein subjektive Entscheidung halten; nicht nur für ungerecht, sondern auch für irrational.

Nach der Reihe von Fällen, zu denen die Abfolge von dunkleren und helleren Vokalen und die Tonleiter gehören, fährt Wittgenstein fort: »Unsere Erörterungen hängen mit folgendem Problem zusammen: Nimm an, wir haben jemanden gelehrt, Zahlenreihen anzuschreiben nach Regeln von der Form ›Mache jede folgende Zahl um n größer‹.« Und dann stellt er im weiteren den Fall vor, daß jemand auf den Befehl »Addiere 1« bis 100 tut, was man erwartet, danach beginnt er, wie wir sagen würden, 2 zu addieren, und nach 300 addiert er 3 usw. Nach einer Zurechtweisung besteht er darauf, daß er tue, wozu er aufgefordert worden ist, daß er das gleiche nach 200 und 300 tue wie nach 100.

Es würde uns nun nichts nützen, zu sagen: »Aber siehst Du denn nicht …?« und ihm die alten Erklärungen und Beispiele wieder vorzuführen. – Wir könnten in so einem Fall sagen: »Dieser Mensch versteht von Natur aus jenen Befehl (auf unsere Erklärungen und Beispiele hin) so, wie *wir* den Befehl auffassen würden: Addiere bis 100 immer 1, bis 200 immer 2, etc.!«

(Dieser Fall hätte eine Ähnlichkeit mit dem, daß ein Mensch, von Natur aus, auf eine zeigende Gebärde damit reagiert, daß er in der Richtung von der Fingerspitze zur Hand schaut. Verstehen ist hier reagieren.) (Ebd., S. 214)

(Diese letzte Verbindung von Beispielen taucht in § 185 der *Untersuchungen* auf, wo ebenfalls ihre Ähnlichkeit unterstrichen wird.)

All diese Beispiele sind sehr beunruhigend. Liegt das daran, daß uns diese Leute nicht wirklich verständlich sind? Zweifelsohne können wir nicht mit ihnen kommunizieren, jedenfalls nicht in bestimmten Bereichen. Die Tatsache ist uns aber durchaus vertraut, selbst von unseren Freunden. Was ist der Gehalt von »nicht wirklich verständlich« in diesen beunruhigenden Fällen? Ich kann verstehen, *was er tut* (z. B. »Er addiert bis 100 immer 1, bis 200 immer 2, bis … immer 3 …, nun soweit es von 200 bis 300 geht usw.«) Ich weiß nicht, *warum* er es so macht. Aber ist es denn hier notwendig? Was könnte denn als »wissen *warum*« gelten? Vor Bach, so sagt man uns, hätte man beim Spiel auf Tasteninstrumenten nicht den Daumen benutzt. Warum nicht? Sah man nicht, daß es auf der Hand lag, dadurch mehr Effizienz zu erzielen? Vielleicht wäre es für viele Virtuosen, jedenfalls zunächst, gar nicht effizienter gewesen. Oder angenommen, Menschen hätten 10000 Jahre lang bei der Herstellung von Äxten nur eine Seite des Steins behauen, um eine Kante zu bekommen. Erkannten sie nicht, daß es vorteilhafter wäre, den Stein von beiden

Seiten zu bearbeiten? 10 000 Jahre lang? Schließlich fingen einige an, es auf die neue Weise zu machen. Möglicherweise taten sie es, weil sie es für besser, vorteilhafter oder effizienter hielten, aber das muß nicht so gewesen sein. Vielleicht hörten die Anhänger der alten Methode einfach auf zu spielen oder zu arbeiten, weil es nicht mehr auf ihre Weise praktiziert wurde; und die Anhänger des Neuen denken nie daran, ihre Methode mit einer anderen zu *vergleichen*. Wir wissen sehr wenig über unseren Schüler; vielleicht wird er in 10 000 Minuten zu unserer Methode aufschließen. So wie die Dinge liegen, wissen wir jedoch zweierlei von ihm. Wir wissen, daß er uns nicht durch und durch unverständlich ist; wir haben den Eindruck, daß er in der Lage sein *muß*, unseren Anweisungen zu folgen. Und wir wissen, daß wir im Augenblick unfähig sind, ihn dazu zu bringen. Der Grund für unsere Unruhe ist, daß *wir uns selbst* (ihm) *nicht verständlich machen können*. Warum aber versetzt uns das in Unruhe? Deuten wir die Tatsache, daß wir für ihn unverständlich sind, so, daß wir als solche unverständlich sind? Was verleiht ihm diese Macht über uns? Warum haben wir sie ihm eingeräumt?

Unsere Fähigkeit, mit ihm zu kommunizieren, hängt von seinem »natürlichen Verstehen«, »seiner natürlichen Reaktion« auf unsere Anleitungen und Gesten ab. Sie hängt davon ab, daß wir wechselseitig im Urteil aufeinander eingestellt sind. Wie weit wir in der wechselseitigen Verständigung kommen, ist zwar erstaunlich, aber es gibt Grenzen, und diese Grenzen sind nicht nur solche des Wissens, sondern auch solche der Erfahrung. Stoßen wir an diese Grenzen, wird unser Aufeinander-Eingestelltsein dissonant, dann kann ich nicht darüber hinausgehen, um festeren Boden unter den Füßen zu bekommen. Die von mir angenommene Überzeugungskraft meiner Worte verpufft. Denn nicht nur begreift er mich jetzt nicht, da seine natürlichen Reaktionen nicht die meinigen sind, sondern ich merke, daß auch mein eigenes Verstehen nicht weiter reicht, als meine natürlichen Reaktionen es erlauben. Ich bin auf mich selbst zurückgeworfen, ich drehe sozusagen meine Handflächen nach oben, um zu zeigen, was für eine Art von Geschöpf ich bin, und erkläre, daß mein Boden besetzt ist, nur meiner, und trete dir deinen ab.

Wann? Wann merke oder entscheide ich, daß die Zeit gekommen ist, dir die Trennung zu gestatten, deine Abweichung so stehenzulassen, die Sache zwischen uns für beendet zu erklären? Die Unruhe wird nicht allein von der Tatsache ausgelöst, daß mein Verstehen Grenzen *hat*, ich muß sie darüber hinaus *ziehen*, und offensichtlich habe ich dafür keinen anderen Grund als meinen eigenen.

Wir sind auf Leute gestoßen, die Holz nicht nach dem verkaufen, was *wir* »als Holzmenge« in einem Stoß bezeichnen, sondern nach der Größe der vom Stoß bedeckten Fläche, gleichgültig wie hoch der Stoß ist.

> Wie könnte ich ihnen nun zeigen, daß – wie ich sagen würde – der nicht wirklich mehr Holz kauft, der einen Stoß von größerer Grundfläche kauft? – Ich würde z. B. einen, nach ihren Begriffen, kleinen Stoß nehmen und ihn durch Umlegen der Scheiter in einen »großen« verwandeln. Das *könnte* sie überzeugen – vielleicht aber würden sie sagen: »ja, jetzt ist es *viel* Holz und kostet mehr« – und damit wäre es Schluß. (*Bemerkungen über die Grundlagen der Mathematik*, I, § 149)

Warum ist *das* das Ende? Sind wir davon überzeugt, daß ihre Methode in Ordnung ist? Und wenn nicht, verbinden uns dann keine anderen Interessen mit diesen Leuten? Vielleicht suchten wir nur nach Arbeitern für unsere Holzfirma, und diese Leute würden dafür offensichtlich nicht in Frage kommen, jedenfalls nicht als Verkäufer oder Käufer. Vielleicht im Sägewerk? Es mag mir nichts daran liegen, mehr als das zu verstehen. Aber könnte ich es nicht? (Barry Strouds »Wittgenstein and Logical Necessity« hat mich zu diesem Beispiel veranlaßt.)

Wir haben verschiedene Kriterien, um Kosten zu berechnen; verschiedene Gründe und Möglichkeiten, »Gewinne« zu machen und Güter mit »Verlust« zu verkaufen. Wenn wir davon *überzeugt* sind, daß diese Holzverkäufer nicht irgendeine Methode haben können, »einen proportionalen Preis zu berechnen«, können wir ihnen allerlei Probleme bereiten, sie für uns ganz unverständlich machen, entscheiden, daß sie anders als wir sind. Aber gesetzt, unsere Haltung ist so, daß wir *geneigt sind anzunehmen*, sie seien recht kohärent, selbst nach unseren Begriffen (es sah mehr oder weniger so aus, bis auf diesen letzten Schritt, Holz nach der bedeckten Grundfläche zu verkaufen). Möglicherweise wird es dann relevant werden, Einzelheiten in Erfahrung zu bringen: Gibt es bei ihnen, in Anbetracht der Art und Weise, in der Bäume gefällt, das Holz zugeschnitten, gestapelt und transportiert wird, »natürliche« Standardstöße, so daß Bretter mehr Mühe bereiten, d. h. bei der Lagerung und beim Verladen kostenintensiver sind, wenn sie verstreut sind; und sei es auch nur, daß vor dem Liefern zunächst ein Stoß errichtet oder erneut errichtet werden muß? Eine »Menge Holz« heißt dann in etwa »ein Haufen Holz«, ein »Nicht-Stoß«. Und wie sehen ihre Häuser aus? Es muß nicht zutreffen, daß man mit mehr Holz »mehr oder größere Häuser bauen« kann. Für alle Häuser kann dieselbe Menge Holz verbaut worden sein. Bei größeren Häusern – d. h. solchen mit größerer Grundfläche – gibt es größere Zwischenräume; die Balken sind nicht so angeordnet wie bei unseren Blockhütten, sie dienen vielmehr als Pfähle, zwischen die Stoffbahnen gespannt sind oder Weinranken. – »Aber offensichtlich bedeutet ›mehr oder größer bauen‹ ›mehr oder größer *von derselben Art*. Mit einer größeren Menge Holz kann man entweder mehr oder größere Gebäude nach Art der Blockhütte *oder* mehr oder größere Gebäude nach Art eines Tempels bauen.« – Das war nicht offensichtlich, und vielleicht ist es auch irrelevant: Jeder Angehörige der Gruppe darf möglicherweise nur einen Gebäudetyp bauen und muß sich einfach für einen entscheiden; oder ihre Bautechnik legt sie auf Gebäudetypen fest, die für jedes Gebäude nicht mehr als eine bestimmte Menge Holz zulassen. (Sie können z. B. die Stämme nur soweit horizontal aufeinanderlegen, wie es die höchsten, als vertikale Stützstreben dienenden Stämme erlauben.) Sollte ein großer Architekt unter ihnen aufwachsen, könnte er sie lehren, die Stämme zu verzapfen, um so größere Höhen zu erreichen. Dann wird ein Gruppenmitglied sich nicht nur für einen Gebäudetyp entscheiden müssen, sondern auch für dessen Höhe und vielleicht entsprechend dafür zahlen. Sie werden dann eine Verwendung für den Ausdruck »mehr Holz« haben, der unserem ähnelt, denn sie werden auch Verwendung für den Ausdruck »größere Hütte« und sogar für »mehr Hütte« haben. Natürlich werden sich in diesem Stamm neue Möglichkeiten für Betrügereien ergeben, solche, die neu für uns sind. Ein Unternehmer könnte heimlich herumgehen, verstreute Stämme näher zusammenrücken und ungeheure Mengen von nicht gestapeltem Holz zum Preis von Holzstößen kaufen; mehr, als er braucht, um sein Haus zu errichten. Entweder liebt er es, jede Menge nicht verbautes Holz auf seinem Grundstück zu lagern, oder er hat herausgefunden, daß er mehr Häuser errichten kann, als er für sich selbst braucht, und sie an andere verkaufen. Angenommen, das verstößt nicht gegen ihre Gesetze, die Gesetzgebung hat nicht vorgesehen, daß jemand Grund hat, ein Gebäude zu errichten, um es zu veräußern. Und die Holzverkäufer wissen sogar, daß der Mann sie betrügen will, aber das stört sie nicht. Sie halten es für verrückt, Arbeit in das Zusammenrücken von Stämmen zu investieren, einzig und allein um mehr Holz zu bekommen, als man für sein Haus benötigt, und dann Geld zu horten, das man wieder in Holz anlegt. Das muß keineswegs bedeuten, daß sie für ihr Holz nicht bezahlt werden wollen. Zu zahlen ist für diese Leute wichtig, da es ein sichtbares Zeichen für den *Besitz* des Dinges ist, für das man gezahlt hat, dafür, daß es jemandes Eigentum ist, mit dem er machen kann, was er will, und für das er verantwortlich ist.

Auch braucht überhaupt keine Berechnung ins Spiel zu kommen, selbst wenn wir ihr Tun immer noch als »verkaufen« und nicht als »schenken« bezeichnen. Wenn es nur einen Preis für Stöße und einen für Nicht-Stöße gibt, was *gäbe* es dann zu berechnen? (Man muß auch nicht voraussetzen, daß die Stöße alle dieselbe Menge an Holz enthalten. Man bezahlt und wählt aus, wie es ja auch bei gewissen Ausverkäufen der Fall ist oder beim Kauf eines Weihnachtsbaums, wenn die guten schon alle weg sind und die Zeit für ihren Verkauf zu Ende geht.) Ich kannte einmal einen Mann, der mit einem bestimmten Oldtimer liebäugelte, der einer gemeinsamen Freundin gehörte. Ein Jahr lang liebäugelte er damit, glaubte aber, die Besitzerin würde das Auto nicht verkaufen oder mehr verlangen, als er zahlen könnte. Eines Tages bot ihm die Besitzerin, wissend, daß er es gerne haben wollte, das Auto für 100 $ an. Sofort schlug er ein. Da er aber so wenig bezahlt hatte, verlor es für ihn an Wert, und er ließ es herunterkommen. Nach ein paar Monaten war es nicht mehr zu reparieren. Die frühere Besitzerin bot dem Mann nichts ahnend 500 $, um das Auto zurückzukaufen. Als sie es ihm verkaufte, habe sie gerade dringend 100 $ gebraucht und deshalb diesen Preis verlangt, nun da sie wieder flüssiger sei, könne sie es sich leisten, ihm zu zahlen, was das Auto auf dem Gebrauchtmarkt erzielen würde. Ihn ergriff ein Verlustgefühl; nicht nur wegen des finanziellen Verlustes, sondern auch weil er sich schämte; und anscheinend fühlte er sich dem *Auto* gegenüber schuldig. (Als sie das Auto verkaufte, rechnete sie nicht – zumindest berechnete sie nicht den Wert des Autos, nur das, was sie nötig hatte); sie schätzte oder berechnete vielleicht seinen Wert, als sie es zurückkaufen wollte, dann allerdings von *seinem* Standpunkt aus, da der Wagen ja jetzt ihm gehörte. Er rechnete nicht beim Kauf, akzeptierte aber ihr Verkaufsangebot, als wäre es das Ergebnis einer Berechnung, ein wirkliches Maß seines realen Werts. – Wer ist verrückt? Ich sage nicht, daß keiner es ist, aber muß es jemand sein, wenn anderer Leute Reaktionen mit den unseren überkreuz sind? Offenbar können wir getrost annehmen, daß, wenn jemand jedes Verhalten, das ich als menschliches zu erkennen fähig bin, beschreiben kann, ich ihm dann eine Erklärung anzubieten habe, die dieses Verhalten kohärent macht, d. h. zeigt, daß es in bezug auf natürliche Reaktionen und Durchführbarkeit kohärent ist. Obwohl *diese* natürlichen Reaktionen vielleicht nicht meine sind und diese Praktiken für mich, in meiner Umgebung, so wie ich sie interpretiere, nicht zweckmäßig wären. Und wenn ich sage »Sie sind verrückt« oder »unverständlich«, dann ist das keine Tatsache, sondern mein Urteil über sie. Ich bin so weit gegangen, wie meine Vorstellungskraft, meine Großzügigkeit oder Unruhe es erlaubten oder meine bestehenden Interessen für und Bindungen an meine Mitmenschen es zuließen. Ich glaube, Wittgensteins Swiftscher Vorschlag, das Kind von den anderen zu trennen und wie einen Schwachsinnigen zu behandeln, will dies festhalten.

Daß Menschen dazu gelangt sein sollten, irgend etwas zu praktizieren, was wir als berechnen (ableiten usw.) bezeichnen, ist nicht notwendig. Sollte ihre Naturgeschichte sie jedoch bis zu dieser Wegkreuzung geführt haben, dann werden nur bestimmte Verfahren als berechnen (ableiten usw.) gelten, und nur bestimmte Formen werden ein Weiterführen dieser Tätigkeiten ermöglichen. Daß die Mitglieder einer Gruppe je Freude und Erbauung darin gefunden haben sollten, sich zu versammeln und Erzählungen über ihre frühe Geschichte zu lauschen, ist nicht notwendig; sollten sie es aber tun, dann werden nur bestimmte Arten von Geschichten, in bestimmten Strukturen, diese Freude und Erbauung (was wir als solche verstehen können) auslösen. »Zur Verständigung ... gehört nicht nur eine Übereinstimmung in den Definitionen, sondern ... eine Übereinstimmung in den Urteilen. Dies scheint die Logik aufzuheben; hebt sie aber nicht auf« (*Untersuchungen* § 242). Ich deute das vor allem so: Es ist nicht notwendig, daß wir irgend etwas als »logische Ableitung« anerkennen; doch wenn wir es tun, dann werden nur gewisse Verfahren als Ziehen solcher Schlüsse gelten; solche (etwa), die eine universelle Übereinstimmung, Lehrbarkeit und die individuelle Überzeugung der von uns als Logik akzeptierten Schlußformen erreichen. Es gibt keine logische Erklärung der Tatsache, daß wir (im allgemeinen, im großen und ganzen) darin übereinstimmen, daß eine Schlußfolgerung gezogen wurde, eine Regel angewandt, ein Einzelfall Element einer Klasse, eine Zeile die Wiederholung einer anderen ist (selbst wenn sie weiter unten notiert, von anderer Hand oder in einer anderen Farbe geschrieben wurde); aber es ist eine Tatsache, daß diejenigen, die es verstehen (d.h. miteinander über Logik reden), übereinstimmen. Und es ist eine Tatsache, daß sie in der *Weise* übereinstimmen, in der sie es tun; ich denke hier daran, wie sie an *jedem* Punkt, jedem *Schritt* übereinstimmen. Zum Beispiel: »Vorausgesetzt, die Negation ist wahr (und sie stimmen überein, daß sie hingeschrieben wurde): Wir wissen, daß X (und sie schreiben eine weitere Zeile hin); und durch Ersetzung erhalten wir Y (richtig?); durch Anwendung von R erhalten wir Z (richtig?)...«.

Wie man erwarten würde, steckt Wittgensteins Auffassung von Notwendigkeit in seiner Auffassung von Philosophie. Man könnte sagen, seine Philosophie liefert eine anthropologische, ja eine anthropomorphe Auffassung von Notwendigkeit, und das mag enttäuschend sein; als wäre es nicht wirklich *Notwendigkeit* gewesen, wovon er eine anthropologische Auffassung geliefert hat. Als ob, wenn das Apriori eine Geschichte hat, es nicht wirklich das fragliche Apriori sein könnte. – »Aber etwas kann notwendig sein, was immer *wir* für notwendig halten, oder wovon wir glauben, daß es notwendig ist.« – Das heißt aber doch nur, daß wir einen (den) Begriff von Notwendigkeit haben – denn es gehört zur Bedeutung dieses Begriffs, daß das als notwendig bezeichnete Ding *jenseits unserer Kontrolle* ist. Wenn der Wunsch nicht bloß der Vater des Gedankens, sondern der Schöpfer der Tat wäre, hätten wir nicht einen solchen Begriff. Wenn ich während einer Rechnung wünschen könnte und mein Wunsch bewirkte, daß die Zahlen, von denen ich »ausging«, wenn notwendig, verändert werden, damit das Ergebnis meiner Rechnung richtig ist, und wenn ich wünschen könnte und mein Wunsch bewirkte, daß sich die Welt, wo notwendig, verändert, so daß meine veränderten Zahlen immer noch *davon* handeln, wovon sie handeln sollten, dann habe ich vermutlich kein sehr starkes Gefühl von Notwendigkeit (jedenfalls nicht als von etwas, das über mir steht) in mir. Was wir in einem bestimmten Zeitraum für notwendig halten, könnte sich ändern. Logisch ist es nicht unmöglich, daß Maler heute auf eine Art malen, die äußerlich Renaissancegemälden gleicht, und es ist nicht logisch notwendig, daß sie heute in der Art malen, in der sie es tun. Notwendig ist, daß wir etwas als ein Gemälde akzeptieren, um die Sorte von Erlebnis zu haben, die wir für das Erleben eines Gemäldes halten. Und wir wissen nicht a priori, was wir als ein solches akzeptieren werden. Doch nur jemand, der außerhalb eines solchen Unterfangens steht, könnte darin eine Manipulation oder ein Ausloten bloßer Konventionen sehen.

Sehr wenig von dem, was zwischen Menschen vorgeht, sehr wenig von dem, was in einer so begrenzten Tätigkeit wie einem Spiel vorgeht, ist *bloß* konventionell (*allein* eine Sache der Zweckmäßigkeit). Beim Baseball ist es rein konventionell, daß die Heimmannschaft zuerst auf das Feld geht oder daß ein Schiedsrichter hinter dem Fänger statt hinter dem Werfer steht (was sicherer sein könnte). Im ersten Fall ist es zweckmäßig, die Sache auf die eine oder andere Weise zu regeln, im zweiten Fall muß es als zweckmäßig für die anstehende Aufgabe betrachtet worden sein, es erlaubt z. B., mit größerer Genauigkeit einen Wurf auszurufen, und stellt einen Schiedsrichter so, daß er das Spiel auf der Homeplate übersehen kann und seine Sichtachse sich mit den Sichtachsen der anderen Schiedsrichter kreuzt. Durch mehr oder weniger analoge Vorteile wird sich die Gerberkonvention im Bridge empfehlen. Es könnte aber so aussehen, daß wirklich *alle* Regeln eines Spiels, jeder einzelne Akt, aus dem es besteht, konventionell sind. Es ist nicht notwendig, drei Schläge statt zwei oder vier zuzulassen, dreizehn statt zwölf oder vierzehn Karten zu verteilen. – Was würde einem hier vorschweben? Daß zwei oder vier ebenso gut sind? Was bedeutet das? Daß sich dadurch am Wesen des Spiels nichts ändern würde? Doch von welcher Position aus soll das behauptet werden? Von jemandem, der weiß oder nicht weiß, was »das Wesen des Spiels« ist? – z. B. daß es Zweikämpfe zwischen Werfer und Schlagmann gibt, daß »einen Schlag landen«, eine »Freibase erreichen« und einen »Schlagmann ins Aus schlagen« einen *gewissen* Schwierigkeitsgrad haben müssen. Die »Konvention«, drei Schläge zuzulassen, dient solchen Dingen. Die Behauptung, eine andere Praxis sei »ebenso gut« oder »besser«, wird also damit gerechtfertigt, daß es als ebenso gut oder besser *befunden* wurde (von denjenigen, die die Aktivität kennen und schätzen). Aber dient das *ganze* Spiel zu irgend etwas? Ich glaube, man könnte sagen: Es dient der menschlichen Fähigkeit oder Notwendigkeit zu spielen; denn was *gespielt werden kann* und welchem Spiel man mit soviel Begeisterung zuschaut, ist, obwohl nicht a priori bestimmbar, von den gegebenen Fähigkeiten der Menschen für Spiel und Begeisterung abhängig. (Es sollte nicht überraschen, daß das Notwendige von etwas abhängig ist. Lebensnotwendigkeiten sind Mittel.) Es läßt sich vielleicht nicht aus den Abmessungen eines Baseballfeldes, der durchschnittlichen Geschwindigkeit eines geschlagenen Baseballs und der durchschnittlichen Zeit, die ein Mensch braucht, um verschiedene kurze Distanzen zurückzulegen, ableiten, daß »go feet« die beste Entfernung dafür ist, es zu wiederholten Wendepunkten im Lauf eines Baseballspiels kommen zu lassen, bei dem z.B. Lauf und Wurf zur ersten Base lang genug brauchen, um deutlich verfolgt werden zu können, und oft wird das eine im Bruchteil einer Sekunde vor dem anderen beendet. Zu beobachten, was bei gerade diesen Entfernungen geschieht, kommt einem manchmal wie die Entdeckung eines Apriori vor; aber auch wie die des absolut Kontingenten. Es ist nicht notwendig, daß die menschlichen Fähigkeiten sich genau in diesem Verhältnis trainieren lassen, doch genau dieses Verhältnis enthüllt die Grenzen dieser Fähigkeiten. Ohne diese Grenzen, wären wir nicht zur Erkenntnis der Möglichkeiten gelangt.

Menschliche Tätigkeit für etwas zu halten, was auf der ganzen Linie von bloßen Konventionen beherrscht wird oder was Konventionen hat, die sich ebensogut ändern wie nicht ändern lassen, je nachdem welchen Geschmack das eine oder andere Individuum hat oder zu welcher Entscheidung es gekommen ist, heißt, viele Konventionen für despotisch zu halten. Es lohnt sich, die Veränderbarkeit von Konventionen zu unterstreichen, da es zu ihrem Wesen gehört, irgendeinem Projekt zu dienen, und welche Reihe von Konventionen besser als andere für das Projekt sind, wird man nicht a priori wissen können. D.h., es gehört wesentlich zu einer Konvention, daß sie für Veränderungen *in der Versammlung*, gewissermaßen *im Konvent*, offen ist, in der Versammlung derjenigen, die ihr unterworfen sind, in deren Verhalten sie lebt. Auf der Geschäftsordnung politischer Despotie rangiert daher die Unterdrückung der Versammlungsfreiheit ganz oben. Verhindert wird dadurch nicht bloß, wie etwa Mill betont, der freie Meinungsaustausch von Wahrheiten, Halbwahrheiten und Unwahrheiten, aus dessen Feuer die Wahrheit hervorgeht. Das *könnte* auch in der Einsamkeit der Studierstube geschehen. Sie verhindert das Auftreten des Themas, für das eine Zusammenkunft notwendig ist, denn nur dort erkennen wir, was wir tun, erfahren wir unsere Position in dem, was wir für Lebensnotwendigkeiten halten, sehen wir, zu welchem Zweck sie notwendig sind.

Die innere Despotie der Konvention besteht darin, daß nur, wer ihr Diener ist, wissen kann, wie sie sich zum Besseren verändern läßt, oder weiß, warum sie abgeschafft werden sollte. Allein die Meister eines Spiels, nur diejenigen, die dem Projekt vollkommen dienen, sind in der Position, Konventionen aufzustellen, die dessen Wesen mehr entgegenkommen. Aus diesem Grund können tiefe revolutionäre Veränderungen dem Versuch entspringen, ein Projekt zu bewahren, es auf seine Idee zurückzuführen, die Verbindung zu seiner Geschichte nicht zu kappen. Die Forderung, das Gesetz bis aufs I-Tüpfelchen zu erfüllen, wird unweigerlich dazu führen, das Gesetz, so wie es ist, zu zerstören, wenn es sich zu weit von seinen Ursprüngen entfernt hat. Nur ein Priester war fähig, seine Praktiken so radikal mit deren Ursprüngen zu konfrontieren, daß die Forderungen der Reformation damit formuliert waren. Es geschah im Namen der Idee von Philosophie und aufgrund der Vorstellung, daß sie sich selbst untreu geworden ist oder zu denken aufgehört hat, daß Gestalten wie Descartes, Kant, Marx, Nietzsche, Heidegger und Wittgenstein die Philosophie revolutionieren wollten. Weil gewisse Menschen ihre Kunst unbedingt bewahren möchten, suchen sie danach, wie auch unter den veränderten Bedingungen noch gemalt und komponiert werden kann, und folglich revolutionieren sie ihre Kunst für viele bis zur Unkenntlichkeit. So lese ich, ungebildet wie ich bin, Thomas Kuhns *Die Struktur wissenschaftlicher Revolutionen*: Nur wer die Wissenschaften meistert, vermag einen revolutionären Wandel als natürliche Erweiterung der Wissenschaft zu akzeptieren; und er akzeptiert oder schlägt ihn vor, um mit der Idee von Wissenschaft, mit ihrem inneren Kanon von Verständlichkeit und Geschlossenheit verbunden zu bleiben, als ob der normale Fortschritt von Erklärung und Ausnahme unter veränderten Bedingungen für ihn nicht länger wie Wissenschaft aussieht. Und was er dann tut, sieht für den alten Meister vielleicht nicht wissenschaftlich aus. Wenn dieser Unterschied als einer in ihren *natürlichen* Reaktionen verstanden wird (und Kuhns Gebrauch der Vorstellung eines »Paradigmas« scheint mir eher darauf als auf einen Unterschied in den Konventionen abzuzielen), dann würden wir das wohl eine begriffliche Divergenz nennen wollen. Vielleicht bildet sich die Vorstellung von einer neuen historischen Periode in einer Generation heraus, deren natürliche Reaktionen und nicht nur deren Ideen und Gewohnheiten vom Alten abweichen; es ist die Vorstellung von einer neuen (menschlichen) Natur. Verschiedene historische Perioden könnten über lange Zeit Seite an Seite und in einer menschlichen Brust bestehen.

Das Bedürfnis, eine Vorstellung von Normalität darzulegen, hat uns, und ich glaube, für Wittgenstein gilt Ähnliches, zu jenen mehr oder weniger mathematischen Beispielen geführt. Warum ist das so? Es fehlt mir an der nötigen Kompetenz, Wittgensteins Ideen über Logik und die Grundlagen der Mathematik in Frage zu stellen oder mich ihnen anzuschließen. Da aber mathematisch anmutende Fragmente wesentlich zum Gedanken der *Untersuchungen* gehören, kann ich sie nicht einfach ignorieren. Worin besteht ihre Funktion?

Den allgemeinen Hintergrund liefert die Idee, daß die Grundfähigkeiten der Mathematik (z. B. zählen, in Gruppen zusammenfassen, eine Reihe fortsetzen, kleine oder größere Mengen finden) ebenso natürlich sind wie irgendein (anderer) Bereich einer natürlichen Sprache und ebenso natürlich wie die grundlegenden Fähigkeiten der Logik (z. B. einen Schluß ziehen, der Ersetzungsregel folgen). Damit ist gesagt, daß die normale Sprache sowenig ein Fundament in der Logik *braucht* wie die Mathematik. Spezifischer: Wittgenstein benutzt das Bild des »Fortsetzens einer Reihe« als eine Art Redefigur für eine Vorstellung von der Bedeutung eines Wortes oder vielmehr für eine Vorstellung vom Haben eines Begriffs: Die Bedeutung eines Wortes zu kennen, über den durch das Wort bezeichneten Begriff zu verfügen, heißt, fähig zu sein, mit ihm in neuen Zusammenhängen weiterzumachen – in solchen, die wir als für ihn richtig akzeptieren, und man kann das tun, ohne sozusagen die Formel zu kennen, die das neue Vorkommnis bestimmt, d. h., ohne die Kriterien angeben zu können, in deren Licht der Begriff angewandt wird. Falls jemand tatsächlich eine Formel oder eine Form aufstellen könnte, die das Schema der Vorkommnisse eines Wortes generiert, dann wäre Wittgensteins Vorstellung an dieser Stelle nicht nur eine Redefigur; sie würde durch etwas ersetzt werden oder etwas zusammenfassen, was wir wohl als Wissenschaft der Semantik bezeichnen würden.

Für uns ist aber unmittelbar von Bedeutung, daß, wie ich schon früher bemerkte, die Beispiele für »wissen, wie fortzufahren« eine einfache oder vergrößerte Ansicht des Lehrens und Lernens, der Weitergabe von Sprache und somit von Kultur präsentieren. Es ist eine Ansicht, in der die Idee von Normalität, von welcher die Kraft der Kriterien abhängt, für eine Idee von *Natürlichkeit* gehalten wird. Sie stellt den beim Lehren und Lernen, und folglich in der Kommunikation, unvermeidlichen Augenblick heraus oder setzt ihn in Szene, an dem meine Macht im Getrenntsein des anderen von mir ein Ende hat.

Was Wittgenstein unter Natürlichkeit versteht, veranschaulicht seine Interpretation dessen, was man für *selbstverständlich* hält.

> Damit es mir erscheinen kann, als hätte die Regel alle ihre Folgesätze zum voraus erzeugt, müssen sie mir *selbstverständlich* sein. (§ 238)

Ich kenne die Reihe, ich kann, wenn die Fortsetzung für mich eine Selbstverständlichkeit, ein von *voneherein* feststehender Schluß ist, mit einem Wort fortfahren. In den Reihen von Wörtern, die wir Sätze nennen, werden mir die Wörter auf halbem Weg entgegenkommen. Sie sprechen für mich. Ich räume ihnen Macht über mich ein. (Vielleicht ist damit gesagt, was ein »Satz« ist oder vielmehr ein »vollständiger Gedanke«.) Das geschieht mit meiner Macht über den Schüler, ich trete sie an den Gegenstand ab, den ich zu übermitteln versuche; könnte ich es nicht, wäre es nicht dieser Gegenstand. Kein Schluß könnte mehr für mich vorausliegend sein als der, daß *das* menschliches Leiden ist, *das* die Fortsetzung der Reihe »1, 2, 3…«, *das* ein Gemälde, ein Satz, ein Beweis. *Was* ich für etwas Selbstverständliches halte, ist nicht selbst etwas Selbstverständliches. Es ist eine Sache der Geschichte, eine Sache des Zusammenfallens mit oder des Abweichens von einem gegenwärtigen menschlichen Interesse. Ich kann nicht *entscheiden*, was ich für selbstverständlich halte, sowenig wie ich entscheiden kann, was mich interessiert: Ich muß es herausfinden.

Der Weg dahin ist nicht immer eben. Was ich für selbstverständlich hielt (z. B. daß dies ein Beweis, dies kein seriöses Gemälde ist), könnte ich später anders sehen (vielleicht durch weitere Belehrung, Beispiele, Hinweise oder Erfahrung, die zu suchen oder zu verdrängen für mich etwas Selbstverständliches sein könnte). Was ich jetzt nicht für selbstverständlich halte, könnte es irgendwann einmal sein; ich könnte es mir zur Aufgabe machen. »Ich bin nicht gewöhnt, Temperaturen in Fahrenheit-Graden zu messen. Darum *sagt* mir eine solche Temperaturangabe nichts« (§ 508). Ich weiß mehr oder weniger, wie ich es anstelle, mich an ein anderes Maßsystem zu gewöhnen, daß es dazu wiederholter Praxis bedarf, und in meinem Fall mag es gelingen oder auch nicht – 39 Grad Fieber in Celsius könnten mir niemals hoch *erscheinen*. Etwas messen ist wie fluchen tief in der Muttersprache verwurzelt, jemand, der fließend eine Fremdsprache spricht, greift möglicherweise für *eben* solche Zwecke auf seine Muttersprache zurück, als könne er sich nicht sicher sein, daß sie anders *wirksam geworden* sind.

Wenn es die Aufgabe des modernen Künstlers ist zu zeigen, daß wir nicht a priori wissen, was wir als ein Beispiel für seine Kunst betrachten, dann wäre diese Aufgabe oder dieser Zwang unverständlich bzw. undurchführbar, gäbe es da nicht Objekte, die wir, vor jeder neuen Anstrengung, ganz selbstverständlich als solche Beispiele betrachten, und gäbe es nicht Bedingungen, auf die unsere Kriterien zurückgreifen, um solche Objekte zu bestimmen. Nur jemand, der außerhalb dieser Unternehmung steht, könnte darin ein Ausloten bloßer Konventionen sehen. Eher würde man darin (die Notwendigkeit für) das Aufstellen neuer Konventionen sehen. Und nur jemand, der außerhalb dieser Unternehmung steht, könnte meinen, das Aufstellen neuer Konventionen sei eine Sache des Ausübens persönlicher Wahl oder des persönlichen Geschmacks. Eher würde man darin die Untersuchung, die Bildung, die Freude an oder das Klären von Geschmack, Wahl und Intuition sehen, eine Untersuchung der Sorte von Geschöpf, die solche Fähigkeiten ausübt. Künstler sind Leute, die wissen, wie man solche Dinge tut, d. h., wie man Objekte macht, so daß unsere Reaktionen darauf uns dazu befähigen aber auch zwingen, unsere bestehenden Fähigkeiten zu erforschen, zu bilden, zu genießen und zu klären. Der Tyrannei der Konvention liegt die Tyrannei der Natur zugrunde.

Einige Kinder lernen, daß sie auf ihre Umgebung abstoßend wirken; und sie lernen, sich selbst abstoßend zu machen, nicht nur was ihre äußere Aufmachung betrifft, sondern ihr ganzes Erscheinungsbild, um damit die ihnen vertraute natürliche Reaktion auf sie auszulösen, als könnten sie sich nur so ihrer Identität oder ihrer Existenz vergewissern. Aber nicht jeder ist gezwungen, ganz selbstverständlich so zu reagieren, wie das Kind es sich verzweifelt wünscht und verzweifelt nicht wünscht. Manchmal findet ein Fremder das Kind nicht abstoßend, auch wenn die Eltern es tun. Manchmal ist der Fremde ein Arzt, der das Kind, weil er es akzeptiert, etwas Neues lehrt. Das gelingt ihm nicht deshalb, weil er sich an das abstoßende Geschöpf zunehmend *gewöhnt*. Hier liegt eine *Weigerung* vor, wie üblich zu reagieren, ein Hinhalten der anderen Wange. Die Reaktion befreit sich selbst von Schlußfolgerungen. Bliebe die Freiheit in der Heiligkeit auf Heilige beschränkt, würden wir sie nicht erkennen.

Wittgensteins mathematische Bilder verwendende Geschichten – über die Gruppe von Holzverkäufern und andere Leute, die mit dem Daumen »messen«, unsystematische Listen aufstellen, sich nicht darum kümmern, ob man sie betrügt, »rechnen«, indem sie jemanden auffordern, an eine Zahl zu denken – lesen sich, tritt man ein wenig zurück, als wären ihre handelnden Personen Kinder. Schreibt man so grundlegend über Unterweisung und steht das Kind dabei im Mittelpunkt, dann ist es nur angemessen, daß wir uns lebhaft vor Augen geführt haben, daß wir unser Leben als Kinder beginnen. Diese Stämme von großen Kindern können uns daran denken lassen, wie wenig in jedem von uns erzogen wird, und die Frage aufwerfen, wie wir jemals frischen Nachwuchs für unsere Kultur gewinnen können. Die Reaktionen der Holzverkäufer hätte ich, sofern ich sie als richtige Kinder betrachtet hätte, so erklären können: »Wenn sie die bedeckte Fläche als Maß für die Menge nehmen, dann interpretieren sie eine ›Menge von Holz‹ nach dem Vorbild von eine ›Menge von Wasser‹, wobei sie bei ihrer Schätzung davon ausgehen, daß breite Zylinder mehr Wasser enthalten als dünne, gleichgültig wie hoch die dünnen Zylinder sind; und wovon sie wissen, daß eine größere Fläche von mehr verschüttetem Wasser bedeckt wird als von weniger.« Etwas in der Art sage ich vielleicht aus dem ernsthaften Wunsch heraus, mehr über die kindliche Konstruktion von Wirklichkeit zu erfahren, oder auch, um die Reaktion zurückzuweisen, mich an meine eigenen Fortschritte zu erinnern und damit zu sagen, sie würden aus dieser Gewohnheit schon herauswachsen. (Das Beispiel des breiten und dünnen Zylinders stammt, wie ich mich zu erinnern meine, von Piaget, der aber zum umgekehrten Ergebnis kommt. Für mein Beispiel spielt das jedoch keine Rolle. In dem Fall würde ich es als Erklärung für eine Abnormität nehmen.) Es fällt nicht schwer, Wege zu finden, die geistigen Reaktionen von Kindern abzutun; die Beunruhigung über ihre »Irrtümer« läßt sich dank des natürlichen Charmes der Kindheit überdecken und damit, daß wir als richtige Antwort diejenige akzeptieren, von der das Kind lernt, daß wir sie hören wollen, gleichgültig ob es nun das, was wir für den Gehalt unserer Unterweisung halten, verstanden hat oder nicht. Wenn der Charme zu schwinden beginnt, ist ihre weitere Erziehung unseren Blicken entzogen. Wir verfügen daher vielleicht nicht über ein kontinuierliches Maß dafür, wieweit wir bereit sind, weiterhin »aufmunternde Gesten« den uns vertrauten Fremden gegenüber zu machen.

Wenn meine Gründe an ein Ende kommen und ich auf mich selbst, auf meine Natur zurückgeworfen bin, soweit sie sich selbst bis jetzt enthüllt hat, kann ich, vorausgesetzt ich bin nicht in der Lage, den Diskussionsboden zu verlagern, den Schüler entweder aus meinen Augen verbannen – so als stießen mich seine geistigen Reaktionen ab –, oder ich kann die Gelegenheit ergreifen und den Boden untersuchen, den ich bisher für vorausliegend gehalten habe. Ist das Thema die Fortsetzung einer Reihe, habe ich vielleicht genug erfahren, wenn ich entdecke, daß ich es *einfach tue*, daß ich mich auf mich als mein Fundament verlasse? Aber fragt mich das Kind, sei es klein oder groß: Warum essen wir Tiere? oder Warum sind einige Leute arm und andere reich? oder Was ist Gott? oder Warum muß ich in die Schule gehen? oder Magst du Schwarze genausosehr wie Weiße? oder Wem gehört das Land? oder Warum gibt es überhaupt etwas? oder Wie kam Gott hierher?, dann erscheinen mir meine Antworten vielleicht dürftig, dann könnte ich das Gefühl haben, mir gehen die Gründe aus, ohne daß ich bereit bin zu sagen »Das tun wir nun mal« (das sage ich, das spüre ich, das weiß ich), und das achten.

Dann habe ich vielleicht den Eindruck, daß meine unvermeidlichen Schlüsse niemals Schlüsse waren, zu denen *ich* gelangt bin, sondern daß ich sie bloß aufgesaugt habe, daß sie rein konventionell waren. Ich könnte diese Erkenntnis durch Heuchelei, Zynismus oder Aggressivität unterdrücken. Ich könnte das aber auch zum Anlaß nehmen, mich selbst an meine Kultur zu wenden und zu fragen: Warum machen wir es so, wie wir es machen, urteilen so, wie wir urteilen, wie sind wir an diese Scheidewege geraten? Was ist der natürliche Boden unserer Konventionen, wem oder was dienen sie? Eine Konvention in Frage zu stellen ist unzweckmäßig, sie wird dadurch unbrauchbar, sie erlaubt mir nicht mehr, wie selbstverständlich vorzugehen, der Weg des Handelns, der Weg der Worte ist blockiert. »Und eine Sprache vorstellen heißt, sich eine Lebensform vorstellen« (vgl. § 19). Im Philosophieren muß ich mir meine eigene Sprache und mein eigenes Leben vorstellen. Ich verlange, daß die Kriterien meiner Kultur ausgebreitet werden, damit ich sie meinen Worten und meinem Leben gegenüberstellen kann, so wie ich sie aufnehme und wie ich sie mir vorstellen mag, und zugleich um meine Worte und mein Leben, so wie ich sie aufnehme, dem Leben gegenüberzustellen, das die Worte meiner Kultur für mich vorstellen mögen: um die Kultur sich selbst an den Nahtstellen gegenüberzustellen, an denen sie sich in mir begegnet.

Eine solche Aufgabe scheint mir den Namen Philosophie zu verdienen. Und damit ist auch etwas beschrieben, was wir Erziehung nennen können. Vor den bei Augustinus, Luther, Rousseau, Thoreau ... gestellten Fragen sind wir wie Kinder; wir wissen nicht, wie wir mit ihnen fortfahren sollen, welchen Boden wir unter den Füßen haben. So gesehen, wird Philosophie zur Erziehung der Erwachsenen. Es ist, als müsse die Philosophie nach einer Perspektive auf ein natürliches Faktum suchen, das beinahe zwangsläufig falsch interpretiert wird – auf das Faktum, daß der normale Körper zu einem frühen Zeitpunkt im Leben seine volle Stärke und Größe erlangt. Warum glauben wir, daß, weil wir dann alles Kindliche von uns abstreifen müssen, wir auch die Aussicht, weiter zu wachsen, und die Erinnerung an die Kindheit ablegen müssen? Das Beunruhigende beim Lehren, in ernsthafter Kommunikation, besteht darin, daß ich selbst noch erzogen werden muß. Für Erwachsene bedeutet das jedoch *Veränderung*, nicht natürliches Wachstum. Bekehrung ist ein Umkehren unserer natürlichen Reaktionen, weshalb sie auch als Wiedergeburt symbolisiert wird.

Zweiter Teil

Skeptizismus und die Existenz der Welt

Die menschliche Vernunft hat das besondere Schicksal in einer Gattung ihrer Erkenntnisse: daß sie durch Fragen belästigt wird, die sie nicht abweisen kann, denn sie sind ihr durch die Natur der Vernunft selbst aufgegeben, die sie aber auch nicht abweisen kann, denn sie übersteigen alles Vermögen der menschlichen Vernunft.

Kant, Kritik der reinen Vernunft, Vorrede zur ersten Auflage

To the Roaring Winds

What syllable are you seeking,
Vocalissimus,
In the distances of sleep?
Speak it.

Wallace Stevens

VI
Die Fragestellung der klassischen Erkenntnistheorie: Eröffnung

Besonders im Verlauf der Kapitel II bis IV habe ich dargelegt, was mir die wesentlichen Merkmale des Vorgehens derjenigen klassischen Erkenntnistheoretiker zu sein scheinen, die in einer überzeugenden Darlegung der Struktur oder Natur der klassischen Erkenntnistheorie keinesfalls fehlen dürfen. Die Struktur, die ich auffinde, tritt in der detaillierteren Beantwortung einer Reihe von Fragen zutage, die wir nun folgendermaßen stellen können:

Wie kann das Scheitern eines einzelnen Wissensanspruchs (anscheinend) Zweifel an der Macht des Wissens aufwerfen, die Welt überhaupt zu erschließen?

Warum werden gerade generische Objekte (offenbar) allgemein als die Beispiele angesehen, die von den klassischen Erkenntnistheoretikern untersucht werden?

Wie können wir die Tatsache, daß die klassischen Untersuchungen doch überzeugend wirken (was, behaupte ich, mit der offenkundigen Alltäglichkeit ihrer Reflexionen über offenkundig alltägliche Probleme zusammenhängt), mit dem Umstand vereinbaren, daß in einem alltäglichen (praktischen) Zusammenhang die Frage, die sie in bezug auf generische Objekte stellen, absurd erscheinen würde?

Wenn wir diese Fragen zum Vorgehen der klassischen Erkenntnistheorie beantworten, dürfen wir hoffen, daß uns drei phänomenologisch frappante Merkmale der Konklusion deutlicher werden, die den Skeptizismus kennzeichnet: den Sinn der in der Konklusion der Untersuchung ausgedrückten *Entdeckung*; den Sinn des *Konfliktes* dieser Entdeckung mit unseren alltäglichen »Überzeugungen«; die *Instabilität* dieser Entdeckung, d. h. wieso die theoretische Überzeugung, die sie vermittelt, sich unter dem Druck unseres alltäglichen Umgangs mit der Welt (oder auch durch die Zerstreuung, die er mit sich bringt) sich wieder auflöst. (Eines möchte ich von Anfang an klarstellen: Ich halte *diese* phänomenologischen Merkmale der Konklusion für mindestens ebenso wichtig wie das Merkmal, welches den meisten Philosophen bei diesem Thema als das phänomenologische Hauptproblem erscheint, wenn sie nicht sogar vielleicht die Erklärung dafür enthalten: daß nämlich bezogen auf das Wahrnehmungs*objekt* scheinbar eine Verlagerung stattfindet, und zwar von den Gegenständen zu den Sinnesdaten.)

Die Vernünftigkeit des Zweifels

Ich gehe davon aus, daß das klassische Modell oder die klassische Form solcher Untersuchungen in den einleitenden Seiten von Descartes' *Meditationen* vorliegt:

> Schon vor einer Reihe von Jahren habe ich bemerkt, wieviel Falsches ich in meiner Jugend habe gelten lassen und wie zweifelhaft alles ist, was ich hernach darauf aufgebaut ...

> So ... werde [ich] endlich und unbeschwert zu diesem allgemeinen Umsturz meiner Meinungen schreiten. Dazu wird es indessen nicht nötig sein zu zeigen, daß sie alle falsch sind, denn das würde ich wohl niemals erreichen können; da es jedoch nur vernünftig ist, bei dem nicht ganz Gewissen und Unzweifelhaften ebenso sorgsam seine Zustimmung zurückzuhalten wie bei offenbar Falschem, so wird es, sie alle zurückzuweisen, genügen, wenn ich in einer jeden irgendeinen Grund zu zweifeln antreffe.

> Alles nämlich, was ich bisher am ehesten für wahr gehalten habe, verdanke ich den Sinnen oder der Vermittlung der Sinne. Nun aber bin ich dahintergekommen, daß diese uns bisweilen täuschen, und es ist ein Gebot der Klugheit, denen niemals ganz zu trauen, die uns auch nur einmal enttäuscht haben.

Anschließend gibt Descartes ein bestimmtes Beispiel für eine Überzeugung, von der er oder irgend jemand denken würde, sie beruhe auf sicherem Wissen, habe solide Gründe (»zum Beispiel, ... ich bin hier, sitze am Kamin ...«), und er macht sich daran, ihre Sicherheit zu prüfen und womöglich zu erschüttern. In dieser Absicht überlegt er, ob es nicht möglich wäre, daß er nur träumt, und er zeigt sich »betroffen«, »ganz klar zu sehen«, daß »Wachsein und Träumen niemals durch sichere Kennzeichen unterschieden werden können«. Und durch diesen »Zweifelsgrund« würden wir dazu aufgerufen, so verstehe ich es, auch festzustellen und darüber zugleich erstaunt zu sein, daß unsere bisher so solide begründete Überzeugung – basierend auf oder »bezogen von« den Sinnen – verdächtig geworden ist; und man kommt zu dem Schluß, daß die Sinne eine unzureichende Grundlage für unser Wissen sind. In der II. Meditation legt er sich die »gewöhnlichsten Gegenstände vor, die gemeinhin für die am deutlichsten erkannten gelten, nämlich die Körper, die wir berühren und sehen«. Hier bedient er sich des berühmten Stückchens Wachs als eines Beispiels, durch dessen Betrachtung er zu der These kommt, daß man von uns, obwohl wir *irgend etwas* wahrnehmen, doch nicht sagen kann, wir nähmen das *Wachs* wahr (wobei er das der »Tatsache« analogisiert, daß, wenn wir sagen, wir sähen Leute auf der Straße vorübergehen, wir *eigentlich* »nur« Hüte und Mäntel sehen). Dann fragt er: »Was ist es denn an diesem Stückchen Wachs, was wir so deutlich erkennen?« Und *wie* erkennen wir es, wenn nicht vermittelst der Sinne?

Hier paradieren alle Elemente der erkenntnistheoretischen Untersuchung, die uns durch ihre auffällig beständige Wiederkehr in der Problemgeschichte seit Descartes so vertraut sind: das auf die Probe Stellen vertrauter Überzeugungen; die Anerkennung der Tatsache, daß sie letztlich auf Sehen, Tasten usw. beruhen müssen; das Herstellen einer Überzeugung betreffs eines generischen Objekts, um daran diese Grundlage zu prüfen; die Entdeckung, daß die Sinne für sich genommen nicht, wie wir vorher »geglaubt« hatten, adäquat für Wissen sind; und schließlich die

Fragen »Was *wissen* wir denn?« oder »Wie wissen wir folglich überhaupt etwas über die Welt?« Und erst an diesem Punkt würden wir zu den Abweichungen der Theorien gelangen, die wir »Phänomenalismus«, »Kritischer Realismus« usw. nennen.

Um sich dieses Vorgehen und die Merkmale der Konklusion im Licht der von uns gestellten Fragen en détail vor Augen zu führen, kommt es darauf an, einen Punkt zu bemerken, auf den Descartes von Anfang an Gewicht legt: Die »Zweifelsgründe«, auf die er hinaus will, sind solche, die *vernünftig* sein müssen. Er erwägt ausdrücklich die Möglichkeit, daß, obwohl wir alle zugeben, daß die Sinne uns *bisweilen* »täuschen«, es unvernünftig sein könnte, daran zu zweifeln, daß sie *immer* verläßlich sind. Zurück zur I. Meditation:

> daß diese Hände selbst, daß überhaupt mein ganzer Körper da ist, wie könnte man mir das bestreiten? Ich müßte mich denn mit ich weiß nicht welchen Wahnsinnigen vergleichen, deren ohnehin kleines Gehirn durch widerliche Dünste aus ihrer schwarzen Galle so geschwächt ist, daß sie hartnäckig behaupten, sie seien Könige, während sie bettelarm sind, oder in Purpur gekleidet, während sie nackt sind, oder sie hätten einen tönernen Kopf oder sie seien gar Kürbisse oder aus Glas; – aber das sind eben Wahnsinnige, und ich würde ebenso wie sie von Sinnen zu sein scheinen, wenn ich mir sie zum Beispiel nehmen wollte.

Indem er diesen Gedanken nun verfolgt, wie erreicht er die von ihm geforderte Vernünftigkeit?

In den Darlegungen von Teil I habe ich zwar von den klassischen Erkenntnistheoretikern explizit vorausgesetzt, daß sie in ihren Untersuchungen in irgendeiner Weise den Anspruch auf »Vernünftigkeit« erheben. Es blieb indessen implizit, daß die Vernünftigkeit ihrer Überlegungen davon abhängt, daß es eben solche alltäglichen Überlegungen sind, von denen jeder, der überhaupt sprechen und etwas wissen kann, einsieht, daß sie für die fragliche Behauptung (»Überzeugung«) auch relevant sind. Teil II hat demnach die Aufgabe, diese unausgesprochene Voraussetzung explizit zu machen, sie uns philosophisch bewußt zu machen, sie als neues Problem zu erkennen oder, um mit Heidegger zu reden, sie »thematisch« werden zu lassen. Zu thematisieren ist insbesondere die Vorstellung, daß diese alltäglichen Überlegungen ja Überlegungen von genau der Sorte sein sollten, die den Philosophen der Alltagssprache zu seinen Untersuchungen veranlassen, die doch anscheinend in die entgegengesetzte Richtung gehen. Unser Thema sollte uns es daher ermöglichen, die Vorgehensweisen des Philosophen der Alltagssprache (samt der von ihm geübten Kritik) auf ihre Vernünftigkeit hin zu untersuchen, und zur gleichen Zeit sollten diese uns wiederum ein Modell oder einen Prüfstein zur Verfügung stellen, um das Vorgehen des traditionellen Philosophen auf seine Vernünftigkeit hin zu prüfen.

Man kann so ansetzen: Gesetzt, die Überlegungen des Philosophen der Alltagssprache liefern uns ein Modell oder eine Vorstellung von der Vernünftigkeit, welche der klassische Erkenntnistheoretiker von seinem eigenen Vorgehen verlangt, wie können dann ebenjene Überlegungen ebendieses Vorgehen verdächtig machen? Genau das scheinen nämlich jene Überlegungen zu tun, sowohl nach Ansicht derjenigen, die für die Tradition eintreten, als auch derjenigen, die unter Ablehnung der Tradition für die Alltagssprache eintreten. Wenn es uns folglich gelingt, die Alltäglichkeit, die Natürlichkeit der klassischen Untersuchungen im Lichte unseres spontanen Verständnisses der Alltagssprache explizit zu machen, dann müßte, sofern es um die Vernünftigkeit in den Untersuchungen irgendwo übel bestellt sein sollte, dieser Fehler subtil genug sein, und, wie es möglich gewesen ist, ihn zu übersehen, müßte eine hinlänglich plausible Erklärung finden, um uns restlos davon zu überzeugen, daß auch ein Meister der Sprache in diesem Fall der Wucht seiner philosophischen Meditation erlegen wäre und er nicht gemerkt hätte, daß ihn seine Beherrschung der Sprache hier im Stich gelassen hat.

Doch zurück zu Austins Szenario zur Bewertung von Wissensansprüchen. Jedenfalls auf den ersten Blick scheint es nicht wesentlich anders als Descartes' Eröffnung angelegt zu sein: Man bringt ein Beispiel für eine Behauptung; man erklärt deren Grundlage; man bringt einen Zweifelsgrund vor, der, wenn er unbeantwortet bleibt, die Behauptung entkräftet.

Behauptung: »Ein Stieglitz sitzt im Garten.«

Frage nach der Grundlage: »Woher weißt du das?«

Grundlage: »Aufgrund des roten Kopfs.«

Zweifelsgrund: »Aber das reicht nicht; Spechte haben doch auch rote Köpfe.«

Wenn der, der die Behauptung aufgestellt hat, jetzt nicht mit zusätzlichen Gründen aufwarten kann, wäre es unvernünftig von ihm, die Behauptung nicht zurückzuziehen. Wie Descartes ausdrücklich sagt, ist die Konklusion nicht die, daß die Behauptung »evident falsch« ist, sondern vielmehr, daß der, der die Behauptung aufgestellt hat, jetzt nicht länger behaupten kann, er wisse, daß sie wahr sei; denn sie läßt sich vernünftigerweise bezweifeln. Bis hierher ist anscheinend nichts kontrovers, und die Tradition und ihre modernen Kritiker befinden sich in Übereinstimmung. Wie kommt es aber dann, daß sich an diesen Überlegungen Kritik entzündet?

Man erinnere sich an Austins Rückzieher:

> Keineswegs weiß ich *immer*, ob es ein Stieglitz ist oder nicht. Er fliegt vielleicht fort, ehe ich die Möglichkeit zur Überprüfung habe oder ihn gründlich genug betrachten kann. Die Sache liegt ganz einfach, aber manche möchten geltend machen, daß ich es *niemals* wissen oder herausfinden kann, weil es mir *manchmal* nicht gelingt.

Als schon früher (S. 128) auf diesen Rückzieher die Rede kam, überging ich ihn als offenkundig ungenügende Diagnose der philosophischen Reaktion. Doch weder versuchte ich zu sagen, was an ihm nicht in Ordnung ist noch wieso Austin ihn relevant findet. Es bleibt vielleicht unklar, ob Austin hier an solche Philosophen denkt, die behaupten, wir könnten unter keinen Umständen einen empirischen Satz mit Gewißheit wissen, oder an solche, die behaupten, wir könnten das nur nicht bloß auf die

Sinne gestützt (wobei außerdem natürlich unklar ist, wenn es denn einen gibt, wie *einschneidend* der Unterschied zwischen diesen beiden Möglichkeiten ist). Der Sache nach, würde ich jedoch sagen, richtet sich die Bemerkung gegen den Cartesianer, denn Austins skizziertes Modell scheint auf diesen vorzüglich zu passen. (Später in *Other Minds* erörtert Austin die Ansicht, empirische Sätze würden Aussagen über die Zukunft involvieren (S. 63/Dt. S. 133) – doch das ist ein anderer Punkt. Der letzte Abschnitt von Kapitel 8 enthält dazu einige Bemerkungen von mir.)

Vor allem nun: So wie Austin vom Erkenntnistheoretiker behauptet, daß der zu argumentieren neige, »argumentiert« der keineswegs, nämlich nicht mehr, als er argumentieren würde, diese oder jene Situation sei eine, in der wir z. B. die Aussage träfen, »Im Garten sitzt ein Vogel«. Der Erkenntnistheoretiker stellt im Gegenteil fest, daß, weil ich etwas in *diesem* Fall nicht weiß oder herausbekommen kann, ich es in *keinem* Fall wissen kann. Was genau aber schließt diese »Feststellung« ein; was hat er erkannt?

Das Szenario, mit dem er begonnen hat – mit dem er bei seinem Projekt hatte beginnen müssen –, ist eines, von dem wir alle anerkennen müßten, daß es die *beste* Aussicht auf das Erlangen von Gewißheit bietet; eines, das nur den einen Sinn hat, uns davon zu überzeugen, daß, wenn wir unter solchen Umständen kein Wissen haben, wir unter keinen Umständen jemals welches haben können. Austins Szenario, das mit dem Stieglitz, ist aber offenbar nicht von dieser Art. Hier ist es so, daß, wenn man etwas nicht weiß oder nicht herausbekommen kann, daraus nichts bezüglich dessen folgt, was überhaupt gewußt werden kann, d. h. in bezug auf das Wissen überhaupt, als mögliches Ziel, sondern nur etwas in bezug auf die *eigene* mangelhafte Kenntnis und Überstürztheit im Urteil oder in bezug auf die Ungunst der Beobachtungsbedingungen in *diesem einzelnen Fall*. Auf dieses Szenario gestützt, würde kein Mensch »feststellen«, das Wissen überhaupt, als Ziel, sei in Gefahr. Zu »argumentieren«, aus dem Scheitern in einem derartigen Fall folge, daß man dem Scheitern überhaupt nicht entrinnen kann, wäre allerdings so grotesk, wie Austin dies voraussetzt. Denn das hieße soviel wie zu argumentieren, daß wir in unserem Urteil zu mangelhafter Kenntnis und Überstürztheit oder zu Beobachtungsbedingungen verdammt wären, die es kaum zulassen, etwas zu überprüfen, und unter denen es schlicht an den physischen Voraussetzungen für den Wissenserwerb fehlt. Hingegen zu sagen, ein Philosoph stelle sich den »bestmöglichen« Fall für Wissen vor (oder er habe zumindest diese Absicht oder meine von sich selber, daß er es tue), das bedeutet, daß er sich einen Fall vorstellt, in dem solche Umstände wie ausreichende Kenntnis, Sorgfalt, äußere Bedingungen und Voraussetzungen keine Rolle spielen. In dem Szenario des Philosophen, könnte man sagen, ist alles, was man an Wissen schon mitbringen muß, um Wissen zu erwerben, das Sprechenkönnen.

Austin kann einräumen, daß »ich keineswegs *immer* weiß, ob es ein Stieglitz ist oder nicht«, unbesorgt darum, ob dann nicht das Wissen überhaupt in Gefahr ist und ob dies nicht bedeutet, daß wir unter *keinen* Umständen etwas wissen können. Denn in seinem Szenario, in dem sich die Sache allerdings so verhält, könnten wir die Umstände angeben, unter denen Wissen dort hätte zustande kommen können. (Der Vogel hätte näher und stiller sitzen können, er hätte nicht so schnell weggeflogen sein können; das Licht hätte heller oder gleichmäßiger auf ihn fallen können; ich hätte ein schärferer Beobachter sein können usw.) Aber in dem klassisch-philosophischen Szenario helfen solche Beschreibungen nicht. Man variiere die gegebenen Umstände ganz nach Belieben (lasse den Tisch oder Stift oder Umschlag dort, unbewegt, solange man nur will, verleihe jemandem alle erdenkliche Geschicklichkeit, um Tische, Stifte und Umschläge auseinanderhalten zu können, übe ihn darin, sein Urteil so lange zurückzuhalten, wie es nötig ist, um die Sachlage zu überschauen), und man wird dennoch der Frage, ob wir wissen, daß es hier einen Tisch, einen Stift und einen Umschlag gibt, um keinen Deut nähergekommen sein. Wenn sich diese Frage, ob wir etwas wissen, so stellt, wie der Philosoph sie stellt, dann muß die Antwort lauten: Durch Überlegungen in der Art, wie Austin sie anstellt, finden wir heraus, daß wir es nicht tun. Von hier zu der Konklusion, daß wir unter *keinen* Umständen etwas wissen, ist der Schritt dann trivial.

Damit verlagert sich das Problem dahin, wodurch »das Szenario des traditionellen Philosophen« oder »der Zusammenhang, in dem er die Frage stellt«, konstituiert wird. Was ich bisher behauptet habe, ist aber nur dies: Sollte in der traditionellen Wissenskonzeption oder in der Zurückweisung dieses Wissens ein Trugschluß vorliegen, dann verrät dieser sich nicht durch die voreilige Verallgemeinerung von »einigen« Fällen auf »alle« Fälle (wäre etwa dies von Wittgenstein gemeint, wenn er beim Metaphysiker vom »Streben nach Allgemeinheit« spricht? (*Das Blaue Buch*, S. 37)), sondern durch die Art, auf die, oder den Zweck, zu welchem der Philosoph ebenjenen »Idealfall« aussucht, und durch das, was er alles hat tun, auch sich selber hat antun müssen, um es bei der Frage, ob wir etwas wissen, überhaupt zu erreichen, daß sie sich gerade hier stellt. Und »zu erreichen, daß sich die Frage stellt«, bedeutet, »die Frage wirklich (natürlich) zu machen«, und zwar in ganz demselben Sinn wirklich und natürlich wie in den alltäglichen Fällen, solchen etwa, die Austin erörtert. Einfach zu sagen, wie die Philosophen der Alltagssprache es tun, die Frage *stelle sich nicht*, wäre in den Augen des Erkenntnistheoretikers eine Petitio principii; denn für ihn *hat sie sich ja bereits gestellt* (zumindest hat niemand das Gegenteil bewiesen), und zwar so, daß er dazu Wörter verwendet, die nicht offenkundig ihrer Bedeutung entfremdet sind (welche Bedeutung haben sie denn jetzt?).

Der Konflikt mit der Alltagssprache hat eine andere Kraft, betrifft einen anderen Punkt. »Ob wir etwas wirklich wissen, diese Frage stellen wir uns normalerweise nicht in den Fällen, in denen der Philosoph sie stellt.« Die Bedeutung dieses Satzes besteht darin, daß er uns darauf gespannt macht oder gespannt machen sollte, *wieso* die Frage sich überhaupt gestellt hat, wie sie sich hat stellen *können*. Und das ist eine Frage, welche der traditionelle

Philosoph selber durchaus ernst nimmt, eine, die er beantworten will. Er tut das, indem er etwa zu bedenken gibt: »Die Frage ist völlig natürlich, nur *braucht* sie sich im Rahmen ›lebenspraktischer Belange‹ überhaupt *nicht* zu stellen. Die Antwort lehrt uns etwas über die Welt und das Wissen, aber etwas, das wir vorher nicht einmal *bemerkt* haben, etwas, von dem wir uns durch unsere Vorurteile, durch unsere selbstzufriedene, pragmatische Einstellung haben abhalten lassen, es zu bemerken.« Ich werde auf diese Antwort kritisch zurückkommen.

Die erste Frage zu Beginn dieses Kapitels über das Vorgehen des Erkenntnistheoretikers – »Wieso scheint das Scheitern eines einzelnen Wissensanspruchs die Geltung unseres Wissens im ganzen in Zweifel zu ziehen?« – beantwortet sich also zunächst einmal dahingehend, daß er Zweifel in einem Fall erhoben hat, von dem wir alle zugeben, daß er den *Idealfall* des Wissens exemplifiziert. Mit diesem Idealfall ist in unserem Modell konkret gemeint: »eine Behauptung, daß ein gegenwärtiges generisches Objekt existiert«. Und mit »Zweifel erhoben haben« ist nicht gemeint, »gezeigt haben, daß sie offenkundig falsch ist«, sondern »einen gewöhnlichen Zweifelsgrund vorgebracht haben, der von der Grundlage der Behauptung zeigt, daß sie ihrer Begründungsfunktion unzulänglich genügt«. Wenn es folglich an dem Vorgehen des Erkenntnistheoretikers etwas auszusetzen gibt, kann das nur entweder daran liegen, daß er sich bei seiner Untersuchung auf ein generisches Objekt konzentriert, oder an der Grundlage, die er zu dessen Gunsten angeführt hat, oder an dem Zweifelsgrund, den er gegen diese Grundlage geltend gemacht hat.

Die mir geläufigen Einwände und Verteidigungen konzentrieren sich auf den zweiten und den dritten dieser Schritte, d. h. auf die Analyse der Wahrnehmung durch den Philosophen (die Grundlage der von ihm untersuchten Behauptung wird immer irgend etwas in der Art sein von »ich weiß das, weil ich es sehe« oder »vermittelst der Sinne«) oder auf den besonderen Zweifelsgrund, welchen er für einen Einwand gegen diese Grundlage hält (»Aber könnte ich denn nicht träumen, einer Illusion oder Halluzination unterliegen?« und dergleichen). Zweifellos mutet manches sowohl an der Grundlage des Philosophen als auch an seinen dagegen gerichteten Zweifeln merkwürdig an, aber man weiß nicht recht, wenn Schwierigkeiten auftreten, welches Gewicht ihnen beizumessen ist. Ist es ein *schlagender* Einwand gegen den klassischen Erkenntnistheoretiker, daß das, wovon er sagt, wir sähen es wirklich, keine gute phänomenologische Beschreibung unserer Seherlebnisse ist? Entwertet der Umstand, daß die Frage »Könntest du in diesem Augenblick nicht träumen?« schrecklich verquer klingt, alles, was er entdeckt zu haben glaubt? Folgt aus der Tatsache, daß die Aussage »Materielle Objekte sehen wir in Wirklichkeit nicht« sich im Widerspruch zu der alltagssprachlichen Aussage »Man kann das Boot von hier aus sehen« befindet, daß die Konklusion des Philosophen nicht das bedeuten kann, was sie scheinbar besagt, oder daß sie nicht wahr sein kann? Es sollte denjenigen, der Kritik dieser Art für ausreichend hält, beunruhigen, daß die so Kritisierten sie keineswegs schlagend finden. Schließlich haben sie selbst einiges Gewicht auf die Vernünftigkeit ihres Vorgehens gelegt, während sie umgekehrt auch das Paradoxe an ihren Konklusionen unumwunden einräumen. Wenn man jemandem vorwirft, unvernünftig zu sein, ist es nicht nur eine Sache guten Stils oder taktischer Klugheit, daß man sich darüber im klaren ist, warum der andere sich keineswegs dafür hält. Vielleicht gibt es ja doch etwas, was man selbst nicht berücksichtigt hat. Und zu sagen, es könne nicht wahr sein, ist selbstverständlich *keine* Antwort auf ein Paradox. Wenn man eine Behauptung paradox nennt, ist man sich ja vollauf bewußt, daß sie so aussieht, als könne sie gar nicht wahr sein.

Wir könnten sagen: Berufungen auf die Umgangssprache, auf das »ursprüngliche« Sprachspiel eines Ausdrucks, belegen die Bedeutung eines Ausdrucks, sofern dieser eben auch im gewöhnlichen Sinne verwendet wird (nicht metaphorisch, nicht technisch usw.). Es wird dadurch nicht unmittelbar belegt, daß der Ausdruck, so wie er verwendet wird, nicht seine gewöhnliche Bedeutung hätte oder daß er mißbräuchlich verwendet würde. Ihn in seinem gewöhnlichen Zusammenhang zu betrachten zwingt einen, sich zu fragen: *Ist* es das, was ich an *dieser* Stelle sagen will? Und oft, vielleicht sogar in der Regel, ist es offensichtlich, sobald man sich die gewöhnliche Verwendungsweise bewußt macht, daß das durchaus nicht das ist, was man hat sagen wollen. Es bringt nicht die *eigene Meinung* zum Ausdruck, obwohl man das aus irgendeinem Grund vorher angenommen hat. Oder es gibt einem zu verstehen, daß man die betreffende Situation irgendwie sonderbar aufgefaßt hat, auf eine Weise, von der man jetzt sieht, daß sie unpassend, arbiträr ist und nicht dem entspricht, was man wirklich beabsichtigt. Manchmal aber hat es nicht diese Wirkung. (Beispielsweise könnte jemand einen darauf aufmerksam machen, daß die Art, wie man über einen Dritten spricht, zeigt, daß man ihm böse ist, daß man sich von ihm z.B. um irgend etwas betrogen fühlt. Diese Bemerkung kann einem bewußt machen, daß die eigene Einstellung zu ihm unpassend ist. Sie kann einem aber auch, im Gegenteil, bewußt machen, daß man tatsächlich genauso über ihn denkt, und zwar zu Recht.)

Ehe wir das Vorgehen des Philosophen genauer artikuliert haben, muß jede daran geübte Kritik, würde ich sagen, auf ihn weniger Eindruck machen als sein eigenes Vorgehen. Denn die einzelnen Schritte von einer über ein generisches Objekt aufgestellten Behauptung, über die Vermutung, daß es gewußt wird, weil jemand es *gesehen* (wahrgenommen) hat, bis hin dazu, daß das, was man zu sehen behauptet, auf eine seit Jahrhunderten geläufige Weise entkräftet wird (nämlich dadurch, daß es Traum, Illusion, Drogenrausch oder sonst etwas ist oder doch sein könnte), scheinen unausweichlich. Kritik an diesen Schritten seiner Meditation scheint mir bisher auch von niemandem geübt worden zu sein. Die »gründlichere Artikulation«, die ich vorhabe, beinhaltet, die Prüfung der klassischen Vorgehensweise weiter zurückzuverlegen und da ansetzen zu lassen, was ich als ihren ersten Schritt betrachte: bei dem Auftauchen des generischen Objekts im Zentrum der Untersuchung, d.h. also bei der letzten Frage, die uns, wie gesagt, erwartet: »Wieso wirft der Philosoph die Existenzfrage bezogen auf ein generisches Objekt auf und stellt das in einer Situation als akzeptabel (vernünftig) hin, in der das normalerweise absurd scheinen würde?«

Wie beginnt der Philosoph seine Meditation, was stößt sie an? Folgendermaßen greift Austin Wisdom am Anfang an:

> Wisdom hat zweifellos recht mit seiner Auffassung, daß wir durch Fragen wie »Woher weiß man, daß jemand anderer zornig ist?« in die Zwickmühle geraten. Er zitiert auch noch andere Formen dieser Frage: »Woher weiß man (jemals)?«, »Kann man wissen?«, »Wie kann man wissen?«, wobei sich diese Fragen auf die Gedanken, Gefühle, Empfindungen, das Bewußtsein usw. anderer Wesen beziehen ... Wisdoms Methode besteht darin, daß er weiterfragt: *Ist dies so ähnlich wie wissen*, daß das Wasser kocht, oder daß nebenan ein Kaffeekränzchen tagt, oder wieviel Distelwolle wiegt? Ich habe allerdings den Eindruck, daß er im weiteren Verlauf keine ganz treffende Erklärung dessen gibt, was man auf die Frage »Woher weißt du das?« erwidern würde (was vielleicht nur daran liegt, daß seine Darstellung zu fragmentarisch ist). Im Falle des Kaffeekränzchens z. B. wäre es bestenfalls spitzfindig zu behaupten, daß wir »durch Analogie« davon wissen. (Dt. S. 101 f.)

Und dann greift sich Austin kurzerhand ein Beispiel:

> Die Art von Aussage, die am einfachsten und auf den ersten Blick gar nicht so verschieden von »Er ist zornig« erscheint, ist so etwas wie »Das ist ein Stieglitz« (»Das Wasser kocht«), also Aussagen über spezifische, gegebene, empirische Fakten. In bezug auf diese Art von Aussagen werden wir leicht gefragt »Woher weißt du das?«, und in bezug auf ebensolche Aussagen sagen wir zumindest manchmal, daß wir es nicht wissen, sondern es nur glauben. Dies kann uns ebensogut als Aufhänger dienen wie sonst etwas. (Dt. S. 102)

Diese Bemerkungen zeigen oder vielmehr verraten erneut jene Trivialisierung des Problems, sie machen die Frage lächerlich, die den Erkenntnistheoretiker beschäftigt, auf eine Weise, die die anschließend daran vorgebrachte Kritik gegenstandslos macht.

Denn gesetzt, eine Frage von der Art »Wie wissen wir (bzw. können wir wissen) überhaupt etwas über die Welt (bzw. fremdpsychische Erlebnisse)?« wird im Zusammenhang des Philosophen ernsthaft gestellt und dort als Problem empfunden – so ernsthaft, daß man eher die Welt aufgäbe, als von der eigenen paradoxen Konklusion zu lassen, obwohl man doch andererseits selber dieser Entdeckung zutiefst mißtraut –, dann ist der Philosoph eben *nicht frei*, sich kurzerhand eine Aussage *zu greifen*, um diese dann als sein Beispiel für Wissen zu verwenden (»Aufhänger«). Die Aussage, die er verwendet, *darf* eben nicht eine »über spezifische, gegebene, empirische Fakten« sein, sondern es muß eine sein, mit der die *Existenz eines generischen Objekts* behauptet wird.

Ich kann nicht beweisen, ich weiß nicht einmal, ob ich es wünschen würde, daß es eine originäre Frage nach dem Wissen an und für sich gibt, eine, die, sowie sie gestellt ist, auch nicht mehr abweisbar ist, d.h. eine Frage, von der Philosophen finden, daß sie sie stellen, sofern sie sich überhaupt mit Wissen, menschlichem Wissen, befassen. Ebensowenig kann ich beweisen oder weiß ich, ob ich wünschen würde, es zu beweisen, daß, sowie sie gestellt ist, diese Frage ein generisches Objekt als Beispiel »erzeugt« (als eines, von dem man sagen kann, daß es als ihre intentionale Erfüllung von der Frage selber »gesetzt« ist). Ich würde bereitwillig zugeben, daß meine Thesen prinzipieller Art und insofern selber unbegründet sind. Allerdings weiß ich nicht, ob andere Thesen von mir – solche, die mir ebenso wichtig für mein Projekt, für meine Vision erscheinen – besser begründet sind. Alles hängt nun einmal von der Bedürfnislage unseres Bewußtseins ab. Manchmal kann dieses Bedürfnis in der Annahme oder Zurückweisung einer Entfernung von der gewöhnlichen Redeweise ausgedrückt werden, manchmal durch das Akzeptieren eines Bildes oder einer Phantasievorstellung, manchmal durch ein frisches Beispiel.

Sehen wir einmal von solchen Plausibilisierungen ab, ist es, soweit ich weiß, tatsächlich so, daß allenthalben generische Objekte die Beispiele sind, mit denen die klassische Erkenntnistheorie umgeht. Und ich sehe nicht, daß Beispiele von anderer Art – solche, die anders als nach Art des generischen Objekts betrachtet werden – das eigentümliche Problem, den Zweifel des Philosophen zum Ausdruck brächten und ihn daher zum Skeptizismus hinsichtlich der Gültigkeit unseres Wissens (über die Objektwelt) überhaupt führen könnten.

Meine Forderung geht also dahin, daß wir die ursprüngliche – und originäre – philosophische Frage genauso ernst nehmen wie der Philosoph der Alltagssprache das von uns in bezug auf jede von einem Menschen gemachte Aussage verlangt. (*Dieser* Wunsch und die Aufrichtigkeit in seiner Bekundung sichert dieser »Methode« zu philosophieren ihren bleibenden Wert.) Solange wir diese Frage nicht wirklich ernst nehmen, werden die Antworten des Philosophen so obskur und wenig ernst zu nehmen erscheinen – so akademisch –, wie der Philosoph der Alltagssprache es unterstellt. Wenn sie aber erst einmal ein echtes Problem zu enthalten scheint, dann werden die gegebenen Antworten vielleicht aufhören, so verquer zu klingen.

Wir haben anerkannt, daß es irgendeinen Grund geben muß, um die Existenzfrage zu stellen, und daß im Szenario des Philosophen, wo das Objekt für alle Welt da ist, offen sichtbar (oder man sich das von ihm jedenfalls so vorstellt), scheinbar kein Grund vorhanden ist. Und daß es für alle Welt da ist, klar und deutlich, offen sichtbar, ist dabei zentral für das Szenario des Philosophen: Es ist Teil seiner Absicht, sich zum Zwecke der Prüfung an den Idealfall des Wissens zu halten. »Einfache Neugier« wäre nicht natürlich genug für das, was wir brauchen. »Aufrichtiger Lerneifer« scheidet völlig aus. Der Philosoph der Alltagssprache hat ja völlig recht, wenn er findet, daß es in den normalen praktischen Situationen ganz fehl am Platz wäre, das anzubringen, was an Skepsis dem Philosophen nur möglich ist. Wenn ich gefragt werde, wo ich denn die Tomate hingetan habe, die wir soeben gekauft haben, und ich sage »Da sehe ich sie doch«, würde ich es nicht für ernst gemeint halten, wenn man zurückfragte »Wie weißt du denn, daß es keine geschickt angemalte Wachsattrappe ist?« oder »Könntest du nicht gerade eine Halluzination haben?«. Oder wenn man mich fragt, ob Vater im Büro vorbeigeschaut hat, worauf ich sage »Den ganzen Tag war kein Mensch da außer der Sekretärin« und man nachhakt, ob ich auch meiner Sache sicher sei, und ich antworte (ungeduldig), ich hätte den ganzen Tag im Büro gesessen und jeden gesehen, der eingetreten ist, dann werde ich kaum geneigt sein, meine Annahmen im Lichte des Vorschlages zu revidieren »Könnte er sich nicht vielleicht als die Sekretärin verkleidet haben?«.

Aber *warum* nicht? *Was* ist denn so absurd an diesen Zweifelsgründen? Es kommt darauf an zu sehen, daß sie nicht irgendwie *in sich* absurd sind. *Wenn* das Objekt eine Wachsattrappe *ist*, dann ist es eben *keine* Tomate; wenn Vater als die Sekretärin verkleidet *war*, dann *war* er im Büro. Das ist etwas, worauf der Erkenntnistheoretiker beharrt. Doch wenn sein Anspruch auf »Vernünftigkeit«, wie ich dargelegt habe, davon abhängt, daß seine Zweifelsgründe nicht nur an sich dazu geeignet sind, die Grundlage der Behauptung zu erschüttern, muß es auch vernünftig sein oder so erscheinen, die Frage, ob dergleichen nicht möglich wäre, hier und jetzt zu stellen.

Aber man kann sich leicht vorstellen, in welcher Situation das der Fall sein könnte. Etwa dann, wenn man einen bestimmten Grund hat zu glauben, daß sich der von einem selber geäußerte Zweifelsgrund mit den Tatsachen deckt – jemand hat mit Vater zusammen den Streich ausgeheckt, oder er hat einen seiner Anfälle gehabt. Solch ein Szenario entspricht selbstverständlich nicht der klassischen Untersuchung. Daß ein verquerer Zweifelsgrund vernünftigerweise erhoben wird, beschränkt sich aber auch nicht auf solch einen Fall. Ein anderer Fall wäre der, wo ein *gewisser Grund zu der Annahme* besteht, daß die eigene Behauptung unzutreffend ist, der Eindruck, irgend etwas *stimme nicht*, irgendein Rätsel harre noch seiner *Auflösung*, eine Erklärung dafür müsse erst noch *gefunden* werden. In einer solchen Situation gibt es eine klare Antwort auf die Frage des Philosophen der Alltagssprache: »Welchen Grund hast du denn zu der Annahme, du würdest träumen, was du siehst, sei ein Stück Wachs, du würdest unter Drogen stehen oder von einem Illusionisten genarrt werden?« Wir müssen und können erwidern: »Das ist nicht der Punkt. Ich habe dazu keinen Grund der von dir gemeinten Art. Ich habe den Umschlag auf den Tisch gelegt, dahin – oder ich meine es getan zu haben, ich erinnere mich jedenfalls deutlich. Aber *er ist nicht da. Es muß dafür eine Erklärung geben*. Vielleicht wurde er gestohlen. Vielleicht hat Holmes, der sagt, er habe ihn dort gesehen, in Wirklichkeit diesen gefalteten Brief gesehen und hat gedacht, es wäre der Umschlag. Vielleicht habe ich aber auch nur geträumt, ihn dahin gelegt zu haben.« Es ist ja nicht so, daß ich nicht wüßte, wann diese »Möglichkeiten« wirklich in Frage kämen, daß ich nicht wüßte, unter welchen Umständen wir sagen würden: »Er ist (vielleicht) gestohlen worden«, »Ich muß es geträumt haben«, »Mir scheint, ich erinnere mich, es geträumt zu haben« usw. Wenn der Philosoph der Alltagssprache also behauptet »Du hast keinen Grund, in dieser Situation die Existenz- oder Realitätsfrage zu stellen«, wird er sich in den Augen des traditionellen Philosophen einer Petitio principii schuldig machen, denn in dessen Augen hat sich in dieser Situation die Frage schon gestellt, und zwar vernünftigerweise. Sie hat sich uns aufgedrängt.

Nur wieso? Es ist nicht eine Situation, in der tatsächlich der Umschlag vermißt würde oder ein Verbrechen begangen und Vater dessen bezichtigt worden wäre, so daß sein Alibi um halb elf Uhr morgens als über allen Zweifel erhaben gesichert werden müßte. Ich habe gesagt: Wenn die Situation des Philosophen so beschaffen ist, daß *tatsächlich* oder dem Anschein nach irgend etwas nicht stimmt und irgend etwas nach einer Erklärung verlangt, dann läßt sich der Einwand, die vom Philosophen ins Spiel gebrachten Möglichkeiten seien absurd, unrealistisch und unvernünftig, zurückweisen.

Aber die Frage ist: Woher rührt auch beim schlichtesten Wissensanspruch unter idealen Bedingungen, wo uns keinerlei praktisches Problem beschäftigt, dieses Gefühl, daß irgend etwas nicht stimmt? Meine Antwort darauf ist bereits angeklungen: Der Philosoph *beginnt* seine Untersuchung in dem *Gefühl*, daß irgend etwas sozusagen mit dem Wissen an und für sich nicht stimmt oder auch nur vielleicht nicht stimmt. Das führt sofort zu einer ganzen Reihe von Fragen: Wie ist denn dieses Gefühl, daß irgend etwas mit dem Wissen an und für sich nicht stimmt, seinerseits entstanden? Was für eine Art von Erlebnis soll das sein? Ist dieses allgemeine Gefühl genug, um den »offenen Möglichkeiten« ihre Vernünftigkeit zu sichern, welche der Philosoph ins Spiel bringt und von denen er fühlt, daß er sie ins Spiel bringen muß, wenn er den Anspruch darauf, Wissen zu sein, in diesem besonderen Fall zugleich als ein Beispiel für unsere Ansprüche auf Wissen überhaupt erörtert?

Meine Hauptthese zur originären Frage des Philosophen – z. B. »(Wie) können wir irgend etwas über die Welt wissen?« oder »Was ist Wissen? Worin besteht mein Wissen über die Welt?« – ist die, daß diese Frage (in dieser oder jener Form) eine Reaktion auf oder ein Ausdruck für ein konkretes Erlebnis ist, das sich uns Menschen aufdrängt. Sie ist zwar nicht in dem Sinn »natürlich«, den ich in dem Anspruch auf »Vernünftigkeit« aufgezeigt habe: Sie ist keine Reaktion auf Fragen, die sich im Alltagsleben stellen, in einer Sprache, die jeder, der diese Sprache beherrscht, auch als normal akzeptieren würde. Aber sie ist, so könnte ich es ausdrücken, eine Reaktion, in der ein natürliches Erlebnis eines Geschöpfes zum Ausdruck kommt, das kompliziert oder belastet genug ist, um überhaupt Sprache zu besitzen.

Was für ein Erlebnis? Nun, selbstverständlich das Erlebnis oder das Gefühl, daß man auch *nichts* über die wirkliche Welt wissen könnte. Nur was für eine Art Erlebnis ist das? Wie oder wann taucht es auf?

Eine Möglichkeit wäre wohl diese: Es entsteht als eine Reaktion darauf, daß man sich in bezug auf etwas, bei dem man sich seiner Sache »völlig sicher« war, offensichtlich geirrt hat. Ein Beispiel für den Fall, an den ich hier denke, begegnete mir gerade neulich.

Ich fand eine Nachricht vor mit dem Namen eines alten Freundes, der Uhrzeit seines Anrufs, dem Namen des Hotels, in dem er abgestiegen war, einer Telephonnummer und der Bitte, um eine bestimmte Zeit zurückzurufen. Die Punkte standen Zeile für Zeile untereinander. Die Telephonnummer war *offenkundig* die in seinem Hotel (sie stand unmittelbar unter dem Hotelnamen); allerdings wies sie nicht die naheliegende, für Hotels und andere häufig angerufene Einrichtungen typische Ziffernfolge auf. Nun war es aber auch kein besonders großes Hotel, und so wählte ich die Nummer, ohne mir weiter Gedanken zu machen. »Guten Morgen«, vernahm ich am anderen Ende eine gewinnende Sekretärinnenstimme. Und sie fuhr auf eine Weise fort, die mir wie die Begrüßungsformeln von Anwaltskanzleien, Anlageberatern, Versicherungs- oder Werbeagenturen erschien. Ich entschuldigte mich dafür, mich verwählt zu haben, hängte auf, wählte erneut und hatte schon wieder diese sonnige Stimme am Apparat. Ich murmelte irgend etwas Unverständliches über den Versuch, das Hotel zu erreichen, dessen Namen ich vor Augen hatte, und legte auf. Ich kam zu dem Schluß, die Nummer auf meinem Zettel müsse falsch sein, und schlug die Hotelnummer im Telephonbuch nach, wobei ich erwartete, diese müsse sehr *ähnlich* aussehen. Doch sie war ganz anders. Kein Mensch hätte *irrtümlicherweise jene* Nummer notieren können, wenn er *diese* Nummer auch noch so undeutlich oder unkonzentriert gehört hätte. Erst jetzt fiel es mir wie Schuppen von den Augen, daß die Nummer auf dem Zettel vielleicht gar nicht die Nummer des Hotels war (d. h. hatte sein sollen?). Also rief ich wieder an und bat einfach freundlich darum, mit meinem Freund verbunden zu werden. Fünf Sekunden später hatte ich seine vertraute Stimme im Ohr.

Die Geschichte hatte mich nicht gerade wenig erregt, und ich *rekapitulierte* das Erlebnis, um mir meine falschen Schritte zu verdeutlichen. Ich sagte mir Dinge wie: »Ich habe nur gefolgert, daß es sich bei der Nummer um die des Hotels handelt«, »Es war eine Annahme, mehr nicht.« Das ließ mich darüber nachdenken, wie oft mir täglich wohl solche Fehler unterlaufen, die gewiß nicht immer ernste Folgen haben, aber doch von Fall zu Fall welche haben *könnten*. »Wieviel Wissen mag wohl auf solchen Annahmen beruhen?«, »Wie unvorsichtig unser Verstand ist, wie überheblich ist er bei seinem Anspruch auf Gewißheit!«

Dieses Erlebnis ähnelt, glaube ich, dem Ausgangserlebnis der klassischen Erkenntnistheorie und den Konklusionen, die sie daraus zieht. Zu Anfang gibt es da das bestürzende *Gefühl*, daß irgend etwas nicht stimmt, etwas, dem Rechnung getragen werden *muß*; es gibt die gedankliche Rekapitulation, um zu sehen, wo sich unbemerkt eine Folgerung oder Annahme eingeschlichen hat; und es gibt das Gefühl, daß diese Begebenheit eine Moral über das Wissen im ganzen enthält.

Darüber hinaus gibt es vielleicht jedoch auch das leise Gefühl, daß das Problem mit dem Wissen nicht ganz zutreffend dadurch ausgedrückt wird, daß ich sage, ich würde immerzu stillschweigend und unbemerkt »Folgerungen oder Annahmen machen«. Denn *in der Situation selbst* stellt es sich ja keineswegs so dar. Als ich eine Stunde später meinen Freund anrief, um eine Verabredung zu treffen, hatte ich, obwohl durch mein frustrierendes Erlebnis von vorhin alarmiert, auch jetzt keineswegs das Gefühl, von der Nummer nur zu *folgern* oder *anzunehmen*, es sei die einer Werbeagentur. Inzwischen *wußte* ich, daß sie genau das war. Mein Freund ist Schriftsteller, und er hat sein Talent für drei Wochen verkauft. Mache ich also nur dann eine »Annahme«, wenn ich tatsächlich nicht weiß, und nicht, wenn ich weiß? Was macht denn in beiden Fällen *praktisch* den Unterschied? Was *an dem Erlebnis* ist anders? Erst bei der Rekapitulation der Situation stellt sich bei mir das Bedürfnis ein, den falschen oder unbemerkten Schritt eine »Folgerung« oder »Annahme« zu nennen. Und war es denn eine *Hypothese*, daß »kein Mensch *jene* Nummer notiert haben würde, wenn er *diese* Nummer gehört hätte«? Daß das passiert sein könnte, diese Annahme scheidet als Erklärung aus, es sei denn unter *sehr* außerordentlichen Umständen; so daß es nicht die *Erklärung* für die Verlegenheit sein konnte, in der ich mich befand. Was hingegen meine Zuordnung der Telephonnummer zu dem Hotel betrifft, so erklärt es allerdings zwar mein Mißgeschick, sie als eine Folgerung zu bezeichnen. Aber das besagt womöglich nur: Es gibt Umstände, unter denen ich tatsächlich dergleichen folgern würde (oder zu folgern hätte). (Gesetzt, auf dem Zettel hätten zwei Nummern gestanden, dann würde ich, sei es aus ihrer Position, sei es aus der Zahlenkombination, geschlossen haben, welches vermutlich die Hotelnummer ist.) Es besagt nicht, daß ich, wann immer ich Telephonnummern zuordne, eine Folgerung mache.

Ein anderes Beispiel, ein etwas kürzeres, liefert einen nützlichen Vergleich. In der Mitte der 50er Jahre stelle ich einen Radiosender ein, der dafür bekannt ist, daß er sein klassisches Musikprogramm mit Streifzügen durch die Geschichte des Jazz auflockert. Prompt dringen vertraute Klänge an mein Ohr, und ich rufe meinem Freund nebenan zu: »Die Goodman-Band etwa von 1939!« Meine Behauptung wird nicht direkt bestritten, aber, scheint mir, so aufgefaßt, als ob es nur geraten sei. Ich protestiere: Ich sei in einer Umgebung aufgewachsen, wo ich mit den großen Bands habe vertraut werden können; hier sei mal die Möglichkeit, zu zeigen, wie ich die großen Bands zu unterscheiden gelernt habe; und ich sei zu dem Ergebnis gelangt, dies sei Goodmans Band etwa von 1939. Will sagen: Es war nicht bloß geraten, ich *weiß* das. Doch dann soll es, laut Ansage, die Band von irgendeinem Dorsey oder Shaw oder jemand anderem gewesen sein. In meine Verblüffung, in meinen Unglauben mischt sich Beschämung. Richtig, ich könnte einfach bestreiten, was der Ansager da redet. Man mokiert sich ja köstlich über die Ansager von Klassikprogrammen – sie sprechen die Dinge falsch aus; bekommen nichts davon mit, wenn der erste Satz des Stücks ausgefallen ist; aus ihrer Zettelwirtschaft entsteht reiner Salat. Ich selbst wüßte nicht, daß ich in meinen Berufsangelegenheiten besser Bescheid wüßte als mit Big Bands; ganz sicher ist mir diese Seite an mir persönlich nicht weniger wichtig. Gewiß, ich könnte den Ansager anrufen und, wenn er bei seiner Version bliebe, so weit gehen, die Aufnahme für falsch archiviert zu erklären. Aber das tue ich nicht. Ich bin erschüttert. Wie habe ich mich nur in bezug auf eine Sache irren können, in der ich mich so gut auskenne? Sollte mein Ohr so abgestumpft sein, seitdem ich, seit etwa zehn Jahren, in diesem Bereich nicht mehr aktiv bin? Sollte mir ein eitler Stolz auf meine Kenntnisse mittlerweile mehr wert sein als der Gegenstand selbst? Als ich Jahre später dieses Beispiel in einem Seminar verwandte, konnte ich immer noch etwas von diesem Stich spüren. Vielleicht ist mir Scham also nicht fremd.

Das Problem, wie phänomenologisch zuverlässig erkenntnistheoretische Rekonstruktionen sind, ist vermutlich ein weites Feld. (Ein Standardproblem wird in Kapitel VIII erörtert werden, im Abschnitt »Zwei Interpretationen der klassischen Erkenntnistheorie; Phänomenologie«.) Jetzt möchte ich nur folgendes feststellen. Für mich haben die Erlebnisse in diesen Geschichten nicht mehr als eine *Ähnlichkeit* mit demjenigen Erlebnis, das ich suche, um dem Anfang der cartesianischen Untersuchungen Rechnung zu tragen. Die Moral, die ich aus dem Fall mit der »falschen« Telephonnummer gezogen habe – genauer gesagt, meine unmittelbare Reaktion darauf –, war die, daß ich aufhören muß, die Dinge so häufig für selbstverständlich zu halten, daß ich vor allem lernen muß, weniger *rigide* zu sein in meinen Ansprüchen, etwas über die Welt zu wissen. Aus dem Fall mit den Big Bands habe ich die Moral gezogen, daß ich nicht so rasch zu Konklusionen kommen sollte, sei es, weil mein Gedächtnis schwindet, sei es, weil diese alten Hobbys inzwischen doch meiner Vergangenheit angehören. Die Moral aus beiden Fällen ist sicherlich die, daß wir Menschen nun einmal *fehlbar* sind. Aber weder aus dem einen noch aus dem andern Fall folgt, daß wir metaphysisch wissensunfähig wären, d. h., daß wir vielleicht *nichts* über die wirkliche Welt wissen könnten, ganz gleich, wie vorsichtig wir dabei zu Werke gehen. In Reaktion auf Fälle der beschriebenen Art kommt man vielleicht zu probabilistischen Theorien der Bestätigung, nicht aber zum radikalen, metaphysischen Skeptizismus, d. h. zu der Vorstellung, es gebe für unsere Behauptungen keinerlei echte Bestätigung.

Hierzu bedarf es eines Erlebnisses ganz anderer Ordnung, eines Erlebnisses, das Philosophen als eines charakterisiert haben, bei dem einem bewußt wird, daß die Sinneseindrücke überhaupt nicht von der Welt herzurühren brauchen, was man zuvor geglaubt hatte. Oder: daß man nur wissen kann, wie die Objekte (uns) erscheinen, niemals jedoch, was diese Objekte an und für sich selbst sind.

Ich kann hier nur bezeugen, daß ich solche Erlebnisse in der Tat gehabt habe und daß ich, sosehr ich mich intellektuell gegen sie wehrte, abzuwarten hatte, bis sich das irgendwann von selbst wieder legte. Für mich frischen sich solche Erlebnisse wieder auf, wenn ich meine Hörer zu Anfang eines Seminars über Erkenntnistheorie gewohnheitsmäßig frage, ob sie je Gedanken gehabt hätten wie z. B. daß sie, vermeintlich wach, vielleicht doch träumten; oder daß, wenn unsere Sinne, etwa unsere Augen, evolutionär nur anders eingerichtet wären, wir die Dinge anders wahrnähmen, als wir sie jetzt wahrnehmen, so daß unsere jetzige Wahrnehmungsweise fast zufällig oder jedenfalls ebenso abhängig von unserer eigenen Konstitution wäre wie von der Konstitution der Welt selbst oder daß die äußeren Dinge uns genauso erscheinen würden wie jetzt, wenn nichts anderes dahinter steckte als irgendeine Kraft, welche mächtig genug wäre, uns entweder in einer Art hypnotischer Verzauberung zu halten oder die Welt auf unser Handeln nach Art eines unaufhörlichen Kulissenzaubers abzustimmen, hinter dessen Maschinerie wir nie kämen: Wie wenig pflegen wir ja überhaupt von den Situationen, in denen wir uns befinden, mitzubekommen! Intellektuell bin ich mir wohl bewußt, daß diese Hypothesen absurd und abgeschmackt klingen, wenn man sie als Skrupel in bezug auf bestimmte Behauptungen anbringt. Wenn nun aber diese Erlebnisse in bezug auf die Ausgangsbedingungen bestimmter Behauptungen ihre Wirkung getan haben, dann ist der Versuch, sich intellektuell von ihrer Sinnlosigkeit zu überzeugen, eher dazu angetan, den eigenen Glauben an den Intellekt herabzusetzen.

Selbstverständlich bleibt es möglich, daß bei einem gegebenen

Anlaß kein solcher Gedanke ein Erlebnis hervorruft wie das, auf das ich hinauswill. Vielleicht liegt das daran, daß weder ich noch einer meiner Studenten, »unsere Gedanken aller Sorgen entledigt, uns ungestörte Muße in einsamer Zurückgezogenheit verschafft haben« (1. Meditation, 1. Absatz). Doch sobald sich das durch ein solches Räsonnement erzeugte Erlebnis einstellt, präsentiert es sich mir so, daß ich, wie ich es ausdrücken möchte, der Welt abhanden gekommen bin, eingeschlossen in meinen eigenen unabsehbaren Erlebnisstrom. Es ist ein Erlebnis, für das es bestimmt eine psychologische Erklärung gibt. Aber keine solche Erklärung würde oder sollte seine erkenntnistheoretische Bedeutungslosigkeit beweisen. Und ich kenne auch keine philosophische Kritik, die das beweisen würde.

Man frage sich denn im rechten Gemütszustand und Tonfall (die Regieanweisungen dafür finden sich, wie auch alles andere, im Sinn der Reflexion, »daß ich jetzt hier bin, mit meinem Winterrock angetan, am Kamin sitze, daß ich dieses Papier mit den Händen betaste und ähnliches«): »Wenn überhaupt etwas wirklich existiert, was weiß ich (eigentlich) darüber?« Man fahre dann fort: »Wie z. B. weiß ich, daß hier ein ... steht?« Ich behaupte, man wird feststellen, daß man für die offene Stelle stets ein generisches Objekt wählt, nie ein Objekt wie einen Stieglitz: einen Tisch – ja; einen Rokokoschreibtisch – nein. Weiter behaupte ich, daß im übrigen die klassische Untersuchung sich genau an Austins Schema hält.

Eine Behauptung wird geprüft. Wir fragen daher nach der Grundlage für die Behauptung.

Frage nach der Grundlage: Wie z. B. weiß ich, daß hier ein Tisch steht?

Grundlage: Weil ich ihn sehe. Oder: vermittelst der Sinne.

Zweifelsgrund:
a) Aber was sehe ich eigentlich? Angenommen, ich träumte, halluzinierte?
b) Aber das reicht nicht. Könnte es keine Attrappe sein?

c) Aber ich sehe gar nicht *alles*. Ich sehe allenfalls ...

Konklusion: Folglich weiß ich es gar nicht.

Moral: Ich kann es nie wissen. Die Sinne sind nicht hinreichend, um auf sie unser Wissen über (oder: den Anspruch auf Gewißheit in bezug auf) die Welt zu gründen. Oder: Wir wissen nicht auf die Art, auf die wie »dachten«, wir täten es (»vermittelst der Sinne«); nicht buchstäblich oder direkt *sehen* wir die Objekte. Die Welt und ihr Inhalt könnten uns geradeso wie jetzt sinnfällig erscheinen, ohne daß doch irgend etwas dahinter wäre, jedenfalls nicht das, wovon wir uns vorstellen oder voraussetzen, daß es da ist ...

Die Moral ist eine natürliche, unvermeidliche Verallgemeinerung der Konklusion, die auf der Grundlage des Beispiels, mit dem angefangen worden war, gezogen wurde. Es gibt hier nichts, über das, wie Austin meint, diskutiert zu werden braucht. Und es ist auch nicht so, daß die Untersuchung der Existenzbehauptung eines generischen Objekts unzulässig in bezug auf alle Objekte verallgemeinert würde. Der gedankliche Schritt von der Konklusion in bezug auf dieses Objekt zu der Moral in bezug auf Wissen überhaupt ist unwiderstehlich. Es handelt sich überhaupt nicht um einen Schritt. Die Welt entgleitet. Vielleicht schadet es nicht, die Sache so zu formulieren. Was »Idealfall« bedeutet, wird durch den Obersatz »Wenn ich überhaupt etwas weiß, dann *das*« ausgedrückt. Dann stellt sich heraus, als überzeitliches Faktum, daß *das* von uns *nicht* gewußt wird. Als Untersatz stürzt uns dieser Befund geradewegs in die Bredouille. Um die Konklusion zu ziehen, muß man nicht aufs Argumentieren versessen, sondern nur dazu überhaupt fähig sein.

Es könnte jedoch für meine Theorie von Nachteil sein, daß ich mir noch nicht im klaren darüber bin, wo das Erlebnis zu lokalisieren ist, das nach meiner Beschreibung eines über die Welt als ganze ist, also über meine Distanz zu ihr oder ihre Unzugänglichkeit für mich. Manchmal habe ich den Eindruck, es sei ein Teil der Moral, die sich aus der Konklusion der skeptischen Untersuchung ergibt. Zuletzt habe ich aber darauf bestanden, es sei das Initialerlebnis. Dieser Punkt ist offensichtlich noch aufhellungsbedürftig. An sich bin ich nicht davon überrascht, daß das Erlebnis eine zirkuläre Struktur hat. Daraus kann man schließen, daß phänomenologisch gesehen die Form der skeptischen Untersuchung nachträglich unsere schlimmsten Befürchtungen bestätigt. Dann bestünde das Problem (der Möglichkeit) des Skeptizismus für mich darin: Was macht diese besondere Furcht möglich?

Der Gedanke, die verschiedenen Fälle gescheiterter Wissensansprüche gäben Anlaß zu einer durchaus unterschiedlichen Moral, soll es übrigens ermöglichen, sowohl eine Bemerkung wie die Austins über die Argumentationsversessenheit mancher Philosophen weiterzuverfolgen als auch eine Bemerkung wie die Descartes', gleich zu Beginn seiner Darlegung, welche Art von Überzeugungen er in Zweifel zu ziehen gedenke, daß es nämlich »ein Gebot der Klugheit [ist], denen niemals ganz zu trauen, die uns auch nur einmal getäuscht haben«.

Der Appell an projektive Imagination

Wenn man, wie ich behaupte, von dem traditionellen Philosophen sagen kann, daß er all das, was der Philosoph der Alltagssprache ihm beibringen will, bereits weiß (z. B.: man müsse schon einen bestimmten Grund haben, um die Existenzfrage zu stellen; die Art, wie er sie stellt, sei nicht ganz natürlich; seine Konklusion widerspreche den schlichtesten Tatsachen des gesunden Menschenverstands und der Alltagssprache) und daß er für diese Probleme ja selber Erklärungsstrategien hat (z. B. seine Untersuchung sei »theoretisch«, und unsere normalen Gewißheitsstandards seien »für praktische Zwecke« völlig ausreichend), wie kommt es dann, daß die Arbeit des Philosophen der Alltagssprache diese Tatsache hat ignorieren oder erfolgreich verkleinern können? (Ich denke, Austins *Sinn und Sinneserfahrung* ist das unerbittlichste Beispiel für dieses Versagen und diesen Erfolg zugleich.) Die Erklärungen und Unterscheidungen, mit denen der traditionelle Philosoph aufwartet, mögen ja letztlich unbefriedigend sein, aber wie kommt es nur, daß seine modernen Kritiker ihm unterstellen, mit eben den Alltagsüberzeugungen und der Alltagssprache übereinstimmen zu wollen, die er am Ende doch zurückweist oder relativiert?

Um darauf eine Antwort zu finden, müssen wir uns eingehender mit der »Methode« der alltagssprachlichen Untersuchungen dessen, »was gesagt wird«, beschäftigen. Als ich in meinen frühen Aufsätzen in *Must We Mean What We Say?* diese Methode gegen bestimmte philosophische Beanstandungen in Schutz nahm, habe ich gesagt, daß die von seiten der Philosophen der Alltagssprache an uns ergehende Aufforderung, anzugeben, was wir in einer bestimmten Situation sagen würden und in welcher Situation wir etwas Bestimmtes sagen würden, nicht die Aufforderung ist, irgend etwas vorherzusagen, sondern uns etwas vorzustellen. Ich habe gesagt, daß die Geltung dieser Vorstellung nicht auf dem gewöhnlichen oder auf dem gewöhnlicherweise empirisch genannten Wissen beruht, sondern auf dem Wissen von sich selbst. Und ich habe plausibel gemacht, daß der philosophische Nutzen solcher Methoden eine Funktion dieser Geltungsquelle ist. Seitdem ist es ein Leitmotiv aller meiner Arbeiten, daß das Wissen von sich selbst, als Phänomen wie als Quelle philosophischen Wissens, in der modernen Philosophie als Thema verdrängt und verleugnet wird. Hier möchte ich diese Forschungslinie weiterverfolgen, indem ich darlege, wie gerade der Nutzen, den wir uns von solchen Methoden versprechen dürfen, sie als *direkte* Kritik an der Tradition untauglich macht. Wenn sie, wie ich überzeugt bin, daß sie es sind, für das Philosophieren ein echter Gewinn sind – ein Gewinn an Klarheit, gemeinsamem Fortschritt und auch an jenem Wissen von sich selbst, das ich für unabdingbar halte, um philosophisch weiterzukommen –, dann ist es von erstrangiger Wichtigkeit, daß sie sich nicht dadurch diskreditieren, daß sie dort Druck machen, wo sie nicht überzeugen können.

Wenn der Philosoph der Alltagssprache den traditionellen Philosophen beschuldigt, dieser mißbrauche die Sprache, verdrehe die Bedeutung der Wörter oder rede auf eine Weise daher, die eine fast kriminelle Gleichgültigkeit gegenüber der gewöhnlichen Bedeutung der Wörter bekundet, und wenn der Anwalt der Tradition erwidert, an der Sprache, in der die traditionellen Vorstellungsgehalte ausgedrückt werden, gebe es gar nichts auszusetzen, die leichte Abweichung von der gewöhnlichen Verwendungsweise bereite durchaus kein Problem für die Verständigung und jeder brauche nur hinzusehen, um sich davon zu überzeugen, daß die Ausdrucksweise des traditionellen Philosophen, so wie sie dasteht, klar verständlich ist: dann hat die eine Seite so recht und so unrecht wie die andere. Sie reden einfach aneinander vorbei.

Wenn der Philosoph der Alltagssprache einen der Zweifelsgründe des Erkenntnistheoretikers als unvernünftig angreift, geht er dabei folgendermaßen vor. Er nimmt einen Ausdruck, den der traditionelle Philosoph benutzt, löst ihn aus seinem Zusammenhang und fragt dann: »In welcher Situation würden wir diesen Ausdruck verwenden?« oder »Auf dem Hintergrund welcher Geschichte können wir uns konkret vorstellen, daß man so etwas ernsthaft fragt?« oder auch »Wann würden wir sagen, wir sähen ein Ding nicht wirklich bzw. nicht alles von ihm oder es sei möglich, daß es eine Täuschung ist?«. Anschließend denkt er sich einen konkreten und relevanten Zusammenhang aus, und dieser unterscheidet sich allerdings erheblich von dem Zusammenhang, in dem der traditionelle Philosoph seine Frage gestellt hat. Von dessen Standpunkt zeigt dieser Erfolg genau die Unachtsamkeit, die Bedeutungsverdrehung, die ihm selbst so massiv zum Vorwurf gemacht worden ist. Sollte der traditionelle Philosoph darauf erwidern, in seinem *eigenen* Zusammenhang mache die Abweichung von der Alltagssprache aber nichts und jeder brauche »nur hinzusehen«, um zu wissen, was er meint, und sollte der Philosoph der Alltagssprache wiederum antworten, es *gebe* hier ja gerade keinen bestimmten Zusammenhang, sondern nur einen ganz unzulänglich beschriebenen, dann heißt das eine Verteidigung, die fehl am Platz ist, mit einem Argument zu parieren, das an der Sache vorbeigeht. Denn weder trifft es zu, daß der Philosoph einen *bestimmten* Zusammenhang hat (einen, für den eine bestimmte Vorgeschichte relevant wäre) noch daß er diesen unvollständig beschrieben hat. Er *kann* ihn gar nicht *auf die vom Philosophen der Alltagssprache verlangte Weise* vollständiger beschreiben, ohne ihn damit zu ändern. Offensichtlich ist das weder ein unerheblicher Umstand noch die Erklärung für diese Unterschiede. Offensichtlich ist nur, daß der Philosoph der Alltagssprache die Darlegung des Zusammenhangs ungenügend findet, während der traditionelle Philosoph seinerseits findet, daß das Ansinnen, hier ausführlicher zu sein, einfach das Problem verfehlt, d. h. eine Petitio principii ist.

Um der einen wie der anderen Seite Rechnung zu tragen und Gerechtigkeit widerfahren zu lassen, muß ich auf die Verteidigung eingehen, die ich gegen den Versuch aufgeboten habe, das Vorgehen des Philosophen der Alltagssprache mit dem Argument anzugreifen, er bringe empirische Behauptungen vor, für die er, wenn überhaupt, kaum über Beweise verfügt.

Den Anfang wollen wir mit der – wie ich glaube, ganz unstrittigen – Feststellung machen, daß die Frage »Was würden wir sagen, wenn …?« um nichts mehr *immer* eine Vorhersage zur Antwort verlangt als die Frage »Was würden wir tun, wenn …?«. Wie die letztere manchmal, ja gewöhnlich eine andere Antwort verlangt – z. B. eine Entscheidung, einen Befehl oder eine Absichtserklärung –, so kann auch erstere manchmal eine andere Antwort verlangen, eine, die ich *Aufforderung zu einer projektiven Imagination* nennen möchte. Das ist übrigens nur eine befremdliche Überschrift für eine Familie der allergewöhnlichsten menschlichen Fähigkeiten, z. B. für die Fähigkeit, »sich vorzustellen, was passiert wäre, wenn man einen Tag zu spät gekommen wäre«, »den Fall zu setzen, man besäße drei Kaninchen«, »darüber nachzudenken, wie man sich fühlen würde, wenn einem selbst das begegnet wäre«. Man wird von Fall zu Fall auf die eine oder andere dieser Aufforderungen vielleicht nicht die richtige Antwort haben, aber falls nicht, wird man doch in anderer Weise nicht die richtige Antwort haben, als wenn man eine unzutreffende Vorhersage abgegeben hätte. Wenn man mit seiner Vorhersage danebenliegt, kann es sein, daß man sich zu unüberlegt geäußert hat, daß man offensichtlich relevante Umstände außer acht gelassen hat oder daß irgendein Zufall dazwischengekommen ist (etwas »Unvorhersehbares«). Wenn hingegen die Imagination einen im Stich läßt, liegt die Ursache dafür vermutlich nicht offen zutage; jedenfalls kann es nicht deswegen gewesen sein, »weil irgend etwas Unvorhersehbares dazwischengekommen« wäre. Es kann daran liegen, daß man sich nicht richtig in die Situation hinein versetzt hat. (»Ist Lady Macbeth bei Macbeths Beschreibung des toten Duncan wirklich in Ohnmacht gefallen, oder hat sie bloß so getan, um den Schein zu wahren, sie beide seien an der Sache unschuldig?« Wie könnte so etwas erörtert werden? An Indizien welcher Art würde man sich halten?)

Aus dem Munde des Philosophen der Alltagssprache ist die Frage »Was würden wir sagen, wenn …?« eine Aufforderung, die etwa so zu vervollständigen wäre: »Gesetzt, das und das wäre der Fall. Was würden wir sagen? (= Wie würde es ausgedrückt *werden?*)«. (Oder natürlich auch andersherum: »Gesetzt, jemand hätte das und das gesagt. Welches würde (könnte) der Zusammenhang sein?«) Die Antwort auf diese Art Aufforderung ist um nichts schwieriger als auf: »Gesetzt, du hast schon drei Kaninchen, und ich gebe dir noch drei. Wie viele würdest du dann haben?«. Nicht jeder *kann* darauf antworten. Manche sind noch nicht soweit, um mit kontrafaktischen Annahmen umgehen zu können, andere werden es nie können, noch andere haben das Vermögen wieder eingebüßt. Doch jeder kompetente Sprecher kann tatsächlich antworten, ohne zu zögern und ohne auch nur einen Schatten des Zweifels daran, daß seine Antwort zutrifft. Der alltagssprachlichen Frage mit ungenügendem Wissen zu kommen (»Wie soll ich wissen, was ›wir‹ oder selbst ich sagen würden?«), es abzulehnen, sie zu beantworten, oder sie nur vage zu beantworten (»Darauf könnte ich viel sagen: was auch immer«), wäre so, als beantwortete man die Frage »Wieviel Kaninchen hättest du dann?« mit der Gegenfrage »Wie soll ich wissen, wieviel ich haben würde? Jede beliebige Anzahl. Ich könnte eines abschaffen und dann nur fünf haben, oder sie könnten sich vermehren, und ich hätte Tausende.« (Vgl. hierzu »The Availability of Wittgenstein's Later Philosophy«, S. 66.)

Doch *was* stimmt denn an der Antwort nicht? Es ist nicht so, daß das Gesagte nicht zutreffen könnte. Ja, wir wollen annehmen, es verhielte sich in der Tat so, daß mitten in die Antwort die Nachricht hereinplatzt, daß die Kaninchen sich vermehrt haben. Sind wir uns dann nicht bewußt: »Diese Nachricht betrifft unsere kontrafaktische Annahme überhaupt nicht. Unser Beispiel ist gegen das, was faktisch der Fall ist, immun. Unsere Aufforderung ist einfach mißverstanden worden«? Nur, *was* ist mißverstanden worden? Und ist die Immunität gegen die Nachricht nicht genau das, was der traditionelle Philosoph schon vermutet hat – daß solche Aussagen gegen empirische Evidenz immun sind?

Vielleicht klingt die Analogie zwischen »Wieviel würdest du haben?« und »Was würdest du sagen?« falsch. Man könnte denken: »Was faktisch der Fall ist, ist zwar nicht dafür relevant, um sich vorzustellen, wie man Dinge zusammenzählt, wohl aber dafür, um sich vorzustellen, wie man sie sagt. Wenn wir *faktisch* nicht das sagen (würden), wovon der Philosoph der Alltagssprache behauptet, daß wir es sagen würden (werden), dann hat er mit seiner Behauptung faktisch *unrecht*. Hingegen ist die Annahme schlicht *sinnlos*, das Rechenexempel könnte sich dadurch als falsch erweisen, daß wir die Anzahl unserer Kaninchen *feststellen*.« Die Plausibilität dieser Antwort beruht indessen immer noch auf einem Mißverständnis der von seiten des Philosophen der Alltagssprache ergehenden Aufforderung. Denn was soll die Annahme, »wenn wir faktisch nicht das sagen, wovon der Philosoph der Alltagssprache behauptet, daß wir es sagen werden«, bedeuten? In der zitierten Antwort schwebt einem bei dem »nicht das sagen« anscheinend wieder die Vorstellung vor, eine Vorhersage würde geprüft werden, d.h. die Antwort auf ein mögliches

Ergebnis. Wenn ein bestimmtes Aussageverhalten der Behauptung des Philosophen der Alltagssprache zuwiderläuft – ein durchaus denkbarer Fall –, dann bezieht sich das aber gar nicht auf eine künftige Eventualität, sondern auf etwas über uns als Sprecher, über uns selbst als Soseiende.

»Trotzdem, wir *können* uns in bezug auf das, was wir sagen, irren, *nicht* aber in bezug darauf, wie viele Kaninchen wir hätten. Das bedeutet: Was faktisch der Fall ist, ist für die Aufforderung des Philosophen der Alltagssprache allerdings auf eine Weise relevant, auf die es gerade *nicht* relevant ist für den Rechenansatz.« Wir alle werden die Kraft dieses Einwandes nachvollziehen können, dennoch wäre es unvorsichtig, ihn so zu akzeptieren, da er weder eine Erklärung dafür anbietet, warum wir in unserer Antwort auf das Rechenexempel nicht sollen irren können, noch für die Divergenz zwischen der Art, auf die wir in unserer Vorhersage, und der Art, auf die wir in unserer Antwort auf die Aufforderung zur Imagination durch Fakten widerlegt werden. Es ist der Unterschied zwischen der Art oder den Arten, auf die wir in bezug auf irgendwelche Weltgegebenheiten recht haben bzw. im Irrtum sein können, und der Art oder den Arten, auf die wir das in bezug auf uns selbst sein können.

Wenn einer sagt »Den langsamen Satz der Hammerklaviersonate werde ich verhauen«, kann sich das als wahr herausstellen oder als Irrtum, d. h., der Betreffende kann ihn faktisch verhauen oder nicht verhauen. Aber es macht einen Unterschied, ob der Zusammenhang der ist, daß er weiß, daß es trotz allen Übens und aller Gebete gewisse Partien gibt, die er einfach nicht meistert, oder daß er von Zeit zu Zeit schlicht außerstande ist, das richtige Tempo anzuschlagen und beizubehalten, oder daß, wenn seine Finger sich so anfühlen wie heute, es ist, als wären sie Fremdkörper, die ihm nicht gehorchen würden, quälte er sich auch noch so sehr ab; oder ob der Zusammenhang vielmehr der ist, daß er seinem Lehrer eins dafür auswischen will, daß er morgen vorspielen soll, anstatt das Jazzkonzert zu geben, oder daß er den Eindruck erwecken möchte, er wäre weniger gut, um dann im Finale des

Wettbewerbs desto glanzvoller abzuschneiden. In den zuerst genannten Fällen wäre seine Behauptung eine Vorhersage, in den zuletzt genannten eine Bekundung des Vorsatzes. (Ich will damit selbstverständlich diese Divergenz nicht *analysiert* haben, auch nichts darüber behauptet haben, *inwiefern* die beiden Arten divergieren, oder darüber, wie wichtig die Divergenz ist. Ich sage nur, sie divergieren, nämlich in der Art, wie jede der beiden Seiten zu »beweisen« wäre.)

Gesetzt, was er sagt, stellt sich als wahr heraus. In dem einen wie in dem andern Fall, könnten wir dann sagen, sei *dasselbe* passiert: Den langsamen Satz hat er verhauen. Wo jedoch die Vorhersage eingetroffen ist (wo wir sagen würden, es sei eine *Vorhersage* gewesen, die eingetroffen ist), wird er mit einem Gefühl der Resignation weggehen, sich vielleicht überlegen, ob er nicht doch besser ein Handwerk erlernen würde, auf seine Finger starren und sich einsam ein Glas genehmigen. Wo hingegen der *Vorsatz*, den Satz zu verhauen, ausgeführt worden ist, wird er weggehen, indem *er so tut*, als ob er an sich selbst verzweifelte, aber während er wütend seine Finger anstarrt, wird er an das Aufsehen denken, das er im Finale erregen wird, und dann einen Freund auf ein Glas einladen. Ebenso, wenn sich die Behauptung als falsch herausstellt, d.h., wenn er den Satz phantastisch gespielt hat. Wo dies entgegen der Vorhersage eingetreten ist, wird der Spieler in gehobener Stimmung sein, trotz allem vielleicht doch eine Karriere als Konzertpianist in Erwägung ziehen, er wird hinter die Bühne stürzen und ausrufen: »Geschafft!« Wo es dagegen dem Vorsatz zuwider eingetreten ist, wird er nüchtern wirken, vielleicht etwas nachdenklich, er wird sich vielleicht sagen, eine gelungene Interpretation eines Stücks des späten Beethoven sei doch befriedigender als zehnmal den Refrain von »Ain't Misbehavin'« zu improvisieren; und vielleicht, wenn er nach hinten geht, wird er sich sagen »Hab mir's halt anders überlegt«. Gesetzt schließlich den Fall, im Wettbewerbsfinale verhaut derjenige den Satz, der, weil er sich auch für das Gegenteil hat entscheiden *können*, in der Position gewesen ist, ebendiesen Vorsatz gehabt zu haben. Wie wird dieser sich verhalten? Was wird er äußern oder denken? Vielleicht hat er ja eine Entschuldigung parat, vielleicht auch nicht. Er mag wegen schlechter Neuigkeiten zerstreut gewesen sein, er mag allzu selbstsicher am Tag zuvor zuwenig geübt haben, er mag auch allzuviel geübt und deswegen mechanisch gespielt haben, er mag die letzte Nacht zu lange aufgeblieben sein oder Lampenfieber gehabt haben. Vielleicht weiß er aber auch einfach nicht, woran es gelegen hat. Es ist immerhin ein sehr schwieriges Stück, jeder könnte an einer Stelle die Sicherheit, mit der er es beherrscht, verlieren. Das gehört nun einmal dazu, daß es so aufregend ist.

Wovon wir sagen, daß wir es tun werden, oder denken, daß wir es tatsächlich, oder denken oder sagen, wir sagten es oder würden es sagen, kann auf unterschiedliche Weise durch Fakten bestätigt oder widerlegt werden, z. B. nach Art eintreffender oder nicht eintreffender Vorhersagen, nach Art von Zahlenkolonnen, die bei der Addition immer wieder ein anderes Ergebnis haben; manchmal handelt es sich um puren Zufall, manchmal um Eventualitäten, von denen wir gedacht hätten, sie eingeplant zu haben, manchmal um solche, von denen wir sicher waren, sie würden nicht eintreten, manchmal um solche, von denen wir hätten erkennen müssen, daß sie unvermeidlich eintreten würden. Bei manchen könnte uns der Vorwurf gemacht werden, auf einer zu schmalen empirischen Grundlage gesprochen oder gedacht zu haben. Bei anderen wird der Begriff einer solchen empirischen Grundlage als irrelevant ausscheiden.

Wie weiß ich, daß ich, *wenn* ich drei Kaninchen habe und man mir drei dazugibt, dann sechs habe? Vielleicht meint man, das könne arithmetisch oder logisch *bewiesen* werden, und was empirisch der Fall ist, sei für die Arithmetik und Logik irrelevant. Doch das ist eine Antwort auf eine davon verschiedene Frage. Beantwortet wird damit die Frage: »Wie wissen wir, daß drei plus drei gleich sechs ist?« Meine Frage lautet aber vielmehr: »Wie wissen wir, gesetzt den Fall, wir haben drei Kaninchen usw., daß dieses arithmetische Wissen für die Antwort relevant ist, ja noch mehr: daß kein *anderes* Wissen hier relevant ist?« Und die Antwort darauf hat etwas mit dem Wesen des Konditionals zu tun, mit dem, was ich »projektive Imagination« genannt habe, nicht bloß mit Arithmetik.

Nehmen wir ein anderes Beispiel. Ich bringe jemandem Schach bei. Nach einer Partie sage ich: »Gesetzt, mein König hätte hier gestanden, dein König da und dein letzter Bauer dort, und der Rest des Brettes wäre leer gewesen: was hättest du getan?« Antwortet er »Ich hätte mit dem Bauern gezogen«, so kann das zeigen, ob er eine bestimmte Endspielvariante beherrscht oder auch nicht beherrscht. Antwortet er jedoch »Ich hätte schwarz gesehen«, so witzelt er. Und wenn er im Ernst zurückfragt »Wie weißt du denn, daß es keine anderen Figuren auf dem Brett gibt?«, dann läßt das darauf schließen, daß er eine Kulturtechnik nicht beherrscht, nämlich sich etwas vorzustellen, mit Konditionalen umzugehen.

Es gibt einen alten Witz *über* Konditionale und auch über pädagogische Einschüchterung. Einem Rekruten wird der Wachdienst beigebracht, und er wird gefragt: »Nimm an, du stehst mitten in der Wüste auf Wache und siehst ein Schlachtschiff auf dich zukommen. Was würdest du tun?« Der Soldat antwortet: »Ich würde mir meinen Torpedo greifen und es versenken.« Darauf der Ausbilder, verblüfft, wie wir annehmen müssen: »Wo willst du denn den Torpedo herhaben?« Antwort: »Daher, wo Sie Ihr Schlachtschiff herhaben.«

Es gibt viele Gattungen von Metarätseln, d. h. Witze über die Schwierigkeit, einen Witz zu erkennen. Der, wie ich glaube, bekannteste geht so: »Was ist grün, hängt an der Wand und pfeift?« Antwort: »Ein Hering«. Auf den Einwand »Aber ein Hering ist nicht grün« antwortet der Erzähler: »Du kannst ihn ja anmalen.« – »Aber ein Hering hängt nicht an einer Wand!« – »Dann häng ihn dran.« – »Aber ein Hering pfeift doch nicht!« Darauf werden nur noch die Schultern gezuckt: »Okay, pfeifen tut er nicht.« Man könnte sich vielleicht statt dessen noch besser vorstellen, daß der Erzähler sagt: »Das mit dem Pfeifen war gelogen.«

Wenn wir aufgefordert werden, einen Fall zu setzen oder zu fingieren, wie wissen wir, *wie weit* wir dabei zu gehen haben? Wie wissen wir, daß bestimmte Möglichkeiten relevant sind, daß sie nur dazu dienen, das von uns entworfene Zusammenhangsgerippe mit Fleisch zu versehen, wohingegen andere Möglichkeiten den skizzierten Zusammenhang *verändern* würden? Wenn noch eine andere Figur auf dem Brett stünde, würde das die Absicht tangieren, in welcher der Schachlehrer sein Beispiel bringt. Wenn wir uns vorstellen, jemand habe noch ein Kaninchen in seinem Zylinder, dann würde die Antwort auf die Frage »Wie viele?« anders ausfallen, nämlich sieben, nicht sechs. Man kann überhaupt die ganze Zeit über in seinem Zylinder noch ein Kaninchen haben. Nur kann man *das* Kaninchen nicht herausziehen und in eine fiktive Situation hineinplatzen lassen. Man *kann* es zwar in sie einfügen, indem man sich vorstellt (und die Geschichte so *erzählt*), daß es versteckt ist, aber dann hat man das Beispiel eben verändert. (Vielleicht würde das das nächste Beispiel sein, das der Lehrer gibt.)

Wieviel an Geschichte es bedarf, um jemanden dazu zu bringen, daß er sich das vorstellt, was man von ihm möchte, steht nicht fest. Um jemanden dazu zu bringen, sich vorzustellen, daß er drei Kaninchen hat und noch drei dazu bekommt, wird es nicht viel mehr als dieser Worte bedürfen. Um ihn dazu zu bringen, sich vorzustellen, was er täte, wenn er ein bestimmtes Bridgeblatt in der Hand hätte, mag es nötig sein, die Information hinzuzufügen, ob er oder seine Gegner im Spiel verwundbar sind, auch mehr Informationen über das Spielverhalten eines jeden anderen Spielers. Um ihn dazu zu bringen, sich vorzustellen, wie Hamlet sich bei dem Schauspiel gefühlt hat, wird man tief in die eigene Phantasie eintauchen müssen, um die relevanten Einzelheiten der Situation und das zu finden, was ihnen im eigenen und im Erleben des Publikums entspricht. Um uns aufzufordern, uns vorzustellen, was wir in einer bestimmten Situation sagen würden, wird man genügend ausführlich sein müssen, um relevante Möglichkeiten auszuschließen und jedem möglichen Mißverständnis vorzubeugen. Wieviel das ist, steht ebensowenig fest und braucht es auch nicht, wie die Menge dessen, was man sagen oder tun muß, um jemanden dazu zu bringen, daß er das sieht, worauf man zeigt (wobei es in diesem Fall einen Unterschied macht, ob man auf ein Kamel zeigt, auf seinen Höcker, auf seine Gangart, auf eins aus einer Gruppe von Kamelen und ob sie fünf Meter oder fünf Meilen weit weg sind), oder daß er versteht, was man meint (es wird einen Unterschied machen, ob man gesagt hat »She's *farouche*« oder »The jig's up« oder »Sufficient unto the day is the evil thereof«). Und es macht einen Unterschied, ob das, wonach wir uns erkundigen, etwas in der Art ist von »Würden wir sagen, daß es ein Flüchtigkeitsfehler oder ein wirklicher Fehler ist?« (wo der Kontrast explizit ist und daher die relevanten Alternativen völlig explizit gemacht werden können) oder etwas in der Art von »Sollte er wirklich geglaubt haben, daß Blumen empfindungsfähig sind?« (wo die Kriterien, um sagen zu können, was jemand glaubt, einander widerstreiten und, je nachdem, welcher Interpretation man folgt, man zu verschiedenen Antworten gelangen wird) oder etwas in der Art von »Wären wir in dieser Situation nicht geneigt zu sagen …?« (wo von uns der Ausdruck eines Wunsches oder eines Gefühls erwartet wird, von dem wir uns bewußt sind, daß er nicht als informationshaltig aufzufassen ist, der aber trotzdem vielleicht gerade deswegen, weil er in Anbetracht der Umstände verfehlt ist, als Symptom von Wert ist) oder etwas in der Art von »Warum bedeutet die Wendung ›Das wär's dann‹ das, was sie bedeutet?« oder »Warum sagen wir ›I did it on principle‹ oder ›… on impulse‹, nicht aber ›I did it on anger‹ oder ›… on habit‹?« (was Weisen sind, uns zur Reflexion auf unsere Grammatik und unsere transzendentalen Zwänge zu veranlassen) oder etwas in der Art von »Welchen Finger würdest du den Babyfinger nennen? den Mamafinger? den Papafinger? den Neffenfinger? den Waisenfinger?« (was dazu dienen könnte, die individuelle Schattierung unserer Vorstellungen zu beleuchten, wie sie zugleich flexibel und stabil sind: Über den Babyfinger werden wir Einverständnis erzielen, über den Neffenfinger dagegen vermutlich kaum, und als Kandidaten für den Waisenfinger dürften zwar entweder der Daumen oder der kleine Finger in Betracht kommen, aber dann werden wir etwas über die Testperson erfahren, die sich für das eine oder für das andere entscheidet, sobald sie, worauf sie ja gefaßt sein muß, uns erklärt, wieso der Daumen ein Waisenkind ist (er ist am einsamsten) bzw. wieso der kleine Finger (die anderen sind erwachsen).).

Insofern die Aufforderung, sich auf fiktive Situationen geistig einzulassen, uns auf die Beantwortung solcher Fragen vorbereitet, ist sie ein durchaus berechtigtes und fruchtbares Geschäft. Der Verteidiger der traditionellen Philosophie, der sich schon auf dieser Ebene gegen die Philosophie der Alltagssprache wendet, verteidigt etwas, wo es nichts zu verteidigen gibt. Alles was solche Verteidigungen bewirken, ist nur, seinen Gegner darin zu bestärken, mit seinem Verdacht recht gehabt zu haben: daß die traditionellen Philosophen so blind in bezug auf sich selbst wie nonchalant in bezug auf die Realität sind, daß sie tatsächlich so dogmatisch und arbiträr in ihrem Vorgehen sind, wie sie scheinen, und daß ihre Forderung nach »mehr« Evidenz, wie sie jedem, der eine Sprache beherrscht, in bezug auf sie zu Gebote steht, nichts weiter als prüde Attitüde bei völlig fehlendem Verständnis für echte Strenge ist. Dieses Kompliment wird natürlich prompt zurückgegeben, denn für den traditionellen Philosophen hat sein Gegner mit den Heroen der Wissenschaft gerade einmal soviel zu tun, daß er Empirie aus dem Sessel heraus betreibt.

Die gegenseitige Gereiztheit kann man verstehen und manchmal entschuldigen. Doch eine solche Polemik scheint mir den eigentlichen Streitpunkt zwischen den beiden Positionen eher zu verdunkeln. Was die Berufung auf die Alltagssprache betrifft, geht es nicht darum, daß die eine der beiden »wissenschaftlich« wäre und die andere nicht, sondern darum, welcher Art die Berufung auf die Alltagssprache ist, die für das Philosophieren Relevanz beanspruchen darf. Die Art von Berufung, die ich für relevant halte, habe ich verschiedentlich zu charakterisieren versucht. In den frühen Essays von *Must We Mean What We Say?* habe ich sie eine Berufung auf die »transzendentale Logik« unserer Sprache genannt. In den vorangegangenen Kapiteln dieses Buchs habe ich gesagt, sie sei eine Weise, uns an die Kriterien unserer Begriffsverwendung zu erinnern. Und eben habe ich gesagt, daß die philosophische Berufung auf die Alltagssprache im Grunde beinhaltet, sich auf *fiktive* Situationen einzulassen. Kapitel VII wird noch Gründe für eine weitere Charakterisierung dieser Berufung nennen. (Es sei hier übrigens hingewiesen u. a. auf die Erörterung dieses Themas in S. Bates / T. Cohen, »More On What We Say«.) Der philosophische Streitpunkt einer solchen Berufung betrifft die Frage, welche »Wissenschaft« ihr zuzuordnen wäre. Ich habe gesagt, daß eine solche »Wissenschaft« eine Angelegenheit des Wissens von sich selbst ist. Daß man das irgendwie merkt, wie schwach und unsicher auch immer, halte ich für die Wurzel der Feindschaft zwischen der Tradition und ihren modernen Kritikern. Für mich ist die Philosophie der Alltagssprache nämlich nicht der Versuch, den gesunden Menschenverstand gegenüber einem vorwissenschaftlichen Dünkel zu ermächtigen, sondern der Versuch, das von der modernen Philosophie verleugnete und verdrängte menschliche Selbst zurückzufordern.

Daß (warum und wie) diese Verdrängung stattgefunden hat, wirft – wenn ich recht habe – Fragen von einer Tragweite auf, daß ich sie im Augenblick nicht einmal anschneiden möchte. Meine Hoffnung liegt in der Annahme, daß wir auf dem Kampfplatz des klassischen philosophischen Skeptizismus einer Antwort näherkommen werden und daß die Wittgensteinsche Einstellung zur Sprache (verbunden mit Austins daraus abgeleiteter Praxis) und zur Philosophie genau diese Verdrängung attackiert.

Die Irrelevanz der projektiven Imagination für eine direkte Kritik

Wenn die Frage des Philosophen der Alltagssprache die Aufforderung beinhaltet, sich eine Situation vorzustellen, dann ist diese

Aufforderung selbst dann, wenn man zugibt, daß es immanent an seinen Antworten auf seine Art der Fragestellung nichts auszusetzen gibt – und ich denke, das müssen wir zugeben –, trotzdem keine solche, die der traditionelle Philosoph als für seine Zwecke relevant akzeptieren könnte. Wie er das Problem stellt, steht es ihm nicht frei, sich jede beliebige Situation vorzustellen. Er ist auf eine *gegebene* Situation festgelegt, eine, die ihm durch ein Problem aufgezwungen ist – durch etwas, das sich ihm als konkrete Frage aufdrängt; und sich eine andere Situation vorzustellen erschiene ihm einfach als eine Verleugnung der Tatsache, daß diese Frage sich stellt. Seine Frage »Sehe ich denn den Umschlag?« (wenn der offen sichtbar ist) oder »Bin ich denn sicher, daß das hier ein Tisch ist?« (wenn der für alle Welt dasteht) drückt anscheinend aus seiner Sicht ein genauso reales Problem aus wie »Wo habe ich den Umschlag nur hingelegt?« (wenn man ihn nicht finden kann). Ein reales Problem, das *untersucht* werden muß, auf das eine Antwort gegeben werden muß. Die »Möglichkeiten«, die er dann erwägt – z. B. »Könnte es nicht ein raffiniert bemaltes Stück Wachs sein?«, »Könntest du nicht gerade eine Halluzination haben?« –, sind Möglichkeiten, die in Betracht gezogen werden müssen, wenn das Problem wirklich vorhanden ist. Die Aufforderung des Philosophen der Alltagssprache, uns vorzustellen, wann wir denn wirklich solche Möglichkeiten ins Spiel bringen würden, leugnet schlicht und einfach das Vorhandensein des Problems (oder: unterstellt einfach, es sei nicht vorhanden).

Wenn der Philosoph der Alltagssprache fragt »Welchen *Grund* hast du zu der Annahme, der Gegenstand *könnte* nicht real sein und du könntest eine Halluzination haben?«, muß die Antwort des traditionellen Philosophen lauten: »Darum geht es nicht. Ich habe keinen Grund zu glauben, er sei tatsächlich irreal oder ich halluzinierte, aber ich habe nun einmal solche Möglichkeiten *einzubeziehen*. Wären sie *tatsächlich* der Fall, dann wäre, was ich doch zu sein beanspruche, nämlich meiner Sache gewiß zu sein, ungerechtfertigt; und nachdem ich dann und wann mit ihnen zu tun gehabt habe, stelle ich fest, daß ich zumindest nicht ausschließen kann, daß es hier und jetzt eine reale Möglichkeit ist.« Oder wie ich diesen Punkt oben formulierte: Es ist nicht so, daß ich nicht wüßte, wann verschiedene »Möglichkeiten« reale wären. Ich frage vielmehr: »Ist *dies* hier eine solche Situation, oder ist sie es nicht? Die Situation könnte anders sein, als sie zu sein scheint oder als sie beschrieben wird.«

Eine *fiktive* Situation hingegen kann logisch unmöglich anders sein, als sie zu sein scheint oder als sie beschrieben wird. Eine fiktive Situation läßt sich nicht empirisch *prüfen* (z. B. daraufhin, ob man faktisch sechs oder sieben fiktive Kaninchen hat). Das ist ein Faktum, von dem ich glaube, daß es unmittelbar beweist, wie irrelevant die Fragen des Philosophen der Alltagssprache sind, sofern sie als direkte Kritik an der Tradition verstanden werden. Der klassische Erkenntnistheoretiker ist ja nicht unfähig, *sich eine Situation vorzustellen*, weshalb er sie dann unvollständig beschreibt und in etwas unpassenden Ausdrücken auf sie eingeht. (Wenn dem so wäre, wie würde oder könnte ein Philosoph der Alltagssprache sich das begreiflich machen? Als Tollheit? Als Ekstase? Aber wie fände er es dann von sich selbst begreiflich, daß er Gespräche mit Leuten führt, die so übel dran sind?) Der Erkenntnistheoretiker reflektiert oder geht davon aus, daß er es tut, über eine (wenn auch nur in der Vorstellung) *wirklich gegebene Situation*, eine, von der vorausgesetzt werden darf, daß wir alle mit ihr vertraut sind. Man kann von ihm sagen, daß er prüft, ob das, was wir normalerweise über sie von uns geben, auch wahr ist, völlig richtig und akkurat. Aus seiner Sicht, bei dieser Absicht, scheint er in keiner schlechteren Position zu sein, um unsere normale Beschreibung dieser Situation zu kritisieren, als der Philosoph der Alltagssprache es seinerseits ist, um die philosophischen Beschreibungen zu kritisieren.

Der Philosoph der Alltagssprache muß dem traditionellen Philosophen wie der Betrunkene vorkommen, der seine Schlüssel beim Versuch, die Haustür zu öffnen, hat fallen lassen und nun auf der Straße nach ihnen sucht, weil man bei Laternenlicht leichter etwas findet. Oder auch wie der zweite Betrunkene, der, nachdem er dem ersten eine Weile zugeschaut hat, ihn davon zu überzeugen versucht, daß er die Schlüssel gar nicht verloren haben kann, weil sie nicht unter der Laterne liegen.

Jetzt wird vermutlich der Philosoph der Alltagssprache meinen, man würde seine Bemühungen herabsetzen. Auf den Aspekt seines Vorgehens abzuheben, den ich das »Fingieren eines Zusammenhangs« nenne, scheint ihm nämlich bei dem Vergleich mit dem traditionellen Vorgehen etwas trivial. Viel wichtiger sei doch das Bewußtsein, das er hat, mit *vollständig, realistisch* beschriebenen Fällen umzugehen, und daß seine Fälle folglich durchaus *von derselben Art* seien, *nur klarer und fruchtbarer* als die, die in den traditionellen Untersuchungen zu finden sind.

Diese Antwort wird man nicht ohne weiteres gelten lassen, und zwar aus zwei Arten von Gründen:

(1) Versteht man den Vorwurf der Unvollständigkeit so, daß es um eine evidente Beschreibungslücke geht, dann unterstellt man, die Beschreibung wäre die einer fiktiven Situation, und das wäre eine *Petitio principii* zugunsten der von der Philosophie der Alltagssprache verwendeten Beispiele. Denn, wie gesagt, in bezug auf solche Situationen wird die Antwort auf die Frage »Wieviel muß die Beschreibung beinhalten?« davon abhängen, um die Veranschaulichung welches Punktes es überhaupt geht, und ein Mehr an Information kann das Beispiel verändern. Aber wenn man einen Fall beschreibt, in bezug auf den sich ein reales Problem stellt, steht nicht von vornherein fest, was man über den Fall wissen muß, um zu einer Lösung zu gelangen. Man versucht, »alles« aufzuführen, was man darüber weiß (z. B. wo man sich selber befunden hat, als man den Gegenstand zuletzt sah, wie lang man sich aus dem Zimmer entfernt hat usw.), aber selbstverständlich meint »alles, was man weiß« nur »alles, was einem relevant zu sein scheint«. Und die Lösung ist da, sobald einem »bewußt wird«, daß es entscheidend auf etwas ankommt, was man an der Situation vorher *nicht bemerkt* hat, oder auf eine vorher nicht in Betracht gezogene oder nicht im Gedächtnis behaltene Möglichkeit. (Beispiel: »Jetzt entsinne ich mich: Die Sicht von meinem Standpunkt war an diesem Tag teil-

weise durch ein Baugerüst verstellt.« Vergleiche: »Aber natürlich sehe ich nicht *alles* von einem Objekt.«) Aber in bezug auf fiktive Situationen wird einem eben nicht in der gleichen Weise »bewußt«, irgendeinen Umstand übersehen zu haben (z. B. daß ein Kaninchen im Zylinder versteckt war). Was einem vielleicht aufgeht, ist, daß man sie fehlerhaft oder arbiträr fingiert hat.

Zauberkünstler, Rätsel und wissenschaftliche Paradigmenwechsel leben von einer solchen Entdeckung. Man nehme dieses Rätsel: »Enten schwimmen unter einer Brücke durch: zwei vorn, zwei hinten und zwei in der Mitte, und trotzdem sind es nicht sechs. Wie viele sind es?« Beim Hören dieser Beschreibung wird sich unweigerlich zunächst der Eindruck von zwei Reihen und drei Linien aufdrängen, und man überlegt, wie es nicht sechs sein können. Schließlich fällt der Groschen – bei dem Bild einer einzigen Reihe von vier Enten. In so einem Fall ist klar, was an der Beschreibung »unvollständig« ist. Das Rätsel beruht darauf, daß man zwar »alle Fakten hat«, ihnen aber eine falsche oder arbiträre Interpretation gibt. Vielleicht würde jemand zu dem Befund kommen können, daß das Einem-zu-Bewußtsein-Kommen solcher »arbiträrer Interpretationen« zu Entdeckungen geführt hat wie der, daß die Erde sich um die Sonne dreht anstatt umgekehrt, oder der, daß das Problem bei der Bewegung nicht in der Erklärung dafür besteht, was den Körper in Bewegung hält, sondern dafür, was die Bewegung aufhören läßt. Die Moral solcher Beispiele besteht wohl darin: »Verlaß dich nicht auf deine Beschreibung einer Situation, in der ein Problem steckt; denn das Problem ist vielleicht eine Folge der Beschreibung selbst.« Sich dessen bewußt zu sein ähnelt in der Tat dem Bewußtsein des Philosophen, daß wir zwar normalerweise *sagen*, daß (= wir Situationen »beschreiben« als solche, in denen) wir Objekte *sehen*, daß diese Beschreibung aber den betreffenden Sachverhalt präjudiziert. (Descartes argumentiert so in der II. Meditation.) So ist denn der traditionelle Philosoph geradeso wie der Philosoph der Alltagssprache mit der Untersuchung unserer Konzeptualisierung oder projektiven Imagination von Problemen und Situationen befaßt. Nur daß der traditionelle Philosoph zu dieser Untersuchung durch ein Problem *veranlaßt* wird, welches ihn auf den Gedanken bringt, unsere Beschreibung müsse falsch sein und wir würden die wirkliche Situation falsch auffassen, wohingegen der Philosoph der Alltagssprache zu seinen Untersuchungen durch ein Problem veranlaßt wird, aus dem er schließt, wir würden die Art, in der wir eine einfache Situation konzeptualisieren, selber mißverstehen. Es ist so, als ob der traditionelle Philosoph sagt: Ich weiß, was es heißt, etwas zu *sehen*, und deswegen bin ich mir bewußt, daß wir Gegenstände *nicht* sehen. Während der Philosoph der Alltagssprache sagt: Da wir ja tatsächlich (manchmal) Gegenstände sehen, mußt du irgendwie mißverstanden haben, was es heißt, etwas zu sehen.

Wovon ich hoffte, daß es bei diesem Streit den größten Eindruck macht, ist der Umstand, daß nicht ausgemacht ist, welche Partei recht hat. Jede Seite hält sich an eine fundamentale Tatsache der menschlichen Erfahrung, des menschlichen Wissens. Etwas zu wissen ist nun einmal eine Angelegenheit, bei der man seine Begriffe mit der Welt in Übereinstimmung bringt; und es muß ein *Problem* sein, ob jedes Beispiel dafür, daß man mit seinem Wissen scheitert, damit zusammenhängt, daß man entweder seine Begriffe oder aber die Welt nicht richtig auf die Reihe bekommen hat. Wie »die Welt richtig auf die Reihe bekommen« nicht einfach bedeutet »über die richtige Information verfügen«, sondern auch »über die richtige Interpretation der Information verfügen«, so bedeutet »die Begriffe richtig auf die Reihe bekommen« nicht einfach »über die richtigen Begriffe verfügen«, sondern auch »über das richtige Verständnis der Begriffe verfügen«. Und dann erheben sich Fragen wie »Wann hat ein Problem an dem einen oder an dem anderen Bedarf?«; »Wann macht sich uns fühlbar, daß es eines neuen Begriffs bedarf?«. Solche Fragen lassen sich in Angriff nehmen, indem man sich etwa fragt: Wann fühlen wir, daß die Tatsache, daß wir etwas nicht wissen, von unserer Dummheit oder Ignoranz herrührt, und wann, daß sie von der Verworrenheit unserer Begriffe herrührt?

(2) Darüber hinaus ist nicht gesagt, daß der Vorwurf, eine unvollständige Beschreibung geliefert zu haben, auf die genannten Beispiele in irgendeinem nachvollziehbaren Sinn überhaupt zutrifft. Der klassische Erkenntnistheoretiker gibt sich sogar häufig große Mühe, seinen Zusammenhang und seine Erwartungen an den Leser ausführlich zu spezifizieren:

> was ich über das Sehen zu sagen habe, möchte ich mit einem direkten praktischen Beispiel verdeutlichen, denn obgleich ich glaube, daß viele unter Ihnen mit der Art von Fragen vertraut sind, die ich aufwerfen möchte, ist es für diesen Gegenstand von größter Bedeutung, jeden einzelnen konkreten Fall sorgfältig zu betrachten, damit wir uns nicht darüber täuschen, worüber wir genau sprechen. Solche Fehler unterlaufen, wie ich meine, sehr leicht, wenn man bloß über Allgemeinheiten spricht, und vor allem übersieht man schnell wichtige Punkte. Ich schlage daher vor, in meiner Hand einen Umschlag hochzuhalten, und fordere Sie alle auf, ihn einen Augenblick lang zu betrachten und dann mit mir zu erwägen, was genau geschieht, wenn wir ihn sehen: *Was* dieses Vorkommnis, das wir das *Sehen* des Umschlags nennen, *ist*.
> Ich halte also diesen Umschlag hoch: Ich betrachte ihn und hoffe, daß Sie ihn auch betrachten. Und jetzt lege ich ihn wieder hin. Was ist nun geschehen? Zweifelsohne sollten wir sagen, daß wir (falls Sie ihn betrachtet haben) alle den Umschlag *gesehen haben*, *denselben Umschlag*, *ich* habe ihn gesehen, und Sie alle haben ihn gesehen. (G. E. Moore, *Some Main Problems of Philosophy*, S. 30)

> ... so zum Beispiel, daß ich jetzt hier bin, daß ich, mit meinem Winterrock angetan, am Kamin sitze, daß ich dieses Papier mit den Händen betaste und ähnliches.

Sind diese Situationen etwa unvollständig beschrieben? In der Art, wie es der Fall mit den schwimmenden Enten war? In der Art, wie es vielleicht der Fall war, wenn Vater verkleidet gewesen sein sollte? Ob eine Situationsbeschreibung vollständig ist, wird davon abhängen, welchem Zweck sie dient. So sollten wir fragen:

Was wird bei den konkreten Situationen, die der traditionelle Philosoph für unsere Betrachtung aussucht, bezweckt? Er will Situationen eines bestimmten Typs untersuchen und *reflektieren*, Situationen, die die Bedingung erfüllen, daß wir alle mit ihnen durchaus vertraut sind. Seine einleitende Beschreibung ist nur darauf abgestellt, uns dazu zu bringen, die einfachsten Fälle zu betrachten, in denen wir irgend etwas sehen oder wahrnehmen. Ihm wie auch denen unter uns, die ihm immer schon gefolgt sind, scheint es, daß er uns zu etwas auffordert, was zu tun nicht schwieriger, nicht ungewöhnlicher ist, als wenn ein Linguist uns auffordert, ein Wort zu artikulieren, das ein »t« enthält, etwa »Tomate«, und dann anzugeben, wie bei der Erzeugung dieses Lauts die Stellung unserer Lippen und unserer Zunge ist. Die Anweisung »Sieh auf diese Tomate« oder »Was geschieht, wenn wir eine Tomate sehen?« erscheint nicht weniger bestimmt als die Anweisung »Artikuliere das Wort ›Tomate‹« oder »Was geschieht, wenn wir das Wort ›Tomate‹ artikulieren?«.

Der Witz bei der Aufforderung, solche Fälle zu betrachten, ist nun, könnten wir sagen, genau der: *anzugeben*, ob unsere Situationsbeschreibung (z. B. daß es eine ist, in der wir »das Objekt sehen«) vollständig und exakt ist. Und ist das nicht genau das, was auch der Philosoph der Alltagssprache will? Vielleicht sagt er: »Aber ich weiß nicht, *warum* man mich dazu auffordert. *Ob* ich ein Objekt sehe, ist gerade im Normalfall, in dem ich ein Objekt sehe, gar kein Problem. Problematisch kann das nur dann erscheinen, wenn sich konkret die *Frage* erhebt, ob der Gegenstand auch das ist, wofür ich ihn halte, bzw. ob er für mich auch völlig sichtbar ist. Voraussetzungsgemäß soll nun aber keines von beidem hier der Fall sein können.« – Voraussetzungsgemäß? Nein, dem zufolge, was unsere alltagssprachliche Beschreibung hergibt. Aber ist diese Beschreibung auch wirklich akkurat? Zu sagen, diese Frage *stelle* sich nicht, muß dem traditionellen Philosophen so vorkommen, als würde ein Zeuge auf die ihm gestellte Frage antworten: »Warum soll ich mir noch einmal das, was an jenem Morgen geschehen ist, vergegenwärtigen? Ich sage Ihnen, ich habe Vater den ganzen Morgen nicht gesehen. Die einzige Person, die ich gesehen habe, war die Sekretärin. Daran gibt es nichts zu deuteln. Meinen Sie nicht, ich wüßte, was die Wörter ›Vater sehen‹ bedeuten?«

Doch in solchen Fällen, wie gesagt, wissen wir natürlich alle, warum man uns auffordert, uns die Situation noch einmal zu vergegenwärtigen, d. h., wir wissen schon vorher, worin das Problem besteht und was für eine Lösung es dafür geben könnte. Der Philosoph hingegen hat für uns überhaupt erst einmal ein Problem zu *schaffen*, er muß uns deutlich machen, inwiefern hier so etwas wie ein Problem *bestehen* könnte. Obwohl geistiger Fortschritt häufig von jemandes Fähigkeit abhängt, genau das zu bewirken, geht die Konklusion, zu der uns der Philosoph führt, über alles hinaus, was wir von Untersuchungen erwarten würden, die im übrigen anscheinend gerade so verfahren, wie er es tut.

Manchen Philosophen ist, denke ich, dieser Umstand Beweis genug für die Kraft und Subtilität der Philosophie, anderen dagegen für ihre intellektuelle Frivolität. Wenn man die eine wie die andere Ansicht über den Skeptizismus kennengelernt hat, wird man möglicherweise auf den Gedanken kommen, daß ebendieser Streit selbst eine entscheidend wichtige Tatsache über den Geist sei es enthüllt, sei es verbirgt, eine, die zu artikulieren keine der beiden Seiten fähig oder willens gewesen ist. Wenn allerdings beide Positionen wohldurchdacht und mit Argumenten gerüstet sind, dann sollten wir, anstatt nach einer friedlichen Beilegung des Streits zu suchen oder nach einem raschen Sieg, besser versuchen, dadurch etwas mehr herauszufinden, daß wir den Konflikt zu verstehen lernen. Denn solange wir bloß sagen, beide müssen recht haben, werden wir auch sagen müssen, beide müssen unrecht haben. Nur worin, wissen wir nicht.

Ein weiteres Problem

Ein frappantes Merkmal der skeptischen Konklusion, von dem wir uns versprachen, daß es vielleicht ein besonderes Licht auf die Natur der Untersuchung als ganzer wirft, hatten wir schon Gelegenheit zu bemerken. Ich meine ihre fehlende Stabilität. Wir gelangen anscheinend zu einer Konklusion, indem wir uns auf Erwägungen stützen und Vorgehensweisen anwenden, die normalerweise volle Überzeugung produzieren würden. Nun entsteht durch sie zwar auch in der philosophischen Untersuchung Überzeugung. Der Punkt ist nur, daß unsere Überzeugung schwindet, sobald wir aus dem Bannkreis der Untersuchung heraustreten. Die Konklusion läßt sich, so wie sie ist, nicht von dem Untersuchungsverlauf abkoppeln. In einem Fall wie dem, den Austin beschreibt, vergesse ich nicht gleich schon wieder, daß ich genaugenommen nicht weiß, ob ein Stieglitz im Garten saß; ich fühle mich nicht andauernd dem Wiederauftauchen der Überzeugung ausgesetzt, ich wüßte es; das Wissen darum, daß ich es nicht weiß, wirkt losgelöst von der Situation, in der mir das demonstriert wurde, keineswegs »kalt, überspannt und lächerlich« (Hume, *Treatise*, Buch I, Teil iv, Abschnitt 7, S. 269/Dt. S. 347). Läßt es sich irgendwie begreifen, warum die skeptische Konklusion, daß wir von der Existenz der Objekte kein Wissen besitzen, daß wir sie in Wirklichkeit niemals sehen, dieses befremdliche Aussehen hat? (Dieses Antlitz kann sie natürlich nur denen unter uns zeigen, die irgendwann einmal ihre Wahrheit lebhaft empfunden haben.)

Wenn wir überlegen, daß es dem von Descartes und Austin zugrunde gelegten Untersuchungsschema zufolge zu der Konklusion – nicht, daß unsere Behauptung effektiv falsch ist, sondern daß wir nicht wissen, ob sie wahr ist – dann kommt, wenn eine bestimmte Grundlage für eine Behauptung mit einem bestimmten Zweifelsgrund pariert wird; und wenn wir, gegen den Philosophen der Alltagssprache, einräumen, daß die Zweifelsgründe des traditionellen Philosophen, so absonderlich sie »an und für sich« auch sein mögen, in dieser Situation ihre vernünftige Berechtigung haben (oder daß ihre Unvernünftigkeit zumindest irgendwie neutralisiert ist), dann werden wir uns erneut der Grundlage zuwenden, welche der traditionelle Philosoph zur Untermauerung der schlichten Behauptung anführt, mit deren Prüfung er befaßt ist, und wir werden fragen, ob auch diese Grundlage völlig berechtigt war und ganz natürlich ins Spiel gekommen ist.

Ich möchte nun mehrere Dinge zeigen: daß sie *nicht* ganz natürlich ist, daß sie aber auch nicht *ganz* unnatürlich ist; folglich: daß nicht offen zutage liegt, welche Bedeutung wir ihrer teilweisen Unnatürlichkeit beizulegen haben. Ferner wird die Lehre dieser Untersuchung vor allem sein, daß die Art, auf die ein von der Alltagssprache her erhobener Einwand ausgewiesen sein muß – sein Wahrheitsgehalt eben –, per se diesen Einwand davon abhalten wird, sich als fatal für den von der traditionellen Philosophie gemachten Schritt herauszustellen.

Die Grundlage zur Untermauerung des Anspruchs, zu wissen, daß ein generisches Objekt existiert, bestand in dem Descartes-Austin-Schema: »Weil ich es sehe« oder »Vermittelst der Sinne«. Die Berechtigung dieser Grundlage ist, denke ich, nie in Frage gestellt worden, weder von der Tradition noch von ihren Kritikern. Bei dem Streit um das Sehen oder die Wahrnehmung ist es, soweit ich weiß, vielmehr um die Frage gegangen, *ob* ich wirklich das Objekt sehe, ob ich nicht tatsächlich allenfalls einen *Teil* von ihm sehe (nämlich die mir zugekehrte Oberfläche) oder, wenn weder das eine noch das andere, *was* es denn ist, wovon man wirklich sagen kann, ich sähe es. Worauf ich jetzt hinauswill, ist, daß *als Grundlage für einen Wissensanspruch* die traditionellen Begründungen nicht ohne weiteres natürlich sind.

Wenn man jemanden fragt, woher er weiß, daß hier gut sichtbar ein Umschlag (oder eine Tomate oder ein Tisch) liegt, wird er nicht, wie wir in Kapitel III bemerkten, mit einem Austinschen Merkmal als Grundlage für seine Behauptung anrücken. »Von der Form«, »von der Oberflächenstruktur«, »von den Beinen«

wären unsinnige Antworten. Generische Objekte verfügen über keine Austinschen Merkmale, über die sie identifizierbar wären. Akzeptiert man überhaupt die Frage des Philosophen als legitim, natürlich und nicht absurd, d. h., akzeptiert man die Aufforderung, sich »eine vertraute Situation ausführlich zu vergegenwärtigen«, dann wird man antworten *müssen* »Weil ich ihn sehe« (»Ja natürlich sehe ich ihn«) oder »Vermittelst der Sinne«. Und »müssen« bedeutet »müssen, um vernünftig zu bleiben«, und das wiederum bedeutet, »um, soweit es geht, die natürlichsten Forderungen der Alltagssprache zu respektieren«. Ob man diese Grundlage anführt, steht mitnichten im Belieben des Philosophen. Bei seinem Zusammenhang, bei seinem Objekt und bei seiner vernünftig gestellten Frage *ist die Grundlage durch die Alltagssprache genauso determiniert*, wie die Art von Grundlage es ist, die wir bezüglich eines Austinschen Objekts anführen würden. Absurd ist die Grundlage folglich nicht. Aber sie ist auch nicht, wie ich jetzt zeigen möchte, ganz natürlich.

Es mag der Klärung dienen, wenn wir etwas innehalten und bemerken, daß die Untersuchung, die der Philosoph unseren Ansprüchen auf das Wissen um Fremdpsychisches angedeihen läßt, eine Form annimmt oder jedenfalls annehmen kann, die der cartesischen Untersuchung nach dem Austinschen Schema anscheinend ziemlich ähnlich sieht. Der Umstand, daß die in diesem Fall angestellten Überlegungen weniger Chancen hatten, für uns etwas stumpf zu werden, erlaubt uns vielleicht, ihnen unsere frische Aufmerksamkeit zuzuwenden.

Das Initialerlebnis, die Bestürzung, das Sichwundern ist anscheinend in diesem Fall sogar noch ausgeprägter als in dem Fall der Ansprüche, etwas über Objekte zu wissen. Das rührt vielleicht von einem Unterschied in den jeweiligen Initialerlebnissen her. Das Erlebnis, in dem Objekte betroffen sind, habe ich als etwas in der Art wie »sich von den Objekten abgeschnitten und in das eigene Erleben eingeschlossen empfinden« beschrieben. Wo Personen Gegenstände eines vergleichbaren Erlebnisses sind, ist das Erlebnis meiner Meinung nach dies: »sie mir gegenüber abgekapselt zu empfinden, als lebten sie nur in ihrem eigenen Erleben«. So vorbereitet, fragen wir »(Wie) wissen wir denn, was jemand anders empfindet oder denkt?«, »(Wie) können wir wissen, ob er überhaupt etwas empfindet?«. Und dann nimmt die Untersuchung ihren vertrauten, anscheinend unerbittlichen Gang:

Frage nach der Grundlage: Wie z. B. wissen wir, daß jemand wütend ist?

Grundlage: Durch sein Verhalten, durch die Art und Weise, wie er handelt ...

Zweifelsgrund: Aber könnte er so etwas nicht auch tun, könnte er nicht in dieser Weise handeln, ohne wütend zu sein? Und wie weißt du, daß er nicht etwas ganz anderes empfindet oder auch gar nichts?

Konklusion: Ich *weiß es nicht*.

Moral: Ich werde es nie können. Das Verhalten deckt sich nun einmal nicht mit den Empfindungen und Gedanken. Nur der Betreffende selbst kann wirklich wissen und Gewißheit darüber haben, was sein Erleben ist und ob da überhaupt etwas ist. Für uns ist das nur auf Induktion [*empirical inference*] beruhender Glaube.

Was die Vollkommenheit der Übereinstimmung dieses Falls mit dem Fall des materiellen Objekts betrifft, so gebe ich mich durchaus keinen übertriebenen Vorstellungen hin. Besonders zwei Punkte machen mich mißtrauisch an diesem Fall des Fremdpsychischen. Erstens kommt es mir so vor, als wäre das, was ich ihm als die scheinbar größere Klarheit des Initialerlebnisses nachgerühmt habe, doch etwas billig, da ihm die ungeheure Paradoxie abgeht, die im Fall des materiellen Objekts erreicht oder zumindest beansprucht wird. Zweitens bin ich mir nicht sicher, daß ich weiß, ob und warum das Wutbeispiel (oder Schmerzbeispiel oder sonst eines) den Idealfall des Wissens auf diesem Feld abgibt. Soweit wir uns das bisher deutlich gemacht haben, kommt es bei solchen Idealfällen ja entscheidend darauf an, daß sie sich auf generische Objekte beziehen, solche, bei denen sich das Problem der Identifikationskriterien* nicht stellt. Trifft das auf das Wutbeispiel zu? Würde es eher oder weniger auf das Beispiel von Schmerz oder Wehmut zutreffen? Wie scheint, kommt es hier weniger darauf an, *wie* wir den Gemütszustand genau identifizieren, als darauf, ob wir uns sicher sind, daß überhaupt *etwas* gegeben ist. Ist es nun dasselbe oder ein anderes »Etwas« (»Etwas, ich weiß nicht genau was«), dessen wir, könnten wir seiner nur habhaft werden, in dem Fall des materiellen Objekts versichert sein wollen? Wir haben einige Ursache, uns hier vorsichtig zu bewegen; in Teil IV werden wir ausführlich darauf zurückkommen.

Bis dahin erscheint die Analogie zwischen dem Schema für materielle Objekte und dem für Fremdpsychisches immerhin eng genug, um es zu rechtfertigen, die Aufmerksamkeit auf bestimmte Gemeinsamkeiten zu lenken.

Man betrachte die Ausdrücke »sein Verhalten«, »so wie er handelt«, »so etwas tun«, wie sie in der Grundlage für die Behauptung und im Zweifelsgrund des eben angeführten Beispiels vorkommen. Wenn wir uns so ausdrücken, stellen wir uns von jemandem vor, daß er z. B. bleich wird oder die Brauen hochzieht, seine Faust schüttelt, den Raum verläßt, brüllt, nervös herumläuft, sich überhaupt aufgeregt benimmt ... Wir sind uns bewußt, zu Recht, daß er »all das tun könnte«, ohne wütend zu sein: Er könnte den Wütenden spielen, er könnte am Radio ein Pferderennen verfolgen, auf die Geburt seines Kindes warten, eine politische Rede halten, ja auch bloß eine zu Papier bringen ... Dann ist es aber eben nicht jeder Fall und jede Art, auf die jemand »so etwas tut«, die wir als Grundlage für die tatsächliche Behauptung, jemand sei wütend, anführen würden, sondern nur solche Arten und in solchen Situationen, wo »so etwas zu tun« eben in der Tat Wut bekunden würde, wo solche Verhaltensweisen buchstäblich Kriterien von Wut wären. Wir könnten sagen »Er bedroht den anderen« (oder, wenn wir sagten »Er schüttelt

---

* Der amerikanische Druck hat wohl irrtümlich »the problem *or* criteria of identification«. (A. d. Ü.)

seine Faust«, würden wir in diesem Zusammenhang damit sagen wollen, daß er, indem er das tut, jemand anderen bedroht) oder »Er macht ihm Vorwürfe, schlägt ihn« oder »Er sagte beleidigende Sachen« oder »Er ließ sie allein und war sich völlig im klaren darüber, was ihr bevorstand« oder »Vor zehn Jahren hat sie ihn in der Position verlassen: das geschieht ihr recht« oder auch, ganz explizit, »Er sprach in Wut« oder »ging im Zorn«. Wenn wir *jetzt* fragen, ob man so etwas tun kann (es ist nichts *anderes* als das, wovon wir uns eben vorgestellt haben, daß er es täte, und dennoch ist es offensichtlich auch nicht *dasselbe*), ohne wütend zu sein, wird die Antwort nicht länger unvermeidlich Ja sein. Kann man Vorwürfe erheben, schlagen, mit Vorbedacht beleidigende Sachen sagen, jemandem Unglück wünschen, im Zorn gehen – und nicht wirklich wütend sein? Wir könnten zwar sagen »Wirklich wütend war er auf sich selbst, nicht auf sie« oder »Er hat sich mehr aus Gekränktsein oder aus Furcht so verhalten als eigentlich aus Wut«, aber solche Aussagen geben immerhin zu, daß der Begriff ›Wut‹ relevant ist – und zwar logisch oder grammatisch relevant, nicht bloß als eine plausible Möglichkeit –, wenn man zu erklären versucht, *wieso* sein Verhalten nicht eigentlich Ausdruck von Wut (bzw. seiner Wut auf sie) ist. Hingegen *gäbe* es hier überhaupt nichts zu erklären, wenn Vorwürfe, Prügel usw. nicht (grammatisch) mit Wut zusammenhingen.

Diese Wendung ist aus folgendem Grund wichtig: Im Kontext des Philosophen haben wir den Zweifelsgrund von seiner alltagssprachlichen grammatischen Relevanz für den in der ursprünglichen Behauptung enthaltenen Gedanken entfernt. Wie kommt es aber dann, daß er die Grundlage dieser Behauptung immerhin zu parieren *scheint*? Worauf ich hinauswill, ist dies: weil die Grundlage selber bereits von ihrer alltagssprachlichen grammatischen Relevanz für die ursprüngliche Behauptung entfernt ist. Das ist sicherlich nicht leicht zu bemerken. Man begreift es, wenn wir die Behauptung »Er ist wütend« in einen praktischen Zusammenhang versetzen und uns vorstellen, wir fragten darauf bezogen »Woher weißt du das?«. Die Antwort (Grundlage)

»Durch sein Verhalten« wäre entweder ein Scherz oder eine Grobheit, genauso als wenn jemand auf »Woher willst du wissen, daß es ein Stieglitz war?« antwortete »Durch sein Aussehen«. Nur was folgt daraus? Angenommen, jemand erwiderte: »Na und? Nimm an, es *ist* ein Scherz oder eine Grobheit. Das beweist doch nicht, daß es nicht *wahr* ist.« – Ich habe aber auch gar nicht gesagt, daß es *falsch* ist.

Ich will sagen: Es ist nicht so, daß wir das *nicht* durch sein Verhalten wüßten (»vermittelst der Sinne«, »weil ich es sehe«), aber dieses *daß* gibt nicht an, *woher* wir wissen und *wie* wir hier und jetzt zu dem Urteil befähigt sind, daß dieser Mensch wütend ist. Auf die Art, wie wir etwas *in abstracto* wissen, wissen wir nicht hier und jetzt, was wir gerade zu behaupten im Begriff sind. »Durch sein Verhalten« wäre eine relevante Grundlage, sofern es den Sinn hätte, daß wir uns im weiteren Fortgang darauf stützen sollen, anstatt darauf, was er oder jemand anderer gesagt hat, oder auf seinen unsererseits bereits antizipierten Gemütszustand. Im Kontext des Philosophen steht jedoch diese »Grundlage« im Kontrast nicht zu solchen vertrauten Alternativen, sondern zu dem betreffenden Gemütszustand selbst.

Aber noch einmal, was folgt daraus? Wie soll ich *zeigen*, daß »auf die Art, wie wir etwas *in abstracto* wissen, wir nicht hier und jetzt wissen, was wir gerade zu wissen behaupten«? Daß der Philosoph, indem er die Geltung einzelner Behauptungen untersucht, die Geltung des Wissens überhaupt untersucht, wurde bereits unterstrichen. Und obwohl wir gefragt haben, wie es möglich sein soll, daß von dem Schicksal einer einzelnen Behauptung anscheinend das Schicksal des Wissens überhaupt betroffen ist, haben wir noch nicht gezeigt, daß dies tatsächlich oder theoretisch unmöglich ist oder, wenn es möglich ist, wie es das ist. Und selbstverständlich ist sich der Philosoph der Tatsache bewußt, daß »durch sein Verhalten« als generelle Grundlage gemeint ist, gerade so wie ihm bewußt ist und er darauf bestehen würde, daß »weil ich ihn sehe« eine generelle Grundlage ist. Sie soll nur zu anderen generellen Wissensweisen im Kontrast stehen. Mitnichten ist sie als Ersatz für eine spezielle Grundlage gemeint, die das zum Inhalt hätte, woran hier und jetzt zu erkennen ist, daß das, was man sagt, auch wahr ist.

Aber daß der hier, im Untersuchungsverlauf, *sich ergebende* Kontrast nicht länger der gewöhnliche ist zwischen dem, was er tut (seinem Verhalten), und dem, was er sagt oder andere sagen, sondern der zwischen seinem Verhalten und »dem Gemütszustand selbst«, nicht länger der zwischen dem, was ich selber sehe (oder wahrnehme), und dem, was ich auf fremdes Zeugnis hin oder nur induktiv erschließe, sondern der zwischen dem, was ich sehe, und dem, was (oder wieviel) ich *wirklich sehe*, d. h. der dazwischen, wie es den Sinnen erscheint und wie es an sich ist – das sind doch überraschende Befunde, oder sie sollten zumindest so wirken. Das sind keine Kontraste, mit denen der Philosoph *angefangen* hat, es sind solche, zu welchen ihn seine Untersuchung *geführt* hat. Zu sagen, es seien nicht die gewöhnlichen Kontraste, die wir mit diesen Ausdrücken verbinden, ist eines, und es ist nicht unwichtig. Dem Philosophen jedoch erscheinen sie wie *Entdeckungen*, Entdeckungen von Sachverhalten, die wir bisher nicht bemerkt haben, aber die, haben wir sie erst einmal erkannt, die gewöhnlichen Kontraste in tieferen fundieren. Der Philosoph der Alltagssprache hält das veränderte Kontrastverhältnis für einen Beleg dafür, daß der Philosoph »die Bedeutung der von ihm verwendeten Ausdrücke verändert« oder »die Sprache mißbraucht« hat. Hingegen hält der traditionelle Philosoph es für einen Beleg dafür, daß die Alltagssprache ihrerseits sich als nicht besonders vertrauenswürdig erwiesen hat.

Ich möchte noch einmal betonen, was mir der Sinn, in dem es eine Entdeckung ist, über die Konklusion des Philosophen auszusagen scheint. Erstens: Da es sich um eine Entdeckung handelt, die zum Inhalt hat, daß von etwas, was wir voraussetzungsgemäß alle geglaubt hätten, nachgewiesen ist, daß es falsch, superstitiös oder zumindest irgendwie verdächtig ist, hängt der Sinn, in dem es eine Entdeckung ist, von dem Sinn ab, in dem es sich im *Konflikt* damit befindet, wovon wir alle voraussetzungsgemäß gesagt hätten, wir wüßten es oder dächten es. Der Sinn dieses Konflikts seinerseits hängt von den sprachlichen Ausdrücken ab, die von der Konklusion zum Ausdruck bringen, daß sie eben das meint, was bei der alltagssprachlichen Verwendung dieser Ausdrücke gemeint wäre. Denn ebendieses letztere ist das, womit sich die Konklusion im Konflikt befindet. Wenn der Philosoph zu der Konklusion gelangt, daß wir etwas »nicht wirklich sehen oder wissen«, könnte damit gar nicht bestritten sein, was der Normalmensch meint, wenn er sagt »ich sehe oder weiß ...«, es sei denn, mit diesen Ausdrücken ist in beiden Fällen anscheinend auch dasselbe gemeint.

Zweitens: Der Philosoph scheint in diesem Konflikt mit seiner Konklusion recht zu haben und tatsächlich tiefer zu gehen als unsere durchschnittlichen Alltagsvorstellungen (sie macht, daß unsere Alltagsvorstellungen durchschnittlich erscheinen). Ich sagte, daß die Überzeugungskraft der Konklusion davon abhängt, daß sie auf einem Weg gewonnen wird oder anscheinend auf einem Weg gewonnen wird, der sich nicht von dem unterscheidet, den der Normalmensch (grammatisch) beschreiten muß, um zu seinen Existenzbehauptungen zu gelangen. Nur daß die Methoden, die jeder kompetente Sprecher verwenden würde, um solche normalen Behauptungen aufzustellen, sich in der Hand des Philosophen dahingehend verkehren, daß sie die Schwäche ebendieser normalen Behauptungen ihrerseits herausbringen. Der cartesische Erkenntnistheoretiker, könnten wir sagen, greift die normalen Wissensbegründungs*methoden* gar nicht an, sondern würde von sich selber eher der Auffassung sein, daß er gezeigt hat, daß wir in unserem gewöhnlichen Einsatz dieser Methoden nicht sorgfältig und präzise genug verfahren. Das ist eine Methode, die eindrucksvoller ist als jeder Versuch, ihm nachzuweisen, daß einzelne der von ihm verwendeten Sprachausdrücke und -wendungen nicht ganz alltäglich sind. Der Philosoph *gibt* letzteres sogar *zu*, indem er sagt, »für praktische Zwecke« sei es schon ganz in Ordnung zu sagen, daß wir Objekte *sehen*, daß wir mancher Tatsachen gewiß *sind*. Er für seinen Teil behauptet nichts weiter, als unter Verwendung derselben Methoden, mit denen wir zu unseren profanen Behauptungen kommen, nachgewiesen zu haben, daß diese Behauptungen nicht *buchstäblich* oder *absolut* wahr sind. (Wir »sehen« Objekte, nun gut, nur eben nicht *unmittelbar*.)

Ich schließe daraus, daß jede wirklich ernstzunehmende Kritik am traditionellen Philosophen die Beweislast trägt, daß seine Untersuchung eben nicht so, wie er davon überzeugt ist, *ganz und gar* nach dem Muster einer normalen Prüfung vorgebrachter Behauptungen abläuft. Denn daß sie *scheinbar* genau das tut, scheint mir unbestreitbar. (Das zu bestreiten würde meines Erachtens auf die Bestreitung der Tatsache hinauslaufen, daß große Gruppen urteilsfähiger Personen sich von ihr haben überzeugen lassen.) Nur, warum sollte sich von einer Methode, die normalerweise zu fester Überzeugung führt, herausstellen, daß sie, sobald der Philosoph sie in die Hände bekommt, zu einer Konklusion führt, bei welcher sich die sie begleitende Überzeugung von der Untersuchungssituation selbst nicht ablöst?

Ehe ich darauf eingehe, möchte ich erklären, warum die Sprachtheorie, von der ich voraussetze, daß sie den Vorgehensweisen des Philosophen der Alltagssprache zugrunde liegt, und die meines Erachtens unser Verständnis der Sprache und des menschlichen Wissens erheblich fördert, oder warum der im Hinblick auf die menschliche Natur gewählte konventionalistische Ansatz generell für die direkte Kritik an der Tradition per se nichts hergeben, d. h. durchaus nicht »direkt die Hohlheit oder den mit den Sprachausdrücken und -wendungen vom Philosophen betriebenen Mißbrauch beweisen«. Daß es sich gerade nicht um eine direkte Kritik handelt, macht es in meinen Augen sogar viel interessanter, als wenn es umgekehrt wäre. Denn die Gründe, warum es sich nicht um eine direkte Kritik handelt, können, sofern wir sie zu artikulieren vermögen, Interessanteres zutage fördern als einzelne Fehler, die ein Denker begangen hat. Es kann uns etwas über das Wesen der Kritik zeigen, insbesondere etwas über die Kritik an dem, was wir »Standpunkte« nennen. Es kann zeigen, wie kohärent und hartnäckig ein Standpunkt sein kann, wieviel bei seiner Behauptung auf dem Spiel steht und wie groß folglich die Schwierigkeiten sind, die zu bewältigen von jeder ernsthaften Kritik an ihm zu verlangen wäre, von einer Kritik, die so ernst gemeint ist, daß sie das Bewußtsein, in dem solch ein Standpunkt steckt, ändern oder anderenfalls sich selbst dazu zu bekehren möchte. So ernst gemeint ist Freuds Kritik des menschlichen Verhaltens. Wenn man sich vergegenwärtigt, daß jede Kritik der Philosophie unvermeidlich philosophieimmanent bleibt, dann zeigen die Methoden der Philosophie der Alltagssprache, weit entfernt davon, eine Trivialisierung des philosophischen Impulses zu sein (wie das von vielen ihrer Gegner, vielleicht nicht ohne Grund, behauptet wird), welch ambitioniertes Unternehmen die Kritik der Philosophie zu sein hätte.

Was sofort den Versuch durchkreuzt, den Sprachgebrauch des traditionellen Philosophen als einen »Mißbrauch der Sprache« oder als Beispiele für »verdrehte Bedeutungen« zu rügen, ist der Umstand, daß die Stärke des Vorgehens der Philosophie der Alltagssprache ja gerade auf dem Nachdruck beruht, mit dem sie behauptet, jeder sprachkompetente Mensch könne der Aufforderung nachkommen »zu sagen, was wir in diesem oder jenem Fall sagen bzw. wie wir diesen nennen würden«. Folglich bedürfte es einer überzeugenden Erklärung dafür, wie es einem sprachkompetenten Menschen entgehen kann, daß er an den Bedeutungen herummanipuliert oder ein Wort womöglich ganz um jede Bedeutung gebracht hat. Das ist für einen Philosophen, der von der Alltagssprache ausgeht, ein Problem (oder müßte es jedenfalls sein), wie es das sicherlich nicht für einen Philosophen ist, der bereitwillig einräumt, daß die Alltagssprache vage und ungenau ist und daß es kaum erstaunlich ist, daß wir solange nicht zu Klarheit gelangen werden, bis wir unsere Aussagen in eine logische Form oder in eine wissenschaftliche Terminologie gekleidet haben. Um was für eine Art Problem es sich dabei handelt, möchte ich ausführlicher zeigen. (Anderswo habe ich dieses Thema unter der Überschrift »Terms of Criticism« abgehandelt.)

Folgendes ist mein Vorhaben. Nachdem ich festgestellt habe, daß die Grundlage des Philosophen sich im Untersuchungsverlauf verschiebt, möchte ich mir einen vertrauten Zweifelsgrund noch einmal vornehmen – nämlich »Aber du siehst ja gar nicht alles, allenfalls einen Teil der dir zugekehrten Oberfläche« –, der, so wie er die Grundlage schwächt und zur Konklusion führt, diese Verschiebung in der Stoßrichtung der Grundlage registrieren muß. Es ist etwas merkwürdig an einem derartigen Zweifelsgrund, aber bevor ich zu sagen versuche, worin die Merkwürdigkeit besteht, und als Vorbereitung auf eine Würdigung ihrer Bedeutung unterbreche ich an dieser Stelle den Gang der Abhandlung über die Struktur der traditionellen Erkenntnistheorie und widme ein eigenes Kapitel der ausführlicheren Darlegung dessen, wovon ich eben als der Sprachtheorie gesprochen habe, die der Philosophie zugrunde liegt oder ein Teil von ihr ist, die unter Berufung auf das vorgeht, was wir sagen würden, unter Berufung darauf, wie sprachliche Ausdrücke normalerweise verwendet werden. Das wird dann die Schlußkonfrontation zwischen der Tradition und ihren neuen Kritikern anbahnen, um deren Inszenierung es mir geht.

VII
Exkurs zu Wittgensteins Sprachtheorie

Als ich von der Sprachtheorie gesprochen habe, die dem alltagssprachlichen Vorgehen in der Philosophie zugrunde liegt, dachte ich an etwas, auf das ich schon einmal zu sprechen gekommen bin, zum einen, als ich das Verhältnis von Grammatik und Kriterien zu »Lebensformen« bei Wittgenstein erörterte, und zum anderen, als ich betonte, in welchem Sinn menschliche Konvention nicht willkürlich, sondern konstitutiv für bedeutsames Reden und Handeln ist, in welchem Sinn wechselseitiges Verstehen, mithin Sprache, von nichts mehr und nichts weniger als gemeinsamen Lebensformen abhängt, nennen wir es unser wechselseitiges auf einander Eingestimmtsein oder die Übereinstimmung in unseren Kriterien. Ich habe sowohl gesagt, daß Kriterien anscheinend notwendig sind, damit wir die Existenz oder die Wirklichkeit von etwas wissen, als auch, daß sie, anscheinend aus Notwendigkeit, zurückgewiesen werden können. Ich habe das so formuliert: Normalerweise sichert das Vorliegen von Kriterien (die Tatsache, daß wir zu Recht sagen, »das bezeichnen wir als ›Unterdrücken der Wut‹«) die Existenz ihres Objekts (er empfindet Wut), aber nicht zwangsläufig (deduktiv?), und dann habe ich behauptet, dies bedeute nicht, daß normalerweise (für gewöhnlich) eine auf der Grundlage eines Kriteriums gemachte Aussage wahr ist, sondern daß sie für die normalen Bewohner unserer Welt, für alles, was wir als Teil der Welt anerkennen, wahr ist.

Jetzt möchte ich mich spezifischer dazu äußern, was an dem, was Wittgenstein über die Sprache entdeckt oder detaillierter über sie dargelegt hat (i. e. über das gesamte Ensemble und den Geist menschlichen Verhaltens und Empfindens, das in die Fähigkeit zu sprechen eingeht), zu der Art von Problemen führt, die ich recht grob und vage mit den Begriffen »Normalität« und »unsere Welt« charakterisiert habe.

Was ich an diesem Punkt sagen möchte, läßt sich als Glosse zu

Wittgensteins Bemerkung verstehen, daß wir »Wörter in bestimmten Zusammenhängen lernen« (z. B. *Das Blaue Buch*, S. 27). Das bedeutet für mich sowohl, daß wir Wörter nicht in *allen* Zusammenhängen lernen, in denen sie gebraucht werden könnten (was sollte das denn auch heißen?), und daß nicht jeder Zusammenhang, in dem ein Wort gebraucht wird, von der Art ist, daß das Wort in ihm gelernt werden *kann* (z. B. Zusammenhänge, in denen das Wort metaphorisch gebraucht wird). Und nach einer Weile erwartet man von uns zu wissen, wann die Wörter angemessen in weiteren Zusammenhängen gebraucht werden. Das ist recht offensichtlich, und Philosophen haben immer nach einer Erklärung dafür gefragt: »Wie erlangen Worte die Allgemeinheit, auf der Denken beruht?« Wie Locke formuliert:

> Da alle existierenden Dinge Einzeldinge sind, so würde es vielleicht folgerichtig erscheinen, wenn die Wörter, die den Dingen angepaßt sein sollten, es – bezüglich ihrer Bedeutung – ebenfalls wären. Wir beobachten jedoch das Gegenteil. Die weitaus größte Zahl der Wörter, die alle Sprachen bilden, sind allgemeine Ausdrücke. Das beruht nicht auf Nachlässigkeit oder Zufall, sondern auf Vernunft und Notwendigkeit. … Als nächstes wollen wir untersuchen, wie allgemeine Wörter zustande kommen. Denn es erhebt sich die Frage, wie wir zu allgemeinen Ausdrücken gelangen, da doch alle Dinge, die existieren, Einzeldinge sind? (*An Essay Concerning Human Understanding*, Buch III, Kap. III, Abschnitt 1. und 6)

So lautet eine der Fragen, auf die Philosophen zur Antwort gegeben haben: »Weil es Universalien gibt«; und das »Universalienproblem« bestand darin, solchen Entitäten einen ontologischen Status zuzuweisen oder abzusprechen, unser Wissen davon zu erklären oder zu bestreiten. Wenn ich es richtig verstehe, so möchte Wittgenstein uns zu verstehen geben, daß keine solche Antwort eine Erklärung für die Fragen liefern könnte, die zu ihnen führen.

»Wir lernen Wörter in bestimmten Zusammenhängen, und nach einer Weile erwartet man, daß wir wissen, wann sie angemessen in weiteren Zusammenhängen gebraucht werden (angemessen projiziert werden)« (und unsere Fähigkeit, angemessen zu projizieren, ist ein Kriterium dafür, daß wir ein Wort gelernt haben). Nun möchte ich fragen: (1) Was heißt (was nennen wir) »ein Wort lernen«, insbesondere (um den einfachsten Fall zu nehmen) »den allgemeinen Namen von etwas lernen«, und (2) wodurch wird eine Projektion angemessen oder richtig? (Wiederum ist die klassische Antwort auf (1): »Ein Universalium zu begreifen«, und auf (2): »einen anderen Fall desselben Universaliums zu erkennen« oder »die Tatsache, daß das neue Objekt dem alten *ähnlich* ist«.)

Ein Wort lernen

Gesetzt, wir fragten: »Wenn ein Kind den Namen von etwas lernt (z. B. ›Katze‹, ›Stern‹, ›Kürbis‹), dann lernt es offensichtlich nicht bloß, daß *dieser* (bestimmte) Laut mit *jenem* (bestimmten) Objekt einhergeht; was lernt es dann also?« Eine Antwort wäre: »Es lernt, daß Laute *wie* diese Objekte *wie* jene benennen.« Diese Antwort kann sehr schnell unbefriedigend werden. Angenommen, wir überlegten, daß diese Antwort genauer eine Situation zu beschreiben scheint, in der zu lernen, daß »Katze« der Name für *das* ist, bedeutet zu lernen, daß »Ratze« (ein Laut *wie* »Katze«) der Name für *das* ist (ein Objekt *wie* eine Katze). Das wollten wir offensichtlich nicht sagen (weil das offensichtlich nicht geschieht?). Worin unterscheidet sich dann das, was wir zu sagen beabsichtigten? Wir könnten es so versuchen: »Es lernt, daß Laute, die *genau* diesem ähnlich sind, Objekte bezeichnen, die *genau* jenem ähnlich sind.« Aber das ist entweder falsch oder offensichtlich leer. Denn was heißt es zu sagen, eine Katze sei genau einer anderen ähnlich? Wir wollen doch nicht sagen, daß man sie nicht auseinanderhalten kann (denn das würde offensichtlich nicht erklären, was wir zu erklären versuchen). Was wir sagen *wollen*, ist, daß das Kind lernt, daß ein Laut, der dieses *Wort ist* (als dieses Wort gilt), Objekte benennt, die Katzen *sind*. Aber ist das nicht genau das, wofür wir meinten, eine *Erklärung* zu brauchen und zu geben versuchten?

Gesetzt, wir veränderten den Gesichtspunkt der Frage und fragten: Was lehren wir ein Kind oder teilen ihm mit, wenn wir auf einen Kürbis zeigen und sagen »Kürbis«? Teilen wir ihm mit, was ein Kürbis ist oder was das Wort »Kürbis« bedeutet? Mit Erstaunen habe ich bemerkt, daß meine erste Antwort auf diese Frage lautete: »Man kann beides sagen« (vgl. »Must We Mean What We Say?«, S. 21). Und das hat mich veranlaßt, beurteilen und untersuchen zu wollen, wie sehr zu wissen, was etwas *ist*, damit zu tun hat, daß wir wissen, wie etwas *genannt* wird, und zu erkennen, wie beschränkt oder speziell die in dem Leitsatz ausgedrückte Wahrheit ist: »Wir mögen die Namen der Dinge ändern, ihre Natur und ihre Wirkung auf den Verstand bleibt stets dieselbe« (Hume, *Treatise*, Buch II, Teil III, Abschnitt 1).

Im Moment möchte ich nur soviel sagen: Jene Antwort (»Man kann beides sagen«) ist bestenfalls nur für diejenigen wahr, die bereits eine Sprache beherrschen. Im Fall eines Kindes, das erst noch eine Sprache zu beherrschen lernen muß, mag es *weder* (vollständig) wahr sein, daß wir es ein Wort (die Bedeutung eines Wortes) lehren *noch* daß wir es lehren, was ein Gegenstand ist. Es sieht zwar sehr danach aus, daß es das eine oder das andere sein muß, daher ist es ganz natürlich zu sagen, daß es das eine oder andere ist; aber bösartiger Klatsch sieht oft wie Ehrlichkeit aus, und deshalb nennen wir ihn sehr oft Ehrlichkeit.

Wie ist es möglich, daß »Kürbis« zu sagen und auf einen Kürbis zu zeigen nicht heißt, »dem Kind mitzuteilen, was ein Wort bedeutet«? Darauf gibt es viele Arten von Antworten. Eine wäre: Es braucht zwei, um jemandem etwas *mitzuteilen*; man kann jemandem keine Information geben, wenn er nicht weiß, wie man nach dieser (oder einer vergleichbaren) Information *fragt*. (Vgl. *Untersuchungen*, § 31.) Und das trifft auf das Lernen einer Sprache nicht mehr zu als auf das Lernen der eine Sprache hervorbringenden Lebensformen. Man kann einem Kind nicht mitteilen, was ein Wort bedeutet, wenn es erst noch lernen muß, was »nach einer Bedeutung fragen« ist (d. h., wie man nach einer Bedeutung fragt), so wie man einem Kind keine Rassel leihen kann, das erst lernen muß, was es heißt, »etwas geliehen (oder geborgt) zu bekommen«. Erwachsene neigen dazu, Kinder (vor allem ihre eigenen) für kleine Erwachsene, kleine Kerlchen zu halten. Deshalb sagen sie zu ihrem Kind »Gib mal deiner Schwester deine Schaufel«, schieben das Kind zur Schwester, entwinden ihm die Schaufel und sind dann ungeduldig und enttäuscht, wenn das Kind die Schwester mit dem Eimerchen schlägt und Schwesterchen wütend ist, weil die Schaufel nicht »zurückgegeben« wird. Wir lernen durch Schmerz.

Auch teilen wir dem Kind, indem wir zu ihm »Kürbis« sagen, nicht mit, was ein Kürbis ist, d.h., ein Kind weiß dann noch nicht, was ein Kürbis ist. Denn »wissen, was ein Kürbis ist«, heißt z. B. zu wissen, daß es sich um eine Art Frucht handelt; daß man aus ihr Kuchen macht; daß sie in vielfältigen Größen und Farben vorkommt; daß dieser Kürbis unförmig und alt ist; daß in jedem harmlosen Kürbis ein wilder Mann namens Jack steckt, der krakeelt, um herausgelassen zu werden.

Was teilen wir dann dem Kind mit, wenn wir ihm weder sagen, was ein Wort bedeutet noch was ein Ding ist? Man könnte nun meinen: »Wenn man einem Kind nicht eine so simple Sache mitteilen kann, wie was ein Kürbis ist oder was das Wort ›Kürbis‹ bedeutet, wie *beginnt* es dann je zu lernen?« Aber warum müssen wir annehmen, wir teilten ihm überhaupt etwas mit? Warum annehmen, wir *lehrten* es etwas? Nun, weil es ganz offensichtlich etwas gelernt hat. Aber vielleicht sind wir zu schnell mit der Annahme bei der Hand, wir wüßten, was uns in einer solchen Situation sagen läßt, daß das Kind etwas lernt; insbesondere zu schnell mit der Annahme, wir wüßten, was das Kind lernt. Zu sagen, wir lehrten die Kinder eine Sprache, verstellt sowohl den Umstand, wie verschieden das, was sie lernen, von all dem sein kann, was wir sie zu lehren glauben oder sie lehren wollen, als auch den Umstand, wieviel mehr sie doch lernen als das, von dem wir sagen würden, wir hätten es sie »gelehrt«. Verschieden und mehr nicht deshalb, weil wir schlechte oder gute Lehrer sind, sondern weil »lernen« nicht eine so akademische Angelegenheit ist, wie Akademiker gerne annehmen.

Betrachten wir zuerst noch einmal die offensichtliche Tatsache, daß es den von uns manchmal gemachten *deutlichen* Unterschied zwischen Lernen und Reiferwerden gar nicht gibt. Nehmen wir dieses Beispiel: Gesetzt, meine Tochter würde jetzt zwei Dutzend Wörter kennen. (Bücher zur kindlichen Entwicklung müssen etwas von dieser Art behaupten: Mit fünfzehn Monaten wird ein durchschnittliches Kind ein *Vokabular* von soundso viel Wörtern *haben*.) Eines dieser Wörter ist, wie meine Aufzeichnungen über ihre Entwicklung bezeugen, »Mieze«. Was bedeutet es zu sagen, sie »kennt das Wort«? Was bedeutet es zu sagen, sie »hat es gelernt«? Nehmen wir den Tag, an dem sie, nachdem ich »Mieze« gesagt und auf eine Mieze gezeigt habe, das Wort wiederholt und auf eine Mieze gezeigt hat. Was bedeutet hier »das Wort wiederholen«? Und worauf hat sie gezeigt? Ich weiß nur (und weiß sie mehr?), daß sie den Laut von sich gegeben und auf das gezeigt hat, worauf ich gezeigt habe. Oder vielmehr: Ich weiß weniger (oder mehr) als das. Denn was heißt, »sie gibt den Laut von sich, den ich von mir gegeben habe«? Sie brachte einen Laut hervor (machte mich nach?), den ich als das akzeptiert habe, *was ich gesagt hatte*, und worauf ich dementsprechend *reagierte* (mit Lächeln, Zärtlichkeit, Worten der Ermunterung usw.). Als das nächste Mal eine Katze auftauchte, auf einem Spaziergang oder in einem Bilderbuch, machte sie es wieder. Ein neuer Eintrag in die Spalte »Vokabular« ihres Entwicklungsbuches.

Dann, eine Woche später, lächelte sie beim Anblick eines Pelzstücks, streichelte es und sagte »Mieze«. Zunächst reagierte ich mit Erstaunen und, wie ich annehme, Enttäuschung: Sie weiß nicht wirklich, was »Mieze« bedeutet. Dann fiel meine Reaktion fröhlicher aus: Sie meint mit »Mieze«, was ich unter »Pelz« verstehe. Oder war es das, was ich unter »weich« oder vielleicht »angenehm zu streicheln« verstehe? Vielleicht meinte sie sogar überhaupt nichts, was in meiner Syntax als »Das ist ein X« ausgedrückt würde. Denn wenn sie ein richtiges Kätzchen sieht, äußert sie nicht nur ihre allophonische Version von »Mieze«, sie quietscht das Wort fröhlich immer wieder, hockt sich neben es, streckt ihren Arm aus, öffnet und schließt ihre Hand (eine allomorphische Version von »das Kätzchen streicheln«?), macht einen Schmollmund und blinzelt vergnügt. Angesichts des Pelzstückes hat sie nur gelächelt, einmal »Mieze« gesagt und es gestreichelt. Vielleicht sollte man die Syntax dieses Benehmens mit »Das ist wie eine Mieze« wiedergeben oder mit »Schau mal die komische Mieze« oder »Sind weiche Dinge nicht hübsch?« oder »Siehst du, ich erinnere mich, wie erfreut du bist, wenn ich ›Mieze‹ sage« oder »Ich mag es, wenn man mich liebkost«. Können wir das entscheiden? Gibt es eine *Wahl* zwischen diesen klaren Alternativen? In allen Fällen wurde ihr Wort durch ein weiches, warmes, pelziges Objekt von einer gewissen Größe, Gestalt und einem gewissen Gewicht hervorgerufen. Was hat sie gelernt, um das tun zu können? *Was hat sie dadurch gelernt, daß sie es getan hat?* Hätte sie niemals solche Sprünge gemacht, wäre sie niemals in die Sprache eingedrungen. Aber da sie es getan hat, wachsen uns blühende Kommunikationswiesen. Wohin man springen kann, hängt davon ab, wo man steht. Wenn sie später eine Gasrechnung aufhebt und sagt »Hier ist ein Brief« oder wenn sie beim Hören eines Musikstückes, das wir beide schon viele Male zusammen gehört haben, fragt »Wer ist Beethoven?« oder wenn sie auf die Fernsehübertragung des Parteitags der Demokraten zeigt und fragt »Was siehst du dir an?«, dann wird mir wohl klar werden, daß wir bestimmte Orte noch nicht zusammen betreten können.

Doch obwohl ich ihr weder mitgeteilt habe, was das Wort »Kätzchen« bedeutet noch was ein Kätzchen ist, und sie es nicht gelernt hat, wird sie, macht sie weiterhin Sprünge und schaue ich weiterhin lächelnd dabei zu, beides lernen. Ich habe sagen wollen: Kätzchen – was wir »Kätzchen« nennen – existieren in ihrer Welt noch nicht, noch hat sie die Lebensform nicht erworben, in der es sie gibt. Sie existieren in etwa der Weise nicht, wie es noch lange nachdem Kürbisse und Kätzchen bereits zu ihrer Welt gehören, keine Städte und Bürgermeister in ihrer Welt geben wird; oder so wie Gott, Liebe, Verantwortung oder Schönheit nicht in unserer Welt existieren; wir beherrschen diejenigen Lebensformen noch nicht oder haben sie vergessen, entstellt oder durch bruchstückhafte Vorbilder gelernt, die Äußerungen wie »Gott existiert« oder »Gott ist tot« oder »Ich kann nicht anders« oder »Schönheit ist nur des Schreckens Anfang« das ganze Gewicht verleihen könnten, das zu tragen sie fähig sind, die all das zum Ausdruck brächten, was wir in sie hineinzulegen fähig sind. Wir kennen die Bedeutung der Wörter nicht. Wir schauen weg und springen herum.

»Warum es so kompliziert machen? Warum so penetrant abstreiten, daß das kleine Mädchen ein Wort gelernt hat, und, was nichts anderes als kalkulierte Provokation sein kann, darauf bestehen, daß deine Objekte ›nicht in ihrer Welt‹ sind? Jeder wird zugeben, daß sie nicht alles mit dem Wort machen kann, was wir damit machen können, und auch, daß sie nicht all das über Miezen – ich meine Kätzchen – weiß, was wir darüber wissen, doch wenn sie sagt ›Mieze ist nett‹ und das passende Verhalten zeigt, dann hat sie den Namen eines Objekts gelernt, hat sie gelernt, ein Objekt zu benennen, und zwar *dasselbe* Objekt, das wir benennen. Die Unterschiede zwischen dem, was sie tut, und dem, was du tust, liegen deutlich zutage, und jeder vernünftige Mensch wird das als erwiesen betrachten.«

Ich fürchte, daß wir zuviel als erwiesen betrachten, wenn es darum geht, was das Lernen und miteinander Teilen von Sprache beinhaltet. Was ist *falsch* an der Auffassung, Sprache zu lernen bestehe darin, die Namen der Dinge gelehrt oder gesagt zu bekommen? Warum hat Wittgenstein die Aufmerksamkeit so stark darauf gelenkt, daß Augustinus ebendies gesagt oder impliziert haben soll, und warum spricht er von einem bestimmten, dem zugrundeliegenden »Bild« der Sprache, so als hätte Augustinus von einem besonderen, arbiträren Standpunkt aus geschrieben und als wäre das Urteil vorschnell gewesen?

Wittgenstein möchte mehr als ein »Bild« entwickeln: Eines davon bezieht sich auf die Vorstellung, daß alle Wörter Namen sind, ein zweites auf die Vorstellung, daß einen Namen (oder jedes Wort) zu lernen heißt, gesagt zu bekommen, was er bedeutet, und ein drittes auf die Vorstellung, daß eine Sprache zu lernen eine Sache des Lernens neuer Wörter ist. Die erste dieser Vorstellungen, sowie Wittgensteins Kritik daran, hat, wie ich meine, mehr Beachtung gefunden als die anderen beiden, die uns hier beschäftigen. (Offensichtlich hängen die Vorstellungen zusammen, und ich würde sagen, daß die beiden letzten am deutlichsten vermitteln, was Wittgenstein an der ersten »falsch« findet. Das Falsche daran ist nicht bloß, wie für gewöhnlich angenommen wird, daß »Sprache viele Funktionen« neben der Benennung von Dingen hat; es liegt zudem darin, daß Philosophen das Benennen in einer Weise erklären, die unverständlich macht, daß Sprache auch nur *diese* Funktion erfüllt.)

Gegen die herrschende Vorstellung des herrschenden Empirismus, daß das, was für die Sprache grundlegend ist (grundlegend für die Weise, wie sie eine Verbindung zur Welt herstellt, grundlegend für ihr Liefern von Bedeutung, grundlegend für die Art und Weise, in der sie gelehrt und gelernt wird), grundlegende *Wörter* seien, Wörter die (nur) durch »hinweisende Definitionen« gelernt und gelehrt werden könnten, wendet Wittgenstein unter anderem ein, daß, um *mitgeteilt* zu bekommen, was ein Wort bedeutet (z. B. um zu wissen, daß, wenn jemand einen Laut bildet und seinen Arm bewegt, er damit *auf* etwas *zeigt* und *dessen Namen sagt*, wie auch um zu wissen, *worauf* er zeigt), wir in der Lage sein müssen zu fragen, was es bedeutet (*worauf* es sich bezieht); und er sagt weiter: »Man muß schon etwas wissen (oder können), um nach der Benennung fragen zu können. Aber was muß man wissen?« (*Untersuchungen*, § 30). Hinsichtlich dieser Frage Wittgensteins möchte ich zwei Tatsachen herausstellen: Ein Problem entsteht nicht deshalb, weil Benennen und Fragen besondere geistige oder sprachliche Phänomene sind; und das Problem ist nicht experimenteller, sondern, wie man formulieren könnte, konzeptueller Art. Die Frage »Was bezeichnen wir als ›einen Namen lernen oder danach fragen‹?« sollte besser geklärt sein, bevor wir darangehen, empirisch herausfinden, »wie« »es« gemacht wird.

Es wird hilfreich sein, sich zu fragen: Kann ein Kind ein Ding mit einem Zeichen versehen? (Wittgenstein sagt, einem Ding einen Namen zu geben sei vergleichbar damit, ihm ein Zeichen anzuheften (§ 15). Andere Philosophen haben das ebenfalls gesagt und gemeint, sie stellten sich damit die wesentliche Funktion der Sprache vor. Doch meiner Ansicht nach behauptet Wittgenstein folgendes: Nehmen wir die Zeichenanalogie ernst, dann werden wir sehen, wie *wenig* von der Sprache von dieser Art ist. Laßt uns sehen.) Wir könnten darauf entgegnen: »Man muß schon etwas wissen (oder können), um einem Ding ein Zeichen anzuheften. Aber was muß man wissen?« Nun, zum Beispiel muß man wissen, was das fragliche Ding ist, was ein Zeichen ist, worin der Witz liegt, einem Ding ein Zeichen anzuheften. Würden wir sagen, das Kind hefte einem Ding ein Zeichen an, wenn es Papierstückchen auf verschiedene Gegenstände klebt (so *wie* ein Kind klebt)? Gesetzt, es kann sogar sagen: »Dies sind meine Zeichen«. (Hier beginnt man, die Kraft einer Frage wie dieser zu spüren: Was sorgt dafür, daß »Dies sind meine Zeichen« *besagt, daß* dies meine Zeichen sind?) Und dann sagt es: »Ich mache Zeichen auf meine Gläser.« *Tut* es das?

Würden wir nicht *entweder* Ja oder Nein sagen wollen? Ist es eine Sache der *Entscheidung*, was wir sagen? Worüber wird entschieden? Sollten wir sagen: »Ja und Nein«? Aber was veranlaßt uns, das sagen zu wollen? Oder angenommen, wir fragten: In welchem Sinn *zahlt* ein Kind für etwas (vgl. sagt etwas) (z. B. für Lebensmittel oder eine Eintrittskarte für ein Puppenspiel)? Angenommen, es sagt: »Laß mich zahlen« (nimmt das Geld, reicht es dem Kassierer (legt es auf die Theke?)). *Was* hat es getan?

Vielleicht können wir das sagen: Wenn du sagst »Nein, es heftet den Dingen keine Zeichen an, zahlt kein Geld (wiederholt keine Namen)«, dann denkst du: Es kennt die Bedeutung seines Verhaltens nicht, oder es weiß nicht, was Zeichen, Geld oder Namen sind, oder es beabsichtigt nicht, diese Dinge zu tun, und man kann sie nicht tun, ohne sie zu beabsichtigen (aber stimmt das?); wie auch immer, es weiß nicht, was es wirklich heißt, diese Dinge zu tun (aber was hieße es, »sie wirklich zu tun«? Tut es nur so?). Wenn du sagst »Ja, es klebt Zeichen auf« usw., möchtest du dann nicht hinzusetzen »nur nicht so, wie *wir* es tun«? Aber wie unterscheidet es sich?

Vielleicht denkst du: »Was sonst soll man sagen, daß es tue? Es ist nicht falsch zu sagen, ›es klebe Zeichen, zahle Geld, lerne Namen‹, auch wenn jeder weiß, daß es diese Dinge nicht so ganz oder vollständig *tut*. Du verstehst aber doch, in welchem Sinn das gemeint ist.« Nun, was sich allmählich abgezeichnet hat, ist, wie weit dieser »Sinn« davon entfernt ist, klar zu sein, wie wenig uns irgendeine der Weisen, in der wir den Sinn *ausdrücken*, uns, sobald wir sie artikulieren, zufriedenstellt.

Was uns Wittgenstein, so wie ich ihn lese, vor allem begreiflich machen möchte, ist, daß die Rechtfertigungen und Erklärungen, die wir für unsere Sprache und unser Verhalten geben, daß unsere Arten und Weisen, unser Leben intellektuell zu durchdringen, uns nicht wirklich befriedigen. Seine »Methoden« sind darauf abgestellt, uns das erkennen zu lassen. Nicht die Ergebnisse philosophischer Auseinandersetzung sind unmittelbar Gegenstand seiner Kritik, sondern jene unbemerkten Geistesumschwünge, Ausdrucksformen, die das umfassen, was Geistesgeschichtler »Meinungsklima« oder »kulturellen Stil« nennen, und die, da sie unbemerkt und somit unbewertet sind, Konklusionen aus etwas verteidigen, was uns unmittelbar zugänglich ist – sozusagen Fragmente unseres kritischen Über-Ichs, die eine Generation neben ihren positiven und dauerhaften Errungenschaften, und vielleicht zu deren Lasten, an die nächste weitergibt: Fragmente wie »Um Klarheit über unsere Bedeutungen zu bekommen, müssen wir unsere Begriffe definieren«, »Die Bedeutung eines Wortes ist das Erlebnis oder Verhalten, das sie hervorruft«, »Wir mögen die Namen der Dinge ändern, ihre Natur und ihre Wirkung auf den Verstand bleibt stets dieselbe«, »Sprache ist rein konventionell«, »Glaube ist eine (besondere) Empfindung«, »Glaube ist eine von Wörtern (oder Zeichen) verursachte Disposition«, »Wenn sich das von mir Gesagte als falsch herausstellt, dann wußte (weiß?) ich es nicht«, »Wir haben unmittelbar Wissen von unserem Bewußtsein«, »Moralische Urteile drücken Billigung oder Mißbilligung aus«, »Moralische Urteile sollen andere dazu bewegen, etwas zu *tun* oder ihre Einstellungen zu verändern«, »Alle rational zu entscheidenden Fragen sind entweder Fragen der Sprache oder Tatsachenfragen«, »Wissenserweiterung beruht nur auf Beweisführung oder auf dem Sammeln von Beweismaterial«, »Geschmack ist relativ, Leute können alles mögen oder Lust daraus ziehen«... Wenn Philosophie die Kritik ist, die eine Kultur an sich selbst hervorbringt, und wenn sie im wesentlichen so verfährt, daß sie die vergangenen kritischen Anstrengungen kritisiert, dann liegt Wittgensteins Originalität darin, Kritikformen entwickelt zu haben, die nicht moralistisch daherkommen, das heißt, sie erlauben es dem Kritiker nicht, sich selbst frei von den Fehlern zu glauben, die er um sich herum sieht, Kritikformen, die nicht so vorgehen, daß sie versuchen, eine gegebene Behauptung als falsch oder unrichtig zu erweisen, sondern indem sie zeigen, daß die ein Urteil fällende Person nicht wirklich weiß, was sie meint, nicht wirklich gesagt hat, was sie sagen wollte. Da aber Selbsterforschung, die vollständige Prüfung und Verteidigung der eigenen Position, seit jeher ein Impuls der Philosophie gewesen ist, besteht Wittgensteins Originalität nicht darin, den Impuls selbst hervorgebracht zu haben, er hat vielmehr Mittel und Wege gefunden, um zu verhindern, daß er sich selbst so leicht schachmatt setzt, Wege, ihn methodisch vorgehen zu lassen. So ist auch Freuds Fortschritt in puncto Selbstwissen gegenüber den Einsichten seiner Vorgänger beschaffen, z.B. Kierkegaards und Nietzsches sowie der Dichter und Schriftsteller, die ihn, wie er sagt, vorweggenommen haben.

Ich möchte zweierlei auf die Behauptung entgegnen: »Es ist nicht *falsch* zu sagen, das Kind klebe Zeichen, wiederhole Namen; jeder *erkennt, in welchem Sinn* das gemeint ist.«

Zunächst: Es ist nicht wahr, daß jeder wußte, daß, wenn Augustinus sagt, beim Lernen der Sprache lerne das Kind die Namen von Dingen, es nicht *ganz* »den Namen eines Dinges lernt« und daß wir alle »wissen, in welchem Sinn« er das von ihm Gesagte meinte. (Wir stellen uns den Geist als mit unerklärbaren Kräften ausgestattet vor, ohne genau zu wissen, was es für Kräfte sind, was wir von ihnen erwarten und in *welchem* Sinn sie unerklärbar sind.)

Um es noch einmal zu sagen, weder Wittgenstein noch ich haben behauptet, es sei *falsch zu sagen*, das Kind habe »die Namen von Dingen gelernt« oder »die Eintrittskarten bezahlt« oder »Zeichen auf seine Gläser geklebt«. Eines, was wir Wittgenstein über das »Lernen von Namen« haben sagen hören, war: »Augustinus beschreibe das Lernen der menschlichen Sprache so, als käme das Kind in ein fremdes Land und verstehe die Sprache des Landes nicht; das heißt: so als habe es bereits eine Sprache, nur nicht diese« (§ 32). Und in ebendiesem Geiste könnten wir sagen: Das Kind so zu beschreiben, als »klebe es Zeichen auf seine Gläser« oder als »bezahle es die Eintrittskarten«, heißt, das Kind zu beschreiben, als wäre es ein Erwachsener (oder zumindest jemand, der die Erwachsenentätigkeit beherrscht). Das heißt, wir sagen über ein Kind »Das Mädchen klebt Zeichen auf ihre Gläser« oder »Der Junge bezahlte die Eintrittskarten«, wenn wir auch sagen sollten »Das Mädchen ist eine Mama« oder »Der Junge war heute Onkel Krösus«. Niemand wird einwenden, es sei falsch (weil unwahr?), *diese* Dinge zu sagen. Und nun sehen wir allmählicher klarer, in welchem »Sinn« sie gemeint waren. Du *und* das Kind, ihr wißt, daß ihr in Wirklichkeit spielt – was nicht bedeutet, daß das, was ihr tut, kein ernsthaftes Treiben ist. Nichts ist für ein Kind ernsthafter, als zu wissen, daß es ein Erwachsener *sein* wird – und als zu *wünschen*, einer zu sein, d.h. *die Dinge tun zu wünschen, die wir tun* –, und zu wissen, daß es sie noch nicht richtig tun kann. Es ist falsch zu sagen, was ein Kind tut, als wäre es ein Erwachsener, und nicht zu erkennen, daß es immer noch ein Kind ist, das spielt, vor allem wächst. Wenn es um »Zeichen aufkleben«, »Schule spielen«, »Essen kochen«, »Einladungen verschikken« usw. geht, ist es vermutlich leicht zu erkennen. Aber woanders vielleicht nicht.

Nehmen wir ein älteres Kind, eines, das noch keinen Kürbis kennt, aber so weit ist, es zu lernen (es weiß, wie man nach einem Namen fragt, was eine Frucht ist usw.). Sagt jemand »Das ist ein Kürbis«, dann können wir beruhigt sagen, dieses Kind lerne, was das Wort »Kürbis« bedeutet und was ein Kürbis ist. Dennoch könnte an den Kürbissen in seiner Welt noch etwas anders sein: Sie könnten etwa eine unbekannte Beziehung zu Bissen oder irgendeine innigen Verbindung mit Herrn Körbis, dem Nachbarn, haben, da sie offensichtlich denselben Namen tragen. Das wird aber vermutlich keine Probleme bereiten, und eines Tages wird sich der Betreffende aus irgendeinem Grund daran erinnern, daß er als Kind diese Dinge geglaubt, solche Assoziationen gehabt hat. (Und hört er dann auf, sie zu glauben oder zu haben?)

Wir können auch sagen: Äußert man »Ich habe mein Herzchen lieb«, dann lernt das Kind die Bedeutung des Wortes »Liebe« und was Liebe ist. *Das (was man tut)* wird in der Welt des Kindes Liebe *sein*; und wenn sie mit Unmut und Einschüchterung gemischt ist, dann ist Liebe eine Mischung aus Unmut und Einschüchterung; und wenn Liebe gesucht wird, wird *das* gesucht. Sagt man »Morgen nehme ich dich mit, ich verspreche es«, dann beginnt das Kind zu lernen, was eine Zeitspanne und was *Vertrauen* ist, und was man tut, zeigt, was Vertrauen wert ist. Sagt man »Zieh deinen Pullover an«, dann lernt das Kind, was ein Befehl ist und was *Autorität* ist, und wenn das Erteilen von Befehlen mit Ängstlichkeit einhergeht, dann sind Autoritäten ängstlich, ist die Autorität selbst unsicher.

Natürlich wird das Individuum, wenn es älter wird, noch anderes über diese Begriffe und auch über »Objekte« lernen. Sie werden nach und nach wachsen, so wie die Welt des Kindes wächst. Doch alles, was es darüber weiß, ist das, was es gelernt hat, und *alles*, was es gelernt hat, wird ein Teil dessen sein, was es ist. Und wie wird der Tag aussehen, wenn das Individuum »erkennt«, was es über Liebe,

Vertrauen und Autorität »geglaubt« hat? Und wie wird es aufhören, das zu glauben? Was wir lernen, ist nicht einfach bloß das, was wir studiert haben, und was man uns gelehrt hat, ist nicht nur das, was wir lernen sollten. Was wir in unserem Gedächtnis haben, ist nicht nur das, was wir auswendig gelernt haben.

Nicht zu erkennen, in welchem »Geist« wir sagen »Das Kind lernt, indem es die Sprache lernt, die Namen von Dingen«, ist deshalb so brisant, weil wir uns vorstellen, wir hätten die Natur der Sprache erklärt, während wir doch ihre Natur zu erkennen versäumt haben; und wir erkennen nicht, wie Kinder Sprache *von* uns lernen (was es wirklich bedeutet zu sagen, daß sie es tun).

Fassen wir das Gesagte zusammen: Im »Lernen von Sprache« lernt man nicht bloß, wie die Namen der Dinge lauten, sondern was ein Name ist; nicht nur, in welcher Form ein Wunsch ausgedrückt wird, sondern was es heißt, einen Wunsch auszudrücken; nicht nur, was das Wort für »Vater« ist, sondern was ein Vater ist; nicht nur, was das Wort für »Liebe« ist, sondern was Liebe ist. Beim Erlernen von Sprache lernt man nicht bloß die Aussprache von Lauten und ihre grammatischen Ordnungen, sondern die »Lebensformen«, die solche Laute zu den Wörter machen, die sie sind, die dafür sorgen, daß sie leisten, was sie leisten – z. B. benennen, bezeichnen, hinweisen, einen Wunsch oder Zuneigung ausdrücken, eine Wahl oder eine Abneigung anzeigen usw. Und Wittgenstein sieht die Beziehungen zwischen *diesen* Formen auch als ›grammatische‹ an.

Statt also entweder zu sagen, wir *teilen* Anfängern *mit*, was Wörter bedeuten, oder wir lehren sie, was Objekte sind, werde ich sagen: Wir führen sie in die relevanten, in der Sprache enthaltenen und um die Objekte und Personen unserer Welt versammelten Lebensformen ein. Damit das möglich ist, müssen wir selbst Vorbild sein und Verantwortung für diese Inanspruchnahme von Autorität übernehmen; und der Eingeführte muß, wie rudimentär auch immer, uns *auf natürliche Weise* folgen können (schauen, worauf unser Finger zeigt, über das lachen, worüber wir lachen, trösten, wo wir trösten, bemerken, was wir bemerken, ähnlich, bemerkenswert oder gewöhnlich finden, was wir ähnlich, bemerkenswert oder gewöhnlich finden, Schmerzen empfinden, wo wir Schmerz empfinden, das Wetter oder die Vorstellung genießen, die wir genießen, die Laute bilden, die wir bilden), und er muß uns folgen *wollen* (Wert auf unsere Billigung legen, ein Lächeln lieber sehen als ein Stirnrunzeln, ein Summen lieber haben als ein Krächzen, einen aufmunternden Klaps lieber als einen Schlag). »Lehren« würde hier etwa heißen, »ihnen zeigen, was wir sagen und tun«, und, »was sie sagen und tun, als das akzeptieren, was wir sagen und tun« usw.; und das wird mehr sein, als wir wissen oder sagen können.

In welchem Sinn ist die »Folgsamkeit« des Kindes, seine Dozilität, sein Wissen darum, wann wir seine Worte und Taten als dieselben akzeptiert haben und wann nicht, *gelernt*? Wenn ich sage, daß das alles natürlich ist, dann meine ich, daß es nichts mehr als natürlich ist. Die meisten Menschen entwickeln sich von Affen zu Autoritäten, aber das ist nicht zwangsläufig. Es gibt keinen Grund, warum sie nicht weiterhin kriechen, auf allen vieren laufen oder schlurfen sollten, statt die Füße zu heben; keinen Grund, warum sie nicht lachen, wo sie (die meisten) nun weinen; keinen Grund, warum sie die Laute und Gesten machen (oder zu machen »versuchen«), die wir machen; keinen Grund, warum sie, falls sie es tun, eine Ähnlichkeit zwischen einem runden See und einem Karussell sehen; keinen Grund, warum sie, nachdem sie den Ausdruck »mach das Licht aus« zu verwenden gelernt haben, auch den Ausdruck »mach das Grammophon aus« in der Bedeutung akzeptieren, die er hat, und erkennen, daß der Faktor »ausmachen« in beiden derselbe ist, oder nahezu derselbe; und dann die Ausdrücke »mach die Kartoffeln aus«, »mach einen Termin aus«, »mach das Wild aus« in der Bedeutung akzeptieren, die sie haben, während sie erkennen, daß der gemeinsame Faktor kaum, wenn überhaupt, eine Beziehungen zu den früheren Vorkommnissen hat. Wenn sie nicht all diese Dinge tun könnten, würden sie nicht in unsere Welt hineinwachsen; aber tun sie all das, *weil* sie diese Konsequenz vermeiden wollen?

So langsam beginnen wir zu fürchten oder sollten wir fürchten, daß Sprache (und Verstehen und Wissen) möglicherweise auf sehr wackligen Fundamenten ruhen könnte – auf einem dünnen Netz über dem Abgrund. (Ohne Zweifel ist dies mit ein Grund, warum Philosophen absolute »Erklärungen« für sie anbieten.) Gesetzt, das Kind begriffe nicht, was wir meinen. Gesetzt, es reagierte auf einen Schrei genauso wie auf ein Lied, so daß, was *wir* als Mißbilligung »bezeichnen«, für es eine *Ermunterung* ist. Ist es ein Zufall, daß das normalerweise nicht passiert? Vielleicht kommen uns die Fundamente der Sprache gerade dann wacklig vor, wenn wir nach einer bestimmten Art von Fundament Ausschau halten und sie nicht finden und in unseren gemeinsamen Neigungen und Reaktionen – ganz so wie Moralphilosophen in unserer liberalen Tradition es zu tun pflegen – in höherem Maße besondere Vereinbarungen sehen, als sie es tatsächlich sind. Eine solche Vorstellung könnte den Eindruck erwecken, ob unsere Wörter weiterhin bedeuten, was sie bedeuten, hinge davon ab, daß andere Leute es der Mühe wert finden, uns weiterhin zu verstehen – daß sie, sehen sie anderswo einen größeren Vorteil, sich entscheiden könnten, daß wir nicht länger zu ihrer Welt gehörten; als hinge unsere geistige Gesundheit davon ab, daß sie uns billigten, Gefallen an uns fänden.

Diese Auffassung über unsere Beziehung zum Kind veranlaßt mich – zusätzlich zu meinen Thesen in den frühen Aufsätzen von *Must We Mean What We Say?* und neben meinen im VI. Kapitel dieses Buches aufgeführten Thesen (am Ende des Abschnittes »Der Appell an projektive Imagination«) –, die Sorte von Ansprüchen weiter zu charakterisieren, die Philosophen, welche von der Untersuchung der Alltagssprache ausgehen, gegenüber der Art von Geltung erheben, auf die sich ein Philosoph beruft, wenn er etwas derartiges sagt wie »Wenn wir sagen … implizieren wir ….« oder »Wir würden das nicht als (z. B.) ›rechnen‹ bezeichnen«. In solchen Appellen äußert ein solcher Philosoph (erinnert uns an) *Initialaussagen*; er sagt sich und uns, wie wir tatsächlich die Dinge in Angriff nehmen (müssen), und sagt nicht diese oder jene Ausführung voraus. Er behauptet nicht etwas als wahr über die Welt, wofür er bereit ist, eine Grundlage zu liefern – solche Aussagen sind nicht synthetisch; er behauptet etwas als wahr über sich selbst (über seine »Welt«, wie ich weiterhin sagen möchte), wofür er sich selbst, die Einzelheiten seiner Empfindungen und seines Verhaltens, als Autorität anbietet. Wenn er solche Ansprüche erhebt, gegen die sich keine Evidenzen oder formale Logik anführen lassen, dann ist er damit nicht dogmatisch, sowenig wie jemand, der sagt »ich habe nicht versprochen...« oder »ich beabsichtige...«, »ich wünsche...« oder »ich muß...«, dogmatisch ist, obwohl sich gegen das, was er sagt, keine Evidenz in der üblichen Weise anführen läßt. Die Autorität, die jemand hat oder beansprucht, wenn er Initialaussagen zum Ausdruck bringt, wenn er »wir« sagt, steht in einer Beziehung zu der Autorität, die man hat, wenn man seine Versprechen oder Absichten zum Ausdruck bringt oder erklärt. Selbstverständlich können wir uns hinsichtlich dessen irren, was wir sagen und tun oder sagen und tun werden. Doch dieser Irrtum läßt sich nicht durch eine günstigere Beobachtungsposition oder ein vollkommeneres Beherrschen im Erkennen von Objekten berichtigen; er erfordert einen neuen Blick auf sich selbst und eine vollkommenere Erkenntnis dessen, was man tut oder empfindet. Die Äußerung einer Absicht ist keine spezifische Behauptung über die Welt, sondern eine Äußerung über sich selbst (ein sich nach außen Wenden); man tritt ihr nicht dadurch entgegen, daß man sagt, eine Tatsache über die Welt sei anders als angenommen, sondern in dem man zeigt, daß jemandes Welt anders ist, als er sie sieht. Wer sich hier irrt, täuscht sich nicht über eine Tatsache, vielmehr ist seine Seele getrübt.

Ein Wort projizieren

Bei dem Versuch, die den Appellen an die Alltagssprache zugrundeliegende Sprachtheorie zu skizzieren, würde ich, wie gesagt, sowohl diskutieren müssen, was es heißt, daß »ein Wort in bestimmten Zusammenhängen gelernt wird«, als auch, was ich mit der Rede von »geeigneten Projektionen in weitere Zusammenhänge« meinte. Der zweite Gegenstand ist hier unmittelbar relevant für das, was ich noch über die Grenzen des Appells an die Alltagssprache als direkte Kritik an der traditionellen Philosophie zu sagen habe; eine Diskussion des ersten war jedoch erforderlich, um einen konkreten Sinn von der Natur dieses Problems zu vermitteln.

Wenn das, was sich in der Sprache sagen läßt, weder durchgängig von Regeln bestimmt noch das Verstehen der Sprache überall durch Universalien gesichert ist und wenn immer wieder neuen Zusammenhängen Rechnung getragen werden muß, neue Bedürfnisse, neue Beziehungen, neue Objekte, neue Wahrnehmungen zu berichten und miteinander zu teilen sind, dann gilt vom Meister einer Sprache vielleicht dasselbe wie von ihrem Lehrling, daß, obwohl wir »in einem Sinn« lernen, was die Bedeutung von Worten ist und was Objekte sind, das Lernen nie ein Ende findet, daß wir immer neue Entwicklungsmöglichkeiten in den Wörtern finden, neue Weisen, in denen Objekte erschlossen werden. Die »Wege der Initiation« sind niemals abgeschnitten. Aber *wer* ist die Autorität, wenn alle Meister sind? Wer führt uns in neue Projektionen ein? Warum haben wir es nicht so eingerichtet, daß Wörter auf *gewisse* Zusammenhänge *begrenzt* sind und wir dann neue Wörter für neue Vorkommnisse prägen? Die Tatsache, daß wir uns nicht so verhalten, muß der starken Mehrdeutigkeit der Alltagssprache zugrunde liegen, und daß wir uns nicht so verhalten würden, bedeutet, daß wir zum Zwecke echter Präzisierung die Wörter durch ausdrückliche Definition und Beschränkung des Zusammenhangs auf eine Bedeutung *festnageln* müssen. Jedenfalls brauchen wir für einige Arten von Präzision, für einige Zwecke klare Definitionen. Aber vielleicht ist es gerade die Mehrdeutigkeit der Alltagssprache, mag sie auch manchmal an einigen Stellen von Nachteil sein, die ihr die Kraft verleiht, uns ein Licht aufzustecken, die Wahrnehmung zu bereichern, und für die ihre Anhänger eine besondere Vorliebe haben. Außerdem mag die Aussage, daß ein Wort mehrdeutig »ist«, nur soviel besagen wie daß es verschiedene Dinge bedeuten »kann«. Ein Messer ist schließlich auch auf verschiedene Weise verwendbar; was nicht heißt, daß es bei jeder gegebenen Gelegenheit auf verschiedene Weise gebraucht *wird*, und auch nicht, daß es uns im ganzen schwerfällt zu wissen, in welcher Weise es gebraucht wird. Und in diesem Fall ist es wohl so, daß, je *mehr* Gebrauchsweisen ein Wort haben »kann«, gerade diese Möglichkeit, sollte sich dazu die Gelegenheit bieten, es uns erlaubt, *desto* präziser oder genauer zu sein.

Wir lernen den Gebrauch von »füttere die Katze«, »füttere den Löwen«, »füttere die Schwäne«, und eines Tages sagt einer von uns, »füttere die Parkuhr« oder »füttere die Maschine« oder »füttere [nähre] sein Ressentiment« oder »füttere das Kleid«, und wir verstehen und werden nicht stutzig. Natürlich könnten wir in den meisten dieser Fälle ein anderes Wort verwenden und nicht versuchen, »füttern« aus Zusammenhängen wie »füttere den Affen« in Zusammenhänge wie »füttere die Parkuhr« zu projizieren oder zu übertragen. Aber was hätten wir damit gewonnen? Und was ginge verloren?

Welche Möglichkeiten haben wir? Wie könnten ein allgemeineres Verb wie »stecken« verwenden und bloß sagen »steck das Geld in den Zähler«, »steck neues Material in die Maschine«, »steck den Film in die Kamera« usw. Aber erstens nehmen wir uns damit nur eine Möglichkeit, sprachlich Unterscheidungen zu treffen, die in einigen Fällen bedeutsam wären, z. B. unterscheidet das Wort nicht dazwischen, einen Materialstreifen in eine Maschine zu stecken und einen Teil aus einem neuen Material in die Konstruktion der Maschine zu stecken. Und außerdem würde es uns den Begriff rauben, den wir von den Gefühlen haben. Ist die Vorstellung, Ressentiment, Unruhe, Hoffnung zu füttern, metaphorischer, weniger essentiell für den Begriff eines Gefühls, als die Vorstellung, daß Ressentiment, Hoffnung usw. wachsen, mehr noch, unter bestimmten Umständen wachsen? Zu wissen welcher Art diese Umstände sind, was die Folgen und die Merkmale eines Zuviel der Fütterung sind, ist Teil des Wissens, was Ressentiment ist. Und welche andere Möglichkeit des Wissens gäbe es hier? Experimente? Das wären doch genau die Begriffe, aus denen ein Experiment konstruiert würde.

Zweitens reduziert der Gebrauch eines allgemeineren Verbs nicht die Bandbreite der Übertragung oder Projektion, er erhöht sie vielmehr. Denn damit »stecken« ein relevanter Kandidat für diese Funktion ist, muß es dasselbe Wort sein, das wir in Zusammenhängen gebrauchen wie »Stecke [klopfe] den Nagel in die Wand«, »Stecke deine Hand in den Mund«, »Stecke das Geld weg«, »Stecke dir ein Ziel«, »Stecke ihm ein Licht auf«.

Alternativ könnten wir ein spezifischeres Verb als »füttern« benutzen. Das kann auf zwei Weisen geschehen. Entweder (a) verwenden wir ein Wort, das bereits anderswo in Gebrauch ist, oder (b) wir verwenden ein neues Wort. Bei (a) haben wir denselben Fall wie zuvor. Bei (b) könnten wir »Kühe füttern«, »Löwen föttern«, »Schwäne fättern«, »Ressentiments fettern« und »Maschinen fattern« ... Gesetzt, wir stießen auf eine Kultur, die tatsächlich in dieser Weise »das Verb verändert«. Würden wir dann nicht fragen: *Warum* jeweils eine andere Form in den verschiedenen Fällen? Welche Unterschiede sehen diese Leute und halten sie in der Art und Weise, wie diese Dinge »gefüttert« werden (wie wir, aber nicht sie sagen können), für wichtig? (Die Frage, ob die »f-ern«-Form morphemisch ist, lasse ich außer acht, ich nehme nur an, daß sie, in den Zusammenhängen, in denen sie gebraucht wird, immer durch unser Wort »füttern« übersetzbar ist.) Wir könnten versuchen, die Frage dadurch zu beantworten, daß wir sehen, was sonst noch von den Muttersprachlern als »füttern«, »fottern«, »fättern« usw. akzeptiert würde oder nicht. Über welche anderen Tiere, Dinge oder Abstrakta sie sagen würden, sie würden sie »fittern« oder »fottern« ... (Ich nehme zudem an, daß wir sagen können, es liege nicht in der Oberflächengrammatik begründet, warum die Formen so und nicht anders sind, z.B. keine Übereinstimmung in Numerus, Genus usw.) Wäre es vor-

stellbar, daß es *keine* anderen Zusammenhänge gibt, in denen diese Formen verwandt werden, daß sie für *jeden* Fall, in dem wir ihr Verb mit »füttern« übersetzen müssen, eine andere Form von (dem Morphem) »f-ern« verwenden? In einer solchen Sprache würden die Formen sich vollkommen gegen jede Projektion sperren, ihre Sprecher würden nur verwirrt dreinschauen, wenn wir sie fragten, ob man einen Löwen füttern oder Kühe föttern könne. Welche Annahmen müßten wir über sie, über ihre Lebensformen machen, um uns das »vorzustellen«? Wohl die, daß sie keine Verbindung zwischen dem Füttern von Kühen, Löwen und Schwänen sehen, daß es einfach verschiedene Handlungen für sie sind. So verschieden wie eine Kuh füttern, jagen, töten und essen. Müßten wir das annehmen, könnte es in der Tat ausreichen, um sie »primitiv« zu nennen. Und müßten wir nicht zusätzlich annehmen, daß sie die Handlungen nicht nur als verschieden betrachen, sondern daß sie deutlich verschieden sind, aber nicht in der Weise verschieden, wie es *für uns* etwas anderes ist, ob wir Löwen oder Schwäne füttern (wir strecken dem Löwen keine Brotkrumen hin und spießen keine Fleischbrocken mit einer Forke auf und schieben sie Schwänen hin)? Müßten sie nicht auf eine geregelte Weise verschieden sein, z. B. hinsichtlich der Vorbereitungen beim Sammeln der »Nahrung«, der bei dieser Gelegenheit getragenen Kleidung, der Tageszeit, zu der es getan wird, der bei der jeweiligen Gelegenheit gesungenen Lieder …? Und hätten wir uns dann nicht vorzustellen, daß diese Vorbereitungen, Kleidung, Tageszeiten, Lieder niemals für andere Zwecke zum Einsatz kämen oder, wenn es doch der Fall ist, daß keine Verbindung zwischen *diesen* Tätigkeiten und denjenigen des »Fütterns« bemerkt oder in der Sprache festgehalten wird? Und haben wir uns dann nicht ferner vorzustellen, daß die Art und Weise, in der diese Kleidung, Zeiten, Lieder gebraucht werden, wiederum einfach verschieden ist, verschieden wie das Tragen von Kleidern verschieden davon ist, sie zu waschen, zu zerreißen oder zu flicken? Kann alles einfach anders sein?
Obwohl Sprache – was wir Sprache nennen – tolerant ist, Projek-

tion zuläßt, wird nicht einfach jede Projektion annehmbar, d. h. kommunizierbar sein. Sprache ist gleichermaßen definitiv intolerant – wie Liebe gegenüber Differenzen tolerant und intolerant ist, Materialien oder Organismen gegenüber Druck und Anspannung, Gemeinschaften gegenüber Abweichungen, Künste und Wissenschaften gegenüber Variation.

Obschon es wahr ist, daß wir dasselbe Wort in verschiedenen Zusammenhängen gebrauchen, in sie projizieren müssen (*bereit* sein müssen, einige Zusammenhänge als *gleich* zu bezeichnen), ist es genauso wahr, daß es einer strikten Kontrolle unterworfen ist, was als legitime Projektion *zählt*. Man kann »einen Affen mit Erdnüssen füttern« und »eine Parkuhr mit Groschen füttern«, aber man kann einen Affen nicht füttern, indem man ihm Groschen in den Mund stopft, und wenn man Erdnüsse in einen Münzschlitz quetscht, *füttert* man damit keine Parkuhr. Würde man einen Löwen füttern, wenn man einen Bund Möhren in seinen Käfig wirft? Daß er es tatsächlich nicht frißt, würde allein noch nichts beweisen; er *könnte* auch sein *Fleisch* nicht fressen. Aber in diesem Fall bedeutet »könnte nicht fressen« »ist jetzt nicht hungrig« oder »verweigert das Fressen«. Doch nicht jeder Fall von »nicht essen« ist »Nahrung verweigern«. Der Schwan, der an dem Osterei am Ufer vorbeigleitet oder über einen Elritzenschwarm schwimmt oder unter der Forke mit Fleisch, die der Wärter zum Löwenkäfig bringt, durchwatschelt, weigert sich nicht, das Ei, den Fisch oder das Fleisch zu fressen. Was »gefüttert werden« ist oder als solches zählt, hängt damit zusammen, was als »Weigerung zu fressen« gilt und folglich mit der »Weigerung, sich zu paaren«, der »Weigerung zu gehorchen« usw. Was können ein Löwe oder ein Schwan verweigern? Nun, was kann man ihnen anbieten? (Wenn wir sagen »Die Batterie weigert sich zu reagieren«, halten wir dann die Batterie für störrisch?)

Ich könnte sagen: Ein Objekt, ein Ereignis oder eine Tätigkeit, auf das oder in die ein Begriff projiziert wird, muß zu dieser Projektion *auffordern* oder sie *zulassen*, und zwar in der Weise, in der ein Objekt, um ein Kunstobjekt zu sein (oder als solches bezeichnet zu werden), das Erleben und das Verhalten zulassen oder zu ihm auffordern muß, das für unsere Begriffe der Würdigung, Betrachtung oder Aufnahme usw. eines Kunstobjekts angemessen oder notwendig ist. Was für eine Art von Objekt eine solche Betrachtung usw. zuläßt, dazu auffordert oder dafür geeignet ist, ist ebensowenig zufällig oder willkürlich wie welche Art von Objekt geeignet ist, als »Schuh« (was wir so nennen) zu dienen. Natürlich sind Variationen möglich; denn es gibt unterschiedliche Weisen und Zwecke, beschuht zu sein. Bei einer bestimmten Gelegenheit ist es denkbar, daß ein bestimmtes Objekt nicht als Schuh erkannt wird – vielleicht sehen wir nicht mehr als ein Geflecht von Lederriemen oder mehrere Holzklötze. Aber um was für einen Fehler handelt es sich hier? Es könnte hilfreich sein zu sagen: Was wir hier nicht erkennen, ist nicht, *daß* das fragliche Objekt ein Schuh ist (das wäre der Fall, wenn wir zum Beispiel nicht bemerken, was die Hausfrau unter das Sofa geschoben hat, oder wenn wir bei der Registrierung der Objekte auf einem Gemälde abgelenkt sind und uns später zu erinnern meinen, es hätte dort, wo ein anderer sagt, ein Schuh habe auf der Seite gelegen, eine Katze gegeben), wir erkennen vielmehr nicht, *wie* das fragliche Objekt ein Schuh ist (wie man ihn anziehen und tragen würde und für welche Tätigkeiten oder bei welchen Gelegenheiten).

Die Frage »Wie gebrauchen wir das Wort ›Schuh‹ (oder ›sehen‹, ›freiwillig‹, ›Zorn‹, ›füttern‹, ›vorstellen‹ oder ›Sprache‹)?« gleicht der Frage, die mir einmal ein Kind stellte, als es von seinem Blatt, auf dem es malte, aufschaute, mir den Stift in die Hand drückte und fragte »Wie machst du Bäume?«; und vielleicht fragte es auch: »Wie machst du ein Haus oder Leute oder lächelnde, laufende, tanzende Leute oder die Sonne oder ein Schiff oder die Wellen …?« All diese Fragen lassen sich mit zwei, drei Strichen beantworten, so wie die früheren Fragen sich durch ein, zwei Beispiele beantworten lassen. Das heißt, diese einzelne Frage wurde für den Augenblick beantwortet. Wir haben nicht alles über das Malen von Bäumen oder die Verwendung des Ausdrucks »Aber stelle dir nun vor ...« gesagt oder gezeigt. Aber schließlich gibt es auch nicht »alles« zu sagen. Denn wir sind weder *alles* gefragt worden, noch haben wir es uns selbst gefragt, und auch wenn wir noch so oft wünschten, es wäre möglich, so *könnten* wir es dennoch nicht.

Wenn Wittgenstein sagt: »Daß ich bei meinen Erklärungen, die Sprache betreffend, schon die volle Sprache ... anwenden muß, zeigt schon, daß ich nur Äußerliches über die Sprache vorbringen kann« (*Untersuchungen*, § 120), meint er unter anderem, daß es keine Erklärungen gibt, die sozusagen in sich vollständig sind. Und was für das Erklären meiner Wörter gilt, gilt auch für das Beschreiben des Weges, das Aufzählen der Regeln in einem Spiel, die Rechtfertigung meines Verhaltens oder das Entschuldigen desjenigen meines Kindes oder das Vorbringen von Bitten ... oder für die tausend anderen Dinge, die ich mit Sprache machen kann. Solange man noch nicht in die Lebensformen eingeführt ist, die den Wörtern die Pointe und Gestalt verleihen, die sie in unserem Leben haben, kann man diese Wörter nicht so verwenden, daß sie das erreichen, was wir mit ihnen erreichen. Wenn ich jemandem den Weg beschreibe, kann ich nur äußerliche Tatsachen über den Weg anführen, ich kann z. B. sagen: »Nicht diese Straße, die andere, die an den Schindelhäusern vorbeiführt, und achten Sie darauf, sich an der Bahnüberführung links zu halten«. Aber ich kann nicht *sagen*, was Wegbeschreibungen *sind*, um jemanden dazu zu bringen, den Weg einschlagen, auf den ich zeige, und ich kann auch nicht sagen, was meine Beschreibung *ist*, wenn das heißt, etwas zu sagen, was keine weitere *Spezifikation* meiner Beschreibung ist, sondern etwas, was gewissermaßen das faktische Zeigen auf etwas unterläuft, das meinen zeigenden Finger zeigen läßt. Wenn ich jemandem eine Regel angebe oder sie ihn lehre, kann ich nur äußerliche Tatsachen anführen, z. B. sagen, daß sie nur gilt, wenn das-und-das der Fall ist, oder daß sie ungültig wird, wenn eine andere Regel in Kraft tritt usw. Ich kann jedoch nicht *sagen*, was das Befolgen von Regeln *überhaupt* ist, und ich kann auch nicht sagen, wie man einer Regel auf eine Weise gehorchen kann, die noch nicht voraussetzt, daß man bereits weiß, was es heißt, sie zu befolgen.

Damit unsere Striche oder Beispiele die von uns intendierten Erklärungen sind, das von uns wahrgenommene Bedürfnisse erfüllen, muß, so könnte man sagen, das Kind sehen, *wie* diese wenigen Striche ein Baum oder ein Haus sind (»Da ist die Tür, da das Fenster, da der Schornstein, aus dem Rauch kommt ...«); der andere muß erkennen, wie der Gegenstand ein Schuh ist (»Da ist die Sohle, das ist für den Zeh ...«); wie die Handlung aus Zorn geschah – warum man sie so nennt, warum man es so sagt (»Er war wütend auf ...«, »Er wußte, das würde schmerzen«, »Diese Geste war kein Zufall«, »Normalerweise ranzt er seine Katze nicht so heftig an ...«). Diese Striche sind nicht die einzige Möglichkeit, ein Haus zu malen (das ist nicht das einzige Beispiel für das, was wir einen Schuh nennen, das ist nicht die einzige Art von Handlung, die wir einen Affront nennen oder die freiwillig ausgeführt wurde), doch wenn der andere nicht sieht, daß und wie *sie* ein Haus darstellen, wird er vermutlich auch keine anderen Möglichkeiten entdecken oder erkennen. »Wieviel haben wir uns vorzustellen?« ist wie die Frage »Wie viele Striche müssen wir verwenden?«. Und muß die Antwort dann nicht lauten: »Es hängt davon ab«? »Wie wissen wir, daß zehn Striche ein Haus ergeben?« ist wie die Frage »Wie wissen wir, daß diese neun Wörter jene Frage ergeben?«. Auf dieser Ebene muß die Antwort »Weil wir die Grammatik bildlicher oder sprachlicher Repräsentation kennen« greifen.

Gegenstände und vorgestellte Gegenstände sind nicht dasselbe. Sechs vorgestellte Kaninchen plus ein wirkliches Kaninchen im Hut ergeben weder sieben vorgestellte noch sieben wirkliche Kaninchen. Doch die bloße Fähigkeit, ein Kaninchen zu zeichnen, hängt ebenso wie die Fähigkeit, sich eines vorzustellen oder sich vorzustellen, was wir unter gewissen Umständen empfinden, tun oder sagen würden, davon ab, daß eine Form der Repräsentation beherrscht wird (z. B. zu wissen, was »Das ist ein Kürbis« besagt), *und* von dem allgemeinen Wissen über den dargestellten Gegenstand (z. B. zu wissen, was ein Kürbis ist). Daß Sprache sich sprachlich darstellen läßt, ist eine Entdeckung über die Sprache, eine Entdeckung, die deutlich macht, was für eine Stabilität Sprache besitzt (nämlich die Art von Stabilität, die eine Kunst besitzt, die Art von Stabilität, die eine fortbestehende Kultur besitzt), und die Art von allgemeinem Wissen, die wir von den von uns gebrauchten Ausdrücke besitzen (nämlich die Art, die wir von Häusern, Gesichtern, Schlachten, Besichtigungen, Farben, Beispielen ... besitzen), um sie darzustellen, zu planen, zu gebrauchen oder zu erklären. Zu wissen, wie man das Wort »Zorn« gebraucht, heißt zu wissen, was *Zorn* ist. (»Die Welt ist meine Vorstellung.«)

Ich versuche, zwei fundamentale Tatsachen in bezug auf menschliche Lebensformen und die in ihnen gebildeten Begriffe herauszustellen und in ein Gleichgewicht zu setzen: daß jede Lebensform und jeder zu ihr gehörende Begriff eine unendliche Anzahl von Projektionsfällen und -richtungen hat und daß diese Variation nicht willkürlich ist. *Beides*, sowohl die »äußerliche« Varianz als auch die »innere« Konstanz, sind notwendig, damit ein Begriff seine Aufgaben erfüllen kann – Bedeutung, Verstehen, Kommunikation usw. zu ermöglichen und uns im allgemeinen durch die Welt zu leiten und Denken, Handeln und Empfinden mit der Welt zu verbinden. Wie viele Fälle oder Arten von Fällen eines Begriffs es auch geben mag – wie viele Arten von Objekten, die wir Schuhe nennen –, das Wort »Schuh« ist (sprachlich) definierbar und hat in diesem Sinn *eine* Bedeutung (vgl. Berkeley, *Principles*, Einleitung, Abschnitt 18). Der Aspekt von Bedeutung, den ich zu fassen versuche, jene Bedingung von Stabilität und Toleranz, die ich als wesentlich für die Funktion eines Begriffs (den Gebrauch eines Wortes) beschrieben habe, läßt sich vielleicht noch einmal auf diese Weise deutlich machen: zu sagen, ein Wort oder Begriff habe eine (stabile) Bedeutung, heißt zu sagen, man könne von neuen und äußerst verschiedenen Varianten erkennen, ob sie unter einen Begriff fallen oder nicht; zu sagen, ein Begriff müsse tolerant sein, heißt zu sagen, daß, hätten wir »jedem« neuen Fall ein neues Wort zuzuweisen, kein Wort die Art von Bedeutung oder Kraft hätte, die ein Wort wie »Schuh« hat. Oder: es *gäbe* keine *Fälle* und folglich auch keine Begriffe.

Es ist eines zu sagen, daß Wörter sowohl Konnotation als auch Denotation haben und daß sie nicht dasselbe sind; etwas anderes ist es, wenn man zu sagen versucht, *wie* sie miteinander verbunden sind – jenseits von Bemerkungen auf der Ebene von »im ganzen (von offensichtlichen Ausnahmen abgesehen) verhalten sie sich spiegelbildlich«. Die Ebene, auf der ich mir eine Antwort auf diese Frage wünschen könnte, wäre so beschaffen, daß wir die Fragen zu beantworten fähig sind: Wie wissen wir, ob ein Einzelfall »unter einen« Begriff »fällt«?; oder: Wie wissen wir, wenn wir ein Wort hinweisend »definiert« haben, welchen Punkt oder welche Punkte des gezeigten Objekts das Hinweisen treffen soll? (Ist das überhaupt eine faire Formulierung des Problems? Denn *auf welchen spezifischen* Punkt oder welche *bestimmte* Menge von Punkten richtet sich die »hinweisende Definition« z. B. eines Affen oder eines Drehorgelspielers? Bestimmte Punkte gibt es nur, wo es bestimmte Alternativen gibt – z. B. den Unterschied zwischen einem Altweltaffen und einem Neuweltaffen.) Oder: Was ist der Unterschied zwischen der Betrachtung eines Objekts einmal als Einzelding und einmal als Beispiel? Eine Möglichkeit, die Problematik von Beispielen zu formulieren (und damit ein Problem der Universalien), ist: Was wäre die Antwort auf »*Wovon* ist dieses Objekt (wobei auf das gezeigt wird, was wir einen ›Schuh‹ nennen) ein Beispiel«? Man würde darauf so antworten, daß man den Schuh hochhält und ruft: »Na, ein Beispiel für den Schuh eben!« Würde es helfen, einen anderen Schuh hochzuhalten? Täte man es, und jemand entgegnete »*Nun* sehe ich, wovon er (der erste Schuh) ein Beispiel ist«, was hätte er dann gesehen? (Darauf scheint Berkeleys Idee von einer einzelnen Vorstellung (oder einem einzelnen Objekt), die andere »derselben Sorte« repräsentiert, hinauszulaufen.)

Die Auffassung von der richtigen Mischung der Sprache – der gleichzeitigen Toleranz und Intoleranz der Wörter –, die ich zu vermitteln versuchte, läßt sich so zusammenfassen: Wenn Wittgenstein sagt »Das *Wesen* ist in der Grammatik ausgesprochen« (§ 371), dann bestreitet er damit nicht die Wichtigkeit oder die Bedeutung des Wesensbegriffs, er gewinnt ihn vielmehr zurück. Sofern wir unser wirkliches Bedürfnis erkennen, befriedigt die Grammatik das Bedürfnis nach der Wesensfrage. Doch an einer frühen kritischen Weichenstellung der *Untersuchungen*, dort, wo Wittgenstein die »große Frage, die hinter all diesen Betrachtungen steht« (§ 65), aufwirft, stellt er sich vor, jemand würde einwenden, er, Wittgenstein, habe »nirgends gesagt, was denn das Wesentliche des Sprachspiels, und also der Sprache, ist. Was all diesen Vorgängen gemeinsam ist und sie zur Sprache ... macht«, und darauf antwortet er: »... das ist wahr. – Statt etwas anzugeben, was allem, was wir Sprache nennen, gemeinsam ist, sage ich, es ist diesen Erscheinungen gar nicht Eines gemeinsam, weswegen wir für alle das gleiche Wort verwenden«. Er diskutiert dann im weiteren die Vorstellung, daß allen Gegenständen, die mit dem gleichen Namen bezeichnet werden, etwas »gemeinsam ist«, und spielt offensichtlich auf einen bekannten Kandidaten an, dem die Philosophen den Namen »Universalium« oder »Wesen« gegeben haben, und statt zu sagen »es *muß* etwas Gemeinsames geben« – was zeigen würde, daß wir ein philosophisches »Bild« haben –, trägt er uns auf, zu »schauen«, ob es etwas Gemeinsames gibt. Was wir dann tatsächlich sehen würden, sei »ein kompliziertes Netz von Ähnlichkeiten, die einander übergreifen und kreuzen. Ähnlichkeiten im Großen und Kleinen. ... Ich kann diese Ähnlichkeiten nicht besser charakterisieren als durch das Wort ›Familienähnlichkeiten‹« (§ 66, § 67); und es sieht so aus, als biete er hier den Begriff der »Familienähnlichkeit« als Alternative zur Vorstellung eines »Wesens« an. Wenn dem aber so ist, wäre seine Vorstellung leer, sie erklärte nichts. Denn ein Philosoph, der meint, es müsse Universalien geben, um Bedeutung und Benennen zu erklären, wird immer noch meinen, sie seien notwendig, um den Begriff der »Familienähnlichkeit« zu erklären. Dieser Gedanke würde dem Gedanken der Universalien nur entgegen-

treten, wenn gezeigt würde, daß wir nicht mehr als Familienähnlichkeit brauchen, um die Tatsache des Benennens zu erklären, *und* daß Objekte eine Familienähnlichkeit zueinander aufweisen und *nichts* gemeinsam haben können; was entweder falsch oder trivial ist. Falsch ist es, wenn es bedeuten soll, daß, wenn wir gefragt werden, ob diese Brüder etwas gemeinsam haben, und nicht sagen können, was, wir sagen werden »überhaupt nichts«. (Vielleicht sind wir nicht in der Lage, deutlich zu *sagen*, was es ist, aber deshalb brauchen wir nicht, was Wittgenstein für unsere Alternative hält, bloß »mit einem Wort zu spielen« und zu sagen: »Also ist allen diesen Gebilden etwas gemeinsam, – nämlich die Disjunktion aller dieser Gemeinsamkeiten« (§ 67). Denn das würde nicht einmal dem *Anschein* nach sagen, was wir denn sehen, falls wir etwas ihnen Gemeinsames ausmachen. Wir könnten schließlich sagen: »Sie haben alle unverkennbar diese Karamasoff-Eigenschaft«. Daraus erfährt man wohl nicht, was ihnen gemeinsam ist, aber nur deshalb, weil man die Karamasoffs vielleicht nicht kennt; sozusagen ihr Wesen nicht begriffen hat.) Oder es ist trivial, weil keinerlei offensichtliche philosophische Konklusion darin steckt; denn »ihnen ist nichts gemeinsam« hat einen ebenso spezifischen und gewöhnlichen Gebrauch wie »ihnen ist etwas gemeinsam«, und gerade so wie Wittgenstein fortfährt, gewöhnliche Verwendungen von »was gemeinsam ist« aufzuzeigen, Verwendungen, die uns nicht zu der Vorstellung von Universalien führen (vgl. § 72), so können wir gewöhnliche Verwendungen von »da ist überhaupt nichts Gemeinsames« aufzeigen (was wir über eine Reihe von Drillingen sagen *könnten*), die uns gleichermaßen nicht von der Vorstellung von Universalien *weg*führen.
Ich glaube jedoch, daß die Vorstellung von der »Familienähnlichkeit« nur so viel leisten soll und muß: Sie hat in uns ein Gefühl des Unbefriedigtseins durch die Vorstellung von Universalien als Erklärungen der Sprache hervorzurufen, als Erklärungen dafür, wie ein Wort sich auf diesen, auf jenen und noch einen anderen Gegenstand beziehen kann, und sie muß uns klarmachen, daß sie »unser wirkliches Bedürfnis« nicht erfüllt. Die Vorstellung der

Universalien verliert ihren *offensichtlichen* Charme, d. h. den *Eindruck*, den sie erweckt, etwas Tiefgreifendes zu erklären, sobald wir (a) erkennen, daß der Ausdruck »was gemeinsam ist« gewöhnliche Verwendungen *hat* und daß diese sich von dem unterscheiden, was Universalien abdecken sollen, und mehr noch, und wichtiger, sobald wir erkennen, daß Begriffe für gewöhnlich keine »starren Grenzen« haben und brauchen, so daß Universalien weder notwendig noch nützlich sind, um zu erklären, wie Wörter und Begriffe auf verschiedene Gegenstände (vgl. §68) zutreffen, und (b) erkennen, daß das Erfassen eines Universaliums nicht die ihm zugedachte Aufgabe erfüllen kann, denn eine neue Anwendung eines Wortes oder eines Begriffs muß in dem besonderen Fall immer noch *ausgemacht, erklärt werden*, und dann werden die Erklärungen selbst hinreichen, die Projektion zu erklären, und schließlich (c) erkennen, daß ich über die Anwendung eines Wortes oder eines Begriffs nicht mehr *weiß*, als die von mir angebotenen Erklärungen ermöglichen, so daß kein Universalium oder keine Definition mein Wissen, sozusagen, *repräsentiert* (vgl. §73). (Hinter dem Streben nach Universalien steckt offensichtlich mehr als das Bewußtsein, daß die Allgemeinheit von Wörtern erklärt werden muß. Eine andere Quelle ihrer Kraft ist die bekannte Tatsache, daß Subjekt- und Prädikatausdrücke verschiedene Funktionen erfüllen. Eine weitere ist die Idee, daß alles, was wir über ein Objekt wissen können, seine Schnittfläche von Essenzen ist.)

Was Wittgenstein letztlich zeigen möchte, ist, wie ich glaube, daß es überhaupt *keinen Sinn ergibt*, eine allgemeine Erklärung für die Allgemeinheit der Sprache zu geben, denn es ergibt überhaupt keinen Sinn anzunehmen, Wörter im allgemeinen würden sich *nicht* wiederholen, daß wir einen Namen für einen Gegenstand (etwa »Stuhl« oder »Füttern«) haben könnten und dennoch bereit wären, *nichts* (sonst) »den gleichen Gegenstand« zu nennen. Und selbst wenn jemand mit Berkeley sagt, daß »eine Idee [oder ein Wort], die an und für sich genommen eine Einzelvorstellung ist, zu einer allgemeinen wird, indem sie alle anderen Einzelvorstellungen derselben Art repräsentiert oder an ihre Stelle treten kann« (*Principles*, Einführung, Abschnitt 12), hat er weder erklärt, *wie* dieses Wort für diese verschiedenen »Einzeldinge« gebraucht wird, noch was es bedeutet, wenn es das nicht tut. Das legt nahe, die Anstrengung, die Allgemeinheit der Wörter zu erklären, durch einen früheren Schritt veranlaßt zu sehen, der die Idee eines Wortes als »Einzelvorstellung« hervorbringt, ein Schritt, bei dem es »an und für sich genommen« wird. Und was *ist* das? Wir lernen Wörter in bestimmten Zusammenhängen ... Was haben wir hier als vorliegende »Einzelvorstellung« zu betrachten? Bereit zu sein, andere Ideen (oder Objekte) als »von der gleichen Art« zu bezeichnen, und bereit zu sein, »das gleiche Wort« für sie zu gebrauchen, ist ein und dasselbe. Das erste erklärt nicht das zweite.

Es gibt ein Karamasoff-Wesen. Doch man wird es nicht entdecken, wenn man nach *einer* Eigenschaft sucht (d.h. mit dem falschen »Bild« einer Eigenschaft im Kopf sucht); man wird es entdecken, indem man die Grammatik von »Karamasoff« lernt; es ist Teil seiner Grammatik, daß *das* »ein intellektueller Karamasoff« ist und daß *das* »ein spiritueller Karamasoff« ist und daß *das* »Karamasoff-Autorität« ist. ... Jedes ist zuviel und unwiderstehlich.

Eine allgemeine Erklärung für die Allgemeinheit der Sprache zu verlangen wäre so ähnlich, wie eine Erklärung dafür zu verlangen, warum Kinder, die eine Sprache erwerben, das zu ihnen Gesagte für bedeutungsvoll halten, für das Ausdrücken einer Absicht, für das Projizieren von Erwartungen, die von der Welt möglicherweise erfüllt werden oder auch nicht. Aber stellen wir uns vor, wir wüßten, warum wir (Nichtkinder) Gesagtes und Geschriebenes für nicht bedeutungsvoll, für folgenlos, für belanglos halten. Mir scheint, daß Aufwachsen (in der Moderne, im Kapitalismus) zu lernen bedeutet, daß der Großteil dessen, was gesagt wird, nur mehr oder weniger so gemeint ist – als wären Wörter Textilien und als machten wir keinen Unterschied zwischen Hemden und Segeln, Bändern und Lumpen. Das könnte so sein, weil wir entweder zuviel oder zuwenig von etwas haben oder weil wir entweder Banausen oder Heilige sind. Von der Philosophie aus den Sprachspielen vertrieben zu werden und auf *diese* Weise unsere Kriterien zurückzuweisen ist eine andere Art zu leben, aber sie hängt von derselben Sprachtatsache ab wie die anderen Lebensweisen innerhalb ihrer – daß es sich um ein endloses Feld von Möglichkeiten handelt, daß sich nicht festlegen läßt, was *jetzt* gesagt wird, und daß ebensowenig der Sinn des Gesagten, seine Tiefe, seine Nützlichkeit, seine Genauigkeit, sein Witz zu garantieren sind, wie sich dessen Wahrheit hinsichtlich der Welt verbürgen läßt. Das heißt, daß Sprache nicht nur ein Erwerb, sondern ein Vermächtnis ist, und es heißt auch, daß wir mit dem geizen, was wir zu erben versuchen. Man könnte Dichtung für das zweite Erbe der Sprache halten. Oder: wenn wir uns das Lernen einer ersten Sprache als ihren Erwerb durch das Kind denken, dann können wir uns Dichtung als Spracherwerb des Erwachsenen denken, als ein In-Besitz-Nehmen der Sprache, als Erwerb der vollen Bürgerschaft. (Thoreau unterscheidet in diesem Sinn zwischen dem, was er die Muttersprache, und dem, was er die Vatersprache nennt.) Dichtung feiert ihre Sprache, indem sie ihr Dank sagt für ihre Geburt, indem sie sich revanchiert.

Zu sehen, daß Wittgenstein im 2. Teil der *Untersuchungen* beim Übergang zur »bildlichen« oder »sekundären« Bedeutung eines Wortes (von der er ausdrücklich behauptet, es handle sich nicht um eine »übertragene Bedeutung« (vgl. *Untersuchungen*, S. 557)) zielgerichtet die Bereiche eines Wortgebrauchs ansteuert, die sich nicht durch eine Berufung auf seine normalen Sprachspiele (darin sind diese Verwendungen *wie* übertragene) sicherstellen oder erklären lassen, ist für das, was ich mich über Wittgensteins Sprachtheorie gefragt habe, von unmittelbarer Bedeutung und verweist auf eine allgemeine und wichtige Beschränkung meiner Darlegung. Solche Verwendungen wirken sich auf die durch sie ermöglichte Art des Verstehens und der Kommunikation aus. Ich möchte sagen: Es sind solche Bedeutungsschattierungen, Andeutungen von Sinn, die gewisse Formen von Subtilität oder

Feinsinn der Kommunikation ermöglichen; die Verbindung ist innig, aber zerbrechlich. Leute, die Wörter oder Gesten nicht auf diese Weise gemeinsam mit einem anderen verwenden können, sind vielleicht immer noch Teil seiner Welt, aber wohl nicht von seinem Fleisch. Das Phänomen, das ich »Projizieren eines Wortes« nenne, ist die Sprachtatsache, auf die, wie ich es sehe, manchmal mit der Behauptung reagiert wird, daß »Sprache insgesamt metaphorisch ist«. Vielleicht läßt sich sagen: die Möglichkeit von Metaphern ist identisch mit der Möglichkeit von Sprache allgemein, doch für die Projektion eines Wortes ist es wesentlich, daß sie sich *natürlich* vollzieht oder dazu gebracht werden kann; für eine funktionierende Metapher ist es wesentlich, daß ihre »Übertragung« *unnatürlich* ist – sie bricht die etablierten, die normalen Richtungen der Projektion auf.

VIII
Die Fragestellung der klassischen Erkenntnistheorie: Schluß

Wir sind jetzt soweit: Nachdem ich die Beweiskraft der klassischen Untersuchung unserer Behauptung, wir wüßten, daß die Welt existiert, für davon abhängig erklärt habe, daß sie genauso wie unsere gewöhnlichen Prüfverfahren für Wissensansprüche funktioniert – oder: nachdem ich Descartes' Anspruch auf die Vernünftigkeit seiner Zweifelsgründe so interpretiert habe, daß sie als der Anspruch zu erklären sind, daß diese Art von Zweifeln sich »natürlich erhebt«, wobei das wiederum bedeutet, daß jeder, der eine Sprache beherrscht, begreifen wird, daß sie auch von Belang sind und welches ihre Implikationen sind –, bin ich an einen Punkt gelangt, wo ich sagte, daß die Grundlage, welche der Philosoph als die Grundlage für das Wissen um die Existenz eines Gegenstandes anführt, nicht völlig natürlich ins Spiel komme und daß dieser Umstand darauf schließen lasse, daß der Zweifelsgrund seinerseits ebenfalls nicht völlig natürlich sein kann. Allerdings wollte ich damit auch nicht gesagt haben, er sei völlig unnatürlich; denn im Zusammenhang des Philosophen mag er zwar befremdlich oder gewollt klingen, aber deswegen doch nicht *absurd*, vernachlässigbar. Außerdem: Wenn man die Forderung des Philosophen nach einer Grundlage als eine wirkliche Frage akzeptiert, dann hat es mit den Grundlagen, die er anführt, auch seine Richtigkeit, oder jedenfalls sind es die einzigen Grundlagen, die natürlich erscheinen werden, und die Zweifelsgründe sind dann durch den Gang der Untersuchung selbst bedingt, d. h. der Untersuchung des Problems, daß irgend etwas in bezug auf das Wissen generell – repräsentiert in einem generischen Objekt – nicht stimmt oder anscheinend nicht stimmt. Und ich habe gesagt, daß, wenn man diese etwas unnatürlichen Fragen deswegen direkt abweisen wollte, indem man sich auf die Forderungen der Alltagssprache beriefe, das nicht völlig überzeugend wäre.

Zunächst (1) ist überhaupt nicht gesagt, daß der Philosoph die Bedeutung seiner sprachlichen Ausdrücke »verändert« hat. Obwohl die Unterscheidungen, zu denen er *gelangt* (nämlich »etwas sehen« vs. »alles davon sehen«; »etwas sinnlich wahrnehmen« vs. »wissen, wie es an sich ist«; »äußeres Verhalten« vs. »das Gefühl selbst«), nicht die gleichen sind wie die, mit denen er *anfing* (nämlich »etwas sehen oder sinnlich wahrnehmen« vs. »etwas vom Hörensagen wissen«; »wissen, was ich fühle« vs. »wissen, was jemand anderer fühlt«), handelt es sich doch um Unterscheidungen, die in gewissen Zusammenhängen absolut nicht zu beanstanden sind; und daß sie das ausgerechnet in dem Zusammenhang des Philosophen wären, liegt nicht zutage. Und es ist (2) nicht gesagt, daß oder inwiefern die Zusammenhänge des Philosophen »unvollständig beschrieben« sind. Zum einen scheinen sie gut genug ausgeführt, und zum andern kann es bei einer Untersuchung dessen, was nicht stimmt an der Struktur des Falls, nicht von vornherein klar sein, was wir alles in diese Beschreibung aufzunehmen haben.

Darüber hinaus kann oder darf (3) die Unnatürlichkeit für sich genommen (nämlich im Lichte der Forderung nach *natürlicheren* Beispielen für die gestellten Fragen) vom Philosophen der Alltagssprache nicht für eine bündige Abfertigung dieser Fragen in diesem Zusammenhang gehalten werden, da das dieser Art Kritik zugrundeliegende Sprachverständnis selbst diese *flache* Art der Zurückweisung verhindern muß. Um zu erklären, was ich mit diesem letzteren Punkt meine, unterbrach ich die Erörterung der Natur der klassischen Philosophie in der Absicht, das fragliche Sprachverständnis zu charakterisieren.

Gemeint war folgendes: Da sprachliche Ausdrücke sich nun einmal wiederholen *müssen* (d. h., wie ich es dargestellt habe, in immer neuen Zusammenhängen Anwendung finden müssen, so daß die neuen Zusammenhänge ihrerseits für diese »Projektion« irgendwie »empfänglich« sein, sie »tolerieren« müssen) und da es keine festen Regeln oder Universalien gibt, die eine richtige Projektion *gewährleisten* würden, sondern bloß die eingespielte Fähigkeit, uns miteinander zu verständigen, kann eine neue Projektion auch dann, wenn sie nicht auf den ersten Blick adäquat ist, doch adäquat gemacht werden, indem man relevante Erläuterungen gibt, wie sie zu verstehen ist, d. h., *wieso* der neue Zusammenhang ein Anwendungsfall der bereits bekannten Vorstellung *ist*. Wenn wir uns verständigen sollen, dürfen wir nicht zu weit davonspringen; nur wie weit ist »zu weit«? Wenn zwei Leute, die ihre Sprache beherrschen, über die Zulässigkeit einer Projektion keine Übereinstimmung erzielen, ist nicht gesagt, wer von den beiden im Recht ist. Wenn es bei dem Streit nur um Sprache geht, wird die eine Seite sich schließlich durchsetzen, denn Sprache entwickelt sich nicht in jeder Richtung, in der sie sich entwickeln *könnte*; und wie sie sich auch entwickelt, sofern es die Mehrheit hinter sich hat, wird es auch »natürlich« sein. Doch das Besondere beim philosophischen Streit über Ausdrucksweisen ist, daß keine Seite sich einfach »durchsetzt«. So lange, wie es hier »Seiten« gibt, muß jede von ihnen davon überzeugt bleiben, allein im Recht zu sein. Jeder, der sich an dem Streit beteiligt, wird dann die ihm zusagende Lösung angesichts intellektuell unentscheidbarer historischer Alternativen finden.

Gesetzt, die Untersuchungen des Philosophen der Alltagssprache zeigten erfolgreich, daß die Betrachtungen, die der traditionelle Philosoph anstellt, nicht *vollständig* natürlich sind, dann müßte das den traditionellen Philosophen dazu bringen, sich zu fragen, ob seine Ablehnung der Alltagssprache so stichhaltig ist, wie vermeint. Zumindest sollte er von sich selbst verlangen, den Konflikt deutlicher zu machen als in Descartes' schlichter Versicherung, die (in der einen oder anderen Form) ebensooft wiederholt wird wie der Gang seiner Untersuchung, daß wir nämlich »durch die Begriffe der Alltagssprache nahezu getäuscht« würden (II. Meditation). Wenn jedoch dieses Natürlichkeitsdefizit in Permanenz bemüht wird, um die Ergebnisse des traditionellen Philosophen zu kritisieren, müßte auch gezeigt werden, daß dieser gar nicht meint, wovon er denkt, er meine es, indem er Worte benutzt, in deren Bedeutung sich alle, die die Sprache beherrschen, einig sind; daß die *Art*, in der er seinen Zusammenhang für diese Projektion hergestellt hat, es per se unmöglich macht, daß er das meint, was er intendiert und was er allerdings auch intendieren *muß*, wenn seine Konklusion das bedeuten soll, was sie besagt, sofern nämlich die *Wörter*, deren er sich hierbei bedient, auch das bedeuten, was sie besagen, z. B. daß wir Objekte *nicht sehen*, nur weil wir von einem Objekt nun einmal nicht alles sehen.

Wie könnten wir uns davon überzeugen, daß jemand »nicht meint, was er sagt«, wenn diese Kritik besagen soll, daß so jemand »nicht meint, was seine Worte besagen«, oder »nicht begreift, was er tatsächlich sagt«? Das ist eine besondere Art von Kritik. Aus ihr leitet sich z. B. nicht der Vorwurf ab, jemand spreche »übereilt oder lax«, was, je nachdem, eine ernste Angelegenheit sein kann oder auch nicht und wovon der traditionelle Philosoph behaupten könnte, das treffe meistenteils auf alle von uns zu, ihn selbst eingeschlossen, da unsere Alltagssprache etwas anderes kaum zuläßt. Die genannte Kritik läuft auch nicht darauf hinaus, daß gesagt würde, wie manche Kritiker aus dem Lager der Philosophie der Alltagssprache gerne sagen, der traditionelle Philosoph habe »die Bedeutung seiner Termini verändert«; denn das macht es, um das mindeste zu sagen, unerklärlich, wieso es dann überhaupt noch interessiert, was der Philosoph *tatsächlich* sagt oder zu sagen meint. Oder diese Art von Kritik ist vielleicht eben nur eine saloppe Art zu erklären, was der Philosoph sagt, *sei* nicht von Interesse.

Ein Hinweis darauf, daß die Worte des klassischen Erkenntnistheoretikers allerdings nicht das meinen, was er sagt (und wovon er will, daß sie es meinen), daß er sie also nicht unter Kontrolle hat, ergibt sich aus dem Umstand, daß wir bemerkt haben, daß auf die Art, wie er den Begriff des Sehens oder der sinnlichen Wahrnehmung zuerst ins Spiel bringt, dieser für ein *Mittel*, das offenbar *elementarste* Mittel, steht, um zu wissen, was alles in der Welt existiert, daß er allerdings in der Folge, sobald er seine Beispiele untersucht, den Begriff des Sehens so benutzt, daß dieser zur Grundlage eines bestimmten Wissens*anspruchs* wird. Normalerweise dagegen, wenn »ich sehe es« zur Grundlage einer bestimmten Behauptung dient, ist der Zusammenhang ein solcher, wo klar ist (zumindest aus der Perspektive dessen, der die Behauptung anzweifelt), daß auf diese oder jene Weise das Objekt nicht »voll sichtbar« ist. Aus dem, was ich über die Empfänglichkeit eines neuen Kontextes für eine Projektion gesagt habe, folgt, daß der Erkenntnistheoretiker erst eigens zu zeigen hat, daß sein Objekt, in diesem Kontext, nicht voll sichtbar ist. Diesen Sinn hätte, wenn ich recht verstehe, sein Nachhaken: »Siehst du es denn ganz?«, »Wieviel davon siehst du?«, »Du siehst doch die Rückseite nicht einmal zur Hälfte«. Oder etwa nicht? Nicht, wenn dieses Nachhaken seinerseits nicht natürlich, nicht nachvollziehbar ist. Ist es das?

Abermals muß ich sagen: weder ganz natürlich noch ganz unnatürlich, d. h. (nach den Ausführungen des letzten Kapitels) weder völlig akzeptabel noch völlig unakzeptabel. Was wiederum soviel besagen wird wie: weder völlig sinnlos noch völlig sinnvoll. Und was es bedeutet, *das* über ein Wort oder einen komplexen sprachlichen Ausdruck zu sagen, gilt es zu untersuchen. Was *ist* »die Bedeutung eines Wortes«? Und wenn wir sagen, »die Bedeutung ist sein Gebrauch«, dann stellt sich die Frage: »Hat ein Wort, abgesehen von seinem mannigfachen Gebrauch, denn *überhaupt keine* Bedeutung?« Wie *kann* es dann aber neue Anwendungsfälle von ihm geben? Und wieso könnten uns Wörterbuchdefinitionen dann *irgend etwas* sagen? Ich will versuchen, mich deutlicher zu erklären.

Der Zweifelsgrund des Philosophen macht Projektion nötig

Es gibt viele verschiedene Arten von Zusammenhängen, in denen sich die Frage »In welchem Umfang?« oder »Ganz und gar?« stellen läßt. Man denke sie sich in Reaktion auf jede der folgenden Aussagen:

1a. Ich habe den Tisch poliert.

1b. Ich habe auf dem Tisch einen Kratzer gemacht.
2a. Ich habe das Brahmskonzert gespielt.
2b. Ich habe die Violine gespielt.
3. Ich habe die Zigarette geraucht.
4a. Ich habe den Apfel gegessen.
4b. Ich habe ein Stück vom Apfel abgebissen.
5a. Ich habe das Zimmer gekehrt.
5b. Ich habe das Zimmer geschmückt.
5c. Ich habe das Zimmer betreten.
6a. Ich habe etwas von der Tasse abgebrochen.
6b. Ich habe die Tasse zerbrochen.
6c. Ich habe die Tasse fallen lassen.
7a. Ich habe das Ziel getroffen.
7b. Ich habe den Ball getroffen.
8a. Ich habe den Umschlag bemerkt.
8b. Ich habe einen Blick auf den Umschlag geworfen.
9a. Ich sehe einen New-Orleans-Stieglitz.
9b. Ich sehe das Schiff (am Horizont).
9c. Ich sehe Vater.
9d. Ich sehe den Umschlag (wenn er vollständig sichtbar ist).

In einigen dieser Fälle haben die Fragen »In welchem Umfang?« und »Ganz und gar?« einen völlig klaren Sinn, in anderen anscheinend überhaupt keinen, und in noch anderen können wir sagen, daß sie einen Sinn haben, der weder völlig klar noch völlig unklar ist. Ich werde hier davon sprechen, daß sie »einen gewissen Sinn ergeben«.

Die ersten beiden Fallgruppen stechen hervor. Die Fragen ergeben einen völlig klaren Sinn, wenn man sie in bezug auf (1a), (2a), (3), (4a) usw. stellt, während sie in bezug auf (5c), (7a), (8a) anscheinend keinerlei Sinn ergeben. Doch in vielen Fällen liegt es nicht offen zutage, ob der Sinn völlig klar ist oder völlig fehlt. Was sollte es bedeuten zu fragen, ob jemand »ganz und gar« die Violine gespielt hat (2b) oder »in welchem Umfang« er auf dem Tisch einen Kratzer gemacht hat (1b) oder ob er die Tasse »ganz und gar« hat fallen lassen (6c)? Dennoch könnte immerhin irgend etwas dahinterstecken. Was die Violine betrifft, könnte die Frage darauf abzielen, ob er sie geprüft hat, indem er chromatische Skalen auf jeder Saite bis nach oben gespielt hat; oder ob er höhere Lagen benutzt hat, wo sie dem Ton ein größeres Volumen gegeben oder die Phrasierung weicher gestaltet hätten. Was den Kratzer betrifft, könnte der Sinn etwa der sein herauszubekommen, ob unter dem ganzen Farbauftrag der Oberfläche noch eine andere Farbschicht liegt. Was die Tasse betrifft, könnte es einen klaren Sinn ergeben, wenn die fragliche Tasse z. B. ein Scherzartikel gewesen wäre, der aus zwei Hälften besteht, deren eine herunterfällt, sobald der Gimpel aus dem Publikum die Tasse zum Munde führt.

»Einen gewissen Sinn ergeben« bedeutet demnach »in einem bestimmten Zusammenhang klaren Sinn ergeben«. Aber das ist auch alles, was »klaren Sinn ergeben« bedeuten kann; denn es kann nicht bedeuten »klaren Sinn in allen Zusammenhängen ergeben«. Was ist also der Unterschied zwischen »klaren Sinn ergeben« und »einen gewissen Sinn ergeben«? Es ist offenbar abhängig davon, ob klar ist, was wir den Anwendungsfall der Frage nennen können: ob, könnten wir auch sagen, der Zusammenhang, in dem sie klaren Sinn ergibt, seinerseits keiner Erläuterung bedarf, d. h. von sich aus klar ist oder ob er im Gegenteil einer solchen Erläuterung *bedarf*.

Allerdings ist ein Kriterium für diesen Unterschied schwer anzugeben. Immerhin ist es ja ein Punkt, vor dem Wittgenstein immer wieder warnt, daß die Anwendung eines Ausdrucks selbstverständlich zu sein scheint, während diese Selbstverständlichkeit ihrerseits doch vielleicht bereits das Produkt philosophischer Entstellung ist. Es mag daher hilfreich sein, es so zu sagen: Ausdrücke, die ich so charakterisiere, daß sie »einen gewissen Sinn ergeben«, sind solche, deren Anwendung nicht selbstverständlich ist – ein Gefühl, daß sie irgendwie etwas unpassend sind, haftet ihnen an. Es sind solche, bei denen, wenn es darum geht zu sehen, unter welchen Umständen sie richtig angewandt wären, es erforderlich ist, sich »auszudenken«, was der Ausdruck bedeuten könnte, d. h. etwas, das, wenn es um die richtige Anwendung eines Ausdrucks geht, der uns irregeführt hat (z. B. »Zeig auf die Farbe«), nicht erforderlich ist; denn den braucht man nur in sein »übliches Sprachspiel zurückzusetzen«. Aber könnten wir nicht auch sagen, daß, wenn wir uns eine richtige Anwendung ausdenken, wir effektiv für diesen Ausdruck ein übliches Sprachspiel konstruieren? Oder noch besser, daß wir ein (realmögliches) Sprachspiel für ihn liefern? Ich würde jedoch immer noch ergänzen wollen: »möglich« bedeutet: »ein *übliches*«. Der Grund, warum ich darauf bestehen zu müssen meine, wird vielleicht klarer durch den Vergleich zwischen einem Ausdruck, der »einen gewissen Sinn ergibt«, und solchen Ausdrücken, von denen Wittgenstein sagt, ihre Grammatik sei erklärungsbedürftig (z. B. »Die Rose hat Zähne im Maul eines Tieres«). Von diesen sagt er oder gibt er zu verstehen, daß unterschiedliche Erklärungen plausibel sein können (»weil man von vornherein gar nicht weiß, wo bei einer Rose nach Zähnen zu suchen wäre«, (*Untersuchungen*, S. 222)). Bei Ausdrücken jedoch, die »einen gewissen Sinn ergeben« – d. h. also: einen *ergänzungsbedürftigen* Sinn –, haben wir das Gefühl, daß es einen *passenden* Zusammenhang für ihren Gebrauch gibt und daß es beim Ausdenken ihrer Anwendbarkeit um das Erraten genau *dieses* Zusammenhangs geht. In diesen Fällen haben wir nicht dieselbe Freiheit wie vorhin. Es ist, als fühlten wir, daß wir nichts weiter zu tun bräuchten, als genau die Projektionsmöglichkeit auszuüben, von der Sprache überhaupt abhängt. Wir haben Freiheit, nur unterliegen wir zugleich der Bedingung für jede Projektion, daß nämlich nur durch die Empfänglichkeit des entsprechenden Zusammenhangs für sie ausgemacht ist, daß sie auch adäquat ist. Es ist an uns zu zeigen, *wieso* der neue Zusammenhang ein Anwendungsfall des schon bekannten Begriffs ist.

Diese Bedingung gewinnt Prägnanz, wenn wir bemerken, daß auch in den Fällen, in denen es von den Fragen »In welchem Umfang?« und »Ganz und gar?« hieß, sie ergäben »einen klaren Sinn«, dieser Sinn davon abhing, daß wir sehr bestimmte, enge

Zusammenhänge im Kopf hatten, innerhalb deren wir uns die Fragen gestellt dachten, oder besser noch: an ganz bestimmte Zusammenhänge, in denen die Antwort auf die Frage ein schlichtes Ja oder Nein wäre. Aber auch das ist noch dehnbarer, als es vielleicht scheint. Wenn ich frage »Hast du den Apfel aufgegessen?« und der andere sagt schlicht Ja, was wird er zur Antwort geben, wenn ich hingehe, nachsehe und feststelle: »Aber du hast ihn ja gar nicht aufgegessen; du hast das Kerngehäuse liegengelassen«? Der andere *mag* sich damit abfinden. Vielleicht ist das ja meine Art, mit Äpfeln umzugehen: ich »esse Äpfel« nun mal so, und das ist nicht zu bizarr, als daß er das, was ich darunter verstehe, »einen Apfel aufgegessen zu haben«, nicht akzeptieren und sein Verständnis dem anpassen könnte, indem er einräumt: »Ich habe ihn aufgegessen, abgesehen vom Kerngehäuse.« Aber diese Toleranz hat ihre Grenzen. Wenn bei anderer Gelegenheit jemand einwendet, »Aber du hast ja die Zigarette gar nicht aufgeraucht, der ganze Filter liegt im Aschenbecher«, dann werden wir, mag es auch seine Sitte sein, aus jedem Stummel auch noch das Letzte herauszuholen, um den Rest obendrein zu verschlingen, uns vermutlich nicht dem anschließen, was er darunter versteht, »eine Zigarette aufzurauchen«, und nicht dadurch eine Verständigung zwischen uns erstreben, daß wir sagen »Nun, mit Ausnahme des Filters habe ich sie aufgeraucht«. Dafür ist seine Art zu rauchen doch *zu* bizarr. Man kann sich nun mal nicht mit jedem über alles unterhalten. Wenn jemand auf unsere Behauptung, das ganze Zimmer geschmückt zu haben, den Einwand erhebt, aber zwischen den Nippesgegenständen hätten wir doch noch Platz gelassen oder wir hätten nicht überall, wo noch etwas hingepaßt hätte, etwas hingestellt, haben wir vielleicht doch das Gefühl »Du stellst dir unter Dekorieren etwas anderes vor als ich«, ja »Du weißt überhaupt nicht, was Dekorieren ist.« Man kann auch nicht mit jedem jedes Vergnügen teilen. Wenn jemand einwendet, wir hätten doch gar nicht das ganze Brahmskonzert gespielt, und zwar darum nicht, weil wir nur den Violinpart gespielt hätten, werden wir vermutlich nicht einen Moment lang der Ansicht sein, er habe eben einen *anderen* Begriff davon, was es heißt, »ein Konzert zu spielen«. Entweder ihm fehlt überhaupt jeder Begriff davon, oder er hegt über die Bewandtnis, die es gerade bei diesem Konzert mit der Orchestrierung habe, irgendwelche Gedanken, die er doch besser gleich deutlich gemacht hätte.

Manchmal ist nicht klar, wie weit unsere Verpflichtung geht, eine neue Projektion auch explizit zu machen. Die Frage »Ganz und gar?« auf die Mitteilung hin »Ich habe die Tasse zerbrochen« ergibt einen gewissen Sinn, sei es im Hinblick auf einen bestimmten Zweck, sei es, daß das die einzige oder die beste Weise ist, eine gewünschte Information zu bekommen. Die Frage mag immerhin nicht ganz witzlos sein: Auf der einen Seite befindet sich etwa ein goldenes Monogramm, das hätte man gern erhalten gesehen; oder man kann die Tasse kleben, wenn nicht mehr passiert sein sollte, als daß der Henkel abgebrochen ist, wie es so leicht passiert. Doch was soll der Witz sein, wenn es bei der Frage um nichts weiter geht als darum, daß es vielleicht das *eine oder andere Bruchstück* gibt, welches noch weiter zerbrechen könnte? Gesagt zu bekommen »Aber du hast sie ja gar nicht ganz und gar zerbrochen: dieser Teil hier ist nicht zerbrochen« käme uns wie ein Scherz vor. Gesetzt aber, der so Fragende sammelte dann alle Teile zusammen, die groß genug sind, um eine Vorstellung von dem Ausgangsobjekt zu vermitteln, und legte sie vorsichtig in ein Kästchen, das halbvoll ist mit derlei Bruchstücken. Er erklärte sodann, er bastele daraus Köder oder benutze sie als Mitbringsel für die Eingeborenen. Gesetzt schließlich, das käme auch alles so hin. Wir begreifen dann, was seine Frage *bedeutet*, und zwar nicht bloß weil er eine plausible Interpretation gegeben hat, denn er verfügt über Begriffe, dieselben wie wir, davon, was es heißt, »etwas zu zerbrechen« und es »ganz und gar zu zerbrechen«, und er hat auf eine nachvollziehbare Weise gezeigt, *wie* der Begriff in diesen Zusammenhang hineinpaßt. Wir werden vielleicht für diese Projektion nicht viel Verwendung haben. Auch in Zukunft, wenn wir eine Tasse zerbrechen, werden wir uns die Frage »Ganz und gar?« nicht als völlig klar, nicht näher erläuterungsbedürftig und prompt beantwortbar gefallen lassen. Doch das stört uns nicht. *Er* hat ja ein Interesse, das die Frage verwendbar macht – eine Verwendung für ebendiese Projektion des Begriffs –, und sein Interesse und seine Verwendung sind nicht mit irgend etwas auf unserer Seite inkompatibel. Man muß sich nicht mit jedem über alles unterhalten.

Wenn nun der Philosoph in seinem Zusammenhang die Frage stellt »Siehst du denn alles von dem Umschlag?«, dann sind wir, vermute ich, nicht imstande, darauf mit einem schlichten Ja oder Nein zu antworten – die Frage ergibt keinen klaren Sinn. Trotzdem bringt sie uns auch nicht in Verlegenheit, nach unserem Gefühl ist sie *nicht* schlicht sinnlos. Wie auch sonst in solchen Fällen bitten wir um eine Erläuterung der beabsichtigten Projektion (um eine Erläuterung, wieso dieser Zusammenhang für eine quantitative Bestimmung des Ausmaßes, in dem etwas gesehen wird, überhaupt empfänglich ist). Oder wir haben uns eben »auszudenken«, wie die adäquate Projektion beschaffen sein müßte. Selbstverständlich sind wir längst gewitzt und kennen das Ende der Geschichte, daher können wir es auch ablehnen, uns diese Mühe zu machen, uns nach einer adäquaten Projektion umzusehen, indem wir statt dessen erklären, die Frage des Philosophen sei schlicht unakzeptabel. Aber das wäre nach der von uns gegebenen Charakterisierung von »schlicht unakzeptabel« eben unzutreffend. Oder: Die Begründung der Antwortverweigerung ist *prima facie* schwächer als der Grund, den der Philosoph hat, die Frage zu stellen. Denn er hat einen Grund, sie zu stellen – so wie seine Untersuchung angelegt ist, *muß* er sie sogar stellen –, *und* er versucht auch, im weiteren Verlauf zu zeigen, daß sie adäquat ist. Hingegen scheint in diesem Stadium die Antwortverweigerung ausschließlich den Grund zu haben, daß die Frage zum Skeptizismus führt, zu einer nicht wünschenswerten Konklusion. Das nun wiederum ist als Grund, um nicht zu antworten, kaum akzeptabel.

Habe ich aber mit meiner Überlegung recht, daß die Frage nicht *vollständig* natürlich ist, daß sie einen *klaren* Sinn vermissen läßt (und das immerhin halte ich durch Überlegungen, »wie wir üblicherweise den Ausdruck verwenden«, für bewiesen), dann obliegt es dem Fragenden, klarzumachen, daß sie adäquat ist. Und genau das geschieht meiner Interpretation zufolge, indem der Philosoph bekanntermaßen fortfährt: »Du siehst ja die Rückseite nicht und das Innere auch nicht.« Jetzt ist die Frage: Liefert diese Erläuterung eine adäquate Projektion? Ist es dem Philosophen gelungen zu zeigen, wieso sein Zusammenhang für diese Projektion seines Ausdrucks empfänglich ist? Ist sie vielleicht zu bizarr, in der Art des Begriffs »Rauchen« im Fall von »Aber du hast doch den Filter nicht geraucht«? Ist sie vielleicht bloß ein Symptom dafür, daß der Begriff dessen, was es heißt, »ein Objekt zu sehen«, nicht gewußt wird oder vollkommen fehlt, nämlich so wie, nach der einen Auslegung, in den Fällen »Du hast aber die Orchesterpartien nicht gespielt« und »Du hast *diese* Stelle aber nicht dekoriert«, wo das ein Symptom dafür zu sein schien, daß jeder Begriff von »ein Konzert spielen« oder »einen Raum dekorieren« fehlt? Mir scheint ganz klar, daß in unserem Fall weder das eine noch das andere vorliegt. Auf der anderen Seite wird er aber auch nicht in Analogie zu »Aber das Kerngehäuse hast du nicht gegessen« oder »Aber dies Stück hast du nicht zerbrochen« tolerierbar. Wir können uns nämlich, anders als im Fall mit dem Apfel, mit der Art, wie unser *Opponent* Objekte sieht, nicht arrangieren, indem wir ihm etwa bereitwillig zugestehen: »Recht hast du, ich sehe ihn vollständig, nur nicht die Rückseite und das Innere.« Ebensowenig ist das Interesse, mit dem er Objekte sieht – dem Tassenbeispiel vergleichbar – so idiosynkratisch, daß wir einander gar nicht ins Gehege kämen. Seine Verwendung des Begriffs »sehen« stört uns durchaus. Wir müssen schließlich imstande sein, uns mit jedem darüber zu verständigen, was wir sehen und wieviel von einem Objekt wir sehen können. Mit jedem, versteht sich, mit dem wir uns überhaupt über etwas unterhalten können.

Das wäre demnach ein Beispiel dafür, daß etwas, was der Philosoph sagt, »unseren üblichen Überzeugungen« widerstreitet oder, wie jetzt klar wird, unseren üblichen Begriffen. Aber selbstverständlich befindet sich das, was er sagt, genauso im Widerstreit mit *seinen eigenen* (*üblichen*) Interessen – er wird nicht umhinkönnen, den Begriff des »Sehens« so zu verwenden, wie wir ihn, üblicherweise, verwenden. Und das gibt er auch ausdrücklich zu, indem er sagt, er gebrauche, wenn er philosophiert, das Wort »sehen« in einem speziellen Sinn, »strikter als üblich«. *Darüber* möchte er eine Verständigung erreichen, *dieses* Zugeständnis hat er anzubieten. Damit ist auf eine andere Weise gesagt und womöglich auch schon die Ursache dafür berührt, daß seine Konklusionen »instabil« sind.

Die Projektion des Philosophen führt zu einem Dilemma

Wieso eigentlich *erklärt* oder *zeigt* die Feststellung »Aber du siehst ja nicht die Rückseite, und das Innere siehst du gar nicht«, daß die quantitative Bestimmung des Ausmaßes, in dem etwas gesehen wird, in einen Zusammenhang paßt, bei dem wir normalerweise sagen würden, das Objekt sei »voll sichtbar«? Der Vorschlag war: dadurch, daß sie zeigt, daß es in gewisser Hinsicht – einer Hinsicht, die wir vorher nicht beachtet hatten, an der wir nicht hinlänglich interessiert waren – eben nicht voll sichtbar ist. Und wie das? Wiederum scheint es klar, daß das auf die übliche Art zu geschehen hätte: »Nicht voll sichtbar« muß bedeuten, was es üblicherweise bedeutet, denn sonst würde der Philosoph nie davon ausgegangen sein, das entdeckt zu haben, wovon er doch ausgeht, daß er es entdeckt hat.

Üblicherweise bedeutet »Du siehst (sahst) aber gar nicht alles« oder »Es ist gar nicht voll sichtbar«, daß ein Teil des Dings *verborgen, versteckt, nicht einsehbar* ist. Das kann der Fall sein, wenn (1) ein anderes Objekt den Blick auf es verstellt oder wenn (2) das Objekt von einem Teil von sich verstellt wird oder wenn (3) ein erheblicher Teil desselben dem Betrachter abgekehrt ist. Der erste

Fall scheidet als offensichtlich hier irrelevant aus. Worauf sich der Philosoph stützt, sofern seine Worte das bedeuten, was sie besagen, ist demnach irgendeine Version von (2) oder (3). Ein Beispiel für den zweiten Fall wäre, daß man nicht die ganze Rückenlehne des Sessels gesehen hat, weil die Armlehne im Weg war (so daß man nicht weiß, ob der Fleck um acht Uhr abends schon da war oder nicht). Ein Beispiel für den dritten wäre, daß man nicht den Teil gesehen hat, wo sich das Monogramm befindet (so daß man nicht weiß, ob es gerade *diese* Kameratasche war, welche man gesehen hat).

Entsprechend nun, wenn die Wendung »Du siehst aber gar nicht alles« das bedeutet, was sie üblicherweise bedeutet, dann folgt aus ihr, daß es irgendein bestimmtes Objekt gibt, von dessen Existenz oder Präsenz wir zu wissen behauptet haben; daß ferner ein Teil dieses Objekts verborgen ist, wobei »ein Teil« bedeutet »ein bestimmter Teil«, dessen Identität und Bedeutung unabhängig von der (rein geometrisch-physikalischen) Tatsache kenntlich zu machen ist, daß er für einen anderen in der Position und zu dem Zeitpunkt nicht sichtbar ist, oder – besser gesagt – abgesehen davon, daß er auch unabhängig davon kenntlich zu machen ist, *existiert* womöglich nichts, was man einen »Teil« nennen würde, d. h. kein »es«, das der andere nicht würde sehen können (abgesehen von dem Monogramm gibt es vielleicht keinen »Teil«, der das Monogramm aufweisen oder nicht aufweisen würde, sondern nur eine gewisse Zone oder eine Stelle, an der Monogramme hätten auftauchen können oder auch nicht): Der »ungesehene Teil« muß unabhängig von der (rein geometrisch-physikalischen) Tatsache kenntlich zu machen sein, daß die eine oder andere Zone, das eine oder andere Fragment, die eine oder andere Stelle von dem anderen aus der Position und zu dem Zeitpunkt nicht sichtbar ist.

Was aber nun als »Teil« gelten soll, kann auf verschiedene Weise kenntlich gemacht werden. Es *kann* sein, daß es ein benannter Teil des Objekts ist (die Rückenlehne, die Armlehne, der Filter, das Kerngehäuse usw.); es kann aber auch sein, daß es lediglich als »der Teil mit dem Monogramm oder dem Kratzer darauf«, »der rote Teil« oder »ein Stück, das groß genug ist, um vom Ausgangsobjekt einen Eindruck zu vermitteln«, beschreibbar ist. Daher lautet unsere Frage nun: Hat »die Rückseite« im Sprachgebrauch des Philosophen die Funktion, einen Teil des Objekts, einen verborgenen Teil, kenntlich zu machen?

Wir wollen uns die Art der Umstände vergegenwärtigen, unter denen das normalerweise allerdings der Fall wäre. Nehmen wir dieses Beispiel: Wir haben eine Menge verschiedenfarbiger Kugeln, die gleich groß, aber unterschiedlich schwer sind, und wir wollen das Gewicht jeder derselben so genau wie möglich ohne Zuhilfenahme einer Waage feststellen. Gesetzt, wir entscheiden uns dafür, diejenigen, mit denen wir das machen können, in Wasser schwimmen zu lassen, um die unterschiedliche Wasserverdrängung zu messen, und ich protokolliere die Ergebnisse, die der andere mir zuruft. Der andere wird so etwas sagen wie »Rot ist zur Hälfte untergetaucht«, »Weiß ist zu zwei Dritteln untergetaucht«, »Grün ist gesunken« usw., und ich trage dann neben »Rot« den Bruch ½, neben »Weiß« ⅔ usw. ein. Gesetzt nun, der andere ist sich im Fall der blauen Kugel seiner Sache nicht sicher, ob sie nun zu fünf Achteln oder zu drei Vierteln untergetaucht ist. Ich könnte dann meinerseits hinschauen und, wenn auch ich zu keiner Entscheidung gelange, neben »Blau« statt einer Bruchangabe ein Diagramm eintragen (etwa einen von einer Linie, die die Position der Wasseroberfläche darstellt, durchschnittenen Kreis) und auf diese Weise *zeigen*, was noch über dem Wasser sichtbar ist. Das Diagramm wird dann die *Teile* oberhalb und unterhalb der Wasserlinie *unterscheiden*. Ich werde sagen können: Dadurch, daß wir uns auch auf das Diagramm beziehen können, machen Ausdrücke wie »Rückseite«, »Oberseite« den *Teil* eines Objekts kenntlich. Und das, wodurch solche Diagramme beinhalten, was sie beinhalten, ist nicht etwa die Geometrie und Physik der Umstände selber, sondern die Tatsache, daß Geometrie und Physik durch den fraglichen Zusammenhang auf ein konkretes Objekt bezogen sind.

Nehmen wir an, wir würden so ähnlich versuchen, das Resultat der Untersuchung, die der Philosoph über das »Ausmaß« anstellt, in dem wir ein Objekt sehen, in ein Diagramm zu fassen. Es mag sich dabei um eine gewöhnliche Zeichnung handeln oder um ein entsprechend markiertes Duplikat oder auch um das Ausgangsobjekt selbst, indem es als Diagramm betrachtet wird, d. h. als Modell seiner selbst. Wie würden wir die Feststellung des Philosophen »Du siehst ja nicht die Rückseite« in einem Diagramm veranschaulichen? Nehmen wir an, wir bedienen uns eines Duplikats und ziehen zur Unterscheidung von Vorder- und Rückseite einen Kreis darum. Dann zeigen wir auf die dadurch markierte Rückseite unseres Modells und sagen: »Das sehen wir nicht.« Wäre das sinnvoll? (Wir sind uns bewußt, daß das nicht bedeutet, daß wir an dem Modell nicht die Rückseite sehen oder sehen können. Oder?) Es wäre durchaus sinnvoll, wenn das Ausgangsobjekt selbst in diesem Zusammenhang vergleichbar markiert wäre (durch sein Untergetauchtsein, sein partielles Verdecktsein, durch seine Farbe, durch Monogramme, Kratzer usw.). Weist aber das Ausgangsobjekt keine solchen Markierungsmerkmale auf, dann fehlt dem Modell auch jeder Bezug zu ihm.

Daß das generische Objekt, dessen sich der klassische Erkenntnistheoretiker zu Beispielszwecken bedient, eine solche Markierung vermissen läßt, ist für seine Untersuchung ein wichtiger Umstand. Ist es dennoch in Teile unterschieden? Man könnte erwidern: »Zeigt denn nicht die Verhältnisgleichheit, die du soeben erläutert hast, daß es das in der Tat ist und auch wieso? Ein großer Kreis, dessen Fläche senkrecht zu einer gegebenen Sehachse steht, braucht nur auf eine Kugel aufgetragen zu werden. Das ist ein geometrisches Faktum. Vielleicht meinst du, es sei nicht dieses Faktum *allein*, durch welches bei einem Objekt zwei Teile markiert werden. Darauf läßt sich erwidern, daß es eben die Anfertigung dieses von dir vorgestellten Diagramms ist, durch welches die Markierung erfolgt. Wenn der Erkenntnistheoretiker sagt ›Du siehst ja nicht die Rückseite‹, ist dir *bewußt, wo du die Linie zu ziehen hättest*; das ist *gegeben* durch die geometrischen und optischen Umstände selber. Was du die ›Anwendung‹ des geometrischen Begriffs ›halb‹ nennst, *ist* demnach sehr wohl durch die geometrischen und optischen Umstände des Zusammenhangs gegeben.«

Auf diesen Vorschlag möchte ich zweierlei antworten. Erstens: Als ich vom »Markieren eines Teils« gesprochen habe, meinte ich das im Zusammenhang damit, was ich über das »Projizieren eines Begriffs« gesagt habe. (Der Erkenntnistheoretiker hat die Anwendbarkeit des Ausdrucks »die Rückseite« in seinem Zusammenhang zu erläutern, denn was er da bedeuten soll, ist nicht einsichtig. Ebendie Antwort, der zufolge die Anfertigung des Diagramms selbst die Markierung leiste, gibt soviel zumindest auch zu.) Um die Projektion akzeptabel zu machen, müßte man sodann mit dem Teil (der Scherbe einer Tasse, dem Kerngehäuse) irgend etwas Nachvollziehbares *anfangen* können. (Die Teile eines Objekts, für die es übliche Namen gibt, sind offensichtlich zu irgend etwas nütze.) Das heißt, daß man, wenn man sich von der Markierung der »Rückseite« vorstellt, sie erfolge durch die Anfertigung des Diagramms und die Geometrie und die optischen Umstände selbst, sich vorstellen muß, daß das, was dann geschieht, diese Markierung auch bestätigt. Man muß sich vorstellen, wie das Leben mit diesem Objekt so *weitergeht*, daß »die Rückseite« – worunter diesem Vorschlag zufolge also nichts anderes zu verstehen wäre als die Hälfte, die aus *diesem* bestimmten Gesichtspunkt durch *diese* Kreislinie senkrecht zur Sehachse kenntlich gemacht ist – nie gesehen wird, nie sichtbar ist.

Wie der Skeptiker es darstellt, wären demnach alle unsere Objekte *Monde*. Die Erde wäre unser Mond. Unsere Position in bezug auf wichtige Objekte jedenfalls wäre durch die Raumkoordinaten bestimmt; die Kreislinien, die ihre Vorderseite und Rückseite kenntlich machen, wären sowohl dadurch als auch durch die Aufmerksamkeit, die wir den Objekten zuwenden, bestimmt. Sobald wir unsere Position ändern, verschwänden die »Teile«, wir *sähen*, was vorher verborgen lag – aus jeder anderen Position als der senkrecht zu *diesem* Kreis, zu *dieser* Rückseite, der kenntlich macht, daß sie allein zu sehen ist. Um eine davon *verschiedene* »Rückseite« kenntlich zu machen, wird es erforderlich sein, ein neues Diagramm anzufertigen, einen neuen Standpunkt einzunehmen usw. Daraus ist zu schließen, daß das, was die Philosophen »die Sinne« nennen, selbst abhängig von dieser Vorstellung einer geometrisch fixierten Position gedacht ist, also ganz ohne Zusammenhang mit der Tatsache, daß sie von einem Wesen gehabt und gebraucht werden, das sich *praktisch verhalten* muß. Ferner ergibt sich daraus eine Erklärung für die uns bereits zu wiederholten Malen so befremdlich aufgestoßene »Instabilität« der skeptischen Konklusion überhaupt, für die Erfahrung, die Hume in die Worte gefaßt hat, daß seine natürlichen Überzeugungen in dem Augenblick »wiederkehrten«, sobald er aus seinem Arbeitszimmer in die Alltagswelt trat, und daß seine philosophischen Zweifel irgendwie »kalt, überspannt und lächerlich« wirkten. Abgesehen von der spezifischen Herstellung oder Wiederherstellung eines »Teils« des Objekts, den wir nicht sehen, durch ein besonderes Verhalten bei der Untersuchung des Philosophen (die Wahl eines neuen Standpunkts, die neue Konzentration auf eine Kreislinie), *gibt* es ja nichts – kein *Ding* –, das wir nicht sehen: Die Objekte sind (wieder?) »voll sichtbar«.

Das zweite, was ich auf den fiktiven Vorschlag erwidern möchte, die philosophische Untersuchung könne doch selbst den Teil kenntlich machen, ist folgendes. Wir wollen annehmen, das Diagramm auf dem Modell hätte einen hinreichenden Bezug zum Ausgangsobjekt, d. h. unabhängig von irgendwelchen Raumkoordinaten und speziellen Aufmerksamkeitsinvestitionen. Wir wollen annehmen, das Objekt hätte tatsächlich irgendein Merkmal (einen Kratzer, eine Farbe, eine glänzende Stelle usw.), durch welches es halbiert ist. In diesem Fall das mit einem Diagramm versehene Modell hochzuhalten, auf die Rückseite zu deuten und zu sagen, »*Das* ist das, was wir nicht sehen«, wird, vorausgesetzt, wir stehen richtig, schlicht wahr sein. Nur wird es sich dann aber eben auch um eine rein lokale Tatsache in bezug auf das individuelle Objekt handeln, von dem unser mit dem Diagramm versehenes Objekt das getreue Modell ist, ohne daß irgend etwas daraus für alle Objekte folgen würde, insbesondere auch nicht für das Objekt, das der Träger des Diagramms ist.

Nun haben wir eine Formulierung der Konklusion des Philosophen, die zu folgendem Dilemma führt: Entweder dem Modell, im Hinblick auf das sowohl wir als auch er seine Aussagen verstehen müssen, fehlt die Anwendbarkeit auf das Ausgangsobjekt, so daß es zum Modell von gar nichts würde: Dann müßten wir es anwendbar *machen* – sei es durch ein verdrehtes Verständnis davon, was es heißt, unter Objekten zu leben (daher auch: unserer »Vorstellung von einem Gegenstand überhaupt«?), sei es dadurch, daß wir uns von »den Sinnen« einen Begriff machen, der sie entkörperlicht. Oder aber das Modell paßt getreulich auf das Ausgangsobjekt: In diesem Fall hätte es keine Bedeutung für die Geltung unseres Wissens überhaupt – niemand würde in diesem Fall voraussetzen, daß, weil wir von *diesem* Objekt nicht alles sehen können, wir unter keinen Umständen »alles« von einem Objekt sehen könnten.

In diesem zweiten Fall wäre das, was wir sagen, wahr, es wäre eine *Tatsache*, die im Hinblick auf dieses Objekt und unsere Position mit Bezug auf es schlicht zutrifft, und keine allgemeine skeptische Konklusion wäre das Ergebnis. Im ersten Fall dagegen wäre das skeptische Ergebnis keine *Tatsache*, und sie wäre nichts, das von unserer Welt handelt, wo nun einmal Augen und Körper zusammengehören und wo die Objekte nicht unvermeidlich genau »eine Seite« uns zugekehrt halten.

Eine Widerlegung des Skeptizismus wird das freilich kaum darstellen, geschweige denn der klassischen erkenntnistheoretischen Vorgehensweise als ganzer. Selbst wenn wir auf dem richtigen Weg sind, zuviel ist hier ausgespart. Erstens fehlt uns noch eine Analyse des Begriffs des *Sehens*, die zu erklären vermöchte, inwiefern die hier in Frage kommenden verschiedenen Zusammenhänge einen modifizierenden Einfluß darauf haben, »wieviel gesehen« wird. Zweitens haben wir noch gar nicht die Frage angeschnitten, welche Relevanz die erkenntnistheoretische Untersuchung im Licht der Phänomenologie unserer Objekterfahrung hat, sondern sind darauf bisher nur soweit eingegangen, als es um die Interpretation der Behauptung ging, man wisse um die Existenz von Objekten. (Die beiden Interpretationen werden im weiteren Verlauf kurz miteinander verglichen werden: siehe unten den Abschnitt »Zwei Interpretationen ...«.) Ferner hat es offensichtlich auf der Stufe, auf der wir die Vorgehensweise angegriffen haben, immer noch sein Bewenden bei *Objekten* in der Welt, während wir, sofern wir aus anderen Erwägungen dazu kämen, die Existenz von Objekten für problematisch zu halten, uns nicht auf unser Zusammenleben mit Objekten berufen könnten, um zu beweisen, daß die skeptische Konklusion für unsere Welt belanglos ist.

Aber das Dilemma, auf das wir gestoßen sind, muß uns zu der Überlegung veranlassen, ob es überhaupt stimmt, daß der klassische Erkenntnistheoretiker es für eine *Tatsache* hält, daß wir (buchstäblich) keine Objekte sehen und daß wir daher nicht (mit Gewißheit, über allen Zweifel erhaben) um ihre Existenz zu *wissen* behaupten können. Ferner: ob die Art, auf die er zu diesem Ergebnis kommt, auch dadurch bedingt ist, daß er getreulich die Verfahren einhält, welche die Menschen nun einmal haben, um Behauptungen zu prüfen, d. h., daß er getreulich die Verwendungsweise von Alltagsausdrücken in solchen Zusammenhängen beachtet, in denen sie klaren Sinn ergeben. Denn genau darum handelt es sich, wir müssen zu begreifen suchen, wie der Philosoph, wenn er so vorgeht, daß es nicht offenkundig gegen die normale Ausdrucksweise und deren Semantik verstößt, trotzdem dazu gezwungen wird, einen Zweifelsgrund aufzutischen, welcher zu einem Dilemma der eben beschriebenen Art führt. Das führt uns zurück zu der Grundlage, von welcher der Philosoph voraussetzt, sie unterstütze den von ihm untersuchten Wissensanspruch, denn ein Zweifelsgrund hat ja *unmittelbar* den Zweck, eine gegebene Grundlage und *auf diesem Umweg* die dadurch gestützte Behauptung zu entkräften.

Die Grundlage des Philosophen und ein tiefreichender Konflikt mit seinen neuen Kritikern

Inwiefern eigentlich entkräftet die Überlegung (der Zweifelsgrund) »Aber du siehst ja gar nicht alles« die Grundlage »Ich sehe es«? Die Fortführung dieser Überlegung (»Du siehst weder die Rückseite noch das Innere«) führt zu einer Feststellung wie »*Alles, was du siehst*« oder »Alles, was du *wirklich* siehst«, gemeint ist: höchstens die Oberfläche der Vorderseite. Daraus soll dann folgen (oder das soll bedeuten), daß man *es*, das Objekt (das Objekt an sich) nicht sieht und folglich auch nicht *weiß*, daß es existiert. Diese Gedankenreihe ist weit davon entfernt, einwandfrei zu sein. Wenn man in einem alltäglichen Fall eine Situation durchspielt und sie tatsächlich oder in der Phantasie rekonstruiert, um zu bestimmen, wieviel (oder was oder was genau) man *wirklich* gesehen hat oder hat sehen können, und das zu dem Ergebnis führt, daß man »es nicht gesehen hat« und folglich nicht weiß, daß *es* dort war, ist das fragliche »es« normalerweise der Art nach identifiziert. Es ist gar nicht davon die Rede, daß es nie sichtbar ist, d. h., daß es bei *keiner* Gelegenheit würde gesehen werden können. »Du hast nicht den Teil mit dem Monogramm darauf gesehen, daher weißt du nicht, daß es gerade *diese* Kameratasche war, die du gesehen hast. *Was du gesehen hast*, könnte eine andere Tasche gewesen sein, etwa *diese* hier.« Oder vielleicht war es ja auch überhaupt keine wirkliche Kameratasche, sondern ein Dekorationsstück, wenn nicht sogar überhaupt kein *Objekt*, sondern nur eine Fata Morgana oder ein Schatten. Was aus dem »Alles, was du *wirklich* gesehen hast« jedoch nicht folgt, wäre, daß »*alles*, was du gesehen hast«, ein farbiger Fleck von dieser oder jener Form gewesen ist. Vielleicht war es die Tasche, vielleicht war es ganz etwas anderes, es ist möglich, daß man nicht weiß, was man gesehen hat, aber es hat jedenfalls aus diesem bestimmten Blickwinkel zu diesem Zeitpunkt wie eine Kameratasche ausgesehen. Ja, vielleicht war es sogar *diese* Kameratasche, die mit dem Monogramm darauf, nur ist man außerstande zu behaupten, man wisse, daß sie es gewesen ist.

Wieso der Erkenntnistheoretiker voraussetzt, es würde aus der »Tatsache«, daß man irgend etwas (alles, einen Teil davon, etwas) nicht sieht, folgen, daß deswegen das, was man effektiv gesehen hat, irgend etwas anderes ist (eine andere Art von Objekt), ist demnach ein Problem. Wohlgemerkt: ein *Problem*. Die *Konklusion* mit einer direkten Berufung auf die Alltagssprache zu konfrontieren brächte nämlich weniger als nichts. Als Kritik vorzubringen, wie etwa Martin Lean, »Es ist wahr, aber trivial, darauf hinzuweisen, daß wir immer nur einen Teil der Oberfläche von etwas sehen oder fühlen«, ist seinerseits leer. Es ist genauso ein »Mißbrauch« der Sprache wie nur irgend etwas im Repertoire des Skeptikers. Unmittelbarer Gegenstand von Leans Kritik ist eine Analyse von C. D. Broad, von der er an einer früheren Stelle gesagt hatte: »das heißt es ja eben, etwas ›zu sehen‹; das ist es ja eben, was der Ausdruck *bedeutet* [*means*]« (*Sense-Perception and Matter*, S. 68). So zu reden ist gewiß eine Versuchung; allerdings ist es sinnlos. Schlimmer als sinnlos, denn eine solche Kritik entstellt gerade die Ausdrücke und zieht genau die Folgerung, die unseren Verdacht geweckt hat, und wie es scheint, entwertet sie dadurch die ganze Art der Berufung. Denn zu sagen, einen Teil zu sehen, sei eben dasselbe, wie das Objekt zu sehen, es sei eben das, was »etwas sehen« *bedeutet*, unterstellt *zweierlei*: erstens, daß »ein Teil« eine klare Bedeutung hat, wenn auf voll sichtbare generische Objekte Bezug genommen wird; zweitens, daß, wenn bestimmt worden ist, was man *alles* sieht (was man »nur« sieht), daraus (trivialerweise) etwas folgt für das, *was* man sieht.

Erinnern wir uns: Eine »Grundlage« war eine Aussage, die eine bestimmte Behauptung stützt. Die Zurückweisung der Behauptung vermittelst einer Entkräftung der Grundlage (nicht etwa dadurch, daß von ihr gezeigt wird, daß sie »offenkundig falsch« ist!) beruht darauf. Und der Philosoph bringt ein bestimmtes Beispiel, dessen Schicksal im Verlauf der Untersuchung anscheinend etwas über das Schicksal des Wissens überhaupt aussagt. Meine Frage ist nun: Kann man sich das Beispiel, das der Philosoph bringt, als ein Beispiel für einen bestimmten Wissensanspruchs vorstellen? Wovon sind seine Beispiele eigentlich Beispiele?

Seine Antwort wäre, denke ich, diese: »Es sind Beispiele dafür, was es heißt, etwas zu wissen« oder »Es sind Beispiele dafür, was dann der Fall ist, wenn wir etwas wissen«. (Man vergleiche etwa Moore, *Some Main Problems*, S. 25.) Es ist allerdings von entscheidender Wichtigkeit zu begreifen, daß das keine voll befriedigende Antwort ist. Denn *wann* »wissen wir etwas«? Weiß ich (jetzt), daß auf dem Tisch ein grünes Glas mit Stiften steht (obwohl ich meinen Blick abgewendet habe)? Wenn ich das jetzt weiß: Habe ich es nicht gewußt, bevor ich die Frage stellte? Vorher habe ich nichts davon gesagt und auch nicht daran gedacht; aber vielleicht spielt das keine Rolle. Hätte jemand mich gefragt, ob das Glas auf dem Tisch steht, hätte ich, ohne hinzublicken, Ja sagen können. Also habe ich es gewußt. Aber was bedeutet es zu sagen »Ich habe es gewußt«? Selbstverständlich wird niemand behaupten, ich hätte es *nicht* gewußt. Auf der anderen Seite hätte auch niemand von mir gesagt, so wie er mich am Schreibtisch sitzen sah, mit dem grünen Glas außerhalb meines Sehfeldes, »Er weiß, daß das grüne Glas mit den Stiften auf dem Tisch steht«. Ebensowenig würde jemand jetzt von mir sagen »Er hat gewußt, daß das grüne Glas usw.«, *wenn er nicht einen besonderen Grund hätte, der diese Beschreibung meines »Wissens« für irgend etwas relevant macht*, was ich getan oder gesagt habe bzw. tue oder sage. (Zum Beispiel: Ich hätte jemandem erzählt, ich hätte niemals Stifte auf meinem Schreibtisch liegen. Oder ich hätte gewußt, daß Frau Grünglas zum Tee kommen wird und daß sie pikiert sein würde, wenn da ein grünes Glas steht.)

Vielleicht wird man denken: »Was macht es schon für einen Unterschied, daß niemand ohne besonderen Grund *gesagt* hätte, daß du gewußt hast, daß das grüne Glas da stand? Du *hast* es gewußt. Es ist *wahr* zu sagen, daß du es gewußt hast. Willst du etwa darauf hinaus, manchmal könne man nicht sagen, was wahr ist?« Worauf ich hinauswill, ist dies: »Weil es wahr ist« ist kein *Grund* oder keine Grundlage, um irgend etwas zu sagen. Dafür, was einer sagt, ist das nicht die Veranlassung, es zu sagen. Worauf ich hinauswill, ist, daß es buchstäblich Gründe, eine Veranlassung für eine vorgebrachte Behauptung geben muß, wenn diese Behauptung verständlich sein soll. Wir können zwar, auch ohne zu verstehen, warum einer diese Wörter benutzt, verstehen, was sie bedeuten; aber ohne die Veranlassung einer Äußerung zu verstehen, können wir nicht verstehen, was *jemand* meint.

Jetzt sind wir an einem Punkt, oder wieder an einem Punkt, und zwar in höchster Allgemeinheit, der mir bisweilen als der tiefste Streitpunkt zwischen der traditionellen Philosophie und ihren modernen Kritikern vorkommt, die von der Alltagssprache ausgehen. Diese Streitigkeiten haben, wenn ich recht verstehe, mit Moores Art eingesetzt, solche Thesen von Philosophen der Vergangenheit aufzustöbern und zu widerlegen, die direkt oder implizit im Widerspruch dazu stehen, was jeder gesagt hätte, der die Wörter in ihrer normalen Bedeutung benutzt hätte. Und »was jeder sagen würde« hat für Moore anscheinend in erster Linie bedeutet: »wovon jeder weiß, daß es wahr ist«: Eine philosophische These kann nicht wahr sein, wenn sie (explizit oder implizit) im Widerspruch dazu steht, wovon jeder überzeugt ist, ja weiß, daß es wahr ist. (Mit »implizit« meine ich hier: In *A Defense of Common sense* behauptet Moore, es könne nicht wahr sein zu sagen, »Die Zeit ist irreal«, wenn daraus folgt, und Moore zufolge hätten manche Philosophen das in der Tat daraus gefolgert, daß eine »Aussage« wie »Die Erde existiert schon seit vielen Jahren«, zumindest teilweise, falsch ist; denn eine solche Aussage sei »geradezu der Modellfall einer unzweideutigen Äußerung, deren Bedeutung wir alle verstehen müssen«, und es sei eine solche, von der »wir mit Gewißheit *wissen*, daß sie durchaus wahr ist«. Allenfalls wüßten wir vielleicht nicht, wie ihr Sinn *korrekt zu analysieren* ist.) Auf diese Art hat Moore, was immer sonst noch das Motiv dafür gewesen sein mag, seine Verteidigung des gesunden Menschenverstandes unternommen.

Doch in den Werken von Wittgenstein und Austin (wobei Austin allerdings von seiner Gesinnung her Moore nahesteht) hat es mit der Berufung auf das, »was wir normalerweise sagen«, eine andere Bewandtnis. Bei ihnen liegt die Betonung weniger auf der *Alltäglichkeit* eines Ausdrucks (worunter in der Regel, von Moore bis Austin, ein nicht bloß von Philosophen benutzter Ausdruck verstanden wird) als auf der Tatsache, daß etwas in kommunikativer Absicht von Menschen gegenüber anderen Menschen gesagt (oder, natürlich, geschrieben) wird, in bestimmten Kontexten, in einer gemeinsamen Sprache: *daher* ihre Fixiertheit auf den *Gebrauch* der Ausdrücke. »Ihre Bedeutung ist der Gebrauch« verlangt Aufmerksamkeit dafür, daß das, was ein Ausdruck bedeutet, eine Funktion seiner Anwendung von Menschen bei bestimmten Gelegenheiten ist. Daß eine so offenkundige Tatsache diese Wichtigkeit angenommen hat, ist an und für sich schon überraschend. Es wäre geistesgeschichtlich ein lohnendes Unterfangen, die Konzentration der Philosophie auf die Semantik einzelner Wörter und Sätze, isoliert von einer systematischen Berücksichtigung ihrer konkreten Verwendungsweisen, einmal aufzuarbeiten. Es ist eine Konzentration, die zum einen die klassische Suche nach der Bedeutung eines Worts in verschiedenen Gegenstandsgattungen veranlaßt und zum andern die Vorstellung erzeugt hat, vollkommenes Verstehen wäre nur durch die Konstruktion einer vollkommenen Sprache erreichbar. Der für diese Geschichte passende Titel könnte wohl lauten: *Philosophie und die Unterdrückung des Menschlichen*.

Wittgensteins Motiv (und weitgehend auch das Austins) ist, das Menschenwesen wieder in die Sprache und dadurch in die Philosophie einzusetzen. Aber er hat, glaube ich, die Versuchung, den Menschen hinauszudrängen, nie unterschätzt: Nichts könnte menschlicher sein. Wie ich ihn lese, hat er es unternommen, die Mechanismen dieser Unterdrückung in den Formen nachzuweisen, in denen wir bei der Untersuchung unserer selbst dazu kommen, »außerhalb von Sprachspielen« zu sprechen, d. h., sprachliche Ausdrücke isoliert von, ja im Gegensatz zu den natürlichen Lebensvollzügen zu betrachten, welche diesen Ausdrücken doch nur die Kraft geben, die sie haben. (Der auf die Diagnose gelegte

Nachdruck ist etwas, was Austin nicht teilt, der in dieser Beziehung, wie auch in anderen, mehr der klassische britische Aufklärungsphilosoph ist.) Was dem Ausdruck abhanden kommt, wenn er »außerhalb seines gewöhnlichen Sprachspiels« gebraucht wird, ist nicht notwendig ein Bedeutungsbestandteil der *Wörter* (sie können bedeuten, was sie immer bedeutet haben, d.h., wovon ein gutes Wörterbuch sagt, daß sie es bedeuten), sondern das, was wir meinen, indem wir sie dort gebrauchen, wo wir es faktisch tun. Was verlorengeht, ist die konkrete Veranlassung dazu, sie auszusprechen.

Und ein wie großer Verlust *ist* das? Das zu zeigen ist ein Hauptmotiv der *Untersuchungen*. Was wir verlieren, ist nicht die Bedeutung unserer Wörter – daher werden Begriffsbestimmungen, um ihre Bedeutung zu sichern oder zu erklären, unseren Verlust nicht wettmachen. Was wir verlieren, ist das volle Bewußtsein darum, was wir da gerade sagen. Wir wissen nicht länger, was *wir* meinen. Wittgensteins »Methoden« in der Philosophie sind von dem Bewußtsein geleitet, daß das Ziel der Philosophie nicht in der klassischen »Suche nach einer Begriffsbestimmung« zu finden ist. Etwa daran dachte ich, als ich eben von dem »tiefsten Streitpunkt« zwischen der Tradition und der neuen Philosophie sprach. Ich möchte zwei Weisen vorschlagen, auf die das Problem thematisiert werden kann.

Wieso benutzen wir den Ausdruck »was er gesagt hat«, um sowohl auf die *Wörter*, deren er sich bedient hat, Bezug zu nehmen als auch auf das, was er damit *meinte*, indem er sie benutzte? Oder so: Wieso können wir die Frage »Was hat er gesagt?« entweder dadurch beantworten, daß wir seine Worte *wiederholen*, oder dadurch, daß wir seinen Gedanken *wiedergeben* (das, wovon er gesprochen oder uns Mitteilung gemacht hat)? Wir können ganz zutreffend wiedergeben, was er gesagt hat, indem wir uns völlig anderer Wörter bedienen, ja solcher Wörter, deren Bezeichnungsfunktion *er* überhaupt nicht verstehen würde – und zwar nicht, weil sie in einer Sprache sind, die er nicht versteht. Wenn das, was er gesagt hat, »Gnädige Frau, jemand tanzt auf Ihrem

Dach herum« war, könnte man das *wiedergeben* mit »Er hat gesagt, Rodney macht mal wieder seine Scherze«. (Aus dieser Tatsache folgt etwas für die mit der »indirekten Rede« zusammenhängenden logischen und erkenntnistheoretischen Probleme, Probleme, die uns noch beschäftigen werden, sobald wir zu der für die Hermeneutik des moralischen Urteils zentralen Frage kommen, was es heißt »zu sagen (d. h. zu beschreiben, zu berichten), was jemand getan hat«.) Wir denken uns vielleicht, daß man, wenn man dieselben Wörter benutzt, die er benutzt hat, jedenfalls in der Wiedergabe dessen, was er gesagt hat, nicht fehlgehen kann, und daß es daran liegt, daß die Wendung »was er gesagt hat« sowohl auf die Wörter als auch auf seinen Gedanken bezogen werden kann. Aber stimmt das? Angenommen, seine Worte hätten gelautet: »The rain in Spain stays mainly in the plain«, dann wäre es als Wiedergabe seines Gedankens verfehlt zu sagen »He said that the rain in Spain ... etc.«, wenn er etwa an Eliza Doolittles Sprechweise gearbeitet hätte (in welchem Fall sein Gedanke klar wäre, jedenfalls hätte er nicht Spanien zum Gegenstand) oder wenn er seine Worte irgendwie besonders (etwa metaphorisch, als Teil eines bestimmten Codes usw.) verwendet hätte. Erwiderte man darauf »Aber normalerweise verwendet man seine Worte so nicht«, hätte man zweifellos recht, aber so ohne weiteres verdunkelt das nur die Tatsache, daß man, um zu wissen, was jemand gesagt hat, wissen muß, daß er etwas *behauptet* hat und *was* er behauptet hat. Was für eine Schwierigkeit gibt es hier? Gar keine, nichts ist einfacher. Aber was hier einfach ist, ist genau, die Veranlassung seiner Wörter zu verstehen; denn das ist essentiell für das Wissen darum, daß er etwas behauptet hat und was er behauptet hat. Und genau das fällt weg, wenn wir uns das von ihm Gemeinte durch die Bedeutung der von ihm gebrauchten Wörter *geben lassen* oder es davon ableiten. (Vgl. Russell: »Sätze ... haben eine Bedeutung, abgeleitet von der Bedeutung der Wörter, die sie enthalten«, *Meaning and Truth*, S. 30.) Wenn die Verknüpfung zwischen »unseren Wörtern« und »dem, was wir meinen«, eine notwendige ist, dann beruht diese Notwendigkeit nicht auf Universalien, Aussagen oder Regeln, sondern auf dem Lebensvollzug, der aus gewissen syntaktischen Äußerungen *Behauptungen* [*assertions*] macht.

Ich komme auf den Begriff der Behauptung (d. h. zu sagen, *daß das-und-das so und so ist*) nur als eine Stelle, an der wir beginnen zu verstehen, wie das *Sagen* von etwas für das Gemeinte essentiell ist und wie jemand in einem Sinn, der für das Verstehen unnatürlich klingender Äußerungen von Philosophen wichtig wird, »vielleicht nicht weiß, was er meint«. Inwiefern Wörter und Bedeutungen »notwendig« verknüpft sind und inwiefern diese Notwendigkeit trotzdem »nur« »konventioneller« Art ist, das wird deutlich, wenn wir uns vorstellen, daß wir fragen: »*Was* hat er denn damit behauptet, wenn er sagte, ›S ist P‹?« Würden wir uns nicht so fühlen, als müßten wir ungeduldig darauf antworten: »Nun, eben *dies*: *daß S P ist*!« In Reaktion auf dieses Gefühl, wir müßten unterhalb der konventionellen Behauptungsfakten zu etwas vorstoßen, was die Erklärung für sie enthält und ihren Gehalt in sichererer Form übermittelt als nur in Worten, sagt Wittgenstein: »ich [kann] nur Äußerliches über die Sprache vorbringen« (*Untersuchungen*, § 120). Und ich kann sagen: Normalerweise werden Wörter dazu gebraucht, um das zu bedeuten, was sie sagen. Wenn nicht, gäbe es nichts, was man für Sprache halten könnte.

Betrachten wir noch eine weitere Möglichkeit, uns das Problem der Beziehung zwischen Sagen und Meinen zurechtzulegen. Man könnte ja der Auffassung sein, daß die Verknüpfung zwischen den Wörtern, die einer benutzt, und der Absicht, in der er sie benutzt (d. h. für das benutzt, was er sagen will), weit entfernt davon, daß diese Verknüpfung eine notwendige wäre, ganz willkürlich ist: Wörter können gebraucht werden, um alle möglichen Dinge zu meinen. Was einer damit meint, indem er gewisse Wörter benutzt, ist offen, es bleibt allemal eine Sache der Wahrscheinlichkeit. All das (mit Ausnahme der Erklärung zum Schluß) könnte immerhin wahr sein. Aber was ist daran wahr? Etwas zu behaupten ist etwas, was Menschen tun (genauso wie etwas ablehnen, wie Hamster rufen, Schubert singen, vor Schmerz schreien oder eine Puppe anschreien). Und wie stets wird nicht *jegliche* menschliche Praxis ein Behaupten, ein Rufen usw. sein. (Was für den Bereich der menschlichen Praxis gilt, gilt genauso für menschliche Empfindungen: Man kann »wütend über (bzw. vergnügt über oder gelangweilt durch) Fische oder Wolken usw. sein«, nur nicht in jeder Situation.) Unter welchen Bedingungen also ist eine grammatisch durchartikulierte Lautfolge eine Behauptung? Mir liegt hier nur daran, plausibel zu machen, daß es solche Bedingungen *gibt*, ich will keine rationalisierte Liste erstellen. Doch zwei von ihnen möchte ich nennen, die sich (jeweils) auf die Regionen unseres Begriffs von »etwas sagen« beziehen, die verbunden sind einerseits mit »jemandem etwas mitteilen« und andererseits mit »etwas bemerken«.

Wenn eine Äußerung dazu gedacht ist, jemandem etwas mitzuteilen, muß er erstens imstande sein, auch zu verstehen, was man ihm sagt, und es muß zweitens für ihn einen Informationswert haben, es muß ihm neu sein; jedenfalls muß man selbst Grund zu der Annahme haben, daß es das sei. Die erste Bedingung scheint unproblematisch, sie enthält aber all die versteckten Schwierigkeiten, die wir besprochen haben, als wir die Vorstellung untersuchten, was es heißt, jemandem ein Wort *beizubringen*. (Man überlege nur, was es für einen Physiker bedeuten würde, mir »mitzuteilen«, der ich in dieser Beziehung wie ein Kind bin, was ein Pi-Meson ist oder daß dies da (der Streifen auf der Photographie) die Spur eines Pi-Mesons ist. Mitteilen kann er mir das nur so, wie ich meiner dreijährigen Tochter mitteilen kann, wer Beethoven ist oder daß dies da (eine Abbildung) Beethoven(s) ist. In den Welten, in denen wir beide jeweils Kinder sind, werden sie und ich zwar imstande sein, die an uns gerichteten Wörter zu wiederholen und auch in Zukunft die Bilder richtig zu identifizieren, aber wir werden nicht die Kriterien angeben können, durch die allein wir wüßten, was die betreffenden Dinge sind. Meine Welt schließt keine Pi-Mesonen ein.) Doch darüber jetzt nicht mehr. Der zweite Punkt ist für uns im Augenblick interessanter.

Angenommen, der andere hätte entgegen meiner Annahme vor kurzem bereits erfahren, was ich ihm mitgeteilt habe. Er könnte sagen: »Ja, ich weiß.« Aber nicht auf alles, was einem gesagt wird und was man doch schon weiß, wird so reagiert werden. Wenn ich sage »Ich habe fünf Finger«, »Das ist ein Umschlag«, »Wir alle befinden uns in diesem Raum«, »Ich sehe dich«, wird der andere nicht antworten »Ich weiß«, es sei denn, er ahnt, warum ich habe annehmen können, er hätte das *nicht* gewußt. Und die Frage »Woher weißt du das?« in Reaktion auf eine jede dieser Äußerungen wäre aus demselben Grund verwirrend. Allein, *wie weiß ich all das denn nun?* Ich meine, *tue* ich es?

Weil philosophische Aussagen wie »Meine Empfindungen sind privat« oder »Ich allein fühle das« (wobei ich mich kneife) oder »Als ich das Wort sagte, erlebte ich etwas Seltsames« nicht *informativ* sind (obwohl sie im Philosophieren doch so vorgebracht werden, als wären sie es), weil sie nichtssagend sind, deswegen verwirft Wittgenstein sie, *nicht* darum, wie manche seiner Kritiker unterstellt haben, weil sie »nicht verifizierbar« wären (vgl. Pole, S. 96 und Strawsons Rezension der *Untersuchungen*, S. 92). Sie »können« nicht verifiziert werden, gewiß, aber nur in dem Sinn, daß schon der entsprechende Versuch sinnlos wäre; es gäbe nichts, was (buchstäblich) als *verifizierend* zählen würde. »Nichtssagendes« von sich zu geben, ist *eine* Weise, auf die Philosophen nicht wissen, was sie meinen. In diesem Fall ist es nicht so, daß sie statt dessen irgend etwas anderes meinten, als was sie sagen, sondern daß sie nicht begreifen, daß sie *nichts* meinen (wohlgemerkt: daß *sie* nichts meinen, nicht: daß ihre Aussagen nichts bedeuteten und Unsinn wären). Das Ausmaß, in dem das anscheinend so ist, ist erstaunlich.

»Aber«, meint vielleicht immer noch jemand, »all diese Aussagen sind doch *wahr*, und es ist empörend zu behaupten, dergleichen ließe sich nicht sagen. Ganz sicher kann man eine schlichte *Bemerkung* machen, ohne daß das etwas ist, was der andere vielleicht nicht gewußt hat.« Das bedeutet nur: Eine »Bemerkung« zu sein ist für eine Äußerung eine andere Möglichkeit, um als eine Behauptung durchgehen zu können (alternativ dazu, daß sie dazu bestimmt ist, jemandem etwas mitzuteilen). Und etwas zu »bemerken« hat seinerseits bestimmte Bedingungen zu erfüllen. Selbstverständlich kann man die Anwesenheit von etwas oder einen Sachverhalt »schlicht bemerken« (notieren, registrieren). Das bedeutet jedoch nicht, daß geradezu jegliches jederzeit (buchstäblich, verständlich) »bemerkt« werden könnte. Man kann genausowenig jedwede Tatsache (z. B. daß der Telephonhörer auf der Gabel liegt oder daß ein Umschlag sich in *meinen* Händen befindet, weil ich gerade dabei bin, einen Brief zu öffnen) unter jedweden Umständen »bemerken«, wie man über einfach alles nachdenken, alles würdigen, sich in alles hinein vertiefen kann. Daß ein Kunstwerk ein Objekt ist, das dazu geeignet ist, aufmerksam betrachtet und ästhetisch beurteilt zu werden, bestimmt ebenso das Wesen der Kunst, die Kriterien dafür, was wir »Kunst« und »Kunstkritik« nennen, wie der Umstand, daß etwas dafür geeignet ist, daß man darauf sitzt, bestimmt, was wir einen »Stuhl« und die »Reparatur eines Stuhls« nennen würden. (Wann würden wir von jemandem, der ein Stuhlbein abhackt, sagen, er »repariere den Stuhl«?) Daß in gewissen Zusammenhängen »alles und jedes« bemerkt oder darüber meditiert werden kann, stimmt wohl. (Sosehr wir uns schon anstrengen müssen, uns vorzustellen, wie es wäre, die Beziehung zweier Sandkörner auf einem Strand zu bemerken oder über ein zusammengeknülltes Taschentuch zu meditieren oder sich in eine Nadel zu vertiefen – unmöglich ist es nicht.) Worauf es mir ankommt, ist nur, daß, wo ein spezieller Zusammenhang erforderlich ist, dieser in der Vorstellung hergestellt werden muß.

Zu sagen »Alles kann bemerkt werden« hat dieselbe Kraft wie zu sagen »Alles und jedes kann benannt werden«. Das ist überall dort wahr, wo auf das fragliche »Ding« gezeigt werden oder es irgendwie anders identifiziert werden kann – wahr, können wir sagen, wo es ein »dieses« und »jenes« gibt, das benennbar ist. Und kommt denn nicht »alles und jedes« dafür in Betracht? Durchaus, wenn man es dazu macht. Wieso und zu welchem Zweck sollte man aber aus der dritten Katze, die einem während eines Tages über den Weg läuft, oder aus dem Teil des Fingernagels, der weder das Möndchen noch die Spitze ist, oder bei kubischen Gegenständen aus der dem Nordpol nächstgelegenen Ecke oder aus irgendeiner Kombination dieser Dinge potentielle – oder meinetwegen auch aktuelle – Träger von Namen machen wollen? Daß wir normalerweise nicht Namensträger an Subjektsstelle (statt »dieses« und »jenes«) verwenden müssen, ist richtig und wichtig. Die Sprache könnte nicht so, wie sie es tut, funktionieren, gäbe es kein Einverständnis darüber, *was* benannt ist oder *worauf* gezeigt wird. Das beruht darauf, daß wir uns irgendwie darüber einig sind, was bemerkenswert ist, darauf, daß durch gleichartige Ereignisse unsere Aufmerksamkeit in eine ähnliche Richtung gelenkt wird. Es beruht darauf genauso fundamental wie darauf, daß wir über eine gleichartige Sinnes- und Handlungsausstattung verfügen. Schließlich beruht es auf einem Sinn dafür, für welche Behauptung in bestimmten Zusammenhängen es eine Veranlassung gibt, und auf einem Wissen um diese Veranlassung.

Man erinnere sich nur daran, was passiert, sobald wir einmal nicht dieselben Dinge bemerkenswert, beachtlich und »der Rede wert« finden, und versuche sich vorzustellen, was passieren würde, wenn das ständig so wäre. Man müßte sich dazu unter anderem eine Welt vorstellen, in der die Bemerkungen anderer uns kalt ließen, als wären wir schon gelangweilt auf die Welt gekommen. Es ist nicht so, daß das, was wir unter solchen Umständen zueinander sagen würden, falsch wäre. Vielleicht würden unsere Wörter uns einander sogar verständlich bleiben. Wir könnten eher sagen, wir hätten dann den Sinn füreinander verloren, wir wären einander seltsam geworden.

Doch hören wir noch eine letzte Reaktion auf das, was ich zu vermitteln versuche: »Das einzige, was an dem Satz ›Er weiß, daß das Glas auf dem Schreibtisch steht‹, sonderbar oder unnatürlich klingt, ist gerade, daß es so völlig *klar* ist, daß er es weiß. Wenn du uns davon überzeugen willst, daß wir gerade deswegen, weil es in *diesem* Sinn sonderbar klingt, das nicht sagen könnten oder sagen sollten, dann willst du uns einreden, wir könnten oder sollten etwas nicht sagen, das doch wahr ist, buchstäblich wahr. Und das eben ist empörend.«

Ich könnte es bei der Antwort bewenden lassen, daß es für mich nun einmal keineswegs empörend ist, und hinzufügen, daß es nur jemandem empörend vorkommt, der eine merkwürdige Vorstellung vom Philosophieren hat, jemandem, der einen Philosophen für eine Tatsachen registrierende Intelligenz hält, für etwas außerhalb der Welt Befindliches, das weder auf sie einwirkt noch Einwirkungen von ihr ausgesetzt ist. Doch ich will es bei dieser Antwort nicht bewenden lassen. Denn es liegt mir fern, irgend jemandem einreden zu wollen, daß gewisse Aussagen nicht gemacht werden könnten oder sollten. Ich interessiere mich dafür, was Aussagen für einen Sinn haben. Wenn »könnten« oder »sollten« hier überhaupt etwas zu suchen haben, dann bekenne ich mich allerdings zu der Behauptung, daß, *solange man sich daran orientiert, was normalerweise damit gemeint sein würde*, man manches nicht sagen kann, wenn man dann etwas anderes damit meint, als man damit normalerweise meinen würde. (Welchen Grund gäbe es auch für die Annahme, daß der Philosoph sich an irgend etwas Sublimerem oder anderem als dem orientiert, was normalerweise mit einer Aussage wie »Er weiß ...« gemeint ist, oder daß er dies wollte, wenn er nur könnte?) Ich bekenne mich ferner auch dazu: Sobald einem bewußt wird, wie man etwas irgendwie Forciertes zum Ausdruck zu bringen versucht (d. h. häufig: sobald man selber merkt, wie »befremdlich« das klingt, was man sagt), sollte man zusehen, daß das, was einen dazu treibt (Phantasie, Denken, Gefühl), sich so auszudrücken (was sich also darin, wie der Psychoanalytiker sagen würde, »ausagiert«), von einem auch auf den Begriff gebracht wird.

Es klingt schon befremdlich, daß ein Philosoph etwas darum befremdlich finden sollte, weil es offenkundig ist. Denn zu sagen »Er weiß, ein grünes Glas steht auf dem Tisch« braucht selbstverständlich überhaupt nicht befremdlich zu sein. Es könnte z. B.

eine Weise sein, um zu sagen: »Das ist *alles*, was er weiß« (ich habe ihm von Frau Grünglas' Empfindlichkeit nichts gesagt; oder er ist zu stumpf oder gefühllos, sich die Folgen seiner Handlungen zu überlegen). Hier steht »weiß«, wie meistens, im Gegensatz zu etwas, was er nicht weiß oder dessen er sich nicht bewußt ist. Oder es könnte der gereizte Ausdruck sein für »Er sollte es besser wissen« (als ein grünes Glas in demselben Zimmer zu lassen, wo mein Bullterrier herumläuft). Hier steht »weiß« im Gegensatz zu etwas, wovon hätte *erwartet* werden können, daß er es weiß oder sich dessen entsinnt. Eine Aussage ernst zu nehmen heißt, daß man sich nach einem Zusammenhang umschaut (und nötigenfalls Umstände definiert), innerhalb dessen es einen guten Sinn ergäbe (*nicht* »befremdlich« wäre), so etwas zu äußern. Das Vorgehen des Philosophen ist demnach anscheinend dieses: erst eine Aussage aus einem solchen Zusammenhang zu nehmen, dann Umstände zu definieren oder eine Theorie zu konstruieren, die auf andere Weise für diesen Sinn sorgt. Und die Frage, auf die ich uns unablässig stoße, ist dann: »Wieso? Wieso gibt er sich nur mit seiner *eigenen* Weise zufrieden?«

Befremdlich daran, daß der Philosoph etwas darum befremdlich findet, weil es offenkundig ist, ist eben der Umstand, daß *er es erst befremdlich macht*, oder vielmehr: daß er es zu etwas Offenkundigem macht. Nur dann nämlich, wenn man die Aussage »Er weiß...« für überaus offenkundig *hält*, wird sie einem befremdlich vorkommen. So hätten wir denn zu fragen: Wieso möchte er eigentlich eine solche Aussage für überaus offenkundig halten?

Ich finde zwei Typen von Antworten auf diese Frage. Die eine hat etwas damit zu tun, wie fest eine bestimmte Vorstellung (oder eine Konzeption oder ein »Bild«) von Sprache die Philosophen im Griff hat – ein Zeichen der Stärke dieser Vorstellung, nicht ihrer Schwäche. Die andere hat mit substantielleren Vorstellungen oder Phantasien davon zu tun, was es mit der Welt, dem Geist, dem Wissen, dem Handeln usw. auf sich haben muß. Diese zweite Gruppe von Vorstellungen ist zweifelsohne, wie die moderne Philosophie häufig argumentiert, wenigstens zum Teil ein

Produkt der ersten; sie haben aber auch Wurzeln und Ursachen, die davon unabhängig sind (etwa in Vorstellungen, die durch die neue Naturwissenschaft des 16. und 17. Jahrhunderts – d. h. *unsere* Wissenschaft, sofern wir nicht selbst Wissenschaft betreiben – nicht ohne Grund kanonisch geworden sind).

Ich werde nicht versuchen, etwas über diesen zweiten Antworttyp zu sagen, außer vielleicht, daß er von einer Kausalvorstellung beherrscht ist, deren Ursprünge, nach den modernsten Auswirkungen zu urteilen, im Materialismus der neuen Wissenschaft liegen, eine Vorstellung, die dann die Philosophie erobert hat (außer bei Kant und den Philosophen in seinem Gefolge, einschließlich Wittgenstein) und die in der Philosophie ihre Herrschaft noch lange nach ihrem Auszug aus der Physik behauptet hat. Hier operiert man dann mit irgendwelchen Kausalwirkungen physischer Objekte auf den Sehapparat, mit der Vorstellung, Wörter und Sätze würden in uns Reaktionen verursachen oder Überzeugungen wären durch Wiederholung erzeugte psychische Zustände (Hume: »lebhafte Eindrücke«) usw., mit der Vorstellung, Gründe, die nicht deduktiv oder induktiv mit der von ihnen gestützten Aussage verbunden sind, wären »darum« kausal mit ihr verbunden – all dies ohne irgendein konkretes Wissen darum, was der *Gegenstand* dieser »Prozesse« sein soll oder wie die einschlägigen Mechanismen tatsächlich funktionieren. Diese Vorstellungsweise hat sprachtheoretisch einen genauso prägenden Einfluß, wie es andersherum auch der Fall ist. Nach dieser Sprachtheorie nun wären die »Implikationen« dessen, was wir sagen, entweder logisch formalisierbar oder »rein psychologisch«. Das ist die Vorstellung, über die ich jetzt einiges sagen möchte. Auch an sie habe ich gedacht, als ich von dem »tiefsten Konflikt« zwischen der traditionellen Philosophie und ihren modernen Kritikern sprach.

Auf diese Vorstellung könnte man natürlich entgegnen: »Nun, wenn wir miteinander reden, stützen wir uns *tatsächlich* auf Implikationen, die die formale Logik nicht begreift, und dieser Umstand weist doch auf eine Grenze der Logik hin.« Doch ist keineswegs klar, daß dies tatsächlich eine Grenze der Logik ist. (Wodurch könnte Logik begrenzt sein, es sei denn durch etwas, was die Logik selber erst entdeckt?) Oder man könnte sagen: »Die Alltagssprache kennt keine exakte Logik« (Strawson, »On Referring«, S. 52). Doch insoweit ich dieser These überhaupt Sinn abzugewinnen vermag, entsteht folgendes Dilemma: Entweder hebt sie den Punkt auf, den sie gerade zu machen hätte, nämlich: daß der aktuelle Sprachgebrauch »Implikationen« mit sich führt, die selbstverständlich keine deduktiven sind, die aber trotzdem in unserem gegenseitigen Verstehen sicher beherrscht werden. Es gibt keinen logischen Grund, warum *dies* ein »Zeigen auf ein Objekt« und *jenes* ein »Zeigen auf eine Farbe« sein sollte. Vielmehr gibt es einen sehr guten logischen Grund, daß das durchaus *nicht* der Fall sein sollte (weil nämlich eine Notation dafür unsystematisch und für Rechenzwecke unbrauchbar wäre). Es gibt keinen logischen Grund, wieso, wenn man sagt »Jetzt höre ich dich«, impliziert sein »muß«, daß vor diesem Zeitpunkt irgend etwas einen daran gehindert hat, den anderen zu hören. (Obwohl das Hören ein physiologischer oder kausaler Vorgang ist, der sich immer in der Gegenwart vollzieht, zu einem Jetztzeitpunkt, ist es nicht etwa so, daß es gar keinen Unterschied machte, ob man sagt »Ich höre dich« oder »Jetzt höre ich dich«.) Das sind ebenso harte Tatsachen unserer Sprachverwendung wie die Tatsache, daß »Die Katze liegt auf der Matte« und »Die Matte liegt auf der Katze« nun einmal nicht dasselbe bedeuten, obgleich in beiden Fällen dieselben und nur dieselben Wörter auftreten. Oder die These will darauf hinaus, daß eine logische Umformung die Bedeutung einer Phrase der natürlichen Sprache, die sie übersetzt, nicht ausschöpft. Das nun ist entweder offenkundig und belanglos, oder es ist gerade ein Vorzug. Wenn ein Logiker behauptet, eine Umformung schöpfe tatsächlich die Bedeutung, die volle, wirklich klare Bedeutung, aus, ist das etwas anderes. Was in diesem Fall aber gezeigt werden müßte, ist nicht, daß die Logik unfähig ist, die Sprache zu begreifen, sondern daß der Logiker einen untauglichen Versuch am untauglichen Objekt unternimmt.

Daß man eine Aussage offenkundig (offenkundig wahr) nennt, wie hängt das nun mit unserer Überzeugung zusammen, rechtfertigbare Implikationen seien solche der formalen Logik? Eben so, daß sie so zu nennen eine *Alternative* dazu ist, daß man sagt, daß diese Aussage eine andere in der Weise »impliziert« oder einen Hintergrund in der Weise »voraussetzt«, daß die formallogische Bewertung ausscheidet. Als ich eben Zusammenhänge lieferte, in denen »Er weiß, daß ein grünes Glas auf dem Tisch steht« *nicht* befremdlich klingen muß, hatte ich wohlgemerkt irgend etwas in der Art zu sagen wie »Das zu sagen, könnte implizieren …« oder »… würde dasselbe bedeuten, wie zu sagen …« usw. Wie »implizieren« hier nicht »deduktiv ergeben« bedeutet, so bedeutet »dasselbe bedeuten« hier auch nicht soviel wie »deduktiv äquivalent sein.« Mein Argument hing daran, daß die Tatsache akzeptiert wird, daß *etwas zu sagen* etwas »implizieren« kann, was von dem *Gesagten* für sich genommen nicht impliziert würde. Wer diesen Gedanke unsympathisch findet, wird dafür um einer Offenkundigkeit willen, die ihn überflüssig macht, vielleicht lieber ein bißchen befremdlich klingende Formulierungen in Kauf nehmen.

Daß Philosophen, die dazu bereit sind, ihrerseits diese Befremdlichkeit anerkennen (können), sollte uns Beweis genug sein, daß *bloß* darauf aufmerksam zu machen, daß »wir normalerweise dergleichen nicht sagen würden«, d. h. nicht in dem Geist, in dem sie in der Philosophie gesagt werden, daß also der bloße Hinweis darauf, daß so etwas zu sagen »befremdlich« klingt, ihnen – den Philosophen – vermutlich nicht als besonders furchtbarer Einwand imponieren wird. Ich setze auf die folgenden zwei Möglichkeiten. Erstens, wenn man erklären könnte, wieso jener Gedanke unsympathisch ist, würde er weniger unsympathisch erscheinen, als er es tut. Diese Erklärung würde eine wichtige Förderung erfahren, falls sich zeigen ließe, daß die Implikationen des Sprechakts und die Implikationen des Gesagten nicht miteinander unverträglich sind. Die Implikationen des Sprechakts liegen vor, ehe die Logik ihr Umformungs- und Rechnungswerk aufnimmt – es sind keine Implikationen, die tatsächlich oder vermeintlich der Kritik durch das logische Folgern ausgesetzt sind, sondern sie bilden, je nachdem, wie die Formalisierung eben vorgenommen wird, einen Bestandteil ihres Prämissenpakets. (So interpretiere ich Frege in der *Begriffsschrift*: »Alle Erscheinungen nun in der Sprache, die nur aus der Wechselwirkung des Sprechenden und des Hörenden hervorgehen, ... haben in meiner Formelsprache nichts Entsprechendes, weil im Urtheile hier nur das in Betracht kommt, was auf die *möglichen Folgerungen* Einfluss hat. Alles, was für eine richtige Schlussfolge nöthig ist, wird voll ausgedrückt; was aber nicht nöthig ist, wird meistens auch nicht angedeutet.« (S. 3)) Wenn das stimmt, würde es uns helfen zu sehen, daß die außerlogische oder unlinguistische Verbindung zwischen formaler Logik und natürlicher Sprache weder der Logik noch der Sprache abträglich ist, ja zu sehen, was wir aufgeben würden, wenn uns eines von beiden genommen würde. Natürlich würde das immer noch unerklärt lassen, wie wir dazu kommen können, einen Widerstreit zwischen ihnen zu *fühlen*. Zweitens, wenn man zeigen könnte, daß die Befremdlichkeit ernster ist, als sie scheint, oder, wichtiger noch, daß sie nicht »unserem wirklichen Bedürfnis« entspricht (d. h., daß die Befriedigung, die ein Philosoph in den Antworten findet, die auf dieser Befremdlichkeit beruhen, für ihn *selbst* nicht im vollen Maß befriedigend ist*), dann wird er sie vielleicht weniger gern in Kauf nehmen. Dasselbe gilt für uns. Und das wird uns zu dem Versuch zwingen, wie quälend er auch verlaufen mag, uns um ein besseres Verständnis dessen zu bemühen, was uns unsympathisch ist, und nicht länger den eigenen Unwillen als durch das Verhalten anderer voll gerechtfertigt zu finden.

Das wird, so hoffe ich, meiner Entgegnung auf die Replik einiges Gewicht gegeben haben, von der ich mir vorgestellt habe, man erhöbe sie gegen meine These, daß kein Mensch *sagen* würde »Es steht (ich weiß es, er weiß es) ein grünes Glas mit Stiften auf dem

---

* Die Übersetzung eliminiert den Anakoluth in der Parenthese, indem sie statt »... oddness are« liest: »... oddness is«. (A. d. Ü.)

Schreibtisch«, ohne daß es dazu wirklich oder vermeintlich irgendeine Veranlassung gäbe; anders gesagt: ohne daß zu sehen wäre, wie sein oder mein Wissen um diese Tatsache für das, was er gerade tut oder ich gerade tue (»tun«, d. h. einschließlich sagen, fragen usw.), von Belang ist. Der Einwurf, den ich mir darauf im Geiste gemacht hatte, lautete: »Vielleicht würde ja niemand *gesagt* haben, du habest gewußt, daß das grüne Glas da stand. Trotzdem *hast* du es gewußt. Es ist sinnvoll zu sagen, daß du es gewußt hast.« Meine Replik bestand letztlich darin: Gewiß, es ist sinnvoll. Nur bedeutet das nicht mehr, als daß wir uns mit Leichtigkeit Situationen ausdenken können, in denen es sinnvoll *wäre*, so etwas zu sagen. (Vgl. *Untersuchungen*, § 278.) Es bedeutet nicht, daß der Satz unabhängig von diesen Umständen einen (klaren) Sinn ergibt. Es geht nicht darum, daß man bisweilen nicht sagen (oder denken) könnte, was der Fall ist, sondern: um zu sagen (bzw. zu denken), daß etwas der Fall ist, muß man es auch *sagen oder denken*, und dieses »sagen, daß« (bzw. »denken, daß«) unterliegt gewissen Bedingungen. Der Philosoph ist sich bewußt, daß er, indem er etwas sagt und denkt, diese Bedingungen überschreiten muß. Er möchte ohne die Verpflichtungen sprechen, die das Sprechen nun einmal auferlegt.

Ich könnte das dadurch ausdrücken, daß ich sage: Beim Philosophieren befriedigen uns Antworten nicht, die darauf beruhen, daß *wir* mit einer Phrase etwas meinen, als wäre das mehr oder weniger willkürlich von uns gemeint. (So wie wir in bezug auf unsere hervorstechenden moralischen Überzeugungen manchmal das Gefühl haben, daß sie doch mehr oder weniger willkürlich sind und daß sie, wenn sie wirklich Kraft haben sollen, in etwas fundiert sein müßten, das tiefer ist als die Tatsache, daß sie eben moralisch sind.) Es ist, als strebten wir danach, daß die Welt uns Antworten erteilt unabhängig davon, daß wir es sind, die die Behauptung zu vertreten haben, etwas sei so und so (daß Gott uns sagt, wie wir uns verhalten sollen, ohne daß uns das unsere moralische Verantwortung abnimmt). Wir konstruieren die Welt so, daß sie das auch leistet. Wir konstruieren »Teile« von Objekten, die keine Teile haben, »Sinne«, die keine leitende Funktion haben. Wir fragen uns, wie wir »den Schmerz an sich« in einem Zusammenhang kennen können, in dem es auf die Frage »Wieso meinst du, daß diese Äußerung von Schmerz ein falsches Bild von ihm vermittelt?« keine Antwort gibt (z. B. »Aus deiner Reaktion spricht doch mehr die Furcht vor der Maschine als vor dem Schmerz, denn es schmerzt ja gar nicht so sehr«; »Das schlimmste sind die Nachwirkungen der Anästhesie, der Schmerz selbst ist geringer, als du dir einbildest«). Wir halten uns für überzeugt davon, daß, wie wir etwas *nennen*, uns nichts darüber sagt, was dieses Etwas in einem Zusammenhang ist, in dem es auf die Frage »Wie würdest *du* es denn nennen?« oder »Was sonst könnte es denn sein?« keine Antwort gibt (z. B. »Du nennst das befriedet, aber es ist Kirchhofsruhe«, »Du nennst es Opfer, aber es ist Mord«). Wir halten solche Konstrukte für *Erkenntnisse* über die Welt, wir finden, daß sie über Existentielles eher Aufschluß geben, als wenn wir dieses dadurch verleugneten, daß wir die menschlichen Möglichkeiten des Wissens, Handelns und Vorstellungsvermögens zurückweisen. Warum das funktioniert, wie es funktioniert, wie es überhaupt möglich ist, daß es funktioniert, warum es zu den Konklusionen führt, zu denen es führt – das sind weitere Fragen, Fragen, die nicht dadurch zu beantworten sind, daß z. B. behauptet wird, wir hätten »die Bedeutung unserer Worte verändert«, wir hätten »ihre normale Bedeutung nicht genügend beachtet«, wir hätten »unsere Sprache mißbraucht«.

Ich sagte, wenn wir beim Philosophieren das Gefühl haben, wir müßten sagen »Er weiß das (ob wir das nun *aussprechen* sollten oder nicht)«, sei das in einem Zusammenhang gesagt, in dem es auf »Wie weiß er das?« keine Antwort gibt oder jedenfalls nicht die rechte Art von Antwort. Jetzt frage ich: Welche Antwort gäbe es denn? Nun, z. B. »Er hat gerade seinen Blick darauf gerichtet«, »Er erinnert sich, daß es da ist«, »Sein Blick muß hundertmal am Tag darauf fallen« usw. Dabei fällt mir eine Stelle aus den *Untersuchungen* ein: »Was für einen Grund habe ich, anzunehmen, daß mein Finger, wenn er den Tisch berührt, einen Widerstand spüren wird? Was für einen Grund, zu glauben, daß dieser Bleistift sich nicht schmerzlos durch meine Hand wird stechen lassen? – Wenn ich dies frage, melden sich hundert Gründe, die einander kaum zu Wort kommen lassen wollen. ›Ich habe es doch selbst unzählige Male erfahren; und ebensooft von ähnlichen Erfahrungen gehört; wenn es nicht wäre, würde ...; etc.‹« (§ 478) Der Witz dieser Stelle ist nicht, daß das, was hier »Gründe« heißt, nicht korrekte Feststellungen wären; auch nicht, daß, wenn sie unzutreffend wären, wir nicht mehr davon überzeugt wären, wovon wir überzeugt sind, und nicht wüßten, was wir doch wissen; nicht einmal, daß sie unter *gewissen* Umständen vielleicht keine guten Gründe für das wären, wovon wir behaupten, daß wir es wissen. Der Witz ist vielmehr, daß in der Situation, in der diese »Gründe« sich darbieten, sie *als Gründe* unwirksam sind. Wenn der Mechaniker mir sagt, jetzt werde mein Auto anspringen, wird der Grund dafür nicht der sein – es sei denn, er will mich wegen meiner Unkonzentriertheit tadeln –, daß der Zündschlüssel jetzt umgedreht ist (obwohl es zutrifft, daß andernfalls das Auto nicht anspränge); sein Grund wird auch nicht der sein – es sei denn, er verhöhnte mich als jemanden, der sowieso nichts kapiert –, daß jetzt die Kabel nicht mehr straff wie Saiten gespannt sind (obwohl das Auto zweifellos nicht anspränge, wenn die Verkabelung des Autos aus gespannten Saiten bestünde). Man kann mit Kant sagen, dafür, daß ein Gegenstand ist, was er ist, müßten zusammen mit dem Gegenstand auch alle Bedingungen seines Soseins und Daseins gegeben sein. Daraus folgt jedoch nicht, daß, um zu wissen oder zu sagen, daß der Gegenstand ist, was er ist, alle seine Bedingungen auch präsent sein müßten. Daß wir »alle seine Bedingungen« nicht auflisten »können«, ist keine Unfähigkeit, mit der wir uns nun einmal abzufinden hätten. Denn die Kantische Vorstellung »aller seiner Bedingungen«, in ihrer Unbedingtheit, ist überhaupt nicht denkbar, genauer gesagt, sie ist eine Fiktion.

Wittgensteins »hundert Gründe« ergeben weder *einen* Grund, noch bilden sie eine Menge aus hundert Gründen. Was ich damit meinte, daß es auf die Frage »Wie weiß er, daß das grüne Glas auf dem Schreibtisch steht?« keine rechte Antwort gibt, läßt sich so sagen: Jene »hundert Gründe« sind Gründe von etwa der Art, die wir auf die Fragen wie »Wie weiß er, wie er heißt?«, »Wie weiß er, daß er fünf Finger hat?«, »Wie weiß er, daß das Glas fallen wird, wenn er seinen Griff lockert?«, »Wie weiß er, daß morgen die Sonne aufgehen wird?« parat hätten. Mit solchen »Gründen« aufzuwarten heißt nicht, mit Gründen aufzuwarten, die den anderen von einer bestimmten Behauptung, die ich aufgestellt habe, überzeugen sollen, sondern es sind Versicherungen, daß ich das weiß, nachdrückliche Bitten, für glaubwürdig gehalten zu werden. So wie die Gründe in der Luft hängen, würde keiner von ihnen einen Zweifel beheben. Es sind nur Zweifelverbotszeichen.

Der Zusammenhang des Philosophen ist Nicht-Behauptung

Meine leitende Hypothese war, daß die Gültigkeit der klassischen Vorgehensweise(n) von nicht mehr abhängt und ihrer Absicht nach auch von nicht mehr abhängen soll als die Vorgehensweisen, die jeder befähigte Sprecher einer Sprache anwenden würde, wenn er konkrete Wissensansprüche bewertet. Aber der Blick, den wir eben auf die Grammatik (die Bedingungen) des Etwas-Sagens (Behauptens) geworfen haben, genügt vielleicht bereits, um der Bemerkung, die ich jetzt mache, Gehalt zu verleihen, daß nämlich *keine konkrete Behauptung in der klassischen Untersuchung je eine Rolle spielt*. Die Beispiele, die veranschaulichen sollen, »was geschieht, wenn wir etwas wissen«, sind keine Beispiele für *Ansprüche*, man wisse etwas. Uns zu ersuchen, uns eine Situation vorzustellen, wo wir am Kamin sitzen, heißt nicht, daß wir ersucht würden, uns vorzustellen, wir hätten zu wissen oder zu glauben beansprucht, wir säßen am Kamin. Ich will damit sagen: Das Beispiel, auf das der Philosoph sich einzustellen gezwungen ist, wird in einem *Zusammenhang der Nicht-Behauptung* betrachtet.

Das Vorgehen eines Philosophen wie Austin habe ich so gekennzeichnet, daß »man sich *einen Zusammenhang ausdenkt* (in dem eine bestimmte Behauptung aufgestellt wird oder sich aufstellen ließe)«. Analog dazu werde ich sagen: Der klassische Philosoph »*denkt sich, eine Behauptung wäre* (in einem Zusammenhang, den wir uns lediglich in der Erinnerung in seinen Einzelheiten zu vergegenwärtigen brauchen) *aufgestellt worden*«. Die Bedeutung dieses Unterschieds liegt in folgendem: Würde der Erkenntnistheoretiker sich nicht denken, daß eine Behauptung aufgestellt worden ist, dann wäre seine Vorgehensweise in der Tat so befremdlich, wie der Philosoph der Alltagssprache es von ihr findet. Würde er auf der anderen Seite jedoch eine Behauptung des Typs untersuchen, wie sie die Kohärenz seines Vorgehens erfordert (oder sich einen Zusammenhang ausdenken, in welchem eine konkrete Behauptung tatsächlich aufgestellt worden ist), dann würde seine Konklusion nicht die Allgemeinheit aufweisen, die sie anscheinend hat.

Vielleicht wird man bemerken: »Eben hast du erwogen, daß ein Einwand gegen deine Diskussion der Bedingungen, um etwas zu behaupten, sich in den Vorschlag kleiden könnte, man könne ›doch alles sagen, was wahr ist‹, und du hast darauf geantwortet, daß diese Vorstellung darauf hinausläuft, die Begründung, ›weil es wahr ist‹, als ernsthafte Grundlage für eine Behauptung zu akzeptieren. Trifft das aber wirklich auf den Fall des Philosophen zu? Er gibt doch eine ernsthafte Grundlage für seine Behauptung, nämlich: ›weil ich es sehe‹; was jedenfalls nicht so leer ist, wie du den Eindruck zu erwecken versuchst. Hat man nun eine ernsthafte Grundlage, wäre denn die Behauptung dadurch nicht eine wohlbegründete?«

Erinnern wir uns aber daran, daß eine Grundlage selbst eine Behauptung ist (oder eine solche beinhaltet) und daß sie daher denselben Bedingungen unterliegt wie jede andere Behauptung, so stellen wir fest, daß diese Grundlage genauso unglücklich dran ist wie die Ausgangsbehauptung, die sie stützen soll. Konkret: Im Zusammenhang des Philosophen figuriert »ich sehe es« (oder

»vermittelst der Sinne«) keineswegs als die spezielle Grundlage einer speziellen Behauptung, sondern ursprünglich, wie gesagt wurde, als genereller Erkenntnismodus.

Jeder hegt eine Reihe von Überzeugungen über materielle Objekte, z. B. daß es einen quadratischen Tisch in diesem Raum gibt. ... Daß all diese Überzeugungen auf dem Gesichts- und Tastsinn beruhen, ist evident; ... in dem Sinn darauf beruhen, daß, hätten wir nicht gewisse besondere Seh- und Tasterlebnisse, diese Überzeugungen zu hegen weder *möglich* noch *vernünftig* wäre. (Price, *Perception*, Einleitungssatz)

Wenn ich eine Tomate sehe, kann ich vieles anzweifeln. Ich kann bezweifeln, ob es eine Tomate ist, die ich sehe, und nicht bloß ein raffiniert angemaltes Wachsstück. Ich kann bezweifeln, daß ich überhaupt ein materielles Objekt vor mir habe. Vielleicht ist das, was ich für eine Tomate hielt, in Wirklichkeit eine Spiegelung; vielleicht bin ich sogar Opfer einer Halluzination. (Ebd. S. 3)

Prices Phrase »wenn ich eine Tomate sehe« steht für »wann immer ich ein Objekt sehe«. Genauso sagt Moore, wenn er seine Untersuchung dessen, »was eigentlich geschieht, wenn man etwas sieht«, so beginnt, daß er beschreibt, was wir »tatsächlich gesehen haben«, folgendes: »Zweifelsohne sollten wir (wenn Sie ihn betrachtet haben) sagen, daß wir alle den Umschlag *sahen* ... *denselben* Umschlag« (*Some Main Problems*, S. 30). Aber »sollten sagen« bedeutet hier bloß: Es gibt Situationen, wo wir tatsächlich so etwas sagen würden, so etwas behaupten würden. Nur gehört diese nicht dazu. Denn worum geht es in der Feststellung »Zweifelsohne sollten wir (wenn Sie ihn betrachtet haben) sagen, daß wir alle *sahen*...«? Bezweckt »sagen« hier dasselbe, was es in einem Zusammenhang wie »Du würdest sagen (urteilen), daß du es gut hast sehen können, nicht wahr?« bezweckt? Ich denke nicht. Denn einem solchen Zusammenhang zufolge hätten wir entweder offenkundig den Gegenstand nur schlecht sehen können, oder wir wären darauf vorbereitet, auf einen Trick hereingefallen zu sein, wären also nicht offenkundig in einer zu ungünstigen Position gewesen, als daß wir den Gegenstand hätten sehen können. Aber einer Situation, in der wir darauf vorbereitet sein müssen, auf einen Trick hereingefallen zu sein, oder einer, in der die Umstände offenkundig ungünstig liegen, fehlt eben das Entscheidende, worauf es ankommt, die Verallgemeinerbarkeit für das Wissen überhaupt. Sie wird nicht den »Idealfall« des Wissens exemplifizieren. (Obwohl man der Auffassung sein könnte, die Möglichkeit, daß Tricks angewendet werden, und die Möglichkeit der Skepsis seien identisch, sind ihre intellektuellen Konsequenzen keineswegs identisch. Was wir aus ihnen lernen, ist nicht dasselbe. Ein Phänomen einen »Trick« zu nennen kann selbst eine befriedigende Erklärung desselben sein.)

Ich nehme an, daß so wie Moore »sagen« gebraucht, der Sinn der ist, daß wir alle, wenn wir die Tomate gesehen haben, den Anspruch erheben würden, sie gesehen zu haben. Wörtlich genommen wäre das freilich verrückt, suggeriert es doch, daß, wann immer einer von uns irgend etwas sieht, wir auch behaupten würden, es zu sehen, z. B. die Blume da, ihren Schatten, das Papier hier, das Klavier, wenn ich aufblicke, usw. – Alles und jedes würde unsere Aufmerksamkeit in Anspruch nehmen, jeden Augenblick. »Offenkundig«, wird man sagen, »hat er das nicht gemeint.« Gewiß, das kann er nicht gemeint haben. Trotzdem muß er irgendwie gemeint haben, wir würden irgendwie behaupten, die Tomate zu sehen, und der Grund, den er dafür hat, ist einfach der – daß wir einen Blick darauf geworfen haben. Das reicht jedoch nicht, um diese Annahme zu rechtfertigen.

Vielleicht wird man das Gefühl haben, das sei unfair und Moore sage nichts weiter, als daß man (nach der Inaugenscheinnahme) behaupten würde, den Gegenstand gesehen zu haben, *sofern* einem *die Frage gestellt* würde, ob man ihn gesehen hat. Nur, was folgt daraus? Soll man ihn so interpretieren, daß ein jeder von uns *imstande* ist, diese Behauptung aufzustellen? Würde ihm das reichen? »Imstande zu sein«, jemandem fünf Dollar zu leihen, nicht dasselbe, wie ihm fünf Dollar zu leihen. Und wie nicht alles, was ich tue, ein Verleihen von fünf Dollar ist (wenn ich z. B. aus heiterem Himmel jemandem einen Scheck über fünf Dollar in den Briefkasten flattern ließe), und nicht alles, was der andere tut, ein Anpumpen um fünf Dollar (wenn er mir z. B. aus heiterem Himmel ein Bild schickte, das einen über fünf Dollar ausgestellten Scheck zeigt), so wird auch nicht alles, was ich sage, dem anderen sagen oder bestätigen, daß ich den Umschlag in seiner Hand auch sehe. »Aber es ist doch völlig offenkundig, daß du ihn siehst! Du wirst nicht sagen, du sähest ihn *nicht*.« Gewiß nicht. Ich werde aber auch nicht, obwohl das nicht weniger stimmt, auf einen Fremden zugehen und ihm sagen, ich sei nicht bereit, ihm fünf Dollar zu leihen. »Ganz richtig, aber siehst du ihn nicht?« Worauf ich erwidern könnte: »Fragst du mich das im Ernst?« Wenn ja, denke ich mir nämlich einen Zusammenhang, in welchem der andere diese Information irgendwie braucht und seine Frage die Annahme impliziert, ich könnte darüber Auskunft geben. In dem Fall könnte es durchaus von Belang sein, sich zu überlegen, wieweit ich ihn sehe. Ich könnte aber auch dem andern den Gefallen tun und erwidern: »Allerdings, ich sehe ihn. Na und?« In *dieser* Verfassung wäre ich aber nicht sehr empfänglich für die Zumutung, in meiner bejahenden Antwort das Wissen an und für sich auf dem Prüfstand sehen zu sollen. Denn der Frage des anderen fehlte in diesem Fall die Verbindung mit dem Durchlaufen der Vergewisserungen, mit welchem der klassische Erkenntnistheoretiker seine Untersuchung unweigerlich einleitet, weil es dazu dient, jeden lebenspraktischen Kontext zu neutralisieren und trotzdem den Zweifelsgründen Gewicht zu verleihen. Und so auf sich gestellt, wird die Frage nicht im Skeptizismus enden.

Das »Dilemma«, vor das sich die klassische Untersuchung des Wissens gestellt sieht, läßt sich jetzt folgendermaßen formulieren: Einerseits muß es sich, wenn die Vorgehensweise Kohärenz beanspruchen können soll, um die Untersuchung einer konkreten Behauptung handeln. Andererseits kann es nicht die Untersuchung einer konkreten Behauptung sein, wenn die Konklusion, zu der sie führt, allgemeingültig sein soll. Ohne die Kohärenz ließe sie die

Offenkundigkeit vermissen, die sie doch scheinbar hatte. Ohne die Allgemeingültigkeit wäre ihre Konklusion keine skeptische.

Das ist nicht mehr als ein Schema für eine mögliche Widerlegung des Skeptizismus. Was es zu einem solchen Unterfangen beiträgt, ist, denke ich, die Verbindung zwischen den und eine gewisse Konturierung der Vorstellungen von Offenkundigkeit und Allgemeingültigkeit (anstelle etwa von Evidenz und Gewißheit) als denjenigen, von denen es abhängt, daß die skeptische Konklusion auch überzeugt. Daß ich den Zusammenhang des Erkenntnistheoretikers als einen der »Nicht-Behauptung« charakterisiere, nimmt lediglich ein Merkmal in den Blick, das in Descartes' Situationsbeschreibung als Teil der Handlung (wie er in seinem Morgenrock vor dem Kamin sitzt) berücksichtigt ist, und zwar: daß der Erkenntnistheoretiker bei seiner Meditation allein ist. Wenn ich darauf die Aufmerksamkeit lenke, soll damit gesagt sein, daß das ein durchaus nicht beiläufiger Umstand ist, und man könnte daraus schließen, daß die ganze Anstrengung, Descartes' Untersuchung à la Austin aufzuziehen, von Anfang an ein Mißverständnis war, denn jemand, der Austins Grundlagen und Zweifelsgründe für sich durchläuft, ist doch nur zufällig allein.

Der Fall scheint mir eher so zu liegen, daß wir noch nicht, so es ihn gibt, genügend festen Grund unter den Füßen haben, um das Verfahren, sei es der Meditation, sei es der Anamnese, auszuschließen. Daß wir unsere Entscheidung oder Überzeugung hier offenzulassen haben, daß wir uns gerade hier diese negative Fähigkeit abverlangen, scheint mir auf einer bestimmten Stufe der Aufklärung über unsere Fähigkeiten als Erkenntnissubjekte ganz in Ordnung, der Stufe nämlich, auf der wir nicht wissen, ob das, was wir von der Welt wahrnehmen (oder was wir mit der Welt meinen), von der Wirkung unserer Sinnesausstattung unabhängig ist oder nicht.

Die Konklusion des Philosophen ist keine Entdeckung

Die Tatsache, daß in seinem Zusammenhang eine konkrete Behauptung nicht Gegenstand der Untersuchung sein kann, zusammen mit der Tatsache, daß man sich trotzdem von einer Behauptung vorzustellen hat, daß sie Gegenstand der Untersuchung ist, sollte erklären, wieso der Erkenntnistheoretiker sich vorstellt, er sagte etwas, wenn er doch nichts sagt, er hätte etwas entdeckt, wenn er doch nichts entdeckt hat. Wer sich in einem solchen Dilemma befindet, den könnte man als jemanden beschreiben, der halluziniert, als jemanden, der sich nur einbildet, er meine etwas. Ohne daß zugleich gezeigt würde, *wie* dieser Fall eingetreten ist, wird man allerdings nicht wirklich den Nachweis führen, *daß* er eingetreten ist. In diesem und in den letzten Abschnitten des gegenwärtigen Kapitels will ich einige Fäden einer Antwort auf diese Frage zusammenbringen, die ich bisher noch nicht aufgenommen habe, um Hinweise darauf zu geben, wie man sie angehen könnte.

Zu sagen, daß der Erkenntnistheoretiker die Objekte zu wählen hat, die er wählt, die Grundlagen zu geben hat, die er gibt, die Zweifelsgründe anzubringen hat, die er anbringt, das ist ein Indiz, wie weit das skeptische Verfahren davon entfernt ist, arbiträr oder willkürlich zu sein. Manchmal hat man jedoch gemeint, schuld an der skeptischen Konklusion sei einfach der Umstand, daß der Philosoph »die Standards für Wissen so hoch schraubt« oder »die Bedingungen so eng definiert«, daß *selbstverständlich* kein menschliches Wissen davor zu bestehen vermag. »Selbstverständlich sehen wir nicht *alles* von einem Gegenstand, wir haben keinen Röntgenblick, wir sehen nicht um Ecken.« »Selbstverständlich ist die Induktion keine Deduktion, daher sind die Beweise, die wir dafür haben, daß irgend etwas eintreten *wird*, nicht deduktiv, trotzdem sind es ihrem Typ nach gute Argumente.« Und selbstverständlich sind die hier implizierten »Erklärungen« für den philosophischen Zweifel weniger überzeugend als der Zweifel, der sie inspiriert hat. Sie werden daher kaum eine andere

Wirkung haben, als einen von der Seichtigkeit solcher Ausflüchte zu überzeugen. Nehmen wir an, der Philosoph hätte so etwas Närrisches getan wie die Standards (hier: die Gewißheitsstandards) so hochzuschrauben, daß *selbstverständlich* kein menschliches Wissen davor bestehen kann. Das wäre gerade so, als würden wir von ihm annehmen, er hätte sich darauf versteift, daß Menschen ohne Hilfsmittel sich zehn Fuß hoch über den Boden erheben können oder »sich über den Boden erheben« durch »sich zehn Fuß hoch über den Boden erheben« definiert – er wäre dann, nachdem er festgestellt hätte, daß der Weltrekord im Hochsprung bei knapp acht Fuß liegt, schockiert zu der Erkenntnis gekommen, daß kein Mensch sich wirklich über den Boden erheben kann, und tröstete nun alle Springer damit: »Für praktische Zwecke springst du hoch genug.« Das wäre genau in dem Sinn provozierend wie manche Philosophen der Alltagssprache von dem klassischen Philosophen finden, daß er es sei: genauso offenkundig arbiträr, genauso nonchalant, genauso empörend blind dafür, wie Menschen sich wirklich und vermeintlich verhalten.

Das kann aber nicht die Erklärung dafür sein, wie der klassische Philosoph dazu kommt, das Menschliche zu unterdrücken, denn es erklärt ja nicht, warum er sich selbst einbildet, eine Entdeckung gemacht zu haben und davon überzeugt zu sein, daß, wenn einer seinen schlichten Überlegungen nur folgte, ihm nicht minder die offenkundige Richtigkeit seiner Konklusion schon einleuchten würde, d. h. deren skandalöse Unausweichlichkeit. Besser gesagt, dadurch erklärt würde es nur dann, wenn wir ernsthaft der Meinung wären, daß der Philosoph ganz klar ein Exzentriker ist oder er, wenn er und seine Partner einander zu verstehen scheinen, mit ihnen zusammen nur irgendeinem Wahn frönt. (Relativ bequem wäre es, ihn für den Angehörigen eines exotischen Stammes zu halten. Vielleicht *ist* es das ja auch, wofür die Leute (darunter womöglich auch einige Philosophen) den Philosophen halten.)

Was ich zu begreifen versuche, ist, *wie* er zu dieser Nonchalance gekommen ist, um damit eine Gefahr zu umreißen, die wir alle laufen, d. h. eine menschliches Wissen betreffende Tatsache. Seine Konklusion stellt sich ihm als eine Entdeckung dar, weil seine Reaktion auf sein Erstaunen sich ihm als eine Frage darstellt, auf die er eine Antwort haben *muß*. Er behandelt seine fiktive Behauptung (»Wann immer wir sehen ...«, »Wir würden alle sagen, wir haben es gesehen (wenn wir hingesehen haben)...«) wie eine tatsächliche Behauptung und legt es so auf genau den Antworttyp an, der nach der Unterstützung einer wirklichen Behauptung klingt, genau den Typ, den unsere Alltagssprache für ihn bereithält. Was denn sonst könnte er in diesem Zusammenhang ernsthaft als eine Grundlage nehmen außer »ich sehe es« oder »vermittelst der Sinne«? Dem Verdacht nachgehend, daß diese Grundlage vielleicht doch nicht gut genug ist (für was? dafür, worauf sich in einer konkreten Situation »ich habe ihn gesehen« bezieht, ist das nicht gut genug, wenn man den Verdacht hat, daß der so Antwortende gar nicht zur Stelle war – nicht gut genug, um es zu »beweisen«, es sicher zu machen), bezweifelt er sie genauso, wie sie normalerweise, in bestimmten Fällen, bezweifelt werden würde: »Was hast du denn wirklich gesehen?«, »Du hast nicht gesehen ...«, »Höchstens hast du gesehen ...«. Und weg ist das Objekt, allein vermittelst der Sinne hat es sich als nicht wißbar erwiesen. In dieser Konklusion sind sich, wenn ich recht sehe, die »Empiristen« mit den »Rationalisten« einig. Locke hat den Skeptizismus anscheinend nur aus Zerstreutheit und aus echt britischem Takt vermieden, Berkeley durch den Rekurs auf Gott, Descartes durch den Rekurs auf Gott und ein besonderes Vermögen »intellektueller Anschauung«, Kant, unter Ablehnung eines solchen Vermögens, hat ihn durch seinen transzendentalen Ansatz vermieden, Hume, soweit er ihn überhaupt vermieden hat, durch »natural belief« und Moore endlich durch wütenden »common sense«. Alle, die dem Argument gefolgt sind, reagieren auf es als auf eine auf unsere Welt bezügliche Entdeckung, eine in ihren Implikationen katastrophale Entdeckung, durch die unsere bisherigen Gewißheiten so komplett vernichtet würden, wie wir einer Sache nur irgend gewiß sein können.

Allein, ob eine Entdeckung gemacht worden ist, in Wahrheit oder auch nur in der Vorstellung, hängt, wie gesagt, davon ab, daß die Überlegungen, die dazu geführt haben, völlig natürlich sind. Ich habe zu zeigen versucht, daß sie das nicht sind und daß sie nicht völlig natürlich gemacht (d.h. mit einem klaren Sinn verbunden projiziert) werden können, ohne ihre Pointe zu zerstören. Jetzt will ich näher darauf eingehen, wieso sie, dem gegenteiligen Anschein zuwider, nicht zu Entdeckungen führen. Es geht mir nicht darum, von der Konklusion, die Sinneserfahrung sei als Grundlage des Wissens überhaupt inadäquat (oder: fremdpsychische Erlebnisse könnten nie wirklich ein Gegenstand unseres Wissens sein), nachzuweisen, daß sie *falsch* und *deswegen* keine Entdeckung sei, sondern vielmehr darum, daß sie weder falsch noch wahr ist, daß sie nicht das ist, was wir eine »Entdeckung« nennen würden.

Die Konklusion des Philosophen stellt deswegen keine Entdeckung dar, weil das, was seine Konklusionen in der Welt finden, seine eigene Zutat ist, eine Erfindung, etwas, das ohne seine Aktivität gar nicht existieren würde. Wenn das schlüssig nachzuweisen wäre, wäre es etwas, was ich eine »Widerlegung« des Skeptizismus nennen würde (d.h. jeder Form des Skeptizismus, die eine solche Erfindung enthält).

Ein Beispiel für diesen Erfindungsprozeß von etwas, von dem der Philosoph seinerseits annimmt, er entdecke es, ist der Vorgang der Projektion, durch welchen »Teile« eines generischen Objekts etabliert werden. Durch seine Vorgehensweise zu der Frage veranlaßt »Siehst du es denn auch ganz?«, gibt der Philosoph dieser Frage (die einen »gewissen Sinn« hat) einen ganz klaren Sinn. Oder er versucht das zumindest. Da die Frage so, wie sie im Verlauf seiner Untersuchung vorkommt, (nach seinem Dafürhalten) etwas bedeuten muß, arrangiert (nicht: entdeckt) er um der eigenen Kohärenz willen die Welt so, daß sie das auch *kann*. Und die Frage ist, ob das, was er damit intendieren *muß*, auch das übermittelt, was er *intendieren möchte*. Wenn begreiflich gemacht werden könnte, daß es das nicht tut, würde ich annehmen, daß ihm auch selbst bewußt würde, daß seine Konklusion ihren zwingenden Charakter verloren hat. Von jemandem, dem der Nachweis gelänge, daß der Philosoph etwas erfindet, wovon er selber denkt, er entdecke es, könnte man insofern behaupten, eine Widerlegung dieser Position geleistet zu haben. Eine Möglichkeit, um die komplementäre Idee zu prüfen, daß der Philosoph den von ihm verwendeten Wörtern eine engere Bedeutung als üblich gibt (vgl. Moore, *Some Main Problems*, S. 34) und daß er die Bedeutung der von ihm verwendeten Wörter verändert hat, wäre, an ihn die folgende Frage zu richten: Welche »Bedeutung« könnte er irgendeinem *Wort* der sich auf ein unmarkiertes generisches Objekt beziehenden Feststellung »Du siehst nicht die Rückseite« geben, wenn es darum geht, dieser Feststellung die Bedeutung zu geben, die er ihr geben will (oder: in dieser Beziehung ihr die Bedeutung zu geben, die sie üblicherweise hat)?

Ich habe ferner plausibel zu machen versucht, daß die Vorstellung der »Sinne«, mit der der Philosoph umgeht, und die Vorstellung des »Gefühls selbst« Erfindungen ähnlichen Typs sind, nämlich Ideen davon, wie die Dinge beschaffen sein *müssen*, um zu dem zu passen, was er intendieren muß, oder zu dem, wovon er sich einbildet, er intendiere es. Die Vorstellung, die sich der Philosoph von »den Sinnen« oder »der Sinneserfahrung« macht, ist abgestimmt auf seine Vorstellungen von »dem ganzen Objekt« und »dem Ding selbst«. Seine Vorstellung von »dem Gefühl selbst« ist abgestimmt auf seine Vorstellung von »Verhalten«. Dabei sind die letzteren Glieder jeweils auch ihrerseits wieder Erfindungen. Da der Philosoph sozusagen mit einem Erstaunen begonnen hat, mit einem modernen Erstaunen – wie Wittgenstein es ausdrücken würde: aus einer Position, in der man dazu gezwungen ist, »außerhalb von Sprachspielen« zu sprechen –, das ich als die Empfindung charakterisiert habe, als wäre man abgekapselt von der Welt und bewegte sich in einer ewigen Erfahrungssphäre, abgeschnitten vom praktischen Alltagsleben, d. h. von denjenigen Formen des Lebens, die die Kriterien enthalten, welche dafür maßgeblich sind, wie wir unsere Begriffe anwenden, d. h., wie sie *von* dieser Welt sind, ist es so, als ob der Philosoph in dieser Position nur noch auf seine Augen oder allgemein auf die Fähigkeit zur Sinneswahrnehmung fixiert wäre. Indem ich »die Sinne« eine Erfindung nenne, ein Produkt der Dialektik, ein philosophiegeschichtliches Konstrukt, will ich damit nicht etwa sagen, unser Wissen um die Welt würde tatsächlich *nicht* durch die fünf Sinne erworben. Wären wir alle unserer Sinne beraubt, würden wir mit einer Grundlage wie »An dem roten Kopf« kaum viel anfangen können. Gemeint ist vielmehr, daß »die Sinne«, auf die der Philosoph fixiert ist oder die er ins Feld führt, sich als dieses Konstrukt im Gegensatz dazu befindet, wie sich das Ansichsein der Dinge enthüllt.

Aber sind sie nicht trotzdem das, vermittelst dessen wir von der *Existenz* eines Dinges wissen, daß ein Ding *existiert*? Diese Frage führt uns auf den Anfang meiner ganzen Anstrengung zurück, die Kennzeichen der klassischen Erkenntnistheorie anzugeben. Ich habe nämlich gesagt, daß so, wie in der cartesianischen Tradition das Projekt verfolgt wird, die Geltung des Wissens überhaupt zu bestimmen, dieses Projekt auf einer bestimmten Vorstellung von Wissen beruht (und es deswegen auch zu einem bestimmten *Problem* des Wissens Anlaß gibt). Ohne daß ich damit völlig zufrieden gewesen wäre, habe ich diese Vorstellung so charakterisiert, daß sich im Wissen die Existenz der Welt bekundet. Das habe ich mit einer Vorstellung von Wissen kontrastiert, von der ich behaupte, daß sie einer Untersuchung des Austinschen Typs zugrunde liegt: der Vorstellung von Wissen als Identifikation und Wiedererkennen der Dinge. Die auf Existenz bezogene Vorstellung von Wissen ist, wie ich weiter gesagt habe, die Ursache dafür, daß das Problem des Wissens grundsätzlich zu einem Problem der *Gewißheit* unserer Wissensansprüche wird. Für Austins Wissensmodell ist »Gewißheit« dagegen nur ein Problem unter anderen; und das wiederum ist nur eine weitere Spezifikation dessen, was seine Problemstellung von der klassischen unterscheidet, eine andere Perspektive darauf, warum der traditionelle Philosoph Austin nicht zugestehen kann, bewiesen zu haben, daß die Tradition schlicht »auf dem Holzweg« ist (*Other Minds*, S. 158/Dt. S. 152). Es ist zu spät dafür, einem Philosophen zu raten, seine Suche nach Gewißheit einzustellen, wenn es nun einmal die reine Existenz der Objekte – von überhaupt allem – ist, die auf dem Spiel steht. (Es ist bezeichnend, daß die Pragmatisten – von denen einer immerhin den Ausdruck »Quest for Certainty« so populär gemacht hat – das Problem der *Existenz* von Objekten nicht ernst genommen haben.) Obwohl in bestimmter Hinsicht die »vollkommene Klarheit«, die Wittgenstein fordert (*Untersuchungen*, §133), eine Forderung nach Gewißheit ist, die eine völlig andere Denkanstrengung darstellt, so ist sie doch eine Lösungssuche für eine Art der Problemstellung, die zumindest auf derselben Ebene liegt wie die traditionelle Problemstellung und, glaube ich, auch durch dieselbe Erfahrung veranlaßt ist. Wenn die Tradition fragt: »(Wie) können wir wissen, was in der Welt existiert?«, so fragt Wittgenstein: »Was konstituiert unser Wissen *um* eine Welt von Objekten überhaupt?«. In wie verschiedene Richtungen diese Fragen auch gehen und wie verschieden ihre Vorgehensweisen (»Methoden«) der Untersuchung auch sind, darin sind sie doch analog, daß sie, anders als die (anderen) Philosophen der Alltagssprache, die *allgemeine* Beziehung zwischen Wissen und Objekt als ihr *Problem* sehen. Das unterscheidet sie insbesondere auch von den Positivisten und Pragmatisten, die – wenn man den Dewey der *Logik* und, glaube ich, Peirce ausnimmt – es sich entweder leisten können, das Problem zu ignorieren und von ihm vorauszusetzen, es habe in einer Theorie der Verifikation seine Lösung gefunden, oder es darauf zu reduzieren, welche Sprache wir in unseren wissenschaftlichen Untersuchungen zu konstruieren haben.

Sollte es mir gelungen sein, von dem »Dilemma«, von dem ich behaupte, daß der klassische Erkenntnistheoretiker sich damit konfrontiert sieht, einsichtig zu machen, daß es sich wirklich in dieser Form stellt (nämlich: daß er das, was er sagt, so meinen *muß* und so nicht meinen *kann*), dann wird man es doch noch besser verstehen wollen. Man wird insbesondere verstehen wollen, wie es möglich ist, daß einer »nicht weiß, was er meint, ja nicht einmal, daß er gar nichts meint«. (Wohlgemerkt: »er gar nichts meint«. Ich versuche, so deutlich wie nur möglich zu machen, daß das nicht dasselbe ist, wie zu sagen, die Ausdrücke, deren er sich dann bedient, seien an sich sinnlos, Nonsens; »Nonsens«, so wie der Begriff in der modernen Philosophie in kritischer Absicht verwendet wird, steht für diese Konzentration auf die »Ausdrücke selbst«, losgelöst davon, wie Menschen sie gebrauchen, der meiner Ansicht nach die klassische Philosophie überhaupt allzu leicht verfällt.) Man wird verstehen wollen, was man unter der Vorstellung, »um die Existenz von etwas zu wissen«, eigentlich zu verstehen hat und wie es, wenn ich recht habe, daß es (»es«? dabei weiß ich doch, daß ich nicht verstehe, *was* »es« ist) dem klassischen Problem zugrunde liegt – wie es den Gang der Untersuchung von Anfang an beherrschen kann.

Zwei Interpretationen der klassischen Erkenntnistheorie;
Phänomenologie

Wenn meine These, daß der Philosoph eine Erfindung, keine Entdeckung gemacht hat, überhaupt überzeugend ist, und wenn die Vermutung stimmt, daß das daher rührt, daß der Philosoph Ausdrucksformen verwendet, die er sich durch die Art, wie er sein Problem angepackt und exponiert hat, hat aufdrängen lassen und denen er dann einen klaren Sinn *geben* muß (was danach, was ich über die »Projektion eines Begriffs« gesagt habe, daß sie nämlich eine Kontextempfänglichkeit voraussetzt, bedeutet, daß er seinen Kontext dafür empfänglich *machen* muß, d.h. einen entsprechenden *erfinden* oder konstruieren muß), dann werden wir verstehen wollen, wie die dann hier in Frage kommenden *spezifischen* Ausdrücke zu den *besonderen* Erfindungen führen, welche im Verlauf sowie in der Konklusion dieser Untersuchung auftauchen. Nur eine Erklärung, die das leistet, würde *beweisen*, daß von einer Entdeckung nicht die Rede sein kann.

Ich habe von dem Initialerlebnis des Philosophen und dem weiteren Fortgang hin zu dem von Wittgenstein so genannten »Sprechen außerhalb von Sprachspielen« geredet (oder, in den Redefiguren, die er einsetzt, um unsere Verwirrungen in dem Gedanken gipfeln zu lassen, daß in der Philosophie »die Sprache feiert« (§ 38) oder »leerläuft« (§ 132), wo beidemal impliziert ist, daß sie nicht »arbeitet«), indem ich die These vertrat, daß das, was mit den Begriffen des Philosophen geschieht, dies ist, daß sie ihrer gewöhnlichen Anwendungskriterien beraubt sind (nicht: daß die von ihm verwendeten Wörter ihrer Bedeutung beraubt wären; man könnte geradezu sagen, solche Wörter haben nichts *außer* ihren Bedeutungen) und daß sie, da sie dafür keine neuen erhalten, ohne jeden Weltbezug dastehen (nicht: daß das, was er sagt, falsch wäre) oder, um eine früher gebrauchte Formulierung noch einmal anzubringen, daß seine Begriffe aus ihrer Stellung in unserem Begriffssystem gerückt sind. Es gibt eine Bemerkung Wittgensteins, die mir einen besonders interessanten Hinweis darauf zu enthalten scheint, warum die Erfindungen oder Konstruktionen des Philosophen die Form annehmen, die sie annehmen.

Im § 47 der *Untersuchungen* steht folgendes:

Aber welches sind die einfachen Bestandteile, aus denen sich die Realität zusammensetzt? – Was sind die einfachen Bestandteile eines Sessels? – Die Stücke Holz, aus denen er zusammengefügt ist? Oder die Moleküle, oder die Atome? – »Einfach« heißt: nicht zusammengesetzt. Und da kommt es darauf an: in welchem Sinne »zusammengesetzt«? Es hat gar keinen Sinn von den »einfachen Bestandteilen des Sessels schlechtweg« zu reden.

Der Vorschlag, den ich aufgreifen möchte, läßt sich dadurch klarmachen, daß man bemerkt, daß Elizabeth Anscombe »Es hat gar keinen Sinn von den ›einfachen Bestandteilen des Sessels schlechtweg‹ zu reden« folgendermaßen übersetzt: »It makes no sense to speak absolutely of the ›simple parts of a chair‹.« Buchstäblicher übersetzt besagt das Deutsche aber: »It makes no sense to speak of the ›absolutely simple parts of a chair‹.« Nicht, daß die Differenz dazwischen sehr groß wäre, immerhin könnte sie aber die Diagnose, die Wittgenstein hier liefert, verdecken oder enthüllen. Was ich als diese Diagnose ansehe, könnte folgendermaßen ausgedrückt werden: Wir suchen nach »Einfachem schlechtweg« [»*absolute simples*«] – übrigens x-Beliebigem schlechtweg: Verantwortlichkeiten, Handlungen, Bedeutungen, Gewißheiten, Sichtbarem –, sobald wir versuchen (es müssen, dazu kommen) schlechtweg zu sprechen [*to speak absolutely*], d.h. außerhalb von Sprachspielen.

Das gibt einen Hinweis darauf, warum die Folge der von dem Philosophen angestellten Überlegungen (»Du siehst aber nicht die Rückseite oder das Innere; allenfalls siehst du...«) dort endet, wo sie endet; warum er, einmal gezwungen, »schlechtweg zu sprechen«, zu der Erfindung gelangt, zu welcher er gelangt. Einzig etwas »schlechtweg Sichtbares« würde ihm als Antwort auf die Frage »Was siehst du denn wirklich?« genügen, sobald einmal die gewöhnlichen Anwendungskriterien der Begriffe »es ganz sehen« und »einen Teil sehen« blockiert sind. Abgeschnitten von den Sprachspielen, die den Gebrauch unserer Ausdrücke kontrollieren (d.h. abgeschnitten von den Kriterien, die über den »Spielraum« unserer Begriffe entscheiden, über deren Flexibilität *und* Widerständigkeit; oder: abgeschnitten von der Art, wie wir einen Begriff in unserem Alltagsleben aufrechterhalten), sind, so könnten wir sagen, nicht länger *wir* es, die mit unseren Worten irgend etwas meinen. Welche Anwendungskriterien unserer Begriffe wir auch immer verwenden, sie werden uns willkürlich (*rein* »konventionell«) vorkommen. Die Bedeutung ist nackt. Es sind bloß die Wörter selbst, die Bedeutung mit sich führen, und die Welt selbst muß zusehen, wie sie ihnen entspricht. Die Welt nimmt uns die Antwort gewissermaßen aus dem Mund. Sie nimmt uns die Antwort ab.

Wie ich sie lese, gibt uns diese Wittgensteinstelle nicht nur einen Hinweis, der uns zu verstehen hilft, warum die Erfindungen des Philosophen die Form haben, die sie haben, sondern sie unterstreicht, daß das, was die Philosophen (vermeintlich) finden, *Entitäten* sein werden. Das kommt sehr klar durch die Frage zum Ausdruck, der sich Wittgenstein zum Zweck der Erklärung von »zusammengesetzt« zuwendet: »Was liegt hinter der Vorstellung, die Namen würden wirklich Einfaches bezeichnen?« Wenn man nach einer philosophischen Erklärung für das Benennen *überhaupt*[*] fragt, kommt man zu schlechtweg einfachen Entitäten als den Namensträgern. Das ist so in der Theorie, die Sokrates im *Theaitetos* referiert, und, wie Wittgenstein sagt (§ 46), »Diese Urelemente [meine Hervorhebung] waren auch Russells ›individuals‹, und auch meine ›Gegenstände‹«. Daraus könnte man schließen, daß der Drang zur Fixierung auf Sinnesdaten durch eine bloße »*Sprache* des Sinnfälligen« nicht befriedigt würde. Daraus wiederum folgt eine gewisse Beschränktheit meiner ganzen Theorie der cartesianischen Untersuchung, die ich ausdrücklich erwähnen muß.

Ich habe beständig betont, daß diesem Untersuchungstyp die Vernünftigkeit insofern nicht abzusprechen sei, als er dem Modell verpflichtet bleibt, das wir bei unserer Bewertung gewöhnlicher Wissensansprüche zugrunde legen. Ich habe die Untersuchung als eine Bewertung der (kombinierten) Behauptung »Wir wissen, daß Objekte existieren, weil wir sie sehen« interpretiert. Nun ist diese Untersuchung aber von seiten mancher Philosophen, die sie anstellen, und anderer, die sie kritisieren, auch so interpretiert worden, daß sie uns erlaube, die phänomenologische Struktur unserer Welterfahrung auseinanderzunehmen. Es liegt mir fern, eine Interpretationsdifferenz dieses Ausmaßes jetzt prüfen und beurteilen zu wollen, und ich will auch gar nicht sagen, die Untersuchung ließe sich nicht so interpretieren, sondern höchstens, daß es nicht *nötig* ist, sie so zu interpretieren. Die Differenz dieser Interpretationen bezieht sich auf das Gewicht, das wir der Behauptung des Philosophen beizumessen haben, er habe »alles, was wir wirklich sehen«, entdeckt, sowie seiner Be-

---

[*] Deutsch im Original. (A. d. Ü.)

hauptung, es seien »keine physischen Objekte, die wir wirklich sehen« (physische Objekte seien uns nicht »gegeben«). Der phänomenologischen Interpretation zufolge ist das so aufzufassen, daß die traditionelle Philosophie behauptet, sie beschreibe die Struktur und Beschaffenheit unserer gewöhnlichen Weltwahrnehmung, d. h. etwas, das wir durch eine größere Aufmerksamkeit, als wir sie unserem Bewußtsein normalerweise zuwenden (können), allerdings entdecken könnten. Nach der von mir verfolgten Interpretation hingegen wäre »alles, was wir wirklich sehen« so zu verstehen, daß damit der Umfang angegeben ist, in welchem wir an unserer gewöhnlichen Wahrnehmung ein *Beweismittel* für die Existenz von Objekten besitzen. Daraus folgt selbstverständlich auch etwas für unsere gewöhnliche Wahrnehmung, jedoch indirekter als in Form der planen Feststellung, von dem, wofür wir sie gehalten hätten, differiere sie gründlich. Was *radikal* daraus folgt, ist dies, daß wir nicht *wissen*, wovon wir überhaupt sagen würden, wir wüßten es oder seien davon fest überzeugt.

Phänomenologen haben gemeint, es sei für die von dem klassischen Erkenntnistheoretiker angestellte Untersuchung verhängnisvoll, daß der Weg, auf dem er zu seiner Konklusion darüber gelangt, was »in der Erfahrung unmittelbar gegeben« ist, eben nicht der sei, daß über die Natur unserer Objekterfahrung etwas *entdeckt* wird, sondern daß diese Konklusion in Wahrheit das Ergebnis einer von ihm *geänderten* Erfahrung ist. Roderick Firth hat in seiner Aufsatzsammlung »Sense-Data and the Percept Theory« diesen Einwand ernst genommen und versucht, auf ihn vom klassischen Standpunkt ausgehend eine Antwort zu geben. Seine Verteidigung der klassischen Erkenntnistheorie besteht darin, daß er betont, diese Veränderung trete allerdings auf, sie sei durch das klassische Verfahren selbst erfordert und ihr Auftreten bedeute daher innerhalb desselben nicht unmittelbar einen logischen Fehler. Sie stelle trotzdem ein Problem dar, das Problem nämlich, wie ein solches Verfahren – das phänomenologische Veränderungen zuläßt, ja darauf beruht – als eine »legitime

Methode zur Entdeckung von Bewußtseinsinhalten« zu rechtfertigen sei (Firth, S. 462). Ob diese Methode tatsächlich besser oder »vertrauenswürdiger« als die phänomenologische Methode sei, d. h. die Introspektion, könne insofern fraglich erscheinen.

Bei dem, was Firth als Rechtfertigung akzeptieren würde, handelt es sich ungefähr um folgendes: Unter einem von ihm »Wahrnehmungsreduktion« [*perceptual reduction*] genannten Verfahren versteht er die »einzigartige Operation, mit der jeder Teilnehmer an Diskussionen des klassischen Wahrnehmungsproblems vertraut ist« (S. 459), die Operation, sich überhaupt bewußt zu machen, »was wir wirklich oder tatsächlich sehen«. Soll dies Verfahren tatsächlich den Inhalt unserer gewöhnlichen Wahrnehmung *freilegen*, muß es die *Hypothese* zugrunde legen – von Firth »Exposure Theory« genannt –, daß »die Operation der Wahrnehmungsreduktion nicht zu einem Bewußtseinszustand führt, der von dem ursprünglichen, den ihre Ausführung zur Grundlage hat, einfach verschieden wäre …, sondern, ganz im Gegenteil, zu einem Bewußtseinszustand, der virtuell in jenem bereits enthalten war« (S. 462). Nur, wie ist diese Hypothese zu rechtfertigen? Sie »gesteht der besonderen Einstellung (der ›Einstellung der Reduktion‹), die wir zu dem Zweck einnehmen, den Prozeß der Wahrnehmungsreduktion in Gang zu bringen, d. h. der Einstellung des ›Zweifelns‹ oder ›Fragens‹, einen einzigartigen, privilegierten erkenntnistheoretischen Status zu« (ebd.). Doch für die »Bevorzugung« dieser Art von Einstellung und dafür, ihr diese »eigentümliche Macht« zuzuschreiben, gebe »es anscheinend nicht die geringste empirische Rechtfertigung« (S. 463). Und da das einzige Argument, was dafür angeführt worden zu sein scheint – die Verteidigung als »intellektuelle Analyse«, die zu verwerfen nach Ansicht von Lewis und Price gleichbedeutend damit wäre, das Denken selbst zu verwerfen (vgl. C. I. Lewis, *Mind and the World Order*, S. 55; H. H. Price, *Perception*, S. 15; beide zitiert bei Firth S. 32) –, »gerade den Unterschied verkennt, auf den die von der Exposure Theory geübte Kritik den Finger legt …, nämlich den zwischen introspektiver Reduktion und direkter Inspektion« (Firth, S. 464), und dadurch den Punkt der von der Phänomenologie geübten Kritik verfehlt (die ja nicht *jede* »intellektuelle Analyse« verwirft, sondern beispielsweise diejenige, aus der solches folgt, was aus der klassischen erkenntnistheoretischen Analyse folgt), bleibe die »phänomenologische oder epistemologische Grundlage der Sinnesdatentheorie« ohne zureichende Erklärung.

Die Bedeutung der hier vertretenen *claim interpretation* des klassischen Verfahrens besteht demnach in folgendem. Sie lieferte sowohl eine Erklärung für die zentrale Bedeutung der »Einstellung der Reduktion« (»Zweifel« oder »Frage«) als auch eine Rechtfertigung der »Hypothese«, daß ein auf dieser »Einstellung« beruhendes Verfahren die Freilegung dessen, »was wir wirklich sehen«, auch leisten werde. Statt dessen beweist sie aber vielmehr, daß es sich gar nicht um eine »Hypothese« handelt; daß jede Rechtfertigung nicht nur überflüssig ist, sondern daß die Forderung nach einer Rechtfertigung überhaupt nicht begreiflich wäre.

Ich meine damit folgendes. Wenn man das klassische Verfahren so interpretiert, daß es Wissensansprüche bewertet und daß es soweit vernünftig ist, wie normalerweise jede solche Bewertung vernünftig ist, dann ist die Rolle des *Zweifels* in dem Verfahren nicht die einer besonderen Einstellung, die, weil im Besitz einer »eigentümlichen Macht« befindlich, willkürlich »bevorzugt« würde, sondern es ist eben die normale Reaktion jedes vernünftigen Wesens auf jede Behauptung, in bezug auf die es einen »vernünftigen Grund gibt, um daran zu zweifeln« (oder in bezug auf die ein solcher geltend gemacht wird), was seinerseits wiederum etwas ist, dessen sich jedes befähigte Subjekt auch bewußt ist. Und daß unsere *Art*, Zweifelsgründe zu erheben und zu entkräften – insbesondere solche in bezug auf Ansprüche, etwas zu wissen, weil man behauptet, man sehe es –, dazu führt, daß man sich bewußt wird, »was wir wirklich sehen« (oder: »tatsächlich gesehen haben«), ist nicht eine *Hypothese*, sondern einfach eine Sache der Grammatik von »eine Grundlage angeben«, »einen Zweifel anbringen« usw. Jemand, der nicht weiß, daß er, wenn er das Monogramm auf dem Koffer gar nicht gesehen hat, auch nicht weiß, ob *dies* genau der Koffer ist, den er gesehen hat, ist, sofern er seine Behauptung nicht auf ein anderes in diesem Fall relevantes Merkmal stützen kann, zumindest bis zu einem gewissen Grad gar nicht mit dieser höchst gewöhnlichen Fähigkeit, *irgend etwas* zu behaupten, ausgestattet.

Außer der Tatsache, daß sie das klassische Vorgehen gegen den Verdacht der Willkürlichkeit verwahrt, hat die *claim interpretation* zwei weitere (phänomenologische) Vorzüge. Erstens bietet sie eine Erklärung dafür, was es mit dem »methodischen Zweifel« auf sich hat, den seine Kritiker so häufig als verwirrend oder skandalös empfunden haben. Man hat sich gefragt, ob der »Zweifel«, der in dem methodischen Zweifel beschworen wird, wirklich Zweifel ist oder ob er nicht vielmehr nur Attitüde oder moderner, neurotischer Zweifel ist, akademisch verdünnt und durch den Titel »methodisch« aufgeputzt. Die *claim interpretation* zeigt, daß der »methodische Zweifel« des Philosophen allerdings befremdlich ist, aber nicht, soweit ich sehe, aus irgendeinem der dafür bisher angeführten Gründe. Seine Befremdlichkeit resultiert aus der Befremdlichkeit der ursprünglichen Behauptung des Philosophen. Da die Untersuchung sich mit einer Behauptung befaßt, von der man sich nur vorstellt, daß sie vertreten wird (d. h. einer Behauptung, die vertreten werden muß und doch nicht vertreten werden kann), wird die Untersuchung über einen Zweifel verlaufen, der seinerseits nur vorgestellt werden kann (d. h. einen Skeptizismus, der praktiziert werden muß und doch nicht praktiziert werden kann). Die Befremdlichkeit des philosophischen Zweifels leitet sich von der Befremdlichkeit der philosophischen Behauptung ab, nicht umgekehrt; sie bestimmt nicht die Form, in der sich die Untersuchung des Philosophen abspielen muß. Zweitens ist der *claim interpretation* vielleicht zu entnehmen, daß das, worauf Lewis und Price abheben, wenn sie ihr eigenes Verfahren als »intellektuelle Analyse« verteidigen, nicht irgendeine Vorstellung davon ist, was es heißt, »irgend etwas zu analysieren«, sondern darauf, daß sie sich darüber im klaren sind, daß sie, wenn sie zu ihren Konklusionen gelangen, keine Überlegungen oder Verfahren ins Spiel gebracht haben, die offenkundig andere wären als die Überlegungen und Verfahren, die wir alle lernen, wenn wir lernen, uns sprachlich durchdacht zu äußern. Prices Wendung »wir dürfen nicht denken« hieße dann »wir dürfen nicht (in irgendeiner natürlichen Sprache) sagen«. Und Lewis' Wendung »die Mißbilligung des Denkens selbst« hieße dann »die Mißbilligung der Formen des Lebens, die die Äußerungsbedingungen bereitstellen«. Der *claim interpretation* ist ferner zu entnehmen, daß Erkenntnistheoretiker vielleicht gar nicht dazu da sind, überhaupt irgend etwas zu »analysieren«, insbesondere nicht Erfahrung und Bewußtsein – oder zumindest daß das, was man darunter versteht, wenn man hier von »Analyse« spricht, alles andere als klar ist –, und daß sie erst dann, wenn ihre Resultate tatsächlich oder vermeintlich einer phänomenologischen Beschreibung der Erfahrung widerstreiten, ihr Vorgehen durch eine rechtfertigende »Analyse« rechtfertigen müssen.

Ob diese Interpretationen wirklich *Alternativen* sind und welche von ihnen gegebenenfalls die der Struktur und dem Motiv der traditionellen Untersuchung angemessenere ist oder ob sie einander ergänzen und welchem Abschnitt der Untersuchung gegebenenfalls jede entspricht – ob die vom Standpunkt der Alltagssprache geübte Kritik ernster ist als die von seiten der Phänomenologie und wie die Verwahrung gegen die eine sich zu der gegen die andere verhält –, ja, ob nicht von mindestens zwei verschiedenen Schulen der klassischen Erkenntnistheorie auszugehen ist, in deren einer (möglicherweise dem britischen Empirismus) der Skeptizismus in bezug auf die Sinne einer Phänomenologie der Erfahrung vorrangiert und Folgen für dieselbe hat und in deren anderer (möglicherweise der cartesianischen) die Phänomenologie zuerst kommt und der Skeptizismus folgt –, all das sind Fragen, die genausoviel Zeit beanspruchen würden wie meine Konfrontation der klassischen Erkenntnistheorie mit ihren Kritikern von seiten der Philosophie der Alltagssprache. Indem ich diese Fragen stelle, möchte ich nur ausdrücklich auf eine Schranke hinweisen, deren ich mir sehr wohl bewußt bin. Ich sehe die Probleme durchaus, die auf einen zukommen, sobald die Konfrontation noch ein Stück weitergetrieben wird, denn mein Appell an unser Bewußtsein davon, wie wir uns normalerweise ausdrücken, impliziert ja, daß wir uns z. B. bewußt sind, was »befremdlich«, »gezwungen« oder »absurd« klingen würde. Wenn ich darauf bestehe, daß wir all das wissen, ist das, *was* wir da wissen, teilweise genau die Phänomenologie unseres unmittelbaren Bewußtseins.

Das Wissen um Existenz

Das wenige, was ich über den Begriff der Existenz zu sagen habe, möchte ich mit dem Eingeständnis einer weiteren deutlichen Schranke dessen, was ich hier leiste, verbinden. Indem ich den klassischen Begriff des Wissens als einen solchen des Wissens um Existenz charakterisiere und indem ich darin die Erklärung für seine Gewißheitssuche sehe, folge ich der einen von anscheinend zwei Hauptweisen, in denen die Gewißheit an sich in der Vergangenheit konzipiert worden ist, nämlich als die cartesische »Abwesenheit von Zweifel«. Einem zweiten Gewißheits- (und daher Wissens-) Modell zufolge wären unsere Feststellungen nicht danach zu bewerten, wie natürlich die Grundlage ist, die wir zu ihren Gunsten angeführt haben, sondern nach dem Verifikationsgrad, den wir erreicht haben. Der Anspruch auf Gewißheit ist dann nicht mehr durch die Vorstellung vermittelt, daß vernünftiger Zweifel ausscheidet, sondern durch die Vorstellung von etwas, was ich »die Totalität der Empirie« nennen würde. Selbstverständlich würde daraus folgen, daß keine empirische Feststellung tatsächlich Gewißheit erreichen kann. Nur würde das nicht länger bedeuten, daß wir einzuräumen hätten, daß die betreffende Behauptung aufzugeben ist, sondern nur, daß sie sich in Zukunft »womöglich« empirisch erledigt. Hier wäre die philosophische Konklusion nicht die, daß unsere Behauptungen eine vielleicht völlig ungenügende Grundlage haben, daß wir vielleicht überhaupt über kein Beweismittel in der Art oder für die Sache verfügen, auf die bzw. für die über solches zu verfügen wir gedacht hatten, sondern nur, daß das, über das wir verfügen, nicht so gut ist, wie wir gedacht hatten, und daß es immer noch »mehr« relevantes Datenmaterial gibt, das von uns in die Betrachtung nicht einbezogen wird.

Diese Gewißheitskonzeptionen sind vielleicht irgendwie in der Art aufeinander bezogen: Sobald ein Philosoph von einer cartesianischen Untersuchung findet, sie beweise, daß unsere Gewißheit sich allenfalls auf etwas anderes als die Existenz der Objekte erstreckt (was zwar nicht Descartes' Ansicht ist, was aber durchaus das Ergebnis seiner Untersuchung sein könnte, wenn man, wie der Empirist oder Kantianer es ja tut, von Descartes' Vermögen einer »intellektuellen Anschauung« Abstand nimmt), taucht die Frage von neuem auf, was denn in bezug auf materielle Objekte die Grundlage unserer Behauptungen sei. Das kann dann zu einer Neufassung der *Bedeutung* unserer betreffenden Behauptungen führen, einer Neufassung dessen, was es heißt, in bezug auf ein Objekt eine Behauptung zu *sein* – oder, wie in Berkeleys Fall, einer neuen Objektkonzeption überhaupt –, nämlich als impliziter Prognose, als Bündel von Behauptungen über alle (künftige) Erfahrung. (Letzteres schwebt anscheinend solchen Untersuchungen empirischen Wissens wie den von C. I. Lewis angestellten vor).

Dieses Verifikationsmodell des Wissens zeitigt im Verlauf der von ihm inspirierten Untersuchung Ausdrucksformen und -verschiebungen, die Bedenken in derselben Richtung erregen, wie wir sie in bezug auf den cartesianischen Untersuchungstyp hatten. Beispielsweise: Ab einem Punkt, an dem wir fragen »Wie verifizieren wir Feststellungen über die Welt?« und zur Antwort geben »empirisch«, nehmen wir ein einzelnes Beispiel, über das man gleichbleibend zu dem Ergebnis kommt, wir könnten es darum nicht *schlüssig* (oder absolut) verifizieren, weil keine *einzelne* (oder *individuelle*) Erfahrung dazu imstande sei. Wir alle begreifen anscheinend, daß dies heißt, daß wir es nicht mit Gewißheit verifizieren können. Dabei haben wir aber bei Untersuchungs*beginn* gar nicht nach einer schlüssigen Verifikation gefragt oder von einzelnen Erfahrungen gesprochen. Ich denke, es ist klar, das hier sind nicht die Zusammenhänge, in denen diese Ausdrücke normalerweise Verwendung fänden. Doch daß sie sich natürlich im Untersuchungsverlauf einstellen, steht für mich hinreichend durch die Tatsache fest, daß es mir über all die Jahre, in denen ich von einer solchen Untersuchungen gelesen oder gehört habe, niemals eingefallen ist zu bezweifeln, daß diese Ausdrücke ihr gutes Recht haben. Und keine Kritik an solchen Untersuchungen würde mich zufriedenstellen, die sich nicht von *dieser* Tatsache genauso Rechenschaft ablegte wie von den alltagssprachlichen Verwendungsweisen solcher Ausdrücke.

Es geht mir hier weder um das eine noch das andere. Aber ich berühre diese Fragen, damit wir an einem weiteren Beispiel einsehen, wie hoffnungslos es ist, diese Ausdrücke unter *direkter* Berufung auf die Alltagssprache kritisieren zu wollen, sobald sie einmal im Verlauf einer erkenntniskritischen Untersuchung aufgetaucht sind. Das erlaubt nun auch eine andere Sicht auf die Art und Weise, in der das Wissen um Existenz ein Problem wird. Was die direkte Berufung auf die Alltagssprache immer beweist, ist, wie ein Ausdruck verwendet *wird* – daß ihm ein kleines bißchen Gewalt angetan wird und daß er eine Projektion erfordert, die so und so anzustellen ist, in diesem Zusammenhang usw.

Nachdem wir noch einmal nachgeschaut haben, ob die Katze im Nebenzimmer ist, könnten wir normalerweise sagen, wir hätten die Feststellung *verifiziert*, daß die Katze da ist. Wir haben es geprüft. Es ist eine Tatsache, wir wissen es. Doch der Verifikationist »entdeckt« (allerdings nicht mit der Emphase des cartesischen *Erstaunens*), daß wir die Feststellung nicht *schlüssig* verifiziert haben, und diese These muß ihm stärker vorkommen, intelligenter (ja, wie z. B. Berkeley behauptet: präziser und akkurater), als was wir eben so normalerweise von uns geben. Um seine Konklusion einfach zurückzuweisen, werden wir entweder sagen müssen, er verwende die Wörter eigenartig (was freilich *weniger* so offenkundig ist als im Fall der cartesianischen Untersuchung), oder aber, es sei falsch, was er sagt, d. h., wir versichern, wir *hätten* die Feststellung *schlüssig* verifiziert. Sind wir aber in der Lage, das zu behaupten? Lädt diese Versicherung nicht jene angeblichen »Möglichkeiten« geradezu ein, mit denen jeder Verifikationist aufwartet? »Meinst du«, fordert man ihn auf nachzuhaken, »durch nichts könnte bewiesen werden – oder, wenn du lieber möchtest: nichts könnte dich dazu bewegen zu sagen –, es sei trotzdem überhaupt keine Katze im Zimmer gewesen?« Wenn man dann erwidert, allerdings könnte einen nichts dazu bewegen, dergleichen zu sagen, wie wird man andere davon überzeugen wollen, daß dies nicht so sehr Starrsinn beweist als vielmehr die Solidität des eigenen Wissens?

Ein solcher Versuch, der klassischen skeptischen Position zu begegnen, muß in ein aberwitziges Scharmützel ausarten, bei man damit punkten will, daß man gegen Steine tritt und nach Katzen sieht. Es lohnt sich, das an einem konkreten Fall zu beobachten.

Im Verlauf einer ausführlichen Kritik des Verifikationismus kommt Norman Malcolm zu der folgenden These:

> Der Grund für die Behauptung liegt auf der Hand, daß mein Exemplar von James' Buch nicht die Eigenschaft hat, daß sein Druckbild spontanen Veränderungen unterliegt. Ich habe Millionen Wörter auf vielen tausend Seiten im Druck gelesen. Ich habe nicht ein einziges Beispiel dafür gefunden, daß ein gedrucktes Wort plötzlich und ohne äußere Ursache von einer Seite verschwunden oder durch ein anderes ersetzt worden wäre. Genausowenig habe ich von irgend jemand anderem gehört, daß ihm dergleichen begegnet wäre. Es gibt eine überwältigende Evidenz dafür, daß gedruckte Wörter sich so nun einmal nicht verhalten. Das ist genauso schlüssig wie die Evidenz dafür, daß Häuser sich nicht in Blumen verwandeln, d. h., absolut schlüssige Evidenz. (Malcolm, »The Verification Argument«, S. 280)

Zu sagen, wir verfügten über »absolut schlüssige Evidenz« dafür, daß Häuser sich nicht in Blumen verwandeln, ist nicht nur zu schwach. Eine solche Bemerkung ist selbst das Produkt derselben Hysterie, gegen die sie ankämpft. Wenn es absolut schlüssige Evidenz dafür gibt, daß S P ist, dann ist »S ist P« eine wohlbegründete Tatsache. Aufgrund dieser Evidenz darf man für sich in Anspruch nehmen, man wisse, daß das eine Tatsache ist. (Man gebe das für den Moment einmal zu: Es ist nicht als ein Argument gemeint.) Oder so: »S ist P« sagen heißt sagen, daß es der Fall ist, daß S P ist. Und manchmal kann man auch wissen, was der Fall ist. Ist es indessen nur *faktisch* der Fall, daß Häuser sich nicht in Blumen verwandeln? Was erfahren wir daraus – welche Tatsache wird übermittelt –, wenn wir gesagt bekommen, sie täten nichts dergleichen? Wie würde es denn sein, wenn Blumen und Häuser sich tatsächlich ineinander verwandelten? Was würde »Häuser«, was würde »Blumen« in der Sprache solch einer Welt bedeuten? Was wäre der Unterschied zwischen dem, was wir Steine, und dem, was wir Samen nennen? Wo würden wir in dieser Welt leben, und was würden wir in unseren Gärten wachsen sehen? Und was würde »wachsen« heißen? Wenn Malcolm versucht, »Gründe« zu geben oder (schlüssige) »Evidenz«, um zu sagen, daß Häuser sich nicht in Blumen verwandeln, wartet er uns mit jenen »hundert Gründen« auf, die zu erwähnen wir schon Gelegenheit hatten, »die einander kaum zu Wort kommen lassen wollen. ›Ich habe es doch selbst unzählige Male erfahren; und ebensooft von ähnlichen Erfahrungen gehört ... etc.‹« (*Philosophische Untersuchungen*, § 478; vgl. Malcolms »Ich habe nicht ein einziges Beispiel dafür gefunden, daß ... Genausowenig habe ich von irgend jemand anderem gehört, daß ...«.)

Ein weiterer Abschnitt der *Untersuchungen* ist hier relevant:

»Ein neugeborenes Kind hat keine Zähne.« – »Eine Gans hat keine Zähne.« – »Eine Rose hat keine Zähne.« – Das letztere – möchte man sagen – ist doch offenbar wahr! Sicherer sogar, als daß eine Gans keine hat. – Und doch ist es nicht so klar. Denn wo sollte eine Rose Zähne haben? Die Gans hat keine in ihren Kiefern. Und sie hat natürlich auch keine in den Flügeln, aber das meint niemand, der sagt, sie habe keine Zähne. – Ja, wie wenn man sagte: Die Kuh kaut ihr Futter und düngt dann damit die Rose, also hat die Rose Zähne im Maul eines Tiers. Das wäre darum nicht absurd, weil man von vornherein gar nicht weiß, wo bei der Rose nach Zähnen zu suchen wäre. (*Philosophische Untersuchungen*, S. 565)

Analog könnten wir zum Beispiel eine solche Serie konstruieren: »Samen ohne Wasser verwandeln sich nicht in Blumen.« – »Eicheln verwandeln sich nicht in Blumen.« – »Häuser verwandeln sich nicht in Blumen.«

Wenn ich bestreite, daß wir eine schlüssige Verifikation für diese letzte Feststellung *besitzen*, will ich damit nicht gesagt haben, wir hätten dafür *keine*. Vielmehr behaupte ich, daß wir vorläufig gar nicht wissen, wie die Verifikation dafür oder für das Gegenteil aussähe. Ebensowenig sage ich, daß ein solcher Satz sinnlos sein muß. Nur muß uns auch gesagt werden, welchen Sinn er haben soll. (Und wenn man uns das sagt, ist es nicht einmal wahrscheinlich, daß der betreffende Sinn überhaupt irgend etwas wie Verifikation verlangt – es könnte sich z. B. um eine Anklage oder eine Insinuation handeln.) Was der Verifikationist leugnet und Malcolm versichert, daß wir nämlich (manchmal) schlüssige Evidenz (schlüssige Beweise) für eine empirische Feststellung besitzen, beruht, wie trivial ihre oberflächliche Meinungsverschiedenheit auch ist, auf ein und derselben Vorstellung davon, was Wissen ist oder zu sein hätte. Der eine wie der andere verlegt das Wissen ans Ende einer furchtbar langen Wegstrecke von Glauben und Evidenz. Beide stellen sich von der Evidenz für eine gegebene empirische Behauptung vor, sie würde mit der Masse der menschlichen Erfahrung kontinuierlich zunehmen, abnehmen oder gerade einmal ein gewisses Glaubwürdigkeitsniveau halten – so als würde man immer wieder Häuser und Blumen anstarren und immer wieder feststellen, daß sich das eine *nicht* in das andere verwandelt. Beide verwenden, kurz gesagt, den Ausdruck »absolut schlüssige Verifikation« außerhalb seines normalen Zusammenhangs. In diesem Fall hat der traditionelle Philosoph indessen unbestreitbare Gründe für ein solches Manöver, während sein Opponent, so wie *der* seine Worte verwendet, dafür keine hat. Diese Moral zum Thema philosophische Kritik zu ziehen, daran liegt mir viel. Daß man bei Malcolm übrigens anderswo eine Einstellung finden kann, die im Gegensatz zu dem steht, was ich aus einem seiner Aufsätze zitiert habe, ist ein Zeichen für die anhaltende Macht, die eine solche Idee des Wissens ausübt.

Warum wählt Malcolm gerade diese merkwürdigen Beispiele – Häuser, die sich in Blumen verwandeln, ein Druckbild, das spontanen Veränderungen unterliegt –, um den Gedanken zu bekämpfen, uns fehle die schlüssige Verifikation empirischer Behauptungen? Warum wählt er nicht einen Zusammenhang, in dem der Ausdruck »absolut schlüssiger Beweis« normalerweise Verwendung findet? Denn es *gibt* beispielhafte Anwendungsfälle – d. h. freilich nur: solche, die kennzeichnend sind für die Art, wie er gebraucht wird –, und man würde gedacht haben, daß dies zu Malcolms Vorgehen besser paßt.

Was würde ein normaler Zusammenhang sein? Angenommen, einer sagte »Jetzt habe ich einen absolut schlüssigen Beweis, daß sie in Rom gewesen ist«. Was könnte er meinen? Nun, vor zwei Wochen war von dieser Frau zu erfahren, daß sie ein Flugticket nach Rom gekauft hat. Das ist, auf der Grundlage unserer sonstigen Informationen, ein annehmbarer Beweis dafür, daß sie in Rom gewesen ist (daß es Rom war, wohin sie wollte). Und vor drei Tagen will einer unserer Detektive gesehen haben, wie sie sich auf eine Vespa schwang und hinter einer Ecke verschwand. Das ist, auf der Grundlage unserer sonstigen Informationen, ein nahezu schlüssiger Beweis. Heute nun ist von der römischen Polizei hier ein Photo eingetroffen, das sie vor der Fontana di Trevi zeigt. »Jetzt haben wir einen absolut schlüssigen Beweis!« (Wie würde denn, auf der Grundlage unserer sonstigen Informationen, ein auch nur einigermaßen annehmbarer Beweis dafür aussehen, daß Häuser sich nicht in Blumen verwandeln?)

Allein ein solches Beispiel verfängt bei dem Verifikationisten nicht. Denn in diesem Zusammenhang wäre es durchaus vernünftig, sich Weiteres vorzustellen: daß das Photo selbst gefälscht ist, daß ein von der Dame in Miami gegen den hellen Himmel aufgenommenes Photo über das Photo vom Brunnen kopiert worden ist. Wir können es so sagen: In solchen Zusammenhängen fungiert »absolut« genauso wie das Wort »wissen«. Es bedeutet, daß wir für alle praktischen Belange keine größere Evidenz benötigen. Es bedeutet jedoch nicht, daß es auf der Skala der relevanten Evidenz nicht noch höhere Grade gäbe. Aber genau *das* ist es, was zu beweisen wäre, um die Konklusion des Verifikationisten zu entkräften. Hat man erst einmal die Relevanz höherer Evidenzgrade zugestanden – daß es also (manchmal) vernünftig wäre, noch mehr Beweise zu verlangen –, dann ist es offenbar dogmatisch zu behaupten, es *könne* keine Gegenbeweise geben.

Man hat zu mir gesagt, »Häuser, die sich in Blumen verwandeln« bedeute durchaus etwas Bestimmtes, beispielsweise in einem Zeichentrickfilm oder einem Traum. Ohne Zweifel. In solchen Zusammenhängen sehen wir z. B. eine Kathedrale mit Fensterrosette sich in eine Rose verwandeln. Doch ich habe nicht behaupten wollen, eine solche Feststellung wäre gegenstandslos, sondern nur, daß wir ihr besser eine klare Bedeutung geben sollten. Wenn wir uns nun einen für ihre Projektion empfänglichen Zusammenhang vorstellen, stellen wir uns eine Welt vor, für welche die Feststellung »Wir besitzen absolut schlüssige Beweise dafür, daß Häuser sich nicht in Blumen verwandeln« unzutreffend oder besser gegenstandslos ist, denn in einer solchen Welt wäre der (unser) Begriff der Evidenz nicht anwendbar: *ex quolibet sequitur quodlibet*. Zeichentrickfilme erregen deswegen Gelächter, weil sie unserer Welt hinreichend *ähnlich* sind, um melancholisch und erschreckend zu wirken.

Die Stelle aus Malcolms Aufsatz hat mich zu der Frage veranlaßt, ob es lediglich eine *Tatsache* ist, daß Häuser sich nicht in Blumen verwandeln oder daß Gedrucktes nicht spontan Veränderungen durchmacht oder, allgemein gesprochen, daß es für sich seiende, beharrende Objekte in der Welt gibt. Fragen wir uns jetzt: Was stellen wir uns vor, wenn wir uns davon denken, es sei lediglich eine »Tatsache« über *unsere* Welt – gerade so, wie es nur eine Tatsache ist, daß die Blumen in diesem Garten nicht genug Wasser bekommen haben oder daß es in dieser Straße sechs weiße Häuser mit Rosengärten gibt? Ich habe das Gefühl, daß Sachverhalte dieser Art sich uns bloß als zusätzliche Tatsachen über unsere Welt darstellen würden, wenn wir die Welt als ein einziges Objekt, d. h. als einen vollständigen Inbegriff von Objekten betrachteten oder zu betrachten hätten; was nur eine andere Art ist, das Erlebnis zu beschreiben, von dem schon die Rede war, nämlich »uns selbst außerhalb des Weltganzen stehen zu sehen«, also auf dieses blickend, wie wir jetzt auf manche Objekte von einem Standpunkt inmitten anderer blicken. Von diesem Erlebnis glaube ich, daß es in der klassischen Erkenntnistheorie (übrigens auch der Moralphilosophie) eine grundlegende Bedeutung hat. Manchmal erscheint es mir als das Gefühl der Ohnmacht, die Welt zu kennen und in ihr zu handeln. Virulent ist es auch in der existentialistischen (etwa Santayanas) Empfindung, wie prekär und zufällig die Existenz doch ist, wie ausgesprochen kontingent die Tatsache ist, daß die Dinge sind, wie sie sind. (Wittgenstein teilt dieses Bewußtsein von der Tiefe der Kontingenz. In diesem Punkt hat er den Vorzug, es besser zu beschreiben, es in seinen Einzelheiten konkreter auszuführen, ich möchte sagen: ihm die Theatralität zu nehmen.)

Die gesamte Existenz wird in die Tomate des Philosophen gepreßt, wenn er diese für seine überwältigende Frage heranzieht. Das Erlebnis ist von der Art, so würde ich es jetzt beschreiben, daß einer auf die Welt blickt, als wäre sie ein weiteres *Objekt* auf einer Ebene mit einzelnen Umschlägen, Tomaten, Stücken Wachs, Glocken, Tischen usw. Wenn das eine Sehnsucht ist, dann nicht eine nach Allgemeinheit (d. h. nach Generalisierung), sondern nach *Totalität*. Es ist ein Ausdruck dafür, was ich damit meinte, als ich sagte, daß wir die Welt so wissen wollen, wie wir es uns von Gott vorstellen, daß Er sie weiß. Und uns davon frei zu machen wird genauso leicht sein, wie uns von dem hybriden

Wunsch zu befreien, Gott zu sein – uns zu *befreien*, sage ich, nicht: statt dessen über unsere Endlichkeit zu jammern. (Ich leugne übrigens nicht notwendig, daß die *Erde* ein Objekt ist, mit anderen Objekten auf ihrer Oberfläche. Doch die Welt hat keine Objekte auf sich.)

Vielleicht bin ich etwas zu weit vorgeprescht; oder auch nicht weit genug. Ich bin mir nicht sicher, ob ich das Erlebnis, das ich uns zu Bewußtsein zu bringen versuche, wirklich übermittelt habe. Versuchen wir es noch auf eine andere Weise.

Man hat uns auf das Außerordentliche gestoßen, das in solch einer Wendung wie »Dies existiert« liegt; wir sind uns der Besonderheiten des Terminus »existiert« allgemein bewußt. Hume und Kant hatten die Erkenntnis, die wir in dem Satz »Existenz ist kein reales Prädikat« formulieren, und nach Frege begreifen wir vielleicht die tatsächliche Funktion des Wortes »existiert«. Doch die Frage, die mich beschäftigt, ist immer noch: Wie kommen Philosophen nur darauf, daß ein Ausdruck wie »Dies existiert« irgend etwas bedeute, irgendwie informativ sei, und mehr noch, etwas bedeute, wofür wir den Beweis antreten können und das auch müssen? Denn das halte ich für die Erfahrung des Philosophen, wenn er den Beweis dafür antritt oder auch es bezweifelt, daß wir tatsächlich Objekte *sehen* und daher wirklich wissen, daß es sie gibt. Das meint Moore anscheinend, wenn er ziemlich zum Schluß seines »Beweises für eine Außenwelt« sagt, er glaube nicht, daß die *Prämissen* des von ihm vorgelegten Beweises für »die Existenz von Dingen außer uns« (S. 145) noch bewiesen werden können – die Prämissen nämlich »Hier ist eine Hand« und »Hier ist eine andere«. Was immer man von diesen Prämissen hält oder von Moores mit ihrer Hilfe geführtem Beweis, die Vorstellung oder das Gefühl, daß solche Feststellungen in dem Zusammenhang, den Moore bemüht, beweisbar wären – wo sie nämlich für alle Welt präsent und voll sichtbar sind –, ist eben die mich interessierende Vorstellung oder das Gefühl, wir wüßten um die Existenz eines Dings. Daß er es für verständlich hält, nach einem solchen Beweis zu fragen, ja daß das sogar den Sinn seiner erkenntnistheoretischen Untersuchungen ganz wesentlich mit ausmacht, geht aus dem Grund hervor, den Moore dafür angibt, daß er nicht beweisen könne, daß »hier eine menschliche Hand ist und hier eine andere«. Der Grund ist, daß, »um das zu tun, ich zu beweisen hätte, wie Descartes gezeigt hat, daß ich nicht träume. Aber wie sollte ich das können? Ich habe zweifellos schlüssige Gründe, um zu behaupten, daß ich jetzt nicht träume. Ich habe eine schlüssige Evidenz, daß ich wach bin. Aber das ist etwas ganz anderes, als imstande zu sein, es auch zu beweisen. Ich könnte nicht einmal alles vorbringen, worauf sich meine Evidenz stützt, und das wäre doch das mindeste, was von mir zu verlangen wäre, wenn ich einen Beweis dafür liefern sollte.« (S. 149) Moore besteht natürlich darauf, daß er *weiß*, daß die fragliche Feststellung wahr ist, auch wenn er sie nicht beweisen kann, und daß sie zu leugnen oder auch nur anzudeuten, er bilde sich das nur ein, absurd wäre (S. 146).

Was ist dieses Gefühl, daß es für so etwas wie dafür, daß das hier eine menschliche Hand ist (meine, indem ich damit wedele), eines Beweises bedarf? Wodurch gelangt man dazu, mit Gründen zur Unterstützung einer solchen Feststellung aufzuwarten? Wodurch kommt jemand dazu, wie Kant (Vorrede zur 2. Auflage der *Kritik der reinen Vernunft*, zitiert von Moore S. 127) sagt, es für gut zu halten, an ihrer Existenz (nämlich der Dinge außer uns) zu zweifeln? Ich habe diesen Zweifel, der auf den Zusammenbruch der Behauptung des Philosophen folgt, er wisse von der Existenz von etwas, weil er es sehe, als einen solchen charakterisiert, der empfunden werden muß und nicht empfunden werden kann. Doch was für eine Art Erlebnis ist *das*?

Mein Vorschlag war, daß es die Reaktion auf eine Behauptung ist, von der man sich zugleich vorstellen muß und das nicht kann, daß sie aufgestellt worden ist, und daß dies wiederum die Folge eines Erlebnisses ist, bei dem man sich, so habe ich es beschrieben, in seinem eigenen Erlebnishorizont von der Welt abkapselt und diese als Objekt betrachtet (»außer uns«). Die Versuche, die der Philosoph anstellt, um zu *beweisen*, daß es sie gibt, sind, füge ich jetzt hinzu, solche, aus seiner Kapsel heraus eine absolut tragfähige Verbindung mit diesem Weltobjekt herzustellen. Es ist, als versuchte er, abgeschnitten von der Alltagspraxis, in der diese Verbindung gewährleistet ist, und zwar darin allein, sie unmittelbar in seinem Bewußtsein und auf der Stelle wiederherzustellen. (Das hat seine Analogien in der nicht-philosophischen Erfahrung, sowohl normaler als auch abnormer.)

Ich will beschreiben, wie dieses Erlebnis in mir entsteht. Fragen wir: Was ist das Erlebnis eines Philosophen, wenn er in einem Zusammenhang, in dem es auf die Frage »Was ist es denn eigentlich?« keine Antwort gibt, sagt: »Nenne es, wie du willst, es ist doch, was es ist«? Oder wenn er in einem Zusammenhang, wo das, was wir sehen, keine »Erscheinung« im grammatischen Sinn ist und es auf die Frage »Wie sieht es wirklich aus?« keine Antwort gibt, sagt: »Wie etwas uns erscheint, teilt uns nichts darüber mit, wie es an sich ist«? Auf die Fragen »Was ist es denn eigentlich?« und »Wie können wir es besser in den Blick bekommen?« gibt es offenkundige, triviale, empirische Antworten, und das bedingt zweifelsohne zum Teil den Anschein, die Feststellungen des Philosophen hätten einen klaren Sinn. Nur sind diese trivialen Antworten eben nicht Antworten auf Fragen, deren Antworten ihm genügen würden. Worin besteht also sein Unbefriedigtsein, das in diesen Feststellungen zum Ausdruck kommt? Ich stelle mir vor, ich fixiere ein Objekt, ein generisches Objekt, nicht mit einer Frage, die mir dazu auf den Lippen läge, auch nicht zu irgendeinem bestimmten Zweck, sondern so, als sei ich, unkörperlich, sogar ohne zu denken, ganz dem Schauen hingegeben. Und ich stelle fest, daß ich sagen möchte: »*Das* – das Ding da – ist, was es ist. Es *ist* an und für sich nichts von alldem, wovon wir sagen, daß es das sei. Letztlich wird die Sprache seiner nicht habhaft.« Ist, was es ist? An und für sich? Ich rufe: *Das* ist es! (indem ich darauf zeige, es mit den Augen fixiere). Ich versuche zu sagen: »Das ist das« und lasse diese Worte irgend etwas Informatives sagen. Und dann, nachdem ich diese Absicht bekundet habe, bin ich unzufrieden – mit meiner eigenen Unzufriedenheit. Ich habe mir gar nichts mitgeteilt. Oder ich stelle fest, daß ich sagen möchte: Es ist nicht zu ändern, das Objekt ist mir verborgen, das ist die andere Seite aller Erfahrung; ich sehe von ihm nur, *wie es sich mir darstellt* (wieder eine Phrase, die in einem Zusammenhang verwendet wird, in dem es auf die natürliche Reaktion in Form der Frage »Wie stellt es sich *dir* denn dar?« keine Antwort gibt, zumindest nicht die richtige Sorte von Antwort); es ist *da*, gewiß, aber unzugänglich.

Ich setze alles daran, die Worte »An und für sich ist es *da*« (mir ist fast so, als *durchbohrte* ich etwas; doch schon im Ansatz ist mir bewußt, daß es zwecklos ist) irgend etwas sagen zu lassen, so wie »An und für sich ist es weiß« etwas Informatives sagt. Ich stelle mir vor, da ist eine Welt, in der Dinge *sind*, nur *sind*, von denen das, was ich zu Gesicht bekomme, eine Entstellung, eine Erscheinungsweise, eine Wirkung wäre. Aber das ist keine Tatsache. Nicht, daß es falsch wäre. Es ist nur kein richtiger Kandidat dafür, um eine Tatsache zu sein. Es ist nicht wahr, *und* es ist nicht falsch, daß es Dinge an sich gibt.

Was hier geschieht, habe ich folgendermaßen beschrieben: Die Frage »Wie können wir erfahren, was das Objekt an und für sich ist?« ist das Ergebnis davon, daß mit dem Satz »Keine Erfahrung für sich genommen kann uns lehren, was das Objekt an und für sich ist« eigentlich nichts behauptet wird. Steht die Frage erst einmal im Raum, scheint sie eine Antwort zu verlangen. Da es sich aber um eine Situation handelt, wo nichts behauptet worden ist, sind auch die Bedingungen entfallen, unter denen eine Frage nach der Grundlage beantwortbar wäre. Damit sieht unsere Situation vielleicht so aus: »Die menschliche Vernunft hat das besondere Schicksal ..., daß sie durch Fragen belästigt wird, die sie nicht abweisen kann, denn sie sind ihr durch die Natur der Vernunft selbst aufgegeben, die sie aber auch nicht beantworten kann, denn sie übersteigen alles Vermögen der menschlichen Vernunft.« (*Kritik der reinen Vernunft*, Vorrede zur ersten Auflage, A VII).

Daß keine Grundlage befriedigend ist, liegt aber nicht daran, daß es keine gäbe, wo eine sein sollte, sondern daran, daß es an einer Behauptung fehlt, bezogen auf die eine Grundlage überhaupt nur relevant ist. Daß wir nicht sagen können, was ein Ding an sich ist, liegt nicht daran, daß es da irgend etwas gäbe, was wir tatsächlich nicht wissen, sondern daran, daß wir uns selbst der Möglichkeit beraubt haben, irgend etwas konkret zu antworten. Es gibt nichts, was wir nicht sagen könnten. Was nicht heißt, daß wir *alles* sagen könnten; »alles« läßt sich nicht sagen. Es gibt nichts, was wir nicht wissen können. Das heißt nicht, wir könnten alles wissen; es gibt diese Faktentotalität nicht, die gewußt werden könnte. Zu sagen, wir könnten nicht wissen, was die Dinge an sich sind, ist genauso eine transzendentale Illusion wie zu sagen, wir wüßten es. Wenn wir sagen, der Philosoph sei »durch die Grammatik irregeleitet«, dürfen wir nicht annehmen, das bedeute, er sei dazu verleitet worden, das *Falsche* zu sagen – als hätte das Richtige, das er verfehlt hat, für ihn bereits so dagelegen. Wie gesagt, es ist vielmehr so, daß er zu der Annahme verleitet worden ist, das, was er sagen *muß*, wäre von ihm auch so *gemeint*, nämlich informativ. Und nach wie vor stellt sich die Frage: Wie ist es möglich, daß wir nicht wissen oder uns nicht bewußt sind, was wir sagen? Wie ist es möglich, daß wir nicht wissen, daß wir uns gar nichts mitteilen, wenn wir doch meinen, es zu tun? Hier bekommt man eine Ahnung, wie die Probleme der Philosophie sich in Fragen des Wissens über uns selbst transformieren.

Den Unterschied zwischen Austins Untersuchung und den klassischen Untersuchungen habe ich in die betreffenden Leitvorstellungen und die daraus entspringende Unterschiedlichkeit der Probleme des Wissens gesetzt. Austins Problem ist leicht anzugeben: Es macht aus dem erkenntnistheoretischen Problem das der Objektidentifizierung und kümmert sich überhaupt nicht darum (»verdrängt« es?), wie mit Gewißheit die Existenz eines generischen Objekts gewußt werden kann. (Sein ingeniöser Abschnitt über den Unterschied zwischen »sicher sein [*being sure*]« und »gewiß sein [*being certain*]« kümmert sich ebenfalls nur um die

Sicherheit bzw. Gewißheit bei *Identifizierungen*. Vgl. *Other Minds*, S. 135-42). Die von Austin gezogene Konsequenz, die uns beschäftigt hat, würde ich so formulieren: Das Problem der Existenzsicherung von etwas reduziert sich auf das Problem, seine Realität zu bestimmen. Inwiefern das berechtigt ist, habe ich so auszudrücken versucht, daß es keine Austinschen Existenzkriterien für etwas gibt, die sich nicht auf Identifikationskriterien reduzieren, und daß es keine Kriterien gibt, die wir verwenden, um zu bestimmen, ob ein Ding beseelt oder unbeseelt, Artefakt oder natürliches Objekt ist.

Doch die Zuversicht, damit das Problem, wie man um die Existenz von etwas wissen kann, gegenstandslos gemacht zu haben, scheint mir unangebracht. Wir haben, um nur dies zu bemerken, noch überhaupt nichts über die alltäglichen Verwendungsweisen des Ausdrucks »There is ...« [»*Da ist* ...«] gesagt. Eine Frage, die zu stellen wäre, würde lauten: »Warum besagen die Ausdrücke ›There is a ...‹ (oder: ›There is something which ...‹ und ›Here is a ...‹ [»*Hier ist ein* ...‹]) das, was sie besagen?« Das heißt, wieso verwenden wir Pronomina für *Ortsangaben* (wie z. B. in »There is my hat« [»*Da ist mein Hut*«]) auch dafür, um Existenz auszudrücken? Sollen wir etwa sagen, das Problem, wie man um die Existenz von etwas wissen kann, reduziere sich auf das Problem zu wissen, wie man es lokalisiert? (Aber in anderen Sprachen wird Existenz gar nicht so ausgedrückt. Man beachte das deutsche »Es gibt ...«.)

Die Konsequenz, die ich bei Austin finde, legt es nahe zu behaupten, wie Quine es auch ausdrücklich tut, daß wir auf die Wörter »existiert« und »Existenz« völlig verzichten könnten. Aber zu welchem Zweck? Quine sagt, er wolle nur das Wort »is« beibehalten (»On What There Is«, S. 3 [Dt.: »Was es gibt«, in: *Von einem logischen Standpunkt*, S. 11]), aber ist das, was er beibehält, nicht tatsächlich »*there* is«? Das von ihm beibehaltene Wort ist nicht jenes »ist«, das er andernorts vieldeutig findet, indem es zwischen »ist Element von« und »ist identisch mit« schwankt (*Mathematical Logic*, S. 119). Was er, sicherlich richtig, zu »existiert [*exists*]« sagt, daß nämlich dieses Wort bezogen auf raumzeitliche und auf mathematische Objekte keineswegs vieldeutig sei (»Wenn andererseits keine raumzeitliche Referenz vorliegt, wenn wir die Existenz der Kubikwurzel aus 27 behaupten, liegt dies einfach daran, daß Kubikwurzeln keine raumzeitlichen Gegenstände sind, und nicht etwa daran, daß unser Gebrauch des Wortes ›existieren‹ mehrdeutig wäre« (»On What There Is«, S. 3)), gilt genauso für »there is«. Wir könnten in der Tat sagen: Zu wissen, »that there is« eine Kubikwurzel aus 27, heißt: zu wissen, wie man sie lokalisiert oder findet (d. h. zu wissen, was für eine Art von Objekt sie »grammatisch« ist). (Ist es womöglich das, was Pascal gemeint hat, als er den Gott der cartesischen Gottesbeweise den »Gott der Philosophen« genannt hat: daß nur jemand, der des Wissens ermangelt, wie Gott zu finden ist, solche Beweise vorlegen würde?) Vielleicht kämen wir so dazu zu fragen, wieso das Wörtchen »ist« all das leistet. Der Gedanke liegt nahe, daß zu wissen, was etwas »ist«, letztlich eine Sache davon ist, es »lokalisieren« zu können, zu wissen, wann es »dasselbe« ist, und seine Eigenschaften zu kennen. Ferner ergeben sich aus dem Sinn von »ist« Probleme, demzufolge es höhere, geringere und andere Seinsweisen gäbe, von denen die Existenz nur eine wäre – und aus dem Sinn, der der Frage, »Warum existiert überhaupt etwas?« zugrunde liegt, worin sich ihrerseits eine Erfahrung dokumentiert, die ich gestehe gemacht zu haben und die mir mit dem Sinn der Frage des Philosophen »Wie wissen wir überhaupt, daß irgend etwas existiert?« zusammenzuhängen scheint, ja diese vielleicht sogar artikuliert. (Diese Erfahrung, und was mit ihr weiter zusammenhängt, wäre ebenso wie Ähnliches an einer vergleichbaren Weggabelung in Kapitel VI – in den Schlußparagraphen des Abschnitts »Die Vernünftigkeit des Zweifels« – einmal wert, psychologisch analysiert zu werden.)

Daß sie beide die Frage nach dem Mysterium der Existenz oder des Seins der Welt immerhin zulassen, bildet ein nicht unwichtiges Band zwischen Wittgensteins und Heideggers Lehre. Dieses Band ist konkret eines, aus dem folgt, daß sie beide darin übereinstimmen, was ich die Wahrheit des Skeptizismus genannt habe, was ich aber auch die Moral des Skeptizismus nennen könnte: daß nämlich die Grundlage des Menschen in der Welttotalität, seine Beziehung zur Welt als solcher, nicht kognitiver Art ist oder jedenfalls nicht von der Art, was wir uns darunter vorstellen. (Siehe »The Avoidance of Love«, S. 324.) (Welche Wurzellosigkeit, welcher Fluch hätte uns denn dazu gebracht, daß wir unsere Grundlage gerade darin sehen, und von uns selber das Angebot zu wissen zu akzeptieren?) Sowohl Wittgenstein als auch Heidegger stehen durch ihre jeweilige Interpretation in der Tradition von Kants Einsicht, daß die Schranken des Wissens keine Defizite sind. In der Auslegung, wie über die Beziehung des Menschen auf die Welt als solche zu denken wäre, geht *Sein und Zeit* weiter als die *Philosophischen Untersuchungen* (und lokalisiert unter anderem diese besondere Beziehung, die die Erkenntnisbeziehung genannt wird). Doch Wittgenstein geht weiter als Heidegger in der Auslegung, wie herauszubekommen ist, so würde ich es ausdrücken, womit wir unsere andauernde Versuchung, *wissen* zu wollen, eigentlich bezahlen. In *Sein und Zeit* wird mit der Weltverfallenheit bezahlt, d. h. der Verfallenheit an die Welt des Man. (Heideggers Analysen dieser Welt, besonders im vierten Kapitel von *Sein und Zeit*, halte ich für die am wenigsten originellen, für die oberflächlichsten Abschnitte in diesem so ungleichmäßigen Buch.) In den *Philosophischen Untersuchungen* ist es geradezu der geistige Verfall, durch den wir uns mit den Folgelasten konfrontiert sehen (daß wir z. B. nicht wissen, was wir gerade sagen, daß unsere Behauptungen leer sind, daß wir nur die Illusion haben, etwas Bestimmtes zu meinen, daß wir uns auf eine unmögliche Privatsprachlichkeit herausreden). (Im vierten Teil mehr dazu.) Beiden zufolge besteht die Folgelast im Identitäts- und Selbstverlust. Es wird wohl so sein, daß man, um sich für Spekulationen dieser Art über die Folgelasten des Wissens für den Menschen erwärmen zu können, für bestimmte romantische Befangenheiten Interesse mitbringen muß.

Es scheint mir bedeutsam, daß die Stelle, wo man auch im englischen Sprachraum einmal einer Version der Frage nach dem Mysterium des Seins der Welt begegnet, der neunte Abschnitt von Humes *Dialogen über natürliche Religion* ist, bedeutsam, daß sich die Frage gerade innerhalb solcher erkenntnistheoretischer und religiöser Horizonte stellt (siehe »The Avoidance of Love«, S. 325, Anm. 15), daß Demea sie stellt und daß sie über ihren borniertern Anthropomorphismus nicht hinwegkommt, nämlich: »*Was war es* [Hervorhebung von mir] ..., durch dessen Festlegung eher *etwas* statt *nichts* existent geworden ist und was eine bestimmte Möglichkeit, unter Ausschluß alles übrigen, mit Sein belehnt hat?« Ferner, daß sie nicht von Philo, sondern von Cleanthes beantwortet werden soll: als wäre Philos Energie für ein schwierigeres Thema aufzusparen, vielleicht aber auch, um ihm eine Verlegenheit zu ersparen, denn die Argumentation ist gewiß gründlich, aber altbacken. (Wie brillant Hume in diesem Werk ist, kann man sich verdeutlichen, wenn man sich Demeas Rolle von Descartes gespielt denkt, der bestimmt einige eigene Zeilen beigesteuert hätte und dessen Abgang, zum Schluß des neunten Abschnitts, sich anders gestaltet hätte.)

Wenn die Existenz der Welt und unser Wissen um ihre Existenz ein wirkliches, gefühltes Problem wird, reicht es dann, mit Carnap zu sagen: »Die Dingwelt für gegeben zu halten heißt nicht mehr, als eine bestimmte Form der Sprache anzunehmen, anders gesagt, Regeln zur Bildung von Aussagen und zur Prüfung, Annahme oder Verwerfung derselben anzunehmen« (»Empiricism, Semantics, and Ontology«, S. 211)? Vielleicht haben wir den Eindruck: Die »Dingwelt« anzunehmen heißt eben, die Welt anzunehmen, und welche Wahl haben wir dabei denn? (Womit ich nicht behauptet haben will, es gäbe keine.) Und welche Wahl haben wir in bezug auf die Annahme einer Form der Sprache? Annehmen oder verwerfen können wir, was immer von *uns* sprachlich konstruierbar ist (à la Kant, wonach die Vernunft nur das erkennt, was sie nach ihrem eigenen Plan auch macht). Wenn wir nicht *entscheiden* können, daß die Dinge unserer Welt existieren, sollen wir dann sagen, wir wären davon *überzeugt*, daß sie existieren? So wird ein Philosoph reden, bei seiner Musterung unserer Überzeugungen, mit der er seine Untersuchung ihres generellen Geltungsanspruchs einleitet. Doch in dieser Musterung kommt selbst ja keinerlei Überzeugung zum *Ausdruck*, sie enthält keine Behauptungen. Oder sollen wir sagen, wir *glaubten* eben, daß die Dinge unserer Welt existieren? Nur, wie kommen wir zu diesem Glauben, worin drückt er sich aus, wie wird er aufrechterhalten, wie vertieft, wie bedroht, wie geht er verloren?

Dritter Teil

Wissen und der Begriff der Moral

Denn aus deinen Worten wirst du gerechtfertigt werden und aus deinen Worten wirst du verdammt werden.

Matthäus 12,37

Wer wollte aber auch einen neuen Grundsatz aller Sittlichkeit einführen, und diese gleichsam zuerst erfinden? gleich als ob vor ihm die Welt, in dem was Pflicht sei, unwissend oder in durchgängigem Irrtum gewesen wäre.

Kant, Kritik der praktischen Vernunft, Vorrede, Anmerkung

Welche Art von Uneinigkeit aber, mein Freund, verursacht Haß und Zorn?

Sokrates zu Euthyphron

IX
Wissen und das Fundament der Moral

Historisch wie dialektisch wirft der Begriff der Vernunft oder des Wissens und damit der Begriff der Rationalität zwei große Probleme für den Moralphilosophen auf. (1) Wenn Menschen hinsichtlich der Fragen »Was ist zu tun?« und »Was soll ich tun?« untereinander oder mit sich selbst uneins sind, dann ist der Zeitpunkt für moralische Reflexionen gekommen. Dialektisch spiegelt sich dieses Problem in einer Tatsache über »moralische Argumente« – in den (wie Sidgwick es ausdrückt) »Methoden«, mit denen wir versuchen, uns Wissen oder eine »rationale Überzeugung« darüber zu verschaffen, was zu tun geboten ist –, die beharrlich und durchgängig die Aufmerksamkeit der Moralphilosophen in Beschlag genommen hat, nämlich daß derartige Argumente stets und entmutigenderweise zum Kollabieren neigen oder in eine Sackgasse münden und daß die das Argument auslösende Frage entweder keine oder unvereinbare Antworten erhält, die auch durch weitere Argumente scheinbar nicht aufgelöst werden. (2) Selbst wo keine Uneinigkeit darüber herrscht, was getan werden sollte, und Argumente daher überflüssig sind, selbst wo ich hinsichtlich dieser Frage zu einer »rationalen Überzeugung« gekommen bin oder die Antwort von Anfang an klar war, *tue* ich womöglich nicht, was ich offensichtlich als richtig erkannt habe, oder unterlasse nicht, was ich zweifellos als übel *erkenne*. Offenbar im Gefolge von Nietzsche, aber ohne dessen ideologiekritischen Impetus macht Bruno Snell Sokrates' Kritik an den griechischen Dramatikern, vor allem an Euripides, als Ursprung dessen aus, was wir als seriöse Moral (als rational begründete, im Gegensatz zu einer bloß konventionellen Moral) betrachten dürfen.

Es läßt sich, wie ich glaube, der Punkt angeben, an den Sokrates bei seinen Erörterungen über Moral anknüpft. Die Medea des Euripides sagt: »Ich weiß, welch Schlechtes ich zu tun im

Begriff bin, aber meine Leidenschaft ist stärker.« Dagegen wendet Sokrates ein: »Wenn man das Gute weiß, tut man es auch – es kommt nur darauf an, daß man wirklich erkannt hat, was das Gute ist. Niemand tut freiwillig Schlechtes.« (Die Entdeckung des Geistes, S. 248, Hamburg³ 1955)

Dialektisch spiegelt sich das Problem in Fragen über das Wesen moralischer Urteile und Begriffe oder über das »Vermögen«, durch das sie »erkannt« werden. Sidgwick hat eine »Untersuchung der Ursprünge des moralischen Vermögens« vermieden, die, so beklagte er, »vielleicht unverhältnismäßig stark die Aufmerksamkeit neuzeitlicher Moraltheoretiker auf sich gezogen hat«, und zwar durch »die einfache Annahme (anscheinend implizit in allen ethischen Überlegungen gemacht), daß es unter allen gegebenen Umstände etwas gibt, was zu tun richtig oder vernünftig ist, und daß dies erkannt werden kann« (*Methods of Ethics*, S. vi). Sei es nun, weil diese Annahme späteren Philosophen inakzeptabel oder nutzlos erschien oder wegen des enormen Prestiges, das Kant und Hume im jüngeren Philosophieren genießen, oder aus irgendeinem anderen Grund – der Moralphilosophie ist es jedenfalls nicht gelungen, diese Frage zu vermeiden; selbstredend hat sie erst spät die Gestalt nicht einer Art psychologischer Untersuchung der Ursprünge eines geistigen Vermögens angenommen, sondern einer Art psychologischer Analyse des kognitiven Status moralischer Urteile oder der »Art von Bedeutung«, die ethischen Begriffen zukommt.

Beide Probleme werden meines Erachtens einen Moralphilosophen zu der Frage veranlassen, ob und in welchem Maße Wissen ein Fundament der Moral liefern kann. Und obwohl vermutlich alle Moralphilosophen sich mit beiden Arten von Problemen auseinandergesetzt haben, beschreiben sie klare Akzentunterschiede. Ein Philosoph, für den die Tatsache, daß Menschen geteilter Meinung sind, ein Problem darstellt, wird sich vermutlich mit Methoden zur Beilegung sozialer Konflikte beschäftigen und eine Theorie der guten Gesellschaft sowie eine Kritik bestehender Institutionen entwickeln; ein Philosoph, für den die gespaltene Natur des Menschen ein Problem ist, wird sich vermutlich mit Fragen zum Wesen gesellschaftlicher Autorität beschäftigen, damit, was ihre Anordnungen für uns verbindlich macht. Die erste Akzentsetzung führt zu einer Untersuchung solcher Begriffe wie gutes Leben und der Frage nach der Realität und Hierarchie von Werten; die zweite richtet sich unmittelbarer auf Begriffe wie Schuld, Verantwortung, Willensschwäche und Gewissen. Beide beurteilen den Charakter danach, wie er sich im Verhalten enthüllt, aber die erste nimmt die weltliche Handlungsweise in den Blick und damit die Wirksamkeit und das sterbliche Glück der Person, das sich darin zeigt; die andere nimmt die innere Quelle des Handelns in den Blick und damit den Willen oder den unsterblichen Wert der Person, der sich im Handeln enthüllt. Im ersten Fall schaut Moral auf die Politik, im zweiten auf die Religion.

Die Grobschlächtigkeit dieser allgemeinen Teilung und ihrer verschiedenen Charakterisierungen muß ich wohl nicht kommentieren oder mich gar dafür entschuldigen, noch muß ich das allzu Offensichtliche anerkennen, daß es sich um miteinander verbundene Dimensionen der Moral handelt und jeder Moralist sich mit beiden beschäftigt hat. Auch meine ich nicht, irgend etwas Originelles damit gesagt zu haben. Für mich liegt der Punkt lediglich darin, mir selbst klarzumachen, was jeder Abriß moralischer Theorien sagen wird, nämlich daß diese im großen und ganzen in sogenannte teleologische und sogenannte deontologische zerfallen: Die einen beschäftigen sich mit den Folgen der Handlungen, die anderen mit ihren Motiven, für die einen ist der Begriff des *Guten* grundlegend, für die anderen der Begriff des *Rechten*. Auch will ich mir verdeutlichen, warum die jüngere Moralphilosophie (in England und Amerika) sich so stark mit Fragen der Bedeutung moralischer Termini und dem logischen Status moralischer Urteile und Argumente beschäftigt hat (erklärt man dieses Phänomen hinreichend mit der Aussage, es sei das glückliche oder unglückliche Ergebnis des Umstands, daß die Philosophie »analytisch« geworden ist?); und ich will mir klarmachen, welche Beziehung zwischen den beiden wichtigsten klassischen Theorien sowie zwischen der Tradition und der modernen Analyse besteht.

Sich mit bekannten Beschreibungen dieser Unterschiede zu begnügen könnte leicht den Gang der eigenen Untersuchung auf unkontrollierte und vielleicht arbiträre Weise bestimmen und zudem Voraussetzungen unterdrücken, denen, wenn sie aus dem Blick geraten, nicht zu trauen ist. Zwei Fragen, die mich besonders umtreiben und deren Antworten wahrscheinlich *vorausgesetzt* werden, betreffen zum einen das Wesen der Vernunft und ihre Rolle im moralischen Urteil und im moralischen Verhalten und zum anderen das Wesen der Moral oder die Funktion des moralischen Urteils selbst. Wenn man beispielsweise sagt, eine gute Handlung sei eine, deren Folgen gut sind, dann wird man den Begriff der Vernunft oder ihre Aufgabe in der Moral darin sehen, diese Folgen einzuschätzen. Ein Philosoph, der diesen Gesichtspunkt barbarisch findet, könnte immer noch der vorausgesetzten Idee von Rationalität zustimmen und entweder behaupten, daß Vernunft keine moralische Funktion hat oder daß diese in einer eigentümlichen Kraft liegt, die moralische Qualität des Aktes selbst zu verstehen (zu erfassen), und so könnte es scheinen, als tausche er die Barbarei gegen Unbegreiflichkeit. Wenn man sich, um ein anderes Beispiel zu nehmen, mit der Definition moralischer Termini beschäftigt und dann die Beobachtung macht, daß sie sich entweder nicht definieren lassen oder daß gewöhnliche Wörter (wie »gut« oder »recht«) einen »charakteristischen moralischen Sinn« haben, dann wird man sich bald erstaunt fragen, welche Bedeutung (Wichtigkeit und welcher Sinn) solchen Ergebnissen wohl beigemessen wird. Und, was noch wichtiger ist, es wird *vorausgesetzt*, was der »Sinn« dieser Termini »charakteristisch moralisch« *ist*, etwa einer, in dem ein Gefühl ausgedrückt wird; und damit wird ein Begriff von Moral vorausgesetzt. Das ist geradeso, wie wenn man entdeckt (und kaum etwas ist so wenig verborgen und wird so hartnäckig immer wieder entdeckt), daß die »Logik« moralischer Argumente sich von deduktiven und induktiven Argumenten unterscheidet und dann annimmt, man wisse, was das heißt, welche Bedeutung dem zukommt; dann wird man vielleicht annehmen, moralische Argumente seien nicht vollkommen rational, und hat damit einen Begriff von Rationalität vorausgesetzt; und setzt man voraus, man wisse, *wie* die Beziehung zwischen (moralischen) Schlüssen und (faktischen) Prämissen beschaffen ist, nämlich »kausal« und *folglich* »psychologisch«, dann wird man voraussetzen, man wisse, was die Funktion moralischer Urteile ist, nämlich die Einstellungen der Leute zu ändern oder jemanden dazu zu bewegen, etwas zu tun, und damit setzt man wiederum einen Begriff von Moral voraus.

Was mich bei der Betrachtung erkenntnistheoretischer Bewertungen zuerst erstaunt hat, ist, daß sie nicht eine solche Atmosphäre unerkannter Wichtigkeit und unartikulierter Meinungsverschiedenheit mit sich bringen, nicht Dispute darüber, ob das Problem in der Definition eines Wortes liegt oder nicht und was denn die Natur ihrer Urteile ist, welcher kognitive oder logische Status ihnen zuzusprechen ist und ob das ganze Unterfangen rational ist oder nicht bzw. von Anfang an mit vorgefaßten Urteilen belastet. Es ist ein leichtes zu sagen: All das hat mit dem Wesen der Moral selbst zu tun. Was wir nicht wissen, ist: Was ist dieses Wesen, mit dem all das etwas zu tun hat? Einer der wesentlichen Zwecke, die ich mit meiner peniblen Darlegung des Wesens der klassischen Erkenntnistheorie verfolgt habe, war der, den Weg für die Klärung zu ebnen, welche Unterschiede es möglicherweise zwischen den Bewertungen unserer gewöhnlichen Wissensansprüche und unserer moralischen Ansprüche aneinander gibt, die im einzelnen solche Unterschiede zwischen der Erkenntnistheorie und der Moralphilosophie erklären könnten.

Doch es scheint, als hätten Moralphilosophen immer etwas derartiges getan – als hätten sie immer mit gewöhnlichen Ansprüchen begonnen und seit jeher Wissensansprüche mit moralischen Ansprüchen verglichen – und wären dennoch in ihren Ergebnissen so verbissen voneinander abgewichen wie die von ihnen beschriebenen Antagonisten. Auch das ist etwas, was ich zu verstehen gehofft habe.

Mit der Sprache, den Überzeugungen und dem Verhalten gewöhnlicher Menschen zu dem Zweck zu beginnen, sie zu bewerten, zu vergleichen und soweit wie möglich rational zu erklären, das ist, um mit Sir David Ross zu reden, »die altehrwürdige Methode der Ethik« (*Foundations of Ethics*, S. 1). Und um uns das ins Gedächtnis zu rufen, verweist er auf das Vorgehen von Sokrates und Platon, auf die Lehren von Aristoteles und Kant. So verschiedene Schriftsteller wie Schopenhauer, Sidgwick und Stevenson scheinen sich darin einig zu sein, daß der gewöhnliche Mensch das Objekt ihrer Aufmerksamkeit ist und daß sie seine Mithilfe oder zumindest seine klarere Einsicht als ihr Ziel beanspruchen. In seiner Schrift *Über die Grundlage der Moral* klagt Schopenhauer, daß alle früheren Versuche, die »Ethik zu begründen«, unter anderem »stelzbeinige Maximen, von deren Höhe herab man das wirkliche Leben und sein Gewühl nicht mehr sehn kann« (S. 225, Bd. VI), enthalten haben, und fährt fort, »den Ethikern den paradoxen Rat [zu]ertheilen, sich erst ein wenig im Menschenleben umzusehn« (S. 226, Bd. VI). Sidgwick erklärt, daß »[seine] Behandlung des Themas in gewissem Sinn praktischer als die vieler Moralisten ist, denn ... [er ist] von Anfang bis Ende mit der Betrachtung beschäftigt, wie man in den vertrauten Dingen unseres gewöhnlichen Alltags und der tatsächlichen Praxis zu rationalen Schlüssen gelangen kann« (S. vi), aber auf eine für zeitgenössische »analytische« Autoren sehr geistesverwandte Weise warnt er: »mein unmittelbarer Gegenstand ist – um eine aristotelische Phrase umzukehren – nicht Praxis, sondern Wissen. Daß der Wunsch, erbaulich zu sein, in den Köpfen der Moralisten vorherrsche, hat, wie ich meine, einen wirklichen Fortschritt der ethischen Wissenschaft behindert, und diese würde davon profitieren, daß man ihr dieselbe uninteressierte Neugierde entgegenbringt, der wir vor allem die großen Entdeckungen der Physik verdanken«; und um seinen »Ansatz« mit Autorität und einem Vorgänger auszustatten, zitiert Stevenson zustimmend Humes Gebot, wir sollten »unsere Experimente in dieser Wissenschaft aus einer vorsichtigen Beobachtung des menschlichen Lebens ziehen und sie so aufnehmen, wie sie im gewöhnlichen Lauf der Welt erscheinen, nämlich im Verhalten der Menschen in Gesellschaft, in Geschäften und in ihren Vergnügungen« (zitiert in *Ethics and Language*, S. vi).

Wie haben wir uns nun, angesichts dieses Chores von Einhelligkeit, die gleichermaßen offensichtliche Tatsache zu erklären, daß Moralphilosophen, obwohl sie dasselbe in den Blick nahmen, so verschiedene und unvereinbare Bilder gewonnen haben. Eine mögliche Erklärung ist uns vertraut, und sie nimmt an, wie Ross es von Aristoteles behauptet, daß »in allen wichtigen Theorien ebenso wie in den Ansichten des Durchschnittsmenschen viel Wahres steckt und daß, selbst wenn Theorien einander klar entgegengesetzt sind, sie vermutlich dadurch irren, daß sie etwas zutiefst Wahres überzogen oder entstellt wiedergeben« (Ross, S. 2). Nach der Untersuchung unserer »gewöhnlichen Überzeugungen« sind wir mittlerweile jedoch darauf vorbereitet, daß es nicht leicht zu sagen sein dürfte, was denn da überzogen dargelegt wird oder an welchem Punkt die Nichtübereinstimmung beginnt, sei es nun zwischen einer Moraltheorie und einer anderen oder zwischen jeder Moraltheorie und den Daten, die sie vernünftig zu erklären hat – Daten, die aus der vorsichtigen Beobachtung des menschlichen Lebens gewonnen wurden.

Vor allem haben wir gesehen, wie verschieden die Möglichkeiten sind, sich auf das gewöhnliche Verhalten der Menschen zu berufen oder es zu betrachten, wenn man darüber philosophiert, und wie verschieden die Tragweite der jeweiligen Beispiele sein wird. Zudem ist man perplex, wenn man in Schriften, die von unseren gewöhnlichen moralischen Überzeugungen und unserem Verhalten ausgehen wollen, Maximen findet, die nicht bloß »stelzbeinig« sind, sondern von denen man sich kaum, wenn nicht in gar keiner Weise vorstellen kann, daß ein moralisches Subjekt sie jemals einem anderen gegenüber verwendet (z. B. »Du sollst Versprechen halten«, was von Moralphilosophen immer wieder unterschiedslos als ein moralisches »Prinzip« oder eine moralische »Regel« angeführt wird und wofür jeder Moraltheoretiker seine eigene »Grundlegung« anbietet), und Beispiele, von denen nicht klar ist, was sie über das Wesen der Moral aussagen, ja deren Relevanz für die Moral überhaupt fraglich ist. Betrachten wir das siebzehnte in einer Reihe von typischen Beispielen, auf die Stevenson sich konzentriert, um »mit Blick auf die Einzelheiten die in ethischen Argumentationen verwendete Methode« zu untersuchen (S. 113):

A (sagt zu C, einem Kind): Es ist ungezogen, deine Klavierübungen zu vernachlässigen.
B (in Hörweite von C): Nein, nein, C übt ganz fleißig. (Außerhalb von Cs Hörweite): Es hat überhaupt keinen Sinn, ihn anzutreiben. Aber wenn man ihn lobt, legt er sich ins Zeug. (S. 128)

Stevenson legt die Einzelzeiten dieses Beispiels wie folgt dar:

B widersetzt sich hier nicht der allgemeinen Richtung von As Einwirkung auf C, möchte aber, daß sie anders ausgeübt wird. Beispiele dieser Art sind so gewöhnlich und veranschaulichen so offensichtlich die mahnende Wirkung ethischer Urteile, daß nur schwer verständlich ist, warum die emotive Bedeutung in der Ethik in den frühesten Theorien nicht gesehen worden ist. Bs letzte Bemerkung dient dazu, auf die Konsequenzen der verschiedenen Formen von Einflußnahme hinzuweisen.

Wie sähe ein vergleichbares Beispiel aus, bei dem es um die Klärung von Wissensansprüchen ginge? Vielleicht so:

A (sagt zu C, einem Kind): Gestern war ein Stieglitz im Garten.
C: Nein, da war keiner.
A: Doch, Tante Birdie hat es mir erzählt.
B (in Cs Hörweite): Nein, nein, C hat vollkommen recht. (Außerhalb von Cs Hörweite): So kommst du bei ihm überhaupt nicht weiter; er weigert sich, den Garten einen »Garten« zu nennen. Für ihn ist es ein Dschungel. Außerdem hättest du dich auf keine *schlechtere* Autorität als Tante Birdie berufen können. Er widerspricht allem, was sie sagt. Sage doch nächstes Mal, Onkel Panther habe es dir erzählt, dann wird er dir sofort glauben.

Eine aufmerksame Betrachtung der Einzelheiten dieses Beispiels könnte uns in Augenschein nehmen lassen, was man in der allgemeinen Semantik »Zusammenbruch der Kommunikation« nennen würde und was das Wesen einer Berufung auf Autoritäten ist. In was für einer Sorte von Untersuchung könnte das auftauchen? In einem vielleicht ähnlichen Geist führte Bacon verschiedene Beispiele an, um seine Idole des Verstandes zu illustrieren; aber sie sind nicht von der Art, daß sie eine Untersuchung über das Wesen des Wissens anleiten sollen.

Es drängt sich die Frage auf, ob Stevensons Beispiele, statt die Daten zu liefern, aus denen sich eine rationale Erklärung der »in ethischen Argumentationen verwendeten Methoden« ergeben soll, nicht ihrerseits aufgrund einer vorgefaßten Meinung über das Wesen solcher Argumentationen ausgewählt wurden. Was ist daran falsch? Vielleicht sollten die Beispiele nur eine »Theorie« *veranschaulichen* und nicht Belege für ihre Richtigkeit liefern. Meine Frage ist hingegen, warum hat es überhaupt den Anschein, als seien Stevensons Beispiele solche für einen *moralischen* Zusammenstoß? Was für ein Begriff von Moral liegt dem Aufstellen und der weitgehenden Billigung solcher Beispiele als typischer Fälle dafür zugrunde, wie ein moralisches Urteil untermauert wird? Oder: Wodurch werden die von ihm vorgestellten Gründe zu moralischen?

Das führt uns zu einer anderen altehrwürdigen Methode der Moralphilosophen, der ich nachgehe, nämlich ihrer Angewohnheit, moralische Ansprüche (oder Gründe) mit unseren Wissensansprüchen zu vergleichen. Und auch hier wieder gilt: Was aus solchen Vergleichen als Lehre gezogen worden ist, ist alles andere als gleichbleibend. Erinnern wir uns an einen bekannten Fall.

> Sokrates: Welche Art von Uneinigkeit aber, mein Freund, ruft Haß und Zorn hervor? Laß uns die Sache so betrachten. Wenn du und ich uns uneinig darüber sind, welche Anzahl größer als eine andere ist, würden wir darüber zornig oder zu Feinden? Würden wir einen solchen Streit nicht sofort dadurch beilegen, daß wir zählen?

Euthyphron: Gewiß doch.

Sokrates: Und wenn wir uns hinsichtlich der relativen Größe zweier Dinge uneinig sind, würde wir sie nicht messen und so unsere Meinungsverschiedenheit sogleich beenden?

Euthyphron: Ja.

Sokrates: Und würden wir eine Frage bezüglich des relativen Gewichts zweier Dinge nicht dadurch klären, daß wir die Dinge wiegen?

Euthyphron: Selbstverständlich.

Sokrates: Was ist dann die Frage, die uns zornig und zu Feinden machen würde, wenn wir in ihr nicht übereinstimmen und nicht zu einer Einigung kommen können? Vielleicht hast du keine Antwort parat, aber höre die meine an. Ist es nicht die Frage des Gerechten und Ungerechten, des Ehrenhaften und Unehrenhaften, des Guten und des Schlechten? Sind es nicht Fragen über derlei Dinge, die dich und mich und jedermann streiten lassen, wenn wir streiten, wenn wir darüber anderer Meinung sind und zu keiner zufriedenstellenden Einigung kommen können?

Was sollen wir aus der Tatsache lernen, daß moralische Argumentationen sich in dieser Weise von mathematischen und naturwissenschaftlichen Argumentationen unterscheiden? Ich glaube viele, möglicherweise alle Moralisten – sicherlich die meisten von denen, die dem Empirismus anhängen und ihre Vorstellung von Rationalität aus der Logik und den Naturwissenschaften schöpfen – haben aus diesem Unterschied die Lehre gezogen, daß moralische Auseinandersetzungen oft, vielleicht für gewöhnlich, nicht rational zu entscheiden sind. Diese Implikation beruht jedoch auf zwei Voraussetzungen, die eine betrifft das Wesen der Rationalität, die andere das Wesen moralischer Auseinandersetzungen. Die erste Voraussetzung ist, daß die Rationalität eines Arguments davon abhängt, daß aus den von allen akzeptierten Prämissen in für alle nachvollziehbaren Schritten die Übereinstimmung in einer Konklusion folgt, die alle akzeptieren müssen. Die zweite Voraussetzung geht davon aus, daß das Ziel einer moralischen Auseinandersetzung in der Einigung auf irgendeine Konklusion besteht, vor allem einer Konklusion darüber, was zu tun ist.

Worin liegt nun die Bedeutung der Aussage, ein rationales Argument sei eines, dessen Konklusion von »allen akzeptiert werden muß«? Offensichtlich ist damit nicht gemeint, daß tatsächlich kein Menschenwesen sie (tatsächlich) nicht akzeptieren *wird*. Aus diesem Grund nennt man die Logik wohl auch eine »normative« Disziplin. Aber was heißt das? (Aus verschiedenen und mir noch dunklen Gründen stellen Philosophen sich vor, wenn man von einem Urteil oder einer Disziplin sagt, sie sei normativ, dann heiße das, sie sagt uns, was man tun, befolgen oder glauben *soll*. Aber weder will noch kann ich die von einer solchen Antwort nahegelegte Moralisierung moralischer Begriffe verfolgen. Ein anderes, mir vorschwebendes Beispiel, auf das ich noch zurückkomme, ist die feste Überzeugung so vieler Philosophen, daß »wünschenswert« bedeutet »soll gewünscht werden.«) Eine Antwort könnte so aussehen: In deskriptiven und einfachen Begriffen bedeutet das, jemand, der es nicht akzeptiert, beherrscht entweder diese Form des Schließens nicht oder ist anderenfalls irrational. Und das bedeutet für mich: Über die Logik zu sagen, sie sei normativ, heißt, sie ist normativ für einen Begriff – oder einen Teil des Begriffs – von Rationalität.

Gesetzt aber, es wäre für eine moralische Auseinandersetzung einfach charakteristisch, daß die Rationalität der Antagonisten nicht davon abhängt, daß es zu einer Einigung zwischen ihnen kommt, daß es so etwas wie eine *rationale Uneinigkeit* hinsichtlich einer Konklusion gibt. *Warum* sollte man annehmen: »In jedem Fall gibt es nur eines, was zu tun richtig wäre, und das läßt sich herausfinden«? Gewiß deutet doch die Existenz unvereinbarer und gleichermaßen legitimer Ansprüche, Verantwortlichkeiten und Wünsche auf das Gegenteil hin? Schließlich meinte Sokrates, es gebe Fragen, über die sich selbst die Götter uneinig seien. (Und seine *erste*, und vielleicht seine letzte, Sorge war nicht »Wie können wir Einigkeit erzielen?«, sondern »Um was für eine *Art* von Fragen handelt es sich dabei?«.) Wie also läßt sich über die Rationalität der Antworten befinden? Ohne Zweifel durch das Argument; und vielleicht ist das Argument so beschaffen, daß es selbst beim Fehlen einer Einigung Rationalität begründet – obwohl, so ist zu hoffen, Einigung hinzukommen *mag*. Ohne die Hoffnung auf Einigung wären Argumente witzlos; daraus folgt jedoch nicht, daß das Argument deshalb witzlos war, weil keine Einigung erzielt worden ist, insbesondere keine Einigung über eine Konklusion bezüglich dessen, was zu tun ist, wobei auf bestimmtem Wege erzielte Einigungen, z. B. durch Einschüchterung, nicht zählen.

Aber warum oder wie scheint die Tatsache, daß, wie formuliert worden ist, »moralische Argumente stets kollabieren können«, uns nach Ansicht der Moralphilosophen etwas über die Moral im ganzen zu lehren? Wir haben gesehen, daß in erkenntnistheoretischen Auseinandersetzungen nicht jedes Versagen des Wissens für das Wissen im ganzen von Bedeutung ist. Warum sollte das Versagen eines moralischen Arguments – anscheinend jedes moralischen Arguments – für Philosophen eine solche Tragweite haben? Und erstens: Was heißt »das Versagen eines moralischen Arguments«? Wenn es heißt »das Versagen, Einigung zu erzielen«, dann gilt wieder, wenn das Bedeutung für die Moral hat, dann weil Einigung als Ziel eines moralischen Arguments vorausgesetzt wird. Aber vielleicht weist das »Versagen« eines moralischen Arguments, betrachtet man es anders, sowenig auf das Versagen oder die Irrationalität der Moral oder moralischer Argumente im allgemeinen hin, wie das Versagen eines gewöhnlichen Wissensanspruchs auf die Inadäquatheit des Wissens im ganzen hinweist.

Um diese Idee zu untersuchen, werde ich die altehrwürdige Methode von Moralphilosophen, die Bewertung moralischer Ansprüche mit der Bewertung von Wissensansprüchen zu vergleichen, weiterverfolgen. Das Motiv für einen solchen Vergleich liegt auf der Hand. Es entspringt dem Eindruck, daß, wenn *irgendein* Verfahren rational ist, es die Weise ist, in der wir Wissen erwerben und bewerten, (= daß es normativ für Rationalität ist). Aber ich habe zu häufig den Eindruck gewonnen, daß die Frage, was den Erwerb und die Bewertung von Wissen zu einem rationalen Vorgang macht, selbst als offensichtlich angenommen worden ist. Außerdem sind die Beschreibungen von logischem oder wissenschaftlichem Erfolg, auf deren Hintergrund die Grenzen moralischer Argumente gezogen werden, allzuoft unklar, vage oder laienhaft und die Analogie zu dunkel, als daß sie viel Vertrauen einflößte.

Ich möchte zwei Beispiele solcher Beschreibungen in Erinnerung rufen, die zweite stammt von einem Philosophen, der sich zur Wissenschaft und ihren Methoden bekennt und ihre Autorität für sein Vorgehen in Anspruch nimmt; die erste von einem Philosophen anderer Ausrichtung.

> In dieser Hinsicht unterscheidet sich die Methode der Ethik von jener der Naturwissenschaften. In ihrem Fall wäre es ein großer Fehler, die Meinungen der Menge oder diejenigen der Weisen zum Ausgangspunkt zu wählen. Denn in ihrem Fall verfügen wir über einen direkteren Weg zur Wahrheit; der Appell muß stets von den Meinungen zu den Daten der Sinneswahrnehmung gehen; und die Naturwissenschaft hat den sicheren Pfad des Fortschritts erst betreten, als die Menschen in den Tagen Galileos begannen, sorgfältige Beobachtungen und Experimente anzustellen, statt sich, wie es bis dahin meistens geschah, auf Annahmen *a priori* zu stützen. In der Ethik haben wir nichts, woran wir so direkt appellieren könnten. Wir müssen von den Meinungen ausgehen, die sich in der Alltagssprache und den normalen Denkweisen kristallisiert haben, und versuchen, diese Gedanken Schritt für Schritt klarer und bestimmter zu machen (Ross, S. 3).

Wahrscheinlich werden wir die Vorstellung, daß »Menschen begannen, sorgfältige Beobachtungen und Experimente anzustellen«, nicht länger als eine Erklärung für die wissenschaftliche Revolution des 16. und 17. Jahrhunderts akzeptieren. Sie gehört zu der hartnäckigen Selbstbeweihräucherung der Renaissance, die das Mittelalter dunkel nannte. Die Menschen »begannen«, allerlei Dinge tun zu müssen, bevor sie den »sicheren Pfad des Fortschritts« betreten konnten, den wir moderne Wissenschaft nennen: Sie mußten beispielsweise einen neuen Begriff von »Bewegung« gewinnen, sie mußten dessen Akzeptanz gegenüber Mächten sicherstellen, die sich nicht für irrational hielten, als sie die Schlußfolgerungen aus Galileos Argumenten bestritten, und sie mußten die Einstellung des Menschen zur Natur im ganzen ändern; und Bacon mußte die »sorgfältigen Beobachtungen« der Natur nicht bloß *rechtfertigen*, um die Menschen dazu zu bringen, sich die Welt anzuschauen, sondern damit sie sie, wie man sagen könnte, aus neuen Gründen anders anschauten, mit anderen Augen. Solche Probleme erwähne ich weder, weil ich sie ernsthaft zu erörtern beabsichtige noch weil Ross von einem Vergleich zwischen wissenschaftlichen und moralischen Argumenten unmittelbar Gebrauch macht, sondern um darauf hinzuweisen, daß die *Weise*, in der er das Unternehmen von Wissenschaft und Ethik vergleicht, ihrerseits subtil und dennoch tiefgehend beeinflussen könnte, wie die Aufgabe der Moralphilosophie begriffen wird.

Die Behauptung, die Wissenschaft habe einen »direkteren Weg zur Wahrheit« als die Ethik, da diese »die Meinungen der Menge oder diejenigen der Weisen zum Ausgangspunkt« wählen muß, während die Wissenschaft »stets von den Meinungen an die Daten der Sinneswahrnehmung« appellieren könne und müsse, verschleiert die Unklarheiten hinsichtlich Wesen und Funktion der »Daten«, von denen die ethische Untersuchung vermeintlich ausgeht (aber auch hinsichtlich der Aufgabe oder Bedeutung, die der Autorität in der Wissenschaft zukommt). Eine Unklarheit hat mit der Beziehung zwischen einer Theorie und ihren »Daten« zu tun. In bezug worauf stellen Daten einen Weg zur Wahrheit dar? Sie »untermauern« eine Theorie. Eine Theorie wovon? Nicht der Daten, sondern der Natur. Im Gegensatz dazu liefert eine moralische Theorie, um diesen Teil der Analogie zu verwenden, eine Theorie, die den Konflikt zwischen den Daten selbst (den Meinungen der Menschen, den Ausdrücken des gewöhnlichen moralischen Empfindens) erklärt oder beseitigt. Wissenschaftliche »Daten« hingegen stehen nicht »zueinander« im Widerspruch; wissenschaftliche Konflikte spielen sich zwischen einer Theorie und den Daten oder rivalisierenden Theorien ab, und bei der Auflösung solcher Konflikte (und geschieht das – *wann* geschieht das – durch »sorgfältige Beobachtungen und Experimente«?) werden wir nicht mehr sagen, die rivalisierenden Theorien enthielten viel Wahres.

Eine weitere Unklarheit, wie sie meines Erachtens in einer grob vereinfachenden Auffassung von wissenschaftlichem Fortschritt zum Ausdruck kommt, ist folgende: Eine wissenschaftliche Theorie kann und muß *bestimmte* Daten zurückweisen, es bestimmten Tatsachen verwehren, gegen sie zu sprechen; aber welche Tatsachen könnte eine Moraltheorie zurückweisen? Ross, der hier für die Tradition spricht, meint, daß es nicht in ihrer Absicht liege, irgendwelche Fakten zurückzuweisen, es gehe vielmehr darum, sie zu versöhnen, zu zeigen, daß eine Meinung überzogen, eine andere mißverständlich dargelegt wurde. Aber ich frage mich unter anderem: Wie werden die Daten ausgesucht? Für Stevenson z. B. gehört *jeder* Versuch, den *irgend jemand* unternimmt, um eines anderen Einstellung zu verändern, zu den Daten einer Theorie des moralischen Urteils. Er merkt wiederholt an, daß jeder Versuch, zwischen verschiedenen Verteidigungsstrategien für ethische Urteile zu »wählen«, bereits ein Moralisieren, doch kein Analysieren ist. Meines Erachtens irrt er sich da fatal. Aber wie *wissen* wir, welche Daten für eine Moraltheorie überhaupt einschlägig sind? Angenommen, wir könnten das sagen, wie tragen wir sie dann zusammen und in wieweit haben wir sie zu berücksichtigen? Zu behaupten, die Naturwissenschaften gingen von Fakten aus, während die Ethik mit Meinungen und Überzeugungen beginne, läßt es unproblematisch erscheinen, wie wir bestimmen, welche Meinungen und Überzeugungen es sind und auch *worüber* sie Meinungen und Überzeugungen sind. Man sagt uns oft, »es gibt« (in welcher Bedeutung?) bestimmte moralische »Regeln oder Prinzipien«; wenn ich sie aber formulieren möchte, entdecke ich, daß ich mir nicht sicher bin, ob die fraglichen Behauptungen (z. B. »Ein Versprechen muß man halten«, »Halte dein Versprechen«) nun Regeln, Prinzipien oder »hochtrabende Maximen« sind und ob ich daran glaube oder davon überzeugt bin. Was immer Wissenschaftler tun, Erkenntnistheoretiker behaupten auch, sie gingen von den »Meinungen und Überzeugungen« des Durchschnittsmenschen aus, und wenn sie ein Beispiel für solch eine Meinung vorbringen (z. B. daß hier ein Umschlag liegt und wir alle ihn sehen), mag ich zunächst empfinden, daß es befremdlich ist, etwas so Offensichtliches mitgeteilt zu bekommen, doch sobald ich in den Geist der Sache eingedrungen bin, zweifele ich in keiner Weise daran, daß ich es glaube oder *sagen muß*, daß ich es glaube. Warum die Beispiele des Moralphilosophen die ihnen eigentümliche Form annehmen, ist eine Frage, die durch den Vergleich von Ethik und Wissenschaft zwar verdunkelt wird, aber durch den Vergleich von Ethik und Erkenntnistheorie erhellt werden könnte. Ich werde darauf bald näher eingehen.

Aus meiner soeben gemachten Äußerung, daß wir *sagen müssen*, wir glaubten das, wovon der Erkenntnistheoretiker behauptet, wir glaubten es, folgt ein weiteres Problem hinsichtlich der Daten, von denen wir auszugehen haben. Der Grund dafür ist der, daß die gewöhnlichen »Meinungen«, die der Erkenntnistheoretiker als seine Ausgangsdaten nimmt, ihrerseits bestimmt sind durch das, was wir für gewöhnlich sagen. (Seine Eingangsbehauptung könnte unterschiedslos lauten: »wir glauben alle, daß ...« oder »wir sollten alle sagen, daß ...«.) Das *Ergebnis* seiner Untersuchung ist dann, daß das, was wir alle sagen sollten, und das, was wir alle zu glauben behaupten, nicht ganz richtig ist, nicht völlig gültig. Sehen wir uns nun eine Beschreibung unseres »reflektierten Moralbewußtseins« an (d. h. unsere Meinungen und Überzeugungen bezüglich dessen, was zu tun geboten ist):

Ich glaube zwar, daß ein Versprechen prima facie eine Verpflichtung oder Verantwortung schafft, die verschieden ist von derjenigen, die der Utilitarismus einzig und allein anerkennt, aber wir sollten uns dennoch davor hüten, die Verpflichtung so darzulegen, daß unser reflektiertes Moralbewußtsein die daraus entstehenden Folgen ablehnt. Was für eine Handlungsverpflichtung genau schafft nun ein Versprechen? Zunächst ist festzuhalten, daß, wenn ein Versprechen so formuliert wird, wie es normalerweise geschieht, wir *nicht* verpflichtet sind, das von uns Versprochene zu tun. Denn Versprechen nehmen normalerweise die Aussageform an »Ich werde das-und-das tun«, wobei »das-und-das tun« bedeutet, verändernd auf eine Sachlage einzuwirken, etwa Schulden zu begleichen, ein ausgeliehenes Buch zurückzugeben, an einen Ort zu fahren, um jemanden zu treffen usw. Doch wenn eine in einem anderen Zusammenhang aufgestellte Behauptung richtig ist, dann sind wir nicht verpflichtet, eine Veränderung zu bewirken, sondern nur, uns darum zu bemühen. Wenn wir uns daher darauf beschränken wollen, unsere Versprechen so abzufassen, daß wir verpflichtet sind, sie zu halten, sollten wir sie folgendermaßen formulieren: »Ich werde mich bemühen oder mein Bestes geben, um das-und-das zu tun«. Auf dieser Abwandlung zu bestehen wäre jedoch pedantisch, denn Versprechen werden ja von beiden Seiten in diesem Sinn aufgefaßt. Niemand würde meinen, jemand habe seine Pflicht verletzt, wenn er erfolglos sein Bestes getan hätte, um sein Versprechen zu halten. (Ross, S. 108)

Ich glaube zu wissen, warum Ross dies mit Prichard sagt. Es scheint einfach deshalb in unseren »Überzeugungen« zu wurzeln, weil Intentionen in die Verhaltensbeurteilung einer Person mit einfließen. Die theoretischen Grundlagen der These stammen aus einer bestimmten Analyse des Handlungsbegriffs. All das muß zum passenden Zeitpunkt ausführlicher betrachtet werden. Worauf ich jetzt den Finger lege, ist die Tatsache, daß die »normale Formulierung« von Versprechen als Richtschnur dafür angefochten wird, was wir uns in unserem Versprechen *zu tun* verpflichtet haben, und daß behauptet wird, was wir tatsächlich über Versprechen dächten, glaubten oder wüßten, werde nicht durch die normale Formulierung wiedergegeben (eine These, die in der Erkenntnistheorie Zweifel an unserer gewöhnlichen Überzeugung aufkommen ließe), sondern folge aus der Analyse eines gewöhnlichen Begriffs. Aber ich bestreite entschieden, daß ich oder irgendein anderer »tatsächlich denkt« oder es »tatsächlich so auffaßt«, daß wir durch ein Versprechen »nicht verpflichtet sind, eine Veränderung zu bewirken, sondern nur, uns darum zu bemühen«. Wenn daher der Moraltheoretiker einander widerstreitende Meinungen und Theorien durch einen Appell an unser gewöhnliches oder reflektiertes Moralbewußtsein miteinander versöhnen möchte – in diesem Fall eine utilitaristische und eine intuitionistische Erklärung der Verpflichtung, Versprechen zu halten –, dann stellt Ross' Bemerkung keine Versöhnung zweier Theorien dar, sondern eine theoretische Versöhnung, die entweder den von ihr reklamierten Daten widerspricht oder diese falsch beschreibt.

Man vermutet, Ross' Bindung an die Wissenschaft oder daran, was unter Empirismus läuft, ist schwächer als seine Bindung an unser »Moralbewußtsein« (eine seine Schlußfolgerungen lautet, unser Wissen über grundlegende Moralprinzipien sei ein synthetisches Apriori), und wenn man zwischen Empirismus und dem Begriff von Moral entscheiden muß, dann liegt es nicht auf der Hand, daß Ross' Entscheidung falsch ist. Ich glaube, daß sich diese Entscheidung unter Intellektuellen zunehmend generell als eine wirkliche stellt – oder anders: daß wir unter dem Schutz einer Akademie am Tage unserer Moral folgen und nach Feierabend unserer Erkenntnistheorie.

Eine distanzierte Wissenschaftsauffassung kann aber mindestens genauso stark und unmittelbarer die Ansichten eines Autors über die Sprache der Moral bestimmen, der sich ausdrücklich zum Empirismus und den Methoden von Logik und Wissenschaft bekennt und dessen Ansichten unsere (meine) moralische Sensibilität extrem zu verletzen scheint.

Professor Stevensons »erste Frage« (S. 2) lautet so:

Was ist das Wesen ethischer *Übereinstimmung* und *Uneinigkeit*?

Ist es parallel zu derjenigen zu verstehen, auf die wir in den Naturwissenschaften stoßen, nur daß die Materie eine andere ist, oder ist es davon völlig verschieden?

Seine Antwort lautet: »Die Uneinigkeit, die in Naturwissenschaft, Geschichte, Biographie vorkommt«, ist »Uneinigkeit über das Geglaubte«, während »ethische Fragen sich von solchen der Wissenschaft hauptsächlich durch Uneinigkeit hinsichtlich der Einstellung unterscheiden« (S. 13). Es finden sich einige Bemerkungen über die Schwierigkeit, zu spezifizieren, »*wie* genau Meinungen und Einstellungen sich unterscheiden«, doch »für praktische Zwecke treffen wir und müssen wir eine solche Unterscheidung jeden Tag treffen« (S. 7). Der Psychologie fällt die Aufgabe zu, die Unterscheidung weiter zu spezifizieren und den (stets kausalen) Mechanismus des Zusammenspiels von Meinung und Einstellung anzugeben. Wo es um einen Streit hinsichtlich des Geglaubten geht, lassen sich Beweise vorbringen, um ihn beizulegen, wo es aber um einen Streit der Einstellungen geht, gibt es strenggenommen keine Frage nach *Beweisen* (denn die Einstellung ist zum Teil ein Imperativ, und für Imperative gibt es keine Beweise), allenfalls Gründe für ein Für und Wider, und diese sind *psychologisch* (nicht beweisführend und nicht induktiv) mit dem Urteil verbunden, das sie untermauern. Würden diese Gründe (»Methoden«) in der Lage sein, ethische Uneinigkeit beizulegen? Nur unter der Voraussetzung, daß »alle Uneinigkeit über die Einstellung in einer Uneinigkeit über das Geglaubte wurzelt« (S. 136). Diese »psychologische Verallgemeinerung« ist freilich zu weitreichend, als daß man sich fest auf sie verlassen könnte; und deshalb scheint es, als könne man »nicht zuversichtlich auf eine erschöpfende Methode hoffen, die jeden unter allen Umständen überzeugt«.

Was wurde uns tatsächlich mitgeteilt? Daß Uneinigkeit zwischen Leuten sich in einigen Fällen auf offensichtliche Weise beilegen läßt, in anderen hingegen nicht. Nichts könnte klarer sein. Einige Dispute drehen sich um Fakten, andere nicht. Über einen Disput zu sagen, es ging um eine Tatsachenfrage, heißt ja zu sagen, es gibt bestimmte Wege, ihn zu klären. Genauso wie die Behauptung, daß etwas eine Tatsache ist, bedeutet, daß sie sich auf bestimmtem Wege entdecken läßt oder schon entdeckt worden ist. Zu behaupten, andere Arten von Disputen (z. B. moralische) ließen sich auf *diese* Weise nicht klären, ist keine »Hypothese« und bedarf auch keiner »psychologischen Verallgemeinerung«, sondern ist vielmehr eine Sache der Grammatik. Wo kommen dann die plötzlichen Assoziationen zu »Wissenschaft«, »Ethik«, »Meinungen« und »Psychologie« hinein? Stevenson erklärt, es sei seine »Behauptung, daß es in der Ethik um Uneinigkeit hinsichtlich der Einstellung geht« (S. 18). Aber *das* allein muß überhaupt nicht *umstritten* sein, falls damit gesagt ist, daß es in der Ethik um Menschen *geht*, darum, was sie zornig und schuldig werden läßt, was sie zu Freunden oder Feinden macht, und daß es nicht offensichtlich ist, was sie einander näher bringen oder was sie trennen würde, wenn sie sich nahestehen (all das sagt Sokrates implizit zu Euthyphron). Umstritten ist tatsächlich, wenn zusätzlich behauptet oder angenommen wird: (1) daß jede Uneinigkeit hinsichtlich der Einstellung eine *moralische* Uneinigkeit ist; (2) daß jegliche Uneinigkeit, die nicht (rational) *beizulegen* ist (nicht mit einer *Konklusion* endet, die alle Parteien als richtig anerkennen), irrational ist; (3) daß ein Grund, der weder deduktiv noch induktiv mit einem Urteil verbunden ist, »daher« »nur« »psychologisch« auf es bezogen ist; und (4) daß die Wissenschaft deshalb rational ist, weil sie in Meinungen über Tatsachenfragen gründet – und folglich über Methoden für ein rationales Klären von Uneinigkeit verfügt.

Stevensons Auffassung benötigt oder enthält all diese Vorstellungen, und er muß sie entweder als in sich klar betrachten oder aber meinen, sie folgten ganz offensichtlich aus der Tatsache, daß es verschiedene »Arten« von Uneinigkeit gibt. Angesichts dessen, was ich für die hartnäckige Paradoxie seiner Auffassung halte, muß ihre weite Akzeptanz – und das trotz der Kritik an *Teilen* seiner Auffassung, die man für wesentlich hätte halten können (z. B. an seiner Kausaltheorie der »Bedeutung« und vor allem an der »emotiven« Bedeutung und ganz besonders an seiner Analyse des Wortes »gut«) – darauf hinweisen, daß diese Annahmen (und andere, von denen ich zeigen werde, daß sie ihnen zugrunde liegen) von vielen geteilt werden. Die zweite habe ich bereits im Zusammenhang mit der angeblichen Lektion von Sokrates erwähnt, und ich werde sie jetzt gleich erörtern bzw. eine *Möglichkeit*, sie zu diskutieren, vorschlagen. Die erste Annahme ist eine Weise, das Thema des nächsten Kapitels darzulegen: den Begriff der Moral, der Stevensons Theorie zugrunde liegt. Die dritte Annahme muß auf die Prüfung der immer wieder angeführten Vorstellung warten, daß sich aus »Tatsachenprämissen« kein moralisches Urteil »ableiten« läßt. Die Untersuchung dieser sogenannten Autonomiethese werde ich in Kapitel XII skizzieren. Die vierte Annahme ist die vagste, und ihre Auswirkungen sind am schwersten zu demonstrieren. Da sie aber für uns hier unmittelbar relevant ist, möchte ich noch etwas darüber sagen.

Ich habe behauptet, die Lektion, die gemeinhin aus der Erkenntnis der Antike gezogen zu werden scheint, nämlich daß moralische Uneinigkeit sich nicht so auflösen läßt wie Uneinigkeit über logische oder Tatsachenfragen und überhaupt unauflösbar sein dürfte, bestehe darin, daß moralische Argumente nicht rational sind oder sein könnten und daß dieser Gedanke von der Vorstellung gestützt wird, die Logik und insbesondere die Wissenschaft liefere das Modell für die Rationalität von Argumenten. Ich glaube, was die Moralphilosophen am meisten beeindruckt hat, ist die Tatsache der *Einigkeit*, die sich in logischen und wissenschaftlichen Auseinandersetzungen erzielen läßt. Und ich habe angedeutet, daß dies die Quelle ihrer Rationalität sein könnte, daß es aber für die Vorstellung von Rationalität allgemein nicht notwendig sein muß. Nun möchte ich behaupten, daß es gar nicht so klar ist, *was* zu der beneidenswerten Einigkeit führt, die in Logik und Wissenschaft erreicht wird. Moralphilosophen müssen jedoch, wenn sie darin Modelle von Rationalität sehen, Modelle, an welche die Moral nicht heranreicht, annehmen, sie wüßten nicht nur, warum Einigkeit für Rationalität wesentlich ist, sondern auch, was an Logik und Wissenschaft Einigkeit zustande bringt.

Wenn Einigkeit, wie ich glaube, Teil dessen ist, worauf Ross als

»sicheren Weg des Fortschritts« verweist, auf den die Wissenschaft in den Tagen Galileos gelangt ist, dann sieht er in der wissenschaftlichen Einigkeit eine Funktion ihrer »direkteren Straße zur Wahrheit«, »ihrer Berufung ... [statt auf die] Meinungen auf die Tatsachen der Sinneswahrnehmungen«. Ich habe behauptet, eine solche Erklärung würde uns wahrscheinlich aus mehr als einem Grund nicht zufriedenstellen. Und aus einigen derselben Gründe wird es auch Stevensons Vorstellung nicht tun, daß Wissenschaft aus »Meinungen« bestehe, für die sich »irgendein Beweis« geben läßt oder die »im Lichte weiterer Informationen revidiert werden«. Dafür sind wird uns nicht nur der »Konventionalität« wissenschaftlicher Theorien allzu bewußt, uns ist auch deutlich, wie eine wissenschaftliche Theorie gegen »weitere Informationen« resistent ist, und das zu Recht. Aber sind wir immer noch so schnell damit bei der Hand, einen Aristoteliker, der es ablehnt, durch Galileos Fernrohr zu schauen, um die »Mondtäler« zu sehen, für eine irrationale Witzfigur zu halten? Wenn sich *heute* jemand zu akzeptieren weigerte, daß Fernrohre uns Aufschluß über die Natur des Mondes geben, wäre er entweder irrational (würden wir ihn dafür halten) oder *wissenschaftlich* inkompetent. Angesichts der Verfahren oder des wissenschaftlichen Kanons, die heute diese Einrichtung konstituieren, wäre dieser Mann kein Wissenschaftler. Oder noch einmal: Was er sagt, wird nicht als Einwand gegen oder als Unterstützung für eine wissenschaftliche Aussage gelten. Sind diese Verfahren und dieser Kanon erst einmal etabliert, dann wird Einigung auf die bekannten Weisen erzielt. Das heißt aber nun einfach: die Einigkeit (oder das Fehlen von Uneinigkeit) darüber, was Wissenschaft, wissenschaftliche Verfahren, wissenschaftliche Evidenz konstituiert, ermöglicht es uns, einzelne Fälle von Uneinigkeit auf bestimmte Weise zu lösen. Wissenschaftler zu sein bedeutet einfach, sich auf diese Lösungsformen zu verpflichten und sie kompetent zu handhaben.

Aber wieso ist das relevant? Vielleicht will Stevenson die Wissenschaft, so wie sie heute ist, mit ihren etablierten Verfahren als

Modell für Rationalität nehmen; offensichtlich unterscheidet sie sich von der Moral, und so wie Stevenson es beschreibt, liegt der Unterschied in der Art der Einigkeit. Ich frage mich hingegen, was die Bedeutung dieses Unterschieds ist. Wenn Wissenschaft nicht aufgrund der Tatsache rational ist, daß über bestimmte Aussagen Einigkeit erzielt wird, und auch nicht deshalb, weil es anerkannte Weisen gibt, dazu zu gelangen, sondern aufgrund der Tatsache, daß man sich auf bestimmte Argumentationsformen *verpflichtet*, in deren Natur es liegt, zu einer solchen Einigung zu kommen, dann könnte Moral aus genau demselben Grund rational sein, nämlich daß wir uns auf bestimmte Argumentationsformen verpflichten, wenngleich auf solche, die nicht auf dieselben Weisen, und manchmal auch überhaupt nicht, zu einer Einigung (über eine Konklusion) führen. Dann zu sagen, solche Argumentationen »müßten akzeptiert werden«, meint dann immer noch, daß sie entweder akzeptiert werden oder daß derjenige, der sie zurückweist, entweder irrational oder hinsichtlich der Moral inkompetent ist. Bloß daß »Akzeptieren einer Argumentation« hier nicht heißen wird, »mit ihrer Konklusion übereinstimmen«, und natürlich wird ein immer noch rationales *Nicht-Übereinstimmen* mit ihrer Konklusion (d. h. eines, das so zustande kommt, daß der Betreffende immer noch rational genannt werden wird) nicht einfach darin bestehen, daß »sie bestritten« wird oder »gemeint [wird], daß die Argumentation psychologisch nicht überzeugend ist«.

Natürlich sperrt Stevenson sich gegen jegliche Vorstellung, daß moralische Kompetenz so wie wissenschaftliche Kompetenz einer Verpflichtung auf bestimmte Formen von Gründen oder Argumenten entspringen könnte. Denn seiner Auffassung nach ist jede Wahl einer »Methode« (eines Verfahrens, eines Grundes, eines Arguments), die zur Unterstützung eines ethischen Urteils herangezogen wird, selbst eine normative, ethische Frage, die jede »analytische Objektivität« unterläßt (vgl. *Ethics and Language*, S. 158 sowie Kapitel VII *passim*). Dieser Punkt muß ausführlich erörtert werden. Im Augenblick möchte ich nur bemerken, daß man ebensogut sagen könnte, jede Wahl einer Methode zur Untermauerung einer wissenschaftlichen Behauptung wäre selbst eine Frage wissenschaftlicher Verfahren. Das aber ist entweder analytisch oder falsch. Entweder es bedeutet: Solange nicht bestimmte Methoden angewandt werden, würde es nicht »Wissenschaft« genannt werden; was eine grammatische Behauptung wäre. Oder aber es besagt: Wissenschaftler gelangen zu einer Übereinstimmung darüber, welche Methoden »wissenschaftlich« *sein* werden, auf dieselbe Weise, wie sie zu Übereinstimmungen kommen, die die von allen als wissenschaftlich akzeptierten Methoden *anwenden*; und das wäre falsch.

Die Analogie zur oder der abschätzige Vergleich mit der Wissenschaft stützt sich daher auf einen besonderen Aspekt des Vergleichs, der nicht einmal der entscheidende sein dürfte. Man kann den Unterschied so sehen, daß er durch die unterschiedliche Art von Uneinigkeit über einzelne Behauptungen innerhalb jedes Bereichs begründet wird; für mich besteht die Ähnlichkeit in der Notwendigkeit, sich darauf zu verpflichten (oder darin »übereinzustimmen«), was innerhalb der jeweiligen Domäne als »Argument« oder »Grund« gelten wird.

Vielleicht ist es für die Art und Weise, in der die Analogie gezogen wird, relevant, daß zur Illustration eines ethischen Urteils oder ethischer »Einstellungen« als Beispiele typischerweise »Du solltest das-und-das tun« oder »Das ist gut« oder »Du sollst ein Versprechen halten« herangezogen werden und nicht (etwa) »Wenn jemand etwas unabsichtlich getan hat, ist er nicht zu tadeln – zumindest nicht so scharf, als wenn er es mit Absicht getan hätte«. Wenn jemand diesem letzten Beispiel »nicht zustimmt«, reicht es dann zu sagen, die dafür angegebenen Gründe (was werden es für welche sein?) überzeugten ihn psychologisch nicht? Wird man dann nicht vermuten, daß er moralisch inkompetent ist? (Was steht auf dem Prüfstand, *seine* Rationalität oder die Rationalität der Moral? Warum konnte sich diese Frage einem Philosophen wie Stevenson nicht einmal stellen?) Und weiter: Wenn die Verpflichtung auf Moral (darauf, ein kompetentes moralisches Subjekt zu sein) die Verpflichtung auf solche Prinzipien beinhaltet wie das über Unabsichtlichkeit und Tadel, dann könnte die Tatsache, daß wir in einer bestimmten Argumentation hinsichtlich anderer Fragen nicht übereinstimmen (z. B. wie gut die Entschuldigung ist, daß es »nicht absichtlich« geschah, ob jemand sich in einer bestimmten Situation damit entschuldigen kann; ob er nicht mehr Sorgfalt hätte üben müssen, was sein wirkliches Motiv war (was er wirklich tat)), ein ganz anderes Gewicht bekommen – nicht um die Rationalität einer moralischen Auseinandersetzung zu bestreiten, die anscheinend durch keine Berufung auf »Tatsachen« zu schlichten ist, sondern um Argumentationsformen zu liefern, deren charakteristisches Merkmal genau darin besteht, daß sie die Rationalität beider Protagonisten gewährleisten können, selbst wenn es zu keiner Einigung auf eine Konklusion kommt. Andererseits werden als typische Beispiele für wissenschaftliche »Meinungen« »Gesetze« wie »Metalle dehnen sich durch Wärme aus« oder Aussagen wie »Zu dem Zeitpunkt und an diesem Ort wird es eine Finsternis geben« angeführt werden und nicht die »Meinungen«, daß Himmel und Erde denselben physikalischen Gesetzen unterworfen sind, daß der Mensch unbewußt zum Handeln bewegt wird oder daß er sein Bewußtsein der biologischen Evolution verdankt.

Dieser Vergleich von Beispielen weist wiederum darauf hin, daß das Verständnis von Wissenschaft und Moral nicht das Ergebnis einer objektiven Untersuchung sein kann, sondern, im Gegenteil, daß die in der Untersuchung verwendeten Beispiele ihrerseits aufgrund eines früheren Ausgangspunkts ausgewählt worden sind. Geht man vom Erstaunen über die Eigenheit ethischer Auseinandersetzung als möglicherweise unentscheidbar aus, dann wird man Beispiele aus der Wissenschaft herausgreifen, die deren Vermögen, Einigkeit zu erzielen, illustrieren, und folglich wird man sich die Vorstellung oder die Illusion machen, man wüßte, daß und warum Wissenschaft rational ist und Moral eben nicht.

Behaupte ich mit meiner These, das, was wir Wissenschaft nennen, hänge von der Verpflichtung auf gewisse »Methoden« mit gewissen Eigenschaften ab, daß die Wissenschaft selbst nicht ganz und gar rational ist? Ich dränge nur darauf, daß wir nicht annehmen, wir wüßten, was sie rational macht; daß wir die Frage nach ihrer Rationalität oder Irrationalität für ebenso problematisch halten wie die Frage nach der Rationalität oder Irrationalität der Moral. Allerdings ist mein Wissen über die Geschichte der Wissenschaft und ihr tatsächliches Treiben zu begrenzt, als daß ich großes Zutrauen zu meiner Erörterung dieses Gegenstands hätte. Das wenige, was ich gesagt habe, wird seine Zwecke erfüllt haben, wenn es dazu beiträgt, daß solchen Fragen nachgegangen wird. (Natürlich gibt es T. S. Kuhns *The Structure of Scientific Revolutions* und die Diskussionen, in denen es eine Rolle spielt.)

Wie ich schon sagte, lautet mein Vorschlag: Vergleichen wir doch moralische Argumente mit denen gewöhnlicher erkenntnistheoretischer Beurteilungen, deren Struktur und Bedeutung uns bereits beschäftigt haben. Sie scheinen genauso wie irgendeine der fortgeschrittenen und glänzenderen Übereinstimmungen in Physik und Astronomie ein Modell dafür zu sein, was wir unter Rationalität verstehen, und weil ihre Details mehr in unser Gebiet fallen, könnte ein solcher Vergleich deutlicher zu artikulieren helfen, welche Unterschiede zwischen Auseinandersetzungen, die »Haß und Zorn hervorrufen«, und solchen, die es nicht tun, relevant sind.

Unsere ganze Diskussion hat uns auf das unmittelbare Problem vorbereitet, vor dem wir stehen: *Welches* Beispiel aus der Moral sollen wir für unsere Untersuchung wählen? Sollen wir einen Fall wählen, in dem wir uns nicht darüber einigen können, wie man handeln sollte? Einen, in dem wir uns über eine bestimmte »Regel« oder ein »Prinzip« uneinig sind? Gibt es irgendeinen Fall, bei dem wir dasselbe fühlen wie bei den »idealen« Fällen in der Erkenntnistheorie, nämlich: »Wenn *irgendein* Fall einer ist, in dem wir wissen können (oder uns darauf einigen), daß etwas gut oder schlecht, richtig oder falsch ist, dann können wir wissen, daß dieser es ist«? Ich glaube, daß es einen solchen Fall nicht gibt, und das mag sich als bedeutsam herausstellen. Denn was wäre ein

»Fall«? Würden wir ein »Prinzip« wie »Versprechen werden gehalten (sollten gehalten werden)« zu unserem Fall machen, dann wüßten wir nicht, was Einigkeit oder Uneinigkeit darüber bedeuten würde. Würden einige von uns meinen, dies sei allgemeingültig wahr, dann wird das wie eine besondere *Auffassung* von Moral erscheinen, mit der man nicht übereinstimmen kann, ohne dadurch eine andere Auffassung über den Gegenstand zu kompromittieren. Und wenn wir uns einig sind, daß es zwar im *allgemeinen* wahr ist, aber nur unter bestimmten Bedingungen, dann wissen wir weder, ob wir uns über die Bedingungen einig würden noch ob wir sie in denselben Fällen anwenden und ob, wenn wir es nicht tun, dies für die Moral im allgemeinen von Bedeutung ist noch was diese Bedeutung wäre. Nehmen wir andererseits den Fall einer spezifischen Handlung, dann könnten wir einen Fall herausgreifen, in dem die fragliche »Handlung« in bereits ethisch gefärbten Ausdrücken beschrieben wird (»Hätte er ihn ermorden sollen?«, statt »... ihn töten«; oder »War es falsch von ihm, ihn zu verraten?«, statt »... sich zu weigern, seinen Worten Folge zu leisten?«), oder wir könnten den Eindruck haben, jede Einigkeit über die Moralität der Handlung wird von irgendeiner Einigkeit darüber abhängig sein, wie die Handlung zu beschreiben ist. War es wirklich ein *Versprechen brechen*? Ist es fair, *einfach* zu sagen, er *hat gelogen*, wenn er doch gelogen hat, *um...* oder *als eine Weise von...* (Sokrates: »Nicht also jenes bestreiten sie [i. e. die Menschen], daß der Unrechthandelnde nicht müsse bestraft werden: sondern nur darüber streiten sie miteinander, wer es denn ist, der Unrecht tut, und wodurch und wann?« (*Euthyphron*, 8d).)

Was der in Frage stehende »Fall« ist, *gehört* offensichtlich *selbst zum Inhalt der moralischen Argumentation*. Anders als Briefumschläge und Stieglitze präsentieren Handlungen sich nicht mit Namen versehen einer Beurteilung, und anders als Äpfel lassen sie sich nicht sortieren. Meines Erachtens entspringt der am schwersten wiegende Sinn, in dem Kants Moraltheorie »formalistisch« ist, nicht seiner These, daß nur Handlungen, die aus einer *bestimmten* Motivation geschehen, *moralisch* sind, sondern dem

Umstand, daß er es nicht für sehr schwierig hielt zu sagen, *was* »die« Maxime einer Handlung ist, bezüglich welcher seine Probe ihrer Moralität, der kategorische Imperativ, angewendet wird. Kants Auffassung, daß moralisches Verhalten einer spezifischen moralischen Motivation bedarf, paßt zu der Ansicht oder ist eine ihrer Spielarten, daß es Beurteilungsdimensionen menschlichen Verhaltens gibt, die vor und nach der Moral kommen. (Hier wäre kurz zu erwähnen, daß ich als Idealfall der Moral (oder des moralischen Urteils) nicht das Verbot irgendeiner abscheulichen Tat, auf deren Abscheulichkeit sich alle normalen Menschen einigen müssen, akzeptieren würde (z. B. »Du sollst keine Kinder foltern«), wie man mir mehr als einmal in öffentlichen Diskussionen angeboten hat). Der Zweck reiner Moralität ist nicht, das Verhalten und die Interaktionen von Scheusalen zu bewerten. Ähnlich betreffen Gebote (z. B. der Dekalog) Dinge, denen gewöhnliche Menschen ausgesetzt sind und die sie in Versuchung führen.

Die moralische Bedeutung der Frage, wie eine Handlung beschrieben wird, das Problem anzugeben, was da genau untersucht wird, weist darauf hin, daß die so oft gesuchte erkenntnistheoretische »Grundlage« der Moral, das »Wissen«, welches unser moralisches Verhalten und unser moralisches Urteil »begründen« soll, von *Personen* handelt, eine Erkenntnistheorie ist, die unsere Ansprüche, wir wüßten, was jemand tut, und die Grundlage erklärt und bewertet, auf der wir unsere eigenen Handlungen beschreiben. Daß es ein Problem damit gibt, wie eine Handlung zu beschreiben ist – eines, das dem Problem, wie sie in einschlägigen moralischen Begriffen zu bewerten ist, voraus liegt –, macht deutlich, daß Berufungen auf die Alltagssprache bei der Kritik moralischer Theorien eine andere, direktere Rolle spielen werden als bei der Kritik der klassischen Erkenntnistheorie.

Da wir uns nun der Schwierigkeit bewußt sind, einen »idealen« oder auch nur »gewöhnlichen« Fall zu wählen, bei dem wir wissen, daß eine Handlung richtig oder falsch ist, wollen wir verschiedene Fälle betrachten, die intuitiv moralische zu sein scheinen (wohl wissend, daß wir irgendwann begrifflich erfassen wollen, wovon diese Intuition geleitet wird), und sie mit dem vergleichen, war wir von erkenntnistheoretischen Bewertungen zu erwarten gelernt haben.

I.

A: Du schuldest es deiner Familie und deinen Freunden, mit dieser Farce Schluß zu machen.

B: Ich achte und liebe die Stadt, die mich schuldig gesprochen hat, und ich werde nicht durch meine Flucht ihre Gesetze mißachten.

A: Jetzt mach mal einen Punkt. Wenn du sie so sehr achtest und liebst, solltest du die Sache nicht so weit treiben und sie etwas tun lassen, was sie bedauern wird.

B: Laßt es mich so sagen. Ich will nicht in die Lage kommen, ein gewöhnlicher Gesetzesbrecher zu werden.

A: Und deine Freunde, deine Familie ...?

B: Meine Freunde werden meine Haltung respektieren.

II.

A: Du weißt, daß die Person, die du ehren möchtest, ein Staatsfeind war.

B: *Die Person*? Das war mein Bruder.

A: Ich weiß, wie stark deine Loyalitätsgefühle sind, und ich respektiere das, aber jetzt Schluß damit.

B: Ich weiß, wie sehr du dich verletzt fühlen wirst, aber jetzt Schluß damit.

III.

A: Ich habe beschlossen, ihm den Job nicht anzubieten.

B: Aber er rechnet damit. Du hast es ihm ausdrücklich versprochen.

In den folgenden Dialogen wird dieser Eingangsdisput fortgesetzt:

A_1: Aber seitdem habe ich erfahren, was für ein Mensch er ist.

B_1: Was er getan hat, hast du auch schon getan, nur daß du dir sagst, in deinem Fall »sei es etwas anderes gewesen«. Es ist in *jedem Fall* anders. Und auch gleich. Du bist ein Wirrkopf, ein verbrecherischer Wirrkopf.

* * *

A$_2$: Ich weiß, aber inzwischen ist es mir *sehr* unbequem, ihn um mich herum zu haben, und es gibt einen anderen, der wirklich besser für den Job geeignet ist.
B$_2$: Wenn du ihm das antust, spreche ich nie wieder ein Wort mit dir.
A$_2$: Häng die Sache doch nicht so hoch. Ich werde dafür sorgen, daß er einen Job bekommt, und ich werde ihm etwas Überbrückungsgeld geben.
B$_2$: Leb wohl.

* * *

A$_3$: Ich habe nur gesagt, ich würde versuchen, einen Job für ihn zu finden.
B$_3$: Aber von einem Mann in deiner Position ist das so gut wie ein Versprechen. Und du weißt, daß er es für ein Versprechen *gehalten* hat.
A$_3$: Das ist seine Sache.
B$_3$: Du *bist* grausam.

* * *

A$_4$: Aber ich habe seitdem erfahren, was er für ein Mensch ist.
B$_4$: Versprochen ist versprochen.

IV.
A: Sie haben mich glauben lassen, Sie seien mein Wohltäter.
B: Ich habe das niemals gesagt.

V.
A: Du mußt bei ihm bleiben. Wenn du ihn jetzt verläßt, werden die Leute dich »liederlich« nennen. Du wirst ein Gegenstand bösartigen Klatsches werden.

B: Ja. Und wenn ich bleibe und ihn heirate, werden die Leute wohlwollend lächeln, mich für ein bißchen leidenschaftlich halten, und nach einer Weile werde ich wieder ein geachtetes Glied der Gesellschaft sein. Nur werde ich dann die Achtung vor mir selbst verloren haben, weil ich bei jemandem bleibe, den ich nicht liebe.

Sind diese »Argumente« in eine Sackgasse geraten? Jeder *könnte* sie fortsetzen, aber was würde darüber entscheiden, wann sie an ein Ende kommen, und was würde es bedeuten, wenn sie hier aufhörten? In erkenntnistheoretischen Zusammenhängen gäbe es auf diese Fragen klare Antworten. Wenn die Feststellung, ob es sich um einen Stieglitz handelt, nach dem Einwurf »Aber Goldhähnchen haben auch einen roten Kopf« beendet ist, dann bedeutet das, der Anspruch, man wisse, es sei ein Stieglitz, wurde nicht eingelöst. Es *könnte* das sein, was du behauptest, aber der Anspruch wurde unzureichend untermauert – die durch den Zweifel entstandene Lücke wurde nicht geschlossen. *Jeder kompetente Sprecher weiß das.* Sollte das Argument fortgesetzt werden, dann muß der Zweifelsgrund selbst angefochten (»Ein Goldhähnchen hat eine andere Kopfform«) oder eine neue Grundlage vorgeschlagen werden (»Ich weiß es nicht nur wegen des Kopfes, sondern auch von der Zeichnung«), und jeder, der fähig ist, Wissensansprüche zu erheben, weiß, was dies bedeutet. Wir könnten sagen: Es steht den Protagonisten nicht frei, ihren Grundlagen und Zweifelsgründen eine eigene Bedeutung zuzuweisen. Was als angemessene Grundlage und hinreichender Zweifelsgrund gilt, *wird durch den Rahmen der Bewertung selbst bestimmt.* Wenn ich auf eine Grundlage mit der Behauptung kontere »Aber das ist nicht genug«, dann hat der andere keinen Spielraum, um zu sagen »Für mich ist es genug«.

Doch in moralischen Fällen gehört, *was* genug ist, selbst zum Inhalt des Arguments. Was genug ist, um meinen Anspruch zu kontern, daß ich zu Recht oder gerechtfertigt »eine bestimmte« Handlung begangen habe, darüber zu befinden steht mir frei. Es *kümmert* mich nicht, daß er ein Staatsfeind ist; sein Pech, wenn er meine Äußerung für ein Versprechen hielt; ich weiß, daß andere tratschen werden, aber dennoch ...; gesetzt, ich *habe* mehr oder weniger dasselbe getan wie er, mein Fall lag aber anders. Ich kann mich *weigern*, einen Zweifelsgrund zu *akzeptieren*, ohne ihn als falsch anfechten und ohne eine neue Grundlage liefern zu müssen, und dennoch werde ich nicht automatisch als irrational oder moralisch inkompetent zurückgewiesen. Eines aber *kann* ich *nicht tun*, ohne meine Position als moralisch kompetentes Subjekt einzubüßen: die *Relevanz* der Zweifel anderer verneinen (»Was macht es für einen Unterschied, daß ich es versprochen habe, daß er ein Staatsfeind ist, daß ich meine Freunde verletzen werde?«), nicht sehen, daß sie einen Entschluß von mir fordern. In erkenntnistheoretischen Zusammenhängen reicht die Relevanz des Zweifels aus, um die Grundlage, so wie sie dasteht, anzufechten und damit auch den Wissensanspruch.

Wie läßt sich dieser Unterschied erklären? Betrachten wir, wodurch eine Tatsachenaussage zur Grundlage für einen Wissensanspruch wird.

Einen Wissensanspruch in Frage zu stellen geschieht in der Form »Wie weißt du das?« oder »Warum glaubst du das?«, und in der Bewertung des Anspruchs, so könnten wir sagen, geht es darum zu bewerten, ob deine Position (wie Austin es formuliert, deine »Belege und Tatsachen«, deine Kenntnisse und Wahrnehmung) dem Anspruch angemessen ist. Den Anspruch auf das moralisch Richtige in Frage zu stellen (sei es in bezug auf eine Handlung oder ein Urteil) geschieht in der Form »Warum tust du das?«, »Wie kannst du das nur tun?«, »Was *tust* du denn da?«, »Bist du dir wirklich darüber im klaren, was du sagst?«, »Weißt du, was das heißt?«, und in der Bewertung des Anspruchs geht es, wie wir nun sagen können, darum zu bestimmen, *was* deine Position ist, und diese selbst anzuzweifeln, zu bezweifeln, ob die von dir *eingenommene* Position dem erhobenen Anspruch angemessen ist. Der Witz der Bewertung ist nicht der, zu bestimmen, *ob* sie angemessen ist, wobei das, *was* angemessen ist, durch die Form der Bewertung selbst *gegeben* ist; der Witz ist vielmehr zu bestimmen, welche Position du einnimmst, d. h., *für welche Position du die Verantwortung übernimmst* – und ob ich diese achten kann. In solchen Diskussionen geht es nicht, oder nicht genau, darum, ob du unsere Welt kennst, sondern ob und in welchem Maße wir in derselben moralischen Welt leben. Soweit wir haben sehen können, steht in solchen Beispielen nicht die Gültigkeit der Moral als ganze auf dem Prüfstand, sondern das Wesen oder die Qualität unserer Beziehung zueinander.

Daß die Angemessenheit der Position in erkenntnistheoretischen Zusammenhängen durch die Form der Bewertung selbst bestimmt ist, verleiht den skeptischen Zweifelsgründen ihre verheerende Kraft. Wenn nämlich der Philosoph mit einem Sinn für Vernünftigkeit die Frage aufwirft »Wie weißt du, daß es nicht aus Wachs ist oder daß du nicht getäuscht worden bist (von deinen Sinnen oder einer unbemerkten Annahme)?« oder »Aber du siehst doch nicht *alles* davon« oder »Aber hätte er nicht alles das tun können, ohne diese oder irgendeine andere Empfindung zu haben?«, dann wird uns nicht nur klar, daß unsere Position nicht gut genug ist, sondern daß *keine* Position besser wäre als die, in der wir uns befinden (das gehört mit zum Inhalt des Gefühls, daß dies ein »idealer« Fall von Wissen ist), und daß daher Wissen insgesamt bedroht ist.

Zwar gibt es Konflikte, welche die Moral als ganze in Zweifel ziehen können, aber die Bedeutung dieser Frage ist nicht, oder nicht notwendig, daß die Gültigkeit der Moral bezweifelt wird, wohl aber, daß ihre Fähigkeit, das Verhalten und den Charakter zu beurteilen, begrenzt ist. Das meinen Kierkegaard mit der »teleologischen Suspension des Ethischen« und Nietzsche, wenn er eine Position »jenseits von Gut und Böse« bestimmt. Was sie damit meinen, ist, daß es eine Position gibt, deren Vortrefflichkeit nicht zu bestreiten ist und die von Leuten eingenommen wird, die einfach abzutun wir nicht willens oder fähig sind, die aber *moralisch* gesehen als falsch bezeichnet werden müßte. Dies ist eines der Hauptthemen moderner Literatur: die Erlösung des Selbst durch die Zurückweisung der Moral.

Ich glaube, die meisten Moralphilosophen sind davon ausgegangen, daß die Gültigkeit der Moral davon abhängt, über jede Handlung (ausgenommen jene, die »verursacht«, »determiniert« sind) eine Bewertung abgeben zu können, und daß die Möglichkeit, Moral *irgendwo* zurückzuweisen, ihre völlige Zurückweisung als vollkommen rational bedeutet; daß eine vollkommen rationale Moral fähig sein muß, die höchste Vortrefflichkeit und das verworfenste Böse zu bewerten, und daß Menschen von höchster Vortrefflichkeit und verworfenstem Bösen unseren moralischen Bewertungen *zustimmen* müssen, wenn diese Bewertungen vollkommen rational sein wollen. Ich halte das für eine Moralisierung der Moraltheorie – sie macht aus jeder Frage eine moralische, und das ohne einen besonderen Grund (vielleicht abgesehen davon, daß etwas von »besonderem Gewicht oder Dringlichkeit« »vorgezogen« wird (Stevenson, S. 90)). Diese Konzeption hat sich auf die Moralphilosophie und den Begriff der Moral so ausgewirkt wie die moderne Welt auf die Moral selbst: Sie hat sie zu einer Sache akademischer Fragen gemacht.

Die Moral muß es zulassen, zurückgewiesen zu werden; sie stellt *eine* Möglichkeit bereit, Konflikte zu lösen, eine Weise, Konflikte so einzubinden, daß der Fortbestand persönlicher Beziehungen angesichts der harten und anscheinend unvermeidlichen Tatsache gesichert ist, daß es Mißverständnisse gibt, miteinander unvereinbare Wünsche, Verpflichtungen, Loyalitäten, Interessen und Bedürfnisse; sie ermöglicht es, Beziehungen zu kitten und das Selbst in Opposition zu sich selbst und anderen aufrechtzuerhalten. Politik, Religion, Liebe, Vergebung, Rebellion und Rückzug liefern andere Weisen, Konflikte zu lösen oder einzubinden. Die Moral ist deshalb eine wertvolle Weise, weil die anderen oft versperrt oder brutal sind; aber sie ist dennoch nicht alles; sie öffnet eine Tür, durch die jemand, der sich entfremdet hat oder Gefahr läuft, sich von einem anderen durch sein Tun zu entfremden, zurückkehren kann, sofern er eine Erklärung, Entschuldigung und Rechtfertigung anbietet und sie akzeptiert wird oder dank der Achtung, die ein Individuum einem anderen Individuum bezeigen wird, das die Verantwortung für eine Position, die es selbst nie einnehmen würde, sieht und akzeptiert. Um in derselben moralischen Welt zu leben, müssen wir uns nicht einig sein, doch wir müssen unsere Differenzen kennen und respektieren. Und *was* wir wie weit und wie tief respektieren können, das ist keine Sache irgendeines »Gefühls«, das ein »Grund« in uns »hervorruft«.

Aber obwohl die Moral dafür anfällig ist, entweder von einem Propheten oder von einem wütenden und leidenden Ich, von einem Verbrecher oder dem ältesten und neuesten Bösen verworfen zu werden, und obwohl sie nicht garantieren kann, daß wir keine Feinde haben, und auch nicht, daß unser Tun über jeden Vorwurf erhaben ist, auch wenn wir alle *moralischen* Prüfungen bestehen, kann nicht einfach irgend jemand, in irgendeiner Weise, sie verwerfen. Die Frage »Wer hat das Recht zu sagen, was moralisch ist und was nicht?« ist keine rhetorische. Moraltheoretiker müssen darauf eine Antwort geben. Wenn ein Moralphilosoph nicht erklären kann, was eine moralische Position (oder ein moralischer Grund) ist und was jemanden zu einem moralischen Subjekt macht, dann brechen all seine Vorkehrungen für eine »Grundlegung« im Nu zusammen. Denn dann müssen wir eine humorvolle Toleranz an den Tag legen und zulassen, daß einige »ethische« Meinungsverschiedenheiten aus einem Grund wie diesem nicht »rational« »lösbar« sind: Welche Gründe man ihnen auch anbietet, wenn ein »sexbesessener, emotional unabhängiger Jugendlicher mit einem sexuell gehemmten, emotional abhängigen über die Wünschbarkeit der freien Liebe argumentiert«, wird ihre Meinungsverschiedenheit wohl »dauerhaft ungelöst bleiben« (Stevenson, S. 137). Aber es ist ein Unterschied, ob die fragliche Auseinandersetzung von einem sexbesessenen, emotional unabhängigen Erwachsenen wie D. H. Lawrence geführt wird oder von einem sexuell kühlen oder sublimierten, emotional unabhängigen Erwachsenen wie Freud; und es ist ein Unterschied, der zum Wesen der Moral selbst gehört. Weil nicht jede Meinung dasselbe Gewicht hat und auch nicht jede Meinungsverschiedenheit dieselbe Reichweite, ist der Gegenstand ein so lebendiger. Wie unbefriedigend eine Moraltheorie, die sich auf die Vorstellung von einem idealen Beobachter stützt, letztlich sein mag, sie enthält diese unentrinnbare Wahrheit. Wenn Stevenson daher über die Fragen »Wer sind die rechtmäßigen Autoritäten?«, »Wer sollte andere durch Ermahnungen leiten?« sagt, das seien »genau die Fragen, über die Freizeitmoralisten auf Parties streiten« (S. 164), dann zeigt dies nur, daß er die Fragen so gestellt hat, daß sie Stoff für Partygespräche *werden*, genauso wie er es auch mit der »Meinungsverschiedenheit« in bezug auf die freie Liebe getan hat. Denn dies sind Fragen, die jede Moraltheorie angehen muß, wenn darunter zu verstehen ist »Was verleiht *jemandem* moralische Autorität?«, »Was gibt jemandem das *Recht*, für einen anderen zu sprechen?«, »Wodurch wird Anleitung, sei es durch Ermahnen, kühles Argumentieren oder ein Vorbild-Geben, zu moralischer Anleitung?«.

Wodurch wird eine Tatsachenaussage für eine Handlung oder ein Urteil zu einem moralischen Grund? Als wir uns fragten, wodurch eine Behauptung Grundlage für einen Wissensanspruch wird, gaben wir zur Antwort: Sie beschreibt eine Position, von der aus wir alle wissen, daß der betreffende Anspruch einzulösen ist, und sie hat Bestand, solange kein Zweifelsgrund zeigt, daß sie unzureichend ist, was wir ebenfalls alle wissen. Da es aber nun zum Inhalt eines moralischen Arguments gehört, die Adäquatheit oder Überlegenheit einer Position relativ zu einem vorliegenden Anspruch *festzustellen*, stellt sich die Frage nach den Dimensionen der Position, bezüglich welcher Adäquatheit oder Überlegenheit bewertet werden soll. Oder: Wodurch wird ein Grund für diese Beurteilung *relevant*? Und wenn wir nach Beantwortung dieser Frage allgemeine Merkmale dieser Gründe finden und artikulieren könnten, warum es sich um moralisch relevante Gründe handelt, dann hätten wir etwas zu einer Charakterisierung der Moral vorgebracht.

An dieser Stelle kann ich aber nur sagen, welche Art von Bedeutung diese Frage hat. Dazu werde ich drei Thesen betrachten, die unter Philosophen viel Zuspruch erhalten haben, und jede als eine Antwort auf die Frage analysieren: »Wodurch wird ein Grund für die Unterstützung eines moralischen Urteils oder die Rechtfertigung einer Handlung relevant?« Oder: »Wodurch wird ein Grund ein moralischer Grund?« Die wichtigsten Moraltheorien können wir so analysieren, daß sie unter anderem behaupten oder annehmen, nur gewisse Arten von Gründen seien moralisch relevant (sei es als Handlungsmotiv oder als Teil der Handlungsbewertung). Der bekannteste Einwand gegen eine Moraltheorie ist, daß die von ihr gerechtfertigten Gründe unserer moralischen Empfindung nicht völlig gerecht werden; aus diesem Grund wird Kant als »formalistisch« betrachtet (wenn er zum Beispiel meint, etwas aus Liebe zu tun sei nicht *moralisch* motiviert) und verstrickt sich der Utilitarismus in seine berühmten Paradoxien (daß man, wenn es vorteilhaft ist, ein Versprechen brechen dürfe und, wenn es sehr vorteilhaft ist, einen Unschuldigen bestrafen und daß eine Reißzwecke so gut wie Dichtung sei). Wenn die Behauptung, jede dieser Theorien enthalte viel (moralisch) Wahres, auf die Behauptung hinausläuft, daß es verschiedene Zeiten, moralische Zusammenhänge, Stellungen, Handlungen oder Aspekte von Handlungen gibt, für die sie vollkommen wahr sind, dann bestünde eine Versöhnung der Theorien darin, die verschiedenen Grenzen zu bestimmen, innerhalb deren eine jede von ihnen wahr ist.

Aber die These, die ich erörtern möchte, bezieht dazu keine Positionen auf derselben Ebene wie Teleologen oder Deontologen; denn ihnen geht es nicht, wie ich es formulieren möchte, um den bestimmten moralischen Inhalt der moralischen Gründe, sondern um etwas wie ihre grammatischen (»logischen«) Eigenschaften: Sie enthalten zumindest teilweise das, was Kant meiner Meinung nach unter einer Metaphysik der Moral versteht, einen Versuch, die Rationalität moralischer Urteile oder ihren Mangel an Rationalität zu erklären bzw. die Gültigkeit oder die fehlende Gültigkeit moralischer Argumente; einen Versuch, den Witz, den Inhalt und die Gültigkeit eines jeden Urteils herauszustellen, das wir als ein moralisches anerkennen würden. Ich sage: was ich betrachte, sind Thesen über moralische Gründe und nicht vollständige Moraltheorien, denn die Fragen, mit denen ich mich beschäftigen werde, stellen nur einen Teil dessen dar, womit die sie aufwerfenden Philosophen sich auseinandersetzen, und ich habe, wie ich hoffe nicht unfair, die Theorien so formuliert, daß die explizite oder implizite These über die Relevanz von Gründen faßbar wird, die eine jede enthält. Ich sollte jedoch noch hinzufügen, daß mein Interesse an diesen Thesen von der Überzeugung geleitet ist, daß sie für einen theoretischen Standpunkt zentral und bestimmend sind.

Die erste These stammt von Stevenson: »*Jede* Aussage über *irgendeine* Tatsache, von der *irgend jemand* meint, sie würde eine Einstellung verändern, kann als ein Grund für oder gegen ein ethisches Urteil angeführt werden.« Die zweite These ist in einer Ansicht enthalten, die als Regelutilitarismus oder eingeschränkter Utilitarismus bezeichnet wird und für meine gegenwärtigen Zwecke wie folgt formulierbar ist: Es gibt zwei Arten von moralischen Gründen, bei der einen ist eine Handlung als in sich moralisch angemessen oder bindend gerechtfertigt, bei der anderen ist eine Handlung aufgrund ihrer Folgen gerechtfertigt oder empfehlenswert. (Nicht alle Philosophen, die die Ansicht, auf die ich anspiele, vertreten, behaupten, daß es nur zwei Hauptarten von moralischen Gründen oder Rechtfertigungen gebe, und sie versuchen auch nicht zu zeigen, daß es der Fall sein sollte.) Die Relevanz dieser zwei Arten von Gründen ist durch die Betrachtung dessen begrenzt, *was* gerechtfertigt werden soll: Ein deontologischer Grund oder eine deontologische Rechtfertigung ist dort angemessen, wo eine bestimmte Handlung in Zweifel gezogen wird und wo diese unter eine moralische Regel fällt oder zu einer allgemeinen sozialen Praxis gehört; während ein utilitaristischer Grund entweder für eine bestimmte Handlung oder eine soziale Praxis als ganze relevant sein kann; doch wo die Handlung unter eine Praxis fällt (wie z. B. in den berüchtigten Fällen von Versprechen und Strafen), ist ein utilitaristischer Grund nur dann angemessen, wenn er sich auf die Praxis selbst richtet. Die dritte zu betrachtende These ist die bekannte These über die Autonomie der Moral: Eine Tatsachenbehauptung stellt nur dann einen Grund für ein moralisches Urteil dar, wenn sie sich auf einen moralischen Obersatz bezieht, in Verbindung mit dem das Urteil ableitbar ist.

Aus der Betrachtung jeder dieser Thesen wird sich, wie ich hoffe, in Umrissen folgendes ergeben: daß (1) Stevensons These beinhaltet, daß es ihr überhaupt an einem Begriff der Moral fehlt, doch dieser Mangel macht deutlich, was zu einem solchen Begriff gehören müßte; daß (2) die Berufung auf Regeln verkennt, welches Gewicht dem Utilitarismus oder der Deontologie in bezug auf ihre Rechtfertigung der »Institutionen« Versprechen und Strafe zukommt, und daß die Erklärung ihres Unterschieds mit Hilfe des Regelbegriffs mißlingt; doch indem wir im Detail erkennen, weshalb dieser starke und ernste Versuch, moralische Begriffe zu explizieren, fehlschlägt, gewinnen wir ein vollständigeres Verständnis gewisser erkenntnistheoretischer Fragen innerhalb der Moraltheorie; daß (3) das Gefühl der Notwendigkeit, an einen moralischen Obersatz appellieren zu müssen, von einer Position hervorgerufen wird, die dem »Zusammenhang des Philosophen« gleicht, den ich in Teil II als Folge eines »Gefühls, von der Welt abgeschlossen zu sein«, beschrieben habe, aber daß diese Position beim Philosophieren über die Moral zu einer Konklusion führt, die nicht offensichtlich dem widerstreitet, was wir alle bezüglich der moralischen Welt für wahr halten oder wovon wir wissen, daß es wahr ist, und sie folglich nicht »instabil« ist; und daß wir durch den Vergleich dieser beiden »Zusammenhänge des Philosophen« mehr über beide erfahren können und damit über die Beziehung der Moralphilosophie zur Erkenntnistheorie sowie beider Projekte zu der jeweiligen Menge von Überzeugungen oder Meinungen, von denen beide ausgehen und für die beide ein »Fundament« finden wollen oder liefern.

X
Ein Fehlen von Moral

Die Behauptung, Stevensons *Ethics and Language* werde von einem zugrundeliegenden Begriff von Moral oder dessen Fehlen beherrscht, könnte allen, die Stevensons Analyse überzeugt hat, wie eine unzulässige Voraussetzung ebenjener Frage erscheinen, von der er unermüdlich erklärt, er wahre ihr gegenüber eine skrupulöse Neutralität und wissenschaftliche Objektivität. Es ist wohl die Verpflichtung auf diese Neutralität, die Stevenson sagen läßt: »*Jede* Aussage über *irgendeine* Tatsache, von der *irgend jemand* meint, sie würde eine Einstellung verändern, kann als ein Grund für oder gegen ein ethisches Urteil angeführt werden« (S. 114). Für die Richtung, die seine Analyse einschlägt, ist das von größter Bedeutung, und seine Beispiele wird man so lange als die Moral betreffend akzeptieren, wie jenes Prinzip annehmbar erscheint.

Stevensons Prinzip läßt sich so formulieren: *Jede* Aussage über irgendeine Tatsache muß als *moralisch relevant* gelten, vorausgesetzt, sie ruft wahrscheinlich eine Wirkung hervor. Diese Behauptung über die Moral scheint mir so paradox wir nur irgend etwas, worauf der gesunde Menschenverstand verfällt. Doch im Gegensatz zu den paradoxen Konklusionen der Erkenntnistheorie handelt es sich um eine Aussage, an der *festzuhalten* Stevenson und andere keine Schwierigkeiten haben, und damit verbunden ist es eine Aussage, die er nicht für unvereinbar mit dem hält, »was wir alle glauben« oder sagen, obwohl sie vielleicht mit gewissen fehlgeleiteten *Theorien* über ethische Argumente unvereinbar ist (z. B. daß sie »gültig« oder »ungültig« sein können). Mehr noch, wo sie dem zu widerstreiten *scheint*, was wir glauben, behauptet er nicht, seiner Entdeckung komme ein größeres Gewicht zu, sie sei präziser oder unterhöhle unsere gewöhnlichen Meinungen, er sieht vielmehr darin eine neutrale Beschreibung dessen, was wir tatsächlich alle glauben (soweit wir unsere Meinungen aufgedeckt haben) und was im gewöhnlichen menschlichen Verhalten beschlossen liegt. Seine Beschreibung könne von jedem akzeptiert werden, ohne daß er sein moralisches Verhalten im mindesten ändern müsse – ausgenommen vielleicht, daß es ihn toleranter macht.

Ohne Zweifel heißt das, es ist »sehr viel Wahres dran« an dem, was Stevenson zu sagen hat. Doch im Gegensatz zu den wichtigsten Moraltheorien, denen wir immer wieder begegnen, ist das, was bei Stevenson wahr ist, nicht in bezug auf die *Moral* wahr. Wie sehr es uns auch gelingen mag, die traditionellen Moraltheorien durch den Nachweis zu versöhnen, daß die zur Rechtfertigung von jemandes Urteil und Verhalten von ihnen als moralisch relevant angeführten Gründe einander ergänzen, so ist doch die Vorstellung, *jeder* zur Unterstützung eines Urteils über unser Verhalten oder unseren Charakter angeführte Grund sei einzig und allein deshalb als moralisch relevant zu betrachten, weil er unsere Einstellung und unser Verhalten wahrscheinlich wirksam verändert, in keiner Weise mit einer sensiblen, als moralisch erkennbaren Theorie vereinbar.

Nach meiner Interpretation besagt Stevensons These, daß jede Aussage als ein Grund »angeführt werden könnte«, nicht bloß, wie Euthyphron meint, daß »es nichts gibt, was … [Menschen] nicht tun oder sagen würden, um einer Strafe zu entgehen« oder, so könnte man hinzufügen, um andere dazu zu bewegen, etwas zu tun, was man sich wünscht; sie bedeutet vielmehr, daß jeder Grund, der in dieser Weise vorgebracht wird, als ein moralischer zu betrachten ist und so beantwortet zu werden hat, daß dem ihn Vortragenden vollständige moralische Kompetenz zugesprochen wird. Würde man den Ursprung einer solchen These vollständig darlegen wollen, müßte man unter anderem die ihr zugrundeliegende Annahme über die Logik moralischer Argumente untersuchen, die es für Stevenson tatsächlich notwendig zu machen scheint, daß »eine der Eigentümlichkeiten ethischer Argumente in dem Schluß von einer Tatsachenaussage auf eine ethische Konklusion besteht«, und das ist eine Stufe in der These von der Autonomie der Moral. Aber das ist nicht mehr als eine

Annahme Stevensons. Seine Argumente, soweit sie sich auf sie beziehen, richten sich auf den Nachweis, daß, »da der Schluß, laut Hypothese, weder *deduktiv* noch *induktiv* gültig« (S. 153) ist, die einzig interessante Frage ist, ob wir solche Schlüsse gültig oder ungültig nennen müssen. Stevenson befindet bekanntermaßen, daß wir es nicht können. Das wenige, was ich zu dieser Annahme sagen werde, behalte ich mir für ein eigenes Kapitel vor. Meine unmittelbare Absicht ist es zu sehen, wie der Begriff der Moral, auf dem Hintergrund dieser Annahme, durch die weiteren Annahmen verfälscht wird, daß die Beziehung zwischen Grund und Konklusion »daher« psychologisch sein muß und »daher« kausal und daß »ein Moralist ... jemand ist, der Einstellungen beeinflussen will« (S. 243).

Wie bereits gesagt, meint Stevenson, diese These werde von einer wissenschaftlichen oder »analytischen Objektivität« (S. 160) verlangt, die ausschließt, daß wir irgendeinen »Standpunkt« zu Fragen wie etwa der beziehen, was moralisch relevant ist. Das wird folgendermaßen deutlich:

> Mittlerweile wird klargeworden sein, daß die ganze Frage der Methodenwahl und der dafür »verfügbaren Gründe« nicht ein isolierter Teilbereich der Ethik ist, dessen Analyse den Rest dieser Arbeit nicht tangiert. Im Gegenteil: Jede Entscheidung darüber, welche Methoden anzuwenden sind, ist, sofern sie nicht mit Bezug auf Gültigkeit getroffen werden kann, selbst eine normativ-ethische Frage. Dies wird ersichtlich, wenn man die Frage in der gewöhnlichen ethischen Terminologie formuliert. Zu fragen »Welche Methode will ich wählen?« bedeutet eigentlich »Welche Methode *soll* ich wählen?«. In jeder Auseinandersetzung über die Frage wird es unterschiedliche Einstellungen geben, und die Überlegungen, die man als »Grundlagen« für die Wahl dieser oder jener Methode anführen wird, sind schlicht die »Gründe«..., mit denen ein ethisches Urteil – hier ein Urteil darüber wie *ein anderes zu unterstützen ist* – seinerseits unterstützt wird. (S. 158)

Was vermittelt der Ausdruck »Methodenwahl«? Vielleicht denkt man an einen Fall, in dem ein physikalischer Vorgang einem anderen vorgezogen wird (etwa das Sterilisieren chirurgischer Instrumente in Überdruckgeräten statt durch Erhitzen oder mittels Alkohol); oder man stellt sich vor, daß eher das französische als das italienische System des Solfeggio übernommen wird; oder man erinnert sich, daß man sich schließlich für Gorens Methode, ein Bridgeblatt zu bewerten, entschieden hat und nicht für das Culbertsons. Und die Gründe der Wahl sind in jedem Fall deutlich und gut verständlich. Aber man wählt *nicht*, ob eine bestimmte Methode ein Sterilisierungsvorgang *ist* oder ein Solfeggiosystem oder eine Möglichkeit, ein Bridgeblatt zu bewerten.

Stevenson möchte, daß »eine Methode zu wählen« heißt, »die Weise zu wählen, in der ein Urteil zu unterstützen ist« (S. 158). Welche Art von Wahl haben wir in diesem Fall? Was hieße es, die Weise zu wählen, in der diese Urteile zu unterstützen sind?

1. Das Spinett muß gestimmt werden.
2. Der Entwicklungsabschnitt ist zu lang.
3. Der Baum ist 15 Meter hoch.
4. Das Skalpell ist nicht steril.
5. Die französische Revolution war eine Katastrophe für Frankreich.
6. Du sollst das Skalpell sorgfältiger sterilisieren.
7. Du sollst hier in die Subdominante wechseln.
8. Du sollst Gorens System verwenden.
9. Du sollst dich in den ersten beiden Runden zurückhalten.
10. Du sollst dein Versprechen halten.
11. Du sollst für Wintergreen stimmen.

Der Eindruck, daß diese Liste regellos oder zufällig ist, ist beabsichtigt. Es lohnt sich, daran zu erinnern, wie vielgestaltig einerseits die Tätigkeiten, die wir »Unterstützen eines Urteils« nennen, sind und daß wir andererseits in jedem Einzelfall eine sehr bestimmte Vorstellung davon haben, was wir tun sollten, um es zu unterstützen, was wir in jedem Einzelfall als Unterstützen anerkennen (so nennen) würden. Da Stevenson die Wörter »überreden« und »überzeugen« in seinem Buch offensichtlich gleichbedeutend verwendet, nämlich um die Auswirkung (nichtrationaler) »Gründe« auf ethische Konklusionen zu beschreiben, sollten wir hier ihren Unterschied festhalten. Der Vorstellung, man überrede jemanden, daß der Baum 15 Meter hoch ist, wird nicht leicht ein Sinn zu unterlegen sein, aber wir wissen ganz klar, was es hieße, ihn von der Tatsache zu überzeugen. Man würde das dadurch erreichen, daß man eine der eindeutigen Methoden anwendet oder beschreibt, die als Bestimmen von Höhen anerkannt sind, insbesondere eine, von der man weiß, daß derjenige, den es zu überzeugen gilt, sie versteht und als geeignet anerkennt, oder indem man Überlegungen anstellt, denen er folgen kann. Man könnte etwa »wählen«, das Urteil durch einen Vergleich mit der Höhe des danebenstehenden Gebäudes zu unterstützen und nicht durch Trigonometrie, weil der Gesprächspartner der einen, aber nicht der anderen Methode folgen kann. (Ich übergehe solche Überlegungen wie, daß man nur vorgibt, diese Methoden zu kennen, oder daß man sie mißverstanden hat oder der andere sich durch Autorität überzeugen läßt und nicht, weil er die Sache versteht.) In anderen Zusammenhängen wird es andere Gründe für die Wahl geben (etwa Bequemlichkeit, Bedarf an besonderer Genauigkeit oder einer schnellen Schätzung). Aber die »Wahl« von »Methoden« der Unterstützung hängt davon ab, daß *es eine Wahl gibt* zwischen Methoden, die mehr oder weniger gleichwertig sind und die sämtlich als Möglichkeit anerkannt sind, dasselbe Urteil zu begründen, oder von denen sich zeigen läßt, daß sie dasselbe Urteil begründen. Darunter werden einige sein, die für *gewisse festgelegte Zwecke* überzeugender, wirkungsvoller, eindrücklicher, offensichtlicher, genauer oder bequemer als andere sind; aber eine überzeugende, wirkungsvolle, eindrückliche, genaue oder bequeme Methode ist nicht eine *Art* von Unterstützungsmethode, wie Trigonometrie oder direkte Messungen es sind. Die Tatsache *gegeben*, daß es verschiedene Unterstützungsmethoden gibt (müssen wir *gültige* hinzusetzen?), können wir unter ihnen aus anderen Gründen wählen.

Scheint das einfach an Stevensons Punkt vorbeizugehen, begehen wir eine Petitio principii? Denn was er genau bestreitet, ist, daß es irgendeine Methode zur Unterstützung ethischer Konklusionen gibt, von der wir begründet sagen könnten, sie würde als gültig anerkannt. Es ist ja gerade seine These, daß ethische Urteile dadurch *charakterisiert* sind, daß es ihren Unterstützungsmethoden an Gültigkeit fehlt. Ebendas unterscheidet sie von logischen und wissenschaftlichen Urteilen.

Ich sollte daher hinzufügen, daß der Unterschied zwischen überreden und überzeugen sich auch auf moralische Fälle erstreckt. Ich bin mir nicht sicher, was es hieße, Maggie Tulliver zu überreden, daß sie bleiben und den Mann heiraten solle; aber ich weiß, was es heißen könnte, sie davon zu überzeugen, daß sie es tun solle. Umgekehrt bin ich mir nicht im klaren darüber, was es, wenn überhaupt etwas, bedeuten solle, »sie zu überzeugen, ihn zu heiraten«, aber ich könnte versuchen, sie dazu zu überreden, selbst wenn ich sie nicht überzeuge und sogar wenn ich selbst nicht davon überzeugt wäre, daß sie es tun sollte. Wenn man also, wie aus diesen Stegreifbeispielen hervorgeht, jemanden (grammatisch) überreden kann, etwas Bestimmtes zu tun, ihn aber von der Wahrheit oder Richtigkeit eines Urteils überzeugen muß, dann gewinnt man durch die Austauschbarkeit der Begriffe theoretisch, daß die Vorstellung der Überredung etwas von der Achtbarkeit der Vorstellung gewinnt, man überzeuge jemanden, und daß jemanden zu überzeugen unmittelbar zu implizieren scheint, ihn zu einer Tat zu bewegen, wodurch die direkte Verbindung zur Gültigkeit der angebotenen Unterstützung gelöst wird. Ich schließe nicht, daß ethische Argumente sich auf die Begründung eines Urteils richten und *nicht* darauf, etwas zu tun. Ich will hier nur sagen, daß eine Theorie, die diese Unterscheidung weder erklärt noch feststellt, keine neutrale Analyse wesentlicher moralischer Fragen vornimmt, denn was eine solche Theorie in der Tat behauptet, ist, daß es keinen theoretischen Unterschied gibt, zwischen »jemanden dazu zu überreden, etwas zu tun«, indem man ihn, *unter Anführung ihn überzeugender Gründe*, überzeugt, daß er es tun soll, und einer Überredung durch den Appell an Ängste, Prestige oder Geld. Es könnte *tatsächlich* der Fall sein, daß die letzten Gründe immer die ausschlaggebenden sind, daß in der Praxis einer realen Gesellschaft kein solcher Unterschied manifest ist. Jedenfalls glaubten das unter anderen Thrasymachos und Marx. Aber sie *wußten* schließlich, daß sie Moral und Gesellschaft als ein Ganzes angriffen.

Nichts was ich bisher gesagt habe, berührt die allgemeine These, daß man von ethischen Argumenten nicht begründet sagen kann, sie seien gültig. Ich will hier nur versuchen zu verstehen, was Stevenson für die Implikationen dieser These hält – wovon er meint, es fehle, wenn »Gültigkeit« fehlt, und wie das mit dem »Wählen einer Methode« zusammenhängt.

> Die Gültigkeit einer Methode ist der herausragendste Grund, sie zu wählen. Wenn daher bestritten wird, daß gewisse Methoden oder einige ihrer Aspekte mit Gültigkeit verbunden sind, mag man meinen, daß kein Grund für eine Wahl zwischen ihnen bleibt. Oder wenn ein solcher Grund erkannt wird, könnte es scheinen, als betreffe er nur einen groben, forensischen Erfolg...
>
> Mit Vorsicht betrachtet, könnte man meinen, diese scheinbaren Implikationen hätten nichts mit den vorliegenden Ansichten zu tun. Es gibt jede Menge Gründe, um zwischen Methoden zu wählen, und wenn diese in bestimmten Fällen nichts mit Gültigkeit zu tun haben, dann folgt daraus nicht, daß sie von rhetorischen Tricks abhängen. (S. 156)

Diese Art von Versicherung wird diejenigen unter uns empören, die meinen, so wie Stevenson das Problem der ethischen Methodik angeht, so wie er ihr jede Verbindung mit Gültigkeit abspricht, habe er bereits eine tote Hülle aus ihr gemacht. Denn dann klingt seine Versicherung so, als würde jemand sagen: »Das Vorhandensein eines Motors in einem Auto ist das herausragendste Merkmal, um es zu wählen. Wenn daher bestimmte Autos keine Motoren haben, mag man meinen, daß kein Grund für eine Wahl zwischen ihnen bleibt. Aber es gibt jede Menge Gründe, um zwischen Autos zu wählen, z. B. ihr Komfort, ihr

Design, ihre Geräumigkeit, ihre Sicherheit, ihr Wiederverkaufswert usw.«

Selbstverständlich gibt es jede Menge Gründe für die Wahl einer Methode, aber Gültigkeit gehört nicht dazu. Sowie es jede Menge Gründe gibt, Wege nach Isfahan zu wählen, aber die Tatsache, daß sie alle nach Isfahan führen, gehört nicht dazu. Es liegt mir auf der Zunge zu sagen: »Moralischen Argumenten ihre Gültigkeit zu nehmen bedeutet – sofern es heißt, daß *irgendeine* Behauptung über *irgendeine* Tatsache von *irgendeinem* Sprecher als Grund angeführt werden kann – nicht nur, einen unter anderen Gründen für die Wahl verschiedener Unterstützungsmodi ethischer Argumente zu entfernen; dadurch wird uns überhaupt der Punkt genommen, zwischen ihnen zu wählen.« Das erlaubt uns meiner Ansicht nach, genauer zu sehen, welcher Einwand, wie Stevenson selbst erkennt, sich gegen seine Ansicht vorbringen läßt (einer, von dem ich aufgrund seiner häufigen Proteste dagegen vermute, daß er sich ihm selbst aufgedrängt hat); und es ermöglicht uns zudem zu sehen, warum Stevenson den Einwand, selbst wenn er ihn spürte, nicht ernst nehmen kann.

Haben seine Kritiker nicht etwas von dieser Art im Auge: »Ja, es gibt so viele Gründe für eine Wahl, wie man nur will, aber bei keinem von ihnen handelt es sich um eine Wahl, die auf die richtige Sache zielt. Auf keinem der uns gebliebenen Wege der Unterstützung werden wir bekommen, was wir wollen (ein Auto, das *fährt*), bzw. keiner wird uns dahin führen, wo wir hin wollen. Keiner von ihnen wird das ›Unterstützen eines ethischen Arguments‹ *sein*, sowenig wie eine Anzahl in verschiedene Richtungen laufender Wege eine Anzahl von Wegen nach Isfahan sein wird.«

»Zwischen einer Anzahl von Wegen zu wählen« ist nicht dasselbe, wie »zwischen Wegen nach Isfahan zu wählen«; beides ist möglich, und beides kann sich von einem klarsichtigen und objektiven Rat leiten lassen oder von überredenden Appellen an unseren Stolz, unsere Neugierde oder Geldbörse. Angenommen, du glaubtest (oder hättest es dir in den Kopf gesetzt – würde das einen Unterschied machen?), jemand solle nach Isfahan gehen, und es sei dir damit »besonders ernst und besonders dringlich« (für Stevenson eine hinreichende Bedingung, um einen Zusammenhang als moralischen auszuweisen, und sogar ausreichend, um dem Wort »gut« einen besonderen *Sinn* zu geben (S. 90)). Welche Methode wirst du wählen, um ihn dazu zu bringen (ihn »zu überreden«), daß er dorthin geht?

Aber *wer* ist diese Person? Und warum fragt sie *dich*? Und hat sie gefragt? Und warum ist es ernst und dringlich? Geht es um eine *moralische* Frage? Ich sage nicht, daß es *keine sein könnte*; ich sage nur, dafür reicht es nicht, daß du sie als dringend empfindest, es *sehr* dringend wünschst. Es gibt hier viele Möglichkeiten:

1) Du arbeitest in einem Reisebüro; jemand stürzt herein, fragt nach dem schnellsten Weg nach Isfahan. Du sagt es ihm, verkaufst ihm die Fahrkarte; er bezahlt und eilt hinaus.
2) Jemand fragt dich nach dem Weg nach Teheran. Du drängst ihn, wenn er schon in Persien sei, auch nach Isfahan zu fahren; beschreibst die Schönheiten der Stadt, verweist auf die Sehenswürdigkeiten auf dem Weg dorthin usw. Er stimmt dir zu; oder er ist schon mal da gewesen; oder er sagt, er würde ja gerne, aber es fehle ihm die Zeit.
3) Jemand denkt an eine Reise in die Südsee. Du meinst zu wissen, was er sucht, und schlägst ihm vor, doch besser nach Isfahan zu reisen.
4) Du stürzt dich auf einen Fremden und versuchst, ihn zu einer Reise nach Isfahan zu bewegen.

Gibt es Unterschiede zwischen diesen Fällen, die für das Problem, »ein moralisches Urteil zu begründen« (oder einen Reiseratschlag), relevant sind? Stevenson wird vielleicht antworten: Nein, mache nur auf beliebige Unterschiede aufmerksam, laut »Hypothese« (S. 153) wird keiner der Schlüsse aus den vom Angestellten des Reisebüros vorgebrachten Gründen, weder deduktiv noch induktiv, die Konklusion stützen, daß der Mann nach Isfahan reisen sollte (oder gut daran täte). Keiner der Gründe kann daher begründet als *gültig* bezeichnet werden. Das ist offensichtlich. Und gleichermaßen offensichtlich ist die Annahme, daß die

Beziehung zwischen Gründen und Konklusionen deshalb nur »psychologisch« (z. B. S. 170, Anm. 15) sein kann; mehr als das habe ich nicht im Auge, wenn ich die moralische Methodik als eine der Überredung bezeichne. Diese Schritte in meinem Argument sind unausweichlich und harmlos. »Die praktische Frage ist nicht, ob Überredung *zurückzuweisen* ist, sondern *welche* Überredung« (S. 215).

Nun gibt es aber auch noch die logische oder grammatische Frage, was eine *Überredung* ausmacht oder was als solche gilt, was wir »Überredung« nennen sollten (und was sonst wäre Überredung?). Und der moralische Einwand gegen Überredung ist nicht die Mücke, »daß jede Überredung von Übel ist« (auf die Stevenson wiederholt einschlägt, z. B. S. 165, S. 215), es ist der Elefant, daß jeder moralische Zusammenstoß eine Sache der Überredung ist bzw. daß kein methodisch wesentlicher Unterschied besteht, ob man jemandem »Gründe« für eine Handlungsweise liefert, zu der er sich verpflichtet fühlt, oder für eine, bei der das nicht der Fall ist, auch nicht zwischen »Gründen«, die sich an etwas wenden, wofür der Betreffende sich interessiert, und solchen, die mehr oder weniger nichts mit dem zu tun haben, wofür er sich interessiert oder interessieren muß. Diese Unterscheidungen scheinen bedeutungslos, wenn man annimmt, (1) daß unsere Verpflichtungen unseren Wünschen, unserer Position und unseren gewöhnlichen Verhaltensweisen mehr oder weniger äußerlich sind; sie sind uns alle mehr oder weniger auferlegt worden; sie sind alle keine »Implikationen« dessen, was wir tun oder wer wir sind; und (2) daß das, was uns interessiert, ganz arbiträr, unsicher, starr und unvorhersehbar ist; daß es keine »logische« oder »grammatische« Verbindung gibt zwischen »an etwas interessiert sein« und der Sache, an der man interessiert ist (oder von der man vermutet, sie interessiere einen, oder die für einen interessant geworden ist) – eine Verbindung wie die zwischen etwas bemerken, betrachten, verabscheuen, sich in etwas sonnen, auf etwas stolz sein oder meiden und der Art von Dingen, die wir (logisch, normalerweise) bemerken, betrachten, verabscheuen, in denen wir uns sonnen, auf die wir stolz sein oder die wir meiden können.

Betrachten wir den Unterschied ganz konkret. Ich nehme an, niemand wird über die Sollenssätze (6)-(10) (siehe oben, S. 450) sagen, daß »*jede* Aussage über *irgendeine* Tatsache, von der *irgendein* Sprecher meint, sie würde wahrscheinlich die Einstellung ändern, als ein Grund angeführt werden kann ...«. Aber warum nicht? Würde es nicht den angebotenen Gründen mißlingen, deduktiv oder induktiv zu diesen Konklusionen in irgendeinem Sinn zu führen, der auf ethische Konklusionen zutrifft; würde also nicht die bei ethischen Schlußfolgerungen sich öffnende Lücke *sämtliche* Argumente verschlingen, die einen Sollsatz (oder eine Handlungsaufforderung) enthielten; und würde diese Lücke nicht durch die psychologische, kausale Wirksamkeit der Gründe aufzufüllen sein? (Daß ethische Argumente eine Art von Imperativen sind und diese eine »Logik« haben, ist die These von R. M. Hare. Sie hat den Vorteil, daß er nicht an einen unbekannten psychologischen Mechanismus als Scharnier für Gründe und Konklusion, Grund und Handlung appellieren muß. Im XII. Kapitel werden einige damit verbundene Probleme besprochen.) Wenn nicht, wie unterscheiden sich dann ethische Konklusionen? Mir fallen zwei Antworten ein, die ein Verteidiger der Position Stevensons geben könnte.

Die erste lautet so: »Jede Uneinigkeit über solche Sollenssätze wie in (6)-(10) wurzeln wahrscheinlich und vielleicht sogar allgemein in Meinungen, so daß die Methoden zu ihrer Beilegung, wenngleich noch immer nicht buchstäblich *gültig*, erschöpfend und definitiv sein könnten. Wenn Leute sich aber in moralischen Fragen uneinig sind, ist die Aussicht darauf nur gering.«

Zunächst einmal: Es ist alles andere als klar, welche »Meinungen« für Behauptungen relevant sind, in denen einem die Verwendung von Gorens System oder das Stimmen des Spinetts nahegelegt (geraten? darauf gedrängt? gefordert?) wird. Wenn ich dich dränge, das Gorensystem zu verwenden, *glaube* ich dann, daß es besser ist? Ich *finde* vielleicht, daß es in bestimmter Hinsicht besser ist (genauer, subtiler, flexibler usw.). Und warum sollte die Tatsache, daß *ich* es besser finde, ein Grund dafür sein, es dir aufzudrängen? Doch was für einen besseren Grund könnte es in so einem Fall geben? Ich nehme an, daß du es auch besser finden wirst, und wenn ich das nicht täte, würde sich die Frage stellen, ob das, was ich tue, dir etwas zu *raten* ist (und nicht z. B. dich zu täuschen). Das verweist auf einen äußerst wichtigen Punkt: Eine Eigenschaft, die einen Grund zu einem moralischen macht, besteht darin, daß auf den moralischen Nutzen desjenigen reflektiert wird, an den sich der Sprecher mit seinen Gründen wendet. Wer darf das sagen? Jeder, der den Betreffenden kennt und ihn genug schätzt, um es zu sagen und die Verantwortung auf sich zu nehmen, es ihm zu sagen. Natürlich können wir uns in unserem Urteil über seine Bedürfnisse, Wünsche, Fähigkeiten und Zwangslagen komplett täuschen und auch in unserer Fähigkeit, für ihn Verantwortung zu übernehmen, aber das sagt etwas über uns aus (daß wir nicht scharfsinnig oder zuverlässig genug sind; daß wir egozentrisch und aufgeblasen, lästig und aufdringlich sind) und nicht über die Moral. Selbstverständlich müßte man *sehr* viel mehr darüber sagen, aber es wird doch immerhin ein Aspekt von Stevensons Auffassung sichtbar, nämlich daß es, so wie er seine Zusammenhänge begreift, auf die Frage »Warum sollte die Tatsache, daß ich etwas schätze, ein Grund sein, es dir aufzudrängen?« keine Antwort gibt. Darauf werde ich gleich noch zurückkommen.

Es könnte nützlich sein, mit der Erwiderung auf die kürzlich von uns vernommene Antwort zur Verteidigung der Stevensonschen Position einen zweiten Punkt herauszustellen. Ich sagte, daß ein »Wählen unter den Methoden« zur Unterstützung eines Urteils (einer Messung oder einer Sterilisierung) (grammatisch) davon abhängt, daß es eine *Wahl* gibt, alternative Möglichkeiten, das Urteil, und zwar *dasselbe* Urteil, zu unterstützen (denselben Gegenstand zu messen, dieselbe Tätigkeit zu erledigen). Aber betrachten wir die Möglichkeiten, »das« Urteil »Du solltest dein Spinett stimmen lassen« zu unterstützen:

1) Ein Instrument wie dieses herunterkommen zu lassen ist eine Sünde.
2) Wenn du es noch länger aufschiebst, erschlaffen die Saiten.
3) Es klingt entsetzlich.
4) Offenbar gelingt es dir nicht, es selbst zu stimmen.
5) Es wird dir Auftrieb geben.
6) Madame wird sich weigern, darauf zu spielen, wenn sie nicht weiß, daß es am Tage vor ihrem Auftritt gestimmt worden ist.
7) Spinette sind ganz groß in Mode.

Wer möchte, kann sagen, Gründe wie (2) und (6) seien rational (= empirisch verifizierbar) und andere wie (1) und (7) seien »überredend« (= empirisch nicht zu rechtfertigen) (und von welcher Art sind die übrigen Gründe?), dennoch bleibt die Frage: Welche *Wahl* hat man unter diesen »Methoden« der Unterstützung? Kann eine jede von irgendeinem Sprecher bei irgendeiner Gelegenheit verwandt werden? »Ob ... [ein] Grund tatsächlich ein Urteil unterstützen oder ihm widersprechen wird, hängt davon ab, ob der Adressat ihn glaubt, sowie davon, ob, sofern er ihn glaubt, dieser tatsächlich seine Einstellungen verändern wird« (Stevenson, S. 114f.). Doch die »Wahl«, die wir treffen, um das Urteil zu unterstützen, ist einfach nur die Wahl, *welches* Urteil wir fällen möchten. Ich glaube, wir können sagen: Obwohl all diese Gründe wahr sein können oder alle »wirksam« – was man mit seinem Urteil *meinte*, wird dadurch bestimmt, wie man es zu unterstützen gedenkt: »Du solltest es stimmen; ich meine, es ist eine Sünde ... usw.« Daß sich das Urteil mit den dafür angegebenen Gründen ändert, wird auch aus der Tatsache deutlich, daß viele dieser »Gründe« selbst, werden sie in dem relevanten Zusammenhang geäußert, dazu dienen, dem Adressaten zu sagen oder ihn dazu zu bewegen, sein Spinett zu stimmen: Jeder von ihnen ist für sich genommen mit der Behauptung austauschbar, die ausdrücklich das »sollen« enthält. (Sobald wir die »Logik« ethischer Argumente in Kapitel XII diskutieren, wird dies zu einer wesentlichen Überlegung.)

Angenommen ferner, der einzige Grund, der »greift«, ist (7) – »Spinette sind ganz groß in Mode«. Oder daß (6) (»Madame wird sich weigern darauf zu spielen«) vom Besitzer des Spinetts zwar »geglaubt« wird, aber ihn nicht dazu bringt, es stimmen zu lassen. Oder daß er auf (2) und (3) einfach entgegnet »Ja und?« oder »Ich weiß«. Was für eine Haltung werden wir dann *dieser Person gegenüber* einnehmen?

Daß diese Überlegungen für Stevensons Analyse irrelevant sind – denn da *müssen* wir, wenn wir überlegen, welcher Grund anzuführen ist, (grammatisch) nur betrachten, ob er seine Wirkung auf den Adressaten nicht verfehlt, so daß dieser *tut, was wir billigen* –, und daß alles, was wir in bezug auf den Adressaten überlegen müssen, ist, welcher »Grund« ihn zum Handeln bewegt: das ist im wesentlichen für mich der Grund, warum Stevensons Analyse keine Analyse moralischer Urteile ist, warum ich meine, daß seine Theorie keine Moraltheorie ist.

Stevenson ist sich bewußt, daß einige an seiner Auffassung Anstoß nehmen werden, und er beklagt sich über sie und macht sie leicht lächerlich:

> Solange ein Gegner beeindruckt ist (mag ein oberflächlicher Kritiker meinen), sei eine Methode so gut wie eine andere, denn der ganze Zweck der Ethik sei es, Einstellungen zu verändern. Wo Platon und Kant nach ewigen Vernunftprinzipien suchten, sollte es da bloß die leeren Regeln der Rhetorik geben? Danach wird man sich wahrscheinlich Desillusionierung und Chaos vorstellen und die vielen anderen erschütternden »Konsequenzen«, die Objektivitätstheoretiker ihren Gegnern gewohnheitsmäßig in die Schuhe schieben. (S. 156)

Ich bestreite, daß die von Stevenson aufgestellte Alternative – entweder ewige Prinzipien oder leere Rhetorik, entweder sogenannte »objektive« oder sogenannte »subjektive« Einstellungen – einen Sinn hat. Was mir in seinen Auffassungen als Chaos und Desillusionierung erscheint, entspringt nicht dem Umstand, daß man uns sagt, Menschen hätten Einstellungen, die sich nicht willentlich oder durch Gründe ablegen ließen. Das führt mir die

Welt vor Augen. Die Desillusionierung, die Entmutigung entsteht vielmehr dadurch, daß man mir sagt, jemand könne mich moralisch behandeln und dennoch ausschließlich mit Blick auf seine eigenen Einstellungen handeln, ohne notwendig mich oder meine Einstellungen zu berücksichtigen. Wenn dem so ist, dann ist der Begriff der Moral nicht mit dem der Gerechtigkeit verbunden. Denn wie immer man Gerechtigkeit zu verstehen hat – ob als »jedem das seine geben«, als Gleichheit, als Unparteilichkeit oder Fairneß –, *was* da zu verstehen ist, ist ein Begriff, der den Umgang mit *Personen* betrifft; und *das* wiederum ist ein Begriff von Geschöpfen mit Verpflichtungen und Interessen. Gäbe es keine Verpflichtungen und Interessen und die Weisen, wie sie miteinander und mit denen anderer Personen in Konflikt geraten, gäbe es kein Problem und keinen Begriff der Gerechtigkeit. Es ist leichter, Gerechtigkeit ganz aus der Welt verschwinden zu sehen, als mit einem Vergessen des Begriffs von Gerechtigkeit konfrontiert zu sein.

Ich habe gesagt, ich könne mir zwei Antworten auf meine Frage vorstellen, wie moralische Urteile sich von anderen Urteilen unterscheiden, die ebenfalls ein »sollen« enthalten. Die zweite lautet so:

»Das ›sollen‹ in solchen Aussagen wie (11) (›Du sollst dein Versprechen halten‹) und (12) (›Du sollst für Wintergreen stimmen‹) unterscheidet sich von den anderen durch ihren besonderen moralischen Sinn.«

Wodurch entsteht der Eindruck, gewöhnliche Wörter erhielten, wenn sie in moralischen Urteilen verwandt werden, einen »besonderen« Sinn? Ein erstaunlicher Unterschied zwischen den Beispielen (6)-(10) einerseits und (11)-(12) andererseits ist, daß jedem der ersten Gruppe die Sorte von Zusammenhang auf die Stirn geschrieben steht, in dem sie gebraucht würden; wir kennen die Sorte von Leuten, die dergleichen äußern würden, sowie die allgemeine Position derjenigen, zu denen es gesagt werden sollte: Die *Relevanz* des Urteils für die adressierte Person ist implizit begründet, und in keinem Sinn gibt es irgendeine besondere sprachliche oder psychologische Kraft, die notwendig wäre, um die Person dazu zu *bewegen*, das zu tun, was man sagt. Bei (11) und (12) ist uns jedoch dunkel, welche Situation wir uns vorzustellen haben. Könnte der Eindruck eines besonderen »Sinns« nicht dadurch entstehen, daß man hier und jetzt, in seinem isolierten Bewußtsein versucht festzustellen, was die Kraft einer solchen Aussage wäre, versucht, eine Verbindung mit der Aussage herzustellen, ohne daß ein Zusammenhang vorliegt, der diese Kraft ganz natürlich enthielte? Und dann wird es eine Erfindung. Und wiederum werden andere, *Personen*, aus der Betrachtung ausgeschlossen.

Das aber hat, wie bereits impliziert wurde, in der Moralphilosophie andere Folgen als in der Erkenntnistheorie. Ein Unterschied zeigt sich im Unterschied ihres jeweiligen »Zusammenhangs des Philosophen«, etwas, was später zu diskutieren sein wird. Ein anderer Unterschied zeigt sich darin, wie in ihnen Beispiele vorgestellt werden. Ich sagte früher, Stevensons Beispiele seien nicht offensichtlich solche, die moralische Uneinigkeit anführen, und einige tun es ganz offensichtlich nicht. Ich möchte nun kurz ein weiteres seiner Beispiele betrachten, um zu zeigen, wie es, in pronocciertem Unterschied zu erkenntnistheoretischen Beispielen, die Vorstellungskraft völlig verblüfft, wenn wir, bezogen auf die Beschreibungen, die er von ihren Motiven gibt, versuchen, uns Personen zu denken, die sagen, was Stevenson sie sagen läßt.

A: Du solltest, wie versprochen, die Rede halten.

B: Das steht leider nicht bei mir. Meine Gesundheit erlaubt es nicht.

Dieses Beispiel beschäftigt sich mit den Folgen, die der *Einfluß* eines Urteils hat. A ist bemüht B zu beeinflussen, damit er die Rede hält. Wenn Bs Antwort wahr ist, dann wird jeder Einfluß, den As Urteil auch auf Einstellungen haben mag, jedenfalls nicht die weitere Folge haben, B zu einer Rede zu veranlassen. Erkennt A das, wird er wahrscheinlich sein Urteil zurückziehen, er sieht, daß es nicht die beabsichtigte Wirkung haben kann. Später werden wir sehen, daß das alte Problem des »freien Willens«, soweit es mit der Ethik in Verbindung steht, zu denselben Überlegungen führt.

Im gegenwärtigen Fall wird A sein Urteil wohl nicht nur deshalb zurückziehen, weil es seinen ursprünglichen Zweck nicht erfüllt, sondern auch, weil es Wirkungen haben könnte, die er als eine freundliche Seele nicht wünscht. Es könnte dazu führen, daß B über sein Unvermögen bekümmert ist. (S. 126)

Nimmt A an, daß B sein Versprechen vergessen habe? Es nicht ernst genug nimmt? Ihm nicht klar ist, daß seine Äußerung zu Recht als ein Versprechen aufgefaßt wurde? Wenn ja, warum sagt er es *ihm* dann nicht? Wenn nein, *warum* erinnert er ihn daran? Weiß A nicht, daß B nicht dazu in der Lage ist? Und wenn er es entdeckt, »zieht er sein Urteil zurück«, weil »er sieht, daß es nicht die beabsichtigte Wirkung haben kann«, oder weil er sieht, daß es inkompetent oder inkohärent wäre, es nicht zu tun? Und wie »sieht« er, daß es nicht seine beabsichtigte Wirkung haben kann? Weil er *sieht*, daß B behindert ist? Haben wir uns dann vorzustellen, daß A ins Krankenhaus geht, um B zu besuchen, und, nachdem er gesehen hat, daß Bs Beine im Streckverband liegen, sagt: »Du solltest die Rede halten«? Oder ist die Behinderung weniger offenkundig, so daß A seine Zweifel hat, ob Bs Zustand tatsächlich so ernst ist, wie er sagt? Wie aber »sieht« oder »erkennt« er dann, daß sein Urteil nicht die beabsichtigte Wirkung haben wird? Vielleicht sieht er, daß B unnachgiebig ist, das könnte ein Fall von »erkennen [sein], daß dein Urteil nicht die beabsichtigte Wirkung haben kann (gleichgültig wieviel Mühe man sich gibt)«. Doch in unserem Erstaunen haben wir völlig die Rede vergessen. War sie wichtig? So wichtig, daß du bereit bist, B zu drängen, seine Gesundheit zu gefährden, um sie zu halten, oder notfalls im Rollstuhl zu kommen? Bs Antwort »Meine Gesundheit erlaubt es nicht« genügt dann nicht, damit du »erkennst«, daß dein Urteil nicht die beabsichtigte Wirkung haben wird. Und wenn die Rede *so* wichtig ist, weiß B das dann nicht? Und wenn er es weiß, hat er dann *nichts* unternommen, nachdem er erkrankte? Hat er z. B. nicht versucht, einen Ersatz zu finden oder vorzuschlagen, das

Treffen zu verschieben oder eine Rede zu diktieren, die ein anderer hätte vorlesen können? Wenn das alles unnötig gewesen wäre, warum *ist* es dann so wichtig, daß er die Rede hält? Warum *soll* er es?

Doch genug davon. Die Rede ist nicht wichtig; es gibt sie gar nicht. Und es gibt auch keine moralische Beziehung zwischen diesen Leuten. Wenn A, was B sagt, als *endgültig* akzeptieren *muß*, dann haben wir uns vorzustellen, daß B, was Macht, Prestige, gesellschaftliche Stellung usw. betrifft, A überlegen ist und daß B seine Position *nutzt*, um As Forderung zu bestreiten. Und dann sagt B praktisch: Wir gehören nicht derselben moralischen Welt an. Wenn die Frage der Rede für A andererseits eine fixe Idee ist und sie ihm mehr als alles andere bedeutet (er ist jedoch noch immer freundlich und bedrängt B nicht weiter, damit »B nicht über sein Unvermögen bekümmert ist«, doch nicht, weil Bs Gesundheit ihm etwas bedeutet), dann sind seine Interessen, seine Neigungen und sein Sinn für Verpflichtung derart privat geworden, weichen so weit von denen anderer Leute ab, daß wir uns kaum vorstellen können, daß er überhaupt Beziehungen hat, die eine moralische Argumentation erforderlich machen. Mit ihm gibt es nichts zu argumentieren.

Zum Schluß möchte ich noch betrachten, mit welcher Nonchalance Stevenson die Rolle des Moralisten und Propagandisten erörtert. Das wird meine Interpretation seiner Auffassung bestätigen und wieder einmal den Finger auf die Kohärenz philosophischer Positionen und die daraus resultierende Verbreitung der Konflikte zwischen ihnen legen und damit auch auf die Schwierigkeit einer hilfreichen Kritik. Hier interessiert mich, wie eine Sprachtheorie in eine Moraltheorie eindringt.

Seine Charakterisierung des Moralisten als jemand, »der es unternimmt, Einstellungen zu beeinflussen«, läßt Stevenson fragen: »Wie ist dann der Moralist vom Propagandisten zu unterscheiden?« Die Beschreibung dessen, was er als Antwort auf diese Frage betrachten würde, ist verblüffend: »Sie beschäftigt sich mit *Definitionen* [Stevensons Hervorhebung] von ›Moralist‹ und ›Propagandist'« (S. 243), aber, so weiter, wir bräuchten uns nicht damit aufzuhalten, diese Definitionen zu liefern, denn sie würden entweder »Überredung« verwenden, was in unserer neutralen Analyse der Moral vermieden werden sollte, oder sie seien emotiv neutral, und in diesem Fall hätte unsere Analyse keinen Bedarf dafür, denn »Wir werden keine weitere Gelegenheit haben, den Ausdruck [›Propagandist‹] zu verwenden« (S. 251). Entweder kann Stevenson einfach *sehen*, daß der Moralist und der Propagandist schlicht verschiedene Gattungen sind, und dann hätte er seinen Kritikern helfen können zu verstehen, daß seine Auffassung diesen Unterschied oder seine Wichtigkeit nicht durchgängig leugnet (und daß seine Kritiker ihn so lesen, wird wiederum von ihm häufig, aber mit offensichtlicher Ungeduld vorausgesehen), oder aber er nimmt schlicht an, daß der Unterschied unwichtig ist, und dann hätte er die Verantwortung dafür übernehmen sollen, daß er etwas von äußerst drastischer Wichtigkeit gesagt oder impliziert hat. Sobald jemand auf den Gedanken verfallen ist, daß es so einen Gegenstand wie Moral gibt, eine Dimension menschlichen Lebens, die sich von den Dimensionen der Politik, Religion oder von Festen unterscheidet, eine Dimension, in der man auf anderem Weg zu Konklusionen kommt (in der Vernunft eine andere Funktion hat) als in der Wissenschaft, und eine Dimension, die der Verteidigung oder Rechtfertigung bedarf – genau in dem Augenblick hätte ein anderer gedacht, daß jede derartige sich als Weisheit aufspreizende Verteidigung oder Rechtfertigung bloße Schlauheit ist, um eine vorausgehende vorteilhafte Position zu sichern. Das Problem ist, er könnte damit recht haben, Tatsache ist, daß jedes Fällen eines moralischen Urteils sich denselben Prüfungen von Motiv, Wahrnehmung und Konsequenzen unterwerfen muß wie jede Handlung, die zur Beurteilung ansteht. Zu behaupten, Moral sei Propaganda, oder es sei witzlos, die beiden voneinander zu unterscheiden, heißt, die Frage der Moral zu entzünden, wie sie heller nicht leuchten könnte.

Die Ausdrücke »Propagandist« und »Moralist« müssen keine

Ausdrücke der Überredung sein, vorausgesetzt wir sorgen dafür, daß ihre emotiven Wirkungen neutralisiert sind. ... Wenn die Ausdrücke *vollständig* neutralisiert sind, kann man beruhigt sagen, alle Moralisten seien Propagandisten oder alle Propagandisten seien Moralisten. ... Werden die Wörter aber andererseits mit rhetorischer Emphase, also mit ihrer ganzen emotiven Wirkung verwandt, dienen sie weniger dazu, kognitive Unterscheidungen festzuhalten, als für eine Sache einzutreten. (S. 252)

Stellen wir uns vor, die emotive Wirkung der Ausdrücke sei vollständig neutralisiert (ich werde jetzt nicht fragen, wie wir uns das vorstellen sollen noch ob wir es wirklich können). Was hieße es dann, ganz beruhigt zu sagen, daß alle Moralisten Propagandisten sind? Was wäre der einwandfreieste kognitive Gehalt einer solchen Behauptung? Dazugehören wird meines Erachtens, daß der Moralist immer von einer Position aus redet, die die Position seiner Zuhörer nur insoweit berücksichtigt, wie es nötig ist, um ihre Gefühle und ihr Verhalten zu manipulieren, es wird nicht angenommen, ein Moralist würde, wenn er uns konfrontiert, uns als Personen anerkennen, die ihm etwas bedeuten und denen gegenüber er eine Verpflichtung anerkennt, und er übernimmt auch keine Verantwortung für den Akt der Konfrontation; in der Konfrontation geht es ihm einzig und allein darum, uns dazu zu bewegen, das zu tun, was er von uns möchte, und das kann er ganz für sich entschieden haben, ohne über unsere anderen Interessen oder Verpflichtungen Näheres zu wissen. Natürlich könnte ein einzelner Moralist denken, ein solches Verhandeln sei seiner Funktion unwürdig, das aber wird sich (logisch) nicht darauf auswirken, ob er ein »Moralist« zu nennen ist; um diesen Titel zu verdienen, ist es nur notwendig, »Einstellungen beeinflussen zu wollen«, natürlich Einstellungen einer speziellen Sorte. »Man kann daher über jemanden sagen, er übe einen ›speziell‹ moralischen Einfluß aus, wenn er nur Einstellungen beeinflußt, die mit einem Bewußtsein von Schuld, Sünde oder Reue usw. verbunden sind« (S. 251). Eine Mutter beispielsweise, die das Schuldbewußtsein ihres Sohnes ausnutzt (»beeinflußt«), damit er das Mädchen aufgibt, welches er heiraten möchte, handelt demnach in der Rolle einer Moralistin; und Kate Croy, die ihr Bestreben, Millie Theale zu beerben, in einer Weise auslegt, die Merton Denshers Schuldbewußtsein verwirrt und abstumpft (»beeinflußt«), ist eine Fürsprecherin der Moral. Man wird jetzt hoffentlich nicht denken, ich würde dieser Mutter und Kate Croy einfach deshalb den Titel »Moralist« absprechen, weil sie moralisch unrecht haben. Moralisten können mit dem besten Willen moralisch falsche Positionen einnehmen, Positionen, die sie selbst, könnten sie sie nur vollständiger sehen, als tadelnswert erkennen würden. Doch im Fall der Mutter und Kate Croys wird Moral gar nicht intendiert. Man könnte meinen, ein solches Verhalten transzendiere moralische Kategorien. Jemanden zu verraten, dem man durch eine gemeinsame Vergangenheit, durch die Bande einer lange bestehenden Zuneigung verbunden ist, oder einen Geliebten durch seine Liebe zu einer Handlungsweise zu verleiten, die ihn, würde er erkennen, was er tut, abstieße, ist nicht einfach unmoralisch; es ist ein Übel einer ganz anderen Ordnung. Im Namen der Moral etwas zu propagieren ist nicht unmoralisch; es verneint die Moral überhaupt. Und wird die Propaganda sentimental aufgeladen, dann nimmt man ihr gerade das, was sie, *sofern* sie gerechtfertigt ist, allein rechtfertigt: ihre praktische Dringlichkeit und extreme Nützlichkeit.

Stevenson hält fest, daß die emotiv neutralisierten Aussagen, daß »alle Moralisten Propagandisten oder daß alle Propagandisten Moralisten sind«, sich, »ohne die Grenzen des gewöhnlichen Wortgebrauchs zu verletzen, durch Definition bewahrheiten lassen« (S. 252). Die Behauptung, das könne, »ohne die Grenzen des gewöhnlichen Wortgebrauchs zu verletzen«, geschehen, klingt in dem Maß plausibel, wie wir die Charakterisierung des Moralisten als jemandes akzeptieren, der Einstellungen zu beeinflussen unternimmt, Punkt; und zudem die philosophisch modische These akzeptieren, daß die meisten alltagssprachlichen Wörter entsetzlich unbestimmt sind. Über die Ausdrücke »Moralist« und »Propagandist« wird behauptet, sie seien »auf eine Weise unbestimmt, die nur den allgemeinen Aspekten ihres Bezugs – ihres gemeinsamen Bezugs auf Menschen, die *irgendeine Art* von Einfluß ausüben – Präzision verleiht. Wollten wir diese Unbestimmtheit auflösen, dann werden wir, wenn wir zwischen ›Moralist‹ und ›Propagandist‹ distinguieren, keine Unterscheidung *entdecken*, die klar in unserer Sprache enthalten ist« (S. 243 f.). Stevenson hat aber auch ganz allgemein gesagt, daß »ethische Ausdrücke mehr als mehrdeutig sind, nämlich unbestimmt« (S. 34), und ihre »Unbestimmtheit ... ist von derselben Art«, wie »man sie in dem Wort ›rot‹ findet« (S. 35). Anscheinend zeichnen sich die Ausdrücke »Moralist« und »Propagandist« nicht durch eine spezielle Schwäche aus; sie sind mit derselben Unbestimmtheit behaftet, die, wie es scheint, den meisten allgemeinen Ausdrücken zukommt. Der allgemeine Terminus »unbestimmt« muß jedoch anscheinend keine Zweifel in uns auslösen; das Wort ist, aufgrund irgendwelcher Zeichen oder dank einer Immunisierung, dieser allgemeinen Krankheit gewöhnlicher Wörter entkommen; es bedeutet schlicht, daß,

> obwohl gewisse Faktoren jederzeit definitiv in dem von diesen Termini Bezeichneten eingeschlossen und gewisse andere definitiv ausgeschlossen sind, es eine Reihe anderer gibt, die weder eingeschlossen noch ausgeschlossen sind. Über diese ist weder vom Sprecher noch vom Wörterbuch eine Entscheidung getroffen worden. Die Grenzen des unbestimmten Bereichs sind, durch variierende Zusammenhänge und variierende Zwecke, so dem Wandel unterworfen, daß es, insofern es um die normale Verwendung geht, beliebig wird, näher zu bestimmen, wo eine Bedeutung der Termini aufhört und eine andere anfängt.
>
> In dem unbestimmten Bereich überläßt die gewöhnliche Verwendung es uns, nach Belieben zu verfahren. (S. 35)

(Die Vorstellung, daß nahezu alle Wörter unbestimmt sind, hat sicherlich mehr Kraft, als ihr dieses populäre Argument verliehen haben kann. Man vergleiche: Kein Objekt ist jemals klar beleuchtet, denn jede Lichtquelle, mag sie auch Objekte in gewissen Bereichen klar beleuchten und solche in anderen definitiv nicht, hat einen Grenzbereich, in dem Objekte weder klar noch unklar beleuchtet sind.) Eine Aussage wie »Alle guten Dinge sind schlecht« muß daher anscheinend keine Umwertung aller Werte beinhalten; denn sie läßt sich durch Definition wahr machen. Die Ausdrücke »gut« und »schlecht« fahren nicht besser als die Ausdrücke »Moralist« und »Propagandist«, und in der Tat hat das erste Paar mit dem zweiten die Eigenschaft gemeinsam, die nach Stevenson ihre Bedeutung bestimmt: die Tatsache, daß es sich um »emotive Antonyme« handelt (S. 243). Und was Stevenson vom zweiten Paar sagt, hat er vom ersten gesagt: »Diejenigen, die wir ›Moralisten‹ nennen, werden gelobt oder toleriert, und diejenigen, die wir ›Propagandisten‹ nennen, verurteilt« (S. 244). Ob wir einen Menschen, der »Einstellungen zu beeinflussen unternimmt«, einen Moralisten oder einen Propagandisten nennen, wird, wie es scheint, dadurch bestimmt, ob wir ihn loben oder verurteilen wollen; *rechtfertigen* müssen wir die Anwendung dieser Ausdrücke nicht. »Beide Ausdrücke sind unbestimmt und auf eine Weise unbestimmt, die nur den allgemeinen Aspekten ihres Bezugs – ihres gemeinsamen Bezugs auf Menschen, die *irgendeine Art* von Einfluß ausüben – Präzision verleiht.« Ähnlich gilt dann, daß »gut« und »schlecht« auf eine Weise bestimmt sind, die nur ihrem gemeinsamen Bezug auf Dinge, zu denen wir irgendeine Einstellung einnehmen, Präzision verleiht. Ebenso wie die abgeklärte Aussage »Alle Moralisten sind Propagandisten«, sofern sie emotiv neutral geäußert und durch Definition wahr gemacht wird, nur meint »Moralisten wie Propagandisten beeinflussen Einstellungen«, bedeutet die Aussage »Alle guten Dinge sind schlecht«, sofern sie ähnlich durch Definition wahr gemacht wird, auch nur »Gute Dinge sind wie schlechte Dinge solche, zu denen wir irgendeine Art von Einstellung haben«.

Zu meinen, Leute könnten »entscheiden«, welche Methoden sie zur Unterstützung eines moralischen Urteils verwenden, bedeutet zu sagen, Leute könnten entscheiden, was ein moralisches Urteil ist, könnten entscheiden, ob eine Frage eine moralische ist. Selbstverständlich kann jemand entscheiden, aus einem Konflikt eine moralische Frage *zu machen*, aber man kann nicht entscheiden, *was* es zu einer moralischen Frage macht, welche Art von Gründen, in welcher Weise und zu welchem Zwecke vorgebracht, moralische Gründe sein werden. Man mag sich entscheiden, um einer Sache willen zur Propaganda zu greifen. Das jedoch Moral zu nennen macht uns nur blind für die Wahl, für die wir verantwortlich sind. Man mag lügen, ja Schlimmeres tun, und gerechtfertigt sein; aber warum sollten wir es nobel nennen?

Man kann ebenso demonstrieren, wie oft und in welcher Weise Leute jede Art von »Methode« verwenden, um andere zu bewegen, ihre Einstellungen zu ändern und einen bestimmten Verhaltenskurs einzuschlagen (»Das ist eine Tatsache über bestimmte Menschen, die alle bemerken können und die keiner nachmachen muß« (S. 157).) Nur wird man dann nicht aufzeigen, wie oft und in welcher Weise Leute einander moralisch gegenübertreten. Und man kann aufzeigen, wie oft ein Mensch versucht, einen anderen dazu zu bringen, etwas in seinem Sinne zu tun, oder sein gedankenloses Verhalten mit Berufung darauf zu rechtfertigen, daß es seine »Pflicht« sei usw., nur weist man damit nicht den Einsatz von Überredung in einem moralischen Argument auf: Man zeigt damit eine Weise auf, in der private Motive oder persönliche Unwissenheit sich in die Lumpen der Moral hüllen. Diese Möglichkeit ist ebenso lange bekannt wie der Begriff der Moral selbst. Sie läßt sich genauso gegen den einfältigen Euthyphron einwenden wie gegen die raffinierteren Schurken Ibsens oder E. M. Forsters. Und als das Argument vorgebracht wurde, alles, was sich als Moral ausgebe, sei nur die Verhüllung privater Positionen oder das Aufnötigen von Positionen, die unsere wirklichen Bedürfnisse nicht erfüllen, ja nicht einmal in Betracht ziehen – z. B. von Kallikles, Marx, Nietzsche, Freud, bis die These zur Prämisse eines Großteils der modernen Literatur wurde und ihr die Agenda vorgab –, da zweifelte man nicht weiter daran, daß die Moral als ganze, als eine Weise, das Leben in einer Gemeinschaft zu steuern, gewogen und für zu leicht befunden wurde. Stevenson ist von Profession aus kein Moralist; er kritisiert nichts und hat sich anscheinend nie gefragt, ob die beeindruckende Riege der Moralkritiker nicht vielleicht recht haben könnte, wenn sie das ganze Moralunternehmen für eine Schande und Schlimmeres hält. Doch indem er zuläßt, daß jede Weise, auf die Einstellungen eines anderen einzuwirken, und jedes Motiv, sein Verhalten zu beeinflussen, als moralisch durchgeht, untergräbt er den Begriff der Moral selbst. Als andere diese Aufgabe auf sich genommen haben, waren sie sich der Ungeheuerlichkeit ihrer These bewußt; und indem sie die persönliche Verantwortung dafür übernahmen, sind sie wahnsinnig geworden, ins Gefängnis oder in irgendeine andere Form des Exils gegangen. Daß die These selbst eine neutrale ist, aufgestellt um der fortgeschrittenen Ideen von Logik und wissenschaftlicher Methode willen, begriffen als Diktat der Vernunft, das ist freilich eine relativ neue Vorstellung.

Ich bin mir dessen bewußt, daß ich Stevensons Anschauungen nicht ganz gerecht werde, was daran liegt, daß ich nicht versucht habe, eine Vorstellung ihrer *ganzen* Struktur zu vermitteln. Meine Bemerkungen haben so den Anschein, als hätten sie eine persönliche Stoßrichtung und richteten sich nicht, wie beabsichtigt, gegen eine Position, deren Dialektik, einmal in Gang gesetzt, unerbittlich erscheint. Beispielsweise habe ich nicht einen der ursprünglichen Widersacher Stevensons erwähnt. Es scheint eine unmittelbare Reaktion auf eine »objektivistische« Position wie die Moores (der »Objektivitätstheoretiker« ist immer noch der Schurke des Stücks; vgl. etwa S. 156) und insbesondere auf eines von Moores bekannten Argumenten zu sein (es besagt, wenn ethische Behauptungen Aussagen über die eigenen Gefühle sind, dann werden sich zwei, von denen der eine behauptet »X ist richtig« und der andere »X ist falsch«, nicht widersprechen, »es gibt nie irgendeine Meinungsverschiedenheit zwischen ihnen« (Moore, *Ethics*, S. 100)), wenn Stevenson sich zu einer seiner grundlegenden Vorstellungen veranlaßt sieht:

Wenn A behauptet »X ist richtig« und B behauptet »X ist nicht richtig«, dann ist es, das gebe ich zu, in irgendeinem typisch ethischen Sinn offensichtlich, daß sie sich in *irgendeinem Sinn* uneinig sind oder nicht übereinstimmen. Aber ich gebe nicht zu, daß A und B in diesem Fall eine »Meinungsverschiedenheit« in dem Sinn haben, von dem wir annehmen, Moore habe ihn im Auge.

Den Sinn, in dem A und B, wenn sie jeweils behaupten »X ist richtig« und »X ist nicht richtig«, klarerweise »nicht übereinstimmen«, werde ich durch den Ausdruck »nicht in der Einstellung übereinstimmen« bewahren. (»Moore's Arguments Against Certain Forms of Ethical Naturalism«, S. 82)

Die logische Widerlegung einer falschen philosophischen Position gewährleistet jedoch nicht die Richtigkeit der eigenen.

Gerade weil man hofft, daß eine »vollentwickelte, bedachtsame Wissenschaft, und nicht nur ein Abklatsch davon, zur Behandlung ethischer Fragen beitragen wird und daß Ziele, die wohlbegründet dastehen, tatsächlich im Licht einer sorgfältigen Prüfung Bestand haben«, und man beklagt, daß »statische, weltfremde Normen an die Stelle flexibler und realistischer« gesetzt werden (*Ethics and Language*, S. 235), sieht man sich veranlaßt, eine leere Vorstellung von der »Vernunft« anzugreifen, auf die wir hoffen könnten. Leer ist eine Vorstellung von »Vernunft«, die uns auffordert, moralische Fragen zu diskutieren, ohne uns Gründe zu geben, die wir achten können, und ohne unsere Interessen und Verpflichtungen als verteidigenswert anzuerkennen und ohne uns Antagonisten zu geben, die Teil ebenjener Interessen und Verpflichtungen sind, die wir verteidigen müssen. Es ist eine leere Vorstellung von Vernunft, die Toleranz gegenüber der Irrationalität dadurch ausdrückt, daß sie sagt, »das praktische Problem besteht nicht darin, jegliche Überredung zu vermeiden, sondern zu entscheiden, welche zu vermeiden und welche zu akzeptieren ist« (S. 250), und meint, daß Menschen »entscheiden«, ob sie Überredung »anwenden« (S. 159). Denn dieses intellektualisierte Bild der Irrationalität kennt nicht mehr die Macht, die

Subtilität und die Masken des ewigen Gegners der Vernunft. Moral ist ihr dann nicht mehr gewachsen.

XI
Regeln und Gründe

Mit ihrer Überhöhung der Nützlichkeit schien die Philosophie des Utilitarismus vielen Philosophen im Widerspruch zu zwei sehr elementaren Grundsätzen der Moral zu stehen: daß es kein akzeptabler Grund ist, ein Versprechen zu brechen, weil es im ganzen besser ist, es nicht zu halten; und daß ein Unschuldiger nicht zu behandeln ist, als wäre er schuldig. In einigen, wie mir scheint, äußerst erhellenden Schriften, die in den letzten Jahren in der Moraltheorie erschienen sind, haben eine Reihe von Philosophen den Utilitarismus gegen diese Standardeinwände mit dem Argument verteidigt, seine Kritiker (vielleicht sogar seine Autoren) hätten den Anwendungspunkt des Nützlichkeitsprinzips mißverstanden. Der Utilitarismus, räumen sie ein, werde unseren moralischen Gefühlen in bezug auf einzelne Versprechen und einzelne Fälle von Bestrafung nicht gerecht. Das liege aber daran, daß das Nützlichkeitsprinzip fälschlicherweise so verstanden werde, daß es sich immer auf individuelle Handlungen beziehe (im besonderen auf individuelle Akte von Versprechen und Strafen). Wo aber eine Handlung der Einzelfall einer Praxis oder einer sozialen Institution sei (als solche vollzogen wird?), müsse die *unmittelbare* Rechtfertigung oder der Grund dafür, daß sie vollzogen wird, die Handlung auf diese Praxis beziehen. Und obwohl in solchen Fällen eine utilitaristische Rechtfertigung relevant sei und von unserer moralischen Sensibilität angenommen werde, sei dies nur dann so, wenn sie sich unmittelbar auf die Praxis richte, nicht auf die individuelle Handlung selbst. Diese sich auf die Unterscheidung von Praxis und Handlung, Regel und Einzelfall stützende Interpretation bietet daher nicht nur ein plausibles Argument zugunsten des Utilitarismus, sondern hat zudem den großen Vorteil, die deontologische Richtung in der Moraltheorie als Ergänzung zu verstehen statt als unvereinbare Alternative zum Utilitarismus, und zwar als Ergänzung in der entscheidenden Bedeutung, daß man von beiden zeigt, daß sie jeweils eine andere Dimension einer Sensibilität oder einer Reihe von Überzeugungen klarmachen, die unmittelbar als moralische erkannt werden.

So etwas wie die Unterscheidung zwischen Handlung und Institution ist mittlerweile recht verbreitet, aber ich werde mich vor allem auf die Formulierung von John Rawls konzentrieren, wie sie sich in seinem Aufsatz »Two Concepts of Rules« [»*Zwei Regelbegriffe*«] findet, denn er stellt deutlich zwei Punkte heraus, die, blieben sie unterbelichtet, der Auffassung ihre volle Kraft nehmen würden: Er weist ausdrücklich darauf hin, daß nicht alle Handlungen von dem, was er Praktiken nennt, geleitet sind und es in einzelnen Fällen fraglich sein wird, ob die Handlung so zu verstehen ist oder nicht. Mit seiner Unterscheidung zweier Regelbegriffe versucht er, eine Grundlage für die zentrale Unterscheidung zwischen Handlung und Institution zu schaffen, von der alle solche Auffassungen abhängen, und zugleich zu erklären, wie man die Wichtigkeit dieser Unterscheidung möglicherweise übersieht.

Ich schließe mich dem an, was ich für die Hauptmotive dieser Theorie halte, und teile völlig ihre Stoßrichtung. Doch gerade deshalb möchte ich so klar wie möglich machen, an welcher Stelle ich seine Theorie für falsch halte. In zwei primären Hinsichten geht sie meines Erachtens fehl: (1) Sie lokalisiert den Konflikt zwischen Utilitarismus und Deontologie hinsichtlich der Begriffe des Versprechens und der Strafe nicht genau genug; und (2) der zentrale Begriff der Regel bleibt, obwohl er, wie gesagt, für die Moraltheorie sehr erhellend ist, unklarer als nötig, und damit werden die erkenntnistheoretischen Probleme verfehlt, die mit unserem Wissen, was wir oder ein anderer tut, verbunden sind. Ich werde diese Punkte nacheinander betrachten.

Versprechen und Strafen

Ich werde gegen die hier betrachtete Auffassung argumentieren, daß Versprechen sich überhaupt nicht vernünftig als eine Institution beschreiben lassen, so daß, wenn der Utilitarismus hier verteidigt werden soll, ein anderer Weg aufzuzeigen ist. Und ich werde argumentieren, daß es mehrdeutig ist, Strafen »eine Institution« zu nennen, und daß ein Utilitarist dies in einem Sinn rechtfertigen kann, in einem anderen Sinn jedoch nicht; und daß zudem nur ein Deontologe sie in diesem zweiten Sinn rechtfertigen kann, ja überhaupt nur den Versuch dazu macht. Wenn dies wahr ist, dann muß eine Versöhnung von Utilitarismus und Deontologie mit Hilfe anderer Gründe erreicht werden.

Wie läßt sich Versprechen als eine soziale Institution darlegen und nicht bloß als eine, wenn vielleicht auch in anderer Hinsicht spezielle, der vielen Tausenden von Handlungen, die Menschen in ihren sozialen Systemen ausüben? Rawls sagt folgendes:

> Außer Frage steht, daß Bestrafung und Versprechen Praktiken sind. Im Fall des Versprechens zeigt dies die Tatsache, daß die Form der Worte »Ich verspreche« eine performative Äußerung darstellt, die den Rahmen einer Praxis und die von ihr definierten Verhaltensformen voraussetzt. (»Two Concepts of Rules«, S. 30/Dt.: S. 115)

Aber so gesehen sind auch »Ich warne dich, ich beschwöre dich, ich fordere dich heraus, ich provoziere dich, ich beschuldige dich, ich vergebe dir ...«, »Ich empfehle ihn dir«, »Ich ziehe zurück, ich protestiere ... usw.« performative Äußerungen. (»Ich strafe dich« ist keine.) Sind das alles Praktiken? Man könnte sagen, man müsse »wissen, wie« jede dieser Handlungen vollzogen wird, aber lernt man das, indem man eine »Tätigkeitsform« lernt, die »durch ein Regelsystem spezifiziert ist, das Pflichten, Rollen, Maßnahmen, Strafen, Verteidigungen und so weiter definiert und das der Tätigkeit ihre Struktur gibt«? (So charakterisiert Rawls seine Verwendungsweise von »Praxis«, von der er sagt, er gebrauche sie als eine »Art terminus technicus« (S. 3, Anm. 1/Dt.: S. 97, Anm. 1);

ich hoffe, nichts, was ich sagen werde, läßt diese Erklärung außer acht.) Macht die Tatsache, daß es sich bei allen Handlungen um soziale handelt, die auf einem bestimmten sozialen Boden zwischen Personen stattfinden, daraus schon Praktiken? Aber in diesem Sinn wären auch Trösten, Bedrohen und Sichrächen »soziale Handlungen«. Rache ist ein hilfreiches Beispiel, denn sie *könnte* – ja sie ist – in einigen Gesellschaften eine Institution oder Praxis sein (etwa in solchen, in denen Verbrechen und Wiedergutmachung noch keine Rechtsbegriffe sind), und dann hätte sie, wie Rawls sagt, bestimmte Pflichten, Maßnahmen usw. Doch das muß nicht so sein. Ich kann auf ganz unerwartete und nicht institutionalisierte Weise Rache nehmen. Natürlich nur dann, wenn ich geschädigt wurde, so wie ich auch nur jemanden trösten kann, wenn er leidet. Aber ist, ein Geschädigter (oder ein Tröster) zu sein, Funktion einer strukturierten Praxis? Gehören sie nicht vielmehr zur Grammatik von »Rache« und »trösten«?

Ich glaube nicht, daß ich Rawls' Verwendungsweise des Begriffs einer Praxis zu sehr zusetze. Er kann darunter nicht nur das verstehen, was Wittgenstein meint, wenn er »einer Regel folgen« oder »eine Mitteilung machen« als »Institutionen« oder Praktiken bezeichnet (*Untersuchungen*, § 199, § 202). (Rawls bezieht sich auf S. 29/Dt.: S. 114 auf die *Untersuchungen*.) Wittgensteins Gebrauch des Begriffs einer Regel ist nicht immer klar, aber was er meint, ist, grob gesagt, daß es *Weisen* gibt, all diese Dinge zu tun, daß nicht irgend etwas, was man tut, ihre kompetente Ausführung *sein* wird, mit einem Wort: sie haben eine Grammatik, und in diesem Sinn sind sie konventionell und damit sozial. Wie ich in meinen Eingangskapiteln argumentierte, meint er damit nicht, daß sie in der Weise konventionell oder sozial sind, wie es auf Institutionen zutrifft, die einzelne Gesellschaften charakterisieren. Aber diesen letzten Sinn hat oder muß Rawls im Auge haben, wenn er an Praktiken denkt, jedenfalls insofern sein Begriff der Praxis des Versprechens zeigen soll, wie ein Utilitarist, in Übereinstimmung mit seiner Position, die Praxis rechtfertigen kann. Und in der Tat sagt er: »Es ist wichtig, im Sinn zu behalten, daß die von mir klas-

sisch genannten Utilitaristen größtenteils an sozialen Institutionen interessiert waren ... Man sah das utilitaristische Prinzip ganz selbstverständlich als Kriterium für die Beurteilung gesellschaftlicher Institutionen (Praktiken) und als Grundlage dafür an, Reformen zu fordern« (S. 19, Anm. 21/Dt.: S. 107, Anm. 21). Doch was könnte es heißen, eine Reform der Praxis des Versprechens zu fordern? Für den Wittgensteinschen Gebrauch von »Praxis« wäre das nicht mehr und nicht weniger sinnvoll, als eine Reform der Art und Weise zu verlangen, in der wir Regeln befolgen (nicht: eine *besondere* Form des Befolgens irgendeiner *besonderen* Regel) oder wie wir auf Gegenstände zeigen.
Und was würde es heißen, eine Rechtfertigung für diese Praxis zu geben?

> Offenkundig ist es utilitaristisch von Vorteil, eine Praxis zu besitzen, die es dem Versprechenden versagt, sich zu seiner Verteidigung allgemein auf das utilitaristische Prinzip zu berufen, durch das diese Praxis selbst gerechtfertigt werden könnte. (S. 16/Dt.: S. 105)

Zunächst einmal muß man fragen, ob das buchstäblich eine verständliche Aussage ist. Denn was ist mit »dem Versprechenden« gemeint? Jemand, der ein Versprechen gegeben hat. Und es gehört zum Begriff des Versprechens, daß man aus allgemeinen utilitaristischen Gründen einzelne Versprechen nicht hält oder bricht. (Das möchte Rawls natürlich sagen, und weil ich damit und mit der Vorstellung, ein Utilitarist könne so viel einräumen, völlig übereinstimme, fühle ich mich aufgerufen, meine Unzufriedenheit mit der Art und Weise, wie er diese Tatsache erklärt, so gut wie möglich zu formulieren.) Da es kein Versprechen jenseits eines Wissens dieser vom Begriff des Versprechens geltenden Tatsache (daß man Versprechen aus allgemeinen utilitaristischen Gründen nicht kohärent *hält oder bricht*) geben würde, ist es unverständlich, unter diesen Begriff fallende Handlungen durch eine Berufung auf solch eine Tatsache zu *rechtfertigen*. Rawls Analogie zu Spielen ist nicht ganz richtig. Er weist, offensichtlich korrekt, darauf hin, daß es einem im Verlauf eines Fußballspiels nicht freisteht, nachdem man schon einen Elfmeter geschossen hat, zu meinen, es wäre im ganzen besser, zwei Schüsse frei zu haben.* (Er erklärt auch oder impliziert, daß *keine* im Verlauf eines Fußballspiels ausgeführte Handlung, die durch die Regeln dieser Praxis definiert ist, utilitaristisch zu rechtfertigen ist. Im zweiten Teil dieses Kapitels werde ich auf diesen Punkt zurückkommen.) Das ist jedoch nicht dasselbe wie zu behaupten, es »gehöre zum Begriff« des »Elfmeters«, daß nur ein Schuß erlaubt sei (es sei denn, ein »Foul« hätte vorgelegen). Das wird meiner Ansicht durch das Zugeständnis bewiesen, daß, nimmt man die Praxis als ganze in den Blick, man verständlich und, wie ich meine, aus utilitaristischen Gründen argumentieren könnte, daß es besser *wäre*, zwei Versuche zuzulassen (und möglicherweise ein Foul dabei mitzuzählen).

Eine vollständigere Analogie zu einem im Fußball »definierten« Begriff erhielten wir, wenn wir uns folgendes vorstellten: Jemand behauptet, er habe noch einen »Elfmeter« frei, denn er habe zwar zum Schuß angesetzt (das Versprechen gegeben), aber es sei ein unpassender Stoß gewesen, oder er habe, aufgrund einer Fehleinschätzung der Situation, zwar gegen den Ball getreten (gesagt, »Ich verspreche«), aber er habe nur spielerisch treten wollen, oder er habe nur zum Scherz getreten. Dann stellt sich nicht nur die Frage, ob er fähig ist, Fußball zu spielen, sondern ob er überhaupt an der Lebensform teilnehmen kann, die wir ein »Wettkampfspiel« nennen. Vergleichbare »Verteidigungen« *werden manchmal* kompetent verwendet, um das Brechen eines Versprechens zu rechtfertigen, doch niemals als Teil des Begriffs »Fußballspielen«. Diese Ungenauigkeit in der Analogie zwischen Spielen und Moral ist von entscheidender Bedeutung. So wie ich die Analogie zwischen Versprechen und Spielen gezogen haben, ist Versprechen tatsächlich nicht einem Spiel analog, sondern einem *Zug* im Spiel. Die Ungenauigkeit in der Analogie ist aus folgendem Grund wichtig: In Wettkampfspielen (zu denen etwa

---

* Da die deutsche Übersetzung des Aufsatzes von Rawls alle Beispiele aus dem Baseball durch solche aus dem Fußball ersetzt, schließe ich mich dem an. (A. d. Ü.)

solche Kinderspiele wie »Bäumchen wechsel dich« nicht zählen), wird das, was *als Zug gilt*, durch die Spielregeln *festgelegt*. Das ist für alle diese Spiele wesentlich, allgemein gültig. (Habe ich »nachgesehen«, ob dies so ist? Aber es ist doch Teil der »Grammatik« von »ein Zug im Spiel«, daß dies so ist.) Teil dessen, was in den Spielregeln »Regeln« genannt wird – und nicht etwa »Züge« (d. h. die Beschreibung der Arten von Zügen), »Spieleröffnung«, »gewinnen«, »Punkte machen« usw. –, wird jedoch die Weise sein, in der man *feststellt*, ob die vorliegende Handlung als Zug gelten *muß*, wenn bestimmte Eventualitäten eintreten. Daß dergleichen festgelegt und vor dem Spiel allen Spielern bekannt ist, ermöglicht es, Spiele zu praktizieren, und erlaubt bestimmten Personen, das zu tun, was Schiedsrichter und Spielleiter tun, nämlich zu sehen, ob das Geschehen die definierten Forderungen der relevanten Züge erfüllt, und es beiden Wettkampfparteien mitzuteilen.

Für die Lebensform, die wir Moral nennen, ist es wesentlich, daß Moral sich nicht in *dieser* Weise praktizieren läßt, daß man so kein moralisches Vorbild wird und daß niemand einen moralischen Konflikt in der Weise beilegen kann wie ein Schiedsrichter. (Ein damit verbundener Unterschied wird im nächsten Kapitel zur Sprache kommen.)

Es ist vollkommen richtig, daß wir, wenn wir lernen, was ein Versprechen ist, lernen, welche Verteidigung sich wo und wann angemessen oder kompetent für den Fall vorbringen läßt, daß wir es nicht halten. Aber dabei handelt es sich um ebensolche Verteidigungen, die wir lernen, wenn wir lernen, irgendein Fehlverhalten zu verteidigen: um all diese Entschuldigungen, Erklärungen, Rechtfertigungen (ich werde sie unter den Oberbegriff *rechtfertigende Darlegung* [*elaboratives*] fassen), die den Großteil der moralischen Verteidigung ausmachen. Die allgemeine utilitaristische Verteidigung steht weder als Verteidigung für das Brechen noch als Rechtfertigung für das Halten jedes Versprechens zur Verfügung, doch nicht, weil eine angebliche Praxis es verbietet, sondern weil das Abgeben eines Versprechens die Sorte von Handlung ist, die sie ist, eine, deren Brechen (Nichterfüllung) (wahrscheinlich) immer gravierende Folgen hat. Wenn die unmittelbaren Folgen seines Einhaltens hinreichend gravierender als die wahrscheinlichen Folgen seines Brechens sind, dann *gibt* es, wie Rawls sagt, einen utilitaristischen Grund, es zu brechen, und zwar einen, der unserer moralischen Sensibilität nicht offensichtlich widerstreitet. *Wie* der Grund vorgebracht wird, ist allerdings wesentlich dafür, ob er akzeptiert wird – der Tonfall, die Gelegenheit, bei der er vorgebracht wird, ob versucht worden ist, das Versprechen rückgängig zu machen, bevor es einfach nicht eingehalten wurde (was eine mögliche Schuld nicht auslöschen, wohl aber verringern würde), ob die Verteidigung bei der frühesten Gelegenheit vorgebracht wurde –, all das würde bei anderen die Anerkennung befördern, daß man sich seines Tuns bewußt ist. Ohne den Ausdruck dieses Bewußtseins ist selbst die stärkste Verteidigung inkompetent, denn die Verteidigung ist praktisch eine *Entschuldigung*. Und, um es noch einmal zu sagen, Entschuldigungen sind »Verteidigungen«, die zum Begriff der Züge in einem Spiel gehören.

Es ist daher kein untergeordnetes Thema, daß es, wie Rawls es formuliert, »beträchtliche Unterschiede darin gibt, wie die Praxis [des Versprechens] aufgefaßt wird« (S. 31/Dt.: S. 115); ein moralisches Argument für das Brechen oder Halten eines Versprechens wird genau solche Fragen betreffen wie die, ob das von jemandem Gesagte ein (ernstes) Versprechen war (damit gleichbedeutend), ob der Betreffende wirklich daran *gehindert* war, es zu halten (oder vielleicht nur einer Versuchung oder Einschüchterung nachgegeben hat), ob er, im Wissen, was vermutlich geschehen würde, es überhaupt hätte abgeben sollen, ob er alles ihm Mögliche getan hat, um die Folgen für den Betroffenen zu mildern ... Und wie stets wird das Ergebnis des Arguments sich darauf auswirken, ob die betroffenen Parteien weiterhin in derselben moralischen Welt leben werden, ob sie zukünftig einander gegebene Versprechen annehmen werden.

In dem Sinn, in dem »für den Begriff einer Praxis wesentlich ist, daß die Regeln öffentlich bekannt und als definitiv begriffen werden«, stimme ich daher nicht zu, daß Versprechen vernünftigerweise eine Praxis genannt wird. Und zu sagen, ein Versprechender zu sein sei eine »Verpflichtung« (S. 24/Dt.: S. 110, Anm. 25), kann meiner Ansicht nach nur in die Irre führen. Denn es weicht erheblich von anderen innerhalb einer Praxis etablierten Verpflichtungen ab: Es gibt kein besonderes Verfahren, um in die Verpflichtung einzutreten (z. B. keine Eide!), keine etablierten Bahnen, dafür ausgewählt zu werden oder sich darin auszubilden usw. Wenn es eine Verpflichtung ist, dann eine, die jeder normale Erwachsene kompetent erfüllen kann, und das allein dadurch, daß er sie im Hinblick auf jeden auf sich nimmt, zu dem er in einer bestimmten Form von Beziehung steht oder zu dem er eine solche schaffen könnte. Daß dies so ist, gehört wesentlich zum Begriff der moralischen Verantwortung.

Meine Kritik richtet sich nicht nur dagegen, daß die von mir betrachtete Auffassung von Regeln diese ungenaue Analogie zwischen Spielen und Moral verdunkelt. Sie richtet sich auch dagegen, daß eine solche Verteidigung des Utilitarismus, wo es gar keiner Verteidigung bedarf und wo es auch keine geben kann, verdunkelt, was den Moralisten an einer utilitaristischen Gesellschaftsauffassung beunruhigen könnte. Meine diesbezüglichen Bedenken ließen sich so formulieren: Wenn der Begriff eines Versprechens in der relevanten Hinsicht so klar ist, wie ich gesagt habe, wieso könnte es einem Utilitaristen oder seinem Kritiker dann auch nur so *scheinen*, daß er das Versprechen als solches, als eine Institution, rechtfertigen müsse?

Man könnte nun meinen, daß Rawls' Argument durch mein Bestreiten, daß Versprechen eine Praxis oder Institution ist, nicht ernsthaft getroffen werde und daß der Utilitarismus sich weiterhin als Rechtfertigung der *Handlung* (oder des »Zugs«) des Versprechens verstehen läßt, einer Handlung, deren Begriff eine allgemeine utilitaristische Verteidigung ausschließt. Aber was hieße das? Was *ist* ein Versprechen? Rawls schreibt: »Das in der Tat Entscheidende an der Praxis [des Versprechens] ist, daß man auf den eigenen Anspruch verzichtet, in Übereinstimmung mit utilitaristischen Überlegungen und mit der eigenen Klugheit so zu handeln, daß die Zukunft festgelegt werden kann und die Pläne im voraus aufeinander abgestimmt werden können. Offenkundig ist es utilitaristisch von Vorteil, eine [solche] Praxis zu besitzen« (S. 16/Dt.: S. 105). In der Tat, das ist es. Hat man nicht das Gefühl, der Vorteil sei *zu* offenkundig? Die schiere Existenz der Gesellschaft und die Stimmigkeit des eigenen Verhaltens basieren darauf. Aber nicht *das* wollte der Utilitarismus rechtfertigen – daß Versprechen nicht nur *eine* Institution sind, sondern die Voraussetzung dafür, daß es überhaupt Institutionen unter Menschen gibt. Und zu dem ist diese allgemeine Bedingung nicht etwas, was das Versprechen, ob nun als Handlung oder als Praxis, in der *Allgemeinheit* garantieren kann, in der Rawls seine Beschreibung zu meinen scheint. Es sieht so aus, als sei das nur möglich, wenn man ein Versprechen als *die* Weise beschreibt, »auf seinen eigenen Anspruch zu verzichten, in Übereinstimmung mit utilitaristischen Überlegungen und der eigenen Klugheit zu handeln«. Aber jede Verpflichtung tut das oder vielmehr: Jede Verpflichtung wird von der Überlegung, was man für »klug« hält, berücksichtigt.

Auch kann man sich auf beliebig andere Weise als durch Versprechen zu einer Handlungsweise verpflichten: der Ausdruck oder die Erklärung einer Absicht, das Vermitteln eines Eindrucks, jemandes Mißverständnis nicht richtigzustellen, sein Verhalten nach dem Handeln eines anderen auszurichten usw. Woher stammt eigentlich die Vorstellung, die zumindest von Hume bis J. L. Austin geläufig war, daß etwas zu versprechen ein so *besonderer* Akt ist, daß die Worte »ich verspreche« eine Art hochfeierliches Ritual sind? Am Akt des Versprechens ist nichts heilig, was nicht auch am Ausdrücken einer Absicht oder irgendeiner anderen Form des sich Verpflichtens heilig wäre. Die Worte »ich werde ...« oder »ich will ...« zeigen nicht von sich aus an, daß man »bloß« eine Absicht zum Ausdruck bringt und *nicht* etwas verspricht. Wenn *explizit zu sein wichtig* ist, kann man entweder zu den »rituellen Formeln« »ich möchte wirklich ...«, »ich beabsichtige ganz sicher, werde ganz sicher versuchen ...« greifen oder auch zu der rituellen Erklärung »ich verspreche«. *Diese* Wichtigkeit ist es, die explizite Versprechen so wichtig macht. Aber sie noch wichtiger zu nehmen, ja sie als Königsweg zur Verpflichtung zu betrachten heißt, unsere nicht-expliziten Verpflichtungen zu leicht zu nehmen. Ich könnte noch hinzufügen, daß der Utilitarismus, sofern er eine Rechtfertigung dafür liefern muß, daß wir den Akt des Versprechens in unserem Rede- und Verhaltensrepertoire haben, dann auch den Akt des Äußerns oder Erklärens einer Absicht zu rechtfertigen hat. (Selbstverständlich habe ich nichts darüber gesagt, um was für eine »Art« von Handlungen es sich dabei handelt; für jeden Versuch zu erklären, warum man sie nicht rechtfertigen kann und auch nicht muß, wäre das aber nötig. Selbst wenn man sie als gewöhnliche Handlungen wie »schlagen« oder »verletzen« oder »leihen« betrachtet, hat man das Gefühl, sie bräuchten oder könnten Rechtfertigungen haben.)

Meine Bedenken gegen einen Versuch, Versprechen aus utilitaristischen Gründen zu rechtfertigen, betreffen nicht nur den Punkt, daß er Verpflichtungen zu stark zu expliziten Versprechen macht, sondern auch den, daß er Versprechen zu stark zu Rechtsverträgen macht. Was diese betrifft, ist alles, was Rawls über Pflichten, Verteidigungen, Züge usw. sagt, für sie wahr; die Details von »Angebot«, »Akzeptanz«, »Betrachtung«, »Falschdarstellung« usw. werden ausführlich spezifiziert, die Praxis ist bestimmt, und ein konkreter Konflikt läßt sich entscheiden (schlichten). Doch darin liegt ein derartiger Gesamtblick auf die Gesellschaft, daß alle menschlichen Beziehungen eher als Verträge *denn als* persönliche dargestellt werden, und Verpflichtungen, Verbindlichkeiten, Verantwortlichkeiten sind darin von Beginn an begrenzt, nicht total oder jeweils immer dabei, bestimmt zu werden. Wir verhalten uns zueinander immer noch als Personen, jedoch nur insofern, als wir in bezug aufeinander bestimmte gesellschaftlich definierte Rollen einnehmen. Das Bild wird noch deutlicher, wenn wir die Behauptung hinzunehmen, daß sich die zentrale, dem englischen Vertragsrecht zugrundeliegende Idee an einer *Abmachung* [*bargain*] orientiert. (Vgl. Cheshire und Fifoot, *The Law of Contract*, z. B. S. 19, 21.)

Das ist kaum der rechte Augenblick, um jene Rationalisierung der modernen Gesellschaft zu diskutieren, die Soziologen durch die Unterscheidung zwischen *Gemeinschaft* und *Gesellschaft** charakterisiert haben. Man sollte sich aber vergegenwärtigen, daß der Utilitarismus und der Liberalismus im allgemeinen sich auf eine bestimmte Konzeption von Gesellschaft und Verantwortung stützen, und eine Konzentration auf ihre begrenzteren Moralthesen wird vermutlich nicht vollkommen plastisch machen, worauf ihre Kritiker reagieren. (Auch Rawls warnt uns davor, sagt aber nicht, was daran so wichtig ist, außer daß es die Betonung der sozialen Institutionen seitens der Utilitaristen erklärt. (Vgl. S. 19, Anm. 21/Dt.: S. 107, Anm. 21.))

Im Rahmen des Versuches, die utilitaristische und die deontologische Rechtfertigung der Strafe zu versöhnen, kann ich kaum mehr tun, als meine Vorbehalte zu umreißen.

Anders als das Geben und Halten von Versprechen ist Strafen ein klarer Fall einer sozialen Institution oder schließt sie ein; allerdings läßt sich die »Institution der Strafe« auf zwei Weisen begreifen. Wir könnten sie entweder auf eine Stufe mit Institutionen wie Verwandtschaftssystemen, Recht und Religion stellen, mit Institutionen, die eine Gesellschaft von Schwärmen oder Galaxien unterscheidet, mit allgemeinen Dimensionen, in denen eine jede menschliche Gemeinschaft zu beschreiben ist; oder wir könnten sie uns als eine *spezifische* Institution denken, auf einer Stufe mit Monogamie, Monotheismus, Witwenverbrennung oder Steinigung stehend, mit Institutionen, die eine Gesellschaft von einer anderen unterscheidet oder von einer ihrer früheren Stadien. Diese Unterscheidung festzuhalten ist wichtig, weil der Utilitarismus die allgemeine Institution der Strafe als solche nicht rechtfertigen kann und auch nicht soll, während die Deontologen meiner Meinung nach, und soweit ich weiß im Gegensatz zu

---

* Deutsch im Original. (A. d. Ü.)

allen Verlautbarungen sämtlicher Philosophen, welche die Auffassung des hier betrachteten eingeschränkten Utilitarismus verteidigen, genau das unternommen haben. Wenn das stimmt, ist die Versöhnung von Utilitarismus und Deontologie wiederum nicht durch die Unterscheidung zwischen Handlungen und Praktiken erklärt.

Dem Utilitarismus zufolge besteht die einzige Funktion der Strafe, ihre alleinige Rechtfertigung, darin, daß sie (ihre Androhung) die Menschen von unannehmbaren Verhaltensweisen abschreckt. Und daraus, daß dem Verbrecher gemäß des utilitaristischen Axioms »Jeder soll als einer und keiner als mehr denn einer zählen« ein Wert zukommt, folgt, daß er, selbst wo nötig, nur soweit bestraft werden soll, wie mit einer wirksamen Abschreckung vereinbar ist. Die Strafe ist daher ein notwendiges Übel; wäre da nicht die Notwendigkeit der Abschreckung, könnte es keine wie auch immer beschaffene utilitaristische Rechtfertigung für sie geben. Angenommen, Abschreckung durch Strafe und durch die Androhung von Strafe wären allgemeine Bestandteile einer jeden menschlichen Gesellschaft, so muß doch diese Allgemeingültigkeit für einen Utilitaristen, selbst wenn sie über jeden Zweifel erhaben ist, akzidentiell bleiben und nicht moralisch unvermeidbar sein. Der vollkommene Verzicht auf Strafe ist tatsächlich nur der Idealfall einer wo immer machbaren Strafminderung, und das ist das Ziel des Utilitaristen. Rechtfertigen kann der Utilitarismus einen Urteilsspruch gegenüber einem anderen oder eine Strafpraxis, in der Gefängnisstrafen statt der Todesstrafe verhängt werden, doch die Strafe als solche, die Praxis *überhaupt*, kann und wird er nicht rechtfertigen wollen.

Natürlich wird damit nicht Rawls' Verteidigung des Utilitarismus gegen den Einwand bestritten, er lasse die Bestrafung Unschuldiger zu; denn dafür benötigt er nur die Vorstellung, der Utilitarismus rechtfertige eine bestimmte Institution (gegenüber einer anderen). So kraftvoll, realistisch und historisch sensibel, wie er die Vorstellung einsetzt, scheint mir seine Verteidigung gelungen zu sein (vgl. vor allem S. 10-13/Dt.: S. 100-103). Es war ja auch das hauptsächliche Ziel des hier erörterten Aufsatzes, den Utilitarismus gegen zwei übliche Einwände zu verteidigen.

Es ist jedoch eines, eine bestimmte Kritik zu widerlegen, und ein anderes, die beiden vorherrschenden Theorien der Strafe zu versöhnen, und so wie der Vergeltungsgedanke als Moraltheorie in der von Rawls verteidigten Auffassung beschrieben wird, kommt, wie ich meine, dessen moralische Überzeugungskraft nicht zum Ausdruck. Diese Auffassung sieht in der Behauptung, nur Schuldige dürften zu Recht bestraft werden, die Kernthese des Vergeltungsgedankens, und meint, das sei trivialerweise wahr. A. M. Quinton argumentiert, es folge aus der Bedeutung des Wortes »Strafe« (vgl. »On Punishment«, S. 87); Rawls behauptet, es folge aus dem Wesen des Strafgesetzes (S. 6 f./Dt.: S. 96 f.) und kein Utilitarist könne sich darüber täuschen. (Doch soviel ich weiß, hat nur Rawls es unternommen, im Detail zu zeigen, warum die utilitaristische Position sich nicht dieser Kritik aussetzt.) Aber beinhaltet der Vergeltungsgedanke wirklich nicht mehr als diese spezielle Kritik am Utilitarismus, und ist das überhaupt der wichtigste unter seinen Einwänden gegen den ihn?

> Es ist nicht so, wie einige Vergeltungstheoretiker denken, daß wir die Unschuldigen nicht strafen *dürfen* und nur die Schuldigen strafen *sollen*, wir *können* [logisch] die Unschuldigen *nicht* strafen und *müssen* [logisch] nur die Schuldigen strafen. (Quinton, S. 86)

> Kurz gesagt, beantworten die beiden Theorien unterschiedliche Fragen: die Vergeltungstheorie die Frage »Wann *können* wir (logisch) strafen?«, der Utilitarismus die Frage »Wann *dürfen* oder *sollten* wir strafen?« (Ebd., S. 84)

Aber wenn der Utilitarismus weiß, daß nur die Schuldigen sich einer Strafe aussetzen, dann wissen die Vergeltungstheoretiker sicherlich, was Utilitaristen lehren müssen, nämlich daß Strafe abschreckt. Jede Androhung von Schmerz schreckt ab. Aber eine utilitaristische Rechtfertigung der *Institution* Strafe (die bewußte Zufügung von Schmerz als solche) könnte nicht nur darin bestehen, daß sie tatsächlich größeren Schmerz vermeidet. Angenommen, sie tut es. Eine solche Rechtfertigung muß annehmen, daß nur durch die bewußte Zufügung eines *gewissen Maßes* an Schmerz größerer Schmerz in der Zukunft zu vermeiden ist. Und an diesem Punkt hat der Vergeltungstheoretiker das Gefühl, diese Rechtfertigung der Strafe sei moralisch unvollständig. Die utilitaristische Position beruht darauf, daß eine Abschreckung durch Strafe *offensichtlich* ist; aber es ist nicht ebenso offensichtlich, daß dies ein hinreichender Grund ist, sie zu verhängen. Der Vergeltungstheoretiker fragt nicht »Warum und wann kann man Menschen bestrafen?«, worauf die Antwort lautet: »Weil sie schuldig sind« oder »Nur wenn sie schuldig sind«. (Vergleiche: »Wann sollte ich etwas glauben?« Antwort: »Wenn kein Widerspruch darin enthalten ist.«) Die Vergeltungstheorie fragt vielmehr: »Warum können oder sollen Schuldige bestraft werden?« Und um darauf eine Antwort zu geben, braucht man eine Theorie über das Wesen der Schuld und folglich über das Wesen und die Funktion von Strafe. Aber nicht eine Theorie über ihre Nützlichkeit. Der Vergeltungstheoretiker hält die Nützlichkeit der Strafe für selbstverständlich (schließlich ist sie ja ziemlich offensichtlich) und verdächtigt den Utilitarismus nicht nur, weil er die in den Augen des Vergeltungstheoretikers wirkliche moralische Frage verwirrt oder vernachlässigt, nämlich warum man überhaupt strafen soll, sondern weil der Utilitarismus sich nahe an der Immoralität bewegt – nicht bloß weil der Vergeltungstheoretiker vielleicht denkt, der Utilitarismus lasse die Bestrafung Unschuldiger zu, so als ob sie schuldig wären, sondern weil er jemanden verleiten könnte, die Schuldigen aus den falschen Gründen zu strafen (z. B. weil jemand sie persönlich nicht mag oder aus Rache). Die Antwort auf die Frage »Warum dürfen Schuldige bestraft werden?« kann nicht lauten: »Weil sie *schuldig* sind« (d. h., weil der ihnen zugefügte Schmerz logisch eine Strafe konstituiert); sie lautet vielmehr: »*Weil* sie schuldig sind« – was, wie man von Kant erwarten würde, einen Versuch darstellt, das einzig moralische *Motiv* zu definieren, aufgrund dessen die Gesellschaft oder irgendein Individuum strafen darf.

Rache und Strafe sehen sich zum Verwechseln ähnlich. Und wenn, was der Fall zu sein scheint, das Strafgesetz entstanden ist, um die Institution der persönlichen Rache zu kontrollieren, wird man nicht über die Entdeckung erstaunt sein, daß Rache sich hinter der Rechtmäßigkeit der Strafe verbergen kann. (Allerdings nicht vor Nietzsches Augen; vgl. *Zur Genealogie der Moral*, S. 251.) Wenn diese Sorge über das Motiv der Gesellschaft (d.h. ihrer Autoritäten) übertrieben skrupulös, ja akademisch erscheint, dann ist es die Projektion einer echten moralischen Sorge; eine Projektion, die in der Neuzeit wohl vor allem von vielen Akademikern geteilt wird. Sie weist auch darauf hin, daß der berühmte Rigorismus der Vergeltungstheoretiker für den Strafenden ebenso gilt wie für den Bestraften. Strafe ist bestenfalls eine üble Angelegenheit; und jeder, der damit zu tun hat, steht im Rampenlicht. Das betont die Vergeltungstheorie; sie folgt unseren Bewegungen mit einem moralischen Scheinwerfer. Der Vergeltungstheoretiker ist nicht allein im Besitz einer Gerechtigkeitsvorstellung, aber er ist ihr zielstrebigster und feurigster Fürsprecher. Und wie immer gilt, man kratzt an einer Tugend, und zum Vorschein kommt eine Begrenzung.

Wenn der Utilitarismus, wie es scheint unwiderruflich, sein Anliegen vertreten hat, daß eine säkulare Institution nicht darangehen kann und darf, den Grad der Verderbtheit in der menschlichen Seele zu bestimmen und nach einer dafür passenden Strafe zu suchen, dann hat er seine richtige Einsicht hier auch dazu verwandt, die Existenz eines moralischen Problems zu bestreiten, auf das die Vergeltungstheorie eine Reaktion ist.

Mein Beharren darauf, daß der Utilitarismus die Institution der Strafe als solche nicht rechtfertigt, läßt sich auch noch anders formulieren: Für einen konsistenten Utilitaristen gibt es der Art nach keinen Unterschied zwischen zivilrechtlichen und kriminellen Verstößen. Welche Handlungen als kriminell anzusehen sind, wird in verschiedenen Rechtssystemen oder zu verschiedenen Zeiten innerhalb eines Rechtssystems differieren; doch es wird immer gewisse Handlungen geben, die jeder Vergeltungstheoretiker zu bestrafen fordert, gleichgültig ob eine andere Sanktion abschrecken würde. Ich glaube, die meisten von uns besitzen in ihrer moralischen Sensibilität sowohl utilitaristische als vergeltungstheoretische Elemente. Als Vergeltungstheoretiker fühlen wir, daß Strafe an sich manchmal zu rechtfertigen ist; als Utilitaristen fühlen wir, daß Strafe an sich nicht gerechtfertigt werden kann. Diese Gefühle schauen nicht in verschiedene Richtungen, das eine zum Richter und nach hinten, das andere zum Gesetzgeber und nach vorne (auf diese Weise versöhnt Rawls die Positionen – vgl. S. 6/Dt.: S 98). Sie schauen auf dieselbe Sache und widerstreiten einander. Das ist es, was die von uns betrachtete Versöhnung nicht erklärt.

Ein moralischer Grund ist niemals eine platte Antwort auf eine kompetent erhobene Forderung nach Rechtfertigung. Wenn eine moralische Frage kompetent gestellt wird, dann *muß* eine moralische Antwort eine Diskussion zulassen, deren Konklusion eine vollständigere Darlegung der fraglichen Positionen ist. (Man kann die Diskussion für geschlossen *erklären*, doch das formuliert nur die eigene Position. Das Ende definiert sich selbst.) Wenn jemals kompetent die Frage aufgeworfen wird, ob man ein Versprechen halten muß (und kompetent wird sie nicht in einem praktischen Zusammenhang sein, sofern sie nur bedeutet: »Paßt es?«), dann kann die Antwort nicht bloß auf Regeln verweisen. Wenn jemals kompetent die Frage aufgeworfen wird, ob eine bestimmte Person oder irgendeine Person bestraft werden soll (und kompetent wird sie nicht sein, sofern sie nur bedeutet »Paßt es?« oder »Ist er schuldig?«), dann ist sie moralisch nicht durch den Verweis auf die Regeln einer Institution zu beantworten. Und gibt es keine kompetenten moralischen Fragen über Versprechen und Strafen? Selbstverständlich könnte man in seiner Verteidigung auf die Regeln einer Institution verweisen. Die Folge davon ist, daß man das Aufwerfen einer moralischen Frage nicht zuläßt. Und das ist selbst eine moralische *Position*, für die man Verantwortung übernehmen muß. Die Art und Weise, in der Rawls den Begriff einer Regel artikuliert, verdunkelt diesen

Sachverhalt, und ich möchte gerade so viel über seine Diskussion sagen, um deutlicher zu machen, was ich meine.

Spiel und moralisches Leben

Die Praxis-Ansicht führt zu einer ganz anderen Auffassung der Autorität, mit der jeder entscheidet, ob es angemessen ist, einer Regel in einzelnen Fällen zu folgen. ... Es hat deswegen dort keinen Sinn, die Frage zu stellen, ob die Regel einer Praxis auf diesen Fall genau zutrifft oder nicht, wo die beabsichtigte Handlung ihrer Art nach von einer Praxis definiert ist. Sollte jemand so fragen, zeigt er nur sein Unverständnis gegenüber der Situation, in der er handelt. Wenn jemand eine Handlung durchführen möchte, die von einer Praxis im einzelnen bestimmt ist, ist allein die Frage nach der Natur der Praxis selbst legitim (»Wie stelle ich es an, ein Testament zu verfassen?«).

Dieser Punkt wird illustriert von dem Verhalten, das man von dem Teilnehmer an einem Spiel erwartet. Wenn man ein Spiel machen möchte, dann sieht man die Spielregeln nicht als Richtschnur für das im Einzelfall optimale Verhalten an. Wenn ein Fußballspieler fragt, ob er den Ball mit der Hand annehmen darf, dann nimmt man an, daß er nach der Regel fragt, und wenn er auf die entsprechende Antwort hin sagt, er finde es im Augenblick im ganzen besser, die Hand zu benutzen – dann hält man das freundlicherweise für einen Scherz. Man kann einwenden, daß Fußball ein besseres Spiel wäre, wenn Handspiel erlaubt wäre. Aber man kann die Regeln nicht als Richtschnur für optimales Verhalten im Einzelfall darstellen, und man kann ihre Anwendbarkeit auf Einzelfälle als solche nicht in Frage stellen. (Rawls, S. 26/Dt.: S. 112)

Warum dieses unwahrscheinliche Beispiel (»Darf ich den Ball mit der Hand annehmen?«)? Angenommen, ich frage jemanden, warum er den Ball nicht nach vorne spielte oder ihn an die gegnerische Mannschaft abgab oder nicht versuchte, auf den Stürmer zu spielen. Welche Regeln würde der Befragte anführen, um sein Verhalten zu verteidigen? Welche Regeln kenne ich nicht? Obwohl wahr ist, »was auch immer jemand macht – es kann nicht als Torschuß, Freistoß oder Einwurf beschrieben werden, es sei denn, er selbst könnte als Teilnehmer an einem Fußballspiel beschrieben werden«, so folgt daraus nicht, daß man über sein Tun kompetent keine Frage stellen kann; und wenn sie gestellt worden ist, läßt sie sich nicht kompetent durch das Anführen einer das Spiel definierenden Regel beantworten (obwohl man sie dadurch rüde abblocken kann). Rawls, so schließe ich, hat sich den Fragesteller und seine Fragen so vorgestellt, daß sie inkompetent erscheinen müssen. Die Inkompetenz ist nicht unmittelbar eine Funktion des Infragestellens »einer durch eine Praxis definierten Form von Handlung«.

Es ließe sich einwenden, natürlich beantworte man solche Fragen nicht durch das Anführen definierender Regeln, sondern eher, will man sein Handeln *rechtfertigen* und nicht entschuldigen, durch das Anführen von so etwas wie einem Prinzip oder einer Strategie; und diese *definieren* nicht das Spiel, sondern besagen nur, wie man das Spiel *gut* spielt. Die Antwort darauf ist, daß man ein Spiel bis zu einem bestimmten Grad beherrschen muß, damit überhaupt gesagt werden kann, man spiele es. Die Kenntnis eines jeden Wettkampfspiels (reine Glücksspiele ausgenommen), d.h. eines jeden Spiels, das Spielprinzipien *hat,* verlangt nach einem Verständnis seiner Prinzipien wie auch nach der Kenntnis der definierenden Regeln. Meiner Ansicht nach geht dieser Punkt sehr tief und bedarf einer ausführlichen Erörterung. Hier möchte ich nur anmerken, daß die Formel »eine durch eine Praxis näher bestimmte Handlung« fatal mehrdeutig ist. Um die ihr von Rawls zugedachte Aufgabe zu erfüllen, muß sie »eine durch die Regeln bestimmte Handlung« bedeuten, und damit werden keineswegs alle, ja nicht einmal die meisten Handlungen beschrieben, die in einem Spiel stattfinden. (Gemeint sind hier auf Geschicklichkeit beruhende Wettkampfspiele. In reinen Glücksspielen genügt es, und ebendeshalb brauchen sie einen äußeren Anreiz, um sie interessant zu machen. Die erste dagegen brauchen bezeichnenderweise *Training*. Man frage sich, was es hieße, ein Glücksspiel zu trainieren.) Nur wo eine Handlung durch die Regeln bestimmt ist, d. h., *nur wenn man keinen alternativen Zug hat*, wäre die Behauptung wahr, eine Frage über den Zug *muß* aus der Unkenntnis des Spiels stammen oder aus der Tatsache, daß man es spielt. Zum Teil ist die Vorstellung, Regeln seien präskriptiv (vgl. etwa Toulmin, *Place of Reason*, S. 149), aus der Angleichung von Handlungen, die mit den Regeln *übereinstimmen*, an Handlungen, die durch Regeln *bestimmt* sind, entstanden. Das legt nahe, die Annahme, »ein Spiel oder eine Praxis nicht zu kennen«, bedeute dasselbe, wie »die Regeln des Spiels nicht zu kennen«, im allgemeinen falsch ist und daß im besonderen die Annahme falsch ist, jedes verständliche Infragestellen einer einzelnen, durch eine Praxis definierten Handlung lasse sich befriedigend (oder auch nur verständlich) durch den Verweis auf die Regeln beantworten. Es kann viele verschiedene Gründe geben, um hinsichtlich dessen, was ein Spieler getan hat, »Warum?« zu fragen, und deshalb ist es notwendig zu wissen, welche Information dem Fragesteller fehlt und wieviel er weiß, um eine angemessene Antwort zu geben. Oder: der Erfolg des Aktes, »eine Handlung in die sie definierende Praxis einzufügen«, hängt (wie etwa im Fall der Handlungen des Versprechens, Warnens und Befehlens) von der Kompetenz desjenigen ab, für den oder dem gegenüber sie ausgeführt wird, wie auch von der Kompetenz dessen, der sie ausführt.

Was ist aus der Möglichkeit geworden, eine Handlung durch einen Verweis auf die (Regeln der) Praxis, unter die sie subsumiert wird, zu rechtfertigen? Ob dies möglich ist, scheint von dem Typ der fraglichen »Regel« abzuhängen. Wir sollten kurz die Sorte von Bemerkungen betrachten, die sich in Beschreibungen von Spielen findet. Es wird sich ergeben, daß es nicht zwei, sondern vier deutliche Konzeptionen von »Regeln« (von etwas, was wir so nennen könnten) gibt – (zumindest) vier Arten von Antworten auf die Frage »Warum hast du das getan?«:

1. Regeln (als definierend): z. B. »Der Läufer bewegt sich auf der Diagonalen ...«; »Man sagt, der König stehe im ›Schach‹, wenn ...« usw.
2. Regeln (als regulierend): z. B. »Wenn ein Spieler eine Figur berührt, muß er entweder ...« usw.
3. Prinzipien: »Entwickle deine Figuren so früh wie möglich. Du solltest erst zum Angriff übergehen, wenn deine Verteidigung steht« usw.
4. Maximen: »Entwickle die Springer vor den Läufern. Wenn deine Position ... ist, erzwinge einen Tausch« usw.

Diese vier Kategorien von »Regeln« reichen offensichtlich immer noch nicht, um ein Spiel vollständig zu beschreiben. Unerwähnt bleiben vor allem der Zweck des Spiels und wie man es beginnt. Zudem ist nicht immer deutlich, in welche Kategorie eine bestimmte Antwort auf eine Frage einzuordnen ist. Und dies sollte man nun erwarten: *Alle* Kategorien müssen als relevant erkannt werden, um jemanden als Spieler des Spiels zu beschreiben. Ich halte es für ausgemacht, daß Regeln vom Typ 4 (Maximen) identisch sind mit denen, die Rawls »summarische Regeln« nennt: Sie fassen das Ergebnis einer großen Menge an Erfahrung zusammen, deren Entwicklungen zu einem stärkeren Spiel führen, und jedem kompetenten Spieler steht es frei, ihnen nicht zu folgen, wenn die Situation oder sein Plan von spezieller Art ist. Typ 2 kommt als Praxisregel in Frage, denn wenn jemand fragt, warum (etwa) das Tor nicht zählt, obwohl der Ball im Netz war, dann ist es in der Tat *sehr* natürlich anzunehmen, daß er die Regel nicht kennt, daß »ein Spieler aus dem Abseits kein gültiges Tor schießen kann«. Es könnte allerdings sein, daß der Fragesteller nicht *gesehen* hat, daß der Fußballspieler im Abseits war (was nicht dasselbe ist, wie »nicht zu wissen, daß er der Praxis des Fußballs folgt« – vgl. S. 27/Dt.: S. 112), und er daher eine Information braucht – die ihrerseits, wenn auch ein wenig ungeduldig, durch das Anführen der Regel zu liefern ist. Vielleicht möchte Rawls aber auch bestreiten, daß eine Regel vom Typ 2 als eine Praxisregel in Frage kommt, weil das, was als ein unter eine solche Regel fallendes Beispiel gilt, nicht durch sie definiert, sondern von ihr vorausgesetzt ist: Es muß die Rolle »Stürmer« und »Abwehrspieler« sowie die Strafe der »Ecke« geben, bevor irgendeine Regel dieser Art Anwendung findet. Nachdem wir *vier* Regelbegriffe unterschieden haben, schält sich folgendes heraus: Regeln des Typs 1 lassen sich als Definition (von Funktionen, Zügen, besonderen Bestätigungen usw.) charakterisieren, nicht aber Regeln des Typs 2, während Typ 2 und 4 in bezug auf die Form (»Wenn A gegeben ist, tue B«, was uns, die Kenntnis der vorigen Regeln *vorausgesetzt*, sagt, was innerhalb eines Spiel getan werden muß oder kann, was als *Rechtfertigung* gilt) charakterisiert sind, nicht aber Typ 1. Ich bin mir bewußt, daß ich Gefahr laufe, die Argumentation des Rawlsschen Aufsatzes unfair zu behandeln, denn er erkennt ausdrücklich an, daß es »weitere Unterscheidungen gibt, um Regeln zu klassifizieren« (S. 29/Dt.: S. 113). Aber die von mir getroffenen Unterscheidungen scheinen mir für die zur Debatte stehenden Fragen wesentlich. Für die Idee eines Spiels ist es wesentlich, daß es Regeln sowohl des Typs 1 (definierende Regeln) als auch des Typs 3 (Prinzipien) enthält (was in der Praxis heißt, auch Regeln des Typs 4, denn diese (Maximen) werden von Prinzipien veranlaßt). Damit ist nur gesagt, was schon in anderen Worten behauptet wurde, daß ein gewisses Maß an Beherrschung der Spielstrategie ebenso wesentlich wie die Beherrschung der Spielzüge dafür ist, daß jemand als das *Spiel spielend* beschrieben wird.

Daß Regeln des Typs 1 von Regeln eines höheren Typs vorausgesetzt sind, hat eine Analogie im Alltagsverhalten: Sein Tun zu rechtfertigen (zu sagen, ob das Getane richtig, vernünftig, taktvoll oder notwendig ... war) setzt immer eine *bestimmte Beschreibung* des Geschehens voraus; nach der einen Beschreibung könnte es unehrenhaft gewesen sein (genannt werden), nach einer anderen mutig. Der Unterschied zwischen Handlungen innerhalb und außerhalb von Spielen liegt insofern nicht darin, ob die Handlung spezifiziert (definiert) werden muß, um sie zu rechtfertigen, sondern darin, ob die Spezifikation durch definierende Regeln angegeben wird. In anderer Hinsicht ist dieser Unterschied entscheidend, doch in bezug auf den Begriff der Rechtfertigung ist sie neutral.

Vielleicht kann ich jetzt sagen, worin meiner Meinung nach die philosophische Bedeutung der Art und Weise liegt, in der Rawls den Begriff der Regeln als praxisdefinierend aufgefaßt hat. Keine Regel oder kein Prinzip könnte in einem moralischen Zusammenhang so fungieren, wie regulatorische oder definierende Regeln in Spielen fungieren. Für die Moralität genannte Lebensform ist es ebenso essentiell, daß so begriffene Regeln fehlen, wie es für die »Ein Spiel spielen« genannte Lebensform essentiell ist, daß es sie gibt. Wenn dies deutlich herausgestellt werden könnte, wäre die Analogie zu Spielen für das Verständnis der Moral nützlicher, und zwar mehr wegen der verschiedenen, spezifischen Unterschiede als wegen der Ähnlichkeiten. (Daraus folgt, daß das, was ich für die Moralität genannte Lebensform halte, nicht dasselbe ist wie das, was man für die einen (moralischen) Code genannte Lebensform halten könnte. Duelle und Gepolter sind keine Diskussionsformen.)

In der letzten Anmerkung zu seinem Aufsatz sagt Rawls, die Praxis-Auffassung sei im moralischen Lebens oft unbrauchbar: »[R]elativ wenige Handlungen des moralischen Lebens [sind] von Praktiken definiert.« Ich habe argumentiert, daß vor allem etwas zu versprechen nicht so definiert ist. Wenn meine Bemerkungen dazu richtig sind, dann läßt sich vermuten, warum Philosophen sich in Theorien über Moral auf Regeln berufen und wie Regeln dann verstanden werden. Die Berufung ist ein Erklärungsversuch dafür, warum so eine Handlung wie etwas zu versprechen uns *bindet*. Doch wenn man dafür eine Erklärung *braucht*, wenn es das Gefühl gibt, daß etwas mehr als persönliche Verpflichtung nötig ist, dann kommt die Berufung auf Regeln zu spät. Denn Regeln sind ihrerseits in Abhängigkeit von unserer Verpflichtung bindend. Wieso man denken kann, Regeln seien fähig, das Bindende an Verpflichtungen zu erklären, ist eine Frage, die ganz offensichtlich zu weit führt, um hier behandelt zu werden. Zum Teil liegt der Grund dafür in einer Vorstellung von Regeln, die man durch die Behauptung ausdrücken *könnte*, daß »Regeln Spiele definieren«, in einer Vorstellung, die Regeln nicht so auffaßt, daß sie Fußball im Gegensatz zu, sagen wir, Krickett definieren (was sie tun), sondern so, daß sie definieren, was es heißt, ein Spiel zu spielen (was sie nicht können).

So wie Rawls von der *Praxis* des Versprechens spricht, scheint mir darin impliziert zu sein, daß es eine bestimmte Regel gibt, die eine Berufung auf die allgemeine utilitaristische Verteidigung verbietet. Aber was für eine Sorte von Regel könnte das sein? Anzunehmen, es gebe (könnte geben) eine spezielle Regel des Inhalts, daß man ein Versprechen nicht brechen darf, nur weil man es lieber nicht halten möchte, ist so, als nähme man an, es gebe eine spezielle Schachregel des Inhalts, daß man seine Figuren nicht wieder auf ihre frühere Position zurücksetzen darf, wann immer man es vorzöge, sie dort aufzustellen. Aber das nicht zu wissen heißt nicht, nicht Schach spielen zu können; es heißt, in eine ganze Lebensform nicht eingeführt zu sein, den ganzen Begriff eines (Wettkampf-)Spiels nicht zu kennen. Selbstverständlich kann man (manchmal) ein Versprechen brechen und tut es auch. Doch das Brechen eines Versprechens ist nicht dessen Aufhebung (obwohl es andere Weisen geben mag, es aufzuheben); eine Figur zurückzusetzen ist nicht dasselbe, wie einen Zug zurücknehmen (obwohl es andere Weisen und andere Zeiten geben mag, es zu tun). Jeder Zug verändert die Situation, in der der nächste Zug zu machen ist. Das nicht zu wissen bedeutet nicht bloß, ohne Kenntnis einer bestimmten Praxis (Versprechen) zu sein; es bedeutet auch, unfähig zu sein, an irgendeiner Praxis teilzunehmen, nicht bereit für eine verantwortliche (kompetente) Handlung zu sein. (Ähnliches läßt sich über die Rechtsinstitution des Vertrags sagen. Die Regeln, Funktionen, Verteidigungen, Handlungen usw., die »die Institution definieren«, tun dies durch *einschränken*, *spezifizieren* usw. dessen, was als ein durchsetzbarer Vertrag gilt. Sie definieren jedoch nicht die Lebensform generell; die einzelnen Einschränkungen wären auch gar nicht zu verstehen, würde man nicht bereits das Wesen der allgemeinen Lebensform verstehen, und das Vertragsrecht selbst konnte sich nur in einer Gesellschaft entwickeln, in der es diese Lebensform schon gab.)

Ich habe behauptet, *keine* Regeln könnten prinzipiell im moralischen Leben so fungieren, wie »Praxis«-Regeln in der von Rawls erklärten Weise fungieren. Eine andere Möglichkeit, sich das deutlich zu machen, ist diese: Zunächst ist zu bemerken, daß sowohl die »definierenden Regeln« als auch die »regulatorischen Regeln«, wie ich es nannte, uns mitteilen, was wir *faktisch* beim Spielen tun oder tun müssen (dürfen, sollten …), während »ratgebende Regeln« (= Prinzipien) uns mitteilen, was wir tun sollten (wie wir am besten fahren, was das klügste wäre …). Was mich unter anderem von Rawls unterscheidet (möglicherweise ist es auch nur eine Frage der Akzentuierung), ist, daß *beides*, Wissen und Könnerschaft, für mich essentiell für die Lebensform sind, die wir ein(en) Wettkampf(spiel) nennen. Nun läßt sich der kritische Unterschied zwischen dem Spielen eines Spiels und dem moralischen Verhalten in dieser Weise formulieren.

Was Spielen ihre besondere Qualität verleiht – was, könnte man sagen, es ihnen ermöglicht, praktiziert und *gespielt* zu werden –, ist, daß (idealerweise) in ihnen vollständig spezifiziert ist, was wir tun *müssen*, und daß dies strikt von Überlegungen darüber abgesetzt ist, was wir tun sollten (oder nicht sollten). Es ist, als seien wir in der Verfolgung eines Spiels frei, unser ganzes Bewußtsein und unsere ganze Energie ausschließlich auf das sehr menschliche Streben nach Nutzen und Stil zu konzentrieren: Wenn Züge und Regeln als *gegeben gelten* können, dann können wir uns ganz darauf ausrichten, das zu tun, was uns den Sieg und den Applaus einbringt. (Die Vorstellung, Freiheit werde durch Unterwerfung unter das Recht erlangt, ist für das Verhalten in Spielen uneingeschränkt wahr.) Ich will damit nicht sagen, daß es im Spiel *keine* Wahl gibt zwischen dem, was getan werden *muß*, und dem, was den Überlegungen zur Nützlichkeit oder zur stilistischen Eleganz überlassen bleibt. Einige Spielhandlungen würden weder von den

Definitionen des Typs 1 erfaßt werden noch von den Regeln des Typs 2, aber sie kommen einer bloßen Beschreibung dessen, wie man das Spiel im allgemeinen spielt, noch zu nahe, als daß man darin das Befolgen besonderer Maximen oder Spielstrategien sehen könnte. Ich denke hier an solche Dinge, wie eine Führung an der Base zu übernehmen oder eine blanke Zehn beim Skat zu drücken (sollten wir sagen »Die Zehn muß gedrückt werden« oder »... sollte gedrückt werden«?). Solche Dinge werden in der Spielanleitung nicht als Regeln genannt, aber einige Könner würden sie vielleicht dazu *machen* und als solche lehren.

Aber diese Wahl zwischen »müssen« und »sollen« ist im moralischen Leben nicht nur gelegentlich anzutreffen, sie ist dafür wesentlich. Anders als »müssen« impliziert »sollen«, daß es eine Alternative gibt, die man ergreifen, für die man die Verantwortung übernehmen *könnte*, doch vorgebrachte Gründen drängen einen, es nicht zu tun. (Vgl. »Must We Mean What We Say?«, S. 28-31.) Im Gegensatz zum Fall der Spiele ist jedoch nicht *festgelegt*, was für eine Alternative einem offensteht oder nicht. Handlungen sind keine Spielzüge und Handlungsweisen keine Spiele. Wovon der eine sagt, er müsse (habe, sei gezwungen zu ...) es tun, von dem wird ein anderer meinen, er *solle* es tun, allgemein gesprochen und wenn die Umstände gleich sind usw., aber man sollte es *hier nicht* tun (täte besser daran). (Daß ist ein sehr viel üblicherer moralischer Konflikt als der akademische Fall von »Du sollst X tun«, »Du sollst X nicht tun«.) Wovon man sagt, man *müsse* es tun, ist nicht »durch die Praxis definiert«, denn es gibt keine Praxis, bevor man sie zu einer, zu der *seinigen* gemacht hat. Wir könnten sagen, eine solche Erklärung definiert einen selbst, begründet die eigene Position. Ein Problem der Willensfreiheit liegt darin, was man als Wahl *betrachtet*, was man für eine mögliche Alternative hält, für die man verantwortlich zeichnet, die man in seine Position integriert. Das ist ein zutiefst praktisches Problem mit einer unerbittlichen Logik: Ob das, wovon man sagt, man »könne es nicht« tun, in Wirklichkeit aus Furcht nicht getan wird oder aus einer konsistenten Überzeugung, daß es nichts für einen ist, im einen wie im anderen Fall ist es der *eigene* Wille. Wenn die Alternative aus Furcht versperrt ist, dann ist der Wille furchtsam; wenn aus Zielstrebigkeit, dann ist er integer. Über solche Entscheidungen sagen die Existentialisten, man wähle sein Leben. Auf diese Weise hat man das Gefühl, eine Handlung folge einem kategorischen Imperativ. Obwohl *der* kategorische Imperativ nicht existiert, gibt es Handlungen, die, sofern wir *einen* Willen haben, für uns kategorisch geboten sind. Und obwohl die Achtung vor *dem* Gesetz eine moralische Beziehung nicht aufrechterhalten mag, wird die Achtung vor fremden Positionen es sehr wohl tun. Wenn nur der gute Wille in sich gut ist, dann ist nur der böse oder verderbte Wille in sich böse oder verderbt. (Daß *alle* in diesem Sinn kategorisch gebotenen Handlungen selbstauferlegt, *unsere eigene* Wahl sind, macht deutlich, daß das *bloße* Faktum des Selbst-Auferlegtseins nicht hinreicht, um zu erreichen, was Kant oder Freud unter einer autonomen Handlung verstehen würden. Man vergleiche Thoreau im 8. Paragraphen von *Walden*: »Hart ist es, einen Aufseher aus dem Süden zu haben, schlimmer noch einen aus dem Norden, das schlimmste aber ist, sein eigener Sklaventreiber zu sein.« Vgl. *The Senses of Walden*, S. 78) Die englische Moralphilosophie war weniger daran interessiert, ob unsere Handlungen in welchem Ausmaß und welche von ihnen für uns kategorische Imperative sind – daran, wie wir unsere Position abgrenzen –, als daran, ob unsere Handlungen in welchem Ausmaß und welche von ihnen aufgrund von Prinzipien geschahen. Vielleicht gibt uns das einen Hinweis auf einen Ort, an dem wir uns nach einer Versöhnung zwischen teleologischen und deontologischen Theorien des moralischen Lebens umschauen könnten.

Der vorangegangene Paragraph darf als Beginn einer Interpretation von Nietzsches Aphorismus gesehen werden: »Es gibt gar keine moralischen Phänomene, sondern nur eine moralische Ausdeutung von Phänomenen« (*Jenseits von Gut und Böse*, § 108).

Noch ein letztes Wort, um klarzumachen, was ich mit meiner Behauptung meinte, die Berufung auf Regeln verdunkle Probleme in der Erkenntnistheorie des Verhaltens. An einer Stelle seines Aufsatzes stellt Rawls sich folgende Sorte von Fall vor:

> Wie würde man jemanden beurteilen, der – nach dem Grund für den Bruch seines Versprechens gefragt – einfach antwortete, dies sei auf das ganze gesehen am besten gewesen. Angenommen, seine Anwort ist ehrlich und seine Annahme war einsichtig (d.h., die Möglichkeit eines Irrens seinerseits ist nicht in Betracht zu ziehen) –, dann, so denke ich, würde man fragen, ob er (unter den entsprechenden Umständen) die Bedeutung der Aussage »Ich verspreche« kennt oder nicht kennt. (S. 17/Dt.: S. 106)

Das heißt, wir fragen uns, ob er weiß, was Versprechen ist, was es heißt, etwas zu versprechen. Doch warum sollten wir wie Rawls sagen, wir stellten sein Wissen einer *Praxis* in Frage? Rawls fährt so fort: »Wenn ein Kind diese Entschuldigung benutzte, würde man es berichtigen; denn es ist Teil einer Unterweisung in den Begriff des Versprechens [= welche Verteidigung die ein Versprechen definierende Praxis ermöglicht], berichtigt zu werden, wenn man diese Entschuldigung benutzt«. Auch hier fällt es mir schwer, mir das Objekt dieser Bemerkungen vorzustellen, den Zusammenhang, aus dem heraus ein Verhalten in Frage gestellt wird. Denn nach dieser Darlegung sieht es so aus, als wüßte das Kind ganz genau, was Entschuldigungen und Verteidigungen sind und was es für sie bedeutet, erlaubt oder unerlaubt zu sein, während das Kind diese Dinge doch zusammen damit lernt, was ein Versprechen ist. (Ebenso muß es erst noch lernen, was das *Brechen* eines Versprechens ist. Rawls beschreibt sein Tun als Bruch eines Versprechens; doch diese Beschreibung erfolgt von unserem Standpunkt aus. Bislang wissen wir nur, daß das Kind eine spezifische Leistung nicht erbracht hat. Warum das so ist, bleibt weiterhin fraglich.)

Daß man wissen muß, was Entschuldigungen, Verteidigungen und Rechtfertigungen sind (ich nannte sie früher »rechtfertigende Darlegung«), um zu wissen, was Versprechen sind, macht

Versprechen noch nicht zu einer besonderen sozialen Praxis. Dieser Umstand stellt vielmehr die Tatsache heraus, daß das Kind den sozialen Verkehr noch zu wenig beherrscht, um als verantwortliches und autonomes Mitglied der Gesellschaft in Frage zu kommen. Zu lernen, was als eine rechtfertigende Darlegung gilt, macht einen Großteil dessen aus, was eine solche Beherrschung erfordert; fehlt eine Beherrschung der rechtfertigenden Darlegung, können wir im Hinblick auf *jede* konventionelle Handlung (z. B. warnen, danken, geben, loben …) fragen, ob das Kind weiß, was es *heißt*, diese Dinge zu tun. Und keine dieser Handlungen führt eine spezielle Reihe von Verteidigungen oder Entschuldigungen mit sich.

Aber der Punkt geht noch tiefer. Im ersten Abschnitt dieses Kapitels habe ich behauptet, es gehöre zum Begriff des ein Spiel Spielens, daß rechtfertigende Darlegungen nicht die Beschreibung oder die Bewertung dessen beeinflussen, *was man tat*. Wenn jemand einen Elfmeter verschossen hat, dann hat er *seine Chance* vertan. Man muß nur die Spielregeln kennen und gesehen haben, was er gemacht hat, um zu *wissen*, daß er gepatzt hat. Es gibt keine Lücke zwischen Absicht und Handlung, die *zählt* (zumindest gibt es keine vom Spieler selbst abgegebene Bewertung seiner Absicht). (Das muß damit zusammenhängen, daß es in Spielen keinen Raum für *akrasia* gibt. Jeder, der das Spiel beherrscht, weiß zum Beispiel, daß der Stürmer unter bestimmten Umständen nach vorne spielen muß, und jeder, der das Spiel beherrscht, ist *fähig*, dies unter diesen Umständen zu tun. Was hieße es denn auch, wenn ein Spieler sagt: »Ich weiß, daß ich nach vorne hätte spielen müssen, aber ich konnte mich nicht dazu bringen, es zu tun«? Für einen Spieler ist Wissen Tugend. Da sie das Ziel in der Spielarena wollen – nämlich auf Sieg zu spielen –, wollen Spieler, so könnte man sagen, von vornherein die für dieses Ziel nötigen Mittel einsetzen. Wie die Mittel beschaffen sind, ist von Anfang an klar, man weiß, wie sie einzuüben und auszuführen sind. (Einige Menschen scheinen mit dem Leben so gut zurechtzukommen, daß es so aussieht, als hätten sie von vornherein alle für ein

Leben notwendigen Mittel gewollt und als seien sie weder über die Leiden der Feindseligkeit noch über die großen Mühen der Liebe erstaunt. Wie wirklich gute Spieler lassen sie alles, was sie tun, leicht aussehen.) Was Spieler können und nicht können, scheint völlig eine Funktion ihres Talents und ihrer körperlichen Verfassung zu sein, nicht ihres Willens oder ihrer spirituellen Verfassung. – Und dennoch ist es nicht alles. Wir wissen, daß einige spirituelle Dinge – wie Anstrengung, Konzentration, Disziplin, Stolz, Mut – den Unterschied zwischen gleichermaßen ausgestatteten, talentierten und ausgebildeten Spielern ausmachen oder Diskrepanzen in diesen körperlichen Gegebenheiten überwinden. Und Gelegenheiten, bei denen vor allem Ausdauer getestet wird – z. B. Langstreckenlauf –, scheinen ein Paradebeispiel für Willensstärke zu sein. Solange die Sache nicht näher untersucht wurde, sollten wir vielleicht eher sagen: In Spielen gibt es nicht denselben Raum für *akrasia* wie außerhalb ihrer.)

Außerhalb des Schauplatzes definierter Praktiken, in der moralischen Welt, unterliegt unser Tun nicht solchen definierten Beschreibungen, und unsere Absichten gelangen auf die eine oder andere Weise oft nicht zur Ausführung. Zu wissen, was man tut, was man tun wird und was man nicht getan hat, läßt sich dort nicht allein an dem ablesen, was man tatsächlich in der Welt tut. Zu wissen, was man tut, heißt, fähig zu sein, die Handlung auszuführen: zu sagen, warum man sie tut, wenn man kompetent danach gefragt wird, oder sie, falls nötig, zu entschuldigen oder zu rechtfertigen. Was man tut oder unterläßt, sind dauerhafte historische Tatsachen und die Wurzeln der Verantwortung. Aber Stamm und Äste der Verantwortung sind das, wofür wir *rechenschaftspflichtig* sind. Und wo jemandes Verhalten eine Frage aufwirft, wird seine Antwort wieder aus rechtfertigenden Darlegungen bestehen. Moralische Argumente habe ich als solche beschrieben, deren unmittelbares Ziel es ist, die Positionen zu bestimmen, für die wir Verantwortung übernehmen bzw. willens und fähig sind, es zu tun. Eine Diskussion ist deshalb *nötig*, weil unsere Verantwortungen, das Ausmaß unserer Interessen und

Verpflichtungen sowie die Folgen unseres Verhaltens nicht offensichtlich sind; und zwar, weil das Selbst sich selbst nicht offenbar ist. In dem Maße wie diese Verantwortung Gegenstand moralischer Argumente ist, werden moralische Argumente nicht deshalb rational, weil sie auf der Annahme beruhen, daß es in jeder Situation etwas gibt, was getan werden sollte, und daß dies gewußt werden kann, und auch nicht aufgrund der Annahme, daß wir immer zu einer Einigkeit darüber kommen können, was auf der Grundlage rationaler Methoden getan werden sollte. Ihre Rationalität liegt darin, daß wir Methoden folgen, die uns zum Wissen um unsere eigene Position, unseren Standort führen: kurz, zum Wissen und zur Definition unseres Selbst.

XII
Die Autonomie der Moral

Man wird schwerlich A. N. Priors Beobachtung in Frage stellen können, daß »die Erkenntnis, Informationen über unsere Verpflichtungen ließen sich logisch nicht aus Prämissen herleiten, in denen unsere Verpflichtungen nicht erwähnt sind, heutzutage ein Gemeinplatz geworden ist, obwohl vielleicht nur in philosophischen Kreisen« (*Logic and the Basis of Ethics*, S. 36). Nicht-naturalistische Moraltheorien scheinen ganz auf dieser Erkenntnis zu gründen; eine gegen die nicht-naturalistische Position gerichtete Theorie wie die Stevensons setzt sie voraus; ihretwegen setzen sich Autoren wie S. E. Toulmin, wie sehr er in anderer Hinsicht auch von Stevenson abweicht, die Aufgabe, eine spezielle »Logik« oder »Argumentationsform« zu charakterisieren, um die Kraft des moralischen Arguments zu explizieren. Abgesehen davon, daß der These vielleicht ein intrinsisches logisches Interesse zukommt, staunt man über die Behauptungen, die um ihretwillen aufgestellt werden.

Soweit ich sehe, gibt es zwei Weisen, in denen Moral als »autonom« betrachtet worden ist. Die eine besagt, moralische Behauptungen lassen sich nicht durch Berufung auf Gott, die Natur oder irgendeinen anderen jenseits ihrer selbst liegenden Bereich begründen. Die andere besagt, die Moralität einer Handlung hängt davon ab, daß sie in der Freiheit des Handelnden gründet. Für Prior beweist oder klärt die erste These zumindest die Tatsache, daß »der ›natürliche‹ und der ›moralische‹ Bereich verschieden sind« (S. 11) und daß, um einen historisch bedeutsamen Fall zu nehmen, »wir ›Wir sollten X tun‹ nicht ableiten können aus … ›Gott befiehlt uns, X zu tun‹, es sei denn, wir ergänzen die ethische Prämisse ›Wir sollten Gottes Befehl folgen‹« (S. 18 f.). Die These erklärt dann sowohl Hutchesons wie Humes Auffassung in ihrem Angriff auf den »ethischen Rationalismus« wie auch die Auffassung, die etwa von Reid vertreten wird und die »auf eine klare Aufgabe jeglichen Versuchs hinausläuft, eine ›Begründung‹ der Moral zu finden, die nicht ihrerseits moralisch ist« (S. 34, vgl. auch das ganze 3. Kapitel). Die zweite von uns unterschiedene These liest R. M. Hare als Deutung Kants, der »bei seiner Polemik gegen die ›Heteronomie des Willens als die Quelle aller unechten Moralprinzipien‹ nach dieser Regel verfuhr [daß nämlich »aus einer Reihe von Prämissen, die nicht selbst zumindest einen Imperativ enthält, keine imperative Konklusion gültig abgeleitet werden kann«]. ... Heteronome Moralprinzipien sind unecht, weil aus einer Reihe von Indikativsätzen über ›das Wesen irgendeines der Gegenstände des Willens‹ kein Imperativsatz über das, was getan werden soll, abgeleitet werden kann, und deshalb kann auch kein moralisches Urteil daraus abgeleitet werden.« (*The Language of Morals*, S. 30/Dt.: S. 51)

Ich habe mich nicht darum bemüht, die beiden Thesen über die Autonomie deutlicher zu formulieren, als ich es getan habe, denn ich glaube, daß es tatsächlich höchst unklar ist, was Moralphilosophen unter der These verstanden, die Moral oder das moralische Urteil oder das moralische Verhalten seien »autonom«, und daher halte ich es für äußerst unplausibel, daß irgendein syllogistischer Punkt, wie er in der These enthalten ist, daß sich aus Prämissen, die nur Tatsachensätze enthalten, keine ethische oder imperative Konklusion ableiten läßt, wirklich zu artikulieren vermag, was Moralisten dabei im Augen hatten. Die Vorstellung, daß Moral eine nicht-moralische »Begründung« weder haben kann noch zu haben braucht, wird mit bestimmten historischen Epochen der Gesellschaft verbunden, z. B. mit der griechischen, als sie aus der »archaischen Periode« heraustrat, über die Snell sagt:

> Mahnungen, glücklich zu sein, braucht es nicht zu geben; das versucht jeder. Moralisch ist dies Streben nach Glück in der frühen Zeit, da dies Glück verstanden wird als göttlicher Glanz und Beistand des Daimons, aber das Moralische ist nicht autonom, sondern eingebettet in die religiösen Vorstellungen; daß es aber auch ein trügerisches, ein kurzes Glück

gibt, werden wir bald hören. (Snell, *Die Entdeckung des Geistes*, S. 223)

Oder sie wird mit der Kultur der Renaissance und der Aufklärung verbunden oder damit, wann immer es geschah, daß, wie Feuerbach, Kierkegaard und Nietzsche meinten, die christliche Kultur aufgehört hat zu existieren; oder sie bezieht sich auf einen Zeitpunkt, vielleicht die Romantik, über den der Ideenhistoriker sagen würde, das Individuum sei jetzt autonom geworden, seine persönlichen Ansprüche hätten sich von den gesellschaftlichen Institutionen emanzipiert. Die Vorstellung verweist auf eine Tatsache des menschlichen Verhaltens und der Rechtfertigungsformen, die Menschen in der Tat als Rechtfertigung ihres Verhaltens akzeptieren, auf die Tatsache, daß bestimmte Gründe nicht länger zu moralischer Überzeugung führen. Die Bemerkung der Aufklärung, daß wir eine Verpflichtung nicht von Gottes Gebot »ableiten können«, ohne die ethische Prämisse anzufügen »Wir sollten Gottes Geboten folgen«, bedeutet für einen gläubigen Juden oder Christen genausoviel, als belehrten wir einen Anwalt darüber, daß »aus der Tatsache, daß jemand ohne Erlaubnis über das Grundstück eines anderen gegangen ist, man nicht schließen kann, daß er sich des unbefugten Betretens schuldig gemacht hat, wofern man nicht die Prämisse hat ›Wann immer jemand über den Grund und Boden eines anderen geht, macht er sich des unbefugten Betretens schuldig‹«, oder zur Klärung von jemandes krausem Denken zu sagen: »Aus der Tatsache, daß du sonst wahrscheinlich deinen Zug verpaßt, kannst du nicht schließen, daß du jetzt aufbrechen mußt, wenn du nicht die Prämisse hinzufügst ›Wann immer wahrscheinlich etwas passieren wird, was du nicht willst, solltest du die gebotenen Schritte unternehmen, um es zu verhindern‹«. Der Inhalt von Kants Autonomiegedanken läßt sich vielleicht so wiedergeben, daß eine moralische Handlung eine ist, die wir *wählen* müssen, und nicht eine, die uns durch einen Impuls, ein Begehren oder eine andere Person *aufgezwungen* wird. Den Obersatz zu akzeptieren, der von dem Indikativsatz »Die Orange sieht gut aus« zu der Aussage führt »Ich soll die

Orange essen« gibt Kant nicht, was er möchte. Und wenn »wir uns daran [erinnern], daß der größte aller Rationalisten, Kant, von moralischen Urteilen als Imperativen sprach« (Hare, S. 16/ Dt.: S. 36), dann sollten wir uns auch erinnern, daß Kant das nur für wahr hielt, weil wir Menschen nicht *völlig* rational sind und manchmal *gegen* unsere eigenen Widerstände handeln müssen, gegen einige »Imperative«, um moralisch zu handeln. In dieser Fähigkeit *drückt* sich für ihn unsere Rationalität *aus*, und nicht in so einer Tatsache, wie daß die »moralische Rede«, d. h. Befehle und Imperative, »ebenso wie Behauptungen logischen Regeln unterliegen« (Hare, S. 15 f./Dt.: S. 35).

Aber welche Kraft die Autonomiethese auch haben soll, um gewisse bedeutsame, aber dunkle Ideen der Tradition zu klären, mich interessiert hier vor allem die Gültigkeit der These selbst. Ich möchte behaupten, daß sie als Darlegung moralischer oder praktischer Überlegung im allgemeinen leer ist; leer auf eine Weise, die im Kern der Alltagssprache begründet liegt.

Die These beruht darauf, daß, um ein beliebtes Beispiel zu wählen, es *offenkundig* sei, daß »wir ›Wir sollten X tun‹ nicht aus ›Wir haben versprochen, X zu tun‹ herleiten können, es sei denn, wir gestehen auch die moralische Aussage zu ›Wir sollten Versprechen halten‹, und das läßt sich nicht durch eine nicht-moralische Aussage wie ›Wir haben versprochen unsere Versprechen zu halten‹ ersetzen« (Prior, S. 22).

Nennen wir die Konklusion (»Wir sollten X tun«) O, den »Untersatz« (»Wir haben versprochen, X zu tun«) R_2 und den »Obersatz« (»Wir sollten Versprechen halten«) R_1. Es ist wahr, daß O nicht allein aus R_2 ableitbar ist; und gesetzt, daß auch wahr ist, daß O aus R_2 nur unter Zusatz von R_1 ableitbar ist. Um damit die Autonomiethese zu begründen – daß keine »Sollens«-Aussage aus Aussagen ableitbar ist, von denen keine ein »sollen« enthält –, muß *auch* gelten, daß der Schritt von R_2 zu O *schlußfolgernd* ist. Aber ist das mehr als eine Annahme? *Offenkundig* erscheint sie meiner Meinung nach nur, wenn man eine Aussage wie »Du solltest X tun« (O) aus jedem Verwendungszusammenhang löst und dann sagt, der Grund, der für diese Behauptung angegeben wird, sei »Du hast versprochen, X zu tun« (R_2), und fragt »Folgt O aus R_2?«; woraufhin jeder *sehen* wird, daß die Antwort »nein« lauten muß. Und fragt man »Wann würde es folgen?«, wird jeder das Äquivalent von R_1 zur Antwort geben.

Machen wir die Probe darauf, indem wir ein anderes eine Sollensaussage enthaltendes Beispiel nehmen:

(O) Du solltest jetzt rochieren.

Auf die Frage »Warum?« antwortet man:

(R_2) Durch die Rochade wird sein Läufer neutralisiert und dein Turm entwickelt.

Folgt O aus R_2? Wann würde es folgen? Vielleicht so:

Wann immer ein Läufer durch eine Rochade neutralisiert und ein Turm entwickelt wird, solltest du rochieren.

Aber das ist absurd. Ich behaupte bloß, das sei *hier* der beste Zug. Und wenn man nicht das Gegenteil zeigen kann und tatsächlich nicht rochiert, dann weiß man nicht, wie man Schach spielt. Ich könnte natürlich die hinter meinem Rat steckende Überlegung ausführen. Vielleicht so:

(R_3) Wenn du deinen Turm ins Spiel bringst, kannst du in zwei Zügen seine Königin einkreisen.

(R_4) Nachdem du seine Königin geschlagen hast, kannst du in vier Zügen gewinnen.

Jetzt *nehme* ich *an*, behaupte ich, daß aus R_2, R_3 und R_4 *folgt*

(R_5) Rochieren wird nun gewinnen.

und daß es mit Hilfe von gewöhnlicher Logik und Schachkenntnissen folgt. Dann lautet die Frage jetzt wohl: Folgt O aus R_5? Gesetzt, man sagte mir, ich würde immer noch etwas annehmen. Was? Vielleicht, daß er die Falle durchschauen wird und seinen Springer opfert? Nein. Gesetzt, man sagte mir, daß ich annehme, *du möchtest gewinnen*? *Nahm* ich das *an*? Folgt O nicht aus R_5 ohne ein Akzeptieren des Obersatzes: »Wenn du gewinnen willst, dann solltest du rochieren«? Mein Argument sollte ohne das nicht *gültig* sein? Aber natürlich ist der Obersatz ebenfalls absurd. Ich meinte »rochieren wird *hier* zum Sieg führen« nicht zu *irgendeinem* Zeitpunkt. Sollte ich logisch rigoros sein und hinzusetzen: »Wenn du gewinnen willst, solltest du alles tun, was den Sieg sichert«? Aber ist das verständlich? Ist das Schach?

Selbst mit dieser schroffen Darlegung kann ich wohl sagen: Es gibt keinen Obersatz, der R_5 an O bindet. Nicht jedoch, weil dieser Schritt eine besondere Art von Logik oder Psychologie als Brücke fordert, sondern *weil es gar keine Lücke gibt, die zu füllen wäre*; der Schritt ist nicht die Konklusion eines Schlusses. (Vgl. G. E. M. Anscombe, »On Brute Facts« und Philippa Foot, »Moral Arguments«.)

Die Lücke, die auf dem Papier erscheint, schließt sich im *Akt der Konfrontation* mit dem Spieler. Um eine Ahnung zu bekommen, welche Funktion das »sollen« hat, ist zu bemerken, daß irgendeine der Aussagen R_2-R_5 direkt hätte gebraucht werden können, um dem Spieler die Rochade anzuraten: Welche man äußert, hängt davon ab, worauf man den Spieler meint aufmerksam machen zu müssen, und die Zahl der Beweisschritte wird davon abhängen, wie schnell der Spieler sieht, was man selbst gesehen hat (vielleicht muß man z. B. verschiedene Schritte zwischen eine der Aussagen R_3, R_4 und R_5 einschieben, und selbst R_5 könnte noch zu unvermittelt daherkommen). Wenn der Spieler gegen diese »faktischen Prämissen« nichts einzuwenden weiß, deren Witz in diesem Zusammenhang ja ist, ihm einen Rat zu geben (und (grammatisch gesehen) wäre es kein Rat, wenn man nicht meinte, es käme seiner Position zugute), und wenn er sie dann nicht beherzigt oder keinen guten Grund angibt, warum er es nicht tut, dann hat er einen entweder nicht verstanden oder beherrscht das Spiel nicht.

Was wäre für ihn ein guter Grund, den Zug zu unterlassen? Vielleicht sagt er »Ich versuche nicht zu gewinnen«, doch in dem Fall *spielt* er nicht richtig (daß er spielt, war eine Bedingung für meine Behauptung: Die Lücke zwischen den Rs und O ist im Akt der Konfrontation geschlossen), aber möglicherweise probiert er ein neues Gambit, unterweist jemanden, wirft das Spiel hin ... Wenn er sagt »Du nimmst an, ich versuche zu gewinnen«, dann ist das rüde (so als würde deine Frage »Warum ziehst du nicht deine Königin?« mit dem Zitieren der Regel beantwortet, daß der Läufer diagonal zieht – womit angedeutet ist, daß du *gesehen* haben könntest, wie sein Läufer die Königin bedroht, sofern du mehr hingeschaut als geredet hättest). Denn so wie ich dich minutenlang konzentriert über das Brett gebeugt sah, bevor ich schließlich etwas sagte, habe ich nicht *angenommen*, daß du ernsthaft spieltest. Welchen *Grund* hätte ich dafür, es anzunehmen? Hundert Gründe und keinen.

Vielleicht will er auch sagen: »Selbstverständlich weiß ich, daß dieser Zug zum Sieg führt, aber das ist nicht mein Stil. Ich, Capablanca, verliere lieber, als so schwerfällig zu spielen und ein solches Gemetzel anzurichten.« Das ist eine rationale Weigerung, den entscheidenden Zug zu machen, wobei dennoch ganz auf Sieg gespielt wird. (Tatsächlich zieht er, ohne große Worte zu machen, so, daß er in zwei Zügen ein Matt erzielt.) Wir könnten sagen: Capablanca widerlegt *dich*; er sagt dir, daß du nicht in seiner Schachwelt lebst. (Wir könnten eine solche Weigerung »die teleologische Suspension des Zweckdienlichen« nennen. Wie in der Moral beinhaltet sie einen speziellen Anspruch seitens des Selbst, einen, den nicht jeder in der Position ist zu erheben und dafür Verantwortung zu übernehmen.)

Wenn jede der Aussagen R_2-R_5 dazu dienen kann, den Spieler zum Rochieren zu bewegen, was ist dann das Besondere am Gebrauch von »sollen«? Soweit es um den Inhalt der Aussage geht, gibt es nichts Besonderes. Ihr Inhalt ist *vollständig* durch die angeführten Gründe ausgeschöpft; und wenn man keine hat, dann ist eine Aussage wie O inkompetent. (Vgl. Bentham: »[Wenn sie in Verbindung mit utilitaristischen Gründen verwandt werden,] haben die Wörter *sollen*, *richtig* und *falsch* sowie andere dieser Art eine Bedeutung: anderenfalls haben sie keine« (*Principles of Morals and Legislation*, Kap. I, S. x).) Und die Relevanz der dafür angegebenen Gründe ist durch die Relevanz der für irgendeine »faktische Prämisse«, wie etwa R_5, angegebenen Gründe bestimmt.

Die Behauptung, der Inhalt von »sollen« werde *vollständig* durch die Gründe spezifiziert, die man dafür anzuführen bereit ist, besagt, daß es keinen speziellen Inhalt hat, der in einer der zu seinem Beweis führenden Prämissen auftauchen *könnte*; und die Behauptung, sein Inhalt sei wohl *derselbe wie* etwa der von R_5, besagt, daß irgendein für R_5 angeführter Beweis gleichzeitig ein Beweis für O ist: Kein *weiterer* Beweis wäre möglich oder kohärent. Ich werde sagen: Ob man R_5 oder O auf der Grundlage dieses Beweises behauptet, hängt von der Einschätzung der Position des Spielers ab und davon, welche Position man ihm gegenüber *einnimmt*. »Sollen« zu sagen impliziert, daß es eine mehr oder weniger bestimmte Alternative gibt, für die man sich entscheiden könnte, und indem man jemanden damit konfrontiert, entscheidet man sich für eines davon.

Ich möchte sagen »Du solltest ...« ist, obwohl vom Inhalt her nicht von der faktischen Prämisse verschieden, die zur Unterstützung des Imperativs vorgebracht wird und dessen Inhalt erschöpft, eine *Ausdrucksform* jenes Inhalts, eine, in der man Position in bezug auf ihn bezieht. Der Begriff »Ausdrucksform« und seine Unterscheidung von dem ausgedrückten »Inhalt« der (hier vorliegenden) Anweisung nimmt Bezug auf einen früher schon zitierten Abschnitt bei Frege, in dem er sagt: »In meiner Formelsprache ... [kommt] im Urtheile hier nur das in Betracht, was auf die *möglichen Folgerungen* Einfluss hat«, und er fährt dann fort, von den für seine Zwecke irrelevanten Aspekten der Sprache zu reden, da sie dazu dienen, den Inhalt in einer besonderen Form »auszudrücken« (vgl. *Begriffsschrift*, S. 3).

Im vorliegenden Fall nehmen wir ganz natürlich an, daß, wenn eine Aussage wie »Du solltest ...« als Konklusion eines Schlusses auftreten soll, der Ausdruck »sollen« in den Prämissen auftauchen muß: Wir scheinen das ebenso deutlich zu sehen, wie wir sehen, daß, wenn »Sokrates ist ...« in der Konklusion eines Schlusses auftreten soll, der Ausdruck »Sokrates« in den Prämissen auftauchen muß. Diese Deutlichkeit könnte aber zum Teil darauf zurückzuführen sein, daß wir gewissermaßen eine verkürzte Version der Konklusion genommen haben. Gesetzt, jemand sagte: »Du wirst mit Schrecken hören, daß Sokrates sterblich ist«, und wird gefragt: »Kannst du es beweisen?«, dann werden wir in den Prämissen nicht die Worte erwarten »Du wirst mit Schrecken hören«, und wenn wir sie nicht finden, werden wir auch nicht festhalten wollen, daß eine Schreck-Aussage sich nicht aus Prämissen herleiten läßt, von denen keine das Wort »Schrecken« enthält. Wir könnten sagen: Eine solche Formel ist eine Form, eine abzuleitende Proposition auszudrücken (wie auch viele andere, z. B. »Es wurde gerade bewiesen, daß ...«, »Ich versichere mit großem Nachdruck, daß ...«, »Lassen Sie uns nicht länger darüber im Zweifel sein, daß ...« usw.). (Ich bin hier Gedanken aus Urmsons »Parenthetical Verbs« und aus Strawsons »Truth« verpflichtet.) In solchen Fällen ist die Ausdrucksform nicht an sich Gegenstand des Schlusses.

Ähnlich, so behaupte ich, kann man »Du solltest ...« als eine Form sehen, um eine auszuführende Handlung auszudrücken (wie auch »Wie kannst du es rechtfertigen, nicht ...?«, »Es wird dir leid tun, wenn du nicht ...«); es ist nicht an sich Gegenstand des Schlusses. Welche Ausdrucksform man verwendet, berührt nicht, was der Beweis enthalten muß. Das hängt vom Zusammenhang ab, in dem man den Ausführenden konfrontiert (wie will man ihn ansprechen, wieviel Überzeugung bezieht man aus der Stärke der Prämissen usw.).

Ich meine, »es ist wünschenswert ...« kann man in dieser Weise verstehen, als eine Ausdrucksform. Als es populär war, Mill zum Prügelknaben zu machen, pflegte man zu sagen, »wünschenswert« bedeute, anders als Mill zu Anfang des 4. Kapitels seines *Utilitarianism* bemerkt, nicht »fähig, gewünscht zu werden«, sondern »sollte gewünscht werden«. (Vgl. Stevenson, *Ethics and Language*, S. 17 f.) Zum einen behauptet Mill das erste gar nicht, und das zweite ist schlicht falsch, wie man leicht sehen kann, wenn man in einem gewöhnlichen Zusammenhang, in dem »wünschenswert« verwendet wird, dieses durch »sollte gewünscht werden« ersetzt. Wenn jemand behauptet, eine Reise nach Isfahan sei für mich besonders wünschenswert (aufgrund bestimmter Tatsachen, die er über meine Wünsche, Mittel usw. weiß), dann sagt er damit nicht, ich sollte die Reise wünschen, sondern daß ich sie machen sollte oder, wie man vielleicht sagen könnte, daß ich sie wirklich machen sollte. Die Eigenschaften, die das Ding für mich wünschenswert machen (und du tätest gut daran, einige Vorteile oder Werte anzuführen, aufgrund deren ich sie, wenn ich du wäre, tatsächlich wünsche; Mill mag schließlich doch den richtigen Gedanken gehabt haben) – diese Eigenschaften sind, betrachtete man sie aus einem anderen Winkel, die Gründe für die Behauptung, daß ich sollte. Es verhält sich also nicht so, daß ich es tun sollte, weil es wünschenswert ist; was immer das eine verursacht, verursacht sozusagen das andere. Welche dieser Ausdrucksformen man verwendet, hängt davon ab, warum und wie man es auf sich genommen hat, einen anderen zu konfrontieren. Man hat das Gefühl, es ist stärker, »sollen« zu sagen. Doch genauer gesagt ist »sollen« persönlicher. Ich sage »*Es* ist wünschenswert«, aber »*Du* solltest«. Der Punkt ist nicht, daß im zweiten Fall der Vorteil oder Wert ein größerer ist, sondern wie sehr mir dein Wohlergehen am Herzen liegt.

Das Beispiel »wünschenswert« sieht wie eines aus, in dem das, was zu beweisen ist, genau das ist, was ich die Ausdrucksform *selbst* genannt habe. Beispielsweise kann, *daß er erschrocken sein wird*, zum Streitpunkt werden. Man könnte argumentieren, weil er erschrocken war zu hören, daß Platon und Alkibiades sterblich sind, wird er (sofern er rational ist) erschrocken sein, das von Sokrates zu hören. Oder man könnte diese Behauptung wie eine einfache Vorhersage behandeln: Man teile ihm das über Sokrates mit und beobachte, ob er tatsächlich erschrocken ist, das zu hören. Wie könnte die Ausdrucksform, *daß du solltest*, selbst zum Streitpunkt werden? Eine angedeutete Möglichkeit ist, daß ich weitere Lücken zwischen meinen Gründen und dieser Konklusion zu schließen habe, Lücken, die sich möglicherweise durch die Tatsache öffnen, daß ich ihn damit konfrontiere, daß er es ist, den ich konfrontiere; Lücken, die ich vielleicht nicht, und vielleicht auch kein anderer, hätte erwarten können: »Das ist nicht der einzige, der beste oder mein Weg, um zu gewinnen«; »Ich denke, ich muß immer mal wieder gegen ihn verlieren, um sein Selbstvertrauen nicht zu zerstören«; »Ich habe dem Handicap zugestimmt, auf die Möglichkeit der Rochade zu verzichten«. Vielleicht stellt er sich auch auf den Standpunkt, er habe keine Verpflichtungen, vielleicht glaubt er, daß er nichts schuldig sei, was er nicht ausführen wolle. (Er könnte sagen, nichts schrecke ihn.) Dann könnte ich das Gefühl haben, ich würde nach etwas suchen, dem er zustimmen müsse, das er ganz *einfach*, ohne Gründe, tun sollte. Wer weiß, was das im Einzelfall sein könnte? Vielleicht daß sie heiraten sollte oder diesen Mann heiraten oder auch nicht; oder Kinder haben oder nicht; oder ein Beispiel geben oder sich nicht darum kümmern sollte, eines zu geben; sich selbst ein Vergnügen erlauben oder lernen sollte, nein zu sagen, damit aufzuhören, die Welt für die eigenen Enttäuschungen verantwortlich zu machen; die Toten die Toten begraben lassen. Hier kommt die Frage der moralischen Ideale ins Spiel. Die Tatsache, daß ich keine Gründe anführen werde, bestimmt, wie ich mit ihr zu reden gedenke, daher fragt sich hier nicht, aus welchem Obersatz meine Konfrontation folgt. Ich spreche zu ihr von Selbstbestimmung; möglicherweise zeige ich ihr die Beispiele anderer, Vorbilder. Wer in der Position ist, von diesen Dingen, in dieser Weise zu ihr zu sprechen, ist dann eine Frage, die sich deutlicher denn je stellt.

Vielleicht ist man nun bereit, die *Offensichtlichkeit* der philosophischen These über die Ableitung von »Du sollst X tun« aus »Du hast versprochen, X zu tun« zu bezweifeln. Allein schon die Mehrdeutigkeit der Konklusion sollte uns mißtrauisch machen. Denn wie ist »X tun« in »Du sollst X tun« zu verstehen? Hier bedeutet es natürlich »halte dein Versprechen«; aber es bedeutet zum Beispiel auch »gib das Geld zurück«. Und in keinem Fall ist das beim Philosophen so beliebte »weil du es versprochen hast« ein *Grund* dafür, eine Prämisse, aus der es folgen könnte. Betrachten wir kurz folgendes: Wenn der Grund wahr ist, d.h., wenn du es versprochen *hast*, dann hat »Du sollst das Geld zurückgeben« denselben Inhalt wie »Du sollst dein Versprechen halten« (so wie »Sokrates zerstörte Athen« in einem Zusammenhang, in dem klar ist, daß sich die Beschreibung »der Feind Spartas« auf Athen bezieht, denselben Inhalt hat wie »Sokrates zerstörte den Feind Spartas«). Was man also braucht, ist ein *Grund* für »Du sollst dein Versprechen halten«. Es mag einen verständlichen Grund geben (z. B. man wurde nicht wirklich davon entbunden), und jetzt ist der bekannte »Obersatz« nicht mehr so verführerisch. Umgekehrt ist »Halte dein Versprechen« eine Weise, etwas über eine spezifische Tat zu sagen, zu der man sich verpflichtet hat; in diesem Fall, das Geld zurückzugeben. Der von einem angegebene Grund muß sich hierauf richten. Mit einem Wort: Jeder von jemand angegebene Grund für »Du sollst X tun« (wenn man versprochen hat, X zu tun) muß, will er kompetent sein, sich auf den spezifischen Akt beziehen, zu dem man sich verpflichtet hat, *und* er muß die Tatsache, daß man sich verpflichtet hat, berücksichtigen – auch muß er stark genug sein, um nicht nur einer Alternative dazu, etwas Bestimmtes zu tun, entgegenzutreten, sondern einer Alternative zum *Erfüllen seiner Verpflichtung* (d. h. zur Ausführung einer bestimmte Handlung, die dieses Erfüllen *ist*).

Das sollte uns natürlich ebenso mißtrauisch gegenüber der Bedeutung des Obersatzes machen. Prior sagt:

> »Du sollst deine Versprechen halten« z. B. bedeutet einfach dasselbe wie »Wenn du versprochen hast, etwas zu tun, sollst du es tun«. (S. 40)

Dadurch wird »Du sollst Versprechen halten« zur Verallgemeinerung von »Du sollst dieses Versprechen halten«. Aber *ist* das offensichtlich? Wie weit trägt dieser Plural? Daß er so konstruiert werden *kann* (d. h. sich erfreulich in die Form einfügt, auf die der Philosoph sich stützt, nämlich »Wenn etwas eine von dir versprochene Handlung ist, dann sollst du es tun«), bedeutet nicht, daß das, was wir normalerweise mit dieser Aussage meinen sollten, in dieser Konstruktion passend wiedergegeben *ist*. Das Problem der passenden Wiedergabe, der Entscheidung, welche logische Form korrekt den Sinn einer Aussage einer natürlichen Sprache festhält, ist schon immer empfunden und seit den frühesten Anfänge der modernen Logik erörtert worden (»Tiger brennen« versus »Tiger existieren«; »Ich jage einen Löwen« versus »Ich jage hinter meiner Leier her«; »Nicht einer war im Hörsaal« versus »Noonan war im Hörsaal«; »Jones glaubt, daß es eine Hochzeitssuite im Hotel Statler gibt« versus »Jones wohnt in der Hochzeitssuite des Hotels Statler«.) Diese wohlbekannte Tatsache erwähne ich, um zu betonen, daß meine Suche oder mein Fragen nach der gewöhnlichen Bedeutung einer Sollensbehauptung im Plural jedenfalls intellektuell in genau demselben Geist gemeint ist, in dem der Logiker, der sich mit dem Festhalten der gewöhnlichen Sprache in logischer Form beschäftigt, die Bedeutung der Aussage betrachtet, die er formalisieren möchte. Wie wir erkennen, daß eine logische Form treuer als eine andere die gewöhnliche Bedeutung oder Verwendung einer Aussage festhält, ist ohne Zweifel ein fürchterliches oder heikles Problem; aber das ist, wie wir (oft) wissen, kaum zu bezweifeln.

Welche Gründe habe ich, daran zu zweifeln, daß der Allquantor der modernen Logik den Plural von Sollensbehauptungen passend wiedergibt? Einfach den, daß Plural und Singular hier nicht in demselben Verhältnis zueinander stehen wie in den Fällen, wo der Plural wirklich die Verallgemeinerung des Singulars ist. Weder *folgt* der Singular aus dem Plural (außer man hat eine spezielle *Auffassung* von etwas Versprechen, die sich logisch nicht beweisen läßt), noch ist der Singular *Evidenz* für den Plural. Beispiele für andere Plurale, die keine Verallgemeinerungen sind, wären »Politiker ergeben seltsame Bettgenossen«, »Noten sind unwichtig«, und es ist auch unwahrscheinlich, daß die Aussage »Du solltest Haustiere halten« in der Bedeutung verstanden wird: »Wenn etwas ein Haustier ist, dann solltest du es halten«. Ähnliches gilt für »Du solltest Aufzeichnungen aufbewahren«. Möglicherweise zeigen solche Beispiele Wege auf, um irgendwie zu verstehen, wie »Du sollst Versprechen halten« zu begreifen ist. Der Gebrauch dieses Satzes ist offenbar *sehr* speziell. Vielleicht scheint er deshalb einen klaren Sinn zu haben, weil er, sobald sein Auftreten durch den Druck, einen Obersatz zu erfinden, *erzwungen* ist, nach dem Modell eines Spielprinzips aufgefaßt wird. Damit bekommt »Du sollst Versprechen halten« die Kraft von »Unter bestimmten Umständen ist es am besten ..., es sei denn«. Daß »Du sollst Versprechen halten«, was immer es bedeutet, gerade das bedeutet, ist jedoch nicht offenkundig, genausowenig wie daß es, bedeutete es das tatsächlich, genau die Aufgabe erfüllt, die ihm von der Autonomiethese zugemutet wird. (Eine »regulatorische Regel« könnte es leisten; aber sie läßt sich nicht mit »sollen« formulieren. Das zeigt, daß »Du solltest ...«, anders als oft behauptet wird, kein »hypothetischer Imperativ« ist.)

Wenn diese flotte Behauptung es erreicht hat, die Unvermeidbarkeit der Autonomiethese zu erschüttern, wird man sich fragen, warum diese These überhaupt diese Form annimmt, d. h., was jemanden dazu veranlaßt, »Du sollst X tun« so zu äußern, daß die Aussage »Du hast versprochen, X zu tun« den Grund dafür abzugeben scheint, um dann zu fragen, ob dieser Grund als Prämisse für die Konklusion fungiert. Kurz gesagt, ich würde folgendem Vorschlag beipflichten: Meines Erachtens ist es eine authentische Erfahrung, die eine solche Frage wie »Warum sollte ich irgend etwas tun?« veranlaßt. Das als eine *zu beantwortende* Frage gegeben, werden die (generischen) Beispiele, die sich aufdrängen, nicht, wie in erkenntnistheoretischen Zusammenhängen, Einzelfälle betreffen. Sie werden, scheint es, die Form annehmen: »Warum z. B. sollte ich meine Versprechen halten, meine Schulden zahlen, die Wahrheit sagen, meine ›Pflicht‹ tun usw.?« Letztlich ist damit die Frage gestellt: Warum sollte ich den Ansprüchen, die andere an mich stellen, entsprechen? Anders als der Zusammenhang der Nicht-Behauptung in der Erkenntnistheorie ist das nun keine Position, die nicht kohärent vertretbar wäre. Wenn der Philosoph sich dadurch zu seiner Konklusion über die logische Autonomie des ethischen Urteils veranlaßt sieht, führt das also nicht zum Eindruck, daß eine Paradoxie vorliegt.

Ich habe diese Überlegungen zum Teil deswegen angestellt, um meine Antwort auf die beliebte Vorstellung zu präsentieren, die logische Gültigkeit ethischer Argumente sei fraglich – ein anderes Motiv für den Verdacht, daß sie generell irrational sind. Sie sind nicht irrational, weil der Schritt von den Gründen zu der Konklusion weder deduktiv noch induktiv ist. Ebensowenig sind sie rational, weil dieser Schritt einer rationalen Logik der Imperative folgt oder irgendeiner anderen Logik. In diesem Schritt liegt überhaupt keine Folgerung vor. »Sollen« und »müssen« (sowie »haben zu« und »die Aufgabe haben« und alles, was ich in »Must We Mean What We Say?« »Modalimperative« nannte, S. 30 f.) sind Ausdrucksformen genau der Gründe, die man zu ihrer Unterstützung anführen würde, und ohne sie würde es ihnen ganz an Bedeutung fehlen; oder sie schieben Gründe ganz spezifisch beiseite (»Ich kann nichts anderes tun«). Rational verwendet werden sie aufgrund ihrer Relevanz für denjenigen, den man konfrontiert, und aufgrund der Berechtigung der Position, von der aus man ihn oder sie in der Form adressiert, für die man die Verantwortung übernimmt.

Welche Antwort können wir nun auf eine solche Frage geben wie die, ob »sollen« aus »sein« abzuleiten ist? Eine Antwort lautet: nein. Man kann *von* »sein« sowenig zu »sollen« *gehen*, wie man von Frankreich nach Paris gehen kann. Es gibt zwischen ihnen keine Entfernung (dieser Art). Eine andere Antwort lautet: ja. Man kann »sollen« aus »sein« gewinnen, so wie man Vergnügen aus dem Klavierspielen ziehen kann. Allerdings nur unter der Bedingung, daß man tatsächlich Klavier spielt und tatsächlich daran sein Vergnügen hat.

Die Art, wie ich die Beziehung zwischen Sollensaussagen und faktischen Aussagen dargestellt habe, sofern sie sich auf das Verhalten eines anderen richten, spiegelt sich in der Beziehung zwischen einem zeigenden Finger und der einzuschlagenden Richtung. Das fügt sich recht gut in den Fall der Spiele ein. Denn dort konnten wir sagen, wenn jemand keinen Grund vorbringen kann, um *nicht* der Spielanweisung zu folgen, dann hat er entweder nicht verstanden, oder aber er kennt das Spiel nicht. Wenn ich jemanden frage, wo Santa Maria Novella liegt, und er zeigt auf eine bestimmte Straße, dann weiß ich nicht, was »eine Richtung zeigen« heißt, sofern ich nicht tatsächlich den Weg nehme oder durchblicken lasse, daß ich aus einem guten Grund neugierig war oder vorhabe, später dort hinzugehen, sondern ihn nur anstarre, als hätte er etwas Unverständliches getan. Der andere hätte nicht sagen müssen »Das ist der Weg« oder »Nehmen Sie die Straße rechts vom Brunnen«, oder »Sie sollten diesen Weg nehmen«, obwohl er natürlich unter bestimmten Umständen all das zusätzlich, *als Ersatz für* oder als weitere Spezifikation hätte sagen können. Das macht deutlich, daß Richtungen oder Anweisungen sowenig von anderen Prämissen abgeleitet zu werden *brauchen* wie ein Akt des Zeigens (obgleich er gegebenenfalls natürlich beweisen oder zeigen muß, daß dies tatsächlich der Weg *ist*).

Vielleicht gibt uns diese Analogie ein Bild von der Vorstellung, daß es eine Lücke gibt zwischen »Rochieren wird zum Sieg führen« und »Du solltest rochieren« oder zwischen diesen beiden und einer auszuführenden Handlung – einem einzuschlagenden Weg –, die durch Psychologie ausgefüllt oder durch einen Obersatz überbrückt werden muß. Könnte nicht ein vergleichbares Gefühl in folgender Situation entstehen: Man stelle sich vor, man ginge auf einen Fremden in den Boboligärten zu und zeigte in Richtung auf Santa Maria Novella, um sich dann zu fragen, was man denn noch tun müsse, damit der Fremde tatsächlich dort hingeht? Fühlen wir nicht: Wir müßten ihn überreden zu gehen? Allein die Richtung zu wissen würde nicht reichen. »Die Sittlichkeit erregt Affekte und erzeugt oder verhindert Handlungen. Die Vernunft allein aber ist hierzu ganz machtlos«. (Hume, *Treatise*, 3. Buch, 2. Teil, 1. Abschnitt) Die Vernunft allein? »Der zeigende Finger allein« kann auch keine Handlung erzeugen oder verhindern.

Man wird das Gefühl haben: »Aber *moralische* Zusammenhänge sind doch offenkundig anders, wie du immer klargemacht hast. Angenommen, wir räumten ein, daß alles von dir Gesagte auf

Spiele zutrifft. In der moralischen Konfrontation *gibt* es eine Lücke zwischen einem faktischen Grund und einer Sollensbehauptung und zwischen beiden und der Handlung, die beide ausdrücken.«

Ein anderer Grund, warum ich oben nicht so recht zum Schluß gekommen bin, ist genau der, um auf diese Weise die Unterschiede zwischen Spielen und Moral herauszustellen, die diese zuzugebenden Unterschiede verursachen. Was der andere im Spiel tut, das Ziel, auf das er aus ist, ist klar. Was ich ihm an Anweisungen geben kann, ist genau definiert. Welche Alternative er hat, ist festgelegt. Was es bedeuten würde zu sagen bzw. die Gründe, auf die gestützt ich sagen würde, daß der eine Teil der Alternative besser wäre als der andere, all das gehört mit zum Spiel. Ob er die Anweisung befolgt hat, ist eindeutig. In der Moral ist nichts davon so. Wie wir zu handeln haben, ist weder klar noch einfach, oft wissen wir weder ein noch aus. Wovon man mir sagt, daß ich es tun soll, kann sehr verschieden ausgedrückt werden. In manchen Fällen weiß ich, daß ich es befolgt habe, in anderen weiß ich es nicht. In manchen Fällen wird mein Handeln mir selber nicht richtig erscheinen, in anderen jedoch schon. Welche Alternativen wir haben, ist nicht festgelegt, sondern eine Sache freier Wahl und legt uns fest. Was jeweils besser ist, ist nicht vorgegeben, sondern muß aus der Reflexion auf das, was uns wichtig ist, erst hervorgehen. Ob wir vollbracht haben, was wir haben tun wollen, hängt davon ab, wie hoch wir unsere Verantwortung ansetzen und ob wir sie durchschauen. (»Hast du ihm wirklich geholfen?«; »Hast du dafür gesorgt, daß er die Botschaft auch bekommen hat?«; »Hast du deine Position wirklich klar dargelegt?«; »Hast du auch alles getan, was du hättest tun können?«) Verantwortlich sind wir nun mal für das, *was effektiv herauskommt*. Aber *das* wird auf so mannigfache Art formulierbar sein, wie unsere Handlungen selbst es sind. Und eine so totale Verantwortlichkeit ist nur darum akzeptabel, weil der rechtfertigenden Darlegung ein solches Gewicht zukommt. Wenn wir, wie Prichard und Ross meinen, nur unter der Verpflichtung stehen, uns um etwas »zu bemühen«, ohne daß wir tatsächlich etwas ändern, dann könnten diese Darlegungen nicht dazu dienen, das zu entschuldigen, zu erklären und zu rechtfertigen, *was wir tun*.

Daß rechtfertigende Darlegungen in Spielen keinen Platz haben, entspricht der Tatsache, daß unsere Handlungen und unsere Verpflichtungen in Spielen definiert und festgelegt sind. Fehler sind hier nichts Persönliches, und Versagen ist bloß ein Irrtum, der sich im Spielstand zeigt. Integrität kann nur in offenkundiger Weise eingebüßt werden. Da wir nicht um Vergünstigungen oder Vergebung bitten können, müssen wir sie weder gewähren noch akzeptieren. Wir werden zu unserem Körper. Ist das Spiel aber vorüber und läßt der Spieler in einer erkennbaren Zeremonie seine Position hinter sich, wird er zu einem Individuum, auf das sich unsere Handlungen auswirken, ohne daß er sich durch das Einnehmen einer determinierten Position verpflichtet hätte; und wir werden zu Individuen, deren Absichten nicht länger für ihr Tun irrelevant sind, und relevante Folgen sind nicht mehr auf einen klar abgesteckten Bereich beschränkt. Hier lassen sich die von uns angestrebten Wirkungen nicht mehr trainieren, hier können wir völlig überrascht sein von dem, was wir getan haben. So wie das Training Lob oder Tadel für alles, was wir tun, erträglich macht, so machen rechtfertigende Darlegungen es erträglich zu handeln, ohne im voraus zu wissen, was wir bewirken mögen, vor welchen Folgen wir möglicherweise stehen, z. B. daß man uns mißverstanden hat, verraten, abgewiesen; daß wir, ohne es zu durchschauen, unsensibel, verräterisch, abweisend gewesen sind. Wegen unserer schlechten Leistung im Spiel sind wir wütend auf uns selbst, ja beschämt; einen falschen Schritt zu machen verstrickt uns in Schuld.

Doch statt die Irrationalität der Moral aufzuzeigen, könnten diese Unterschiede uns helfen, das herauszustellen, was ihr die Rationalität verleiht, über die sie verfügt. Sowohl in Spielen wie in der Moral konfrontiert ein Mensch einen anderen im Hinblick auf dessen Position und in einer Form, in der die Beziehung, die er dazu einnimmt, anerkannt wird. Und in beiden bedeutet »im

Hinblick auf dessen Position« im Hinblick auf das, was er tut, tun muß und tun sollte. Im Spiel heißt das: im Hinblick auf die (definierenden) Regeln und Spielprinzipien, in der Moral: im Hinblick auf seine Interessen und auf seine Verpflichtungen. Damit sage ich, daß die offenkundige Rationalität von Spielen nicht auf der Macht der »Vernunft allein« beruht. Ich denke, sie tut es nicht: Das Gehirn ist schließlich kein Muskel. Sie beruht darauf, wie in der Spielarena *bestimmt wird*, was als unsere Verantwortung und unsere Belange gilt. Die *Probleme* der Moral betreffen dann die von uns zu befolgenden und zu schaffenden Werte, die Verantwortlichkeiten, die wir zu akzeptieren haben und die wir überhaupt durch unser Verhalten und unsere Position eingegangen sind.

In Spielen und in der Moral gibt es zwei Hauptsorten von Gründen, mit denen wir konfrontiert werden können: die eine nenne ich die »Grundlage des Interesses [*care*]« – sie sorgt dafür, daß Sinn darin liegt, jemanden damit zu konfrontieren, was er tun »sollte«; die zweite nenne ich »Grund der Verpflichtung« – sie begründet das, von dem man meint, es »müsse« getan werden mit Blick auf die Verpflichtungen des Adressierten, sowohl mit Blick auf seine bewußten Handlungen als auch mit Blick auf die Folgen seines Tuns und seines Standortes, für die er verantwortlich ist. Was ich als theoretische Grundlage der Moral betrachten würde – was ich, anders gesagt, als Nachweis der Rationalität moralischer Urteile verstehen würde –, wäre eine Erklärung dafür, was diese beiden Quellen von Gründen zu eben solchen Gründen macht. Insofern man denken könnte, daß uns überhaupt nichts interessieren muß oder daß wir unsere Verantwortung für irgendeine oder alle Handlungen bestreiten können, scheinen sie eine recht wackelige Grundlage zu liefern. Was ich jedoch versuchen würde zu zeigen, ist, daß eine solche Annahme Handeln und Leidenschaft selbst nicht nur irrational, sondern unkenntlich machen würde. (Wenn man auf diese Weise andere Menschen zu Rätseln macht, sich selbst, vielleicht mit Hilfe der Philosophie, der menschlichen Gattung entfremdet oder meint, wenn die eigene

Konfrontation genügend kraftvoll sein soll, dann müsse sie, wie ein Strahl, zufällig auf die Menschen einwirken, genau in solchen Augenblicken könnte man denken, »wünschenswert« bedeute »sollte gewünscht werden«, als wäre die Äußerung des Ratschlags die magische Schöpfung eines Zusammenhangs, der nach der Äußerung des Ratschlags verlangt hat, als würde man sich nie das Recht *verdienen* müssen, für andere zu sprechen.)

Selbstverständlich kann unsere Konfrontation anderer ins Leere gehen. Wir könnten uns darüber täuschen, was jemanden interessiert und was er als seine Verpflichtungen ansieht, oder diese könnten uns plötzlich ausschließen. Aber dann bricht nicht das moralische Argument, sondern die moralische Beziehung zusammen. Natürlich kann das passieren. Nur passiert das nicht, weil wir einander nicht schätzen. Wenn ich einen anderen konfrontiere, dann muß ich ihn nicht mögen, ich muß nur, aus welchem Grund auch immer, bereit sein, seine Position zu berücksichtigen und die Folgen zu tragen. Wenn der Moralist jemand ist, der die Position des Menschen am besten begreift, der uns mehr über unsere Position lehren kann, als wir selbst wissen, und dies so, daß wir uns dem nicht entziehen können, es sei denn durch Verwirrung und Unklarheit, dann haben wir zunächst einmal, sofern wir uns dem Urteil beugen, den Moralisten vom Moralisierer zu unterscheiden. Als Auden »des Predigers losen, unbescheidenen Ton« vernahm, hörte er den Ton eines Menschen, der im Namen einer Position sprach, die man nicht einnimmt, der andere in Positionen konfrontiert, deren Anerkennung man sich nicht vorstellen wird.

Vierter Teil

Skeptizismus und das Problem der anderen

Halbgebildet ist schlimmer als ungebildet, und keine Abartigkeit gleicht der von einem System unterstützten, keine Irrtümer sind so schwer auszurotten wie diejenigen, für die der Verstand selbst sein Wort verpfändet hat.

Wordsworth, »Essay, Supplementary to the Preface«

Schließlich kann man nichts anderes tun, als Zeugnis abzulegen, weniger um den zu überzeugen, der nicht glaubt, als um den zu schützen, der glaubt, wie Blake sagt.

W. B. Yeats, »Magic«

Diese Form ist eine Veranschaulichung des ewigen Kampfes der Kunst gegen die Erziehung ... Es kommt viel darauf an, daß der Künstler in seiner eigenen Kunst in hohem Maße ›erzogen‹ ist; aber seine Erziehung wird eher behindert als gefördert durch die üblichen Maßstäbe und Methoden der Gesellschaft, die für die Erziehung des Durchschnittsmenschen ausschlaggebend sind. Denn sie bestehen weitgehend in der Aneignung unpersönlicher Ideen, die das verdunkeln und trüben, was wir wirklich sind und empfinden, was uns wirklich not tut und was wirklich unser Interesse erregt. ... Blake ... wußte, auf was es ihm ankam; und darum stellt er nur das Wesentliche dar; tatsächlich nur das, was darstellbar ist und keiner Erklärung bedarf ... Er sah keinen Grund, warum Swedenborg verstiegener sein sollte als etwa Locke. Er ›akzeptierte‹ Swedenborg, und unter Umständen lehnte er ihn auch ab – und hatte auch dafür seine Gründe. Er ging an alles heran mit einem Geiste, der nicht durch geläufige Meinungen getrübt war. Er hatte gar nichts von einem ›überlegenen Menschen‹ an sich. Das macht ihn so erschreckend ...

T. S. Eliot, »Blake«

[G.E. Moore] glich keinem anderen Dozenten, den ich je gehört oder von dem ich je gehört habe. Er gab einem das sichere Gefühl, daß etwas ungeheuer Wichtiges vor sich ging – ohne daß man unbedingt auch nur eine vage Idee davon haben mußte, was da eigentlich geschah. Um die Wahrheit zu sagen, wir standen unter einem außergewöhnlich starken Einfluß, den sich Moore, wie ich annehme, auch nicht einen Augenblick vorstellen konnte. Daran war er überhaupt nicht interessiert. Ihm ging es nur um das gerade verhandelte Problem: leidenschaftlicher, als ich es, wie ich glaube, je bei einem anderen erlebt habe.

I.A. Richards, »Complementarities«

XIII
Zwischen Anerkennung und Vermeidung

Als ich unserer Enttäuschung über Kriterien nachging und bestritt, daß Wittgensteinsche Kriterien den Skeptizismus widerlegen können oder sollten, habe ich in meinen Bemerkungen über das Problem des Fremdpsychischen die Privatheit des anderen anscheinend unberührt gelassen. Aber leugnet Wittgenstein nicht Privatheit? Was sonst bezweckt er, wenn er die Öffentlichkeit der Sprache und die Äußerlichkeit der Kriterien geradezu obsessiv betont? Nach meinem Vorschlag ging es ihm dabei um den Gedanken, falsche Auffassungen von Innerem und Äußerem würden einander bedingen und aufrechterhalten, und ich wäre froh, behauptet zu haben, das richtige Verhältnis von Innen und Außen, zwischen der Seele und ihrer Gesellschaft sei das Thema der *Untersuchungen* im ganzen. Dieses Thema, könnte ich sagen, ist ihre Moral.

In meiner früheren Diskussion sah ich mich an einem Punkt dazu veranlaßt, in Klammern zu fragen: »In welchem Geist ›bestreitet‹ Wittgenstein die ›Möglichkeit‹ einer Privatsprache?« (S. 163). Im Laufe des Sammelns einiger abschließender Bemerkungen zum Thema Privatheit werde ich versuchen, diese Frage aus der Klammer zu nehmen.

Wodurch drängt sich der Eindruck auf, Wittgenstein wolle bestreiten, daß die Seele privat ist? Das heißt, was möchten wir angesichts der Wittgensteinschen Lehre eigentlich bestreiten, wenn wir glauben, die Privatheit der Seele gegen ihn verteidigen zu müssen? Glauben wir, mit der Bejahung der Privatheit die Existenz der Seele selbst zu bejahen? – Was für eine Vorstellung von Privatheit haben wir?

Mit seiner Bemerkung »Man kann von mir (außer vielleicht im Scherz) nicht sagen, ich *weiß*, daß ich Schmerzen habe« bestreitet Wittgenstein nicht – wie könnte er auch? –, daß nur ich meine Schmerzen ausdrücken kann. Er wird jedoch Fragen darüber aufwerfen, welche Schmerzen *meine* sind (vgl. §411). Sagen wir also: Wittgenstein bestreitet nicht – wie könnte er auch? –, daß nur ich Schmerzen ausdrücken kann, wenn nur ich Schmerzen habe. Dennoch könnten wir uns hier fragen, worauf »kann ausdrücken« abzielt. Ohne Zweifel *kannst* du Schmerzen ausdrükken, gleichgültig, was in mir vorgeht. – Ich glaube nicht, daß eine gewisse Schwierigkeit oder Unzulänglichkeit, unsere Überzeugung zu erklären, hier irrelevant dafür ist, wie diese Überzeugung aussieht. (Vgl. »Knowing and Acknowledging«, S. 264 f.) Aber lassen wir das einen Moment auf sich beruhen. Wittgenstein bestreitet nicht, daß ich es bin, wenn ich Schmerzen habe, der diese ausdrückt oder nicht – sie in jedem Fall ausdrückt, indem ich Schmerzen ausdrücke, ich meine damit, indem ich *diese* Schmerzen ausdrücke. Gewiß wird man nicht leugnen, daß, wenn ich sie nicht ausdrücke, andere nichts davon wissen werden. Und es ist schwer, sich diese Situation nicht als eine vorzustellen, in der *nur* ich weiß, daß ich Schmerzen habe. Wenn Wittgenstein bestreitet, daß man zu Recht von mir sagen könne, ich wisse es, dann scheint das die Privatheit der Seele zu kompromittieren – so als wäre Privatheit eine Sache der Verschwiegenheit. Stellt man sich das unter Privatheit vor, dann wird man Wittgensteins Position zu dieser Frage so verstehen, als behaupte er, wir hätten keine unaussprechlichen Geheimnisse, und das heißt dann nichts anderes, als daß nichts an uns unüberbrückbar privat ist. Ich interpretiere seine Position eher so, daß die Vorstellung von der Verschwiegenheit nicht dem gerecht wird oder sogar unkenntlich macht, was an der philosophischen oder metaphysischen Vorstellung von Privatheit richtig ist.

Niemand wird darauf bestehen wollen, daß Privatheit und Verschwiegenheit nichts miteinander zu tun haben; d.h., niemand wird leugnen, daß ein bestimmter Sinn von Verschwiegenheit einen bestimmten Sinn von Privatheit einfängt oder unterstreicht. Doch dieser Sinn von Privatheit scheint auf den ersten Blick metaphysisch nur von eingeschränktem Interesse zu sein, wenn auch möglicherweise von größter politischer Wichtigkeit. Ein

Privatgespräch ist eines, von dem man nicht möchte, daß andere es hören, aber keines, das andere notwendig nicht hören können. Durch meinen Privateingang kann ich andere hereinlassen, im Prinzip kann jeder ihn so gut kennen wie ich. Ein privater Scherz ist schon ein bedeutsamerer Fall. Er könnte etwas sein, bei dem ich mich nicht bemühe, es zu erklären oder etwas, mit dem ich jemanden auf die Probe stellen oder hereinlegen möchte, oder etwas, von dem ich meine, kein anderer wird oder kann es würdigen. (»Kein anderer« könnte heißen, keiner außer mir, keiner außer uns beiden oder keiner außer dir, und du bist schon gegangen.) Es ist nur schwer vorstellbar, daß Wittgenstein *diese* Möglichkeit bestreitet, bestreitet, daß die eigene Besonderheit von einem anderen tatsächlich nicht gewürdigt wird. Ohne Zweifel würde er leugnen, daß sie nicht gewürdigt bleiben *muß*, aber würde irgend jemand *darauf* bestehen wollen? Es ergäbe sich doch ein seltsames Bild vom Skeptiker, unterschöbe man ihm die Aussage, jeder Geist sei so eigenartig, daß er jedem anderen unzugänglich ist. Könnte er das nicht allenfalls nur von seinem *eigenen* meinen? Wir könnten das als Solipsismus betrachten, d. h. den Solipsismus als Narzißmus verstehen, unter der Bedingung, daß dieses Schicksal für uns real würde. Narziß ist fähig, sich selbst zu befragen, aber unfähig, sich eine Antwort zu geben, an der ihm etwas läge.

Verschwiegenheit teilt mit Privatheit die Vorstellung von Exklusivität oder Ausgeschlossensein. Besteht die Vorstellung von Privatheit, die einige verteidigen und andere angreifen möchten, in der Vorstellung von einer Seele, die von einer anderen oder durch eine andere ausgeschlossen ist? Wenn dem so ist, welche Rolle spielt dann hier die Frage nach dem Wissen einer Seele von einer anderen? Ich kann z. B. alles, was es über die Garbo zu wissen gibt, wissen, ich kann sie sogar persönlich kennen, womöglich ihr ständiger Begleiter sein, vor dem sie keine Geheimnisse hat, und dennoch von ihr ausgeschlossen sein, ihr (Innen-)Leben nicht teilen. (Obwohl ich es behaupten könnte.)

Betrachten wir zwei Seiten der Frage, ob eine andere Seele – z. B. die Empfindung eines anderen – privat ist. Wie es scheint, hat

George Pitcher sich von Wittgenstein überzeugen lassen, daß die Antwort »ja« lautet, daß Empfindungen privat sind:

> … Schmerz-Sprachspiele [enthalten] keine Verweise auf unsere privaten Empfindungen, da man über sie genausowenig sprechen kann wie über den Inhalt des gemalten Topfes. Es geht nicht darum, daß private Empfindungen nichts sind, nicht existieren, nicht wichtig sind oder so etwas, sondern es kommt darauf an, daß man über sie nichts sagen kann und daß sie daher in unseren Sprachspielen keine Rolle spielen. Sie sind in den Sprachspielen »wie nichts«. (*The Philosophy of Wittgenstein*, S. 300/Dt.: *Die Philosophie Wittgensteins*, S. 349)

Eine solche Ansicht oder die so ausgedrückte Ansicht charakterisiert Pitcher als »gesunden Menschenverstand« (S. 283/Dt.: S. 329). John Cook hingegen hat sich anscheinend von Wittgenstein überzeugen lassen, daß die Antwort »nein« lautet, daß Empfindungen *nicht* privat sind. Im Schlußabschnitt seines Aufsatzes »Wittgenstein on Privacy« setzt er sich mit Pitchers Auffassung zu dem Thema auseinander und kommt zu dem Schluß, daß Pitcher »nicht gesehen hat, wie höchst seltsam die Vorstellung ist, Empfindungen seien essentiell privat« (S. 323). Vor Pitchers Behauptung, die Vorstellung, Empfindungen seien privat, entspreche dem gesunden Menschenverstand, bin ich zum einen zurückgeschreckt, weil ich seiner Interpretation Wittgensteins nicht zustimme, zum anderen und vor allem aber, weil ich das Gefühl habe, daß er nichts dargelegt hat, was ich als Haltung des gesunden Menschenverstandes gegenüber der Privatheit wiedererkennen könnte. Ich fand, daß es für eine richtige philosophische Ansicht der Frage wesentlich sein müßte, die Komplexität oder die Unreflektiertheit unserer gewöhnlichen Haltung ihr gegenüber herauszuarbeiten. Wenn Cook allerdings fordert, man müsse doch einfach sehen, wie äußerst seltsam die Vorstellung sei, daß Empfindungen privat sind, dann reagiere ich ungeduldig darauf und entscheide mich einfach wieder für Privatheit. Sie scheint die normalste Auffassung von Empfindungen zu sein, die man haben kann.

In seinem Aufsatz »Wittgenstein on Sensation« ist Alan Donagan wie Pitcher der Ansicht, Empfindungen seien nach Wittgenstein in dem Sinn privat, daß wir die tatsächliche Qualität der Empfindungen eines anderen nicht kennen können, was jedoch für unser Wissen, *daß* der andere etwa Schmerzen hat, irrelevant ist. Uneins ist er sich mit Pitcher darüber, ob die so verstandene Empfindung benannt werden kann. Pitcher ist der Ansicht, das sei nicht möglich, aber unsere Empfindungswörter hätten gleichwohl (andere) »berechtigte Gebrauchsweisen« (S. 300/Dt.: S. 301). Für Donagan hingegen *lassen* Empfindungen sich benennen, oder vielmehr: man kann in bestimmter Weise auf sie Bezug nehmen. Diese Meinungsverschiedenheit ergibt sich aus den unterschiedlichen Interpretationen von Wittgensteins Parabel des kochenden Topfes oder wird von ihr unterstützt.

Sich diese Parabel genauer anzusehen ist sehr lehrreich.

> Freilich, wenn das Wasser im Topf kocht, so steigt der Dampf aus dem Topf und auch das Bild des Dampfes aus dem Bild des Topfes. Aber wie, wenn man sagen wollte, im Bild des Topfes müsse auch etwas kochen? (§ 297)

Pitcher bemerkt dazu: »Es wäre ganz absurd, wollte man über die Flüssigkeit in dem gemalten Topf zu reden anfangen, sich z.B. fragen, ob es Wasser, Tee, Suppe oder eine seltsame exotische Flüssigkeit sei. Auf solche Fragen gibt es keine Antwort; die Flüssigkeit im Topf gehört nicht zum Bild – und die Sprachspiele mit dem Bild enthalten keine Verweise auf den Inhalt des Topfes. Genauso enthalten Schmerz-Sprachspiele keine Hinweise auf unsere privaten Empfindungen« (S. 299 f./Dt.: S. 349). Donagan entgegnet darauf folgendes: »Wenn Wittgenstein das meinte, was Pitcher ihm unterstellt, dann ist seine Parabel schlecht gewählt. Es stimmt zwar, daß das Bild des Topfes nicht auch ein Bild des kochenden Wassers enthält. Aber es ist falsch zu sagen, man könne das Ganze des Bildes beschreiben, ohne auf den Inhalt des Topfes einzugehen. Und es ist auch nicht immer absurd zu fragen, welche Flüssigkeit in dem Topf ist. Man denke sich auf einer heißen Platte eine metallene Teekanne, aus deren Tülle Dampf aufsteigt, dieses Bild könnte sehr wohl illustrieren, wie man Tee nicht warmhalten sollte. … Wittgenstein hat diese Punkte nicht übersehen: Als er seine Parabel auf das Bild des Schmerzes anwandte, führte er tatsächlich eine differenzierte, gleichsam technische Terminologie ein, um das zu verdeutlichen.« Was Donagan mit »gleichsam technischer Terminologie« meint, bezieht sich, nehme ich an, vor allem auf die Unterscheidung von Vorstellung und Bild,* wie sie drei Paragraphen nach der Parabel getroffen wird:

> Zu dem Sprachspiel mit den Worten »er hat Schmerzen« gehört – möchte man sagen – nicht nur das Bild des Benehmens, sondern auch das Bild des Schmerzes. Oder: nicht nur das Paradigma des Benehmens, sondern auch das des Schmerzes. – Zu sagen »Das Bild des Schmerzes tritt ins Sprachspiel mit dem Worte ›Schmerz‹ ein«, ist ein Mißverständnis. Die Vorstellung des Schmerzes ist kein Bild, und *diese* Vorstellung ist im Sprachspiel auch nicht durch etwas ersetzbar, was wir ein Bild nennen würden. – Wohl tritt die Vorstellung des Schmerzes in einem Sinn ins Sprachspiel ein; nur nicht als Bild. (§ 300)

Donagans Gedanke ist dann dieser: »wenn man einen kochenden Topf zeichnet, dann wird die Zeichnung ein Bild des Dampfes und ein Bild des Topfes enthalten, aber nicht ein Bild von etwas Kochendem. Eine Vorstellung vermag demgegenüber indirekt darzustellen« (S. 330). Ähnlich: »obwohl Schmerzen nicht direkt in einem Bild darstellbar sind, lassen sie sich indirekt darstellen – nämlich in Vorstellungen« (S. 331).**

Aber ließen sich all diese Fragen über den Inhalt des Topfes nicht beantworten, indem man den Topf so zeichnet, daß man hineinsehen kann – entweder durch die Wahl einer Perspektive, die uns über seinen Rand schauen läßt, oder indem man einen gläsernen Topf zeichnet? Wittgenstein Parabel sagt nichts darüber, ob das Bild so oder anders aussieht. Diese alternativen Bilder werden freilich für die Anwendung der Parabel auf die Frage, wie wir von

---

* Deutsch im Original. (A.d.Ü.)

** Die Wörter »Bild« und »Vorstellung« sind im Original auf deutsch. (A.d.Ü.)

den Schmerzen eines anderen wissen, nicht sehr zweckdienlich sein, und darum geht es doch wohl. Aber warum nicht? Vielleicht weil wir nicht wissen, was denn die Analogie zu »über den Topfrand schauen« ist; wir haben auf unsere Mitmenschen keine solche Perspektive oder sollten sie nicht beanspruchen. Und wenn ich versuche, mir einen gläsernen Mann oder eine gläserne Frau vorzustellen (nicht nur einen Mann mit Haut und Muskeln aus Glas, sondern sozusagen durch und durch gläsern), dann merke ich, daß ich nicht so recht weiß, wo ich den Schmerz *lokalisieren* soll. (Gesetzt, ich stelle mir vor, die Schulter des gläsernen Mannes schmerzt, und ich möchte zeigen, wo es wehtut, etwa indem ich den Ort rot anmale. Markiere ich den Schmerz nun auf seiner Schulter, im Gehirn, entlang der Nerven von der Schulter zum Gehirn oder an all diesen Stellen gleichzeitig? Bei der letzten Möglichkeit würde der Schmerz eine unbefriedigende Form bekommen. Oder ist die Form bloß zu *bestimmt*?) Das ist merkwürdig, denn wir wissen doch, wie und wo wir nach Schmerzen suchen, wie wir sie lokalisieren – d. h., sofern wir nicht daran denken, sie tatsächlich zu sehen. Wenn man will, kann man ohne viel Aufheben und instruktiv sagen, man sehe das kochende Wasser indirekt, doch das ist so, weil man, sollte man es wollen, ohne viel Aufheben sagen kann, man sehe es direkt.

Wenn der Topf in Schrägaufsicht oder aus Glas beim Problem der Schmerzen nicht hilft, was ist dann der Zweck des undurchsichtigen oder frontal gesehenen Topfes? Nähern wir uns dem menschlichen Körper treffender an, wenn wir ihn als undurchsichtig und in Frontalansicht verstehen? Was ist der Witz an Wittgensteins Parabel des kochenden Topfes?

Wir sollten zuerst versuchen, die Schlußfrage zu beantworten – die Frage, um derentwillen die Parabel ersonnen wurde: »Aber wie, wenn man sagen wollte, im Bild des Topfes müsse auch etwas kochen?« Was sollte als Antwort auf dieses Insistieren gesagt werden? – Ich merke hier an, daß in der deutschen Version von Wittgensteins Bemerkung nicht ausdrücklich von einem »Insistieren« gesprochen wird. Sie lautet einfach: »Aber wie, wenn man sagen wollte ...«, was im Englischen etwa so lauten würde: »but what if one wanted to say«. Doch Anscombes Ergänzung der Idee des Insistierens [»*But what if one insisted on saying* ...«] scheint mir den richtigen Tonfall zu treffen. Hier soll der Eindruck vermittelt werden, daß die in der Parabel angenommene Person *immer noch* etwas (über etwas) sagen möchte. Der Eindruck ist: Nichts könnte klarer sein als die Szene, die vor ihr ausgebreitet wurde. Die Parabel beginnt mit »freilich«, alles ist offen und klar, es steckt kein As im Ärmel, es gibt nicht einmal einen Ärmel, und doch, trotz alledem zweifelt dieser Mann – oder vielleicht zweifelt er weniger, als daß etwas an ihm nagt –, irgend etwas schwebt ihm vor, er hat irgendwelche Vorbehalte, er ist nicht offen und klar. Möglicherweise *sagt* er überhaupt nichts, vielleicht fehlt es ihm an Mut oder an den Worten. (Wenn es ihm weder an dem einen noch an dem anderen fehlt, wird er es mit Nachdruck vorbringen.) Das ist das Stichwort für den Philosophen, er tritt auf, indem er die Worte liefert. (Es ist nicht sein einziges Stichwort, und es ist kein Stichwort nur für Philosophen und auch nicht für alle Philosophen.) Normalerweise führt Wittgenstein einen Gesprächspartner ein, um solche Worte zu liefern, und normalerweise nimmt dies die Form eines Insistierens an. Es ist eine Weise, in der Wittgenstein seinen Leser (d. h. eine Version seiner selbst) an einem bestimmten Kreuzweg stehend darstellt. Ein erster Schritt, um die Worte freizusetzen, ist hier, sie zu äußern, alle weiteren Schritte vollziehen sich in der Grammatik. Ein solches Stichwort nicht aufzunehmen oder nicht die wirklich befreienden Worte zu liefern, nachdem es gefallen ist, sind zwei, vielleicht neu entdeckte Formen philosophischen Versagens. Man könnte sie zugleich auch für Fälle schriftstellerischen Versagens halten.

Aber wir waren dabei, eine Antwort auf die Frage der Parabel zu suchen. Eine Antwort könnte lauten: »Freilich kochte da etwas in dem Bild des Topfes! Sonst würde ja kein Dampf aufsteigen! Daß da drinnen etwas kocht, ist doch das, was der Dampf *bedeutet*! Du scheinst nicht zu wissen, was ein Bild *ist*!« Aber manchmal

wird man auch entgegnen: »Blödsinn! Wie könnte in einem *Bild* etwas kochen? Du scheinst vergessen zu haben, was ein *Bild* ist! Ebensogut könntest du in den *Worten* ›Topf, aus dem Dampf aufsteigt‹ nach etwas Kochendem suchen!« – Sind das Antworten? Wenn ja, warum gibt es zwei, miteinander wetteifernde Antworten? Wenn nein, was ist dann die Frage?
Die Parabel reagiert auf – d. h. ist eine Belehrung für – das besondere, vorausgegangene Insistieren des Gesprächspartners:
»Ja, aber es ist doch da ein Etwas, was meinen Ausruf des Schmerzes begleitet! Und um dessentwillen ich ihn mache. Und dieses Etwas ist das, was wichtig ist – und schrecklich.« – Wem teilen wir das nur mit? Und bei welcher Gelegenheit? (§ 296)
Der gemeinsame Faktor zwischen diesem Gesprächspartner und der Parabel ist die Vorstellung von »etwas«, einem etwas, das da drinnen ist. Von der Vorstellung dieses »etwas« handelt die Parabel. Die Annahme, Wittgenstein habe gesagt oder angedeutet, in seinem, des Gesprächspartners, Inneren sei *nichts* oder gehe nichts vor, was immer sein (äußerer) Ausdruck sein möge, hat diesen Gesprächspartner offenbar dazu veranlaßt, auf »etwas« zu insistieren (oder zu seinen diesbezüglichen Vorbehalten, seiner Forderung, es in der Schwebe zu lassen, veranlaßt). Das will sagen, Wittgenstein hat diesen Gesprächspartner aus dem Gefühl heraus geschaffen, ein Leser, sein fiktiver Gesprächspartner, könnte etwas, was er geschrieben hat, so verstehen wie dieser Gesprächspartner, nämlich als ein *Bestreiten*, daß irgend etwas in ihm vorgeht. Das will sagen, Wittgenstein bringt durch diesen Gesprächspartner seinen eigenen Impuls zum Ausdruck, seine Worte genau so zu verstehen. Wir sollen uns fragen, woher die Vermutung kommt, daß vielleicht gar nichts in ihm vorgeht (daß andere es meinen). Warum ist eine solche – auf den ersten Blick mehr oder weniger psychotische – Vermutung überhaupt eine Antwort, ja eine Parabel wert? Warum ist sie alarmierend? (Warum sind Psychotiker alarmierend?)
Da wir (auf zwei gleichermaßen deutliche, aber entgegengesetzte Weisen) die Frage der Parabel beantwortet haben, ist es *in der Pa-*

rabel nicht weiter schwierig zu sagen, was das »nichts« ist, das der Gesprächspartner mit seinem »etwas« ausschließen möchte und im Akt des Bestreitens schafft: Das Feuer im Bild wird einen nicht verbrennen (es sei denn, man ist im Bild); der Dampf aus dem Topf im Bild wird den am Morgen erhaltenen Brief nicht öffnen. Was es *ist*, ist ein *Bild*. – »Nur, wem teilen wir das mit? Und bei welcher Gelegenheit?« Diese Fragen sind hier fehl am Platz, denn ich habe doch gar nicht beabsichtigt, jemandem irgend etwas mitzuteilen. Ich war dabei, eine Parabel auszulegen. Die Fragen wären ebenso fehl am Platz, wenn der Gesprächspartner seine Worte anders aufgefaßt hätte, also nicht als beharrliches Versichern einer Information oder als Ausdruck eines Vorbehalts. Die Alternative dazu ist nicht notwendigerweise, daß er sie parabolisch gemeint hat. Er hätte sie auch ironisch meinen können, etwa in einer Rede, um seine leidenden Mitmenschen zu vereinigen und gegen diejenigen zu wüten und sie bloßzustellen, die nicht hören, selbst wenn sie unsere Schmerzensschreie verursachen. Er hätte seine Worte oder andere dieses Tenors auch gesungen haben können. Dann hätte er sie einfach, ohne große Beharrlichkeit, meinen können; wenn nicht offen ausgesprochen, so doch jedenfalls aus ganzem Herzen, rückhaltlos. Er hätte sich einer der größten Schnulzen bedienen können: »They asked me how I knew my true love was true. I of course replied: ›Something here inside cannot be denied‹.« (»Wie kannst du denn so sicher sein, deine wahre Liebe sei treu und rein. Ich weiß, sie wird nicht lügen, mein Inneres kann nicht trügen.«)

Nicht so leicht zu erklären oder zu sehen ist, warum jemand darauf »bestehen« sollte, das zu sagen (oder einen Vorbehalt zu hegen, aber das werde ich nicht mehr ständig hinzufügen), wovon Wittgenstein uns auffordert anzunehmen, er würde es tun – entweder daß etwas in einem Bild kochen muß oder daß in einem sichtbar dampfenden (gemalten) Topf etwas kocht oder beides irgendwie zusammen. Mir scheint, Pitchers und Donagans Interpretationen haben dieses Merkmal der Parabel übersehen, daß das Verrückte und Leere daran dieses Beharren konstituiert.

(Wenn dem so ist, mag das die Richtigkeit der Wittgensteinschen Parabel bestätigen: Da Philosophen auch nur Menschen sind, erkennen sie das Verrückte oder Leere nicht, dem sie unter dem Druck, einen Gedanken zu fassen, auf den Leim gehen.) Pitcher und Donagan gehen beide davon aus, daß es eine kohärente Antwort auf die Frage der Parabel geben muß. Pitchers Antwort lautet, es sei von keinerlei Bedeutung, ob irgend etwas in dem Topf ist, oder vielmehr, was in dem Topf ist, sei bedeutungslos: Wir könnten, was immer da drin ist, zwar nicht benennen (oder wissen?) (obwohl die Parabel mit den Worten beginnt »wenn Wasser in einem Topf kocht«?), aber dennoch Wörter ohne dieses Wissen für Empfindungen verwenden. Donagans Antwort lautet, auch wenn wir in einer Hinsicht das, was im Topf ist, nicht benennen oder wissen könnten, seien wir in einer anderen Hinsicht dazu (indirekt) fähig.

Es ist folglich nicht leicht zu erkennen, wie die Parabel in § 297 auf die beharrliche Äußerung von § 296 *anwendbar ist*. Vor allem erscheint uns diese Äußerung nicht leer oder verrückt (»Ja, aber es ist doch da ein Etwas, was meinen Ausruf des Schmerzes begleitet! Und um dessentwillen ich ihn mache.«). Im Gegenteil, in der richtigen Situation scheint sie schlicht wahr zu sein. Donagan erkennt, daß die Anführungszeichen, in denen die Äußerung steht, deutlich machen, daß sie »nicht *propria persona* zu verstehen ist«. Er erklärt dies damit, daß die »darauffolgende Frage gleichwohl zeigt, daß [Wittgenstein] sie als einen legitimen philosophischen Fingerzeig betrachtet« (S. 335 f.). Ich glaube das nicht. Die Parabel fordert uns auf, die Äußerung noch einmal zu betrachten und vor allem ihrem Insistieren zu mißtrauen. Wir sind, möchte man sagen, aufgefordert, von unserer Überzeugung abzurücken, daß dies eine Behauptung (oder ein Fingerzeig) sein *muß*, und anzunehmen, daß jemand sich hier hat verleiten lassen, auf etwas Leerem zu insistieren, etwas inkohärent zu meinen.

(Das ist nicht dasselbe wie der Versuch, etwas Inkohärentes zu meinen. Auf diese Möglichkeit bezieht sich Wittgenstein mit seiner Erklärung: »Wenn gesagt wird, ein Satz sei sinnlos, so ist nicht, quasi, sein Sinn sinnlos« (*Untersuchungen*, § 500). Und es ist auch nicht dasselbe, wie etwas anderes zu meinen, als man gedacht hat. Das trifft auf Fälle zu, in denen meine *Worte* zwar Sinn ergeben und auch korrekt zusammengefügt sind, aber ich sie sozusagen am falschen Ort meine. Diese Art von Möglichkeit wird deutlich in Wittgensteins Verwendung dessen, was die »Methode des § 2«, wie er es in § 48 nennt, tatsächlich erfüllt, nämlich »[die Betrachtung] eines Sprachspiels, wofür [eine solche] Darstellung wirklich gilt«. Andere Beispiele werden die Illusion, etwas zu meinen, illustrieren. (In dem bereits erwähnten Aufsatz macht Cook auf Wittgensteins Beschäftigung mit *verschiedenen* Formen dessen aufmerksam, was Cook »Sinnlosigkeit« nennt. Interessantes und Lehrreiches sagt er beispielsweise auf S. 308 f. zu diesem Thema.) Mit dem Ausdruck »etwas inkohärent meinen« vermute ich und möchte ich eine andere menschliche Möglichkeit isolieren, eine, die sich aus der Möglichkeit ergibt, Worte in bestimmten Weisen zu meinen – z. B. ironisch, parabolisch, metaphorisch; d. h. die Möglichkeit, sie wirklich so zu meinen, aber sie auf eine falsche Weise zu meinen oder in einem nicht erkannten Sinn. Hier kehrt die Magie der Worte zurück: als würde das Sagen eines Wortes seine Bedeutung materialisieren. (Das könnte in Wittgensteins Beispiel der Fall sein, in dem er davon spricht, daß ein Ofen Schmerzen hat (§ 350).) Zu sagen, daß Worte buchstäblich zu meinen nicht einfach eine unter anderen Weisen ist, sie zu meinen, wird wichtig. Wenn dem so wäre, würde ein Kind sprechen lernen, wenn wir *immer* ironisch, metaphorisch, parabolisch mit ihm sprächen. In größerem oder kleinerem Maße geschieht dies jetzt. Vielleicht ist es in gewissem Maße unvermeidlich, da es zur Sprache gehört, daß ihre Worte in verschiedener Weise gemeint sein können. Nichts von dem, was ich gesagt habe, hat damit zu tun, daß das Kind ausdrücklich mit Worten spielt, z. B. mit sinnlosen Reimen. Auch möchte ich nicht sagen, daß die Fähigkeit, sich wörtlich auszudrücken, *wichtiger* ist als die, sich nicht wörtlich auszudrücken – nicht mehr, als ich sagen möchte, es sei besser, einen Verstand gehabt zu haben, als ihn verloren zu haben.)

Wenn die Äußerung »Aber da ist doch etwas ...« eine Behauptung ist, dann muß es eine Gelegenheit geben, bei der sie verwandt wird, um gegenüber jemandem etwas zu behaupten, ihm etwas mitzuteilen. Konzentrieren wir uns auf den Ausdruck »meinen Ausruf des Schmerzes begleiten«. Die Situation ist eine, in der ich vor Schmerzen aufschreie. Ist mein Ausruf in sich unverständlich? Wohl nicht aus dem Grund, daß die anderen nicht wissen, warum oder wie ich Schmerzen habe. Wenn aber die anderen nicht wissen, was aufschreien (vor Schmerz) bedeutet, dann wird man kaum erwarten, daß es hilfreich sein wird, die Worte über den Schmerz hinzuzufügen. Man stelle sich vor, jemand erhebt sich nach einem nächtlichen Kartenspiel, um sich zu strecken, und löst dabei einen Muskelkrampf im Hals aus. Es ist fürchterlich, der Körper windet sich, als wolle er der vollen Wucht der Schmerzen ausweichen, der Mann stöhnt oder wimmert, als durchbohrte man ihn. Können wir uns nun weiter vorstellen, daß er in dieser Situation genötigt ist, zu sagen oder weiter zu stöhnen und zu wimmern: »Da ist *etwas*, was mein Schmerzgewimmer begleitet«? Wenn wir uns vorzustellen versuchen, daß er sich an jemanden wendet (ich nehme an, an die anderen Kartenspieler), der seinen Schmerz hartnäckig übersieht, folglich ihn hartnäckig leugnet, und daß er dann in höchster Pein versucht, dessen Anerkennung zu erlangen, sollten wir uns dann vielleicht nicht weiter vorstellen, er klage zudem: »... und außerdem wird mein Wimmern dieser Information von Pein begleitet«? – Kafkas Hungerkünstler, der mit seinem beispiellosen Hungern auf allgemeinen Unglauben stieß, hätte versuchen können, eine falsche Auskunft darüber zu geben, eine Auskunft, welche die Größe seines Leidens verkleinert hätte, als wäre er willens, vollständige Anerkennung gegen eine teilweise Anerkennung zu tauschen, als würde ein Teil die Wirklichkeit oder den Wert seines Leidens ein Stück weit in seinen eigenen Augen etablieren. Das wäre ein subtilerer Schachzug als der von mir vorgeschlagene, aber er wird ebensowenig Erfolg haben. Sein Publikum hatte nicht so sehr den Glauben, sondern das Interesse verloren. Wenn ich behaupte (etwas, was ich schon in »The Avoidance of Love«, S. 347, sagte), daß Wissen den Mangel an Anerkennung niemals kompensiert, dann will ich damit nicht sagen, Informationen würden nie unsere Vorstellungskraft beflügeln, sondern nur, daß man nicht immer wissen kann, wann es der Fall sein wird.

Die Situation läßt sich so beschreiben: Die Worte »etwas begleitet meinen Ausruf des Schmerzes« drängen sich uns auf, wenn wir das Gefühl haben, die *Verbindung* zwischen etwas Innerem und etwas Äußerem stärken zu müssen. Doch gerade diese Worte – oder vielmehr die Beharrlichkeit, mit der sie bei einer Gelegenheit verwandt werden, oder der Vorbehalt, mit dem sie zurückgehalten werden – kappen die natürliche Verbindung. (Wie ich früher schon bemerkte, möchten wir in der Philosophie, daß Kriterien weniger leisten, als sie es tun.) Diese Worte lassen die Tatsache, daß ein Ausdruck und das, was er ausdrückt, zusammengehen, mehr oder weniger zufällig erscheinen oder vielleicht wie ein einfaches Naturgesetz, wie z. B., daß aus einem Topf mit kochendem Wasser Dampf aufsteigt, allerdings, das nebenbei, wie ein sehr viel schwächeres Gesetz, denn oft, wenn Schmerz in einem Menschen kocht, tritt kein Schmerzverhalten auf.

Die von Wittgensteins Parabel gestellte philosophische Aufgabe (nicht unähnlich, um es noch einmal zu sagen, einer literarischen Aufgabe) besteht darin zu beschreiben, was an der Behauptung, daß »etwas in dem Bild des Topfes ist«, nicht stimmt – d. h., sie hat zu zeigen, daß die Behauptung leer ist, daß Verrücktheit in ihr steckt, mithin daß sie vor dem Hintergrund des beharrlichen Gefühls, daß es eine Behauptung *ist*, nicht auf eine Behauptung hinausläuft – und zugleich muß sie den Anschein vermeiden, es würde *bestritten*, daß etwas in dem Bild des Topfes ist.

»Zu dem Sprachspiel mit den Worten ›er hat Schmerzen‹ gehört – möchte man sagen – nicht nur das Bild des Benehmens, sondern auch das Bild des Schmerzes« (§ 300). Warum sollten wir das sagen wollen? (An dieser Stelle zählt Wittgenstein sich selbst deutlich zum »wir«.) Wir werden etwas über den Drang wissen wollen, hier von dem Bild oder dem Paradigma des Benehmens zu sprechen – es sei denn, das ist einfach offenkundig, weil man, was ja möglich wäre, gerade vor einem wirklichen Bild steht, während man die Worte »er hat Schmerzen« gebraucht. Doch wir können die Modifizierung »Bild oder Paradigma von« auf beiden Seiten streichen, und dann bleibt uns folgendes: Nicht bloß das Benehmen gehört zum Sprachspiel mit den Worten »er hat Schmerzen«, sondern auch der Schmerz. Nun scheint ein Impuls, der durch dieses Wort ausgedrückt werden könnte, deutlich genug zu sein. Wir möchten sagen: Wenn wir zum Ausdruck bringen, daß wir den Schmerz eines anderen anerkennen, dann erkennen wir nicht bloß einen Ausdruck an, sondern auch das, was er ausdrückt. Unsere Worte richten sich ebenso unmittelbar auf den Schmerz selbst wie auf das Benehmen – *das*, den Schmerz selbst, *meinen* unsere Worte. Was das besagt, muß wahr sein, und dennoch haben wir wieder das Gefühl, wir befänden uns am Rand eines alten Mißverständnisses und sähen den »Schmerz selbst« und das »bloße Benehmen« als zwei verschiedene *Dinge* an (obgleich sie ohne Zweifel im allgemeinen in der engstmöglichen Verbindung zueinander stehen). Am Rande des Mißverständnisses stehen wir, weil wir am Rande der Leere stehen: Wir wissen nicht, an wen solche Worte gerichtet werden, wem sie etwas mitteilen könnten. Wir wissen nicht, warum wir sie sagen *wollen*, welchen Mangel sie beheben.

Um die Wahrheit unserer Worte oder vielmehr die Gültigkeit des Impulses, der hinter ihnen steht, einzuräumen und zugleich das von diesen Worten geförderte Mißverständnis abzuwehren, fährt Wittgenstein fort: »Wohl tritt die Vorstellung des Schmerzes in einem Sinn ins Sprachspiel ein; nur nicht als Bild.« Was wird mit der Aussage »nicht als Bild« ausgeschlossen? Etwas, was ausgeschlossen wird, ist die Vorstellung, daß es etwas jenseits des Benehmens oder dahinter gibt, etwas, was übrigbleibt und von dem es ein Bild geben *könnte* (oder eine indirekte Darstellung) oder von dem es *kein* Bild geben könnte (aber gewissermaßen nur aufgrund eines physischen oder metaphysischen Zufalls). Als ob ein Bild des Leidens, beispielsweise Grünewalds *Kreuzigung*, ein vollkommenes Bild eines Mannes und eines Kreuzes wäre, aber (notwendigerweise) ein unvollkommenes oder indirektes Bild des Leidens. (Es ist eine Art Bild eines Bildes von Leiden.)

Was ausgeschlossen ist, wird durch Wittgensteins vorausgegangenen Satz ein wenig spezifiziert: »Die Vorstellung des Schmerzes ist kein Bild, und *diese* Vorstellung ist im Sprachspiel auch nicht durch etwas ersetzbar, was wir ein Bild nennen würden.« Die Betonung *dieser* Vorstellung impliziert, daß bestimmte Vorstellungen durch Bilder ersetzbar *sind*. Wenn ich z.B. nach einem bestimmten Mann suche, dann könnte ich eine Vorstellung von ihm in meinem Kopf haben oder auch nicht. Wenn mich das beunruhigt, könnte ich ein Bild von ihm in meiner Tasche oder in meiner Hand haben, und das würde mir bei meiner Suche genauso helfen wie eine Vorstellung in meinem Kopf. Es würde mir sogar mehr helfen, falls ich vorhabe, Leute danach zu fragen, ob sie ihn gesehen haben. Im vorliegenden Fall jedoch, im Sprachspiel mit den Worten »er hat Schmerzen«, geht es um meine Reaktion auf einen Ausdruck von Schmerz. Die Vorstellung vom Schmerz gehört zum Ausdruck meiner Reaktion auf ein Schmerzen habendes Wesen. Ich bin es, der dieser Reaktion Ausdruck verleiht. Ein Bild ist demgegenüber nur etwas anderes, *auf das* ich reagiere oder nicht. Natürlich könnte ein von *mir* gemaltes Bild oder eine von mir verfaßte Zeile eine Reaktion auf Schmerz sein, sogar auf den Schmerz *dieses* Geschöpfs. (Grünewalds Bild war vermutlich eine solche Reaktion.) Ganz offensichtlich wird meine Vorstellung oder Konzeption vom Leiden eines anderen dadurch nicht ersetzt, sie ist ein Teil meiner Reaktion auf den Schmerz. Es ist, so könnte man sagen, ein weiterer oder artikulierterer Ausdruck dieser Reaktion. Das mag von persönlichem, erkenntnistheoretischem oder ästhetischem Interesse sein, aber metaphysisch wird dadurch nichts klarer, denn jetzt haben wir es mit zwei Reaktionen auf denselben Schmerz zu tun.

Sollte indes mein Bild (das von mir gemalte) tatsächlich eine Vorstellung ersetzen, die Teil meiner Reaktion auf seinen Schmerz ist, ein Ersatz für sie sein, etwas, was einspringt oder sie kompensiert, dann leide ich unter einer zeitweiligen oder chronischen Affektverschiebung (die, wie man will, entweder neurotisch oder sündhaft ist).

Tritt die Vorstellung des Wassers in das Sprachspiel mit den Worten »Wenn Wasser in einem Topf kocht, steigt Dampf aus dem Topf auf, und auch das Bild des Dampfes steigt aus dem Bild des Topfes auf«? Die eine oder andere Vorstellung dieser Art kommt möglicherweise ins Spiel oder auch nicht. Wir könnten sagen: Den Dampf zu sehen (oder ihn sich vorzustellen) ist genug. (Wie zuvor schon kann ich, sollte ich aus irgendeinem Grund eine Vorstellung brauchen, mir mit einem Bild behelfen.) Genug ist es, wie ich sagen könnte, nicht nur in dem Sinn, daß wir wissen, daß Dampf ein guter Beweis für Wasser ist, sondern auch, weil wir wissen, was aus einem Topf aufsteigender Dampf *bedeutet*. Fraglich aber ist, ob wir mitunter wissen, was Schmerzbenehmen bedeutet. Nicht nur in dem Sinn, daß dieses Benehmen etwa ein Stöhnen ist, sondern daß es ein Stöhnen aus Leiden ist, daß es Leiden bedeutet. Die Frage ist, ob wir sozusagen die Tatsache erfassen, daß Benehmen (wie Worte) etwas ausdrückt; ob wir die Tatsache erfassen, daß Kriterien Ausdrücke sind. (Das ist der Grund, warum ich nicht zwischen den verschiedenen Übersetzungen von *Vorstellung* in der Phrase *Vorstellung des Schmerzes*[*] wählen wollte. Der Nachdruck liegt auf dem Schmerz, auf unserer Wahrnehmung des Leidens. Kein einzelnes Wort würde diese Idee vollständig erfassen; oder vielleicht sollte ich sagen, wir haben bis jetzt noch nicht die Grundlage, von der aus wir zwischen den Worten wählen könnten. Das Wort würde unseren Zugang zueinander festhalten müssen, daß wir überhaupt einen solchen Zugang haben.)

Eine Frage, ob wir wissen, was Schmerzbenehmen bedeutet?

---

[*] Die beiden kursivierten Ausdrücke sind im Original auf deutsch. (A. d. Ü.)

Was für eine Frage? Ob wir diese Tatsache nicht kennen? Sie vergessen haben? Es geht nur um das Wissen, daß ein Körper, der Schmerzbenehmen zeigt, der Körper eines lebenden Geschöpfes, eines lebenden Wesens ist. Das nicht zu wissen wäre dasselbe, wie nicht zu wissen, was ein Körper ist. Und doch scheint es ein Wissen zu sein, von dem Wittgenstein meint, die Philosophie würde es (unter dem Deckmantel seiner Bejahung) verleugnen; weniger um es fahrenzulassen, als vielmehr um es aus dem Zugriff der Philosophie selbst zu befreien. Immer wieder kommt er darauf zurück: »Nur von dem, was sich benimmt wie ein Mensch, kann man sagen, daß es Schmerzen *hat*. Denn man muß es von einem Körper sagen, oder, wenn du willst, von einer Seele, die einen Körper *hat*« (§ 283). Und im 2. Teil der *Untersuchungen*, wo die Frage des Leidens erneut auftaucht, heißt es: »Meine Einstellung zu ihm ist eine Einstellung zur Seele« (S. 495). Und natürlich ist es die Einstellung *einer* Seele. Die Philosophie hat ihre charakteristischen Weisen und ihre eigenen Beweggründe, dieses Wissen zu vermeiden. Und genauso haben Religion und Politik ihre spezifischen Weisen. Aber wie kann man die Verbindung von Körper und Seele bestreiten?

»Wie kann ich denn mit der Sprache noch zwischen die Schmerzäußerung und den Schmerz treten wollen?« (§ 245) Diese Frage ist anscheinend ein Versuch Wittgensteins, eine Geistesverfassung ausdrücken, in der man das Gefühl hat, um die Verbindung zwischen einer Empfindung und ihrem Namen zu gewährleisten, müsse man zu der Empfindung losgelöst von ihrer Äußerung vordringen, hinter die bloß äußere Äußerung gelangen, die sozusagen unseren Blick verstellt. Aber Wittgenstein fragt: Wie kann man so etwas auch nur versuchen wollen? Wie kann man denn eines solchen Geistes sein? Wir wollen versuchen, die Frage folgendermaßen zu beantworten: »*Nichts* ist enger beieinander als das Innere und das Äußere, z.B. der Schmerz und die Schmerzäußerung. Dazwischen gibt es keinen *Raum*.« Das könnte richtig sein, sofern es im übertragenen Sinn gemeint ist. Doch im übertragenen Sinn verstanden, ist es mehrdeutig. Man könnte sagen, nichts tritt zwischen das Erleben eines Individuums und seine diesbezügliche Äußerung, um damit zum Ausdruck zu bringen, daß seine Äußerung echt, nicht erfunden, aufrichtig ist. Wenn jedoch keine echte Äußerung erfolgt – entweder weil es überhaupt keine oder eine unaufrichtige Äußerung gibt oder weil da nichts ist, was sich so äußern ließe (die Äußerung ist vorgetäuscht) –, dann könnte man sagen, nichts tritt dazwischen, weil es in solchen Fällen nicht zwei Dinge gibt, zwischen die irgend etwas treten könnte.

Aus dieser Frage, die Wittgenstein sich selbst stellt, ziehe ich verschiedene Lehren. »Zwischen« ist vor allem ein Bild. Ich kann so weit gehen und mir wünschen, die Sprache hineinzuzwängen, weil das Bild von etwas zwischen Erleben und Äußerung nicht notwendig schlecht ist (ebensowenig wie das Bild von etwas *hinter* unseren Worten und Handlungen notwendig schlecht ist). Ich möchte die Sprache hineinzwängen, weil unser brauchbares Wissen über das (Innen-)Leben des anderen nicht weiter reicht als unsere (äußeren) Äußerungen, und wir haben Grund, von diesen Äußerungen enttäuscht zu sein.

Wir könnten den Ausdruck »etwas trat dazwischen« zur Beschreibung eines Falles verwenden, in dem ich dir gerade etwas über unsere gemeinsame Freundin sagen wollte, als sie hereinkam. Oder eines Falles, in dem ich gerade soweit war, eine Situation anzusprechen, für die ich dir eine Entschuldigung schulde, oder anfing, dir die Geschichte eines Liebesgefühls als Auftakt zu einer Liebeserklärung zu erzählen, als das Gefühl sich auflöste. In solchen Fällen bedeutet »etwas trat dazwischen« (zwischen mich und mein Gefühl), grob gesagt, etwas wurde blockiert. Doch was meine Äußerung blockierte, war nicht mein Verhalten, denn man könnte auch sagen, das Verhalten sei blockiert worden. – Das Bild von »etwas dazwischen« mitsamt dem damit einhergehenden Wunsch, dazwischenzukommen, ist symptomatisch für die Art von Geschöpf, die wir sind. Seine Bedeutung liegt darin, daß die Äußerung der Seele niemals *besser* als natürlich ist. Sie ist nicht unvermeidlich, und die Chancen für Aufrichtigkeit stehen schlecht.

Wenn wir den Sinn von der ersten auf die dritte Person verlegen, wird das Bild von selbst deutlicher. Als ich das Gefühl hatte, ich müßte losgelöst von seiner Äußerung zur Empfindung des anderen gelangen (als ließe sich so Gewißheit gewährleisten oder als ließe sich seine Aufrichtigkeit dadurch gewährleisten, daß *er* daran gehindert wird, eine Rolle in seiner Äußerung zu spielen), wollte ich mit meiner Bezugnahme auf seine Empfindung in sein Benehmen eindringen, um so dieselbe Stelle zu erreichen, die seine Bezugnahme auf sich selbst besetzt, sozusagen *bevor* die Empfindung geäußert wird. (Die Wirkung eines Wahrheitsserums könnten wir uns in etwa so vorstellen, daß jemand darin gehindert wird, eine Rolle in seiner Äußerung zu spielen. Aber wir würden hier nicht denken, daß er aufrichtig spricht.) Er kann etwas tun, was wir als Bezugnahme auf seine Empfindung bezeichnen können, bevor sie geäußert wird. Er kann einen Teil seines Benehmens unterdrücken oder nicht aus einem Gefühl heraus handeln, um auf die Qualität des Gefühls zu achten, das seine Handlung äußern würde, oder auf die Bedeutung seines Gefühls, seinen Ursprung. Er kann das tun und entdecken, daß sein Gefühl nicht so schlecht und unkontrollierbar ist, wie er gefürchtet oder beteuert hat. *Muß* ich das tun, um mich auf meinen Schmerz zu beziehen?

Wittgensteins These scheint mir in etwa die zu sein: Meine Bezugnahmen auf meinen Schmerz sind exakt meine Äußerungen des Schmerzes selbst; und meine Worte beziehen sich gerade deshalb oder in dem Maße auf meinen Schmerz, weil sie seine (modifizierte) Äußerung sind. Das wäre nicht nur für die Äußerung eines gegenwärtigen Erlebens wahr. Um sich auf einen vergangenen Schmerz zu beziehen, könnte eine gegenwärtige, durch die Erinnerung modifizierte Äußerung des Schmerzes nötig sein. Ich könnte die Erinnerung daran unterdrücken oder ihn sonstwie ganz vergessen, vergessen, wie ich mich fühlte. Das mag ein Fluch oder ein Segen sein. Dann werde ich, sofern ich es tue, mich darauf beziehen, als wäre es einem anderen zugestoßen. Man könnte das so verstehen, als würden wir historisch über uns selbst sprechen. Menschen können diesen Ton auch in bezug auf ihre gegenwärtigen Erlebnisse anschlagen. Das könnte ein Fluch oder ein Segen sein. Das Bild einer *Verbindung*, die zwischen einem Erlebnis und den Worten dafür hergestellt werden muß, ist symbolisch für das Äußern, das Aussprechen des Erlebnisses selbst. Ist die Äußerung zerstört, kann die Bezugnahme selbst die Verbindung nicht herstellen. Wie sehen dann meine Bezugnahmen auf den Schmerz eines anderen aus? Es sind meine (mehr oder weniger) modifizierten Reaktionen darauf oder darauf, daß er ihn gehabt hat, oder darauf, daß er ihn antizipiert; es sind Reaktionen auf die Äußerungen des Schmerzes seitens eines anderen (oder auf seine Unfähigkeit, ihn zu äußern).

Die Zeiger einer Uhr beziehen sich auf die richtige Zeit, sofern sie in geeigneter Weise mit einem intakten und funktionierenden Mechanismus verbunden sind. Ist dieser nicht intakt oder funktioniert er nicht, dann ist *diese* Verbindung (von Zeigern und Mechanismus) von keiner Bedeutung. (Ich glaube nicht, daß man sagen sollte, sie sei von Bedeutung, nur von der *falschen*. Obwohl man vielleicht immer noch ihr Nicht-Intaktsein (in diesem Fall teilt sie die falsche Zeit mit) von ihrem Nicht-Funktionieren (in diesem Fall zeigt sie gar keine Zeit an, teilt gar nichts mit) unterscheiden sollte. Wenn man sagen möchte, eine stillstehende Uhr gibt zu genau zwei Zeitpunkten am Tag das Richtige an, dann könnte man ebenso sagen, ein Toter reagiert in genau solchen Momenten richtig, wo die richtige Reaktion Schweigen ist.) Wenn wir es so verstehen, daß die Zeiger der Uhr auf den Mechanismus verweisen, dann wäre es vielleicht von keiner Bedeutung für uns, ob sie richtig geht oder nicht. Jemand hat dann vielleicht folgendes Gefühl: Die Zeiger einer Uhr sind vollkommen oberflächliche Kennzeichen derselben. Sie sind nur zu unserer Bequemlichkeit da und zudem noch zerbrechlich! Wenn eine Uhr die richtige Zeit anzeigt, würde sie das auch dann noch tun, wenn sie zufällig keine Zeiger hätte, wie sie es ja auch im Dunkeln täte. (Als würden Zifferblatt und Zeiger einer Uhr in derselben Beziehung zu dem stehen, was hinter dem Zifferblatt liegt, wie der Senderanzeiger eines Radios zu dem, was sich im Gehäuse befindet.) Jedenfalls würde sie immer noch die richtige Zeit *denken*, und wenn sie überhaupt die Zeit denkt, dann *weiß* sie sie sicherlich auch. – Wir könnten sie genausogut wie die Uhr wissen, wenn wir ihren Takt messen würden und dann das, was uns ihr Takt mitteilt, so markieren würden, daß wir daran die Zeit ablesen können. Allerdings wären wir dann nicht tiefer in die Uhr eingedrungen; wir hätten ihr nur eine andere Art von Zeigern gegeben, sozusagen künstliche Glieder. – Die Vorstellung, daß die Uhr die Zeit kennt, ob sie sie nun anzeigt oder nicht, ist eine vernünftige symbolische Äußerung über sie, vor allem über ihre Verpflichtung, mit anderen guten Uhren mitzuhalten, und letztlich über die Verpflichtung, die sie wie alle guten Uhren gegenüber der Sonne hat. Ihr Wissen ist tatsächlich ihr Gewissen. Würde eine gewissenhafte Uhr in ihren Zeigern eine bloße, für andere wesentliche Annehmlichkeit sehen? Nur wenn sie von *sich selbst* dächte, sie sei wesentlich für andere da. (Wäre sie ein Einsiedler oder eine *Fin-de-siècle*-Uhr, könnte sie in ihren Zeigern eine bloße Annehmlichkeit für sich selbst sehen.) Würden wir jedoch dergleichen über eine solche Uhr denken, so wäre dies anmaßend oder sentimental. Wir stehen nicht in derselben Beziehung zu ihren Zeigern wie sie selbst.

Daß eine Bezugnahme bei der Benennung unserer Bewußtseinszustände von der Äußerung abhängig ist, dies, so meine ich, ist die spezifische Lehre der Wittgensteinschen Entdeckungen, die das sogenannte Privatsprachenargument enthalten. In diesen Entdeckungen finde ich, insbesondere was Privatheit und Sprache betrifft, nichts, was nicht anderswo in den *Untersuchungen* gesagt und im allgemeinen klarer gesagt wird, so daß die Berühmtheit dieses Arguments meines Erachtens auf einer Fehlbewertung beruht.
Wittgenstein wird die Behauptung unterstellt, es könne keine Privatsprache geben. Auf diese Behauptung haben Kritiker beispielsweise entgegnet, (1) es könne natürlich eine Privatsprache geben, da es ja schließlich so etwas wie Codes gebe; (2) die Vor-

stellung einer Privatsprache sei viel zu dunkel, um zu vermitteln, *wovon* Wittgenstein meint, das könne es nicht geben; (3) der Gedanke sei nur eine ausgefallene Weise zu sagen, unsere Empfindungen seien nicht privat, und folglich würde er allenfalls diejenigen überzeugen, die dieser Idee schon zustimmen, nicht aber diejenigen, die es nicht tun. Die dritte Entgegnung deutet an, daß Wittgensteins Überlegung zum Problem der Privatheit, was immer sie besagt, sich besser nicht auf das Privatsprachenargument stützen sollte. Die erste Entgegnung ist irrelevant: Ein Code kommt als Kandidat für Wittgensteins Vorschlag für eine Privatsprache gar nicht erst in Frage, weil er für Außenstehende natürlich unverständlich sein soll, aber für (andere) Eingeweihte natürlich verständlich sein muß. Die zweite Entgegnung ist mit Wittgensteins Absicht bei der Entwicklung seines Arguments nicht unvereinbar.

Wittgenstein sagt nicht, daß es keine Privatsprache geben könne. Er führt seine anschließende Erörterung des Themas in § 243 mit der Frage ein: »Wäre auch eine Sprache denkbar [neben einer, in der einige Leute nur monologisch sprächen und von anderen verstanden werden könnten], in der Einer seine inneren Erlebnisse – seine Gefühle, Stimmungen etc. – für den eigenen Gebrauch aufschreiben, oder aussprechen könnte?« Wobei »für den eigenen Gebrauch« heißen soll, daß ein »anderer diese Sprache nicht verstehen kann«. Das Resultat dieser Frage ist, daß wir es uns nicht wirklich vorstellen können, oder vielmehr, daß es nichts von dieser Art vorzustellen gibt, oder besser, daß, wenn wir versuchen, uns dies vorstellen, wir uns etwas anderes als das, was wir denken, vorstellen. (Das Resultat handelt nicht vom Versagen der Vorstellungskraft und auch nicht von der Nichtexistenz einer Privatsprache, denn es könnte sehr wohl etwas geben, das man zu Recht eine Privatsprache nennen könnte.)

Was ist also der Witz dabei zu »versuchen«, sich eine »Sprache« »vorzustellen«, die »ein anderer« »nicht verstehen« »kann«? Offensichtlich geht es darum, etwas über die Öffentlichkeit der Sprache zu erhellen, etwas darüber, wie *tief* die Einigung in bezug auf Sprache geht. Ich möchte sagen: Der Witz liegt darin, die Phantasie freizusetzen, die sich in der Verneinung ausdrückt, daß Sprache etwas im wesentlichen Gemeinsames ist. Der in den explizit mit der Idee einer Privatsprache beschäftigten Abschnitten angeschlagene Tonfall erhält seine eigentümliche Färbung durch den Tonfall von jemandem, der einer Phantasie erlaubt, ausgesprochen zu werden. Es ist natürlich ein Tonfall, der uns auch von anderen Stellen des Buches her vertraut ist. Daß er hier beharrlicher angeschlagen wird, vermag ich nicht zu beweisen, aber ich möchte doch die Gelegenheit wahrnehmen und meinen Eindruck von ihm erwähnen, denn ich halte es für falsch zu sagen, in den *Untersuchungen* fänden wir nur zwei wesentliche Stimmen mit je eigenem Tonfall: die des Gesprächspartners und Wittgensteins eigene. Erstens gibt es keinen Grund zu meinen, im ganzen Buch gebe es nur einen Gesprächspartner, und zweitens spricht Wittgenstein ganz offensichtlich in verschiedenen Tonfällen, die vom Volltönenden und Hochnäsigen bis zum Nachdenklichen und Amüsierten reichen. In Abschnitt 234, der den am stärksten zusammenhängenden Ausblick auf eine Privatsprache einführt, und in § 258, der die Idee aufgreift und sie zu exemplifizieren versucht, spricht er, wie mir scheint, mit gedämpftem Tonfall.

Wittgenstein hat sich selbst gefragt, ob wir uns etwas vorstellen können. Er hat sich sozusagen selbst betrachtet und geantwortet, daß wir selbstverständlich die Alltagssprache dazu verwenden können, um unsere inneren Erlebnisse zu irgendwelchen privaten Zwecken festzuhalten. (Leute entwickeln z.B. oft Kurzschriften für ihre Tagebucheinträge, um ihre Gedanken für sich zu behalten, und häufig wird es jemandem, der sie entziffert, schleierhaft sein, warum gerade diese so harmlos scheinenden Gedanken lieber privat gehalten worden sind. Der Grund dafür könnte ein privater sein und bleiben.) Dann hat er das Gefühl, nicht dies habe er gemeint, das sei nicht die Vorstellung von Privatheit gewesen, die er darlegen wolle. Von hier aus lassen sich verschiedene Richtungen einschlagen. In § 258 versucht er, sich einen bestimmten Fall vorzustellen: »Ich will über das Wiederkehren einer gewissen Empfindung Tagebuch führen. Dazu assoziiere ich sie mit dem Zeichen ›E‹ und schreibe in einem Kalender zu jedem Tag, an dem ich die Empfindung habe, dieses Zeichen.« Dann eine lange Pause, die ich etwa so ausfülle: »Soweit ist daran nichts falsch. Eine Reihe von Gründen, medizinische, psychologische oder spirituelle, könnte dafür sprechen, diese Empfindung zu verfolgen. Dennoch handelt es sich ohne Zweifel um eine sehr spezielle Art des Tagebucheintrags. Was für eine Art ist es?« Dann grübelt er: »Ich will zuerst bemerken, daß sich eine Definition des Zeichens nicht aussprechen läßt.«

Das ist eine verwirrende Bemerkung. Ein paar Seiten zuvor (§ 239) hat er gesagt:

»›Rot‹ bedeutet die Farbe, die mir beim Hören des Wortes ›rot‹ einfällt« – wäre eine *Definition*. Keine Erklärung des *Wesens* der Bezeichnung durch ein Wort.

Warum könnten wir im vorliegenden Fall nicht in ähnlicher Weise sagen: »Die Definition des Zeichens ›E‹ ist: ›Das Zeichen, das ich jeden Tag, an dem eine gewisse Empfindung auftritt, in meinen Kalender eintrage‹«? Mir fallen unmittelbar zwei Hinsichten ins Auge, in denen sich dies von der Definition von »rot« unterscheidet. (1) Anders als »rot« hat das Zeichen »E« keine festgelegte oder konkurrierende Verwendung in der Sprache, *alles* muß daher in der Definition berücksichtigt werden. Würde jemand sagen: »›Rad‹ bedeutet die Farbe, die mir beim Hören des Lautes ›rad‹ einfällt«, würden wir uns freiheraus fragen, warum einem überhaupt eine Farbe beim Hören dieses Lautes einfallen sollte, sicherlich würden wir wissen wollen, warum einem immer *dieselbe* Farbe einfallen sollte, und vielleicht möchten wir auch wissen, ob sie ihm ebenso beim Hören des Wortes »radish« einfällt. Bei der Definition von »rot« scheinen wir hingegen jemandes Idiosynkrasie zu verstehen, und es muß uns nicht weiter beschäftigen, genau welche Farbe oder Farben im Spiel sein könnten. (2) Die Tatsache, daß das Zeichen »E« ein erkennbarer *Buchstabe* unserer Sprache ist, ist unnötig, ja irreführend. Irgendein charakteristisches Zeichen, etwa ein Sternchen nach dem Datum des Tagebucheintrags, würde seine Funktion deutlicher machen. Ich bin nicht bereit zu sagen, dieses Zeichen müsse (oder könne nicht) in dieser Verwendung eine Definition haben, aber es hat zumindest eine Erklärung, und diese scheint zu zeigen, daß es nicht ein Name für irgend etwas ist, sondern eine Art Abkürzung, ein Zeichensymbol, für die Bemerkung »Meine alte Empfindung ist heute wieder aufgetreten«.

Stößt man beim Durchblättern meines Tagebuchs wiederholt auf einen Namen, etwa »Sal Michael«, kann man sich verschiedene Möglichkeiten vorstellen, z. B. daß ich Verabredungen mit dieser Person hatte, daß ich mich immer wieder daran erinnern wollte, endlich ein Treffen mit ihm (oder ihr) zu vereinbaren, daß ich aus keinem erkennbaren Grund von Zeit zu Zeit an diese Person dachte (oder ist sie fiktiv, eine Gestalt in einer Geschichte, die ich schreibe, oder ein Phantasiefreund?), daß ich diesen Namen aus Gewohnheit kritzelte, daß ich ihn aus irgendeinem mir wohlbekannten Grund erfunden habe. Erkennt man bei näherer Prüfung, daß der Name in Wirklichkeit »St. Michael« lautet, tun sich weitere Möglichkeiten auf, z. B. daß ich an Jeanne d'Arc gedacht habe, daß ich mir wünschte, es gäbe Heilige, daß ich diesen Heiligen angerufen habe oder seine Ankunft befürchte, daß ich beschlossen habe, seinen Namen an jedem Tag, an dem er mir erscheint, in mein Tagebuch zu schreiben. In meiner Zeit und an meinem Ort werde ich mich wahrscheinlich gewundert haben, wie man eine Verbindung zwischen diesem Kritzeln eines Namens und dem Heiligen, dessen Name es ist, herstellen kann – das Wort hier und der Heilige dort scheinen so *weit* voneinander entfernt. Dann hätte ich mich vielleicht gefragt, wie diese Verbindung hergestellt wird, wenn der Namensträger nicht weiter weg als am anderen Ende der Stadt wohnte oder auch so nah wie der Schläfer im Zimmer nebenan: Die bloße *Entfernung* von mir kann sicherlich nicht darüber befinden, wie schwierig es für den Namen ist, seinen Träger zu erreichen. Bei meinem Problem ging es also nicht um Heilige, sondern um das Benennen oder Feststellen, ob der Träger Sal ein Heiliger oder irgendeine Empfindung ist. Dasselbe gilt, wenn ich deshalb meinte, keine Definition formulieren zu können, weil ich dachte, kein echter Name habe eine formulierbare Definition, da kein Name eine Bedeutung hat. (Nebenbei gesagt, ich hätte völlig vergessen haben können, warum der Name wiederholt in meinem Tagebuch auftaucht, und möglicherweise gibt es keine äußeren Belege, die mich darüber wieder informieren könnten. Wenn ich tot bin, wird es also niemand von uns jemals wissen.)

Für den Eintrag »E« (oder »*«) haben sich diese verschiedenen Möglichkeiten nicht ergeben. Er sollte einzig und allein von mir zu den Gelegenheiten notiert werden, bei denen etwas in mir geschehen ist. Bemerkt Wittgenstein deshalb, daß es keine Definition davon gibt? – Als wolle er sagen: Das bloße *Dasein* des Zeichens ist das einzig Wichtige; sein Gebrauch ist alles, was es an Bedeutung hat, und in diesem Fall ist der Gebrauch nie ein anderer. Etwas Ähnliches ließe sich über den gewöhnlichen Gebrauch des Sternchens sagen, das als Markierung für eine Fußnote verwandt wird. Doch während sein Gebrauch nie ein anderer ist, sind andere Kennzeichnungen für denselben Gebrauch denkbar, so daß das Sternchen immer noch von diesen unterschieden werden muß. Es ist eine reine Bequemlichkeit, daß es überhaupt Markierungen dieser Art gibt. Besondere Zwischenräume zwischen den Wörtern oder ihre Hochstellung könnten denselben Zweck erfüllen. (Wäre die gesamte Schriftsprache solchen Zwecken gewidmet – wäre sie sozusagen nicht wirklich Teil der Sprache, sondern gehörte sie zur bequemen Maschinerie des Schreibens –, könnte es dann Wörterbücher geben? Dieses ganze Wörterbuch würde dann wohl so aussehen wie die Anhänge in heutigen Wörterbüchern. Und ich meine, sagen zu können, daß ein vollständiges Wörterbuch einer solchen Sprache Verzeichnisse enthalten müßte, die *alles* umfassen, was sich in der Sprache *sagen läßt*, so als ob alles Sagbare die Form einer Redewendung annehmen würde.)

Ich habe gesagt, in gewissem Sinn könne ich jemandem erklären, wofür das Zeichen »E« in meinem Tagebuch steht. Aber gesetzt, daß Wittgenstein in dem fraglichen Abschnitt versucht, die Phantasie einer Privatsprache – deren oberste Bedingung es ist, für andere unverständlich zu bleiben – darzulegen oder sich in sie hineinzuversetzen, ich könnte dann diesem Menschen prinzipiell nicht die Bedeutung (oder den Gebrauch) des Zeichens so angeben, daß *er* es verwenden könnte. Aber wird eine Definition denn nicht zu genau diesem Zweck formuliert?

Von der Vorstellung, eine Definition anzugeben, geht Wittgenstein dann zu der Vorstellung über, sich selbst eine Art von hinweisender Definition zu geben – was offensichtlich eine andere Möglichkeit ist, einem Zeichen eine Bedeutung zu verleihen. Diese Art hinweisender Definition – wohl die private Art – läßt ihn fordern, daß er sich die Verbindung zwischen dem Zeichen und dem Gefühl einprägt, auf das er seine Aufmerksamkeit richtet (wenn er sich auf die Empfindung hinweisen soll).

»Ich präge sie mir ein« kann doch nur heißen: dieser Vorgang bewirkt, daß ich mich in Zukunft richtig an die Verbindung erinnere. Aber in unserm Falle habe ich ja kein Kriterium für die Richtigkeit. Man könnte hier sagen: richtig ist, was immer mir als richtig erscheinen wird. Und das heißt nur, daß hier von ›richtig‹ nicht geredet werden kann. (§ 258)

Doch nun sieht es so aus, als wäre es mir ganz und gar versagt, meine inneren Erlebnisse durch das Notieren ihres Auftretens in mein Tagebuch zu verfolgen. All dieses Tun ist eine leere Zeremonie (§ 258), bloßer Zierat (§ 270). Möglicherweise denken einige Philosophen oder einige Leute, das sei ein ganz passendes Verbot; andere werden es hingegen unannehmbar finden (auch wenn sie vermutlich ihre Freiheit niemals dazu nutzen, ein solches Tagebuch zu führen). Freud hat bemerkt, er könne am besten schreiben, wenn er in einer leicht depressiven Stimmung sei. Das klingt wie eine empirische These. Angenommen, er würde diese Verbindung bezweifeln, wäre es dann für ihn eine bloße Zeremonie aufzuschreiben, was er bemerkt hatte, z. B. jeden Tag, an dem er sich in dieser Stimmung befand, mit einem Sternchen zu versehen und dann das an diesen Tagen Geschriebene mit seinen Schriften aus anderen Zeiten zu vergleichen? Man kann sich einen Schriftsteller vorstellen, für den es interessant wäre, die Dutzende von verschiedenen Gemütsverfassungen zu notieren, in denen er schrieb. Die Ränder seiner Manuskripte könnten wir uns dann bedeckt mit Sternchen, Et-Zeichen, Haken, Kreuzen und Kringeln aller Art denken, die allesamt das Auftreten einer oder mehrerer dieser Verfassungen festhalten. Bestimmte Schriftsteller könnten das Gefühl haben, es sei für die Bedeutung ihrer Schriften wesentlich, diese Erlebnisse als etwas, was zum Fluß ihrer Prosa gehört, in den Korpus ihres Textes mit aufzunehmen (nicht notwendigerweise darin zu äußern). Wittgenstein ist ein solcher Schriftsteller. – Was genau können wir nicht tun?

Man beachte, daß Wittgensteins These, es könne »hier von ›richtig‹ nicht geredet werden«, nur drei oder vier Sätze bis zu dem Gedanken zurückreicht, daß »ich mir die Verbindung einpräge«, d. h. Zeichen und Empfindung so aufeinanderpresse, daß sozusagen ihre Gesichter unabhängig von irgendeiner Entscheidung meinerseits sichtbar zueinander passen. (Ich habe mich bemüht, alles von mir aus Notwendige zu tun, um etwas eine Bedeutung zu geben; dann vollziehe ich einen unerhörten Kraftakt, um mich selbst davon zu überzeugen, daß ich es getan habe.) Wäre die Idee, sich die Verbindung »einzuprägen«, nicht nötig, dann wäre der Einwand, daß nichts oder alles als »richtig« gelte, gegenstandslos. (Der Einwand betrifft nicht den Gedanken, daß niemand meine inneren Erlebnisse zu *verifizieren* vermag.) Was erweckt das Gefühl, man bräuchte oder wünschte dieses besondere Einprägen?

In sämtlichen Versuchen Wittgensteins, die Phantasie einer Privatsprache zu verwirklichen, taucht ein Moment auf, in dem die Idee oder die Tatsache, daß es irgendeine *Bedeutung* hätte, meine Erlebnisse auszusprechen oder niederzuschreiben, »überwunden« werden muß, damit die Phantasie weitergehen kann. In § 245 geschieht dies ganz ausdrücklich; in § 258 »überwindet« die Idee, eine Definition des Zeichens zu formulieren, die Tatsache, daß das Zeichen bereits alles an Definition hat, was es braucht –

d. h., wenn ich es tatsächlich so gebrauche, wie ich gesagt habe. Vor kurzem habe ich gesagt, dies könne zwar eine Erklärung sein (d. h. eine Erklärung dessen, was ich mit dem Zeichen mache, wofür ich es verwende), aber es sei keine echte Definition (d. h., es gibt jemandem die Bedeutung eines Zeichens nicht so an, daß er es dann so gebrauchen kann, wie ich es tue.) Doch nun scheint diese Unterscheidung witzlos. Das fragliche Zeichen ist von der Art, daß es keinen Grund gibt zu meinen, ein anderer hätte Verwendung dafür (wie ein anderer ja auch keine Verwendung für meine Namensschilder oder eine Mesusa hätte). Sollte ein anderer aber doch Verwendung dafür haben, weil er selbst ein Tagebuch zu führen gedenkt, dann habe ich ihm genug mitgeteilt, so daß er, wenn er möchte, mein Zeichen oder natürlich irgendein anderes verwenden könnte.

Ob ein anderer wirklich die Qualität meiner mich so interessierenden Empfindung würdigt oder verstanden hat, warum sie mich so sehr beschäftigt, betrifft im allgemeinen die Frage, wer wir sind und was für eine Beziehung wir zueinander haben. Es mag mir schwerfallen, sie einem anderen zu beschreiben, doch das könnte gerade zu seiner Würdigung beitragen. In dem Fall habe ich jedoch offensichtlich nicht das Gefühl, ich müßte mir die Verbindung zwischen meinem Zeichen und meiner Empfindung einprägen. Was könnte klarer sein? Die Verbindung ist so klar wie die Empfindung selbst. (Vielleicht widme ich mein ganzes Leben der Bemühung, die Bedeutung zu vermitteln, die eine kleine Anzahl von Worten für mich hat. Möglicherweise bin ich einer aus einem Kreis von Leuten, die sich dem verschrieben haben, womöglich sogar denselben Worten. Vorausgesetzt, mein Verstand ist gesund, wäre ich niemals so weit gegangen, wenn ich dächte, *kein* anderer könnte meine Worte verstehen. Doch angenommen, ich käme zu dieser Erkenntnis. Dann würde ich entweder bezweifeln, daß ich ihnen eine wirkliche Bedeutung beilege, und den Kreis schleunigst verlassen, oder meine Definition eines Wortes wäre nur das geringste meiner Probleme – ich meine damit meine Formulierung oder mein Verweisen auf seine Bedeutung. Mein Problem, könnten wir sagen, ist nun, daß ich Träger der Bedeutung bin. Nichts an mir ist von dem Wort nicht geprägt.)

Von Zeit zu Zeit vergesse ich vielleicht, oder ich vernachlässige es eher, meine Empfindung bei ihrem Auftreten niederzuschreiben. Vielleicht ist es eine unangenehme Empfindung, irgendwie demütigend, oder sie erschreckt mich, weil ich sie nicht einschätzen kann. An den Tagen, an denen ich mich erinnere, die Empfindung gehabt zu haben, und ihr Notieren versäumte (ich könnte gerade auf einem Spaziergang gewesen sein oder mit einem alten Bekannten ein Glas gehoben haben), sorge ich dafür, mir die Erinnerung an ihr Auftreten einzuprägen, damit ich nicht vergesse, ihr Auftreten bei meiner Rückkehr in mein Tagebuch zu schreiben. (Ein Faden um meinen Finger soll mich daran erinnern.) Vielleicht erweckt die Tatsache, daß ich mich manchmal meiner Anstrengung widersetze, die Empfindung getreulich aufzuzeichnen, selbst mein Interesse. Dann könnte ich mich, nachdem ich bei meiner Rückkehr mein »E« im Tagebuch notiert habe, dazu entschließen, daneben ein »V« zu schreiben, um meine frühere Vernachlässigung der Empfindung festzuhalten. Möglicherweise mache ich mir das zur Gewohnheit. Aber solange bei *dieser* Gewohnheit nicht irgendeine weitere Komplikation auftritt, ergibt sich keine Gelegenheit, mir die Bedeutung von diesem »V« einzuprägen, d. h. die Verbindung zwischen diesem Zeichen und meiner Vernachlässigung. (Sollte ich einen Faden um meinen Finger binden und später vergessen, warum ich es getan habe, und deshalb kein »E« eintragen und a fortiori auch kein »V«, hieße das dann, ich hätte das Gefühl vergessen, mit dem ich den Faden band? Welches der Gefühle könnte das sein? Würde es helfen, noch einen Faden zu binden? Manchmal habe ich das Gefühl, um meinem Gedächtnis wirklich zu trauen, müßte ich ans Ende aller Erinnerungen gelangen. Damit scheint gesagt zu sein, daß ich aufs Erinnern verzichten muß. Und das kommt mir nun wie eine richtige Beschreibung des Vertrauens in mein Gedächtnis vor.)

Wittgensteins Schlußfolgerung bezüglich dieser Phase seiner Untersuchung in § 270 gerät, weil er die Frage der Äußerung übergeht, zu einer Antiklimax, bzw. sie ist als Schlußfolgerung nicht evident. Er hat sich vorgestellt, daß eine bestimmte Verwendung für den Eintrag des Zeichens »E« mit dem Steigen meines Blutdrucks verbunden ist, und kommentiert: »Und nun scheint es hier ganz gleichgültig zu sein, ob ich die Empfindung *richtig* wiedererkannt habe oder nicht.« Die Korrelation besteht, *sie* ist richtig, und ich liege – wie das Manometer gezeigt hat – damit richtig; ob ich die Empfindung ein Kribbeln oder einen leichten Stich nenne, ist unwichtig. »Und welchen Grund haben wir hier, ›E‹ die Bezeichnung einer Empfindung zu nennen? Vielleicht die Art und Weise, wie dies Zeichen in diesem Sprachspiel verwendet wird. – Und warum eine ›bestimmte Empfindung‹, also jedesmal die gleiche? Nun, wir nehmen ja an, wir schrieben jedesmal ›E‹«. Und das ist alles. Unser »Schreiben von ›E‹« und anderes, was wir tun und erleben und was metaphysisch nicht tiefer geht – mehr haben wir nicht, um mit unserem Vertrauen in unsere Erlebnisse weiterzugehen. Und es ist genug, es ist im Prinzip perfekt. Aber wir setzen uns weiter über diese Annahme in unserem Beispiel hinweg, als ob das Ereignis des Schreibens nur deshalb immer wieder erwähnt wird, um die Vorstellung eines Tagebuchs anzubringen. Doch das Schreiben von »E« ist die *Äußerung* von »E«. Es könnte tatsächlich das *einzige* E-Benehmen in unserem Repertoire sein. – Aber ist diese Betonung der Annahme nicht lächerlich? Dieses E-Benehmen läuft praktisch auf nichts hinaus. – Dann läuft die »E« genannte Empfindung (falls sie dadurch geäußert wird) praktisch auf nichts hinaus. Aber haben wir nicht vorausgesetzt, daß sie wichtig genug ist, um sie kontinuierlich aufzuzeichnen?

Ein paar Abschnitte früher, in § 260, direkt im Anschluß an Wittgensteins Bemerkung über unsere Unfähigkeit, von »richtig« zu reden, stellte sich diese Enttäuschung über unsere Äußerung – unser Wunsch oder Bedürfnis, sie zu umgehen – anders dar. Wittgenstein läßt einen Gesprächspartner versuchen, die Kraft seiner Bemerkung durch die Antwort zu entschärfen: »Nun, ich *glaube*, daß dies wieder die Empfindung E ist«. Wittgenstein hält ihm hochnäsig entgegen: »Du *glaubst* es wohl zu glauben! So hätte sich also, der das Zeichen in den Kalender eintrug, *gar nichts* notiert?« Das heißt: Warum bist du so kleinmütig, was deine Empfindung betrifft – d.h., wenn du sie wirklich in deinem Tagebuch notiert hast. Wenn du *glaubst*, daß »E« deine Empfindung notiert, dann könntest du genausogut glauben, es wäre nicht so. Wozu soll dann das dumme, bedeutungslose Merkzeichen in deinem Tagebuch gut sein? Zu sagen, jemand habe vielleicht »gar nichts notiert«, heißt zu sagen, jemand habe vielleicht gar nichts *getan*. Wie dem auch sei, wenn jemand gar nichts notiert hat, dann hat er sicherlich keine Notiz gemacht. Aber was für ein Tun sollte *das* zu tun – das dumme Merkzeichen zu machen – sonst sein? Man könnte sagen, er habe gekritzelt, und nicht nur deshalb, weil das »E« klein ist. Kritzeleien können recht groß, ausgefeilt und mit Sorgfalt ausgeführt sein. Aber könnte alles und jedes, was jemand tut, kritzeln sein? Ist das die Befürchtung, die die Phantasie von einer Privatsprache überdecken soll? Eine Befürchtung, daß unsere Äußerungen jederzeit nichts bezeichnen könnten? Oder zuviel? (Nicht daß Kritzeleien nicht bedeutungsvoll sein können – daß andere, man selbst nicht etwas von ihnen lernen könnte. Man erfährt etwas über Dickens' Captain Cuttle aus dem verbalen Schnörkel, mit dem er seine hochtrabenderen Bemerkungen in der Regel schließt: »Wenn Sie es gefunden haben, merken Sie es sich.« Jemand könnte auf die Bedeutung stoßen, daß ich immer wieder genau ein »E« kritzele. Auch ich könnte das, oder ich könnte glauben, daß ich es getan habe. So wie ich auch erraten kann, welche Bedeutung es hat, daß mein Nachbar in unserer leeren Straße den Verkehr regelt.)

Die Phantasie einer Privatsprache, die dem Wunsch zugrunde liegt, die Öffentlichkeit der Sprache zu leugnen, entpuppt sich also bis hierher als eine Phantasie oder als Furcht entweder vor dem Unvermögen zur Äußerung, bei dem ich nicht nur nicht erkannt würde, sondern in der ich auch machtlos bin, mich selbst kenntlich zu machen, oder davor, daß sich das, was ich äußere, meiner Kontrolle entzieht. Ich erwarte nicht, daß die Idee solcher Phantasien bei jemandem auf Zustimmung stößt, der sie nicht teilt oder der sich nicht bewußt ist, sie in irgendeinem Maße zu teilen. Eine Phantasie könnte als Furcht erscheinen, gar nichts zu sagen zu haben – oder schlimmer, als Angst, daß es gar nichts zu sagen gibt. Wenn man diese Phantasie bis zu einem bestimmten Grad teilt oder sich daran erinnern kann, sie zu teilen, dann glaube ich nicht, daß man es noch nötig findet, eine Theorie der Äußerung zu fordern, mit der ihr entgegenzutreten ist. Die die Phantasie begleitende Gemütsstimmung stellt uns vor folgende Frage: Warum legen wir *irgendwelchen* Worten oder Taten, seien sie nun von anderen oder von uns selbst, Bedeutung bei? (Darauf zu antworten, dies helfe Worte und Taten zu erklären, wäre so, als würden wir die Frage »Warum gehorchen wir dem Staat?« mit dem Hinweis auf die Vorteile der Existenz eines Staates beantworten. Die Frage liegt auf dieser Ebene: »Wie kann irgend etwas, was wir sagen oder tun, als Ungehorsam gegenüber dem Staat gelten – was nicht auf einen Gesetzesbruch hinausläuft, sondern auf eine Schwächung des Rechts; und warum gilt alles andere, was wir sagen und tun, als Gehorsam?«) Wie kann irgend etwas, was wir sagen oder tun, als Kritzeln gelten, eine Form von Unsinn sein; und warum ist alles übrige zur Bedeutung verdammt?

Eine Phantasie über das notwendige Unvermögen zur Äußerung würde eine simultane Reihe metaphysischer Probleme lösen: Sie würde mich der Verantwortung beheben, mich selbst anderen gegenüber erkennbar zu machen – als würde ich ständig meine Erlebnisse verraten, mich unaufhörlich preisgeben, wenn ich mich äußerte. Sie würde nahelegen, daß meine Verantwortung für Selbsterkenntnis für sich selbst sorgt – als bedeute die Tatsache, daß andere mich (mein Inneres) nicht kennen, daß es mir nicht entgehen kann. Sie würde meine Ängste beruhigen, erkannt zu werden, obwohl sie vielleicht nicht verhindert, daß ich unter Verdacht stehe; sie würde meine Ängste beruhigen, nicht erkannt zu werden, obwohl sie vielleicht nicht verhindert, daß ich unter Anklage gerate. – Der dieser Phantasie zugrundeliegende Wunsch verdeckt einen dem Skeptizismus zugrundeliegenden Wunsch, nämlich den, daß sich die Verbindung zwischen meinen Wissensansprüchen und den Objekten, auf die die Ansprüche zutreffen sollen, ohne meinen Eingriff, unabhängig von meinen Zustimmungen, einstellt. So wie der Wunsch beschaffen ist, ist er unstillbar. Wo es um das Wissen meiner selbst geht, wäre eine solche Selbstverleugnung gleich doppelt einmalig: Ich muß verschwinden, damit die Suche nach mir erfolgreich ist.

Diese Worte drücken vielleicht eine bedeutende Wahrheit aus. Sie sind ein Homonym der Wahrheit, eine Art Wortwitz in Satzlänge, eine metaphysische Ironie. Wenn dem so ist, haben wir eine Erklärung dafür, warum die Schriftstellerei derjenigen, die mit dem Thema Selbsterkenntnis vertraut sind – etwa Thoreau, Kierkegaard, Nietzsche –, eine eigentümliche Form annimmt: zwanghafte, witzige Paradoxe und Wortspiele und vor allem eine irritierende Ironie. Als müsse man, um sich schreibend der Selbsterkenntnis zu nähern, Krieg mit den Worten führen, um ebenjene Waffen kämpfen, mit denen man in die Schlacht zieht. Gegen das christliche Selbstverständnis kann man aus dem Inneren des Christentums heraus kämpfen, wie Kierkegaard verkündet, oder von jenseits des Christentums, wie Nietzsche verkündet. In beiden Fällen ist man zum Kampf gerüstet, weil man findet, daß die *Worte* des Christen die richtigen sind. Leer oder schwächend ist die Art und Weise, wie er sie meint. Bei Nietzsche erscheint das Christentum nicht so sehr als Umkehrung der Wahrheit, sondern als die Wahrheit in verlogener Verkleidung. Das Problem scheint vor allem das zu sein, daß menschliches Handeln überall als menschliches Leiden verkleidet erscheint: Mit der Bejahung des Willens zur Macht soll das überwunden werden. Ich erwähne das, ohne besonderen Nachdruck darauf zu legen und, wie ich hoffe, ohne Anstoß zu erregen, denn ich meine, es findet eine Parallele in einer Wendung, die mein jetziges Argument genommen hat. Ich bin dahin gelangt, die Phantasie vom Unvermögen zur Äußerung als Bewußtsein der Machtlosigkeit zu sehen, mich selbst erkennbar zu machen, und so wie die Vorstellung von einer Privatsprache dargelegt worden ist, zeigt sich, daß dies ebenso die Machtlosigkeit ist, mich mir selbst erkennbar zu machen. Die Frage scheint die zu sein, ob sich selbst zu kennen ein aktiver Vorgang ist, etwas, was man tut (wie »E« schreiben), oder etwas, was man erleidet, was einem zustößt (wie E zu haben). Ich glaube, man wird, vorausgesetzt man hält das für eine ernsthafte Frage, zu der Antwort neigen: Beides. Doch dann muß man erklären, wie beide Seiten involviert sein können.

»Das ist richtig: es hat Sinn, von anderen zu sagen, sie seien im Zweifel darüber, ob ich Schmerzen habe; aber nicht, es von mir selbst zu sagen« (§ 246). Die bevorzugte Implikation dieser Bemerkung ist, daß es Sinn ergibt, von anderen zu sagen, sie wüßten, ob ich Schmerzen habe; aber nicht, es von mir selbst zu sagen (außer im Scherz). Damit scheint die Rede des Skeptikers auf den Kopf gestellt zu sein, nur er wisse, was in ihm vorgeht. Gegenüber der Behauptung des Skeptikers, ich könne niemals das Erlebnis des anderen wissen, ist Wittgensteins Bemerkung geradezu gewichtlos, denn sie erklärt, daß ich wissen *kann*, d. h., daß es Sinn ergibt, es zu sagen. Dem muß der Skeptiker zustimmen, denn er meint, ihre Negation, nämlich daß ich niemals wissen kann, ergibt Sinn. Für ihn handelt es sich dabei nicht um eine sozusagen begriffliche Unmöglichkeit, sondern um eine bislang unentdeckte Tatsache und offensichtlich um eine, zu deren Erkenntnis man hingeführt wird. Was der Wittgensteinschen Bemerkung potentiell Gewicht gegenüber der skeptischen Position verleiht, ist eher, daß der Skeptiker, wenn er vom Fremdpsychischen redet, nicht skeptisch genug ist: Der andere ist noch immer da, zusammen mit seinem Wissen von sich selbst; und auch ich bin noch da, zusammen mit dem meinigen. (Ein erster Unterschied hinsichtlich der skeptischen Haltung zur Außenwelt ist der, daß die Anfangsbedingung des Skeptikers fehlt, nämlich daß niemand in einer besseren Position ist, etwas zu wissen, als *ich*.

Im Fall des Fremdpsychischen hat es anscheinend Sinn zu sagen, daß es eine bessere Position *gibt*; jedenfalls weiß man nicht, daß es sie nicht gibt. (An dieser Stelle möchte ich besonders das Lektüreerlebnis mit John Wisdoms *Other Minds* erwähnen.)) Die Lehre, die wir aus dem »Privatsprachenargument« ziehen sollen, ließe sich dann möglicherweise so formulieren: Es *gibt* keine Möglichkeit für den Skeptiker, skeptisch genug zu sein. (Das klingt, als würde man auch die Lehre des *Cogito* formulieren.) Doch was dann? Sollte der Skeptiker seinen Skeptizismus einfach aufgeben, oder sollte er nur darauf verzichten, ihn zu äußern, bis er eine Möglichkeit entdeckt hat weiterzugehen?

Ich möchte den Tonfall der Wittgensteinschen Bemerkung (»... es hat Sinn zu sagen ...«) so beschreiben: »Soviel ist richtig, es liegt auf der Hand, und nicht nur das, es ist trivial.« Denn bislang ist weder etwas darüber gesagt worden, warum jemand die Bemerkung bestreiten sollte, noch darüber, wie irgend jemand es tun *könnte* (denn sie zu bestreiten hätte keinen Sinn). Und sie läßt offen, was es für eine Beziehung ist, die wir »die Psyche kennen« nennen – sie läßt die Möglichkeit offen, daß das Wissen über Fremdpsychisches eine Sache der Gewißheit ist (was uns zu dem Schluß zwingt, daß wir einander nicht kennen können), und sie läßt die Möglichkeit offen, daß meine Beziehung zu meiner eigenen Psyche eine einzigartige Form von Intuition ist (was uns zwingen wird, unsere Äußerung zu übergehen). – Worin besteht das Problem des anderen, wenn es kein Problem der Gewißheit ist?

Greifen wir ein Element wieder auf, das wir in der Deutung der Parabel vom kochenden Topf nicht vollständig erklärt haben: »Wohl tritt die Vorstellung des Schmerzes in einem Sinn ins Sprachspiel ein [mit den Worten ›er hat Schmerzen‹]; nur nicht als Bild.« Warum drängt sich die Idee einer Vorstellung auf? Und in welchem Sinn tritt sie ein?

»Vorstellung« deutet natürlich auf »Vorstellungsvermögen« hin. Aber nicht alles, was wir »Vorstellungsvermögen« nennen, verweist auf die Fähigkeit, Vorstellungen zu bilden. Es ist nicht dasselbe wie Phantasievermögen. Vorstellungsvermögen, wollen wir sagen, ist die Fähigkeit, Verbindungen herzustellen, Möglichkeiten zu sehen oder zu realisieren, doch das muß nicht dadurch zu bewerkstelligen sein, daß ich neue Vorstellungen bilde oder irgend etwas, was wir vermutlich Vorstellungen nennen würden (»Stell dir vor, wie du dich fühltest, wenn ...«; »Weißt du wirklich nicht, warum sie wütend auf dich ist? Gebrauch dein Vorstellungsvermögen«; »Du kannst dir vorstellen, was geschehen würde, wenn wir die Eignungsprüfungen für ein Promotionsstudium fallenließen«). Eine lebhafte Phantasie kann dem Zweck in der Tat zuwiderlaufen. (Dickens, ein Meister beider Fähigkeiten, sowohl des Vorstellungsvermögens als auch des Phantasievermögens, erkannte dieses Problem: Er vermochte die Pecksniffs und Murdles dieser Welt mit seinen Bildern von Armut und sterbenden Kindern zu Tränen zu rühren, aber er brachte sie nicht dazu, ihre eigene Verbindung zu diesen Bildern zu sehen.) In der Begegnung mit dem anderen ist Vorstellungsvermögen gefordert, wenn ich die Tatsachen erfassen, die Bedeutung der Vorgänge realisieren, das Benehmen für mich lebendig machen, eine Verbindung herstellen muß. »Die Tatsachen erfassen« bedeutet soviel wie »sein Benehmen in einer bestimmten Weise zu betrachten«, z. B. muß ich sein Zwinkern als ein Zusammenzucken sehen und dieses mit etwas in der Welt verbinden, was das Zusammenzucken auslöst (vielleicht eine Bemerkung, die einen selbst nicht zusammenzucken läßt), oder, wenn das nicht der Fall ist, mit etwas in ihm, einem Gedanken oder Nerv. »Etwas als etwas sehen« nennt Wittgenstein »Deutung«. Das ist das prinzipielle Thema im Hauptabschnitt dessen, was als 2. Teil der *Untersuchungen* figuriert. Vorwegnehmend können wir sagen, daß der »Sinn«, in dem eine Vorstellung in das fragliche Sprachspiel eintritt, mit dem Begriff des Sehens zu tun hat. Wittgenstein wird sagen, dieser Begriff sei »modifiziert« (S. 544).

Wenn ich diesen Bereich der Untersuchungen näher betrachte, dann möchte ich mich nicht auf die Hasenente fixieren. Sie ist ein schönes und klares Beispiel. Aber wofür? Nicht für psychologische Feinheiten, nicht für *alle* Fälle von Deutung, vor allem nicht für jedes ästhetische Erlebnis. Es ist ein Fall, in dem eine Zeichnung sich auf alternative Weisen deuten läßt. Die Schönheit liegt erstens darin, daß die Figur uns deutlich *ganz* vor Augen steht, sie besteht nur aus einer Linie, nicht einmal aus einer Oberfläche. Zweitens gibt es genau zwei miteinander konkurrierende Möglichkeiten, sie zu deuten. Drittens wird kein Hintergrundkontext verlangt (kein Vorstellungsvermögen). Viertens kann man so klar, wie man die Figur selbst vor Augen hat, sehen, daß der Wechsel von einer Deutung zur anderen allein an einem selbst liegt, der Wechsel liegt in uns. Fünftens ist der Wechsel umkehrbar und vor allem ein Willensakt. Sechstens äußert sich im Wechsel jedesmal etwas, was einen erstaunt, überraschend trifft, obwohl es offensichtlich nicht unbemerkt geschieht. Und siebtens kann man verstehen, daß der Wechsel überhaupt nicht stattfinden könnte, daß jemand nicht beide Möglichkeiten sieht. Es ist eines aus einer Reihe von Beispielen, auf die eine unerwartete Bandbreite von Begriffen anwendbar ist und bei dem uns die Komplexität ihrer Überschneidung bewußt wird – z. B. Vorstellungsvermögen, Deutung, Erlebnis, Eindruck, Äußerung, Sehen, Wissen, bloßes Wissen, Bedeutung, übertragene Bedeutung.

Nebenbei gesagt, der Begriff der übertragenen Bedeutung – Wittgenstein bezeichnet sie manchmal als sekundäre Bedeutung – erklärt, daß eine Untersuchung dieses Bereichs nicht immer durch die Verwendung von Sprachspielen und der (a priori) Übereinstimmung im Urteil vorgehen kann, von der sie abhängen, denn in bezug auf eine übertragene Bedeutung existiert keine solche vorausgegangene Übereinstimmung. Wörter, die in solchen Verbindungen gebraucht werden, haben, so könnte man sagen, keine Grammatik – und das wäre selbst eine grammatische Bemerkung. Dieses Fehlen einer allgemeinen Übereinstimmung spiegelt sich hier in einer Reihe von technischen Begriffen, die Wittgenstein auf diesen Seiten einführt: z. B. sekundäre Bedeutung, Gesichtsbild, Aspekte, Aspektblindheit.

Ich werde mich nur auf *diesen* Strang konzentrieren: Wittgenstein sagt, die Wichtigkeit, die er hier beurteilen möchte, betreffe einen kategorischen Unterschied bei verschiedenen »Objekten« des Sehens. Er führt unmittelbar seinen Ausdruck »einen Aspekt bemerken« ein, von dessen Verzweigungen er sich dann leiten läßt. Ich verweise auf zwei späte Knotenpunkte in der Entwicklung dieser Vorstellung von einem »Aspekt«: »Im Aspekt ist eine Physiognomie vorhanden, die nachher vergeht« (S. 547) und »Die Wichtigkeit dieses Begriffs [der Aspektblindheit] liegt in dem Zusammenhang der Begriffe ›Sehen des Aspekts‹ und ›Erleben der Bedeutung eines Wortes‹« (S. 553). Nimmt man die Ideen zusammen, daß das Bemerken eines Aspekts das Erstauntsein über eine Physiognomie ist; daß die Worte vertraute Physiognomien darstellen; daß sie sich als Bilder ihrer Bedeutung denken lassen; daß Worte ein Leben haben und für uns tot sein können; daß »ein Wort erleben« bedeutet, die Aufmerksamkeit auf unsere Beziehung zu unseren Worten zu lenken; daß unsere Beziehung zu Bildern in einigen Hinsichten wie unsere Beziehung zu dem ist, wovon sie Bilder sind: dann, so möchte ich sagen, ist das Thema unserer Bindung an unsere Worte eine allegorische Behandlung unserer Bindung an uns selbst und an andere. Auf etwas dieser Art waren wir vorbereitet. Meine Worte sind meine Äußerungen meines Lebens. Auf die Worte anderer reagiere ich als auf ihre Äußerungen, d. h., ich reagiere nicht nur auf das, was ihre Worte bedeuten, sondern auch auf ihre Bedeutung der Worte. Ich nehme an, daß sie etwas mit ihren Worten meinen (»implizieren«) oder daß sie ironisch reden usw. Natürlich können meine Äußerungen und meine Reaktionen nicht zutreffend sein. Sich eine Äußerung vorzustellen (die Bedeutung eines Wortes zu erleben) heißt, sich vorzustellen, daß sie einer Seele Ausdruck verleiht. (Die von der Philosophie der Alltagssprache gebrauchten Beispiele sind in diesem Sinn vorgestellt.)

Ein Punkt der Allegorie der Worte läßt sich so ausdrücken. Ich sagte gerade: »Meine Worte sind Äußerungen meines Lebens ...« Wir wollen uns hier das fragen, was Wittgenstein über Empfindungen (§ 411) fragt: Welche Worte sind *meine*? Für eine solche Frage gibt es ganz gewöhnliche Gelegenheiten: Ich lese mir z. B. die von uns entworfene Verfassung durch, um zu sehen, wieviel von meinen Vorschlägen die Überarbeitung von letzter Nacht überstanden hat. Wenige, würde ich behaupten, haben im Kopf, daß sie ihre ganz eigene Reihe von Worten besitzen könnten. Aber ist man versucht anzunehmen, daß man möglicherweise seine ganz eigenen Empfindungen besitzt? Niemand meint, ein anderer könne unmöglich, so wie man selbst, ein »E« in sein Tagebuch eintragen. Ich meine, genau *das* »E« eintragen (dasjenige, das man in der 1. Klasse lernte, das aussieht wie ein Schlüsselbart). Wird die Allegorie damit falsch angewendet? Sollte man eher sagen, was man nicht haben könne, sei das Haben der Empfindung des anderen, so wie ich nicht dein Eintragen von »E« eintragen kann? Natürlich hat es Sinn zu sagen, ich könne nicht deinen »E«-Fall [*»E«-token*] in mein Tagebuch eintragen. (Es hat jedenfalls in dem Maße Sinn, wie »kann nicht« in diesem Zusammenhang Sinn hat.) Wird also die Vorstellung »meine Empfindung« durch die Aussage ausgedrückt: »Ich kann nicht deine Einzelempfindung [*sensation-token*] haben«? Ich habe den Eindruck: Wenn dies überhaupt Sinn hat, dann besagt es eher mehr oder eher weniger, als ich sagen wollte. Denn was ich ausdrücken wollte, war meine Einzigartigkeit, und sie so auszudrücken läßt es so *trivial* erscheinen. Wenn ich nur den Einzelfall [*token*] eines bestimmten Typs [*type*] bekommen habe, dann könnte jeder andere genauso einen Einzelfall haben. (»Ja, aber sie hätten nicht *diesen* haben können.« Doch damit ist *gar nichts* gesagt, denn genau das bedeutet »Einzelfall eines Typs«.) Gibt es also *gar kein* Problem mit »meinen Empfindungen« und damit, ob andere sie haben und folglich wissen können? Oder ist die Allegorie meiner Worte (in diesem Fall die Rede von »meinen Empfindungen« als Rede von »meinen Worten«) an dieser Stelle unvollständig, unfähig, meine Einzigartigkeit zu erfassen? Wir scheinen eine Wahl zu haben. – So viel scheint wahr zu sein: Wichtig an meiner Empfindung ist, *daß* ich sie habe. Die fragliche Einzigartigkeit verweist nicht auf einen notwendigen Unterschied zwischen meiner Empfindung und deiner (denn möglicherweise gibt es keinen bedeutsamen Unterschied zwischen ihnen), sondern auf den notwendigen Unterschied, daß ich ich bin und du du bist, auf die Tatsache, daß wir zwei sind.

Die Idee der Allegorie von Worten ist, daß menschliche Äußerungen, die menschliche Gestalt, *gelesen* werden müssen, um sie zu begreifen. Eine andere Psyche zu verstehen heißt, eine Physiognomie zu deuten, und was uns dieser Teil der *Untersuchungen* mitteilt, ist, daß dies nicht eine Frage des »bloßen Wissens« ist. Ich muß die Physiognomie deuten, das Geschöpf gemäß meiner Deutung sehen und es gemäß meines Sehens behandeln. Der menschliche Körper ist das beste Bild der menschlichen Seele – nicht so sehr, wie ich hinzufügen möchte, weil er hauptsächlich die Seele repräsentiert, sondern weil er sie ausdrückt. Der Körper ist das Ausdrucksfeld der Seele. Er ist der Körper *einer* Seele, er gehört der Seele, eine menschliche Seele *hat* einen menschlichen Körper. (Ist dies unverständlich? Ist die Idee, daß der Körper eine Seele hat, leichter zu verstehen? (Vgl. § 283.) Zu sagen, daß dieses »Haben« von mir ausgeht, scheint verständlicher zu sein (obwohl nicht weniger metaphorisch). Ich bin es, der beides hat, einen Körper *und* eine Seele oder ein Bewußtsein.) Nach einem alten Bild ist die Seele im Besitz des Körpers, seine lebenslange Gefangene.

Umgekehrt gilt: Begreift man den Körper als Eigentum der Seele, als ihren Diener, dann ist er zur Äußerung, zur Bedeutung verurteilt. Der Same dieser Überzeugung geht in einer Weise in Blakes Dichtung, in einer anderen in Nietzsches *Zarathustra* auf. (In Blakes *The Marriage of Heaven and Hell*: »Der Mensch hat keinen von seiner Seele unterschiedenen Körper, denn was Körper genannt wird, ist ein Teil der Seele, wahrgenommen durch die fünf Sinne, die Hauptzuleitungen der Seele in diesem Zeitalter«.) Dieser Überzeugung, die Wittgenstein durch die Aussage, der Körper sei ein Bild der Seele, einfängt, verleiht Hegel meines Erachtens in den folgenden Formulierungen einen philosophischen Ausdruck: »Diese Gestalt, welche die Idee als geistige –

und zwar die individuell bestimmte Geistigkeit – an sich selbst hat, wenn sie sich in zeitliche Erscheinung herausmachen soll, ist die menschliche Gestalt. ... [Die] Gestalt des Menschen [ist die] einzig für den Geist angemessene sinnliche Erscheinung« (*Vorlesungen über die Ästhetik 1*, Einleitung, S. 110). (So könnte aus der Philosophie des Geistes Ästhetik werden.) Wieviel man zu akzeptieren hat, um diese Äußerung zu akzeptieren, ist eine offene Frage, die nicht etwa auf die Deutung Hegels beschränkt ist.

Eine Physiognomie zu kennen heißt, zu verstehen, was sie bedeutet, sie zu sich sprechen zu lassen, »ihre Bedeutung zu erleben«. Wie wird dieses Wissen geäußert? Manchmal zeige ich mich durch einen Aspekt erstaunt; manchmal zeige ich, daß mir etwas aufgegangen ist; je nach Fall kann ich verschiedene Formen des Überraschtseins an den Tag legen. Doch in keinem Fall äußert sich ein solches Wissen in einem »bloßen Bericht«, ausgenommen wohl, wenn es Stück meiner Geschichte geworden ist. Wittgenstein bezeichnet die Äußerung dieses Wissens vom anderen als meine »Einstellung«: »Meine Einstellung zu ihm ist eine Einstellung zur Seele« (S. 495). Aber warum sollte man sagen, eine Einstellung äußere *Wissen*? Eine Einstellung ist doch sicherlich nur etwas Psychologisches und Verursachtes, während Wissen etwas Begriffliches und Begründetes ist. Aber eine Überzeugung etwa ist eine Einstellung, und sie ist verursacht, wenn irgendein psychologisches Phänomen verursacht werden kann, und sie ist, wenn irgendeines, begründbar. Wie unterscheiden sich davon Glaube, Mitleid oder Freude?
(Hume und die anderen klassischen Empiristen waren sich durchaus des Unterschieds zwischen einer Überzeugung als etwas Verursachbarem und als etwas Begründbarem bewußt. Aber weil (oder in dem Maße wie) ihr Werk von uns als vorwissenschaftliche Psychologie gelesen wird (die der eine oder andere zu einer Wissenschaft gemacht hat) und weil wir von uns annehmen, den Unterschied zwischen einer philosophischen Psycho-

logie und, sozusagen, einer psychologischen Psychologie zu kennen, und wegen der aberwitzigen Schlüsse der Empiristen über das Wissen ist es schwer, sich wieder klarzumachen, daß sie in ihren Abhandlungen über die menschliche Erkenntnis Wissen als ein psychologisches Phänomen, als eine natürliche Aktivität intendierten – so daß mitgeteilt zu bekommen, daß eine gültige Überzeugung etwas auf eine bestimmte Weise Verursachtes ist, uns wahrscheinlich nichts sagt oder uns etwas offenkundig Falsches sagt. (Wenn die Fähigkeit, logische Schlüsse zu ziehen, eine Psychologie besitzt, dann wird sie von einem Psychologen, der den Unterschied zwischen gültigen und ungültigen Schlüssen nicht kennt, nicht zu entdecken sein; nicht das Schließen wird Gegenstand der Erörterung sein. Ein vergleichbares Problem ergibt sich in der Psychologie und/oder der Psychoanalyse der Kunst. Ein Denker, der dem Gegenstand seines Nachdenkens nicht die richtige Art von Autonomie geben kann, denkt nicht über Kunst nach.) Es mag durchaus sein, daß sowohl die Philosophie als auch die Physik aus ihrer rechtmäßigen Scheidung Gewinn gezogen haben. Es mag durchaus falsch sein, daß entweder die Philosophie oder die Psychologie aus ihrer rechtmäßigen Scheidung Gewinn gezogen haben, obwohl ich nicht behaupte, sie sei unnötig gewesen.)

Wie auch immer, ich lege den Akzent nicht auf »Einstellung«, sondern auf die Notwendigkeit »der Äußerung des Wissens«. Manchmal wird sie darin bestehen, Beweise zu liefern, manchmal darin, Analysen oder Ableitungen anzubieten. Doch manchmal »können wir nichts beweisen« (S. 574). Warum nicht? Wittgenstein spricht in diesem Zusammenhang von »unwägbarer Evidenz«. Das heißt im Klartext: »Ich weiß nicht, wieso ich es weiß.« Das ist freilich mehrdeutig. Es kann heißen »Ich weiß nicht, wieso ich es weiß, ich weiß es einfach«, und in diesem Fall wird man geneigt sein, nicht davon überzeugt zu sein, daß ich es weiß, jedenfalls wird man nur insoweit an meiner Behauptung interessiert sein, als man an mir interessiert ist. Es kann aber auch heißen »Ich kann es *dir* nicht sagen«. Vielleicht habe ich deine Reaktion auf das von mir schon Gesagte so aufgefaßt, daß du nicht daran interessiert bist, das Unwägbare mit mir zu erwägen. Das könnte Selbstschutz oder Selbsttäuschung sein. Oder es könnte eine Äußerung dessen sein, daß ich die Evidenz für alles halte, was es an Evidenz gibt, daß ich die Grenze der Belehrung so ziehe, daß das von mir Gezeigte offenkundig ist, weiter geht es nicht. Wo und wann ich die Grenze ziehe, mag willkürlich und dogmatisch erscheinen, ja auch sein. Manchmal überwältigt mich das Gefühl, daß sich so wenig *sagen* läßt; vielleicht nicht mehr als »Es können auch Ohren sein«. Dieses Gefühl mag mich selbst willkürlich oder dogmatisch erscheinen und sein lassen, während es mich gleichzeitig auch, vielleicht als Palliativ, charmant, witzig oder elegant machen könnte – oder auch nicht. Ein derartiges Verhalten hält in meinen Augen die schon früher erwähnte Sorge fest, von der die Unterweisung ergriffen werden könnte: das Bewußtsein, daß unser Kommunikationsweg an einem Punkt davon abhängig ist, daß der andere den nächsten Schritt tut, ohne daß ich ihm mehr Hilfestellung gebe als meinen Glauben, daß er es schafft. Ein Kennzeichen des guten Lehrers ist es, in bestimmten Bereichen zu wissen, wann er aufhören muß zu drängen, in Bereichen, in denen weiteres Wissen nicht durch mehr Drill erworben wird, sondern durch ein geeignetes Abwarten. Das ist eine andere Art des Trainings. Die Menschen sind nicht alle gleich gut darin, bestimmte Lehrer sind nicht gleich gut darin, aber man kann lernen, besser zu werden.

Hier ist etwas, was ich weiß, aber nicht beweisen kann: Die Schlußszene in *For Whom the Bell Tolls*, in der der Held einsam in einem Pinienwald stirbt, während er den Rückzug seiner Kameraden deckt, spielt auf Rolands Tod im *Rolandslied* an oder erinnert daran. Es ist nicht zu erwarten, daß jeder es glaubt. Mag sein, daß ich nicht mehr sagen möchte oder daß ich die Grenze weiter hinausschieben möchte, etwa durch die Erklärung: Die Anspielung beinhaltet, daß romantische Liebe nun die Funktion der Vasallentreue übernommen hat. Die einzige Gesellschaft, für die sich noch zu sterben lohnt, ist diejenige, die wir hier und jetzt selbst schaffen, zwischen uns. Natürlich sagt man oder sollte man dergleichen nur zurückhaltend sagen. Und es gibt viele Gründe dafür, sich nur zögerlich in eine Position hineinzumanövrieren, in der man erwägen muß, etwas derartiges zu sagen. Zu diesen Gründen muß nicht der zählen, daß ich mir meines Wissens unsicher bin; im gegenwärtigen Fall bin ich es sicherlich nicht. Ich zögere, weil das Aussprechen solcher Dinge dir gegenüber möglicherweise etwas in unsere Beziehung hineinträgt, was ich dort lieber nicht sehe. Vielleicht bin ich auch nicht bereit, entweder deine Ablehnung zu riskieren, solltest du nicht zustimmen, oder festzustellen, daß wir verschiedener Meinung sind. Möglicherweise möchte ich dich auch nicht um das Wissen bringen – nicht bloß um die Freuden der Entdeckung, sondern um das reine Wissen selbst, denn wenn ich es dir sage, vermischt sich mein Akt selbst mit deinem Wissen. Um die beiden Dinge wieder zu trennen, müßtest du möglicherweise deine Dankbarkeit für das Wissen in Abneigung gegen mich verwandeln, um deine Unabhängigkeit zu beweisen. Und das hinzunehmen, nämlich entweder deine Abneigung oder deine Unabhängigkeit bzw. die Art und Weise, in der du sie zum Ausdruck bringst, bin ich vielleicht nicht bereit. Mich zu kennen wäre gewissermaßen der Preis dieses Wissens geworden, statt, wie es auch hätte sein können, eine weitere Wirkung davon. – Etwas dieser Art ist im allgemeinen nicht unbekannt. Es gibt einfach Dinge, von denen ich gerne möchte, daß du sie weißt, die ich dir aber nicht erzählen möchte (vielleicht bestimmte Wünsche oder Bedürfnisse von mir). Man könnte sagen: Ich möchte, daß du es wissen möchtest, und zwar in einem bestimmten Geist, nicht etwa nur aus Neugier. Ein solcher Wunsch geht in Thoreaus Auffassung von Freundschaft ein. Es ist ein Wunsch, der übertrieben werden kann.

Wenn ich es dir mitteile, dann ist der eine oder andere Grund des Zögerns überwunden worden. Es könnte z. B. für mich von höchster Bedeutung sein herauszufinden, wie unsere Intuitionen aufeinander abgestimmt sind, ob wir in unseren Urteilen übereinstimmen. Da ich glaube, daß die Philosophie nicht weiter reicht als solche Übereinstimmungen, bin ich geneigt, sie auf die Probe zu stellen. (Und ich könnte über den Film schreiben.) Aber warum sollte man meine These über Hemingways Schluß ein Stück Wissen nennen? Ist es nicht bestenfalls eine Intuition? *Hier* von »Intuition« zu reden legt jedoch nahe, daß irgend etwas sich ergeben könnte, was meine Intuition bestätigt oder entkräftet. Ich kann mir freilich hier nichts derartiges vorstellen – es sei denn, jemand möchte sagen, die Zustimmung eines anderen würde mich bestätigen. Wie auch immer, warum soll man es nicht Wissen nennen? Weil es sich nicht um das Wissen einer Tatsache handelt? Was ist daran so besonders? Weil ich, um mein Wissen einer Tatsache einzubüßen, eine unvorhersehbare Bandbreite von Begriffen und Urteilen in Zweifel ziehen müßte, in deren Licht es überhaupt solche Tatsachen für mich gibt? Das ist gar nicht so verschieden von dem Eindruck, den ich vom Schluß des Romans von Hemingway habe. – Vielleicht übertreibe ich. Vielleicht ist meine Überzeugung nicht ganz so tief wie meine Überzeugung von der Bedeutung bestimmter Gedichte Blakes, über die ich im Augenblick nicht sprechen möchte. Doch was ich von Hemingway glaube, geht sicherlich tiefer als der Eindruck, den ich von *Rot und Schwarz* habe, daß nämlich die Farben des Titels unter anderem für die Farben des Roulettes stehen. Das ist für mich kaum mehr als eine offene Vermutung, die ich eines Tages versuchen könnte zu bestätigen oder auch nicht. Sollte sie sich bestätigen, dann handelt es sich um eine Einsicht (selbst wenn sie, nach allem was ich weiß, von aufmerksamen Lesern Stendhals schon lange erkannt und akzeptiert worden ist). Bestätigt sie sich nicht, führt sie also nirgendwohin, dann ist sie nichts oder nahezu nichts: Wie (aber nicht wann) man auf die Idee kommen könnte, ist offensichtlich, und daraus erfährt man nahezu nichts über mich persönlich. Eine Vorstellung, die ich von mir selbst habe, kann nicht in dieser Weise nichts sein. Meine Fehleinschätzungen der eigenen Person sagen über mich genausoviel aus wie meine richtigen Einschätzungen.

Wenn meine Einstellung ihm gegenüber mein Wissen zum Ausdruck bringt, daß er eine Seele hat, dann kann es trotzdem sein, daß sich meine Einstellung weder sehr definitiv noch sehr prompt äußert. Es mag ewig dauern, sie mag jetzt gemäß meiner Lebensweise zum Ausdruck kommen. Der andere mag mir gegenüber eine solche Einstellung einnehmen müssen, um anzuerkennen, daß ich ihm oder einem anderen mit dieser Einstellung begegne. Es ist eine alte Phantasie oder eine Tatsache über eine ältere Welt, daß solches Wissen im Besitz gewisser Gesellschaften war, zu deren Geheimnissen jemand vielleicht Zutritt begehrt. Eigenartigerweise sehen einige Leute in der Universität eine solche Gemeinschaft – oder vielleicht deren Abglanz. Das Wort »Einstellung« könnte hier irreführend sein. Es handelt sich im vorliegenden Fall nicht um eine Haltung, die ich willentlich einnehmen kann. Es hilft, das Wort im technischen Sinn aufzufassen, als ein »mich zu anderen Beugen«, als eine Ausrichtung, die sich auf alles auswirkt und die an mir zu entdecken ich interessiert sein könnte oder auch nicht.

Ich kann eine analoge Einstellung mir selbst gegenüber einnehmen. (Diese Bemerkung soll zugleich die Vorstellung einer solchen Einstellung und die Vorstellung charakterisieren, daß wir ein Ich haben.) Ich kann mich beispielsweise für meine Empfindungen interessieren und an ihnen uninteressiert sein. Wenn ich etwa sage, die Kälte stört mich nicht, und dir mein Jackett anbiete, bedeutet das dann notwendig, daß mir nicht so kalt ist wie dir? Wenn Dickens Mark Tapleys Seekrankheit schildert, dann beschreibt er ihn mit genau den vielfältigen Erlebnissen, wie auch die anderen sie haben, ohne daß er sich ihnen so ausliefert wie die anderen, z. B. ohne ihre endlosen Klagen und ihre große Mattigkeit; statt dessen geht Tapley über das Schiff, sozusagen in den Wellentälern der Übelkeit, und kümmert sich um die anderen. Dieser Mann mokiert sich nicht einmal darüber, daß die anderen unfähig sind, seine Haltung einzunehmen. Für mich erscheint das wie ein Bild der Freiheit. Und es scheint mir auch ein Beispiel dafür zu sein, daß man einen Willen hat oder ihn ausübt. Aber ich denke mir hier den Willen nicht als eine Art Stärke, die ich haben mag oder auch nicht, sondern als eine Perspektive, die ich in bezug auf mich einnehmen kann oder nicht. Man könnte daher sagen, der Wille ist kein Phänomen, sondern eine Einstellung zu Phänomenen.

Man ziehe die Lehre aus der Phantasie einer Privatsprache so: Die natürliche Bedeutung dessen, daß etwa eine Empfindung die meine ist – d. h., daß ich sie habe, oder vielmehr, daß ich es bin, der sie erleidet –, wird philosophisch so gedeutet, daß die Empfindung einzig meine ist, daß sie von anderen nicht gehabt werden kann. Wenn Wittgenstein also z. B. sagt: »Soweit es *Sinn* hat, zu sagen, mein Schmerz sei der gleiche wie seiner, soweit können wir auch beide den gleichen Schmerz haben« (§ 253), dann scheint dies, vor dem Hintergrund dieser philosophischen Deutung, die Bedeutung der Tatsache herabzusetzen, daß ich ihn habe. Er scheint mein (Innen-)Leben zu banalisieren. – In einer Hinsicht ist dies richtig. Ich glaube, aus den *Untersuchungen* im ganzen läßt sich folgende Moral ziehen: Die Tatsache und der Zustand des eigenen (Innen-)Lebens können ihre Wichtigkeit nicht aus etwas Besonderem in ihm beziehen. Wieweit auch immer man damit gekommen sein mag, man wird entdecken, daß das, was es an Gemeinsamem gibt, da ist, bevor man selbst es ist. Der Zustand des eigenen Lebens mag und mag allein unser unbegrenztes Interesse verdienen. Aber das kann es nur neben einem völligen Desinteresse daran geben. Die Seele ist unpersönlich.

Wahrscheinlich hat man nahezu immer den Eindruck, solche Gedanken über den Geist oder die Seele seien, wo sie unverständlich sind, metaphorisch. So wie ich mich ausgedrückt habe, war ich nicht sehr darauf aus, einen solchen Eindruck zu zerstreuen. Manchmal hat der Eindruck zu Theorien geführt, die mentale Begriffe als essentiell metaphorisch verstehen, wie es auf den ersten oder zweiten Blick Begriffe wie »eine Idee erfassen«, »einer Meinung anhängen« oder »sein Gedächtnis durchsuchen« sind. Welche Vorstellung von Metapher steckt dahinter? Sagt jemand »Der Geist hat Berge«, dann werde ich ihn erst verstehen, wenn ich weiß, daß es sich um eine Metapher handelt (d. h., daß

es metaphorisch gemeint ist), und nicht deshalb, weil ihr Gegenstand der Geist ist. Zu sagen, ich müsse es metaphorisch *auffassen*, ist nicht ganz richtig, denn es ist nicht klar, wie sonst ich es auffassen sollte. Manchmal ist die Sache nicht so deutlich. Wenn ich jemandem mitteile, daß ich einem anderen ein Bein gestellt oder ihm die rote Karte gezeigt habe, dann will ich vielleicht nicht, daß er es buchstäblich auffaßt. Wie dann? Nicht metaphorisch, denn ich hätte diese Gedanken anders formulieren können. (Vgl. »Aesthetic Problems of Modern Philosophy«, S. 78.)
Erinnern wir uns an folgende Fälle:

»Ich merkte, er war verstimmt.« Ist das ein Bericht über das Benehmen oder den Seelenzustand? (»Der Himmel sieht drohend aus«: handelt das von der Gegenwart, oder von der Zukunft?) Beides; aber nicht im Nebeneinander; sondern vom einen durch das andere. (*Untersuchungen*, S. 497)

Angenommen, jemand sagte: »Aber ›verstimmt sein‹ ist metaphorisch, und außerdem hat die buchstäbliche Bedeutung ihre Wurzeln in der mittelalterlichen Psychologie, ist also kaum mehr als Aberglaube. Das Beispiel klärt also nichts. Und was den drohend aussehenden Himmel betrifft, so haben wir hier ein Stück Animismus oder irgendeinen anderen kläglichen Fehlschluß. Wer darauf besteht, daß der Satz sowohl von der Gegenwart als auch von der Zukunft handelt, kann allenfalls sagen: im übertragenen Sinn geht es um die Gegenwart (denn das Aussehen des Himmels läßt sich offensichtlich buchstäblich beschreiben) und buchstäblich um die Zukunft, jedenfalls ist es eine bildliche Weise, eine buchstäbliche Voraussage zu machen.« Die folgende Entgegnung wird bei dieser Haltung wohl nicht auf fruchtbaren Boden fallen:

Wie ist es aber mit so einem Ausdruck: »Als du es sagtest, verstand ich es in meinem Herzen«? Dabei deutet man aufs Herz. Und *meint* man diese Gebärde etwa nicht?! Freilich meint man sie. Oder ist man sich bewußt, *nur* ein Bild zu gebrauchen? Gewiß nicht. – Es ist nicht ein Bild unserer Wahl, nicht ein Gleichnis, und doch ein bildlicher Ausdruck. (S. 496)

Darauf läßt sich entgegnen: »Daß man eine Gebärde meint, erklärt nicht, was man damit meint. Man kann sagen ›Dies ist ein Tisch‹ und auf den Tisch zeigen, doch Philosophen haben angenommen, sie wüßten, daß damit in Wirklichkeit eine ganze Reihe von Vorhersagen über mögliche Erfahrungen gemeint ist. Natürlich wird ein solcher Philosoph es zulassen, daß man im Alltagsleben nicht zur buchstäblichen Auslegung des Gemeinten genötigt ist und daß man um der Bequemlichkeit willen unmittelbar auf die gängige Abkürzung zurückgreifen kann. Die Sache wird jedoch übler, wenn es um solche Gebärden geht, wie auf sein Herz zu zeigen. Jemand – und er muß kein Philosoph sein – könnte diese Art der Abkürzung nicht akzeptieren. Der ganze Witz einer solchen Gebärde besteht darin, daß der andere die Bemerkung akzeptiert, die zu ihr Anlaß gibt. Sie ist ein Ausdruck der Aufrichtigkeit, sie beabsichtigt, einen intimen Augenblick zu schaffen. Wäre es dann nicht wirkungsvoller gewesen, sich einfacher auszudrücken? Und warum sollte es uns beruhigen, daß es kein Bild unserer Wahl ist, sondern sich uns aufdrängt? War es nicht das Ziel des Philosophen, diesen Drang zu durchschauen und zu schwächen? Als nächstes werden wir noch zu hören bekommen, die wahre Aufklärung sei keine Wirkung der modernen Wissenschaft, sondern habe *lange* vorher begonnen.« – Hätte ich die auf das Herz zeigende Gebärde gemacht, hätte ich vor allem die Vorstellung übelgenommen, daß ich mich einfacher hätte ausdrücken sollen. Es war doch als die einfachste aller Gebärden gemeint. – Verschiedene *Weltanschauungen** scheinen im Spiel zu sein.

Wenn ich behaupte, der Allegorie von Worten liege die Vorstellung zugrunde, daß die menschliche Äußerung, die menschliche Gestalt gedeutet werden muß, um sie zu verstehen, dann besteht doch sicherlich kein Zweifel, daß *das* bloß eine Metapher ist? Aber ich frage noch einmal: Was ist diese Vorstellung von einer Metapher? Es scheint behauptet zu werden, daß meine Äußerung in andere Äußerungen zu übersetzen, vielleicht sogar auf

---

* Deutsch im Original. (A. d. Ü.)

andere zu *reduzieren* ist. – Dies wäre dann wohl eine Art Metapher für den Begriff einer Metapher. Damit eine Äußerung als Metapher gelten kann, ist es sicherlich wesentlich, daß sie sich paraphrasieren *läßt*. Gleichermaßen wesentlich ist es, daß die Paraphrase nicht als Reduktion betrachtet wird, sondern eher als eine bestimmte Art von Belehrung. Wenn ich gesagt hätte »Der menschliche Körper ist ein Text«, dann hätte ich Verständnis für die Behauptung, dies sei eine Metapher, und für die Aufforderung, sie zu paraphrasieren. Aber ich hätte diese Bemerkung als Gleichnis verwendet haben und ihren Gehalt durch die Aussage erschöpfen können: »Ich meine, er läßt sich lesen«. *Muß* ich noch mehr erklären? Angenommen, ich sagte: »Ich meine damit, er läßt sich interpretieren, verstehen«. Doch das hätte die *erste* Erklärung für mein Gleichnis des Textes sein können. Und das scheint mir weder die Bedeutung von »Text« noch die von »lesen« auszuschöpfen. Im Gegenteil: die Vorstellung des Lesens scheint mir mitzuteilen, welche *Art* von Verstehen oder Interpretation ich anstrebe. Dann brauche ich gar keine Paraphrase oder Übersetzung des Wortes »lesen«, sondern eine Erklärung dafür, warum ich genau *dieses* Wort haben möchte – und danach könnte ich mich entweder davon lösen oder damit weitergehen. (Die Bereitschaft und die Weigerung, ein Wort oder einen Ausdruck gegen ein anderes bzw. einen anderen auszutauschen, ist ein Thema, das sich ebenso wie die Nützlichkeit oder die Vergeblichkeit, dies zu tun, wie ein roter Faden durch die *Untersuchungen* zieht.)

Der Grund dafür, daß ich das Wort »lesen« verwenden möchte, liegt, da bin ich mir sicher, zum Teil in dessen Geschichte: Es hat etwas damit zu tun, daß man einen Hinweis bekommt und folglich etwas mit Sehen. Andererseits hat der Grund jedoch auch mit einer Ankündigung zu tun, daß ich etwas Besonderes in einer besonderen Weise lesen muß: Der Text hat sozusagen einen eigenen Tonfall und eine eigene Form. Die Form ist die einer Erzählung, einer Geschichte. Man kann etwas über jemanden mitteilen, indem man ihn beschreibt und sagt, womit er sein Brot verdient usw. Kennt man, versteht man eine Person, dann wird das Wissen über sie darin bestehen, daß man ihre Geschichte erzählen kann. Im allgemeinen begnügen wir uns mit einer oder zwei Anekdoten. Einige materielle Objekte haben eine Geschichte, beispielsweise der Malteser Falke oder der Ring des Nibelungen. Eine solche Geschichte wird Auskunft über die Herkunft des Objekts und eine Erklärung seines Ursprungs geben sowie eine Aufzählung seiner einzigartigen Eigenschaften. Bemerkungen, die einen Körper als Sprachrohr der Seele lesen, könnte man als Mythen oder Fragmente von Mythen betrachten. (Sie hat einen Körper, sie sieht, ist blind, hört, ist taub, ist bewußt oder unbewußt. Er war verstimmt, sie kämpfte mit sich, sie verliebten sich, er verirrte sich.) Und wenn die Seele eine Hauptgestalt in einem Mythos ist, dann ist die Vorstellung vom »Lesen des Körpers« Teil dieses Mythos. Es wäre denkbar, daß ein Grund, warum man gewisse Bemerkungen über die Seele für metaphorisch hält, der ist, daß man sie nicht mythologisch nennen möchte oder nicht weiß, wie man es tun könnte. Das Mythologische wäre dann das, wofür die Vorstellung des Metaphorischen hier eine Metapher ist. (»Nur von einem lebenden Menschen und was ihm gleicht (sich so verhält), kann man sagen ... er hört, ist taub ... ist bewußt oder unbewußt.« *Kann* man es sagen? Es ist vorstellbar, dergleichen über eine Maschine zu sagen, z. B. eine, die Antennen verwendet. Liegt das daran, daß die Maschine buchstäblich, d. h. tatsächlich, einem lebenden Menschen gleicht (sich wie einer verhält)? Oder muß man die Maschine zuerst anthropomorphisieren, um auf diese Beschreibungen zu verfallen? Sollten wir sagen, daß solche Beschreibungen sich metaphorisch auf die Maschine beziehen? Trifft das zu, dann wird jemand sie für metaphorisch in bezug auf Menschen halten, weil sie den Menschen zuerst automatisiert haben. Ich denke, niemand wird behaupten wollen, solche Beschreibungen träfen mythisch auf Maschinen zu.)

Der Vorschlag, daß die Seele mythisch ist, daß Bemerkungen über sie Fragmente eines Mythos sind, hat die erfreuliche Eigenschaft, die Tatsache nicht auszuschließen, daß man über die Seele streiten kann, insbesondere darüber, ob und wie sie existiert.

Diese Kombination trifft auf den Begleiter der Seele zu, im Mythos ihr Schöpfer genannt, das Hauptobjekt des Mythos. Interpretationen des Mythos und Argumente über die Existenz und das Wesen ihres Gegenstandes würden sich zur Seele verhalten wie die Theologie zu Gott. In einer anderen Welt würden diese Untersuchungen Psychologie genannt werden.

Nehmen wir die Figur, die der Mythos Wille nennt. So wie der Mythos manchmal erzählt wird, in manchen seiner Provinzen, wird der Wille für frei gehalten, in anderen nicht. Wo er unfrei ist, betrachtet man ihn manchmal als Sklaven Gottes, manchmal als den der Natur, manchmal als den der Gesellschaft, manchmal glaubt man von ihm, er kämpfe gegen seine Versklavung, und manchmal nicht. Sofern es keine Fortsetzung des Mythos gibt, ist die Freiheit mit ziemlicher Sicherheit praktisch undurchführbar, denn mehr als daß sie »im großen und ganzen« besteht, besagt sie nicht, und das ist eine Bedingung, die zu jeder Zeit unwirksam werden kann. Oder nehmen wir die Passage, der zufolge die Seele selbst ein Geist in einer Maschine ist. Wenn das alles ist, haben wir hier einen entsetzlich kurzen Mythos, und die Maschine ist am Ende wohl alles, was unsere Aufmerksamkeit fesseln kann. Das ist mit der Aussage vergleichbar, Gott sei der Geist über der Maschine. Die Maschine ist am Ende wohl alles, was unsere Gebete aufrechterhalten kann. Selbstverständlich bezweifle ich nicht, daß es Leute gibt, die an diese Mythen glauben, ich meine Leute, für die sie den Horizont bilden.

Mythen werden sich im allgemeinen mit Ursprüngen beschäftigen, bei denen niemand zugegen gewesen sein kann. Neben Gott und der Seele sind die Gesellschaft und der Staat prominente Gegenstände. Man nehme die folgende Aussage: »... der Staat ist ein Schiff...«. Das *könnte* metaphorisch gemeint sein, wenn man mit der Erklärung fortfahren würde, wer das Schiff gebaut hat und wie es gesteuert wird, wie sein Deck beschaffen ist, welchen Zweck seine Reise hat usw. Aber das Interessante an der Vorstellung wird damit nicht getroffen. Wenn das alles wäre, würde niemand wirklich meinen, er glaube daran, sowenig wie normale

Leute tatsächlich glauben, es gebe Berge im Geist. Es ist ein Mythos, der unsere Meinung zum Ausdruck bringt, daß die Gesellschaft auf irgend etwas zusteuert (auch wenn wir denken, vom Kurs abgekommen zu sein), daß jemand den Ort kennt und weiß, wie man dorthin gelangt, und daß man diesem jemand aus ebendiesem Grunde zu gehorchen hat. Man könnte das einen Mythos nennen, um es eine Lüge zu nennen. Nur wird das Leute nicht daran hindern, es zu glauben (obwohl es sie veranlassen mag, den Glauben daran zu verbergen). (Wenn Metaphern, wie Hobbes meint, Lügen sind, dann werden Leute sie genauso leicht glauben wie ihnen mißtrauen.) Es ist nicht immer eine Lüge, wenn Sprache an den Tatsachen vorbeigeht. Besser man sagt, dieser Mythos sei Unsinn, nur daß er keine offensichtliche Art von Unsinn ist, und niemand würde ihn Unsinn nennen wollen, der ihn nicht bereits abgetan hat. Daß der Staat ein Schiff ist, ist nicht bloß falsch, sondern mythisch falsch. Nicht bloß unwahr, sondern für Wahrheit desaströs. Aber wie ließe sich das beweisen?

Wittgenstein spricht ausdrücklich vom Mythischen in der folgenden Überleitung:

> »Die Übergänge sind eigentlich alle schon gemacht« heißt: ich habe keine Wahl mehr. Die Regel, einmal mit einer bestimmten Bedeutung gestempelt, zieht die Linien ihrer Befolgung durch den ganzen Raum. – Aber wenn so etwas wirklich der Fall wäre, was hülfe es mir?
>
> Nein; meine Beschreibung hatte nur Sinn, wenn sie symbolisch zu verstehen war. – *So kommt es mir vor* – sollte ich sagen. (§ 219)

(Und natürlich ist das nicht das Ende des Arguments, sondern seine Überführung in eine andere Diskursform – in die Form, die beispielsweise solche Äußerungen einschließt wie: »So betrachten wir die Dinge« (von der Wittgenstein sich fragt, ob dies schon eine »*Weltanschauung*«* ausmacht (§ 122)) und »Die Ähnlichkeit fällt mir auf« (S. 548).

---

* Deutsch im Original. (A. d. Ü.)

> Mein symbolischer Ausdruck war eigentlich eine mythologische Beschreibung des Gebrauchs einer Regel. (§ 221)

Hier befindet sich das Mythologische sozusagen nicht im Wettstreit mit dem Buchstäblichen. Zu sagen »Die Übergänge sind eigentlich schon alle gemacht worden« wird einem nicht verstehen helfen, welches die Regeln sind und was es heißt, sie zu befolgen, falls man etwa das Gefühl hat, man müsse diese Tatsache verifizieren. Was diese mythologische Beschreibung zum Ausdruck bringt, ist, daß die durch die Regel erhaltene Konklusion immer schon *vorausgegangen ist*. Fragt man dann immer noch »Was ist vorausgegangen?«, dann mag die Antwort helfen: »Freiheit. Die Regel wird jeden Schritt diktieren.« Soweit können diese kleine Mythologie und die aktuelle Regelbefolgung friedlich koexistieren. Das aber ist vielleicht nur so, weil der Mythos hier das letzte Wort bekommen hat.

Wenn Mythos und Aktualität nicht friedlich koexistieren können – wenn man sich ständig zuviel fragt, etwa, woher die Regel kommt –, dann hat man aufgehört, den Mythos zu leben. Auch kann man nicht im vorhinein wissen, ob Interpretation und Argument zusammenpassen oder, falls sie einander widerstreiten, ob eines von beiden die Oberhand gewinnt. Beide können das Feld weitgehend dem anderen überlassen und dennoch eine Nische finden, in der sie sich halten. (Teile des Mythos der Philosophie kommen immer wieder zum Vorschein; hier der Teil über ihren Kampf mit der Theologie.) Es mag das Bestreben einer ehrgeizigen Philosophie sein, ein Mythenfeld zu entlarven. Das kann Verschiedenes bedeuten. Es kann einfach bedeuten zu zeigen, daß man nicht (mehr) wirklich daran glaubt; daß man an die Wissenschaft glaubt oder jedenfalls jemandem glaubt, der an die Wissenschaft glaubt. Es kann das bedeuten, was Hegel tat, als er versuchte, den gesamten Mythos der Seele vom Anfang bis zum Ende zu erzählen (einschließlich des Mythos vom Ursprung und vom Ende). Dazu erfand er eine Sprache, die er Philosophie nennen und in der er die Geschichte der Seele als Teil der Geschichte Gottes erzählen konnte. Es kann das bedeuten, was Nietzsche bei seinem Versuch tat, den Mythos der Seele zu zerstören, vor allem die Teile über ihren Ursprung (aus dem Nichts, durch Schöpfung) und ihre Existenz (als Gegensatz zum Körper) und ihr Ende (im Jenseits) – ihn zu zerstören, indem er ihn ersetzte oder seinen Ort entfernte, was bedeutete, alle unsere Interpretationen der Erfahrung zu zerstören, den Glauben zu zerstören, das Ich zu zerstören.

Von einer Phantasie der Privatheit zu sprechen heißt, von gewissen Beschreibungen der Privatheit als Fragmenten eines Mythos zu sprechen. Zu Beginn dieses Kapitels sind wir auf bestimmte Fragmente gestoßen, als wir bemerkten, daß die Vorstellung der Privatheit, die sich aus der Vorstellung des Nichtwissbaren ergibt, ein Eindruck von notwendiger Geheimhaltung ist und daß Geheimhaltung und Privatheit die Vorstellung von Ausgeschlossensein und Exklusivität teilen. Wir wollen versuchen, mehr darüber zu sagen.

Betrachten wir den Punkt, an dem man das Gefühl hat: »Alles, was ich weiß, ist das, was der andere sagt und tut: was er erlebt, ist etwas ganz anderes. Aber *er* weiß es.« Und er *weiß* es nicht nur, er *muß* es wissen. Mein *notwendiges* Versagen, wenn es ums Wissen geht, ist sein *notwendiges* Gelingen. Vielleicht sollten wir hier nicht von seinem Wissen sprechen (außer im Scherz). Vielleicht sollten wir uns damit begnügen, die Empfindung, die Stimmung oder den Zustand festzuhalten, in dem er sich befindet oder den er hat, und nicht weiter darüber reden, daß er von der Empfindung oder der Stimmung oder dem Zustand, in dem er sich befindet oder den er hat, weiß (es sei denn, davon »zu wissen« bedeutet, es ist ihm nicht unbewußt). Aber warum begnügen wir uns *nicht* damit? Wie *können* wir es nicht tun?

Vielleicht sind wir hier genötigt, zum Begriff des Wissens zu greifen und folglich einen aufgenötigten Begriff des Wissens zu verwenden, weil wir nicht so recht wissen, wie wir von der lebhaften Selbstempfindung des anderen sprechen sollen, von seinem Bei-sich-Sein, seinem *Alleinsein* an einem sozusagen privaten Ort, einem Ort, den er für sich allein hat. (Wenn es einen solchen Ort gibt, wie *könnte* er unbewohnt sein?) Ein Paar oder eine Gruppe kann sich an einen Ort zurückziehen, um unter sich zu sein. Aber ein Gebiet, das für *jeden* unzugänglich ist, das von niemandem bewohnt werden *kann* (etwa eine Bergspitze), würde man nicht für etwas Privates halten (es sei denn, man hielte es für den Sitz der Götter). (In *The Senses of Walden* habe ich Gründe dafür geliefert, das Haben eines Selbst (S. 100-104) als Akzeptanz der Vorstellung zu verstehen, auf sich allein gestellt zu sein, und dieses Verständnis des Selbst bedeutet dann in der auf eine Klimax zulaufenden Struktur der Vision oder Mythologie in *Walden*, neben sich zu sein (in einem, wie Thoreau betont, gesunden Sinn). In dieser Vision wird ein Verständnis von Selbstbeherrschung vorgetragen, die eine Errungenschaft der Einsamkeit ist (man kann sie Einssein oder Ganzheit nennen; Thoreau deutet sie als Gottesfurcht und sagt von ihr, sie suche nach einem Ausdruck). Die Errungenschaft erfordert es, den Umgang mit bestimmten Geheimnissen zu erlernen. Allerdings nicht mit privaten oder eher persönlichen, als könnte jemand sie im Prinzip für sich behalten (als wären sie nur für ihn da), sondern mit solchen, die, wie die Geheimnisse der Philosophie, immer offen sind, immer schon gewußt werden, bevor ich mich ihnen stelle.)

Er ist drinnen, ich bin draußen. *Hält* mich etwas draußen, schließt mich etwas aus? *Er* könnte es tun; er kann seine Gedanken für sich behalten oder von ihnen in einer Privatsprache reden, z. B. in einer, die voller privater Anspielungen ist (in einer, die er im Laufe der Jahre mit seiner Schwester kultiviert hat). Er kann seine Gefühle verbergen. Aber in solchen Fällen *kann* er sie auch offenlegen, sie für mich öffnen. – Soviel ist offensichtlich. Aber das Entgegengesetzte ist nicht offensichtlich, und auf diesem Punkt insistiert Wittgenstein immer wieder: Wenn der andere seine Gedanken *nicht* vorbringen oder seine Gefühle nicht öffnen *kann*, dann *kann* er sie auch *nicht* für sich behalten oder verbergen. Natürlich könnten sie verschüttet sein oder sich an einem Ort befinden, wo er sie im Moment nicht finden kann. Wenn jemand seine Gedanken vor sich selbst verbirgt, dann ist der Umstand, daß er sie für *mich* nicht offenlegen kann, wohl nicht von vordringlicher Wichtigkeit. In anderen Fällen mag er mir genau erzählen, was er denkt, nur bin ich zu beschäftigt oder von irgendwas zu sehr okkupiert, um es zu bemerken. Die Linie z. B., die er in den Sand zeichnet, ist kein Schnörkel, sondern die Zahl acht. Er möchte, daß ich weiß oder mir Gedanken darüber mache, daß er sich vor etwas in acht nimmt oder etwas verachtet.

Was ist unsere Vorstellung von der notwendigen oder metaphysischen Verborgenheit des anderen? »›Das *Innere* ist uns verborgen.‹ – ... ›Ich kann nicht wissen, was in ihm vorgeht‹ ist vor allem ein *Bild*. Es ist der überzeugende Ausdruck einer Überzeugung« (S. 567 f.). Was ist diese Überzeugung? Was drückt das Bild der *Innerlichkeit* oder der unerreichbaren Verborgenheit aus? Daß der Körper ein Schleier ist oder ein Vorhang, eine Sackgasse? – Man sollte darin besser eine symbolische Äußerung sehen, die eine mythologische Beschreibung ist, denn es ist, wie zu bemerken wir schon Gelegenheit hatten, unter anderem alles andere als klar, was der Körper wäre, *könnte* man durch ihn hindurchsehen. Beim Nachdenken über das Fremdpsychische ergibt sich noch eine andere Beschreibung dieser Art, nämlich die des Gartens, den ich nicht betreten kann. Aber dieser Ausdruck bezieht sich eigentlich (mythologisch) auf eine bestimmte Eigenschaft der Fremdpsyche (sie ist z. B. kein Dschungel, kein Schuttplatz oder ein verwunschenes Haus) und auf eine bestimmte Position, in der ich mich ihr gegenüber befinde (etwa eine des Neids, des Abscheus, der Furcht). Solche Beschreibungen betonen, daß ich in die Psyche eines anderen nicht so eintreten kann, wie ich in ein Gebäude eintrete. Das ist soweit keine große Hilfe; beides wird z. B. nicht davon unterschieden, in den Ehestand einzutreten.

Der Mythos vom Körper als Schleier drückt unser Gefühl aus, daß da etwas ist, was wir nicht sehen können, nicht bloß etwas, was wir nicht wissen können. Er bringt auch unsere Verwirrung darüber zum Ausdruck: Ist das, was wir nicht sehen können, *durch* den Körper oder *in* ihm verborgen? »In ihm« läßt denken:

Es ist irgendwo da drin, ich weiß nicht, wo. »Durch ihn« läßt denken: Ich weiß, wo, ich kann nur nicht herankommen. Wir wissen also nicht, ob der Körper durchdrungen und ganz beiseite geschoben werden muß. Wittgensteins Äußerung »Der menschliche Körper ist das beste Bild der menschlichen Seele« ist ein Versuch, diese Mythenfragmente zu ersetzen oder neu zu interpretieren. Sie fährt fort, die Vorstellung auszudrücken, daß die Seele da ist, um gesehen zu werden, daß meine Beziehung zur Seele des anderen so unmittelbar ist wie die zu einem sichtbaren Objekt, oder sie wäre jedenfalls ebenso unmittelbar, wenn die Beziehung sozusagen wirksam werden könnte. Wittgensteins Mythologie verschiebt den Ort des Gegenstandes, der dieses Sehen verstellt.

Nicht der Körper des anderen verstellt meinen Blick auf den anderen, sondern meine Unfähigkeit oder fehlende Bereitschaft, ihn richtig zu interpretieren oder zu beurteilen, die richtige Verbindung herzustellen. Behauptet wird: Ich leide unter einer Art Blindheit, aber ich entziehe mich dem Problem, indem ich die Dunkelheit auf den anderen projiziere. Wie sehr Wittgensteins Gedanke überzeugt, wird hier davon abhängen, ob man es plausibel findet, wie er den von ihm so genannten Zustand des »einen Aspekt Sehens« (und folglich das, was er Aspektblindheit nennt) zum Sehen der Ähnlichkeit zwischen Physiognomien in Beziehung setzt, was er als seinen Beweggrund dafür angibt, daß er das Thema der Aspekte überhaupt einführt. Aspektblindheit entsteht, wenn mir etwas nicht deutlich wird. Sie ist eine Fixiertheit. Im Rahmen des Mythos vom Lesen einer Physiognomie würde man darin eine Art Analphabetentum sehen, einen Mangel an Bildung.

Die Mythologie, der zufolge der Körper ein Bild ist, beinhaltet, daß die Seele möglicherweise nicht deshalb verborgen ist, weil der Körper sie wesentlich verbirgt, sondern weil er sie wesentlich offenbart. Vielleicht ist die Seele für uns auf eine Weise unsichtbar, wie sie etwas absolut Gegenwärtiges für uns sein kann. (»Absolut« sage ich, um den Witz des Wortes »Bild« in diesem Zusammenhang zu betonen. Anders als Musik, Theaterstücke, Bibeln und sogar Statuen sind Bilder *auf einen Schlag* präsent. Eine Interpretation jedoch bedarf – denn sie muß zu einer Konklusion kommen – des Nachdenkens, und sie braucht Zeit. Die Zeitspanne kann so kurz sein wie die erste Ahnung der Dämmerung oder so lang wie das Studium des Talmuds.) Wir können sagen, daß der Hasenaspekt, wenn wir ihn nicht sehen, vor uns verborgen ist. Aber was ihn verbirgt, ist dann offensichtlich nicht das Bild (das offenbart ihn), sondern unsere (vorausgehende) Weise, es aufzufassen, nämlich unter seinem Entenaspekt. Ein Aspekt verbirgt einen anderen Aspekt, also etwas auf derselben Ebene. Daher können wir sagen: Das, was den Geist verbirgt, ist nicht der Körper, sondern der Geist selbst – seiner den seinigen oder meiner den seinigen und umgekehrt.

Jetzt sehen wir wohl klarer, was der Mythos des Körpers als Schleier oder Schirm vor dem Geist zum Ausdruck bringt. Etwas *ist* verschleiert – der Geist durch sich selbst. Aber die Vorstellung vom Körper spielt auch eine Rolle. In der Phantasie vom Körper als Schleier ist er dasjenige, was zwischen meinen Geist und den des anderen tritt, er ist das, was uns trennt. Wahr ist hier, daß wir getrennt *sind*, aber nicht notwendig (*durch* etwas) *getrennt werden*; daß wir Körper sind, jeder von uns, d. h., wir sind verkörpert; jeder ist dieser und nicht jener; jeder ist hier und nicht dort; jeder jetzt und nicht später. Wenn etwas uns trennt, zwischen uns tritt, so kann das nur ein besonderer Aspekt des Geistes selbst sein, eine besondere *Weise*, in der wir uns auf andere beziehen oder auf sie bezogen werden (durch Geburt, durch Recht, durch Gewalt, in Liebe) – unsere Positionen, unsere Einstellungen in bezug aufeinander. Nennen wir das unsere Geschichte. Es ist unsere Gegenwart.

Die Phantasie einer Privatsprache, so habe ich behauptet, läßt sich als der Versuch verstehen, unser Getrenntsein, unsere Unwissenheit, unsere fehlende Bereitschaft oder unser Unvermögen, sei es zu wissen oder gewußt zu werden, zu erklären oder zu schützen. Dementsprechend bedeutet das Fehlschlagen der

Phantasie: Es gibt kein anzugebendes Ende unserer Tiefe, bis zu dem Sprache reicht; gleichwohl gibt es kein Ende unseres Getrenntseins. Wir sind, aus *keinem* Grund, endlos getrennt. Doch dann sind wir für alles, was zwischen uns tritt, verantwortlich; wenn nicht dafür, es verursacht zu haben, so doch dafür, es fortzusetzen; wenn nicht dafür, es zu leugnen, dann doch dafür, es zu bejahen; wenn nicht dafür verantwortlich, dann doch dem gegenüber verantwortlich. Die in der Phantasie einer Privatsprache geäußerte Vorstellung von Privatheit vermag nicht auszudrücken, wie privat wir metaphysisch und praktisch sind.

Sich auf Geschichte zu berufen wird im Falle Wittgensteins unpassend erscheinen. Er scheint so ahistorisch zu sein. – Er ist auf dieselbe Weise ahistorisch, wie Nietzsche atheistisch ist. (Man könnte es das Verlangen nach Erweckung nennen.) Und so gesehen unphilosophisch. Denn auch Philosophie kann zwischen uns treten. Es kann letzte philosophische Unterschiede geben. Wenn es sie gibt, sollten sie jedoch nicht von der Philosophie selbst verursacht werden.

Ich sagte, ein Aspekt werde von einem anderen verborgen. Gesetzt, wir fragten: Welche Beziehung habe ich zu einem Aspekt, der mir nicht deutlich geworden ist und mir in diesem Sinn verborgen bleibt, der aber gleichwohl da ist, um *gesehen zu werden*? Was sehe ich nicht, wenn doch alles vor meinen Augen liegt? Ich möchte sagen, ich sehe eine Möglichkeit nicht: Ich erkenne eine bestimmte Weise nicht, in der es sein könnte – nicht nur eine Weise, in der es erscheinen, sondern in der es *sein* könnte. – Aber ist diese Betonung nicht eigentlich leer? Denn die Figur ist, so wie sie da ist, sicherlich schon alles, was sie sein kann, solange sie sich nicht verändert. Das Interessante an diesen Bildern liegt doch gerade in unserem Wissen, daß sie sich nicht verändern, wenn sie wechseln. (»... aber was ich im Aufleuchten des Aspekts wahrnehme, ist nicht eine Eigenschaft des Objekts, es ist eine interne Relation zwischen ihm und anderen Objekten«. (*Untersuchungen*, S. 549.) Das kommentiert Wittgensteins anfängliche

Thematisierung des Erlebnisses, etwas als einen Aspekt zu sehen, oder des »Bemerkens eines Aspekts«: »Ich betrachte ein Gesicht, auf einmal bemerke ich seine Ähnlichkeit mit einem andern. Ich *sehe*, daß es sich nicht geändert hat; und sehe es doch anders« (S. 518).) Und wenn das, was ich nicht sehe, eine Möglichkeit ist, dann ist – denn es kann keinen anderen metaphysischen Status haben als der Aspekt, den zu sehen mir sozusagen gelang – das, was ich sehe, auch eine Möglichkeit. Ist das verständlich? Es scheint so, als müßte ich irgend etwas in dieser Art sagen, wenn ich die Behauptung ernst nehme, daß das Aufleuchten eines Aspekts und seine Darstellung einer Physiognomie, die Logik, ich meine den Mythos, skizziert, eine Fremdpsyche zu erkennen.

Lohnt es sich überhaupt im Rahmen einer Interpretation Wittgensteins, Vorstellungen wie das Sehen einer Möglichkeit oder das Sehen eines Aspekts als einer Möglichkeit oder meine Beziehung zu einem verborgenen Aspekt zu untersuchen? Widerspricht es denn dem Wittgensteinschen Geiste auf den ersten Blick nicht, daß ich z. B. jemanden *als* wütend sehe, der ganz offensichtlich wütend *ist*, woran es nichts zu deuten gibt? Das läuft auf die Behauptung hinaus, ich interpretierte jemand so oder anders. Und das wiederum scheint zu besagen, daß ich Menschen als Menschen sehen kann oder sie im allgemeinen so sehe – als das, was sie einfach sind! »Man ›hält‹ auch nicht, was man bei Tisch als Eßbesteck erkennt, *für* ein Eßbesteck« (S. 521). – Aber ich weiß, was es bedeutet, ich bezweifle nicht, daß ich weiß, was es bedeutet zu wissen, was Eßbesteck ist. (Ich könnte seinen Gebrauch vorführen, um mein Wissen auszudrücken.) Aber ich zweifle, ob ich weiß, was es heißt zu wissen, was ein Mensch ist. (Was würde dieses Wissen ausdrücken? Vielleicht meine Einstellung zu ihm. Aber was würde diese Einstellung ausdrücken?)

Was daraus für die von mir eingeschlagene Argumentationslinie folgt, daß ich andere, wenn ich um sie weiß, generell interpretiere, ist auch nicht entmutigend. Denn während die Implikation besagt, daß Menschen beispielsweise kein Eßbesteck sind, so beinhaltet sie deshalb nicht, daß Menschen analog etwa zu optischen Illusionen sind, d. h. wie solche sind oder jedenfalls wie mehrdeutige Bilder. Die Vorstellung, daß die Welt ein Kunstwerk ist, gibt jedoch, wie Hume mit Lust zeigte, eine sehr armselige Analogie ab. Allerdings ist es ein sehr guter Mythos über die Welt, d. h. ein sehr guter Ausdruck dessen, wie sie mir zu Zeiten vorkommt. Einigen wird das so erscheinen, als würde hier ein kleines Zugeständnis an die traditionelle Sensibilität gemacht, als wäre das ein Moment des psychologischen Rückschritts, das unserem Erkenntnisfortschritt keinen Abbruch tun muß. Gesetzt jedoch, »wie sie mir vorkommt« bedeute »wie ich zu Zeiten, sagen wir an Festtagen, nicht umhin komme, sie zu sehen«. Das ist dann so überzeugend wie etwa das Bild der Kontinentaldrift. Man möchte vielleicht sagen, daß die Vorstellung der Kontinentaldrift ein bloßes Bild zu sein pflegte (jeder konnte sehen, daß die Umrisse von Afrika und Südamerika wie füreinander gemacht waren). Heute ist es eine Tatsache (»... als hätte sich das Objekt geändert und wäre nun endlich zu dem oder jenem *geworden*« (*Untersuchungen*, S. 541).) Das weist auf einen Unterschied in diesen Weltsichten hin, in der Art und Weise, wie sie vertreten werden. Ist man erst einmal von der Kontinentaldrift überzeugt, gibt es kein konkurrierendes Bild von der Kontinentalbildung mehr, zu dem man zurückkehren könnte. Hier wird deutlich, was wissenschaftlicher Fortschritt bedeutet. Davon zu reden, daß man die Welt als ein Kunstwerk sieht, scheint jedoch eine bekannte, konkurrierende Weise vorauszusetzen, sie zu sehen, eine Weise, zu der man zurückkehren oder zu der man sich bekehren könnte. Man könnte hier von dem Geist, in dem die Dinge vielleicht gesehen werden, sprechen wollen, wie von dem Geist, in dem Worte gemeint und geglaubt werden. Und selbstredend könnte dieser Geist aussterben.

Die Existenz des Geistes oder der Seele – die Existenz von Wesen – ist nicht mehr eine Hypothese als die Existenz Gottes. Ich möchte weniger behaupten, daß wir keinen Bedarf für eine solche Hypothese haben, als daß wir keine klare Verwendung für sie haben. Ich denke, man würde nicht viel davon halten, die Existenz Gottes als eine *ad hoc*-Hypothese zu betrachten, so als wollte man sagen: Unsere physikalische Theorie des Universums ist im Grunde richtig und ihren Konkurrenten überlegen, allerdings bleiben noch ein paar hartnäckige Wunder, für die wir eine Erklärung brauchen. – Würde die Existenz Gottes jedoch als eine Hypothese betrachtet, die in Konkurrenz zur Hypothese steht, daß Gott tot ist, dann wäre das Problem für ein entscheidendes Experiment bereit.

Sinnvoll davon zu reden, daß man Personen als Personen sieht, behandelt oder betrachtet – bzw. daß man einen (menschlichen) Körper als Äußerung einer (menschlichen) Seele sieht, behandelt oder betrachtet –, wird ebenso voraussetzen, daß es eine konkurrierende Weise gibt, Personen – oder Körper – zu sehen, zu behandeln oder zu betrachten. Viele Leute und einige Philosophen sprechen mißbilligend davon, daß man andere wie Dinge behandelt oder so betrachtet. Aber welche Möglichkeit hier ins Auge gefaßt wird, ist keineswegs sehr deutlich. Als *welches* Ding könnte denn jemand behandelt werden?

Was anderes als eine Person könnte eine Person denn sein? Man könnte ein König sein. Es ist verhältnismäßig klar, was es heißt, einen König als König zu behandeln (Goneril und Regan sahen nicht mehr ein, warum sie den König, nachdem er sozusagen abgedankt hatte, noch als König behandeln sollten), oder was es heißt, daß der König wie ein Mensch behandelt werden möchte (Lear fleht darum, als sein Wahnsinn ausbricht). Aber gewiß zweifeln wir nicht daran, daß der König eine Person ist (zumindest *eine* Person), ein Mensch? Dinge und Ziegen sind keine Könige! Doch muß ein Mensch nicht noch etwas zusätzlich sein, um die Person zu sein, die er ist – etwa ein Herr oder ein Sklave, ein Erwachsener oder ein Kind, ein Schriftsteller, ein Weber, ein Fremder? Wenn Personen mit einem bestimmten Status auf besondere Weise behandelt werden, dann deshalb, weil es spezifische Verhaltensweisen einem Status gegenüber gibt. Gibt es irgendeine spezielle Weise, sich Menschen als solchen gegenüber zu verhalten? Wenn Religion und Moral sich veranlaßt sehen, von Pflichten zu reden, die anderen einfach als Personen geschuldet sind, dann heißt dies nicht, daß Pflichten, die ihnen bezogen auf ihren Status geschuldet sind, gewissermaßen Pflichten gegenüber Nichtpersonen sind. Manchmal ist es geboten zu sagen, Frauen, Kinder, Schwarze oder Verbrecher seien Menschen. Das ist ein Ruf nach Gerechtigkeit. Um Gerechtigkeit walten zu lassen, mag eine Veränderung der Wahrnehmung, eine Modifikation des Sehens erforderlich sein. Aber folgt daraus, daß diejenigen, deren Wahrnehmung oder natürliche Reaktion sich ändern muß, Frauen, Kinder, Schwarze oder Verbrecher bis dahin als etwas *anderes* als Menschen betrachtet haben?

Manchmal sagt man, Sklavenhalter sähen in ihren Sklaven keine Menschen, sondern eher Vieh, oder sie behandelten sie nicht wie Menschen; einige Sklavenhalter haben das selbst geäußert. Man sagt auch, einige Soldaten behandelten ihre Feinde nicht wie Menschen. Einige Soldaten haben das selbst geäußert. Abtreibungsgegner sagen manchmal, Abtreibungsbefürworter betrachteten menschliche Embryos nicht als Menschen. Die Befürworter scheinen dem zustimmen zu müssen. – Aber glaubt man solche Behauptungen wirklich? Ich habe das Gefühl, wirklich gemeint können sie nicht werden. Selbstverständlich bedeuten die Worte etwas; sie sind nicht nur so dahingesagt. In welchem Geist werden solche Worte gesagt?

Es kommt der Zeitpunkt, an dem sich die Institution der Sklaverei nur noch dadurch begründen läßt, daß man die Menschlichkeit des Sklaven bestreitet. Es gab eine Zeit, zu der die Institution selbst für gut gehalten oder zumindest nicht in Frage gestellt wurde: z. B. gehörte sie zur harten, aber legitimen Ausübung der Rechte des Eroberers, zu den Vorteilen des Sieges im Krieg. Aber niemand glaubt ernsthaft oder hat je ernsthaft geglaubt, daß Abtreibung an sich gut ist, daß sie zu den Vorteilen der Schwangerschaft gehört oder ein Grund für Geschlechtsverkehr ist. Aus dem Grund folge ich Roger Wertheimer nicht, wenn er in seinem ausgezeichneten Aufsatz zu dem, was er das Abtreibungsargument nennt, den Sklavenhalter, der die Menschlichkeit seines Sklaven nicht sieht, mit der Lage des Liberalen vergleicht (oder doch über einen Vergleich nachsinnt), der menschliche Embryos nicht als Menschen betrachtet. Der Liberale denkt höchstens, daß Abtreibung eine moralische Option ist, daß menschliches Leid ohne sie ungleich größer und der Staat schlecht beraten und tyrannisch ist, wenn er mit seiner legislativen Gewalt diese Option auszuschließen versucht. Vielleicht ist die Zeit dafür reif, daß die Option einer Abtreibung nur mit dem Argument anzugreifen ist, daß der menschliche Embryo ein menschliches Wesen ist. (Es gab eine Zeit, zu der die Option im allgemeinen mit dem Argument angegriffen wurde, daß sie eine zu große Gefahr für die Gesundheit der Mutter darstellt, und zu dieser Zeit traf das Argument auch zu.) Die Schwierigkeit, so fundamental zu opponieren, besteht nicht nur darin, daß das Argument, menschliche Embryos seien menschliche Wesen, letztlich nicht zu gewinnen ist, sondern daß die Behauptung so nicht ganz ernst gemeint sein kann – was nicht weiter erstaunt, wenn die Argumente dagegen genauso stark wie die Argumente dafür sind. (Ich setze voraus, daß die Behauptung sich nicht die Lehre zu eigen machen muß, der Embryo habe eine Seele. An dieser Stelle wird der Liberale wahrscheinlich abgehängt werden. Ein solches Argument wird in anderer Gesellschaft fallen.) Das liegt nun nicht daran, daß es an Ernsthaftigkeit fehlt. Woran es gebricht, sind Weisen, diese Ernsthaftigkeit zu äußern. Es gibt genau eine klare Sache, von der der Abtreibungsgegner nicht möchte, daß sie diesem Embryo angetan wird, und er kann nichts oder nichts mehr für ihn zu tun wünschen. Allerdings will er etwas Klares, sieht er etwas und fühlt er etwas. Er möchte, daß der Embryo *als* ein menschliches Wesen betrachtet wird: Er möchte, daß uns die interne Beziehung zwischen menschlichen Embryos und menschlichen Wesen auffällt. Er sieht sie in dieser Weise, und er verlangt diese Wahrnehmung von uns, weil er sieht, daß der menschliche Embryo menschlich ist (nicht *ein* Mensch; sondern Mensch im Gegensatz etwa zu Wolf). Man kann auch sagen, daß er ein Mensch in Embryogestalt ist. Mehr muß uns nicht aufgehen, um von der Vorstellung, dieses Leben abzutreiben, mit Entsetzen erfüllt zu werden. Jemand kann für diese Wahrnehmungen verständlicherweise blind sein. Ich behaupte, es nicht zu sein, und dennoch bekenne ich mich bezüglich der Abtreibungsfrage zum Liberalismus – und zwar nicht nur aus Toleranz, sondern aus leidenschaftlicher Befürwortung ihrer Legalisierung, da ich überzeugt bin, daß diejenigen, die sie per Gesetz verbieten lassen wollen, despotische und sentimentale Heuchler sind.

Ganz offenkundig verabscheue ich andere Dinge mehr als Abtreibung. Diese Dinge sind alles andere als originell, und dennoch ist es wichtig, sie zu spezifizieren. Zum Beispiel ungerechte Gesetze, in diesem Fall solche, die die Armen, Ungebildeten und Verwaisten benachteiligen. Und z. B. die Tatsache, daß es unerwünschte und vernachlässigte Kinder gibt. Daß die legale Abtreibung eine Alternative zu ungerechten Gesetzen oder vernachlässigten Kindern ist, ist keine Sache von schlüssiger Logik, sondern von schlechten Institutionen. Wäre die Gesellschaft fürs erste so eingerichtet, daß die Adoption eines Kindes kein größeres Problem darstellt als das Zeugen eines Kindes, daß Kinder nur von Leuten adoptiert würden, die sie tatsächlich wünschten und in ihrer Fürsorge für sie nicht nachließen, und wüßte man, wie man diese Leute herausfindet, und würde es als beschämend betrachtet, eine uneheliche Geburt oder uneheliche Mutterschaft auch nur mit der kleinsten Schande oder Diskriminierung zu bedenken, und gesetzt, es wäre bekannt, daß Empfängnisverhütung keinerlei körperliche Schäden für die mit sich brächte, die sie praktizieren, und daß sie es gewissenhaft täten und daß Frauen während der Schwangerschaft ärztlich und freundlich betreut würden, daß die Väter gemeinsam mit den Müttern Erziehungsurlaub nehmen könnten, so daß eine Abtreibung nur dann, aber dann immer, erlaubt würde, wenn eine klare und schwere physische und seelische Gefährdung der Mutter vorläge (wobei die seelische Gefährdung sich jetzt auf die Ängste der Schwangerschaft und der Geburt beschränken sollten): wenn all das gegeben wäre, würde meine liberale Einstellung zum Schwangerschaftsabbruch schwinden und mein Entsetzen über eine Abtreibung könnte wachsen. Ich könnte mir dann sogar vorstellen, daß es ein Gesetz dagegen gäbe (sofern Gesetze auch dafür sorgten, daß die oben aufgeführten Minimalbedingungen durchgesetzt würden), d. h., daß der Staat ein Interesse daran hätte, Abtreibungen zu verhindern. Mein Grund wäre dann nicht, daß Leute, die eine Abtreibung wünschen und machen, eine Gefahr für das ungeborene Leben sind (das ist bereits offensichtlich), sondern daß sie eine Gefahr für sich selbst darstellen, sich und damit auch die Gesellschaft verrohen. Als Liberaler würde ich mich jedoch immer noch dagegen wehren, aus diesem Grund die Gesetzesmacht anzurufen. Insgeheim stelle ich mir also vor, daß, wären die von mir ausgemalten Bedingungen erfüllt, es keine freiwilligen Abtreibungen mehr gäbe, jedenfalls nicht mehr, als es heute freiwillige Selbstmorde gibt. – Das Resultat dieser Erwägungen ist, daß das Argument gegen Abtreibung, soweit es sich auf den Status des menschlichen Embryos stützt, nicht nur nicht zu gewinnen ist, es darf auch nicht gewonnen werden. Freiwillige Abtreibung ist von geringerem Übel als ihre Kriminalisierung, doch deshalb ist sie nicht in Ordnung. Je schrecklicher man sie findet, desto härter sollte das Urteil über die Gesellschaft ausfallen. Ähnlich wie die Existenz von Gefängnissen ist Abtreibung ein Zeichen für das Versagen der Gesellschaft.

Daraus folgt, daß ich eine Abtreibung nicht für geplanten Mord und insbesondere nicht für Mord an den Unschuldigsten halte. Wenn ich sage, der Konservative könne nicht wirklich meinen, daß menschliche Embryos menschliche Wesen sind, dann behaupte ich, daß kein Konservativer bei klarem Verstand diejenigen, die eine Abtreibung verlangen und durchführen, so verabscheut, wie er Herodes und seine Handlanger verabscheuen würde oder verabscheuen sollte, zumindest einen Herodes, der Unterschiede macht und nur die Kinder zu ermorden befiehlt, die er nicht möchte oder die ihn stören. Herodes ist um jeden Preis zu verhindern. Ich behaupte nicht, daß alles, was der Konservative empfindet, Mißbilligung oder Abneigung ist, wie man sie gegenüber etwas Abscheulichem oder Häßlichem fühlt, und er nichts anderes möchte, als seinen moralischen Geschmack rechtlich verbindlich zu machen. (Ausschließen möchte ich es aber auch nicht.) Daß es Platz für Abscheu gibt, habe ich bereits eingeräumt. So wie man gegenüber einem Volk Abscheu empfinden würde, das seine Toten nicht bestattet, sie entweder einfach liegen läßt oder mit dem Müll hinauswirft. Das ist übel, es verroht, dagegen sollte es ein Gesetz geben, aber Mord ist es nicht.

Um gewissermaßen zu rechtfertigen, warum ich nicht von der These überzeugt bin, daß der menschliche Embryo ein menschliches Wesen ist, d. h., warum ich glaube, daß dies nicht wirklich oder ernsthaft gemeint ist, müßte ich skizzieren, in welcher Hinsicht die Worte gemeint *sind*, was Leute, die sie zu äußern veranlaßt werden, möchten, sehen und empfinden. Muß ich dies auch tun, um zu rechtfertigen, warum ich von der Behauptung des Sklavenhalters nicht überzeugt bin, daß Sklaven keine Menschen sind? (Vielleicht hat er es selbst gesagt, doch in meinem Bekanntenkreis werden ihm diese Worte nur in den Mund gelegt.) Kann ich, der ich weiß, daß Sklaven Menschen *sind*, nichts anderes tun, als ihm zu sagen, was es bedeutet, zu wollen, zu sehen und zu empfinden, daß Menschen Menschen sind? Und ich bin mir nicht sicher, daß ich das tun kann. Ich bin, wie schon gesagt, nicht sicher, was es heißt, dies zu wissen. Ich kann sagen, was ich nach Meinung des Konservativen bei einem menschlichen Embryo übersehe, denn ich kann sagen oder glaube von mir selbst, daß ich weiß, was er nicht übersieht. Tatsächlich habe ich behauptet, es mit ihm zu teilen, auch wenn ich nicht zum selben Ergebnis komme. Aber übersieht der Sklavenhalter etwas, was ich nicht übersehe? Ich glaube nicht, nicht in dieser Weise. Er wird so ziemlich alles über Menschen wissen, was ich weiß. Möglicherweise wird er sie in den Liebesgeschichten, die er an müßigen Sommermorgen schreibt, sogar recht feinsinnig schildern.

In Wirklichkeit glaubt er nicht, daß Sklaven keine Menschen sind, sondern daß einige Menschen Sklaven sind. Das ist doch kein Argument, oder? Da er einige besitzt, folgt, daß es einige gibt. Nein, aber dieser Mann sieht bestimmte Menschen *als* Sklaven, hält sie für Sklaven. Er muß nicht behaupten, daß alle solche Personen sich in der Sklaverei befinden sollten, er muß nur sagen, es sei richtig, wenn einige es sind. Aber er hat unrecht. Jemand mit klarem Verstand kann fühlen, daß dieser Mann – dieser vielleicht durchaus liebenswürdige Mann, dieser Familienvater, der liebevoll mit den gewöhnlichen Tieren und Kindern umgeht – um jeden Preis aufgehalten werden muß, wenn er einem zu nahe kommt.

Wenn aber dieser Mann bestimmte Menschen als Sklaven sieht, sieht er dann nicht vielmehr etwas Spezielles, statt etwas zu übersehen (ohne Zweifel denkt er, daß ich etwas übersehe)? Was er übersieht, ist nicht eigentlich etwas an Sklaven und auch nicht eigentlich etwas an Menschen. Er übersieht etwas an sich selbst oder vielmehr etwas an seiner Verbindung mit diesen Menschen, sozusagen an seiner inneren Beziehung zu ihnen. Wenn er bei Tisch von einer schwarzen Hand bedient werden möchte, dann würde es ihm nicht genügen, von einer schwarzen Pfote bedient zu werden. Wenn er eine Sklavin vergewaltigt oder zu seiner Konkubine macht, dann hat er nicht das Gefühl, daß er aufgrund dieser Tatsache Sodomie begeht. Wenn er einem schwarzen Taxifahrer ein Trinkgeld gibt (was er bei einem weißen Fahrer nie tun würde), dann kommt es ihm nicht in den Sinn, daß es passender gewesen wäre, dem Geschöpf freundlich den Kopf zu tätscheln. Er wird sich keine große Mühe geben, seine Pferde zum Christentum zu bekehren oder zu verhindern, daß sie Witterung davon bekommen. Alles an seiner Beziehung zu seinen Sklaven macht deutlich, daß er sie mehr oder weniger als Menschen behandelt – seine Demütigungen, seine Enttäuschung, seine Eifersucht, seine Ängste, seine Strafen, seine Bindungen ...

Was hat es dann mit dem Gerede von »keine Menschen sein« auf sich? Wie könnte unser mehr oder weniger fiktiver Sklavenhalter das meinen? Was stellen wir uns vor, das er wünscht, empfindet und sieht, wenn er das sagt? Er meint nicht, daß seine Sklaven, jedenfalls nicht alle, weniger intelligent oder fauler als er sind. (Das und noch Schlimmeres mag er von seinem Sohn denken.) Er meint nicht, daß sie weniger schön sind oder weniger gute Manieren haben als seine Freunde. (In dieser Hinsicht mag er Schlimmeres vom weißen Pöbel denken.) Er meint nichts Bestimmtes und kann nichts Bestimmtes meinen. Es ist ein bestimmter Geisteszustand. Er meint auf unbestimmte Weise, daß sie nicht *völlig* menschlich sind. Er meint auf unbestimmte Weise, daß es *Arten* von Menschen gibt. (Nach meinem Verständnis wird damit eben das geleugnet, was Marx im Anschluß an Feuerbachs Theologie das Gattungswesen des Menschen nennt. Menschsein heißt zur Menschheit gehören, in einer inneren Beziehung zu allen anderen zu stehen.) Er meint auf unbestimmte Weise, daß Sklaven anders sind, in erster Linie anders als er und in zweiter wohl auch anders als du und ich. (Ich nehme hier an, ich glaube, daß keine rassistische Psychologie oder Anthropologie, wie sehr sie ihn auch beruhigen mag, diesen unbestimmten Unterschied für ihn wirklich befriedigend ausdrückt.) Am Ende wird er sich auf die Geschichte berufen, auf eine Lebensform oder besser eine Lebensweise: Das ist es, was er tut. Er glaubt genau an das, was Gerechtigkeit verneint, daß nämlich die Geschichte und ein unbestimmter Unterschied seine gesellschaftlich höhere Position rechtfertigen können. Das Primat der Gerechtigkeit muß er dafür nicht bestreiten, darüber könnte er sich sehr beredt auslassen. Bestreiten muß er nur, daß bestimmte andere in ihren Bereich fallen und er sie als solche anerkennen muß. Man könnte sagen, er bestreitet, daß der Sklave ein »anderer« ist, ein anderer ihm gegenüber. Sklaven sind gewissermaßen *bloß* anders, nicht einfach getrennt, sondern verschieden. Man könnte sagen, er betrachtet sich ihnen gegenüber als privat, letztlich für sie unerkennbar.

Sklaven mögen vor ihren Herren Geheimnisse haben, und zweifellos haben sie welche. Doch der Herr hat noch etwas mehr. Natürlich hat er Macht über sie, aber da ist noch etwas anderes. Nennen wir es die Macht über sein Erleben im Verhältnis zu ihnen. Er kann alles über sie anerkennen, ich meine, ihnen seine wahren Empfindungen zeigen, angefangen von ihrem Leiden bis zu ihrem Gefühl für Rhythmus, nur eines kann er nicht: ihre Zugehörigkeit zum Reich der Gerechtigkeit anerkennen. Sie können eine begrenzte Menge ihm gegenüber anerkennen (jede Äußerung ihrer Empfindungen zurückzuhalten, sogar die des Blues, könnte gefährlich herausfordernd wirken), aber nichts über ihn, ihm gegenüber, es sei denn als Anerkennung seiner Herrschaft. Sollte er die Macht abtreten, *ihn* anzuerkennen, oder sie die Macht erlangen, ihn als den anderen ihrer selbst zu sehen, die Macht, sein Erleben zu sehen, wie er es sieht, dann würde er sich selbst mit ihren Augen sehen, und sie würden wissen, daß sie sich durch die seinen gesehen hätten, und damit wären seine Tage gezählt. – Vielleicht wurde zu Recht gesagt, die Sklaverei der Südstaaten sei die härteste Form gewesen, die die Sklaverei je in der Geschichte angenommen hat. Doch wenn, wie in meiner kleinen fiktiven Geschichte unterstellt wurde, die Rechtfertigung dafür ihren extremsten und letzten Grund angenommen hat – daß der Sklave kein richtiger Mensch ist –, dann hätte dieses menschliche Elend eine schreckliche Form menschlichen Fortschritts dargestellt, denn dieser Grund läßt sich langfristig nicht aufrechterhalten. Man kann aus vielerlei Gründen den amerikanischen Bürgerkrieg als eine Tragödie betrachten. Ein ehrbarer Grund wäre, den Krieg als unnötig zu betrachten und anzunehmen, daß die Sklaverei seitens der Sklavenhalter psychisch unerträglich geworden war. Könnte man nun zeigen, daß nicht bloß ein Schuldgefühl die Institution unhaltbar machte (mit Schuldgefühlen läßt sich jahrtausendelang leben, verfügt man nur über hinreichende Mittel, sie zu lindern, etwa durch großzügige Mildtätigkeit), sondern die wachsende Anstrengung, etwas zu meinen, was sich nicht meinen läßt, und was zu dem Eindruck führte, daß der Verstand dabei war, sich selbst zu verwirren, und könnte man weiterhin zeigen, daß diese psychische Entwicklung langsam, aber sicher fortgeschritten wäre, so daß, hätte man sie sich selbst überlassen und nicht durch scheinheilige Kritik zur Selbstrechtfertigung gezwungen, sie zur Reife gelangt wäre und die Sklaverei bis zum Palmsonntag 1865 abgeschafft worden wäre, dann war der Bürgerkrieg vielleicht deshalb tragisch, weil er unnötig war, und nicht deshalb, weil er notwendig war.

Die Sorge, die von der Vorstellung der Sklaverei ausgeht – nicht, daß sie darauf beschränkt bliebe, aber in ihr kommt sie am offensten und schärfsten zum Ausdruck –, ist die, daß bestimmte Menschen andere, von denen sie wissen oder nahezu wissen, daß sie Menschen sind, tatsächlich in ebendieser Weise behandeln können. Statt das einzuräumen, sagen wir, daß die einen die anderen überhaupt nicht als Menschen betrachten. (Um den Nationalsozialismus zu verstehen, was immer das heißen mag, müssen wir ihn als eine menschliche Möglichkeit begreifen, die zwar ungeheuerlich ist, aber deshalb nicht das Verhalten von Ungeheuern. Ungeheuern kann man weder vergeben noch nicht vergeben. Wir stehen nicht in der richtigen inneren Beziehung zu ihnen, um von Vergebung zu reden.) Räumt man ein, daß der Sklavenhalter den Sklaven als eine Art menschliches Wesen betrachtet, dann gründet man die Sklaverei bloß auf eine unbestimmte Unterschiedsbehauptung, auf irgendeinen nicht auszudrückenden Grund für den Ausschluß anderer aus unserem Reich der Gerechtigkeit. Das ist allzu nahe zu etwas, was wir jederzeit entdecken könnten.

Ausgehend von der Tatsache, daß man zu Recht sagt, man könne menschliche Embryos als Menschen betrachten und in gewissem Maße als solche behandeln, wollte ich nicht argumentieren, daraus folge, daß menschliche Embryos keine Menschen sind, und ebensowenig wollte ich, von der Tatsache ausgehend, daß ein anderer bestimmte Menschen als Sklaven betrachtet und durch und durch so behandeln kann, argumentieren, daß Menschen keine Sklaven sind. Sagen wollte ich vielmehr: Es ist keine Tatsache, daß menschliche Embryos Menschen sind, und es ist nichts als eine Tatsache, daß bestimmte Menschen Sklaven sind. Darin mag man die Behauptung sehen, daß jemand, der sich anders äußert, einer bestimmten *Weltanschauung** anhängt; daß die Welt und er in ihr ihm auf eine bestimmte Weise vorgekommen ist. Es könnte genausogut als die Behauptung betrachtet werden, daß jemandem, der wie ich denkt, die Welt nicht in dieser Weise vorkommt. (Ist auch das eine *Weltanschauung**?) Daß die Hasenente eine Ente (die Zeichnung einer Ente ist), ist weder wahr noch falsch, es ist keine Tatsache. Wenn jemand glaubhaft über die Hasenente versichert »Es ist eine Ente«, dann scheint die Tatsache die zu sein, daß »dies ist eine Ente« *für ihn* wahr ist.« »Wahr für ihn« fordert jedoch anscheinend den Gegensatz »wahr für mich« heraus. Aber die Tatsache scheint nicht die zu sein, daß »dies ist eine Hasenente« *für mich* wahr ist. Daß es eine Hasenente ist, *ist* einfach der Tatbestand. Worin liegt dann der Unterschied oder der Gegensatz in unseren Positionen?

Wenn es Sinn ergibt, davon zu sprechen, Menschen als Menschen zu sehen, dann ergibt die Vorstellung Sinn, daß einem Menschen die Fähigkeit abgehen könnte, Menschen als Menschen zu sehen. Die Frage, ob jemand seelenblind sein könnte, würde Sinn ergeben. (Sollte es so etwas wie Seelenblindheit geben, dann sind Sklavenhalter oder Liberale ihr weder notwendig noch speziell ausgesetzt. Obwohl jemand Sklavenhalter oder Liberaler werden könnte, um diese Tatsache über sich zu verbergen.)
– Willst du hier wirklich die ganze Last der Wittgensteinschen Begriffe auf dich nehmen? Erinnere dich an seine einleitende Beschreibung: »Ich betrachte ein Gesicht, und auf einmal bemerke ich seine Ähnlichkeit mit einem andern. ... Diese Erfahrung nenne ich ›das Bemerken eines Aspekts‹« (*Untersuchungen*, S. 518). Davon zu reden, daß man Menschen als Menschen sieht, impliziert, daß wir *bemerken*, daß Menschen Menschen sind, und das scheint sowenig annehmbar zu sein wie die Aussage »wir sind der

---

* Deutsch im Original. (A. d. Ü.)

Meinung, daß sie es sind« (vgl. *Untersuchungen*, S. 495). – Impliziert ist hier: Für das Wissen, daß etwas ein Mensch ist, ist es wesentlich, es manchmal als solches zu erfahren und manchmal nicht oder daß es uns manchmal mißlingt; wesentlich ist, daß, damit konfrontiert, manchmal gewisse Bewußtseinsveränderungen eintreten und manchmal nicht. Oder durch eine Erinnerung daran. Die Erinnerung, vielleicht tritt sie in einem Traum auf, könnte durch den Geist laufen wie ein Hase über eine Landschaft und mir einen Ausruf abringen, etwa in Form eines Namens. (Vgl. *Untersuchungen*, S. 518 und Yeats' »Deep-Sworn Vow«.)
Ich habe davon gesprochen, daß es einen Geist gibt, in dem Worte gemeint sein können. Nun möchte ich sagen, das Richtige an der Beschreibung »Ich bemerkte, er war verstimmt«, als Bericht über sein Verhalten *und* seinen Seelenzustand – »aber nicht im Nebeneinander; sondern vom einen durch das andere« –, stützt sich auf einen Geist, in dem wir uns diese Worte gesagt und gemeint vorstellen. Sollte es aber einen solchen Geist geben, hängt er dann von der Tatsache ab, daß diese Äußerung bildlich ist oder daß sie von einem Geschöpf handelt? Ich möchte sagen, »Er winkt zum Abschied« ist in demselben Geist gesagt wie »Er bevorzugt schon wieder seine rechte Hand« und »Er hat Schmerzen«.
Könnte es Menschen geben, die niemals den Geist erlangen können, in dem Worte über einen anderen (eine andere Psyche) gemeint sind? Bedeutet das, sie verstehen jemanden, der eine Absicht oder ein Vorhaben äußert, immer so, als mache er eine Vorhersage? Oder daß sie jemanden, der Schmerz äußert, so verstehen, als zeige er damit, daß er nicht richtig funktioniert? Ist der Geist so fragil? Was würde uns veranlassen, wie könnte irgend etwas uns veranlassen, vor ihm zurückzuweichen?
Wenn dich an anderen die Möglichkeit schreckt, daß alles, was sie äußern, vorgetäuscht sein könnte, ja sogar daß andere jederzeit und aus keinem besonderen Grund ihre Reaktionen vielleicht simulieren, dann führt dich das sozusagen nur zu einem erkenntnistheoretischen Agnostizismus, nicht aber zu einem metaphysischen Skeptizismus, nicht zu der Vermutung, daß es vielleicht

keine Menschen gibt. Denn könnte irgend etwas anderes als ein Mensch oder etwas ihm entsetzlich Ähnliches menschliche Reaktionen *simulieren*? Angenommen, jemand wollte diese Frage folgendermaßen in eine Widerlegung des Skeptizismus umwandeln: Entweder simuliert das da vor dir – dieses menschenartige Ding, von dem du sagen möchtest, es hat Schmerzen –, oder es simuliert nicht. Wenn nicht, dann hat es Schmerzen, und folglich ist es ein Mensch; wenn ja, dann simuliert es und ist folglich ein Mensch.

Sich vorzustellen, daß etwas menschliche Reaktionen simulieren könnte, heißt, sich vorzustellen, daß es simulieren könnte, ein Mensch zu sein. Vermutlich hieße dies, dieses Ding könnte in menschlicher Gestalt auftreten, in einem menschlichen Körper. Das Menschengeschlecht konnte sich anscheinend früher sehr leicht vorstellen, daß Götter und Engel so erscheinen, und in jüngerer Zeit, daß fremde Wesen von anderen Planeten es tun. Es pflegte sich auch vorzustellen, daß Menschen und Götter entweder durch Metamorphose oder durch Metempsychose in Tiergestalt erscheinen. Doch nur bildlich hat man sich vorgestellt, daß ein Tier in Menschengestalt auftritt, so als sei es ein unumstößlicher grammatischer Punkt, daß eine Seele mindestens so hoch auf der Skala des Seienden anzusiedeln ist wie der Körper, in dem sie gerade steckt. Die Seele mag unter ihr Niveau gehen, aber niemals darüber hinaus. Sie kann nur heruntergezogen werden.

Wäre es denkbar, daß Menschen in Menschengestalt steckten? Gesetzt, in unserer Welt gäbe es so etwas wie menschliche Gestalten, Körper, die jedem bewohnt erscheinen, es aber nicht sind, d. h., es scheint sich um Menschen zu handeln, obwohl es keine sind. Ihr metaphysischer Status wäre sozusagen der von Zombies oder Golems, empirisch betrachtet könnten sie jedoch sehr viel lebendiger sein und nahezu alles tun, wozu Menschen in der Lage sind – beispielsweise sind sie nicht nur fähig, zu rechnen und Schach zu spielen, sondern auch zu flirten, jemandem den Hof zu machen, zu lachen und zu weinen, jedenfalls Tränen zu vergießen oder zumindest rollen zu lassen, sogar welche mit salzigem Geschmack. Gesetzt nun, es pflegte eine Möglichkeit zu geben, Gestalten zu bewohnen, eine Möglichkeit für Menschen, bei Verlangen eine Zeitlang in sie hineinzuschlüpfen. Zuerst haben sie es vielleicht getan, um den einen oder anderen Streich zu spielen, am Ende aber, weil sie Nutzen aus der Gestalt zogen. Zum Beispiel kann man so »sein« Aussehen und seine Figur wählen. Mehr noch, die neue Gestalt ermöglicht dieselbe Entfesselung von Emotionen, die wir im Schutz einer Maske genießen, allerdings ohne die Unannehmlichkeit, daß sie als solche erkennbar wäre. Einige Leute würden mit der Zeit zögern, den Körper, in den sie geschlüpft sind, zu verlassen. Angenommen, nach einer bestimmten Zeitspanne würde es, physisch wie psychisch, unmöglich, den Körper wieder zu verlassen. Unmöglich, ohne zu sterben.

Nehmen wir ferner an, der Trick, in Gestalten zu schlüpfen, wäre vor so langer Zeit aufgetreten und wieder verschwunden, daß die Zeiten, in denen man probeweise eine Gestalt annehmen konnte, vorüber ist. Alle, die jetzt in einer menschlichen Gestalt stecken, sind ein Leben lang daran gebunden. Ob ein Körper bewohnt ist oder nicht, ließe sich jetzt nur dann mit Gewißheit feststellen, wenn man ihn öffnete und hineinschaute. Auch wenn uns häufiger der Drang dazu überkäme, würden wir zu diesem Zweck nicht oft einen Körper öffnen, da wir ja wüßten, daß das für das Wesen in ihm den Tod bedeuten würde. Tatsächlich scheint der Begriff des Todes die Vorstellung aufzunehmen, daß der Körper verlassen wird. – Möglicherweise haben wir die Vorstellung, daß die Evolution bei diesem Prozeß des Bewohnens ihre Hand im Spiel gehabt hat, daß der Schlüssel zum menschlichen Überleben, d. h. zum Überleben als Mensch, der ist, vor der Geburt eine Körperschale um den Fötus zu bilden. Mit der Zeit könnte die Natur es so kunstvoll gemacht haben, daß wir *nie* eine menschliche Gestalt von einem Menschen unterscheiden könnten. Die Schale wurde hautdünn, und würde man sie öffnen, fände man kein getrenntes menschliches Wesen, sondern bloß, was man zu finden erwarten würde, wenn man einen altmodischen Menschen ohne Schale öffnete. (Alle unsere Aufzeichnungen würden natürlich genau das zeigen, denn dieses Stadium der menschlichen Evolution wäre vor dem Auftreten der Schrift erreicht worden.) Angesichts dieser (fehlenden) Evidenz scheint es sogar schwer vorstellbar, wie wir jemals auf die Idee verfallen konnten, daß jemand da drinnen ist, daß wir die wahre Sachlage erfaßt haben. Jemand könnte die Kunstfertigkeit der Natur in diesem Fall als einen Schuß nach hinten betrachten, denn der Körper ist jetzt kein Schutz mehr für den Menschen. Der da drinnen erleidet alles, was dem Körper zustößt, und noch mehr. – Die Beweislage ebnet den Weg für eine neue Generation von Ungläubigen, von Leuten, die die Vergangenheit nicht so darstellen oder, besser gesagt, nicht in diesem Sinn. Sie möchten sagen »Da ist niemand drinnen«. Doch das hält nur den Drang nachzuschauen wach.

Halten wir uns selbst für (möglicherweise) bewohnte Körper, für Menschen in nicht abzustreifender menschlicher Gestalt? – Dann nämlich, wenn wir das Gefühl haben, wir müßten, um die Realität des anderen zu erkennen, an seinem Körper vorbei zu ihm vordringen, das Gefühl, was wirklich geschieht, sei unseren Blicken verborgen, geschehe an einem Ort, zu dem wir keinen Zutritt haben. Wenn die Dinge so liegen, dann bin ich in bezug auf mich in keiner besseren Position als du. Denn der Trick, in eine neue Gestalt zu schlüpfen und sie wieder abzustreifen, ist längst verlorengegangen, ich bin nicht besser als du in der Lage zu sagen, ob mein Körper eine menschliche Gestalt ist oder einmal war oder ob er wirklich meiner ist, mein ursprünglicher Körper, ob *das* alles ist. Ich bin nicht fähig, meinen Kopf einzuziehen und hineinzuschauen; ich kann sowenig meiner selbst intim habhaft werden wie du. Und die Erinnerung wäre hier auch nur ein Strohhalm. Niemand von uns erinnert sich an seine Geburt, obwohl jeder von uns weiß, daß er, wenn mir der Ausdruck erlaubt ist, gebürtlich ist. Oder etwa nicht?

Gesetzt, ich komme zu der Überzeugung, gebe dem Verdacht Raum, mein Körper sei eine Gestalt, nicht ursprünglich meiner. Ich hege die Vorstellung, dieser Körper sei in etwa so »mein«, wie meine Kleider die meinen sind; aber er ist nicht – wie soll ich sagen? – ich (außer vielleicht so, wie bestimmte Kleidungsstücke wirklich ich sind). Er ist mein (unveräußerlicher) Besitz, aber er drückt mich nicht aus, nicht mein wirkliches Ich. Mein Schutz ist meine Last geworden. In einem solchen Zustand höre ich wohl mit Freude, daß es trotz allem eine Möglichkeit gibt, ihm zu entkommen.

Wenn ich den Verdacht nur in bezug auf andere hege und folglich der Versuchung ausgesetzt bin, mir zu wünschen, in den anderen einzudringen, in sein Inneres zu schauen, dann richtet sich mein Drang darauf, das, was der andere zeigt, damit zu vergleichen, was tatsächlich in ihm vorgeht. Damit erhält das Problem des Fremdpsychischen wieder einmal eine bekannte erkenntnistheoretische Form, die von Kant in der Nachfolge Lockes und Leibniz' hinterlassene Form, der zufolge ich in den Kreis meiner Erfahrungen eingeschlossen bin, ohne je (aus eigener Kraft) zu wissen, ob diese Erfahrungen mit einer unabhängigen Wirklichkeit übereinstimmen. Wenn ich den Verdacht in bezug auf mich selbst hege, dann möchte ich diesem Körper, das ist ziemlich deutlich, nicht entkommen, um die von ihm gezeigten Reaktionen mit den Reaktionen, die ich habe, zu vergleichen – oder besser, seine Reaktionen mit meinen Inneren zu korrelieren –, ich möchte meine Reaktionen vielmehr offenlegen. Als würde ich erst dann ausgedrückt, wenn die von mir offengelegten Reaktionen die Reaktionen des Körpers sind, der ich bin. Warum aber sollte ich das wünschen wollen, es vielleicht heftig genug wünschen, um dafür zu sterben, indem ich diesen Körper verlasse?

Wünsche ich, erkannt zu werden, das heißt, anerkannt? Aber was ist daran von so überwältigender Bedeutung? Geht es darum, daß ich eine Bestätigung meiner Existenz wünsche, d. h. der Existenz meines Leidens und meines Tuns? Warum sollte ich mir aber überhaupt vorstellen, daß sie nicht anerkannt, niemals bestätigt wird? Ich hatte schon Gelegenheit zu fragen: Wenn ich die von dir manifestierten Kriterien nicht als Offenlegen von etwas auf dich Zutreffendem akzeptiere – wenn ich z. B. ständig deinen Manifestationen von Leiden mißtraue –, mißtraue ich dann dir (deiner Fähigkeit, dich zu äußern) oder mir (meiner Fähigkeit, andere zu kennen, Äußerungen zu deuten)? Wenn ich nun deiner Anerkennung meiner Person mißtraue, nicht an irgendwelche Kundgebungen von Sympathie und Lob glaube, mißtraue ich dann dir (deiner Fähigkeit, andere zu kennen) oder mir (meiner Fähigkeit, mich selbst zu äußern)?

Wie ist möglich, daß ich nicht an die Äußerung meiner selbst glaube, an meine Fähigkeit, mich so zu präsentieren, daß mir Anerkennung zuteil wird? Ich habe diesen Schmerz, ich bin stolz auf diese Tat oder schäme mich ihrer, fühle mich durch jenen Gedanken gedemütigt. Wenn ich aber nicht glaube, daß der andere mich anerkennt, glaube ich dann nicht an die Fähigkeit des anderen, diese Tatsache aufzunehmen, ihre Realität für mich zu ermessen, sie womöglich zu teilen? Und bedeutet das zwangsläufig, daß ich nicht glaube, daß der andere weiß, was das für Empfindungen sind? Der andere mag es jedoch sehr wohl wissen. – Aber nur, was ihn selbst betrifft, nur das Gewicht seiner eigenen Empfindung. – Aber diese unterscheidet sich vielleicht nicht von deiner. – Es betrifft ihn aber nicht so, wie es mich betrifft. – Wie weißt du das? Angenommen, es wäre wahr. Wenn du ihm deine Empfindungen vermittelst, ist es nicht ein potentieller Vorteil dieser Bemühung, daß du ihre Wichtigkeit bekräftigst? Vielleicht möchtest du ja gar nicht, daß sie für ihn von Bedeutung sind. Wenn du es möchtest, mußt du sie herauslassen. – Sie herauslassen? Ich kann doch nicht mehr tun als stöhnen, weinen, lachen, wüten, reden, reden und abermals reden! Aber das ist doch nicht das, was ich empfinde, wer ich bin. – Ich glaube, du meinst, in anderen nicht die Reaktionen auslösen zu können, von denen du dir vorstellst, sie würden dich zufriedenstellen. Du kannst deinen Charakter nicht in Szene setzen, dein eigenes Leben auf die Bühne bringen. Oder vielleicht doch. Die von dir im anderen ausgelösten Reaktionen richten sich dann aber möglicherweise auf die falsche Sache, auf die von dir inszenierte Rolle, nicht auf dich selbst. Als ich sagte, du mußt es zulassen, für den anderen wichtig zu sein, meinte ich das als Alternative zu deinem Wunsch, die Reaktion im anderen auszulösen. (Es nicht zu tun, dafür gibt es einen guten Grund. Du könntest entdecken, daß du nicht wichtig bist.) Sieh darin einen Ratschlag für Hamlet. – Zuzulassen, wichtig zu sein heißt nicht bloß anzuerkennen, wie es um einen selbst steht, und folglich anzuerkennen, daß man sich wünscht, der andere möge sich darum kümmern, zumindest darum, es zu wissen. Es heißt auch anzuerkennen, daß deine Äußerungen tatsächlich dich zum Ausdruck bringen, daß es deine sind, daß du in ihnen enthalten bist. Das bedeutet, du mußt es zulassen, verstanden zu werden, etwas, was du stets unterdrücken kannst. Es nicht zu unterdrücken heißt, wie ich sagen möchte, deinen Körper und den Körper deiner Äußerungen als deinen anzuerkennen, als das, was du hier auf Erden bist, als alles, was es je von dir *geben wird*.

Für mich ist es denkbar, daß es Leute gibt, die ihren Körper als ihren Besitz, vielleicht als ihren Leibeigenen verstehen. Ohne Zweifel betrachten sie ihren Körper als ein besonderes Gut unter ihren Besitztümern. Wie sie ihn behandeln, wird festlegen, ob sie ein freundlicher oder grausamer Herr sind. Unter Umständen werden sie sich als lediglich geizig herausstellen. Den Körper als Besitz zu bezeichnen könnte eine Weise sein, bestimmte Rechte, die man ihm gegenüber hat, zu bekräftigen. Aber ich nehme, um nicht weiterzugehen, auch bestimmte Rechte gegenüber meiner Frau und meinem Kind in Anspruch, und dennoch hoffe ich, sie nicht als mein Eigentum zu beanspruchen. Wenn das, was ich besitze, eine Gestalt ist, dann besitze ich sie unabhängig davon, ob ich nun darin stecke oder nicht. Der erste Mann in der eisernen Maske steckte sicherlich in ihr, ebenso wie der zweite Mann, der danach in sie gesteckt wurde; der zweite hatte sie für den ersten anfertigen lassen. Wer besitzt sie? Nicht der Eisenschmied, der seine Arbeit da hineinsteckte. Die Moral lautet: Laß keine Behausung anfertigen, in der du nicht selbst leben möchtest. Würden den Engeln Gestalten zugewiesen, gäbe es im Himmel lautes Gezänk. – Eine Vorstellung, die hier nach Äußerung verlangt, ist die, daß der eigene Körper nicht einem fremden Willen untertan ist (z. B. einer unerwünschten Schwangerschaft?). Doch warum sollte man schließen, daß der eigene Körper dem eigenen Willen unterworfen sein soll?

In der Aussage, daß ich im Besitz des Körpers, von ihm bin, er Ansprüche an mich hat, drückt sich ein besseres Verhältnis zu ihm aus. Daß ich meinen Körper mißhandeln kann, beweist nicht, daß ich ihm gegenüber die Rolle des Herrn oder der Herrin einnehme. Schließlich kann ich auch meinen Herrn oder meine Herrin mißhandeln, beispielsweise indem ich sie verrate. Was bedeutet es, die Kontrolle über seinen Körper zu haben? Wenn ich die Kontrolle über meine Bank habe, dann kann nur ich, und kein anderer, bestimmen, was sie tut. Zu sagen, ich habe die Kontrolle über meinen Körper, könnte in ähnlicher Weise bedeuten, daß niemand in bezug auf ihn in meiner Position ist, daß er, sagen wir, unter meinem hypnotischen Einfluß steht. Aber wenn ich eins bin mit meinem Körper, etwa wenn ich eine virtuose Vorführung hinlege oder im Liebesakt, heißt das dann, daß ich meinen Körper vollkommen beherrsche oder daß ich meinen Körper vollkommen unter Kontrolle habe? Könnte die Antwort nicht lauten: Beides oder eins von beiden? Jede Vorführung oder jede Tat kann durch Willen oder durch Anmut zustande kommen. Entsprechend werden ihre Physiognomien sich unterscheiden, wie sich z. B. der frühe vom späten Horowitz unterscheidet.

Wenn ich sage, daß jede Handlung entweder aktiv oder passiv ausgeführt wird, dann sollte ich sagen, daß eine durch den Willen ausgeführte Handlung passiv ist. Mir ist klar, daß die erste Intuition, vorausgesetzt die Sache ist klar genug, um überhaupt eine Intuition hervorzurufen, hier die sein wird, daß es sich umgekehrt verhält. Das wäre aber das Tun des Willens. Durch den Willen zu handeln heißt, sich selbst zu befehlen, möglicherweise getrieben zu sein, es bedeutet, ein guter Soldat zu sein. Das ist sicherlich im allgemeinen besser, als ein schlechter Soldat zu sein. Aber es heißt noch nicht, der Initiator der eigenen Befehle zu sein, und folglich ist man nicht in der Position, gleichgültig wie es um die privaten Empfindungen bestellt ist, sie zu widerrufen.

(Der ist ein guter Soldat, der, wie ich annehme ohne Bosheit, aber mit Widerwillen, im *Lear* und im *Perikles* den Auftrag annimmt, eine unbequeme Tochter zu töten. Das Gewissen erläßt keine Befehle.)

Kant war, wie ich meine, der Ansicht, daß wir in unseren gegenwärtigen Umständen bestenfalls hoffen können, vom Willen Befehle zu erhalten, und das nannte er Freiheit. Nietzsche nannte es Leiden, Passivität, weil unser Wille nicht, noch nicht, unser eigener ist. So unternimmt er es, uns zu lehren, dem Willen eine neue Richtung zu geben, damit wir aktiv *werden*, frei von Widerwillen. Weil es für uns so natürlich ist, unsere Vorstellung von persönlichen Rechten mit Privateigentum in Verbindung zu bringen, knüpft Nietzsche wie Thoreau seine Lehre an den Begriff des Besitzes, daran, in den Besitz von etwas zu gelangen, um uns unsere Vorstellung von Eigentum zu nehmen. Sein Zarathustra spricht davon, in den Besitz seines Lichts, seiner Nahrung, seiner Art von Ohren, seiner Zunge, seiner Hand, seines Fußes, seines Magens, seines Geschmacks, seines Weges, seines Feindes, seines Krieges, seines Todes zu gelangen. Es ist also nicht weiter erstaunlich, daß man ihn, wie auch Thoreau, des Egoismus oder jedenfalls der Selbstbezogenheit bezichtigt hat. Was sie jedoch als ihren Besitz beanspruchten, beraubte niemanden. Doch ihnen gegenüber haben andere sich beraubt gefühlt. – Verglichen mit Thoreau scheint Nietzsche zu spirituell zu sein, beinahe christlich. Denn z. B. die Sonne und das Gewässer, die Thoreau als die seinen beanspruchte (und die daher jedem oder keinem gehören könnten), waren *die* Sonne und *dieses* Gewässer. Dinge, die allen gemeinsam sind, bloß daß sie nicht im Gemeinbesitz sind.

Wenn nicht als Eigentümer, stehe ich dann in einer anderen Beziehung zu meinem Körper? Wir reden davon, daß wir in verschiedenen Beziehungen zu unserem Selbst stehen, wir hassen oder lieben uns z. B., oder wir sind von uns angewidert oder auf uns stolz, wir kennen und wir glauben uns, wir finden oder verlieren uns. Das sind Beziehungen, in denen wir auch zu anderen stehen können.

– Nein, nicht in *dieser* Weise. In einer Selbstbeziehung gibt es keine Wechselseitigkeit. Oder besser: Wechselseitigkeit ist in jeder Beziehung gesichert. – Doch gewiß nicht gesichert? Wenn ich mich liebe, werde ich dann von mir geliebt? Kann ich meine Liebe erwidern? Narziß starb nicht an Liebe, sondern an unerwiderter oder nicht zu erwidernder Liebe. Wenn es aber keine Wechselseitigkeit gäbe, wie könnte ich dann mit mir selbst kämpfen? – Hör auf zu kämpfen, und der Kampf ist vorbei. – Wenn man mit anderen kämpft, hat der, der aufhört zu kämpfen, aber verloren. – Und wie ist es anders, wenn man mit sich selbst kämpft? Ist bei diesem Kampf gewinnen verlieren und verlieren gewinnen? Das klingt chimärisch. – Es gibt andere Ergebnisse eines Kampfes als Sieg oder Niederlage. Bei dir hört es sich so an, als sei ein Kampf wie ein Spiel. Es ist wahr, daß man nicht gegen sich selbst spielen kann. – Zumindest nicht, ohne ein Wissen um meine Strategie beiseite zu schieben.

– Würde es dir gleichzeitig etwas ausmachen, diese Metapher beiseite zu schieben? Wir haben uns gestattet, über das Selbst zu reden, als wäre es buchstäblich teilbar. Aber es ist ja schließlich keine Quantität von etwas, nicht wie Brot oder eine Landparzelle. – Ein Haus ist teilbar. Ich meine die Gemeinschaft der Hausbewohner. Dabei geht es nicht nur um eine Menge von Individuen, die je anders empfinden. Es geht um ein Ding, das in verschiedener Weise empfindet. – Das ist der Standpunkt des Nordens. Für den Standpunkt des Südens gibt es zwei Dinge, die auf je eigene Weise empfinden. – Ich dachte, vor einer Weile wolltest du, so wie ich auch, den Umstand zum Ausdruck bringen, daß mein Selbst ebendas ist, wozu ich in diesen Beziehungen stehen *muß*, woran ich gebunden bin, an alle von ihnen, jedenfalls an eines von jedem Paar: Liebe oder Haß, Stolz auf oder Verachtung für, aufrichtig oder unaufrichtig mit, im Reinen oder nicht im Reinen mit. Wenn man so über die Sache denkt, ist nichts zu machen, dann muß man schlicht die Möglichkeiten durchgehen. Und sogleich stößt man auf Anomalien. – Offensichtlich. Eine Beziehung braucht zwei Glieder. – Identität bedarf nicht zweier

Glieder; jedenfalls nicht zweier Dinge. Dennoch, ich verzichte gern auf die Beziehungen, die tatsächlich zweier Glieder bedürfen. Ich möchte nicht behaupten, daß man sein eigener Vater sein kann (außer metaphorisch oder mythisch), und auch nicht, daß man sich von sich verabschiedet oder sich grüßt noch daß man sich selbst zu einem Spaziergang mitnehmen kann oder sich selbst begnadigen (es sei denn, man führt einen hohen Titel in seinem Namen). Ich kann nicht deinen Schatten werfen, jedenfalls nicht auf mich selbst.

Zu sagen, ich bin daran *gebunden*, zu mir selbst in den Beziehungen zu stehen, in denen ich zu anderen stehen mag oder auch nicht, bedeutet, in einer besonderen Weise einen Gegensatz zwischen mir und anderen aufzustellen: Jeder andere ist jemand, den ich zufällig nicht kenne, zu dem ich keine Beziehung haben könnte. Mich kann ich aber nicht zufällig nicht kennen, noch ist es möglich, daß ich keine Beziehung zu mir habe. Ignoranz mir selbst gegenüber ist die Frucht harter Arbeit, etwas Erlerntes wie eine tote Sprache.

Ist das nicht eine Übertreibung? – ähnlich wie die oben gefallene Bemerkung, daß ich dazu bestimmt bin, mich entweder zu lieben oder zu hassen, entweder stolz auf mich zu sein oder mich zu verachten, entweder mit mir im Reinen oder nicht im Reinen zu sein usw.? Sicher, die meisten Menschen sind weder genau das eine noch genau das andere. Das muß man nun nicht als Bestreiten des Punktes verstehen, denn dieses »weder genau das eine noch genau das andere« könnte als eine spezifische Position in einer Dimension von Selbstbeziehung beschrieben werden, die einzunehmen ich gezwungen bin. Nennen wir die Position, die von den meisten Menschen in allen logisch anwendbaren Dimensionen der Selbstbeziehung eingenommen wird, ihre Durchschnittsposition. (Es ist mehr oder weniger offensichtlich, daß ich von Zeit zu Zeit versuche, mir darüber klarzuwerden, was an Heideggers Ansichten ich wertvoll und verständlich finde.) Diese Verflachung des Selbst scheint eine weitere Dimension zu erfordern. Wenn ich in dieser Position zu mir selbst stehe, dann ist das mich Auf-mich-Beziehen etwas, was ich tue, etwas, wozu ich aktiv oder passiv Stellung nehmen muß. Die Durchschnittsposition des Selbst ist dann ihrerseits eine, auf die ich mich beziehe, eine, zu der ich Stellung nehmen muß, eventuell eine durchschnittliche Stellung. Unter Umständen nehme ich eine durchschnittliche Stellung zu einem Gefühl ein, daß meine Positionen der Selbstbeziehung etwas Besonderes sind. Unter Umständen nehme ich eine Durchschnittsposition in dem Sinn ein, daß Durchschnittlichkeit selbst etwas Besonderes, sogar Glänzendes ist, eine Position wie etwa Tonio Kröger sie bezieht.

Man sagt, es gebe Gelegenheiten, bei denen, wenn mir vergeben werden sollte, ich mir selbst vergeben muß. Bei solchen Gelegenheit müßte Vergebung gewährt werden, ohne daß eine Entschuldigung ergangen ist, denn ich kann mich nicht bei mir selbst entschuldigen. Könnte ich mir, wie andere es könnten, selbst vergeben, daß ich unfähig bin, mich zu entschuldigen? Wenn ich mich lieben kann, dann, nehme ich an, kann ich auch auf mich eifersüchtig sein, mich selbst als meinen Besitz betrachten und sorgfältig beobachten, wer mit meinem Besitz Umgang pflegt. (Wie Gott.) Könnte ich mich aber selbst beneiden? Wenn nicht, dann folgt, daß ich nicht Tonio Kröger bin, wenn ich Tonio Kröger beneide. Wenn Tonio Kröger Hans Hansen um dessen Durchschnittlichkeit beneidet, würde Logik ihn dann an diesem Neid hindern, falls Tonios eigene Durchschnittlichkeit sich nicht von der Hansens unterscheidet? Natürlich dann nicht, wenn er seine eigene Durchschnittlichkeit nicht erkennt (ein Mangel, den er gerade durch die Entwicklung von Neidgefühlen hätte kultivieren können), oder dann nicht, wenn er sich den anderen *wegen* dessen Durchschnittlichkeit als glücklich denken möchte. Heute würde man vielleicht entdecken, daß ein bestimmter Neid auf Hans Hansen nur von den Hans Hansens dieser Welt geäußert wird. Doch heißt das nicht einfach, daß gewisse Leute sich gern für Künstler hielten oder dächten, ihre Fehler seien die Fehler von Künstlern? Und heißt es nicht auch, daß Hans Hansen, würde er heute geschaffen, weniger beneidenswert erschiene? –

Du denkst bloß, daß ein bestimmter Typ von glücklichem Bürger sich heute gern als unglücklich sieht. Warum dann nicht einfach sagen, es sei logisch unmöglich, daß Hans Hansen Hans Hansen beneidet, jedenfalls nicht ohne Bewußtseinsspaltung? – Womöglich weil ich fürchte, nur ein glücklicher Bürger sagte das, fände seine eigene Position beneidenswert. Wenn sein Bewußtsein gespalten ist, dann ist er nicht mehr der alte Hans Hansen. Der Grund, warum Tonio Kröger sich nicht selbst beneidet, dürfte dann der sein, daß er weiß, daß seine Position nicht beneidenswert ist. Es sei denn, er denkt insgeheim, daß sie es doch ist. Aber in solchen Augenblicken weiß er, daß seine Position seine eigene ist, und daher schiene es, als fehle ihm nichts, was er beneiden könnte, nur daß sein Neid auf Hans Hansen genau dann am heftigsten ist. Anscheinend gehört es zum Schicksal der Außergewöhnlichen (wie es etwa dem Künstler oder dem Philosophen zufällt), mit dem Neid auf das Gewöhnliche zu leben (obwohl es ohne Zweifel auch mit Verachtung bedacht wird) und sich das Gewöhnliche als das Neidlose zu denken (daher die Vorstellung von den Wonnen des Gewöhnlichen). Ist das Gewöhnliche deshalb frei von Schicksal, mal abgesehen davon, daß es in Selbstvergessenheit lebt?

(Manch einer wird hier denken, was aus der Allegorie oder der Psychologie dieser im Namen der Figur Tonio Krögers angestellten Spekulation für den Skeptizismus folge, tauche die Sache des Skeptikers in ein allzu romantisches Licht. Vor allem wenn man sich daran erinnert, daß Tonio Kröger schon früh einer Freundin gegenüber »die Wonnen des Gewöhnlichen« als »verstohlene und verzehrende Sehnsucht« bezeichnet, als unentrinnbares Verlangen, »frei vom Fluch der Erkenntnis und der schöpferischen Qual [zu] leben, lieben und loben in seliger Gewöhnlichkeit«. Später bestimmt er den Ursprung seines Verlangens näher: »Ich stehe zwischen zwei Welten, bin in keiner daheim und habe es infolgedessen ein wenig schwer. Ihr Künstler nennt mich einen Bürger, und die Bürger sind versucht, mich zu verhaften. ... [Ihr] solltet bedenken, daß es ein Künstlertum gibt, so tief, so von Anbeginn und Schicksals wegen, daß keine Sehnsucht ihm süßer und empfindenswerter erscheint als die nach den Wonnen des Gewöhnlichen.« An die Objekte seiner Sehnsucht richtet er die unausgesprochenen Worte: »Ihr wart es ja, für die ich arbeitete...« Tonio Krögers Bemerkung bleibt denjenigen, an die sie gerichtet ist, notwendig verschlossen, denn wie Manns Erzähler sagt: »... ihre Sprache war nicht seine Sprache«. Aber ich erinnere auch daran, daß Tonio Kröger das Leben – sein vom Leben entrücktes Leben – den »ewigen Widerspruch von Geist und Kunst« nennt, und frage dann: Nehmen wir Humes Bezeichnung des skeptischen Zweifels als »eine Krankheit, die niemals vollständig geheilt werden kann«, ernst? Und akzeptieren wir, daß es ein Wesensteil seiner Philosophie ist, wenn er die Natur lobt, weil sie ihn von seiner »philosophischen Melancholie und Verwirrung« heilt, »sei es, indem sie die geistige Überspannung von selbst sich lösen läßt, sei es, indem sie mich aus ihr durch einen lebhaften Sinneseindruck ... gewaltsam herausreißt«, so daß er anderen Philosophen in der Gepflogenheit oder nötigen Zerstreuung folgen kann, »unmittelbar nachdem sie ihr Arbeitszimmer verlassen haben«, wieder »dem von ihnen verworfenen Glauben der übrigen Menschheit [zu] huldigen«, und glauben wir wirklich, er frage ernsthaft, fordere seine Leser auf, sich selbst zu fragen, ob daraus folgt, daß »ich gegen den natürlichen Hang, der mich zur Indolenz und zum Vergnügen hinzieht, ankämpfen muß, daß ich mich in gewissem Grade aus dem Verkehr und der Gesellschaft der Menschen, die so angenehm sind, ausschließen, mein Gehirn mit Subtilitäten und Sophistereien quälen muß, während ich doch die Vernünftigkeit dieses unerquicklichen Gebarens nicht einzusehen vermag ...?« Und in welcher Weise kann dergleichen der Menschheit oder meinem eigenen Privatinteresse dienlich sein?« (*Treatise*, Buch I, Teil IV, Abschnitt 2 und 7) Ohne Zweifel vermag Hume mehr Ironie als Tonio Kröger an den Tag zu legen. Aber kaum mehr als Thomas Mann.)

Zu sagen, es sei mir einfach unmöglich, mich nicht zu kennen, läuft daher auf die Behauptung hinaus, ich sei derjenige, der dazu verurteilt ist, ein durchschnittliches Wissen von mir selbst zu haben oder damit zu beginnen. Und läuft das nicht auf die Behauptung hinaus, ich sei derjenige, der dazu verurteilt ist, in einer gewissen (durchschnittlichen) Unwissenheit über mich selbst zu verharren? Welche Form nimmt diese Unwissenheit an, die Unwissenheit von etwas, das nicht zu kennen mir einfach nicht möglich ist? Müssen wir sie als das Bewahren eines Geheimnisses denken? Aber in welcher Form kann ich vor mir selbst ein Geheimnis, Stillschweigen bewahren? Um Stillschweigen um mich herum zu wahren, muß ich mich selbst zum Schweigen bringen. Ich lasse mich selbst im Dunkeln, indem ich mich selbst verdunkle. Ich würde mich wohl selbst nicht als dunkel betrachten, wenn andere mich nicht so betrachtet hätten. Und sie würden mich wohl nicht so betrachten, wenn sie sich nicht selbst so betrachten würden. – Aber ist »sich selbst dunkel sein« wie »jemand ist sich selbst unkenntlich« nicht bloß ein Bild? – Wenn blind für sich selbst und für andere zu sein nur ein Bild ist. Der Aspekt, für den ich blind bin, ist für mich dunkel. Die Gestalt, deren Aspekt es ist, ist für mich unkenntlich. (Wenn ich mich selbst verdunkeln kann, kann ich mich dann selbst erhellen, aufklären? Die Mitteilung derer, die mit dem Gegenstand vertraut sind, scheint zu sein, daß ich es nicht kann. Wenn ich es aufgebe, mich selbst zu verdunkeln, wird das Ergebnis mein Erhellen, meine Aufklärung sein.)

Aber *wäre es mir nicht möglich*, mich einfach so nicht zu kennen, wie ich einfach dich nicht kennen kann? Ich kann einfach etwas über mich nicht wissen, z. B. daß ich ein Herzflimmern habe oder daß ich gerade die Schweizer Grenze passiert habe und daher frei bin. Würde es aber Sinn ergeben zu sagen, daß ich meine Bekanntschaft nicht gemacht habe, mir einfach nie über den Weg gelaufen bin? Oder: Sollte die Frage, da ich mir irgendwie vorgestellt worden sein muß, nicht eher lauten, wie *gut* ich mit mir bekannt bin? Aber was wird als »besser bekannt werden« betrachtet? Ob das Sinn ergibt, hängt davon ab, wie man die Frage des »ein Selbst zu kennen«, sei es das eigene oder ein anderes, versteht. Es ist möglich, daß ich mich selbst unter einer bestimmten Beschreibung nicht wiedererkenne, z. B. als »der Erbe des Vermögens eines Verbrechers« oder als »von keiner Frau geboren« oder als »Mischblut«. Und wie unterscheidet sich dieses Nichtwissen davon, daß ich mich selbst nicht als jemanden »mit einem Herzflimmern« erkenne? Man könnte sagen, das erste laufe darauf hinaus, daß ich nicht weiß, wer oder was ich bin. Wie aber kann es sein, daß eine von den unzähligen wahren Beschreibungen von mir *die* Wahrheit über mich repräsentiert, mitteilt, wer oder was ich bin? Wie kann es einen Schlüssel zu meiner Identität geben?

Tragödie und Komödie leben nahezu vollständig von dieser Möglichkeit – daß eine der unzähligen wahren Beschreibungen meiner selbst sagt, wer ich bin. Das heißt, diese Möglichkeit ist fast der ganze Stoff, aus dem Tragödien und Komödien bestehen, daher geht es in ihnen so oft darum, einen Namen zu erfahren oder zu erfahren, daß zwei Namen für dieselbe Person stehen. Das nicht zu wissen und es dann zu erfahren beschleunigt die Katastrophe oder wendet sie ab. Im Drama geht es darum, ob die Gleichsetzung *rechtzeitig* erfolgt. Die naheliegende Szene dafür ist der Augenblick des Wiedererkennens. Da eine Person wiedererkannt wird, mit der der Protagonist verbunden ist (anderenfalls hätten wir es nicht mit einer Tragödie oder einer Komödie zu tun, sondern mit einem Melodrama oder einer Farce), geschieht die Wiedererkennung des anderen in der Form einer Anerkennung seiner selbst, seiner eigenen Identität. Es muß nicht der Fall sein wie bei Ödipus, daß der Held von seiner Identität nichts wußte, bevor er davon erfuhr. Es kann der Fall sein wie bei Antigone, daß alles bekannt ist, aber daß die Logik des Wiedererkennens (nämlich daß sie nach Anerkennung verlangt) selbst das Drama ist. Die Tragik liegt hier darin, daß das Beanspruchen der eigenen Identität das eigene Leben kosten kann. In anderen Tragödien, etwa *Phädra*, verbietet sich die Anerkennung aufgrund einer anderen Rechtsquelle: Hier ist einem alles bekannt, und ihm verbietet sich die Anerkennung.

In *Must We Mean What We Say?* setzte ich einen Aufsatz zum Problem des Fremdpsychischen (»Knowing and Acknowledging«) mit der Interpretation einer Tragödie fort (»The Avoidance of Love«). Was aus dieser Nebeneinanderstellung folgte, stand mir damals nicht unmittelbar vor Augen; ich weiß nicht, ob ich es jetzt sehe. Aber als ich die Nebeneinanderstellung fand, hoffte ich, zwei Vergleichs- und Untersuchungsrichtungen anzustoßen: bezogen auf die Tatsache, daß Skeptizismus und Tragödie mit der Bedingung menschlicher Isolierung enden, mit der Entdeckung, daß ich ich bin, und bezogen auf die Tatsache, daß die Alternative zu meiner Anerkennung des anderen nicht ist, daß ich ihn nicht kenne, sondern daß ich ihn meide, man könnte auch sagen, daß ich ihn verleugne. Anerkennung ist zu untersuchen, ja wird in den Vermeidungsstrategien untersucht, mit denen die Tragödie sich beschäftigt. Zu einer ausdrücklichen und brauchbaren Formulierung dieser Beziehungen zu gelangen ist nun ein bewußtes Ziel dieser Schrift. Anders könnte sie keine Konklusion haben.

Daß ich unfähig bin, mich einfach nicht zu kennen, läßt sich folgendermaßen ausdrücken: »Ich bin ich« ist nicht informativ. – Selbstredend nicht. Es ist ja eine Tautologie und daher leer. – Nichtsdestoweniger ist dieses tautologische Wissen, oder meinetwegen diese Leere, Ekstase. (Abermals mache ich auf *The Senses of Walden* aufmerksam, S. 100-104.) – Dann muß es so etwas wie die Ekstase der Langeweile geben. – Vielleicht denkst du das, weil du nicht an die Tautologie glaubst, ich meine, nicht wirklich glaubst, daß es eine Tautologie ist, sondern statt dessen darin meine Antwort auf die Frage »Wer bin ich?« siehst. »Ich bin ich« ist aber nicht die Antwort darauf. Diese Antwort ist oder könnte sein: »Niemand«. Sie dient dazu, abzuweisen oder zu erklären, daß diese Antwort lautet: »Ich bin ich«. (In *Sein und Zeit* charakterisiert Heidegger seine Worte für die Struktur der Existenzmodi des Daseins, die sogenannten Existentialien, als leer. Ich wage zu behaupten, daß sich darin sein Verstehen niederschlägt, warum Nietzsche als Untertitel für seinen *Zarathustra* die Worte wählte

»Ein Buch für alle und keinen«, d.h. für den Niemand, der jeder sein könnte.) Daß ich ich bin, besagt daher, daß ich nicht einmal ich bin – ein heiteres oder vielmehr ekstatisches Aufscheinen der Möglichkeit, daß alle Definitionen oder Beschreibungen, die mir die Welt von mir gibt, mich nicht erschöpfen. Alles, was mir zustößt, ist mein Leben, sagt die Frau am Schluß von *Red Desert*. Schön und gut, aber ich bin derjenige, der es auf sich nehmen muß. (Ich kann nicht bezweifeln, daß es Leben in der Roten Wüste gibt; nenne sie Mars. Ich kenne einige, die dort leben.)

Eine bemerkenswerte Ausnahme des Gedankens, daß ich zu mir selbst in jeder Beziehung stehen kann, in der ich zu anderen stehe, ist die des Glaubens. Warum kann ich mir offenbar, grammatisch, nicht selbst glauben? Liegt das daran, daß ich mir selbst nichts mitteilen kann, was ich nicht schon weiß? Kann ich mir selbst etwas Falsches mitteilen? Wenn sich zu täuschen dasselbe wäre, wie (sich) zu (be)lügen, dann mag man beruhigt sein, daß man nur sich selbst getäuscht hat. Was heißt, jemandem zu glauben, und wie ist es verbunden damit, etwas zu glauben?

Warum ist Moores Paradox kein Widerspruch? Das heißt, wie unterscheidet sich »Die Sonne scheint, und ich glaube es nicht« von »Die Sonne scheint, und die Sonne scheint nicht«? Ein Unterschied ist der, daß ich das zweite aus einem Widerspruch zu einem Paradox befördern kann, indem ich es als wahr betrachte. Beispielsweise liegt die Hälfte der Erde immer im Dunkeln. Hier sorge ich dafür, daß sich die Reichweite der Referenz auf beiden Seiten des Widerspruchs nicht berührt. Ähnliches kann ich mit den Hörern von Moores Paradox machen. Wenn »und ich glaube es nicht« zu jemand anderem als dem ursprünglichen Hörer geäußert wird (etwa zu jemandem, der im selben Raum ist, während man gleichzeitig die Muschel des Telefonhörers abdeckt), dann habe ich den ersten Hörer belogen und den zweiten in meine Lüge verwickelt. Warum sollte man dann nicht sagen »Die Sonne scheint, und ich glaube es nicht« sei eine Lüge, in die ich *denselben* Hörer zu verwickeln suche? Zurückweisen könnte man die Beschreibung deshalb wollen, weil es nur dann eine Lüge ist, wenn die Hälfte davon wahr ist, d. h., wenn der Sprecher die Wahrheit sagt, daß er es nicht glaubt. – Ja. Wir wüßten nicht, was wir zu glauben aufgefordert sind. – Das gilt aber auch von dem Widerspruch. Und es wäre wahr, wenn jemand sagte »Die Sonne scheint, und ich lüge«. – Nun ja, zu glauben, was jemand sagt, heißt zu glauben, daß er es glaubt. – Offensichtlich nicht. Ich könnte seine aufrichtigen Überzeugungen nicht teilen. – Zu glauben, was jemand sagt, heißt doch wohl zu glauben, was er einen glauben machen will. – Ganz sicher nicht. Aus unabhängigen Gründen könnte ich wissen, daß das, was er sagt, wahr ist, und ich könnte, wie in vielen anderen Fällen, wissen, daß er denkt, er lüge. – Zumindest heißt ihm zu glauben doch wohl zu glauben, was er sagt. – Und wohl auch, es zu glauben, *weil* er es sagt; denn hätte ich bereits geglaubt, was er gesagt hat, dann glaube ich zwar, was er sagt, aber ich glaube nicht *ihm*. Angenommen aber, ich glaubte nur, was man zu mir sagt, wenn zwei es sagen. A taucht auf und sagt »X ist Y«. Ich denke bei mir: Das sagst *du*. Dann taucht B auf und bestätigt es, d. h., er wiederholt es. Jetzt glaube ich, daß X Y ist, jedenfalls bin ich bereit, es zu behaupten. Nichtsdestoweniger glaube ich weder A noch B, sowenig wie ich meiner Wetterfahne glaube, wenn ich an ihr die Windrichtung ablese. Das wirft die Frage auf: Wenn ich auf der Grundlage, daß du es sagst, akzeptiere, was du sagst, warum reagiere ich dann darauf mit der Aussage »Ich glaube dir« und nicht mit der Aussage »Ich glaube, was du sagst«? Ich möchte sagen, mein Glaube ist in meiner Beziehung zu anderen zu Hause. Daher bin ich geneigt zu sagen, daß ich, wenn ich weder A noch B glaube, dann auch nicht glaube, was sie mir gesagt haben, nämlich meine Beziehung zu der Proposition X ist Y sei nicht eine des Glaubens. Gleichwohl ist sie auch keine des Zweifelns. Das ist gerade das Problem: Ich bin nicht in der Position, es zu bezweifeln. In welcher Beziehung stehe ich dann zu einer Proposition, die ich dadurch charakterisiert habe, daß »ich bereit bin, sie zu behaupten«? Bedrängt von einer Philosophie, gehe ich auf die Vorstellung ein, daß ich sie glaube. Nicht bedrängt, ist meine Beziehung dazu die Beziehung zu dem in der Proposition Gesagten, z. B. zu dem Umstand, daß die Sonne scheint. (Wenn ich erkläre, etwas zu glauben sei in meiner Beziehung zu anderen zu Hause, zu dem, was sie mir mitteilen, zu dem, was ich höre (oder als Gehörtes erinnere, möglicherweise habe ich es gelesen), dann behaupte ich, daß unser Zugang zum Glauben wesentlich über das Ohr und nicht das Auge läuft. Das Ohr verlangt nach Bekräftigung (und löst Gerüchte aus), das Auge nach Konstruktion (und löst Theorie aus). Hier eröffnet sich möglicherweise ein weiterer Weg, um zu verstehen, warum ich zögere zu sagen, der Skeptiker greife unsere Meinungen über die Welt an (bzw. der Philosoph der Alltagssprache verteidige sie). Was der Skeptiker bewertet, sind unsere Konstruktionen der Welt, *post festum*-Konstruktionen, unsere Fiktionen von der Welt.)

Selbstverständlich kann ich mir etwas mitteilen, was mir nicht schon gesagt worden ist, nur ist das Ergebnis dann nicht, daß ich es daraufhin glaube, sondern daß ich es daraufhin glauben *möchte*. (Zum Beispiel: »Ich sagte mir, ich habe genug getan«.) Es sieht demnach so aus, als könnte ich mir nicht mein Wort darauf geben. Oder doch? Kann ich mir nicht selbst vertrauen und mir ein Versprechen geben? Aber ich kann mich nicht selbst auf mein Versprechen mir gegenüber berufen, vermutlich weil ich nicht in der Position bin, meine Entschuldigungen abzulehnen. Und mir selbst zu vertrauen heißt, *an* mich zu glauben. Propheten glauben nicht (nur) an Gott, sie glauben ihm, nehmen ihn beim Wort. Wenn an mich zu glauben heißt, mich beim Wort zu nehmen, dann bedeutet zu sprechen, um den Glauben anderer zu bitten, mein Wort darauf zu geben. Deshalb ist »etwas versprechen« auch nur eine spezielle Form von »sein Wort darauf geben«. Statt darin eine Erweiterung meiner Verpflichtungen zu sehen, sollte man den Akt des Versprechens besser als deren Einschränkung betrachten: Nimm mein Wort nur für *dies*. Wenn, daß du mir glaubst, für dich heißt, du nimmst mein Wort dafür, d. h., du glaubst, was meine Worte sagen, und ihnen auf der Grundlage meiner Äußerung glaubst, dann glaubst du, daß es an mir ist,

diese Worte zu sagen, daß ich sie von mir genommen habe. (Beschriebe man den Fall so, daß du glaubst, ich sagte, was ich sage, *weil* ich es glaube, dann darf man darin keine Erklärung dafür sehen, *warum* ich das oder irgend etwas sage. Dafür müßte man erklären, warum ich dich und warum unter diesen Umständen auffordere, mir zu glauben.)
Sagen wir, daß du mir glaubst, bedeutet, du akzeptierst meine Äußerung meiner selbst. (Dagegen ließe sich einwenden: Daß du mir glaubst, bedeutet, du akzeptierst meine Äußerung über die Welt, z. B. meine Aussage, daß die Katze auf der Matte liegt. Damit bleibt freilich unkommentiert, welche Rolle ich dabei spiele, deine Beziehung zu dem Umstand, daß die Katze auf der Matte liegt, als eine des Glaubens zu etablieren.) Der Grund, warum wir nicht davon sprechen, daß man sich selbst glaubt, wäre dann, daß wir nicht sehen, wie man aufgefordert ist zu sagen, man akzeptiere die Äußerung seiner selbst. Aber unterbleibt eine solche Forderung nicht einfach deshalb, weil es ganz offensichtlich der Fall sein muß (es sei denn, ich lüge, und dann ist es offensichtlich der Fall, daß ich meine Äußerung nicht akzeptiere)? Damit ich die Möglichkeit habe, meine Äußerung meiner selbst zu akzeptieren, muß ich die Möglichkeit haben, es auch nicht zu tun. Ich meine nicht, ich muß die Möglichkeit haben, die Wahrheit des von mir Gesagten zu bezweifeln; die Möglichkeit läßt sich schaffen. Ich meine, ich muß die Möglichkeit haben zu bezweifeln, daß ich es auf der Grundlage, es zu glauben, gesagt habe, zu bezweifeln, daß die Worte von mir kommen. Kann ich das?
Diese Linie mag insgesamt allzu extrem erscheinen. Jemandem zu glauben ist erkenntnistheoretisch nicht so barock, wie ich es hier gezeichnet habe. Bestenfalls habe ich auf die Schwierigkeiten reagiert, an die Echtheit oder Wahrhaftigkeit von jemandes Äußerung in solchen Fällen zu glauben, in denen die Tatsache, daß andere etwas sagen, die *einzige* oder die endgültige Grundlage ist, es zu glauben, sei es, weil es etwas über ihr Innenleben ist, beispielsweise über ihre Träume, sei es, daß es von etwas handelt, was nur sie allein erlebt und überlebt haben. In gewöhnlichen

Fällen ist es demgegenüber ganz *leicht* zu glauben, was ein anderer sagt, so leicht, wie ihn zu hören. – Warum leicht? Weil wenig auf dem Spiel steht? Weil in gewöhnlichen Fällen immer überprüfbar ist, was jemand sagt? Als wäre jemandem zu glauben bequemer als etwas anderes, stets mehr oder weniger *faute de mieux*. (So daß jemandem zu glauben heißt, an Nicht-Gesehenes zu glauben.) – Ich habe aber nicht immer das Gefühl, daß es für einen anderen bequemer ist, wenn man ihm etwas sagt, oder daß es nur geschieht, weil etwas Bequemeres fehlt. Wenn etwas fehlen würde, wäre es dann etwas, was der andere tun könnte, oder etwas, was ich tun könnte? Und wenn ich mir selbst nichts mitteilen könnte, was man mir nicht schon mitgeteilt hätte, oder es mir nicht als neu mitteilen, mich niemals überraschen, niemals auf etwas Neues bei mir stoßen könnte, wäre ich wohl verurteilt, mich kolossal zu langweilen. Zwar könnte ich mich noch immer vergnügen, aber kaum die ganze Zeit über. Was ich dann nicht könnte, wäre ein Interesse an mir selbst zu nehmen. Das könnte mich zu einer besonderen Auffassung meines Bedürfnisses nach anderen veranlassen.

Meine Überzeugung, daß ich für andere verständlich bin, meine Fähigkeit, mich selbst der Anerkennung auszusetzen, möchte ich darstellen als ein Mir-selbst-Glauben. Im *Zarathustra* bezeichnet Nietzsche das Sich-selbst-Glauben als die richtige oder hoffnungsvolle Beziehung zu seinem Körper, nachdem er zuvor das Selbst als den Körper identifiziert hat (»Von der unbefleckten Erkenntnis«). »Wagt es doch, erst euch selbst zu glauben – euch und euren Eingeweiden«; als wäre das Wissen von sich selbst eine Art von Wahrsagerei. Das ist seine Art, Descartes darin zu widersprechen, daß das Selbst mit dem Geist zu identifizieren ist. (Zu *wem* wird es gesagt? Zum Beispiel zu *mir*. Aber wohl kaum zu meinem Körper.) Es ist zudem eine Art zu sagen, daß Selbstzweifel nicht dadurch zu überwinden sind, daß ich eine Reihe von Dingen über mich selbst glauben mag, sowenig wie der skeptische Zweifel an der Außenwelt dadurch zu überwinden ist, daß ich zum Glauben an eine Reihe von Dingen über die Welt gelangen mag. »Wage es, deinem Körper zu glauben«, das ist die Aufforderung von jemandem, der meint, wir zweifelten an unserem Körper, hegten den Verdacht oder die Phantasie, daß, wie ich es formulierte, mein Körper nicht der meine ist, nicht ursprünglich mein. Als wollte man sagen: Descartes' Trick, an der Existenz seines Körpers zu zweifeln, kam erst lange nachdem wir seine Existenz in der Praxis geleugnet hatten; bestenfalls liefert er den Abriß einer jahrtausendelangen Geistesarbeit. Und mein Geist ist nicht mehr, wenn nicht gar weniger, der meine als mein Körper. (Nietzsche kennt keinen Schlüssel zur eigenen Identität. Nach seinem ersten Buch gibt es daher für ihn keine Tragödie. Man.könnte meinen, genau *das* sei unsere (neue) Tragödie. Denn es bedeutet, daß es keinen Schluß gibt, nur Wiederkehr, ewige Wiederkehr.) Der Skeptizismus wie auch die Lösungen für ihn machen in der Welt daher hauptsächlich als Lektionen in Heuchelei Karriere: Sie bieten Lösungen an, die man nicht glaubt, und das für Probleme, die man nicht empfunden hat.

Aber wirft der Skeptizismus nicht die Frage (bezüglich des Fremdpsychischen) auf, warum wir der menschlichen Gestalt, ich meine Form, eine solch große Wichtigkeit beimessen? Haben wir entdeckt, daß es das wert ist, daß uns ein Gewinn daraus erwächst? Haben wir entdeckt, daß die menschliche Seele nur an diesem Ort zu finden sein kann?

Der Beweis aus der Analogie – ich denke nicht an den für die Existenz Gottes, sondern für die Existenz von *Fremd*psychischem – scheint dergleichen Gedanken zu enthalten. Um von der Prämisse, daß ich weiß, mein Körper ist mit Empfindung verbunden, zu der Konklusion, daß andere Körper ebenfalls mit Empfindung verbunden sind, zu gelangen, muß ich einen Schritt dieses Inhalts dazwischen schieben: »Der Körper des anderen ist wie der meine.« Die Probleme, die man diesem Schritt bereiten könnte, scheinen endlos zu sein. Es ließe sich sagen: Der Körper des anderen ist in vielerlei Hinsicht wie der meine, die einzige Hinsicht aber, die zählte, ist, wenn er wie der meine mit Empfindung verbunden wäre. Also liegt eine Petitio principii vor. – Allerdings doch nur, wenn das als ein Beweis a priori gemeint ist. Es ist aber doch wie der analoge Fall des kosmologischen Gottesbeweises sicherlich als ein Beweis a posteriori gedacht.

In diesem Schritt wird nicht behauptet oder gesagt, daß ein *einzelner* Körper eines anderen wie der meine ist, etwa vom selben Typ, z. B. pyknisch. Behauptet wird, daß *alle* anderen (menschlichen) Körper wie der meine sind. Im Gegensatz zum kosmologischen Beweis, in dem die Analogie zwischen Welt und Maschine sehr schwach ist – als bräuchte man hier in Wirklichkeit nicht einen Schluß aus, sondern *auf* einen Plan* –, ist die Analogie im Hinblick auf Fremdpsychisches zu gut. Denn in welcher relevanten Hinsicht könnte ein anderer menschlicher Körper nicht »wie« der meine sein? Nun, er könnte nicht mit Empfindung verbunden sein. Aber wenn er es nicht ist, dann wird nichts anderes an seiner Ähnlichkeit zu meinem Körper diese Möglichkeit völlig ausschließen. – Mit dem Beweis aus der Analogie ist auch gar nicht beabsichtigt, die Möglichkeit völlig auszuschließen. Es geht nur darum, die Möglichkeit offenzulassen. – Aber damit ist noch nichts gewonnen, vor allem ist das nicht intellektuelle Vorsicht. Denn einzuräumen, daß der andere Körper, wie unwahrscheinlich auch immer, nicht mit Empfindung verbunden sein *könnte*, heißt, sich darauf zu stützen, daß wir das Vermögen oder den Verstand haben, dieses Fehlen einzuräumen. Wäre das z. B. das Vermögen oder der Verstand, einzuräumen, daß ein bestimmter anderer eine Maschine sein könnte. Wer denn etwa?

Wenn ich zu der Überzeugung komme, daß Herr So-und-so eine Maschine ist, dann wird diese Überzeugung nicht durch die Vorstellung ausgedrückt werden, daß ihm etwas fehlt oder daß er nicht mit etwas verbunden ist, mit dem ich verbunden bin. Ausdrücken möchte ich die Überzeugung, daß dem Menschengeschlecht dieses Mitglied fehlt oder vielmehr daß die Menschheit um eins kleiner ist als die Zahl, mit der ich gerechnet hatte. Wie

---

* Der englische Ausdruck für den kosmologischen Gottesbeweis ist »Argument from design«, wörtlich: Beweis aus der Planmäßigkeit, nämlich der Welt. (A. d. Ü.)

könnte ich seinen Namen von der Liste streichen? – Während meiner Universitätszeit kannten viele die Geschichte, daß die Universität Berkeley um ein Haar einem Hund – sein Name ist mir entfallen – einen akademischen Grad verliehen hätte. Verweigert wurde ihm der Abschluß erst im letzten Semester, als herauskam, daß die Mitglieder der Bruderschaft, der der Hund zugelaufen war, ihn beinahe vier Jahre in die Kurse eingeschrieben und für ihn die Prüfungen abgelegt hatten. Ich weiß nicht, ob jene Mitglieder der Universität verwiesen wurden, aber daß der Hund relegiert wurde, kann ich nicht glauben. Zweifellos hat man ihn aus dem Immatrikulationsverzeichnis gestrichen; die Zahl der Studenten an der Universität war um eins kleiner als die Zahl, mit der die Verwaltungsbeamten gerechnet hatten. Was war ihr Irrtum? Hatten sie angenommen, vermutet, sich vorgestellt, geglaubt, vorausgesetzt, die Namen auf ihrem Verzeichnis würden höchstens mit Menschen korrelieren? (Mit welchem Begriff läßt sich dieser Irrtum am angemessensten kritisieren? Unaufmerksamkeit? Geistige Laxheit? Mangelnde Gewissenhaftigkeit?) – Der erkenntnistheoretische Ertrag dieses Falls liegt nicht darin, uns den Irrtum der Verwaltungsbeamten vorzustellen, sondern ihr Erstaunen.

– Der menschliche Körper *gleicht* aber doch entsetzlich einer Maschine. – Ein Beweis aus der Analogie hätte sich also eigentlich wie der kosmologische Gottesbeweis darauf richten sollen, unsere Aufmerksamkeit auf die Ähnlichkeit zwischen dem Körper und einer Maschine zu lenken? Solch ein Beweis wäre, vermute ich, ebenso überzeugend wie der kosmologische Beweis. (Die Vorstellung von der Welt als Maschine und die des menschlichen Körpers als einer Maschine sind historisch etwa zur gleichen Zeit aufgetaucht.) Und sicherlich wäre es ein besserer Beweisschritt, zumindest wäre er weniger leer, wenn man sagte, der Körper gleiche einer Maschine, anstatt zu behaupten, mein Körper gleiche irgendeinem nicht näher bestimmten anderen Körper. Es ist so, als hätte sich die falsche Partei in dem Disput über den Geist oder die Seele des Beweises aus der Analogie zuerst bemächtigt.

Ein klassischer Einwand gegen den kosmologischen Beweis bezog sich auf dessen Anthropomorphismus: Bestenfalls führe er zu einem Gott, der dem Menschen allzusehr gleicht. (Was dagegen einzuwenden ist, ist freilich nicht klar, schließlich gibt es nach biblischem Zeugnis eine Ähnlichkeit zwischen Mensch und Gott.) Sollte es dann nicht gleichermaßen einen Einwand gegen den Beweis aus der Analogie geben, weil er zu narzißtisch sei? Nennen wir den Beweis autologisch: Er führt bestenfalls zu einem Geist, der dem meinen allzu ähnlich ist. Die Andersheit des anderen wird dabei übersehen. – Das ist dem Beweis gegenüber nicht fair. Er besagt nur, daß der andere mir in bezug auf die Empfindungsfähigkeit gleich ist. – Dann könntest du ebensogut sagen, der kosmologische Beweis mache aus Gott nur in bezug auf die Endlichkeit ein menschliches Wesen.
Woher stammt dann die Vorstellung, der Körper eines anderen, jedes anderen, sei *wie* der meine? Man könnte in diese Vorstellung flüchten müssen, um die Aussage zu vermeiden, daß unsere Körper die *gleichen* seien, nämlich menschlich. – Um das zu vermeiden? Als hätte irgend jemand das je sagen wollen! – Es ist richtig, ich appelliere hier an das Erlebnis, sich über die Gleichförmigkeit aller menschlichen Körper zu wundern. Es gibt auch das womöglich gewöhnlichere Begleiterlebnis, sich darüber zu wundern, wie verschieden sie voneinander sind. Es wird in meinem Erleben für gewöhnlich durch das Erstaunen ausgelöst, daß das menschliche Gesicht so wenig unterscheidende Merkmale hat und daß diese kleinen Variationen innerhalb dieser Merkmale es uns ermöglichen, ein Gesicht in einer Menge zu unterscheiden. Doch sei es nun die Ähnlichkeit oder der Unterschied, die mich staunen machen, die Grundlage dieses Staunens ist jedenfalls, wie beständig die menschliche Erscheinung gewissermaßen trotz all der zahllosen Abwandlungen bleibt – die innere Beziehung zwischen jedem Körper und jedem anderen.

Von Menschen verschiedene Tiere haben Körper, die mehr oder weniger dem menschlichen Körper gleichen, ihm homolog sind.

Warum glaube ich, der menschliche sei, sofern es menschliche Seelen gibt, der einzig passende Ort für sie?
Ich möchte nicht bestreiten, daß der Froschkörper das beste Bild der Froschseele ist. Und ebensowenig will ich leugnen, daß ich mir diesen Frosch als einen Prinzen vorstellen kann – d. h., sofern ich mir vorstellen kann, daß ein Prinz verzaubert wurde oder jedenfalls eine Metamorphose durchgemacht hat. Was denke ich mir? Nicht bloß, daß ihm ein Froschkörper verpaßt, ihm sozusagen angepaßt wurde. Er *ist* ein Frosch – zumindest lebt er als Frosch, sagt, was Frösche sagen, liebt, was Frösche lieben. Er ist in etwas *anderes* verwandelt worden. Hat er damit die Seele eines Frosches? Ich könnte sagen, er hat das Bewußtsein eines Frosches, obwohl er das Selbstbewußtsein eines Prinzen hat. Aber es gibt Grenzen. Kein Zauber könnte einen Frosch in einen Prinzen verwandeln – d. h. einen Frosch, der niemals ein Prinz gewesen ist. Man könnte ihm die Gestalt eines Prinzen verpassen, das ist alles. Er hat das Selbstbewußtsein eines Frosches. Ich stelle mir vor, der Frosch in ihm wird unaufhörlich versuchen herauszukommen. Es wird peinliche Augenblicke geben, wenn er sprechen muß oder plötzlich seine Beine anzieht und vom Thron hopst. Solche Augenblicke lassen sich freilich kaschieren, entweder durch königliche Erklärungen oder durch gezielten Einsatz von Massenhypnose oder durch das Blenden des Hofes – durch vergleichsweise faulen Zauber. – Ich sage, beide sind Frösche, der verzauberte auf dem Seerosenblatt im Teich, der für die ganze Welt ein Frosch ist, und der verzauberte auf dem Thron, der für den ganzen Hof ein Prinz ist. Ich sage auch, daß es einen Unterschied gibt. Wie aber soll ich auf diesen Unterschied reagieren, wie mein Wissen davon äußern? Wenn ich mich für beide interessiere, füttere ich sie beide mit Fliegen. In beiden Fällen könnte ich die Fliege auf einen goldenen Teller legen oder auch nicht und sie ehrerbietig servieren, vielleicht auf dem Tisch oder auf dem Boden. Andere mögen mein Verhalten zeitweilig nicht verstehen oder ablehnen. Und so mag es mir auch ergehen. Oder besser: Ich verstehe möglicherweise meine Überzeu-

gungen nicht, da sie sich in, wie es scheint, unvereinbaren Weisen äußern.

Was geht nun eigentlich in mein Interesse für Frosch und Prinz ein, ich meine neben der Bereitschaft, ihnen einen Dienst zu erweisen? Man könnte sich zu dem auf dem Thron erotisch hingezogen fühlen, aber nicht, sofern man normal ist, zu dem auf dem Seerosenblatt. Für welchen von ihnen könnte ich *agape* empfinden, nicht Liebe für ihn, sondern für das Menschliche in ihm? – Wo aber ist dies Menschliche? Ich vermag es nicht zu entscheiden. Ich mag das Schicksal des Prinzen beklagen, und dabei fällt vielleicht eine Träne auf den im Teich. Aber bin ich *seinetwegen*, wegen dem im Teich, niedergeschlagen? Er könnte sich ganz wohlfühlen, ja zufrieden sein. Wenn dem Prinzen ansonsten nichts fehlt, er sich aber für einen Frosch hält, könnte ich ihn beklagen, obwohl er zufrieden ist. – Doch auch wenn ich mich nicht entscheiden kann, ob ich nun sagen soll, der Prinz, der ein Frosch ist, ist ein Mensch oder der Frosch, der ein Prinz ist – bin ich auch nicht damit zufrieden zu sagen, ich betrachte beide *als* Menschen. Was wäre denn der Witz einer solchen Aussage neben der Tatsache, daß ich so mein Interesse für sie äußere? Ich interessiere mich doch auch für andere Dinge, nicht nur Menschen – für Tiere, Bäume und Statuen. Und ich betrachte sie nicht als Menschen. Obwohl das davon abhängen könnte, wer ich bin. – Wer immer du bist, du kannst dich nicht für diese Dinge *so* interessieren, wie du dich für Menschen interessierst. – Gesetzt jedoch, ich interessierte mich nicht für Menschen. Muß ich es tun? – Wenn du es nicht tust, dann kannst du dein Interesse nur dort äußern, wo es keine Gegenseitigkeit gibt. – Angenommen, ich fände mehr Gegenseitigkeit, jedenfalls mehr Sympathie bei einem Backenhörnchen. Vielleicht findest du das unglaubhaft, aber bitte betrachte doch mal den individuellen Fall.

Wenn es mir nicht gelungen ist, mich zu entscheiden, welcher der verzauberten Frösche nun menschlich ist, dann lag das vielleicht daran, daß ich mir das Leben nicht hinreichend schwergemacht habe. Ich habe es vermieden, entweder den im Teich oder den am Hof hinreichend zu individualisieren. Wenn der im Teich, sagen wir, meine Schwester, die Prinzessin, gewesen ist und in einer Weise auf mich reagiert hätte, die mich verblüffend an die ihre erinnert hätte – eine gewisse Neigung des Kopfes, wenn sie mich wegen meiner Flegelhaftigkeit schalt, eine gewisse Verdrießlichkeit, mit der sie sich manchmal von mir abkehrte, eine gewisse konzentrierte Stille, wenn sie Musik hörte –, dann mag ich das Gefühl haben, im Besitz eines Geheimnisses zu sein, dessen Verantwortung ich mich nur auf eigene Gefahr entziehen könnte. Aber worin besteht denn dieses Geheimnis? Daß meine Schwester kein Mensch mehr ist? Und bedeutet das im besonderen, daß meine Schwester nun ein Frosch ist? Ist irgend etwas noch meine Schwester? Wo z.B. ist sie? Wenn meine Schwester, als noch alles mit ihr in Ordnung war, in ihrem Körper steckte, warum zögere ich dann zu sagen, daß sie im Körper des Frosches steckt? Wenn meine Schwester andererseits mit ihrem Körper identisch gewesen ist, warum fühle ich mich dann überhaupt so stark zu *diesem* Frosch hingezogen, dem ich erst vor kurzem begegnet bin?

Verfolgen diese Fragen unsere echte Alternative, daß ich entweder in meinem Körper bin oder anderenfalls mein Körper bin? Sie scheinen für unsere Unentschiedenheit gemacht, ob wir sagen sollten, eine Empfindung beispielsweise sei offensichtlich entweder privat oder nicht. Sie weisen auch darauf hin, daß das Problem des anderen kein fundamental erkenntnistheoretisches, sondern ein fundamental metaphysisches sein könnte. Wie können wir wissen, ob wir wissen, daß es andere gibt, bis wir wissen, was wir wissen möchten, was es zu wissen gibt? Aber wie unterscheidet sich das von dem Fall des Problems der Existenz der Außenwelt? Interessieren wir uns nicht mehr für diese Fragen, weil die Wissenschaft sich nicht in der Weise dafür interessiert, wie wir es getan haben? Würde dann die Begründung einer Wissenschaft des Geistes diese Frage beantworten oder sie uns ausreden? (Was ist unser Interesse an Wissenschaft?)

In der Zwischenzeit müssen wir, um unserer Vorstellung vom

Menschen näherzukommen, unsere Vorstellung von der Intaktheit des Menschen durchspielen und folglich unsere Vorstellungen vom Verlust der Intaktheit, davon, wie eine Seele und ein Körper einander verlorengehen können, wie mein Erleben sich nicht frei durch das eine zum anderen bewegen kann. Wir sollten uns das Leben hier nicht zu leicht machen, denn schließlich testen wir nicht nur die Grenzen unserer Identität, sondern die Grenzen unseres Menschseins. Mensch zu sein heißt, die Macht zu haben, das Menschsein zu gewähren. Irgend etwas an Fleisch und Blut nötigt uns dieses Gewähren ab, und irgend etwas an Fleisch und Blut kann es auch zurückziehen. Wieweit sind wir fähig, Mitmenschlichkeit, ganz zu schweigen von Liebe, angesichts einer fehlenden Intaktheit, einer Deformation von Körper oder Psyche zu empfinden? Vielleicht stellen solche Fragen nur den Grad unserer Heiligkeit auf die Probe. Und müssen wir das tun, um den Grad unseres Menschseins auf die Probe zu stellen? Offenbar, wenn Menschsein Grade hat.

Der Begriff, den wir vom Menschen haben, wird sich vermutlich nicht von einer Definition einfangen lassen, die sich aus der Spezifikation einer Gattung ergibt. Wenn wir sagen, der Mensch ist das *animal rationale*, müssen wir immer noch die *Verbindung* dazwischen bestimmen. (Die philosophische Nützlichkeit des Begriffs der Gattung *homo* ist beschränkt, weil alle ihre Arten, mit einer Ausnahme, ausgestorben sind. Könnten wir sie als Vergleich heranziehen, wäre es möglich zu sehen, welchen Unterschied das *sapiens* macht, und nicht mehr fragen zu müssen, in welcher Verbindung es zum Körper steht.) Wenn der Dualismus von Geist und Körper wahr ist, dann scheint es leichter, an eine prästabilierte Harmonie zwischen ihnen zu glauben als an eine Verbindung. Es hilft Descartes nicht genug, wenn man sagt, die Seele sei nicht in der Weise im Körper wie ein Steuermann auf einem Schiff, denn er wird die Vorstellung nicht los, daß sie sich an irgendeinem *Ort* verbinden. – Ganz recht. Die Verbindung ist *näher*, durchdringender, als es das Bild des Steuermanns andeutet. – Aber Nähe ist nicht das Problem. Ich nehme an, die Verbindung zwischen dem Stein und der Statue ist durchdringend, aber sie sind einander nicht nahe, sie berühren sich nicht an jedem oder an irgendeinem Ort. Das Lächeln ist dem Gesicht nicht nahe. Eher möchte ich sagen, die Statue sei das Epiphänomen des (bearbeiteten) Steins. Warum aber »bearbeitet«? Warum sollte man nicht sagen, die Statue ist einfach der Stein? Weil das einseitig ist oder voreingenommen, es geht davon aus, daß jeder Stein als eine Statue zu betrachten oder zu behandeln ist. Dem liegt eine besondere Auffassung von Kunst und Erlebnis zugrunde. – Verfällt Wittgenstein in diese Einseitigkeit, wenn er sagt: »Meine Einstellung zu ihm ist meine Einstellung zur Seele«? Meine Einstellung ist ein Zustand genau dieses Organismus, sie ist ein Abschnitt gerade meiner Geschichte, einer, indem ich mich befinden mag und den ich jederzeit ungeachtet der Umstände einnehmen kann. Angenommen, die als »zur Seele« bezeichnete Einstellung ist eine, in der ich mich zu einem Stein befinde oder die ich zu ihm einnehme. Meine Einstellung kann sein, was sie will, sie wird aus einem Stein keinen Menschen machen. Die Lampe wirft ihr Licht unterschiedslos auf Hände und Edelsteine. Man mag sagen, der Edelstein macht etwas Besonderes mit dem Licht; er macht gleichwohl nichts mit der Lampe. – Das beweist doch nur, daß die Lampe keine Einstellungen hat. Die Statue ist nicht *in* dem Stein (wenn wir einen gewissen Mythos des Bildhauers außer acht lassen); die Statue ist nicht *auf* dem Stein (sieht man von einem Intaglio ab). Die Statue ist Stein.

Ich bin nicht dieses Fleisch (obwohl Falstaff vielleicht das seine war); ich bin nicht in diesem Fleisch (obwohl Christus vielleicht in seinem war, aber sein Körper war schließlich auch Brot); und ebensowenig bin ich mein Fleisch und Blut (obwohl ein anderer es ist); und ich bin auch nicht von meinem Fleisch (obwohl ich hoffe, jemand ist es). Ich bin Fleisch.

In der *Grundlegung der Metaphysik der Sitten* kehrt Kant, wenn ich es richtig verstehe, den aristotelischen Kontext um und gibt dem Problem der Verbindung eine andere Richtung. Er betrachtet den Menschen als eine Art der Gattung vernünftiger Wesen, d. h.

als die Art mit dem spezifischen Unterschied, ein Lebewesen zu sein, mithin einen Körper zu haben: Der Mensch ist das *animal rationale*. Folglich ist der Mensch nicht mehr das höchste unter den Geschöpfen, sondern das unterste unter den Wirten. Die Richtung auf das Menschliche läuft nicht über Beseelung, sondern über Fleischwerdung. (Das erste macht Frankensteins Grenze aus, das zweite Pygmalions. Pygmalion überwand die Grenze durch Verlangen und Gebet; Frankenstein durch handwerkliches Geschick und Raub.) Dies entspringt und dient dem Zwecke Kants, die Tatsache unserer Freiheit nicht zu erklären, sondern deren Möglichkeit aufzuzeigen, d. h., unsere hartnäckige Überzeugung zu rechtfertigen, daß wir frei sind; man könnte sagen: unsere Haltung uns selbst und anderen gegenüber als Wesen, die im Besitz von Freiheit sind. Mensch zu sein heißt, nach dem Menschsein zu streben. Da es nicht heißt, danach zu streben, der einzige Mensch zu sein, ist es auch ein Streben um anderer willen. Dann könnten wir sagen, Mensch zu sein heißt, danach zu streben, als Mensch gesehen zu werden. Das ist eine mögliche Interpretation Frankensteins und Pygmalions. Ihre gemeinsame Grenze ist dann, daß sie es akzeptieren konnten, nur von ihrer eigenen Schöpfung gesehen zu werden. Das klingt immer noch so, als hätten sie danach gestrebt, Gott zu sein. Inwiefern unterscheidet sich dieses Streben vom Streben nach dem Menschlichen? Die Verwirrung scheint der Rezeption des Christentums innezuwohnen. Die Botschaft des Wortes Christi, daß wir eine gemeinsame Natur teilen, daß wir Fleisch sind, scheint beständig von der Botschaft des Faktums Christi überschattet zu sein, daß nur Gott oder der Sohn Gottes es auf sich nehmen konnte, Mensch zu sein.

Kants Bild des *animal rationale*, das von sich die Anerkennung anderer fordert (Kant betrachtet das als Achtung) und seinerseits danach strebt, ihrer würdig zu sein, ohne je zu wissen, ob sie jemals, in ihm selbst oder in anderen, wahrhaft verkörpert ist, setzt auf seine Weise die alte Interpretation der menschlichen Isolation als ein Zeichen menschlicher Unvollständigkeit fort. Aber nicht ein anderer, sondern nur alle anderen werden das menschliche Werk vervollständigen. Eine Idee vom Menschen zu haben heißt, ein Ideal vom Menschen zu haben; und für Kant schließt dieses Ideal ein Ideal menschlicher Gemeinschaft ein und wird von einem solchen Ideal eingeschlossen. Diesem Ideal zufolge darf Liebe nicht Achtung absorbieren, und Achtung bedarf nicht der Liebe. Beide, echte Liebe und echte Achtung, werden das wissen.

Mit meiner Frage, ob es so etwas wie Seelenblindheit gibt, möchte ich weder darauf bestehen, daß es so etwas wie Seelen gibt, noch darauf, daß irgend jemand glaubt, es gebe sie. Aber ich will darauf insistieren, ja ich erwarte, daß wir aufrichtig und bei gesundem Verstand nicht wissen könnten, ob wir an etwas derartiges glauben, wie wir auch nicht wissen könnten, ob wir an Gott glauben oder an Götzen. Ferner nehme ich an, man könnte glauben oder abstreiten, daß es Seelen gibt, und dennoch nicht wissen, daß es Menschen gibt; denn dieses Wissen würde zu glauben erfordern, daß es verkörperte Seelen gibt, etwas Fleischgewordenes. Und ich nehme an, einige Leute könnten nicht glauben oder nicht wissen, daß es Menschen gibt. Es könnte scheinen, als sei es möglich zu glauben, daß der menschliche Körper das beste Bild der menschlichen Seele ist, und dennoch zu bestreiten, daß dem Bild irgend etwas entspricht. Nach meiner Einsicht ist das falsch, denn nicht zu glauben, es gebe so etwas wie die menschliche Seele, heißt, nicht zu wissen, was der menschliche Körper ist, wovon er ist, wessen Erbe.

Nennen wir den Glauben an die Seele »Psychismus«. Eine ernsthafte Psychologie muß dann das Risiko eines Apsychismus eingehen. Sie kann die Vorstellung eines anderen (kleinen) Mannes da drinnen, hier drin, sowenig tolerieren wie eine ernsthafte Theologie die Vorstellung eines anderen (großen) Mannes da draußen, da oben. Auch nicht die von kleinen oder großen Entitäten, genannt Geister. Was wären diese schon anderes als Punkte oder Ausdehnungen ätherischer Materie, ohne Zweifel nicht zu verifizieren? Und somit auch noch Idolatrie. Der Geist des Windes ist weder kleiner noch größer als der Wind; und zu sagen, er sei *im* Wind, besagt doch nur, er existiere allein da, wo es Wind gibt. Wenn ich sage, der Wind ist der Geist des Windes, dann möchte ich dir damit nicht etwas über einen Geist zu verstehen geben, sondern über den Wind. (Ich beanspruche, nichts über Geister zu wissen, was du nicht auch weißt.) In diesem Sinn also: Der Geist des Körpers ist der Körper. – Wittgenstein nimmt das Risiko des Apsychismus auf sich, das Risiko, daß sein Verständnis des menschlichen Körpers (z. B. als ein Bild) unnötig oder unaufrichtig oder tot ist. Wenn das ein verkappter Behaviorismus ist, dann ist eine Statue ein verkappter Stein.

Gesetzt, man meine, die Seele existiere nicht. Das Problem wäre dann möglicherweise herauszufinden, wie man sich ihrer entledigt. Zunächst müßte man herausfinden, was mit ihr geschehen ist. Von Nietzsches Anstrengung könnte man sagen, sie gelte dieser Aufgabe. Mit seiner Frage, was mit Gott geschehen ist, wälzt Nietzsche riesige Mengen recht unannehmbarer Materie um. Man hätte gehofft, um geistige Gesundheit zu erlangen, wäre ein bißchen Wahnsinn genug gewesen, aber Nietzsche fördert hartnäckig ein Bild Gottes zutage, das uns einen durchbohrten, blutigen Leichnam zeigt, dessen klaffende Wunden wir mit Fetzen von Religion zustopfen, d. h. mit Bruchstücken christlichen Leidens, vor allem mit Schuld (*Zarathustra*, »Über Priester«). (Unsere *via negativa* beginnt mit dem Zufügen dieser Löcher oder Lücken, unserem Tribut an die Unähnlichkeit mit uns selbst, und endet mit dem Ausfüllen dieser Löcher, als wollten wir ihre Existenz leugnen.) In dieser Biographie führt der Weg der Seele nicht mehr nach oben, da sie aber nichts anderes als streben kann, strebt die Seele nach unten. Seele und Körper passen nicht mehr zusammen. Man könnte sagen, die Seele ist körperlos geworden, losgerissen, aber natürlich da drinnen losgerissen. Sie ist ein Geist, nur nicht der meine. Damit sie herauskommt, muß sie exorziert werden. Man kann sie nicht sehen, aber ihre Wirkungen können einem schwerlich entgehen. Es ist ein leichtes, auf sie zu schließen. – Ich glaube, ich kenne Leute, für die derlei Fragen überhaupt nicht existieren; Prä-Christen gewissermaßen. Aber ich kenne nahezu niemanden, der sich von ihnen *emanzipiert* hat.

Wie ist es möglich, daß eine Statue und ihr Stein nicht mehr zusammenpassen? Vielleicht ruiniert man die Statue, indem man den Stein leicht verändert; vielleicht ruiniert man die Statue nicht, indem man den Stein stark verändert. Den Stein selbst kann man nicht ruinieren, außer für gewisse Zwecke. (Ihn für eine Statue zu verwenden heißt nicht, ihn zu verbessern.) Zerstört man den Stein, etwa durch Zermahlen, zerstört man die Statue. Ebensogut könnte man die Statue ausradieren und damit den Stein. Es ist nicht möglich, ein Glied vom Stein abzuschlagen, es sei in einem metaphorischen oder anthropomorphen Sinn; und schlägt man etwas von einer Statue ab, schafft man unter Umständen eine andere Statue oder auch nicht. Eine zerstückelte Statue, d. h. eine versehrte, mag uns anrühren, aber nicht entsetzen. Eine Statue könnte sich nicht (nicht mehr) in den Ort einfügen, an dem sie sich befindet. Das erschüttert ihre Unversehrtheit, drückt ihr eine falsche Gegenwart oder Lebhaftigkeit auf. Dennoch wird man nicht von jedem erwarten, daß er es empfindet. Der Surrealismus beruht auf einem ausgeprägten, sogar bürgerlichen Sinn für Angemessenheit. Dieser Sinn könnte völlig fehlen, gewissermaßen der Vergangenheit angehören. Zumindest ein Individuum unseres Kulturkreises, reich genug, um über eine Anzahl von Statuen zu verfügen, wie sie einem Museum Ehre machen würde, hat sie über seinen Golfplatz verteilt. Eine Geldwüste.

Die Statue weist Aspekte auf. Geht man um sie herum, verändert sich der Lichteinfall oder die eigene Stimmung, dann kann man in der Gestalt etwas Verletzliches, Unbezähmbares, Ruhiges oder Angespanntes sehen. Eine Puppe hat so ihre Möglichkeiten. Ich denke an eine Lumpenpuppe. Sie kann glücklich oder traurig sein, gefüttert oder bestraft worden sein. In Ruhe weist sie Aspekte auf, z. B. läßt sie sich als schlafend, tot oder ein Sonnenbad nehmend betrachten. Aber nur, wenn man nicht weiß, was wahr ist. – Es gibt nur einen, der weiß, was wahr ist, derjenige, dem die Puppe gehört. Und auch von ihm kann man strenggenommen nicht sagen, er *wisse* es, es sei denn im Scherz oder als eine Fiktion. – Warum nicht? Weil er über den (inneren) Zustand seiner Puppe nicht im Zweifel sein kann? Er könnte sie zu einem Psychiater bringen. Vielleicht denkst du, er könne keine Zweifel haben oder sich irren, weil alles, was *er* über die Puppe sagt, wahr sein *muß*. Er könnte jedoch Lügen über die Stimmung der Puppe erzählen, entweder um die Aufrichtigkeit meines Interesses auf die Probe zu stellen oder um mir eine Beziehung zu der Puppe unmöglich zu machen. – Nein, der Punkt ist doch, daß alles, was er über die Puppe *weiß*, wahr sein muß, ob er nun sagt, was er weiß, oder nicht und ob er nun das, was er weiß, aufgrund von Beobachtung weiß oder nicht. – Besagt das nicht bloß, was es heißt zu wissen? Und dann bleibt die Frage, ob er weiß oder jederzeit wissen muß.

Es gibt Kriterien, in deren Lichte ich Urteile über die Puppe (des anderen) fälle. Um zu wissen, ob ein Begriff zutrifft, muß ich hinschauen – auf die Puppe schauen. Ich muß bestimmen, ob ich es in dieser Weise sehen, ob ich mir diese Möglichkeit klarmachen kann. Anderenfalls tue ich nur dem Besitzer der Puppe einen Gefallen. Vielleicht bin ich müde oder habe Kopfschmerzen, ich kann nicht immer die Bedeutung der Worte lebhaft nachvollziehen, die über die Puppe geäußert werden. Die Puppe sieht aus wie Lumpen. Ich weiß zwar immer noch, was eine Puppe ist, nur bin ich in diesem Augenblick puppenblind. Im allgemeinen, wenn ich mich dafür interessiere, werde ich meinen Begriff dadurch zu rechtfertigen haben, daß ich die Geschichte fortsetze: »Ich glaube nicht, daß sie wirklich hungrig ist. Sie hat eben in die Plätzchendose gegriffen. Schau nur, wie verschmitzt sie aussieht.« Um es zu beweisen, könnte ich ein paar Krümel auf ihr Kleid streuen, wenn ich etwas zur Hand habe, was ich als Krümel verwenden könnte. Wenn ich sage »Guck, jetzt ist ihr behaglich«, muß sich etwas geändert oder ich muß etwas getan haben, ein Kissen unter ihren Kopf geschoben oder sie anders arrangiert haben, so daß sie nicht mehr auf ihrem Fuß sitzt. Wenn der andere, der Puppenbesitzer, mir sagt, daß sie gern auf ihrem Fuß sitzt – etwa weil sie dann höher sitzt –, und sie wieder in ihre frühere Haltung versetzt, dann ist das womöglich das Ende der Geschichte. An irgendeinem Punkt kommen meine Worte zu einem Ende. Ich beuge mich dem, dessen Puppe es ist. Was, wenn ich es nicht tue? Vielleicht wird die Puppe zu unserem Sündenbock, verflucht und verstoßen.

Wenn ich mich dem Puppenbesitzer beuge, beuge ich mich dann seiner größeren Macht? Der Macht, was zu tun? Ich achte seine Beziehung zur Puppe, daß es seine ist. Das ist keine Frage der Anerkennung seines Besitzverhältnisses. (Dieses erkenne ich beispielsweise an, indem ich ihm die Puppe nicht ohne angemessenes Ritual abnehme.) Ich erkenne seine Autorität über die Puppe an, daß er das letzte Wort in bezug auf sie hat, und folglich halte ich ihn für sie für verantwortlich. Was dies höchstens erfordert, ist, daß die Puppe für eine gewisse Zeit, an einem bestimmten Ort für ihn zum Spielen da ist (als solche betrachtet wird). Obwohl sie ihm gehört, ist seine Autorität nicht unbeschränkt. Es gibt immer noch Regeln in diesem Haus. Ob es für ihn besser ist, eine Puppe zu besitzen, sie für immer zu haben statt nur für eine festgelegte Zeit oder bis er beschließt, sich von ihr zu trennen, oder ob es besser für ihn oder irgend jemanden ist, irgend etwas für immer zu besitzen, das sind oder sollten zumindest empirische Fragen sein. (Wir scheinen Kindern die Vorstellung zu vermitteln, daß irgend jemandem ihr Körper gehört. Wie sollten wir anders erklären, daß sie die außergewöhnliche Vorstellung haben, sich bei Selbstverletzungen schuldig fühlen zu müssen, selbst wenn das Spiel, das sie spielten, anscheinend nicht verboten war, ja sogar schuldig dafür, krank zu werden? Zu sagen, daß sie ihren *eigenen* Körper besitzen, würde ihnen dann wie eine Erklärung ihrer Freiheit vorkommen. Damit würden wir allerdings nur aus einer begrifflichen Gefängniszelle fliehen oder aus einem Kerker in einen geschlossenen Hof. Einigen wird gesagt, ihr Körper sei ein Tempel. Damit scheint ein Besitzverhältnis ausgeschlossen, außer vielleicht seitens einer Gemeinde. Ansonsten ist es jedoch eine gefährlich offene Vorstellung, vor allem hinsichtlich der Bedingung für die Zutrittserlaubnis.)

Achte ich die Puppe? Ich mag ihre Gefühle achten, es ihr in einer hübschen Schachtel bequem machen, bevor ich sie für die nächste Generation wegpacke. Aber sie hat beispielsweise keine Mitsprache darüber, ob es ihr bequem *ist*. Sie hat keine Stimme in ihrer eigenen Geschichte. Sie existiert in einem Limbus. – Was ist die Puppe? (Ich würde diese Frage gerne beantworten, weil ich das Gefühl habe, absolut alles Wissenswerte über Puppen zu wissen. Aber ich würde gerne nicht darauf antworten müssen, da ich natürlich absolut nichts über Puppen weiß, was andere nicht wissen. Es gibt also nichts zu erzählen. Dennoch mag es noch etwas zu sagen geben.) Die Puppe ist sicherlich nicht die Form der Lumpen. Welche Form wäre es denn auch? Und wenn ich sage, daß die Puppe das Leben der Lumpen ist, dann muß das auch eine Bemerkung über uns sein, über diejenigen von uns, die eine Stimme in ihrer Geschichte, der der Puppe, haben. Damit ich Teil ihres Lebens sein kann, muß ich in ihre Geschichte eintreten, mir den Geist zu eigen machen, in dem Begriffe von Leben auf sie angewandt werden.

Weiß ich mehr über Puppen und Statuen als über Menschen? Das wäre sehr außergewöhnlich, denn schließlich bin ich ein Mensch. Vielleicht ist es aber auch gar nicht so außergewöhnlich. Puppen und Statuen sind menschliche Werke, ein Mensch könnte daher alles darüber wissen, was in sie eingegangen ist. Nichts, was keine Puppe ist, fühlt sich so an, läßt sich so betrachten, kaputtmachen und vielleicht flicken wie eine Puppe. Nichts, was keine Statue ist, fühlt sich so an, läßt sich so betrachten, zerbrechen und vielleicht restaurieren wie eine Statue. Aber angeblich kann es etwas geben oder läßt sich etwas vorstellen, daß wie ein Mensch aussieht, sich so anfühlt, verletzbar und vielleicht heilbar ist. Was stellen wir uns da vor? Anscheinend sind wir wieder bei dem Gedanken angekommen, daß etwas Humanoidem oder Anthropomorphem etwas fehlt; daß man alle Charakteristika eines Menschen haben kann *außer* einem.

Was würde diesem Gedanken entsprechen? Wie wäre es mit einem perfekten Roboter? Sie sind mittlerweile so verbessert worden, daß ihr Ingenieur mich bei mehr als einer Gelegenheit nötigen mußte, einen Blick ins Innere zu werfen, um mich davon zu überzeugen, daß es sich nicht um einen echten Menschen handelt. – Stelle ich mir das alles vor? Wenn ja, warum in dieser Weise? Warum habe ich genötigt werden müssen? Was habe ich gesehen, als ich einen Blick ins Innere warf? (Wie) hat mich das überzeugt?

Gehen wir zurück auf ein Stadium vor der Vervollkommnung. Gemeinsam mit dem Ingenieur und seinem Freund spaziere ich durch dessen Garten. Wie immer trägt der Ingenieur seinen weißen Laborkittel, sein Freund trägt Handschuhe und einen Hut, dessen tiefsitzende Krempe nahezu die Augen verdeckt. Machen wir die Geschichte kurz, der Ingenieur sagt schließlich nicht ohne einen gewissen Stolz: »Wir machen größere Fortschritte, als Sie denken. Nehmen wir meinen Freund hier. Er ist einer.« Der Ingenieur fordert seinen Freund auf, sich doch auf eine der schmiedeeisernen Bänke zu setzen und sich zu entspannen. Der Freund lehnt sich zurück, schlägt die Beine übereinander und nimmt dankend eine angebotene Zigarette an. Dann zieht der Ingenieur das linke Hosenbein seines Freundes hoch und klopft ans Bein. Es ist unzweifelhaft Metall. Na und? Dann bittet er seinen Freund, die Handschuhe auszuziehen. Seine Hände sehen irgendwie ledern oder gummiartig aus, jedenfalls ganz offensichtlich nicht wie richtige Hände. Na und? Sein Freund hat also ein Metallbein und zwei Handprothesen. Ihn so zu behandeln ist einfach schrecklich, es ist obszön, dieses Zurschaustellen von Leid. Ich möchte jetzt nicht weiter ins Detail gehen. – Es ist hinreichend deutlich, daß wir zu einer Konklusion gelangen könnten, die mich davon überzeugt, daß sein Freund ein Roboter ist. Der Ingenieur schlägt seinem Freund den Hut vom Kopf, und zum Vorschein kommt der Kopf einer Gliederpuppe (die zum

Scherz ein paar Glasknöpfe als Augen hat), den er um 360 Grad dreht. Er knöpft das Hemd seines Freundes auf, um eine Brust aus geschmiedetem Kupfer bloßzulegen, die, nachdem der Ingenieur ein Messer in eine nahezu unsichtbare, von der Achsel nach unten laufende Naht geschoben hat, aufspringt und eine Art Uhrwerk sehen läßt.

Es ist weniger deutlich, aber immer noch hinreichend deutlich, daß wir nicht zu einer überzeugenden Konklusion kommen könnten. Im Laufe der Jahre werde ich, wann immer eine neue Entwicklungsstufe erreicht ist, zu einem Spaziergang mit dem Ingenieur und seinen Freunden durch deren Garten eingeladen. Es ist immer die gleiche Routine. Ich habe gesehen, wie Beine und Hände zunehmend lebensecht aussehen, bis ich fast schon nicht mehr darüber staunte. Heute ist jedoch ein besonderer Tag. Die nervösen Gesten und die unterdrückte Erregung in der Stimme des Ingenieurs sagen mir, daß es einen neuen Durchbruch gegeben hat ... Die Kupferbrust springt auf, und zu meinem Entsetzen sehe ich kein Uhrwerk, sondern in jeder Hinsicht das Innere eines Menschen. Zurückschaudernd, entgeistert, vermag ich kaum den entzückten Worten des Ingenieurs folgen: »Natürlich ist es noch weit davon entfernt, perfekt zu sein, und das meiste ist oberflächliche Imitation, vor allem die Knochen. Das Verdauungs- und Kreislaufsystem ist nicht schlecht, aber wir müssen noch mehr am Blut arbeiten, das nicht innerhalb der normalen Temperaturspanne gerinnt. Das unmittelbare Problem, das mir das Nervensystem bereitet, hat mit den relativen Reaktionsraten des Fasersystems zu tun. Das ist selbstverständlich recht grob ausgedrückt. In Wirklichkeit ist es ein Problem ihrer Interaktion. So wie die Dinge liegen, sind die Schmerzreaktionen – wie soll ich sagen – mal an, mal aus. Würden Sie das nicht auch sagen?« (Er demonstriert es mir, indem er in die linke Hand des Freundes zwickt. Die Reaktion erfolgt schnell, ist aber entschieden mechanisch.) »Wir könnten bessere Reaktionen simulieren, etwa dadurch, daß wir die Glieder sich fließender bewegen lassen. Das eigentliche Problem ist aber, wie man den Schmerz selbst hinbekommt, so daß er besser vorbereitet wird und sich besser verflüchtigt.«

Ich kann kaum hinschauen, und wenn ich hinschaue, weiß ich kaum, worauf ich schauen soll oder wonach ich suche. Tatsächlich werfe ich einen ängstlichen Blick auf das Gliederpuppengesicht und erwarte – ja, ich bin mir nicht sicher. Aber es ist beruhigend starr, seine primitiven Augen blicken beruhigend. Ich bekenne, daß mir der Gedanke kommt, ich sollte diesen Kopf überprüfen; oder nicht so sehr der Gedanke als vielmehr der Impuls zu sehen, ob der Kopf nicht einfach eine Schale ist und drinnen – ja, was? Ein echter Kopf oder das Innere eines echten Kopfes oder Zeug, das wie das echte Innere aussieht? Der Impuls schwindet, sowie mein Vertrauen wieder erstarkt. Und ich fühle mich mehr als nur ein wenig töricht. Was bewiese es schon, einen Blick ins Innere zu werfen, wo ich *bereits* hineingeschaut habe? – Bin ich töricht, weil ich den Ingenieur nicht frage, was er mit »dem Schmerz selbst« meint? Aber ich bin davon ausgegangen, daß ich ihn sehr gut verstanden habe. Grob gesagt, er hat alles gemeint, was zwischen Ursache und Wirkung geschieht, ich meine zwischen dem, was von außen hineinging, und dem, was von innen herauskommt. Nun ja, er könnte etwas Raffinierteres als das sagen wollen und den Schmerz selbst einfach dasjenige nennen, was beim Richtungswechsel geschieht, am Übertragungspunkt zwischen Eingang und Ausgang. Dagegen hätte ich folgendes einwenden können: »*Zwischen* einer Ursache und ihrer Wirkung kann nicht irgend etwas geschehen.« Da ich wohl nicht zu dem Schluß kommen möchte, daß es folglich nichts gibt, was der Schmerz *ist*, muß ich schließen, daß mit dem Bild der Verursachung irgend etwas falsch ist. Sollte es überhaupt »Übertragungspunkte« geben, dann müssen sie an *jedem* Punkt vorkommen. Und ein Stimulus ist nicht in der Lage, ein kausales Netzwerk zu errichten. Das muß die ganze Zeit über wirksam ein. Schmerz ist daher eine Veränderung in der Übertragungsrate oder eine Veränderung in der Rate des Richtungswechsels. Wenn dem so ist, dann muß es eine Möglichkeit geben, sämtliche psychischen Phänomene darzustellen. Sie müssen ein System bilden. – Warum kommen mir diese Gedanken in bezug auf den Ingenieur? Ist er durch seine Tätigkeit in einer besseren Position als ich, um diese Dinge zu untersuchen? In bin mehr daran interessiert zu erfahren, ob er wirklich meine Zustimmung bezüglich der Schmerzreaktionen erhalten wollte.

Die Zeit vergeht. Eines Tages ist der Ingenieur vor unterdrückter Aufregung ganz aus dem Häuschen. Er beharrt darauf, daß ich allen unseren Prozeduren besondere Aufmerksamkeit schenke. Beine und Hände sind mittlerweile wirklich erstaunlich. Die Bewegung der sich übereinanderschlagenden Beine, das Anzünden der Zigarette ist einfach verblüffend. Ich möchte es noch einmal sehen. Und was die Stimme betrifft, ich würde meinen Kopf darauf verwetten, daß niemand den Unterschied erkennt. Soweit bin ich sehr beeindruckt. Dann schlägt der Ingenieur den Hut herunter, um einen vollkommen intakten, menschlichen Kopf zu enthüllen. Er dreht ihn um 45 Grad und bricht dann mit einem verwirrten Lächeln ab. Der Kopf kehrt in seine ursprüngliche Position zurück, nur seine Augen wenden sich jetzt den meinen zu. Nun wird das Messer herausgeholt. Als es sich der Seite des Freundes nähert, springt dieser plötzlich auf, so als würde er bedroht, und stürzt sich auf den Ingenieur. Sie knurren sich an und schreien. Der Freund stößt folgende Worte hervor: »Schluß damit. Es tut weh. Es tut zu weh. Ich habe es satt, ein menschliches Versuchstier zu sein, ich meine ein Versuchstiermensch.«

Greife ich ein? Auf wessen Seite? *Stipulieren* wir, daß der Freund kein Doppelgänger ist, niemand, der von außen in diese Begegnungen verwickelt wurde. – Ob wir das stipulieren *dürfen*, ist eine wichtige Frage. Wenn nicht, dann scheint es, daß die ganze Sache einfach eine wissenschaftliche Geschichte oder ein Märchen sein muß. Hätten wir es aber so zu betrachten, dann *müßten* wir nichts dergleichen stipulieren. Es würde dann fraglos akzeptiert werden. – Aber nur, wenn es eine gelungene Geschichte ist. Schließlich gibt es auch für diese Dinge Regeln. Gesetzt, ich hätte meine Geschichte ohne meinen Auftritt erzählt und mit dem Aufschrei des Freundes beendet. Dann hätte ich eine primitive Wissenschaftsfabel erdichtet, deren Moral schon an tausend anderen Orten besser gezogen worden ist: Wir sind Frankensteine, deren Schöpfung in die Natur eingreift und sich eines Tages gegen uns erheben wird. Kein Verlag, der auf sich hält, würde so etwas veröffentlichen. Aber es ist eine vollständige Geschichte. Erzähle ich sie aber so, wie ich es tat, nämlich mit mir darin, und setze die Frage hinzu »Greife ich ein?«, ist die Geschichte unvollständig. Höre ich hier auf, wird ein kluger Leser über meine Inkompetenz die Nase rümpfen: Ich kenne die Regeln nicht. Beispielsweise habe ich weder genug Evidenzen vorgelegt, um zu wissen, ob der Freund ein Doppelgänger ist, noch, um die Spekulation zu einer interessanten zu machen.

Versuchen wir, die Geschichte so zu vervollständigen, daß der Ingenieur klar weiß, daß sein Freund kein Doppelgänger ist. Der Freund ist dann derjenige oder dasjenige, als den oder das ihn der Ingenieur kennt. Was weiß der Ingenieur? Gesetzt, der Ingenieur wäre durch den Grad meiner Alarmiertheit und meine Unentschlossenheit einzugreifen zufriedengestellt, er hebt deshalb den Arm, und der Freund hört daraufhin auf, sich zu wehren, kehrt zur Bank zurück, setzt sich, schlägt die Beine übereinander, nimmt sich eine Zigarette, zündet sie an, raucht sie mit offensichtlichem Genuß und ist ansonsten ausdruckslos. (Die Regeln der Erzählung bereiten mir hier vielleicht ein paar Schwierigkeiten. Könnte ein Geschöpf, etwa ein fiktives Geschöpf, genießerisch sein, aber ansonsten ausdruckslos? Wie steht es damit, daß es auch sonst leidenschaftslos ist? Damit nehmen wir ein Urteil vorweg. Etwas kann nicht leidenschaftslos sein, es sei denn, daß es Leidenschaften haben kann. Ich sollte wohl »mit offensichtlichem Genuß« streichen.) Der Ingenieur ist glücklich. »Wir – ich meine ich – haben Sie ganz schön drangekriegt, häh? Jetzt ist Ihnen klar, daß der Kampf – ich meine die Bewegungen – und die Worte – ich meine die Vokabeln – des Protests, daß das alles eingebaut war. Er sollte – ich meine, es sollte – all das tun, ich meine, so wurde es entworfen. Kommen Sie, schauen Sie her.« Er greift wieder zum Messer und geht auf seinen Freund zu.

Greife ich ein? D. h., fahre ich mit der Geschichte fort? Ohne neue Charaktere einzuführen, kann ich mir nur eine interessante Fortsetzung vorstellen, eine, in der sich das Interesse vom Freund auf den Ingenieur verschiebt. Ich falle über ihn her: »Sie Narr, Sie haben viel zuviel eingebaut! Sie haben die Leidenschaften ebenso wie die Bewegungen und die Vokabeln des Protests eingebaut! Sie haben diesem künstlichen Körper eine richtige Seele gegeben.« (Will sagen, eine Seele, künstliche Seelen gibt es nicht – jedenfalls keine, die nicht richtige Seelen wären.) Der Schluß besteht dann in unserer Erkenntnis, daß dies hat geschehen müssen.

Möglich wäre auch, daß wir mit der Untersuchung fortfahren, warum das hat geschehen müssen. Freilich wird unser Problem dann ein begriffliches sein, und wir werden beginnen müssen, einander neue Geschichten zu erzählen, oder wir werden miteinander um unsere Bilder der Leidenschaften wetteifern müssen. Jedenfalls habe ich gelernt, daß, wenn etwas Humanoides sich *in irgendeiner Hinsicht* von einem Menschen unterscheidet – wenn es alle Charakteristika eines Menschen außer einem hat –, diese Hinsicht nicht irgend etwas betrifft, was sich einfach im Innern oder einfach im Äußern abspielt. Darum wendet sich mein Interesse von dem Freund ab. Von ihm kann ich nichts mehr lernen, zumindest nicht mehr, indem ich in ihn hineinsehe. Ich weiß bereits, was ich sehen werde, wenn ich hinschaue.

Ist das mehr als eine Annahme, eine bestimmte Interpretation der Geschichte? Womöglich war das imitierte Innere, von dem in der vorigen Geschichte die Rede war, nur Kunstfertigkeit um der Kunstfertigkeit willen. Aus dem neuen Modell ist es entfernt worden. Da ist nichts mehr außer akzeptablen Schichten und Zonen seidenartiger oder schwammähnlicher Substanzen sowie goldener Drähte, dünner als ein Spinnfaden. Das weiß der Ingenieur, und er möchte mir einfach zeigen, wo sich die Mikrocomputer und die Energiequellen befinden. – Dann werde ich darauf bestehen, daß er es mir mit Röntgenstrahlen oder Diagrammen, aber ohne Messer demonstriert. – Demnach bist du doch daran interessiert, was sich in ihm abspielt. – Aber nicht, um klären zu können, ob sein Freund ein Mensch ist. Dazu genügte es zu *stipulieren*, daß, wenn man mir im Inneren einen Mikrocomputer oder eine Energiequelle zeigte, ich schließen muß, daß er keiner ist. Das ist jedoch ganz arbiträr. Warum hier aufhören? Ein Mensch könnte solche Geräte in sich haben. Warum so weit gehen? Wenn die Vorstellung von Seide, Schwamm und Draht mich nicht überzeugt hat, warum sollte es dann diesen weiteren Begleiterscheinungen gelingen? – Gleichwohl, auch wenn ein Blick ins Innere die Frage, ob der Freund ein Mensch ist, *womöglich* nicht klärt, warum ist dies dann nicht interessanter denn je oder, meinetwegen, verblüffender denn je? Und deutet das nicht zumindest darauf hin, daß wir nicht *wissen* können, ob ein anderer empfindungsfähig ist? – Es mag darauf hindeuten, in welchem Zustand sich jemand befindet, der es so auffaßt.

Denn in diesem Stadium der Geschichte bin nicht ich es, der sich weigert, auf einer Klärung zu bestehen, es ist der Erzähler der Geschichte, in der ich vorkomme, der sich weigert zu sehen, daß die Geschichte unvollständig ist. Wenn ich mir in der Geschichte über das Menschsein oder Robotersein des Freundes unklar bin, dann würde mich nur meine Unterwürfigkeit gegenüber der Auffassung des Ingenieurs dazu veranlassen, in das Innere zu sehen. Welche Zweifel ich auch immer am Inneren des Freundes hegen würde, ich habe, oder es sollte erlaubt sein, sie zu haben, gleichermaßen Zweifel an seinem Äußeren. Warum hat er beispielsweise genau fünf Finger an jeder Hand; warum überhaupt Hände, warum Zehen statt Rollen; und warum nicht auch hinten am Kopf Augen; und warum, falls dem so ist, ist sein »Hörsinn« auf die menschliche Bandbreite – ich meine grob gesagt, auf meine – eingeschränkt? (Was würde bei ihm als schwerhörig oder taub gelten?) Ist *das* nicht alles nur Kunstfertigkeit um der Kunstfertigkeit willen? Es korrumpiert die Arbeit des Ingenieurs. Die Form sollte ein Bild der Funktion sein.

Wie weit kann meine Unterwürfigkeit gegenüber dem Ingenieur gehen? Gesetzt, ich hätte mich dazu gebracht, von dem Freund zu denken, er habe keine Gefühle, sondern »Gefühle« (siehe Hilary Putnam, »Robots: Machines or …?«). D.h., ich habe mich dazu gebracht, ihm beispielsweise nicht Sympathie, sondern »Sympathie« entgegenzubringen, vielleicht auch gelernt, nicht ungeduldig mit ihm zu werden, wenn ich meine, er jammere zuviel – Pardon, ich wollte natürlich sagen, »jammert« und »ungeduldig« mit ihm (»ihm«). Eines Tages dann, ich drehe ihm den Rücken zu, ergreift der Freund meinen Arm (»ergreift«?), dreht mich herum, und der Ingenieur nähert sich mir mit seinem Messer. »So«, sagt der, »Sie haben sich also an den Freund gewöhnt, nicht wahr? Sie haben gelernt, wie man ihn behandelt. Ihre Einstellung ihm gegenüber ist Ihre Einstellung zu einer ›Seele‹, habe ich recht? Sie weichen seiner Seele aus, richtig?« Dann reißt er mein Hemd auf und klappt meine Brust weg, um (ich schaue nach unten) ein elegantes Uhrwerk sehen zu lassen. Du kannst dir meine Überraschung nicht vorstellen. – Kann ich es? Ich kann mir vorstellen, der Ingenieur möchte, ich solle aus dieser Demonstration, daß, soweit ich weiß, ich, was Seele oder Körper betrifft, in keiner besseren Position bin als der Freund, eine von zwei Konklusionen ziehe. Die eine lautet: Nach allem, was ich weiß, ist z.B. alles, was ich habe, »Schmerz«. Die andere lautet: Nach allem, was ich weiß, hat der Freund z.B. *Schmerzen.*

Die zweite Konklusion zu akzeptieren heißt, den Freund als einen anderen zu akzeptieren, als einen Leidensgenossen, rückhaltlos. Worin würde die Akzeptanz liegen? Der Ingenieur fährt fort: »Hat er Schmerzen, ist er Schmerzen ausgesetzt oder nicht? Entscheiden Sie sich!« Doch selbst während er mit dem Messer auf mich weist, kann ich mich nicht entscheiden. Vorher, als der Ingenieur mich um meine Zustimmung ersuchte, war ich in der Lage, etwas zu entscheiden, es gab Raum für mich mitzureden, und denselben Raum hatte auch der Ingenieur. Jetzt werde ich indes gefragt, ob ich das Leben des Leidens mit diesem anderen teile oder nicht, und gleichzeitig zeigt man mir, daß ich nicht weiß, ob ich dieses Leben beobachte oder führe. Hat der Ingenieur auf *seine* Mitsprache verzichtet, hat er dem Freund Autonomie eingeräumt? Wenn er mir das sagen würde, könnte ich ihm glauben? Ich verstehe ihn nicht besser als seinen Freund. Wenn der Ingenieur sagt, er habe entschieden, daß der Freund leidet, oder entschieden, das zu sagen, wer weicht dann aus?

Um mich auf die erste Konklusion einzulassen – daß ich, nach allem was ich weiß, nur »Schmerzen« habe –, müßte ich wohl die Vorstellung aufgeben, daß ich ein Mensch bin und es auch weiß. Könnte ich von mir selbst denken, ich sei etwas *weniger* als ein Mensch, auf gleicher Stufe mit dem stehend, wofür ich den Freund hielt, was immer das gewesen sein mag? Wenn ich das bin und es weiß, dann ist das zweifellos mein Geheimnis. Warum habe ich nicht gedacht, daß der Freund ein solches Geheimnis haben könnte? Womöglich weil ich von ihm nicht dachte, er sei ein *gefallener* Mensch? Hätte er ein solches Geheimnis, könnte er es mir nie mitteilen, denn ich könnte es nicht besser verstehen, als ich ihn verstehen kann: Er ist für mich privat.

Das ist doch lächerlich. Ihm steht kein Vergleich zur Verfügung. Was immer Schmerzartiges er hat, er betrachtet es als *Schmerz*. Wie unterscheide ich mich davon? Nun, er mag überhaupt nichts Schmerzartiges haben, ganz davon zu schweigen, daß er über dessen Status nachdenkt. Während ich es sicherlich habe und tue. Z. B. fühle ich mich durch die jüngste Enthüllung über meinen Körper beschämt, und was *ich* fühle, wenn ich mich beschämt fühle, *ist* das, was »sich beschämt fühlen« ist. Das ist keine sehr überzeugende Definition. Ich will aber nicht, daß sie ausschließt, daß andere es auch so fühlen. Ich möchte mich nur vergewissern, daß niemand in einer besseren Lage ist als ich, um zu wissen, was »sich beschämt fühlen« oder »Schmerz fühlen« ist.

Wie würde ich wissen, ob ein anderer tatsächlich gleichermaßen gut positioniert ist? Wenn ich glaube, meine Empfindung sei irgendwie mit dieser Maschinerie und mit anderem Zeug unter meiner Hülle verbunden, unter deren Wirken ich zufällig falle, dann könnte ich denken, daß die Empfindung des Freundes ähnlich mit seinem Zeug verbunden ist, wenn er sie hätte. Aber natürlich könnte ich mir da nicht sicher sein. Ich bin mir sicher, daß meine Beschämung von diesem Körper kommt – nicht weil er sie verursacht (obwohl das so sein könnte), sondern weil er ihr Objekt ist, in bezug auf ihn bin ich beschämt. Aber noch einmal: Der Freund muß sich nicht in dieser Weise in bezug auf seinen Körper fühlen. Er könnte wie Thoreau an seinem falschen Gebiß Vergnügen empfinden. Jeder Schluß von seinem Körper auf ihn ist daher schiere Vermutung. Es ist nicht so, daß ich einfach nicht mehr als einen Fall (den meinen) habe, um diesen Schluß zu ziehen; ich kann nicht einmal den verwenden, ich weiß nicht, ob er mit hineinspielt. (Natürlich spielt das, was ich von mir selbst weiß und wofür ich mich halte, unbedingt in das mit hinein, was ich von einem anderen wissen kann und wofür ich ihn halte. Nur macht die Vorstellung, daß der andere *analog* zu mir ist, nicht deutlich, wie ich es hineinspielen lasse.)

Statt mich mit einer Vermutung zu begnügen, könnte ich meine Aufmerksamkeit, gleichsam wie in einer Eingeweideschau, auf den Körper des anderen richten und wie angewurzelt vor der Überzeugung stehen, daß er beseelt ist. Ich habe es vorausgeahnt, ich habe den Schleier des anderen durchdrungen, indem ich seinen Körper als ein Omen, in diesem Fall als ein günstiges, einer Seele betrachtete. Wenn andere mir diese Gabe zugestehen, wird man mich zum Seher und Wahrsager machen. Einen Seher und Wahrsager als denjenigen zu betrachten, »der« den Zustand des anderen »kennt« (d.h. sieht und ausspricht), wäre eine geistig kohärentere Reaktion auf den skeptischen Zweifel, als den anderen als jemanden zu betrachten, der allein seinen Zustand kennt. Wenn die Behauptung, der andere habe, was auch ich habe, nämlich Empfindung, eine Hypothese ist, dann könnte ich zu einem von zwei Ergebnissen kommen. Wenn derjenige, über den die Hypothese aufgestellt wird, der einzige ist, der das Ergebnis kennt, dann ist dieses nicht nur nicht zu überprüfen, es hängt zudem von einem *Vergleich* zwischen dem, was der andere weiß, und dem, was ich weiß, ab, und niemand *kann* diesen Vergleich ziehen. Jedenfalls kann *er* es nicht und *ich* nicht.

Hier ist noch eine Alternative. Von Zeit zu Zeit ist mir, als hätte ich intuitive Einsichten in bezug auf den Freund. Für gewöhnlich habe ich eine Ahnung seiner Schmerzen, wenn sein Körper sich windet, manchmal auch nicht. Es bringt nichts, wenn er mir *freiwillig* Neuigkeiten über seinen Zustand *mitteilt*, denn dann müßte ich ihm glauben, und genau das kann ich nicht. (Oder ich werde es nicht tun, da ich solche Überzeugungen für reinen Aberglauben halte: Sie lassen sich nicht überprüfen.) Auch ist er nicht in der Lage, mir zu *zeigen*, wie es um ihn steht, denn mir zeigen, daß er etwa Schmerzen hat, könnte er nur, indem er sich z. B. windet oder auf seinen Körper weist. Dergleichen mag mich seinen Schmerz ahnen lassen oder auch nicht. (Wäre jemand so beschaffen, daß er beständig ahnt, was in allen anderen, die er kennt, vorgeht, würde er verrückt werden. Nur Gott kann es ertragen, Gott zu sein. Eine Deutung des Ersten Gebots.) Gesetzt, es erwiese sich, daß der Freund und ich innerhalb einer normalerweise zu erwartenden Fehlerbandbreite wechselseitig die richtige Ahnung hätten. Die einleuchtendste Theorie über uns wäre dann, daß wir reine, unausgedehnte Geistwesen sind. (Sich vorzustellen, wir wären jeweils der andere und würden deshalb »fühlen, was der andere fühlt«, wäre Unsinn. Denn ich bin durch nichts anderes charakterisiert als dadurch, daß ich dieser eine bin, und das gilt auch für ihn.) Die mit jedem von uns verbundenen Körper sind eine enorme Annehmlichkeit, sie machen uns füreinander sichtbar und hörbar. Nun, genau gesagt werde *ich* (und natürlich auch *er*) weder sichtbar noch hörbar. Notwendig sind die Körper aber, um die Ahnungen, die wir voneinander haben, zu wecken. (Philosophisch könnten wir uns darüber streiten, ob wir unsterblich sind, ob wir getrennt von unserem Körper überleben würden, also ohne die Möglichkeit, von unserer eigenen Spezies geahnt zu werden. Womöglich sind wir an dieser Frage gar nicht interessiert. Was mit uns beim Tod des Körpers geschieht, ist dasselbe wie das, was mit der Musik geschieht, wenn sie beendet ist. Es folgt ein Nachhall und dann nichts mehr.) Angenommen, eines Tages bemerkte ich, daß meine Empfindungen mittlerweile konstant damit verbunden sind, was meinem Körper zustößt, daß ich z. B. immer Schmerzen habe, wenn mein Körper sich windet, und niemals sonst oder nahezu niemals; oder ich könnte bemerken, daß meine Ahnungen von dem Schmerz des Freundes mich nur dann überkommen, wenn sein Körper sich windet, und ansonsten fast nie, und er bestätigt nahezu immer meine Ahnung, d. h., ich nehme sein Wort dafür. Ich werde dann wohl den Körper nicht mehr als etwas betrachten, mit dem ich und er verbunden sind, als etwas, was wir »haben«, sondern als etwas, was jeder von uns *hat*. Die einleuchtendste Theorie über uns ist jetzt, daß wir Menschen sind. Nun ist die Analogie zwischen uns hervorragend. Ich kann seine Empfindungen überprüfen, indem ich meine Ahnungen zum Ausdruck bringe (damit er sie bestätigen oder bestreiten kann), und es ergibt Sinn, die Verbindung zwischen seinem Körper und seinen Empfindungen zu überprüfen, denn es ergibt Sinn, dies für meinen Körper und meine Empfindungen zu tun. Eines Tages geht mir auf, daß ich nicht mehr verstehe, was es heißt, das zu überprüfen. Wenn ich Schmerzen habe, *muß* es dafür eine Ursache geben; wenn ich dort, wo ich welche haben sollte, keine habe, dann muß es *dafür* eine Ursache geben. Zweifel daran, ob ich einen Körper habe, können nicht auftauchen. Zweifel daran, ob er einen Körper hat, ebenfalls nicht, es sei denn, meine Ahnungen in bezug auf ihn hören auf. Dann denke ich womöglich, zu sagen, ich *habe* einen Körper, drückt meine Verbindung mit diesem nicht tief genug aus. Lieber würde ich sagen, ich *bin* mein Körper, auch wenn ich es zufrieden bin, daß ich es nicht bin. Ich weiß nicht, daß ich nicht mein Körper bin, als ob ich wüßte, daß es falsch ist zu sagen, ich sei es. Es ist vielmehr so, daß dies zu sagen meine Überzeugungen hinsichtlich des Gegenstands widerlegt; mein Körper ist nicht, wofür ich mich halte. – Das liegt daran, daß man nicht von sich *glaubt*, man *sei* irgend etwas. – Worin liegt dann der Witz, mir zu sagen, was ich bin? Es ist, im analogen Sinn, nicht falsch zu sagen, daß ich einen Körper *habe*, es sei denn damit wäre beispielsweise gemeint, daß ich keinen haben könnte, so wie mir ein linker Arm fehlen könnte. Wenn ich sage, ich habe notwendigerweise einen Körper, lasse ich meine Beziehung zu *diesem* außer acht. Sage ich, ich habe notwendigerweise *diesen* Körper, dann bin mir nicht sicher, ob ich es glaube, jedenfalls nicht so, wie ich glaube, diesen zu haben.

Es mag sein, daß der Eindruck der Widerlegung sich dadurch einstellt, wie ich den Ausdruck »habe einen Körper« verstehe. Eigentlich ist es eine mythologische Weise zu sagen, ich bin Fleisch. Dieser Mythos stellt mich jedoch nicht zufrieden, denn er impliziert, daß ich auch noch etwas anderes als einen Körper habe, nennen wir es eine Seele. Jetzt muß ich drei Dinge zusammenzubringen: einen Körper, eine Seele und mich. (Also müssen vier Dinge lokalisiert werden: ich und diese drei.) Aber ich *habe* sowenig eine Seele, wie ich einen Körper habe. Das sage ich hier und jetzt. Leute, die sagen, sie hätten eine Seele, machen manchmal einen Ehrenpunkt daraus, beispielsweise William Ernest Henley und G. B. Shaw. Nehmen wir den Ausdruck »habe eine Seele« als mythologische Weise zu sagen, daß ich ein Geistwesen bin. Wenn der Körper Fleisch und Geist individuiert, mich zu diesem einzelnen macht, was leistet dann die Seele? Sie bindet mich an andere.

Wenn mein Blick auf einen nackten menschlichen Körper fällt oder ich an einen solchen denke, denke ich nicht »Wie wohlproportioniert es ist, daß die Körperteile und körperlichen Merkmale sich alle gerade an der Stelle befinden, wo sie sich befinden!« Von Zeit zu Zeit kann ich mich über diese Tatsache selbstverständlich *wundern*. Genauso kann ich mich von Zeit zu Zeit wundern nicht über die Wohlproportioniertheit, wohl aber über den dummen Zufall, die Ironie, welche in der Lage mancher Körperteile und körperlichen Merkmale liegt. Yeats etwa wunderte sich darüber, daß die Liebe ihr Zelt gerade im Ausscheidungsorgan aufgeschlagen hat. In dieser anatomischen Tatsache sah Freud eine natürliche, unverrückbare Schranke für die Reinheit oder das Befriedigende der Geschlechtsbegierde. (Fast von Anfang an hat er auf diese Tatsache immer wieder hingewiesen, vgl. *The Origins of Psychoanalysis*, S. 147, [Entwurf eines Briefs von Freud an Fliess vom 1. 1. 1896].) Jegliche andere Anordnung, die ich mir in meiner Phantasie vorstellen kann, kommt mir ganz irrwitzig vor. Es ist eben ein so menschlicher Zufall. Nicht die Tatsache selber ist so menschlich: Auch für andere Lebewesen gilt dieselbe Tatsache. Sondern so menschlich daran ist, daß wir diese Tatsache eben mit anderen Lebewesen gemein haben, daß Tiere unsere Mitgeschöpfe sind. Daß wir eben Lebewesen sind. Betroffenheit darüber ist etwas, das man vielleicht nennen könnte: uns als Mensch zu sehen. Es ist das Gefühl eines Wunders.

Grenzenloses Erstaunen war meine Reaktion, meine natürliche Reaktion, als ich *sicher* war, der Freund ist ein Roboter. »Ich komme darüber nicht hinweg«, hätte ich andauernd ausrufen können. Die eigentümliche Faszination, mit der ich seine Routinen verfolge, scheint überhaupt nicht nachzulassen. Wenn ich jedoch nur über den Zweifel nicht hinwegkomme, daß dieser Freund womöglich ein Roboter ist, nur über diesen im Hintergrund gehaltenen Zweifel nicht, dann bin ich nicht grenzenlos erstaunt, es sei denn auf die Weise, wie es mich vielleicht in Erstaunen versetzt, wozu dieser oder jener Mensch imstande ist, sei es seine Dummheit, seine Selbstbeherrschung oder seine Geschicklichkeit. Der Ingenieur verlor seine Macht über mich, sobald ich sah, daß seine eigenen Kräfte beschränkt waren. Welchem Test er den Freund auch unterziehen kann, um nachzuweisen, daß er nicht menschlicher Natur ist – Einbau eines Mikromechanismus, emotionale Fehlreaktion, vierzig Tage Hungerkur ohne Gewichtsverlust, Meile für Meile binnen vier Minuten zurücklegen zu können –, all das läßt sich durch einen Superingenieur verbessern (oder verbergen?), vielleicht sogar, bei unserem beschleunigten technischen Fortschritt, schon nächstes Jahr durch denselben Ingenieur. Man mag sich ausdenken, was man will, um Roboter daran zu erkennen: In der Konstruktion kann es schon berücksichtigt sein. Kriterien kommen irgendwann an ein Ende.

Würde es einen Unterschied bedeuten, wenn wir die Menschennatur testeten? Wenn ich geneigt bin zu glauben, daß dieses men-

schenähnliche Etwas ein Mensch ist, dann muß ich bei jedem Mangel, auf dessen Auffinden ich vorbereitet sein kann, darauf vorbereitet sein, ihn nicht zu finden. Entweder führt diese Neigung demnach zu nichts, oder aber die Antwort muß empirisch erfolgen. Nur was ist, wenn es nun einmal keine Antwort gibt?
Es stimmt, heutzutage machen wir vermeintliche Menschen nicht einfach auf, um nachzusehen, ob es auch wirklich menschliche Wesen sind. Könnte es nicht trotzdem wahr sein, daß einige von ihnen es tatsächlich nicht sind, sondern Roboter? Was ich dagegen einzuwenden habe, irgend jemanden aufzumachen, wäre etwa dies: Entweder haben die Roboter unter den scheinbaren Menschen einen Anteil von etwa der Hälfte oder einen größeren oder kleineren Anteil. Im ersten Fall hätten wir es mit einem Risiko von annähernd 50 Prozent zu tun, jemanden zu töten oder ihn jedenfalls einer Prozedur zu unterziehen, die unsere Beziehung zu ihm nicht überlebt. Wenn der Anteil kleiner ist, ist das Risiko größer, aber der Einsatz niedriger: Ich kann mir eine gewisse Fehlerquote leisten. Wenn der Anteil größer ist, ist das Risiko kleiner, aber der Einsatz höher: je weniger wirkliche Menschen, desto kostbarer jeder einzelne. Wenn ich nur einfach in der Lage wäre herauszubekommen, wer wer ist! Oder wenn mir nur einer sagen könnte, wie die Verhältnisanteile genau sind! Man muß folglich sehr vorsichtig darin werden, mit wem man sich einläßt, und sich um noch raffiniertere Testverfahren kümmern. Für solch eine Welt wäre der Rat eines Polonius schlicht und einfach unwiderlegbar.
Würde ich es indessen überhaupt als eine Tatsache akzeptieren können, daß die Bevölkerung zu einem gewissen Anteil aus Robotern besteht? Liefe das nicht meinen Geschichten zuwider, deren Moral es war, daß meine Einstellung zu einem Roboter (oder gegenüber der Entdeckung, es mit Robotern zu tun zu haben) grenzenloses Erstaunen wäre? – Nicht notwendig. Mit Robotern als einer Tatsache zu rechnen würde bedeuten, daß man schon darauf *gefaßt* ist, erstaunt zu sein. – Aber das ist das Problem. Wenn ich ein für allemal darauf gefaßt bin, erstaunt zu sein, dann

bin ich eben ein für allemal nicht mehr auf die Begegnung mit Menschlichem gefaßt. Meine Einstellung niemandem gegenüber wird dann noch die zu einer lebendigen Seele sein. – So würde denn die Möglichkeit, daß einige menschliche Etwasse keine Menschen sind, eine Möglichkeit, die ich nicht ausschließen kann oder darf, hinreichend sein, mir den Menschen überhaupt gänzlich zu entrücken? Doch warum sollte ein aufgeklärter Polonius mich nicht des Kleinmuts bezichtigen? Sein Rat wäre: Behandle jeden scheinbaren Menschen wie einen Menschen. Bringe dich dazu, nicht auf das Erstaunen schon gefaßt sein zu wollen. Laß ihr menschliches Aussehen so auf dich wirken, daß du sie auch als Menschen siehst. Behandle Menschenart, ja Menschenähnlichkeit allemal als einen Selbstzweck und nie als Mittel. Polonius nennt das und ähnliches seine Goldene Regel.

Warum ist das ein frostiger Rat? Nicht, daß ich nicht danach leben könnte. Nur ist es der Rat, den ich eben von einem perfekten Roboter erwarten würde. – Gesetzt, ich würde mich dazu bringen, nicht auf das Erstaunen schon gefaßt zu sein. Trotzdem beunruhigt es mich dann, daß einige von denen, die ich für Menschen halte, keine Menschen sind. Jetzt stellt es mich nicht zufrieden, mir zu sagen, daß diese Unwesen oder nichtmenschlichen Wesen demnach Empfindungen *zeigen* können, ohne solche zu *haben*, denn das gilt ja auch für die wirklichen Menschen. Und ich habe bereits zugestanden, daß diejenigen unter ihnen, deren Menschsein problematisch ist, Empfindungen haben oder vielmehr »Empfindungen« »haben«. Ich müßte viel eher sagen, daß im Fall der Scheinmenschen der Unterschied zwischen dem Zeigen und dem Haben von Empfindungen entfällt. Anzunehmen, daß die Scheinmenschen Empfindungen hätten, die sie nur nicht zeigen, indem sie sie auch nicht etwa unterdrücken (denn das wäre lediglich ein Sonderfall des Zeigens von Empfindungen), wäre pure Mystifikation. Natürlich kann es sein, daß ich von der Unterdrückung der Empfindungen nichts mitbekomme, weil sich das ganz in ihrem Inneren abspielt. (Der Einfachheit halber unterstelle ich, daß es keine Anzeichen dafür gibt, daß die Scheinmenschen schmerzunempfindlich wären.) Empfindungen zu haben / zu zeigen steht für sie auf derselben Stufe wie zu trinken, zu zeigen, daß der Durst gelöscht ist, zu urinieren ... »Trinken« sie (bloß), oder *trinken* sie (wirklich)? Was sie auch tun, das tun sie, man kann mit ihnen darüber nicht in Streit geraten (es sei denn, ihnen wäre auch das Streiten einprogrammiert). Wer sie studiert, um herauszufinden, wie sie sich verhalten, ist deswegen kein Behaviorist, es sei denn, man nennt so auch Leute, die das Verhalten der Börse oder das Verhalten von Metallen unter extremen Temperaturen studieren. Fände ich heraus, daß einer der Scheinmenschen von dem Problem des Fremdpsychischen irritiert ist – in diesem Fall also anderer Roboter oder anderer Zombies ... –, dann könnte ich das studieren, um zu erfahren, ob es bestimmte Spielarten des Skeptizismus oder des Leidens überlebt.

Meine Spaziergänge im Garten des Ingenieurs sollten beweisen, daß ich nicht etwas als »menschenähnlich« akzeptieren und gleichzeitig das betreffende Wesen als nicht im Besitz einer wesentlichen menschlichen Eigenschaft befindlich betrachten kann – nennen wir sie Empfindungsfähigkeit. Soweit ich etwas als ein Analogon von mir betrachte, soll das heißen, betrachte ich es als im Besitz von etwas befindlich, das meiner Empfindungsfähigkeit analog ist. Um so wie ich einen »Körper« zu haben oder um einen Körper so zu »haben«, wie ich einen habe, muß man seinem Körper auch unterworfen sein. Wenn ich nicht mehr hätte beweisen wollen, als daß eine Maschine auch empfindungsfähig sein kann, hätte ich meinen »Außenseiter« gar nicht als Ingenieur vorstellen müssen. Wir hätten einfach mit dem (perfektionierten) menschlichen Körper begonnen. *Er* kann als Maschine betrachtet, so gesehen werden. Und innerhalb der Vorstellung vom menschlichen Körper als einer Maschine kann eine Maschine auch empfinden. (»Sie kann mit Bewußtsein ausgestattet sein oder ohne Bewußtsein, sehen oder blind sein ...« Eine Maschine hat mit Schmerz nicht besonders viel zu tun. Bau mir eine, die zu allen möglichen optischen Verrichtungen imstande

ist …). Doch den menschlichen Körper als eine Maschine zu denken ist soviel oder sowenig eine Vorstellung von der Menschennatur wie die Vorstellung, der Körper sei von etwas *anderem* bewohnt. (Was hat der Schizophrene über uns gelernt?)
— Jedoch selbst wenn man sich den menschlichen Körper als Maschine denkt, ist er doch nicht so eine Maschine, wie eine *Maschine* eine Maschine ist? — Heißt das, eine Maschine wäre z. B. zu optischen Verrichtungen nicht imstande? Und ist das eine Definition? Eine Vorabfestlegung? Vermutlich ist es keine empirisch gesicherte Feststellung — als hätte man herausgefunden, daß im Besitz einer gewissen Empfindungsfähigkeit zu sein die Fähigkeit einer Maschine nun einmal übersteigt; als wäre sie, wenn man, zum krönenden Abschluß, zu ihren sonstigen Funktionen auch noch Empfindungsfähigkeit einprogrammiert, damit überfordert. — Eine Maschine, die wirklich eine Maschine ist, hat keine Empfindungsfähigkeit. — Aber ein Mensch hätte so was? Und wäre *dies* dann eine Definition? Von einer empirischen Feststellung scheint das immerhin ebensoweit entfernt. — Man kennt diese Sackgasse. Wir hätten die Vorstellung, daß eine Maschine irgendwie empfindungsfähig ist, gar nicht erst an uns herantreten lassen dürfen, denn »wenn der menschliche Körper eine Maschine ist, dann hat eine Maschine auch Empfindung« ist keine bessere Folgerung als »wenn der menschliche Körper eine Maschine ist, dann hat er keine Empfindung«. — Aber ich wollte gar nicht mehr behaupten, als daß es keine *schlechtere* Folgerung ist, daß es für das Problem des Fremdpsychischen völlig gleichgültig ist, ob wir den menschlichen Körper für eine Maschine halten oder nicht. — Aber es ist überhaupt keine Folgerung. Es ist das Ergebnis fehlender Logik. Wie: »Wenn ich ein Frosch wäre, würde ich gerne Fliegen essen« und »Wenn ein Frosch ich wäre, würden einige Frösche nicht gerne Fliegen essen«.
Wenn wir Bergsons Idee aufgreifen, wonach das Komische in der Überlagerung des Lebendigen durch das Mechanische oder Materielle oder darin besteht, daß dieses sich jenem irgendwie aufdrängt, könnten wir uns das Lachen als die natürliche Reaktion

auf Maschinenartigkeit vorstellen, freilich nur, sofern wir uns auch sicher sind, daß der andere ein Mensch ist. Danach wäre Gelächter so etwas wie die Kehrseite des grenzenlosen Erstauntseins. In diesem Fall ließe sich daraus, daß wir angesichts einer (oder bei der Vorstellung von) Maschinenartigkeit bei anderen nicht in Lachen ausbrechen, schließen, daß wir uns nicht sicher sind, daß es sich bei ihnen um Menschen handelt. – Hier winkt so mancher weitere Pfad. Wir könnten den Gedanken verfolgen, daß die Form, die ich dem Skeptizismus gegeben habe, nach den soeben angestellten Überlegungen eine komische ist: Von natürlichen, unhintergehbaren Gedankengängen stellt sich heraus, daß sie von unnatürlichen, unvermeidlichen Ursprüngen überlagert sind. (An dem komischen Crescendo rudernder Armbewegungen, wenn man auf einer Eisfläche im Begriff ist auszugleiten, hat man selber genau dann seinen Spaß, wenn das Gehen, Rennen, Tanzen zum eigenen natürlichen Repertoire gehört und wenn man auf genau dieses Repertoire zurückgreift, es gibt kein anderes, um die Balance wiederzufinden und Standfestigkeit zu gewinnen.) Daß wir über unsere philosophischen Ruderbewegungen nicht lachen, könnte als Beweis dafür gelten, wie sehr wir uns in Pedanterie verloren haben. Denn wen sollten wir schon auswählen, um über ihn zu lachen? (Dieser Pfad muß am Ende den Pfad der philosophischen Ironie kreuzen.) Manchmal sollten wir der Komik, die den Verfahren der Philosophie der Alltagssprache innewohnt, schon nachgehen, einer Komik, die sich sowohl bei Austin als auch bei Wittgenstein ausgiebig und dabei auf jeweils verschiedene Weise findet. Meine Analyse des Satzes »Aber da ist doch irgend etwas, was meinen Schmerzensschrei begleitet« beispielsweise hatte die, hoffentlich nachvollziehbare, Absicht, sowohl die Komik als auch den Aberwitz freizulegen. Und dadurch plausibel zu machen, daß die Wahrnehmung der Komik wesentlich für die Aufdeckung des Aberwitzes ist, ja damit gleichbedeutend. Man könnte sagen, Gelächter ist bei diesen Dingen der Prüfstein der Unnatürlichkeit, wobei »unnatürlich« das Gegenteil jener Natürlichkeit in der Sprache ist, von der der

Philosoph der Alltagssprache soviel Wesens macht. (Denn das Gegenteil ist nicht etwa »künstlich«, wie die Anwälte künstlicher Sprachen zumindest in der Vergangenheit anzunehmen geneigt waren. Vgl. »Must We Mean What We Say?«, S. 42.) Ich würde nicht gerade behaupten, daß die Tatsache, daß nicht gelacht wird, ein gutes Zeichen für Natürlichkeit ist (denn diese Tatsache mag sich auch durch Abstumpfung erklären), sondern nur, daß das Natürliche am ehesten aus der Perspektive des Lachens in den Blick kommt. (Man kann sich das so ähnlich vorstellen, wie wenn man, beim Stimmen der Geige, grausam danebenhaut, nur um desto hörbarer zu machen, daß sie um eine volle Quinte von der Nachbarsaite absticht.) Die Vorstellung von Natürlichkeit kommt sich hier gar nicht ins Gehege mit der des sozial Zuträglichen, sondern entspricht dieser vielmehr. Dieses Entsprechen ist die Botschaft der Komödienschreiber, die auf ihre Weise genauso wie die Tragödienschreiber wissen, daß das Menschenwesen imstande ist, weder das eine noch das andere zu sein.

Was ist das Wesen der Unruhe darüber, wenn es denn eine wirkliche ist, daß es überall, wo Menschen leben, womöglich Dinge gibt, die man von Menschen nicht zu unterscheiden vermag? Ist es eine Ohrfeige für den stolzen Intellekt, so wie im Fall des Skeptizismus hinsichtlich der Existenz materieller Gegenstände? Oder ist es etwas, was das eigene Menschsein in Verlegenheit bringt?
Was wäre das für eine Verlegenheit? – Daß ich z. B. Mitleid aufbringe oder Mitleid beim anderen erwecke, wenn der andere kein Mensch ist. – Aber das bringt mich nur dann in Verlegenheit, wenn jemand die Tatsachen besser kennen würde als ich. Könnte das jemand? Könnte irgend jemand in einer besseren Position sein, um es zu wissen, als ich? Den Ingenieur habe ich als Kandidaten für diese Rolle bereits ausgeschlossen. Der hat ja kein Urteil darüber, was am Ende aus seinem Werk wird. Hier schwebt mir vor: In dieser Hinsicht mir überlegen wäre nur einer, der von der menschlichen Natur frei ist. Gott, zum Beispiel. Aber wenn

Gott, wieso dann die Verlegenheit? Das Schauspiel, mich ein Scheinwesen bemitleiden zu sehen und zu sehen, wie es seinerseits mich bemitleidet, könnte eher Gottes Mitgefühl erregen. Er könnte ihm menschliches Leben schenken. Wenn ich mir vorstelle, mit Hohn und Gelächter auf dieses Schauspiel zu reagieren, dann denke ich nicht an Gott, sondern an einen bösen Geist, oder vielmehr: Ich stelle mir Gott als bösen Geist vor.

Kann ein menschliches Wesen von der Menschennatur frei sein? (Die Lehre von der Erbsünde kann als Erinnerung daran verstanden werden, daß mit ein, zwei Ausnahmen diese Freiheit dem Menschen versagt ist. Dennoch fordert uns Paulus auf, den »alten Adam« auszuziehen. Was am Christentum so abstoßend ist, ist die *Art*, wie es sich sowohl unsere notwendige Verfallenheit an die Menschennatur als auch die mögliche Freiheit davon denkt. In der Beziehung scheint mir Nietzsche recht zu haben, ja weniger verrückt zu sein als das Christentum. Gleichwohl glaubt auch er unverändert sowohl daran, daß sich der Mensch von der Menschennatur zu befreien habe, als auch daran, daß der einzelne Mensch seiner Menschennatur nicht entkommen kann. Daher die Logik seiner Forderung, uns diesem Dilemma unseres Menschseins dadurch zu entziehen, daß wir unsere Menschennatur überwinden. Ich hoffe, in seiner Voraussetzung hat Nietzsche sich geirrt, auch wenn seine Prognose anscheinend im Begriff steht, sich ziemlich exakt zu bewahrheiten, daß wir uns nämlich, unter Beiseitesetzung seiner Forderung, im nihilistischen Sinn überwinden, indem wir das Dilemma unseres Menschseins dadurch lösen, daß wir Ungeheuer werden.)

Wenn ich mir einen Außenseiter [*Outsider*] zu denken versuche, einen nicht näher bestimmten, was kann er mir mitteilen? Er ist ein armer Verwandter des Außenseiters, den wir uns vorstellen, wenn wir an die betreffende Situation im skeptischen Außenweltproblem denken. Da kritisierten wir Locke zum Beispiel, weil er die Ideen für »Abbilder« der Dinge erklärt hat: Wenn »Ideen« alles sind, was wir in unserem Kopf haben *können*, dann *können* wir selbstverständlich *nicht* diese Ideen wegwischen oder im rechten Winkel zu ihnen stehen, um sie auf diese Weise mit den Dingen *vergleichen* zu können, »deren« Ideen sie sind. Es kann offensichtlich sein, daß es diese Dinge gar nicht gibt. So gesehen, ist es leicht vorstellbar, vielleicht sogar unvermeidlich, daß, wenn auch wir selber keine Distanz zu unseren Ideen haben können, ein Außenseiter sie sehr wohl haben könnte und tatsächlich hätte. Und wären wir dann im Besitz der Kenntnis dessen, was wir uns unter den Erkenntniskräften des Außenseiters vorstellen, könnten wir einiges darüber in Erfahrung bringen, was wir uns unter dem menschlichen Wissen vorstellen, speziell unter der Natur »der Sinne«. Dasselbe gilt für die Entscheidbarkeit der Frage, ob wir womöglich in diesem Augenblick träumen. Überzeugt davon, daß *wir* diese Frage nicht entscheiden können, bin ich überzeugt davon, daß ein Außenseiter dies könnte, müßte. (Insoweit ich mir unsere Notlage so vorstelle, spreche ich halbwegs hier selber als Außenseiter.) Eine andere Sache ist es jedoch mit dem Außenseiter in bezug auf mich und das Fremdpsychische. Was ich ihm in diesem Fall an Wissen zuschreiben muß, ist nicht bloß, *ob* ein gegebener anderer etwas Reales ist oder nicht, sondern ein Wissen über etwas, wozu mir die Unterscheidungskriterien fehlen, nämlich eben über die Differenz zwischen menschlichen Wesen und nicht-menschlichen Wesen, menschlichen Unwesen. Mit Bezug auf mich und die Außenwelt erwarte ich dagegen von dem Außenseiter keineswegs, daß er etwas weiß, was ich nicht über den Unterschied zwischen Schlafen und Wachen weiß, oder darüber, ob das eine Ding die Kopie eines anderen ist.

Was könnte ich mir unter einem Außenseiter in bezug auf mich und das Fremdpsychische denken? Er mag einen Unterschied zwischen den Bewohnern menschlicher Ansiedlungen bemerken oder auch nicht. Wenn er mir sagt, er bemerke keinen, und ich ihm das glaube, wäre ich dann beschwichtigt und fürchtete nicht länger, daß irgendwo doch menschliche Ansiedlungen von Scheinmenschen bewohnt sein könnten? Es hängt davon ab, wofür er die Bewohner hält. Vielleicht bemerkt er ja nur darum keinen Unterschied, weil er allesamt für Roboter, Androiden oder

Affen hält. Vielleicht bemerkt er zwar einen Unterschied, aber einen, der sich auf ihre Qualität als Roboter, Androiden oder Affen bezieht. (Das sind meine Übersetzungen für das, was ihm vorschweben mag. Um ihn wirklich zu charakterisieren, müßte man die gebrauchten Ausdrücke auf einer Metaebene interpretieren.) Die eine Klasse ist so merkwürdig, daß er sie sozusagen unter besondere Beobachtung stellt. Er ist wirklich fasziniert von ihr. Gesetzt, es stellt sich heraus, daß es sich dabei in etwa um dieselbe Klasse handelt, die ich selber für echte Menschen zu halten geneigt wäre, d. h., daß seine Klassifizierung sich extensional in etwa mit der meinigen deckt: Würde mich das beruhigen? – Jetzt hängt alles davon ab, wie er mich selbst einordnet, davon, was er meint, was *ich* sei. Doch das ist nicht die Frage, von der ich mir vorgestellt habe, sie mir von ihm beantworten zu lassen. Mit dieser Frage erlischt mein Interesse an dem Status der anderen. Es gibt nur noch mich und den Außenseiter.

Wenn die Kohärenz meiner Vorstellung eines Außenseiters mit Bezug auf mich und die Außenwelt darauf abgestellt ist, daß er genau zu dem Zweck beschworen wird, damit er einen absolut evidenten Unterschied angibt oder einen absolut evidenten Vergleich anstellt, dann setze man den Fall, daß ich einen Außenseiter in bezug auf mich und das Fremdpsychische genau zu dem Zweck beschwöre, damit er einen Vergleich anstellt, sagen wir, zwischen dem, was ich empfinde, wenn ich sage, ich empfinde Schmerz, und dem, was andere empfinden, wenn sie das sagen; zwischen dem, was ich sehe, wenn ich sage, ich sehe rot, und dem, was andere sehen, wenn sie dasselbe sagen. Diese beiden Fälle unterscheiden sich nämlich. Wenn der Außenseiter entdeckt, daß, was wir sehen, wenn wir beide sagen, daß wir rot sehen, nicht dasselbe ist, dann scheint die Frage berechtigt, wer von uns recht hat. Ich kann den Gedanken ertragen, daß vielleicht der andere recht hat, weil ich den Gedanken ertrage, daß keiner von uns beiden recht hat. Wenn jeder von uns ungeheuchelt Schmerz zeigt, der andere und ich dabei aber nicht dasselbe empfinden, könnte ich jedoch durchaus nicht den Gedanken ertragen, daß der andere recht hat und ich nicht. Was ich empfinde, wenn ich Schmerzen habe, ist Schmerz. Daher restringiere ich, was der Außenseiter überhaupt wissen könnte. Er mag etwas über anderer Leute Schmerzen wissen, was ich nicht wissen kann, aber nicht über meine. In bezug auf mich ist er eben nicht wirklich ein Außenseiter. Wenn er existiert, ist er in mir.

Der Part des Außenseiters könnte, etwa in einem Horrorfilm, von einem Hund übernommen werden, des Menschen bestem Freund. Dann versinnbildlicht der Hund jene Flucht aus der Menschennatur, welche erforderlich ist (um sicher um die Existenz der anderen zu wissen) in der Form, daß wir feststellen, daß dieses Erfordernis nicht notwendig eine die menschliche übersteigende Intelligenz einschließt. Der Hund wittert etwas, eine Verschiedenartigkeit, irgend etwas liegt in der Luft. Und wichtig ist auch, daß wir den Hund nicht für ehrlich zu halten brauchen, sondern gerade für etwas, das in dieser Sache keinerlei Entscheidung trifft. Er folgt schlicht seiner Natur, wie er es immer tut, immer muß. (Ich mag ihn darum beneiden; das ist nur menschlich.) Daß Horrorfilme wirklich *Horror* produzieren, erwarte ich nicht: allenfalls »Horror«. Allerdings wüßte ich nicht, ob die Differenz zwischen beidem mir wirklich klar ist. Daß das, was ich empfinde, wenn ich Horror empfinde, auch Horror *ist*, muß ich gar nicht annehmen. Es mag auch lediglich »Horror« sein. – Was ist der Gegenstand von Horror? Was macht uns in dieser Form erzittern? Furcht bezieht sich auf Gefahren, Schrecken auf Gewalt, sei es auf die von mir ausgehende, sei es die mir selber angetane. Ein Gewitter kann mir Schrecken bereiten, aber keinen Horror. Ist es nicht so, daß nicht das Menschliche imstande ist, mir Horror zu bereiten, sondern das Unmenschliche, das Ungeheuerliche? Schön. Aber nur Menschliches kann unmenschlich sein. – Kann nur das Menschliche ungeheuerlich sein? Wenn es Ungeheuerliches gibt und wir nicht glauben, daß es Ungeheuer gibt, dann kommt ausschließlich das Menschliche als Kandidat für das Ungeheuerliche in Betracht.

Wenn nur Menschen Horror empfinden (wenn die Fähigkeit, Horror zu empfinden, die Entwicklung einer spezifisch menschlichen biologischen Mitgift ist), dann ist er vielleicht eine speziell auf den Menschen gerichtete Reaktionsweise. Auf was am Menschen genau? Horror ist der Name, den ich der Empfindung dafür gebe, daß die menschliche Identität bedroht ist, der Wahrnehmung, daß sie verlorengegangen sein kann oder daß etwas Fremdes von ihr Besitz ergriffen haben mag; daß wir etwas anderes sein oder werden können als das, was wir sind oder wofür wir uns halten; daß das, was uns zu Menschen macht, erklärungsbedürftig und auch wieder nicht erklärlich ist. (Eine Erklärung für die Fähigkeit, Horror zu empfinden, wäre der Befund, daß der Gedanke oder die Vermutung, daß der Mensch evolutionär von niedrigeren Lebensformen abstammt, schon eine alte Vermutung ist, wenn man das neben die Einsicht hält, daß diese Evolution völlig kontingent, also unsicher, verlaufen ist. Daraus folgt dann, daß manche von denen, die für Menschen gelten, es vielleicht gar nicht zum Menschen gebracht haben und daß manche vielleicht auch auf primitivere Stufen zurückfallen. Wenn Horror (auch) die Reaktion auf eine Tabuverletzung ist, etwa auf Fälle von Inzest oder Kannibalismus, werden wir hier den Zusammenhang zwischen der biologischen Fähigkeit und der sozialen Notwendigkeit mitzubedenken haben. Offenkundig haben diese sozialen Tabuverletzungen die Wirkung, den Schuldigen nicht nur aus seiner Gemeinschaft auszustoßen, sondern aus dem Menschengeschlecht überhaupt, als handelte es sich um eine Verletzung nicht bloß der Gesetze, die unsere gesellschaftliche Ordnung definieren, sondern der Gesetze, die es der menschlichen Gesellschaft überhaupt ermöglichen zu existieren: solcher, die sozusagen die menschlichen Beziehungen über die Naturhaftigkeit erheben. Es mag allerdings sein, daß die Tabuverletzung, wenn sie überlebt und gesühnt wird, den Schuldigen auch in aufsteigender Richtung von der menschlichen Natur entfernt, daß sie ihm die reine Vergeistigung ermöglicht anstatt den Übertritt ins rein animalisch Körperliche (so vermutlich im Fall von Ödipus). Sie ermöglicht es ihm, sich für die eine oder die andere der zwei Naturen des Menschen zu entscheiden, deren einzigartige und immer gefährdete Kombination eben das Problem ist.)

Als die Entwicklung der Vernunft damit anfing, Erklärungen für das Phänomen Religion hervorzubringen, also z. B., daß sie in Furcht ihren Grund habe, war es verhältnismäßig einfach, sich vorzustellen, daß die Menschheit eines Tages ihre Furcht überwunden haben würde, ganz so, als wäre diese nur ein Ergebnis ihres Kindheitszustandes. Doch angenommen, der Grund der Religion wäre (auch) Horror, die Reaktion nicht auf die Mächte und Ungewißheiten der Natur, sondern auf die anderer, die einem selbst nicht ganz unähnlich sind, so daß die religiöse Verheißung nicht die persönliche Fortdauer, sondern die Wahrung der eigenen Unversehrtheit wäre. Eine Quelle, um sich davon zu überzeugen, könnte die Reflexion auf unsere Einstellung zur klassischen Tragödie sein. Mehr oder weniger sind wir gewohnt, uns diese Einstellung als den Effekt aus Schrecken und Mitleid zu verdeutlichen, so als würden wir Zeuge davon, wie der Mensch der Gewalt unterliegt, seiner eigenen und der anderer. So etwa im Schrecken über die Entstehungsbedingungen und die Folgen von Zorn, Eifersucht, Ehrgeiz, Hochmut, mangelnder Selbsterkenntnis ... Aber angenommen, es existierte ein Typ von Tragödie, wo wir in dem Sinne Zeuge davon wären, wie der Mensch der Gewalt unterliegt, daß sich uns die Erkenntnis aufdrängt, daß nicht nur das menschliche Recht und Gesetz, sondern die Menschennatur selbst aufgekündigt sein kann. Der Ausgestoßene ist ein Gegenstand des Mitleids und des Horrors, verschieden von uns selbst und auch wieder nicht verschieden. Das eigentümlich Mysteriöse in Hamlets Motivation rührt vielleicht daher, daß wir nicht aufhören, das, was ihm begegnet, auf etwas ihn Schreckendes hin zu durchlaufen. Wir täten besser daran, ihn als einen Gegenstand des Horrors vor sich selbst zu sehen.

Solange der Umfang, in dem der Außenseiter mir etwas über mich selbst würde enthüllen können, unbestimmt war (solange also mein Status als Mensch seinem Gutachten unterlag), war er zu sehr Außenseiter. Sowie er aber in dieser Beziehung beschränkt gedacht wird (sowie also ich es bin, der bestimmt, was er begutachten kann und was nicht), ist er nicht Außenseiter genug. – Beweist dieses Dilemma also nicht, daß die Unruhe wegen irgendeiner undefinierbaren »Verschiedenartigkeit« zwischen Menschen und Scheinmenschen irrational ist? Wiederum führt diese Unruhe zu nichts. – Mir scheint indessen, daß, wenn es diese Unruhe gibt, das Dilemma zeigt, daß es nicht der skeptische Typ Unruhe ist, nicht etwas jenseits des Horizonts unseres Alltagslebens.

Das kleine offensichtliche Dilemma zur Außenseiternatur des Außenseiters zeigt schon in Umrissen, wie man hier fortfahren kann. Wenn man anerkennt, daß die Figur des Außenseiters sich natürlich, ja unvermeidlich in der Cartesischen Weise einstellt, in der ich den skeptischen Zweifel entwickelt habe, kommen wir am besten auf diese Entwicklung noch einmal zurück, indem wir versuchen, gewisse Züge derselben zu isolieren, die erklären könnten, warum man sich nicht davon zu überzeugen vermag, daß der Skeptizismus mit Bezug auf das Fremdpsychische derselbe ist oder genauso entsteht wie der Skeptizismus mit Bezug auf die Außenwelt.

Wir wollen uns für die Kenntnis des Fremdpsychischen eine Situation denken, die wenigstens genauso realistisch anmutet wie für die Kenntnis materieller Objekte die skeptische Situation, und eine, die zumindest gewisse Züge des skeptischen »Idealfalls« der Kenntnis von etwas in sich schließt, denn das ist ja ein Punkt, von dem wir annehmen, daß er für das skeptische Resultat von essentieller Bedeutung ist. Wir hatten unsere Zweifel, ob der Fall, mit dem wir es zu tun hatten, als dieser Punkt bei unserem ersten Versuch zur Sprache kam, die Vernünftigkeit der skeptischen Untersuchung zu thematisieren (Kap. VI, der »Ein weiteres Problem« betitelte Schlußabschnitt), dem überhaupt genügt. Ferner wollen wir das Merkmal der Problementwicklung mit einbeziehen, bei dem wir mit dem fraglichen Gegenstand konfrontiert sind, und das, bei dem wir dieses Konfrontiertsein öffentlich bekunden. (Diese letzten beiden Merkmale drängen sich bei Moores Beweis mit dem Briefumschlag auf, der für alle sichtbar hochgehalten wird. Sie fehlen interessanterweise in Descartes' Meditation, in der er mit seinem Morgenrock bekleidet vor seinem Kamin sitzt, und zwar allein. Wie eine solche Kaminstimmung nahelegt, ist er schon in einem halb träumerischen Zustand.) Das Ganze mag sich folgendermaßen abspielen.

»Unter den Dingen, um deren Existenz wir zu wissen behaupten, sind einige Menschen (und andere Geschöpfe; doch aus Bequemlichkeit lassen wir die außer acht). Wir behaupten, über individuelle Menschen sehr Individuelles zu wissen, etwa daß sie Schmerzen haben oder wütend sind. Jeder von Ihnen hier im Raum würde sicherlich sagen, er wisse, daß gegenwärtig noch andere Menschen außer ihm in diesem Raum sind. [Es wäre möglich, hier die Frage zu stellen »Aber was wissen Sie wirklich?«, indem man so zu einer allgemeinen Berufung auf das Zeugnis der Sinne überleitete, die, wie im Fall der materiellen Objekte, scheitern wird. Doch zu diesem Zeitpunkt gestellt, würde diese Frage vermutlich zu einer Zersplitterung der Gruppe führen, denn es ist nicht notwendig so, daß *alles*, was jeder ihrer Angehörigen jetzt über jeden anderen weiß, etwas ist, das er hier und jetzt intuitiv erkennt, wahrnimmt. Dazu müßten es zumindest alles Fremde füreinander sein. Das nun als eine Voraussetzung zu stipulieren würde arbiträr erscheinen, um nicht zu sagen, voreingenommen. Wie dem auch sei, für den Moment wollen wir eine andere Fortsetzungsmöglichkeit verfolgen.]

Und ich für meine Person bin bereit zu sagen: Ich weiß, daß niemand von Ihnen – Sie da z. B. – gegenwärtig unerträgliche Schmerzen hat. Doch wie will ich das wissen? Sie könnten sehr wohl welche haben. Nur müßte ich mir, wenn ich mir vorstellte, Sie hätten unerträgliche Schmerzen, zugleich vorstellen, daß Sie das vor mir verbergen und jede Äußerung unterdrücken. Gelänge Ihnen dies, würde alles für mich genauso aussehen wie jetzt: daß Sie ruhig dasitzen und mir zuhören (oder, gewiß, vielleicht auch gelangweilt sind und *das* vor mir verbergen [Pause für Gelächter]). Doch sich vorstellen zu können, daß Sie unerträgliche Schmerzen nur dann haben, wenn Sie es vor mir verbergen, heißt, sich vorzustellen, daß, auch wenn *ich* nicht um Ihre Schmerzen weiß, ganz sicher *Sie* darum wissen. Und das heißt, sich vorzustellen, genauer: anzunehmen, daß Sie, wie ich, mit Empfindungsfähigkeit begabt sind, genauer: mit Bewußtsein, nein: Selbstbewußtsein; daß Sie, wie ich, ein Mensch sind; daß ich Sie korrekt als einen Menschen identifiziert habe. Was rechtfertigt diese Annahme? Ich dränge Ihnen nichts Vergleichbares als Annahme auf, wenn ich um die Existenz und die Eigenschaften von Tischen, Stühlen, einem Stück Kreide oder einem Kreidefelsen zu wissen behaupte: die Annahme etwa, daß, wenn ich von ihnen zu Recht behaupte, daß es sie gibt, ich zugleich damit recht habe, sie als materielle (versus immaterielle) Objekte zu identifizieren. Oder sagen wir eher, diese Annahme spielt in bezug auf materielle Objekte eine andere Rolle (ich komme darauf gleich zurück). Bei materiellen Objekten ist alles, was ich behaupte oder annehme, daß ich sie *sehe, sie* sehe. Es ist die natürlichste Annahme der Welt. Woher stammt also die Annahme, der zufolge ich Sie korrekt als Menschen identifiziert haben muß? Von einer Tatsache, die von der Art ist, daß meine Identifizierung Ihrer als menschliches Wesen Sie nicht nur identifiziert, sondern Sie mit Ihrer Hilfe identifiziert. Das ist mehr, als Sie nur zu *sehen*. Nennen wir es empathische Projektion. (In Berichten, in denen es um materielle Objekte geht, finden wir in der analogen Situation, daß Philosophen auf etwas hinaus wollen, das weniger als Sehen ist, jedenfalls weniger, als ein Objekt zu sehen, denn selbst wenn kein Objekt da ist, ist da unzweifelhaft *etwas* sichtbar. Manche werden dann ein neues Objekt des Gesichtssinns namhaft machen, etwa ›Sinnesdaten‹, andere werden sagen, nicht nur ›sehen‹ habe zwei verschiedene Bedeutungen. ›Empathische Projektion‹ ist ein mindestens genausogut definierter Begriff.)

Nun denn: Könnte ich mich nicht täuschen? Mich täuschen nicht nur in dem Sinn, wie ich mich täuschen kann, wenn ich aufgrund der Sinneswahrnehmung zu wissen behaupte, daß es Objekte gibt (d. h. mich täusche, weil ich vielmehr träume oder halluziniere, was mir selbstverständlich in bezug auf Fremdpsychisches, denken wir an Banquo, ebenso begegnen *könnte*), sondern mich täuschen in einem besonderen Sinn. Ich könnte mich projektiv in etwas einfühlen, ohne daß da etwas wäre oder etwas (von der geeigneten Art) wäre, um mich darin projektiv einzufühlen. Sie könnten etwa eine Mutation, ein perfekter Roboter, ein Android, ein Golem oder irgend etwas sonst in dieser Art sein. Um auf etwas soeben Gesagtes zurückzukommen: Wenn ich der Ansicht bin, daß es sich mit einem materiellen Objekt anders verhalten könnte, als es scheint (daß etwas vielleicht nur das Scheinbild eines wirklichen Dings ist), würde ich deswegen nicht auf die Vermutung kommen, daß ich das nie, unter keinen Umständen, herausbekommen kann. Wie könnte ich hingegen je herausbekommen, daß Sie *nicht* ein Roboter, ein Android usw., kurz: ein Scheinmensch sind? [An dieser Stelle wäre vielleicht der eine oder andere Spaziergang mit dem Ingenieur in seinem Garten angeraten, damit wir uns von der Idee lösen, die Sache ließe sich dadurch entscheiden, daß wir uns das Innere ansehen.] Selbstverständlich fällt es mir nicht ein zu behaupten, menschenähnliche Wesen außer den Menschen existierten wirklich, geschweige denn, *Sie* seien ein solches. Aber ist es denn unvernünftig, sich vorzustellen, daß es welche gibt und daß Sie eines sind, und sich das hier und jetzt vorzustellen, zusammen mit meiner empathischen Projektion, die die unhintergehbare Grundlage dafür ist, daß ich um Ihre Existenz als Mensch weiß, als Mitmensch, und das in einer Situation, die so gut ist wie keine andere, eine nämliche, in der ich Ihnen direkt gegenüberstehe?«

Wenn ich diese Geschichte akademisch hinlänglich akkurat und überzeugend dargelegt habe, brauche ich die Antwort nicht zu akzeptieren: »*Aber natürlich* ist es unvernünftig zu glauben oder auch nur sich vorzustellen, daß es Scheinmenschen gibt! Es ist ein Paradebeispiel für Unvernunft, geradezu mittelalterlich! Sie könnten genausogut bezweifeln, daß die Hexenprozesse das Produkt von Unvernunft gewesen sind!« Damit, daß ich diese Antwort nicht zu akzeptieren brauche, will ich nur sagen, daß ich sie oder etwas in dieser Art nicht als endgültig zu akzeptieren brauche. Ich könnte fragen, wie es denn dazu gekommen ist, daß wir uns von solchen Ausbrüchen der Unvernunft erholt haben, von denen es in der Geschichte der jüdisch-christlichen Welt nur so wimmelt. Ist das durch das Heraufziehen der neuzeitlichen Naturwissenschaft geschehen? Aber das würde ja nur bedeuten, daß die wissenschaftlich Gesonnenen die mögliche Existenz solcher Scheinmenschen nicht in Betracht ziehen (ich sage nicht: daß sie es versäumen, das in Betracht zu ziehen). Für so etwas ist in dem neuen Weltbild kein Platz. (Die *modernsten* Köpfe unter uns ziehen die Existenz solcher Dinge übrigens vielleicht durchaus wieder in Betracht, nicht gerade die von Hexen, aber von fremden Wesen anderen Typs. Das Heraufziehen der Wissenschaft hat in manchen Fällen nur für neue Formen der Unvernunft gesorgt. Aber diese Leute unter uns werden sich zweifellos auch für den Gedanken erwärmen, daß wir immer und jederzeit halluzinieren oder träumen könnten.) – Und das reicht mir für meine Zwecke. Denn es läuft auf folgendes hinaus: Wenn ich Sie mir als etwas anderes denn als Menschen vorstelle, ist das ebenso unvernünftig (von derselben Unvernunft), wie wenn ich mir vorstelle, daß Sie sonst noch irgend etwas sein könnten. Ich bin genauso überzeugt davon, daß Sie ein Mensch sind, wie ich davon überzeugt bin, daß Sie gar nichts anderes sein können. Das eine ist so gewiß wie das andere. Doch scheint es mir zum gesunden Menschenverstand zu gehören, daß, wenn ich weiß, daß Sie ein Mensch sind, ich dieser Tatsache *weit* sicherer sein muß als der Tatsache, daß Sie nicht sonst noch etwas sein können. Mir wäre es nie eingefallen, meine Überzeugung von Ihrer Existenz irgendwie davon abhängig zu machen, daß ich für Wissenschaft und Aufklärung eintrete. Hat man denn in der Zeit davor nicht um die Existenz anderer Menschen *gewußt*? Haben das nicht sogar solche Leute getan, die glaubten, *manche* wären Hexen oder Werwölfe? (Die Wissenschaft ist keine bessere oder schlechtere Rechtfertigung meiner

Überzeugung von der Existenz von Objekten. Denn wenn ich mich darauf verlasse, durch die Wissenschaft zu erfahren, ob es Tische und Stühle, Kreidestücke und Kreidefelsen gibt, muß ich darauf gefaßt sein zu erfahren, daß es nichts dergleichen gibt, d.h. nicht wirklich.)

Was ist dann die Moral von der Geschichte? Auf der einen Seite scheint es mir, daß irgend etwas in dieser Richtung schon wahr sein muß. Vielleicht nicht gerade, daß Sie sonst noch etwas sein könnten. Aber daß die Tatsache, daß ich Sie für einen Menschen halte, Sie als Menschen sehe, von nicht mehr abhängt als meiner Fähigkeit zu so etwas wie der empathischen Projektion. Und daß ich mich, wenn das wahr ist, auf die Gültigkeit meiner Projektion aus meiner gegenwärtigen Existenz, sozusagen aus meinem Abgekapseltsein von Ihnen, auch verlassen können muß. Denn aus meinen Projektionen irgendwie hinauszutreten, wäre ich ja nicht imstande. Auf der anderen Seite habe ich das Gefühl, daß der andere, irgendein anderer, trotzdem mir von seiner Existenz Mitteilung machen, sie mir zeigen kann, daß er durchaus imstande ist, aus seiner Abkapselung von mir herauszutreten. Sobald ich mir bewußt wurde, daß von dem einen, auf den ich meine Aufmerksamkeit gerichtet hatte, unabhängig von meiner empathischen Projektion nicht gewußt werden kann, daß er ein Mensch ist, hörten die anderen im Raum ja deswegen nicht auf, relevant zu sein. Ganz anders als im Fall der übrigen Objekte in meinem Sehfeld, die allerdings aufhören, relevant zu sein, sobald ich mir bewußt werde, daß, sollte ich etwa träumen oder halluzinieren, ich das Objekt, auf das ich meine Aufmerksamkeit richte, gar nicht sehe und daher auch nicht um seine Existenz weiß. Das heißt, ich weiß nicht, ob ich zu dem Schluß gezwungen bin, daß ich auf der Grundlage meiner empathischen Projektion der Existenz der anderen nie sicher sein kann, oder ob ich nicht zu diesem Schluß gezwungen bin.

Vielleicht ist die Geschichte ja auch noch nicht zu ihrer Konklusion gekommen. Setzen wir sie so fort: »Offenkundig werden Sie nie sicher sein können, daß andere Menschen existieren, denn jeder einzelne, den man sich vornimmt, mag irgend etwas anderes sein als das, was Sie sich unter ihm vorstellen: vielleicht ein Mensch, wahrscheinlich sogar, wenn Ihnen das lieber ist, aber möglicherweise eben auch eine Mutation und womöglich ein Roboter, ein Zombie, ein Android, ein Engel, ein Außerirdischer unbekannten Typs. Die Welt ist, wie sie ist. Und was auch immer sie ist, solange Sie sie für bewohnt halten von Kandidaten für das Menschsein, projizieren Sie eben mitfühlend. Das bedeutet, Sie können die Möglichkeit von Pseudomenschen nicht ausschließen. Anzunehmen, daß *manchmal* die Projektion zutreffe oder berechtigt sei, ist nicht vernünftiger, als wenn Sie unter der Voraussetzung, daß Sie in der Tat träumen oder halluzinieren, annähmen, manchmal werde der Traum oder die Halluzination schon zutreffen, und zwar darum, weil es immerhin sein könne, daß, wenn Sie den optischen Eindruck von etwas Rundem, Rotaussehendem haben oder wenn Sie sagen würden, Sie sehen so etwas, oder wenn Sie so etwas anscheinend sehen, zufällig wirklich ein Apfel *da liegt*. Das ist eine vergebliche Spekulation. Es gibt kein ›da‹ für Sie, wo die Objekte sind. Es führen keine Einzelausgänge aus der Welt der Objekte in Ihren Traum. Es gibt keine individuellen Kennzeichen oder Merkmale, mittels deren Sie Wirkliches von Unwirklichem unterscheiden könnten. Kriterien kommen irgendwann an ein Ende. Halluzination und Traum sind als solche lückenlos geschlossen. Weil sie eine Welt erschaffen, nehmen sie einem die Welt. Genau dasselbe gilt für die empathische Projektion.«

Ich finde diese Vorstellung von einer lückenlos geschlossenen Projektion nicht plausibel. Doch wieso nicht, da es doch, ob ich die (unabhängige, nichtprojizierte) Existenz von Fremdpsychischem annehme, in einem tieferen Sinn von mir selber abhängt, von meinen Einstellungen und meiner Sensibilität, als die Frage, ob ich die (unabhängige, nichthalluzinierte) Existenz materieller Objekte annehme? Was wäre schlimmstenfalls die Folge für mich, wenn tatsächlich die materiellen Objekte nicht existieren sollten? Ich würde einem universellen *trompe l'œil*-Effekt unterliegen und natürlich genauso einem *trompe l'oreille* usw.; meine Sinne (und was sie wahrnehmen?) spiegelten mir nur vor (und zwar natürlicherweise), daß es Dinge gibt, wo es in Wirklichkeit nur interpretierte Sinnesempfindungen gibt. Das ist ein biologisches Postulat. Wenn es hingegen keine anderen Menschen gäbe, dann unterläge ich einem universellen, massiven *trompe l'âme*; meine Seele (und was sie sich wünscht?) spiegelte mir nur vor (und zwar übernatürlicherweise), daß sie Gesellschaft hat. Das ist ein spirituelles Postulat. Könnte dieses Postulat nicht unerfüllt bleiben?

Wenn ja, so hätte die skeptische Geschichte, zumindest bis jetzt, jedoch weder dargetan, daß das möglich ist noch wie das möglich ist, noch was die Natur dieses Postulats eigentlich ist. Will sagen: Es gibt einen guten Grund, daß ich als die Moral der Geschichte nicht einfach akzeptiere, daß ich es nie wissen kann. Der Grund ist teilweise der, daß, selbst wenn man zugibt, daß die empathische Projektion durch irgend etwas berechtigt ist, die Geschichte keine *Alternative* zu dieser kognitiven Leistung zu bieten hatte. Sie trat schlicht als die Art auf, in der (oder: als die Grundlage, aufgrund deren) ich tatsächlich um die Existenz anderer weiß. Bislang gibt es keinen Grund, daran zu zweifeln, daß ich tatsächlich, immer oder meistens, (korrekt) die empathische Projektion *vollziehe*, *sofern* die Meinung die ist, daß meine Leistung ebendarin besteht. Was dagegen vorgebracht wurde, beschränkt sich darauf, daß ich manchmal in bezug auf das konkrete Objekt, an dem ich die Projektion vollziehe, irren mag. Nun gut. Ich irre mich nicht selten. Häufig kann ich auch nicht entdecken, daß ich mich irre. Simpel genug. Die Analogie zur empathischen Projektion in bezug auf Fremdpsychisches wäre in bezug auf materielle Objekte das Sehen, nicht das Träumen. – Wieso macht das Fehlen einer Alternative zu dieser Projektion die Dinge nicht einfach noch schlimmer, in einem noch trostloseren Sinn skeptisch? Denn jetzt ist immerhin soviel klar, daß es keine Möglichkeit gibt zu unterscheiden, ob man Menschen sieht oder von ihrer Gegenwart nur träumt. – Nein. Vielmehr ist dies das Ergebnis: daß andere als Menschen zu »sehen« sich genausowenig davon unterscheidet, sie zu träumen, wie davon, sie zu sehen.

Wieso wird von der Lückenlosigkeit der Projektion in der skeptischen Geschichte nicht mehr Aufhebens gemacht? Weil die gegenwärtige Welt mitnichten ununterscheidbar ist von der Welt, wie sie wäre, wenn ich aufhörte zu projizieren. Hingegen wäre die Welt, wenn ich anfinge, das zu träumen oder zu halluzinieren, was ich jetzt sinnlich wahrnehme, von der Welt, wie sie ist, sinnlich völlig ununterscheidbar; letzteres ist ja ein Hauptpunkt für die Rolle, die solche Möglichkeiten im Skeptizismus spielen. Wenn ich aufhörte zu projizieren, würde ich nicht länger etwas für Menschen ansehen, oder vielmehr, ich würde keinen grundlegenden Unterschied zwischen Menschen und anderen Dingen sehen. Nun bin ich aber in der Beziehung bereits jetzt ausgesprochen wählerisch. Nur einen kleinen Anteil der Gesamtmasse des von mir Gesehenen oder Wahrgenommenen halte ich für menschlich (beseelt oder verkörpert). Die Projektion legt bereits einen Schnitt in die menschliche Erfahrung. Einige Dinge befinden sich auf der einen Seite, andere auf der anderen Seite dieses Schnitts, dieser Lücke. So gesehen würde das Dasein von Mutanten, Robotern, Zombies, Androiden usw. bedeuten, daß ich mit an Sicherheit grenzender Wahrscheinlichkeit manchmal Menschennatur projiziere, wo das nicht statthaft ist. Ganz sicher würde es bedeuten, daß ich niemals sicher sein kann, daß mir das nie unterläuft. Aber würde das mich zum Zweifel an der Berechtigung meiner Projektion bewegen? Es ist, soweit zumindest, eine *Tatsache*, daß ich nicht zweifle, daß ich jedenfalls dem skeptischen Zweifel nicht zum Opfer falle. Die anderen Menschen lösen sich nicht in Luft auf, selbst wenn ich im gegebenen Fall einer Täuschung aufsitze. Meine Erfahrung legt auch weiterhin ihren Schnitt.

Wären wir deswegen in der Position, schließen zu dürfen, daß in bezug auf das Fremdpsychische ein Skeptizismus gegenstandslos ist? Kaum. So wie ich die das Fremdpsychische betreffende skeptische Geschichte abgefaßt habe, sollte das allenfalls prüfen, ob ein Skeptizismus in bezug auf das Fremdpsychische, der auf der Linie des von mir entwickelten Skeptizismus in bezug auf materielle Objekte argumentiert, so vernünftig oder realistisch wäre, wie ich von diesem letzteren ja fand, daß er es sei. So ist denn die Frage die, ob wir in einer Position sind, schließen zu dürfen, daß ein so argumentierender Skeptizismus in bezug auf das Fremdpsychische nicht vergleichbar vernünftig ist, d. h., daß er, wenn er so argumentiert, scheitert.

Von dieser Konklusion trennt uns immer noch ein Schritt, allerdings eben nur ein Schritt. Was wir schließen können, schließen müssen, würde ich sagen, ist, daß wir bisher den Idealfall nicht entdeckt haben, daß die Geschichte des Skeptikers einen solchen bisher nicht aufgewiesen hat. Aber weder können wir schließen, daß es einen solchen Fall gar nicht *gibt* (und folglich auch keinen Skeptizismus), noch können wir ausschließen, daß die Tatsache, daß die Geschichte des Skeptikers einen solchen nicht aufgedeckt hat, an einem von uns nur nicht berücksichtigten oder entwickelten Umstand seines Zusammenhangs liegt.

Kann es einen solchen Fall geben? Es hat den Anschein, daß, verpackt man das Problem des Fremdpsychischen auf eine bestimmte Weise, die skeptische Konklusion selbst feststellt, daß ich nicht in einer erkenntnistheoretisch optimalen Position sein kann: Wissen kann es nur der *andere*. Und wenn der andere es weiß, dann existiert er auch mit Sicherheit! – Das scheint eine beschränkte Version des Skeptizismus, eine Version des eingeschränkten Skeptizismus zu sein. Ihre Moral ist offenbar die, daß ein Skeptizismus in bezug auf das Fremdpsychische nicht skeptisch genug sein kann. Ist das philosophisch eine Beruhigung? Hat es den schlimmstmöglichen Fall, der mich heimsuchen könnte, bewältigt? Ein Skeptizismus dieser Art wird nicht zwischen solchen Fällen unterscheiden, wo es jemanden gibt, der um die Existenz eines anderen weiß, und solchen, wo es nicht so jemanden gibt, zwischen Fällen, wo irgendeine menschliche Reaktion nur simuliert wird, und anderen, wo das Menschliche, das

Kreatürliche als solches nur Simulation ist. Aber ist das nicht wirklich eine Angelegenheit der individuellen Philosophie, unserer je verschiedenen Sicht der Situation? So wie es die Angelegenheit der individuellen Philosophie ist, sich auf die Natur der Objekte einen Reim zu machen, mit denen ich nicht unmittelbar in Berührung stehen kann und von denen ich das auch weiß? Der Skeptizismus hat sein Werk getan. Er hat bewiesen, daß *ich* es nicht wissen kann und daß meine Position zugleich die bestmögliche ist. Die beste, um die des anderen zu retten.

Welches anderen? Habe ich zu begreifen, daß kein anderer (anderer als der eine, um den es sich handelt) in einer besseren Position als ich sein könnte, um zu wissen, daß der eine, um den es sich handelt, existiert, oder daß kein anderer ein besserer Test meines Wissens wäre oder beides zugleich – daß kein anderer in einer besseren Position sein oder ein besseres Beispiel haben kann, damit er um die Existenz irgendeines anderen weiß, als ich eben, und zwar mit Bezug auf *diesen* anderen? Als ich gerade von »eingeschränktem Skeptizismus« sprach – einem, der meint, wir könnten nie skeptisch genug sein –, wollte ich sagen, daß der andere, um den es sich handelt, sich, je nach dem philosophischen Standpunkt, in Luft auflösen mag oder auch nicht. Aber selbst wenn er, um den Extremfall zu nehmen, sich in Luft auflöst, selbst wenn es schlechterdings gar nichts gibt, worauf der Begriff ›Mensch‹ zutrifft, wird er sich doch höchstens einzig für mich in Luft auflösen, nicht für *alle* anderen; und allenfalls dieser *eine* wird sich in Luft auflösen (wobei damit übrigens nicht gesagt ist, daß er sich entmaterialisiert; ganz im Gegenteil, er materialisiert sich, ist *ganz und gar* Körper). Aus irgendeinem Grund läßt sich der Fall nicht verallgemeinern, genauer gesagt, er verflüchtigt sich in der Verallgemeinerung. Warum ist das so? Woher kam überhaupt dieser Fall des anderen?

Bei der Abfassung der skeptischen Geschichte setzte ich auf seiten des Skeptikers das natürliche Bedürfnis voraus, *einen* anderen Menschen herauszugreifen, um an diesem die Situation zu exemplifizieren, in der er (und folglich wir alle) sich fand. So hätte denn kein *besonderer* Grund den Skeptiker veranlaßt, gerade diesen herauszugreifen, es hätte nichts gegeben, was der Geschichte von vornherein eine Tendenz gegeben hat? Intendiert war eine Analogie zu dem generischen Objekt, dessen sich der Erkenntnistheoretiker als der Art von Beispiel bedient, mit der er zu arbeiten gezwungen ist, um unsere Erkenntnisfähigkeit als solche thematisieren zu können. Ich habe schon früh betont, daß die Kategorie »generisches Objekt« einen mehr heuristischen Sinn hat, etwa um auf seiten des Untersuchenden ein möglicherweise vorhandenes Spezialwissen auszuklammern. Wenn überhaupt, handelt es sich um einen Fall, in dem nicht die Kenntnisse des Untersuchenden gefragt sind, sondern seine allgemeinmenschliche Wissensfähigkeit, um einen Fall, in dem ein jeder, der Verstand mitbringt, diesen Verstand gebrauchen kann. Sollte es also mit der herausgegriffenen Person doch eine besondere Bewandtnis haben, müßte das genau in der Art liegen, auf die nichts Besonderes an ihr ist, in der Tatsache nämlich, daß es sich um einen Fremden handelt. Ist das, an und für sich, etwas Besonderes? Zumindest doch wohl insofern, als der Fremde uns in dieser Beziehung erkenntnistheoretisch ein größeres Problem bereitet als irgendwelche Beispiele von Freunden und Bekannten, in bezug auf die sich lediglich Fragen hinsichtlich unserer privilegierten Erkenntnisposition stellen würden, nicht aber hinsichtlich unserer allgemeinmenschlichen Fähigkeit, andere Menschen zu erkennen?

Ich denke nicht, daß die skeptische Geschichte uns in die Lage versetzt oder schon in sie versetzt hat, diesen Umstand an ihrem Fortschreiten zu beurteilen. Zweifelsohne liefert die Tatsache, daß der herausgegriffene Eine ein Fremder ist, jegliche prima facie-Rationalität der Annahme, der andere könnte etwas anderes als ein Mensch sein. (Und die Vorstellung vom Fremden ist eine genauso primitive symbolische Repräsentation für die Beurteilung unseres Menschseins wie die Vorstellung, die Seele sei ein Hauch.) Wenn nun die skeptische Geschichte, bis jetzt zumindest, uns keine Klarheit darüber verschafft, ob sie einen Idealfall konstruiert, um von der Existenz anderer zu wissen, oder nicht, so hat sie uns doch für unsere Suche nach einem Idealfall immerhin einen bedeutsamen Wink gegeben. Skeptische Intuitionen in bezug auf die Außenwelt und in bezug auf das Fremdpsychische laufen, soweit wir sie verfolgt haben, über weite Strecken parallel oder vorhersehbar invers zueinander. Was das Außenweltproblem betrifft, komme ich nun einmal nicht aus meinem umschriebenen Kreis von Erfahrungen heraus, um sie mit der Realität zu vergleichen, die sie, wenn überhaupt, repräsentieren. Meine Sinne treten zwischen die Realität und meine Erfahrung dieser Realität. Was das Problem des Fremdpsychischen betrifft, komme ich nun einmal nicht in den Kreis fremder Erfahrungen, um sie mit der Realität zu vergleichen, die, wenn überhaupt, durch das repräsentiert wird, was ich von dem anderen wahrnehme. In diesem Fall tritt sein Körper zwischen die Realität des anderen und meine Erfahrung dieser Realität. Aber die skeptische Geschichte hat eben anscheinend, indem sie einen individuellen anderen herausgreift, eine Grenze markiert, wo die bisher parallel verlaufenen beiden Arten von Skepsis einander überschneiden. Denn der Körper des anderen schließt mich aus und den anderen ein, und zwar in *jedem Fall*. Ist diese Intuition korrekt? Ist sie bedeutsam?

Doch zurück zu meinem Unvermögen, zu meinem Zögern, aus der skeptischen Geschichte bezüglich des Fremdpsychischen eine skeptische Moral zu ziehen. Ich hatte das Gefühl, daß, auch wenn es vielleicht wahr ist, daß ich nie aus meiner Abkapselung von dem anderen heraustreten kann, es dennoch nicht wahr ist – zumindest nicht, daß ich wüßte –, daß der andere nicht aus seiner Abkapselung von mir heraustreten kann. Was soll das überhaupt bedeuten? Ist das die Formulierung eines genuinen Unterschieds? Jetzt kommt es mir so vor, als wäre die Moral von der Geschichte von mir ungenau oder einseitig gezogen worden. Oder besser, als hätte ich mein Unvermögen oder mein Zögern, eine Moral zu ziehen, ungenau oder einseitig beschrieben. Die Geschichte selbst hat mich zu dieser Ungenauigkeit oder Einseitigkeit verleitet. Was ich zur Erklärung meines Unvermögens oder meines Zögerns vorgebracht habe, lief darauf hinaus, daß ich nicht weiß, ob ich oder ob ich nicht schließen muß, daß ich nie allein aufgrund der empathischen Projektion werde wissen können, daß die anderen existieren. Was ich indessen jetzt sagen möchte, ist, daß ich nicht weiß, ob die empathische Projektion eine hinreichende Grundlage ist, um die Existenz des anderen *anzuerkennen*. Es gibt, soweit ich sehe, für dieses Bedürfnis, dem gegenwärtigen Problemstand mit dem Begriff der »Anerkennung« [*acknowledgement*] Ausdruck zu verleihen, einen doppelten Grund. Dieser Begriff ist nämlich zweideutig. Er enthält den Sinn, in dem man sinnvoll sagen kann, daß ich selbstverständlich nicht aus meiner empathischen Projektion herauszutreten vermag, daß es kognitiv keine Alternative dazu gibt und daß ich imstande sein sollte, aus der Position der Immanenz, der Abkapselung von den anderen, über ihre Gültigkeit zu entscheiden. Zugleich enthält er den Sinn, in dem die Frage, ob die anderen aus ihrer Abkapselung von mir heraustreten können, sinnvoll offen ist.

Was ich mein »Bedürfnis« genannt habe, diesem »doppelten Grund« mit dem Begriff der Anerkennung Ausdruck zu verleihen geht zweifellos darauf zurück, was ich von dem Begriff in meinen früher in diesem Kapitel erwähnten Essays wahrgenommen habe. In »Knowing and Acknowledging« habe ich behauptet, Anerkennung gehe über Wissen »hinaus« nicht in der Art der Kognition oder als kognitive Leistung, sondern weil ich aufgefordert bin, dies Wissen in seinem Kern zu äußern, zu erkennen, was ich weiß, in seinem Lichte etwas zu tun, das, unterbliebe es, dieses Wissen ohne Ausdruck zurückließe und folglich wohl ohne Verfügung darüber. Anerkennung zu vermeiden, indem ich mich dieser Forderung widersetze, würde jenen »Sinn« schaffen, »in dem man sinnvoll sagen kann, daß ich selbstverständlich nicht aus« meiner Kognitionsleistung hinauszutreten (»darüber hinauszugehen«) vermag. In »The Avoidance of Love« habe ich gesagt, die Anerkennung eines anderen verlangt nach der Erkenntnis der spezifischen Beziehung, die der andere zu einem hat, und dies wiederum schließt das Enthüllen seiner selbst als einer Person ein, die diese Beziehung geleugnet oder gestört hat. Für König Lear stellt sich dieses Leugnen in Vorstellungen von Blindheit und Verbannung dar. Anerkennung zu vermeiden, indem die an mich gestellte Forderung zurückgewiesen wird, diese Beziehung und mein Leugnen ihrer zu erkennen würde den »Sinn« schaffen, »in dem die Frage, ob andere aus ihrer Abkapselung von mir heraustreten können, sinnvoll offen ist« (das könnte meine Interpretation ihrer Verbannung durch mich sein).

Vorausgesetzt, sie sind wahr, würden solche Ergebnisse zwar illustrieren, wie ich den Begriff der Anerkennung verwende, oder auch seine Anwendung bei dem Versuch veranlassen, die aus der Geschichte des Skeptikers sich ergebenden Intuitionen zu skizzieren, aber *rechtfertigen* würden sie meine Verwendung des Begriffs hier nicht. Denn ich weiß etwa im Fall der »Anerkennung der Schmerzen eines anderen« ganz allgemein, in welchem Sinn ich dazu aufgefordert bin, über meine kognitive Leistung hinauszugehen: Erwartet wird von mir, Mitgefühl oder Ungeduld zu äußern, etwas, das seiner Pein gerecht wird. Und im Fall von Lear weiß ich ganz allgemein, was er über sich selbst zu enthüllen hat, um Cordelia als seine zu Unrecht verbannte Tochter anzuerkennen. Als ich der Geschichte des Skeptikers folgte, habe ich mich hingegen zu der Frage veranlaßt gesehen, ob und auf welcher Grundlage ich den anderen (einfach) als Mensch anerkennen kann. Was, wenn überhaupt etwas, über die kognitive Leistung, sein Menschsein einfühlend zu projizieren, hinausginge, ist damit nicht entschieden, und auch nicht, was für eine, wenn überhaupt eine, Beziehung ich zu ihm einnähme; und ebensowenig wie, wenn überhaupt, ich mich ihm als jemand enthüllen könnte, der diese Beziehung geleugnet hat.

Wenn das die unentschiedenen Fragen der Geschichte des Skeptikers *sind*, dann haben wir jetzt eine gewisse Struktur in eben ihrer Unschlüssigkeit entdeckt, eine Struktur, in der die Frage »Wer oder was ist dieser andere?« (oder »Ist dies tatsächlich ein anderer?«) an die Frage »Wer oder was bin ich, daß ich aufgefordert sein soll, solch eine Frage zu entscheiden?« gebunden ist. Wie und warum bin ich auf mich selbst zurückgeworfen? Wenn ich noch einmal die Geschichte des Skeptikers betrachte, sehe ich, daß sie das folgende, bislang nicht untersuchte Element enthält: daß der Augenblick, in dem ich meinen Fremden herausgegriffen habe, der Augenblick war, in dem ich auch mich selbst herausgegriffen habe. (»Und ich für meine Person bin bereit zu sagen: Ich weiß, daß niemand von Ihnen – Sie zum Beispiel ...«)

Ich habe behauptet, die Geschichte des Skeptikers habe bislang noch keinen Idealfall für das Wissen von der Existenz anderer aufgezeigt. Aber hat sie einen Idealfall für die Anerkennung ihrer Existenz präsentiert? Ihre Unschlüssigkeit demonstriert zumindest, daß, falls sie es getan hat, ich davon nichts weiß, denn ich weiß nicht, ob ich mich *in* solch einem Fall befinde oder nicht, d. h. in solch einem Fall mit diesem anderen (um die Behauptung aufzugreifen, daß das Problem des anderen in *jedem* Fall entsteht). Wir müssen daher abermals fragen: Was, wenn überhaupt etwas, wäre der Idealfall für die Anerkennung anderer, eine Ideallage, um andere anzuerkennen? – Und das muß bedeuten, um meine Beziehung zu dem anderen anzuerkennen. Existiert insbesondere ein Fall, bei dem meine Position (als Außenseiter) gut genug ist, um die Kraft des skeptischen Idealfalls in bezug auf die Außenwelt herbeizuführen, nämlich daß, wenn ich *irgend etwas* weiß, ich *dies* weiß?

Im 2. Kapitel habe ich das Objekt, das dem Erkenntnistheoretiker vorschwebt, dadurch charakterisiert, daß es in sich, für ihn, die materielle Realität als ganze komprimiert, die gesamte Insel der Realität. Er ist auf seine Sinne, und nur auf diese, zurückgeworfen. Wie steht es mit dem Inquisitor des Fremdpsychischen? Um ihn herum erstreckt sich ein Archipel, einiges davon sieht er, anderes nicht. Hier und jetzt ist es für ihn stumm, aber er weiß nicht mehr. Gibt es einen Fall, in dem ein bestimmter anderer meine Ansicht der psychischen Realität als ganzer in sich komprimiert, ein bestimmter anderer, der für mich alle anderen, das

Menschsein als solches exemplifiziert, ein bestimmter anderer, auf den ich ganz und gar meine Fähigkeit zur Anerkennung setze, d. h. meine Fähigkeit, zugleich die Existenz anderer anzuerkennen und meine Existenz in bezug auf andere zu enthüllen? Wenn es einen solchen Fall gibt, was folgte dann, wenn er versagt, wenn dieser andere mich im Stich läßt, wenn ich nicht glauben kann, was dieser andere mir zeigt und zu mir sagt, oder das Gefühl habe, ich könne es nicht wissen? – Wie zuvor – in einem Idealfall – wird sich die Konsequenz nicht auf von ihm verschiedene andere erstrecken. Ich bin genau auf *diesen* Körper eines anderen verwiesen. Ebensowenig, da ich auf mich selbst zurückgeworfen bin, erstreckt sich die Folge auf andere in meiner Position. Niemand sonst *ist* in bezug auf diesen anderen in meiner Position. Ich und dieser andere wurden für einander herausgegriffen. Darauf läuft ein Idealfall hinaus. Wenn er versagt, werden der Rest der Welt und meine Fähigkeiten in ihr irrelevant geworden sein. Daß es andere gibt und andere, die vielleicht in bezug auf sie in meiner Position sind, entzieht sich nicht meinem Wissen, es berührt mein Interesse nicht. Nicht ich bin der Welt entrückt, sie ist für mich tot. Alles ist für mich nur Spielzeug; es gibt kein neues Morgen; mein Chaos ist ausgebrochen (wieder?). Ich verschließe meine Augen vor anderen.

Aber wann? Wenn es wirklich einen anderen gegeben hat, und der Fall hat für mich versagt, dann weiß der andere immer noch um seine Existenz, er bleibt unangetastet. Nur für mich ist dieses Wissen zu spät gekommen. Denn jetzt bleibt der andere als nicht-anerkannt zurück, d. h. als geleugnet. Ich habe meine Augen vor *diesem* anderen geschlossen, und dieser Umstand ist nun Teil seines Wissens. Ihn jetzt anzuerkennen hieße, dies zu wissen. Ihn jetzt zu leugnen hieße, dies zu leugnen, dieses Leugnen seiner Person zu leugnen, seine Augen für mich zu verschließen. Auf die eine oder andere Weise verwickle ich mich selbst in seine Existenz. Da liegt das Problem des anderen. – Der gekreuzigte menschliche Körper ist unser bestes Bild für die nicht-anerkannte menschliche Seele.

Dementsprechend steht zu erwarten, daß wir uns nicht bereitwillig dem Idealfall der Anerkennung aussetzen werden, tatsächlich werden wir, wenn wir können, den Idealfall meiden, um den schlimmsten zu verhindern. (Wir werden herausgegriffen *werden* müssen. Wovon? Von wem?) Was ist das Wesen dieser Vermeidung? Die Antwort darauf sollte uns die Frage zu beantworten helfen: Was ist das Wesen unseres alltäglichen Wissens vom anderen?

Der Skeptizismus bezüglich materieller Objekte enthüllt oder zeigt, daß der Bereich des Alltagswissens im ganzen bzw. der gesunde Menschenverstand auf intellektuelle Schranken stößt. (Erneut weise ich ausdrücklich auf Thompson Clarkes »The Legacy of Skepticism« hin.) Der Skeptizismus attackiert das Ziel der Vernunft selbst, nämlich objektives, unbegrenztes Wissen zu haben. Er insinuiert, daß man mit Grund bezweifelt, daß es keinen guten Grund – keinen für den Intellekt respektablen Grund – gibt, den wir für gewöhnlich nicht anführen. Er wirft uns auf uns selbst zurück, damit wir uns als Wissende beurteilen. Im Bann der skeptischen Einsicht sollten wir für jeden Trost dankbar sein, den wir daraus ziehen können, welche Interpretation unserer selbst der Skeptizismus uns daraufhin liefert: »Für alle praktischen Zwecke« haben wir Wissen. (Oder in der Formulierung Austins, der meint damit die Kraft des Skeptizismus bestritten zu haben: für alle »Absichten und Zwecke«.) Manchmal läßt Wittgenstein den Skeptiker in seine alte Rolle in den Mysterien schlüpfen, so etwa, wenn er einem Gesprächspartner die Frage in den Mund legt: »Aber schließt du eben nicht nur vor dem Zweifel die Augen, wenn du *sicher* bist?« (*Untersuchungen*, S. 569). Der Skeptiker insinuiert, daß es Möglichkeiten gibt, vor denen der Anspruch auf Gewißheit die Augen verschließt; oder: deren Augen der Anspruch auf Gewißheit verschließt. Es ist die Stimme des intellektuellen Gewissens oder eine Nachahmung von ihr. Wittgenstein entgegnet: »Sie sind mir geschlossen«. Das ist die Stimme des menschlichen Gewissens. Allgemein schlüssig ist das zwar nicht, aber als Antwort ist es stärker, als es scheinen mag.

Mit der Vorstellung des Skeptikers von der Begrenztheit des Intellekts konfrontiert, schlägt Wittgenstein eine Vorstellung von der menschlichen Endlichkeit vor. (Was wir dann tatsächlich brauchen, ist eine Darlegung dieser Endlichkeit, vor allem müssen wir klären, was sie als ihren Gegensatz evoziert.)

Seine Augen sind ihm geschlossen; er hat sie nicht geschlossen. Das impliziert, daß der insinuierte Zweifel nicht der *seine* ist. Wie aber nicht? Wenn der Philosoph ihn nun zu seinem *macht*, wenn er die Lider mit dem Instrument des Zweifels hochschiebt, stößt er dann nicht auf menschliche Augen? – Als ich sagte, die Stimme des menschlichen Gewissens sei nicht generell schlüssig, ließ ich es offen, ob sie nicht individuell schlüssig sein könnte. Sie mag ein Ausdruck der Entschlossenheit, zumindest des Bekenntnisses sein. Als Ausdruck der Entschlossenheit oder des Bekenntnisses besagt »Sie (meine Augen) sind mir geschlossen«, daß man, für seine Person, mit dem Zweifel leben kann. – Tut das nicht jeder, jeden Tag? – Es ist etwas anderes, *ohne* Zweifel zu leben, sozusagen ohne die *Drohung* des Skeptizismus. Im Angesicht des Zweifels zu leben, die Augen glücklich geschlossen, hieße, sich in die Welt zu verlieben. Denn sollte es eine berechtigte Blindheit geben, dann besitzt nur die Liebe sie. Und entdeckt man, daß man sich in die Welt verliebt hat, dann wäre man schlecht beraten, ihren Wert durch den Hinweis auf ihr System der Endursachen lobend zu unterstreichen. Denn damit schwände wohl die Verliebtheit, und man könnte dadurch vergessen, daß die Welt, so wie sie ist, Wunder genug ist. Oder nicht. (Selbst wenn die Welt einen Verursacher hätte und sich in sie zu verlieben bedeutete, diesen Verursacher zu kennen, würde es ihn als Ausdruck dieses Wissens nicht zufriedenstellen, priese man das System der Endursachen. Es sei denn, das Lob richtete sich *an* ihn, aber in diesem Fall gäbe es kein Argument.)

Ich habe zwei Gedanken beschrieben, denen zufolge es kein eigentlich skeptisches Problem hinsichtlich der Existenz des Fremdpsychischen gibt. Dem ersten Gedanken zufolge – dem des »Idealfalls für das Wissen von anderen« – kann ich mit meinem Skeptizismus nicht weit genug gehen: Der andere ist intakt, jedenfalls was sein Sein betrifft. Dem zweiten Gedanken zufolge – dem des »Idealfalls für die Anerkennung des anderen« – werde ich das Opfer meines Skeptizismus: Nicht die Welt verschwindet, sondern ich aus ihr. Jetzt taucht ein dritter Gedanke oder vielmehr eine dritte Weise auf, ein und denselben Gedanken zu formulieren: Es gibt keine alltägliche *Alternative* zum Skeptizismus bezüglich des Fremdpsychischen. Es gibt seitens des gesunden Menschenverstandes keine konkurrierende Ansicht der Sache, in bezug auf das Fremdpsychische gibt es nichts, was mich für *alle* (praktischen) Zwecke befriedigte; ich kenne bereits alle Schlüsse, zu denen der Skeptizismus kommt: daß meine Unkenntnis der Existenz anderer nicht schicksalhaft aus meiner natürlichen Bedingtheit als Wissender folgt, sondern aus meiner Art, mit dieser Bedingtheit umzugehen; daß ich meine Augen nicht vor meinem Zweifel an anderen und vor ihrem Zweifel und ihrem Leugnen meiner Person schließen kann, daß meine Beziehungen zu anderen eingeschränkt sind; daß ich ihnen nicht blind vertrauen kann. – Du wärest ein Narr, es zu tun. – Verschon mich damit. Nebenbei gesagt, meine Position ist hier nicht ein verallgemeinerter Mangel des *Intellekts*.

Ich stelle mir mein Alltagswissen von anderen nicht als eingeschränkt, sondern als ausgesetzt vor. Es ist, möchte ich sagen, nicht Möglichkeiten, sondern Wirklichkeiten, Geschichte ausgesetzt. Es gibt keine Möglichkeit menschlicher Beziehung, die nicht verwirklicht worden ist. Das Schlimmste ist geschehen, geschieht jeden Tag. Es ist, soweit ich sehe, bloß mir noch nicht geschehen. Die Tragödie stellt dar, daß ich der Geschichte, Fortuna, dem Schicksal ausgesetzt bin, die Komödie, daß ich dem Zufall, dem Glück ausgesetzt bin. Jede wird auf ihre eigentümliche Weise darstellen, daß mich dies der Natur aussetzt, was am Ende heißt, der menschlichen Natur. Als *wäre* die Verfallenheit an die Geschichte menschliche Natur.

In meinem Wissen von anderen bin ich nach zwei Seiten hin ausgesetzt: gegenüber dem anderen und gegenüber meinem Begriff vom anderen.

Dem anderen ausgesetzt zu sein bedeutet, dem Vorkommen eines Idealfalls ausgesetzt zu sein. Wie ich schon gesagt habe, ist zu erwarten, daß wir den Idealfall solange wie möglich meiden werden. Es wurde aber noch nicht ausgeführt, was es heißt, »den Idealfall zu meiden«. Es bedeutet, »das Vorkommen des Idealfalls zu meiden«, aber auch, »das *Wissen* zu meiden, daß ein Vorkommen der Idealfalls ist«. Im Fall der Außenwelt trifft diese Entwicklung nicht zu. Dort ergibt es keinen Sinn, den Idealfall meiden zu wollen; er ist meine Umgebung, mein Leben mit Objekten. Wofür mir der Skeptiker die Augen öffnet, ist, daß *dies der Idealfall ist* – das Vorkommen dieses Baums, jenes Stein, in dieser Entfernung, diesem Licht, ich selbst nicht unter dem Einfluß von Drogen und frei von jedem Handicap, in bester Gesundheit... Dann wird dieses Leben untergraben oder mir entrückt. Der Idealfall erweist sich als nicht gut genug. (Mit dieser Unterjochung des menschlichen Intellekts läßt sich, sofern sie intermittierend ist, leben. Schwerer ist es schon, mit ihr in der Gegenwart von Hiobs Tröstern zu leben, die etwa sagen werden: »Du brauchst überhaupt keine reine Gewißheit. Gerechtfertigter Glaube ist mehr als genug«.) Ich kann versuchen, das Wissen zu meiden, daß ich auch bei Fremdpsychischem im Idealfall bin. (Lear und Leontes versuchen es zu Beginn dessen, was wir von ihnen wissen, Othello von der Mitte bis unmittelbar vor dem Ende, Antonius und Kleopatra leugnen nicht den Idealfall, sondern akzeptieren ihn gemeinsam, ihre Konklusion verändert die Tragödie, auch wenn sie sie nicht ganz vermeidet.) Im Fall des Fremdpsychischen kann ich jedoch auch versuchen, die Sache selbst zu meiden, zu vermeiden, daß ich in den Idealfall gerate. Zu sagen, daß ich dem Idealfall ausgesetzt bin, bedeutet zu sagen, daß meine Versuche, meine Beziehung zu anderen, mein Interesse für oder an einigen oder allen anderen, einzuschränken, überall fehlschlagen mögen. Ich werde vielleicht herausgegriffen. (Am Ende vermeiden Lear, Leontes und Othello dies nicht. Das macht sie zu dem, was sie sind.)

Meinem Begriff des anderen ausgesetzt zu sein heißt, ich muß mich ganz und gar auf meine Vergewisserung verlassen, wenn ich ihn anwende. Ich meine damit, auf die Tatsache, daß diese Vergewisserung *meine* ist, nur von mir kommt. Der andere kann mir kein Zeichen oder Merkmal präsentieren, auf dessen Grundlage ich zu *entscheiden* vermag, welche Einstellung ich einnehme. Es liegt an mir, das Menschsein im anderen anzuerkennen, und die Grundlage dafür scheint in mir zu liegen. Was aber weiß ich von dieser Grundlage? In einem Moment hielt ich sie für ein menschliches Vermögen, d. h. für etwas, was ebensosehr dem Träumen wie dem Sehen gleicht. In einem anderen dachte ich, es könne keine hinreichende Grundlage in mir geben, daß nur ein von jeder Menschennatur freier Außenseiter mir sagen könnte, was ich wissen müßte, um des Menschseins des anderen vergewissert zu sein. Ich gelangte jedoch auch zu dem Gedanken, daß, wenn es einen Außenseiter gibt, er in mir ist, in jedem von uns. Damit wird die hier noch mythisch ausgedrückte Vorstellung bestätigt, daß in jedem von uns etwas ist, was die Menschennatur zu überwinden vermag. Jenseits davon, daß ich in bestimmten Beziehungen zu mir selbst stehe, spricht der Mythos von der Möglichkeit, eine Sicht auf mich selbst zu gewinnen. Beispielsweise kann ich manchmal eine Sicht auf meinen gegenwärtigen Schmerz bekommen. Es schmerzt immer noch, ich störe mich immer noch daran, es ist immer noch mein Schmerz; aber ich entdecke, daß ich damit umgehen kann. Ich tue es, in dem ich ihn begreife, als begegnete ich ihm nicht mehr mit Unglauben oder Aberglauben. Könnte irgend etwas mir eine Sicht auf meine Menschennatur als solche gewähren? Wäre das eine Sicht, aus der ich mich selbst auf dieselbe Weise oder aus derselben Distanz sehe, wie ich andere sehe? Könnte ich mich beispielsweise selbst als einen Fremden sehen? Das muß nicht so ausfallen, daß ich meine Fremdartigkeit sehe, obwohl das meiner Sicht aufhelfen könnte. Darin würde ich sehen, daß ich mir selbst nicht begegnet bin; es dämmert mir, das Wissen überkommt mich, daß ich es nicht getan habe. So ergäbe sich eine Gelegenheit, ein Interesse an mir zu nehmen; eine Gelegenheit, mich für mehr zu interessieren, als ich bereits über mich gehört habe.

Gibt es Grenzen für die Sicht, die ich auf andere und mich selbst einnehmen kann? Wie ich entdeckt habe, weicht das Ausweichen vor meiner Anerkennung des Menschseins in anderen meinem eigenen Menschsein aus und demonstriert mir die Schranken der Menschennatur in mir. Das Fehlen des Idealfalls zeigt, daß unsere Beziehungen eingeschränkt sind. Das Vorliegen des Idealfalls wird zeigen, daß unser Mangel an Einschränkung auf einen anderen begrenzt ist. Die untere Schranke des Menschseins ist durch den Übergang ins Inhumane charakterisiert. Ihr Zeichen ist der Horror. Das Gegenteil des Schreckens ist die Ruhe der Sicherheit, das Gegenteil des Horrors wäre der Segen der Erlösung. *Existiert* dieses Gegenteil? Gibt es eine obere Grenze des Menschseins? Wenn ja, wie weiß ich, daß ich an sie gestoßen bin? Wie würde ich wissen, daß ich in mir nicht nur an *meine* Grenzen für eine Anerkennung gelangt bin, sondern an die Grenzen des menschlich Anzuerkennenden?

Haben wir es gerechtfertigt, den Anerkennungsbegriff so zu verwenden und mit seiner Hilfe zu beschreiben, was einem anderen einfach als Mensch geschuldet ist und worin sich, sollte es nicht gelingen, das Versagen der eigenen Menschlichkeit enthüllt? Im Falle Lears habe ich gesagt, ich wüßte im allgemeinen, was er über sich selbst enthüllen muß, um Cordelia anzuerkennen. Verhüllt sein diesbezügliches Versagen ein Versagen seines Menschseins oder sein Versagen als Vater? Lear kommt zu der Auffassung, es gebe eine solche Unterscheidung und er habe in der ersten Hinsicht versagt. Vielleicht ist das jedoch einfach sein Problem. Wenn man einen anderen als seinen Nächsten anerkennen soll, muß man auch sich selbst als seinen oder ihren Nächsten anerkennen. Etwas könnte einen zu einem üblen Nächsten machen, doch das stellt an sich kaum ein Versagen des eigenen Menschseins dar. Man erkennt seinen Lehrer an, indem man sich selbst als seinen Schüler anerkennt, d. h. wohl, indem man zeigt, daß man etwas von ihm gelernt hat. Einige Schüler werden meinen, das tue man am besten, indem man sich in Gegenwart des Lehrers anständig benimmt; einige Lehrer werden dem zustimmen. Darin könnte man eine beschränkte Auffassung von Lehrer-Schüler-Verhältnis sehen, doch schwerlich meinen, es mangele denjenigen, die sie verfechten, an Menschsein: Vielleicht verwenden sie ja auch nur die falschen Worte für ihre Beziehung. Ähnliches gilt dafür, einen anderen als mein Geschwister, meinen Landsmann, meinen Genossen, meinen Freund, meinen Arbeitgeber oder meinen Mieter anzuerkennen. Ich verfüge über den nötigen Raum, mich als ihr Geschwister, ihren Landsmann, ihren Genossen, ihren Freund, ihren Arbeitnehmer oder ihren Vermieter anzuerkennen. – Meiner Ansicht nach taucht hier die Vermutung auf, es gebe beschränkte Formen der Anerkennung, solche, die den mir von der Gesellschaft nur aufgenötigten Stellungen angemessen sind, und daß die Gesellschaft als solche arbiträr sei; die Vermutung, daß einem anderen Anerkennung allein aufgrund der Tatsache seines Menschseins geschuldet sein könnte, eine Anerkennung als Mensch, der nur dann Genüge getan wird, wenn ich mich dem anderen uneingeschränkt als Mensch enthülle, als sein reiner anderer, sein Bruder, sein *Ebenbild*. – Das ist, wenn überhaupt etwas, nicht mehr als das, was die Hälfte aller Moralisten, die je zur Feder gegriffen haben, auch sagen, daß nämlich andere in unseren moralischen Überlegungen einfach als Personen zählen; bzw. daß wir anderen gegenüber Pflichten allgemeingültiger Art haben, Pflichten, die mit irgendeiner besonderen von uns eingenommenen Stellung nichts zu tun haben. – Ich glaube nicht. Pflichten kann man erfüllen. Bei der Vermutung, von der ich spreche, handelt es sich nicht um eine Anerkennung, die man erfüllen kann, es ist etwas, was ich entweder sehe und womit ich leben werde oder eben nicht. Die Vermutung besagt nicht, daß man andere als Menschen sehen und als Menschen mit ihnen leben *sollte*; sie besagt, daß ich sie manchmal so sehe und deshalb meistens nicht. – Das ist leere Wortspielerei. Ebenso könnte man sagen: Es ist nicht so, daß ich Pflichten gegenüber anderen, sofern sie Menschen sind, haben sollte, es ist so, daß ich sie manchmal habe; und *daß* ich solche Pflichten habe, ist nicht selbst eine Pflicht, die man erfüllen kann; es ist etwas, mit dem ich leben werde oder auch nicht. Und wenn du jetzt fragen möchtest, *warum* ich diese Pflichten gegenüber anderen als Menschen habe, dann lautet die Antwort: weil es andere Menschen gibt. Und solltest du jetzt wissen wollen, wie ich weiß, daß es andere Menschen gibt, dann lautet die Antwort: weil ich weiß, daß ich diese Pflichten ihnen gegenüber habe. Ich weiß es auch, weil ich einige von ihnen liebe und einige von ihnen hasse; aber weder meine Liebe noch mein Haß entbindet mich von meinen Pflichten ihnen gegenüber. – Die Vermutung besagt, die Vorstellung einer Pflicht gegenüber anderen, sofern sie Menschen sind, könnte selbst eine Restriktion meines Wissens ihrer Existenz sein. – Wäre dann also sie zu hassen eine Restriktion? – Ja. – Und sie zu lieben wäre auch eine? – Ja.

Wenn es ein Zeichen geistiger Verwirrung ist, nicht zu wissen, daß wir Pflichten gegenüber anderen, sofern sie Menschen sind, haben, und wenn wir unser Menschsein dadurch zeigen, daß wir ihnen nachkommen, ist es dann nicht gleichermaßen ein Zeichen geistiger Verwirrung, zu vermuten, daß anderen eine uneingeschränkte Enthüllung unseres Menschseins geschuldet ist? Wozu würden sie es wollen? Warum ihnen eine solche Bürde zumuten? Ist diese Vermutung nicht Teil von Lears Geisteszustand, wenn er auf Edgar trifft und ihn als eine »arme, nackte, gespaltene Kreatur« deutet? Wie setzt er seine Deutung in Handeln um, was *tut* er auf der Grundlage seines Wissens? – Was sollte er deiner Ansicht nach tun? Sich Edgar selbst als dessen Ebenbild enthüllen, als noch eine arme, nackte, gespaltene Kreatur? Das würde sehr viel nützen! Er nimmt die Kreatur in seinen Unterschlupf mit, rettet sie vor dem aufziehenden Sturm. Wie könnte man besser Menschsein zeigen? Was könnte die Vernunft mehr von ihm verlangen? – Es ist ein Maß für Lears wachsenden Wahnsinn, daß er die Freiheit gewinnt, sich sowohl der Wahrnehmung menschlicher Andersheit auszusetzen als auch, in der Folge, Horror und Mitleid. Und ein Maß dafür ist auch, daß er, als sie seinen Unterschlupf erreichen, Edgar als »meinen Philosophen« betrachtet, immer noch auf der Suche nach einer Restriktion, die er dem anderen auferlegen kann, im besonderen nach einer Interpretation des Grundes dafür, daß das Sein dieser Kreatur *seines* ist. Nicht um ihn zu schützen, nimmt er ihn mit in seinen Unterschlupf, sondern um mit ihm zu philosophieren oder vielmehr über ihn; er sieht in ihm eher ein Exemplar als einen Einzelfall der Menschheit. Vor allem erkennt er ihn *nicht* an – obwohl diese Begegnung ihn, zumindest nebenbei, auf seine spätere Anerkennung erst Gloucesters und dann Cordelias vorbereitet. Er weiß bloß, was der andere ist, daß die Kreatur Humanität hat. Als sein Gebet, er möge fühlen, was andere fühlen, erhört wird – der Sturm ist die Antwort –, steht sein Wahnsinn in voller Blüte.

Warum ist es *diese* Kreatur, in der der König zuerst das Menschliche als solches sieht? Solch eine Kreatur exemplifiziert die Beschränktheit der Gesellschaft, daß es etwas in der menschlichen Natur gibt, was weder durch die soziale Stellung noch durch irgendein Eigentumsverhältnis bestimmt wird; sie ist bloß, entblößt. Nennen wir sie einen Ausgestoßenen. Für den König, so wie es um ihn steht, hätte sie anzuerkennen daher bedeutet, sich selbst als ausgestoßen anzuerkennen. Ihn schlicht als einen anderen anzuerkennen, als ein *Ebenbild*, hätte für ihn bedeutet, sich selbst auszustoßen. Bis jetzt ist Lear auf keine dieser Handlungen vorbereitet.

Warum gibt es diese zwei Möglichkeiten der Anerkennung in bezug auf den Ausgestoßenen? Oder warum sollte es sie in allen anderen Beziehungen nicht auch geben? Der Anwalt mag einen anderen nicht nur als einen Klienten, sondern als einen anderen Anwalt anerkennen; ein Vater oder eine Mutter mögen einen anderen nicht (nur) als Kind anerkennen, sondern als eine andere Mutter oder einen anderen Vater; und ähnliches gilt für den Vermieter, den Lehrer, den Arbeitgeber usw. Der Anwalt oder Lehrer steht nicht in einem natürlichen Bund mit anderen Anwälten oder Lehrern, obwohl sie natürlich einen politischen Bund bilden können. Doch der Anwalt, der Lehrer, der Arbeitgeber oder der

Vermieter haben nicht die Existenz von Klienten, Schülern, Arbeitnehmern oder Mietern geschaffen; sie werden zusammen geschaffen. Und dort, wo man buchstäblich davon sprechen kann, daß ich »die Existenz eines anderen geschaffen« habe – im Fall meiner Kinder –, ist die Forderung an mich, meine Verantwortlichkeit, unbeschränkt, meine Rechte aber nicht. Während was der Fall ist? Im Falle des Ausgestoßenen soll ich diese Existenz geschaffen haben und sie weder vom meinem noch von ihrem Standpunkt aus anerkennen können? Ich glaube, es gehört zur Vermutung über mein eingeschränktes Menschsein, daß ich den Ausgestoßenen geschaffen habe, oder jedenfalls, daß ich im Bunde mit denen bin, die es taten, daß *wir* es taten, daß meine Gesellschaft meine ist und ich folglich dem Ausstoßen zugestimmt habe. Die Vorstellung, daß Ausgestoßene in einem natürlichen Bund miteinander stehen, ist ein Ausdruck dieser Vermutung. Dies wäre eine Verzerrung und Projektion meines eigenen Bewußtseins von Ausgestoßensein.

Das Wissen, daß andere ausgestoßen sind, mag sich in der eigenen Menschenfreundlichkeit ausdrücken. Denker wie Thoreau und Dickens kritisierten die gewöhnliche Äußerung dieses Triebes mitunter vielleicht zu harsch; was sie indes in diesen menschenfreundlichen Äußerungen sahen, war das Bestreben, den Ausgestoßenen in eine soziale Rolle oder in irgendeine Seinsart oder -klasse zu stecken – jedenfalls das Bestreben, Ausgestoßene als Wesen zu betrachten, die von einem selbst verschieden sind und die man nicht, wo es um ihr Wohl geht, zu befragen braucht. Man könnte diese Einstellung als emotionalen Imperialismus bezeichnen. Und sie sehen in dieser Ansicht oder Einstellung eine Beeinträchtigung des Menschseins des Menschenfreundes. Die Hand, die Almosen gibt, sieht mitunter wie eine Faust aus. Die Krux des Menschenfreundes ist nicht bloß, daß seine Anerkennungsakte zu dürftig sind, reine Beschwichtigung von Schuldgefühlen, sondern auch, daß sie, sogar zwangsläufig, Verwirrung stiften. Seine Absicht ist es, den Ausgestoßenen als einen Menschen anzuerkennen, doch heraus kommt dabei, daß er einen

Menschen als einen Ausgestoßenen behandelt, so als würde die Existenzweise des Ausgestoßenseins eine soziale Rolle definieren, eine Art von niedriger Profession, passend für eine bestimmte Sorte von Mensch. Daher ist sie geneigt, ebendie Schuld, die sie beschwichtigen soll, fortzupflanzen. Die Verwirrung kommt zustande, weil er die beiden ihm offenstehenden Möglichkeiten meidet: entweder sich als der zu enthüllen, der ausstößt, oder sich selbst auszustoßen.

Man mag das Gefühl haben, es müsse noch andere Möglichkeiten geben. Für mich bedeutet das, daß man keine Beschränkung des eigenen Menschseins vermutet haben wird oder nicht vermutet, daß diese Beschränkung darin liegt, daß man seine Beziehungen zu anderen bloßgestellt hat. Denn der Ausgestoßene ist die mythologische Beschreibung einer Position, die einnehmen zu wollen von niemandem erwartet wird. Sie läßt meine Position als künstlich, arbiträr erscheinen. Es ist nicht mein *Schicksal*, in einer glücklicheren Position zu sein, die Hand des Menschen zeigt sich darin, meine Hand. Sie weist mein Bewußtsein zurück, es sei mein Schicksal. Der Menschenfreund ist die mythologische Beschreibung einer Haltung, in der ich sehe, daß meine Hand, sogar in Form einer Faust, ausgestreckt ist; in der ich sehe, daß ich in einer Beziehung zum Ausgestoßenen stehe, daß ich seinem Menschsein ausgesetzt bin.

Insofern wir meinen, der Mensch sei von Natur aus ein politisches Lebewesen, können wir nicht denken, daß einige Menschen von Natur aus Ausgestoßene sind, von Natur aus miteinander im Bunde stehen. Wenn es mithin Ausgestoßene gibt, müssen wir, *sub specie civilitatis*, eine Erklärung für ihre Existenzweise haben oder vermuten. Nach einer Erklärung haben sie ihre Existenzweise verdient. Nach einer anderen ist sie zwar unverdient, aber einfach nur unglücklich, verdammt oder verflucht. Eine weitere meint, diejenigen, denen diese Existenzweise zukommt, seien nicht ganz oder vollkommen menschlich. Noch eine andere glaubt, sie stünden geheimnisvollerweise miteinander im Bunde. Und wieder eine andere, daß meine Gesellschaft verdammt oder verflucht ist. Eine weitere, daß meine Gesellschaft zwar ungerecht ist, aber doch nicht in dem Maße, um verdammt und verflucht zu sein. – Welche Erklärung man für sich auch akzeptiert, ohne Zweifel ergeben sie sich alle aus dem Wissen, daß es Menschen gibt, die sich in einer von der meinen verschiedenen Position befinden. Zu allen gelangt man auf der Grundlage meiner empathischen Projektion, so wie sie ist, auf der Grundlage dessen, wofür ich sie als hinreichend betrachte. Ich habe gesagt, es gibt keine allgemeine, alltägliche Alternative zum Skeptizismus bezüglich des Fremdpsychischen. Nun werde ich sagen: Ich lebe meinen Skeptizismus.

In bezug auf die Außenwelt habe ich das Vorliegen von Zweifeln, die nicht die meinen sind, von Möglichkeiten, die ich nicht *ausgeschlossen* habe, »zu vergessen«, zu ignorieren, meine Augen davor zu verschließen oder es irgendwie links liegenzulassen. Ich muß mir gestatten, mich von meinem Wissen abzulenken, daß wir das, wovon wir uns alle vorstellen, es sei zu wissen, eben nicht wissen, nämlich materielle Objekte. Ich passe mich einer allgemeinen menschlichen Bedingtheit an, oder vielmehr einer Bedingtheit, die allen mit Sinneswahrnehmung ausgestatteten Geschöpfen gemeinsam ist, einer Bedingtheit, in bezug auf die niemand (der Sinneswahrnehmung besitzt) eine Wahl hat, ausgenommen die, vorsichtig zu sein. Aber die Vermutung, daß ich an anderen, und also auch an mir, nicht anerkannt habe, was es anzuerkennen gibt, nämlich daß jeder von uns menschlich ist, ist in erster Linie keine Erkenntnis einer allgemeinen menschlichen Bedingtheit, sondern vor allem eine Vermutung über mich selbst. Würde ich mich meinen Beschränkungen der Anerkennung anpassen, dann hieße das, meine Integrität bloßzustellen, vielleicht aber auch, sie, so wie sie ist, zu konstituieren. Um eine allgemeine Alternative zum skeptischen Zweifel in Anschlag zu bringen, sah Austin sich zu der Aussage veranlaßt, daß bei der Einlösung meiner Wissensansprüche »genug genug ist«. Ich muß genug gesagt haben, um andere vernünftige, konkurrierende Möglichkeiten auszuschließen. Wieviel aber ist genug, wenn es darum geht, um das

Menschsein eines anderen zu wissen und es anzuerkennen? Wie oft und in welchen Angelegenheiten genau muß ich einen anderen bemitleiden, ihm beistehen und seine Entschuldigungen akzeptieren, bevor ich zu dem Schluß komme, genug ist genug? »Gib mir noch einen Tag, noch einen Augenblick, noch einen Dollar, noch eine Chance …« Wenn ich auf solche Appelle nicht reagiere, liegt das dann daran, daß ich den anderen, diesen anderen, dessen nicht für wert befunden habe oder nicht dazu berechtigt oder mich dazu nicht imstande gesehen habe?

Es gibt doch sicherlich Grenzen meiner Verantwortung für oder gegenüber anderen? Es gibt doch sicherlich vernünftige Gründe, mit deren Hilfe sich solche Grenzen ziehen lassen, oder Prinzipien, in deren Lichte man sie zieht? (Eine Idee wie die des Gesellschaftsvertrags reflektiert darauf. Mit Blick auf den Staat sagt sie mir, daß es Umstände gibt, unter denen ich frei bin, mich aufzulehnen, einen Zeitpunkt, an dem genug genug ist. Sie sagt mir jedoch auch, warum ich es nicht tue. Mit Blick auf meine Mitbürger sagt sie mir, warum ich für das, was ihnen zustößt, verantwortlich bin. Sie sagt mir jedoch auch, warum meine Verantwortung nicht unbegrenzt ist.) Selbst wenn ich die Grenzen falsch, unfair, aus Feigheit, spiritueller Engherzigkeit, mangelnder Phantasie ziehen würde, wie würde denn das ein Versagen meines Menschseins beweisen? Sicherlich demonstriert doch alles, was ich tue, das Menschsein in mir, so wie es ist. Bereits die Art und Weise, in der ich den anderen ignoriere, demonstriert es. Und wenn meine Reaktion mechanisch ist, einen Anflug von Automatenhaftigkeit sehen läßt, dann haben Menschen einen Anflug von Automatenhaftigkeit. Und wenn meine Reaktion ganz unmenschlich ist, dann trifft doch zu, was wir schon gesagt haben: Nur ein Mensch vermag sich unmenschlich zu verhalten. Gemessen an einem Ideal des Menschen – und Mensch zu sein heißt, wie ich bereits sagte, ein solches Ideal zu haben –, könnte man solche Reaktionen sehr wohl als Versagen meines Menschseins beurteilen. Doch meine unmenschliche oder automatenhafte Behandlung des anderen beweist an sich nicht, daß es mir an einem solchen Ideal fehlt. – Es gibt keine *Weise*, sich selbst als anderen zum Ausgestoßensein des anderen zu präsentieren. Das hängt davon ab, worum es geht. Wenn der andere Raskolnikoff ist, dann kann ich meine uneingeschränkte Anerkennung seiner Menschlichkeit dadurch äußern, daß ich sein Geständnis verstehe und seine Verbannung teile. Wenn die andere Estella ist, dann kann ich zeigen, daß ich ihrem Geständnis, kein Herz zu haben, glaube, und darum bitten, *diese* Verbannung mit ihr zu teilen. In solchen Fällen sollten besser keine anderen Verpflichtungen auf mir lasten. Möglicherweise kommt es nicht soweit. Aber es fragt sich immer noch, warum meine Hand je ausgestreckt ist, selbst in Form einer Faust. Es macht deutlich, daß ich etwas von einem anderen möchte, daß ich meinem Menschsein ausgesetzt bin.

Doch selbst wenn wir irgendeine Vermutung derart zulassen, daß eine Beschränkung meines Menschseins sich aus meiner Unfähigkeit – oder einem Mangel an Gelegenheit – ergibt, den anderen als einen Menschen anzuerkennen, so ist das doch sicherlich nicht dasselbe, wie nicht zu wissen, daß andere Menschen *sind*? Auf diese Frage vermag ich nicht mit Zuversicht zu antworten, weil ich nicht weiß, ob man mit Zuversicht auf die Frage »Wie weiß ich, daß es (andere) Menschen gibt?« antworten kann. Ich meine, ich weiß nicht, ob es eine vernünftige Antwort auf diese Frage gibt oder nicht, und ich weiß auch nicht, wenn es sie gibt, ob sie uns dieses Wissen als ein sehr spezielles oder ganz und gar nicht-spezielles präsentiert. Zu akzeptieren, daß ich anderen ausgesetzt bin, scheint eine Zustimmung zu der Möglichkeit zu beinhalten, daß mein Wissen von anderen eventuell umgestoßen wird, ja daß es sogar umgestoßen werden sollte. In bezug auf materielle Objekte müssen wir die Möglichkeit des Skeptizismus »vergessen«, z. B. daß der Idealfall versagt. In bezug auf das Fremdpsychische, könnte man sagen, müssen wir uns an die Möglichkeit des Skeptizismus »erinnern«, z. B. daß wir uns selbst keinen Idealfall gestattet haben, daß wir es nicht wissen, aber doch an jedem Ort herausgegriffen werden könnten; folglich daß wir es jetzt, soweit wir wissen, nicht sind. Soweit wir wissen, ist unsere Position nicht die beste. – Aber könnte sie es nicht sein? Könnte es nicht sein, daß gerade dieser vom Zufall bestimmte, nicht geförderte Weltzustand, gerade dieses Ensemble von Beziehungen, von meinen Interessen und Verpflichtungen die Umgebung bereitstellt, in der mein Wissen von anderen sich am besten äußern läßt? Gerade *dies* – etwa jemanden zum Tee zu erwarten oder jemandem einen Gefallen zu vergelten, zum Abschied zu winken, zögernd oder gern einen kranken Freund mit Lebensmitteln zu bevorraten, sich zurückgewiesen zu fühlen und das Gefühl zu haben, es wäre demütigend, das zuzugeben, vorzugeben, man habe nicht verstanden, daß der andere mit einem gewissen Recht mehr in meine Äußerung hineingelegt hat, als ich selber aufrichtig beabsichtigte, Heimlichtuerei in einer Ehe, Heimlichtuerei außerhalb einer Ehe –, gerade dergleichen ist vielleicht das höchste, worauf das Wissen über andere hinausläuft oder für mich hinausgelaufen ist. – Läuft es noch auf mehr hinaus, *muß* es auf mehr hinauslaufen? Als ich auf Othellos Konklusion als ein Versagen des Idealfalls von Anerkennung anspielte, habe ich damit auch sein Versagen gemeint, rechtzeitig zu erkennen, daß der seine (immer noch) ein Idealfall *war*.

Wenn ich sage, wir leben unseren Skeptizismus, dann um diese Unwissenheit über unsere alltägliche Position gegenüber anderen festzuhalten – nicht, daß wir positiv wüßten, daß wir uns niemals oder normalerweise nicht in einem Idealfall des Wissens von der Existenz anderer befinden, es ist eher so, daß wir über unsere Wissensgelegenheiten enttäuscht sind, als schwebte uns ein Bild davon vor oder wäre uns verlorengegangen, worauf das Wissen über einen anderen wirklich hinausläuft – auf eine Harmonie, eine Einigkeit, einen Bund, eine Transparenz, eine Kontrolle, eine Macht –, während unser tatsächliches Wissen und Gewußtsein sehr dürftig ist. Zu sagen, daß es einen Skeptizismus gibt, der nicht dem Zweifel daran entspringt, ob wir wissen können, sondern einer Enttäuschung über unser Wissen selbst, und zu sagen, dieser Skeptizismus werde in unserem Wissen von anderen gelebt, bedeutet zu sagen, daß diese Enttäuschung eine Geschichte hat. Diese Geschichte zu verfolgen würde vermutlich erfordern, den in der Renaissance und in der Aufklärung gehegten Hoffnungen bezüglich unseres Wissens nachzugehen und ebenso den von diesen Hoffnungen überwundenen Ängsten des Wissens und schließlich der durch das Scheitern dieser Hoffnungen hervorgerufenen Verzweiflung des Wissens.

Wie nützlich diese letzten Überlegungen zu dem Thema »seinen Skeptizismus leben« sind, hängt davon ab, wie überzeugend ich die skeptische Geschichte dargelegt und ihre Moral gezogen habe, d. h. in bezug darauf, daß man dem anderen und seinem Begriff von anderen ausgesetzt ist. Ein Verdacht, der sich auf die Moral oder die sich aus ihr ergebende Vermutung richtet, gründet sich auf den Eindruck, daß die Vorstellung, »anderen würde eine uneingeschränkte Enthüllung meines Menschseins geschuldet«, nichts anderes als ein pathologisches oder pubertäres oder romantisches Bewußtsein meiner eigenen Beschränkung oder Abkapselung ist; daß es eine bloße Behauptung ist, daß *ich* nicht unbeschränkt anerkannt werde, eine Bedingung, von der ich möchte oder nicht möchte, daß sie verletzt wird, daß es die Projektion eines unmöglichen Wunsches oder eines möglichen Bedürfnisses nach einem Beweis für *meine* Existenz ist.

Der offensichtlichste Grund, um der skeptischen Geschichte selbst mit Mißtrauen zu begegnen, ist ihr Begriff der »empathischen Projektion«. Wie sich gezeigt hat, ist er wenig mehr als eine Leerformel für *etwas*, das die Grundlage meiner Ansprüche, den anderen zu deuten, sein muß, für etwas in mir, an das ich mich halte, wenn ich meine Einstellung zu anderen Menschen einnehme oder mich darauf stütze. Selbst dann kann ich zwei Verdachtsmomente sehen. Erstens: Gründet das Bedürfnis nach einem solchen Begriff nicht in Wirklichkeit in der beharrlichen Vorstellung, der andere sei »wie« man selbst, und was immer man über den anderen wissen kann, müsse zunächst in einem selbst gefunden und dann *in* den anderen (durch Analogie) hineingedeutet werden? Wohingegen die Essenz der Anerkennung die ist, daß man den anderen vom Standpunkt des anderen her begreift. Zudem erweckt der Begriff den Anschein, das eigene Wissen über den anderen werde in jedem Einzelfall neu gewonnen, gleichsam als eine besondere Leistung – nicht in jedem Einzelfall eines anderen, das wäre fair genug, sondern in jedem Fall, in dem ich es unternehme, einen anderen zu kennen. Andere zu kennen, sieht man von Gehirnschäden oder vergleichbarem Unglück ab, ist aber schlicht eine Tatsache über unsere Fähigkeiten als Wissende; andere gehören sozusagen in den Gegenstandsumfang unseres Wissens. Wenn man sagen möchte, wir müssen irgendwie zu dem anderen *vordringen* (oder in das Innere), dann trifft das schon auf uns zu, bevor ein bestimmter anderer die Szene betreten hat. Sobald unsere allgemeine Fähigkeit geklärt ist, reichen Kriterien aus. Zweitens: Wird die Vorstellung vom Wissen anderer durch den Begriff der empathischen Projektion nicht von Anfang an zu einem allzu spezialisierten Unternehmen, als würde das Wissen von Objekten für sich selbst sorgen, während in das Wissen von anderen alles eingeht, was auch in das Wissen von Objekten eingeht, *plus* etwas anderes, etwas, was sozusagen das Objekt belebt? Es könnte in der Tat so sein, daß das Wissen von anderen von der Art *ist*. Nur wäre das eine empirische Behauptung, für die Philosophen keinen besonderen Beweis haben. Wahr könnte auch sein, daß es sich hier um eine Phantasie von Wissen handelt, die wir dann in das Objekt des Wissens projizieren, um so die Vorstellung vom anderen als einem materiellen Objekts *plus* noch etwas hervorzubringen.

Diese Vorstellung von Wissen mag tatsächlich den ganzen Wahrnehmungsprozeß (verschiedener Seinsschichten oder -arten) umkehren. Man könnte genauso – mindestens genauso – annehmen, die natürliche (oder die biologisch primitivere) Form menschlicher Wahrnehmung beziehe sich auf (äußere) Dinge als auf Belebtes, gleichgültig ob es sich nun um Objekte oder Personen handelt, so daß erst auf höherer Stufe Objekte als Objekte gesehen werden (d. h. objektiv, unbelebt). Entsprechend müßte man die Auffassung von anderen, sofern sie auf der empathischen Projektion beruht, als einen Fall des empathetischen Fehlschlusses beurteilen.

Oder aber die menschliche Wahrnehmung wird dadurch in einer anderen Weise zu speziell. Die Vorstellung von einer Einstellung zur Seele scheint so als die *Angemessenheit* meiner Reaktion begriffen zu werden. Warum sollte man jedoch nicht sagen, daß in bezug auf alle Sorten von Dingen (Objekt oder Lebewesen) diese Angemessenheit verlangt ist: etwas, was Brot angemessen ist, etwas anderes für Steine, etwas für große Steine, die den Weg blokkieren, und etwas für kleine, flache Steine, die man werfen oder auf dem Wasser hüpfen lassen kann, etwas für Gras, für Blumen, für Obstbäume, für Wälder, für jeden Fisch im Wasser und jeden Vogel in der Luft, etwas für jede menschliche Erfindung und für jeden menschlichen Zustand und meinetwegen auch weiter aufwärts? Für jedes Glied in der großen Kette des Seins gibt es einen angemessenen Reaktionsaufhänger. Ich habe gesagt, die eigene Erfahrung mit anderen lege einen Schnitt in die Erfahrung. Warum sollte man nicht in Erwägung ziehen, daß die Erfahrung kontinuierlich unzählige Schnitte legt? Jedes Ding und jede Erfahrung all der verschiedenen Dinge sind, was sie sind.

Einiges, ja das meiste davon würde ich gerne ausführlicher dargelegt sehen. Beispielsweise interessiert mich die Wahrnehmung oder das Sehen, wie *verschieden* die verschiedenen Dinge voneinander sind. Das unterstreicht den Ermöglichungsgrund der Leichtigkeit, nennen wir sie die Natürlichkeit, mit der wir Dinge benennen und kennen, daß es nämlich, so könnte man meinen, so wenig Möglichkeiten gibt. Der logische Raum zwischen Arten von Objekten ist so groß; es ist möglich, in natürlichen Arten zu denken. (Wenn alles, was wirklich zusammen existieren könnte, jetzt existierte (z. B. jede Art von Baum, in jeglicher Größe und Beschaffenheit), dann wäre eine idealistische Theorie des Wissens wahr, der zufolge man kein Einzelobjekt kennen könnte (d. h. unterscheiden), ohne alles, die ganze Wahrheit, über es zu wissen, nichts sonst würde genau diese Art herausgreifen.) Menschen sind im Gegensatz dazu alle gleich, jeder steht in einer inneren Beziehung zu allen anderen. Es gibt nur eine Art Mensch. Mir scheint, daß diese Wahrnehmung auch in unsere Schwierigkeit hineinspielt, einen Idealfall für das Wissen von anderen zu entdecken oder zu definieren, der ja schließlich ein Wissen des spezifisch Menschlichen ist oder darauf abzielt. Das Repräsentative des Idealfalls kommt hier nicht durch eine Unterscheidung zwischen spezifischen und generischen Fällen zustande. Eine solche Unterscheidung gibt es hier nicht, bzw. wir dürfen eine solche nicht zulassen. Wir sind mit der Frage, was einen Menschen repräsentativ für (alle) andere(n) macht, also wieder auf uns selbst zurückgeworfen.

Was mich jedoch im Augenblick beschäftigt, ist die beiden Zweifeln an der »empathischen Projektion« zugrundeliegende Behauptung, die skeptische Geschichte sei in ihrer Erklärung meines Wissens von anderen allzu speziell. Der Zweifel macht auf das gröbste, bislang unbemerkte Merkmal dieser Geschichte aufmerksam, daß sie sich nämlich darauf richtet, was ich von einem anderen wissen kann, nicht darauf, was andere von mir wissen können. Sie verfehlt *diese* Bilateralität im Problem des Fremdpsychischen. – Ob ich die Existenz anderer wissen kann, war aber doch offensichtlich das Problem, sofern es überhaupt ein Problem gab. – Das Problem betraf jedoch die Andersheit, und so wie ich sie aufgefaßt habe – als Frage nach meinem Wissen von einem anderen –, war das von Anfang an voreingenommen oder parteiisch und deshalb wohl schädlich. Diese Problemstellung bleibt hinter folgender Überlegung zurück: Die Frage, ob es Fremdpsychisches gibt, ist genauso eine Frage über mich wie über jeden anderen. Wenn *jemand* eine Fremdpsyche ist, dann bin *ich* eine – d.h., ich bin für andere ein anderer (und natürlich sind andere dann für mich ein Ich). Die Frage lautet dann: Wissen andere von meiner Existenz?

Für eine erkenntnistheoretische Untersuchung scheint dies ein aussichtsreicherer Ausgangspunkt zu sein, denn hier gehe ich von einem Fall aus, über den ich zuversichtlich sagen kann, ich habe von ihm in dem Maße Wissen wie von nur irgend etwas. Denn *ich* weiß gewiß, daß ich existiere. Ist das nun nicht der »Idealfall« für das Wissen von anderen, der uns soviel Not verursacht hat? – Jetzt mach mal einen Punkt. Wenn du von anderen in Verbindung damit reden willst, daß jeder ein Ich ist, dann weißt du *nicht*, daß du ein anderer bist, es sei denn, du weißt, daß es *andere* andere gibt, d.h. andere, die ein Ich sind. Du wüßtest anderenfalls ja nicht einmal, daß du ein Ich bist, daß »ich« zu sagen dich von allen deinesgleichen unterscheidet. – Ich meine, es könnte durchaus sein, daß ich nicht *ein* Ich bin. Ich bin Ich. Doch das nebenbei, ich beabsichtige ja gerade durch die Untersuchung zu bestimmen, ob ich wissen kann, daß es andere andere gibt, d.h. andere, die ein Ich sind. Da ich weiß, daß ich (ein) Ich bin, muß ich, um zu wissen, daß ich (ein) anderer bin (mithin, daß es einen anderen gibt), nur wissen, daß ich von einem (anderen) Ich gewußt werde. – Was gewinnen wir denn logisch durch diesen Schritt von der Frage, ob ich von einem anderen wissen kann, zu der Frage, ob ich durch oder von einem anderen gewußt werde? – Sofern wir logisch nichts verlieren, liegt der Gewinn der Frage darin, daß sie genauer festhält, was wir eigentlich von anderen wissen wollen. Außerdem würde sie die immer wieder festzustellende Vergeblichkeit der Versuche erklären, unser Wissen von der Existenz anderer zu beweisen oder zu widerlegen. Beweise für die Existenz Gottes und die Kritik an solchen Beweisen sind tendenziell für solche Leute vergeblich, die davon überzeugt sind, daß sie von Gott gewußt werden bzw. von ihm erkannt werden oder nicht.

Wir wollen betrachten, was der Anfang einer skeptischen Geschichte zutage fördert, die sich auf das Passiv richtet.

»Zu den Dingen, um deren Existenz wir zu wissen beanspruchen, gehören auch Menschen. Ich weiß z.B., daß jeder von Ihnen ein Mensch ist, und jeder von Ihnen weiß – ich hoffe es inständig –, daß ich ein Mensch bin. Doch wie wissen Sie das? Was wissen Sie wirklich von mir? Sie sehen ein menschenähnliches

Ding von einer bestimmten Größe, einem bestimmten Alter, einem bestimmten Geschlecht, einer bestimmten Farbe und Physiognomie, das so und so sprachliche Äußerungen von sich gibt ... Viel mehr als das wissen Sie nicht. Einiges können Sie vermuten, aber nicht sehr detailliert. Schließlich bin ich ein Fremder für Sie. Was weiß *irgend jemand* von mir?

Alles, was irgend jemand weiß oder wissen könnte, ist das, was ich ihm von mir offenlegen kann. [Das ist zumindest nicht *falsch*, sondern eine Definition des relevanten Wissens. Es liegt mir fern, zu bestreiten, daß man durch Beobachtung, etwa durch eine Autopsie, eine Menge über mich erfahren kann. D.h., ich bestreite nicht, daß ich ein Ding bin, brauchbar als Kanonenfutter. Ebensowenig bestreite ich, daß dies für einige Denker genug ist, um etwas über mich zu wissen – alles, was es (für sie) zu wissen gibt.] Und wieviel kann ich wirklich offenlegen? Selbstredend würde ich nicht bestreiten, daß, sollte ich Anzeichen für Schmerz bekunden, vermutlich jemand versuchen wird, mich zu trösten, es sei denn, ich habe großes Pech. Und falls er kein Sadist ist, wird mein Arzt mir z.B. nicht mehr Schmerzen verursachen, als nötig ist. Aber das sind schlichte Tatsachen, und erklären lassen sie sich vielleicht einfach dadurch, daß wir aus biologischen Gründen Schmerzverhalten nur schwer mit ansehen können und daß deshalb der Beobachter alles tun wird, um den Schmerz zu lindern. Der ursprüngliche Fall von Schmerzverhalten, der Schrei des Säuglings, ist dafür das deutlichste Beispiel. Möglicherweise entspringt jeglicher menschliche Trost lediglich dem Stimulus eines bestimmen Verhaltens (so wie ja auch Vögel wegfliegen, wenn sie den Todesschrei eines Artgenossen hören), d.h., er resultiert aus bestimmten äußeren Kriterien und ist keine Reaktion auf das Erlebnis selbst. *Dieses* bleibt strenggenommen oder unmittelbar jenseits des Wissens.

Sollte ich dieser Enttäuschung mittlerweile nicht mißtrauen? Was sonst sollte ich erwarten? [Hier tritt ein anderer von Hiobs Tröstern mit dem Angebot auf, an die Stelle einer natürlichen Enttäuschung eine noch größere treten zu lassen.] Kein anderer *könnte* genau *dieses* Erlebnis haben (ich schlage mir an die Brust). [So gesehen ist Wittgensteins Gesprächspartner in § 253 ein (in diesem Stadium der Geschichte auftauchender) Typus des passiven Skeptikers.] Und selbst wenn andere es haben *könnten* (d. h. etwas haben, was typidentisch ist), haben sie es nicht dann (es sei denn zufällig), wenn ich es habe, daher ist das Wissen des anderen von mir bestenfalls von seinem Gedächtnis abhängig und folglich von seiner eigener Erlebnisreihe. Und kann ich je sicher sein, daß irgend etwas, was ein anderer erlebt hat, *genau* das gleiche ist wie das, was ich erlebt habe? Mitten im Schmerz mögen meine metaphysischen Skrupel soweit verstummen, daß ich das Mitgefühl eines anderen akzeptieren kann, auch wenn ich später ernsthaft daran zweifele, daß er wirklich gewußt hat, *wie sehr* meine Schulter geschmerzt hat. Schon die Analogie, die er anbrachte – meinen Schmerz hat er damit verglichen, daß er mal von einem Baseballschläger getroffen wurde –, sagt mir deutlich, daß er dieses *Stechende* meines Schmerzes nicht richtig begriffen hat. – Der andere kennt mich nur per Analogie – und das ist einfach nicht das Wissen von Fremdpsychischem! Aber ich habe schon gesehen, daß wir hier nichts *Besseres* als Analogie haben, daß nichts darüber hinausgehen könnte!«

Hat diese Geschichte nun zu einer zuverlässigen Konklusion geführt? Es scheint, daß ich berechtigt bin, die Konklusion zu ziehen, daß ich notwendigerweise nur unvollkommen gewußt werde. Jedenfalls im strengen Sinn unvollkommen, obwohl der andere für praktische Zwecke natürlich genug weiß, um (*faute de mieux*) Hilfe, ja Beistand zu leisten. Und doch, um es abermals zu sagen, scheint die Geschichte nahezulegen, daß, da ich mir im unklaren bin, ob ich in solch einem Fall gewußt werde, unklar ist, was hier *Wissen* konstituieren würde.

Diese Unklarheit mag damit zusammenhängen, daß die Geschichte irgendwie unvollständig ist, daß irgendein Punkt an ihr noch unentdeckt ist. Möglicherweise ist es jedoch die bloße Folge davon, daß wir die dieser Unklarheit zugrundeliegende Erfahrungstatsache noch nicht beurteilt haben. Es ist nämlich unklar, in welchem Maße ich erwarte oder fordere, daß das Erlebnis eines anderen *genau* (wie) meines ist, um anzuerkennen, daß ich gewußt werde oder es so empfinde. Gesetzt, jemand sagte zu mir: »So miserabel fühlst du dich gar nicht. Ich fühle mich die ganze Zeit über miserabler, als du dich jetzt fühlst.« Ich mag ihm das abnehmen, ohne zu meinen, er habe die besondere Qualität meiner Empfindung sehr beachtet. Ich könnte selbst die besondere Qualität für nicht wesentlich halten. Doch das läßt es so aussehen, als sei es an mir zu entscheiden, ob jemand mich erkennt!

Oder vielleicht ist die Unklarheit darüber, was in solchen Fällen als Wissen gelten würde, bloß ein Artefakt der skeptischen Geschichte in ihrer Cartesischen Form selbst. Im ursprünglichen Fall, dem von materiellen Objekten, ergibt sich die Konklusion, daß ich auf der Grundlage der Sinne allein nicht weiß, zwangsläufig aus der unkritischen Verwendung der offensichtlichen Beziehung zwischen Wissen und Sehen: Ist Sehen als die Grundlage für Wissen gegeben, dann muß ich einräumen, daß ich unter Umständen nicht sehe, es nicht sehe, und daraus folgt, Punktum, daß ich nicht weiß, nicht beanspruchen kann zu wissen. Was entspricht im Falle des Fremdpsychischen, der dem materieller Objekte nachgebildet ist, dieser Beziehung zwischen Sehen und Wissen? Gewiß nicht die übertragene Beziehung zwischen Sehen und Wissen selbst, denn in der ersten Fassung des aktiven Skeptizismus bezüglich des Fremdpsychischen bekundete das auftauchende Bedürfnis nach einem Begriff wie dem der empathischen Projektion eine natürliche Unzufriedenheit mit dem schlichten Sehen. (Selbstverständlich liegt diese Unzufriedenheit nicht notwendig richtig.) Wie wäre es dann mit der Beziehung zwischen Verhalten und Erlebnis? Das war anfänglich die Vorstellung, als sich die Cartesische Fassung zum ersten Mal aufdrängte (VI. Kapitel, Schlußabschnitt »Ein weiteres Problem«). Das »Ich weiß ›aufgrund seines Verhaltens‹« entspricht dort dem »ich weiß ›aufgrund meiner Sinne‹«, und wie es scheint, versagt das Verhalten ebenso wie das Sehen als Grundlage für Wissen, denn wie wir hier die Möglichkeit zu träumen oder zu halluzinieren akzeptieren, müssen wir dort die Möglichkeit einräumen, daß etwas vorgetäuscht wird.

Unmittelbare Zweifel an der Stärke dieser Parallele sollten sich daraus ergeben, daß Verhalten auch in einer anderen Richtung täuschen kann. Der andere könnte nicht nur ein Verhalten vortäuschen, er könnte es auch unterdrücken, und in diesem Fall würde ich es einfach nicht wissen, ja könnte es tatsächlich niemals wissen – und nicht nur nicht wissen, was Cäsar bei Philippi empfunden haben würde, hätte er an der Schlacht teilgenommen,* sondern auch nicht wissen, welches seine Empfindungen beim Überschreiten des Rubikon waren, oder als er das letzte Mal in Ägyptens oder Brutus' Augen blickte. Seine Empfindungen im Laufe seines Lebens sind mehr oder weniger rätselhaft, mehr oder weniger eine Sache der Spekulation und Auslegung. Daß solche Konklusionen für unseren Intellekt akzeptabel sind, daß sie eine mögliche Position unseres Intellekts zu unserem Wissen von anderen sinnvoll erscheinen lassen, verweist auf die folgenden Tatsachen über den Begriff des Verhaltens im Gegensatz zu dem des Sehens – ich denke hier an einen Gegensatz bezüglich ihres erkenntnistheoretischen Gewichts: Wer seinen Anspruch, etwas zu wissen, darauf gründet, daß er es gesehen hat, reklamiert im allgemeinen für seinen Anspruch volle Autorität, die er im allgemeinen nicht reklamieren würde, wenn er seinen Anspruch, Wissen von einer Person zu haben, auf das Verhalten ebendieser Person gründete. Die Kategorie des Verhaltens ist dazu angetan, in einen Gegensatz zu etwas anderem zu treten, das erklärt, wie es wirklich um eine Person steht. Hingegen sagt nichts uns besser als das Sehen, wie es um (für das Auge sichtbare) Dinge steht.

---

* Diese kontrafaktische Form steht so nicht im engl. Original, aber da die Schlacht zwei Jahre nach Cäsars Tod stattfand, kann es sich dem Sinn nach nur um eine kontrafaktische Aussage handeln. (A. d. Ü.)

Nachdem die Unsicherheit hinsichtlich der Frage, ob ich gewußt werde, was überhaupt als »gewußt werden« gelten würde, sich auf einem gewissen Niveau stabilisiert hat, sollte die Geschichte des passiven Skeptizismus es uns, sozusagen von innen, ermöglichen, uns unserer Enttäuschung über Kriterien erneut zu nähern. Die Annäherung geht von dem Gedanken aus, ich wisse selbstverständlich, daß meine Kriterien (ich meine damit die Kriterien, die ich anderen an die Hand gebe) auf mein Erlebnis selbst zurückgehen – d. h. daher stammen –, will sagen, selbstverständlich weiß *ich*, daß die Kriterien, die ich anderen an die Hand gebe, erfüllt sind. Aber wie *kann* der andere es dann nicht wissen? Anscheinend handelt es sich hier nur um Versionen zweier uns längst vertrauter Möglichkeiten: Ich gebe nicht die richtigen Kriterien an die Hand, solche, die normalerweise oder natürlich mit genau diesem Erlebnis einhergehen (ob meine Erlebnisse selbst wie diejenigen anderer sind, beschäftigt mich hier nicht – ich nehme einfach an, sie seien es), oder der andere, dem ich sie an die Hand gebe, ist nicht fähig, sie richtig aufzufassen. Es ist ziemlich deutlich, daß sich beiden Möglichkeiten vorwerfen läßt, irgendwie absurd zu sein, weil sie eine für die Vorstellung (oder die Hypothese?), daß Kriterien zum Tragen kommen, wesentliche Eigenschaft bestreiten: Die zweite bestreitet, daß Menschen in dem relevanten Sinn übereinstimmen, die erste, daß ich zur Klasse der Menschen gehöre. Es ist denkbar, daß jemand hier das folgende Argument aufstellen möchte: Wenn diese beiden Möglichkeiten die echten und erschöpfenden Folgen der Vermutung des passiven Skeptizismus sind – daß ich mich selbst nicht vollkommen zu erkennen geben kann –, dann beweist ihr anschließendes Abrutschen in Absurdität, daß die ursprüngliche Vermutung ebenfalls absurd ist.

Der Wert oder die Ernsthaftigkeit dieses Wunsches nach einem Argument wird davon abhängig sein, wie man sich das Erkennen dieser Absurdität vorstellt. Denn ein solches Argument, es sei denn mein *Gefühl* einer unentrinnbaren Unerkanntheit verschwindet zusammen mit dem Zusammenbruch seiner »Folgen«, läßt mich schließen, daß dieses Gefühl von mir rein subjektiv und mithin ohne erkenntnistheoretische Konsequenz ist. Und das kommt einer Petitio principii hinsichtlich der skeptischen Frage gleich. Es läuft einfach darauf hinaus, schlicht anzunehmen, daß ein Gefühl unentrinnbarer Unerkanntheit durch irgendeine individuelle psychische Verwirrung hervorgerufen wird, vielleicht durch ein aus der Kindheit stammendes Wissen um Verlassenheit, vielleicht durch die in der Jugend gewonnene Überzeugung von Isolation und Zurückweisung. Wie dem auch sei, das läßt sich schwerlich als etwas verstehen, was für die *conditio humana* im allgemeinen metaphysisch repräsentativ ist. Nur Kinder oder Jugendliche, die ihre Probleme für die der Welt halten, würden das Kontingente so grob mit dem Notwendigen verwechseln! – Aber ist das denn richtig? Propheten, Messiasgestalten und einige romantische Dichter behaupten, sie repräsentierten die *conditio humana* als solche, und das ist logisch von derselben Art. Heutzutage gehört es zum guten Ton, so zu tun, als *müßten* alle Propheten und Messiasgestalten Betrüger sein (während es zugleich nie wahrer gewesen sein kann, daß niemand, der sich als Prophet ausgibt, ohne Gefolgschaft ist). Aber wessen Problem ist das? – Rousseau scheint diese Ambition von romantischen Künstlern, zu repräsentieren, begründet zu haben, nicht unmittelbar zum Zweck der Dramatisierung der eigenen Person (auch wenn es oft darauf hinausläuft), sondern um ihr universelle Bedeutung beizulegen. (Anders Montaigne, was ihn umtrieb war anscheinend gesteigerte Individualisierung.) Und wie es für Rousseau die Enzyklopädisten gab, die ihn vorführten und mit Spott übergossen, so hat jeder spätere Rousseau seinen Kritikaster, der den Repräsentationsanspruch auf seine Quelle zurückführt: die Charakterschwächen eines Außenseiters.

Ich will niemanden davon überzeugen, daß die Vorstellung des passiven Skeptizismus die Daseinsbedingung des Propheten wiederholt – im Besitz eines einzigartigen Wissens von unbestreitbarer Wahrheit zu sein, an die nicht zu glauben andere verurteilt sind. Hier, am Ende meiner Überlegungen zum Skeptizismus, verweise ich auf diese Vorstellung nur, um noch einmal darauf aufmerksam zu machen, wie Fragen des Skeptizismus mit solchen der geistigen Gesundheit, der Philosophie und der Psychologie verschlungen sind. Für den Skeptizismus in bezug auf materielle Objekte ist es charakteristisch, zwischen einem geistesgestörten und einem vernünftigen Zweifel an der Existenz von Dingen strikt zu unterscheiden. Es ist gleichermaßen charakteristisch, daß diese Unterscheidung nicht strikt genug sein kann, sondern daß die meisten Menschen – jeder, die meiste Zeit über, in den meisten Geistesverfassungen – unfähig sein werden, sie zu begreifen; man wird daher sagen, ein solcher Zweifel müsse geistesgestört sein, woraus nach meinem Verständnis der Sache nicht folgt, daß der Skeptizismus geistesgestört ist, sondern daß es den Skeptizismus gar nicht wirklich gibt. Charakteristisch für die Geistesverfassung, in der man von der skeptischen Vermutung ergriffen wird, ist auch, daß man den Ausweg aus ihr erspäht, daß man es als eine Alternative zu dieser Geistesverfassung sieht, sich wieder der gesunden Alltagswelt anzuschließen, der Welt außerhalb der Isolation des – ja wessen? Des Studierzimmers? Des Labors? Der Wüste?

Meine Intuition, daß ich, im Gegenteil, meinen Skeptizismus hinsichtlich des Fremdpsychischen leben kann, ist die Intuition, daß es keine vergleichbare, allgemeine Alternative zum radikalen Zweifel an der Existenz anderer gibt; wir stehen vielleicht schon, in Gemeinschaft, so weit am Rande wie nur möglich; und dementsprechend setzt sich ein solcher Zweifel nicht gleichermaßen dem Verdacht der Geistesgestörtheit aus. – Aber ist eine solche Intuition nicht auf den ersten Blick leer? Hast du nicht eigentlich gesagt, daß der Skeptizismus in sich nicht zu leben sei? Jedenfalls nicht bei geistiger Gesundheit? – Nun, ich habe gesagt, es sei in sich unmöglich, den Skeptizismus zu teilen. – Aber wie meinst du das? Du kannst doch nicht bloß meinen, daß ein Skeptiker metaphysisch ein Kommunikationsverweigerer ist? Du mußt doch behaupten, daß er das Gefühl hat, es *gebe* nichts zu kommunizieren. Und ist das nicht reichlich verrückt? – Aber wie meinst du das? Willst du bezweifeln, daß der Skeptizismus jemals ernsthaft (bei geistiger Gesundheit) anfangen kann, daß der Zweifelsgrund des Skeptikers nicht einmal momentan vernünftig scheint? Dann müssen wir wieder von vorne anfangen. Oder möchtest du sagen, die letzte Frage über den Skeptizismus sei die Rückkehr der ersten Frage, nämlich und ganz unrhetorisch: »Wie ist Skeptizismus möglich?«, und daß wir letztlich eine zunehmend konkrete Untersuchung der Geisteszustände fordern, in denen der Skeptizismus entsteht und verschwindet?

– Gesetzt, ich würde diese letzte Formulierung akzeptieren. Warum dann nicht den Anspruch überhaupt aufgeben, daß, in bezug auf die Existenz anderer, der Skeptizismus zur Debatte steht? Das heißt zuzugeben, daß, da wir unsere Ansichten von anderen leben können, diese Ansichten mit Skeptizismus nichts zu tun haben. Dann werden wir die Freiheit haben, die geistigen Einstellungen selbst zu untersuchen, in denen wir einander betrachten. – Wenn aber nun meine Intuition, die ich so ausdrückte, daß »der Skeptizismus hinsichtlich des Fremdpsychischen gelebt wird (oder werden kann)«, nicht leer ist – d. h., wenn es eine solche Intuition gibt –, dann ist ihr Gehalt ebender, daß unser Zusammenleben (eine seiner Dimensionen), einige Einstellungen, in denen wir andere betrachten, als skeptisch zu charakterisieren oder vielmehr in Begriffen zu verstehen sind, die uns aufgenötigt oder uns zur Verfügung gestellt werden, sobald wir den Skeptizismus durchdenken.

Etwas sehr Ähnliches möchte ich mit der Formulierung meines beharrlichen Interesses am Skeptizismus bezüglich des materiellen Objekts sagen – das, *wovon* der Skeptizismus in Frage stellt oder bezweifelt, daß es davon Wissen gibt, *ist* die Welt von Objekten, in der ich mich befinde, ist die *Welt*. Wie auch sonst gewährt das Anormale einen Zugang zum Normalen. Aus dem Versagen dessen, was der Skeptizismus als mein Wissen von Objekten betrachtet, erkenne ich, worin mein Alltagsleben mit Objekten besteht. (In »Knowing and Acknowledging« sowie in *The Senses of Walden* wollte ich genau das als »die Wahrheit des Skeptizismus« herausstellen.)

Wie unterscheidet sich nun die Weise, auf die diese Richtungen des Skeptizismus gelebt werden können? Versuchen wir, es anders auf den Punkt zu bringen: Zu sagen, ich bin nicht fähig, einen Skeptizismus in bezug auf materielle Objekte zu leben, heißt, daß es eine Alternative zu seiner Konklusion gibt, die ich als normaler Mensch wählen muß. Zu sagen, ich lebe meinen Skeptizismus in bezug auf andere (kann ihn leben), heißt entweder, daß es keine solche Alternative gibt oder keine solche Konklusion.

Ein Sinnbild für diese Vorstellung von einer Alternative hatten wir immer dann, wenn wir davon sprachen, daß sich der skeptische Zweifel auflöst, sobald man »die (philosophische) Studierstube« verläßt – es ist ein Sinnbild dafür, wie ich meine Isolation aufhebe (also entdecke, daß ich sie mir selbst auferlegt habe) und die Gesellschaft anderer akzeptiere, mich ihren Konventionen wieder anschließe und ihre Überzeugungen wieder teile. Das Sinnbild legt jedoch nicht im einzelnen dar, warum das »Verlassen« diese Wirkung hat, oder, genauer, es spezifiziert weder, wie es *möglich ist*, daß ich die Studierstube verlasse, noch was überhaupt die Wirkung davon ist. Ist die Wirkung die, daß ich vorübergehend meinen Skeptizismus vergesse, weil der Charme der Gesellschaft mich von ihm ablenkt, und wenn der Charme nachläßt, erinnere ich mich dann daran, was ich in der Studierstube gelernt habe, und falle wieder in Depressionen? Wenn dem so ist, dann brauche ich dieses Sinnbild gar nicht so zu verstehen, daß der Skeptizismus und mein Leben zwei Pole wären, zwischen denen ich oszilliere, sondern dann kann ich es doch genausogut so verstehen, daß dieses Oszillieren lebensimmanent ist. Ich muß mich nicht andauernd geisteskrank *verhalten*. Denn aus meiner Isolation heraus bin ich mir bewußt, daß es eine Alternative dazu gibt, und auf diesen Bewußtseinszustand reflektiere ich, wenn ich mich nicht in ihm befinde, indem ich etwa sage, daß ich »für praktische Zwecke« von der Existenz der Außenwelt überzeugt bin. Insoweit muß ich nicht von anderen getrennt und wie ein Geistesgestörter behandelt werden. Wenn man aber in diesem Sinn sagen kann, daß ich meinen Skeptizismus lebe, dann ist es falsch, daß der Skeptizismus hinsichtlich materieller Objekte sich nicht leben läßt. Was wird dann aus der These, daß es eine tiefgreifende Asymmetrie zwischen dem Skeptizismus hinsichtlich materieller Objekte und dem hinsichtlich des Fremdpsychischen aus dem Grund gibt, daß sich der erste nicht leben läßt, wohl aber der zweite? Ist sie nicht gerade zusammengebrochen?

Da die These – jedenfalls die Intuition – für mich keineswegs eingestürzt ist, muß es eine signifikante Variante in der Art und Weise geben, wie das Ausleben des eigenen Skeptizismus auf den verschiedenen Schauplätzen zu verstehen ist. So ist es mir evident, daß es nicht stimmt, wenn man den Unterschied zwischen der Situation innerhalb und außerhalb meiner Studierstube so interpretiert, daß ich etwas *erinnerte* und *vergäße*. So liegen die Dinge nicht. Im Gegenteil: Ich erinnere mich sehr gut daran, was in meiner Studierstube vor sich gegangen ist, nur ist es für mich jetzt – wie ich gerne sagen möchte – nicht lebendig. In meinen gegenwärtigen Umständen würde es »kalt, verkrampft und lächerlich« erscheinen, wollte ich jetzt auf den skeptischen Pfaden wandern. Betretbar sind sie nur in der Meditation, in einer Gedankenanstrengung, die nur der Intellektuelle als ein rein intellektuelles Vergnügen nachvollziehen wird. Außerhalb jenes Zugangs befinde ich mich nicht in der richtigen Studierstube. Falls wir sagen können, daß das Wissen des Skeptizismus außerhalb der Studierstube für uns tot ist, dann dürfen wir wohl sagen, daß man den Skeptizismus insoweit leben kann, als sein Wissen für einen tot ist. Eine qualvolle geistige Diät. Dennoch: Das Sterben des Wissens einzugestehen mag aus demselben Grund, wie das Sterben der Liebe auszuhalten, den Tod Gottes und der Poesie, das große Mittel für die Wiedergeburt sein.

Noch einmal, ich finde, die Notwendigkeit, die Klausel »für praktische Zwecke« anzuführen, beweist nicht, daß die Studierstube verlassen worden ist, im Gegenteil, sie zeigt, daß eine echte Alternative zur Isolation der Studierstube noch nicht erreicht ist. Wir haben ein Leben mit Objekten noch nicht wieder – meinetwegen auch ein durch die Enthüllung des Skeptizismus in die

Zucht genommenes nicht; wir haben bloß die Beschreibung eines Philosophen von diesem Leben, ein verfälschendes, intellektualisiertes Bild. Wir sind aus der Studierstube noch gar nicht herausgekommen, haben uns nur aus einer Ecke in die andere begeben. Das Wissen des Baumeisters über seine Säule, der Geigerin über ihre Hände und ihre Geige, des Wanderers über seinen Körper und den Erdboden ist nicht durch oder auf »praktische Zwecke« beschränkt. Was sie wissen, ist das, was es über ihre jeweiligen Gegenstände zu wissen gibt, es ist ihr Leben mit Gegenständen. – Ich kann mir nicht vorstellen, daß es bestechend ist, sich als Philosoph bei der Klausel »für praktische Zwecke« in bezug auf das Fremdpsychische zu beruhigen. Es sagt dem gesunden Menschenverstand nicht zu, sich mit der Tatsache, daß »das Verhalten des anderen alles ist, was ich je wissen kann«, dadurch abzufinden, daß man sagt, für praktische Zwecke wisse man von der Existenz des Fremdpsychischen genug. Ein solcher modus vivendi schiene verrückter als der Zustand, dem er abzuhelfen bestimmt ist. (Und wenn wir von irgendwelchen praktischen Zwecken dieser Art wüßten (und um ihretwillen wüßten), wer lehrte sie uns dann? Machiavelli? Luther? De Sade? Adam Smith? Clausewitz?)

Gesetzt, jemand (nennen wir ihn Polonius) meinte, er könne uns hinsichtlich der Möglichkeit, es würde etwas simuliert, wieder einmal beruhigen: »Gewiß, Menschen können nahezu jede psychische Situation, in der sie sich tatsächlich befinden könnten, vortäuschen. Aber obwohl man nicht mit Gewißheit wissen kann, ob eine Äußerung vorgetäuscht oder echt ist, reicht es für praktische Zwecke, alle Äußerungen als echt zu behandeln. Sicher, bei einigen aus der Klasse, die wir Menschheit nennen, könnte es sich um Roboter oder Androiden verschiedener Art handeln. Doch aus praktischen Gründen wollen wir alles, was Mensch zu sein scheint, so behandeln, als wäre es wirklich ein Mensch.« Ich würde sagen, daß Reden dieser Art unserem Interesse an anderen nicht gerecht werden.

Und was ist das für ein Interesse? Ich kann mir vorstellen, daß irgend jemand sich von mir denkt, daß ich die ziemlich unreflektierte Vorstellung hätte, Menschen seien in unserem Leben nun einmal wichtiger als Objekte. So jemand würde folgendermaßen opponieren: »Bist du nicht in Wirklichkeit der Ansicht, unser Interesse an Objekten sei mehr oder weniger gleichförmig, so als ob darin die Bedeutung der Entdeckung läge, die den Skeptizismus ermöglicht: daß nämlich niemand in einer besseren Position ist als ich, daß wir als Wissende alle im selben Boot sitzen, alle in der schwankenden sinnlichen Natur? Und sollten wir dann nicht eine diskriminierende Unterscheidung zugunsten der Personen treffen, denen gegenüber unser Interesse eben nicht gleichförmig, sondern individuell genau abgestimmt ist? Aber warum sollte man das nicht bloß für eine empirische Behauptung halten (wenn auch eine moralisch vielleicht gutgemeinte), über die der Skeptizismus nichts zu sagen hat? Und ließe sich nicht empirisch gleichermaßen plausibel und ebenso moralisch bewußt behaupten, daß das Interesse an verschiedenen Objekten weit weniger gleichförmig ist als das Interesse an anderen Menschen, daß das, was uns an einer Säule, einem Spiegel, einem Baum, einem Apfel, an Samen interessiert, viel mehr divergiert als das, was uns an der Sorte von Dingen in der Welt interessiert, die uns akzeptieren oder zurückweisen können und denen wir helfen oder die wir verletzen können?«

Wieder und wieder ist eine anscheinende Symmetrie oder Asymmetrie zwischen dem Skeptizismus in bezug auf die Außenwelt und dem in bezug auf das Fremdpsychische in der Reflexion in ihr Gegenteil umgeschlagen. (Beispielsweise: Es gibt keinen Idealfall für das Wissen von einem anderen, da es kein Exempel gibt, das in der Weise repräsentativ wäre. – Aber ja doch, es gibt eins! Es gibt das menschliche Exemplar selbst! Oder wiederum: Hier wie dort taucht die Vorstellung vom Außenseiter auf. – Ja, aber wie wir uns die Kräfte des Außenseiters auf dem einen und dem anderen Feld vorstellen, das weicht doch erheblich voneinander ab.) Dementsprechend möchte ich weniger behaupten, gewisse letzte Asymmetrien zwischen diesen Formen des Skeptizismus gefunden zu haben, als vielmehr, daß so, wie wir dazwischen hin- und herpendeln, unter jeder Asymmetrie eine Symmetrie zu bemerken und eine Symmetrie unter jeder Asymmetrie, dies an sich Asymmetrie genug ist, um die Intuition mindestens zu rechtfertigen, daß wir in dem Sinn, in dem wir zum Skeptizismus bezüglich der Außenwelt gelangen, nicht zum Skeptizismus bezüglich des Fremdpsychischen kommen können. Oder vielmehr: daß im Hinblick auf die Außenwelt nur ein Verrückter würde behaupten können, daß ich meinen Skeptizismus auch leben kann, während im Hinblick auf das Fremdpsychische es gerade kein Zeichen von Verrücktheit ist zuzugestehen, daß ich das kann. Denn ich tue es.

Da ich nicht fordere, daß es eine Ebene gibt, auf der ein Merkmal der einen Skeptizismusrichtung in der anderen *nicht* gefunden oder angewandt werden *kann*, sondern nur verlange, daß auf jeder Ebene ein Merkmal, das in der einen Richtung ganz natürlich erscheint, eine Abwandlung erfahren muß oder mit einem Vorbehalt zu versehen ist, wenn es in der anderen Richtung zu finden sein soll, so möchte ich auch nicht im mindesten behaupten, daß nur der Skeptizismus bezüglich materieller Objekte ein realer Skeptizismus ist, so als wüßten wir erschöpfend, was hier Realität konstituiert. (Man könnte denken, die beiden Formen des Skeptizismus unterscheiden sich so, wie Mann und Frau sich voneinander unterscheiden: Nichts ist anders, und alles ist anders.) Würde jemand zeigen können, daß meine Entdeckungen in den Bereichen des skeptischen Problems bezüglich des Fremdpsychischen, richtig verstanden, weitere Charakterisierungen des Skeptizismus bezüglich materieller Objekte, des Skeptizismus als solchen, sind, so liefe das meinen Intuitionen nicht zuwider. Aber damit nehme ich etwas vorweg, was über dieses Buch hinausgeht. So rührt z. B. das, was ich in Othellos Beziehung zu Desdemona herausarbeiten werde, nicht bloß von der Beziehung des Menschen zur Welt her, vor allem von demjenigen Lebensstadium, in dem der Mensch sich ein für allemal seines Wissens von der Existenz der Welt vergewissert haben will, nur um zu entdecken, daß er auf immer davon abgeschnitten ist; es zeigt sich zudem, daß Othellos und Desdemonas Beziehung am Ende ein Sinnbild dieses Vorgangs ist. Was darin impliziert ist, nämlich daß es zwischen der menschlichen Existenz und der Existenz der Welt permanent die Möglichkeit einer tödlichen Leidenschaft gibt, einer zugleich unauslöschlichen und unstillbaren Sehnsucht, gleichsam nach einer unmöglichen Ausschließlichkeit und Vollkommenheit, geht, wie ich meinen würde, auf meine These zurück, daß es möglich ist, sich in die Welt zu verlieben, blind dafür, daß sie jenseits unseres Wissens fortschreitet. Unsere Reflexion über das Wesen der beiden Formen des Skeptizismus läßt uns die Beziehung zwischen dem, daß wir mit der Welt sowohl ein Abenteuer haben, und dem, daß wir sie auch erdrosseln, folgendermaßen begreifen: Eine Hinsicht, in der sich nach meinem Befund der Skeptizismus bezüglich des Fremdpsychischen vom Skeptizismus bezüglich der Materie unterscheidet, ein Merkmal, das jener Fall aufweist, dieser aber nicht, betrifft eine Entwicklung in der »Vermeidung des Idealfalls«. Im Bereich der Außenwelt kann man, wie bereits gesagt, den Idealfall nicht vermeiden, vermeiden kann man nur das Wissen, daß es sich um einen Idealfall handelt, im Bereich des anderen ist sowohl das eine als auch das andere möglich. Allerdings gibt es auch hier eine Ausnahme, eine Ebene, auf der diese Asymmetrie ebenfalls ihre Symmetrie findet. Es gibt einen Typus Mensch, eine Weise, menschlich zu sein, in der, ohne daß von Geistesgestörtheit die Rede sein könnte, die der Welt gegenüber an den Tag gelegte Herzensreinheit zwar nicht unbedingt eine reife Liebe, aber doch einen Gleichmut und eine Offenheit für die Welt ermöglicht, die für die Exklusivität, mit der auf den einen Idealfall gesetzt wird, gar keinen Sinn hätte, einen Typus, für den in einer Welt, in der alles bedeutungsvoll sein kann, ein Objekt so gut wie ein anderes ist. Das ist die Weise des Clowns, vor allem in der Welt der bewegten Bilder, in dem, wozu er im Film wird, insbesondere in den Gestalten Charlie Chaplins und Buster Keatons. Für sie gibt es nicht den Idealfall

der Außenwelt, weil jeder der ideale ist, weil die Welt die ideale ist, denn keine andere wäre vorstellbar. Diese ist vorstellbar. Keine Möglichkeit des Trugs, der Vortäuschung oder Halluzination transzendiert die Art, auf die sie tatsächlich existieren. So, ohne Notausgang, zu leben heißt jedoch, daß man derjenige ist, der die Schläge einzustecken hat, derjenige, dessen Würde nicht vom sozialen Rang abhängt, derjenige, der über alle Erwartungen hinaus ist. Wie schwer es auch immer fallen mag, eine solche Ansicht aufrechtzuerhalten, noch schwerer ist es, sie zu teilen. Während man sich leicht vorstellen kann, daß diese Gestalten vor Sehnsucht nach einander verschmachten, fällt es schwer, sich vorzustellen, daß sie erotische Ansprüche erheben. Das ist eine Möglichkeit, ihre Ähnlichkeit mit Kindern festzuhalten. Raffiniert sind sie darum, weil sie alles wissen, worauf der Skeptizismus auch nur verfallen kann. Ich möchte weniger sagen, daß sie den Skeptizismus leben, als vielmehr, daß sie ihn überleben. (Mehr in dieser Richtung und in einem etwas anderen Tenor habe ich in »What Becomes of Things on Film?« ausgeführt.) Die Untersuchung von Tragödie und Komödie als erkenntnistheoretische Gegenstände sollte den Ertrag haben, erkenntnistheoretische Gleichungen zwischen ihnen entwickeln zu können.
– Ich neige aber immer noch dazu, an meinem Mißtrauen gegenüber der Formel »seinen Skeptizismus leben« festzuhalten. Das scheint mir erneut in einem glatten Widerspruch zu deinen Darlegungen zu stehen. – Würdest du es als ein Paradox durchgehen lassen? Ich brauche eine Formel, die zugleich die enge Verbindung des Problems des Fremdpsychischen mit der Frage des Skeptizismus und die Differenz zwischen ihnen veranschaulicht. – Noch einmal und ganz unabhängig davon, was dir vorschwebt, wenn du soviel Wert auf bestimmte »Formeln« legst, *bist* du nun durch das Versagen deines Idealfalls zum Skeptizismus gekommen? – Ich könnte sagen, daß das *meine* Frage ist. Ich versuche, das Problem des Fremdpsychischen zu entdecken. – Aber du hast noch nicht einmal einen Kandidaten für diese Rolle vorgewiesen, solange du uns nicht gezeigt hast, was uns wieder

auf die Erde zurückbringen, aus der Studierstube hinaus zu den anderen Menschen führen könnte, was eigentlich eine Alternative zu unseren Spekulationen bildet, auf die unsere Spekulationen aus ihrem besonderen Blickwinkel ihr eigentümliches, beunruhigendes Licht geworfen haben.

Aber ich habe doch erklärt, warum es in bezug auf das Fremdpsychische keine solche Alternative gibt. Der Grund dafür ist, daß es keine menschliche Alternative zur Möglichkeit der Tragödie gibt. – Ich nehme an, du behauptest damit nicht, daß du jeden Tag sozusagen als eine Art Othello herumläufst? – Nicht genau. Aber ich behaupte zu sehen, in welcher Weise sein Leben das meine abbildet, in welcher Weise meines aus demselben Stoff ist, zu sehen, daß wir in einer inneren Beziehung zueinander stehen. Ich sehe, wie mein Glück davon abhängt, daß mein Leben von seinen Problemen berührt wird, wenn auch nicht davon betroffen, oder, wenn doch betroffen, nicht davon befallen, den Problemen von Vertrauen und Verrat, falscher Abkapselung und schlechter Gesellschaft, von Verlangen und Furcht vor beidem, Privatheit und Vereinigung. – Wenn dem so wäre, sagt das dann nicht bloß etwas über dich und ihn aus? – Wäre dem so, dann ist Othello entweder keine Tragödie oder ich habe gar nichts begriffen. Ich behaupte nicht, *erklärt* zu haben, wie es möglich ist, daß das Leben eines Menschen – sei es nun fiktiv oder real – für menschliches Leben generell repräsentativ sein kann. Das liefe auf die Erklärung der Vorstellung hinaus, daß ein Mensch in einer inneren Beziehung zu allen anderen Menschen steht, daß sie wechselseitig aufeinander eingestimmt, Gattungswesen sind. Was ich behaupte, ist beispielsweise, daß Othello in diesem Sinn repräsentativ ist und daß dieses (literarische) Faktum zu verstehen dasselbe wäre, wie zu verstehen, worin das (philosophische) Problem des Fremdpsychischen liegt, vor allem, warum seine Idealfälle ebendiese und keine andere Form annehmen.

– Und doch, wenn jetzt dein Kind in die Studierstube kommen würde, würden diese Gedanken und diese Stimmung doch verschwinden, nicht wahr? Du würdest ebenso gewiß wachgerüttelt, unterbrochen werden, als wäre die Stimmung, in der du dich befandest, diejenige gewesen, in der du meinst, das, was du die Außenwelt nennst, sei abhängig von deiner zufälligen menschlichen Sinnesausstattung. – Darauf muß ich sagen, daß dies nur dein Vorurteil belegt, daß beide Formen des Skeptizismus dieselbe (instabile) Konklusion haben *müssen*, daß es eine normale Alternative zu den skeptischen Spekulationen über das Fremdpsychische geben *muß*. Denn warum sonst beschwörst du die sentimentale Vorstellung des Kindes herauf? Sicherlich werde ich, das hoffe ich jedenfalls, mein Tun unterbrechen und mich dem Kind zuwenden. Habe ich das aber so zu verstehen, daß es sich um dieselbe Ablenkung handelt wie mit Bezug auf die Welt der materiellen Objekte, um dieselbe Störung der Aufmerksamkeit, um dieselbe Unzugänglichkeit derselben schrecklichen Wahrheit? Im Gegenteil, da ich zu der Überzeugung neige, daß ich aus meiner Isolation gar nicht herauskomme, könnte ich auch in dem Kind keine Alternative zu meinem Wissen sehen, daß ich keinen Zugang zu den anderen habe oder sie keinen zu mir haben, sondern nur einen Trost dafür – nicht weil mein Kind mich von meinen Spekulationen über das Fremdpsychische heilt, sondern weil es, so wie ich es jetzt erlebe, dafür nicht *anders* genug ist. Es ist nur eine erweiterte Basis für meinen Narzißmus. Und wenn ein echter anderer eintritt, was dann? Von meiner Meditation über materielle Objekte aus würde ich einem Etwas gegenüberstehen, das wie eine vorangestellte Null aus meinen skeptischen Berechnungen herausfallen muß, denn mit Bezug auf die Betrachtung materieller Objekte gibt es null relevante Unterschiede zwischen mir und anderen. Meditiere ich jedoch über andere, dann stehe ich einem Beispiel für ebenden Gegenstand meiner Meditation gegenüber, einem, dessen Unterschied von mir eine Differenz ums Ganze ist.

Die Gestalt des Kindes legt diese weitere allgemeine Asymmetrie zwischen unserem Wissen von Materiellem und von Geistigem nahe. Obwohl der Skeptizismus hier wie dort unsere Schwächen als Wissende aufdeckt, unsere Frustration über die Endlichkeit

zum Ausdruck bringt, löst sich unser im Skeptizismus bezüglich des materiellen Objekts enthaltenes Wissensideal – das Ideal der Gründlichkeit, Solidität und Vollständigkeit unserer Behauptungen – bei der Rückkehr in den Alltag auf, als wäre es immer schon unsubstantiell gewesen, ja verworfen. Das im Skeptizismus bezüglich des Fremdpsychischen enthaltene Ideal hingegen – das Ideal, in unserer Anerkennung unserer selbst und anderer uneingeschränkt aufrichtig und tatkräftig zu sein – verfolgt uns in unserem Alltag, als wäre es die Substanz unserer Hoffnungen.
– Aber enthält nicht just die Anspielung auf Faust (dessen Wissensideal verflucht ist) den Hinweis auf die Möglichkeit einer tragischen Zuspitzung in unserem kognitiven Verhältnis zur materiellen Außenwelt, auf eine Art rein intellektuelle Tragödie? Hast du nicht selbst darauf aufmerksam gemacht, als du von einer Schicht der Symmetrie gesprochen hast, in welcher der *Anerkennung* in der Beziehung zu anderen das *Akzeptieren* in der Beziehung zu Objekten entspricht? (»The Avoidance of Love«, S. 324). – Sofern es überhaupt eine rein intellektuelle Tragödie gibt, wird man von ihrem Protagonisten noch immer sagen müssen, »er oder sie lebe den Skeptizismus«, lebe irgendeine Unfähigkeit, die Schranken der menschlichen Erkenntnisfähigkeit anzuerkennen. Wer könnte das Publikum für ein solches Thema sein, da die Menschen sich in dieser Hinsicht nicht voneinander unterscheiden? Wie könnte der Protagonist wegen irgendeines Irrtums von der menschlichen Gemeinschaft so abgeschnitten werden, daß ein jeder Zuschauer darin sein eigenes kontingentes Sein dargestellt sähe? Die Tragödie müßte sein, im Besitz einer menschlichen Sinnennatur zu sein. Doch gerade diejenigen, die am schärfsten um die menschliche Sinnennatur insgesamt gewußt haben, haben darin keine Tragödie erblickt, sondern einen zur Vorsicht mahnenden Mythos. Buddha, Platon, der hl. Paulus sehen unser Gefangensein in der Sinnlichkeit als ein Stadium unserer Existenz, über das jeder Mensch hinausgelangen muß. (Überlegenswert wäre, was aus dieser Idee, daß wir über (diese Eigenschaft) unser(es) Menschsein(s) hinausgelangen, bei Geistern wie

Blake oder Nietzsche wird. Es wäre allzu leicht zu sagen: Nicht die Endlichkeit, sondern ihre Verdrängung sei das Kennzeichen der Tragödie. Diese Verdrängung der Endlichkeit hat man auch als das Kennzeichen der Sünde aufgefaßt. Nietzsche und Blake haben es unternommen, die Unterscheidung zwischen Endlich und Unendlich im Denken des Menschlichen zu leugnen, um die Menschheit vom Makel der Sündhaftigkeit zu befreien.)

Sollte es ein Drama des reinen Wissens geben, dann, so scheint es, müßte Faust sein Protagonist sein. Aber ist Faust denn eine tragische Gestalt? Müssen wir ihn überhaupt als jemanden verstehen, der den Skeptizismus lebt? Schließlich hat der Skeptizismus mit dem absoluten *Versagen* des Wissens zu tun, während Faust den absoluten *Erfolg* des Wissens gelebt hat. Nur hat er von diesem Erfolg entdecken müssen, daß er menschlich nicht befriedigend ist. Faust ist der Midas des Wissens. Sein Name symbolisiert in der Moderne den Versuch, die Notwendigkeit der Anerkennung durch die Macht maßlosen Wissens zu überwältigen. (Vgl. »The Avoidance of Love«, S. 347.) Wenn wir uns vorstellen, Faust sei der Wunsch gewährt worden, den menschlichen Erkenntnisschranken zu entrinnen, d. h. der Bedingung menschlichen Wissens, dann findet sich in abstrakter Sprache das schärfste Porträt von ihm in der *Kritik der reinen Vernunft*, nämlich in ihren Analysen derjenigen, die da glauben, der Notwendigkeit einer Kritik der Vernunft durch die Vernunft entrinnen zu können, und die z. B. als Leute gezeigt werden, die mit dem Obersten zuunterst, sozusagen auf ihrem Kopf, leben, indem sie ihre Erfahrungswelt »empirisch ideal und transzendental real« machen. Was Faust betrifft, gibt es wohl noch nähere Beschreibungen von ihm in Kants *Die Religion innerhalb der Grenzen der bloßen Vernunft*. Während man auf diesem berühmtesten Sektor der Unvernunft auf einen Kampf der Aufklärung im Interesse der Vernunft gegen die Unvernunft gefaßt wäre, geht Kant hier wie immer darüber hinaus. Die unter dem Titel *Allgemeine Anmerkung* versammelten Abschnitte, deren jeder einen der vier Teile von Kants Religionsschrift beschließt, bilden nach meinem Dafürhalten zusammengenommen eine allgemeine Theorie der Unvernunft, eine systematische Darlegung dessen, was nach dieser Theorie eine ganze Klasse von Phänomenen umfaßt, die jeweils eine bestimmte Verzerrung der menschlichen Vernunft implizieren. Kant nennt die vier Elemente dieser Klasse Schwärmerei, Aberglaube, Adeptenwahn und Thaumaturgie. Nicht der unwesentlichste Punkt seiner erhellenden Theorie ist die implizite These, daß es für das Faustische und den Skeptizismus sozusagen dasselbe Heilmittel gibt. – Durch seine Vertiefung der Aufklärung ist Kant nicht nur der Vorbote der Romantik, er stellt auch sicher, daß jeder, der seine Heilmittel gegen die Romantik ablehnt, von dieser Krankheit angesteckt werden muß, oder vielmehr, daß die Ablehnung seiner Heilmittel das beste Symptom dafür ist, daß man an ihr leidet. Nein, das beste Kriterium.

Dr. Frankenstein, Dr. Fausts Nachkomme, ist verglichen mit seinem Vorfahren generell kindischer oder deutlicher pubertär. Das liegt, so scheint es, sowohl an seinem oberflächlicheren Narzißmus und seinem offenkundigeren Schuldbewußtsein als auch an seinen Thesen, das Wißbare und das Machbare seien einerlei – als wären Wissenschaft und Technik einfach dasselbe – und daß man letztlich nicht die volle Verantwortung für sein Werk trägt, oder eher, daß man sie nur um den Preis des Selbstopfers übernehmen kann – freilich nicht bevor man seine Lieben geopfert hat. Faszinierend wäre es, hier die Parallelerscheinung zu verstehen, daß so, wie der Weg von Fausts Verdammnis zum nur noch verwerflichen Frankenstein einen Abstieg darstellt, es auch einen Abstieg innerhalb der jeweils von ihnen inspirierten Gattungen gibt – warum der eine Gegenstand eines der großen modernen Epen ist und der andere ein Klassiker, sogar der Prototyp der phantastischen Literatur (ich schließe den Film ein), insbesondere der Science-fiction. Weniger voreingenommen, sollte man die Beziehung zwischen den beiden Gattungen allerdings nicht als Niedergang, sondern als Popularisierung sehen.

Versteht man diese Beziehung der Gattungen, so mag sich eine Wende im Verständnis der Möglichkeit ergeben, seinen Skeptizismus hinsichtlich anderer zu leben. Mehr als einmal habe ich ausdrücklich oder implizit gesagt, das Problem des anderen sei nicht weniger ein literarisches als ein philosophisches Problem. Ein Problem ist, in welchem Geist Geschichten erzählt werden wie beispielsweise die vom Ingenieur im Garten oder die vom *genius malignus*, der mich beständig täuscht. In welchem Geist muß von dergleichen Möglichkeiten erzählt werden, damit sie meine Alltagsüberzeugungen, meine natürliche Orientierung erschüttern? An dieser Stelle hätten wir tiefer in ein Gebiet einzudringen, das wir früher »projektive Imagination« überschrieben haben (Kapitel VIII, der »Die Projektion des Philosophen …« betitelte Abschnitt). Dieses Gebiet umfaßt die grundlegendsten oder elementarsten Aufgaben, um zu erklären, warum es eine Philosophie der Alltagssprache gibt – z. B. die Aufgabe, zu erklären, worin der Unterschied liegt, wenn wir Austins Frage »Was sollen wir sagen, wenn …?« als das verstehen, was sie ist, als eine Aufforderung, eine die jeweilige Gegenwart betreffende begriffliche Klärung herbeizuführen, eine Forderung nach gegenwärtigem Bewußtsein, nämlich im Gegensatz dazu, was sie nicht ist, nämlich eine Aufforderung, über die Zukunft zu reden (vgl. *Must We Mean What We Say?*, S. 66); oder der Unterschied zwischen Wittgensteins Bemerkungen darüber, was er die Naturgeschichte des Menschen nennt, und dem, was er eine Hypothese zu dieser Geschichte nennen würde (vgl. *Untersuchungen*, S. 578). Vor allem hätten wir hier den Unterschied zwischen dem auseinanderzusetzen, was wir ein Gedankenexperiment, und dem, was wir Science-fiction nennen könnten. Im letzteren Fall werden wir wohl die Folgen einer Hypothese zu einer fiktiven Welt ausspinnen, einer, die wir nicht mit der unseren identifizieren; im ersten Fall gehört die kontrafaktische Natur des Fiktionalen in die Welt hinein, die wir als die unsrige identifizieren. Die Erdichtung eines *genius malignus* zum Anlaß zu nehmen, um uns auszumalen, welche Folgen es hätte, in einer Welt zu leben, in der es eine derartige Gestalt gibt (ich meine damit, in der eine bestimmte Person diese Rolle spielt, nennen wir sie Dr. No), würde wohl kaum zu der

Spekulation führen, an der teilzuhaben Descartes uns auffordert. Denn eine fiktive Geschichte entwickelt sich ganz nach dem Willen des Erzählers, wir könnten es als seine Macht bezeichnen, diese Welt von Anfang bis Ende zu stipulieren, und unter dieser Bedingung gibt es keinen Raum für Descartes' erhellende Verweigerung, die Existenz eines solchen *genius malignus* zuzugeben, indem dies nämlich anzunehmen hieße, Gott sei weniger als Gott. Mir scheint, meine Geschichte vom Ingenieur in seinem Garten ist von mir als eine aus einer ganzen Reihe gedacht, in der uns zu Bewußtsein kommt, daß das, was wir uns unter dem Äußeren vorstellen (dem Körper und seinen Freiheitsgraden), davon abhängig ist, was wir uns unter dem Inneren vorstellen (der Seele, die Äußerungen atmet) und was wir uns unter uns selbst vorstellen, davon, was wir uns unter unseren Mitmenschen vorstellen. Ich habe die Geschichte nicht als Anfang eines phantastischen Romans etwa darüber beabsichtigt, wie wir richtigen Menschen lernen könnten, mit synthetischen zusammenzuleben, oder darüber, was für solche Geschöpfe Liebe, Gerechtigkeit, Höflichkeit oder Spaß wäre.

Da mir klar ist, daß ein oder zwei Beispiele diese wichtigen Gegenstände nicht klären, möchte ich gerne unterstreichen, daß Sciencefiction keine Tragödie beinhalten kann, denn die menschlichen Grenzen sind darin von Anfang an umgangen. Mit Hilfe dieses Gedankens kann ich erklären, worin sich meine Intuition von der solcher Philosophen unterscheidet, die meinen, eine wissenschaftlich gefärbte Spekulation oder Fiktion genüge bereits, um den Skeptizismus nahezulegen, z. B. die Spekulation, ich könnte, nach allem, was ich weiß, auch ein Gehirn im Tank sein. (Für gewisse Leute mag, so denke ich, dieses Bild ein guter (bildlicher) Ausdruck dafür sein, wie die Dinge wirklich liegen, wo jedes normale Gehirn größtenteils von Wasser umgeben in einem Schädel auf einem Gerippe liegt, oder vielleicht sagt das Bild nur etwas über *bestimmte* Leute.) Von der Tatsache abgesehen, daß ich mich nicht *genötigt* fühle, diese Möglichkeit zu betrachten, habe ich nicht das Gefühl, daß mir hinreichend klar ist, was es hieße, es (als eine Hypothese) zu betrachten. Denn gesetzt, es wäre wahr. Dann hätte ich in Erwägung zu ziehen, daß ein Gehirn im Tank sich selbst als ein Gehirn im Tank betrachten muß, was soviel heißt, wie sich vorzustellen, daß dies in der Tat meine Situation ist (oder die des Gehirns). Wenn ich die Möglichkeit erwäge, daß ich jetzt schlafen und träumen könnte, dann habe ich eine starke, wenngleich vage Vorstellung, daß es etwas und jemanden jenseits davon, außerhalb meines Traums, gibt; eine starke, wenngleich vage Vorstellung davon, wie es wäre aufzuwachen; und wenn ich mich mit einem anderen einem Schlafenden nähern sehe, und man sagt mir, das sei ich, der da liegt, dann weiß ich, daß *das* entweder ein Traum ist oder daß ich in einer Science-fiction-Erzählung gelandet bin. Ziehe ich jedoch in Erwägung, daß ich ein Gehirn im Tank sein könnte, dann finde ich, daß ich eine sehr konkrete Vorstellung von der Beobachtungsperspektive außerhalb des Tanks habe; und wenn ich mich mit einem Aufseher weiße Flure entlanggehen sehe, kann ich mir insbesondere vorstellen, wie er durch ein großes Fenster, so als zeigte er auf ein Neugeborenes im Säuglingszimmer, auf einen der vielen Tanks mit Gehirnen darin weist und sagt: »Das da, genau da drüben, bist du.« (Was würde es an der Sachlage ändern, wenn wir statt Gehirnen Körper im Tank nehmen würden?) – Es scheint mir evident, daß ich nicht die geringste Idee habe, wie es wäre, zu erfahren, daß *ich* ein Gehirn im Tank bin; was mir hinreichend dafür zu sein scheint, daß ich die Möglichkeit, ich sei eines, als eine Hypothese nicht ernsthaft in Betracht ziehen kann. Das hindert mich freilich nicht, die Geschichte von der Pflegestation für Gehirne weiter auszuspinnen.

Der unmittelbare Nutzen einer solchen Geschichte liegt meiner Ansicht nach in ihrem Nachweis, daß es nicht reicht, um meinen skeptischen Zweifel wecken, daß man mir mit irgendeiner von der meinen sinnlich ununterscheidbaren Welt kommt. Ich muß zugleich die Möglichkeit bekommen zu verstehen, wieso sie mir überhaupt vorgesetzt wurde. Das ist ein besonderes Merkmal der Möglichkeit, daß ich träume oder halluziniere. – Geht es auch umgekehrt? Wäre für uns eine Kultur denkbar, die etwa *Othello* wie Science-fiction liest, eine Menschengruppe, die nicht aus eigener Erfahrung das Bedürfnis nach Vertrauen oder den Schmerz über Verrat kennt? – Sich dergleichen vorstellen scheint mir selbst Science-fiction. Aber es ist nicht sicher. Nach einem Mythos, den wir uns selbst gegeben haben, könnte eine solche menschliche Kultur unmöglich existieren – ich meine den Mythos, wonach selbst Gott, als er Mann und Frau schuf, ihnen das Vermögen zum Verrat lassen oder vielmehr es ihnen gewähren mußte. Dann war mein Gedanke gerade eben, als ich mal wieder zur Science-fiction griff, der, daß, sollte es eine solche Gruppe geben, die *Othello* wie Science-fiction liest, diese nicht aus Menschen bestünde. Und für diese nicht-menschliche oder postmenschliche Gruppe könnten die von uns so genannten Tageszeitungen (die uns oft genug surrealistisch anmuten) ein billiger Science-fiction-Artikel sein.

Als Reaktion auf die passive skeptische Geschichte habe ich früher davon gesprochen, daß meine Ungewißheit, ob ich gewußt werde und was als ›gewußt werden‹ zu gelten hätte, sich auf einem gewissen Niveau stabilisiert hatte. Alles andere als klar ist jedoch, ob die Geschichte deutlich herausgestellt hat, was es denn ist, dessen ich vergewissert sein möchte, indem ich gewußt werde, bzw. in dem Fall, daß das scheitert. Diese Überlegung lief wesentlich über den Gedanken, daß »alles, was jemand von mir weiß oder wissen kann, das ist, was ich ihm selbst enthüllen kann«. Meine Absicht war nicht, mich damit nur auf solche ausdrücklichen Vorgänge zu beziehen, wo ich dem anderen offen meine Zuneigung, meinen Ärger, meinen Schmerz oder meine Enttäuschung bekunde. Aber könnte denn etwas anderes, weniger als diese Ausdrücklichkeit gemeint worden sein? Ich kann damit nicht dasselbe gemeint haben, wie wenn ich gesagt hätte, »alles, was jemand von mir weiß oder wissen kann, ist das, was sich zeigt«, denn das scheint ja nur zu besagen, daß es für den anderen natürlich *irgendeine* Weise zu wissen geben muß (und ich wollte mehr als das gesagt haben) und darin impliziert zu sein scheint, daß sich *etwas* von mir *nicht* zeigt (und ich wollte weniger als das gesagt haben).

Was hier zum Ausdruck kommen will, ist das Gefühl, daß sowohl das, was ich zeigen kann, als auch das, was ich verbergen kann, relativ ist. Auf einen großen Teil dessen, was in mir vorgeht, trifft zu, daß ich es normalerweise, soll es gewußt werden, auch mitteilen oder äußern muß. Aber das gilt nicht unbedingt und in bezug auf nichts, was in mir ist, unbedingt. Was immer ich in mir verhehlen muß, könnte ich genau auf die Weise verraten, auf die ich es verhehle. Denn gerade *das* ist ja das Verhehlte; das Verhehlen dessen, was ich, soweit es an mir liegt, offen äußern könnte, ist ein vollkommener Ausdruck ebendesselben – der etwas zu scharfe Ton, in dem ich etwas abstreite, das allzu Ungezwungene meines Verhaltens, die Künstlichkeit in meinem Lächeln, meiner Haltung oder Pose, das sind alles Dinge, die ich vielleicht auch erfolgreich verbergen könnte ... Es gibt manche, die solches Verbergen zu deuten wissen. Das Verbergen dessen, was nach Ausdruck drängt, ist wie Irreführung eine anspruchsvolle Kunst. Man könnte es eine Sprache nennen: die Körpersprache. Bei Menschen gibt es nur offene Geheimnisse oder offene Fragen.

Meine Darstellung der passiven Geschichte mag im allgemeinen die reale, spezielle Forderung der Passivität beim Gewußtsein übergangen haben, jenes Element, das ich manchmal so ausgedrückt habe, daß man sich auch gewußt sein läßt und darauf wartet, gewußt zu werden. Es unterlag einer bestimmten Idee von Passivität, so als würde jede Selbstdarstellung unweigerlich zum Verrat an einem selbst führen – zur Selbstinszenierung: D. h., meine Geschichte ließ Aktivität nur im Sinne des Sich-gewußt-Machens zu, nicht aber im Sinne des Sich-gewußt-sein-Lassens. Aber gerade hier mag Aktivität für die Selbsterkenntnis unabdingbar sein. Es ist die Fähigkeit, sich zu einem anderen für sich selbst zu machen, etwas über sich zu erfahren, was man nicht *schon* wußte. Folglich ist dies der Brennpunkt, in dem sich das Wissen über sich selbst mit dem von den anderen trifft. Ein vernünftiges Axiom über das Wissen von anderen Personen könnte so lauten: Man kann andere nur in dem Maße sehen, wie man sich selbst als einen anderen sehen kann. (Das ist eine etwas schwächere Fassung des Gedankens, den ich früher so umschrieben habe, ein Bekenntnis würde dadurch erträglich, daß das, was man in sich selbst entdeckt, auch eine Entdeckung über andere ist.) Thoreau formuliert den Gedanken so: »Ich kannte nie und ich werde nie einen schlechteren Menschen als mich kennen« (*Walden*, »Economy«). Es geht hier nicht etwa darum, von sich auf andere zu schließen. Es geht schlicht darum, sich selbst nicht als außergewöhnlich zu sehen.

Mehr als einmal sind wir auf die Frage gestoßen, wem mein Versagen, zu wissen oder von einem anderen gewußt zu werden, nun zuzuschreiben ist: mir selbst oder dem jeweils anderen, dem Subjekt des Wissens oder dem Subjekt des Gewußtseins. Als ich von mir die vollkommene Passivität des Gelassenseins forderte, konzentrierte ich mich bei dem Problem auf die Erkenntnisfähigkeit des anderen. Dadurch wird der andere nicht zum idealen Beichtiger [*Confessor*] (einem Beichtiger muß man etwas beichten, sich selbst gewußt machen), wohl aber zu einem idealen Mitwisser [*Acceptor*]. Vielleicht ist es das, was Thoreau einen Freund nennt. Für andere ist der Freund jemand, dem und von dem alles, was zu sagen ist, gesagt werden kann, da es dazu da ist, um gesagt zu werden. So jemand ist die Antithese zum Beichtiger, denn nichts würde in der oder als Beichte gesagt werden, sondern als Beschreibung. Einen solchen Freund zu haben ist in dem Maße für jemanden unvorstellbar, wie ihm Anerkennung als eine bestimmte Art von Beichte vorkommt. Und wenn das Bedürfnis nach Anerkennung sich selbst als der Drang zu beichten darstellt, könnte es sich *gerade darum* als Drang, das nicht zu tun, als Drang zur Geheimhaltung, darstellen. Dann muß man etwas haben, was man geheimhält. Folglich wird das Verbrechen, wenn auch nur das eingebildete, um der Schuld willen da sein. Denn in einer sündigen Welt wird Schuld der Beweis für die eigene Privatheit sein, folglich dafür, daß man ein Selbst hat, folglich für das Wesen des eigenen Selbst. Sie enthüllt einem sich selber. Das Verlangen nach geistiger Gesundheit kann einen so in den Wahnsinn treiben.

Wenn ich mir nicht sicher sein kann, daß ich entweder nicht gewußt oder doch gewußt werde, dann folgt daraus, daß ich nicht sicher sein kann, ob ein bestimmter anderer ein Kandidat dafür ist, mich entweder zu wissen oder mich nicht zu wissen. Und dann ist es möglich, daß kein anderer ein Kandidat dafür *ist*, zu wissen, daß ich ein Mensch bin. Aber ein Mensch könnte, wenn er mit mir konfrontiert ist, unmöglich nicht wissen, daß ich ein Mensch bin. Wenn das Problem der Existenz von Fremdpsychischem an der Fähigkeit des anderen hängt, von meiner Existenz zu wissen, dann ist es entweder so, daß ich nicht weiß, daß ich ein Mensch bin, oder daß ich nicht um die Existenz anderer Menschen wissen kann. – Wer sind dann diese anderen? Sagen wir, trotz meiner jüngsten Entdeckung wäre ich für die anderen ein anderer. Dann bin ich bestenfalls ein anderer Roboter, ein Humanoid, ein natürlicher Feind oder ein Artgenosse der betreffenden nicht-menschlichen Spezies (aber welchen Sinn hätte das jetzt: nicht-menschlich?). Ich könnte mit ihnen jagen, umherziehen oder überwintern, mich mit ihnen fortpflanzen oder mit ihnen kämpfen, und wir könnten uns gegenseitig lausen; wir könnten es selbst so einrichten, daß einer von uns schnattert, während die übrigen still in Reihen dasitzen. Soweit geht die Wechselseitigkeit. In solch einer Gruppe mag ich mich *versteckt* fühlen. – Daß ein Beweis, der Zweifel an der Existenz *anderer* Menschen wecken soll, am Ende Zweifel an meiner eigenen Existenz als Mensch erweckt, sollte nicht überraschen. Und ebensowenig sollte überraschen, daß zumindest ich diesen Beweis zurückweisen werde. Immerhin bin ich es gewesen, der den Beweis geführt hat, und deshalb existiere ich mit Sicherheit!

Ich habe einmal das Bewußtsein, nicht gewußt zu werden, so definiert, daß ich gesagt habe, ein Individuum finde »in *einigen* seiner Erfahrungen seinen *eigenen* Geist repräsentiert ... – in bestimmten Sünden, Beschämungen, überraschenden Freuden –, um dann seinen Geist (sein Selbst) in dem Maße als ungewußt einzustufen, in dem *diese* Erfahrungen ungewußt sind« (»Knowing and Acknowledging«, S. 265/Dt.: »Wissen und Anerkennung«, S. 72).* Wird ein Individuum, das sich in solchen Nöten befindet, annehmen, daß von seiner Existenz nicht gewußt wird? Möglicherweise meint es, für die anderen als ungewußt zu existieren, gleichsam anonym. Möglicherweise wähnen er oder sie sich, irgendwie anders, außergewöhnlich zu sein. (Aus diesem Grund mögen sie annehmen, daß Dichtung nur für sie da ist, denn nur durch Dichtung würden sie erkannt. Doch solange irgend jemand ihrer bedarf, bedarf jedermann der Macht der Dichtung. Die Gesellschaft rationiert nur, wer in ihren Genuß kommen darf. Das ist ein Maß für die Sündhaftigkeit der Welt.) Dieses Wissen um die eigene Besonderheit unterscheidet sich von der Art, auf die man als Sklave ein anderer als die anderen ist: Man sieht sich hier selbst nicht als eine *Art* Mensch. Es unterscheidet sich auch von der Art, auf die der Ausgestoßene ein anderer ist: Man schränkt hier nicht sein Menschsein ein. Man ist abgeschieden, weil nicht wißbar. Man interpretiert sein Getrenntsein als Abgeschiedenheit und findet dann einen Grund dafür: Man ist außergewöhnlich, für das gewöhnliche Wissen entweder zu gut oder zu schlecht, zu schön oder zu häßlich, ein Ausbund an Heiligkeit oder Niedertracht, ein Meer von Glück oder Leid. Mir scheint, in solchen spirituellen Nöten könnte ich auch die Äußerung von mir geben, die Wittgenstein von anderen bezeugt, die nicht fähig sind, *diesen* (mir an die Brust schlagend) Schmerz zu haben.

Wittgensteins Reaktion (in § 253) ist ungerührt und pedantisch:
> Die Antwort darauf ist, daß man durch das emphatische Betonen des Wortes »diesen« kein Kriterium der Identität definiert. Die Emphase spiegelt uns vielmehr nur den Fall vor, daß ein solches Kriterium uns geläufig ist, wir aber daran erinnert werden müssen.

---

* Die deutsche Übersetzung wurde geändert. (A. d. Ü.)

Warum soll das *die* Antwort sein oder überhaupt eine Antwort, wo die Weigerung doch offensichtlich ist, das zu sehen, was gemeint war, d. h. was demjenigen, der sich an die Brust schlug, dabei vorschwebte. Ich habe gar nicht daran gedacht, damit ein Identitätskriterium anzubieten, als ich mir vorstellte, mir an die Brust zu schlagen. – Natürlich tatest du das nicht! Das ist ja der Humor in Wittgensteins Antwort. Der Witz ist doch, daß du allenfalls das dabei *hättest* im Sinn haben können. Du hattest den Eindruck, etwas Tiefgreifendes zu demonstrieren, eine metaphysische Einzigartigkeit, aber gar nichts dergleichen hast du demonstriert, es sei denn eine Art Leere. Darauf zielt die Zurückweisung in Wittgensteins Antwort ab. – *Worin* aber besteht die Zurückweisung, wie lautet die Diagnose meines Irrtums? Der Versuch, mich selbst in dieser Weise zu einer Ausnahme zu machen, läuft genau dem zuwider, was ich »die Moral der *Untersuchungen* im ganzen genannt habe« (oben, S. 575). Aber vermitteln uns die *Untersuchungen* denn ein Verständnis dieser Möglichkeit?

Zugestanden, daß ich, als ich mir an die Brust schlug, *in keiner Weise* meinte, du könntest nicht *diesen (typidentischen)* Schmerz haben, sondern eher, daß du nicht, wie soll ich sagen, ihn *haben* kannst, ebendies sein Gehabthaben haben kannst, diesen, den ich mir gerade zugefügt habe. Das! Dies! Hier! Jetzt! Bereitwillig werde ich einräumen, daß der Versuch, meine Geste voll zu artikulieren, sie reichlich leer erscheinen läßt, so als würde ich dir, während ich dir gegenübersitze, mitteilen, daß diese Hand und diese Brust, an die sie schlug, beide mir gehören, mir selber. Mir scheint, daß ich meine Bemerkung nicht als eine Information gemeint habe, sondern eher als eine andere Art Wink, als ein Gleichnis. – Zweifelsohne als ein Gleichnis für unser Getrenntsein. Und ohne Zweifel als ein Wink, daß du du bist. – Woher nur diese Ungeduld damit? Hat so jemand noch nie empfunden, daß man seiner Existenz mit Gleichgültigkeit und Nichtbeachtung begegnet ist, noch nie empfunden, daß man auf die eigene Existenz bisweilen pochen muß? Descartes' Beharren darauf, ich meine den Beweis seiner Existenz, hängt ja gerade davon ab, daß er auf sie pocht, sie jedenfalls behauptet, wenn auch still. Es wäre wirklich lächerlich gewesen, hätte er versucht, das als eine Information auszugeben!

Mein Gedanke ist folgender: Wenn Wittgenstein sich den Anschein gibt, als gehe er über unsere Existenz, unsere Innerlichkeit, geringschätzig hinweg, mögen wir uns dazu veranlaßt sehen, auf diesen scheinbaren Akt der Mißachtung mit einer Geste der Selbstbehauptung zu reagieren. Das Gleichnis will nicht eigentlich auf die Tatsache meiner Existenz hinaus, sondern darauf, daß ich auf meine Existenz, um sie zu besitzen, auch pochen muß, sie gewissermaßen auf mich nehmen. Vorher gibt es keine anderen für mich. (Man glaube daher nicht dem Ungeheuer, wenn es sagt, es sei darum ein Ungeheuer, weil andere es als ein solches behandeln. Es ist ein Ungeheuer, weil es die Aufgabe, menschlich zu werden, davon abhängig macht, wie andere es behandeln. Die Umstände mögen den Betreffenden dazu gemacht haben; trotzdem hatte er vielleicht die Chance, sich gegen sie aufzulehnen, dann wird sich seine Auflehnung zum Teil dagegen zu richten haben, ein solches Ungeheuer zu sein. Daß man als Kind mit der Auflehnung noch wartet, ist unerläßlich, ja legitim. Es macht die Ungeheuerlichkeit des Ungeheuers zum Teil aus, daß es nie ein Kind war und daher nie verloren hat, was erwachsene Menschen nun einmal verloren haben.)

Ich könnte die Parabel anders auffassen. Indem ich Wittgensteins Therapie hier verwerfe, mich weigere, den Humor seiner Antwort über die leere Emphase des Wortes »diesen« auf mich anzuwenden, indem ich mich weigere, mir diesen Schuh, nämlich seine Zurückweisung, anzuziehen, könnte ich sagen wollen, daß du schlicht nicht weißt, wer oder was ich bin. Weit entfernt davon, daß ich Kriterien definieren will oder ein Bedürfnis nach Kriterien empfinde, mit denen wir wechselseitig aufeinander eingestimmt würden, will ich vielmehr vermitteln – oder habe jedenfalls dieses Bedürfnis –, wie vollkommen, wie ursprünglich ich die Kriterien erfülle. Wir könnten oder du könntest von meinem Zustand sagen, daß ich mich moralisch unbegreiflich gemacht habe, wie Kierkegaard tatsächlich von Abraham behauptet. (Da hast du den Mann der Moderne: das Messer in der Hand, bereit zum Opfer, aber Gott fehlt und Isaak und folglich der Engel hinter den Kulissen.) (Der Sklave und der Ausgestoßene sind moralisch unsichtbar gemacht.)

Jemand in diesem Zustand fühlt sich nicht darum ungewußt, weil man nicht weiß, daß er empfindungsfähig ist. Warum sollte man von einem Hund, einem Pferd, einer Ratte wissen, daß sie lebendig sind, vom anderen aber nicht? Man braucht keine Fachkenntnisse, um zu wissen, daß sie lebendig sind, aber welcher Form der Würdigung bedarf es denn, welche Empfänglichkeit wäre fein genug, um mit der eigenen Originalität auf gleicher Wellenlinie zu liegen? Menschen wählen nicht von Natur aus Isolation und Unbegreiflichkeit, sondern Vereinigung oder Wiedervereinigung, nennen wir es Gemeinschaft. Aus Treue zu diesem aufrichtigen Wunsch erklärt einer sich für unverstanden. (Und natürlich können die Aufrichtigkeit, der Wunsch, die Erklärung allesamt auf einer Illusion beruhen. Das Verhältnis dieser Begriffe bliebe davon freilich ganz unberührt.) Der Wunsch, außergewöhnlich, außerordentlich, einzigartig zu sein, enthüllt sich so als der Wunsch, gewöhnlich, alltäglich zu sein. (Schließlich wünscht man sich auch nicht, ein Ungeheuer zu werden, auch wenn die Verwirklichung des Wunsches nach Einzigartigkeit einen zu einem Ungeheuer machen würde.) Daher sind sowohl der Wunsch nach dem Außergewöhnlichen wie nach dem Gewöhnlichen Brennpunkte der Romantik. Man könnte die Romantik als die Entdeckung bezeichnen, daß das Gewöhnliche eine außergewöhnliche Leistung ist. Nennen wir es die Leistung des Menschlichen. – Ich glaube, etwas davon zu wissen, welche Ungeduld solche Gedanken erregen. Denken wir an das Schauspiel, das Charaktere wie Rousseau, Thoreau, Kierkegaard, Tolstoi und Wittgenstein bieten, die ja nur ganz normal sein wollen und das Alltägliche als den Ort des Erhabenen predigen! Nur ihre wahnsinnige Ichbezogenheit, deren Ungeheuerlichkeit, macht solche

Trostkammern erforderlich! Nur Sünder verzehren sich so nach der Heiligkeit! – Ganz recht. Ganz recht. Das Alltägliche ist alltäglich, das Gewöhnliche ist gewöhnlich, oder man hat es eben nicht. – Wie wahr das ist. Wie absolut wahr. Und doch: Wenn das, was diese Ungeheuer an Ichbezogenheit und visionärer Kraft gesehen haben, wirklich da ist, dann ist deine Art Gewißheit genauso egozentrisch wie ihre, nur weniger lehrreich; oder du bist ebenso zynisch wie offensichtlich selbstzufrieden. (Meine Warnung davor, dem Ungeheuer zu glauben, kann nur für jemanden Sinn ergeben, der seine eigenen menschlichen Fähigkeiten gut genug kennt, um sich dazu *bewegen* zu lassen, ihm zu glauben. Ich würde meinen Geist nicht daran verschwenden, einem Stein Härte zu predigen.)

Die einzige Art zu beweisen, daß jemand nicht verrückt ist – oder sich sonstwie abtun läßt –, wenn er für sich eine erkenntnistheoretische Ausnahmestellung reklamiert, sich als ein Nichtzuwissender absondert, ist die typologisierende Beschreibung einiger Fälle. Es ist denkbar, darin Spielarten des Narzißmus zu sehen, eines Begriffs, der sich bei der Untersuchung des (passiven) Skeptizismus zunehmend als nützlich erweisen könnte, da er sowohl die primäre Entwicklung in der Kindheit abdeckt als auch die Grundlage einer bestimmten Richtung erwachsener Wahnvorstellungen. Einige werden sie wiederum als Spielarten der Pubertät betrachten. Der einzige Grund, diesen Gedanken zurückzuweisen, wäre für mich die häßliche Implikation, so jemand solle doch erst einmal erwachsen werden. Wenn sich von Rousseau sagen läßt, er habe das Phänomen der Kindheit in der Entwicklung des Menschen entdeckt, und von Wordsworth, er habe deren Verlust entdeckt, dann darf man wohl über die Romantik generell sagen, sie habe das Phänomen der Pubertät entdeckt, die Aufgabe, erwachsen sein zu wollen, aber auch die Undurchführbarkeit dieser Aufgabe. Notwendig ist die Aufgabe, weil es gilt, sich mit der Endlichkeit abzufinden, was für uns (sogar nach der Abdankung Gottes) die Anerkennung der Existenz endlicher anderer bedeutet, und das wiederum heißt, die Wahl von Gemeinschaft, einer autonomen moralischen Existenz. Die Unmöglichkeit liegt in den Vergemeinschaftungsformen, die einem die Älteren zur Auswahl hinterlassen haben und die niemand würde wollen können, nicht mit ganzem Herzen. So träumen denn Romantiker von der Revolution, um doch nur tief enttäuscht zu werden. Und daher sind sich Heranwachsende und Erwachsene in diesem einen Punkt einig: Erwachsenwerden heißt, aus seinen Träumen herauszuwachsen. Man muß nicht Heidegger sein, um zu sagen, daß die Individualität genau dann Mode wurde, als es mit dem Individuum in der modernen Gesellschaft bergab ging, indem man sich zunehmend mehr auf die Kultivierung von Distanz und Einzigartigkeit kaprizierte. Hundert Jahre zuvor hat John Stuart Mill unter dem Eindruck ähnlicher Beobachtungen die Tatsache oder das Los bejaht, daß Idiosynkrasie der einzige Freiheitsbeweis sei. Das Problem wird vollständig, wenn wir nicht mehr wissen, ob wir nun idiosynkratisch sind oder nicht, welche Unterschiede zwischen uns überhaupt zählen, ob wir andere haben. – Wenn das Gemeinschaft ist, was wäre dann noch Privatheit?

Eine Spielart dieses Typus begegnet mir im Leben Rousseaus, der damit für mich zu einem bedeutsamen Fall in der neuzeitlichen Geschichte dafür avanciert, was wir uns unter dem Wissen und dem Nichtwissen des Fremdpsychischen vorstellen – wie er es ja, glaube ich, auch für sich selbst gewesen ist. Ich nehme daher an, sein Gefühl, man würde ihn zurückstoßen, andere weigerten sich, ihn zur Kenntnis zu nehmen, leugneten ihn, ist – nun ja, nicht ganz normal, aber doch, nennen wir es einmal so, eine ausgewogene Mischung aus Anomalie und richtigem Gespür. In der Niederschrift seiner *Bekenntnisse* sollte man daher die Anstrengung sehen, den individuellen anderen zu schaffen, der in der Position wäre und dem daran läge, ihn zu akzeptieren. Wenn jedoch die *Bekenntnisse* seine komplette Biographie beinhalten, dann wird man erst posthum von ihm wissen. Leute, die von sich wissen, daß sie in dieser und keiner anderen Mitteilungsform brillieren, haben vermutlich für die Nachwelt viel übrig.

Eine davon verschiedene Spielart eines Menschen, der sich als unerkennbar betrachtet, würde die Anstrengung aufgeben, seinen Mitwisser zu schaffen, und sei es nur posthum. Er ist zum Virtuosen des Bekenntnisses gewordenes, zu einem, der mit seinem Leiden unterhält. Der Witz seiner Geschichten ist nicht, sich zu enthüllen, selbst wenn alles, was er über sich sagt, wahr ist. Es ist ihm einfach unmöglich, sich selbst zu enthüllen – diejenigen, denen daran liegt, wissen nicht, und denjenigen, die wissen, liegt nicht genug daran. Die Virtuosität überspielt seine Anonymität und die Langeweile des anderen. Die Fähigkeit, über Intimes zu reden, steht hier in einem direkten Verhältnis zur Isoliertheit, zur Tiefe der unkommunizierbaren Privatheit, d.h. zu ihrer Zurückweisung.

Daß Typen des passiven Skeptikers sich von Natur aus als typische Gestalten der Romantik darstellen, hält (was immer die romantische Selbstbehauptung sonst noch zeigt) den Gedanken fest, daß menschliche Subjektivität, die Vorstellung des menschlichen Selbstseins bedroht ist; daß sie hat gefunden werden müssen und verlorengehen kann; daß, wenn die eigene Existenz unter Beweis gestellt werden muß, dieser Beweis nur von einem selbst zu erbringen ist und daß von diesem Beweis abhängt, was durch die fortgesetzte Existenz des Menschlichen als solchen bewiesen wird. Das ist es, was aus dem von der Renaissance verfolgten Projekt der Humanisierung der Welt wird, sobald es von der Romantik weiterverfolgt wird. Kein Wunder, wenn ein solches Projekt nicht allgemein auf Billigung stößt oder auch nur gelten gelassen wird. Manch einer wird es überheblich finden, sich selbst zum Urbild oder zur Bestimmung des Menschseins zu stilisieren. So jemand wird sich vermutlich damit bescheiden, Beweise für die Existenz *anderer* zu liefern.

Hier sind zwei Weisen, das Projekt, die Existenz des Menschseins zu beweisen, romantisch zu verstehen.

Gesetzt, nach den heftigen Angriffen von Hume und Kant würde kein Denker, der auf sich hält, noch versuchen, einen Beweis für die Existenz des Schöpfergottes zu erbringen. Wenn irgend etwas, dann scheint unbestreitbar das Umgekehrte der Fall zu sein. Die Folgen einer solchen Umkehrung können freilich nicht sofort überblickt werden. Vor allem werden wir wohl die Vorstellung nicht los, daß der Mensch ein Geschöpf ist, also etwas Lebendiges, etwas Gezeugtes und also auch etwas Geschaffenes. Wir scheinen dann vor folgender Wahl zu stehen. Entweder geben wir die Vorstellung vom Menschen als geschaffen auf, womit wir versuchen würden, den Menschen zu *naturalisieren*, dieses Wesen in die (nicht-menschliche) Natur einzuordnen, ein Versuch, der mitunter so beschrieben wird, daß die *Stellung* des Menschen in der Natur anzugeben sei, oder wir halten an der Vorstellung von uns als geschaffen fest und versuchen, diese Schöpfung weiter zu *humanisieren* und uns selbst als den Schöpfer unserer selbst zu sehen, da offensichtlich kein anderes Wesen für eine solche Aufgabe in Frage kommt. – Man könnte auch zeigen wollen, daß eine solche Wahl gar nicht existiert, oder vielmehr, daß die Alternative auf dasselbe hinausläuft, nennen wir es die *Rückkehr* des Menschlichen als etwas bisher unterdrückt Gewesenen. Doch diese Rehabilitierungsversuche führen zu Enttäuschungen. Im ersten Fall, wo uns wieder eine Stellung in der Natur zugewiesen wird, entdecken die Menschen unentwegt, daß sie im *Gegensatz* zur Natur stehen, sei es aus Gründen, die wir von Descartes, oder solchen, die wir von Rousseau, Kant, Blake, Wordsworth, Marx oder Thoreau kennen. Im zweiten Fall, wo wir uns selbst als unseren Schöpfer fühlen, müßten wir auch die Verantwortung für uns selbst übernehmen, insbesondere müßten wir unseren gegenwärtigen Zustand als von uns gewollt bejahen oder ihn jedenfalls eher wollen als eine Veränderung. Und das könnte uns in den Wahnsinn treiben, so wie Rousseau, Nietzsche, Marx und Thoreau wahnsinnig waren. Wir werden uns dann zornig gegen unsere eigene Schöpfung wenden wollen, genauso wie uns zufolge – und wer wüßte es besser – der Schöpfer es getan hätte.

Oder gesetzt, die Romantik ließe sich als die Entdeckung oder eine Wiederentdeckung der Subjektivität deuten, der Subjektivität als des Außergewöhnlichen, oder als die Entdeckung der Freiheit als eines Zustands, in dem jedes Subjekt sein Recht auf Anerkennung einfordert, das Recht, selbst über die Bedingungen zu befinden, unter denen es zufrieden wäre. Als Paradigma dieser Entdeckung verstehe ich den vielschichtigen Moment im *Essay über den Ursprung der Sprachen*, wo Rousseau den Zusammenhang liefert – es handelt sich nicht genau um die Formulierung eines Sprachspiels –, in dem der Mensch *seinesgleichen*, seinem anderen, einen Namen gibt, ihn menschlich nennt, und damit sich selbst einen Namen gibt.

Ein Wilder wird, wenn er andere trifft, zuerst erschrocken sein. Sein Erschrecken wird ihn diese Menschen als viel größer und stärker ansehen lassen als sich selbst. Er wird sie Riesen nennen. Erst nach vielen Erfahrungen wird er erkannt haben, daß diese vermeintlichen Riesen weder größer noch stärker sind als er und daß ihre Gestalt keineswegs der Vorstellung entspricht, die er zuvor mit dem Wort Riese verband. Deshalb wird er für sie und sich selbst gemeinsam einen anderen Namen erfinden, z. B. den Namen »Mensch«, und er wird die Bezeichnung »Riese« dem unwirklichen Gegenstand vorbehalten, der ihn in seiner Einbildung bestürzt hatte. Auf solche Weise entsteht das bildhafte Wort vor dem eigentlichen Wort, wenn uns Leidenschaft die Augen vernebelt und die erste Vorstellung, die sich uns anbietet, nicht der Wirklichkeit entspricht. (*Essay über den Ursprung der Sprachen*, Kap. III, S. 106)

Alles, worauf ich hier die Aufmerksamkeit lenken möchte, ist, daß Rousseau die erste Benennung des anderen so charakterisiert, daß er die Vorstellung fördert, es handle sich um eine Art Ausruf: Beim Zusammentreffen mit anderen hat der Wilde ein Erlebnis, auf dessen Grundlage er etwas ausruft, ihm etwas entlockt wird. (»Beides, die Meldung und der Ausruf, ist ein Ausdruck der Wahrnehmung und des Seherlebnisses. Aber der Ausruf ist es in einem anderen Sinne als die Meldung. Er entringt sich uns. – Er verhält sich zum Erlebnis ähnlich wie der Schrei zum Schmerz« (*Untersuchungen*, S. 542).) Wenn der Wilde später, weil er

die empirische Ähnlichkeit zwischen sich und anderen bemerkt, den ersten Namen, der ihm für einen anderen entlockt worden ist, verschiebt, dann verschiebt er nach meiner Deutung des Abschnitts nicht das Erlebnis, das zu dem Namen führte. Er verschiebt gewissermaßen seine Erklärung für die Empfindung. Erschrecken (zumindest das Erleben anderer als furchtbar) bleibt die Grundlage des Wissens von anderen, nur interpretieren wir die Bedrohung nicht mehr in Abhängigkeit von Gestalt oder Körper des anderen. Uns scheint die schiere Andersheit des anderen geblieben zu sein, die Tatsache, daß auch er ein Ich ist und folglich uns benennen und wissen kann. Dieses Moment ist Rousseaus Versuch, die Frage nach den anderen zu beantworten, die Wittgensteins *Untersuchungen* aufwerfen – oder Wittgensteins Frage läßt sich, um den flagranten Anachronismus zu vermeiden, als Wiederentdeckung des bei Rousseau entdeckten Moments betrachten: »Woher kommt uns auch nur der Gedanke, Wesen, Gegenstände, könnten etwas fühlen?« (*Untersuchungen*, § 283)
Ich verlange nicht, daß man Rousseaus Antwort akzeptiert – daß die Vorstellung, jedenfalls über *menschliche* Gegenstände, sich als eine Interpretation der eigenen Furcht vor ihrer Gegenwart ausgibt, d. h. vielleicht als eine Furcht vor der Wiedererkennung, der Objektivierung oder der Hinterlassung des eigenen Bildes ist, Furcht davor, daß es uns geraubt wird. Hinter meinem Vorschlag steckt ein bestimmtes Verständnis dessen, wovor der Wilde anfänglich erschrickt, wenn er vor dem anderen erschrickt. Rousseaus Szene läßt sich ungezwungen so lesen, daß der Wilde vor jemandem erschrickt, der über das Zusammentreffen mit *ihm* erschrocken ist. (Die Essenz dieses Abschnitts über das erste Zusammentreffen von Menschen ist ja, daß alles, was man über den einen oder den anderen sagen kann, zugleich für beide wahr ist.) Versteht er sich deshalb als furchtbar? Oder ist es nicht vielmehr so, daß er, weil er erschrocken ist, sich selbst gar nicht als Gegenstand der Furcht des anderen sehen kann? In beiden Fällen *erschrickt* er *vor einem Ausdruck des Erschreckens*. Wenn er »nach vielen Erfahrungen ... für sie und sich selbst gemeinsam einen

Namen erfinden wird«, wird er den Ausdruck der Furcht des anderen interpretieren und sich selbst als einen Gegenstand der Furcht erkennen. Dann ist es möglich, daß er vor sich selbst Furcht hat und seine Gesellschaft scheut. Wie aber versteht er vor diesem Zeitpunkt den *an* ihn gerichteten Ausdruck des Erschreckens von seiten jemandes, der sich *vor* ihm doch nicht fürchten kann? Es würde für ihn Sinn ergeben, darin eine Nachahmung seines eigenen Gebarens zu sehen, die ihm zeigt, wie er aussieht, ihm das Bild entgegenhält, das er in Gegenwart anderer bietet. Ganz so, als wäre *er* der Riese oder jedenfalls irgend etwas Ungeheuerliches. Das muß dann verborgen werden.

Ich rate nur dazu, im Niveau von Rousseaus Antwort ein wichtiges Datum für das Problem des Fremdpsychischen zu sehen, ja den *Essay über den Ursprung der Sprachen* und den verwandten *Diskurs über die Ungleichheit* als Untersuchungen zum Problem des anderen zu betrachten. Ein verschwistertes Datum wäre dann, daß die Romantik mit der Entdeckung des Problems des Fremdpsychischen beginnt oder mit der Entdeckung, daß der andere ein Problem, einen Anfang der Philosophie darstellt. Wenn ich sage, ich fordere dazu auf, dann meine ich genau das und nicht etwa, daß ich mich für diese Überlegung verbürge, denn mehr als in solchen Texten zu stöbern, ist mir bislang nicht vergönnt gewesen, angeeignet habe ich sie mir noch nicht.

In demselben Geist möchte ich dieses Moment vom Anfang der Romantik mit einem plausiblerweise als ihr Ende verstandenen zusammennehmen, dem Moment von Hegels *Rechtsphilosophie*. In diesem Werk bezeichnet Hegel das »Recht der Besonderheit des Subjekts, sich befriedigt zu finden, oder, was dasselbe ist, das Recht der subjektiven Freiheit« als »den Wende- und Mittelpunkt in dem Unterschiede des Altertums und der modernen Zeit«. Und er fährt fort: »Dies Recht in seiner Unendlichkeit ist im Christentum ausgesprochen und zum allgemeinen wirklichen Prinzip einer neuen Form der Welt geworden.« Der Rest der Geschichte ist bloß das Ausarbeiten, der konkrete Ausdruck, die Gestaltungen dieses Rechts (§ 124). Dann könnte ich die Frage

»Gibt es so etwas wie Seelenblindheit?« folgendermaßen stellen: Ist an die Stelle dieser neuen Form der Welt eine andere getreten? Vor allem: Ist sie ersetzt worden durch eine Welt, in der nichts von dem, was geschieht, uns als Objektivierung der Subjektivität erscheint, als Leistung eines verantwortlichen Subjekts, als Ausdruck und Befriedigung menschlicher Freiheit, menschlichen Strebens und menschlichen Begehrens? Was einen Anfang hat, kann auch ein Ende haben. Würde diese (zukünftige) Welt Wirklichkeit, wären ihre Bewohner nicht unzufrieden. Sie wüßten gar nicht mehr, was Befriedigung ist. Nichts würde ihnen dann (mehr) die Vorstellung vermitteln, daß lebendige Wesen, Menschendinge, Gefühl haben könnten. Sie wären daher nicht (mehr) menschlich. Sie würden beispielsweise nicht mehr erschrecken, wenn sie anderen begegneten – außer in dem Sinne (oder unter Umständen), in dem (in denen) sie vor der Begegnung mit Bären oder Ungewittern erschrecken würden, Umständen, unter denen auch Bären erschrocken wären. Und natürlich wären auch bestimmte Formen des Lachens oder Verwunderns nicht mehr möglich, solche, die eine klare Scheidung zwischen, sagen wir, Maschinen und Geschöpfen voraussetzen. – Würde das Verschwinden des Menschlichen den absoluten Erfolg der wissenschaftlichen *Weltanschauung** bezeugen? Es würde den Erfolg der Vorstellung von Wissenschaft bezeugen, daß Wissen soviel wie Unterwerfung bedeutet – nur jetzt nicht als das, wodurch der Mensch sich die Welt unterwirft und Aberglauben und Magie überwindet, sondern als das, wodurch der Mensch unterworfen wird. Wissenschaft fällt in Magie zurück oder kopfüber in Magie hinein.

Diese Phantasie vom Verschwinden des Menschlichen – sie würde die Phantasie einschließen, daß die empathische Projektion »keinen Schnitt« mehr legt oder aufhört und wir den Sinn für den Unterschied zwischen Gegenständen und Dingen (*den* Un-

---

* Deutsch im Original. (A.d.Ü.)

terschied!) verlieren – bekräftigt den Gedanken, daß das Problem des Fremdpsychischen ein Problem der Menschheitsgeschichte ist (das Problem der modernen Menschheitsgeschichte, das moderne Problem der Menschheitsgeschichte), daß dieses Problem gelebt wird und daß dieses Leben einen Ursprung und einen Fortschritt kennt. Der Gedanke ist der, daß das Problem des anderen durch das Erzählen der Geschichte dieses Problems aufgedeckt wird. Wie nun läßt sich diese Geschichte neu erzählen, was würde darin neu erzählt? Wenn das wahr ist, wenn der Gedanke richtig ist, daß der Skeptizismus hinsichtlich anderer sowohl in seiner aktiven als auch in seiner passiven Form gelebt wird und eine Geschichte hat, dann läßt sich ihr Inhalt, das, wovon sie neu erzählen muß, nur aus der Binnenperspektive des Lebens jenes Skeptizismus selbst bestimmen, und zwar als eine Entdeckung seiner eigenen Probleme sowie der Formen, in denen er diese bewältigt. Der Umfang, in dem ich die skeptische Perspektive bezüglich des Fremdpsychischen offengelegt habe, läßt mich erwarten, daß ihre Geschichte über deren Ursprünge in den folgenden Entwicklungsstadien Auskunft erteilen wird.

1. Ganz offensichtlich bedarf die skeptische Perspektive einer Erklärung für jene besondere Geisteskrankheit, die eben in dieser Problemstellung selber auftreten muß oder verursacht wird bzw. droht. Die Arten von Geisteskrankheit oder Narrheit, von denen Descartes sich vorstellt, sein Fall würde mit ihnen verglichen werden, wenn er seine skeptische Perspektive lanciert, ergeben sich daraus, daß er anfängt, daran zu zweifeln, daß seine (»diese«) Hände und sein (»dieser«) Körper die seinen sind. Was er an Narrheiten im Sinn hat, sind dementsprechend solche, in denen Menschen nicht wissen, daß sie Fleisch sind (sondern annehmen, sie seien aus Lehm oder Glas), oder ihre Identität bzw. ihre wahren Umstände nicht kennen (sondern sich als Könige wähnen, während sie in Wirklichkeit Almosenempfänger sind, oder als bekleidet, während sie doch nackt sind). (Descartes' Intuitionen oder Phantasien über Wissen und Zweifel zufolge wäre es offenbar abwegig, den skeptischen Zweifel als *neurotisch* zu

interpretieren.) Die Geisteskrankheit, die man Rousseau zugeschrieben hat, ist nicht von dieser Art. Man nennt sie (lax, wie ich finde) eine Form von Paranoia. Wodurch aber entsteht dieser Eindruck von ihm? Hier sind es zwei seiner Gedanken, die den Eindruck begünstigen: Erstens, daß er unerkennbar – privat – geworden sei, denn ihn zu kennen hieße, um seine Herzensempfindungen zu wissen – vor allem um sein Mitleid mit anderen und seine Furcht vor ihnen –, doch gerade seine Herzensempfindungen seien für andere Menschen (infolge dessen, was sie für menschlichen Fortschritt halten) unerkennbar geworden (sie können sie nicht ausdrücken); und zweitens, daß unsere sozialen Bande den Gesellschaftsvertrag nicht verwirklichen, sondern ihn im Gegenteil verrieten, mit einem Wort, es seien Verschwörungen, so daß es unter uns die Sphäre der Öffentlichkeit gar nicht gebe. Aber *sind* diese Gedanken Zeichen von Wahnsinn? Sie wären es, wenn Rousseau geglaubt hätte, wie er es vielleicht von Zeit zu Zeit getan hat, daß man nur ihm die Anerkennung verweigere, die Gesellschaft sich speziell gegen ihn verschworen habe. Ich bin nicht an dem Nachweis interessiert, daß diese Gedanken auch von geistiger Gesundheit zeugen könnten, ich möchte vielmehr behaupten, daß nicht jede Form von Wahnsinn zu jeder Zeit möglich ist, zumindest nicht für jede gleichermaßen typisch ist; daß Wahnsinn eine Geschichte hat und Rousseaus Originalität zum Teil darin liegt, eine originelle Art des Wahnsinns entdeckt zu haben. Einige Elemente dieser Art hat er dem Schicksal Kassandras und Phädras entliehen, von Gestalten, die schon früher an ihrer geistigen Isolation, ihrem Nicht-Erkanntwerden zugrunde gegangen sind, an einer Isolation, die dadurch zustande kam, daß sie ein nicht mitteilbares Wissen besitzen. Wenn ich mir Nietzsche als eine spätere Inkarnation in dieser Linie denke, dann muß ich Thoreau dafür bewundern, wie er es verstanden hat, sich einer Geistesgestörtheit zu entziehen, indem er nämlich gerade geistige Gesundheit als das Ziel oder das Siegel seiner Bemühungen erkannte. Aber er war natürlich auch frei von den europäischen Disputen und tatsächlich oder in der Fiktion von *Walden* (d. h. Amerikas) völlig frei von Konkurrenten (d. h. frei von Gefährten). Immerhin eine gewisse Freiheit.

2. Was den gelebten Skeptizismus hinsichtlich des (Fremd-)Psychischen betrifft, benötigen wir sodann eine Geschichte dessen, was er überwunden haben will, vor allem seine Vorstellung, daß von einem anderen zu wissen oder von ihm gewußt zu werden bedeute, daß man selber in einen anderen eindringt bzw. daß der andere in einen selbst eindringt, daß man von einem anderen Besitz ergreift oder von ihm in Besitz genommen wird. Dieser Vorstellung wäre vorgearbeitet durch die Vorstellung von oder die Schöpfung der Privatheit des Ichs (die, wie gesagt, schuldig ist). Sie zu überwinden wird daher die Form annehmen, diese Privatheit zu verletzen. Zweifellos ist Descartes hier auch am Werk: »Wir sind jetzt in der Lage, genau zu sehen, welcher Natur Descartes' Neuerung in der Philosophie des Geistes ist. Die Einführung der *cogitatio* als bestimmendes Charakteristikum des Geistes läuft darauf hinaus, Privatheit anstelle von Rationalität zum Kennzeichen des Mentalen zu machen. Für jemanden wie Thomas von Aquin unterscheiden Menschen sich von Tieren durch solche Sachen wie die Fähigkeit, Geometrie zu verstehen und Reichtümer zu begehren. Keines von beiden ... ist ein besonders privater Zustand« (Kenny, »Cartesian Privacy«, S. 360). Zu denken ist auch, daß ein Anstoß für die Durchsetzung von Privatheit in Seelenkämpfen liegen könnte, die wir den Aufstieg des Protestantismus nennen. Seitdem regelt jeder für sich seine Beziehung zu Gott, und vor allem trägt jeder allein die Last, für Gott erkennbar zu sein. Nichts, was sich in der Beichte sagen läßt, könnte hier als Beichte genügen, denn ich bin nicht mehr bloß im Besitz von Geheimnissen, sondern einer Existenz, die mir essentiell unbekannt ist, ob ich nämlich zu den Prädestinierten gehöre.

Solange Gott existiert, bin ich nicht allein. Und könnte der andere nicht das Schicksal Gottes erleiden? Womöglich hat Luther aus Angst vor dieser Möglichkeit die Stimme des einzelnen im religiösen Leben so sehr gestärkt. Ich möchte verstehen, wie der andere jetzt das Gewicht Gottes trägt und mir zeigt, daß ich nicht allein im Universum bin. Dazu muß man das philosophische Problem des anderen als die Spur oder die Narbe begreifen, die Gottes Abgang hinterlassen hat. Dieser Abstieg oder Aufstieg des Problems des anderen ist für mich der Königsweg, um den alternativen Säkularisierungsprozeß namens Romantik zu erfassen. Womöglich erklärt er auch, warum der Prozeß der Humanisierung ein so ungeheuerliches Unternehmen werden kann, das endliche Ressourcen unendlich überfordert. Man sieht, wohin es führt, wenn unser Skeptizismus gelebt wird.

Es steht zu erwarten, daß die Vorstellung, Wissen sei die Verletzung der Privatheit (oder die Strafe für sie), erotisiert und in Formen des Sexuallebens ausgelebt wird. Daher wird unsere Geschichte erklären müssen, warum die Romantik so von etwas besessen war und es in Szene setzte, was für uns sexuelle Perversionen sind, vor allem besessen von Sadismus und Masochismus; jedenfalls von dem Wunsch nach absoluter Aktivität und absoluter Passivität, und das heißt nach absoluter Anerkennung des bzw. durch den anderen. (»Absolut« stellt sich hier so ein wie in meiner schon weit zurückliegenden Diskussion der Frage, wie man »aus den Sprachspielen« herausgehoben werden könnte. Ich möchte meine Existenz durch Beweismittel beweisen, die ich weder liefern kann noch muß. Und dasselbe gilt für die Existenz anderer.) Daß diese Sexualisierung des Wissens die Form einer Inszenierung der Beziehung von Herr und Knecht annimmt, muß im Licht der Hegelschen Idee gesehen werden, daß das Sich-in-Besitz-Nehmen – gewissermaßen die Unterwerfung des Selbst durch das Selbst als Erklärung der individuellen Freiheit und mithin als eine Stufe in der Verwirklichung menschlicher Freiheit als solcher (im Staat) – mit dem von ihm so genannten »Kampf des Anerkennens und [dem] Verhältnis der *Herrenschaft* und der *Knechtschaft*« beginnt (*Rechtsphilosophie*, §57). Nimmt man diese Stelle mit demselben Thema in der *Phänomenologie des Geistes* zusammen, dann sollten wir fragen: Was wird aus den Individuen, wenn sie der Geschichte überdrüssig werden, keine weitere Vermittlung in Gang setzen können, sich auf dem Weg der Selbstverwirklichung und Intersubjektivität verlieren oder verfangen – wenn sie, statt sich zu »konkretisieren«, »verdinglicht« werden? Wenn wir von Perversionen menschlicher Existenz sprechen, dann sind damit Frustrationen gemeint, die keineswegs nur sexueller Natur sind, sondern sich ebenso auf erkenntnistheoretischem und politischem Gebiet abspielen. (Untergeordnete Themen werden dementsprechend die Erotisierung von Sehen und Hören sein, aber auch die der politischen Unterwerfung.)

3. Ferner werden wir in unserer Geschichte eine Darlegung unserer Einstellungen zum menschlichen Körper brauchen. Diese Darlegung wird vorrangig aus Zeugnissen für die Verächtlichmachung des Körpers und der Kritik daran bestehen, letzteres manchmal dadurch, daß die Verächtlichmachung unmittelbar diskreditiert wird (Nietzsche konnte Luther für seine diesbezüglichen Bemühungen gar nicht genug loben), manchmal durch ihr wörtliches Befolgen (so würde man von de Sade sagen, er habe die Gebote der Natur gewissermaßen mit den christlichen Vorzeichen umgesetzt, daß die menschliche Natur der Kasteiung bedarf). Mein Lieblingsheld dieser historischen Tradition ist William Blake, der in dieser Weise Fragen zu stellen und zu beantworten vermag:

> What is it men in women do require
> The lineaments of Gratified Desire
> What is it women do in men require
> The lineaments of Gratified Desire
> [*Und was wollen Männer in Frauen sehen*
> *Daß sie vor befriedigter Lust vergehen*
> *Und was wollen Frauen in Männern sehen*
> *Daß sie vor befriedigter Lust vergehen*]

Hier wird mutig bejaht, daß die menschliche Endlichkeit sich genügt, es gelingt, jede Enttäuschung darüber, in sich selbst und anderen, völlig aufzulösen, Befriedigung und Wechselseitigkeit anzuerkennen.

Bei Schriftstellern von Blake und Hegel bis zu Thoreau und Nietzsche ist es mehr oder weniger offensichtlich, daß die Auseinandersetzung mit der Säkularisierung danach verlangt, eine neue, dem Christentum ebenbürtige Mythologie zu schaffen, was in der Praxis heißt, das Christentum Stück für Stück umzuinterpretieren. An der »Säkularisierung« ist aber nichts offensichtlich, vor allem nicht, ob sie in einem bestimmten Fall nicht sehr nach – man könnte sagen – Äternisierung aussieht. Das fortschreitende Auseinandertreten von Geist und Natur (und folglich das mögliche Verschwinden beider) wird meines Erachtens im allgemeinen eher räumlich aufgefaßt als in der zeitlichen Perspektive gesehen, d. h. als ein Prozeß fortschreitender Verinnerlichung und Veräußerlichung menschlicher Interessen. In beiden Fällen ist der Leitgedanke der, daß das eine jeweils eine Funktion des anderen ist, daß es sich um die Seiten einer fortschreitenden Bilateralisierung des Menschlichen handelt, die noch einige weitere bedrohliche Symmetrien enthält. Ein Symptom oder eine Wahrnehmung dieses Prozesses ist Mills bekannte Aufteilung oder Zuordnung seiner intellektuellen Erbschaft und damit der der gesamten geistigen Welt zwischen Bentham und Coleridge. Emerson wußte von sich, daß er gespalten war zwischen dem, was er Materialismus, und dem, was er Idealismus nannte (in »Transcendentalism«). Es ist genau solch eine Spaltung, nämlich die zwischen »Realem« und »Idealem«, die ein Philosoph wie John Dewey mit seinem Satz vormarxistischer und vorfreudianischer Instrumente glaubte überwinden zu können. Dieses Polaritätsbewußtsein oder diese Polaritätsphantasie ist die eines haltlos gewordenen, aus der Bahn geworfenen Geistes, der keine Materie mehr kennt, in der er sich verwirklichen und sich mitteilen könnte; es ist die Angst vor einer fortschreitenden Artikulationsunfähigkeit, die als solche in Coleridges »Dejection« auch namhaft gemacht wird, woraus Mill einige Zeilen in seiner Autobiographie zitiert, Zeilen, die für ihn seine geistige Krise auf den Punkt bringen. Mills Depression gewinnt vollends historische Bedeutung, wenn er den »allgemeinen Tenor [seiner] damaligen Geistesverfassung« so charakterisiert, daß »der Gedanke, die musikalischen Kombinationen könnten sich erschöpft haben, [ihn] ernsthaft quälte«. Eine altkluge, unheimliche Vorahnung ließ ihn ausrechnen, daß alle verwendbaren Kombinationen der zwölf Töne der Oktave verbraucht seien, so daß kein »Raum mehr für eine lange Abfolge von Mozarts und Webers bleibt, die uns wie jene völlig neue und erstaunlich reiche Adern musikalischer Schönheit erschließen«. Was ich hier in Mills Fall historisch bedeutsam nenne, ist die Vorstellung der Artikulationsunfähigkeit, wie sie mit einem Bewußtsein negativer Einzigartigkeit, unterdrückter Privatheit einhergeht und in der Vorstellung endet, das Medium einer Kunst sei erschöpft, so daß sich nichts Neues oder Originelles mehr darin sagen läßt. Es handelt sich um die historische Umsetzung jener Begriffslage, die, wie ich entdeckte, vom Privatsprachenargument freigelegt worden ist.

(Nicht um sie weiterzuverfolgen, mache ich hier abermals auf diese Verbindung aufmerksam, ich möchte lediglich einen Ort bezeichnen, von dem aus es mir lohnend erscheinen würde, in dieser Richtung weiterzuarbeiten, und mir gestatten, auf andere Stellen in meinen Schriften hinzuweisen, in denen etwas mehr über diese Verbindung gesagt wird: in *The Senses of Walden* z. B. in »the theme of outsidedness« (S. 54-60); in »More of *The World Viewed*« unter der Überschrift »secular mysteries«, Formen, welche »die Distanz zwischen der Tiefe [ermessen], bis zu der ein normales Menschenleben nach Äußerung verlangt, und der Oberfläche der normalen Mittel, durch die sich dieses Leben, wenn es das will, äußern muß« (S. 587 u. S. 606 f., Anm.). Übrigens enthält W. J. Bates *The Burden of the Past and the English Poet* unter anderem Texte, die die wachsende Furcht vor der Erschöpfung künstlerischer Möglichkeiten belegen und beweisen, daß der romantische Dichter durch seinen Geniekult in keiner Weise vom früheren 18. Jahrhundert geschieden war, sondern im Gegenteil dadurch mit ihm verbunden blieb. Wenn John Stuart Mill dergleichen erleben kann, wird kein späterer Schriftsteller davon frei sein können und dann später auch kein Mann und keine Frau.)

Eine nach meinem Empfinden schöne und hinreichend explizite

Darlegung der »Säkularisierung« hinsichtlich unserer Beziehung zur Natur findet sich in einigen Zeilen aus dem Abschnitt über den Jungen von Winander im 5. Buch von Wordsworths *Präludium*. Der Junge blies den »schweigenden Nachteulen zu, daß sie ihm Antwort gäben«, und sie antworteten ihm mit »wildem Wettstreit«. (Etwa vierzig Jahre später wird Thoreau an einem Gewässer unmittelbar bei Concord für eine Eule sprechen, die eine »erregende Dissonanz« ausgestoßen hatte, von der er behauptet, in ihr eine beispiellose, ungehörte Konsonanz unterschieden haben zu können.)

> ... und wenn auf einmal
> Ein langes Schweigen kam und seine Kunst
> Vergeblich er noch trieb und dann verstummte,
> Dann mochte es geschehen, in dieser Stille,
> Daß, während er gespannt nach drüben lauschte,
> Ein sanfter Schreck, ein mildes Überraschtsein
> Auf einmal ihm bis tief ins Herz hinein
> Die Stimmen dringen ließ der Wasserfälle,
> Die im Gebirge tosten; auch geschah's,
> Daß unversehns die sichtbare Umgebung
> Der Bergwelt in sein Bewußtsein einsank
> Mit ihren festlichen Bildern: Felsen
> Und Wäldern und dem unbestimmten Himmel,
> Den still der See in seinem Schoß empfing.

»In seinem Schoß empfing« deutet auf den Tod hin. Der unbestimmt gewordene Himmel starb, und es geschah mit ihm, daß er Natur wurde. Beides, diese Unbestimmtheit und diese Stille, nimmt man in sich auf, wenn man sowohl erkennt, wie sich der Natur eine Reaktion entlocken läßt, als auch, wie überrascht man von ihrer stummen und unabhängigen Existenz ist. (Wie überrascht, *daß* es überhaupt eine Welt gibt.) Ist das Wissen? Bringen Dichtung, Geschichte oder Philosophie es hervor? Oder bewahren sie es?

4. Die historische Epoche, für die wir uns direkt interessieren und der neben anderem Rousseaus Entdeckung über die Namengebung des Menschen angehört, zeichnet sich dadurch aus, daß sie die »Humanwissenschaften« postuliert hat. Was immer Hume mit dem Untertitel seines *Treatise of Human Nature* gemeint hat – »an attempt to introduce the experimental method of reasoning into moral subjects« [*»ein Versuch, die Methode der Erfahrung in die Geisteswissenschaft einzuführen«*] –, impliziert ist darin, daß wir noch nicht wissen, was wir sind, aber auf bestem Wege sind, es zu erkennen – so wie wir seit Newton das unbelebte Universum kennen. Ein besonderer Zug des Skeptizismus, für dessen Geschichte wir uns interessieren, wird die Tatsache betreffen, daß wir immer noch nicht wissen, ob diese Humanwissenschaft nun existiert oder nicht. Es ist weiterhin eine Frage, die an den Akademien ebenso diskutiert wird wie in den Feuilletons und manchmal auch die betreffenden Disziplinen selbst spaltet: Ist die Freudsche Psychologie eine Wissenschaft? Ist der Behaviorismus es? Oder der Marxismus? Für unsere Geschichte ist es essentiell, daß der Gegenstand – nennen wir ihn Psychologie – ausdrücklich in *Nachahmung* einer unbezweifelbaren Wissenschaft postuliert worden ist, ein Postulat, das nach meinem Eindruck unvermindert fortbesteht; ob der betreffende Gegenstand das Recht hat, sich als der eines Wissens, als autonom auszugeben, erscheint daher nach wie vor zweifelhaft. In seiner Einleitung bemerkt Hume, »[e]s hat nichts Erstaunliches, daß die Anwendung der Methode der Erfahrung auf geistige Objekte derjenigen auf Naturgegenstände erst nach Verlauf von mehr als einem ganzen Jahrhundert gefolgt ist«, da eine vergleichbare Verzögerung vor mehr als einem Jahrtausend in Griechenland zu beobachten gewesen sei. Ist es dann nicht erstaunlich, daß Hume nicht bemerkt oder es als Merkwürdigkeit festhält, daß die »Anwendung der Methode der Erfahrung« auf die *Natur* ebenfalls erst sehr spät erfolgt ist, daß die Naturwissenschaft ihrerseits Ursprünge hat, d. h., daß auch sie ein Teil der Menschheitsgeschichte ist?

Gesetzt, jemand meinte, die Wissenschaft vom Menschen existiere noch nicht. Würde so jemand deshalb der Meinung sein, im Hinblick auf das Wissen über den Menschen lebten wir immer noch in einer vorwissenschaftlichen Ära, so daß, was wir Psychologie nennen, zu einem zukünftigen, wirklichen Wissenskorpus, nennen wir ihn Psychonomie, in derselben Beziehung stehen würde wie die Astrologie zur Astronomie? Die Frage impliziert, daß unser Zustand nicht einer der reinen Unwissenheit ist, der durch Erfahrung (oder durch »Experiment«) zu überwinden wäre, sondern der der Magie (affiziert von dem, was sich nachträglich als Schwärmerei und Aberglauben herausstellen wird), eine Art psychischer Wildheit, die sich nur durch eine Veränderung unserer natürlichen Reaktionen, durch eine gewisse Fortsetzung der Motive und Beobachtungen ebenjener Magie überwinden läßt. Wenn man z. B. davon überzeugt ist, daß man durch die Methoden der Freudschen Psychologie erfaßbar ist, daß Freuds Einsichten Denkformen fördern, durch die der Mensch, wenngleich immer noch ungenügend subtil, aber doch wirklich erkannt wird – daß der Mensch sein muß, was immer zur Gültigkeit dieser Denkformen erforderlich ist (insbesondere daß das menschliche Individuum, will es Freiheit gewinnen, fähig sein muß, um Anerkennung zu kämpfen, was nun heißt, es muß mit den in ihm verkörperten Deutungen seiner selbst um die führende Stimme in seiner Geschichte konkurrieren) –, dann ist es *witzlos*, mit denen, die von der »Wissenschaftlichkeit« dieser Psychologie nicht überzeugt sind, darüber gelehrt zu diskutieren (obgleich Höflichkeit ein Gespräch gebieten mag; wie übrigens auch einige bislang undefiniert gebliebene Formen intellektueller Scham). Wie dem auch sei, die Frage ist, ob es sich hier um Wissen handelt, und das Problem für denjenigen, der alles daran setzt zu bestreiten, daß dieses Wissen seinen Gegenstand wirklich erfaßt, ist, ob er fähig ist, es erfolgreich mit diesem Anspruch aufzunehmen, d. h., mit alternativen Interpretationen der Phänomene und der Beziehungen zwischen ihnen aufzuwarten, der Träume, des Lachens, der Zufälle, Wiederholungen usw., wie auch, mehr allgemein, mit einer Alternative dazu, das Verhalten als eine Chiffre der Seele zu deuten. (Die simpelste Alternative, ich vermute auch die verbreitetste, ist die zu sagen, unser Verhalten und unsere Träume *bedeuteten* gar nichts. Und das könnte wahr sein. Ich meine, jemand könnte es leben. Womöglich kommen wir alle noch dahin.) Für denjenigen, der davon überzeugt ist, daß diese Wissensform ihn begreift, rekapituliert die Psychoanalyse, wenn sie ihre Ursprünge im Dunkeln der Hypnose und, noch archaischer, in den Theorien der Mesmeristen und Physiognomiker hat, beruhigenderweise die Tatsache, daß die Wissenschaft nun einmal aus der Magie sich erhebt und diese überwindet. Für jemanden, der nicht überzeugt ist, wird dies in gegenteiliger Weise beruhigend sein, denn sicherlich könnte nichts, was unter solchen Umständen geboren worden ist, legitime Wissenschaft sein!

Welche magischen Motive und Intuitionen bezüglich der Psyche sind es denn, die von einer Wissenschaft des Psychischen überwunden, folglich in ihr angesprochen werden müssen? Eine Intuition ist, daß wir »Einflüsse« voneinander erleiden, daß wir einem wechselseitigen »Magnetismus«, quasi chemischen »Affinitäten« unterliegen. Solche Qualitäten müssen, wie auch im Fall der analogen Intuition hinsichtlich der Natur, so lange »okkult« bleiben, wie es zu keinen Entwicklungen gekommen ist, die zur Entdeckung des Magneten analog wären. Ist es möglich, daß es auf der Grundlage einer solchen Entdeckung die Psychonomie, oder eher einzelne Psychonomen, längst gibt? Ist es denkbar, daß nur einige wenige im Besitz eines solchen Wissens sind – nennen wir es die Entdeckung der sozialen Bande oder Fesseln; der (äußerlichen) Assoziationsgesetze –, es uns übrigen aber aus irgendeinem Grund nicht kommunizieren können?

Betrachten wir die folgende Bemerkung:

    Statt der verletzten Partei tritt das verletzte *Allgemeine* auf ... und übernimmt die Verfolgung und Ahndung des Verbrechens, welche damit die nur *subjektive* und zufällige Wiedervergeltung durch Rache zu sein aufhört und sich in die wahrhafte Versöhnung des Rechts mit sich selbst, in Strafe verwandelt, – in objektiver Rücksicht als Versöhnung des durch Aufhebens des Verbrechens sich selbst wiederherstellenden und damit als *gültig verwirklichenden Gesetzes*, und in subjektiver Rücksicht des Verbrechers als *seines von ihm gewußten* und für ihn und zu *seinem Schutze gültigen Gesetzes*, in dessen Vollstreckung an ihm er somit selbst die Befriedigung der Gerechtigkeit, nur die Tat des *Seinigen* findet. (Hegel, *Rechtsphilosophie*, § 220)

Als was für eine Denkform sollen wir das bestimmen? Die Personifizierung (z. B. »tritt das verletzte Allgemeine auf«) klingt nach einer Allegorie und Mythologie, mithin nach etwas, das literarisch aus der Mode gekommen ist. Es klingt auch nach Geschichte, irgendwie; als wäre es zumindest historischen Beweismitteln zugänglich. Es würde noch mehr historisch klingen, wenn unter Geschichte die Anthropologie unserer Vergangenheiten und der Gegenwarten jener fernen Stämme, deren Gegenwart wir sind, verstanden würde. Es klingt auch nach Psychologie, irgendwie; zumindest so, als wäre es psychologischer Evidenz zugänglich. Würden wir jedoch das, was *wir* vermutlich für Psychologie halten, auf diese Stelle anwenden, vor allem auf ihren Schluß (»als Versöhnung … des Verbrechers«), dann werden wir sie höchstwahrscheinlich eher sozial erbaulich finden, und das entweder völlig angemessen (daß es darauf angelegt ist, die Seele durch Reue zu retten) oder vollkommen despotisch (daß es darauf angelegt ist, seelenvernichtend, den Verbrecher durch Beschämung zu veranlassen, denjenigen, die ihn töten, Frieden zu geben). Die folgende Bemerkung Nietzsches lese ich als einen Kommentar zu dieser Stelle und als Suche nach einem Standpunkt, von dem aus man eine rationale Einstellung zu ihr gewinnt, nämlich zeigen kann, daß ihr Gestus Rationalität noch nicht erreicht hat:

> Ihr wollt nicht töten, ihr Richter und Opferer, bevor das Tier nicht genickt hat? Seht, der bleiche Verbrecher hat genickt: aus seinem Auge redet die große Verachtung. (*Also sprach Zarathustra*, »Vom bleichen Verbrecher«)

Wenn deine Praktiken eigens die Zustimmung derer verlangen, die unter ihnen leiden, dann mußt du in Betracht ziehen, daß das, was du als Bejahung deutest (das Nicken), selbst durch das Leiden verursacht worden ist (wenn der Kopf vornüber sinkt, kann das Ergebung bedeuten, aber auch signalisieren, daß einer zum Angriff übergeht).

5. Ich habe gesagt, daß die Perspektive, die ich in diesen Geschichten aufspüren wollte, nicht nur in philosophischen Allegorien und Mythologien zu finden ist (vielleicht in solchen, die von der Suche des menschlichen Körpers nach seiner ursprünglichen Einheit erzählen, bevor er in individuelle Männer und Frauen geteilt wurde; oder davon, daß man zwar bezweifeln kann, daß dieser Körper der meine ist, nicht aber, daß dieses Bewußtsein das meine ist; oder davon, daß ich nicht deine Empfindungen haben kann und folglich nicht weiß, ob du sie hast), sondern auch in verschiedenen literarischen Gattungen, insbesondere in derjenigen, die wir Tragödie nennen (und damit fraglos auch in der Komödie), und vielleicht in jüngerer Zeit in phantastischen Erzählungen oder Gruselgeschichten. Damit ist eigentlich behauptet, daß diese Gattungen uns vermitteln, was der Außenseiter weiß. Alles und nur das, was der Außenseiter über uns wissen kann, würde die Geschichte dieser literarischen Formen offenlegen.

Daß ich genötigt bin, zur Literatur zu greifen, um das Problem des anderen zu entdecken, daß ich sehe, wie weitgehend unentdeckt das Problem für die Philosophie ist, für die im englischsprachigen Raum herrschende, mein Denken *nolens volens* geprägt habende Philosophie, das ist ein Tatsache, über die ich folgendes denken könnte. Vom Problem des anderen ist immer schon bekannt gewesen oder vermutet worden, daß es sich dabei gar nicht um ein Problem des Wissens handelt, oder besser, daß es nicht aus einer Frustration über das Versagen des Wissens resultiert, sondern aus einer Frustration über seinen Erfolg (sogar aus einem Entsetzen vor seinem Erfolg). Als wir vor kurzem unsere Enttäuschung über Kriterien zurückverfolgten (die wir ruhig weiterhin unsere Enttäuschung über das menschliche Wissen nennen könnten), stießen wir auf zwei von mir so genannte vertraute Möglichkeiten: Entweder manifestiere ich unsere Kriterien nicht richtig, oder der andere interpretiert sie nicht richtig. Wenn das Problem des anderen nun im Sieg des Wissens liegt, dann ist es ebenso ein Problem des Siegs über mich selbst und bestimmt die Natur meines Selbstbewußtseins. Dann geschieht zweierlei: Ich versuche, weiteres Wissen für mich zu vermeiden, indem ich das Problem des Fremdpsychischen allein von der passiven Seite her begreife, und auf diese Weise tut sich mir eine neue Möglichkeit auf, über das Wissen enttäuscht zu sein, daß nämlich mein Selbstbewußtsein zwischen mein Bewußtsein und meine Äußerung dieses Bewußtseins tritt, wodurch meine Äußerungen überreflektiert werden und aufhören, *natürlich* zu sein. Wenn meine Äußerungen aber nicht mehr natürlich sind, dann sind sie keine Grundlage mehr für Gewißheit über mein (Innen-) Leben, dann liefern sie keine Kriterien mehr. Und wenn sie nicht mehr natürlich sind, dann sind sie künstlich, bloß konventionell. Ich setze mich selbst in Szene. Nun ist das Problem des anderen, das Problem des Gewußtseins, nicht mehr, daß der andere mich nicht als Mensch sieht, sondern eher, daß der andere (nur) mich sieht und immer als das eine oder andere Menschenwesen. Folglich begreife ich mich auch so. Meine Existenz ist bewiesen, aber um den Preis, nicht zu wissen, was sie an sich ist. Und die Existenz des anderen ist bewiesen, aber um den Preis, daß sie Zuschauer meiner Existenz sind und nicht daran teilnehmen.

Ein Text, der uns zu verstehen gibt, was es bedeutet, am halb verschluckten Apfel der Erkenntnis zu ersticken, ist Kleists »Marionettentheater«. Heißt Mensch zu sein denn genau das: Wir sind ebenso unfähig, ihn ganz zu schlucken, wie ihn auszuspucken? Ist das Keuchen der menschlichen Stimme, etwa schluchzen oder lachen, der beste Beweis des Menschseins, unser bestes Bild, d.h. unsere beste Maske? Ihn ein für allemal zu schlucken hieße, ständig innerhalb der gewöhnlichen Sprachspiele zu leben, innerhalb des Alltäglichen; ihn ein für allemal auszuspucken, hieße, von ebendiesem Leben getrennt zu sein, ohne es zu leben. Vor allem, ohne die menschliche Stimme zu leben (z.B. ohne Berufung, ohne Protest). – Ist die Versuchung zu wissen ein Pro-

dukt des Verbots zu wissen, oder verhält es sich umgekehrt, ist das Verbot eine Projektion oder Erklärung der Versuchung? (Der entscheidende Moment beim Zaubertrick.)
– Für dich ist die Behauptung, das Wissen über uns fließe dem Außenseiter aus dem Studium der Literatur zu, so unbezweifelbar, wie sie dunkel ist. Da du das Problem des anderen als das Problem der Anerkennung der Beziehung, die man zu ihm hat, deutest und da du behauptest, die Geschichte des Versagens dieser Beziehungen liefere uns eine Geschichte des Skeptizismus und der Versuche, ihn zu überwinden, handelt Literatur, da man mit Sicherheit sagen kann, daß Literatur »von« menschlichen Beziehungen handelt, gewiß von der Anerkennung und ihren Grenzen; und wenn man deine Charakterisierung der Tragödie als Versagen des Idealfalls von Anerkennung akzeptiert, dann hat man das bereits als deine Charakterisierung des Skeptizismus akzeptiert. Und in der Tat, sind deine »Idealfälle« nicht eigentlich Fälle von Liebe? Und jedermann wird zugestehen, daß die dramatische Literatur zu Liebesdramen neigt und natürlich, wenn du willst, zu Dramen der Vermeidung von Liebe, ja sogar ihres Schreckens. – Was ich gesagt habe, trägt aber dann doch dazu bei zu verstehen, warum Dramen von Liebe handeln und wovon sie uns ein Wissen vermitteln und warum dieses Wissen diese und keine andere Form annimmt, nämlich die der Anerkennung oder ihrer Unmöglichkeit. Und selbstverständlich rechne ich damit, daß das von mir Gesagte die Frage aufwirft, ob und wie wir um die Unterschiede zwischen dem Schreiben von Literatur und dem Schreiben von Philosophie wissen.
Da ich nichts mehr zur Verteidigung dieser Gedanken sagen werde, lasse ich zwei oder drei Shakespeare-Texte auftreten, weitere Beispiele, in denen der Skeptizismus hinsichtlich des Fremdpsychischen mehr oder weniger ausdrücklich untersucht wird, doch nicht bloß, um zu illustrieren, daß die Tragödie vom Versagen der Anerkennung berichtet und es erforscht, darlegt, was dem vorausgegangen ist und was ihm folgt – d. h., daß die Form der Tragödie die öffentliche Form des gelebten Skeptizismus be-

züglich des Fremdpsychischen ist –, sondern vor allem, um das Element im Problem der anderen zu illustrieren und zur Beschäftigung mit dem anzureizen, worauf meine Sicht der Dinge immer wieder zurückgekommen ist, nämlich auf die Vorstellung vom menschlichen Körper und welches Los ihm in diesen Geschichten zufällt.

Die ausdrücklichste Stelle ist wohl die berühmteste Rede Shylocks, die unmittelbar von der Analogie her zu argumentieren scheint, und zwar ausgehend von der passiven Seite. Shylock hat gerade aufgezählt, wie viele Beleidigungen Antonio ihm zugefügt hat, und fragt nach dem Grund dafür. Shylocks Antwort ist: »Ich bin ein Jude.«

> Hat nicht ein Jude Augen? Hat nicht ein Jude Hände, Gliedmaßen, Werkzeuge, Sinne, Neigungen, Leidenschaften? Mit derselben Speise genährt, mit denselben Waffen verletzt, denselben Krankheiten unterworfen, mit denselben Mitteln geheilt, gewärmt und gekältet von eben dem Winter und Sommer, als ein Christ? Wenn ihr uns stecht, bluten wir nicht? Wenn ihr uns kitzelt, lachen wir nicht? Wenn ihr uns vergiftet, sterben wir nicht? Und wenn ihr uns beleidigt, sollen wir uns nicht rächen? Sind wir euch in allen Dingen ähnlich, so wollen wirs euch auch darin gleich tun. Wenn ein Jude einen Christen beleidigt, was ist seine Demut? Rache. Wenn ein Christ einen Juden beleidigt, was muß seine Geduld sein nach christlichem Vorbild? Nun, Rache. Die Bosheit, die ihr mich lehrt, die will ich ausüben, und es muß schlimm hergehen, oder ich will es meinen Meistern zuvortun [*but I will better the instruction*]. (*Der Kaufmann von Venedig*, III, 1)

Für unsere gegenwärtigen Zwecke heißt das: Mein Körper und was ihm zustößt, mein sichtbarer Teil, unterscheidet sich nicht von dem Körper eines Christen und was diesem zustößt. – Und die philosophische Konklusion, die zu ziehen man von Shylock erwarten oder ihm nahelegen würde, lautet dann: Auch der unsichtbare Teil unterscheidet sich in nichts. Soviel einzuräumen ist die Vernunft genötigt. Es stimmt zwar, daß Shylock mehr von seinem »sichtbaren Teil« in seine Prämissen einfließen läßt, als ein Philosoph, der mehr auf Strenge hält, es täte; so nimmt er Dinge auf, die der Philosoph in die Konklusion des Analogiearguments einfließen ließe, z. B. Sinne, Neigungen, Leidenschaften, und scheint damit eine petitio zu begehen, aber, obwohl weniger streng, Shylock weiß mehr. Er weiß, was jeder vernünftige Mensch weiß, daß das strengere Argument versagen *muß*, daß jemand, der noch nicht weiß, daß der Körper des anderen »mit« Empfindung »verbunden ist«, mit diesem Argument nicht zu überzeugen wäre oder vielmehr gar nicht verstünde, was mit dem Argument bewiesen werden sollte: die Existenz anderer. Wenn Shylock in einer Reihe von rhetorischen Fragen Punkt für Punkt seine Identität mit anderen Menschen festhält, dann räumt er damit durchaus ein, daß andere natürlich all das über Juden wissen, beispielsweise über ihn; was er bestreitet (oder von welchem übereilten Schluß er uns abhalten will), ist, daß dergleichen über ihn zu wissen heißt, von seiner Existenz als (ein anderer) Mensch zu wissen. Weit davon entfernt, die anderen auf der Grundlage einer Analogie zu dem Schluß aufzufordern, daß er als ein Mensch existiert, wirft er ihnen statt dessen vor, daß sie genau diese Grundlage zu genau diesem Zweck benutzen: Shylock bezieht sich darauf, wie die Analogie selbst verwendet wird. (Aus Verzweiflung über den Gebrauch, nicht die Gültigkeit, eines Analogiearguments macht Humes Philo dasselbe: »Warum den Anthropomorphismus nicht bis zur Vollendung treiben? Warum nicht sagen, die Gottheit oder die Gottheiten hätten einen Körper, Augen, Nasen, Münder, Ohren usw.« (*Dialogues*, Teil V)) Shylock sagt: Ihr denkt also, ich bin *wie* ihr. Dann denkt ihr, ich sei auch *anders*. Und worin liegt der Unterschied? Daß mein Körper nicht mit *eurer* Empfindung verbunden ist, d. h. mit der Empfindung eines Christen. Wenn es so wäre, was hättet ihr dann entdeckt? Daß ich ein anderer von euch bin, nach eurem Bild geschaffen. Schön und gut. Ich werde euch zwingen, vollkommene Narzißten zu sein. Ich werde die Analogie so vollenden, daß mein Bild dem euren in allem gleicht. Ich werde eure Empfindung auf mich nehmen. – Tatsächlich bereitet er hier vor, daß ihm als Strafe die Bekehrung auferlegt wird.

Daß das Stück die Konfrontation von Altem und Neuem Gesetz bzw. die Ersetzung des Alten durch das Neue Gesetz probt, scheint unbestreitbar zu sein. (Soweit ich weiß, kommt dieser Gedanke am besten in Nevill Coghills Aufsatz »The Basis of Shakesperean Comedy« zum Ausdruck.) Wie es einem Juden ansteht, behauptet Shylock jedoch, die Ersetzung habe nie stattgefunden, die christliche Demut sei bloß eine Parodie oder eine Verschleierung des jüdischen Gesetzes, christliche Barmherzigkeit sei lediglich hinter Passivität verborgene Rachsucht. Folglich gebe es den Christen gar nicht, der Messias, den die Christen von den Juden zu erwarten gelernt haben, sei noch gar nicht gekommen, oder wenn doch, so sei sein Kommen jedenfalls ohne Wirkung geblieben. Wegen der Implikation dieses Vorwurfs könnte man meinen, Shylock zur Strafe zur Bekehrung zu zwingen sei speziell erforderlich gewesen, gleichsam als ein spezifischer Akt der Widerlegung.

Der Anlaß für Shylocks Rede über die Analogie war die halb rhetorisch gemeinte Frage, ob er, wie angekündigt, sein Pfund Fleisch tatsächlich einklagen werde. Indem er dies bekräftigt und ebendas als seine Rache bezeichnet und indem er behauptet, die Rache würde seine Analogie oder seine Identifizierung mit Antonio vollkommen machen, erklärt er in seiner Rede, er werde genau das tun, was man ihm angetan hat. Auf diese Weise teilt er uns mit, daß Antonios Weigerung, ihn anzuerkennen, für ihn, Shylock, wie eine Verstümmelung ist – wie eine Verneinung oder wie eine Zerstörung seiner Unversehrtheit. Also spricht seine Rache: Du glaubst, meine Empfindung könnte allenfalls wie die deine sein, aber vor meiner weichst du aus. Ich werde dir zeigen, daß du exakt die meine haben kannst. Und ich behaupte auch dies: Es gibt keinen Beweis für dich, daß ich ein Mensch, Fleisch bin, solange du nicht weißt, daß du Fleisch bist. Daß du dies lernst, darin wird meine bessere Belehrung liegen.

Natürlich muß es nicht gelingen. Auf Shylocks Erklärung »Ich sage, meine Tochter ist mein Fleisch und Blut« gibt es die Antwort: »Zwischen deinem Fleisch und ihrem ist mehr Unterschied als zwischen Ebenholz und Elfenbein, mehr zwischen eurem Blute als zwischen rotem Wein und Rheinwein« (III, 1, 33-36). Der letzte Satz legt nahe, daß diese Antwort nicht unbeantwortet bleiben muß: Dann werde ich das Fleisch zu meinem machen, indem ich es verspeise (»... so sättigt es doch meine Rache«). Ich sehe nicht, warum die Vorstellung, sich den anderen buchstäblich einzuverleiben, verrückter ist als der Versuch, das Haben der Empfindungen eines anderen buchstäblich auszulegen – wie man sich in einer mehr akademischen Überwindung des Skeptizismus wohl vorstellen müßte, es tun zu wollen, wobei es nicht darum ginge, daß man sich die Einverleibung der Empfindungen des anderen vorstellt (was schlicht eine Weise wäre, sich vorzustellen, man hätte sie, und das könnte man in einem alltäglich Sinne sicherlich tun), sondern es vielmehr zuzulassen, selbst (wieder) einverleibt zu werden, der andere zu sein.

Das ist meines Erachtens nicht so verrückt wie die Entwicklung, die die Dinge für Shylock nehmen. Denn woher soll das Pfund Fleisch kommen? Wo möchte Shylock es herausschneiden? Die Frage drängt sich auf durch die mysteriöse Veränderung der ursprünglichen, von Antonio akzeptierten Forderung Shylocks, in der es hieß, daß »ich [zur Buße] schneiden dürfe, aus welchem Teil von eurem Leib ich will« (I, 3, 146 f.), zu der Formulierung in dem von Portia vor Gericht verlesenen Schuldschein, das Pfund Fleisch sei »zunächst am Herzen des Kaufmanns auszuschneiden« (IV, 1, 228 f.). Ich will nicht unbedingt sagen, Shylocks Beweis – seine bessere Belehrung –, daß Antonio *seinesgleichen* ist, bestünde darin, Antonio in einen Juden zu verwandeln, d. h., ihm widerfahren zu lassen, was in der Vorstellung naiver Gemüter bei der Beschneidung geschieht, also ihn zu kastrieren. Ich bestehe nur darauf, daß die Frage unser entsetztes Erstaunen erregt, wieso ein Pfund, wo auch immer herausgeschnitten, zu einer solch massiven Entstellung führen sollte, daß es einer Metamorphose gleichkäme; und daß dies nicht, da es zur Spannungssteigerung dieser Rachesatire beitrage, mit der Annahme kommentiert und weggewischt wird, die veränderte Angabe über die Lage des Pfunds müsse stipuliert worden sein, »als der Schuldschein ausgestellt wurde« (Arden-Ausgabe, Anmerkung zu IV, 1, 229). Daß irgendeiner Veränderung dieser Art zugestimmt worden ist, müssen wir dann nicht annehmen, wenn wir das Bestehen einer Verwechslung zulassen. Denn *welcher* Kaufmann (von Venedig) wird durch den Ausdruck »zunächst am Herzen des Kaufmanns« herausgegriffen? Wenn es sich so lesen läßt, daß Shylock damit gemeint ist, dann ist es gleichbedeutend mit Shylocks ursprünglicher Forderung des Teils, den »er will«. (Obgleich die Mehrdeutigkeit des Ausdrucks auch dann gegeben sein mag, wenn keine Identitätsverwechslung in Anschlag gebracht wird.) Ich behaupte nicht, daß dies die richtige Lesart ist; ich fordere dazu auf, daß man sich einen spirituellen Vorgang denkt, bei dem Shylock nicht weiß, was verlangt wird, was seine Befriedigung ausmachen würde (was es hieße, daß er »sein Herz haben will« (III, 1, 117)); folglich einen Vorgang, bei dem die Gewißheit des Wissens, das andere von ihm zu haben bekunden, in einem Verhältnis zu seiner Unsichtbarkeit für sie steht.

Eine zweite, ausführliche, abschließende Illustration, die ich wähle, um daran zu studieren, welches Schicksal dem Körper unter dem Skeptizismus beschieden ist, enthält ebenso vertraute, auch in dieser Zusammenstellung mehr oder weniger vertraute Momente. Ich frage, wie wir es auf dem Höhepunkt des *Wintermärchens* zu interpretieren haben, daß Hermione als Statue wiedererscheint. Insbesondere frage ich, wie wir es zu interpretieren haben, daß Leonte die »Magie« akzeptiert, die sie in Fleisch und Blut zurückverwandelt und sie ihm so wiedergibt. Das ist eine sehr eigenartige Form der Wiederauferstehung. Sie zu akzeptieren heißt, die Vorstellung zu akzeptieren, daß Hermione versteinert war; daß dies das richtige Los für ihr Verschwinden aus dem Leben gewesen ist. Wonach ich frage, ist demnach die Quelle von Leontes Überzeugung, daß das nun einmal ihr Los zu sein hatte. Indem ich die Frage so stelle, ist die Form meiner Antwort inzwischen vorhersehbar: Daß Hermione zu ihm zurückkehrt, bedeutet, daß er sie anerkennt; und daß er sie anerkennt, bedeutet, daß er seine Beziehung zu ihr anerkennt, insbesondere anerkennt, was seine Verleugnung ihr angetan hat und folglich ihm selber. Leonte erkennt in der Versteinerung an, daß diese die Folge seines besonderen Skeptizismus war. Man mag das als die Projektion seines eigenen Benommenheitsgefühls, seines Abgestorbenseins auffassen. Aber warum wäre das denn dann *sein* Los gewesen? Es ist eine sehr eigenartige Form der Reue oder der (Selbst-)Kasteiung.

Der Kontext ist eine Geschichte von nagender Eifersucht, dann der Anklage wegen Ehebruchs, einer Anklage, von welcher jeder Außenstehende, jeder andere als der Ankläger weiß, daß sie völlig gegenstandslos ist. Das gesellt Leonte und Othello unvermeidlich zueinander. Ich weise auf zwei weitere Punkte hin, bezogen auf die das *Wintermärchen* und *Othello* einander wechselseitig kommentieren. Erstens geht es in beiden Dramen um die Pein in dem Vermögen, um die Existenz eines anderen (als keusch, unberührt, wie der Wissende von seinem anderen weiß, daß der es ist) zu wissen. Leonte weigert sich, einem wahren Orakel Glauben zu schenken, Othello besteht darauf, einem falschen zu glauben. Zweitens führt in beiden Dramen die Weigerung des Mannes, seinen anderen zu kennen, zur Phantasie von etwas Steinernem. Es ist nicht nur sein Schönheitsverlangen, das Othello das berühmteste Bild seines Opfers als eines kalten, gemeißelten Marmors eingibt (»whither skin of hers than snow, / And smooth, as a monumental alabaster« [»*diese Haut, so weiß wie Schnee und sanft wie eines Denkmals Alabaster*«] (V, 2, 4-5)). Woher stammt dieses Bild?

Als Einführung dazu, was ich zu *Othello* zu sagen habe, möchte ich eine letzte Quelle nennen, die uns befugt, die Tragödie als eine Art erkenntnistheoretisches Problem zu lesen, als das Ergebnis des Problems des Wissens und der überragenden Bedeutung, die dieses für das philosophische Denken der Neuzeit hat (vgl. »The Avoidance of Love«, S. 320-26). Als ich soeben sagte, ich wünschte »zu verstehen, wie der andere jetzt das Gewicht Gottes trägt und mir zeigt, daß ich nicht allein im Universum bin«, wollte ich damit eine bestimmte Ableitung für das Problem des anderen geben. Doch ich spielte zugleich auf eine Formulierung an, in der Descartes das Motiv nennt, aus dem er sich für das über allen Zweifel Erhabene überhaupt interessiert: um sich der Tatsache zu vergewissern, daß er nicht allein auf der Welt ist (III. Meditation). Jetzt frage ich, beiläufig, aber ausdrücklich, wieso Descartes es nicht einfällt, diese Möglichkeit so auszuräumen, wie man (wer?) doch denken würde, daß es der geradeste und sicherste Weg sein müßte, indem er nämlich die Existenz eines anderen endlichen Wesens feststellt.

Er sagt einfach, er könne sich leicht vorstellen, daß Vorstellungen, die »mir andere mir ähnliche Menschen vergegenwärtigen«, sich »aus denen zusammensetzen lassen, die ich von mir selbst, von den körperlichen Dingen und von Gott habe, auch wenn es außer mir keine Menschen ... in der Welt gäbe«. Natürlich setzt er hier kräftig zum Gottesbeweis an. Wir können daraus schließen, im Verlauf der *Meditationen* wird es ausgearbeitet, daß Descartes von dem Problem der anderen (anderer endlicher Wesen) nicht erkannt hat, daß es ein Sonderfall des Problems des Wissens ist; sicherlich ist das ein Grund, warum es in der späteren Erkenntnistheorie als ein solcher erkannt worden ist. Doch je mehr man über die einzige Stelle nachdenkt, die Descartes der Beziehung zu seinem eigenen Körper widmet, desto weniger klar und deutlich kommt es einem vor, ob es ihm möglich wäre, die Idee eines anderen Körpers zu konzipieren, der zu dem dazugehörigen Geist jene einzigartige Beziehung, auf quasi-substantielle Weise, unterhielte, die, beteuert er, nicht von der Art wie die des Schiffes zum Steuermann wäre. Aber ohne eine solche Idee, was sollte der Inhalt der Idee »mir ähnlicher Menschen« sein? Ich würde nicht sagen, daß Descartes hier auf Analogie setzt, denn er muß ja viel sicherer sein, daß andere menschliche Körper mit Bewußtsein einhergehen, als jeder Überzeugung, die er allein aus dem Verhalten eines anderen Körpers würde ziehen können. Immerhin hat der Körper essentiell mit der Seele nichts zu tun! Dieses Problem ließe sich folgendermaßen ausdrücken. Sein Bewußtsein, aus seinen zwei entgegengesetzten Naturen zusammengesetzt zu sein (daraus, was er unter »Geist« und »Körper« versteht, deren jeder durch die Negation der Merkmale des anderen bestimmt ist), ist der Gedanke einer doppelten Natur, der in der Kultur, die wir mit ihm teilen (wenn auch heute vielleicht nur noch in der Literatur), sein zentrales Symbol in der Christusgestalt gefunden hat. Die Inkarnation, das mysteriöse Zusammentreffen von Himmel und Erde, kennzeichnet in Descartes' Denken mithin nicht nur den Stifter des Christentums, sondern jeden einzelnen Menschen. Man mag daraus schließen, daß das menschliche Problem, das die Anerkennung anderer Menschen bereitet, das ist, jemand anderen in bezug auf einen selbst als Christus anzuerkennen. (Worin liegt die Bedeutung des Vorwurfs, wenn es hochkommt, beweise Descartes die Existenz eines Gottes der Philosophen?)

Im Licht dieses Durchgangs durch das Problem des anderen bemerkt man eine Veränderung in der Coda, die Descartes seinem Argument zum Schluß dieser III. Meditation anfügt:

> Die ganze Kraft dieses Beweises [i. e. des Gottesbeweises] liegt in der Erkenntnis, daß ich selbst mit der Natur, die mir eigentümlich ist – nämlich im Besitze einer Vorstellung Gottes –, unmöglich existieren könnte, wenn nicht auch Gott wirklich existierte, derselbe Gott, sage ich, dessen Vorstellung in mir ist, d. h., der alle die Vollkommenheiten besitzt ... [kann] kein Betrüger sein ...

Der Hauptpunkt der Zusammenfassung besteht darin, daß ich die Vorstellung, die ich von Gott habe, nicht selbst hätte erzeugen können, denn sie hat von nichts Geringerem als von Gott selbst kommen können. Außerdem wird ein neuer Notwendigkeitston angeschlagen, daß ohne die Gegenwart dieser Vorstellung in mir und folglich die Gegenwart dessen, wovon sie das Abbild ist, meine eigene Natur notwendig nicht die wäre, die sie ist. (Nietzsches Gedanke vom Tod Gottes läßt sich erst einmal so interpretieren, daß sie in etwa besagt: Die Gottesvorstellung ist ein Bestandteil (der Vorstellung) von der Menschennatur. Stirbt nun jene, dann stirbt diese genauso.) Von der Gottesvorstellung hängt folglich keineswegs nur die Tatsache meiner Existenz, sondern deren Integrität ab. Und daher dreht es sich in den *Meditationen* darum, trotz allem zur Selbsterkenntnis zu gelangen: zur Erkenntnis eines menschliches Selbst durch ein menschliches Selbst.

Daß die Integrität meiner (menschlichen, endlichen) Existenz womöglich von der Tatsache und der Idee der Existenz eines anderen Wesens abhängt und von der Möglichkeit, diese Existenz auch zu beweisen – eine Existenz, die gerade von meiner Abhängigkeit und Defizienz her, daher als vollkommen konzipiert wird und als eine, die mich »in gewissem Sinn nach ihrem Bild« schafft: das sind gedankliche Motive, die mich zu einer Untersuchung von *Othello* führen.

Kurz gesagt, um damit zu beginnen, haben wir hier die Logik, die Emotion und die Szene des Skeptizismus knapp dargestellt. Die Logik: »My life upon her faith« (I, iii, 294) und »... when I love thee not / Chaos is come again« (III, iii, 91-92) nennen den Einsatz, der nötig ist, um es mit dem Idealfall zu tun zu haben, d. h. genau das, was ich mit dem imaginären Obersatz »Wenn ich irgend etwas weiß, dann das« zum Ausdruck gebracht habe. Ein Dauereinwand gegen die Handlungsführung im *Othello* besagt, in Anbetracht der Dauer der Handlung gehe der Fortschritt von der Absolutheit von Othellos Liebe zur Vollendung seines Zweifels zu überstürzt vonstatten. Allein diese Überstürztheit entspricht genau dem Rhythmus des Skeptizismus. Nur auf den Einsatz kommt es an. Die Emotion: Hier denke ich nicht an Othellos Emotion Desdemona gegenüber, nennen wir sie Eifersucht, sondern an die Struktur seiner Emotion, wenn er aus dem Gleichgewicht seiner Liebe und hin- und hergerissen wird. Wie Othello diese Qual ausspielt, ist die grandioseste mir bekannte Darstellung des »Erstaunens« im skeptischen Zweifel. In Descartes' Erster Meditation: »... sehe ich ganz klar, daß Wachsein und Träumen niemals durch sichere Kennzeichen unterschieden werden können – so daß ich ganz betroffen bin und gerade diese Betroffenheit mich beinahe in der Meinung bestärkt, ich träumte.« (Es folgt nicht, daß man doch davon *überzeugt* ist, wach zu sein.) Wenn Othello sein Bewußtsein verliert (»Is't possible? – Confess? – Handkerchief? – O devil!« (IV, i, 42-43)), geschieht das nicht deswegen, weil er anfängt, überzeugt zu sein, sondern in einer Anstrengung, das Wissen nur ja von sich abzuhalten. Die Szene: Hier denke ich an die durchgängige Atmosphäre der Sprache und Handlung dieses Stücks, wie Othellos Bewußtseinsaktivität unablässig die Wirklichkeit hinter sich läßt, sie auflöst in Trance, Traum, an die Großartigkeit oder Niederträchtigkeit seiner beschwörenden Einbildung; wie Möglichkeiten vor ihm aufsteigen, welche die Vernunft, auf sich gestellt, nicht ausschließen kann. Warum ist er so von allen guten Geistern verlassen? Warum gehen Aug und Ohr bei ihm verschiedene Wege? Wir wissen, daß er zu dem Zeitpunkt, als er seinen Zustand folgendermaßen in Worte faßt:

> By the world,
> I think my wife be honest, and think she is not,
> I think that thou are just, and think thou are not;
> I'll have some proof ...
> [*Bei Gott!*
> *Ich denk mein Weib ist treu, und ist es nicht;*
> *Ich denk, du bist brav, und bist es nicht;*
> *Ich will Beweis ...*]
>
> (III, iii, 389-92)

bereits verloren ist. Zwei Dutzend Zeilen früher hatte er von Jago »den augenscheinlichen Beweis« verlangt, ein Verlangen, das ebensosehr eine Drohung wie ein Befehl war, ganz so, als wünschte er tatsächlich dieses Ergebnis, als hätte er Bedarf für Jagos Verdächtigungen, als instrumentalisierte er Jago ganz ebenso wie dieser ihn. Kein Teil meiner Interpretation dieses Stücks hängt daran, daß ich die Beziehung zwischen Jago und Othello richtig verstehe. So behaupte ich einfach, wie es durch das eben Gesagte bereits naheliegt, daß eine Frage wie »Wieso glaubt Othello Jago?« schlecht gestellt ist. Daß Othello Jago glaubt und *nicht* Desdemona, ist schlicht unvorstellbar. Jago, könnten wir sagen, bietet Othello die Möglichkeit, etwas zu glauben, etwas im Gegensatz zu etwas anderem, das er weiß. Was ist es, was er weiß? Wieso bedarf das eines Gegensatzes? – Was wissen wir?

Wir haben gewußt (sagen wir, seit G. Wilson Knights »The *Othello* Music«), daß Othellos Sprache, meinetwegen seine Einbildung, zugleich sein (und des Stücks) Ruhmestitel und Schmach ist, die Quelle seiner Macht und Ohnmacht. Oder: Wir hätten wissen sollen (seit Bradleys *Shakespearean Tragedy*), daß Othello der romantischste der Shakespearehelden ist, was vermutlich auf dasselbe hinausläuft. Und wir sollten durchaus die Beobachtung bedenken, daß Othello der christlichste der tragischen Helden ist (vgl. Norman Rabkins *Shakespeare and the Common Understanding*). Unbestreitbar wissen wir, daß Othello ein Schwarzer ist. Unbestreitbar ist die Tatsache, daß er frisch vermählt ist. Und ebenso unbestreitbar ist, daß, verglichen mit dem Inhalt von Shakespeares anderen Tragödien, diese keine politische, sondern eine häusliche ist.

Konkreter: Wir wissen, daß die Tatsache, daß Othello ein Schwarzer ist, etwas zu bedeuten hat. Nur was genau? Für ihn zu bedeuten hat, meine ich, denn sonst ist es nicht Othellos Hautfarbe, für die wir uns interessieren, sondern Schwarz in irgendeinem allgemeinen Sinn, wie es in dem Stück auch vorkommt. Diese Differenz weist in die Richtung, in der wir Desdemonas Satz zu Anfang verstehen: »I saw Othello's visage in his mind« [»*Mir war Othellos Antlitz sein Gemüt*«] (I, iii, 252). Ich denke, das wird allgemein so interpretiert, daß sie sagen will, sie habe über seinen inneren Glanz die äußere Schwärze ignoriert. Und daß das vielleicht doch teilweise auf einer Täuschung beruht, zumindest auf ihrer Seite. Wenn man ihn mehr buchstäblich nimmt, besagt der Vers jedoch, daß sie sein Gesicht so sah, wie er selbst es sieht, daß sie seine schwarze Hautfarbe so nimmt wie er selber, als den Ausdruck (oder, wie er sagt: die Erscheinung) seines Innern – was keineswegs heißt, sie zu ignorieren. Wie nun nimmt er sie denn?

Als die Farbe eines romantischen Helden. Denn so wie er war und ist, wie er in Person, Titel und seiner »noblen Seele« (I, 2, 31) in Erscheinung tritt, ist er der Held der Abenteuergeschichten, die er erzählt, mit deren manchen er erfolgreich um Desdemona warb, während andere für ihn tödlich ausgehen werden. Es ist demnach die Farbe von jemandem, der über wundersame Kräfte gebietet und durch Zauber gefeit ist, vor allem aber von jemandem, der rein ist, von einer noblen Seele. Indem Desdemona in sein Leben tritt, in seine Geschichte von seinem Leben, tut sie das als die passende Gefährtin eines solchen Helden; seine noble Natur ist ihr jetzt offen zugewandt. Daß er sich bedingungslos auf seine eigene Reinheit und auf sein Vertrauen in die ihrige stützt, wird daran deutlich, wovon er fühlt, daß er es verloren hat, indem er das Vertrauen zu Desdemona verliert:

> ... my name, that was as fresh
> As Dian's visage, is now begrim'd, and black
> As mine own face ...
> [*Mein Name, einst so hell*
> *Wie Dianens Antlitz, ist nun wüst und schwarz*
> *Wie mein Gesicht*]
>
> (III, 3, 392-94)

Diana ist ein Name für das Antlitz, das Desdemona in Othellos Geist sah. Er verliert den Bezug desselben auf seinen eigenen Namen, sein angebetetes Ich, sobald er nicht mehr sein Gesicht in Desdemonas Geist sieht, sondern in Jagos, d.h. in der Fähigkeit der Welt, Verdacht zu säen. Daß er Desdemonas Kraft verliert, ihm das Zutrauen zum eigenen Bild einzuflößen, heißt, daß er seine alte Kraft der Imagination verliert. Und das heißt, er verliert den Halt an seinem eigenen Wesen, er hat in seiner Geschichte nicht mehr dieselbe Stimme. So wäre die Frage demnach die: Wie ist er dazu gekommen, Desdemonas Imagination durch Jagos zu ersetzen? Wie schrecklich dieser Tausch auch ist, er muß weniger schrecklich sein als ein anderer. Daher brauchen wir nicht so sehr zu fragen, wie Jago zu seiner Macht gekommen ist, als vielmehr, wie Desdemona die ihre eingebüßt hat.

Wir wissen – nicht wahr? –, daß Desdemona zu der Zeit, als sie die Bühne betritt, ihre Jungfräulichkeit schon verloren hat, Dianas Schutz. Das ist Othello natürlich bekannt. Aber diese Standesveränderung, obwohl als Tatsache hinreichend eindrucksvoll, um Abertausende von Handlungen hervorzubringen, ist nicht das, wessen Othello sie anklagt. (Wäre allerdings diese Anklage viel unfairer gewesen als die der Untreue, deren er sie bezichtigt?) Ich lege Wert auf die Annahme, daß, so wie Othellos Gemüt beschaffen ist, das Thema und der Stand der Jungfräulichkeit in diesem romantischen Universum ihr volles Gewicht behaupten. Dazu schrieb vor kurzem Northrop Frye: »Tief in diesem gängigen Motiv von der Trophäe Jungfräulichkeit steckt die Ahnung von menschlicher Integrität, die in dieser Welt, aber nicht von dieser Welt ist und die aus Schwäche häufig dazu gezwungen ist, zu allen möglichen Listen und Schlichen ihre Zuflucht zu nehmen, und es immerhin schafft, dasjenige Los zu vermeiden, das wirklich schlimmer ist als der Tod: die Vernichtung der eigenen Identität … Symbolisiert als Jungfrau ist tatsächlich irgendwie der menschliche Glaube daran, daß im Zentrum des eigenen unendlich zerbrechlichen Seins etwas ist, das nicht nur unsterblich ist, sondern jenes Geheimnis der Unverwundbarkeit entdeckt hat, welches dem tragischen Helden versagt bleibt« (*The Secular Scripture*, S. 86).

Resümieren wir. Bei diesem Schauspiel haben wir nicht nur an irgendeine Ehe zu denken, sondern an die Ehe eines romantischen Helden und eines christlichen Mannes: jemandes, dessen Imagination den Gedanken in sich aufzunehmen hat, daß zwei Leute in der Ehe eins werden, und den Gedanken, daß es »besser ist zu heiraten, als zu brennen«. Es ist ein Schauspiel, in dem es gewiß um die Ehe, aber doch nicht um eine x-beliebige Ehe, sondern um eine Idee der Ehe geht, oder sagen wir: ein Phantasma der Ehe. »Warum habe ich geheiratet?« lautet die erste Frage, mit der Othello es zum Ausdruck bringt, als ihn zum erstenmal der Verdacht überfällt (III, 3, 246). Von selbst gekommen ist ihm die Frage nie. Jagos erste an ihn gerichtete Frage lautet: »Are you fast married?«, und Othello schließt in der Entgegnung darauf mit etwas, das weniger als eine Antwort ist: »But that I love the gentle Desdemona, / I would not my unhoused free condition / Put into circumscription and confine / For the sea's worth.« [»*Liebt ich die hold Desdemona nicht, / zwäng ich meinen sorglos freien Stand / in Band und Schranken ein nicht um die Schätze / der tiefen See.*«] Liebe ist allenfalls eine notwendige, nicht eine hinreichende Bedingung für die Ehe. Und wenn es nach manchen ginge, würde eine gewisse Vorstellung von der Liebe die Idee der Ehe ebensosehr kompromittieren wie ratifizieren. Vielleicht ist die Ehe ja besser, aber das Beste ist sie nicht, wie der hl. Paulus zu verstehen gibt.

Wir haben ferner bei diesem Schauspiel nicht nur allgemein an die Ehe zu denken, sondern speziell an die Hochzeitsnacht. Mit ihr setzt das Stück ein. Im Mittelpunkt der uns bekannten Tatsachen steht, daß die ganze Anfangsszene stattfindet, während Othello und Desdemona das Brautlager teilen. Die Gleichzeitigkeit wird unterstrichen: »Even now, very now, an old black ram / Is tupping your white ewe« [»*Jetzt, eben jetzt bezwingt ein alter schwarzer / Schafbock Eur weißes Lämmchen*«] (I, 1, 88). Und die Szene ist erfüllt von Verrat, Alarm, Rufen, Bewaffneten, die durch eine schlafende Stadt rennen. Die Verbindung zwischen Schlafgemach und Notstand wird abermals unterstrichen durch Othellos Wiedererscheinen aus dem Schlafgemach, um einer Schlägerei durch seine Anwesenheit ein Ende zu bereiten, eine Szene, die sich in der ersten Nacht auf Zypern wiederholt, ganz als verleihe sein Erscheinen vom Lager der Lust und der Träume ihm die Macht, mit einem Wort, einer Handbewegung eine bewaffnete Auseinandersetzung zu beenden. – Oder wäre das mehr, als wir wissen? Vielleicht soll die Verbindung besagen, daß ihre »Liebesstunde« (I, 3, 298-99) in jedem der beiden Fälle unterbrochen worden ist. Es gibt Grund zu der Annahme, daß die Ehe nicht vollzogen worden ist, jedenfalls Grund zu der Annahme, daß Othello nicht weiß, ob sie es ist. Was soll Jagos »Are you fast married?« denn bedeuten? Ob die öffentliche Trauungszeremonie stattgefunden hat oder der private Akt? Oder ob der öffentliche und der private Akt einander ratifiziert haben? Othello antwortet darauf, indem er von seinem Edelmut und seiner Liebe spricht. Aber von allem anderen abgesehen, darin nimmt er doch offenbar an, Jagos »you« sei im Singular, nicht im Plural gemeint gewesen. Und was meint denn Othello in Zypern mit diesen scheinbar für die Öffentlichkeit bestimmten Worten:

> ... come, my dear love,
> The purchase made, the fruits are to ensue,
> The profit's yet to come 'twixt me and you.
> [... *Komm, Geliebte:*
> *Wer einen Kauf schloß, will Gewinn für sich;*
> *Der soll noch kommen erst für dich und mich.*]
> (II, 3, 8-10)

Was für ein Handel wäre das gewesen, was seine Früchte, sein Ertrag? Othello hat gerade anläßlich des Untergangs der türkischen Flotte und seiner eigenen Vermählung eine allgemeine Feier anberaumt (II, 2). Wenn die Früchte, der Ertrag in der Wiederaufnahme ihres ehelichen Lebens bestünde, dann wäre der Handel die erfolgreiche Erledigung seines öffentlichen Auftrags und seine Landung auf Zypern gewesen. Allein dieser Erfolg war gar nicht sein Werk, das Unwetter hatte dafür gesorgt. Wäre der Handel daher vielmehr ihre (öffentliche) Vermählung? Dann bestünden die Früchte, der Ertrag in ihrer ehelichen Liebe. Also würde er hier sagen, daß diese erst noch bevorsteht. Immerhin möglich, daß der Handel, der Kaufpreis ihre Jungfräulichkeit war und die Früchte, der Ertrag in ihrer beider Lust besteht. Größerer Nachdruck könnte kaum auf den Umstand gelegt werden, daß sie gerade mal eine obendrein verkürzte Nacht zusammen verbracht haben und daß ein Unwetter sie von dieser zweiten Nacht getrennt hat (was in diesen Dingen immer eine symbolische Bedeutung hat, sei es in diesem Fall für die Erinnerung, sei es für die Ahnung). Oder will er das einfach auch nur öffentlich *bekundet* haben, ganz unabhängig davon, wie in Wahrheit der Stand der Dinge zwischen ihnen ist? (Wie wir uns Desdemonas Reaktion darauf vorstellen, würde dann von überragender Bedeutung sein.)

Ich denke nicht, daß wir gezwungen sind, zwischen diesen Möglichkeiten in Othellos Kopf eine Wahl zu treffen, ja daß wir das auch nur könnten. Im Gegenteil, Othello selbst kann sich nicht entscheiden. Was die Struktur des Stücks betrifft, ist nämlich meine Hypothese die, daß das, was unseren Blicken in der Eröffnungsszene entzogen bleibt, daß die Szene, auf die Jago beharrlich immer wieder zurückkommt, die er Othellos erhitzter Phantasie ausmalt, das ist, was wir in der Schlußszene zu sehen bekommen, die Mordszene. Diese wird der augenscheinliche Beweis für uns, wie Othello sich seine zwei Nächte ehelicher Liebe vorstellt. (Von Thomas Rymer bis G. B. Shaw hat man ein Gefühl dafür gehabt, daß das Stück Komödien-, nicht Tragödiencharakter hat. Man könnte sagen, indem es mit einer Beischlafszene beginnt, bei der wir nicht zugegen sind, fängt das Stück genau so an, wie eine normale Komödie endet, als sozusagen umgestülpte Komödie.) Ich werde diese Hypothese hier nur soweit ausführen, wie es für meinen Kommentar zu der Schlußszene erforderlich ist.

Wie man auch immer den großen Eingangsmonolog der Szene interpretiert (»It is the cause, it is the cause, my soul. ... Put out the light, and then put out the light« [»*Die Sache wills, die Sache wills, mein Herz! ... Tu aus das Licht, und dann Tu aus das Licht*«]), mir ist es unmöglich, sein Geheimnisvolles, seine Heimlichkeit, seine Großspurigkeit von einer massiven Verleugnung zu trennen, auf die sie hingeordnet sein muß. Othello muß meinen, er handele unpersönlich, aber die Worte sind die eines Mannes in Trance, im Traumzustand, der darum kämpft, nicht zu erwachen, der alles will, nur nicht die Helle des Tages. Unter »Verleugnung« verstehe ich zunächst nicht etwas, bei dem man ohne eine psychoanalytische oder sonstige Theorie nicht auskommt. Ich möchte nur, daß wir uns nicht, was zwar gewöhnlich geschieht, aber dennoch nicht zum Aushalten ist, einbilden, wir würden diese Frau besser kennen, als dieser Mann sie kennt, indem wir also aus Othello eine Art exotischen, fabelhaften, abergläubischen Narren machen, d. h. so ziemlich genau das, wofür Jago ihn hält. Wie sehr Othello auch jedes dieser Prädikate verdient, wie leichtgläubig er auch ist, er kann Jagos Einflüsterungen nicht vollständig Glauben schenken; irgendwo *weiß* er, daß sie falsch sind. Der Beleg dafür ist, wie er im Nu auf die Wahrheit gebracht wird, ohne daß es dafür einen triftigen Beweis gäbe, nur durch eine Gegengeschichte (über das Taschentuch), die sich über ihm oder vielmehr aus ihm als die Wahrheit entlädt. Sollen wir sagen, er begreift die Wahrheit zu spät? Tatsache ist doch, er begreift sie in dem Augenblick, als er dazu bereit ist, wie nur einer dies sein kann: in diesem Fall, als ihre Last tot ist. Ich sage nicht, er versuche, Jago nicht zu glauben, oder er wolle nicht glauben, was Jago ihm erzählt hat. (Das würde jemanden charakterisieren, der, sagen wir, von Desdemona eine gute Meinung hat, nicht aber jemanden, der sein Leben auf sie gesetzt hat.) Ich sage, daß wir, ganz im Gegenteil, Othello so verstehen müssen, daß er Jago glauben will, daß er, wider sein besseres Wissen, ihm zu glauben versucht. Othellos eifriges Insistieren auf Jagos Ehrlichkeit, wie sein Wissensdurst nach diesem Gift förmlich lechzt, das ist nicht ein Zeichen seiner Dummheit, sondern einer ihn verschlingenden Abhängigkeit von dem Gift. Ich sage nicht, daß er der Verleumdung Desdemonas nicht so bereitwillig hätte Gehör schenken können, wenn er ihr nicht bereits geglaubt hätte, sondern ich sage, daß es sich um etwas handelt, das er immer noch eher würde glauben wollen als etwas, das für seine Vorstellung noch schrecklicher wäre: daß die Vorstellung von Desdemona als ehebrecherischer Hure ihm immer noch mehr zusagt als die Vorstellung, sie sei keusch. Aber was könnte schrecklicher sein als Desdemonas Treulosigkeit? Offenbar ihre Treue. Nur wieso?

Man beachte, daß, wenn wir Othellos Eingangsmonolog als Teil eines Verleugnungsrituals lesen und die Mordszene insgesamt als geträumte Wiederholung der unsichtbaren Eröffnungsszene des Stücks, wir implizit eine Antwort auf unsere ursprüngliche Frage zu diesem Stück bekommen, die Desdemonas Verwandlung zu Stein betraf. Das von Othello gebrauchte Bild verleugnet den Mord an ihr, daß er ihr Blut vergossen hat. Es verleugnet in einem, daß er ihr die Jungfräulichkeit genommen hat und daß sie durch ihn gestorben ist. (Aber gleichzeitig ist es Beweis, daß, indem er es hinnimmt, an die Stelle des Gottesproblems das Problem des anderen rückt, dieser Mann beide Objekte zu Stein verwandelt hat, was uns jetzt verstehen läßt, warum er sich selbst als einen Götzendiener bezeichnet, d. h. religiös wie gesellschaftlich als Ausgestoßenen.) Die ganze Mordszene beruht auf der Vorstellung vom Sexualverkehr oder vom Orgasmus als Sterben. Darauf führt eine gefährlich explizite Doppelsinnigkeit in dem Dialog:

> Oth.: Thou art on thy death bed.
> Des.: Ay, but not yet to die.
> [*Oth.: Du liegst auf deinem Sterbebette.*
> *Des.: Ja, doch nicht jetzt zu sterben.*]
> (V, 2, 51 f.)

Der mögliche Doppelsinn verstärkt noch die ohnehin herzzerreißende Innigkeit ihres Wunsches, nach einem langen Leben in ihrem Ehebett zu sterben.

Obwohl Desdemona Othellos Bezichtigung nicht mehr versteht, als er selbst es tut, geistig umnachtet, wie er ist, teilt sie gehorsam sein Gefühl, daß dies die letzte Nacht für sie beide sei und daß sie so etwas wie eine traumartige Rekapitulation ihrer zwei früheren

Nächte sein wird. Das zeigt sich in ihren Todesahnungen (dem Weidenlied, der Bitte, eines ihrer Hochzeitslaken möchte ihr Leichentuch sein) und ihrer geheimnisvollen Bitte an Emilia »... tonight / Lay on my bed our wedding sheets« (IV, 2, 106 f.), darin, wie sie sich, als ob sie um Othellos eigenen Traum von ihr wüßte und diesem treu wäre, auf ihre Sterbeszene gerade so vorbereitet, wie Othello es sich unter Zuhilfenahme von Jagos Bühnenanweisungen vorstellt, daß es sich abspielen müsse (»Do it not with poison, strangle her in her bed, even the bed she has contaminated.«, »Good, good, the justice of it pleases, very good.« [»*Tut es nicht mit Gift; erdrosselt sie in ihrem Bett, demselben Bett, das sie entehrt hat.*«, »*Gut! die Gerechtigkeit darin gefällt mir; sehr gut.*«] (IV, 1, 203 ff.)) – als ob sie wüßte, daß nur mit diesen Bettlaken sein Traum von ihr bestritten werden kann. Der Traum ist der der Befleckung. Die Tatsache, die der Traum verarbeitet, ist der Deflorationsakt. Othello ist einigermaßen explizit in diesem Punkt, eben so, wie ein Mann in Trance es nur sein kann:

> ... when I have pluck'd the rose,
> I cannot give it vital growth again,
> It must needs wither; I'll smell it on the tree,
> A balmy breath, that doth almost persuade
> Justice herself to break her sword: once more:
> Be thus, when thou art dead, and I will kill thee,
> And love thee after ...
>
> [*... Pflückt ich deine Rose,*
> *Nie kann ich ihr den Lebenswuchs erneun,*
> *Sie muß, muß welken; dufte mir vom Stamm!*
> *O würzger Duft, der selbst Gerechtigkeit*
> *Ihr Schwert zu brechen zwingt! – Noch einen! einen!*
> *Sei, wann du tot bist, so, dann töt ich dich*
> *Und liebe dich nachher ...*]
>
> (V, 2, 13-19)

(Nekrophilie ist das passende Los für einen Geist, dessen Vernunft in der ausschweifendsten Einbildungskraft erstickt und der das Sterben vor Liebe wörtlich nimmt, so daß es Töten impliziert (»That death's unnatural, that kills for loving« [»*Grausamer Tod, der nur um Liebe tötet!*«] (V, 2, 41)), oder der sein Objekt in lebenden Stein verwandelt. Ebenso passend ist es, daß Desdemona den Tod oder die Figur des Todes als die über ihr schwebende Todesursache fühlt. Und ganz zum Schluß, da er sich selbst ins Gesicht sieht, wird er davon auch nicht mehr loskommen. »I kissed thee ere I killed thee.« [»*Ich küßte dich, eh ich dir Tod gab.*«] Und danach auch. Und nicht nur gerade eben, als du durch mich starbst, sondern in unseren früheren Nächten ebenfalls.)

Die Ausstellung des Lakens aus der Hochzeitsnacht in diesem romantischen, abergläubischen, konventionellen Milieu kann sich nur auf die Praxis beziehen, die eigene Unberührtheit durch Blutflecke zu dokumentieren. – Ich erwähne beiläufig, daß das eine hinreichende Erklärung für die Bedeutung ist, die Othello seinem fetischisierten Taschentuch beilegt, der Tatsache nämlich, daß es befleckt ist, durch Erdbeeren befleckt.

War das Laken nun blutig oder nicht? War sie Jungfrau, oder war sie es nicht? Die Antwort wirkt so zweideutig wie die auf unsere frühere Frage, ob sie tatsächlich verheiratet sind. Ist die finale, fatale Wiederholung ihrer Hochzeitsnacht eine klare Negation dessen, was damals wirklich geschehen ist, so daß wir daran ex negativo geradezu ablesen können, was wirklich geschehen ist? Oder handelt es sich um eine richtige Wiederholung, ohne Negation, und die Blume war, soweit er wußte, noch ungebrochen gewesen? Wer hätte etwas in diesem Fall dagegen, sie gepflückt zu sehen, er oder sie? In solchen Dingen ist der Unterschied zwischen Komödie und Tragödie hauchdünn.

Wir haben selbstverständlich keine Antwort auf solche Fragen. Wichtig ist, daß Othello keine hat, genauer gesagt, er kann keine geben, denn wenn ich recht habe, und es sind seine Fragen, ist jede Antwort unerträglich. Welche Logik ihn foltert, können wir folgendermaßen darstellen: Entweder habe ich ihr Blut vergossen, oder ich habe es nicht getan. Wenn nicht, war sie keine Jungfrau, und das befleckt mich. Wenn doch, ist sie nicht länger eine Jungfrau, und das befleckt mich. So oder so bin ich befleckt. (Ich sage nicht, daß beide Glieder des Dilemmas für Othello gleichermaßen erheblich wären.)

Soweit hätte jeder, der kein Narr ist, mit dieser Logik fertig werden können, auch ohne dafür heiraten zu müssen. (Er mag selber soviel sagen, wenn er allzu spät sich fragt, wieso er geheiratet hat.) Was also wäre es dann, was diese Logik für ihn so beflügelt? Nennen wir dies, was immer es ist, Jago. Was ist Jago?

Er ist alles, wie wir wissen, was Othello nicht ist. Kritisch und witzig z. B., wo Othello autoritär und eloquent ist, zurückhaltend, wo dieser angibt, verschlossen, wo dieser offen, zynisch, wo dieser romantisch, konventionell, wo dieser originell ist. Jago ist fleischlich gesonnen, wo Othello spirituell ist. Jago lebt erfolgreich in der Verstellung, ist der Bodensatz der Weltlichkeit. Und so weiter. Als Christ müßte man ihn den Teufel nennen. Das Besondere zwischen Othello und Jago, worauf ich hier die Aufmerksamkeit lenken möchte, ist der Umstand, daß Othello es gleich zweimal zum Schluß versäumt, Jago zu töten, indem er weiß, daß er ihn nicht töten kann. Dieser nahezu allmächtige Befehlshaber versagt vor diesem Niemand. Das ist die Pointe seiner Impotenz und deren Gehalt. Jago ist alles, was Othello verleugnen muß und was, verleugnet, deswegen doch nicht getötet ist, sondern virulent, wie Gift, wie die Furien.

Wenn ich von der Pointe und dem Gehalt von Othellos Impotenz rede, meine ich nicht, Othello sei im alltäglichen Sinn des Wortes bei Desdemona impotent gewesen. Ich würde von ihm vielmehr denken, es hat ihn überrascht, wozu er sie hat bringen können: das Ausmaß seines Erfolgs bei ihr, nicht sein Versagen. Es ist die Seite an ihr, die sich in diesen schwierigen und unanständigen Scherzreden zwischen ihr und Jago äußert, als sie auf Zypern Othello erwarten. Eher als daß er sich vorstellt, selbst diese Seite herausgekitzelt zu haben, würde Othello sich vorstellen, daß irgend jemand anderes, jeder andere sie herausgekitzelt hat. – Er ist gewissermaßen überrascht, daß sie aus Fleisch und Blut ist. Das war das einzige, was er sich nicht hätte träumen lassen. Denn wenn sie aus Fleisch und Blut ist, dann sind sie beide es: Sie sind ja eins. Aber dann ist es so, daß, obwohl seine mächtige Einbildungskraft der Einbildungskraft dieses jungen Dings, das alles ist, was er nicht ist, die Richtung geben kann und sie sein Antlitz in seinem Geist sieht, sie auch sieht, daß er mit seinem Geist nicht identisch ist, daß er mehr als das ist, wie er sich selbst sieht: daß er schwarz vor Begierde ist, und das will sie ihrerseits. Jago weiß das, und Othello kann diesen Umstand, daß Jago es weiß, nicht ertragen. Er kann die Art, auf die er es weiß oder alles weiß, nicht mit einem Blick vernichten. Er kann Desdemona nicht vergeben, daß es sie gibt, getrennt von ihm, daß sie, selbst seiner Herrschaft entzogen, ihres Hauptmanns Hauptmann beherrscht.

Es ist ein labiler Bewußtseinszustand, der den metaphorischen mit dem buchstäblichen Liebestod verquickt, und Othello projiziert labil, wenn er ihr vorwirft:

> O perjur'd woman, thou dost stone thy heart
> And makest me call what I intend to do
> A murder, which I thought a sacrifice.
> [*Meineidig Weib! Ha! du versteinst mein Herz*
> *Und machst zum Mord, was ich beginnen will,*
> *Was ich als Opfer meinte.*]
>
> (V, 2, 64-66)

So wie er der ist, der Lügen über sie verbreitet, so ist er der, der ihr ein steinernes Herz für ihren steinernen Körper geben wird, als falle in seinen Worten von Stein, die das Metaphorische und das Buchstäbliche verquicken, die beschwörende Wirkung von Poesie und Magie in eins. Er macht aus ihr das, als was er sich selbst fühlt (»... my heart is turned to stone« [»*Mein Herz ist zu Stein geworden*«] (IV, 1, 178)), verschleiert aber die Scheußlichkeit seines Vorhabens durch die Schönheit seiner Phantasie – eine

Selbsterniedrigung und die seiner Rhetorik. Aber wie kommt es denn zu der Vorstellung von einem Opfer? Wie schafft er es, sich den Gedanken an ihren Tod als Opfer zurechtzulegen? Wem sollte er sie opfern? Dem Bild, das er sowohl von sich als auch von ihr hat, und zwar um dieses Bild intakt, unbefleckt zu halten, als wollte er sich *damit* vor der üblen Nachrede schützen, vor der üblichen Ansicht darüber zum Beispiel, daß er schwarz ist. So wird er denn konventionell, er opfert seine Liebe der Konvention. Aber das ist labil, gesagt werden kann es nicht. Immerhin doch noch besser gedacht als die Wahrheit, die darin besteht, daß das zentrale Opfer ihrer Romanze bereits hinter ihnen liegt: ihre Jungfräulichkeit, ihre Unversehrtheit, ihre Vollkommenheit, all das ist von ihr frohen Herzens um seinetwillen aufgegeben worden, um ihrer beider Verbindung willen, um sie zu zieren. Das ist das Opfer, das er nicht hat annehmen können, denn in diesem Fall wäre er seinerseits nicht vollkommen gewesen. Es muß verdrängt sein. Die Narbe ist das Merkmal der existentiellen Endlichkeit, der Getrenntheit. Tragen muß man sie, wie auch immer man anatomisch beschaffen oder welcher Hautfarbe man ist. Es ist die Sünde [*sin*] oder das Zeichen [*sign*] der Weigerung, unvollkommen sein zu wollen, was die Teufelsgesichte und Teufelsqualen sowohl hervorruft als auch rechtfertigt, die den Spiel-Raum dieses Stücks ausfüllen.

Wenn ein Mann von Othellos Format durch die erregte oder von ihm erregte weibliche Sexualität impotent oder mörderisch wird; oder, sagen wir, wenn dieser Mann sich vor der menschlichen Sexualität, seiner eigenen und der in anderen, entsetzt, dann lauert diese Möglichkeit in jedem Menschen. Was ich habe herausstellen wollen, ist die Natur dieser Möglichkeit, die Möglichkeit dieser Natur, die Art, wie die menschliche Sexualität das Feld ist, auf dem die Phantasie der existentiellen Endlichkeit, von deren Annahme und ihrer wiederholten Überwindung, ausgearbeitet wird; die Art, wie es mit dem menschlichen Getrenntsein genausogut eine grandiose wie eine entsetzliche Wendung nehmen kann, wie das Schöne und das Abscheuliche hier durcheinanderspielen; wie es sich dem vorher und nachher zuwendet, dem Fleisch und Blut.

– Aber Othello weiß doch auf jeden Fall, daß Desdemona existiert! Was hat also sein mehr oder weniger interessanter Gemütszustand mit Skeptizismus zu tun? – [Vergessen habe ich dich keineswegs. Es ist das letzte Mal, daß wir einander so begegnen können.] Was hast du bei dieser Frage im Sinn? Auch ich stelle sie. Meine Absicht dabei ist, das, wovon wir denken, es wäre der Ausdruck des Skeptizismus, in Zweifel zu ziehen, insbesondere dadurch, daß ich in Zweifel ziehe, ob wir überhaupt wissen, was es zu wissen bedeutet, daß ein anderer existiert. Allerdings könnte Othello nichts gewisser sein, als daß Desdemona existiert, daß sie Fleisch und Blut ist, getrennt von ihm und jemand anderes ist. Genau das ist ja die Möglichkeit, die ihm Qualen bereitet. Der Inhalt seiner Qual *ist* das Gefühl, daß ein anderer existiert, folglich auch er selbst existiert, und zwar als abhängig, als ein Teil. Folgt man meiner Interpretation, so würde die von ihm im Hinblick auf ihre Treue bekundete Skepsis etwas Tieferes verschleiern, es wäre ein furchtbarer Zweifel, der eine noch furchtbarere Gewißheit verdeckt, eine uneingestehbare Gewißheit. Aber dann handelt es sich hier eben genau darum, wovon ich die ganze Zeit behaupte, daß es die Ursache des Skeptizismus sei: um den Versuch, die *conditio humana* in ein intellektuelles Problem zu verwandeln, in ein Rätsel (»eine metaphysische Endlichkeit als intellektuellen Mangel« zu interpretieren; vgl. »Knowing and Acknowledging«, S. 263/Dt.: S. 69).

Die Tragödie ist der Ort, wo es uns nicht vergönnt ist, vor den Konsequenzen oder davor davonzulaufen, was diese Verdeckung nun einmal kostet: daß die dem anderen versagte Anerkennung zum einen darauf hinausläuft, diesen anderen zu negieren, seinen Tod vorauszusagen, etwa durch Steinigung oder Hängen, und zum andern auf den Tod unserer eigenen Fähigkeit zur Anerkennung als solcher, darauf, daß unsere Herzen entweder zu Stein werden oder zerspringen. Also die unvermeidliche Reflexivität spiritueller Qual. – Aber Othello wird doch nicht daran zweifeln, daß er wissen kann, ob Desdemona z. B. Schmerzen hat (etwa Kopfschmerzen), und deswegen an ihrer Existenz zweifeln. Also paßt doch sein Problem gar nicht zu dem skeptischen. – Ich halte wiederum dagegen: Wissen wir, was es heißt, sich in solch einem Zweifel zu befinden? Und wissen wir es besser, als wir wissen, was wir von Othellos Zweifel zu halten haben? Mehr noch, ist es auch nur klar, was es bedeuten würde zu sagen, daß Othellos Zweifel nicht irgend etwas in Desdemonas Bewußtsein betrifft, wie eben z. B., daß sie leicht beschreibbare Schmerzen hat oder haben könnte? Wenn seine Vorstellung die ist, daß sie Stein ist, *kann* er sich dann überhaupt vorstellen, daß sie Schmerzen hat? (»Könnte man sich vorstellen, daß ein Stein Bewußtsein hätte? Und wenn's Einer kann – warum soll das nicht bloß beweisen, daß diese Vorstellerei für uns kein Interesse hat?« (*Untersuchungen*, § 390))

Ist die skeptische Verdeckung – die Verwandlung der metaphysischen Endlichkeit in einen intellektuellen Mangel – eine Verleugnung des Menschlichen oder dessen Ausdruck? Denn selbstverständlich gibt es diejenigen, für die die Verleugnung des Menschlichen das Menschliche *ist* (vgl. »Aesthetic Problems of Modern Philosophy«, S. 96). Nennen wir dies die christliche Einstellung. Das wäre der Grund, warum Nietzsche die Aufgabe, das Menschliche zu überwinden, mit der Aufgabe gleichsetzt, die Verleugnung des Menschlichen zu überwinden, d. h., das Menschliche nicht durch Askese, sondern rauschhaft, durch Lust, zu überwinden. Wenn man sich das erste als die Verneinung des Körpers denken kann, dann das letztere als die Bejahung des Körpers. In diesem Fall sind diejenigen, die durch ihren Versuch, einer dualistischen Konzeption von Geist und Körper zu begegnen, zur Identifizierung von Körper und Geist getrieben werden, wiederum dabei, das Problem wegzuschieben oder zu verschieben. Denn man nehme an, meine Identität mit meinem Körper sei etwas, das lediglich in der Bejahung meines Körpers besteht (so wie Freundschaft vielleicht nur in deren Pflege besteht). Dann ist die Frage: Was würde aus dem Körper bei dieser Bejahung *wer-*

den? Was würde aus *mir* werden? Womöglich würde ich mich für eine Art Maschine halten, womöglich für das All.

Ich schließe mit zwei Überlegungen oder Perspektiven, aus denen sich die Position, die sich für uns aus der von mir begonnenen *Othello*-Lektüre ergibt, noch deutlicher machen läßt und aus denen sie vielleicht noch weitere Orientierung gewinnt.

Erstens, was man die Philosophie oder die Moral des Stücks nennen könnte, scheint schon nahezu in dem Essay enthalten, den Montaigne mit »Betrachtungen über einige Verse Vergils« betitelt, etwa in einer Bemerkung wie dieser: »Welch ungeheures Thier, das sich selbsten ein Abscheu ist, sein Vergnügen nicht ertragen kann, und sich selber unglücklich machet.« Der Essay handelt von der Vereinbarkeit der Geschlechtsliebe mit der Ehe, der Geschlechtsliebe mit dem Alter. Er enthält Bemerkungen über Eifersucht, Keuschheit, Einbildung, Zweifel an der Jungfräulichkeit, über die Beziehungen zwischen all dem, über die Kraft der Sprache und die Rechtschaffenheit der Sprache. Erwähnung finden auch ein Türke und gewisse Fälle von Nekrophilie. Man hat geradezu sämtliche Themen des *Othello* versammelt, wenn man noch Montaignes frühen Essay »Von der Stärke der Einbildungskraft« hinzunimmt, wo ein Mohr vorkommt und von einem ägyptischen Herrscher die Rede ist, der, als er sich seiner Braut gegenüber impotent fand, gedroht habe, sie zu töten, weil er der Meinung war, es sei Zauberei. Die Moral wäre in etwa die wie bei Othello: »... one that lov'd not wisely, but too well«, daß nämlich all diese Themen dem Denken und der Mäßigung zum Stoff gereichen sollten, nicht der Qual und Mordtat, daß sie dem Kummer und dem Lachen ebenso wohl anstehen wie dem Mitleid und dem Schrecken; daß sie gar nicht tragisch sind, es sei denn, man macht sie dazu, hält sie dafür; daß wir tragisch sind in dem, was wir tragisch nehmen; daß man seine eigenen Unvollkommenheiten »mit Weisheit, aber einer muntern und geselligen« tragen soll (so Montaigne in »Von der Erfahrung«, dem Schlußessay), nicht mit düsterer und misanthropischer Eloquenz. Es ist der Rat, das eigene Menschsein anzunehmen. Man kann in Jago geradezu den Verleumder der menschlichen Natur sehen (das wäre sein teuflisches Naturell), der sich Othellos bedient, um diese Verleumdung in die Tat umzusetzen: Wobei der eine dem Menschsein von unten, der andere von oben zu entkommen sich einbildet. Doch wem wäre der Rat nützlich? Und wie verstehen wir, warum er bei denen nicht verfangen kann, die seiner gerade am dringendsten bedürften? Auf Mäßigung zu drängen ist nur in dem Maße schätzenswert, in dem es das Ergebnis eines Wissens um die menschlichen Möglichkeiten ist, das darüber hinausreicht. Ist Montaignes Haltung völlig echt, wirklich ohne den Schatten des Wunsches, ein Ausnahmemensch zu sein? Oder ist Shakespeares Laken-/Taschentuch-Thema gewissermaßen ein stiller Vorwurf an Montaignes Adresse, weil er der Rechtschaffenheit ein weiteres Eckchen verwehrt? Eine bizarre Frage, gewiß, aber auch nur in der Absicht gestellt, um anzudeuten, wie man es anstellen könnte und warum es geboten erscheint zu prüfen, ob der von mir auf den Flecken gelegte Nachdruck notwendig ist, um sich zu vergewissern, warum diese Worte und Vorgänge einen so entsetzlichen, düsteren Eindruck auf einen machen oder ob er nur hineininterpretiert ist.

Mein zweiter Gedanke zum Abschluß ist eher rein spekulativer Natur und betrifft meine Bemerkung über »die Weigerung, unvollkommen sein zu wollen«, die »die Höllengesichte und Höllenqualen, die den Spiel-Raum dieses Stücks ausfüllen«, erst hervorruft. Mir liegt es fern, die Beweise bestreiten zu wollen, die Bernard Spivack in *Shakespeare and the Allegory of Evil* aufbietet, um zu zeigen, daß Jago ein Abkömmling der Allegorie des Lasters ist. Ich möchte vielmehr erklären, wozu diese allegorische Person hier in diesem bestimmten Stück auftaucht, nämlich, so vermute ich, um sie zu humanisieren oder den menschlichen Schurken abzuspalten (d.h. genau zu dem Zweck, den Spivacks Buch interpretatorisch anscheinend beklagt). Es richtet sich gegen die Tradition des *morality play*, wenn ich jetzt weitergehe und die Aufmerksamkeit auf den Umstand lenke – sollte ich tatsächlich der erste sein, der es offen ausspricht? –, daß aus den Namen

Othello und Desdemona einen Hölle und Teufel nur so anstarren. Ich weise auf dieses Kuriosum nur hin, um auf etwas vorzubereiten, das nahezu als eine reine Mutmaßung gemeint ist, von der ich mir wünschte, daß andere sie irgendwie erhärteten: daß nämlich bestimmte Vorgänge aus Hexenprozessen den Vorgängen in diesem Stück zur Vorlage dienen und ihnen Kontur geben. Wendungen wie »the ocular proof« und »... cords, or knives / Poison, or fire, or suffocating streams ...« [»... *Messer ... oder Stricke, / Gift, Feuer oder Ströme zum Ersäufen*«] (III, 3, 394-95) klingen mir ganz nach Folterkeller. Und ich gestehe, ich muß an Desdemonas obsessive Beschreibung einer gewissen Vorstellung von sich als »a moth of peace« denken, wenn ich in einer 1834 erschienenen Abhandlung *Folk-lore of the NE of Scotland* lese: »In einigen Teilen Schottlands nennt man *moths* ›Hexen‹« (zitiert bei Kittredge, *Witchcraft in Old and New England*). Was meinen Gedanken jedoch in erster Linie diese Richtung gibt, ist die verrückte Logik, die anscheinend hinter Othellos rasendem Verlangen nach einem Beweis und nach »Genugtuung« [»*satisfaction*«] steckt (wie wenn man eine Frau dadurch testet, ob sie eine Hexe ist, daß man sie der Wasserprobe unterzieht: wenn sie ertrinkt, war sie unschuldig, wenn nicht, richtet man sie als Hexe hin): Was in unserer Hochzeitsnacht geschehen ist, ist, daß ich sie getötet habe; aber sie ist nicht tot; also ist sie kein menschliches Wesen; also muß sie sterben. (»Yet she must die, else she'll betray more men« [»*Doch sterben muß sie, sonst betrügt sie andere*«] (V, 2, 6).) Wieder beansprucht er, nicht aus persönlichen Motiven zu handeln, sondern aus Autorität: Hat er doch hier ein Urteil gesprochen. Ich erinnere daran, daß die biblische Rechtfertigung für den Hexenprozeß vom Strafgesetz des Buches Exodus her vertraut war: »Du sollst nicht dulden, daß eine Hexe am Leben bleibt.« Othello stammelt anscheinend diese verrückte Logik, wenn er in seinen Trancezustand verfällt: »First, to be hanged, and then to confess; I tremble at it« [»*Zuerst gehängt, dann eingestehen. – Ich zittre davor*«] (IV, 1, 38-39). Da weiß einer nicht, ob er der Folterer oder das Opfer ist.

Die Idee des Hexenprozesses habe ich als Mutmaßung eingeführt, nicht als Hypothese. Ich bin auf diesen Gedanken in keiner Weise angewiesen, um meine Vorstellungen mit der Welt dieses Stücks interpretierend abzugleichen. Ohne daß man dazu voraussetzen müßte, daß Shakespeare Quellen dieser Art herangezogen hat, reicht es, daß das Stück mit einer öffentlichen Anklage wegen Hexerei anhebt und einem abgekürzten Prozeß, um dann mit marternden Höllengedanken und unheilvollen Psychofolterszenen fortzufahren und mit dem Tod als dem Sterblichkeitserweis, d. h. Unschuldserweis, zu schließen (»If that thou be'st a devil, I cannot kill thee« [*Bist du ein Teufel, kann ich dich nicht töten*] (V, 2, 283)). Es reicht, will ich sagen, um dieselben Abgründe des Aberglaubens aufzurühren – eines Horrors, der sich sofort erhebt, sobald uns Fremdpsychisches unzugänglich wird –, der in dem entsprechenden institutionellen Umfeld Hexenprozesse verursacht hat. Wie wir es von dem, was wir Shakespeares Humanität nennen, auch nicht anders erwarten würden, ist *Othello* gleichzeitig eine Untersuchung der Verrücktheit und Bezauberung der Inquisitoren und der Qualen der Liebe, derjenigen Qualen also, bei denen Opfer und Täter beide Opfer sind.

Da lägen sie denn, auf ihrem Hochzeitsbett und Totenbett. Eine Statue, ein Stein, ist etwas, dessen Existenz von Grund auf dem augenscheinlichen Beweis offensteht. Ein Mensch ist das nicht. Die beiden Körper, wie sie zusammen daliegen, ergeben ein Sinnbild dieser Tatsache, der Wahrheit des Skeptizismus. Was diesem Mann gefehlt hat, war nicht Gewißheit. Gewußt hat er alles, aber er hat sich dem, was er wußte, nicht überlassen, sich davon nicht beherrschen lassen können. Für seinen Geist hat er zuviel herausgefunden, nicht zuwenig. Was sie voneinander unterschieden hat – indem der eine alles ist, was der andere nicht ist –, ergibt ein Sinnbild menschlicher Getrenntheit, das man als solches als selbstverständlich akzeptieren mag oder auch nicht. Wie die Trennung von Gott oder von überhaupt allem, das wir nicht sind.

So wären wir denn hier, wissend, daß sie beide »zur Hölle gefahren« sind, sie mit einer Lüge auf ihren Lippen, um ihn zu schützen, er mit ihrem Blut an den Händen. Vielleicht hätte Blake, was er Gesänge nennt, um sie zurückzuholen, um in einer gerechteren Polis Raum für die Hölle zu machen. Könnte jedoch die Philosophie sie von Händen der Poesie wieder in Empfang nehmen wollen? Bestimmt nicht, solange die Philosophie auch weiterhin, wie von jeher, das Verlangen hat, die Poesie aus der Polis hinauszuwerfen. Vielleicht könnte sie es, sofern sie selbst zu Literatur werden könnte. Doch kann Philosophie zu Literatur werden und dabei zugleich wissend bei sich bleiben?

Literatur

Albritton, R.: »On Wittgenstein's Use of the Term ›Criterion‹«, in: *Wittgenstein: A Collection of Critical Essays*, hrsg. von G. Pitcher, Garden City, N.Y. 1966. Zuerst erschienen in: *The Journal of Philosophy*, Bd. LVI, Nr. 22 (1959), S. 845-57.

Anscombe, G. E. M.: »On Brute Facts«, in: *Analysis*, Bd. 18, Nr. 3 (1958), S. 69-72.

Austin, J. L.: *Philosophical Papers*, hrsg. von J. O. Urmson / G. J. Warnock, Oxford 1961. [Dt.: *Gesammelte philosophische Aufsätze*, übersetzt und herausgegeben von J. Schulte, Stuttgart 1986.]

Bate, W. J.: *The Burden of the Past and the English Poet*, Cambridge, Mass. 1970.

Bates, S. und Cohen T.: »More on What We Say«, in: *Metaphilosophy*, Bd. 3, Nr. 1 (1972), S. 1-24.

Bentham, J.: *The Theory of Legislation*, hrsg. von G. K. Ogden, London 1950.

Bergson, H.: *Le rire. Essay sur la signification du comique*, Paris 1900. [Dt.: *Das Lachen*, Jena 1914.]

Berkley, G. A: *A Treatise concerning the Principles of Human Knowledge*, in: *A New Theory of Vision and Other Writings*, London 1950. [Dt.: *Abhandlungen über die Prinzipien der menschlichen Erkenntnis*, übersetzt von Friedrich Überweg, Leipzig 1869.]

Bradley, A. C.: *Shakespearean Tragedy*, London 1951.

Carnap, R.: »Empiricism, Semantics and Ontology«, in: *Semantics and the Philosophy of Language*, hrsg. von L. Limsky, Urbana 1952.

Cavell, S.: »More of the World Viewed«, in: *The Georgia Review*, Bd. XXVIII, Nr. 4 (1974), S. 571-631.

– *Must We Mean What We Say?*, New York 1969.

– *The Senses of Walden*, New York 1972.

– »What Becomes of Things on Film?«, in: *Philosophy and Literature*, Bd. 2, Nr. 2 (1978), S. 249-57.

– *The World Viewed*, New York 1971.

Cheshire, G. S. / Fifoot, C. H. S.: *The Law of Contract*, London ⁴1956.

Clarke, T.: »The Legacy of Skepticism«, in: *The Journal of Philosophy*, Bd. LXIX, Nr. 20 (1972), S. 754-69.

– »Seeing Surfaces and Physical Objects«, in: *Philosophy in America*, hrsg. von M. Black, Ithaka 1965.

Coghill, N.: »The Basis of Shakespearean Comedy«, in: *Shakespeare Criticism 1935-1960*, ausgewählt von A. Ridler, London 1970.

Cook, J. W.: »Wittgenstein on Privacy«, in: *Wittgenstein: A Collection of Critical Essays*, hrsg. von G. Pitcher, Garden City, N. Y. 1966. Zuerst erschienen in: *The Philosophical Review*, Bd. LXXIV, Nr. 3 (1965), S. 281-314.

Descartes, R.: *Meditationen*, übersetzt von A. Buchenau, Hamburg 1960.

Donagan, A.: »Wittgenstein on Sensation«, in: *Wittgenstein: A Collection of Critical Essays*, hrsg. von G. Pitcher, Garden City, N. Y. 1966.

Firth, R.: »Sense-Data and the Percept Theory«, in: *Perceiving, Sensing and Knowing*, hrsg. von R. J. Swartz, Garden City, N. Y. 1965. Zuerst erschienen in: *Mind*, Bd. XVIII, Nr. 232 (1950), S. 35-56 (II).

Foot, P.: »Moral Arguments«, in: *Mind*, Bd. LXVII, Nr. 268 (1958), S. 502-513.

Frege, G.: *Begriffsschrift und andere Aufsätze*, hrsg. von I. Angelelli, Hildesheim 1971.

Freud, S.: *The Origins of Psycho-Analysis: Letters to Wilhelm Fliess, Drafts and Notes: 1897-1902*, hrsg. von M. Bonaparte / A. Freud / E. Kris, New York 1954.

Frye, N.: *The secular scripture*, Cambridge, Mass. 1976.

Grice, P.: *Logic and Conversation*, William James Lectures, gehalten 1968 an der Universität Harvard.

Hare, R. M.: *Language and Morals*, Oxford 1952. [Dt.: *Die Sprache der Moral*, übersetzt von Petra von Morstein, Frankfurt/M. 1983.]

Hegel, G. W. F.: *Vorlesungen über die Ästhetik*, Bd. 1, in: *Werke in zwanzig Bänden*, hrsg. von K. M. Michel / E. Moldenhauer, Frankfurt/M. 1970.

– *Grundlinien der Philosophie des Rechts*, in: *Werke in zwanzig Bänden*, hrsg. von K. M. Michel / E. Moldenhauer, Frankfurt/M. 1970.

Heidegger, M.: *Sein und Zeit*, Tübingen ^{12}1972.

– »Nietzsches Wort ›Gott ist tot‹«, in: *Holzwege*, Gesamtausgabe I/5, Frankfurt/M. 1977.

Hume, D.: *Dialogues Concerning Natural Religion*, Oxford 1935. [Dt.: *Dialoge über natürliche Religion*, hrsg. von G. Gawlick, Hamburg 1993.]

– »Of the Original Contract«, aus *Essays, Moral and Political*, in: *Hume's Moral and Political Philosophy*, hrsg. von H. D. Aiken, New York 1948.

– *A Treatise of Human Nature*, hrsg. von L. A. Selby-Bigge, Oxford 1951. [Dt.: *Ein Traktat über die menschliche Natur*, übersetzt von Th. Lipps, Hamburg 1978.]

Kant, I.: *Kritik der reinen Vernunft*, in: *Werke in zwölf Bänden*, hrsg. von W. Weischedel, Frankfurt/M. 1968.

- *Grundlegung zur Metaphysik der Sitten*, in: *Werke in zwölf Bänden*, hrsg. von W. Weischedel, Frankfurt/M. 1968.
- *Die Religion innerhalb der Grenzen der bloßen Vernunft*, in: *Werke in zwölf Bänden*, hrsg. von W. Weischedel, Frankfurt/M. 1968.

Kenny, A.: »Cartesian Privacy«, in: *Wittgenstein: A Collection of Critical Essays*, hrsg. von G. Pitcher, Garden City, N.Y. 1966.

Knight, G.W.: »The Othello Music«, aus *The Wheel of Fire*, 5., überarbeitete Aufl., New York 1957.

Lean, M.: *Sense-Perception and Matter*, New York 1953.

Lewin, B.D.: *The Image and the Past*, New York 1968.

Lewis, C.I.: *Mind and the World Order*, New York 1929.

Locke, J.: *An Essay Concerning Human Understanding*, gekürzt und hrsg. von A.B. Pringle-Pattison, Oxford 1924. [Dt.: *Versuch über den menschlichen Verstand*, übersetzt von C. Winckler, Hamburg 1981.]

Malcolm, N.: »The Verification Argument«, in: *Philosophical Analysis*, hrsg. von M. Black, Ithaca 1950.

- »Wittgenstein's *Philosophical Investigations*«, in: *Wittgenstein: A Collection of Critical Essays*, hrsg. von G. Pitcher, Garden City, N.Y. 1966. Zuerst erschienen in: *The Philosophical Review*, Bd. LXIII, Nr. 4 (1954), S. 530-59.

Mann, T.: »Tonio Kröger«, in: *Die Erzählungen*, Frankfurt/M. 2005.

Mill, J.S.: *Autobiography*, London 1924.

Montaigne, M.: *Essais*, hrsg. von P. Michel, Paris 1962. [Dt.: *Essais*, übersetzt von J.D. Tietz, Zürich 1992.]

Moore, G.E.: »A Defense of Common sense«, in: *Philosophical Papers*, London 1959.

- *Ethics*, New York 1947. [Dt.: *Principia Ethica*, übersetzt von B. Wisser, Stuttgart 1970.]
- *Some Main Problems of Philosophy*, London 1953.

Nietzsche, F.: *Jenseits von Gut und Böse*, in: *Kritische Studienausgabe* (KSA), Bd. 5, hrsg. von G. Colli / M. Montinari, Berlin 1988.

- *Zur Genealogie der Moral*, in: KSA, Bd. 5.
- *Also sprach Zarathustra*, in: KSA, Bd. 4.

Pascal, B.: *Pensées*, hrsg. von Ch.-M. des Granges, Paris 1962. [Dt.: *Gedanken*, übersetzt von W. Rüttenauer, Wiesbaden 1939.]

Pitcher, G.: *The Philosophy of Wittgenstein*, Englewood Cliffs, N.J. 1964. [Dt.: *Die Philosophie Wittgensteins*, übersetzt von E. von Savigny, Freiburg/München 1967.]

- (Hg.), *Wittgenstein: A Collection of Critical Essays*, Garden City, N.Y. 1966.

Pitkin, H. F.: *Wittgenstein and Justice*, Berkeley 1972.

Platon: *Euthyphron*, übersetzt von F. Schleiermacher, Frankfurt/M. 1991.

Pole, D.: *The Later Philosophy of Wittgenstein*, London 1958.

Price, H. H.: *Perception*, London 1932.

Prior, A. N.: *Logic and the Basis of Ethics*, Oxford 1949.

Putnam, H.: »Robots: Machines or Artificially Created Live?«, in: *The Journal of Philosophy*, Bd. LXI, Nr. 21 (1964), S. 668-691.

Quine, W. V.: *Mathematical Logic*, überarbeitete Auflage, Cambridge, Mass. 1951.

- »On What There Is«, in: *From a logical Point of View*, Cambridge, Mass. 1953. [Dt.: »Was es gibt«, in: *Von einem logischen Standpunkt*, übersetzt von P. Bosch, Berlin 1979.]

Quinton, A. M.: »On Punishment«, in: *Philosophy, Politics and Society*, hrsg. von P. Laslett, Oxford 1956.

Rabkin, N.: *Shakespeare and the Common Understanding*, New York 1968.

Rawls, J.: »Two Concepts of Rules«, in: *The Philosophical Review*, Bd. LXIV, Nr. 1 (1955), S. 3-32. [Dt.: »Zwei Regelbegriffe«, in: *Einführung in die utilitaristische Ethik*, hrsg. von O. Höffe, München 1975, S. 96-120.]

Ross, D.: *Foundations in Ethics*, Oxford 1949.

Rousseau, J. J.: »Essay über den Ursprung der Sprachen, worin auch über Melodie und musikalische Nachahmung gesprochen wird«, in: *Musik und Sprache*, Wilhemshaven 1984.

Russell, B.: *An Inquiry into Meaning and Truth*, London 1948.

Schopenhauer, A.: *Über die Grundlage der Moral*, in: *Zürcher Ausgabe*, Bd. 6, Zürich 1977.

Searle, J.: *Speech Acts*, Cambridge 1972.

Shakespeare, W.: *The Merchant of Venice*, hrsg. von J. R. Brown, The Arden Shakespeare, London 1964. [Dt.: *Der Kaufmann von Venedig*, übersetzt von A. W. Schlegel / L. Tieck, Berlin 1854.]

- *Othello*, hrsg. von M. R. Ridley, The Arden Skakespeare, London 1964. [Dt.: *Othello*, übersetzt von A. W. Schlegel / L. Tieck, Berlin 1854.]

- *The Winter's Tale*, hrsg. von F. Kermode, The Signet Classic Shakespeare, New York 1963. [Dt.: *Das Wintermärchen*, übersetzt von A. W. Schlegel / L. Tieck, Berlin 1854.]

Shell, M.: *The Economy of Literature*, Baltimore 1978.

Shklar, J. N.: *Men and Citizen: A Study of Rousseau's Social Theory*, Cambridge 1969.

Shoemaker, S.: *Self-Knowledge and Self-Identity*, Ithaca 1965.

Sidgwick, H.: *The Methods of Ethics*, London 1874.

Snell, B.: *Die Entdeckung des Geistes. Studien zur Entstehung des europäischen Denkens*, Hamburg ³1955.

Spivack, B.: *Shakespeare and the Allegory of Evil*, New York 1958.

Stevenson, C.: *Ethics and Language*, New Haven 1944.

– »Moore's Arguments Against Certain Forms of Ethical Naturalism«, in: *The Philosophy of G. E. Moore*, hrsg. von P. A. Schilpp, New York 1952.

Strawson, P. F.: »On Referring«, in: *Essays in Conceptual Analysis*, ausgewählt und hrsg. von A. Flew, London 1956. Zuerst erschienen in: *Mind*, Bd. LIX, Nr. 265 (1950), S. 320-344.

– »Review of Wittgenstein's *Philosophical Investigations*«, in: *Wittgenstein: A Collection of Critical Essays*, hrsg. von G. Pitcher, Garden City, N. Y. 1966. Zuerst erschienen in: *Mind*, Bd. LXIII, Nr. 249 (1954), S. 70-99.

– »Truth«, in: *Aristotelian Society Supplementary Volume XXIV* (1950), S. 129-156.

Stroud, B.: »Wittgenstein and Logical Necessity«, in: *The Philosophical Review*, Bd. LXXIV, Nr. 4 (1965), S. 504-18.

Toulmin, S. E.: *An Examination of the Place of Reason in Ethics*, Cambridge 1950.

Urmson, J. O.: »Parenthetical Verbs«, in: *Essays in Conceptual Analysis*, ausgewählt und hrsg. von A. Flew, London 1956. Zuerst erschienen in: *Mind*, Bd. LXI, Nr. 244 (1952), S. 480-496.

Wertheimer, R.: »Understanding the Abortion Argument«, in: *Philosophy and Public Affairs*, Bd. 1, Nr. 1 (1971), S. 67-95.

Wisdom, J.: *Other Minds*, Oxford 1952.

Wittgenstein, L.: *The Blue and Brown Books*, Oxford 1958. [Dt.: *Das Blaue Buch / Eine philosophische Betrachtung (Das Braune Buch)*, in: *Werkausgabe*, Bd. 5, übersetzt von P. von Morstein, Frankfurt/M. 1984.

– *Philososophische Untersuchungen*, in: *Werkausgabe*, Bd. 1, Frankfurt/M. 1984.

– *Tractatus logico-philosophicus*, in: *Werkausgabe*, Bd. 1, Frankfurt/M. 1984.

Wordsworth, W.: *The Prelude* (Text von 1805), hrsg. von E. de Selincourt, London 1964. [Dt.: *Präludim oder Das Reifen eines Dichtergeistes*, übersetzt von H. Fischer, Stuttgart 1974.]

Namenregister

Albritton, Rogers 28, 47, 93-95, 99, 108, 110, 135-139, 142
Anscombe, Gertrude Elizabeth Margaret 377, 509, 534
Antonioni, Michelangelo 619
Aristoteles 412f., 632
Auden, Wystan Hugh 523
Augustinus 79, 201, 225, 295, 300
Austin, John L. 11, 18, 21-23, 25, 28f., 33, 35, 67, 90, 111-117, 119f., 124f., 128-130, 134, 145f., 151f., 177, 201, 233-237, 241, 252-254, 267, 276-278, 345-347, 364, 368, 374, 398f., 438, 482, 658, 683, 694, 723

Bach, Johann Sebastian 208
Bacon, Francis 415, 420
Bate, Walter Jackson 748
Bates, Stanley 267
Beckett, Samuel 201
Beethoven, Ludwig van 44f., 261, 350
Bentham, Jeremy 510, 747
Bergson, Henri 657
Berkeley, George 15, 191f., 314f., 318, 371, 386f.
Blake, William 525, 568, 573, 721, 737, 746f., 786
Bradley, A.C. 767
Broad, Charlie Dunbar 343
Buddha 720
Burns, Robert 160

Capablanca, José Raoul 510
Carnap, Rudolf 402
Cavell, Stanley 11-16, 21, 23f., 27, 31f., 44, 68f., 178f., 255, 259, 266, 291, 304, 401f., 498f., 518, 528, 540, 576, 584, 618, 659, 679, 710, 717, 720f., 723, 730, 748, 763, 780f.
Chaplin, Charles 716
Cheshire, G.S. 484
Chomsky, Noam 82
Clarke, Thompson 22f., 33, 35f., 683

Clausewitz, Karl von 713
Coghill, Nevill 759
Cohen, Ted 267
Coleridge, Samuel Taylor 747
Cook, John 530, 538

Descartes, René 14f., 18, 29, 42f., 133, 188, 201, 218, 230-234, 252, 254, 271, 276f., 322, 324, 368, 371, 386, 395, 402, 623f., 631, 667, 724, 731, 737, 742, 744, 763-766
Dewey, John 23, 63, 375, 747
Dickens, Charles 559, 564, 574, 692, 696
Donagan, Alan 531f., 536f.
Dostojewski, Fjodor Michailowitsch 197, 317, 319, 696

Eliot, George 451
Emerson, Ralph Waldo 14, 747
Euripides 407

Feuerbach, Ludwig Andreas 506, 598
Firth, Roderick 380f.
Fifoot, C.H.S. 484
Foot, Philippa 509
Forster, Edward Morgan 469
Frege, Gottlob 359, 394, 511
Freud, Sigmund 13, 25, 76, 201, 286, 299, 441, 469, 499, 554, 652, 750f.
Frye, Northrop 769

Galilei, Galileo 419f., 428
Garbo, Greta 529
Grice, Herbert Paul 90
Grünewald, Matthias 542

Hare, Richard M. 456, 505, 507
Hegel, Georg Wilhelm Friedrich 43, 568f., 582, 740, 745, 747, 753
Heidegger, Martin 180, 218, 233, 400f., 612, 618, 735
Hemingway, Ernest 157f., 571-573

Henley, William Ernest 652
Herodes 595f.
Hobbes, Thomas 75, 581
Horowitz, Vladimir 609
Hume, David 18, 42, 70-74, 191, 276, 291, 339, 356, 371, 394, 402, 408, 412, 482, 504, 519, 569, 590, 615, 736, 750, 758
Hutcheson, Francis 504

Ibsen, Henrik 469
Isaak 733

James, Henry 466

Kafka, Franz 201, 539
Kant, Immanuel 14, 18, 43, 62, 93, 106, 117-119, 184, 218, 227, 356, 362, 371, 386, 394f., 401f., 405, 408, 412, 433f., 443, 459, 487, 499, 505-507, 606, 610, 632-634, 721f., 736f.
Keaton, Buster 716
Keats, John 160f.
Kenny, Anthony 744
Kierkegaard, Søren 43, 201, 299, 439, 506, 561, 733
Kittredge, George L. 784
Kleist, Heinrich von 755
Knight, G. Wilson 767
Kripke, Saul 28
Kuhn, Thomas S. 33, 219, 432

Lawrence, David Herbert 441
Lean, Martin 343
Leibniz, Gottfried Wilhelm von 187, 606
Lewin, Bertram 69
Lewis, Clarence Irving 22, 381, 383f., 386
Locke, John 62, 73-75, 200, 289, 371, 525, 606, 660
Luther, Martin 201, 225, 713, 744, 746

Machiavelli, Niccolò 713
Malcolm, Norman 47, 93-95, 98-100, 102, 104, 108, 388-392

Mann, Thomas 615
Marx, Karl 76, 201, 218, 452, 469, 598, 737, 750
Michelangelo 186
Mill, John Stuart 200, 218, 512f., 735, 747f.
Montaigne, Michel Eyquem de 708, 782f.
Moore, George Edward 15, 273, 344-346, 365f., 371, 373, 394f., 470f., 526, 619, 667

Newton, Isaac 86, 187, 750
Nietzsche, Friedrich 43, 180, 197, 200f., 218, 299, 407, 439, 469, 488, 499, 506, 561, 568, 582, 588, 610, 618, 623f., 635, 660, 721, 737, 743, 746f., 753, 765, 781

Pascal, Blaise 43, 203, 400, 764
Paulus 660, 720, 770
Pierce, Charles Sanders 375
Piaget, Jean 223
Pitcher, George 530f., 536f.
Pitkin, Hannah 27
Platon 13, 179, 412, 452, 459, 469, 720
Pole, David 351
Price, Henry Habberley 365, 381, 383f.
Prichard, Harold Arthur 423, 520
Prior, Arthur N. 504, 507, 515
Putnam, Hilary 647

Quine, Willard Van Orman 399
Quinton, Anthony M. 486

Rabkin, Norman 767
Racine, Jean 617, 743
Rawls, John 474-478, 480-486, 489-491, 493-497, 500
Reid, Thomas 504f.
Ross, David 412f., 419-421, 423f., 427, 520
Rousseau, Jean-Jacques 43, 72, 75f., 179, 201, 225, 708, 733-735, 737-740, 743, 750

Russell, Bertrand 348, 379
Rymer, Thomas 772

Sade, Marquis de 713, 746
Santayana, George 393
Schönberg, Arnold 57
Schopenhauer, Arthur 412
Searle, John 90
Shakespeare, William 12, 15, 187, 258, 264, 591, 608, 610, 632, 654f., 665, 669, 680, 686, 688, 690f., 697, 713, 715f., 718, 726, 756f., 761f., 765-785
Shaw, George Bernard 652, 772
Shell, Marc 180
Shelley, Mary 633, 722
Shklar, Judith 72
Shoemaker, Sidney 174
Sidgwick, Henry 407f., 412
Smith, Adam 713
Snell, Bruno 407, 505f.
Sokrates 13, 184, 379, 405, 407f., 412, 415-417, 426f., 433
Sophokles 617, 664f.
Spivack, Bernard 783
Stendhal 573

Stevenson, Charles 412, 414f., 421, 424, 426-430, 440-442, 444-450, 452-459, 461, 463f., 466-468, 470, 504, 512
Strawson, Peter F. 108, 351, 357, 512
Stroud, Barry 210

Thoreau, Henry David 14, 179, 201, 225, 320, 499, 561, 572, 584, 610, 649, 692, 728, 733, 737, 743, 747, 749
Tolstoi, Leo 201, 733
Toulmin, Stephen E. 492, 504
Tschechow, Anton 157

Urmson, James O. 512

Wertheimer, Roger 593
Whale, James 186
Wisdom, John 241, 563
Wittgenstein, Ludwig *passim*
Wordsworth, William 734, 737, 749

Yeats, William Butler 602, 652

Ziff, Paul 23

Ludwig Wittgenstein
im Suhrkamp Verlag

Werkausgabe in acht Bänden. 3497 Seiten. Gebunden in Kassette und stw 501-508 (stw auch einzeln lieferbar)
- Band 1: Tractatus logico-philosophicus. Tagebücher 1914-1916. Philosophische Untersuchungen. Für die vorliegende Ausgabe wurde der Text durchgesehen von Joachim Schulte. stw 501. 621 Seiten
- Band 2: Philosophische Bemerkungen. Aus dem Nachlaß herausgegeben von Rush Rhees. Für die vorliegende Ausgabe wurde der Text neu durchgesehen von Heikki Nyman und Joachim Schulte. stw 502. 319 Seiten
- Band 3: Ludwig Wittgenstein und der Wiener Kreis. Gespräche, aufgezeichnet von Friedrich Waismann. Aus dem Nachlaß herausgegeben von B. F. McGuinness. stw 503. 266 Seiten
- Band 4: Philosophische Grammatik. Herausgegeben von Rush Rhees. stw 504. 491 Seiten
- Band 5: Das Blaue Buch. Herausgegeben von Rush Rhees. stw 505. 282 Seiten
- Band 6: Bemerkungen über die Grundlagen der Mathematik. Herausgegeben von G. E. M. Anscombe, Rush Rhees und G. H. Wright. stw 506. 446 Seiten
- Band 7: Bemerkungen über die Philosophie der Psychologie. Letzte Schriften über die Philosophie der Psychologie. Herausgegeben von G. E. M. Anscombe, G. H. von Wright und Heikki Nyman. Für die vorliegende Ausgabe wurde der Text neu durchgesehen von Joachim Schulte. stw 507. 500 Seiten
- Band 8: Bemerkungen über die Farben. Herausgegeben von G. E. M. Anscombe, G. H. von Wright unter Mitarbeit von Heikki Nyman. Für die vorliegende Ausgabe wurde der Text neu durchgesehen von Joachim Schulte. stw 508. 575 Seiten

Einzelausgaben

Letzte Schriften über die Philosophie der Psychologie.
Das Innere und das Äußere 1949-1951. Herausgegeben
von Georg Henrik von Wright und Heikki Nyman.
131 Seiten. Gebunden

Logisch-philosophische Abhandlung. Tractatus logico-
philosophicus. Kritische Edition. Herausgegeben von
Brian McGuinness und Joachim Schulte.
Gebunden und stw 1359. 310 Seiten

**Philosophische Untersuchungen: Kritisch-genetische
Edition.** Herausgegeben von Joachim Schulte in Zusam-
menarbeit mit Heikki Nyman, Eike von Savigny und
Georg Henrik von Wright. 1164 Seiten. Gebunden

Philosophische Untersuchungen. Auf der Grundlage
der kritisch-genetischen Edition neu herausgegeben von
Joachim Schulte. Mit einem Nachwort des Herausgebers.
BS 1372. 312 Seiten

Tractatus logico-philosophicus. Logisch-philosophische
Abhandlung. es 12. 116 Seiten

Tractatus logico-philosophicus. Logisch-philosophische
Abhandlung. BS 1322. Textkritisch revidiert und mit einem Nachwort von Joachim Schulte. 152 Seiten

Über Gewißheit. Herausgegeben von G. E. M. Anscombe und G. H. von Wright. Neu durchgesehen mit
Rush Rhees. BS 250. 192 Seiten

Vermischte Bemerkungen. Eine Auswahl aus dem Nachlaß. Herausgegeben von Georg Henrik von Wright unter Mitarbeit von Heikki Nyman. Neubearbeitung durch Alois Pichler. 205 Seiten. Gebunden

Vorlesungen 1930-1935. Cambridge 1930-1932. Aus den Aufzeichnungen von John King und Desmond Lee. Herausgegeben von Desmond Lee. Cambridge 1932-1935. Aus den Aufzeichnungen von Alice Ambrose und Margaret Macdonald. Herausgegeben von Alice Ambrose. Übersetzt von Joachim Schulte.
Gebunden und stw 865. 452 Seiten

Vortrag über Ethik. Und andere kleine Schriften. Herausgegeben und übersetzt von Joachim Schulte.
stw 770. 142 Seiten

Wittgensteins Vorlesungen über die Grundlagen der Mathematik, Cambridge, 1939. Nach den Aufzeichnungen von R. G. Bosanquet, Norman Malcom, Rush Rhees und Yorick Smythies. Übersetzt von Joachim Schulte. Gebunden. 363 Seiten

Über Ludwig Wittgenstein

John Gibson/Wolfgang Huemer (Hg.). Wittgenstein und die Literatur. stw 1782. 450 Seiten

P. M. S. Hacker. Wittgenstein im Kontext der analytischen Philosophie. Übersetzt von Joachim Schulte. 634 Seiten. Gebunden

Merrill B. Hintikka/Jaakko Hintikka. Untersuchungen zu Wittgenstein. Übersetzt von Joachim Schulte. stw 1224. 419 Seiten

Wolfgang Kienzler
- Wittgensteins Wende zu seiner Spätphilosophie 1930 bis 1932. Eine historische und systematische Darstellung. 339 Seiten. Pappband

Der Konflikt der Lebensformen in Wittgensteins Philosophie der Sprache. Herausgegeben von Wilhelm Lütterfelds und Andreas Roser. stw 1382. 253 Seiten

Saul A. Kripke. Wittgenstein über Regeln und Privatsprache. Eine elementare Darstellung. Übersetzt von Helmut Pape. stw 1783. 180 Seiten

Brian McGuinness. Wittgensteins frühe Jahre. Übersetzt von Joachim Schulte. Gebunden und stw 1014. 492 Seiten

Eike von Savigny/Oliver Scholz (Hg.). Wittgenstein über die Seele. stw 1173. 304 Seiten

Joachim Schulte
- Chor und Gesetz. Wittgenstein im Kontext. stw 899. 166 Seiten
- Ludwig Wittgenstein. sb 9. 160 Seiten

Joachim Schulte (Hg.). Texte zum Tractatus. Aufsätze von Hidé Ishiguro, Anthony Kenny, Norman Malcolm, Brian McGuinness, David Pears, Frank Ramsey, Peter Simons. Herausgegeben und übersetzt von Joachim Schulte. stw 771. 194 Seiten

Georg Henrik von Wright. Wittgenstein. Übersetzt von Joachim Schulte. 226 Seiten. Gebunden